U0418952

走在向强国跨越的征程上

"十三五"以来中国石油和化学工业转型发展的创新与探索

上

李寿生 著

化学工业出版社

·北京·

内容简介

本书精选收录作者从"十三五"以来在各种会议上发表的90篇讲话和报告。按照战略规划、技术创新、产业发展、企业管理、国际合作和改革发展六个部分进行了编排。向读者展示了石化行业"十三五"以来的发展全貌和发展规律,描绘了石化行业高质量发展的方向。

本书可供石化行业中高层管理人员及行业主管人员阅读和参考。

图书在版编目(CIP)数据

走在向强国跨越的征程上:"十三五"以来中国石油和化学工业转型发展的创新与探索/李寿生著. —北京:化学工业出版社,2022.11
ISBN 978-7-122-42108-1

Ⅰ.①走… Ⅱ.①李… Ⅲ.①石油工业-工业发展-研究-中国-2016-2020②化学工业-工业发展-研究-中国-2016-2020 Ⅳ.①F426.22②F426.7

中国版本图书馆CIP数据核字(2022)第162472号

责任编辑:仇志刚　高　宁　赵媛媛　　　　　　装帧设计:尹琳琳
责任校对:宋　夏

出版发行:化学工业出版社(北京市东城区青年湖南街13号　邮政编码100011)
印　　装:中煤(北京)印务有限公司
710mm×1000mm　1/16　印张61¼　字数892千字　2022年11月北京第1版第1次印刷

购书咨询:010-64518888　　　　　　　　　　　售后服务:010-64518899
网　　址:http://www.cip.com.cn
凡购买本书,如有缺损质量问题,本社销售中心负责调换。

定　　价:268.00元(上、下册)　　　　　　　　　版权所有　违者必究

序

顾秀莲

  当今时代，是全球百年未有之大变局加快演进、第四次工业革命风起云涌的新时代，是我国如期全面建成小康社会、实现第一个百年奋斗目标，向第二个百年奋斗目标高歌猛进的新时代。石油和化学工业是我国国民经济重要的能源产业、基础原材料产业和支柱产业，在建设社会主义现代化中具有举足轻重的战略地位和重要作用，石油和化工行业的广大干部职工责任重大，使命光荣。

  寿生同志是我在化工部期间一起共事的老同事，一直负责政策研究和规划编制等相关工作，工作作风严谨细致、扎实认真。他到中国石油和化学工业联合会任职、担任会长后，经常邀请我参加联合会举办的一些活动，让我对化工行业、对寿生的工作有了更进一步的了解，对我国化学工业取得的新发展、新突破、新成就感到由衷的高兴和赞叹。

  一个时代有一个时代的主题，一代人有一代人的使命。寿生同志告诉我，他准备将担任石化联合会会长、特别是"十三五"以来，对行业发展的思考和研究，进行全面系统的整理并结集出版。内容涉及科技创新、管理创新、结构调整、绿色低碳、政策规划、国际合作、园区建设、民营企业等行业发展的方方面面。在掌握大量一手信息和材料基础之上，经过"去粗取精、去伪存真、由此及彼、由表及里"的总结和提炼，得出了符合行业发展实际的观点和结论，我认为这是一件有意义的事情。

  习近平总书记指出，"时与势在我们一边，这是我们定力和底气所在，也是我们的决心和信心所在。"[1] 相信在以习近平同志为核心的党中央的坚强领导下，在全行业广大干部职工的共同努力下，中国石油和化学工业一定会在新时代有更新更大的作为，迈上一个更新更大的台阶，取得更新更大的辉煌，为实现中华民族伟大复兴的中国梦作出更新更大的贡献！

希望本书不仅能给石化行业广大干部职工以工作上的指导与帮助，同时也为关注、研究、支持石化行业的各界人士提供专业参考，从而凝心聚力，早日实现石油和化学工业强国的伟大目标。

2022 年 8 月 26 日

---

[1] 参考《求是》2021 年 4 月 30 日《把握新发展阶段，贯彻新发展理念，构建新发展格局》，编者注。

前言

2010年，我重新回归石油和化工行业，到中国石油和化学工业联合会任职。时光荏苒，光阴似箭，不知不觉中在这个领域已经工作了12个春秋。

当我即将离开这个岗位时，回首这12年的工作，我既有深深的感情，又有依依的眷恋；既有工作的喜悦，又有不足的缺憾。在这个时点上，我默默回顾了行业12年波澜壮阔的发展：这12年，是中国石油和化学工业迎着改革开放的春风，乘着中国经济高质量发展的大潮，高速发展的12年；是中国石油和化学工业产业结构转型升级的12年；是行业创新能力大幅提升的12年；也是绿色环保发展面目一新的12年；更是中国石油和化学工业走向世界的12年。

在这12年里，我有幸见证和参与了中国石油和化学工业发展的一个历史性转折：从"十三五"规划开始，中国石油和化学工业提出了"要迈出由大国向强国跨越的坚实步伐"的宏伟目标。

由石油和化工大国向强国的跨越，这是一项浩大的系统工程，也是一个史无前例的历史性跨越。在"十三五"规划编制时，我曾同几个著名的跨国公司CEO座谈，他们问我，由大国向强国跨越，你们的标准是什么？这个跨越大概需要多长时间？我给他们讲，我们所规划的石油化工强国，至少有四个标准：一是要有一批具有自主知识产权，并占据行业制高点的核心技术；二是要有一批具有国际一流竞争力的大型企业和企业集团；三是具有世界一流水平的行业经营效率和经济效益；四是具有世界一流水平的技术管理人才和具有一流影响力的企业品牌。这个跨越的时间，我们认为至少需要15年。

这一目标的提出，拉开了中国石油和化学工业发展新阶段的宏伟序幕，揭开了中国石油和化学工业发展历史的崭新篇章，极大地振奋了全行业发展的热情和信心，也使全行业发展进入了一个与过去完全不同的新阶段。

在这个新阶段，行业发展的环境发生了一系列新变化，发展的要求也提出了一系列新尺度，发展的工作更是呈现出了一系列新开拓。面对发展目标、发展任务、发展环境、发展要求的重大变化，面对这样一个全新的课题，调查研究、学习提升是我们必须要面对的首要任务。迈开双脚，到企业调研，到实践中学习；开动脑筋，深入基层，与群众讨论，与专家研究，中国石油和化学工业的强国思路、战略重点、工作措施，就在一次次调查研究、深入讨论、反复验证中逐渐清晰起来。

"十三五"以来，我用了三分之一以上的时间到基层一线调查研究。我同联合会以及各专业协会的领导一起深入到重点企业、重点地区，开展"十三五""十四五"规划的调研和编制；技术创新是行业转型升级的根本动能，也是中国向世界化工强国发展的一个短板，我同科技与装备部的同事们一起深入到科研院所、大专院校、大型企业调研，形成了行业科技创新的种种思路；绿色低碳转型是全行业发展面临的一个全新课题，我同质量安全环保部的同事们一起深入到重点地区、重点企业、科研院所调研，提出了石油化工行业绿色低碳转型要走在工业部门最前列的工作目标；企业管理是行业发展的永恒主题，也是行业创新发展的一个重要阵地，为了提高企业的基础管理、战略管理、创新管理，以及创建世界一流企业，我们的脚步又走遍了大大小小的典型企业；同样，在化工园区的建设中，在现代煤化工的发展上，在民营化工企业的崛起中，在与世界化工同行的交流与合作上，我们都力争有一些创新的思路和前沿的战略。一次次的调查研究，一种种全新的认识，一个个与时俱进的观点，都融入了我一场场工作会议的讲话和报告之中。这些讲话和报告，既体现了我对行业新形势认识的升华,又融入了我对行业发展战略的深度思考,对指导行业面向未来的发展产生了积极的作用和影响。

本书收录的是我从"十三五"以来在各种会议上发表的450多篇讲话和报告的精选,共计90篇。按照战略规划、技术创新、产业发展、企业管理、国际合作和改革发展六个部分进行了编排。这些文稿,绝大部分都是我亲自调研、亲自动手、亲自修改定稿的。领导干部亲自调查研究,亲自动手写文章,这是我们党的优良传统,也是我们党一贯提倡的优良作风。从这本文集中,读者可以清楚地看出,我对行业发展规律的认识,是与时俱进、逐步深化、逐步完善的。这个认识的历程,就是一个汗水伴随着脚步、实践交织着创新的涅槃历程,也是一个从实践到认识,再从认识到实践的螺旋上升历程。我认为,这个认识的历程,不仅对于我们今天,而且对于未来、对于后人都是有价值的。

中国石油和化学工业向强国跨越,走向世界,这是几代石油和化工人孜孜以求的梦想。如今,这个梦想即将在前人创业的基础上,在我们这一代人的奋斗中实现。这是全体石油和化工人对中华民族伟大复兴的历史性贡献!也是我们这一代人留给历史的精彩答卷,更是我们这一代人值得自豪骄傲的人生奉献!

希望这本文集,能够给参与这一奋斗历程的所有人,留下一点记忆,增添一点精彩,也希望给后来人带来一些激励,添加一些动力,更希望一代代石油和化工人都能给历史留下每一代人奋斗的足迹,作出每一代人应有的贡献。

2022年9月

目录

战略规划篇

未来十年世界石油化学工业发展趋势和中国创新发展机遇 /002

关于"十三五"发展规划几个重大战略问题的初步思考 /018

关于"十三五"若干重大问题的思考 /038

全面贯彻发展新理念　积极推进结构性改革
努力开创"十三五"发展的良好开局 /053

迈向石油和化学工业强国的产业结构调整 /067

2019：紧紧抓住大有作为的战略机遇期 /083

全力打好"十三五"规划收官的关键一仗 /095

"十四五"时期中国石油和化学工业发展的新机遇 /111

以高质量发展为主题　加快石化强国建设 /119

"十四五"时期中国石油和化学工业发展变化的新趋势 /125

用大转型和大重构　实现高质量发展的新跨越 /133

石油和化学工业要走在"双碳"工作的最前列 /147

技术创新篇

深入贯彻落实党的十八届五中全会精神
努力开创"十三五"行业创新发展的新局面 /158

在供给侧结构性改革中加快培育行业转型升级的新动能 /169

加快行业创新平台建设　迈出由石油和化工大国向强国跨越的坚实步伐 /179

全面落实创新驱动发展战略　努力推进行业科技创新工作跃上新台阶　／191

全面落实"十九大"会议精神　引领石油和化工科技创新迈入新时代　／197

全面开创石油和化学工业创新发展的新时代　／203

世界化学工业创新发展趋势考察报告　／213

坚定信念和追求　不断实现核心技术的新突破　／237

科技引领　创新驱动　为石油和化工强国建设提供战略支撑　／246

中国石油和化学工业由大国向强国跨越亟需高等教育和
创新人才的培养支撑　／257

化工技术创新的案例故事及其当下启示　／270

产业发展篇

振奋精神　主动作为　努力开创新常态下行业转型升级新局面　／286

化肥行业要率先走上转型升级的新高地　／300

提高质量效益　转变发展方式　迈上创新发展的新台阶　／310

中国现代煤化工"十三五"发展战略及政策措施　／316

认真贯彻行业"十三五"发展指南　努力开创化工园区发展新局面　／325

全面贯彻绿色发展新理念　努力开创"十三五"行业转型升级新局面　／334

深入推进供给侧结构性改革　努力推动由石油和化工大国向强国跨越　／343

全面开创石化行业绿色发展新局面　／350

深入实施行业绿色发展六大行动计划
努力开创化工园区绿色发展新局面　／357

牢固树立红线意识　全面落实主体责任努力提升全行业本质
安全发展水平　／365

大力推进智能制造　实现石化产业转型升级与绿色发展　／375

深入学习贯彻党的十九大精神　努力培育一批具有全球竞争优势

的民营企业 /383

牢固树立绿色发展理念　全面落实节能优先方针
努力开创行业节能工作新局面 /392

加快推进高质量发展新进程
努力开创石油和化学工业的美好未来 /401

转型升级　绿色和谐　加快开启新时代园区高质量发展的新征程 /412

加快自主创新　培育后发优势　努力推进化工新材料产业高质量发展 /422

全面开创中国石化行业高质量发展与青海盐湖资源循环利用的新局面 /429

2019年宏观经济形势和行业高质量发展必须要抓好的几件大事 /437

聚焦高端技术　激发企业活力　努力探索行业高质量发展新路径 /457

供应链创新要成为石油和化工行业高质量发展的第一链条 /469

牢记初心使命　坚持创新驱动力　全面推进化工新材料产业
高质量发展 /475

深入贯彻落实党的十九届四中全会精神　加快构建石油和化工
行业绿色发展的长效机制 /483

直面新挑战　激发新动能　打一场全行业高质量发展的攻坚战 /492

转型升级　规范建设　奋力实现行业高质量发展目标任务 /501

紧紧抓住"十四五"高质量发展的历史机遇
全力开创中国石化民营企业现代化建设的新局面 /506

迎接全新挑战　实现全新突破
全面开创我国煤化工高端化、多元化、低碳化发展的新局面 /516

企业管理篇

创新：不是无序的密码——企业创新方法论 /524

加快提升企业核心竞争力　努力培育具有全球竞争力的四大企业集群 /619

创新是行业高质量发展的第一动力 /628

巴斯夫全新企业战略的新看点和新启迪 /647

一部记录行业跨越发展的时代报告	/650
努力建设具有全球竞争力的世界一流企业	/656
如何成长为具有国际竞争力的一流公司	/663
全面提升企业面向未来的战略管理创新能力	/680
加快创新转型　扎实推进世界一流企业建设	/693

国际合作篇

共同谱写世界塑料工业创新发展和可持续发展的新篇章	/706
中国合成树脂行业的发展现况	/709
中国石油和化工行业推行责任关怀的有关工作	/711
中国炼油和石化产业现状及展望	/714
学习借鉴现代供应链管理理论和实践 努力开创新常态下可持续发展新局面	/717
在中外石化企业高层对话会开幕时的讲话	/725
加快推进供给侧结构性改革 努力开创化肥工业"十三五"发展新局面	/727
中国石油和化学工业"十三五"发展目标及国际合作机遇	/733
在第三届化工园区与跨国化工公司CEO圆桌会上的讲话	/742
抓住中国经济和全球经济同步向好的难得机遇 扎实推进全行业供给侧结构性改革	/745
升级示范　深度融合　共创现代煤化工发展新局面	/752
新时代我国石化能源现状及挑战	/760
努力打造中国炼油行业转型升级和创新发展的新动能	/765
中国油气勘探开发的现状和展望	/775
全力开创中国炼油行业高质量发展的新局面	/778

抢占新高地　谱写新传奇　全力开创现代煤化工高质量发展新局面　　/ 785

世界大变局下的中国石油和化学工业　　/ 794

转型升级中的中国石油和化学工业　　/ 803

令人兴奋和期待的化学工业新未来　　/ 809

纵论变局、深剖困局、全力破局　　/ 812

在危机中育新机　于变局中开新局
携手共创世界石油和化学工业的美好未来　　/ 817

以更高水平的国际产能合作构建高质量发展的新格局　　/ 825

跨国公司要紧紧抓住中国经济未来10年发展的重大历史机遇　　/ 835

用创新开创中国炼化行业可持续发展的新未来　　/ 847

改革发展篇

我们是怎样认识和推进行业协会改革的　　/ 856

努力开创新常态下联合会工作的新局面
为建设石油和化学工业强国而不懈奋斗　　/ 865

全面贯彻发展新理念　努力实现结构性改革的良好开局　　/ 877

实施创新驱动　加快绿色发展　扎实推动供给侧结构性
改革迈出新步伐　　/ 888

坚定不移推进新时代改革开放伟大事业
为建设石油和化学工业强国而不懈奋斗　　/ 901

努力打造新时代石化行业高质量发展的新高地　　/ 913

同宁高宁董事长交换"两化成一"方案的意见　　/ 930

传承石化行业红色传统　全面开启建设石化强国的新征程　　/ 940

后记

战略规划篇

中国石油和化学工业在宏观经济"三期叠加"的新常态背景下跨入"十三五",在宏观经济下行压力很大的风浪中启航,围绕产业结构优化、创新能力提升、企业竞争力培育、经济效率升级等行业核心竞争力四大重点,全面深化供给侧结构性改革,加快提升经济运行质量和效益。

"十四五"期间石化行业大转型是发展方式转变的根本要求,大重构是面对百年未有之大变局、新发展阶段高质量发展的必然选择。中国石油和化学工业将全面提升全行业绿色低碳发展的质量和水平,扎扎实实从降低能源资源消耗、强化污染防治攻坚,加快绿色制造体系建设,全面推进循环经济,深入实施责任关怀等重点工作入手,使石油和化学工业的绿色发展走在工业部门的最前列。

中国石油和化学工业"十四五"发展的新征程充满挑战和历史机遇,全行业将以高质量发展为主题,以绿色、低碳、数字化转型为重点,以加快构建国内大循环为主体、国内国际双循环相互促进的新发展格局为方向,以提高行业企业核心竞争力为目标,为我国建成富强民主文明和谐美丽的社会主义现代化强国做出新的更大贡献!

未来十年世界石油化学工业发展趋势和中国创新发展机遇*

在"十三五"规划编制的前夕,我们组织了一批跨国公司大中华区总裁和高层管理人员,对"未来十年世界石油和化学工业的发展趋势和中国的创新发展机遇"进行了深入讨论,用了九个月的时间,五易其稿,并形成了"跨国公司看中国石油和化学工业未来"的研究报告。"第三只眼睛"看中国的全球视野和独到见解,值得全行业认真学习、仔细倾听和深入思考。

整个研究报告共分五个部分,四万多字,现仅摘其主要观点向大家介绍。

一、未来十年世界石化产业发展的新趋势

未来十年,全球石油和化学工业既面临着难得的发展机遇,也面临着严峻挑战。在新一轮科技革命浪潮的推动下,全球石化产业发展呈现一系列新的变化和新的趋势。报告分析了未来全球石化产业发展的五大新趋势:

(一)新兴市场快速崛起,将推动全球石化消费市场持续高速增长

根据国际货币基金组织(IMF)预测,2014年全球经济将增长3.4%,

---

* 这是2014年10月30日,在全国石油和化工设计现代化管理中心站(原化学工业部设计现代化管理中心站)与勘察设计协会设计现代化管理专业委员会五届五次技术委员会议上的报告。

其中包括金砖国家在内的新兴和发展中经济体经济增速将达到4.6%。亚洲地区的经济增长将达到6.4%，亚洲将成为全球经济增长最快的地区。这说明，全球经济增长的引擎正在向新兴经济体加快转移。

报告认为，亚洲地区潜在的化学品和聚合物消费人口约39亿，占到全球潜在消费人口的55%。中国是最令人瞩目的消费市场，中国占全球石化产品消费量的比重从2007年的26%上升至2011年的34%。在可预见的未来，亚洲将持续保持全球石化产品需求增长中心的地位。

目前，全球经济正在进入一个缓慢增长的新阶段。在未来较长一段时期，全球石化产业将继续保持较快增长。无论在发达国家还是发展中国家，石化产业发展速度都将超过GDP增速。未来十年，全球石化产业仍然具有较大的增长空间。

（二）原料多元化进程加快，推动全球能源原料结构发生重大变化

1. 页岩气大规模开发推动全球油气供给重心向西转移

北美"页岩气革命"正在推动世界油气工业从常规油气向非常规油气跨越。2012年，美国天然气产量达到8365.5亿立方米，同比增长3.7%，其中，页岩气产量2915.7亿立方米，同比增长21.2%，占天然气总产量的34.9%，使美国成为全球第一大产气国。页岩油气的成功开发，不仅为下游石化和化工生产装置提供了更多原料选择，更提供了极具成本优势的原料。

2. 中国现代煤化工重大突破开辟了原料供应新途径

现代煤化工的技术突破加快了"以煤代油"的进程。中国正在开展煤制油、煤制天然气、煤制烯烃等工程示范，其中一些项目取得了良好效益。预计未来十年，中国天然气消费、进口、价格均将持续增长，煤制天然气生产成本将保持低于天然气进口成本，西气东输的成本和环境效益也优于西煤东运；成品油国Ⅴ标准将在2016年开始实施，而煤制油产品具有含硫量超低的优势；与此类似，煤制烯烃项目在未来5～10年也将保持一定的竞争优势。中国现代煤化工产业将会成为原料多元化进程中的又一重要分支。

3.生物质能源和化工产品发展前景广阔

为减少对化石能源的依赖和二氧化碳等温室气体及污染物的排放，世界各国都十分重视可再生能源的研究与开发利用。在石化产业，主要包括乙醇汽油、生物柴油、生物化学原料和聚合物等产品，许多大型跨国石化公司也调整发展战略，积极加入相关产品研发的行列。目前，全球化工产品的7%～8%是用生物质资源生产的。未来十年，生物质能源和化工产品在技术上将有新的突破，产业规模和产品产量将进一步提高，成为石化产业的原料来源之一。

（三）高端化、差异化深入发展，推动产业持续向价值链高端延伸

科技创新成为石化产业转型升级的主要驱动力。创新是产业转型升级的主要源泉和动力，以技术创新驱动结构转型已成为抢占未来竞争制高点的关键。

化工新材料将成为发展最快、竞争最激烈的产业。大部分跨国公司均把化工新材料作为未来发展的战略重点，不断增加科研投入。其中，价值更高、性能更突出的高端化工新材料的开发和应用备受关注，特别是生物医药、包装材料、汽车轻量化材料、电子化学品、建筑材料等将加快发展，化工新材料的市场份额将迅速扩大。

生命科学产业将取得重大进展。随着人口的快速增长和老龄化步伐加快，人们逐渐认识到营养的保障和获取对于人的身心发展至关重要，因此对更安全和更健康的食品和药物的需求也将逐步提高。未来十年，大力发展生命科学，是全球跨国公司追求的一个重大战略目标。

（四）安全环保约束日趋强化，绿色低碳成为行业发展的新方向

节能环保产业将成为新的经济增长点。1992年，国际化工协会联合会（ICCA）在全球推行"责任关怀"行动计划，目前已有50多个国家加入。未来十年，将有更多的国家和地区以及石化企业承诺实施"责任关怀"，特别是发展中国家与生产性企业为了改变自身形象，实现可持续发展，将会积极实施"责任关怀"，石化产业本质安全水平将会大大提升。

（五）全球经济一体化与区域贸易便利化交织发展，石化产品国际贸易的不确定性进一步增加

在WTO框架下，全球贸易和投资在持续增长。但由于世界经济贸易的复杂性，WTO谈判进展缓慢，开展区域自由贸易谈判，成了世界各国发展的又一选择。区域自由贸易协议的内容一般都包括零关税、货物及服务贸易自由化、技术贸易壁垒的消除、知识产权保护等刺激区域经济健康发展的政策。区域贸易协定会对区域内各国石化产业发展十分有利，但区域外的国家则无法享受国与国之间互相促进的经济效应，增加了全球石化贸易的不确定性。

在全球进行有效和统一的化学品监管是未来发展的必然趋势。从全球范围看，全球化学品统一分类与标签制度（GHS）以及化学品安全说明书（MSDS）是目前对世界化学品生产贸易进行有效管理的主要制度，但由于区域之间和各个国家之间存在发展差异和制度差异，因此许多地区和国家制定了自己的化学品管理政策与法规。但在加强化学品监管的同时，一些以绿色发展为幌子的贸易保护主义也在抬头，技术贸易壁垒也增加了国际贸易的不确定性。

二、未来十年中国石化产业面临的挑战

经过几十年的快速发展，中国石化产业已经成为世界石化产业的重要组成部分，但是，出现着一系列新矛盾和新问题，对中国石化产业发展形成了严峻挑战。报告分析了未来十年中国石化产业发展面临的五大挑战：

（一）产业层次不高，大宗基础性产品过剩矛盾突出

受中国经济强劲增长的拉动，中国石化产业发展十分迅速，建设了大量石化项目，产能规模迅速扩张。根据中国国家统计局数据，2004～2013年十年间，中国石油和化学工业固定资产投资累积增长了8.4倍，年均增长25.2%，其中化学工业投资增长了11.3倍，年均增幅达28.5%。这些投资

直接推动了中国石化产品产能的快速增长。特别是在传统大宗基础产业领域，烧碱、聚氯乙烯、电石、纯碱、甲醇等多数大宗石化产品产能都成倍增加，化肥、纯碱、烧碱、硫酸、农药、染料、轮胎等许多产品产量连续多年保持世界第一。这些产品的产能已经超出中国国内市场需求，产能过剩矛盾十分突出，导致产品价格降幅较大，装置开工率低，很多企业经营效益差。另外，中国高附加值的高端化工产品仍然短缺，需要大量进口才能满足市场需要。中国石化产品总体上处于产业价值链的中低端，技术含量和附加值偏低，与发达国家相比差距较大。

（二）创新体系不完善，技术创新能力亟待提升

创新是企业发展的原动力。企业技术创新能力是企业内部技术创新组织体系的客观反映，科学、高效、灵活的内部技术创新组织体系对提高企业的技术创新能力至关重要。跨国石化企业普遍拥有完备的技术创新体系、高效的技术创新机制，以及高水平的创新人才队伍，通过高额的资金投入，保证其在自身领域的技术领先地位。跨国企业的技术创新体系具有多层次、多纬度、机制灵活、科学高效的显著特点，一般分为集团总部、事业部和区域分公司三个层面，分别负责中长期、近期以及当前市场需要的研发创新工作，三个层面之间既在研发任务、目标上相互区别，又能相互联系、相互支持。

跨国企业还十分重视开放性创新，借助其强大的资金投入和协调能力，和外部的研究机构、院校开展广泛深入的合作。与跨国公司相比，中国石化企业的内部技术创新组织体系简单松散，人员配备不合理，激励机制不到位，缺少尖端的研发设备，远不能满足企业在激烈的国际市场竞争中的需求。同时，中国知识产权保护还需要提高和加强，新技术扩散的速度快、成本低，很多企业不愿意承担技术研发所产生的时间成本和资金成本，而是更青睐于使用现有的工艺、技术和装备。企业在科研方面的投入较少，据统计，2013年，中国石化企业用于科研投入的资金占当年行业销售收入的比重仅1%左右，与发达国家的差距仍较大。企业作为技术创新的主体作用还远远没有到位，科研成果向产业转化的比例较低，这是造成

中国石化产业结构升级缓慢的主要原因。

（三）资源约束进一步加大，生产要素成本攀升

石化行业是典型的资源高消耗行业，90%以上的产品原料来自矿产资源。中国属于矿产资源相对贫乏的国家，比如，石油、天然气、天然橡胶、钾等这些重要资源都相对缺乏，对外依存度持续上升。随着中国制造业持续发展，劳动力、土地、能源、水、环境容量等生产要素将进一步紧张，价格不断上涨，导致企业成本快速增加，削弱了其盈利能力和国际竞争力。劳动力短缺和工作环境改善是亟须应对的另一个重要问题。工人的稳定性和熟练程度是生产企业达到劳动生产率目标的必要因素，操作工人队伍流动性过高会阻碍企业生产率的提升，使企业在激烈的成本竞争中处于劣势。而在当前，中国年轻人对艰苦环境的容忍度降低，对工作环境的要求提高，这也增加了企业的经营成本，影响到企业的长期稳定发展。

（四）安全环保压力持续增大，行业形象急需改进

石化行业废水、废气和固体废物排放量均位于工业行业前列。新一届中国政府已经发出"向雾霾宣战"的誓言，并且要求企业进一步强化节能减排，力争全面完成第十二个五年规划设定的目标。同时，面对全球温室效应，中国政府已经作出承诺，到2020年单位国内生产总值二氧化碳排放比2005年下降40%~45%，这对于二氧化碳排放大户的石化行业是个十分艰巨的任务。特别是现代煤化工的发展，对行业二氧化碳减排形成了新的挑战。许多石化产品属于危险化学品，生产过程存在许多不安全因素。近年来，一些中国石化企业在生产、运输、储存方面都发生了一些安全事故，在社会上造成了不良影响。部分企业违规排放污染物，导致严重的生态环境事故。民众普遍存在"谈化色变"心理，对周边石化企业十分排斥，要求企业搬迁的呼声高涨。企业与社区居民的矛盾日益突出，进一步加剧了石化行业的负面形象，安全环保问题已成为石化行业未来生存与发展的重要制约因素。石化行业亟待提升安全环保水平，改善自身形象，重新赢得民众的认可。

（五）市场体制机制还不完善，政府宏观管理存在越位、缺位、不到位现象

在中国石化行业，市场经济体制机制还有许多不完善、不健全的地方，比如中外企业投资的差别化待遇、成品油天然气非完全市场定价、知识产权保护不力、市场准入政策与标准执行不严、环保和节能相关法规实施不到位、项目审批耗时长、政策透明度低、政府对企业投资的干预等等，特别是地方政府对本地企业的保护等，不但破坏了公平有效的市场竞争和价格机制，而且保护了落后，使得市场优胜劣汰的机制得不到有效发挥，资源无法实现合理配置，严重影响到产业的可持续发展能力。总之，中国石化产业已经到了必须加快转型升级的关键时期，改革、创新、可持续发展已经成为未来中国石化产业增长的新动力。

三、未来十年中国石化产业发展面临的新机遇

未来十年，中国经济将持续增长，尽管增速由过去高速增长转向中速，但中国仍将是世界经济增长最快的国家之一，特别是中国正在由投资拉动型的GDP增长，逐渐转向内需拉动型的GDP经济增长，工业化、信息化、城镇化和农业现代化将进一步深入推进，中国石化产业发展的空间仍然很大，中国仍将是全球石化产品最大的市场之一。未来十年，中国石化产业发展机遇，主要体现在六个方面：

（一）中国人口持续增长，消费水平不断提高

中国是世界上人口最多的国家，人口规模还在持续增长，人均收入已超过6000美元，中国大中型城市的部分消费人群已经进入中产阶级，随着生活水平的逐步提高，人们的消费观念、消费层次、消费结构都会发生积极变化，消费水平快速提高，对消费品的质量、档次和性能提出了更高的要求。中国的人口结构也正在发生重大变化，老龄化趋势十分明显，人们更加追求拥有健康安全的生活、享受便捷的服务，人口老龄化为生命科

学、生物化工、卫生医药带来了巨大的发展机遇。未来十年，在食品、营养品、保健品、医疗卫生、健身器材、食品添加剂、日用化学品等方面需求将快速增长，消费升级带来的新需求和新市场将会促进石化行业更多的产品升级。

（二）城镇化深入推进，拉动中国内需市场持续优化升级

城乡发展一体化和新型城镇化是中国经济发展的重要动力和扩大内需的最大潜力。目前，中国的城市化水平超过了50%，仍远低于发达经济体城市化水平。据预测，到2030年全球将有50亿人口居住在城市，其中中国城市的人口将超过10亿，城镇化率将达到70%左右。未来十年，大批进入城市生活的中国农民将会在生活方式上发生很大的转变，带来不可估量的市场新需求，包括建筑、公共设施、铁路、道路等基础设施的需求，以及与人们生活息息相关的如汽车、医疗设备、日用化学品等的需求。这种新的需求不仅带来数量的增加，而且会更加多样化，这就为中国石化产业创造出新的更大的市场需求。

（三）工业化进程加快，为化工材料和产品创造了新的更大发展空间

中国汽车工业正处在较快发展时期，目前中国人均汽车保有量约每千人80辆，比世界平均低50%左右，预计2020年，中国人均汽车保有量能够达到每千人170辆左右的世界平均水平。高铁、大飞机等先进交通设备也快速发展，带动汽车轻量化材料、以碳纤维为代表的复合材料以及高性能工程塑料等高性能材料的快速发展。在新能源领域，需要石化行业提供多种新型材料，包括EVA太阳能电池胶膜、PET树脂太阳能电池背板材膜、纳米级太阳能电子浆料、稀土改性EVA胶膜材料等。中国也正在大力发展节能环保产业，"三废"处理技术、CO_2捕集封存利用技术、资源能源循环利用技术等都会增加对石化产品的需求。在电子信息领域，新一代信息技术突破，在硬件材料上形成了大尺寸硅单晶抛光片、大尺寸LED、平板显示玻璃基板、TFT混合液晶材料等产品市场。中国工业化进程持续加快，特别是高端装备制造业等新兴产业发展，为石化产业产品升级带来了全新

的发展机会和市场机遇。

（四）农业现代化推动农业发展方式加快转变，为农药、化肥等化工产业创造了新的发展空间

中国是人口大国，对粮食安全有着迫切的要求。随着农业技术进步以及城镇化步伐加快，中国的农业生产方式也正在发生重大变化，土地的集中使用越来越成为发展的趋势，农民育种、施肥、用药、田间管理等耕作习惯和方式也发生着重大变化。绿色、低毒、高效的新型化肥和农药在市场上占有越来越大的份额。粮食安全的重点逐渐转变为食品的营养和卫生保障，从提供农药和化肥保障粮食稳产高产，到提供更丰富的饲料添加剂，乃至提供安全的食品添加剂和微生物氨基酸等营养成分，均为石化产业提供了更宽广的市场空间。石化产业可以为更安全、更健康、更清洁以及更可持续发展提供各种多样化解决方案。

（五）全面深化经济体制改革，为石化产业发展注入了新的动力和活力

新一届中国政府开启了新的改革征程，全面深化经济体制改革，将会进一步释放经济增长的改革红利。深化改革的目的是让市场在资源配置中起决定性作用，同时更好地发挥政府作用。让市场在资源配置中起决定性作用，会加快推进主要由市场决定价格的机制，在水、石油、天然气等领域进行价格改革，放开竞争性环节价格，提高资源能源利用效率。同时，深化改革还鼓励发展混合所有制经济，这将有利于建立完善的现代企业制度，吸引具有活力的中国民营资本进入石化产业，提高产业的创新能力和市场竞争力。

（六）全球经济一体化深入推进，为中国石化产业提供了更加广阔的国际发展空间

目前，中国在积极参加多边贸易谈判的同时，也正在加快同世界各国签订自由贸易协定，已签订的协定包括与东盟、巴基斯坦、智利、新西

兰、新加坡、秘鲁、哥斯达黎加、冰岛等国家与经济体的自贸区协定。预计未来十年，自贸区的区域范围会不断扩大，区域贸易一体化进程也将加速，对石化产业来说，意味着更多的全球性机遇。随着金融资本国际化，中国石化企业跨国经营将成为"走出去"的重要内容，国际并购重组成为中国石化企业发展的重要方式。通过走出去，从石化原料、技术创新、产品生产到国际营销，实现资源的有效配置与整合，实现效益的最大化。

四、中国石化产业未来十年发展的方向和重点

未来十年，中国石化产业的发展应把握好四个重点方向：一是大力推进技术创新体系建设，提高企业的技术创新能力；二是对已具有自身优势和特点的大宗石化产品，要加快通过技术创新实现转型升级；三是对具有广阔发展前景的战略性新兴产业，主要通过技术创新取得产业化重大突破；四是对更长时期的可持续发展，主要通过技术创新做好基础研究和技术储备。

（一）积极推进技术创新体系建设，提高企业的技术创新能力

创新驱动是未来石化行业转型发展最强大的引擎。通过深化拓展创新体系建设，在资金投入、人才培养、关键技术研发、知识产权保护、创新资源整合、科技体制改革等方面加大工作力度。通过科技创新，化解产能过剩，发展新兴产业，培育新的经济增长点，促进行业可持续发展。在工作重点上，要加快建立科学高效的技术创新组织体系；要加强与跨国公司的创新合作；要进一步营造良好宽松的创新环境。

（二）推进大宗石化产品产业优化升级，进一步提高产业竞争优势

要根据不同产品的基础和特点，进一步明确转型升级的重点，努力提升和培育新的竞争优势：

——油气勘探开发。要通过技术创新，进一步提高油气采收率，保持油气稳定供应。深入开展对外合作勘探开发油气资源业务，增加海外份

额油气产量。加大非常规油气资源的勘探开发力度，努力在页岩气、页岩油、煤层气等领域取得积极进展。

——炼油。要努力适应原油劣质化的变化，加快装置改造，提高重质、高硫、高酸等原油加工能力；开发和应用炼油新技术，降低油品质量升级的投资和生产成本；合理优化二次加工结构，提高加氢、烷基化、异构化、烃重组等装置能力，提高脱硫效率，增加高辛烷值汽油调和组分的生产能力，降低烯烃及芳烃含量；推进节能减排，降低能耗、水耗及炼油操作成本。

——乙烯。要通过优化原料结构，提高规模化和炼化一体化水平，降低成本，提高竞争能力。深入挖掘传统石脑油蒸汽裂解制乙烯资源一体化潜力，尽量减少轻柴油、石脑油、加氢尾油等高品位原料在乙烯原料中所占比例，加大轻质化原料在乙烯行业的利用程度，实现有限资源条件下的最优化利用。

——合成材料。合成纤维要通过全产业链优化，增加差别化纤维品种，降低成本、提高竞争力；合成树脂要适度按差异化和专业化组织生产，提高专用料比例；合成橡胶要满足绿色轮胎生产的要求，适用低油耗和高行驶安全性的要求，开发和生产合成橡胶新品种。

——化肥。要根据不同农作物和经济作物的种植要求，增加化肥品种，提高肥效利用水平。推进先进煤气化技术改造和原料路线改造，努力降低成本，提高环保水平。保证尿素、磷铵、氯化钾等高浓度肥料供应，加快发展有机-无机复混肥、缓释肥料、水溶性肥料等新型专用肥料。

——农药。要针对市场需求，调整产品结构，优化产业布局。持续推进禁限用高毒、高残留农药政策，重点发展高效、安全、环保农药品种。通过新产品开发、工艺改造，提高农药生产本质安全水平。

——氯碱。要调整优化产品结构和技术结构，进一步推进各项节能减排技术的应用，加大电石法PVC行业汞污染防治力度，降低电石法PVC比例，发展具有成本竞争力的氧氯化PVC生产工艺，进一步增加高档氯产品品种和产量。

（三）大力培育战略性新兴产业，努力推进石化产业的高端化、差异化和绿色发展

一是优先发展化工新材料产业。中国化工新材料产业起步较晚，创新技术和应用市场都需要开发和培育。中国在有机硅材料、有机氟材料、工程塑料等新材料方面，已有了良好的生产基础和市场。随着中国航空航天、新能源、电子信息产品、高速铁路等行业快速发展，中国已成为全球化工新材料的最大市场。

重点发展高性能材料，如高性能纤维、高性能复合材料、新型无机非金属材料和功能材料等。要在聚氨酯、特种合成橡胶、有机硅、有机氟、碳纤维、芳纶、稀土化工材料等领域取得新突破，选择中国国内具有一定研发基础的化工新材料，如聚二羟基苯撑吡啶并二咪唑（PIPD）纤维、聚芳酯纤维、聚酮类纤维、碳化硅纤维等，加快推进产业化。

要针对重点品种的关键工程技术组织开发，加快科研成果的转化。要加强下游应用研究开发及技术服务，与汽车、高铁、航空航天、电子信息等高技术用户更加紧密合作，逐步建立起更加密切的技术服务体系。

二是加快发展生物化工产业。生物化工产业包括生物医药、生物农业、生物能源、生物制造、生物环保、生物服务等新兴产业领域。从世界范围看，现代生物化工的产业化是近二十年才开始起步的新兴产业，以BASF（巴斯夫）、DOW（陶氏）、Bayer（拜耳）、DuPont（杜邦）、DSM（帝斯曼）、AkzoNobel（阿克苏诺贝尔）、Celanese（塞拉尼斯）等公司为代表的跨国公司，均将生物产业作为未来企业转型的重要方向。

三是推动现代煤化工产业可持续发展。中国煤化工产业在技术方面居于世界领先水平，但是现代煤化工发展带来煤炭的大量开采、水资源的大量消耗和区域环境负荷的大幅增加，煤化工发展过程中的生态环境保护已成为关注的重点。要重点建设大型现代煤化工基地，形成煤、电、油、运一体化，企业集群化的发展新格局，努力提高资源能源清洁高效利用水平，降低生产成本，提高市场竞争力。

四是大力发展节能环保产业。节能环保产业是保护环境、实现可持续

发展战略的重要基础和保障，是未来经济中最具潜力的新增长点之一。石化产业在节能环保中起到不可替代的作用，在开发污染物治理技术、开发绿色产品、开发绿色工艺、减少污染物排放等方面，很多都是通过化工过程实现的。近年来，许多大型跨国化工公司都把环保产业作为未来发展的重点，重点支持技术研发和科技成果的产业化，抢占发展先机和竞争优势。

（四）着眼于前沿技术开展研发，做好石化产业可持续发展的技术储备

中国石化产业要攀登未来产业的制高点，一是要瞄准能够改变人类生产生活模式的重大技术方向，解决影响行业发展大趋势的关键技术；二是要对生产过程做到精益求精，在过程控制、节能降耗方面发展创新技术，系统优化全生产过程。根据目前的认识，中国可以重点在过程节能技术、未来能源技术、原料多元化、生命科学和纳米技术等领域提升技术创新储备能力，形成后发优势。

五、中国石化产业可持续发展的政策建议

中国已经成为世界石油和化学工业大国，但是由于中国发展市场经济时间较短，一些体制机制还不完善、不健全，政府、行业协会和企业的作用还没有得到充分发挥。报告对中国政府提出了六点政策建议：

（一）营造更加公平公正的市场环境

营造适合市场和企业发展的良好投资环境和运营环境，对未来中国石化创新发展十分重要。从资源配置角度看，目前中国石化行业相关生产要素市场还不够完善，国有企业、民营企业、外资企业在获取各类生产要素及市场准入的难易程度和成本高低上存在区别。政府要在搭建公平公正的市场环境当中发挥良性作用，推动让资源通过价格机制在各个市场主体之间流动，使各种所有制经济体依法平等使用市场要素、公平参与市场竞争、同等受到法律保护。要着重解决地方保护主义等因素对公平竞争的影

响,取消不合理的政府补贴,逐步通过市场化竞争解决产能过剩的问题。要进一步完善市场决定价格的机制,凡是能由市场形成价格都交给市场,政府放开管制和干预,推进油气领域价格改革,并接受社会监督。要进一步改革市场监管体系,实行统一的市场监管,反对垄断和不正当竞争。进一步完善主要污染物排放总量交易政策及碳交易市场,形成公平竞争的市场环境,实现优胜劣汰。尽快改变投资主体"内外有别"的差别化待遇,对内外资企业执行一致的投资准入政策,例如使"外商投资目录"的鼓励类、限制类、禁止类与国内行业管理目录一致,同时在节能安全环保法规执行方面对内外资企业一视同仁。

(二)增加政策的透明度及稳定性

对于长远发展来说,政府营造一个长期稳定和清晰的政策环境至关重要。与新加坡等地相比,中国仍存在政策稳定性不够,不同省市、地方的政策不清晰,不同项目可能面临不同的处理方式等方面的差距,也存在因为地方执政领导的更替,使政策连贯性不足的情况。石化投资是长期的投资,政策透明和连续稳定,会大大增强投资者的信心,中国政府应进一步增加政策法规的科学性、稳定性和可操作性。比如,在华外资石化企业关注的能源政策,包括天然气、煤炭等行业的市场化改革,支持能源价格的市场化和生产者的多元化。碳税和碳交易成本将对石化企业和产品的竞争力产生显著影响,建议提升制定相关政策和执行的透明度,保持和行业的沟通对话,借鉴国外的经验和做法,充分考虑行业和企业的具体情况,一方面大力推进节能减排,为节能环保型企业创造效益和激励机制,另一方面在制定减排标准时不应一刀切,要充分考虑装置工艺的先进性及减排潜力,提高可操作性,避免出现"鞭打快牛"的情况。

(三)加强法律法规的执行力度

加强政策法规的执行力度,严肃执法是保障市场公平的必要手段。中国制定了一系列石化行业的政策法规,相关环保、技术、产品、能耗、安全、标准等方面的法律法规已经在逐渐与国际接轨,有些标准甚至高于国际标准，但政策法规的执行力度不到位，有损法律法规的权威性和公信力。要加大政策法规的严肃性和连续性，防止地方保护对执法力度的影响。通过严格公平执法，加大违法成本，建立对违规、违法的企业强制市场淘汰和退出机制，逐步建立公正、公平发展的环境。

（四）努力提升化工行业社会形象

近年来，中国已多次发生针对石化项目的社会群体事件和负面舆论，这警醒中国化工行业，只有重塑化工行业社会形象，才能实现可持续发展。要加快解决化工企业在环保安全方面的历史欠账，努力改善化工行业的社会形象。石化企业要积极承诺实施"责任关怀"，宣传全球范围认知的化学品管理理念；倡导实行成本有效、技术和风险控制型政策；树立化工行业在经济建设中的贡献地位。建议各级政府要协助化工企业和利益相关方建立透明公开的沟通渠道，促进化工行业和其利益相关方的有效沟通和交流，有效树立化工行业良好积极的公众形象。化工行业是一个长期投资的行业，企业搬迁或退出成本都很高，要认真借鉴国外先进经验，研究跨国企业如何通过严格的管理，几十年与城市共同生存，通过提高环境与安全管理水平，实现化工园区和城市和谐发展、互利共赢。

（五）加强知识产权保护

只有加强知识产权保护，才能让世界上有先进技术和能力的企业敢把最好的技术、工艺、装备和产品带到中国；只有更加注重知识产权保护，才能激励或鼓励新的技术开发投入；只有在知识产权保护方面付出努力，加强法律法规的建设，才能打消投资者顾虑，提升跨国企业对知识产权保护的信心。建议政府简化项目的申报、审批、验收环节与手续，使投资者更加理解政府审批与知识产权保护的关系，从而树立对知识产权保护更大的信心。

（六）发挥行业协会的重要作用

在当前经济转型过程中，企业面临很多问题，政府部门宏观调控要更加符合行业发展实际，迫切需要行业协会把行业运行、科技创新、节能减排等情况反映给政府部门，并做好对行业转型发展的引导和服务工作。要充分发挥行业协会在政府与企业间的桥梁作用，积极发挥行业协会的组织职能、协调职能、服务职能和监管职能。通过行业活动，使企业更深入理解国家各项经济政策，增强企业抵御市场风险的能力，维护企业共同的经济权益，规范市场行为，调配市场资源。通过协会处理和协调各类关系，减少单个企业的运作成本，提高效率，推动成员单位实现公正公平的自律，使行业协会成为集聚石化行业正能量的倡导者和推手。要充分发挥行业协会在行业中权威作用，在参与制订产业政策和法规过程中，准确反映行业发展中的问题和诉求，做到上通下达，为国家制定相关政策提供科学合理的依据；在产业政策和法规执行过程中，委托行业协会对执行情况、执行效果进行第三方公正评估，提出意见和建议，进一步完善相关政策法规，提高政策法规的权威性和公信力。行业协会还要为企业和社会提供准确的市场信息和政策导向，做好对行业转型发展的引导和服务。

关于"十三五"发展规划几个重大战略问题的初步思考*

一、关于"十三五"发展规划战略目标的选择

(一)"十三五"发展规划的基础和起点

2010年我国石油和化学工业的主营业务收入达到了8.88万亿元(人民币),其中化学工业的主营业务收入达到5.14亿元。我国石油和化学工业的总量已跃居世界第二位,总量仅次于美国。其中化学工业总量已超过美国,位居世界第一位。

2014年我国石油和化学工业主营业务收入达14.06万亿元(人民币)。2014年美国原油产量4.5亿吨,天然气产量7000亿立方米,原油加工量9亿吨。我国2014年原油产量2.1亿吨,天然气产量1234亿立方米,原油加工量5亿吨。经过这三个指标综合测算,我国石油和化学工业主营业务收入仍未超过美国,位居世界第二。2014年我国化学工业主营业务收入达8.76万亿元(人民币),美国主营业务收入为8050亿美元,折合人民币4.94万亿元(按2014年平均汇率6.1428折算),我国化学工业主营业务收入比美国高出77.3%,仍位居世界第一,美国为世界第二。2014年日本化学工业主营业务收入为2.3万亿元人民币,位居世界第三;德国化学工业主营业务收入为1.6万亿元人民币,位居世界第四。

---

* 这是2015年3月17日,在石化联合会"十三五"规划起草小组座谈会上的讲话。

预计2015年，我国石油和化学工业的主营业务收入将达15.1万亿元，比2010年同比增长78.3%，年均增长率12.3%；其中化学工业主营业务收入约9.5万亿元，比2010年同比增长95.5%，年均增长率14.3%。我国的石油和化学工业不论是经济总量，还是年均增长速度，都保持了世界领先的发展地位，还创造了不少世界石油和化学工业发展的新亮点。我国石油和化学工业发展又站在了新的起点之上。

（二）石油和化学工业"十三五"发展规划战略目标的定位：由石油化工大国向强国跨越为目标的产业结构升级规划

1.石油和化学工业强国的四个标志

面对"十三五"行业发展的新起点，我国石油和化学工业发展的战略目标应该定位在"向世界石油和化学工业强国跨越"的目标上。什么是世界石油和化学工业强国？至少应该有四个标志：一是要有一批具有自主知识产权、占据行业制高点的核心技术；二是要有一批具有国际一流竞争力的大型的企业和企业集团；三是具有世界一流水平的行业经营效率和经济效益；四是具有世界一流水平的技术管理人才和具有一流影响力的企业品牌。这四个方向应该成为我国石油和化学工业"十三五"发展转型升级和战略规划的方向和目标。

2.发展战略要由"跟跑型"向"领跑型"转变

由石油和化学工业大国向石油和化学工业强国跨越，最大的变化应该是行业发展战略的变化。由"跟跑型"战略向"领跑型"战略转变，或者由"跟跑型"战略向"跟跑型"和"领跑型"混合型战略的转变，应该是"十三五"发展规划的最重要的改变。"跟跑型"战略和"领跑型"战略是两种完全不同的战略，"领跑型"战略的核心是技术创新的领跑，技术创新追求的目标是："行业第一"或者"行业唯一"，市场竞争能力和产品盈利能力追求的是"持久的领先者"。能否实现行业发展战略的转变，能否迈出由"石油和化学工业大国"向"石油和化学工业强国"跨越的步伐，关键要看行业技术创新能力这一关键"变量"能力的提升。我国石油和化学工业"创新能力"成为"十三五"发展的关键"变量"，这是由

"十三五"时期行业发展环境的变化和我国石油和化学工业内在结构的现状所决定的。

"十三五"期间，我国石油和化学工业的发展环境正在和将要发生一系列的深刻变化：首先是发展环境的巨大变化，北美页岩气革命、中东廉价油气资源的冲击，以及我国现代煤化工技术的突破，使得全球石油和化学工业原料多元化的特征越加明显；其次是日本、韩国石化产业针对我国市场的结构调整加速，以及欧美化学工业的技术创新升级，都对我国石化产业竞争力提出了新的要求；第三是世界石油和化学工业技术创新正在出现一系列重大新突破，面临着一个前所未有的技术创新和产业结构转型升级的重要转折时期，世界各国都在抓住有利机遇，努力抢占有可能提高自身竞争优势的技术创新制高点。世界石油和化学工业发展大环境的变化，要求我国石油化工产业必须加大自身技术创新的力度，加快提升整个产业市场竞争的能力。

3. 完整石油和化学工业产业链的五个结构层次

我国石油和化学工业产业结构的现状也要求我们必须加快技术创新的力度，依靠技术创新加快产业转型升级的步伐。从世界石油和化学工业发展的历史和规律来看，一个完整的石油和化学工业产业链，从原始材料起始到市场终端大体可分为五个产业结构层次：

第一个结构层次为石油、天然气和化学矿山开采业。这是石油和化学工业产业链的始发端，如果没有原油、天然气和诸多的化学矿产，特别是硫铁矿、磷矿、萤石矿等化学矿资源的有效供给，石油和化学工业就会成为无源之水和无本之木。一个国家的石油、天然气和化学矿的勘探开发业既取决于技术的优势，更取决于资源禀赋的优势。如中东、俄罗斯石油资源的优势、摩洛哥磷矿石的优势、美国页岩油气的优势等等。

第二个结构层次为基础石油和化工原材料加工业。这是石油和化工产业发展的原材料基础，乙烯、丙烯、苯、甲苯、二甲苯、烧碱、纯碱、硫酸、硝酸、盐酸、电石等等，这些量大面广的基础化工原材料是石油和化学工业发展的基础。经过多年的发展，目前这些基础化工原材料的生产技术都是成熟的，发展的优势主要取决于原料供给、生产规模和市场需求的优势等。

第三个结构层次为一般石油和化工加工制造业。这是石油和化工深加工的初级阶段，如合成氨、合成树脂、合成纤维、合成橡胶等等。这个结构层次的石油化工产品的主要特点是生产技术属于传统的成熟技术，生产规模一般较大，市场需求比较稳定，是整个产业稳定发展的最重要的基础部分。

第四个结构层次为高端石油和化工制造业。这是石油和化工技术处于行业高端的加工制造业，主要包括化工新能源、新材料、高技术精细化学品以及现代煤化工等高精尖技术和新市场用途的石油化工产品，这类石油化工产品的主要特征集中体现在化工原材料的高端性和生产加工技术的先进性上。以纳米材料和电子信息制造技术为代表的新突破，使石油和化学工业的高端制造又上升到一个新的台阶，高端石油和化工制造业引领着整个石油和化工产业未来新的竞争优势和新的经济增长点。

第五个结构层次为战略性新兴石油和化工产业。这个结构层次代表着石油和化学工业未来发展的方向和新技术的领先探索，主要包括生命科学、生物工程、化学制药、高端新材料、环境工程等等。这一结构层次的产品集中体现着前沿技术的创新能力、制高点技术的发展水平和未来技术研发领先的优势等。

加快提高自主创新能力，不断提升产业结构层次，是世界各国石油和化学工业发展十分显著的大趋势。特别是进入21世纪以来，世界各国特别是石油化工大国产业结构调整的步伐明显加快，在产业第四、第五个结构层次上的投入越来越大，抢占未来行业技术制高点的竞争也越来越激烈。

4. 我国石油和化学工业"十三五"规划的战略目标定位

经过"十二五"的艰苦努力，我们不仅在全行业总量发展上取得了显著成绩，而且在结构调整上也取得了积极进展。但从总体而言，我国石油和化学工业产业结构低质化、同质化的问题还没有从根本上得到解决。从2014年最新的产业结构分析中，我们就可以看出行业结构矛盾的尖锐性和加快调整产业结构的紧迫性。

2014年我国石油和化学工业主营业务收入为14.06万亿元（人民币），按行业统计十一大类分析，其组成比例如下：

2014年我国石油和化学工业主营业务收入

行业类别	主营业务收入/万亿元	比重/%
石油和天然气开采业	1.36	9.7
精炼石油产品制造业	3.50	24.9
化学矿山开采业	0.05	0.4
基础化学原料制造业	2.49	17.7
肥料制造业	0.91	6.5
化学农药制造业	0.30	2.1
涂料、油墨、颜料及类似产品制造	0.62	4.4
合成材料制造业	1.42	10.1
专用化学产品制造业	1.99	14.1
橡胶制品业	0.99	7.0
专用设备制造	0.43	3.1

如果按照世界惯用的石化产业链五个结构层次来分析，我国的石油和化学工业主要集中在技术低端的前三类：即石油、天然气和化学矿山开采业，占我国石油和化学工业整体结构的35%；基础石油和化工原材料加工业，占我国石油和化学工业整体结构的17.7%；一般石油和化工加工制造业（包括肥料、农药、橡胶、合成材料、专用化学品等），占我国石油和化学工业整体结构的47.3%，而高端石油和化工制造业与战略性新兴石油和化工产业两个层次的产品我们几乎是空白（2014年现代煤化工和聚氨酯新材料主营业务收入仅占全行业主营业务收入的2%）。尽管近几年我国石油和化学工业在高端化工产品技术上也取得了一些突破，如煤制烯烃、煤制芳烃、聚氨酯新材料、异戊橡胶等领域都创造了一些领先于世界的技术，但从技术创新的总能力和总水平上看，与世界发达国家还有相当大的差距。因此，从总体上看，我国石油和化学工业的产品技术结构还是低端的、落后的和同质化的，这就是我国石油和化学工业产业结构的现状，也是我们必须要承认和正视的产业结构现实。

所以,"十三五"发展规划的战略目标应该定在:以自主创新为核心、以产业结构升级为重点、由石油化工大国向强国跨越为目标的产业结构升级规划。"十三五"期间,整个石油和化学工业的自主创新必须在整体规划的前提下,按照"有所为、有所不为"的原则,集中力量,突出重点,协同推进,力争在产业结构升级和产业竞争能力提升上取得显著的突破和进展。

二、关于传统产业竞争力的巩固和提升

(一)传统产业是不可或缺的行业发展基础

我国是一个经济大国,经济发展的自我配套能力是大国发展战略的重要组成部分。石油和化学工业传统产业的自我配套能力和优势,是大国经济发展中不可或缺的基础。要实现石油和化工行业的跨越式发展,首先要实现传统产业竞争力的巩固和提升。传统产业是全行业发展的重要根基,有着持续发展的雄厚基础,也有着配套发展的巨大需求市场。我国工业部门众多,产品种类和品种很多,而且产业和产业之间相互配套、共存共生。石化传统产业不仅要为钢铁、纺织、机械、汽车、轻工等其他加工制造业提供原材料和产品,还要为行业本身提供基本原料和中间产品。传统产业肩负着为我国工业各部门发展提供配套产品的重要责任,同时也是我国战略性新兴产业发展的重要基础。

(二)发展传统产业面临着三大机遇

继续发展传统产业,有着不少有利的客观条件。首先是我国经济保持中高速发展,为传统产业发展提供了强大动力。经初步核算,2014年我国GDP达到63.6万亿元,同比增长达到7.4%,其中,工业增加值22.8万亿元,同比增长达到7.0%。尽管增速较上年有所回落,但与世界各主要经济体相比,仍然属于高速增长。第二,巨大的国内市场需求,为传统产业发展提供了增长空间。国家继续稳步推进新型城镇化建设、铁路公路等基础设施建设、大力发展现代化农业以及实施京津冀协同发展和长江经济带战略等,都需要传统产业和产品与之相配套,未来传统产业发展空间巨大。

如果我国经济发展不能自我配套的话，就一定会出现"买什么什么涨价，卖什么什么降价"的被动局面。第三，国家宏观调控政策正在从粗放型、"一刀切"的管理方法向多管齐下、精准到位转变，管理理念也从过去的行政干预向市场为主转变。好政策为传统产业释放发展活力提供了宽松环境。

（三）"十三五"传统产业的发展目标和措施

对待传统产业发展，在做到不抛弃、不放弃的同时，还要进一步巩固和提升传统产业竞争力，让传统产业发展走出一条不传统的新路子。巩固和提升传统产业的竞争力，必须走"减强发展，乘法提升"的新路子，最终达到传统产业发展"总量合理、技术先进、结构优化、竞争优势突出"的总体目标。

1.通过"减强发展"，为传统产业"瘦身"，切实化解产能过剩的被动局面

当前，传统产业产能过剩矛盾十分突出，为促进传统产业持续健康发展，做好"减法"成为必要手段，通过"瘦身"，让传统产业旧貌换新颜，焕发勃勃生机。通过做好减法，达到进一步强化产业优势，提高产业竞争力，增强产业生命力的根本目标。通过做好减法，实现"减而不弱""少则更优"的精品发展战略。通过做好"减法"，打造一批传统产业的精兵强将，形成一批传统产业的优势集群。首先，凡是达不到节能减排标准的企业或装置要坚决淘汰。要通过"能效领跑者"等活动，淘汰落后者，鼓励领跑者，逐步建立起产业发展的社会监督和行业监督机制，防止"劣币"驱逐"良币"，杜绝逆向淘汰。节能减排指标要成为行业"减强发展"的硬指标。其次，凡是达不到同业平均盈利能力标准的企业或装置也要逐步淘汰。行业可以制定一批包括全要素生产率、主营业务利润率等真实反映企业盈利能力和水平的综合性指标标准，通过与国际同业水平对标和比较，在行业内逐步建立起一个长效的优胜劣汰机制。

2.通过"乘法提升"，为传统产业"添翼"，实现产业转型升级的新跨越

促进传统产业持续健康发展，在做好"减法"的同时，还要做好"乘

法"，要通过技术升级和结构优化，为传统产业持续发展注入新的动力。技术升级为传统产业发展提供起飞的"升力"，而优化结构为传统产业发展提供起飞的"活力"。

我们应该清醒地看到，一方面传统产业面临着产能过剩的尖锐矛盾，另一方面我们又是整体贸易逆差巨大的一个行业。2014年，中国石油和化学工业进出口总额为6755亿美元，其中出口贸易额1967.5亿美元，进口贸易额4787.3亿美元，全行业贸易逆差高达2819.9亿美元。其中，进口合成材料4548万吨，进口金额占全行业的38.8%，进口有机化学原料4098.2万吨，进口金额占全行业的29.7%。国内市场对这些进口产品的巨大需求，实际上就是传统化工产业可以大力开拓的现实市场。

高端化、差异化产品开发能力不足，是制约传统产业转型升级的关键短板。大胆拥抱终端市场，大力优化供给结构，是提升传统产业竞争优势的急迫任务。通过优化传统产业结构和产品结构，不仅可以使现有产品满足现有市场，而且还可以通过创新，逐步培育消费市场，最终实现引领消费市场。比如，农用化工产品，生产专用和缓控释肥料、液体肥料等，开发高效安全低残留农药等。比如涂料、染料、纯碱、烧碱、轮胎等传统产品，开发生产高品质产品，推出"产品+服务"的经营理念等。让一部分生产装置从生产通用型、基础型产品中解放出来。实现"乘法提升"还有很多值得探索的方法和途径，比如探索"实业+金融"的经营方式，探索"生产企业+电子商务平台"的营销方式，探索"生产企业+流通运输"的服务方式等。只要我们大胆创新，勇于探索，传统产业发展就会走出一条不传统的发展道路。

三、关于战略性新兴产业的培育和发展

战略性新兴产业是引导和支撑未来中国石油和化学工业发展的重要力量，已成为抢占全球石油和化学工业新一轮产业和科技发展制高点的重大战略。"十三五"时期，我国石油和化学工业正处在战略转型的关键时期，必须按照跨越式发展的总体要求，按照"有所为，有所不为"的原则，抓

住机遇，明确方向，突出重点，加快培育和发展具有中国特色和优势的战略性新兴产业，这是一个需要集思广益、深入讨论的重大课题。我们初步提出了"十三五"时期重点培育和发展的六大战略性新兴产业：化工新材料、新能源、生物化工和生物质燃料、现代煤化工、节能环保以及生产性服务业等战略性新兴产业。

（一）关于发展目标

总体目标：到2020年，战略性新兴产业产值在石油和化工行业占比显著提高，基本形成方向明确、协调推进的产业格局，对全行业转型升级形成重大带动作用，为向石油和化工强国跨越提供强有力的支撑。

具体目标：①在化工新材料、新能源、生物化工和生物质燃料、现代煤化工、节能环保产业中，突破一批关键核心技术，部分技术达到世界领先水平；② 形成一批具有国际影响力的优势企业和一批创新活力旺盛、技术水平领先的行业创新平台；③建成一批产业链完善、创新能力强、特色鲜明的战略性新兴产业优势聚群。

（二）发展原则

坚持创新驱动与推进产业化相结合。着力突破一批具有自主知识产权的关键核心技术，努力抢占一批行业核心技术的战略制高点，形成一批具有国际竞争优势的产业集群。

坚持市场决定性作用与政策引导相结合，大力推动"大众创业、万众创新"战略，培育一批既有创新活力、又有创新发展成果、还有市场竞争优势的典型示范企业。

坚持整体推进与重点领域跨越发展相结合。搞好统筹规划，促进协调发展。抓好基础研究和应用研究的结合，努力增强战略性新兴产业可持续发展的不间断后劲。

（三）发展重点

"十三五"时期，我国石油和化工行业转型升级的着力点是通过创新培育新的增长点，创建能够赢得后发优势的长期发展平台。重点推进六大产业快速发展：化工新材料、新能源、生物化工和生物质燃料、现代煤化工、节能环保、生产性服务业。

1. 优先发展化工新材料产业

新材料产业一直是世界各国抢占的战略制高点之一。比如《美国先进制造业战略规划》把先进材料列为四大优先发展和投入领域的第一位，并专门实施了《材料基因行动》。我国也把新材料列为七大战略型新兴产业。我国在有机硅材料、有机氟材料、工程塑料等新材料方面，已经有了良好的生产基础。随着我国航空航天、新能源、电子信息产品、高速铁路等行业快速发展，化工新材料产业将成为我国石化产业具有后发优势的新兴产业。

2. 大力发展页岩气等新能源产业

我国页岩气、致密气等非常规油气资源具有良好的开发前景，对于保障国家能源安全具有十分重要的意义。"十三五"时期，要大力推进海相试验区、海陆过渡相试验区和陆相试验区建设，建立具有中国特色的页岩气评价、勘探、开发和规模效益利用体系，在页岩全面评价、水平井分段压裂、人工微地震监测、井场钻完井、测试和工厂化管理、气井投入后的递减规律研究和环境保护等方面进行深入研究攻关，到2020年形成规模化生产，力争总体产量达到300亿立方米以上。

加强致密气勘探开发的科技创新，研究制定致密气标准，降低致密气开发成本，扩大经济可采储量规模，建立国家级致密气开发示范区。加强行业监管，实现非常规油气行业安全生产、清洁生产和可持续发展。

3. 加快发展生物化工和生物质燃料产业

加快发展生物化工与生物质能源，是我国石油和化工行业追求原料多元化和能源安全的战略选择。"十二五"时期，我国生物化工与生物质能源技术创新和产业化方面均已取得明显进步。"十三五"时期，随着农业现代化和农村改革的深入推进，为加快发展生物化工和生物质能源创造了条件。

重点开发新型生物基材料、生物基化学品，通过基础研究与科研成果转化并举，加快推进科技成果产业化。加大对作为原料的非粮作物的种植扶持力度，加快制定生物化工和生物质燃料标准体系，形成非粮生物乙醇等生物质燃料的规模化发展。利用已有的生物化工产业基础，加快培育新型生物化工产品的竞争优势。

4. 促进现代煤化工产业规范健康发展

我国现代煤化工产业在技术方面居于世界领先水平，但是现代煤化工发展带来煤炭的大量开采、水资源的大量消耗和区域环境负荷的大幅增加，也是产业发展面临的一大现实考验。"十三五"时期，现代煤化工产业要坚持"深入示范、合理布局、总结经验、培育优势、持续创新、稳健发展"的指导思想，坚持"量力而行、量水而行、量环境承载能力而行"的原则，同时综合考虑煤炭资源、环境容量、市场需求以及交通运输等条件，稳步扩大示范，严格防止"一哄而起"、过热发展的局面。

坚持大型化、基地化发展，合理规划和布局现代煤化工示范项目，重点在产品结构、生态环保、资源利用等方面取得突破，促进现代煤化工升级示范。对已布局的地区加强监管，控制总体规模。坚持系统化、一体化发展，在现有产业基础上通过对煤炭加工转化多种单项技术进行耦合、集成，联产多种清洁燃料、化工原材料以及热能、电力等产品，从而实现煤炭资源的综合利用，提高煤炭转化效率。要积极发展高端、高附加值产品，适度发展煤制油、煤制天然气等原料产品，延长产业链，拓宽产品品种。现代煤化工产品重点要放在具有竞争优势的高端化、差异化产品的发展上。

5. 积极发展节能环保产业

节能环保产业是保护环境、实施可持续发展战略的重要基础和技术保障，也是最具潜力的新增长点之一。石化产业在节能环保中具有不可替代的作用，在开发污染物治理技术、开发绿色产品、开发清洁工艺、减少污染物排放等方面，很多都需要通过化工过程实现。

积极组织若干环保产学研合作研发组织，重点开发新兴适用技术，推进环保产业高新技术成果的转化。重点推进汞污染、大气污染、磷石膏、高难度有机废水、含盐废水、挥发性有机化合物（VOCs）、危险废物、废气资源化、恶臭等突出环保难题的防治，深入推广应用先进适用的循环经济和清洁生产技术与装备，培育一批示范工程、企业和园区。重点建设一批环保产业园区以及集散与处理区域中心，提高环保产业集聚度。如水污染控制技术研发服务基地、再生资源基地等。积极开展CO_2捕集、利用和封存重大现场试验工作，建设百万吨级示范项目。

6. 着力推进生产性服务业

生产性服务业是行业发展中的一条"短腿"，存在市场化程度较低、发展质量不高、发展不均衡等问题，不能满足行业转型发展的需要。大力加快生产性服务业的发展，是行业结构调整中的一大有利空间。要下大功夫把生产性服务业作为一个新的增长点进行培育。

重点发展现代物流、科技服务、创意设计、商务服务、信息服务、商贸流通等现代生产性服务业。要围绕石化产业集群和化工园区，培育若干特色鲜明的生产性服务业集聚区，推动产业关联度强的生产性服务业企业向集聚区集中，优化产业布局，为打造结构合理、特色突出、运转高效的供应链创造良好条件。加快信息化和工业化的深度融合，建立大数据平台，推进行业智能检测监管体系建设，培育一批集电子交易、仓储码头、物流配送于一体的大型化、专业化服务企业，努力实现集研发设计、物流采购、生产控制、经营管理、市场营销为一体的流程工业全链条智能化，推动行业生产性服务业迈上新台阶，不断延伸产业价值链。

四、关于实施"一带一路"倡议的构想和举措

（一）实施"一带一路"倡议的重大意义

推进"丝绸之路经济带"和"21世纪海上丝绸之路"（"一带一路"）建设，是党中央、国务院根据全球形势深刻变化、统筹国内国际两个大局作出的重大决策。"丝绸之路经济带"横跨欧亚大陆，由我国西北、东北、西南起始，途经中亚、俄罗斯、中南半岛，通达西亚、中东，与欧洲相连；"21世纪海上丝绸之路"从我国沿海港口过南海，至印度洋、南太平洋，最终延伸至欧洲。"一带一路"涉及约65个国家，总人口约44亿，年

生产总值21万亿美元，分别占全球的62.5%和28.6%。2013年，我国和沿线国家贸易额1.04万亿美元，占我国对外贸易总额的1/4。

"一带一路"沿线国家，是我国油气资源来源多元化战略的重要依托，是我国能源战略通道的必经之地，是我国石化产品及下游产品进口的主要来源和出口的新兴市场，也是我国石油和化学工业进一步推进"走出去"战略、推动生产力全球化布局的重要目的地。"一带一路"倡议，是我国石化行业未来十年构建开放型经济新体制的最重要的战略导向和最大的政策机遇；推进实施"一带一路"倡议，是我国石化行业打造全方位对外开放新格局的核心任务。

（二）"一带一路"倡议给行业发展带来的重大机遇

1. 实现能源资源来源多元化，提高能源安全保障水平的新机遇

"一带一路"沿线国家油气资源丰富。"一带一路"途经俄罗斯、哈萨克斯坦、土库曼斯坦、阿塞拜疆以及伊朗、沙特阿拉伯等重要的油气资源国。2013年，"一带一路"沿线国家油气储量分别为461亿吨和108万亿立方米，占世界的20%和56%；油气产量分别为12.1亿吨和1.48万亿立方米，占世界的30%和43%。

"一带一路"联通国际能源供需两端，供需双方对油气进出口都有着多元化的迫切需求，为我国能源行业创造了拓展资源来源的有利环境。中国石油和化工企业在"一带一路"沿线国家具有良好的合作基础。截至2013年底，中国在"一带一路"地区油气项目的总投资达687亿美元，约占海外总投资的45%；在油气生产方面，2013年中国石油企业在该区域内油气权益产量约4200万吨，占海外总产量的35%。"一带一路"倡议必将带动我国石化企业的海外战略实现新的腾飞。

2. 构建和完善海陆能源安全通道和石油化工产业物流网络的新机遇

中亚国家地处欧亚交通咽喉，为我国陆上能源通道的必经之地，东南亚扼守两大洋、连接三大洲，既是我国最重要的海上油气运输战略通道，也是我国走出去的必经之地和对外贸易的重要通道。

在油气管道建设上，我国已经形成西北、西南、东北、海上四大油气

战略通道，包括中俄、中亚天然气管道、中缅油气管道、海上进口通道。"一带一路"倡议的实施，特别是能源资源投资贸易合作的扩大和基础设施互联互通的推进，有助于我国进一步打通和保障油气运输生命线，特别是西亚-里海片区到中国新疆的陆地油气生命线，以及波斯湾、印度洋至马六甲海峡的海上油气生命线。随着陆路运输的比重增加，最终将会改变以往途经马六甲海峡的单一海路运输格局。欧亚大陆将逐渐建设多条新的能源转运中心，形成海路陆路比肩并进的合理布局。

此外，以相关公路、铁路、港口、码头等基础设施建设为基础，以油气管道建设为纽带，"一带一路"倡议的实施也将为沿线国家特别是我国境内沿海沿边地区石油和化工产业相关港口、码头、仓储、物流等基础设施的建设和完善提供动力。

3.提升经贸合作水平，开拓石化产品新兴市场的新机遇

"一带一路"沿线国家多是经济增长较快的新兴市场国家，中亚五国、东盟十国、印度等国家近年来经济增速平均在5%左右，高于世界经济增长平均水平。"一带一路"倡议的实施，必将进一步拉动上述国家的经济社会发展和人民生活水平提升，同时为我国石化产品创造增长的新兴市场空间；而"一带一路"倡议推动的基础设施互联互通、油气勘探开发合作项目的推进，也为我国石化行业创造了工程设备服务输出的重大机遇。

"一带一路"沿线国家是我国石油和化学工业重要的货物和服务贸易合作伙伴。2013年，中国从"一带一路"沿线国家进口原油5800万吨，占进口总量的19%；进口天然气309万亿立方米，占进口总量的58%；泰国、沙特阿拉伯、新加坡、马来西亚、伊朗、俄罗斯、印度尼西亚、哈萨克斯坦、阿联酋、印度等十国对华化工产品出口，以及印度、俄罗斯、印度尼西亚、泰国、马来西亚、越南、澳大利亚等七国从中国进口化学品总额均超过20亿美元，且呈快速增长的趋势。"一带一路"倡议相关油气资源开发和贸易合作将促进我国与沿线国家进一步扩大油气贸易规模，中国-东盟自贸区升级版、中国-海湾合作组织等自贸区建设以及相关贸易便利化措施的推动将进一步促进我国与沿线国家的石化产品和服务贸易。

4. 拓展石化产业投资，构建和完善生产力全球布局的新机遇

"一带一路"沿线主要是发展中国家，多处在工业化、城市化的起步或加速阶段，不少国家的经济高度依赖能源、矿产等资源型行业。我国石化企业"走出去"深化产业合作，既契合沿线国家实现工业化的需求，又可带动我国产业结构优化升级，是促进我国与沿线国家经济深度融合、构建和完善我国石化企业全球布局的重要途径。特别是在以油气开发为龙头的油气加工项目的建设、以煤化工技术设备输出为核心的煤炭清洁利用项目建设、以我国技术优势拓展海外市场为目标的农化、涂料等传统产业投资，以及化工园区建设等领域，都可推出一批产业类型符合当地市场需求，并且我国在资金、技术、工程、设备、市场等环节具有相对优势的合作项目。

（三）推进"一带一路"倡议实施的构想和举措

中国石油和化工行业必须紧紧抓住"一带一路"倡议为行业发展带来的机遇和政策红利，以"一带一路"倡议为核心，探索和构建石化行业全方位对外开放新格局。

1. 推出一批重点合作项目

在能源资源合作领域，要大力提升重点区域油气合作规模和质量。做大、做实与中亚、西亚和俄罗斯的油气项目，拓展在哈萨克斯坦的油气合作规模，巩固在土库曼斯坦的天然气合作，加强与俄罗斯在东西伯利亚及远东地区的合作，特别是加强南图尔盖盆地、阿克纠宾地区现有项目周边的滚动勘探开发，力争在里海地区实现新的战略突破，在哈萨克斯坦建成多个千万吨级油气区。巩固阿姆河地区天然气勘探开发，在土库曼斯坦建成海外天然气生产合作基地。深化与俄罗斯油气合作，构筑俄罗斯东西伯利亚及远东油气合作带。务实推进南海油气资源合作开发，建造部署深海油气钻探开发大型配套设施。

在能源通道建设领域，要大力推进油气战略运输管道合作，进一步巩固和扩大西北、东北、西南和海上油气战略运输通道，加强我国与中亚、西亚能源通道建设合作，加快推进中国-中亚天然气管道D线建设，扩大

中亚天然气管网覆盖范围，夯实陆上能源供应安全通道。加快中俄东线天然气管道建设，提升中俄油气管道输送能力。确保中亚等油气管道安全稳定运营，加快建立跨国油气管道安全稳定运行机制，确保油气运输安全。

在石化产业投资领域，一是要推动建立以油气为核心的勘探开发、加工转化合作带，形成油气合作战略一体化的产业链；二是要推进化肥、农药、氯碱传统产业向"一带一路"沿线国家和地区转移；三是要有序推进煤制气、煤制油等煤炭加工转化领域合作，推动我国煤炭深加工技术、装备与工程服务走出去；四是围绕龙头项目，重点规划建设若干海外石化/化工产业园区，推动上下游一体化的链条式转移、集约式发展。

2.开拓一批新兴市场

要大力推进油气和石化产品经贸合作，扩大自俄罗斯、中亚、西亚国家油气进口，力争到2020年，自"一带一路"沿线国家进口石油3.5亿吨，天然气1400亿立方米。

要进一步拓展与沿线国家的石化产品和服务贸易合作。一是把握沿线国家经济快速增长、市场规模扩大的机遇，重点开拓东盟、印度、俄罗斯等新兴石化产品市场；二是把握"一带一路"基础设施互联互通的机遇，开拓工程建设、产品配套的市场；三是把握中亚、中东、俄罗斯等地区的油气资源国进一步扩大资源开发的机遇，开拓油气田勘探开发和工程设备服务领域的市场；四是把握"一带一路"石化贸易流量扩张、贸易格局整合调整的机会，开拓仓储、物流、供应链服务领域的市场。

同时，要趋利避害，加强中国-东盟升级版、中国-海湾合作委员会等自贸区建设，把"一带一路"相关国家和地区打造成我国石化产品对外贸易的互利互惠的重要伙伴。

3.培育一批"走出去"优势企业

要鼓励和支持骨干企业通过"一带一路"倡议的实施进一步优化全球布局，推进战略并购，实现海外战略的升级。

要鼓励有条件的民营企业在"一带一路"沿线国家参与油气勘探开发、炼化等行业。

要发挥骨干企业的带头作用，鼓励和吸引上下游产业链的链条式转移和集群发展，培育国际化的专业企业。

要促进工程设计、施工建设企业进入油气勘探开发、石化工程建设、基础设施建设等更广泛的市场领域，建设具有国际竞争力的综合性跨国工程公司。

五、关于"十三五"化工园区发展思路

（一）我国化工园区发展现状

1. 园区数量快速增长

根据中国石油和化学工业联合会化工园区工作委员会（以下简称"园区委"）所做的全国性调研统计，截至2014年底，全国重点化工园区或以石油和化工为主导产业的工业园区共有381家，其中国家级化工园区（包括经济技术开发区、高新区）42家，省级化工园区221家，地市级化工园区118家。

2. 园区规模逐渐壮大

2013年，381家化工园区的工业总产值合计超过5万亿元，占石油和化学工业总产值的37.5%。全国已形成石油和化学工业产值超过千亿的大型园区4家，产值在500亿～1000亿的园区23家，100亿～500亿的园区84家。全国化工园区内规模以上石油和化工企业约为1.2万家，企业入园率达到45%左右，化工园区对于行业的集聚发展起到了积极的促进作用。

3. 管理模式不断创新

国内园区的管理机构按照发展循环经济和建设生态文明的要求，在吸收借鉴国际先进经验的基础上，积极实践，大胆探索，逐步形成了五个"一体化"的建设发展理念，即原料产品项目一体化、物流信息传输一体化、公用辅助工程一体化、安全环保应急一体化和管理服务金融一体化，从物料流、储运流、能量流、危废流、资金流几个方面最大限度地发挥园区的集群化发展优势，以提升企业的运行效率和产业竞争实力。

由于发展历程短，缺乏建设经验和标准规范，随着化工产业向园区集中的速度空前加快，长期以来我国化学工业在产业竞争力、安全风险、环

境污染等方面存在的诸多问题，在化工园区也有所显现。一是布局不尽合理，园区过多过散、产业雷同现象比较严重。二是多头分管，相关建设规范与标准缺失，急需建立化工园区准入与退出机制。三是缺乏科学产业规划，园区发展方向不明确，准入条件存在问题。四是园区建设与管理水平参差不齐，专业管理人员不足。五是安全环保压力加大，"责任关怀"理念有待深化。

（二）化工园区"十三五"发展思路与目标

1.发展思路

立足我国化工园区发展的现有基础，借鉴国际先进经验，因地制宜，进一步引导园区规范化建设，进一步提升园区绿色、循环发展水平，形成若干高质量的世界级化工园区，倡导园区走特色化、专业化发展之路，充分发挥化工园区产业聚集的优势和对石化产业转型升级的载体作用。

2.总体目标

到"十三五"末，化工园区布局更加合理，园区多而散的局面明显改善。完善园区规范和标准体系建设，园区管理水平大幅提升，降低园区环境风险，建立危险化学品安全环保发展保障机制，促进化工园区规范、安全、绿色、平稳发展。原则上不再新设立化工园区，新建化工企业入园率达到100%，加快推进区外企业的搬迁入园；优化化工园区布局，形成10家左右产值超千亿、特色发展显著的世界级石化基地。

（三）化工园区"十三五"发展主要任务

1.优化布局，因地制宜，形成优势互补、协同发展的格局

我国化工园区从东部地区发展起步，逐步向中西部地区延伸，目前基本形成了东部沿海、中部地区、西部地区全面分布的格局，依托各自资源优势与产业特点，发展各具特色。"十三五"期间，化工园区应结合国家"新丝绸之路经济带"和"21世纪海上丝绸之路"的"一带一路"区域发展重点，优化园区区域布局，充分发挥沿海沿江沿边的区位优势，深化向东开放，加快向西开放，引导要素合理流动和优化配置，缩小园区发展差

距，形成优势互补、协同发展的区域格局。

2. 推进园区走专业化、特色化发展之路

推动现有石油化工型园区升级，综合考虑环境容量、产品市场、安全生产等因素，优化资源配置，调整产品结构。在沿海地域空间相对独立、安全纵深广阔的孤岛、半岛、废弃盐田，科学布局石化园区，推动产业聚集发展。促进矿产资源型园区循环发展，提升资源深加工水平。建设高附加值精细化工型园区。

3. 强化管理，提升我国化工园区整体发展水平

结合国家土地利用总体规划、城市总体规划、主体功能区规划和环境保护规划，以循环经济理念为指导，充分利用现代信息管理手段，加快推动智慧园区的建设。按照一体化建设、分层次布局的原则，科学编制总体规划。进一步提高园区建设标准，建立项目准入管理制度以及项目预评估制度，依据总体规划及产业链规划引进项目，提高产业集中度。统一规划、建设和管理工业用水、电力电网、蒸汽、工业气体、公共管廊、天然气管网、污水处理厂、化学危险品废物处理装置等公用工程，完善园区公用工程配套设施，实现园区的集约化发展。建立科学的园区评价体系，通过示范促进园区整体水平的提升。强化园区安全环保管理，大力实施"责任关怀"，五年内清洁生产审核实施率100%，园内企业排水接管率达到100%，危险废物处理处置率达到100%。

六、"十三五"规划小组的具体任务

规划起草小组是一个临时组织起来的团队，弱点是工作缺乏长期的积累，但优点是没有框框，可以充分解放思想，大胆进行"畅想"。"十三五"规划起草是一项责任重大的工作，各方面的要求也很高。工作启动后，希望大家都认真学习一下行业"十二五"发展规划指南，还可以学习一下日本通产省刚刚完成的日本石化产业竞争力的研究报告。

初步考虑，"十三五"规划小组要完成三个文件的起草任务：一是《"十三五"中国石油和化学工业战略性新兴产业培育发展研究报告》（以

下简称《研究报告》）；二是《中国石油和化学工业"十三五"发展规划指南》（以下简称《规划指南》）；三是《"十三五"石油和化学工业重点行业、重点产品发展规划报告》（以下简称《重点产业、重点产品报告》）。这三个报告内容既有联系，又有区别。《研究报告》要以产业竞争力分析为核心研究，提出有可能形成竞争优势、又具有中国特色的战略性新兴产业，是一份以研究为特征的决策参考报告。《规划指南》是以发展为核心的战略规划指南，要体现市场为导向、技术为支撑、产业为主体的未来发展指南。《重点产业、重点产品报告》要更加体现市场、技术的细化要求，要有更强的操作性。这三份报告的难度都很大，而且时间要求也很紧。希望起草小组集中两个月的时间，集中精力、深入研究、全面思考、精心落笔，完成初稿。

规划动笔前，三个小组都要认真思考和研究制定规划必须要完成的三个问题：首先是"十三五"发展环境有什么变化，我们必须要直面的挑战是什么？我们如何应对环境的变化、市场的变化、技术的变化和竞争对手的变化？其次是我们的基础是什么？我们的优势又是什么？我们能够干成什么？"有所为""有所不为"我们如何选择？第三是如何创新发展？如何转型升级？如何培育我们的优势和特色？发展的目标、战略和措施是什么？在这三个问题思考清楚后，研究出一个有特色、全覆盖的写作提纲，提纲一定要下功夫。一个好的提纲，也许就是成功的一半。有了提纲以后就可以分工执笔，开始精耕细作了。

初稿完成后，还要在多个层面深入讨论，广泛征求意见，最后在集思广益的基础上，形成最终稿。

"十三五"规划起草工作，是一项任务很重、要求很高、时间很紧的战略性工作，相信大家一定会集中精力、克服困难、拿出水平、贡献智慧，出色地完成这项十分光荣、责任十分重大的工作任务！

关于"十三五"若干重大问题的思考*

刚刚闭幕的党的十八届五中全会,给我们描绘出了"十三五"发展的宏伟蓝图,提出了"创新、协调、绿色、开放、共享"的五大全新的发展理念。也对2020年全面建成小康社会的发展目标、重点任务、具体措施以及组织领导进行了全面规划,是指导各行各业"十三五"规划制定的纲领性文件。结合对《"十三五"规划建议》的初步学习,联系石化行业发展的现实,同大家交流一些对行业发展重大问题的思考。

"十三五"时期,中国石油和化学工业是在宏观经济"三期叠加"的新常态背景下跨入的,也是在宏观经济下行压力很大的风浪中启航的。对行业"十三五"的发展,绝大多数同志思想认识是统一的,但也有一些问题认识不够一致,还有一些问题是需要深入讨论的。对"十三五"行业发展的重大问题,我也进行了一些深入思考,有些问题也进行了换位思考,有一些新的收获和新的观点同大家共同分享。

一、当前宏观经济是市场需求不足,还是供给能力不强?

当前,我国宏观经济下行压力较大,石油和化工行业发展也面临着很大的下行压力。从前三季度的行业运行数据我们可以看出,行业发展正处于2008年经济危机以来最艰难的时刻。我们知道,要实现行业经济平稳运

---

* 这是2015年11月24日,学习十八届五中全会关于"十三五"规划建议的几点体会。

行，就是总供给与总需求要达到合理平衡，当供给小于需求，就会出现供不应求；当供给大于需求，就会出现供过于求。当前经济运行下行压力加大，一个普遍观点就是产品产能过剩矛盾十分突出，总供给大于总需求。市场需求不足是行业发展面临的突出矛盾。当前行业发展的主要矛盾真的只是市场需求不足吗？我们的答案是不同的。主要理由有两条：

一是石化行业是一个贸易逆差很大的行业。 2014年，中国石油和化学工业进出口总额为6755亿美元，其中出口贸易额1967.5亿美元，进口贸易额4787.3亿美元，全行业贸易逆差高达2819.9亿美元。其中，进口合成材料4548万吨，进口金额占全行业的38.8%，进口有机化学原料4098.2万吨，进口金额占全行业的29.7%。其中，在化工产品中，进口量排名前五位的产品如下表所示。其实，从数据中不难看出，国内市场对这些进口产品有着十分巨大的市场需求，只是我们自己的供给能力不足。只要我们供给能力增强了，近3000亿美元的市场需求也就实现了。

2014年化学工业中进口额前五位产品

产品	进口额/亿美元	进口量/万吨
专用合成树脂	152.7	587.6
聚乙烯	143.3	910.8
精细化学品	112.0	263.6
乙二醇	81.5	845.0
特种橡胶制品	63.3	181.7

二是我们国内消费潜力巨大。 有消息报道，仅2015年国庆节七天假期，中国人在国外购物就超万亿元人民币。据阿里巴巴数据显示，仅"双十一"这一天，"全球狂欢节"交易额就达到912亿元人民币，比2014年美国"感恩节"五天的交易额还要多（仅417亿元人民币）。现在，中国人在国外购买的物品主要是高档化妆品、家用电器产品和服装饰品。2014年中国人到日本热购的产品是马桶盖，2015年到日本热购的产品是感冒药，为什么中国人的钱大把大把地花到国外，无外乎是两个原因，一是价格便宜，二是质量可靠。如果我们的产品质量都能够达到或超过国外的产品，

我相信大多数中国人还是愿意在国内消费的。

供给和需求是相辅相成的两个方面，需求可以刺激供给，但供给也可以创造需求。在当前产能过剩压力严峻的形势下，提高供给能力、改善供给结构，用供给创造需求，用供给开拓市场，是我们实体经济应该主动承担的责任。

随着国民经济的快速发展，国内消费市场也出现了巨大变化，但长期以来，由于我们对高端化、差异化产品开发重视不够，无法满足消费市场的变化，严重制约了产业转型升级。因此，当前行业经济下行压力加大的原因，与其说是需求不足，不如说是供给能力不强。说到底，根本原因就是日益增长和快速升级的社会消费需求与缓慢滞后的产业升级和供给能力不强之间的深层次矛盾。

供给能力不强，不仅是指产品质量较低，还应该包括低效的供应侧管理模式和落后的营销及服务模式，这也是为什么当前传统产业正面临"互联网+"和"双创"迅猛发展所带来巨大挑战的原因之一。因此，石油化工行业要大胆拥抱终端市场，大力优化供给结构，努力提高供给能力，这是提升传统产业竞争优势的急迫任务。实践告诉我们，国内市场的基本需求永远都是稳定的，高端需求也是可以创造的。国内市场的巨大需求，是为有能力的企业和企业家所准备的。

二、在安全生产中是群众要求过高，还是我们自己做得不好？

在近年的发展中，石化行业环境矛盾突出，安全事故不断，新建项目，特别是对二甲苯（PX）项目，群体性事件接二连三，不少人对我讲"群众不懂化工，而且要求过高，我们不能超越现实去满足群众的过分要求"。

2015年9月份在上海召开的国际石化大会高层论坛上，香港一位著名节目主持人段洁女士，在她主持的德国赢创公司和上海华谊集团CEO座谈节目中，对这两大化工公司的CEO提出了三个反问的问题：一是现实生活中，不少人都在追求没有化工原料的绿色产品，这对化工行业是不是一个挑战？二是现实生活中，人们都希望远离化工厂，追求安全的生活环境，这对化工行业是不是一个挑战？三是化学工业在可以看得见的未来能不能再提供一批激动人心的技术创新产品？我坐在大会的会场，深深感受到了这三个换位思考反问的力量。

这三个问题，其实质追问的是"产品质量""安全生产"和"创新发展"的重大问题，扪心自问，这三个问题也是我们在现实中经常遇到、无法回避的问题。直面这三个问题，我们就能深刻感受到：不是群众不懂化工，不是群众要求过高，而是我们自身努力不够，自己工作没有做好。

"产品质量问题"：比如农业大量施用单质肥料，农作物产量增加，质量退化。为什么复合肥、专用肥大受欢迎，供不应求？为什么市场上大受欢迎的水性涂料家具、高效低毒农药供给不足？为什么市场上的食品让国人没有安全感？

"安全生产问题"：我们组织了多次专家报告会、新闻通气会，告诉大家PX不可怕，是安全的产品，但你今天一个"爆炸"，明天一个"大火熊熊"，所有的宣传效果都付诸东流。真可谓："一步实际行动胜过一打纲领。"

"创新发展问题"：无论是我们的行业，还是我们的企业，创新能力同国外先进水平相比都有很大差距。创新能力决定着市场竞争能力。跨国公司都在着眼十年以后的市场研发，而我们不少企业明年日子怎么过都还没有准备好。跨国公司技术研发的重点都放在了生命科学、新型化工材料、高端专用化学品上，而我们的产品还都集中在基础原材料、初级化学品上。不大大提升石化行业的创新能力，我们就无法实现由大国向强国的跨越。

除了上述问题之外，我们的环保问题也存在不少不容忽视的问题，不少企业"不达标排放""深夜偷排"的问题也时有发生。这些问题难道都能推到"群众不懂化工""群众要求过高"上吗？显然不能！

"十三五"期间，绿色发展是宏观经济的重大战略。要树立行业绿色发展的形象，要树立行业"本质安全"的信誉，必须要靠我们高度的社会责任感和自身严格的自律。光有行业"绿色发展宣言"是远远不够的，必须要有一整套绿色发展的标准、措施和严格的监管、考核，这方面我们还有大量的工作需要扎扎实实来做。

三、在"绿色发展"中，如何既要敢于直面现实，又能勇于开创未来？

党的十八届五中全会第一次把"绿色发展"提到发展全局的战略高度，全面提出了"绿色发展"的六大任务。我认为"绿色发展"是我们石油和化学工业转变发展方式的一场深刻革命，无论是行业发展现状还是迎接未来挑战，都要求我们在"十三五"期间走出一条本质安全、资源节约、环境友好和"绿色发展"的新路子。

要敢于直面发展环境的严峻现实。改革开放以来，中国石油和化学工业取得了显著的发展成就，目前经济总量已经跃居全球第二，其中化学工业总量位居全球第一。但我们也深刻认识到，中国石油和化学工业的发展方式还十分粗放，发展质量还有很大差距，安全生产、资源消耗、生产效率、环保排放都面临着十分严峻的挑战。急切呼唤全行业必须尽快走出一条"绿色发展"的新路子。

中国石油和化学工业是一个污染排放的大户。2014年，全行业排放废水40.6亿吨，占工业总排放量的21.7%，居工业部门第一位；排放化学需氧量59万吨，占工业总排放量的21.5%，居工业部门第一位；氨氮排放量8.7万吨，占工业总排放量的41.5%，居工业部门第一位；二氧化碳排放量232万吨，占工业总排放量的14.6%，居工业部门第二位；氮氧化物排放量109.7万吨，占工业总排放量的8.3%，居工业部门第三位；烟粉尘排放量115.7万吨，占工业总排放量的9.1%，居工业部门第四位；产生工业固体废物3.3亿吨，占工业总产生量的10.7%，居工业部门第六位；产生危险废物1127万吨，占工业总产生量的31%，居工业部门第一位。总之，全行业"三废"排放都位居工业部门前列。

21世纪以来，我们在节能减排方面采取了不少的措施，也取得了不小的成效，但二氧化碳、氮氧化物排放量仍然比2010年增加24.9%和5.4%，在石油和化工行业"十二五"各项经济指标中，环境保护指标没有完成任务。近来听说，个别地方政府为了环保和安全，拒绝新上化工项目。

面对最严格的环境保护制度，面对政府、企业、公众的各种呼声，面对我们共同生活的环境质量，全行业"三废"排放、环境治理和绿色发展，都面临着十分严峻、十分尖锐、十分紧迫的挑战。

要勇于争当"绿色发展"的先行者。 面对"绿色发展"的新形势，我们石油和化工行业应当承认：我们既是"三废"的制造者，也应该是勇于担当的"三废"治理、绿色发展的先行者。石油和化工行业有在分子结构上改变物质性质的特殊本领，又有分解和化合反应的专业技术，还有生化反应、膜分离材料等环保手段和装备优势，我们完全有能力、有底气在"十三五"实施"绿色发展战略"中当好先行者、取得新成就、做出新贡献。

因此，中国石油和化学工业联合会在2015年9月召开的"上海国际石油和化工大会"上，代表全行业发表了《绿色可持续发展宣言》，在全球1200多位石化精英的见证下，我们庄严承诺：

1. 坚持"以人为本"发展理念，依法经营、强化自律，主动履行社会责任，深入推进"责任关怀"，努力构建与社会和谐共生的发展环境。

2. 坚持安全第一、预防为主方针，严格遵守安全法规，强化安全管理，积极建立产品全生命周期管理体系和职业健康安全管理体系，遏制重特大安全事故，努力提升全行业本质安全水平。

3. 坚持节约优先原则，加强全过程节约管理，开展对标活动，淘汰落后产能，大幅降低资源能源消耗强度，全面提高综合利用效率。

4. 坚持绿色发展原则，大力发展循环经济，积极推进清洁生产，广泛应用先进技术、工艺与设备，深入开展"三废"治理和综合利用，实现污染物达标排放。

5. 坚持实施全面质量管理，严格质量标准，强化质量管控，做到100%产品达标出厂，追求卓越，争创品牌。

我们坚信，在全行业的共同努力下，中国石油和化学工业一定会在创造"金山银山"的过程中，开创保护"绿水青山"的新局面，为实现伟大的"中国梦"，为石油和化学工业的绿色可持续发展做出我们应有的贡献!

要努力开创"十三五"行业绿色发展的新局面。 深入实施绿色可持续发展战略,是石油和化学工业"十三五"规划的重点之一。必须通过扎扎实实的工作,坚持源头预防、过程控制、综合治理,深入推进清洁生产,加强污染治理,强化安全生产和节能减排,努力建设能源节约型、环境友好型、本质安全型行业。

一要全面推进清洁生产和循环经济。 构建以企业为主体、市场引导和政府推动相结合的循环经济和清洁生产推行机制,在重点行业加快制修订清洁生产技术推行方案和清洁生产评价指标体系,开展清洁生产技术改造和清洁生产审核。加快先进技术交流推广,开展产品生态设计,开发推广环保、安全替代产品。实施一批清洁生产示范项目,培育一批示范企业,创建一批示范园区。到2020年,重点行业排污强度比2012年下降30%以上,磷石膏综合利用率争取达到50%。

二要强化污染治理。 全面落实国务院《大气污染防治行动计划》,认真贯彻《石化行业挥发性有机物综合整治方案》,到2017年,基本完成VOCs综合整治工作。全面落实国务院《水污染防治行动计划》,加大高难度废水治理力度。实施固体废物的综合利用,加强危险废物处理处置。到2020年,石化行业挥发性有机污染物排放总量较2014年削减30%以上,低汞催化剂替代率达到100%,无汞催化剂成功实现商业化应用。

三要促进节约低碳发展。 进一步完善能效"领跑者"发布制度,完善行业节能标准体系,充分发挥节能标准在能源管理工作中的基准作用。加强共性关键技术及成套装备攻关,突破一批具有自主知识产权的核心节能技术。加强企业能源管理,推进重点行业开展企业能源管理中心建设。在有条件的地区开展CO_2捕集、驱油与埋存示范项目。同时加大二氧化碳综合利用的技术研究,努力开拓二氧化碳综合利用的新途径。

四要遏制重特大安全事故。 安全生产形势不好,一是现场管理混乱,二是基础管理落后。"有章不循""管理不严"是事故多发的主要原因。安全生产必须从强化管理入手,要深入实施"责任关怀"和HSE安全管理体系,加强源头监督管理,淘汰安全性能低下、职业危害严重、危及安全生产的落后工艺、技术和装备。进一步完善安全保障体系、政策标准体系、应急救援和宣传教育培训体系，杜绝违章操作事故发生。加强仓储物流等危险化学品储运企业的安全监管，研发推广危险化学品运输信息网络技术。到2020年，使全行业本质安全管理水平上一个大台阶。

五要全面加强质量管理。 深入实施质量兴业战略和品牌发展战略，开展质量兴企活动，普及先进质量管理和方法，树立行业质量标杆，强化企业品牌建设，制定和实施品牌管理体系，打造具有自有知识产权的名牌产品，建立健全行业品牌建设评价机制，提升企业品牌价值和行业整体形象。

六要规范化工园区建设。 按照一体化、规模化、园区化、集约化原则，提升安全环保水平。结合国家"一带一路"倡议、长江经济带发展战略、京津冀一体化发展战略，优化化工园区的区域布局。强化园区规划的科学性、严肃性、权威性。建立园区项目准入管理制度以及项目预评估制度，控制园区投资强度，按照循环经济发展和安全环保风险防控要求，加强园区公共服务平台和"智慧化工园区"的建设。充分发挥化工园区的集聚效应和管理高效的优势。到2020年，使化工园区的布局更加合理，集约发展、安全发展、绿色发展的成效更显著，力争形成10个左右年产值超千亿的世界级化工园区。

四、在"十三五"发展中，如何既能看到机遇，又能看到挑战？

我们知道，面对发展，任何时候都是机遇与挑战并存的。2015年是"十二五"发展的收官之年，石化行业发展面临不小的压力，同时2015年也是"十三五"规划的谋划之年，石化行业发展又再次站在了新的起点上。面对发展过程中的一系列不确定因素，我们既要看到发展机遇，也要看到困难和挑战，对此我们必须有客观和清醒的认识。在"十三五"的发展中，我们必须高度重视几个现实问题的挑战。

一是原油价格的挑战。 长期以来，国际油价的走势对石油和化工行业的发展影响很大。油价非常高或者非常低的时候，对行业发展都十分不利。我们曾经经历过原油价格高达140美元/桶的疯狂,那个时候全行业原料价格高企,由于生产成本大幅上涨,导致下游产品价格提高,引起需求减少。然而当油价开始回落的时候,全行业马上面临产品库存高涨和流动资金紧张的严峻时刻。2014年以来,国际原油价格大幅下滑,跌至目前50美元/桶左右,价格几乎"腰斩",2015年全行业又一次面临了原油价格的挑战。

原油价格的挑战2016年还将继续。据IMF预计,2015年全球原油平均价格将持续在57美元/桶的水平上,比2014年全球原油价格平均下降39%。2015年,天然气价格美国下降36%,欧洲下降24%,日本下降35%。报告预计,2016年全球原油价格将比2015年水平上涨6%,仍然是一个低位运行的态势。2015年10月30日《华尔街日报》对13家投行进行了调查,他们预测2016年布伦特原油的平均价格为每桶58美元,而几个月前他们还预测2016年的油价能达到每桶70美元。原油价格的低位,将会使全球大宗商品价格维持在低位。原油价格的寒冬2016年还将继续,整个石化产品价格的"倒春寒"也将继续。春天何日来临,我们还将翘首期待。如何在原油低价位时期加快改革、降低成本、提高效益,我们都将面临很大的压力和挑战。因此,对于油价走势,既要科学分析,研究解决困难和化解矛盾的办法,也要积极发现行业发展的重要机遇。

二是电动汽车技术突破的挑战。随着大气污染治理力度的不断加大,新能源汽车,尤其是电动汽车发展十分迅猛。在"十三五"期间,随着政府加大对污染治理的政策倾斜,电动汽车必将成为汽车产业的一个新的增长点。从减免新能源汽车购置税,到开放电动车准入,再到加快电动汽车充电基础设施建设的指导意见;从不限行,到不限购,再到停车费减半。政策利好极大地促进了新能源汽车的发展。2015年1~9月份,我国新能源汽车累计生产14.4万辆,销售13.7万辆,同比分别增长2倍和2.3倍。我们作为传统能源的提供者,电动汽车的大发展,无疑是对传统能源的巨大挑战,电力对汽油、柴油等传统燃料的替代将成为必然。一旦储能技术实现大的突破,传统能源发展将会面临很大的难以预测的挑战。英国剑桥大学化学教授克莱尔·格雷和她的团队,攻克了锂空气电池的技术难关。这种电池在给定的空间内所存储的能量是目前最好电池的5倍，一次充电的续航能力可以从伦敦行驶到爱丁堡（两地相距650千米），所用电池的成本和重量只相当目前电动汽车所用锂离子电池的五分之一。但是，我们也要看到发展机遇与挑战是并存的。电动汽车不仅依赖电池技术的突破，同时也依赖结构材料的轻量化发展。我们的合成树脂、合成橡胶等复合材料以及聚氨酯材料，甚至轮胎产品，都可以在包括电动汽车在内的新能源汽车领域大有可为。从汽车零部件和配件生产到新能源汽车的配套设施建设，化工新材料等产品将会迎来巨大的发展机遇。

三是化肥、农药用量零增长的挑战。最近，农业部提出了"力争到2020年，实现农作物化肥、农药使用量零增长"的目标。这个目标的提出，给本来就已经承受产能过剩矛盾的化肥行业以及创新能力较弱的农药行业提出了更大的挑战。如何在实现"零增长"目标的条件下，又能实现生存发展呢？相信那些秉承"坚持化肥，走出化肥"理念的企业，就可以找到发展的道路，那些秉承创新驱动发展战略的企业可以找到生存壮大的空间。通过创新发展，积极培育和发展差异化产品，拓展细分市场和专用产品市场，提供更加专业化和人性化的农化服务，改变传统的管理和经营模式，深入推进"两化"融合，从而提升农化产品的品牌价值和市场占有率，让企业摆脱单纯扩大产品规模的粗放式发展模式，转向高端化、差异化的内涵式发展道路，化肥农药"零增长"可以说是农化企业又一次实现转型升级发展的难得契机。

五、如何实现2016年"十三五"行业经济运行的良好开局？

2015年前三季度，石油和化工行业经济运行总体呈缓中趋稳态势，存在工业增加值低位回升、主营业务收入降幅收窄、产品价格降幅较大、出口贸易下降、投资增长乏力、效益下降较多等问题，行业经济下行压力依然很大。

统计局数据显示，截至9月末，石油和化工行业规模以上企业29643家，累计增加值增幅8.8%，同比提高0.4个百分点，与上半年持平。其中，化学工业增加值增长9.7%。

1～9月，全行业主营业务收入9.67万亿元，同比下降5.7%，降幅与上半年持平，占全国规模工业主营收入的12.1%。其中，化工行业主营业务收入6.48万亿元，同比增幅3.1%，比上半年加快0.2个百分点。1～9月份，石油和化工行业固定资产投资1.62万亿元，同比增长0.2%，较上半年回落2.4个百分点，低于同期全国工业投资增幅7.8个百分点，占全国工业投资比重10.2%。

1～9月，石油和化工行业实现利润总额4541.9亿元，同比下降23.7%，降幅较1～8月收窄2个百分点，占同期全国规模工业利润总额的10.6%。上缴税费总额7353.3亿元，增长5.2%，占全国规模工业税费总额的21.3%。每100元主营收入成本84.35元，同比持平；主营收入利润率为4.70%，同比下降1.1个百分点。

根据当前行业市场、生产、价格走势，以及结构调整变化等综合因素分析判断，预计2015年，石油和化工行业增加值同比增幅约9.0%；主营收入13.78万亿元左右，下降约1.5%；利润总额约6810亿元，下降约15%。预计全年实际投资总额2.28万亿元左右，同比下降2%；出口总额约1879亿美元，降幅4.5%。

尽管2015年行业经济运行下行压力很大，但回顾"十二五"这五年，仍然是全行业创新发展、砥砺前行很不平凡的五年。面对国内经济增长速度换挡期、结构调整阵痛期和前期刺激政策消化期三期叠加的复杂形势和世界经济复苏艰难曲折的外部环境，中国石油和化工行业积极应对各种风险和挑战，迎难而上、锐意进取，大力推进发展方式转变和结构调整，全行业发展取得了一系列令人瞩目的成就。

一是全行业保持平稳较快发展。2011～2014年，规模以上石油和化工企业主营业务收入、资产总额、投资、进出口总额年均增长率均保持两位数增长。石油、天然气产量和原油加工量分别居世界第四、第六和第二位，乙烯、甲醇等大宗产品产量稳居世界前列。

二是能源保障能力进一步增强。"十二五"期间，中国油气勘探开发取得显著成绩，国内原油增储稳产、天然气快速发展、油气管网建设和石油储备快速发展，为国家能源安全提供了坚实保障。

三是产业结构调整稳步推进。石油化工规模化、炼化一体化、产业集群化、布局园区化加快发展。高性能树脂、石油基特种橡胶、合成纤维单体等高端产品自给率显著提高。有机化学原料、专用化学品、涂（颜）料及农药等技术含量和附加值相对较高的行业经济增速和贡献率居行业前列。

四是科技创新迈上新台阶。"十二五"时期，全行业突破了一批核心技术与关键技术，共获得国家科学技术奖95项，取得行业技术发明奖118项、科技进步奖736项。

五是节能减排成效显著。在工业行业率先建立能效领跑者发布制度，标杆企业的示范带动作用日益彰显，行业能耗强度持续下降。2011～2014年，全行业万元工业增加值能耗累计下降8.0%。重点耗能产品单位能耗降低目标全部完成。

六是企业综合实力显著提升。"十二五"以来，一批优秀企业在市场竞争中快速成长，中国石油、中国石化、中国海油、中国化工、中化集团、延长石油均已进入世界500强，排名不断提升；湖北宜化、天津渤海化工等企业主营业务收入均超过500亿元；主营收入在3亿元以上的企业数量由2010年的325家增加到2014年的864家，综合实力大大提升。

七是对外合作取得显著成果。2011～2014年中国石油和化学工业累计吸引外商投资达5504亿元（包括港澳台），跨国石化公司在华业务不断发展，石油和化工产品进出口贸易稳步增长，中国石化工业在国际组织和国际合作中的影响力显著增强。

在看到取得成绩的同时，我们也清醒地认识到，中国石油和化学工业发展仍然存在不少问题。产能过剩矛盾还未从根本上缓解，产业结构和产品结构低端化、同质化问题依然严重，能源资源以及环境约束进一步增强，要素成本上升较快，市场需求增速减缓，行业创新能力和市场开拓能力亟待提高，这些问题都需要我们拿出更多的智慧和更大的勇气去努力克服和化解。

"十三五"发展将是中国石油和化学工业发展的又一个重要五年，中国石油和化学工业的发展已经站在一个全新的起点之上。"十三五"时期，中国石油和化学工业将迈出由大国向强国跨越的历史性步伐，为夺取全面建成小康社会的决胜目标作出石化行业的最大贡献。由石油化工大国向石油化工强国跨越，应该成为中国石油和化学工业"十三五"发展战略的既定目标和转型升级的努力方向。

2016年经济运行"开局"困难确实不小。但越是困难、越是挑战，越能体现石化行业的开拓能力，越能反映石化行业攻坚克难的水平，2016年是"十三五"的开局之年，良好的开局是成功的一半。无论有再大的压力、再多的困难，行业经济运行的开局工作必须做好。

一是要千方百计开拓市场需求。要充分发挥供应侧的主观能动性，用生产创造、扩大市场需求。传统产业要加快淘汰落后、结构调整、转型升级的步伐，使传统产业走出一条不传统的新路子。战略性新兴产业要加快培育的步伐，努力开拓高端市场、差异化市场，努力培育出一批具有竞争优势和技术特色的新的经济增长点。特别是要在新能源、化工新材料、精细化工专用化学品、现代煤化工和节能环保产业上取得突破性进展，使战略性新兴产业在全行业的比重显著提升，对全行业转型升级形成重大带动作用。

在2016年的经济运行中，我们要求各个行业都要在深入分析市场需求的基础上，明确提出市场开拓的重点方向和改进措施。要下功夫深入分析能源市场、农业市场、基础化工原料市场、化工新材料市场、高端专用化学品市场和生产装备、环保市场等六大市场，只要下功夫，我们都可以找到不少新的市场增长点。

例如，目前天然气在我国一次能源消费结构中的比例不到6%（预计全年天然气消费量1860亿立方米），远低于世界23.7%的平均水平。如果沿海省市天然气消费占一次能源的比重达到10%，就是一个不小的市场。天然气是石化行业"十三五"发展的一个重要增长点。

二是要加快行业创新平台建设和企业创新能力提升。"十二五"期间，石化行业所有重大创新成果都是依靠"产学研用"紧密结合的创新平台取得的,"十三五"时期,我们还将按照行业"十三五"重大创新规划,积极组建一批"产学研用"紧密结合的行业创新平台,让创新平台成为促进汇聚行业人才、技术、资本的熔炉,形成对行业创新发展有巨大推动力的源泉。国家创新能力、行业创新能力集中体现在企业创新能力之上。企业创新能力不强是我们当前结构调整转型升级的最大制约因素。我们要积极培育一批典型创新示范企业,树立行业创新发展标杆,形成行业创新发展的领军企业集群。用企业创新能力,提升行业创新的整体水平。

三是发展方式转变要在行业经济运行质量上见到明显成效。"十三五"时期,中国石油和化学工业要实现转型升级发展,就必须要完成"三个转变",即:在发展动力上,必须从过去依靠要素驱动、扩大再生产的外延式发展,向以技术和管理创新带动质量效益提升的内涵式发展转变;在发展模式上,必须从过去忽视生态环保的粗放型发展,向以节能环保为主导的循环经济、绿色发展转变;在发展道路上,必须从过去只关注生产的产品制造型发展,向为社会经济发展提供"产品+服务"为目标的服务制造型转变。这"三个转变"中的每一个转变,都包含着许多现实的挑战、艰巨的工作和极高的要求,全行业必须要付出扎扎实实的努力和承受转型的巨大痛苦。

实现这"三个转变",最终要在经济发展质量上见到成效。经济效益、经济效率水平的高低是检验行业发展方式转变的重要指标和尺度。在提升行业经济运行质量工作中,必须高度重视全要素生产率(TFP)这个指标。今后我国经济增长质量的提升将更加依靠生产率的提升,特别是中国经济进入"新常态"之后,更是要求生产率的提升逐步接替投资成为经济增长的主动力。

企业的核心使命是创造价值。衡量企业的竞争能力关键是看企业的价值创造能力和市场盈利能力。这方面,我们无论是国有企业还是民营企业同跨国公司相比,都有着很大的差距。国有企业我们以2010年世界500强公布的数据比较:

2010年、2014年世界500强中我国企业同跨国公司利润率比较

企业	销售利润率 /%		总资产利润率 /%	
	2010年	2014年	2010年	2014年
中国石油	6	6.35	3.6	5.15
中国石化	2.8	2.73	3.4	4.45
中国海油	13.8	17.2	7.7	10.18
埃克森美孚	8.2		10.1	
壳牌	5.5		6.2	
中国化工	0.7		0.5	
中国中化	1.6		2.4	
巴斯夫	7.1		7.6	

　　民营百强企业2014年的销售利润率3.23%，总资产收益率4.1%。

　　在经济运行质量上，国外不少跨国公司值得我们学习和借鉴。2015年我到美国埃克森美孚公司（Exxon Mobil Corporation）考察，公司负责人告诉我，无论国际经济形势如何变化，公司投资回报率都能保持在25%左右，他们依靠的主要是上下游一体化的经济规模和高技术含量、差异化的产品结构。要提高石化全行业的运行质量和效益，必须要在产业结构上和技术创新上不断取得竞争的新优势。

全面贯彻发展新理念
积极推进结构性改革
努力开创"十三五"发展的良好开局*

一、关于2015年工作

2015年,是"十二五"规划实施的最后一年,面对错综复杂的国内外形势和持续加大的下行压力,联合会全体干部职工,在联合会党委的领导下,认真贯彻党的十八届三中、四中全会和习近平总书记系列重要讲话精神,锐意进取、攻坚克难,以改革创新的精神大力推进"调结构、转方式",各项工作都取得了积极成效,联合会自身建设也迈上了新台阶,在行业内的影响力进一步扩大。

一是编制完成了行业《"十三五"发展规划建议》,促进行业转型升级取得新成效。科学编制《"十三五"发展规划建议》,是联合会2015年的首要工作。我们集全联合会之力,在专业协会、规划院和八大集团公司的大力支持下,编制完成了《"十三五"发展规划建议》及20个专业、专项规划,并广泛征求了广大企业和政府有关部门的意见。目前,《"十三五"发展规划建议》已上报中央财经领导小组办公室、发改委、工信部等政府部门,受到广泛关注和充分肯定。积极承担发改委、工信部、能源局等政府部门委托的任务,认真开展全国油品质量升级监测工作,建立油品质量升

---

* 这是2016年1月21日,在2016年石油联合会系统总结暨表彰大会上的讲话。

级台账系统，定期向政府部门报送升级报告；深入开展地方炼油企业申请进口原油资质审查工作，编写发布《工作细则》，对东明石化等11家企业进行了核查评估，共计淘汰45套落后炼油装置约3342万吨/年加工能力；完成了《2016年石化化工行业技术改造和工业强基工程实施方案》，完成了"新型工业化示范基地"、智慧化工园区、化工园区安全环保基础设施改造等工作，推荐九江石化列入国家智能制造试点示范项目名单；深入开展石油、天然气、化工新材料以及战略性新兴产业培育等"十三五"发展规划与战略研究，提出了一系列油气行业改革方案和政策建议，受到相关部委的高度认可与表扬。《产业重大问题研究》作为高端研究平台的作用也进一步增强，其中多篇研究报告得到中央领导批示，充分发挥了参谋助手作用，产生了较大影响。

二是加强行业经济运行监测分析，发挥了重要的引导和预警作用。完善重点企业统计直报系统，拓宽信息交换渠道，建立新的海关进出口数据库及数据模型，正式发布《化工行业景气指数》《油气行业景气指数》，着手建设油气和化工两个大数据平台，积极参加国务院以及工信部、发改委等部门召开的经济运行分析会，提出政策建议。2016年年初，马凯副总理专门听取联合会关于行业经济运行调研情况的专题汇报，充分肯定了联合会所做工作，并就编制"行业结构调整三年行动计划"、进一步发挥联合会作用等提出了要求，作出了部署。我们围绕天然气价格机制、成品油出口指标、天然橡胶进口、消费税、关税、出口退税、"两化融合"以及自贸区谈判等热点问题，深入企业开展调研，完成了大量行业运行分析报告，积极向政府有关部门反映行业和企业诉求。认真完成政府委托任务，做好反垄断审查、WTO（世界贸易组织）成员贸易政策审议、非农产品市场准入谈判、环境产品谈判、产业预警、贸易保障措施及贸易争议协调工作，编制发布了《2015年石油和化工产品国际贸易预警分析报告》。深入开展民营企业调研，发布了民营企业发展报告，建立了中小企业示范平台认证体系，组织完成了《车用甲醇燃料加注站建设规范》，起草了《中国石化装备出口企业指导意见》，积极探索建立行业采购服务平台。2015年，联合会被发改委、工信部分别评为信息报送先进单位和行业运行分析、信息统计工作先进单位。

三是积极打造行业科技创新服务平台，努力提高行业自主创新能力。完成了年度重大关键共性技术项目的征集、评审和组织工作，编制发布了《2015年度联合会科技指导计划》。加强国家科技计划项目的实施与管理，编制完成了行业"十三五"国家重点研发计划优先启动专项实施方案。积极推进行业技术创新体系建设，新认定技术创新示范企业6家，复评24家，表彰了10家优秀技术创新示范企业；认定2家工程研究中心、4家重点实验室、3家工程实验室，对已认定的行业创新平台进行了考核；发起成立了蒲公英产业技术创新战略联盟，完成了科技部创新人才计划的推荐和报送工作。认真组织科技奖励和科技成果鉴定，评出联合会科技奖206项，新增科技奖励基金1000余万元，到账基金总规模近6000万元，对获奖团队及个人进行了表彰和奖励，经联合会推荐有4项创新项目荣获国家科学技术奖。积极开展现代煤化工发展规划、战略、行业管理等重大问题研究以及标准制修订工作，深入企业开展调研，调研报告受到有关领导和政府部门的重视，被工信部称赞为多年来最完整、最全面且具可操作性的现代煤化工调研报告。完成了《煤炭深加工示范工程标定管理办法》，由国家能源局正式发布。积极配合工信部有关智能制造和装备升级改造工作，向政府有关部门提出促进生物化工、阻燃材料等健康发展的政策建议。积极参与国家专利导航工程建设，完成"绿色轮胎"和"高性能涂料"领域专利态势分析报告，开展知识产权标杆示范企业培育遴选活动，组建橡胶行业知识产权运营平台，进一步提高知识产权服务水平。

四是扎实做好节能环保和质量标准化工作，为行业转型升级提供有力支撑。"能效领跑者"发布制度覆盖范围进一步扩大，影响力进一步提升，被七部委联合发文在全国推广。围绕水十条、VOCs削减、绿色制造等国家实施的一系列新法规、新政策，积极推进清洁生产，广泛征集清洁生产技术和项目，纳入工信部、财政部委托编制的《削减行动计划》，制定了环氧树脂等清洁生产评价指标体系。印发了低汞催化剂推荐名单公告，开展了MVR（机械式蒸汽再压缩技术）、焚烧炉、隔膜法烧碱装置利用副产工业盐等技术调研，组织制定草甘膦副产盐综合利用标准，推进含盐废水治理。积极参与中办督查室组织的安全生产专项督查调研，提出加强安全生产的对策建议。积极开展"责任关怀"实施准则培训和"责任关怀"自我评估，密切跟踪重特大生产安全事故，组织专家对相关企业设备设施进行安全评价，协调解决化学品和危险废物管理存在的问题，推动政府部门建立豁免清单和排除清单制度，引导企业加强自律。深入推进质量兴业活动，开展行业品牌价值评价试点和群众性质量管理活动，遴选12家企业典型经验为行业质量标杆、10家企业为年度品牌培育示范企业，向政府有关部门推荐全国质量标杆，推荐中国工业大奖和中国质量奖。完成了10多项国家能耗限额标准和5项国家取水定额标准制定工作，全年上报标准计划项目539项，其中新材料、健康、安全、环保、资源综合利用等重点领域标准占94%。深入推进标准化体制和生产许可证制度改革，加强标准化、质检机构建设，梳理强制性标准737项，提出废止、终止和转推荐性标准430项，标准结构进一步优化，为行业"调结构、转方式"提供了有力支撑。

五是积极推进国际交流合作，国际影响力进一步提升。我们与国际组织的交流合作进一步加深，与国际化工协会联合会以及美国、俄罗斯、日本、韩国、海湾等国家与地区的政府、协会合作举办了一系列重要国际会议和活动，在国际组织中的声望进一步提高，影响力和话语权进一步增强。举办了中外跨国公司高层对话会、中国国际石化大会、亚洲炼油和石化科技大会、全球塑料协会国际会议、澳门国际环保合作发展论坛以及系列国内外重要展览，为国内外企业搭建了高层次的交流合作平台。特别是中国国际石化大会吸引了50多家跨国公司的高层与会，参会嘉宾约1500人，举办了国际市场趋势、中俄能源投资、"一带一路"等系列专题会议和论坛，会议规格和会议规模再创新高，央视、新浪网等50多家媒体进行了深度报道，知名度和影响力进一步扩大。在国际石化大会上，播放了联合会与中国化工报社联合拍摄的行业《绿色发展宣传片》，发布了《绿色可持续发展宣言》，向国际化工协会联合会（ICCA）正式提交了430多家企业签署的《责任关怀全球宪章》，在国内外引起较大反响，提升了行业的社会形象。我们组织在华外企开展节能、"一带一路"、碳交易市场建设等专题交流，启动了"走出去"课题研究，积极反映在华外资企业遇到的问题，推动完善国内相关政策与法规。

六是顺利完成联合会换届工作，党的建设和自身建设迈上新台阶。成功召开联合会第四次会员大会和四届一次理事会议，顺利完成了换届工作，充实和加强了领导班子力量。深入开展"三严三实"专题教育和国资委直属机关党委部署的主题教育活动，认真落实"两个责任"和"一岗双责"，加强了基层党组织建设，完成了联合会系统违反八项规定问题的处理、检查和制度建设工作；加强以管理提升为核心的制度建设，制定并印发了《联合会机关会议制度》，工作作风有了进一步转变，联合会党建工作作为典型分别参加了国资委、民政部组织的经验交流活动。加强人才培养与队伍建设，举办大讲堂等系列讲座，选拔了一批能力强、素质高、业绩突出的中青年干部充实到重要领导岗位。积极稳妥参与协会与政府脱钩的体制改革，为事业单位调资以及化学工业出版社、中国化工报社申请小型基建项目，争取到资金支持。配合审计署开展了预算执行审计以及换届、离任审计等工作，完成了国资委管理局要求的审计调查工作。联合会荣获国资委系统2014年部门决算先进单位一等奖。

联合会系统各单位紧密合作，形成了工作合力。各专业协会、事业单位都积极参与了联合会《"十三五"发展规划建议》编制、结构调整、经济运行、科技创新、节能减排、质量标准化、国际交流等重点工作，为顺利完成这些工作任务发挥了重要作用。同时，各专业协会、事业单位围绕本行业、本单位的中心任务做了大量卓有成效的工作，得到了政府和广大企业的肯定与积极评价，为促进行业持续健康发展作出了突出贡献。氮肥、氯碱、农药、涂料、纯碱、磷肥、橡胶、硫酸、染料、胶黏剂、电石、无机盐、化学试剂、清洗、聚氨酯等协会完成了本行业"十三五"发展规划的研究编制工作，积极推动落后产能退出，大力培育新的经济增长点，引导行业加快转型升级。合成橡胶、化学矿业、腐殖酸等协会加强信息统计与交流，建立经济运行数据库，积极参与贸易协调工作，推动政策调整和标准制修订，维护行业利益。勘察设计、环保、节能、施工企业、机械动力、化工装备、自动化应用、造纸化学品等协会以及石油和化工工程研究会积极组织技术交流，开展科技奖励、促进行业节能减排，推进企业信用评价，参与国家科技与环保政策的研究制定。企业管理、教育、情报信息等协会和思想政治工作研究会积极推进企业管理创新，开展职业教育活动，规范报刊管理，推动企业文化建设，提升行业发展的软实力。监控化学品协会积极配合国家禁化武办编写《国家履约报告》，认真履行监控化学品进出口协调职能，做好接待国际核查工作，确保企业核查和现场分析顺利通过。化工学会、化工信息学会在学术交流、科学普及、两化融合、创新助力、人才举荐等方面做了大量工作，成效十分显著。

规划院受政府有关部门委托，开展了一系列专题研究工作，编制完成了一批"十三五"行业规划、地区规划和企业规划，推进行业加快转型升级。化学工业出版社转型与经营取得新突破，销售收入、实现利润和资产总值都实现较快增长，为行业出版事业作出了新贡献。化工报社紧紧围绕行业中心工作，全面加强媒体平台建设，主动深入行业发展前沿，积极发挥了行业宣传主渠道作用。经济技术发展中心业务范围进一步拓宽，涵盖了区域产业规划、行业专题调研、国家部委课题、金融机构课题、行业标准承编等，承接综合型、大规模咨询项目的能力进一步提升。贸促会积极开拓国内外市场，努力打造精品展会，国内外影响力进一步提升。生产力促进中心积极搭建行业"众创众研"服务平台，获得科技部大力支持，服务能力上了一个新台阶。职业技能鉴定中心完成了国家职业分类大典修订工作，积极开展专项技能培训，引领行业技能人才队伍建设。

总之，2015年是联合会系统扎实工作、成效显著的一年，年初确定的各项任务基本完成，充分发挥了组织、引导、管理、服务职能。民政部连续第二次授予联合会"全国先进社会组织"称号，首次授予氮肥协会"全国先进社会组织"称号。这些成绩的取得，是广大干部职工坚持把协会当作事业干，发扬无私奉献精神、团队精神，共同努力的结果；是联合会机关、各事业单位和专业协会紧密合作、相互支持的结果。

二、2016年工作安排

"十二五"时期，我国石油和化工行业发展总体保持平稳。2015年，预计全行业主营业务收入达到13.4万亿元,"十二五"期间年平均增长9.5%;完成固定资产投资2.3万亿元,平均增长14.9%;实现利润6440亿元,平均下降1.4%;进出口总额达到5270亿美元,平均增长2.8%,其中出口额达到1816亿美元,平均增长6.2%。行业的平稳增长为转型升级创造了良好的条件。

2016年是实施"十三五"规划和全面建成小康社会决胜阶段的开局之年,也是推进结构性改革的攻坚之年。在经济发展"新常态"下,行业发展面临着许多新情况、新问题。一方面,宏观经济继续延续着较大的下行压力,全行业产能过剩矛盾正在推动着企业发展的两极分化;另一方面,创新发展也正在加快战略性新兴产业的破茧而出,行业发展的新动力正在积聚形成。

一是要充分认识化解产能过剩的艰巨性。目前,行业结构性矛盾十分突出,国务院领导在分析石油和化工行业产能过剩矛盾时,明确指出是结构性过剩,是与钢铁、煤炭行业性质完全不同的过剩。基础产业产能过剩的矛盾十分突出,产能扩张的趋势没有根本扭转,一些行业落后产能淘汰不下来,新增产能得不到有效控制,部分行业甚至有进一步加剧趋势,而一些高端石化产品仍依赖进口。淘汰落后产能、关闭"僵尸"企业、控制发展总量的难度很大,任务十分艰巨。

二是要充分认识培育战略性新兴产业的紧迫性。培育壮大战略性新兴产业是向全球价值链高端跃进的必要条件,由于起步较晚、基础较弱,特别是由于技术创新能力较差,我国化工新材料、高端专用化学品、生物化工和节能环保等战略性新兴产业发展相对滞后,新的经济增长点培育较慢,行业正处在传统动能日益弱化、新动能尚未完全形成的转换阶段。当前,全球石化产业正在经历新一轮科技革命,产业结构加快调整,国际资本加快向战略性新兴产业集中,基于创新的价值链整合与并购方兴未艾,美国、欧洲、日本等发达经济体纷纷抢占科技制高点,一些具有资源和成本优势的经济体也加快向下游延伸。我国石化产业加快培育战略性新兴产业的任务十分紧迫,已经成为培育发展新动能、形成竞争新优势的重要手段。

三是要充分认识推进绿色发展的必要性。近年来石油和化工行业安全、环保事故不断，环境与安全问题对行业发展的制约越来越突出，部分主要污染物排放总量居高难下，节能减排的压力越来越大。特别是绿色发展战略的提出，石化行业越来越处于经济社会发展的风口浪尖上，必须要在环保排放、安全生产、绿色发展和社会责任上推出几项实实在在的有影响、有难度、有效果的大活动、大动作、大措施，才能逐步改变行业的社会形象，为行业发展创造可信任的社会环境。

四是要充分认识提升经济效益的重要性。2015年，全行业主营业务收入平均利润率仅为4.82%，这是一个不高的水平，但仍有相当多的企业利润率还低于这个水平。经济效益下降、生产成本上升是当前石化行业发展中的一个突出矛盾。在宏观经济下行压力加大的新形势下，努力提升行业增长的质量和效益，是全行业经济工作中的一个中心任务。

总的来看，产能过剩、效益下滑、安全环保约束强化等行业面临的突出矛盾和问题主要原因在于供给结构性失衡，供给结构已经不能适应经济社会发展的要求。不解决结构性矛盾，产品价格就会持续下降，企业效益就很难提升，经济增长也就难以持续。因此，大力推进结构性改革已经成为当前和今后一段时期行业工作的重点。

在看到挑战和困难的同时，我们也要看到行业发展面临着新的机遇。今后较长一段时期，我国仍将处在可以大有作为的重要战略机遇期，经济韧性好、潜力足、回旋空间大，新型工业化、信息化、城镇化和农业现代化的加快推进，以及全面深化改革和扩大开放政策的实施，将为石油和化工行业创造更大的发展空间。目前，以激发活力为目的的社会组织改革试点工作已全面展开，对联合会系统来说，这既是挑战，更是一次难得的机遇。从长期看，改革有利于联合会整合优化资源，提高服务能力和工作效能，更好地履行行业管理、协调、组织、引导以及咨询服务等职能。根据国资委总体安排，联合会没被列入改革试点单位，为我们认真做好研究、积极稳妥地推进改革创造了条件。联合会系统要抓住这一有利时机，在推进结构性改革中，积极主动地发挥好引导和参谋作用，推动我国由石油和化学工业大国向强国转变迈出重要步伐。

中央经济工作会议指出，"当前及今后一个时期，要在适度扩大总需求的同时，着力加强供给侧结构性改革""战略上要坚持稳中求进、把握好节奏和力度，战术上要抓住关键点，主要是抓好去产能、去库存、去杠杆、降成本、补短板五大任务"，这为我们做好2016年的工作指明了方向。2016年联合会工作的总体思路是：深入贯彻落实党的十八届五中全会和中央经济工作会议精神，牢固树立和全面落实"创新、协调、绿色、开放、共享"的发展理念，坚持改革开放，坚持稳中求进，以结构性改革为主线，以创新发展为动力，以转型升级为目标，以提高经济效益为落脚点，在强化供给侧结构性改革上推出果断的新措施，在补强短板上采取扎实的新举措，在转变发展方式上培育释放新动能，振奋精神、坚定信心，克服困难、主动作为，努力开创全行业"十三五"发展的良好开局。

第一，认真做好"结构调整三年行动计划"的编制和《"十三五"发展规划建议》的宣介工作，推动行业结构调整取得实质性进展。"三年行动计划"是国务院领导亲自安排部署的一项十分重要的工作，是推动落实《"十三五"发展规划建议》、推进供给侧结构性改革的一个突破口。要把编制"三年行动计划"与宣介《"十三五"发展规划建议》结合起来，集中力量抓紧、抓好、抓实，引导行业"调结构、转方式"取得实质性进展。

一是抓紧组织制定"三年行动计划"。要以化解产能过剩为主体、以技术升级重点、以项目改造为主要内容，集中各部室、规划院、专业协会以及大型集团公司的骨干力量，围绕严控新增产能、淘汰落后产能、优化存量产能、关停"僵尸企业"、兼并重组、节能减排、技术创新和技术改造等重大问题，深入开展调研，提出具有较强针对性、可操作性的政策与措施。要与《"十三五"发展规划建议》相衔接，把"十三五"的发展目标、发展理念和发展重点落实到"三年行动计划"具体项目上，提高"行动计划"的前瞻性和科学性，同时促进《"十三五"发展规划建议》的实施与落实。

二是大力宣介《"十三五"发展规划建议》。组织好2016年产业发展大会，正式发布《"十三五"发展规划建议》，围绕如何发挥《"十三五"

发展规划建议》的引领、促进作用，深入开展交流与研讨，为企业使用《"十三五"发展规划建议》创造条件。要充分利用报纸、网络等媒体以及各种会议、展览等重要场合，向行业内外积极宣传推介《"十三五"发展规划建议》。把《"十三五"发展规划建议》和专业、专项规划汇编在一起正式出版，进一步扩大传播覆盖面，增强影响力。

三是进一步做好进口原油使用权资质审核和油品质量升级工作。按照发改委253号文件要求，修订用油企业核查工作实施细则，调整充实专家队伍，严格标准、严格把关、严肃工作流程和工作纪律，高标准做好核查工作，并择机向社会公布。深入落实油品质量升级实施方案，进一步加强油品质量升级运行监测，完善台账建设，以项目监测为主，监测企业原油加工量、成品油产量、国Ⅴ汽油、国Ⅳ柴油的流向，定期向国家有关部门报告。

四是做好战略性、全局性重大问题研究。重点围绕落实五大发展理念，围绕化解过剩产能、培育战略性新兴产业、深化油气行业体制改革、推进现代煤化工升级示范等重大问题，深入开展调查研究，充分利用产业重大问题研究平台，向政府有关部门反映企业诉求和行业呼声，提出政策建议。

第二，进一步加强行业产学研用创新平台建设，着力提升创新驱动发展能力。创新能力不强，是行业结构调整缓慢、转型升级滞后的一个重要原因。加快行业创新能力建设，既是当前结构性改革的重要措施，也是推动由石油和化工大国向强国转变的重要支撑。

一是抓紧推进行业重点创新平台建设。要围绕行业重大共性需求，继续开展"重点实验室""工程实验室""工程研究中心""技术创新示范企业"认定工作，积极培育和组建国家级技术创新中心，建设一批产业技术创新战略联盟，探索建立中小企业创新创业基地，组织好行业创新平台建设工作会议，把重要产品、重点产业，特别是战略性新兴产业的产学研用的力量有效组织起来，用组织优势加快抢占一批行业技术创新制高点，加快科研成果转化，尽快形成一批新的增长点。

二是集中力量攻克一批关键共性技术和重大装备。编制实施2016年度

"科技指导计划",加强国家科技计划项目的组织、实施与管理工作,组织推荐申报"十三五"国家重点研发计划优先启动项目。围绕资源勘探开发和利用、化工新材料和高端精细化学品制备、现代煤化工、生物化工、节能与环保等技术和重大装备研制,加强协同攻关,突破一批重大关键共性技术。

三是努力打造科技奖励"精品工程"。修改完善科技奖励办法,规范申报程序,控制申报数量,进一步提高授奖质量和权威性,对"赵永镐创新成就奖"采用院士专家推荐制。加大科技奖励专项基金的宣传力度,继续做好专项基金的接受、保值、增值与使用工作,奖励做出突出贡献的科技人员,引导企业加大创新人才的培养和投入,努力营造"大众创业、万众创新"的发展氛围。

四是加强行业专利信息服务。深化专利导航工作,完善橡胶行业知识产权运营专业平台,选择聚氨酯材料、硅树脂等行业,开展重点产品专利态势分析和预警,发布专利态势分析报告,为企业提供专业的专利增值服务,提升知识产权运用和保护水平。

第三,全面实施绿色可持续发展战略,提高绿色制造水平。 坚持既要金山银山,也要绿水青山的发展理念,在"十三五"规划实施的开局之年,必须在节能减排重点领域取得新突破,实现安全环保工作的开门红。

一是加快编制并组织实施绿色发展三年行动计划。围绕绿色清洁生产、低碳循环发展、节约和高效利用资源、加大环境治理等方面组织编制石油和化工行业绿色发展三年行动计划,提出全行业绿色发展的目标、任务和措施。组织召开绿色发展大会,加大宣传力度,凝聚行业绿色发展共识,形成绿色发展新局面。围绕汞污染防治、磷石膏综合利用、含盐废水治理、挥发性有机物治理、危险废物管理等环保重点难点,加强行业调研和政策研究,力争实现新突破,取得新进展。深入开展能效"领跑者"发布活动,扩大产品覆盖范围,增加指标发布数量,推进行业准入条件、能耗限额标准的制修订。积极参与全国统一碳排放市场建设,争取参与碳排放配额分配相关工作,持续推进鄂尔多斯盆地CCUS(二氧化碳捕集、利用与封存)工作,争取在先导试验和国际合作方面取得新突破。

二是大力发展循环经济和清洁生产。编制循环经济、清洁生产支撑技术、工艺与设备名录，争取国家政策支持。配合政府有关部门，围绕资源综合利用"双百"工程、园区循环化改造、清洁生产示范、产业转型升级等重点工作，推进有毒有害产品、原料和工艺替代，培育一批示范工程、企业和园区。推动修订清洁生产评价指标体系，开展生态设计示范企业（产品）、绿色化工示范企业评选活动，形成长效机制。通过清洁生产审核、现场诊断，为企业提供针对性解决方案，提升企业循环经济、清洁生产水平。积极拓展醇醚燃料应用领域，推进甲醇汽车试点工作。

三是实施"责任关怀"持续推进战略。组建"责任关怀"污染防治工作组和工艺安全工作组，积极开展"责任关怀"实施准则培训，开展"责任关怀"自我评估活动，推进"责任关怀"系统有效运行。落实"智慧化工园区"和《化工园区公共管廊管理标准》实施工作，推进建立化工园区"责任关怀"工作机制，开展国内外先进化工园区对标研究，培育具有全球影响力的先进制造基地和经济区。

四是加强行业储运安全管理。通过在行业内全面推广《化学品操作和仓储承包商评估标准》和《道路运输承运商评估标准》，开展储运安全评估及交流，提高行业储运安全管理水平。

第四，推动实施"一带一路"倡议，进一步提升行业对外开放水平。"一带一路"倡议是新时期中央提出的全局性倡议，给行业开展国际合作带来新的机遇和更大的空间。

一是组建行业"走出去战略联盟"。推动政府有关部门、企业、金融机构等多方力量开展合作，为企业提供国际贸易、工程承包、海外投资、法律咨询等服务，向政府有关部门反映并帮助解决企业"走出去"遇到的障碍和困难。开展"走出去"战略课题研究，组织企业到伊朗、印度尼西亚、越南、巴基斯坦以及中东欧等"一带一路"沿线国家开展交流，推动我国企业、工程和装备"走出去"，开展产能合作，拓展新市场。

二是进一步加强与ICCA、OPCW（禁止化学武器组织）、世界塑料理事会等国际同业组织合作。围绕加强化学品管理，开展交流与培训，引进先进经验，提升管理水平。要继续办好中国国际石化大会、亚洲炼油与石化科技大会、海峡两岸石油化工科技经贸交流会等重要品牌会议和展览，进一步提升联合会的影响力。

三是进一步完善外资委工作机制。深化并拓展与外资企业的合作，反映在华外资企业诉求。积极借鉴外资企业危化品管理经验，加强化学品法规研究合作，提升我国化学品安全管理水平。

四是做好产业预警、贸易保障措施及贸易争议协调工作。跟踪国际贸易保护发展态势，做好"两反"立案和应诉工作。发挥好中日、中韩对话磋商机制作用，加强信息交流与沟通，做到应对工作前置化。建立重大事项通报制度，维护产业安全。

第五，加强基础能力建设，进一步提高联合会履职能力和服务水平。行业经济运行统计与分析、质量与标准化等都是联合会基础性工作。随着经济体制改革的不断深化，这些基础性工作的重要性更加凸显。要以"市场化""去行政化"为方向，加强联合会基础能力建设，优化资源、强基固本，为联合会深化改革和长远发展创造条件。

一是加快石油天然气和化工两个行业信息服务平台建设。要以国家油气网建设为突破口，整合联合会、大型企业以及相关研究机构的信息资源，推进石油天然气行业统计监测体系建设，抓好行业统计与数据中心建设。要进一步完善化工行业大数据平台建设，发挥数据平台对数据的分析、挖掘、分类汇总等功能，形成细分行业定制化报告，做好行业景气指数，为行业经济运行提供参考。

二是进一步健全质量品牌工作机制。进一步加强工作平台和信息化建设，努力打造行业质量品牌工作优质服务平台。深化"质量兴业"活动，提升企业质量意识，建设先进质量文化，积极推广先进质量管理技术和方法，完善行业品牌价值评价体系和机制，做好品牌价值评价榜单发布和品牌宣传推介工作。

三是积极推进新型标准体系建设。继续做好强制性标准精简整合、推荐性标准优化、"团体标准"培育工作。突出做好"团体标准"试点，探索建立联合会"团体标准"的工作机制。全面推进重点领域和新兴产业标准化工作，进一步做好节能、安全、环保、健康以及战略性新兴产业等领域标准的制修订工作,积极推进国际标准化,结合国家"一带一路"倡议,推动行业优势产业标准"走出去"。

四是积极推进检验检测机构改革。加快行业检验检测资源整合与共享,全面推进行业检验检测机构资质认定评审准则换版与转换工作,修订行业质检中心授权管理办法,探索建立具有鲜明行业特征、符合市场化运作机制的行业质检中心(检验检测机构)的授权管理体制、机制。

第六,进一步加强党的领导和自身建设,强化联合会系统整体工作合力。

一是加强党的领导。开好第四次党代会,组织好党委理论中心组学习,做好脱钩试点单位的11个党组织交接工作。深入开展好创先争优活动,进一步发挥党委政治核心作用、支部战斗堡垒作用和党员的先锋模范作用。扎实推进反腐倡廉建设,严格执行八项规定,强化警示教育,筑牢思想道德和党纪国法两道防线。

二是跟踪协会脱钩试点情况。与国资委改革小组和试点协会保持沟通,及时了解脱钩方案、实施情况、突出问题以及政策调整。全面梳理联合会系统情况,对照脱钩改革配套政策文件,分析带来的影响和突出矛盾,提出意见建议。

三是加强三大支撑体系建设。通过信息互通、业务合作、人员交流等打造共同的行业工作平台,强化与政府部门、会员单位和企业的联系,集中力量打造行业经济运行监测与信息服务、产业重大问题研究、科技创新服务、质量安全标准化服务、对外交流合作服务等优质服务平台,进一步提高服务效能和管理水平。

迈向石油和化学工业强国的
产业结构调整*

中国石油和化学工业的发展是从中华人民共和国成立之后开始起步的。有资料记载,1949年整个中国的石油和化学工业的产值只有1.7亿元（人民币）。据说在中国民族化学工业先驱之一的范旭东从海外归国的轮船甲板上,范旭东的妻子曾对他讲起1.7亿元这个数字,范旭东对妻子说:"1.7亿元,这是个令人害羞的数字!"

中华人民共和国成立以来,特别是改革开放以来,中国的石油和化学工业取得了突飞猛进的快速发展。到2015年中国石油和化学工业的销售收入达到13.14万亿元（人民币）,比2010年增长55.2%;全行业税金总额达到1.02万亿元（人民币）,占全国工业税收总额的20.7%,位列工业行业之首。石油产量、天然气产量和原油加工量分别居世界第四、第六和第二位,无机原料、乙烯、甲醇、化肥、农药、合成树脂、合成橡胶等重要大宗产品产量稳居世界前列。一大批优势企业规模不断扩大,竞争力不断提升。中国石油、中国石化、中国海油、中化集团、中国化工、延长石油等企业集团在世界500强的排名不断提升,上海华谊、天津渤海、湖北宜化、云南云天化等一大批地方石化企业主营业务收入均超过500亿元。2015年,中国大型石油和化工企业达到877家,比2010年增长1.68倍。"十二五"期间,中国石化行业积极开展研发合作和协同攻关,突破了一批核心技术

---

* 这是2016年11月11日,在中国化工报社理事会上的讲话提纲。

和关键技术,全行业科技创新能力也得到了极大提升。截至2015年,全行业共获得国家科学技术奖95项、行业科学技术奖1324项。其中,"深水半潜式钻井平台研发与应用""特大型超深高含硫气田安全高效开发技术及工业化应用"获得国家科技进步特等奖,"水平井钻完井多段压裂增产关键技术""深海高稳性圆筒型钻探储油平台的关键设计与制造技术""罗布泊盐湖年产120万吨硫酸钾成套技术开发"等获得国家科技进步一等奖。现代煤化工技术保持全球领先地位,开发了多喷嘴对置式水煤浆气化炉、航天粉煤加压气化炉、水煤浆水冷壁清华气化炉等一系列先进煤气化技术和装备,煤制油、煤制气、煤制烯烃、煤制芳烃、煤制乙二醇等现代煤化工技术和示范工程陆续突破,并实现商业化稳定运行,其中"甲醇制取低碳烯烃(MTO)技术"获得国家技术发明一等奖。

目前,中国石油和化学工业已经完成了"短缺经济"时代的发展任务,进入了一个全新的发展阶段。从2010年开始,中国石油和化学工业的销售收入就位居世界第二位,其中化学工业销售收入位居世界第一位。据有关资料显示,2014年美国化学工业主营业务收入为8050亿美元,折合人民币4.94万亿元(按2014年平均汇率6.1428折算),中国化学工业主营业务收入8.76万亿元,比美国高出77.3%,仍位居世界第一。日本化学工业主营业务收入折人民币约2.3万亿元,位居第三。德国化学工业主营业务收入约为人民币1.6万亿元,位居第四。中国化学工业位次一直维持到2015年没有发生任何变化。2015年美国原油产量4.5亿吨,天然气产量7000亿立方米,原油加工量9亿吨;中国2015年原油产量2.1亿吨,天然气产量1234亿立方米,原油加工量5亿吨,经过这三个指标测算,中国石油和化学工业主营业务收入仍未超过美国,位居世界第二。

从2015年开始,中国经济发展进入了"十三五"规划的新时期。中国宏观经济也进入了"新常态"发展的新阶段,整个宏观经济出现了与前十二个五年计划完全不同的形势、特点和变化,发展速度变化、产业结构优化和发展动力转化成为"新常态"下整个宏观经济转型升级的基本特点和总体要求。根据宏观经济"新常态"的变化和要求,也根据中国石油和化学工业发展的基础和现状,我们提出了中国石油和化工行业"十三五"

发展的总体目标：要迈出由石油和化工大国向石油和化工强国跨越的步伐。由"短缺经济"到"石油化工大国"，再由"石油化工大国"向"石油化工强国"迈进，这是中国石油和化学工业一次具有重大历史意义的战略转型，也是一次具有"凤凰涅槃"蜕变意义的结构升级。这个目标的实现，将会开创中国石油和化学工业一个崭新的未来。

迈向石油和化学工业强国，这是一个目标十分明确、任务十分艰巨、难点必须攻破、高地必须占领的历史使命，也是我们这一代人必须向历史交出的发展答卷和责任担当。完成这一历史使命，需要重构行业发展战略、调整产业技术结构、提升企业创新能力、实施绿色发展战略、开拓国际市场、培育各类行业人才等等。完成这一系列艰巨的历史任务，我认为至少需要10～15年艰苦、扎实的奋斗历程。也许到了2030年，我们才有条件和资格回顾、总结、检阅"走向世界石油化工强国"的目标和任务。

一、行业竞争优势集中体现在产业结构的高度上

从世界石油和化学工业发展的历史和经验来看，一个行业的市场竞争优势主要取决于产业结构层次的高低。而产业结构层次的高低，又取决于技术发展水平的高低。从本质上讲，我们可以说技术发展的水平决定着产业结构的高度，技术创新的能力决定着市场竞争的优势。我们的结论是：一个行业的技术发展水平是产业结构高低和市场竞争优势的决定性因素。从发达国家石油和化学工业发展的实践和经验来看，一个完整的石油和化学工业产业链，从原材料起始到市场终端大体可分为五个产业结构层次：

第一个结构层次为石油、天然气和化学矿山开采业。这是石油和化学工业产业链的始发端，如果没有石油、天然气和诸多的化学矿产，特别是硫铁矿、磷矿、萤石矿等化学矿资源的有效供给，石油和化学工业就会成为无源之水和无本之木。一个国家的石油、天然气和化学矿产的勘探开采业既取决于技术的优势，更取决于资源禀赋的优势。如中东、俄罗斯石油和天然气资源的优势、摩洛哥磷矿石资源的优势、美国页岩气资源的优势等等。

第二个结构层次为基础石油和化工原材料加工业。这是石油和化工产业发展的原料基础，乙烯、丙烯、丁二烯、苯、甲苯、二甲苯、硫酸、硝酸、盐酸、烧碱、纯碱、电石等等，这些量大面广的基础化工原材料是石油和化学工业发展的基础。经过多年的发展，这些基础化工原料的生产技术都是成熟的，发展的优势主要取决于资源优势、原料供给、生产规模和市场需求等等。

第三个结构层次为一般石油和化工加工制造业。这是石油和化学工业深加工的初级阶段，如聚乙烯、聚丙烯、合成氨、合成树脂、合成纤维、合成橡胶等等。这个结构层次的石油化工产品主要特点是技术属于传统的成熟技术，生产规模一般比较大，市场需求也比较稳定，是整个产业稳定发展最重要的基础部分。

第四个结构层次为高端石油和化工制造业。这是石油和化学工业处于行业技术高端的加工制造业，主要包括化工新能源、化工新材料、高技术精细化学品以及现代煤化工等高精尖技术和新市场用途的石油化工产品，这类石油化工产品的主要特征集中体现在化工原材料的高端性和生产加工技术的先进性上。以互联网、智能制造和纳米材料、碳纤维材料、膜材料等为典型代表的新技术突破，使石油和化学工业的高端制造又迈上了一个新的台阶，高端石油和化学工业制造将引领着整个石油和化工产业未来新的竞争优势和新的经济增长点。

第五个结构层次为战略性新兴石油和化工产业。这个结构层次代表着石油和化学工业未来发展的方向和新技术的领先探索，主要包括生命科学、基因工程、生物工程、化学制药和环境工程等等。这个层次的产品集中体现着前沿技术的创新能力、制高点技术的发展水平和未来技术研发的领先优势等。特别是生命科学和基因工程的发展，将会对人类健康寿命、生活质量、医疗、农业带来一系列深刻变化，特别是对已经到来的老龄化社会将会带来重大福祉和影响。

这五个产业结构层次既有着产业技术的连续性，又有着产业技术的成长性。在产业结构的连续性和成长性之间，一个显著的特点就是低层次的产业结构对原料的依赖性很大，高层次的产业结构对技术的依赖性很高。

低层次产业结构的产品一般多为原料产品和中间产品,高层次产业结构的产品多为市场终端产品。终端产品不仅技术含量较高,而且经济效益也较好。产业的技术水平、竞争优势集中体现在产业结构的层次上,产业结构层次是衡量一国产业发展活力和产业竞争能力的核心标志。

2015年中国石油和化学工业的主营业务收入为13.14万亿元(人民币),按国民经济行业统计十一大类分类,其统计分类如下:

2015年中国石油和化学工业主营收入

行业名称	主营业务收入/亿万元	比重/%
石油和化学工业合计	13.14	100
石油和天然气开采业	0.95	7.2
精炼石油产品制造业	2.94	22.4
化学矿山开采业	0.06	0.4
基础化学原料制造业	2.46	18.7
肥料制造业	0.95	7.2
橡胶制品业	1.02	7.7
合成材料制造业	1.26	9.6
专用化学产品制造业	1.90	14.5
化学农药制造业	0.31	2.4
涂料、油墨、颜料产品制造	0.52	4.0
专用设备制造	0.35	2.7

如果按石油和化学工业产业结构五个层次划分,我国的石油和化学工业的结构主要集中在技术低端的前三类:即石油、天然气和化学矿山开采业,占我国石油和化学工业结构的30%;基础石油和化工原材料加工业,占我国石油和化学工业结构的18.7%;一般石油和化工加工制造业(包括化肥、合成材料、专用化学品、橡胶等),占我国石油和化学工业结构的48.1%;而高端石油和化工制造业和战略性新兴石油和化工产业两个层次的产品我们几乎都是空白。尽管近几年我国石油和化学工业在高端化工产品技术上也取得了一些突破,如现代煤化工技术(煤制烯烃、煤制芳烃等)、新材料技术(聚氨酯、异戊橡胶等)领域都创造了一些领先于世界的技术,但从我国石油和化学工业的整体结构上看,产业结构还都是低端

的、同质的，产能过剩和技术落后的问题十分严重，这就是我国石油和化学工业产业结构的现状，也是我们必须要承认和正视的产业结构现实。

加快提升自主创新能力，不断提升产业结构层次，是世界各国石油和化学工业发展的一个十分显著的大趋势。特别是进入21世纪以来，世界各国尤其是石油化工大国和著名跨国公司产业结构调整的步伐明显加快，在产业第四和第五个结构层次上的投入越来越大，抢占未来行业技术制高点的竞争也越来越激烈。我国产业结构技术层次的差距和国外跨国公司产业结构调整的加速，十分清楚地告诉了我们，我国产业结构优化调整的步伐必须加快，产业结构低端化、同质化的现状必须改变，提升创新能力、加快结构优化升级，是全行业面临的一大共同课题和紧迫任务。

二、石油化工强国和跨国公司创新发展、产业结构优化升级的有益启示

世界石油化工强国和跨国公司创新发展，抢占技术制高点，培育产业结构竞争优势的战略布局，很早就已规划，很早就已行动。研究、学习石油化工强国和跨国公司创新发展的方向和重点，对我国石化行业创新发展、调整优化产业结构有着十分重要的借鉴意义。

英国是一个石油和化学工业的传统大国，在世界石油和化学工业发展历史上曾经创造过一系列的辉煌。2010年6月英国化学创新公司发表了一份令世人瞩目的《化学创新战略报告》，这份报告是由一批专家学者首先起草，经过若干次范围广泛的内部研讨，历时近3年的修改形成创新发展的共识后才公布的。在英国经济中，化学和制药工业占据着很大的份额，其总量超过航空和汽车工业的总和。目前英国化学和制药工业每年的销售总额大约1130亿英镑，如果再加上需要依靠化学技术和产品的行业，如家庭和个人日用保健品、食品、饮料、塑料、农作物保护品等，每年销售额将达到2260亿英镑。如果再加上油气工业、化学材料和电子化学品，则每年的销售额大约为5230亿英镑。所有上述部门所产生的工业增加值总额（GVA）约为2700亿英镑。该报告认为，目前英国化学工业的可持续发展面临着许多巨大的市场机遇，这些市场机遇是由用户需求和全球性挑战

提出来的。报告认为，在英国，采用常规工艺生产通用化学品是没有市场空间的，关键是开发高附加值产品和进行不断的创新。当前的英国需要建立强大的创新能力，使创新能力达到可持续发展要求的新高度。经过多方面的战略咨询，报告确定了未来化学工业的四个创新重点：产品设计、可持续化学、生物基产品和创新制造。该战略报告高度重视这四大重点领域，认为这四大领域中每一个领域都能为英国化学工业提供难得的发展机遇，同时该报告也提出了发展这四大领域所需要的实用技术和一些潜在的问题。特别是英国皇家化学会和化学工程师学会提出了在创新发展中必须要高度重视和解决水和能源的问题，为开发新产品和新技术必须扩大参与的供应链，确保英国化学工业特别是应用化学创新发展所需要的技术和能力。

2009年，美国发布了《国家创新战略》，2011年修订后，2015年又更新发布了《国家创新新战略》，其创新的目标定位于提升就业和拉动经济、实现优先领域突破以及建设创新型政府。详细制定了九大优先发展领域：先进制造、精密医疗、大脑计划、先进汽车、智慧城市、清洁能源和节能技术、教育技术、太空探索和高性能计算。美国还于2011年到2013年先后发布了《先进制造业伙伴关系计划》《先进制造业国家战略计划》《国家纳米计划》和《国家制造业创新网络》等一系列详细的计划和政策。在这些计划和政策中，都涉及了包括纳米材料、基因材料、碳纤维材料等在内的先进化学材料制造业发展战略。这些政策的发布为美国化学工业取得未来发展制高点绘制了明确的路线图。同时，美国还将继续实施"技术创新计划"（即TIP计划）。该计划由美国商务部所属的美国国家标准与技术研究院（NIST）负责运作与管理，旨在支持产业界致力于研究风险高但又具有巨大经济潜力和商业化价值的竞争前沿技术和行业共性与关键技术，直接面向企业或企业研究联盟提供资助，助推共性与关键技术的落地。

欧盟于2014年启动实施了"地平线2020"计划，计划在2014~2020年投资近800亿欧元，整合欧盟层面的科技创新资助计划，这也是欧盟有史以来规模最大的研发创新计划。"地平线2020"计划的目标是要确保欧洲产生世界顶级的科学，消除科学创新的障碍，在创新技术转化为生产力的过程中，融合公众平台和私营企业协同工作。该计划将资助从基础研究到创新产品市场化的整个"创新链"所有环节的创新机构和创新活动，并根据研发活动的不同性质灵活实行拨款、贷款、政府资金入股和商业前采购等多种资助形式。欧盟在这个计划中，将生物化工、膜材料、纳米材料、催化技术和流动合成反应技术等列为重点项目，组织成员国有关大学、科研机构和企业联合开展研发攻关。

2016年10月份，我到德国考察了赢创、科思创、科莱恩、巴斯夫四个著名的跨国公司，考察了德国最大的弗劳恩霍夫研究院化学技术研究所，这些跨国公司创新发展的方向和重点，给了我不少启发。

赢创公司认为企业创新是可持续发展的重要抓手，是保持竞争优势的重要手段，也是保持企业发展活力的动力源泉。他们还提出了公司发展"3P"（即人类、地球和效益）的新理念，他们每年的研发投入占公司营业收入的3%以上，而且公司还有一个1亿欧元规模的创新基金，主要用于创新风险投资。目前，公司在全球有技术创新人员2700多人，现在公司每年销售收入的10%来自五年内公司开发的新产品。公司告诉我们，他们未来技术创新将集中在六大领域：可持续营养品（无抗生素的饲料营养成分）、先进食品、人类保健解决方案、高档化妆品、膜材料技术、智能材料（3D打印材料、电子化学品等），他们认为这六大领域意味着公司的未来，必须集中投入尽快获得重大收获。

他们还给我们展示了这六大创新领域的部分成果。如经过12年的努力，终于在3D打印材料、全新的电子显示材料形成了公司一个新的高成长性增长点；新的膜技术，可以将生物沼气中的CO_2同CH_4分离，不仅分离成本很低，而且分离效果可达98%；还给我们展示了一种全新的颠覆式的水性涂料新工艺。

科思创公司是全球最大的聚合物生产商之一，年度销售额超过120亿欧元。在化工新材料领域他们始终走在创新的前沿，他们在全球建立了三大研发中心：在德国利沃库森、美国匹兹堡、中国上海各建设了一个分工不同的研发中心。公司董事长唐纳德先生告诉我，科思创公司目前正在酝酿两大技术的研发突破：一是CO_2利用技术，目前他们已经有一套利用

CO_2 生产多元醇的小规模中试装置，另外他们还利用 CO_2 作为软泡聚氨酯的发泡剂（CO_2 先同聚醚反应，然后再同异氰酸酯合成）；二是利用太阳能制氢技术。科思创公司对中国的经济发展、人才质量和创新机遇给予了高度的评价。

科莱恩公司研发中心是该公司全球研发中心的旗舰。该中心投资1亿欧元，3年前正式启用。现有员工500多人（全球研发人员1100人），这个中心研发主要集中在四大业务板块：护理化学品（表面活性剂）、催化剂（合成气、合成材料）、食品添加剂、新型塑料、涂料。这四大板块2015年销售额60亿美元。科莱恩公司创新发展的下一个里程碑，是建设中国上海研发中心，上海研发中心的主要研究方向也集中在四个领域：化工新材料（通过大量实验加速创新）、生物技术（生物染料、工业酶、生物活性物质、化妆品、生物基化工产品、生物乙醇）、CO_2 利用技术（CO_2 加氢制甲醇，政府资助1亿欧元）、工艺过程技术（模块化装置、集装箱工厂）。目前，科莱恩公司全球研发项目有300多个，其中顶尖项目60多个，项目价值达15亿美元。公司要求每年销售收入的20%来自创新。目前科莱恩同德固赛公司有一个值得关注的创新技术，即 $CO_2+H_2 \rightarrow CH_4$。由科莱恩提供新型催化剂、德固赛进行工艺开发，已有一套中试工业装置（在法兰克福附近）。据有关资料报道，美国桐树岭国家实验室用一种新型催化剂，也可将 CO_2 在常温转化为乙醇，过程并不复杂。

巴斯夫认为巴斯夫建厂150年来始终依靠创新发展，创新是巴斯夫发展成功的唯一动力。巴斯夫在全球有10万名员工，其中研发人员达1万人。巴斯夫每年研发投入20亿欧元，但每年创新技术产品销售收入就达100亿欧元。巴斯夫公司的创新主要集中在三大技术平台：一是化工工艺及化学工程研发平台（重点在德国）；二是先进化工新材料研发平台（重点在中国上海）；三是生物科学研发平台（重点在美国，农业化学）。

弗劳恩霍夫研究院成立于1949年3月26日，是目前欧洲最大的从事应用研究方向的科研机构，拥有67家研究所及其独立的研究机构，现有23000多名优秀的科研人员和工程师，研究方向主要包括健康/营养、国防/安全、信息/通讯、能源/化工、制造/环境等。其化学技术研究所主要在能源系统、化工材料、应用电子化学、环境工程和聚合物工程等领域开展研发工作,他们在欧洲的研究水平可谓首屈一指。弗劳恩霍夫研究院也是德国制造4.0的积极倡导者和忠实实践者。在信息技术应用和智能制造方面始终走在世界前列。弗劳恩霍夫化学技术研究所有着世界领先的微型化学反应器生产技术,从各类不同类型的反应器设计到工艺制作、从化学刻蚀工艺到激光焊接技术、从催化剂印刷技术到尖端的高压密封工艺,他们给我们展示了一套套高技术、低成本,不同压力、不同工艺要求的微型反应设备,有些微型反应设备制作得比工艺品还精致。他们将这些微型反应器,按照不同工艺要求组装成模块化装置,再将这些模块化装置形成一体化的集装箱式工厂。他们运用这些微型反应器,深入开展分子结构研究、催化剂全生命周期研究和系统集成测试研究。我们参观归来,简直不相信我们访问的是一个化学技术研究所,简直就像考察一个机械制造研究所。

从总体上看,跨国公司在今后5～10年创新发展的重点,都在行业技术结构层次的高端上,都紧紧围绕生命科学、化工新材料、化工新能源、专用化学品和环保技术等方面,加速原始创新和独领风骚的技术特色创新,努力实现技术创新的新突破,开创占据竞争制高点的新优势。

那么我们中国石油和化学工业创新发展处于怎样的一个水平上呢?最近,我在《参考消息》上读到了一篇对日本三菱化学公司CEO小林喜光先生的采访。记者向小林喜光先生提的问题是如何评价中国的创新。因为我刚刚与来访的小林喜光先生见过面,我们在会谈中交流了中国石油和化学工业在"新常态"下的运行问题。小林喜光先生是这样回答这个问题的:目前,中国政府正在积极鼓励企业创新发展,然而在中国企业真正的原始创新并不多,比较常见的都是"八宝粥"式的创新。也就是说,在他眼里,中国的创新更多的是组合式创新,套用现在比较流行的一个词语就是"混搭"。前不久,我还接待了美国陶氏化学公司的CEO利伟诚先生,我们在会谈中也同样谈到了行业创新问题。利伟诚先生非常坦诚地与我交换了看法,在他看来,中国石化行业的产业结构基本上是一个基础原材料工业,距离终端市场的创新太少,中国石化行业的创新应该大胆拥抱终端市场。他建议中国"十三五"发展规划应该明确地提出未来五年重点发展的目标和细分市场，所有工业部门都应围绕着这些核心领域集中发展，同时要发挥后发优势，实现弯道超车，避免走发达国家已经走过的弯路。利伟诚先生非常看好中国未来的经济和中国的市场。我想上述两位跨国公司CEO的看法，也许能够比较客观地描述目前中国石油和化工行业创新发展的现状。

我们认为，无论是英国化工行业发展战略、美国先进制造业发展规划还是欧盟的"地平线2020"计划，以及跨国公司创新发展的战略，都充分展示出了世界石油和化学工业创新发展的未来，引领着世界石油和化学工业创新发展的方向，这些对我们中国石油和化学工业的产业升级、结构调整和转型发展具有十分重要的借鉴意义和启迪作用。我们也清楚地看到，产业结构调整是一个行业的整体行动，也是一个在产业政策目标指引下，加快推进、持之以恒的渐进过程。中国石油和化学工业"'十三五'发展规划"和"'十三五'科技发展规划"都提出了明确的目标和措施，行业结构优化调整的行动已经开始，我们需要的是进一步坚定信心，加快创新，扎实推进，尽快见效。

三、未来五至十年中国石油和化学工业产业结构调整和转型升级的方向和目标

中国宏观经济"新常态"给石油和化学工业产业结构调整创造了历史难得的重大机遇。首先，宏观经济增长减速，给行业经济发展减轻了增长速度的压力。石油和化学工业是国民经济的一个重要的基础和支柱行业，国民经济的高速发展，对石油和化学工业的增速都提出了超前发展的要求，行业增长速度在国民经济高速增长时期有着十分沉重的压力。宏观经济增长的减速，使得行业发展摆脱了盲目追求速度的误区，走出高增长依赖症下的结构调整困境，可以更加冷静、更加理性地追求发展的质量，更加从容、更加扎实地推进产业结构的调整。第二，行业发展的"结构性"过剩，使全行业清醒地看到了产业结构"差异化"调整的紧迫性。目前全行业发展出现的"结构性"产能过剩的尖锐矛盾，使全行业深刻认识到，完全依靠做"加法"的短缺经济时代已经结束，"去产能"已经成为摆在

供给侧结构性改革的首要任务。传统产业特别是产能过剩的传统产业，必须依靠新的技术，开发新的市场，产品结构、产业结构的"差异化"发展，已经成为摆脱当前产能过剩困难局面的紧迫任务。大多数企业都充分认识到，"使用别人同样的技术，生产别人同样的产品，追求别人同样的追求"是不可能取得竞争优势、也是不可能实现持续发展的。第三，行业发展结构的低端化、同质化的现状，也要求全行业必须加快行业结构的"高端化"发展，依靠创新发展、转变行业发展方式已经成为行业发展的内在要求。目前，石化行业的国际贸易逆差巨大，每年的贸易逆差达3000亿美元左右。贸易逆差的主要产品都是一些高技术含量、高品质的合成树脂、合成材料和高技术的精细化学品。这种贸易逆差，充分反映出石化行业产品结构的缺陷，充分反映出石化行业技术创新能力的差距。另外，我们在跨国公司近年来技术创新的方向和产品结构的调整中，还清楚地看到，不少跨国公司的产品结构调整，都是针对中国市场需求的。在这种全球化的市场竞争中，不创新就没有出路，甚至不创新就没有活路！激烈的全球竞争，也迫使我们中国石油和化工企业充分认识到创新发展的极端重要性。创新发展也已经成为中国石油和化工企业可持续发展的内在需求和新的动能。

因此，"十三五"这五年，是石化行业加快结构调整、加快转型升级的关键五年。如果这五年"调结构、转方式"抓得好，取得了突破性、标志性和战略性的成果，就会为今后10年的再次快速发展奠定一个很好的基础，如果这五年的"调结构、转方式"抓得不好，我们全行业就可能陷入一个更长时期的被动局面。全行业必须清醒地认识到，这五年难得的历史机遇一丝一毫都不能放松，一时一刻都不能懈怠！必须按照行业"十三五"调结构、转方式的目标，朝着"高端化、差异化、绿色化"的方向，坚定不移地持续推进。

"十三五"期间，我们不仅需要个别产品、个别技术、个别领域的技术突破，而且更需要在高端技术、差异化产品和战略性新兴产业取得重大创新突破，一定要使技术创新成为我们整个行业结构升级和优化调整的重要支撑和推动力量。今后5～10年，我们全行业在优化结构和产业升级方面，必须要高质量地完成好三大重点任务：

一是高质量地搞好传统产业的"去产能"工作。我们在充分调查研究的基础上，按不同行业、不同产品分别提出了"去产能"的目标任务，决心利用三年左右的时间，从根本上化解全行业产能过剩的突出矛盾。充分利用市场这个"看不见的手"和政府这个"看得见的手"，坚决淘汰落后产能、落后工艺、落后装置，使传统产业在保持合理规范的基础上，不断巩固和提升市场竞争优势。2016年9月份国务院办公厅正式印发了《中国石油和化工行业产业结构调整三年行动计划》，这个计划我们必须要扎扎实实搞好。

二是要高质量地推进高端产业和战略性新兴产业的创新突破。全力推进行业结构向高端化迈进，这是"十三五"规划的明确目标，也是全行业今后5～10年的一个战略目标。在"十三五"规划中，我们提出了要加快培育新能源、化工新材料、高端专用化学品、现代煤化工和节能环保产业等五大重点领域，在这五大重点领域中，我们还要按"有限目标、重点突破"的要求，紧紧围绕我国航天航空、轨道交通、新能源汽车、电子化学品和生命科学等国家战略性新兴产业发展的需求，力争形成一批带有战略性、标志性和引领性的行业核心技术，尽快形成一批具有生长点意义的主导产业，形成我们中国石化行业的产业特色和竞争优势。在"十三五"期间，要充分发挥好行业和企业创新平台的活力和作用，力争在产业结构的优化升级中加快"补短板"的步子。如何加快发展高端产业的发展，最近中国化工学会组织编写了一本很有质量的研究报告《石油化工产品高端化发展报告》，我推荐给企业领导，希望大家都能认真读一读。

三是要高质量地加快培育生产性服务业的快速成长。生产性服务业滞后，这是石化行业在长期发展历史中积累的一个大矛盾。一张白纸可以画出更好、更美的图画。生产性服务业的短缺，正好也是我们可以大有用武之地、大有作为的空间。在"十三五"规划中，我们提出了大力发展咨询服务业、设计施工业、物流服务业和节能环保产业的目标任务。在这些生产性服务业中，每一个产业都有着巨大的发展空间和发展潜力。2017年，我们全行业要在实施"绿色发展战略"中，扎实推进废水、废气、废固、节能和安全管理提升五大行动计划，希望生产性服务业大显身手，大有作为。

经过15年目标明确、持续不断、措施扎实的艰苦努力，中国石油和化学工业的产业结构、发展方式将会发生明显的升级变化，竞争优势不断加强，经营效率不断优化，经济效益不断提升，呈现出一个"基础原材料产业配套合理、战略性新兴产业特色显著、节能环保产业全球领先、生产服务业迅速发展"的充满活力、极富后劲、可持续发展的全新局面。

基础原材料产业配套合理。 中国是一个经济大国，经济大国必须要有一个基础原材料合理配套的基本格局。大国经济基础原材料的短缺，很容易就形成"买什么，什么涨价""卖什么，什么降价"的被动局面。中国石油和化学工业基础原材料产业有着稳定的配套和市场需求，但必须要化解当前产能过剩的突出矛盾。只有尽快从根本上把"去产能"的措施落实到位，果断淘汰一部分落后产能，使主要基础原材料产能保持在一个合理的水平上，才能持续保持和提升中国基础原材料产业的优势地位。

战略性新兴产业特色显著。 中国石油和化学工业从大国走向强国，需要培育具有自身特色的增长点和竞争优势。行业发展从传统产业走向战略性新兴产业，从产业链中低端走向高端，就是要依靠一批具有自主知识产权的高端生产制造技术。我们的烟台万华、青岛软控、三聚环保等一批企业正是依靠自主研发的高端技术在全球市场上抢占一席之地。相信经过未来15年的发展，会有更多的企业成长起来，形成更多的具有我们技术特色的企业集群和具有竞争优势的发展领域，成为中国石油和化学工业未来发展独领风骚的新的骨干力量。

节能环保产业全球领先。 前不久，我们刚刚访问过巴斯夫公司，但是很不幸，巴斯夫公司的化工园区发生了爆炸并且有人员伤亡。可以这样说，巴斯夫公司在企业安全以及环保方面所做的工作是很完善、也是很出色的，可以称为是全球石化企业的样板。但是即便是再周密的防范措施也会发生不可预料的事故。因此安全环保产业是我们石油化工行业需要"天天讲、月月讲、年年讲"的问题。石化行业始终面对着安全环保的重大挑战。目前，中国的环保法律法规是历史上最严格的，同样在世界上也是非常严格的。我们有着迫切的安全环保发展需求，有着严格的法律法规，这其实就是一个巨大的有潜力的市场。我们应该将安全环保压力看为是一种发展的动力，通过不断创新，去解决安全环保问题，给社会，给企业，更是给我们自己一系列的解决方案。解铃还须系铃人，石化行业有着从根本上解决环保问题的技术能力，我相信通过我们的努力，一定可以在安全环保领域成为全球领先的样板和榜样！

生产服务业迅速发展。 发展生产服务业，是石化行业另一个极具发展潜力的领域。随着工业发展以及技术水平的提升，石化企业的发展趋势一定是不断贴近终端市场，通过自身的技术优势和产品优势为用户提供一揽子的解决方案。我相信在未来，生产性服务业一定会有一个很大的发展。

到2030年，我们预测，中国石油和化学工业产业结构将会出现明显的变化：

中国石油和化学工业产业结构的预测

行业名称	2015年主营业务收入/万亿元	2015年比重/%	2020年比重/%	2030年比重/%	结构层次
石油和天然气开采业	0.95	7.2	9.0	8.0	第一结构层次
精炼石油产品制造业	2.94	22.4	19.0	17.0	
化学矿山开采业	0.06	0.4	0.3	0.2	
基础化学原料制造业	2.46	18.7	18.0	16.2	第二结构层次
肥料制造业	0.95	7.2	5.0	4.0	第三结构层次
橡胶制品业	1.02	7.7	7.0	5.5	
合成材料制造业	1.26	9.6	9.8	9.3	
专用化学产品制造业	1.90	14.5	14.9	13.0	
化学农药制造业	0.31	2.4	2.2	1.5	
涂料、油墨、颜料产品制造	0.52	4	4.5	4.8	
专用设备制造	0.35	2.7	3.0	5.5	
高端制造业	0.28	2.1	4.8	10	第四结构层次
战略性新兴产业	0.14	1.1	2.5	5	第五结构层次

中国石油和化学工业结构调整优化的目标预测　　　　　　　　　　单位：%

行业名称	2015 年	2020 年	2030 年
石油、天然气、化学矿山开采业	30	28.3	25.2
基础化学原料制造业	18.7	18	16.2
一般化工产品加工业	48.1	46.4	43.6
高端化工制造业	2.1	4.8	10
战略性新兴产业	1.1	2.5	5

2019：紧紧抓住大有作为的战略机遇期[*]

2019年是继往开来的一年，是"十三五"规划实施进入决胜的一年，是谋划启动"十四五"规划前期调研、全面建成小康社会决胜阶段的关键一年，也是有重大历史纪念活动节点的一年。因此，做好2019年的各项工作至关重要。

关于2019年的经济工作，中央经济工作会上有两个十分明确、十分重要的判断：一是我国发展仍处于并将长期处于重要战略机遇期。世界面临百年未有之大变局，变局中危和机同时并存，给中华民族伟大复兴带来重大机遇。二是一段时间以来，经济稳中有变、变中有忧，下行压力有所增大。一些企业遭遇经营困难，成为前行路上的严峻考验。这两个十分明确、十分重要的判断，为我们全面做好2019年的经济工作，指明了方向、奠定了基础。对2019年的经济工作，会议安排部署了七项重点任务。在这七项重点任务中，我们要突出把握好中央经济工作会议提出的四个新观点和新论述。一是要促进形成强大国内市场。过去我们讲得比较多的是宏观经济的三驾马车：投资、消费、出口。这次中央经济工作会议，把国内市场的重要性提高到一个全新的高度。我国市场规模位居世界前列，今后潜力更大。要努力满足最终需求，提升产品质量，要加快教育、育幼、养老、医疗、文化、旅游等服务业发展。改善消费环境，落实好个人所得税

---

[*] 这是2019年1月9日，在石化联合会2019年务虚会上的讲话。

专项附加扣除政策，增强消费能力，让老百姓吃得放心，穿得称心，用得舒心。二是提出了供给侧结构性改革的"八字方针"，对深入推进供给侧结构性改革有了更精准的要求。同时明确指出，我国经济运行主要矛盾仍然是供给侧结构性的，必须坚持以供给侧结构性改革为主线不动摇。三是大力推进制造业高质量发展，着力激发微观主体活力。中央经济工作会议特别强调要增强微观主体活力，发挥企业和企业家主观能动性，促进正向激励和优胜劣汰，发展更多优质企业。要提升产业链水平，注重利用技术创新和规模效应形成新的竞争优势，培育和发展新的产业集群。四是推动全方位对外开放，要适应新形势、把握新特点，推动由商品和要素流动型开放向规则等制度型开放转变。要保护外商在华合法权益，特别是知识产权保护，允许更多领域实行独资经营。要推动共建"一带一路"，发挥企业主体作用，有效管控各类风险。我们要很好地研究和利用好这些政策，给行业发展注入新的活力和动力。中央经济工作会议特别强调，我国发展拥有足够的韧性、巨大的潜力，经济长期向好的态势不会改变。对于搞好2019年的各项工作我们充满了信心。

2019年的工作是挑战和机遇并存，充分认识2019年工作的机遇和挑战，是我们搞好2019年工作的前提。习近平总书记曾多次强调，要"准确识变、科学应变、主动求变"❶，这是我们联合会各级领导首先要解决的一个认识问题。

2019年行业经济形势的变化集中反映在四个方面：一是绿色发展、严格的安全环保督察给行业发展带来的严峻挑战；二是供给侧结构性改革和高质量发展给行业结构调整滞后带来的严峻挑战；三是原油价格大幅波动给整个化工产品价格波动带来的严峻挑战；四是中美贸易摩擦对整个行业进出口带来的严峻挑战。这四大挑战将成为2019年行业发展道路上的严峻考验。

在充分认识2019年经济运行面临的四大挑战的同时，我们更应该清楚地看到2019年行业经济运行的新机遇。中央经济工作会议指出，我国经济战略机遇期面临五大新的内涵：一是加快经济结构优化升级带来的新机遇；二是提升科技创新能力带来的新机遇；三是深化改革开放带来的新

---

❶ 参考人民网2018年11月7日新华社《习近平在上海考察》，编者注。

机遇；四是加快绿色发展带来的新机遇；五是参与全球经济治理体系变革带来的新机遇。这些新机遇都是实实在在的。只要我们在2019年行业发展中，紧紧抓住这五大新机遇，全面用好我国经济发展的重要战略机遇期，咬紧牙、不松劲，一步一个脚印向前走，我们就可以在复杂严峻的宏观背景下，上演一场生龙活虎的大戏，取得有声有色的发展，实现扎扎实实的有质有量的跨越。

2019年联合会的工作思路，就是要全面贯彻中央经济工作会议精神，坚持稳中求进工作总基调，坚持以供给侧结构性改革为主线，坚持以高质量发展为目标，坚持以增强微观主体活力为重点，紧紧抓住大有作为的战略机遇期，逆势而上、主动作为、全面发力，实现高质量的发展，以优异成绩迎接新中国成立70周年！

2019年联合会要认真抓好七项重点工作任务。

第一，继续在推动供给侧结构性改革上下功夫，在提升行业经济运行质量效益上取得新突破。

中央经济工作会议明确提出，要"保持经济运行在合理区间"，同时也进一步明确了我国经济运行主要矛盾仍然是供给侧结构性的，必须坚持以供给侧结构性改革为主线不动摇。必须在新的形势下，进一步加强科技创新、结构调整、绿色发展、深化改革、扩大开放，为我国经济创造新的发展空间和新的发展机遇，走出一条以创新驱动、结构优化、绿色发展为主要特征的新型工业化路子，才能实现"稳中有进"的总目标。围绕这一重点任务，我们要做好三方面工作。

一是要大力开拓国内市场。大力开拓国内市场是我们全年经济运行的最大着力点，也是实现"稳中有进"的主战场。目前，我国化工市场占全球化工市场总量的40%，是全球最大、最具活力和潜力的大市场。大力开拓国内市场，必须认真贯彻落实"巩固、增强、提升、畅通"八字方针。要全面总结《关于石化产业调结构促转型增效益的指导意见》的实施情况，对成功的要总结经验并进行推广，对存在问题的要查找不足，争取如期完成。当前全行业产业结构调整面临着一系列新情况新变化，据对重点行业产能统计，与2016年相比，尿素、氮肥、电石等行业产能都有明显下降，尿素（实物量）产能下降1133万吨/年，现为6577万吨/年；氮肥下降465万吨/年，现为5300万吨/年；合成氨下降205万吨/年，现为7100万吨/年；电石下降400万吨/年，现为4100万吨/年。而炼油、烧碱、纯碱、PVC、轮胎等行业产能反而在增加，烧碱产能增长314万吨/年，现为4259万吨/年；纯碱增长102万吨/年，现为3039万吨/年；PVC增长78万吨/年，现为2404万吨/年；轮胎增加0.1亿条/年，现为9.8亿条/年；炼油产能2017年达到8.04亿吨/年，比2016年增长0.5亿吨/年，2018年的数还没统计出来，但随着七大石化基地建设的推进，2019年恒力、浙江石化、盛虹等企业的新建炼油产能预计将集中落地，若所有项目均进展顺利，国内整体新增炼油能力近1亿吨/年，大量炼油产能的释放将对市场产生显著影响。贯彻落实推进供给侧结构性改革的"八字方针"，要求我们必须对行业结构调整现状进行一个全面完整的分析，供给和需求的矛盾是优化了？还是加剧了？必须要心中有数。"巩固"，就是要巩固淘汰落后、解决产能过剩矛盾的成果，推动更多落后产能、无效产能出清，推进企业优胜劣汰，为高端产能、有效产能创造发展新机遇、腾出发展新空间。"增强"，就是要以增强微观主体的活力和发展动力为目标，对行业存在不合理税费问题、体制机制障碍问题、安全环保政策与标准问题、战略性新兴产业发展问题等产业重大问题，积极开展研究，及时反映企业合理诉求，营造良好的营商环境，发挥好企业和企业家主观能动性。"提升"，就是要研究如何进一步提升石油和化工行业的国内外产业链水平，特别是发挥好化工新材料专委会、中小委、外资委和化工园区的作用，把相关上下游企业、科研院所、生产性服务机构等协调联动起来，培育和发展具有竞争力的产业集群，形成集聚效应和规模效应，打造产业链竞争的新优势。我们还要在"畅通"上下功夫，研究如何利用金融体系、现代物流体系、供应链体系、电子商务体系等为石化行业服务，大力推进石化行业与现代服务业的深度融合，消除壁垒、提高效率、降低成本，使市场机制配置资源的决定性作用得到进一步发挥。

二是要大力增强微观主体的发展活力和市场竞争力。微观主体的活力和竞争力直接关系着石化行业发展的质量和水平，在向强国跨越的进程中，企业活力不强、竞争力不强，始终是行业发展中的一个关键短板。以2017年数据为例，石化行业的平均销售利润率只有6.14%，行业人均利润只有13.2万元，年流动资金周转次数只有2.61次，大型企业的经济效益和经济效率指标同跨国公司相比则差距更大。大力增强企业的竞争力，首先必须要大力增强企业的核心竞争力。我们认为企业的核心竞争力集中体现在产品竞争力、成本竞争力、效率竞争力和服务竞争力四个方面。2019年，我们要在提升企业核心竞争力上下功夫，努力在市场竞争中培育一批行业领头羊企业，加快培育一批具有创新能力、具有竞争优势、具有发展活力和后劲的企业集群。用行业领头羊企业和优势企业集群提升我们整个行业的竞争力活力和发展质量，加快由大国向强国买进的进程，推动供给侧结构性改革进入一个新的阶段。

三是要充分发挥行业经济运行监测体系的综合分析和引领作用。"促进形成强大国内市场"，是中央经济工作会议确定的今年七大重点工作任务之一。我国石油和化工产品市场规模很大，增长潜力和增长空间也很大，不但是石化行业发展的重要基础，跨国公司也十分看好、十分重视，主要的跨国公司都加大了对我国的投资，纷纷抢占国内市场。因此，我们更应该重视国内市场的培育和开拓。随着政府加快推动技术改造和设备更新、国内5G商用、基础设施建设等重要举措的实施，以及消费环境的改善，国内消费市场和重大项目投资将进一步启动，石化产品市场需求将保持增长。我们要抓住这一机遇，创新工作思路和工作方法，主动作为，在投用油气数据平台、化工大数据信息系统、现代煤化工生产运行直报系统的基础上，充分整合联合会、各大企业以及相关研究机构的信息资源，完善行业统计监测工作体系，加强对市场变化的跟踪研究，做好行业景气指数、经济运行数据快报和监测报告的发布，用及时性、前瞻性和权威性的第一手资料，发挥市场引导、预警和服务功能，引导行业良好运行。要认真办好《产业重大问题研究》，努力提高质量，扩大影响，及时向相关部门反映企业在政策方面的合理诉求和运营过程中的实际困难。重点要在引导企业生产适销对路、满足人们消费升级的终端产品上发力，在引导企业加大化工新材料、高端专用化学品等战略性新兴产业投资上发力，在引导企业调整和优化出口结构，加强质量品牌建设，提高核心竞争力上发力，变危为机、转危为安，走出一条复杂环境下行业高质量、高效益发展之路。

第二，继续在提升企业创新能力上下功夫，在推动行业加快转型升级上取得新突破。

推动高质量发展，发展先进制造业，必须要依靠科技创新。中央经济工作会议指出，要增强制造业技术创新能力，构建开放、协同、高效的共性技术研发平台，健全需求为导向、企业为主体的产学研一体化创新机制，紧紧围绕新能源、化工新材料、高端精细化学品、现代煤化工和节能环保产业等战略性新兴产业发展，抓紧布局完善国家实验室、重组国家重点实验室体系，加大对中小企业创新支持力度，加强知识产权保护和运用，形成有效的创新激励机制。这几年，我们在构建行业创新平台上下了很大功夫，也取得了显著成效，同时我们积极发挥奖励基金作用，评选出一大批先进技术，对推动行业科技创新，支撑行业结构调整发挥了重要作用。比如我们组织重点高校与企业进行科研成果对接，受到企业和高校的普遍欢迎，也切切实实促进了高校科研成果的转化。

从石化行业五个结构层次上看，原材料开采加工、基础化学品制造等传统行业占比仍然较大，高端化工制造业和战略性新兴产业占比依然很小，总体处于产业链和价值链中低端。2018年1～10月，我国石油、天然气和化学矿产开采业，占我国石油和化学工业结构的37.4%；基础石油和化工原材料加工业，占我国石油和化学工业结构的17.3%；一般化工加工制造业（包括化肥、合成材料、专用化学品、橡胶等），占我国石油和化学工业的41.3%；这三大类产业结构占比仍然高达96%；高端化工制造业和战略性新兴产业两个层次产品占比仅4%左右。而跨国公司在第四和第五个产业结构层次上的投入越来越大，抢占未来行业技术制高点的竞争也越来越激烈。尽管在"十三五"时期，石化行业在高端化工产品和技术上也取得了一些突破，如现代煤化工技术（煤制烯烃、煤制芳烃等）、新材料技术（聚氨酯、异戊橡胶等）领域都创造了一些领先于世界的技术，但总体上石化行业无论是产业结构还是产品结构，还都是低端的、同质化的，产能过剩和技术落后的问题仍然十分严重。加快高端技术的突破，加快高新技术产业化的进程，形成战略性新兴产业的集群，是我们推动全行业实现高质量发展面临的紧迫任务。新的一年必须要下大气力做好创新能力提升工作。

一是要高质量、高水平建设行业创新平台。围绕重大共性需求，组织开展行业"重点实验室""工程实验室""工程研究中心""产业技术创新中心""技术创新示范企业"的培育、认定、评估和复审，做好国家级创新平台的协调服务工作。要在推动企业提升创新能力上下功夫，科技创新归根结底企业是主体，但我国企业与跨国公司相比还有相当大差距，在创新组织管理、创新人才激励等方面有很大提升和改进空间，在发挥科研院校在科技创新上的领先作用的同时，要引导企业把创新驱动战略摆在企业发展战略的核心位置，推动企业创新能力上一个大台阶，推动以企业为主体的产学研一体化创新机制上一个大台阶。

二是要通过科技创新与加快科研成果转化，推动行业向产业链高端迈进。要使产业结构调整见到成效，传统产业和新兴产业发展都应该制定量化的目标，国家统计局现在定期公布高技术产业和战略性新兴产业的增加值增长情况，也有相应的分类标准，石化行业也应建立相应的指标，这有助于引导行业结构优化升级，给企业更好的指导和服务。对环保和质量不达标的落后产能，要继续加大淘汰力度，同时严格准入门槛，严控新增低端产能，抑制重复建设的冲动。要在化工新材料、精细与专用化学品等战略性新兴产业领域加强组织、精准发力，集中力量攻克一批关键核心技术、"卡脖子"技术、"补短板"技术、颠覆性技术，抢占一批科技制高点，根据不同领域、不同产品、不同项目的发展情况提出发展建议，大力培育新的经济增长点。特别是要做好知识产权保护与运用工作，这不仅是美国等发达经济体对我们提出的要求，也是我们自己促进科技创新的需要，要继续做好高校与企业的对接工作，促进科技成果的转化。只有科技成果不断涌现，供给侧结构性改革才能取得突破性进展。

第三，继续在推进行业节能环保、安全生产上下功夫，在提高行业绿色发展水平上取得新突破。

最近一段时期，石化行业安全生产、生态环保事故频发，特别是发生了河北张家口中国化工集团盛华化工公司"11·28"重大爆燃事故，造成23人死亡、22受伤，损失极其惨重，影响极其恶劣。中央经济工作会议指出，要下更大气力抓好食品药品安全、安全生产和交通安全。在经济下行压力加大的情况下，中央也不会放松污染防治和安全生产，继续要打好污染防治攻坚战。因此，促进行业绿色发展仍然是我们2019年的工作重点，特别是在当前安全生产形势严峻的情况下，我们要按照中央经济工作会议的要求，下更大气力抓好行业安全生产和污染防治工作。

一是要抓好重点行业、重点企业安全生产管理自查抽查监督专项行动。年底我们召开了炼油、氯碱、纯碱、氮肥、现代煤化工五个重点行业的安全生产会议，布置了2019年初的安全生产专项行动。此次专项行动将分为企业自查、抽查、总结3个阶段进行，主要包括八个方面工作内容。一是推进"责任关怀"，加强行业自律，牢固树立行业安全发展、绿色发展、可持续发展理念；二是落实企业主体责任；三是加强过程控制；四是强化风险管控；五是提升应急管理和应急处置能力；六是加强污染防控；七是做好两节期间安全工作；八是各专业协会、专委会要担当责任、形成合力。此次专项行动是2019年的开年大戏，是石化行业主动发声、自觉自查，是一次行业自觉从严、自觉从细、自觉从高的自律行动。行动要体现行业专业水准，组织行业专家深入企业抽查，从现场发现问题、从管理上找出原因、从作风上找差距。要从行业高度和治标治本的角度，发扬行业优良传统，落实企业主体责任，强化安全过程管理，提升企业负责人的主体责任意识，严格安全生产作风。联合会要精心组织、严格要求、充分协调，各专业协会、专委会要发挥各自专业特长主导实施，结合各自行业特点制定切实可行的专项行动实施方案，细化工作重点、步骤、措施和要求，梳理出自查和抽查重点，确定提升的重点工艺和装置，同时加强对存在的重点问题进行梳理，对优秀企业的经验进行总结推广。我们希望这次专项行动，成为全行业实现长久本质安全环保的新起点，我们还要通过其他工作共同配合、形成合力，不断强化行业自律、企业自觉，以实现安全环保的根本性好转和提升。

二是要高水平推进具有自身特色的责任关怀。2019年我们成为ICCA

正式会员，在2018年的ICCA年会上，我们通报了石化行业开展的工作，包括发布三年行动路线图，得到了ICCA及各成员的高度评价。目前，石化行业安全环保事故频发的状况没有得到根本扭转，对我们推进"责任关怀"工作提出更高要求。一是要求我们进一步加大推进责任关怀力度，吸引更多企业加入；二是说明我们推进"责任关怀"工作还有可以改进的空间，要结合我们企业自己的特点，贯彻进去我国关于安全生产的法律法规和标准要求，融进去石化行业长期形成的、行之有效的管理方法和管理理念，"洋为中用、土洋结合"，努力探索具有中国特色、具有世界水平的中国"责任关怀"工作新高度、新业绩，使中国的"责任关怀"工作行稳致远、影响更大。

三是抓好行业绿色发展中的难点和热点问题。继续围绕关键产业、重点产品，全面推进绿色标准化体系建设，不断完善绿色制造标准体系。完成工信部绿色标准专项研究项目，制修订化工绿色产品、工厂评价标准，开展行业绿色工厂、绿色产品、绿色园区认定，培育绿色发展的典型示范。从节能、碳减排、节水等方向着手，制修订重点产品能耗限额国家标准、重点产品碳排放限额国家标准、重点产品取水定额国家标准，开展年度重点产品能效领跑者发布工作，推广节能、低碳、节水技术，建设工信部批准的工业节能与绿色评价中心。深入推进废盐、废酸、VOC治理工作，解决突出环境问题。

第四，继续在推进"一带一路"国际产能合作上下功夫，在国际合作项目落地上取得新突破。

中央经济工作会议对扩大开放有一些新提法，提出了新要求，比如推动商品和要素流动型开放向规则等制度型开放转变等等；提出要推动共建"一带一路"，发挥企业主体作用，有效管控各类风险。这都是我们做好对外合作工作的重要指导。从我们关于"一带一路"国际产能合作研究报告得到中央领导批示以来，有力推动了相关企业"走出去"，到"一带一路"国家建设化工产业园区。2019年，要在已有工作基础上，进一步深耕细作，进一步扩大影响力。

一是要扎实推进一批条件成熟的项目落地与建设。对已经达成协议的项目，要做好服务和引导，加快推进项目落地，并协助推进资源合作类、产能合作类、贸易合作类、工程技术服务类等相关配套企业"走出去"，放大规模效应，提高竞争力。

二是要积极开拓"走出去"的新领域、新项目。协助企业开展选址踏勘与考察、招商引资、项目推介与对接等工作，与所在国政府及当地企业开展合作，共建化工园区和产业基地，构建国际研发、生产和销售网络，打造具有竞争力的国际合作产业链。

三是要做好配套服务。做好"一带一路"产能合作的财政、税收、金融等政策研究，特别是要在充分发挥企业主体作用、管控各类风险上下功夫，做好产业与技术咨询，使石化行业开展"一带一路"国际合作更加健康、更加务实、更加高效。

第五，继续在协会党建和深化改革上下功夫，在协会尽职履职和规范化运作上取得新突破。

2019年我们要进行党委换届。新一届党委有三个新变化：一是新一届党委将实行常委制，党委的核心领导力量将进一步加强，为全面加强党的领导、全面从严治党提供了体制保证；二是新一届党委实现了年轻化，党委的平均年龄下降5岁，为党委会新老交替奠定了基础；三是国资委党委正式下发了《行业协会党建工作管理办法（试行）》，解决了一直悬而未定的协会重大管理问题。这三个新变化，对我们做好党建乃至联合会改革与业务工作都创造了条件、打下了基础。要抓住这一有利时机，推动联合会党建工作和自身建设上一个新台阶。

一是要抓好落实巡视整改任务。确保"条条要整改，件件有着落"，对尚未整改完成的问题以及新问题，补充完善问题台账，责任到人，明确时限，严格按照有关要求积极整改落实。

二是要完善党建工作制度。检查现有的制度执行情况，对不合时宜的及时修改和完善，以便更好地反映实际工作的需求。同时增强制度执行力，坚决维护制度的严肃性和权威性，使制度成为硬约束。

三是深入推进协会自身改革。进一步明确职能定位，发挥好政府与企业间桥梁纽带作用，履行好引导、管理、服务行业发展的职能。改革不是目的，改革是为了更好地整合联合会资源，激发广大干部的担当作为、主动干事创业的积极性和热情，目标是建设国内先进、世界一流的行业协会。要在体制机制改革上下功夫，为广大干部职工，特别是要为奋战在一线的年轻干部职工发挥才能创造条件、营造空间、提供舞台。

第六，精心组织好纪念中华人民共和国成立70周年和国际化学元素周期表年两大活动。

2019年是中华人民共和国成立70周年，意义十分重大。2018年我们举办了改革开放40周年纪念系列活动，取得了很好的效果，总结了石化行业改革开放40年的发展成就、发展经验以及今后的奋斗目标。改革开放的逻辑起点是前三十年社会主义建设取得的伟大成就，尽管有挫折、有不足，但从1949年到1978年通过社会主义革命和建设，我们建立起了门类齐全的社会主义工业体系，这是我们取得改革开放40年伟大成就的物质基础。习近平总书记在庆祝改革开放40周年大会上的讲话指出，建立中国共产党、成立中华人民共和国、推进改革开放和中国特色社会主义事业，是五四运动以来我国发生的三大历史性事件，是近代以来实现中华民族伟大复兴的三大里程碑。在中国这样一个有着5000多年文明史、13亿多人口的大国推进改革发展，没有可以奉为金科玉律的教科书，也没有可以对中国人民颐指气使的教师爷❶。越是在外部环境严峻复杂，行业发展遇到困难险阻的时候，越是要坚定信心、提神振气，不为风险所惧，不为干扰所惑，通过广泛宣传，引领全行业广大干部职工奋发有为、砥砺奋进，为决胜全面建成小康社会第一个百年奋斗目标努力奋斗。我们要以纪念中华人民共和国成立70周年为契机，推出歌颂祖国，引领行业，传播正能量的系列活动；要提前谋划，循序渐进，通过举办行业70年发展报告会、座谈会、"我亲历的行业70年变化"征文及图片展、70年典型经验总结等活动，大力宣传在党的领导下行业发展取得的翻天覆地成就。要善于抓典型、树模范，2019年的劳模评选与表彰活动要与中华人民共和国成立70周年纪念活动结合起来搞，弘扬行业70年铸就的劳模精神，激励广大干部职工以昂扬向上的精神状态为实现石化强国目标接续努力奋斗。

2019年，化学元素周期表也迎来了它的150周岁生日，为了给它"庆

---

❶ 参考人民网2018年12月19日人民日报《习近平在庆祝改革开放40周年大会上的讲话》，编者注。

生"，联合国将2019年确定为"国际化学元素周期表年"，推动进一步发挥化学在实现联合国17个可持续发展目标的作用。当前，新时代对石化行业提出了新要求，社会上"谈化色变"更加严重，行业发展的外部环境更加严苛，以"国际化学元素周期表年"为契机，联合会将同国际纯粹与应用化学联合会、中国化学会、中国化工学会、中国化工报一起筹划系列活动，深入宣传石油和化学工业为国民经济和社会发展做出的突出贡献，引导企业加强绿色发展、安全生产、诚信经营等行业自律，开展科学普及、讲座论坛等活动，努力树立行业贡献社会、创造美好舒适生活的良好社会形象。

第七，认真做好行业"十四五"规划前期调研等准备工作。

"十四五"规划是我国全面建成小康社会收官、向实现中华民族伟大复兴第二个百年奋斗目标迈进而制定实施的第一个五年规划，是推动我国由世界石油和化学工业大国向强国跨越的具有关键意义的一个五年规划。如果说"十三五"规划是一个"去产能、调结构、育青苗，由大国向强国迈进"的规划，"十四五"规划则应该成为一个"育大树、建优势、出特色，由大国向强国跨越上台阶"的规划。

"十四五"时期，石化行业面临的形势将更加复杂，需要解决的制约因素和问题将更加突出，国际竞争将更加激烈，新技术革命将更具挑战，行业高质量发展的任务将更多更重，需要我们下更大功夫进行前期调查研究，要在对"十三五"规划实施情况进行评估的基础上，以国家重大需求为牵引，坚持面向行业转型升级主战场，对油气勘探、炼油、化工新材料、高端专用化学品、现代煤化工、科技创新、装备制造、化工园区、绿色发展等重点领域组织"十四五"规划的专题调研，组织召开专家讨论会，就"十四五"战略机遇期内涵与特征、"十四五"发展主题主线，以及"十四五"发展中需突出关注的重大问题和重点专项规划编制等进行专题研讨和交流。要做好"十四五"规划编制资料准备、研究编制队伍组建、规划编制思路拟定等工作，为正式编制"十四五"规划打好基础。特别是要在高端产品领域，包括高性能和环保型的专用化学品、特种橡胶和特种纤维、可降解材料、汽车轻量化材料、轨道交通、高铁和地铁的专用材料等方面研究制定规划措施，在"十四五"期间实现关键性重大突破，迈出向世界石油和化学工业强国的坚定步伐。

全力打好"十三五"规划收官的关键一仗[*]

一、"十三五"以来我国石油和化学工业发展取得了一系列新成就

"十三五"规划是以习近平同志为总书记的党中央制定的第一个国民经济和社会发展五年规划,是实现我们党确定的"两个一百年"奋斗目标的第一个百年奋斗目标、到2020年全面建成小康社会的决定性时间节点上的五年规划,也是为实现第二个百年奋斗目标、实现中华民族伟大复兴中国梦奠定坚实基础的五年规划,完成"十三五"规划任务意义十分重大。

"十三五"期间,我国石油和化工行业按照党中央国务院部署,坚持稳中求进的工作总基调,主动应对挑战,积极化解矛盾,大力推进创新驱动,经济运行稳中有进,高质量发展取得积极成效,行业发展呈现出经济规模稳步扩大、经济增长结构持续优化、降本增效效果显著、对外贸易不断攀升的显著特点。

在"十三五"要迈出由石油化工大国向强国跨越步伐的指引下,我国石油和化学工业创新发展,结构调整的步伐明显加快,行业转型升级、结构调整取得了较大进展。虽然行业发展的不确定因素和诸多挑战显著增加,但全行业增长质量显著上升。行业"十三五"发展的主要成就体现在以下几个方面:

---

[*] 这是2019年12月24日,对石油和化学工业"十三五"发展成就及2020年工作初步思考。

一是攻克了一批先进勘探开发关键技术，油气供给保障能力不断提高。

中国石油长庆油田通过持续加强对特低渗透油气藏勘探开发技术攻关，突破一系列关键技术，先后获100多项省部级以上科技成果，为稳产5000万吨油气资源接替打下了坚定基础。最近长庆油田又在甘肃庆阳发现了储量10亿吨级的大油田，标志着我国在非常规石油勘探领域获得重大突破（页岩油），中国石化立足自主创新，在勘探开发理论、物探与井筒技术及装备研发方面取得重大突破，发现并成功开发了我国首个也是目前最大的页岩气田——涪陵页岩气田，使我国成为北美之外第一个实现规模化开发页岩气的国家，该项目获2017年度国家科技进步一等奖。克拉玛依油田"凹陷区砾岩油藏勘探理论技术的创新"，在准噶尔盆地玛湖凹陷区发现了10亿吨级砾岩大油区，这是全球已发现的最大整装砾岩油田，这项理论创新奠定了我国在该领域的国际领先地位，获2018年度国家科技进步一等奖。据专家称，在这一技术理论指导下，新疆未来有望再发现10亿吨储量。由中国海洋石油集团有限公司等单位完成的"渤海湾盆地深层大型整装凝析气田勘探理论技术与重大发现"，首创渤海湾盆地深层大型整装凝析气田勘探理论技术，指导发现了中国东部最大的整装渤中19-6凝析气田，已提名2019年度国家科技进步一等奖。

二是炼化大项目布局进一步优化，炼化一体发展进入了新的阶段。

2015年《石化产业规划布局方案》的发布实施，推动我国炼化行业的发展步入了一体化、基地化发展的全新轨道。上海漕泾、浙江宁波、广东惠州、福建古雷、大连长兴岛、河北曹妃甸、江苏连云港七大世界级石化基地相继开建，引领石化产业集群化升级。如今，我国炼油能力位居世界第二，炼油产业布局不断优化，产品质量逐年提高，技术创新不断突破，装置运行安全稳定，企业管理能力不断提升，炼油行业正在走向一体化、规模化、基地化的全新发展轨道。截至2019年上半年，我国已建成投产的炼化企业216家，原油一次加工能力8.33亿吨。预计"十三五"期间，将新增原油一次加工能力1.67亿吨/年，扣除淘汰的落后产能约4000万吨/年，"十三五"期间净增原油一次加工能力1.27亿吨/年，预计2020年我国炼油能力将达到9.5亿吨/年。目前国内炼化一体化项目总计规划投资额近8000亿元，加上中国石化四大炼化基地投资项目，"十三五"行业总投资将接近万亿元。从目前各大项目投建进程来看，预计万亿元投资额的绝大部分将集中在"十三五"末期陆续完成。

三是化工新材料和高端专用化学品开发迈出新的步伐，产业结构不断优化。

化工新材料是跨国公司全力抢占的一个战略制高点，也是化工强国的一个重要标志。"十三五"期间，行业紧紧围绕国民经济的重大需求，开发了一批化工新材料和高端专用化学品补"短板"技术，在先进高分子材料、高性能树脂、特种合成橡胶、高性能纤维、功能性膜材料、电子化学品等一系列重要领域取得了突破性进展。

大连理工大学领衔开发完成的高性能碳纤维复合材料构件，为我国航空航天高端装备制造作出了重要贡献。中国石化茂金属催化剂在齐鲁石化乙烯装置上得到成功应用，自2016年起，已累计生产茂金属聚乙烯专用树脂超过30万吨，填补了我国在单活性中心催化剂聚烯烃领域的空白。2017年8月31日，国内首套年产2万吨热塑橡胶SEPS（氢化苯乙烯/异戊二烯共聚物）工业化装置在巴陵石化建成投产。这标志着巴陵石化成为全球第三家采用具有自主知识产权核心技术工业化生产SEPS的企业，填补了我国SEPS产品研发生产的空白。至此，我国七大类合成橡胶的主要品种全部实现国产化，并拥有自主知识产权。金发科技股份有限公司开发出性能国际领先的耐高温半芳香尼龙PA10T系列产品，实现了半芳香高温尼龙的产业化，打破了国外在该领域的技术和市场垄断，抢占了市场竞争的制高点。万华化学在成功开发了MDI、TDI技术之后，又开发形成了具有自主知识产权ADI全产业链技术，成功打破了国外公司对ADI系列产品全产业链制造技术长达70年的垄断。东岳集团在成功开发出第一代国产氯碱膜基础上，又成功研制出"高电流密度、低槽电压"新一代高性能国产氯碱离子膜并实现了数万平方米的工业应用。湖北兴发集团开发出"芯片用超高纯电子级磷酸及高选择性蚀刻液生产关键技术"，实现了我国磷化工产业由工业级、食品级向超高纯电子级的重大跨越，满足了国产芯片制备需求。北京化工大学成功开发出"高强高模聚酰亚胺纤维",形成了100吨/年的生产能力,有力地支持了国防及国家重大工程建设。泸天化与中蓝晨光、中科院成都有机所合作,自主开发了非光气法聚碳酸酯技术,并建成了非光气法聚碳酸酯产业化装置。聚碳酸酯的成功产业化,标志着我国五大工程塑料全部实现了国产化。尼龙66"卡脖子"关键中间体己二腈生产技术也打破国外多年封锁,首个50万吨/年国产己二腈项目已动工,该项目建成后,将结束己二腈产品完全依赖进口、尼龙66产业链受原料制约严重错配的局面,极大提升我国在尼龙领域的话语权。国家橡胶与轮胎工程技术研究中心开发的世界首创液相混炼新技术,实现了万吨级产业化和工程化。这种将橡胶、填料、配合剂在连续液相条件下混合制造的方法,彻底打破了轮胎传统生产方式,可同时降低滚动阻力,提高抗湿滑和耐磨性能,彻底颠覆了"魔鬼三角"定律,被国际专业机构称为"液体黄金",将成为世界轮胎生产方式的第四次革命。

四是传统化工产业转型升级扎实推进,正在探索一条传统产业不传统发展的新路子。

炼油、化肥、氯碱、纯碱、轮胎等传统化工产业在全行业中占有很大比重,长期依靠的高投入、高消耗、高排放、低效益的粗放发展模式已难以为继,正在探索一条传统产业不传统发展的新路子。中国石油大学(北京)针对碳四烷基化超清洁汽油生产的重大需求,开发了一项全新的绿色、安全、环保的碳四烷基化技术,并建成世界首套"10万吨/年复合离子液体碳四烷基化工业装置",打破了国外公司清洁汽油生产的技术垄断,攻克了困扰炼油行业几十年的世界性难题。鲁西化肥、华鲁恒升走出了"坚持化肥、走出化肥"的新路子,打破了碳一化学路子窄的技术限制,开辟了碳一化学多元化柔性发展的新路子。目前化肥销售收入仅占全部销售收入的30%,PC、乙二醇新技术成为一个新的增长点。史丹利农业集团等单位构建了高塔熔体造粒工艺和生产技术体系,创制出新型肥料系列产品,在国际上率先实现了工程化应用,为国内4000余家团粒法装置改造与产品质量提升提供了可靠的技术途径,对复合肥行业的发展与进步起到了强有力的支撑和引领作用。河南心连心和江苏灵谷化肥厂,坚持用先进技术改造传统装备工艺，坚持开发化肥新品种新技术，在能源消耗和成本管理方面都走在了全行业的最前列，市场开拓能力和企业发展后劲显著增强。中策橡胶集团等单位创新性地采用集约式超大规模连续化立体型轮胎生产工艺组合系统，实现了高性能轿车子午线轮胎生产工艺全过程自动化三维立体化柔性生产，显著提高了生产效率、有效降低了投资和运行成本，提升了产品质量和市场竞争力。

五是行业发展方式正在深刻转变，绿色发展渐成行业发展主流。

在节能环保领域，行业持续推进清洁生产，实行全过程的污染控制，提高资源、能源利用率，减少污染源产生量，不断推动绿色可持续发展。

万华化学集团开发的副产盐酸催化氧化制氯气技术，在宁波万华工业园区建立"氯"元素循环利用产业链，实现了"一氯五吃"，既降低了MDI生产成本，又实现了环境友好。清华大学和瓮福集团开发的微通道湿法磷酸净化技术，使食品级磷酸生产比热法工艺成本降低23.8%，比引进的湿法磷酸净化技术成本低4.2%。浙江新安化工集团等针对有机磷-有机硅协同生产中含铝、含硅、含磷的技术难题，开发了氯资源循环利用技术和硅、磷资源化技术，实现了氯、硅、磷的高效利用，从源头上减少了"三废"的产生量。延长集团靖边煤油气资源综合利用项目开发了煤油混炼新技术，有效解决了煤制甲醇"碳多氢少"和天然制甲醇"氢多碳少"的矛盾，实现了碳氢互补和化石原料多元化生产，开创了绿色低碳、循环经济发展的新模式。上海华谊新材料有限公司开发的丙烯酸绿色环保新工艺技术解决了传统工艺对环境的影响，无废水、无污染、能耗低，使我国丙烯酸生产技术走在世界前列。安徽丰原集团充分利用生物技术，开发出了从秸秆生产乳酸，再到聚乳酸，再生产纤维和可降解塑料的新技术，为彻底解决塑料污染和可持续发展开辟了一条新路径。"十三五"以来，全行业积极推广先进节能环保技术的应用，大力推进清洁生产和循环经济，行业总能耗和重点产品能耗持续下降，"三废"排放显著降低。

六是现代煤化工示范工程稳步推进，关键技术破茧成蝶呼之欲出。

"十三五"以来，在全球原料多元化进程中，中国现代煤化工产业加快推进，攻克了大型先进煤气化、煤制油（间接法）、煤制乙醇等一大批核心关键技术难题，通过示范工程的实施，实现了关键技术装备的产业化。多喷嘴对置式水煤浆气化技术、航天粉煤加压气化技术、水煤浆水冷壁废锅煤气化技术等先进煤气化技术正在向大型化、长周期迈进。神华宁煤年产400万吨煤炭间接液化示范项目实现了37项重大技术、装备及材料自主化的成功示范，突破了工程化及大型装备制造、成套设备集成的技术难题，探索出了符合我国国情的煤炭深加工产业发展的模式。陕西未来能源化工有限公司采用自主开发高温流化床费托合成关键技术大大丰富和改善了煤制油产品方案，这项技术将逐步打破煤制油、煤制烯烃产业的界限，形成具有较强竞争力的煤基能源化工新产业。

在工程示范基础上，中国现代煤化工技术创新能力进一步提升，合成气直接制烯烃技术、合成气直接制芳烃、甲烷无氧偶联制乙烯联产芳烃技术、粉煤热解-气化一体化（CCSI）技术、甲醇制丙烯（DMTP）流化床工艺、甲醇甲苯制对二甲苯联产烯烃流化床工艺（DMTA）、油煤混炼技术、煤炭分级液化成套技术、CO_2加氢制甲醇技术、甲烷-二氧化碳干重整制合成气技术、高温流化床费托合成关键技术等一批突破性的技术正处在破茧而出的关键阶段，现代煤化工产业可持续发展的能力明显增强。

七是重大技术装备研制迎难而进，行业装备自主化水平大幅提升。

在油气勘探装备方面：万米超深井钻机、深水大型物探船/工程地质勘探船及其配套技术装备、海洋高精度地震勘探成套技术装备、海洋复杂油气藏三维测井综合评价成套技术与装备等的成功开发，为维护我国海洋权益，推动我国油气工业走向深水和海外提供了强有力的技术和装备支撑。在炼油装备方面：重油催化裂化主体装置实现国产化；高压加氢反应器、螺纹锁紧环式高压换热器、高压空冷器、离心式和往复式压缩机等关键静设备和动设备开发成功，标志着我国炼油工业的装备水平跃上了一个新台阶。在煤化工装备方面，大型压缩机组（空分、循环气）、大型气化炉、大型合成反应器、自动控制系统等方面都实现了国产化，标志着我国现代煤化工产业已经具备独立自主的技术装备支撑体系。在橡胶加工装备方面，装备国产化率已经超过95%，产品档次整体提高。在新材料装备方面，我国合成橡胶、工程塑料、聚氨酯材料、氟硅新材料、分离膜材料的生产合成设备总体上实现了国产化。

八是科技创新平台建设稳步推进，产学研合作成果丰硕。

企业创新能力是行业创新能力的核心，是国家创新能力的基础。国家竞争力，主要体现在企业创新力上。"十三五"以来，全行业有28家企业获得了国家级企业技术中心的认定，36家企业被认定为国家技术创新示范企业，国家发改委共认定30家国家地方联合工程实验室和工程研究中心；在联合会推荐下，万华化学、金发科技两家企业通过了国家发改委、教育部、科技部、国家知识产权局等九部委组织的评审，入选了"国家第一批创新企业百强工程试点企业"。在联合会的精心组织和策划下，万华化学"环保高性能表面材料制备及应用国家工程实验室"获得了发改委的认定；金发科技的"先进高分子材料产业创新中心"成为发改委在石化行业认定的第一家产业创新中心。

"十三五"以来，石化联合会在全行业共认定了46家创新平台和45家技术创新示范企业。其中，上海化工研究院的聚烯烃实验室等多个行业平台获得了国家和地方创新平台的认定。这些行业创新平台发挥了行业技术带头作用，积极开展前沿科技与基础研究、应用技术研究和工程化转化，为推动行业进步发挥了重要作用。根据不完全统计，我行业创新平台获国家科技奖四项，省部级奖项超过30项，多项技术实现突破并实现产业化。

2017年，石化联合会同9家全国重点化工高校建立了信息沟通机制，探索了校企技术市场合作机制，成功搭建了科研供需交流平台。目前已经成功召开3届，分别由清华大学、南京工业大学和天津大学承办。这个平台切实发挥了促进成果转化的积极作用，成效日益凸现，是校企合作对接新机制的有效探索。

三年来，全行业共有139项科技成果获国家大奖，行业获奖项目占全部826个项目的16.8%，在139个获奖项目中，获自然科学奖32项，技术发明奖42项，获科技进步奖65项。联合会共授予科学技术奖项目奖607项，其中技术发明奖106项、科技进步奖501项。完成652项重大科技成果鉴定，组织装备技术交流，推动科技装备工作取得新进展。

二、高质量搞好2020年行业工作意义重大

2019年即将过去，新的一年即将来临。2020年是全面建成小康社会和"十三五"规划收官之年，也是"十四五"规划编制之年，要实现第一个百年奋斗目标，为"十四五"发展和实现第二个百年奋斗目标打好基础，做好2020年经济工作意义十分重大。

当前，我们正处于百年未遇之大变革时期，中央经济工作会议指出，"我国正处在转变发展方式、优化经济结构、转换增长动力的攻关期，结构性、体制性、周期性问题相互交织，'三期叠加'影响持续深化，经济下行压力加大。当前世界经济增长持续放缓，仍处在国际金融危机后的深度调整期，世界大变局加速演变的特征更趋明显"，稳中求进，高质量完成2020年各项工作，对于推动行业转型升级、高端发展、创新发展和绿色发展，对于建设石油和化学工业强国意义十分重大。

最近，我刚刚到德国和芬兰参加完世界塑料理事会和ICCA理事会，在同国际同行的交流中，我能深刻感受到国外跨国公司对中国经济发展趋势的关心，他们直接告诉我，他们十分关注中国经济的发展趋势，他们认为中国是当今世界经济发展的发动机，如果中国经济出了问题将是世界经济的灾难。在中国之后可以同中国媲美的国家只有印度，但如果印度要成为世界经济的发动机，那只有等到下个世纪。所以，我们从国际同行的交流中，深切感受到了他们对搞好中国经济的期望和信任。

当前石化行业发展面临着一系列新的挑战和困难，主要表现在行业运行的下行压力有增无减，产业结构性矛盾依然突出，安全环保要求更高更严，经济效益提升的难度更加艰巨四个方面：

行业经济运行的下行压力有增无减。2019年1～10月，石化全行业主营业务收入仅增长0.7%，而利润却下降了19.4%，这种运行状况是石化行业多年来未曾出现过的，这种下行压力不仅有国际宏观经济持续下滑的影响，更有国内产业结构性矛盾的影响，还有环保政策"一刀切"的复杂影响。我们分析，这种下行压力可能还会持续一段时间，对此我们必须要有足够的思想准备。

产业结构性矛盾依然突出。尽管"十三五"以来,我们在淘汰落后产能、加快产业创新方面做了不少工作,也取得了不少成绩,但石化行业在高端新材料、高端专用化学品、终端化学品和战略性新兴技术的开发上还存在较大差距,全行业产业结构还没有出现由量变到质变的转折。产业结构性矛盾仍然是石化行业转型升级的一个全局性矛盾,加快推动产业结构向产业链高端延伸的任务依然十分艰巨。

安全环保要求更高更严。当前相当一部分企业还不能做到达标排放,行业环保中的一些突出矛盾还未得到有效解决,特别是低汞催化剂、无汞催化剂、磷石膏、有机废水、高盐废水等环保难题,还未从技术上找到根本解决方案。沿江沿河等省区化工发展面临着不少新的矛盾和新的问题。特别是重特大安全事故频发的态势还未得到根本扭转,全行业绿色发展水平与行业高质量发展要求还有很大的差距。

经济效益提升的难度更加艰巨。经济效益是行业竞争力和企业竞争力的最终体现。2018年石化全行业营业收入利润率只有6.77%,资产利润率6.55%,人均收入32.86万美元,人均利润2.02万美元,同跨国公司相比我们的水平还有不小的差距,特别是在宏观经济的下行压力下,不少企业经营面临着很大的压力,甚至还有一批企业在市场竞争中倒下。全行业的经济效益和经济效率要下大气力提升,特别是营业收入利润率、资产收益率、流动资金周转率、全员劳动生产率、全要素生产率等效率指标更需要下大功夫提升。

尽管当前中国经济也面临着不少困难和挑战,但我们对中国经济的发展趋势、对中国经济的未来,仍然应该充满信心。

一是我国经济进入高质量发展新阶段。从经济形态看,我国经济发展进入新常态,发展方式从规模速度型转向质量效率型,高质量发展成为我国经济发展的根本要求;从发展阶段看,我国仍处在工业化、城镇化进程之中,工业发展总体上处在工业化、城镇化的中期阶段,转型升级空间很大;从发展方式看,生态文明建设进入关键期,安全环保要求日趋严格,绿色、可持续发展将成为经济发展的引领方向;从经济发展要素条件看,我国拥有近9亿劳动力人口,居民储蓄率较高,国内市场规模巨大并持续扩大，创新创业活力较强，新动能不断发展壮大，具备保持经济中高速增长的各项条件；从发展环境看，新一轮科技革命和产业变革蓬勃兴起，国际产业分工格局面临重构，世界和平发展潮流和经济全球化大势不可逆转，这些都为我国经济高质量发展提供了新的历史机遇。

二是我国经济体系十分齐全完整。我国是全球唯一拥有联合国产业分类目录中所有工业门类的国家，已形成了完整的产业链体系。进入新的发展阶段，面对全球科技变革加速的形势，中国深化供给侧结构性改革，强化公平的市场竞争环境，加快新旧动能转换，增强科技创新在经济发展中的作用，增强企业家在创新中的引领作用，全面提升人力资本质量，经济发展的活力和后劲显著增强。同时，我国也在努力保持全球产业链完整性的同时，进一步提升现代产业体系的国际竞争能力。经过近几年"三去一降一补"持续不断的供给侧结构性改革，中国经济结构发生了根本性改变，已经实现了国内市场和国际市场的有效互补对接，我国经济应对国际环境变化的韧性大大提升。

三是中国经济国内市场需求潜力巨大。我国有近14亿人口的市场、1.7亿受过高等教育和拥有技能的人才资源，超大规模市场空间成为参与全球经济竞争的重要优势。同时，我国拥有4亿多中等收入群体，居民消费还有很大增长空间；基础设施和民生领域的补短板空间仍然较大。伴随着经济结构调整和发展方式转变，特别是供给侧结构性改革的深入实施，中国经济已经转向了内需主导的增长格局，消费成为拉动中国经济增长的主要动力。2018年中国社会消费零售额38万亿元，增长9.1%，领跑6.6%的GDP增速。最终消费支出对GDP增长的贡献率为76.2%，提高18.6个百分点。目前，我国化工市场占据全球化工市场40%的份额，有研究报告称，到2030年，中国化工市场将占到全球化工市场份额的50%，这些都充分说明中国经济有强劲的内需潜力，更说明中国经济具有强大的韧性、巨大的回旋余地，拥有广袤的腹地，能够有效应对外部冲击而保持稳中向好的发展态势。

四是数字经济发展的市场红利进一步释放。近年来，依托巨大的国内市场与体制优势，抓住全球新一轮科技革命的历史性机遇，我国实现了数字经济的快速发展，大数据、云计算、移动互联网等数字技术的广泛应用，5G技术实现突破性进展，数字经济增速显著快于GDP与一二三产业增速，涌现了一大批新业态、新模式，不仅成为我国应对经济下行压力的重要动力，而且成为我国新旧动能转变、加快经济转型升级与产业变革的突出亮点。数字经济发展与产业变革的相互交融大幅提升了经济运行效率，日益成为拉动我国经济保持中高速增长的重要引擎。未来5～10年，我国数字经济仍将保持快速增长，数字经济发展的市场红利仍将不断释放。

五是区域经济协调发展的新格局正在形成。 党的十九大报告提出要"实施区域协调发展战略""建立更加有效的区域协调发展新机制""强化举措推进西部大开发形成新格局，深化改革加快东北等老工业基地振兴，发挥优势推动中部地区崛起，创新引领率先实现东部地区优化发展"等关于区域经济发展新的论述，明确了实施区域协调发展战略的主要任务和战略取向，这必将要求更加重视发挥市场机制的作用，破除阻碍区域合作与公平竞争的各种障碍和市场壁垒，促进生产要素跨区域有序自由流动，推动区域经济分工与合作，加快建立全国统一开放、竞争有序的市场体系，提高区域资源配置效率，促进区域协调发展。区域合作机制将进一步创新发展，在优势互补、互利共赢的基础上将开展更多区域间多层次、多形式、多领域的合作，积极推动环渤海湾经济圈建设、京津冀协同发展、长江经济带发展、粤港澳大湾区建设等重大战略的引领带动作用，促进形成各具特色的区域经济协调发展新格局。

三、全面贯彻中央经济工作会议精神，全力打好"十三五"规划收官的关键一仗。

在12月10～12日召开的中央经济工作会议上，习近平总书记发表了重要讲话，对当前经济形势和明年任务作出了一系列重大判断、重大部署，这是做好石油和化工行业工作的根本遵循。2020年联合会的工作思路，就是要全面贯彻中央经济工作会议精神，坚持稳中求进工作总基调，坚持新发展理念，坚持以供给侧结构性改革为主线，坚持以高质量发展为目标，紧紧抓住大有作为的战略机遇期，逆势而上、主动作为、全面发力，实现高质量的发展，为全面建成小康社会和"十三五"规划圆满收官做出应有的努力。

2020年联合会要认真抓好六项重点工作任务。

第一，坚持"稳"字当头，做好行业平稳运行的引导与服务工作。

一是要加强发展趋势预测与判断。谁能预测到未来，谁就能赢得未来。经济运行中最有价值、最重要的一环就是对未来趋势的预测和判断。要充分利用好已建立起来的监测体系，充分利用多种渠道的交叉信息，不断提高行业运行的预测能力和水平，要提前给政府和企业提供有价值的动态预测和趋势预判，在实践中不断提高对行业发展趋势的动态预测能力和水平。

二是要下大气力开拓市场。经济运行的核心是市场的开拓，对企业来讲，实现产品的销售是企业的根本任务。马克思将产品销售称之为"惊险的一跳"。德勤公司从2.5万家优秀企业的大数据分析中，得出超凡企业都遵循三大规律：①品质先于价格；② 收入先于成本；③始终坚持前两条。他们认为，但凡超凡企业不仅要坚持价值创造模式（即品质先于价格），而且还要坚持以实现高收入为第一原则，为了创造收入甘愿投资并承担必要的成本。前两条规律告诉企业应该做什么，第三条规律则告诉企业不该做什么。有人评价这三条规律是"王者的思维法则"。抓经济运行首先必须要抓好市场开拓，石化行业在农化产品市场、化工新材料市场、高端精细化工市场、安全环保市场、生物化工市场、终端消费市场上都有着巨大的市场空间，如何在化解过剩产能的基础上，大力开拓高端市场，我们不仅有着巨大的潜力，而且还有十分明显的明力。特别是在经济下行压力很大的形势下，开拓市场将会成为检验每一个企业主观能动性的标尺。

三是要努力提高行业运行的质量。提高行业经济运行质量绝对不是一句口号，而是有实实在在的标准的。最近信息与市场部在充分调查研究的基础上，提出了一个评价和考核体系。这个体系初步考虑把握好三个原则：①突出关键指标，建立评价与考核指标相结合的体系；② 实施分类指导，兼顾群体与个体差异的行业特点；③组织年度评价与三年考核并举的强激励制度措施。用指标体制和评价考核制度，将行业高质量发展的要求实实在在地落地。

第二，坚持创新引领，在培育行业高质量发展新动能下功夫。

一是要发挥好创新平台在突破卡脖子技术上的作用。用好科技部、发改委等部委的委托和授权，认真组织国家重点研发计划、国家科技支撑计划等国家项目，结合行业重大需求，高水平编制2020年度"联合会科技指导计划"，进一步建设和完善行业创新平台，推动产学研用政紧密合作，优化行业创新资源配置，突破一批"卡脖子"的关键核心技术，提高创新供给效能，提升自主创新能力。

二是要发挥好科技奖励在行业创新体系建设上的引领作用。联合会科技奖励在社会上影响很大，得到方方面面的认可。要进一步修改、完善联合会科技奖励管理办法，拓宽项目来源、优化评审方式，建立公平、公正、科学、高效的行业科技奖励评价体系，进一步增强影响力和权威性。特别是要做好科技奖励的宣传，加大对获奖成果的宣传和推介力度，促进获奖成果的辐射、转移、转化，发挥科技成果对企业和行业经济发展的引领和支撑作用。

三是要做好技术成果转移和技术装备攻关工作。根据世界著名杂志《自然》统计评估，我国化学的"自然指数"达到6183.75，同比增长了17.9%，超过日本、韩国和印度这三个亚洲邻国指数的总和，同时超越美国，跃升到第一位。自然指数通过追踪82份期刊，展示各国、研究机构和公司的高质量科研产出情况，每年都会发布排行榜。而在化学领域"自然指数"科研机构排名中，中国科学院已连续4年排名第一。但是，从化工情况来看，科技研发成果成功应用情况并不乐观，科技创新还不能排到世界前列，尽管近年来全行业下了很大努力，科技成果应用情况有所改善，但距离满足建设世界化工强国的需求还有较大差距。技术装备落后也是我国石油和化工行业的一大短板，制约了行业科技创新能力的整体提升。因此，要扎实做好技术成果转移和技术装备攻关这两项工作，重点抓好高校与企业对接、知识产权服务平台建设、重大成套技术装备攻关等，逐步补足行业创新短板。

第三，坚持规划牵引，在推动行业优化升级上取得新突破。

一是要高质量完成"十四五"发展规划（指南）的编制工作。2019年，会领导已经分别带队到25个省市自治区、200多家企业、64个园区进行了深入调研，取得了重要的阶段性成果，为编制完成规划奠定了基础。2020年要尽快启动编制工作，制定出编制计划，在进度上、质量上、组织保障上都提出具体的方案。同时，继续开展炼油、化工新材料、精细化工与战略性新兴产业、现代煤化工、传统产业改造升级、绿色发展、"一带一路"和化工园区等专题调研，边调研边进行编制，不断深化，提升"规划"编制的科学性、系统性和针对性，找准目标和方向，真正引导行业在"十四五"建设强国进程中由量变转向质变，实现高质量发展。

二是要大力推进行业加快转型升级。面对世界百年未遇之大变局，面对行业发展的内外部环境变化，要有针对性地分析重大问题和重大挑战，在传统产业升级、培育化工新材料等战略性新兴产业、绿色发展、开展"一带一路"建设等方面，研究提出一些重大政策建议，为行业高质量发展营造良好的发展环境。联合会各部室也要考虑如何建设好已有的平台，如何用好政府部门的委托和授权，比如说化工园区工作委员会、中小企业工作委员会、油气专委会等，都要拿出几项有力举措，配合政府部门实施的政策，扎实推动相关行业、相关领域的发展上一个台阶，提升联合会工作的水平和影响力。

第四，坚持绿色发展战略，在树立行业可持续发展新形象上取得新成效。

一是要打好重点领域污染防治攻坚战。磷石膏处理、含盐有机废水处理、废旧塑料处理、无汞催化剂推进等是行业多年存在的环保难题，同时也是我们努力的方向，特别是有的已有一定的技术储备、产业基础和政策条件，联合会工作的空间很大。要针对不同的领域制定不同的方案，下决心取得突破性进展，带动全行业污染防治工作上一个新台阶。

二是要深入推进责任关怀和安全生产工作。重点抓好"中国'责任关怀'三年计划路线图"的落实，通过示范引导、经验交流、专题研讨等活动，推动更多企业、化工园区实施"责任关怀"，培育一支责任关怀专家队伍，为开展"责任关怀"培训、咨询和评估等提供技术支持。要深刻吸取"响水""3.21"特大爆炸事故的教训，找准安全管理薄弱环节，特别是小型园区和中小企业，抓好抓实安全管理提升工作，通过制定标准、加强监测、规范管理、强化培训等，进一步树立"安全第一"的理念和红线意识，推动企业切实落实主体责任，提升企业社会形象。

<u>三是要夯实质量品牌和标准化工作。</u>质量和标准化工作是行业的基础性工作，也是行业管理的重要手段。要把质量和标准化作为促进供给侧结构性改革、实现高质量发展的重要抓手，组织好优秀质量成果的交流与推广，实施重点产品质量提升工程，继续搞好质量管理小组、质量信得过班组活动，加大品牌培育力度，为企业建立品牌培育管理体系，提升品牌培育能力提供支持。加强团体标准体系建设是标准化工作的重点，要以市场为牵引，以服务为目标，以质量为保障，针对企业和市场需求，要做到急用先上，围绕化工新材料、安全、环保、"一带一路"等关键领域，做好重点产品标准的制修订工作，让企业得到实际利益，树立联合会团体标准的良好形象，提升联合会团体标准的形象，做强做大联合会团体标准。

第五，坚持"走出去"和"引进来"相结合，进一步提升对外开放水平。

<u>一是要扎实推进"一带一路"建设。</u>面对主要发达国家经济放缓，美国贸易摩擦的打压，推进"一带一路"建设意义重大。要持续更新、完善"走出去"项目库建设，及时了解企业国际合作重大进展和主要诉求，务实推进海外集聚区建设和项目实施落地，把已掌握的伊朗、阿曼、沙特阿拉伯、阿联酋、匈牙利、泰国、马来西亚、斯里兰卡等"一带一路"货架项目和广州泛亚、青岛软控、巨化等公司项目作为重点，认真做好咨询、协调等服务，早日使这些项目落地。

<u>二是要进一步夯实联合会的外资企业服务平台。</u>落实"稳外资"要求，及时跟进了解外企在华的创新、投资等情况，积极为中外企业合作前线搭桥，向政府部门反映在华外资企业遇到的困难和问题。进一步办好中外石化跨国企业高层对话会、国际石化大会等中外重大交流活动和会议，深化交流内容，提高国内外影响力。

三是要进一步加强与国际组织的交流合作。首先要加强与国际化工协会联合会（ICCA）的交流合作，在"责任关怀"、微塑料治理等方面争取更大的支持，同时通过ICCA举办的会议和活动，主动发声，宣传推介中国化学工业国际形象，提高话语权和影响力。其次，要加强与日韩和欧洲、美国等国家及地区行业协会的交流合作，强化双方利益结合点，推动解决共同关注的问题。

第六，坚持以效益为中心，不断强化企业的竞争力。

经济效益是高质量发展的出发点和落脚点，也是高质量发展的唯一标志。在经济效益的提升上，2020年要重点抓好三件大事：一是抓好企业产业结构的优化。不少企业经济效益的差距关键在产业或产品结构上，为什么有的企业营业收入利润率达20%左右，关键是产业结构不同。二是要抓好企业管理的创新。同样是化肥企业，为什么江苏灵谷、河南心连心行业领先，关键是管理措施严格，考核措施规范，对企业来讲管理潜力还是有很大空间的。三是要深入开展管理对标活动，要对照国际国内先进企业指标一一对标，认真找差距、定措施、抓改进。在管理对标活动中要培育一批企业和化工园区典型。

"十四五"时期中国石油和化学工业
发展的新机遇[*]

"十三五"规划即将全面完成，我们对中国经济发展的未来充满了信心。五中全会开篇就明确指出，"十三五"时期，面对错综复杂的国际形势，面对国内艰巨繁重的改革发展任务，特别是面对新冠肺炎疫情的严重冲击，以习近平同志为核心的党中央纵览全局、果断决策、砥砺奋进、开创奋进，"十三五"规划目标任务即将全面完成。预计2020年我国GDP将突破100万亿元，5575万农村贫困人口全部实现脱贫，粮食产量连续五年稳定在13000亿斤以上，对外开放持续扩大，"一带一路"建设成果丰硕，全面建成小康社会取得决定性成就，中华民族伟大复兴事业又向前迈出了新的一大步。在"十三五"极其复杂的发展环境下，中国石油和化学工业也取得了稳中有进的好成绩，初步测算，"十三五"时期（2016～2020年）全行业规模以上主营业务收入年均增长率可达3.19%左右，行业主营业务收入和利润总额分别占全国规模以上工业主营收入和利润总额的12%和11%左右。

十九届五中全会刚刚通过的《中共中央关于制定国民经济和社会发展第十四个五年规划和二〇三五年愿景目标的建议》，这是我们全面建成小康社会、实现第一个百年奋斗目标之后，乘势而上开启全面建设社会主义现代化国家新征程、向第二个百年奋斗目标进军的第一个五年规划。中共

---

[*] 这是2020年11月19日，学习《中共中央关于制定国民经济和社会发展第十四个五年规划和二〇三五年远景目标的建议》的初步思考。

中央关于"十四五"规划的建议，有许多新思路、新观点、新提法，建议十分明确地提出，"十四五"时期我国经济社会发展的主题是"高质量发展"。现阶段我国经济发展的主要矛盾和问题集中体现在发展质量上，并对新时代新阶段高质量发展提出了一系列新的内涵和新的要求。我认为，五中全会对新时代新阶段高质量发展的新内涵和新要求，主要体现在六个"更加注重"上。即"要更加注重国内市场的基础主导作用；更加注重创新能力的自立自强地位；更加注重实体经济和产业链供应链现代化水平；更加注重绿色发展促进人与自然和谐共生；更加注重对外开放和合作共赢新局面；更加注重'有效市场'和'有为政府'相结合"。

"十四五"高质量发展的新内涵和新要求，不仅给中国石油和化学工业发展提出了更高的要求，而且给中国石油和化学工业发展带来了全新的机遇。从中国石油和化学工业发展的现状和未来趋势分析，"十四五"时期，中国石油和化学工业将面临一系列前所未有的全新发展机遇。

一、战略性新兴产业发展的新机遇

党的十九大对实现第二个百年奋斗目标作出分两个阶段推进的战略安排，即到二〇三五年基本实现社会主义现代化，到21世纪中叶把我国建成富强民主文明和谐美丽的社会主义现代化强国。五中全会认为，到"十四五"末达到现行的高收入国家标准、到2035年实现经济总量或人均收入翻一番，是完全有可能的。虽然建议对"十四五"和到2035年经济发展目标采取了以定性表述为主、蕴含定量的方式，但"十四五"中国经济和社会发展的宏伟目标，发展的质量要求和目标要求都已经清楚地摆在了全党和全国人民面前，一幅宏伟的、激动人心的蓝图正等待着我们用行动去完成。

按照"十四五"规划的发展蓝图，我国石油和化学工业必须要实现年均7%以上的增长，这是石化行业面临的一个跨越式发展的广阔前景和崭新的发展机遇，在这一系列发展机遇中，最重要的机遇就是战略性新兴产业发展的新机遇。

"十四五"规划建议指出，"加快壮大新一代信息技术、生物技术、新能源、新材料、高端装备、新能源汽车、绿色环保以及航空航天、海洋装备等产业。推动互联网、大数据、人工智能等同各产业深度融合，推动先进制造业集群发展，构建一批各具特色、优势互补、结构合理的战略性新兴产业增长引擎，培育新技术、新产品、新业态、新模式。"在石化行业规划中，我们也将新能源、新材料、电子化学品、生物技术、新能源汽车、绿色环保产业列为"十四五"战略性新兴产业发展的重点，并将战略性新兴产业的发展，作为全行业产业结构优化升级的战略重点，作为全行业补"短板"的核心内容。战略性新兴产业的加快发展，既是我们全行业结构升级的重要内容，也是我们全行业结构升级的重要机遇。

在全行业战略性新兴产业发展的机遇中，我们要下大功夫抓好三个方面的工作：

一是大力提升行业技术的高端创新能力。战略性新兴产业发展的水平，取决于行业高端技术的创新能力。"十四五"期间，我们一定要按照"自立自强"的新要求，按照"十四五"行业规划的重点目标，切实组织好企业创新平台、行业创新平台和战略重点创新联盟，通过多种方式把企业、科研院所、大专院校的有生科研力量组织起来，力争在化工新材料、化工新能源、现代煤化工、高端精细化学品和生物化工等新技术等领域突破一批高端新技术、解决一批"卡脖子"短板技术、实施一批具有前瞻性、战略性、引领性的重大技术，使行业创新能力真正成为引领战略性新兴产业的拉动力量。

二是全力开创产业结构优化升级的新优势。产业结构层次的高低是一个国家产业竞争力的集中体现。当前，我国石油和化学工业产业结构低端化、同质化的矛盾已经成为向石油化工强国跨越的重大瓶颈。"十四五"期间，我们一定要在高质量发展目标的引领下，紧紧围绕国内市场急需的高端需求，特别是紧紧围绕航天、大飞机、高铁、新能源汽车和电子信息等重大工程需求，加快发展高端聚烯烃、特种工程塑料、专用树脂、高端膜材料等化工新材料，加快发展功能材料、医用化工材料、高端电子化学品、生物化工、生活消费化学品等专用化学品，以及新型催化剂、特种添加剂、新型助剂等特种化学品，在保持我国石油化工产业结构齐全、配套合理的基础上,大力提升优化高端化学品的结构比重,使我国石油化工在高端制造业和战略性新兴产业的发展上迈出关键性的步伐。

三是着力开拓国内市场的新需求。 五中全会指出,"坚持扩大内需这个战略基点,加快培育完整内需体系,把实施扩大内需战略同深化供给侧结构性改革有机结合起来,以创新驱动、高质量供给引领和创造新需求。"国内市场是我国经济发展的巨大优势,也是我国经济韧性强的关键核心,无论是国内餐饮需求、旅游需求、日常消费品需求、养老需求,医疗卫生需求,14亿人口的市场需求潜力都是惊人的。习近平总书记指出,"我国有14亿人口,人均国内生产总值已突破1万美元,是全球最大最有潜力的消费市场❶。"2008年以来内需对经济增长的贡献率有7个年份超过100%。化工市场的需求,同样也是巨大的,每年我国石油化工3000亿美元的贸易逆差就是一个有力的证明。据新材料专委会统计,我国2018年化工新材料产量约2210万吨,自给率约65%。2019年化工新材料主要产品消费量超过3000万吨,市场规模约8300亿元。随着现代化进程的推进和人们收入水平的提高,国内市场巨大的现实需求、内生增长的新需求和技术进步带来的潜在需求,都将给石化行业的供给能力和供给结构提出充满活力的新要求。

二、领头羊企业和化工园区培育的新机遇

五中全会明确指出,"坚持把发展经济着力点放在实体经济上,坚定不移建设制造强国、质量强国、网络强国、数字中国,推进产业基础高级化、产业链现代化、提高经济质量效益和核心竞争力。"在实体经济发展、提升核心竞争力的进程中,培育具有国际竞争力的一流企业和化工园区,是石化行业由大国向强国跨越的一项紧迫而艰巨的战略任务,也是石化行业高质量发展的一个重大新机遇。

最近美国《财富》杂志刚刚公布了2020年世界500强企业名单,在2020年世界500强企业名单中,中国上榜企业有133家,上榜企业数量历

---

❶ 参考人民网2020年11月3日新华社《习近平:关于〈中共中央关于制定国民经济和社会发展第十四个五年规划和二〇三五年远景目标的建议〉的说明》,编者注。

史上第一次超越美国（121家），实现了历史性跨越。在上榜的133家中国企业中，石油和化工企业共有11家，除了继续跻身于前五强的中国石化、中国石油外，中国海洋石油总公司、恒力集团、中国中化集团、中国化工集团、延长石油（集团）公司、雪松控股集团、中国航油集团、台湾中油股份公司、盛洪控股公司，分别位列第64、107、109、164、265、296、305、409、455位。此外，还有涉足煤化工领域的15家能源公司，如果再加上入榜的15家煤化工企业，我们整个行业上榜企业共有26家，名列中国工业行业之首。我们在看到中国石化企业在快速发展成长的同时，也十分清醒地看到企业大而不强的问题十分突出。"十四五"时期，加快培育一批具有国际竞争优势的大型企业集团，加快培育一批行业领头羊企业，加快培育一批单项冠军小巨人企业，这是我们发展壮大实体经济，实现由大国向强国跨越的一大紧迫和现实任务。"十四五"期间，我们能否从深化改革、激发企业活力入手，培养出30～50家左右具有国际竞争力的领头羊企业聚群，我们可以在"十四五"规划定稿时认真讨论一下。

化工园区是未来中国石油和化学工业由大国向强国跨越的一个战略方向。"十三五"期间，化工园区发展取得了重大变化和显著成就。截至2018年底，全国重点化工园区或以石油和化工为主导产业的工业园区共有676家，其中国家级化工园区57家，省级化工园区351家，地市级化工园区268家，在"十三五"化工园区的发展中，有两大成效十分突出：一是化工园区布局显著优化。七大石化基地正沿着一体化、高水平、大规模的方向快速推进；宁东、榆神、鄂尔多斯、新疆准东四大现代煤化工基地蓬勃发展；上海、江苏、浙江、山东、重庆等省市自治区依托下游广阔的市场优势，形成了一批上下游产业链完善的精细化工和新材料园区，一个向石油化工强国跨越的产业布局已经形成了蓄势待发的合理雏形。二是园区集约化程度显著提高。到2018年底，全国已形成产值超千亿的超大型园区14家，500亿～1000亿的大型园区33家，100亿～500亿的中型园区224家。虽然超大型和大型园区数量仅占我国化工园区总数量的7%，但超大型和大型园区的产值接近50%。目前进入化工园区规模以上企业的数量已达1.5万家，超过化工企业数量的50%。

"十四五"化工园区规划提出，要按照高质量发展的总体要求，高标准推进"五项重点工程"(即:产业提升创新工程、绿色化建设工程、智慧化建设工程、标准化建设工程、高质量发展示范工程),重点培育65个具有一流竞争力的产业基地和特色园区,五大世界级产业集群初具轮廓(规模)(即:环渤海湾石化产业集群、杭州湾石化产业集群、泛大湾区石化产业集群、海西石化产业集群、能源金三角现代煤化工产业集群)。

扎扎实实抓住、抓好、抓紧具有国际竞争力的行业领头羊企业培育和世界级化工园区的建设,这将是石化行业高质量发展、抓好实体经济的重大新机遇,也将成为由大国向强国跨越的标志性工程。

三、行业绿色发展的新机遇

五中全会提出,要"推动绿色发展,促进人与自然和谐共生",特别强调:"坚持节约优先、保护优先、自然恢复为主,守住自然生态安全边界""推进化肥农药减量化和土壤污染治理,加强白色污染治理""制定二〇三〇年前碳排放达峰行动方案"等几项重点工作。

安全、环保、绿色、低碳已经成为世界石化行业发展的新动能,绿色化等已经成为世界化学工业发展的一个新的制高点和新的增长点。"十四五"期间,我们要紧紧抓住全球温室气体治理从严、绿色发展加速的新形势,全面提升全行业绿色发展的质量和水平,扎扎实实从降低能源资源消耗,强化污染治理,结合国情实际,认真制定并落实好化肥农药减量计划、白色污染治理技术攻关计划、2030年全行业碳排放达峰计划,加快绿色制造体系建设,全面推进循环经济技术水平,深入实施责任关怀,使我国石油和化学工业的绿色发展水平上一个大的台阶。"十四五"期间,我们石油和化学工业要全力打好节约、绿色、低碳、循环和安全五大硬仗,在绿色发展的进程中,石油和化学工业要走在整个工业部门的最前列。

四、实施更高水平对外开放的新机遇

五中全会提出,"坚持实施更大范围、更宽领域、更深层次对外开放,

依托我国大市场优势、促进国际合作，实现互利共赢"。

石化行业要在认真总结"十三五"期间国际合作和"一带一路"工作成绩的基础上，深入研究新形势下对外开放"更大范围、更宽领域、更深层次"的新任务、新空间和新作为。当前，我们要认真做好以下几方面的工作：

一是要进一步做好已进入中国的跨国公司的服务工作，为跨国公司在中国的更大发展提供更多他们需要的服务。

二是要进一步研究并作为"十四五"中国石化企业更大范围、更宽领域"一带一路""走出去"战略的实施，要根据"RCEP"新协议的新形势，把亚洲的合作、欧洲的合作、中亚的合作、中东的合作、美国的合作进行一下梳理，研究并提出"十四五"期间有可能进一步合作的空间、合作的领域、合作的项目等积极推进"十四五"走出去有新的更大的发展。

三是要认真研究一下同跨国公司在技术创新，在产业链供应链方面新领域合作的机会和可能，在"十四五"期间，我们同跨国公司能否开拓一下在技术合作方面、在产业链供应链更高层次上的新突破。

五、推进行业产业链供应链现代化升级的新机遇

五中全会提出，"坚持自主可控、安全高效，分行业做好供应链战略设计和精准施策，推动全产业链优化升级。锻造产业链供应链长板，立足我国产业链规模优势、配套优势和部分领域先发优势，打造新兴产业链，推动传统产业高端化、智能化、绿色化，发展服务型制造业。"并要求"补齐产业链供应链短板，实施产业基础再造工程，加大重要产品和关键核心技术攻关力度，发展先进适用技术，推动产业链供应链多元化。"

这是一个全新的课题，特别是在"双循环"新格局下，这个问题更需要我们用系统的观点，创新的观点来深入研究、深入思考产业链供应链竞争力的优化提升问题。在这方面，石化行业面临着许多现实的、紧迫的工作任务。如，在炼油一体化产业链供应链方面，如何化解总体炼能过剩的矛盾，如何解决"油头大、化身细、化尾短"的系统性矛盾。在传统产业

方面，氯碱、纯碱行业如何走上产业高端化、智能化、绿色化、差异化的新路子；化肥、农药产业如何适应农业减量化的要求，走上精准供给、可持续发展的新高地，全行业供应链体系再造工程，供应链同数字化技术融合发展的总体设计和典型示范工程等等。

除了上述五大新机遇外，五中全会还提出了"深化行业协会、商会和中介机构改革"的任务，如何理解、如何落实，都是我们需要抓紧研究的重大问题。

以高质量发展为主题
加快石化强国建设*

  石油和化学工业是国民经济重要的基础原材料产业和支柱产业。回首"十三五",面对世界经济增长低迷、国际经贸摩擦加剧、国内经济下行压力加大、突发新冠肺炎疫情及全球蔓延的复杂形势,石化全行业深入贯彻党中央和国务院的决策部署,按照国家"十三五"规划和《石油和化学工业"十三五"发展指南》确立的奋斗目标和发展思路,围绕产业结构优化、创新能力提升、企业竞争力培育、经济效率升级等行业核心竞争力四大重点,全面深化供给侧结构性改革,加快提升经济运行质量和效益。

  通过全体干部职工的共同努力,行业技术创新又取得了一批世界水平的新成果:"涪陵大型海相页岩气田高效勘探开发""高性能超高分子量聚乙烯""超大型煤气化"等技术的突破,填补了国内"短板",抢占了一批世界化学工业的制高点。产业结构转型升级和体制机制市场化改革也取得新的突破:全行业累计退出炼油产能1.4亿吨/年,尿素产能1622万吨/年,烧碱产能211.5万吨/年,PVC产能214万吨/年,电石产能699万吨/年,硫酸产能约1700万吨/年,产能过剩矛盾有效缓解;化工新材料产业规模达到6000亿元,较"十二五"末增长了1.5倍,自给率由2015年的53%提高到70%;进入化工园区的规模以上企业约1.5万家,占全行业企业总数的52%,比"十二五"末提高了五个百分点;中国油气管网公司正式成立,

---

* 这是2021年1月15日,在《石油和化学工业"十四五"发展指南》发布会上的讲话。

炼油行业向民营企业和外商独资企业开放，国有企业深水区改革扎实推进，都加快了行业市场化改革开放的步伐。总体来看，我国石油化工大国的地位进一步巩固提升。据统计，2020年1～11月全行业规模以上企业2.6万家，实现营业收入9.88万亿元，完成利润总额4525亿元。2016～2020年全行业规上企业营业收入、利润总额年均增速为4.17%和5.95%。其中，化工行业销售额约占全球的40%，相当于欧洲、美国、日本的总和。炼油、乙烯、对二甲苯、甲醇产能分别占全球16.9%、15.5%、41.7%、68.3%，比2015年提高2.2个、1.7个、27.9个、7.3个百分点。根据美国《财富》杂志公布的2020年世界企业500强名单，上榜的中国企业数量增加至133家，历史上首次超过美国（121家），实现了历史性跨越。其中石油和化工企业11家，列中国工业行业之首，充分展现了中国石油化工企业市场主体的生机和活力。

展望未来，世界正处于百年未有之大变局。有人讲，2020年将是历史上一个极其特殊的年份，如果回首过去的五年，也许2020年是宏观形势最糟糕的一年，如果展望未来的五年，也许2020年是宏观形势最好的一年。这个评价充分说明"十四五"期间，我们面临形势的不确定性及其挑战性是极其严峻、极其复杂的。对于"十四五"时期宏观环境的分析，可以用"两个不确定"和"一个重大历史责任"来概括。

"两个不确定"，一个就是中美关系的不确定。特朗普政府2017年12月发布的第一份国家安全战略报告时就明确认定"中国现在是，而且在可预见的未来将是美国的战略竞争对手"。这种中美关系的不确定性，将会对中国"十四五"经济环境带来很大的影响。我们非常希望能够找到一种缓和的、互利共赢的解决办法和途径，"斗则俱伤，和则双赢"这就是我们的态度。

另一个"不确定"就是疫情的不确定。新冠肺炎疫情对世界影响很大，有人将这次疫情同1918年西班牙流感相比，当年的流感使五千万人丧生，但对世界经济的影响却远远没有本次疫情大。目前，全球疫情还在指数级上升，国内疫情也有所反复，考虑到疫苗大范围接种还需要一段时间，因此抗疫与复工共存将成为新常态。有人预测，疫情过后"全球经济将会出现低增长、低利率、低通胀以及高债务,这种状况将会维持相当长的时间",疫情对经济的影响不可低估。

"一个重大历史责任":就是面对如此严峻的国际形势和疫情形势,无论是中国经济还是中国石油和化学工业,都面临着一个重大的历史责任。对中国来讲,制度优势显著,物质基础雄厚,人力资源丰富,市场空间广阔,发展韧性强劲,社会大局稳定,经济社会高质量发展的基础牢固,疫情控制也走在了世界前面,决定了中国应该为世界经济的复苏做出积极贡献。中国作为全球第二大石油和化学工业国,也应该充分发挥产业基础牢固、产业体系健全,产品种类丰富的优势,在全球石油和化学工业复苏过程中做出更大的贡献。

"十四五"时期是我国全面建成小康社会、实现第一个百年奋斗目标之后,乘势而上开启全面建设社会主义现代化国家新征程、向第二个百年奋斗目标进军的第一个五年。"十四五"时期也是我国由石油化工大国向强国跨越的关键五年,是产业结构由量变到质变提升的关键五年,是行业创新能力由起飞到领航的关键五年,是行业两大转型发生根本变化的关键五年,是行业体制改革和对外开放走向更高市场化水平的关键五年。为此,石化联合会围绕贯彻"创新、协调、绿色、开放、共享"五大新发展理念,以推动行业高质量发展为主题,以绿色、低碳、数字化转型为重点,以加快构建以国内大循环为主体、国内国际"双循环"相互促进的新发展格局为方向,以提高行业企业核心竞争力为目标,研究编制了《石油和化学工业"十四五"发展指南》。编制历时一年半时间,联合会对22个省(区、市)的200多家石化企业、化工园区和院所院校进行了实地调研,召开了10多次专题讨论会,征集了行业专家、中央企业、专业协会约150条修改意见,深入研究,科学论证,集思广益,数易其稿,最终形成了今天的发布稿。

《石油和化学工业"十四五"发展指南》突出了行业特色和问题导向,是一个全面提升行业核心竞争力的五年规划。当前和今后一段时期,全行业要把学习贯彻国家"十四五"规划纲要和学习实施《石油和化学工业"十四五"发展指南》结合起来,以高质量发展为主题,主动适应新形势、引领新格局,把《石油和化学工业"十四五"发展指南》的指导思想贯彻落实到行业发展的各个方面和各个环节。一是要在构建双循环发展格局上下功夫,面向重大基建、新基建和下游产业需求,加快重点产品补"短板"和创高端,开发传统产品新用途,挖掘国内消费新潜力,同时巩固和增强产品国际竞争优势,稳定对外贸易格局,支持企业开展国际产能合作,参与国际行业治理;二是要在提升产业自主创新能力上下功夫,大力推动跨领域跨行业协同创新,在催化、过程强化、先进膜分离、工业生物技术、信息与先进控制技术等领域,攻克一批产业关键共性技术和重大技术装备,在化工新材料、高端专用化学品、重大技术装备及关键零部件等领域,突破30～50项补"短板"技术,提高核心技术装备自主可控能力;三是要在提升绿色、低碳发展水平上下功夫,完善行业绿色标准体系,加快推广绿色工艺和绿色产品,推进绿色工厂、绿色供应链建设,发展循环经济,提升能源资源利用效率,加强"三废"治理与利用,深入实施责任关怀,加强过程安全管理,提升本质安全水平,加强行业碳中和路径和技术研究,加强CO_2捕集、利用和封存;四是要在推进数字化、智能化转型上下功夫,搭建行业数字化转型和智能制造平台,推动5G、大数据、云计算、人工智能、工业互联网等新一代信息技术与石化生产深度融合,打造企业数据集中共享平台、数字化和智能制造服务平台,引导企业实施数字化和智能化改造,提升生产运营效率;五是要在提升企业管理水平上下功夫,加强国内人才培养和国际人才引进,锻造一批优秀科技创新人才、企业家人才和工匠人才队伍,引导企业加强成本、环保、安全、质量等管理和企业文化建设,培育一流企业、创建一流品牌、打造一流员工队伍,提升核心竞争力;六是要在提升产业链供应链现代化水平上下功夫,引导传统行业控制产能总量,加快落后产能淘汰和无效产能退出,推动基础产品精深加工,向功能化、精细化、差异化发展,加快发展高端石化产品、化工新材料、专用化学品和生产性服务业;七是要在优化产业布局上下功夫,规范化工园区发展,加强园区配套设施和管理服务能力建设,提升园区绿色化、智慧化、标准化发展水平。

"十四五"时期,绿色低碳发展是行业发展至为重要的议题。当前,绿色低碳发展已成为全球经济发展的主流和共识，生态文明建设是新时代坚持和发展中国特色社会主义的十四条基本方略之一。习近平主席2020年9月22日在第七十五届联合国大会一般性辩论上宣布"中国将提高国家自主贡献力度，采取更加有力的政策和措施，二氧化碳排放力争于2030年前达到峰值，努力争取2060年前实现碳中和"，同时呼吁"各国要树立创新、协调、绿色、开放、共享的新发展理念"，推动疫情后世界经济"绿色复苏"❶。此后，又先后四次向国际社会做出应对气候变化工作的重大表态。《中共中央关于制定国民经济和社会发展第十四个五年规划的建议》明确提出"十四五"时期将推动能源清洁低碳安全高效利用。同时，降低碳排放强度，支持有条件的地方率先达到碳排放峰值，制定2030年前碳排放达峰行动方案。从"重大宣示的提出"到"制定实施规划"再到"说到做到"，充分彰显了中国应对气候变化工作的重大力度，也再一次明确了中国率先实现碳达峰、最终实现碳中和远景目标的决心。

碳排放与能源消费息息相关，工业部门能源消耗占全球总能耗的40%，石化和化工行业碳排放量约占工业总排放的20%，碳达峰和碳中和目标的提出，石油和化学工业首当其冲地面临着严峻的碳减排压力。石油和化学工业的低碳化发展和碳中和目标，将面临成本、技术、工艺、管理、替代能源竞争等诸多挑战。

在能源低碳转型的大背景下，石化行业作为碳排放的重点部门之一，不少企业高瞻远瞩，主动作为，提前进行低碳发展战略布局，如中国石油设立了低碳管理专门机构，发布《绿色发展行动计划2.0》，制定《甲烷排放管控行动方案》，在2019年甲烷排放强度比2017年下降12.3%的基础上，提出2025年甲烷排放强度再降低50%的目标，力争达到世界一流甲烷排放管控水平；中国石化制定了《碳资产管理办法》，对下属所有企业开展碳盘查，积极参与碳交易试点项目，先后开展"蓝天碧水""能效倍增"等专项行动计划，提出到2025年将能效提高100%的目标；中国海油2019年发布了《绿色发展行动计划》，明确了近期、中期和远期三个阶段的绿色

---

❶ 参考人民网2020年9月23日人民日报《习近平在第七十五届联合国大会一般性辩论上的讲话》，编者注。

发展目标，通过实施绿色油田、清洁能源和绿色低碳三个具体行动计划，致力于发展成为中国特色国际一流的清洁能源生产和供给企业。此外，一些科研院所和石化企业还积极跟踪国际技术前沿，加大低碳技术的研发和储备，努力推进CO_2捕集、驱油和埋存先导性工程示范，目前我国在示范运行的各类CCUS项目已超过20个，由中国石油牵头的新疆CCUS产业促进中心，是油气行业气候倡议组织（OGCI）在全球首批部署的5个CCUS产业促进中心之一。总体来说，全行业直面挑战、凝聚共识，在低碳发展之路上率先突破、稳步前行。

石油和化工行业既是碳排放大户也是碳减排大户，更是风能、太阳能等新能源材料的提供者，同时也是能源和资源的"碳再生"和"化学循环"的创新者。为响应和贯彻落实习近平主席代表中国向国际社会作出的庄严承诺，在"十四五"开局之年，我会联合行业内的领军企业和园区，共同发起《中国石油和化学工业碳达峰与碳中和宣言》，表明行业决心，提出战略路径，促进行业绿色低碳发展。同时，为促进行业绿色发展，在国家发改委产业司的支持下，我会持续开展石化绿色工艺的遴选、评价及宣传推广工作，在行业发布《石化绿色工艺名录》，尽管受疫情影响，但今天，2020年版的《石化绿色工艺名录》也将正式向全行业发布，希望企业在投资中优先采用绿色工艺，这也是石化联合会推动行业绿色化发展的重要举措。

中国石油和化学工业"十四五"发展的新征程充满挑战性、充满历史责任感。全行业必须以高质量发展为主题，以绿色、低碳、数字化转型为重点，以加快构建以国内大循环为主体、国内国际双循环相互促进的新发展格局为方向，以提高行业企业核心竞争力为目标，设立新坐标，开拓新路径，建设新能力，打造新活力，准确识变、科学应变、主动求变，努力实现更高质量、更有效率、更加公平、更可持续、更为安全的发展，加快建设石化强国，为我国建成富强民主文明和谐美丽的社会主义现代化强国作出新的更大的贡献！

"十四五"时期中国石油和化学工业发展变化的新趋势*

"十三五"已经过去,我们已经迈步"十四五"。对行业发展未来的预见能力,已成为石化行业各级领导者引领行业发展的关键能力。面向未来,我们能够给行业的各级领导、各个企业提供哪些有价值、创优势、保领先地位潜力的思考呢?

"十四五"时期,中国宏观经济进入了一个全新的发展阶段,"立足新发展阶段,贯彻新发展理念,构建新发展格局"将成为新发展阶段的主基调,高质量发展将成为新发展阶段的主旋律,科技创新和绿色发展将成为新发展阶段的主要动力,到2035年基本实现社会主义现代化是新发展阶段的远景目标。在世界百年未有之大变局和中国经济进入新发展阶段的大背景下,中国宏观经济无论是产业结构、消费结构,还是发展理念、发展方式都将发生与以往任何时期都不相同的大转型、大重构。

在这一宏观经济全局性的深刻变化下,在"短板"需求、产业链需求和民生需求的巨大拉动下,中国石油和化学工业的发展方式也必然会发生全新的趋势性变化,这些全新的趋势性变化主要表现在以下六个方面:

一是全行业发展将会进入一个稳定增长的新时期。"十四五"规划建议提出,到2035年"人均国内生产总值达到中等发达国家水平"。根据这一发展目标测算,"十四五"时期的平均增速不能低于4.7%~6%,甚至要

---

* 这是2021年3月24日,在石化联合会组织召开部分央企"十四五"规划座谈会上的讲话。

更高。李克强总理在《政府工作报告》中，把2021年的经济增速预期目标设定为6%以上❶，这是一个留有充分余地的预期目标。不少国内外权威机构预测，中国经济2021年的预期目标是8%左右，因为2020年由于疫情冲击导致增速下降，8%的增速实际上相当于"正常情况"下的5%。因此，8%左右的增长是对今年经济增长的合理预期。但考虑到2021年是"十四五"开局之年，而到2025年的整个"十四五"期间，中国经济的预期增速大概在5%～6%之间，6%的开局就会与今后目标"平稳衔接"。"十四五"我们追求的是"高质量发展"，只要增速在合理区间即可，我们就可以把经济增长的立足点和注意力更多地放在提升增长的质量上。

从"十四五"规划中，我们可以清楚地看到中国经济增长的范围和潜力是巨大的。中国经济"十四五"发展的重点：一是乡村振兴计划的全面启动，这是一个广阔而宏大的农业农村市场；二是大都市圈和城市群的龙头发展，特别是京津冀、深广澳、长三角、成渝等大都市圈和东部高质量发展、中部崛起、西部大开发的协调发展，以及中小城市群市场的崛起，这是一个巨大的民生市场；三是在科技创新引领下，补"短板"增长和升级型增长的同步提升，一大批重点基础设施项目、重点科技攻关项目、大型结构升级项目相继开工，将会拉动一大批持续的投资需求；四是绿色低碳发展方式的转型升级，将会形成绿色消费、绿色生产、绿色流通、绿色创新和绿色金融在内的一批全新的绿色增长点；五是"双循环格局"的建立，将会把国内市场同国际市场在更大范围、更宽领域、更高层次上贯通起来。特别是"十四五"规划将改善民生作为经济发展的一个重要目标，今后10～15年间，我国中等收入人群将由目前的4亿人增加到8亿～9亿人（世界银行标准：成年人每天收入在10～100美元之间，即年收入为2.5万～25万人民币，为中等收入人群），中等收入人群的规模倍增，将会极大地拉动我国经济增长。到2035年我国基本实现社会主义现代化时，我国经济总量将会超越美国，成为世界第一大经济体，名义人均GDP将会接近美国的40%（2020年中国GDP达101.598万亿元，相当于15.68万亿美元，中国

---

❶ 参考人民网2021年3月6日人民日报《李克强作的政府报告（摘登）》，编者注。

GDP已达美国的75%，2030年中国GDP超越美国是一个毫无悬念的问题）。

石油和化学工业是国民经济超前发展的行业，按照历史的经验，石化行业发展的增速一般要高出GDP两个百分点左右。"十四五"中国经济发展的重点将会有力地拉动石油和化学工业的可持续稳定增长。如乡村振兴计划，将会对能源、化肥、农药、农膜、种子带来宏大需求；大都市圈和城市群崛起和区域经济协同发展，将会拉动天然气、建材、化工新材料、电子化学品、化纤、涂料、轮胎的巨大市场，民生需求将会带动消费品化工市场的快速升级；科技创新、补"短板"和升级型增长，将会大大促进石化产业结构的转型升级；绿色低碳发展方式的转型，将会全面刷新行业发展方式和形象，形成一批新的经济增长点；"双循环格局"的建立，将会加速全球经济的复苏，开创全球产业链供应链合作共赢的新局面。从上述市场需求分析中，我们可以清楚地看到，"十四五"期间我国石油和化学工业将会在市场需求和供给能力的双重拉动下，进入一个可持续稳定增长的新时期。我们预计，"十四五"期间行业年均增长达到6%～8%是完全有把握的。有人预言，"未来市场需求将是最稀缺的资源。"目前，中国化工市场已经占到全球化工市场的40%，不少机构预测到2030年，中国化工市场将占到全球化工市场的50%，中国市场的巨大优势将会进一步显现。

二是石油天然气行业将会发生战略性的大转型。随着新能源技术的快速突破，世界能源工业，特别是以石油为主要业务的传统能源工业，将面临需求大幅下降的尖锐挑战。在英国石油公司刚刚发布的《世界能源展望（2020年版）》中，专家用3种情景分析了能源需求变化的状况，即在一切如常的情景下、在快速转型情景下和净零排放的情景下，无论哪一种情景，未来30年石油的需求都会呈现出下降态势。不少独立经济学家表示，受疫情的影响，石油工业将在2029年底开始衰退。在石油需求快速下降的同时，全球可再生能源技术正在取得突破性进展，水电、风电、太阳能技术成本都在迅速降低，特别是氢能的生产技术、生产成本、系统配套能力都在飞速突破。有研究认为，煤和天然气结合的碳捕获与封存技术是成本最低廉的低碳制氢方式。可再生能源的技术突破，正在加快世界能源结构的变化调整。我们行业特别是几大央企正站在能源结构战略大转型的风口浪尖上。2020年年初，中国石化率先提出要"打造世界领先洁净能源化工公司"的愿景目标，将新能源作为重要战略新兴产业进行谋划，并在氢能、地热、光伏等方面积极布局，特别是将氢能全产业链作为公司新能源发展的核心业务，瞄准建设"中国第一大氢能公司"开始转型。中国石油在"十四五"规划中，也瞄准"建设世界一流综合性国际能源公司"的战略目标开始发力。在全力做强做优油气业务的同时，加快构建新能源、新材料、新业态多能互补的新格局。中国海油也在"十四五"规划中，提出了全面推动公司绿色低碳转型的战略目标，并将绿色低碳列为中国海油五大发展战略之一。目前，我国氢能发展已经进入了一个十分重要的关键期，据不完全统计，目前已有18个省份、超过50个城市和地区出台了氢能发展规划和激励扶持政策。如何在确保国家能源需求和能源安全的前提下，抓紧布局、研发新能源技术，走出一条由传统能源向新型能源有序接替、跨越转型的新路子，我们行业，特别是几大央企面临着重大的挑战和严峻的考验。

三是化工行业将会加速呈现结构性的大重构。结构性矛盾是化工行业最突出的全局性矛盾，产业结构层次低下，产品结构雷同，资源矛盾制约突出，已经成为我国石油化工行业高质量发展的根本性制约。"十四五"时期，在科技投入加大和科技组织能力强化的新动力中，我国化工行业的大重构将会重点做好三篇大文章。一是做好"补短板"的大文章，化工新材料和高端精细化学品是"补短板"的两个重点。2019年我国化工新材料产量达2500万吨，但消费量高达3850万吨，供给和需求量相差1300万吨，化工新材料的自给率仅为66%。农药、染料、涂料、表面活性剂、生物化工、催化剂、电子化学品等高端精细化学品更是差距显著，不仅数量不足，而且技术差距更大。这是化工行业"十四五"必须要大幅提高的第一个领域。二是做好"增强项"的大文章，现代煤化工是我国化工发展的一大亮点，在当前世界绿色低碳转型的新形势下，我国现代煤化工如何走出一条"高碳原料低碳排放"的新路子，面临着极大的技术考验、管理考验和资源考验。三是做好"传统产业转型升级"的大文章，我国是一个化工大国，氮肥、氯碱、纯碱、橡胶等传统产业产量很大，产能过剩矛盾突出，如何在转型升级中开拓市场新需求，化解产能过剩矛盾，提升市场竞争能力，面临着大量艰苦细致的工作，传统产业如何走出一条不传统发展的新路子，是一篇大有潜力、大有作为的大文章。在技术创新的引领下，通过"十四五"的产业结构大重构，我国化工行业一定能够开创出一个技术升级、结构优化、韧性增强、竞争力提升、经济效益改善的全新局面。

四是低碳绿色发展方式将会出现"蝶变式"的大飞跃。习近平主席已向全世界承诺，中国将在2030年实现碳达峰、2060年实现碳中和。"十四五"规划也明确提出，"降低碳排放强度，支持有条件的地方率先达到碳排放峰值，制定2030年前碳排放达峰行动方案""推进化肥农药减量化和土壤污染治理，加强白色污染治理"。这是一项艰巨而紧迫的战略任务，我们行业负有率先突破的攻坚责任。在碳达峰和碳中和的工作中，我们要重点抓好四个环节：

首先，我们要充分认识我们行业碳达峰、碳中和面临着艰巨的任务。无论是石油、天然气的生产，还是成品油、天然气的应用，无论是煤化工的生产，还是其他化工生产的过程，我们都是碳排放的大户，但是我们也要充分认识到在碳达峰、碳中和的任务中，我们行业还有着独特的技术优势和专有的治理技术，我们行业要责无旁贷地主动承担起率先突破的攻坚责任。

其次，我们要划清行业在碳达峰、碳中和工作中的责任边界。在碳达峰、碳中和的工作任务中，第一步首先要把生产过程中的碳排放工作搞好（成品油、天然气和化工产品使用中产生的CO_2排放，可以暂且放在第二步），要把生产过程中CO_2排放的基础工作扎扎实实搞好。说句实在话，由于缺乏计量手段、缺乏统一标准、缺少科学方法，目前生产过程中的CO_2排放，基本上都是一个模糊概念。要在做好基础工作的基础上，才能科学地计算"碳达峰"的指标，在"碳达峰"指标的计算中，我们既要考虑排放的现状，还要留有发展的空间，不留余地的做法，最终受到惩罚的还是我们自己。"碳达峰"的指标，一定要实事求是、瞻前顾后、科学稳妥。

第三，要研发和制定CO_2减排的绿色工艺。要靠先进的绿色工艺、先进的过程技术，来实现CO_2的减排。特别是在石油、天然气勘探开采过程中，在炼油装置生产过程中，在煤化工生产过程中，如何通过绿色先进工艺减少CO_2排放，如何在生产过程中分离和捕集CO_2，如何搞好CO_2的运输和封存，这些都需要工艺技术和工艺手段来解决。

第四，减排过程很艰难，但碳中和的难度则更大。我们深刻认识到，碳中和的最终解决方案还必须要靠化学工业。如何实现碳中和？我们要发挥化学工业的独特优势，在CO_2的物理利用、化学利用技术中，寻求CO_2在食品工业、在医疗行业、在溶剂萃取中的物理应用，在小分子化合物（合成尿素、甲醇、水杨酸、无机盐等）、高分子材料（共缩聚反应、加成共聚反应、三元共聚反应等）、与环氧化合物的共聚反应中的化学应用，只有找到了CO_2资源化利用的技术和产品，我们才能取得碳中和的主动。

另外，在绿色转型发展中，塑料污染治理和塑料循环利用也是全社会、全世界面临的一个重大难题。在这方面，我们也要扎扎实实抓好四个方面的工作：

首先是要研发和寻找塑料污染治理和塑料循环利用的先进实用技术。从现有众多的技术中，我们要认真梳理物理方法、化学方法和可降解方法中的先进实用的技术，要从技术、成本和可复制三个方面，筛选出一批先进、适用、可推广的技术！

其次是要在选定的技术中，认认真真组织一批试点、示范企业进行推广，认真摸索出这些技术的成熟性、可推广性及研究试点、示范中的问题和改进方案，在试点、示范的基础上，确定出一批可大面积、大范围推广的先进适用技术。

第三，在试点、示范的基础上，可选择一些省市或大中城市开展更大范围的推广试点，以利于全社会的全面推开。

第四，制定在全国范围推广的路线图和政策措施建议，形成具有中国特色的、有技术含量和先进管理的塑料污染防治和塑料循环利用的方式方法。"十四五"期间中国石油和化学工业的绿色低碳发展一定会出现一个崭新的局面，中国也应当在碳达峰、碳中和方面，在塑料污染治理和循环利用方面，在节能环保、绿色发展方面为世界作出独特的贡献。

五是行业龙头骨干企业将会呈现千帆竞发的新活力。面对"十四五"发展的新形势、新任务和新要求，行业龙头骨干企业都制定出了雄心勃勃的发展规划，制定出了更高水准的创新措施，呈现出了千帆竞发、喷薄欲出的生动场面。七大央企都按照国际一流竞争力的目标制定了明确的发展愿景，中化集团和中国化工集团的重组合并，将成为全行业又一大并购重组的标志性事件。烟台万华、上海华谊、浙江巨化、陕西延长、陕西煤业、新疆天业、新疆中泰、海湾化学、中策橡胶、玲珑轮胎等一批地方龙头企业；恒力集团、东岳集团、奥克集团、新和成等一批民营骨干企业，以及惠州大亚湾、上海化工园区、南京江北化工园区、宁东化工园区等一批最具规模实力的化工园区，都将插上"创新发展"和"数字化"的双翼，以昂扬的姿态，迈步"十四五"高质量发展的新征程。我们将会看到，在"十四五"期间一批具有国际竞争力的一流大型企业或企业集团，一批行业领头羊企业，一批单项冠军和一批小巨人企业，一批世界级水平的化工园区将会快速成长起来，中国石油和化学工业的核心竞争力将会得到令人信服的快速提升。

六是"双循环"新格局将会开创国内国际市场相互促进的新局面。"双循环"新发展格局，是以国内大循环为主体，通过发挥内需潜力，使国内市场和国际市场更好联通，更好利用国际国内两个市场、两种资源，实现更强劲可持续和合作共赢的发展。在构建"双循环"新格局中，我们一定要把"走出去"和"引进来"更好地结合起来。首先要扎实做好已进入中国跨国公司的服务工作，为跨国公司在中国的更大发展提供更优质的服务，要进一步促进跨国公司同中国企业在多方面的合作，加快他们在中国市场上的更大发展；其次要进一步扩大"一带一路"和"走出去"的范围和领域，要紧密结合东南亚市场、欧洲市场、中东市场规划一批更高水平的走出去项目，使"一带一路"和"走出去"战略有一个新的更大的发展。"十四五"期间无论是已进入中国市场的跨国公司还是中国"走出去"的项目，我们都要让播种者有收获的喜悦，让合作者有成功的天地，"十四五"期间中国石化行业一定要让国内市场以更加开放的姿态，践行人类命运共同体的承诺，推进经济全球化的合作共赢新进程。

面对"十四五"中国经济的高质量发展，面对中国石油和化学工业的大转型、大重构，面对世界经济复苏的美好未来，我们可以毫不夸张地讲，未来十年将是世界充满根本性变革和充满颠覆性惊喜的时代，变化将会比你的想象更快！我们已经跨入了这个快速变化的非凡时代。

用大转型和大重构
实现高质量发展的新跨越[*]

2021年是"十四五"规划的开局之年，是中国共产党成立100周年。当前，世界正处于百年未有之大变局的巨变之中，特别是受新冠肺炎疫情冲击，对经济、社会、地缘政治、生态环境以及科技创新都带来了前所未有的影响，世界经济发展的不稳定性和不确定性进一步增加，国家治理模式、经济组织形式以及全球政治多极化格局都面临着一系列的大转型和大重构。

在党中央的坚强领导下，我国新冠肺炎疫情防控取得重大成果，成为世界上唯一实现经济正增长的主要经济体。"十四五"时期，我国经济面临着更加复杂的国内外形势，建设和发展的任务更加紧迫、更加繁重。认真总结"十三五"，谋划好2021年全年的工作，对全行业"十四五"开好局、起好步，具有十分重要的意义。

一、石油和化工行业发展情况和"十四五"面临的挑战

"十三五"期间，面对世界经济增长低迷、国际经贸摩擦加剧、新冠肺炎疫情冲击全球的复杂形势，我国石油和化工行业认真贯彻落实创新、协调、绿色、开放、共享的发展理念，以供给侧结构性改革为主线，大力

---

[*] 这是2021年4月28日，在2021年石化产业发展大会上的讲话。

推进结构调整、科技创新和绿色发展，持续深化对外合作，行业发展质量明显增强。"十三五"时期，石油和化工行业发展取得了令人瞩目的新成就。

一是行业发展跃上新台阶。五年间，我国石油和化学工业增加值年均增长4.51%、营业收入年均增长4.33%、利润总额平均增长8.11%、进出口总额年均增长3.66%。原油年产量稳定在1.9亿吨左右；2020年天然气产量超过1800亿立方米，较2015年增长48.54%。2020年，长庆油田油气当量突破6000万吨，创造了全国油气田产量的新纪录。原油一次加工能力达到8.73亿吨/年，居世界第二；乙烯、甲醇、烧碱、纯碱、合成树脂、化肥、农药、轮胎等重要大宗产品产量继续稳居世界前列，PX、合成橡胶、钾肥等自给率持续提升。

二是结构调整实现新突破。五年间，炼油业退出落后产能约1.6亿吨/年，尿素、烧碱、聚氯乙烯、电石、硫酸分别退出落后产能1787万吨/年、326.5万吨/年、269万吨/年、900万吨/年和2160万吨/年；原油加工产能利用率由2015年的65.5%提高到2020年的77.2%，成品油完成了国Ⅳ到国Ⅵ标准的升级。高浓度化肥比例不断提高，农药基本实现低毒化替代。2020年化工新材料产值超过6500亿元，较2015年增长1.5倍，聚氨酯及原料基本实现自给，热塑性弹性体、功能膜材料等自给率近70%，超高分子量聚乙烯、水性聚氨酯、脂肪族异氰酸酯、氟硅橡胶等市场占有率大幅提升。长三角、珠三角和渤海湾区三大石化产业集群初具规模，建成了一大批特色突出、配套齐全、产业集中、管理先进、充满活力的化工园区。

三是科技创新厚植新动力。"涪陵大型海相页岩气田高效勘探开发""凹陷区砾岩油藏勘探理论技术与玛湖特大型油田发现""渤海湾盆地深层大型整装凝析气田勘探理论技术与重大发现"等先进勘探开发技术相继突破；"煤制油品/烯烃大型现代煤化工成套技术开发及应用""高效甲醇制烯烃全流程技术（S-MTO）"等进一步促进了原料多元化和能源清洁高效利用；攻克了一大批具有自主知识产权的先进高分子材料、高性能树脂、特种合成橡胶、高性能纤维、功能性膜材料和电子化学品生产制备技术，提升了国际市场竞争力。重大技术装备自主化水平不断提升，炼油装备和现代煤化工装备国产化率均超过90%，百万吨级乙烯及下游装置国产化率达到85%以上，橡胶装备国产化率在95%左右。五年来，全行业共获得国家科学技术奖1152项，行业科学技术奖860项。

四是绿色发展开创新局面。行业平均综合能耗、"三废"排放水平总体下降，主要污染物排放量明显降低。一般工业固体废物综合利用率达到65%，危险废物综合利用率达到55%；大宗工业固体废物综合利用成效显著，电石渣综合利用率接近100%；利用烧碱装置处理含盐废水、废盐取得了较好的效果，废酸多级净化生产硫酸铵产品在染料行业广泛应用。"十三五"期间，围绕化工新材料、新型农化产品、化学品安全、节能减排等重点领域制修订标准1749项。截至2020年底，有8家中央企业集团公司、13家专业协会及分支机构、64家化工园区、616家企事业单位签署了《责任关怀承诺书》,6家化工园区、2家专业和地方协会自发成立了"责任关怀"工作组织，节能、环保、安全水平明显提升。

五是对外开放迈出新步伐。中国企业累计在50多个国家形成200多个油气勘探开发项目，基本建成了中亚-俄罗斯、中东、非洲、美洲、亚太五大海外油气合作区，海外油气权益产量达到2.1亿吨油当量，较2015年提高了5000万吨；在海外建设了一批橡胶种植、天然胶加工、轮胎制造的一体化基地，形成了近百万吨的钾盐产能；与17个国际组织和70多个国家的行业协会建立了稳定友好的交流沟通渠道。跨国公司积极拓展在华业务，巴斯夫、埃克森美孚百亿美元项目相继落户广东。针对新冠肺炎疫情带来的冲击，石化联合会向国际化工协会联合会和美国、欧洲、日本、中东、韩国的化工协会发出慰问和携手应对倡议，得到积极响应，中国对全球石化产业的贡献与影响越来越显著。

"惟其艰难，才更显勇毅；惟其笃行，才弥足珍贵；惟其奉献，才彰显担当"。在新冠肺炎疫情防控阻击战中，全行业坚决贯彻习近平总书记和党中央作出的一系列决策部署，用义无反顾的勇气、铁骨铮铮的坚守、舍生忘死的逆行、执着坚毅的奉献，奋力投入到抗疫物资生产保供中，涌现出了一大批先进典型，受到党和政府的隆重表彰。全行业广大干部职工舍小家、为大家，奋不顾身，勇敢"逆"行，当先锋、作表率，开足马力生产消毒液、杀菌液、口罩、护目镜、熔喷布、聚乙烯、聚丙烯等医护用品及原材料，积极支援和保障抗疫一线物资供应，生动诠释了不忘初心、牢记使命的坚守和大爱，形成了具有新时代鲜明特色的"迎难而上、奋力拼搏、主动作为、甘于奉献"的行业精神，为"十三五"各项任务的完成交上了一份圆满的答卷。

"十四五"时期，我国发展仍然处于重要战略机遇期，世界正经历百年未有之大变局，国际形势更加复杂多变，新一轮科技革命和产业变革深入发展，国际力量对比深刻调整，不稳定性不确定性明显增加，经济全球化遭遇逆流，单边主义、保护主义上升，全球能源供需版图深刻转换。特别是在需求升级和技术变革的双重推动下，石油化工行业的高质量发展面临着一些新的全球性挑战。

一是逆全球化给石化行业发展带来全新要求和挑战。个别大国不顾国际贸易多边规则，挥舞关税、贸易制裁等大棒，致使国际贸易和投资大幅萎缩。在新冠肺炎疫情叠加影响下，全球经济下滑，给建立在全球化体系下的全球产业链、供应链和价值链带来前所未有的挑战和考验。国际货币基金组织最新报告指出，2020年全球经济约萎缩3.3%。但从长远看，各国经济相互依赖，全球范围内的产业分工将继续扩展和深化，经济全球化不会停步，特别是区域经济合作将成为新的热点和重点。2021年底，东盟10国及中国、日本、韩国、澳大利亚、新西兰等15国签署了区域全面经济伙伴关系协定（RECP），目的是建立区域统一自由市场，成为世界上覆盖疆域最广、惠及人口最多、经济体量最大的自贸协定。从石化行业发展历史看，世界石油和化学工业从来都是全球化的推动者和受益者，在当前世界格局深度演变的进程中，团结合作、互利互惠、抱团取暖依然是全球石化行业的共同心声。世界化学工业全球化的进程不仅不会中断，反而会更加强化。后疫情时代，以中国、日本、韩国为代表的亚洲化工集群，以德国、法国、英国、荷兰为代表的欧洲化工集群，以美国、加拿大为代表的北美化工集群，以沙特阿拉伯、伊朗和印度为代表的中东海湾和南亚化工集群等将会给世界石化行业带来公平竞争、合作共赢的新发展格局。区域化的活跃正说明全球化趋势在曲折中前行，化学工业全球化和区域化融合发展、交替前行的新动向将会成为全球石化产业发展的新特征。

二是绿色发展和低碳经济加快推进给行业带来全新要求和挑战。当前，全球工业CO_2排放量每年高达80亿吨，其中水泥、钢铁、化工等行业排放量占70%，国际能源署（IEA）估计2060年工业CO_2直接排放量将上升到100亿吨。要实现《巴黎协定》规定的气候成果，2060年CO_2排放量必须降至47亿吨。CO_2减排、碳达峰和碳中和已经成为各国经济发展的三个关键指标，欧洲、美国分别承诺用60年和45年的时间完成从碳达峰到碳中和的目标，中国政府承诺用30年的时间完成从碳达峰到碳中和的目标。要完成这一目标，CO_2减排，特别是CO_2的循环利用将成为关键的核心技术，这是一个挑战性极大的技术难题，也是全人类面临的一个世纪性跨越。在2020年12月联合国气候峰会上，习近平主席宣布到2030年，中国单位国内生产总值二氧化碳排放比2005年下降65%以上，非化石能源占一次能源消费比重将达到25%左右❶。这是一个必须直面的前所未有的挑战，石油和化工行业碳排放量约占工业总排放的20%，严峻的碳减排压力，使全行业面临着成本、技术、工艺、管理、替代能源竞争等诸多挑战。

三是经济发展新阶段对石化行业高质量发展带来全新要求和挑战。在全面建成小康社会、实现第一个百年奋斗目标之后，中国进入了向第二个百年奋斗目标进军的新发展阶段，开启了全面建设社会主义现代化国家的新征程。新阶段更加强调"不断实现人民对美好生活的向往"，更加强调"实现发展质量、结构、规模、速度、效益、安全相统一"。新发展阶段既是优势集聚、机遇彰显的战略叠加期，也是挑战增多、难度增大的承压前行期，更是跨越赶超、爬坡过坎的时间窗口期。当前，国内化工新材料、高端专用化学品尚无法满足消费需求，产品结构优化、落后产能淘汰、过剩产能压减的任务仍然繁重。科研投入不足、自主创新能力薄弱，基础理论研究能力、原始创新能力和科研成果工业化能力差距明显。企业盈利能力偏弱，国际化经营水平较低，市场配置资源的效率依然不高。企业布局不尽合理，园区建设有待规范提升，行业安全环保事故时有发生，绿色发展任务十分艰巨。这些问题导致我们距离实现石油和化工强国的目标还有较大差距。

---

❶ 参考人民网2020年12月13日人民日报《习近平在气候雄心峰会上发表重要讲话》，编者注。

四是产业链供应链现代化水平亟待提升给全行业发展带来全新要求和挑战。十九届五中全会提出,"坚持自主可控、安全高效,分行业做好供应链战略设计和精准施策,推动全产业链优化升级。锻造产业链供应链长板,立足我国产业链规模优势、配套优势和部分领域先发优势,打造新兴产业链,推动传统产业高端化、智能化、绿色化,发展服务型制造业。"产业链供应链的安全稳定关系着能否为构建"双循环"新发展格局奠定扎实的基础。如何加快培育完整内需体系,如何围绕国内市场急需的高端需求,特别是如何推动全行业供应链体系再造等等,这些都需要我们用系统的观点、创新的观点来深入研究思考。

面对新发展阶段的全新变化和全新挑战,我们应该认识到,时代的变迁不以人们的意志为转移,技术的更迭也不会因为过去的辉煌而止步。"十四五"时期我国石油和化学工业将进入一个充满机遇和挑战、与以往发展时期不同发展方式的大转型和大重构时代。产业结构性的大重构将体现在行业发展的方方面面,特别是许多大重构将会带有颠覆性和根本性变化的重要特征。

二、"十四五"石油和化学工业高质量发展的五大战略任务

新形势要求我们必须要有敏锐的洞察力、前瞻的预测力、应对的决断力和措施的有效力,才能取得未来发展的主动权,赢得未来竞争的主导权。石化行业大转型是发展方式的根本要求,大重构是面对百年未有之大变局、新发展阶段高质量发展的必然选择。石化行业大转型大重构的变化,可以从以下5个方面清晰地看到青萍之末的鲜明预兆。

一是能源产业战略性大转型正呼啸而来。随着新能源技术的快速突破,以石油、煤炭等为主要业务的传统能源工业,将面临需求大幅下降的尖锐挑战。英国石油公司发布的《世界能源展望》指出,未来30年石油需求将呈现下降态势。一些经济学家预测,煤炭消费将在2025年达到峰值后逐步下降,石油工业将在2029年底开始衰退。同时,全球可再生能源技术正在取得突破性进展,水电、风电、太阳能技术成本在迅速降低,加快

推动世界能源结构的变化调整，特别是氢能的生产技术、生产成本、系统配套能力正在取得飞速突破。石化行业特别是几大央企正站在能源结构大转型的风口浪尖上。中国石化率先提出要"打造世界领先洁净能源化工公司"的愿景目标，将新能源作为重要战略新兴产业进行谋划，并在氢能、地热、光伏等方面积极布局，特别是将氢能全产业链作为公司新能源发展的核心业务，瞄准建设"中国第一大氢能公司"。中国石油在"十四五"规划中，也瞄准"建设世界一流综合性国际能源公司"的战略目标开始发力，在做强做优油气业务的同时，加快构建新能源、新材料、新业态多能互补的新格局。中国海油也在"十四五"规划中，提出了全面推动公司绿色低碳转型的战略目标，并将绿色低碳列为五大发展战略之一。目前，我国氢能发展进入了十分重要的关键期，据不完全统计，已有20多个省份、超过50个城市和地区出台了氢能发展规划和激励扶持政策。能源新技术和新能源技术的突破，正在开创一个传统能源和可再生能源博弈的新时代。传统能源行业和企业要深刻认识到，石器时代的结束不是因为没有石头，而是出现了冶炼技术；石油时代的结束也绝不会是因为没有石油，而是出现了可再生新能源。因此，在确保国家能源需求和能源安全的前提下，要抓紧布局、研发新能源技术，走出一条传统能源向新型能源有序接替、跨越转型的新路子，尤其要率先在氢能发展上走出一条创新发展的新高地。

二是化工行业结构性大重构迫在眉睫。 结构性矛盾是化工行业最突出的全局性矛盾，产业结构层次低下，产品结构雷同，资源矛盾制约突出，已经成为全行业高质量发展的根本性制约。"十四五"时期，化工行业的大重构需要重点做好三篇大文章。一是做好"补短板"的大文章，化工新材料和高端精细化学品是"补短板"的两个重点。2020年我国化工新材料产量达2700万吨，但消费量高达3800万吨，供给和需求量相差1100万吨，化工新材料的自给率仅为71%。绿色农药、功能性涂料、生物化工、催化剂、电子化学品等高端精细化学品更是差距显著。二是做好"增强项"的大文章，现代煤化工是我国化工发展的一大亮点，在绿色低碳转型的新形势下，如何走出一条"高碳原料低碳排放"的新路子，面临着极大的技术考验、管理考验和资源考验。三是做好"传统产业转型升级"的大文章，氮肥、氯碱、纯碱、橡胶等传统产业如何在转型升级中开拓市场新需求，化解产能过剩矛盾，提升市场竞争能力，面临着大量艰苦细致的工作。"十四五"期间，我们不仅要努力使石油化工产业结构保持齐全、比例配套合理，而且还要努力做到产业结构升级优化，大幅度提高高端制造业和战略性新兴产业的水平和比重，使我国在化工新材料、高端精细化学品、现代煤化工、节能环保产业和生物化工、生命科学产业等高端领域占据重要地位和领先水平，开创出一个技术升级、结构优化、韧性增强、竞争力提升、经济效益改善的全新局面。

三是低碳绿色发展方式将"蝶变式"飞跃。国家"十四五"规划明确提出，"降低碳排放强度，支持有条件的地方率先达到碳排放峰值，制定2030年前碳排放达峰行动方案""推进化肥农药减量化和土壤污染治理，加强白色污染治理"。这是一项艰巨而紧迫的战略任务，石化行业负有率先突破的攻坚责任。在碳达峰和碳中和的工作中，要重点抓好四个环节：

首先，要充分认识行业碳达峰、碳中和面临着艰巨的任务。无论是石油、天然气的生产，还是成品油、天然气的应用，无论是煤化工的生产，还是其他化工生产的过程，我们都是碳排放的大户。另一方面，在碳达峰、碳中和的任务中，石化行业有着独特的技术优势和专有的治理技术，要责无旁贷地主动承担起率先突破的攻坚责任。

其次，要划清行业在碳达峰、碳中和工作中的责任边界。第一步要把生产过程中的碳排放工作搞好，只有做好基础工作，才能科学地计算"碳达峰"的指标。在"碳达峰"指标计算中，既要考虑排放的现状，还要留有发展的空间。"碳达峰"的指标，一定要实事求是、瞻前顾后、科学稳妥。

第三，要研发CO_2减排的绿色工艺。靠先进的绿色工艺、先进的过程技术，实现CO_2的减排。特别是在石油、天然气勘探开采过程中，在炼油、煤化工生产过程中，如何通过绿色先进工艺减少CO_2排放，如何在生产过程中分离和捕集CO_2，如何搞好CO_2的运输和封存，这些都需要工艺技术和工艺手段来解决。

第四，减排过程很艰难，但碳中和的难度则更大。碳中和的最终解决方案必须要靠化学工业。如何实现碳中和？需要发挥化学工业的独特优势，在CO_2的物理利用、化学利用技术中，寻求在食品工业、医疗行业以及溶剂萃取中的物理应用，开拓在小分子化合物（合成尿素、甲醇、水杨酸、无机盐等）、高分子材料（共缩聚反应、加成共聚反应、三元共聚反应等）、与环氧化合物的共聚反应中的化学应用，只有突破了CO_2资源化利用的技术和产品，才能取得碳中和的主动。

另外，在绿色转型发展中，塑料污染治理和塑料循环利用也是全社会、全世界面临的一个重大难题。在这方面，我们也要加大塑料污染治理和塑料循环利用先进实用技术的研发力度，要在选定的先进实用技术中，认认真真组织一批试点、示范企业进行推广，要在试点、示范的基础上，可选择一些省市或大中城市开展更大范围的推广试点，以利于全社会的全面推开。我们还要在试点、示范的基础上制定在全国范围推广的路线图和政策措施建议，形成具有中国特色的、有技术含量和先进管理的塑料污染防治和塑料循环利用的方式方法和有效途径。

"十四五"期间我们要全面提升全行业绿色低碳发展的质量和水平，扎扎实实从降低能源资源消耗，强化污染防治攻坚，加快绿色制造体系建设，全面推进循环经济，深入实施责任关怀等重点工作入手，使石油和化学工业的绿色发展走在工业部门的最前列。

四是领头羊企业和园区竞争力将提升重塑。面对"十四五"发展的新形势、新任务和新要求，行业龙头骨干企业都制定出了雄心勃勃的发展规划，制定出了更高水准的创新措施，呈现出了千帆竞发、喷薄欲出的生动场面。七大央企都按照国际一流竞争力的目标制定了明确的发展愿景，中化集团和中国化工集团的重组合并，将成为全行业又一大并购重组的标志性事件。烟台万华、上海华谊、浙江巨化、陕西延长、陕西煤业、新疆天业、新疆中泰、海湾化学、中策橡胶、玲珑轮胎等一批地方龙头企业；恒力集团、东岳集团、奥克集团、新和成等一批民营骨干企业，以及惠州大亚湾、上海化工园区、南京江北化工园区、宁东化工园区、泰兴精细化工园区等一批最具规模实力的化工园区，都将插上"创新发展"和"数字化"的双翼，迈步"十四五"高质量发展的新征程。"十四五"期间，全行业要加快培育一批具有国际竞争力的领头羊企业，培育一批单项冠军和一批小巨人企业，培育一批世界一流化工园区。

五是"双循环"新格局合作共赢价值链将新姿开创。首先，"国内大循环"孕育新机遇。一是乡村振兴计划的全面启动，将进一步激发广阔而宏大的农业农村市场潜力；二是大都市圈和城市群的龙头发展，特别是京津冀、深广澳、长三角、成渝等大都市圈和中小城市群市场加快崛起；三是在科技创新引领下，补"短板"增长和升级型增长同步提升，一大批重点基础设施项目、重点科技攻关项目、大型结构升级项目相继开工，将会拉动一大批市场需求；四是绿色低碳发展方式的转型升级，将会形成绿色消费、绿色生产、绿色流通、绿色创新和绿色金融在内的一批全新的绿色增长点；五是"双循环格局"的建立，将会把国内市场同国际市场在更大范围、更宽领域、更高层次上贯通起来。特别是"十四五"规划将改善民生作为经济发展的一个重要目标，今后10～15年间，我国中等收入人群将由目前的4亿人增加到8亿～9亿人，中等收入人群的倍增将成倍增强市场需求动力。按照历史经验，石油和化学工业作为国民经济超前发展的行业，增速一般高出GDP两个百分点左右。"十四五"中国经济的强劲发展将有力地拉动石油和化学工业持续稳定增长。

其次，"国际大循环"赋能新出路。我国化工产业规模位居世界第一，同时拥有世界最大的国内市场，对能源化工产品构成强有力支撑，决定了共建以中国市场为中心的能源化工"国际大循环"是完全有可能的。在外部发展环境剧变的背景下，加快构建能源和化工产业的"国际大循环"，尤其需要更好地践行互惠互利、合作共赢的包容性发展，将会进一步为推动世界经济复苏做出我们中国的贡献。

三、"十四五"全行业大转型、大重构的战略措施

科学把握新发展阶段，深入贯彻新发展理念，加快构建新发展格局，全力推动行业实现高质量发展，将贯穿全行业"十四五"发展始终。新发展阶段的显著特征就是在需求升级和技术变革的双重推动下，全行业进入

了大转型、大重构的新时期。根据对"十四五"时期形势的总体判断和预测以及行业发展实际情况，我们制定了"十四五"行业发展规划指南，通过六个方面的具体战略措施，加快推进全行业的转型升级和高质量发展。

一是推动技术创新能力的率先突破。这是产业大转型、大重构的关键因素。总体上看，我国石油和化学工业的创新还属于"跟跑型"创新，真正属于"领跑型"的原始创新还是少数。加快提升全行业的创新能力，特别是行业高端创新能力，仍然是当务之急。必须要在创新战略、创新组织、创新体制三个方面大胆改变现状，将产学研用以全新的方式组织起来，使中国石油和化学工业的创新真正走在世界前列，成为世界石油和化学工业创新的引领力量。

首先，要强化创新战略的引领作用，进一步加强行业创新规划的指导。通过制定一系列创新规划路线图，将有限的资源用在刀刃上，在"补短板""增强项"和"传统产业升级"等方面，取得一批产业化创新的领先突破。

其次，要巩固完善创新组织建设，进一步加大行业创新体制的组织建设。充分发挥企业、高校和科研机构的创新研究力量，持续攻关行业关键共性技术，发掘一批重点领域创新技术，努力培育一批有活力的企业创新主体，打造一批行业创新平台和国家技术创新联盟，让创新技术实现有效对接，真正落地并创造价值。

第三，要进一步优化创新体制。充分发挥行业创新基金、创新奖励等有效形式，创建更具激励的行业创新体制和创新环境，为全行业技术创新注入新活力。做好科技奖励专项基金的管理和运营，充分发挥金融资本的杠杆撬动作用。

"十四五"期间一定要集中有限目标，集中优势力量，努力发展新能源、化工新材料、专用精细化学品，特别是要紧紧围绕航天、大飞机、高铁、汽车轻量化、电子信息等重大工程需求，加快发展高端聚烯烃专用树脂、特种工程塑料、橡胶新材料、先进复合材料等化工新材料，加快发展新能源材料、膜材料、生物医用材料等功能材料，高端电子化学品、生活消费化学品等专用化学品，以及新型催化剂、特种添加剂、新型助剂等特种化学品，用快速增长的创新能力，努力提升产业链高端的供给能力，满足市场需求升级的新变化。

二是提升产业链供应链的现代化水平。在构建"双循环"新发展格局中，用系统和创新的方法优化提升产业链供应链的竞争力，对于推动全行业实现高质量发展有着重大的现实意义。

要积极探索新阶段产业链供应链现代化的新途径，根据细分行业的不同特点，分业施策，优化调整产业链供应链水平。以能源安全为核心，通过持续开拓上游油气资源，推动开采和炼化技术创新，打造市场化的油气管网专业队伍，共同提升石油天然气能源产业链现代化水平；以保障粮食安全、推进绿色可持续发展为目标，鼓励化肥、农药生产企业通过科技创新实施减量增效，推广农业服务，从整体上提升化肥和农药产业链；以"补短板"为目标，解决一批"卡脖子"技术，实施化工新材料产业链强链工程；通过技术创新和数字赋能传统产业，推动橡胶轮胎产业链优化升级；大力提升化工节能环保产业链，通过环保绿色产品和技术支撑全行业可持续发展。石油和化工行业产品多，产业链复杂，必须根据不同产品、不同领域认真分析研究，以点带线，以线带面，力争在"十四五"末将全行业产业链供应链水平提升到新的高度。

三是充分发挥低碳绿色转型的典型作用。抓紧研究制定石油和化工行业2030年前碳排放达峰行动方案，积极推动CO_2利用新技术的研究开发和应用。

要以低碳绿色发展作为转型升级的重要机遇，主动布局，积极推动，在节能减排、低碳转型、塑料循环、环境治理四大方面深入开展工作。在节能减排方面，加快调整优化产业结构、能源结构，大力发展新能源以及能源新技术，继续做好"能效领跑者"工作，持续推动行业节能工作再上新台阶。在低碳转型方面，将全行业碳达峰行动方案和碳中和技术创新摆在首要位置，力争实现新突破。在塑料循环利用方面，要开展一系列调研工作，挖掘一批适用先进技术并且通过典型试点进行推广。在环境治理方面，持续保持严谨态度，依靠技术手段提高全行业环境治理水平。要培养一批技术先进、管理高效、成本领先、可复制可推广的典型技术、典型企业和典型园区，用技术和管理过硬的典型，开创全行业低碳绿色转型的新局面。

四是积极构建"双循环"发展的新格局。"双循环"新发展格局，是以国内大循环为主体，通过发挥内需潜力，使国内市场和国际市场更好联通，更好利用国际国内两个市场、两种资源，实现更强劲可持续与合作共赢的发展。在构建"双循环"新格局中，一定要把"走出去"和"引进来"更好地结合起来。

首先要扎实做好已进入中国跨国公司的服务工作，提供产业政策支持，创造良好的发展环境。进一步促进跨国公司同中国企业在技术创新、人才培育、绿色环保以及社会责任等多方面的合作，同时帮助他们在中国市场上建设新的生产和研发项目，促进跨国公司在中国市场有更大发展。其次要进一步扩大"一带一路"和"走出去"的范围和领域，紧密结合东南亚市场、欧洲市场、中东市场规划一批更高水平的走出去项目，使"一带一路"和"走出去"战略有一个新的更大的发展。"十四五"期间，要认真践行人类命运共同体的承诺，让国内市场以更加开放的姿态，无论对在华外企还是国内企业"走出去"的项目，都要让播种者有收获的喜悦，让合作者有成功的天地，推进经济全球化的合作共赢新进程。

五是扎实做好创新型人才的培养使用。新发展阶段对人才培养提出了更高的要求。培育行业高质量人才，是实现行业高质量发展的根本，创新型人才是实现行业高质量发展的基础。

要比以往任何时期，更加注重培养行业技术创新人才、企业家领军人才和技术工匠人才三支人才队伍。大数据、区块链、云计算等新一代电子信息技术的发展深刻改变着行业发展方式，需要培育新一代技术创新人才以适应技术手段的升级；面对新形势、新任务，行业更加迫切地需要一批企业家领军人才，形成行业的领军团队，引领行业勇立改革发展的潮头；新的技术手段必然召唤新的技术工匠，车工、钳工、铣工等技术设备操作逐渐被数字化、人工智能等技术手段代替，对工匠人才的能力和水平提出了更高更新的要求。在培育三支人才队伍的同时，还要加大复合型人才培养力度。面对生产实践中日益复杂的问题，从战略到战术，从经营到管理，从理论到技术，都要求行业人才具备多个领域和层次的本领，要把培养复合型人才看作是企业发展，甚至行业发展最宝贵的财富。

六是继承和发扬行业优良传统，锻造新时代行业的过硬作风。深入贯彻新发展理念、加快构建新发展格局，必须要以新的作风来开创。中华人民共和国成立后，石油和化工行业先后形成了以"苦干实干""三老四严"为核心的石油精神和"严细实快"的吉化作风等优良传统。全行业要结合党史学习教育，在学史明理、学史增信、学史崇德、学史力行中继承和发扬行业优良传统，弘扬"迎难而上、奋力拼搏、主动作为、甘于奉献"的行业精神，大力培养创新求实、攻坚克难、敢为人先、勇攀高峰的新作风，在建设石油和化学工业强国新征程中再立新功。

石油和化学工业要走在"双碳"工作的最前列*

习近平总书记元月24日在中央政治局第三十六次集体学习时对碳达峰碳中和工作的重要讲话，是对我国碳达峰碳中和工作最全面、最深刻、最重要的系统阐述。习近平总书记强调，实现碳达峰碳中和，是贯彻新发展理念、构建新发展格局、推动高质量发展的内在要求，是党中央统筹国内国际两个大局作出的重要战略决策。他特别指出，实现"双碳"目标是一场广泛而深刻的变革，不是轻轻松松就能实现的。我们要提高战略思维能力，把系统观念贯穿"双碳"工作全过程，注重处理好4对关系：一是发展和减排的关系；二是整体和局部的关系；三是长远目标和短期目标的关系；四是政府和市场的关系。同时，他又要求，既要立足当下，一步一个脚印解决具体问题，积小胜为大胜；又要放眼长远，克服急功近利、急于求成的思想，把握好降碳的节奏和力度，实事求是、循序渐进、持续发力❶。习近平总书记的重要讲话，不仅为我们搞好"双碳"工作指明了方向，而且为我们实现"双碳"目标规划了路径、统筹了方法、提出了要求，是指导我们全行业搞好"双碳"工作的战略指引和方法指南。

一、碳达峰碳中和对我国石油和化学工业带来的巨大挑战

实现碳达峰碳中和是一场广泛而深刻的经济社会系统性变革，对于石油

---

* 这是2022年2月18日，在石化联合会党委理论学习中心组学习会议上的讲话。

❶ 参考新华网2022年1月25日《习近平主持中共中央政治局第三十六次集体学习》，编者注。

和化学工业来说,这场变革存在巨大的挑战。这种挑战主要集中在三个方面:

(一)如何在实现碳达峰碳中和的同时,满足经济社会对石油化工产品不断增长的需求

目前,我国石油和化学工业的总量已位居世界前二位,其中化工行业稳居世界首位。我国化工产品销售额占全球化工市场的38.7%,相当于欧洲、美国、日本的总和。炼油、乙烯、对二甲苯、甲醇等产品产能分别占全球的16.9%、15.5%、41.7%、68.3%。

尽管化工行业规模巨大,但在满足我国经济社会对石化化工产品不断增长的需求方面还存在一定差距。一是部分大宗产品自给率还有待提高。2020年乙烯、对二甲苯当量自给率仅为53.5%、65.2%,为保障国内产业链安全,还需要提升国内大宗产品保供能力,扩大部分产品生产规模。二是在保障人民健康、提高生活质量、调整能源结构等目标驱动下,新能源用化学品、化学合成材料及其复合材料、功能性化学品、生命科学产品等需求大幅增长,还需要新增一定的化工生产装置。三是随着产业结构升级、产品品质提升及环保要求提高,客观上将需要增加一定的能耗。以上这些情况都可能产生行业在发展中碳排放的增量。

2021年上半年,我们联合会内部核算了过去十年行业碳排放量,也预测了未来十五年碳排放量。2020年全行业二氧化碳排放量为13.84亿吨,未来行业碳排放峰值还要在此基础上增加一些。实现"双碳"目标,绝不是要求我们放慢发展,更不是要求我们停止发展,而是在减碳低碳约束下,更好更快地高质量发展。在当前和今后相当长的时间内,发展仍然是我们国家解决一切问题的基础和关键。"发展是硬道理"是对我们在"双碳"目标下发展能力的一个重大考验。如何在满足国内石化化工产品需求的同时,控制行业碳排放总量,并为将来的碳中和进程奠定基础,这是我们面临的第一个巨大挑战。

(二)如何在减污降碳的同时,保持和提升石油化工企业的竞争力

在国际竞争中,保持和提升我国石油化工企业竞争力是核心工作之一。近年来，石油化工企业加快调整工艺和产品结构，加大科技研发投入，加速数字化、智能化转型，实施绿色可持续发展战略，其核心竞争力得到大幅提升。部分领先企业国际化经营能力和国际话语权显著增强，涌现出了像中国石化、中国石油、中国海油、中国中化和万华化学、金发科技、恒力石化等一批具有全球竞争力的典型代表。碳达峰碳中和是在全球石油化工行业竞争日趋激烈之时，注入的一个新的变量。目前，欧洲、美国、日本等石油化工强国的企业都在积极探索碳中和路径，研发和储备碳中和技术，加快实施降碳具体措施，希望以此来保持和提升企业竞争力。我国石油化工企业既面临碳达峰目标的约束，又面临尽快进入碳中和阶段的压力，例如以欧盟为代表的发达经济体正在筹备征收"碳排放边境调节税"，筑起新的贸易壁垒。这种发展环境的变化非常考验企业的战略应变能力、技术路径选择能力、科技研发创新能力、降碳措施执行能力。在这样一个巨大变数的新形势下，如何将"双碳"目标和企业竞争力提升相统一，保持同向而行，消化降碳成本，甚至变为企业的盈利点，这是对石油化工行业的另一个巨大挑战。

（三）如何处理好产业存量和增量之间的关系，高质量实现向石油化工强国目标的跨越

我国能源结构与石油化工产业结构和技术特点决定了其能耗量较大，排放量也较大。2020年，全行业能耗总量为6.85亿吨标煤，位居工业部门第四位。能耗量超过1万吨标煤的企业约2300家，已经形成了大量能耗高、碳排放量大的存量装置和资产。这些传统产业、存量资产支撑起了我国石油化工行业的大半江山，使我国成为名副其实的石油化工大国。站在开启全面建设社会主义现代化国家新征程、向第二个百年奋斗目标进军的起点上，全行业正满怀信心迈向石油化工强国跨越的新征程，面对即将到来的低碳时代，如何充分发挥行业存量的作用，如何优化好增量，这是我们面临的又一个重大的挑战。

在"双碳"背景下，碳排放量较高的存量将不可避免地加速贬值，但在一定时期内还需要其发挥作用，创造财富，提供企业生存和低碳转型的

资金流。如果采用"一刀切"的政策，不计代价强行要求其退出或提出严苛条件，则会造成巨大的经济损失，打乱产业链的稳定和正常运行。对于未来企业如何选择合适的低碳转型方向，如何有重点地加大技术研发投入，尤其是加快对老企业的升级改造，管理部门如何建立配套的产业政策和技术标准，这些都是我们必须面对的新课题。

石油化工行业实现碳达峰碳中和面临的挑战远远不止上面这三点，还有很多其他挑战，例如行业能源结构调整和产业结构转型任务艰巨，绿色低碳技术创新能力不足，碳汇能力总体偏低等等，这些都需要我们认真研究、认真应对。

二、碳达峰碳中和给石油和化学工业带来的历史性机遇

俗话说，上天在关上一扇门的同时，也会打开另一扇窗户。碳达峰碳中和给石油化工行业带来巨大挑战的同时，也带来了历史性机遇。在这一过程中，必将有一批企业"死于碳下"，也定有一批企业"活在碳上"。"死于碳下"和"活在碳上"的根本区别，就是看能否找到二氧化碳资源化利用的技术、工艺和产品。

（一）碳达峰碳中和将助推我国石油化工行业构建更高水平的供需动态平衡

当前，我国经济已进入高质量发展新阶段，正在构建以国内大循环为主体、国内国际"双循环"相互促进的新发展格局。在碳达峰碳中和背景下，石油化工行业需求侧和供给侧都将发生深刻变化。

在需求侧，以光伏、风电、动力电池为代表的新能源产业爆发式增长，带来了大量的化学品增量需求，包括传统化工产品和化工新材料。例如，光伏玻璃直接带动了纯碱用量的增长，预计2023年我国光伏玻璃对纯碱的需求量将达到410万吨，纯碱总需求量将达3000万吨以上，并保持较快增长；风电叶片专用环氧树脂、风电涂料固化剂等产品需求大增，给不少化工企业带来了机遇，万华化学已成为全球风电涂料固化剂产品种类最

全、竞争力最强的企业；磷酸铁锂材料在动力电池领域需求激增，也直接提升了工业级的磷酸一铵和磷酸需求量，打开了磷化工行业的新疆界。

在供给侧，产品技术工艺路线的调整和质量升级，将向社会提供更多更好且低碳的化工产品。例如，针对我国炼油产能过剩和乙烯、芳烃原料供应不足并存的结构性矛盾，炼化企业积极优化资源配置，推进"减油增化"新工艺，降低成品油在产品中的占比；针对传统橡胶加工过程能耗和污染相对较高的特点，石化企业提供了绿色环保的热塑性弹性体材料作为优质替代品；化工企业还开发出了液体硫化新工艺，开创了世界橡胶硫化技术的颠覆性突破。这些新技术和新工艺充分发挥了在绿色、环保、低碳、可回收利用等方面的优势。

碳达峰碳中和将带来新的需求，也将引导新的供给，石油化工行业抓住机遇将构建起更高档次的供需新平衡。

（二）碳达峰碳中和将推动我国石油化工行业技术创新和产业升级

化学工业认为，二氧化碳不是万恶之源，二氧化碳是可以利用的有效资源。人类也不可能生活在无碳的世界里。目前世界化工强国和著名跨国公司都在花大气力研究二氧化碳资源化利用的技术。二氧化碳的物理利用（如医药、饮料、二氧化碳驱油等）、二氧化碳化学利用（如用二氧化碳生产甲醇、多元醇、可降解塑料等）都在取得重大突破，二氧化碳生物利用也正在传来颠覆性突破的好消息，中国科学院天津工业生物技术研究所已经实现了利用二氧化碳生产淀粉的重大突破。清华大学魏飞团队又在二氧化碳制绿色航空煤油领域取得重要进展。"技术为王"在这个进程中得到充分体现，谁在技术上领先，谁就将在未来竞争中取得优势。石油化工企业、科研院所、大专院校都需要积极研究和谋划，投入更多的人力、物力、财力，系统布局，争取通过技术创新突破为产业低碳转型打开通道，创造新的增长点。

在"双碳"目标指引下，加快构建科技含量高、资源消耗低、环境污染少的绿色低碳生产体系已经成为行业发展的内在需求。在今后一段时期内，诸如节能减碳技术、新型催化技术、过程强化技术、高效分离技术、先进控制与信息技术等关键共性技术,以及碳捕集利用和封存技术、煤炭清洁高效利用技术、新型节能技术、可再生能源与氢能技术、储能与智能电网技术、高端功能与智能材料、可降解塑料技术、废弃化学品循环利用技术等重点领域,都将得到进一步的重视和研发投入,一定会形成多点突破、多方报捷,汇集成石油化工行业科技创新全面升级的新局面。我们坚信,在这场行业科技革命和产业升级的过程中,必将有一批全球领先的石油化工企业迅速成长起来。

(三)碳达峰碳中和将促进石油化工行业与各行业的耦合发展

近年来,我国产业融合不断深化,为构建现代产业体系、培育壮大经济发展新动能提供了重要增长点。而在碳达峰碳中和的新形势下,我国工业生产一定会打破以生产技术和工艺为标志相互隔离的现状,探索走出一条以资源综合利用为纽带,互联互通、共生共赢的耦合发展新模式。如传统能源企业可以同可再生能源企业耦合发展,通过可再生能源替代部分或全部化石能源,实现零碳排放制取绿氢;石化行业可以同冶金行业耦合发展,利用钢铁尾气作为化工原料,减少或替代合成气生产,实现低碳排放;电力行业可以同石化行业耦合发展,利用石化行业的产能解决光伏、风电发展中的时空错配问题,实现错峰稳定生产;电力行业还可以同氮肥行业耦合发展,利用合成氨替代或减少原料煤的用量,实现低碳或无碳排放问题……资源综合利用、降污减排的耦合发展新模式,正在开创整个工业碳达峰碳中和发展的新局面。未来,多行业耦合发展的新模式,前景可期,潜力巨大。

综合"双碳"目标下的挑战和机遇,我们可以充分看到化学工业在"双碳"目标下是可以大有作为的,化学工业有着从分子结构上改变物质性质的独特本领,有着二氧化碳资源化利用的技术优势,化学工业的"双碳"工作完全有能力、有条件走在整个工业部门的最前列。我们也深知,走在整个工业部门的最前列,绝不是轻轻松松就能实现的。要实现"双碳"工作的领先水平,必然是一场"超越自我"的艰难挑战,必然是一场"实现不可能"的拼搏跨越,这一切都会对石化行业的领导力和执行力带来严峻的考验。北京冬奥会开幕式成功和运动员成绩突破的实践告诉我们：学会定目标，成功无上限！

三、中国石油和化学工业碳达峰碳中和的路径方向和重点工作

碳达峰碳中和战略目标提出后，石油化工行业上上下下都在主动思考和探索实现的路径方向和重点工作。在系统规划和统筹研究中，全行业的部分路径已经逐渐清晰，但大部分路径还需要进一步讨论、修正和完善。

（一）行业碳达峰与碳中和的路径方向

一是把节约能源资源放在首位。石化行业是能源、资源消耗大户，"双碳"工作首先要把节约能源、资源摆在第一位。尽管近年来石化行业节能减排工作取得很大成效，但也必须要看到全行业节能减排的潜力还是很大的。习近平总书记在讲话中，特别强调"推进'双碳'工作，必须坚持全国统筹、节约优先、双轮驱动、内外畅通、防范风险的原则""加快形成节约资源和保护环境的产业结构、生产方式、生活方式、空间格局"❶。我们全行业要继续大力推进"能效领跑者""水效领跑者"活动，要不断提高领跑者能源消耗水平，还要加大提升全行业整体能耗和物耗水平，要全力开创节约降耗水平大幅提升的新局面。在"双碳"工作中，我们还要努力调整原料路线，加快天然气勘探和开发力度，千方百计增加天然气产量，同时拓展富氢原料进口来源，推动原料低碳化、轻质化。继续加大技术节能投入力度，加强能源管理中心建设，重点推广精馏系统综合提效降碳技术，大型煤化工装置能量系统优化技术，化工尾气回收利用技术、工业窑炉、锅炉、电机、压缩机、泵、变压器等重点用能设备系统节能技术等。争取到2030年，重点石油化工产品单位综合能耗累计降低5%以上，碳排放强度累计降低10%以上。

二是扎实推进能源结构清洁低碳化革命。在保证原油、天然气产能稳

---

❶ 参考新华网2022年1月25日《习近平主持中共中央政治局第三十六次集体学习》，编者注。

定增长的同时，大力发展低碳能源产业，加速布局氢能、风能、太阳能、地热、生物质能等新能源及可再生能源的发展，不失时机地实现传统能源同未来新型能源的平稳有序过渡。要按照"先立后破"的原则，积极发展绿色能源制氢技术、合成气一步法制烯烃技术，在有条件的地区尽快试点绿氢化工产业融合减碳示范项目。探索蒸汽驱动向电力驱动转变，开展企业供电系统适应性改造。鼓励石油化工企业使用绿色电力，特别是离网风电、光伏发电等资源和电网谷电资源，并配套一定的储能储电项目。稳妥开展非粮燃料乙醇和生物柴油技术研发和示范应用，探索化工园区在确保安全的前提下开展核电供热、供电示范应用。全行业煤炭消费占全国比重，到2025年争取控制在7%左右，到2030年进一步降低。2021年至2030年，在全行业能源消费结构中，可再生能源占比累计提升5个百分点。

三是大力加快产业结构的转型升级。要不断提升高端石油化工产品供给能力，积极开发优质耐用可循环的绿色石化产品，提高低碳化原料比例，减少产品全生命周期碳足迹，带动上下游产业链碳减排。加快开发配套新能源产业的各类化工品，例如锂电池隔膜、电解液、六氟磷酸锂、碳酸酯、磷酸铁、乙烯-醋酸乙烯共聚物、三氯氢硅等，尽快提升产业规模和供给能力。改善橡胶、塑料等产品性能，延长轮胎、涂料、润滑油等产品使用寿命。发展缓控释肥、水溶性肥等长效高效肥料。突破生物基橡胶、生物基纤维、生物基聚酯等全产业链制备技术，并形成示范。到2030年，建成基本满足国民经济需求、支撑碳达峰碳中和目标的绿色石油化工产品供给体系。

四是全力突破二氧化碳资源化利用技术的创新和二氧化碳捕集利用、封存项目的试点。二氧化碳的资源化利用，将会是未来化学工业大有作为的一个宏大的探索、创新空间。中国石油和化学工业要大力加快二氧化碳资源化利用新技术开发的力度，力争取得一批占据行业制高点的新的增长点技术，开创二氧化碳资源化利用的领先局面。同时还要积极开发二氧化碳捕集和封存全产业链系统集成技术，研发二氧化碳高效和低成本捕集、输送、长期稳定封存技术装备，争取2030年前在新疆地区、陕甘宁地区、胜利油田、大庆油田等区域，部署一批大型CCS-EOR试点项目，建设一定规模的二氧化碳管输网络。

（二）行业碳达峰与碳中和的四项基础工作

除了围绕上面四个路径方向开展结构调整、能效提升、科技研发等工作之外，还需要扎扎实实做好以下四项重点基础工作。

一是做好石油化工行业碳排放统计核算工作。准确统一的碳排放数据是开展碳达峰碳中和工作的基础。8月26日，国家碳达峰碳中和领导小组办公室成立了统计核算工作组，这是统筹做好碳排放统计核算工作的重要一步，石化联合会是工作组的成员单位。石油化工行业要尽早建立行业的统计核算工作组，形成长期稳定的工作机制，支撑国家碳排放统计核算工作。这方面，我们同国外相比相距很大。最近我同壳牌公司的专家交流，他们公司的二氧化碳可以精准统计到三个方面：一是生产过程中直接排放的二氧化碳；二是生产过程中间接排放的二氧化碳；三是产品进入运输和消费环节形成的产品"全生命周期"排放的二氧化碳。目前我们的基础工作还差得太远。

二是建立一支职业化的碳排放管理员人才队伍。碳排放管理是一项综合性工作，要求从业者具有解决跨领域问题的能力，熟悉相关法律法规、政策、标准、技术，具有实操技能，监测碳排放现状，统计核算碳排放数据，核查碳排放情况，从事碳排放权交易，提供碳排放管理咨询服务。"双碳"目标提出后，各行各业都发现严重缺乏合格的碳排放管理人员。

3月9日，人社部等三部委将碳排放管理员列入《中华人民共和国职业分类大典》，这是在人社部和生态环境部指导下，由中国石油和化学工业联合会牵头，联合电力、钢铁、建材、有色金属、航空等协会共同申请成功的。碳排放管理员列入国家职业序列，为建立一支职业化的碳排放管理人才队伍奠定了基础。

目前，联合申报的6家协会，以及轻工、纺织、物流、煤炭、建筑节能等协会，共同组建了"碳排放管理员职业协作组"，正在开发《碳排放管理员国家职业技能标准》、教材、考试大纲、考试题库等，为系统性开展碳排放管理人才队伍建设提供基础条件。

三是加快构建绿色低碳标准体系。紧密围绕石油化工行业碳达峰碳中和的工作目标，加强标准化工作的统筹规划和顶层设计，建立科学合理、适应行业绿色低碳发展的标准体系，加快推进行业"双碳"急需标准的制定，积极参与相关国际标准化活动，进一步提升标准对"双碳"工作的引领和支撑作用。在建立绿色低碳标准体系时，需要全面覆盖行业低碳转型发展各相关领域，从生产流程、技术发展、生命周期、产业链条、金融市场等多个维度统筹规划，综合考虑产品、装置、企业、供应链等的碳排放特点，也应注重与现有的节能与综合利用、绿色制造等标准体系的协调配套。

四是加强国际交流与合作。结合我国石油化工行业的发展实际，积极借鉴和参与国际应对气候变化等方面的先进经验和基础工作，不断提升我国石油化工行业绿色低碳发展水平。加强国内外石油化工组织、企业在碳中和方面的交流与合作，积极参与国际规则与标准制定，推动建立公平合理、合作共赢的全球气候治理体系。参与绿色贸易体系，共同打造绿色"一带一路"，使我国石化化工行业绿色低碳发展成果惠及更多国家和人民。

"双碳"工作是一项全新的工作，也是一项极具挑战性的工作。"双碳"目标能否实现，就要看我们"超越自我""跨越不可能"的能力。最近，我读了美国著名心理学家史蒂芬·科特勒的一本新著《跨越不可能》，他认为"要完成高且有难度的目标"，让不可能变成可能，是有一个公式的，这个公式就是四大技能：目标（动机）、学习力、创造力和心理素质（心流）。这四大技能的核心，就是要树立成长型思维能力，只要有人生的梦想、有旺盛的学习能力、持久的创新能力和良好的心理素质，具备了成长型思维的能力，你就有让一切都改变的基础。"如果你认为你可以，你就可以；如果你认为你不行，你就不行"。要跨越不可能，要实现自己的梦想，能做的就是：开始行动！

技术创新篇

创新是引领发展的第一动力！

"十三五"行业科技创新的主要思路是："围绕'产业链'和'价值链'部署'创新链'，围绕'创新链'完善'资金链'"，重点突破一批关键技术、研制一批高端产品、实施一批创新工程、组建一批高水平创新平台，推动行业科技创新由跟随型向并行与领先方式转变，推动行业供给侧结构性改革和健康可持续发展。

进入"十四五"以来，石化行业的创新出现了根本性的变化，由过去的"跟随型"创新加快向"引领型"自主创新的转变，创新活力如火如荼，创新成果多点突破，创新水平节节高升。站在这个生机勃勃、激动人心的新时代的门口，中国石油和化工行业正在以领先一步、高人一筹的激情，拥抱更加美好、更加充满希望的明天。

深入贯彻落实党的十八届五中全会精神
努力开创"十三五"行业创新发展的新局面[*]

十八届五中全会是在国内外形势发生重大变化、我国经济进入新常态的背景下召开的。全会审议通过的《关于制定国民经济和社会发展第十三个五年规划的建议》，是今后5年我国经济社会发展的行动指南，是指导全党夺取全面建成小康社会决胜阶段的纲领性文件，对我们认清形势、统一认识，以奋发有为的精神做好行业"十三五"时期的各项工作具有重要的指导意义。

《建议》明确提出，实现"十三五"时期发展目标，破解发展难题，厚植发展优势，必须牢固树立创新、协调、绿色、开放、共享的发展理念。这五大理念是在深刻总结国内外经验教训、深刻分析国内外发展大势的基础上形成的，是"十三五"乃至更长时期我国发展思路、发展方向、发展着力点的集中体现，是关系我国发展全局的一场深刻变革，集中反映了我们党对经济社会发展规律认识的深化。在五大发展理念中，创新排在首位。《建议》强调指出，创新是引领发展的第一动力，必须把创新摆在国家发展全局的核心位置，不断推进理论创新、制度创新、科技创新、文化创新等各方面创新，让创新贯穿党和国家的一切工作，让创新在全社会蔚然成风。"十三五"时期，我国石油和化学工业进入到转型升级的关键时期，必须要把科技创新摆在行业发展的核心位置，加快形成推动由石油

---

* 这是2015年11月18日，在2015全国石油和化工科技创新大会上的讲话。

和化学工业大国向强国跨越的新动力。

一、"十二五"行业科技创新取得显著成就

"十二五"以来，面对错综复杂的国际环境和国内较大的经济下行压力，全行业认真贯彻党中央国务院的决策部署，以加快转变发展方式为主线，紧紧围绕提高自主创新能力，持续增加研发投入，积极推进技术创新体系建设，大力开展研发合作与协同攻关，突破了一批核心技术与关键技术，取得了一批重大科技成果，为促进行业"稳增长、调结构、转方式"提供了有力支撑。

第一，大力开发符合我国资源禀赋特点的先进适用技术，能源、原材料供应保障能力显著提升。

一是积极开展油气资源勘探开发技术攻关，保障石油天然气的稳产增产。其中，"特大型超深高含硫气田安全高效开发技术及工业化应用"获得2012年度国家科技进步特等奖，突破了高含硫气田高产高效开发、天然气深度净化等核心技术，建成了超百亿立方米特大型高含硫气田，保证了低品质、难动用储量效益开发；"超深水半潜式钻井平台研发与应用"获得2014年度国家科技进步特等奖，实现了我国深水大型工程高端装备零的突破，使我国成为继美国、挪威之后第三个具备超深水半潜式钻井平台设计、建造、调试、使用一体化综合能力的国家。

二是积极开展石油炼制技术攻关，原油资源利用效率跃上一个新的台阶。其中，"环烷基稠油生产高端产品技术研究开发与工业化应用"获得2011年度国家科技进步一等奖，攻克了稠油深加工国际性难题，建成了百万吨级稠油深加工基地，实现了我国稠油深加工技术从空白到国际先进的历史性跨越；"高酸重质原油全额高效加工的技术创新及工业应用"获得2014年度国家科技进步二等奖，多项技术经济指标达到国际先进水平，实现了高酸重质原油资源价值最大化，为我国石化工业可持续发展提供了有力支撑。

三是攻克了一批现代煤化工技术，开辟了煤炭高效清洁转化和石化原

料多元化新途径。自主开发的超大型气化技术示范实现重要突破，日投煤量3000吨级的多喷嘴对置式水煤浆气化技术在180万吨/年煤制甲醇及转化烯烃项目上成功应用，进一步提升了气化效率、项目能效和经济性；新一代高温浆态床F-T合成煤炭间接液化工艺和催化剂技术、低温费托合成油技术、煤油共炼（Y-CCO）成套工业化技术等煤直接、间接液化技术成功应用于煤制油工程示范，技术路线更加丰富，工艺水平显著提高，为我国煤炭清洁高效利用开辟了新途径；"甲醇制取低碳烯烃（DMTO）工艺技术"获得2014年度国家技术发明一等奖，实现了核心技术及工业应用"零"的突破，甲醇制丁烯联产丙烯流化床工艺和专用催化剂、流化床甲醇化制芳烃技术等技术的相继研发成功并开展工业试验，进一步丰富了甲醇制烯（芳）烃的技术路径，实现了产品多样化；研发了多项煤制乙二醇技术，已建成工业化装置产能达到165万吨/年。总体看，我国已经开发出世界领先的以煤为原料生产"汽柴油"和石化基础原料烯烃、芳烃的成套现代煤化工技术，对我国实施石油替代战略、调整烯烃工业结构和促进原料多元化发挥了重要作用。

四是钾肥和磷矿资源开发利用技术取得新突破。"罗布泊盐湖年产120万吨硫酸钾成套技术开发"获得2013年度国家科技进步一等奖，解决了盐湖钾资源大规模开发技术及装备难题，大幅度提高了钾肥的自给率；"云南中低品位胶质磷矿选矿技术开发与产业化"获得2012年度国家科技进步二等奖，破解了中低品位胶质磷矿选矿难题，促进了中低品位磷资源的大规模开发利用。

第二，围绕产业升级积极开展技术攻关，推动行业结构调整取得积极进展。

一是瞄准世界先进水平，掌握了一批化工新材料关键核心技术。已建成相当于日本东丽T300和T700级碳纤维和对位芳纶的产业化装置，实现了先进复合材料在航天、航空、基础工业及生物材料领域的应用。"汽车用高性能环保聚丙烯材料关键技术的开发与应用"获得2012年度国家科学技术进步二等奖，填补了国内汽车用聚丙烯材料产业化空白，打破了国外产品的垄断；"新一代高性能苯乙烯类热塑性弹性体成套技术"获得2014

年度的国家科技进步二等奖，完成了线型、星型系列共11个牌号产品的工业试验，填补了国内SEBS生产空白，其中星型产品为独有产品，增强了高端合成橡胶的核心竞争力；我国建成了首套反式异戊橡胶工业化装置，为发展绿色轮胎提供了有力支撑。

二是以差异化、高端化为目标，开发了一批高附加值化工产品。 功能性高分子聚氨基酸生物制备关键技术开发成功并实现产业化，培育了具有国际竞争力的生物制备聚氨基酸新产业，创造性地将γ-聚谷氨酸应用于肥料增效，氮肥利用率平均提高7%～12%，增效肥料累计推广3500多万亩，作物平均增产10%～25%，农民增收30多亿元；"高性能子午线轿车轮胎橡胶复合材料的制备技术及产业化"项目研制出高性能橡胶复合材料，实现了高性能子午线轿车轮胎的批量生产，节油率达到5%以上，抗湿滑指标比普通轮胎提高15%以上，滚动阻力达到了欧盟B级水平；自主开发的低温炼胶技术已经在多家轮胎生产企业得以推广，生产消耗明显降低，混炼效果和生产效率显著提高。

三是围绕构建环境友好型行业，研发了一批先进的节能减排技术。 其中，"可控结构吸附材料构建及控制油类污染物的关键技术"获得2014年度国家技术发明二等奖，突破了吸附时间长的世界难题，为治理油污染物及资源化回收提供了新材料和新装备，参与处置了墨西哥湾、大连原油泄漏等30项突发性事故；"电石炉气制高纯一氧化碳和氢气工业化集成技术"获得2014年度联合会科技进步一等奖，成功建成国内首套3万立方米/小时工业化装置，填补了电石炉气高效、清洁利用的空白；"工业冷却系统高浓缩倍率工程化技术"项目建成高浓缩倍率节水示范工程115套，总循环水量达每小时40万吨，实现年节水近1亿吨；"化工行业氨氮废水减排及资源化利用关键技术开发与示范"项目建成的示范装置年减排废水2180万吨以上、氨氮1.75万吨、化学需氧量1.75万吨。

第三，开发了一批成套技术与装备，重大技术装备自主化迈上新台阶。

在石油炼化装置、海洋工程装备、天然气管道输送和液化储运装备、大型煤化工装备国产化方面取得一批重大成果，部分大型设备关键技术和制造加工能力达到了世界先进水平，拥有了世界先进水平的炼油全流程技术、乙烯成套技术，千万吨级炼油装置国产化率超过95%、百万吨级乙烯装置国产化率超过80%。"深海高稳性圆筒型钻探储油平台的关键设计与制造技术"获得2011年度国家科技进步奖一等奖，建造了世界首座圆筒型超深海钻探储油平台，实现了超深水石油钻井技术的重大突破；"万吨级精对苯二甲酸（PTA）装置成套技术开发与应用"获得2014年度的国家科技进步二等奖，突破了国外专利技术壁垒，结束了我国PTA技术和装备长期引进的历史；国内首套10万吨级空分装置压缩机组整机试车成功，打破了国外对大型空分装置大型离心压缩机组的垄断。

第四，行业技术创新体系建设取得新进展，引领行业科技创新作用明显增强。

五年来，广大企业、科研单位、行业协会以及政府有关部门做了大量工作，着力打造以企业为主体、市场为导向、产学研用相结合的技术创新体系，企业自主创新能力、与科研单位联合攻关能力、科研成果工程转化能力均有显著增强，为突破一系列重大关键技术打下了坚实基础。

一是企业自主创新能力大幅提升。广大石油和化工企业持续增加研发投入，广揽优秀人才，不断完善现代化水平的研发机构，充分发挥了科技创新主力军作用。以万华化学、上海华谊、金发科技、软控股份、延长石油等技术创新示范企业为例，都以国家和行业认定的研发中心、工程实验室等作为载体，积极建设基础研究、工艺研究、工程化与产业技术开发、产品应用技术开发等不同层次、不同功能、相互协调的技术研发机构，自主创新能力跃上新的台阶，技术水平总体国内领先，有的甚至达到世界先进水平，具有较强的国际竞争力，新产品销售收入占比逐年提升，已成为行业科技创新的骨干力量。

二是创新平台建设成果显著。五年来，国家发改委在石油和化工行业认定了38家企业技术中心，科技部批准新建了8家国家工程技术研究中心，工信部认定了29家国家技术创新示范企业，石化联合会培育和认定了122家技术创新示范企业、18个重点实验室、15个行业工程研究中心和15个行业工程实验室。这些创新平台广泛吸纳企业、高校和科研院所参加，共同承担国家重大科技项目，产学研用协同开展技术攻关，对促进行业技术进步发挥了重要作用，对提升行业整体创新能力做出了突出贡献。

三是产学研用合作不断深化。五年来，行业内企业与科研机构、大专院校的紧密结合，充分发挥各自优势，加快了行业的技术创新和成果产业化。例如，兖矿集团、湖北兴发集团、万华化学等企业分别与中科院、清华大学、华东理工大学、大连理工大学、北京化工大学、武汉大学等高等院校、科研院所进行合作，联合开展技术攻关，突破了一大批核心关键技术。橡胶谷集团通过搭建行业创新平台，聚合了130多所高校、58所科研机构等高端资源，探索形成了"政、产、学、研、资"五位一体、高度融合的产学研用合作新模式。石化联合会在现代煤化工、农药、染料、轮胎等重点产业领域组建了12个产业技术创新战略联盟，其中新一代煤（能源）化工等5个联盟被科技部认定为国家（试点）联盟。这批联盟在承担国家科技攻关任务、开展行业共性关键技术攻关方面发挥了积极作用。

第五，石化联合会积极发挥组织、引导和服务职能，行业科技工作取得新成绩。

一是积极开展指南编制与战略研究，引领行业科技发展方向。受政府有关部门委托，承担并完成了"行业技术创新发展战略研究"等重大课题，积极反映行业意见和建议，为行业科技创新营造良好的政策环境。开展了"十二五""十三五"科技发展指南编制和科技制高点战略研究工作，每年编制发布年度科技指导计划，为企业开展科技创新提供参考和指引。

二是积极组织科技攻关，争取国家立项支持。在科技部的大力支持下，我们积极组织关键共性技术攻关，五年来共获得10项国家科技支撑计划项目和1项863计划项目支持，为企事业单位争取国家财政经费3亿多元；推荐了80多个国家重点新产品和22项国家火炬计划项目，其中53项国家重点新产品、17项国家火炬计划项目获得立项支持。

三是认真组织科技奖励和科技成果鉴定。在中国石油、延长石油、上海化工研究院等鼎力支持下，联合会科技奖励专项基金接近5000万元。专项基金的建立和使用，对激发广大科技人员创新活力和热情，加强行业创新型人才队伍建设，具有十分重要的意义。五年来，联合会共评出科学技术奖1324项，青年科技突出贡献奖30人，赵永镐创新成就奖3人，创新团队奖11个。经联合会推荐，有28项成果获国家科学技术奖。联合会组织开展了近600项行业重大科技成果鉴定，有力地支持了企业科技创新工作。

四是积极开展专利服务。 建立了包含石油化工、化工新材料等16大领域200多个专业导航的行业专利网，完成《氟化工专利态势分析》等多份专利态势分析报告，为企业提供良好的专利信息服务，被国家知识产权局授予"国家专利协同运用试点单位"。

总之，"十二五"时期，我国石油和化工行业更加重视科技创新的战略性作用，重大创新成果大量涌现，产业化进程日益加快，科技创新对"调结构、转方式"的推动提升作用日益突显，为促进行业持续健康发展提供了强大的动力。实践证明，行业科技创新工作是一项系统工程，离不开政府有关部门的坚强领导，离不开全行业科技工作者的无私奉献与不懈努力。

二、深入实施创新驱动发展战略，努力开创"十三五"时期行业创新发展的新局面

"十三五"是实现第一个百年奋斗目标、全面建成小康社会决胜阶段。面对"十三五"时期全面建成小康社会的要求和复杂严峻的国内外形势，石油和化工行业调整、转型、改革、发展的任务十分艰巨。创新是引领发展的第一动力，"十三五"时期，石油和化工行业必须要把发展的基点放在创新上，加快从主要依靠要素投入转向依靠创新驱动，形成促进行业持续健康发展的新动力，为全面建成小康社会做出应有的贡献。

"十三五"时期，行业发展的内外部环境发生重大变化，已经进入发展的新常态，发展速度、产业结构、发展动力都在发生深刻变化，面临着产能过剩、效益下滑、资源环境约束强化、国际竞争更加激烈等一系列严峻挑战，特别是创新能力不强已经成为制约行业发展的突出瓶颈和最大短板，已经成为影响贯彻"创新、协调、绿色、开放、共享"五大发展理念的突出矛盾和问题。实施创新驱动发展战略已成为摆在石油和化工行业面前的一项十分重要而紧迫的任务。

"十三五"时期，我国石油和化工行业要深入贯彻党的十八大和十八

届三、四、五中全会精神，进一步增强危机感、紧迫感和历史责任感，切实把科技创新摆在行业发展全局的核心位置，大力实施创新驱动发展战略，按照"重点突破一批关键技术、研制一批高端产品、实施一批创新工程、组建一批创新平台"的整体思路，以深入推进"两化融合"和"智能制造"为抓手，进一步完善行业技术创新体系，全面增强行业自主创新能力，加快由跟踪为主转向跟踪和并跑、领跑并存转变，形成创新驱动、内生增长新动力，为建设石油和化学工业强国提供有力支撑。要重点做好以下几方面工作：

第一，科学编制并组织实施"十三五"科技发展指南，引导行业抢占一批科技制高点。国家即将发布"十三五"科技发展规划，石化联合会也正在编制《石油和化学工业"十三五"科技发展指南》。要认真组织实施国家"十三五"科技发展规划和行业科技发展指南，集中力量攻克一批关键共性技术，抢占一批科技制高点。

一是积极开展资源勘探开发和利用技术攻关。重点突破页岩气等非常规油气资源和深海、极地等新领域勘探开发技术，提高老油田采收率技术，加大低品位资源开发利用力度，保障国家能源资源安全。

二是大力发展化工新材料和高端精细化学品技术。加快研发高性能工程塑料、高端膜材料、加工性能优良的含氟聚合物、高端硅橡胶和高强高模特种纤维等化工新材料技术，突破高效定向催化、先进聚合工艺、材料新型加工和应用等行业共性关键技术，促进产业化。积极开发新型肥料、绿色农药、染料、氟硅化学品等高技术含量、高附加值精细化学品，优化产品结构，提高市场竞争力。

三是积极开展煤化工技术项目升级示范。进一步完善和提升大型煤气化技术，积极开展催化气化、加氢气化等定向气化和新型煤气化技术的工程化研究。优化现代煤化工关键工艺生产条件和流程设计，提高已建示范工程的稳定性，开发下游精细化学品制备等延伸产业链技术，开展低阶煤高效综合利用等新一代现代煤化工技术攻关和示范。

四是积极发展生物化工技术。重点开发新型生物基新材料、生物基化学品，加快推进生物基大宗化学品与现有化工材料（如塑料、纤维、橡胶等）产业链衔接发展，重点突破具有重要下游衍生物应用基础的化工产品。

五是积极培育并壮大节能环保产业。加快开发一批节能减排增效显著、制约行业发展的瓶颈技术和装备；加强清洁生产技术开发，从源头减少排放；有针对性地开发废水治理与资源化，废催化剂无害化和资源化关键技术、产品及设备。

第二，下大力气建设一批高水平产学研用创新平台，为产学研用协同创新集聚更大优势。以国家实验室为基础的创新平台已成为主要发达国家抢占科技创新制高点的重要载体。习近平总书记深刻指出，"提高创新能力，必须夯实自主创新的物质技术基础，加快建设以国家实验室为引领的创新基础平台❶。"要按照行业技术发展战略规划与向石油和化工强国跨越的目标，继续加大投入，建设一批更高质量、更高水平的产业技术创新平台，推动建立长期稳定的产学研用合作项目，为产学研用优势集聚提供更大空间，进一步加快科技成果产业化。

一是选择重点领域筹建一批国家创新中心。围绕重大共性需求，建立政产学研用协同创新网络，利用产业联盟等新机制新模式，在石油化工领域形成2～3个制造业创新中心（或工业技术研究基地、区域研究中心），建成5～10个重点实验室。

二是打造一批更高水平的创新平台。整合行业优势资源，组织科研院所、大专院校、龙头企业的科研力量，建设一批工程实验室、工程研究中心、技术创新示范企业、产业技术创新战略联盟等更高质量、更高水平的研发机构和研发平台。推进企业内部创新组织体系建设，形成基础研究、实验开发、推广应用等不同层级、相互协调的高效创新组织架构，进一步强化知识产权创造、应用与保护，打造一批具有较强国际竞争力的创新型领军企业。

三是加强国际技术研发合作平台建设。深入贯彻"一带一路"倡议，把加强国际产能合作与加强国际技术研发合作结合起来，推动传统优势产

---

❶ 参考人民网2015年11月3日新华社《习近平：关于〈中共中央关于制定国民经济和社会发展第十三个五年规划的建议〉的说明》，编者注。

业的加工技术、装备与工程服务走出去，鼓励企业在境外设立研发机构，开发利用当地特色资源，带动促进国内产业发展。

第三，大力推进"两化"深度融合，着力提升智能化制造水平。信息化和工业化深度融合是打造产业竞争新优势、抢占未来发展先机的有效途径。新一代信息技术向各领域的渗透融合，不仅使智能制造成为新型生产方式，也催生了许多新业态和新的商业模式。要把智能制造作为两化深度融合的主攻方向，促进信息技术向市场、设计、生产等环节渗透，引导企业生产朝分工细化、协作紧密方向发展，走两化融合的发展道路。

一是推进智能工厂和智慧园区建设。建设智能工厂，推动生产方式向柔性、智能、精细转变，全面提升企业研发、生产、管理和服务的智能化水平，增强企业创新能力，提升产品和服务价值。加快化工园区现代信息技术结合与应用，推进"智慧化工园区"的建设，促进产业循环链接，提高化工园区集约发展、绿色发展水平。

二是大力发展智能化技术装备。开发关键智能技术、核心工艺软件包、智能测控装置与部件，开发智能基础制造装备和重大智能制造成套装备，满足传统产业升级改造提升和战略性新兴产业发展的需求。

三是积极推进商业模式创新。以市场和消费者为导向商业模式创新与科技创新紧密结合，加快研发和成果转化步伐。要围绕客户个性化、定制化需求创新商业模式，大力发展专业化技术服务公司和企业，建立从实验研究、中试到生产的全过程科技创新融资模式，促进科技成果加快产业化。

第四，建立健全人才激励机制，培育一批创新领军人才。人才是创新的第一战略资源。要培养、用好、吸引各类人才，促进人才合理流动和优化配置，在行业内营造"大众创业、万众创新"的氛围，造就一支结构优化、作风优良、素质优秀，与建设世界石油和化学工业强国相适应的人才队伍。

一是加强创新领军人才培养。依托行业重大科研项目、企业技术中心、博士后工作站，培养和引进科技创新领军人才，构建高层次、高水平的创新团队。鼓励中青年技术骨干参与国家、行业和企业重大科研项目研究；鼓励企业、高校和科研院所制定优惠政策，为科技人才的脱颖而出营造良好的外部环境。

　　二是建立健全创新人才激励机制。完善科研人员收入分配政策，建立与岗位职责、工作业绩、实际贡献紧密联系，集考核评价体系、薪酬制度、奖惩制度、社会保障制度、福利制度于一体灵活高效的创新激励机制。要保护科研人员知识产权和合法权益，推进科研成果处置权和收益权改革，实施股权、期权等市场化的激励政策与措施，让创造性智力活动得到应有的回报，为企业创新发展提供源源不断的动力。

　　第五，进一步加强行业科技工作的组织协调，完善科技创新政策体系。

　　联合会要抓住国家深化科技体制改革的有利时机，进一步加强行业科技创新服务平台建设，强化对行业科技工作的引导、组织与协调，健全技术咨询、项目评审、科技奖励、成果鉴定、专利服务等一系列规章制度与运作机制，为行业科技创新提供更高质量和更高水平的服务。要加强调查研究，积极向政府有关部门反映企业诉求，进一步完善支持科技创新的财政、金融、税收等优惠政策，为企业科技创新营造良好的政策环境，优化创新资源配置，激发创新创业活力。

在供给侧结构性改革中加快培育
行业转型升级的新动能*

2015年11月10日习近平总书记在中央财经领导小组第十一次会议上提出:"在适度扩大总需求的同时,着力加强供给侧结构性改革,着力提高供给体系质量和效率,增强经济持续增长动力❶。""供给侧结构性改革"的提出,标志着中国宏观经济政策从需求侧管理向供给侧管理的重大转变,中国宏观经济转型又迎来了一次新的转折和突破,对石油和化学工业来讲,也迎来了一次全新的挑战和机遇。

一、正确认识和把握供给侧结构性改革的内涵和核心观点

当今的世界是一个变革加速的世界。急剧的变革、飞逝的优势、技术的颠覆、分散的市场、全能的顾客和挑剔的股东,都对企业和行业的适应能力提出了全新的挑战。在这个极具变革的时代,如何迅速提升企业和行业的自我适应能力和自我调整能力,都将是一个前所未有的考验。目前,从整个宏观经济发展的情况看,许多企业、甚至许多行业几乎整体都落后于变革的曲线,不少企业和行业都在犹豫不决和被动应付中痛苦挣扎。供给侧结构性改革为整个工业企业和工业行业迅速适应当前的急剧变革、加

---

* 这是2016年6月1日,谈供给侧改革给中国石油和化学工业带来的全新挑战和机遇。
❶ 参考新华网2015年11月10日《习近平主持召开中央财经领导小组第十一次会议》,编者注。

快结构性调整指出了明确的方向和突破的重点，也给工业企业和行业的创新发展提供了一个全新的机遇。

供给和需求是市场经济对立统一的两个侧面，需求决定供给，供给也必须适应需求。这是供给和需求的基本关系，但供给不仅仅应该适应需求，而且供给还可以创造需求，这就是供给和需求的能动关系。19世纪初，著名经济学家凯恩斯提出：只要市场是有效的，企业家是理性的，就不会创造"无效供给"（产能过剩），因为供给会创造自己的需求。19世纪末期，当凯恩斯主义遭遇世界经济滞涨困境时，供给经济学派就应运而生。供给经济学认为：问题不是需求不足，而是供给侧出了问题，不该生产的生产太多，同时消费者需要的东西缺乏供给。在这种情况下，简单刺激需求，只会令问题变得更糟。尽管供给经济学理论有其自身的局限性，但其积极的核心观点，用创新优化供给，用供给创造需求，仍然具有极强的现实意义。

中央提出的"推进供给侧结构性改革"，是中国经济在转型升级新时期的一次重大改革探索，是以新常态理论为创新内容的中国特色经济理论的又一次重大实践发展。我们的供给侧结构性改革，既不是西方经济学理论的照搬照抄，也不是西方经济政策的照葫芦画瓢，而是我们中国经济发展实践的创新发展。我们的供给侧结构性改革，是要解决在经济增长阶段转换的大背景下经济结构的再平衡问题，是要解决经济结构转型的动力转换问题，是要解决生产要素进一步解放，增加有效供给，全面提高生产要素生产效率的问题。我们还应该充分认识到，当前推进的供给侧结构性改革，是包括石化行业在内的整个宏观经济转型升级一次难得的机遇，是一次不容错过的"班车"。谁能主动抓住这次机遇，谁能及早采取行动，谁就能主动跳出当前的困难境地，谁就能早日跨入新一轮发展的新阶段。

要积极主动搞好当前供给侧结构性改革，必须首先要正确认识和全面理解供给侧改革结构性的内涵和核心观点。我认为，我们提出的供给侧结构性改革，指出了当前中国经济发展的主要矛盾，完全符合中国经济当前发展的实际，也是解决当前中国经济问题的一把"金钥匙"。结合石化行业的实际，我认为正确认识和把握供给侧结构性改革，需要牢固树立四个重要的核心观点：

一是优化供给结构和加快要素升级是供给侧结构性改革的两大核心任务。当前宏观经济的突出矛盾是供给结构失衡和经济增长质量不高，因此，优化供给结构和加快要素升级是供给侧结构性改革的两大核心任务。当前，低端产能严重过剩，高端需求供给不足，生产效率低下，工业利润大幅下滑，集中反映了中国经济由高速增长向中速增长过程中的结构、动力和体制矛盾。供需结构性失衡是当前中国经济发展的全局性矛盾，解决供需结构性失衡也是当前中国经济发展的首要任务。经济增长质量不高也是当前中国经济发展的又一个全局性矛盾，单纯依靠高投入、高消耗、高污染、低工资支撑中国经济发展的时代已经完全过去了，今后中国经济发展必须走上一条低投入、低消耗、低污染、高效率的新路子。中国经济供给侧结构性改革能否取得预期的效果，关键就是要看供给结构能否快速优化和生产要素能否快速升级。因此，牢牢把握经济结构优化和生产要素快速升级，这是搞好供给侧结构性改革的两个最核心的任务。

二是提升创新能力是推进供给侧结构性改革的唯一动力。实现中国经济增长动力的转换是这次供给侧结构性改革的本质要求。当前无论是传统产业的产能过剩，还是战略性新兴产业的发育缓慢，一个重要的原因都可以追溯到创新能力不足这个最终根源上。创新能力不仅是当前产业结构优化和生产要素升级的重要动力，而且也是今后保持中国经济活力和竞争优势的持久动力。创新发展应该成为中国经济当前和今后长期发展的一个新动能。检验这次供给侧结构性改革是否成功的唯一标志，就是要看中国经济创新发展的新动能是否能够培育起来。企业、行业和宏观经济创新能力的提升，不仅是当前经济走出发展困境应急之策，而且也是中国经济长期保持活力的根本之源。这是整个中国经济转型升级必须要加快培育起来的新动能。提升中国经济的发展活力，开创"大众创业、万众创新"的新局面，必须加快培育起创新发展的新动能。

三是企业是搞好供给侧结构性改革的重要主体。供给侧结构性改革的主体是企业特别是工业制造企业。无论任何时候，制造业都是一个国家竞争力的核心体现。企业的创新活力、企业的市场竞争能力，集中体现了一个国家创新活力和市场竞争能力的水平。产业结构的优化、产业技术的提升、产业价值链的高端迈进，靠的都是企业的创新活力和市场竞争能力。给社会提供产品的主体是企业，产品结构优化升级的主体是企业，产品技术和质量竞争的主体也是企业。毫无疑问，供给侧结构性改革的主体必定是企业。企业的创新精神和企业的精神状态是搞好这次供给侧结构性改革的决定性力量。企业发展的实践也告诉我们：创新是区分企业领袖和追随者的分水岭，是市场优胜劣汰和企业持续发展的试金石，也是企业两极分化的根本原因。

四是供给侧结构性改革必须同需求侧改革紧密结合统一推进。当前，我们强调供给侧结构性改革决不能否认需求侧改革的重要性，这就同一个硬币的两个侧面一样，供给和需求同样是一个国家经济的两个侧面，相辅相成、缺一不可。没有需求，也就没有供给；供给的升级，也是为了更好地满足需求。只有产品销售的实现，企业生产才有市场的价值。因此，我们在推进供给侧结构性改革的同时，一定要高度重视市场需求侧的改革，要把供给侧结构性改革同需求侧的改革紧密结合起来，使供给侧结构的优化同需求侧市场的扩大，使生产供给能力和市场服务质量的提高同步优化，相互促进。特别是生产企业在供给侧结构性改革中，一定要把市场服务、用户服务搞得更好，用"令人感动的服务"为用户提供一揽子解决方案，坚持用市场需求来保证供给侧结构性改革的持续和成功。

二、供给侧结构性改革给石油和化工行业带来了全新的发展机遇

供给侧结构性改革完全符合中国石油和化学工业产业结构的现状。这场改革，不仅给行业结构调整和转型升级带来了全新的挑战，也给行业结构调整和转型升级带来了全新的机遇。全行业必须充分认识到：这是一次不容有丝毫耽误和错过的"班车"，也是全行业要主动发力和积极作为的一次"涅槃"之战。

首先，我们要清楚地看到供给侧结构性改革完全符合中国石油和化学工业产业结构的现状。从世界石油和化学工业发展的规律来看，一个完整的石油和化学工业产业链，从原材料起始到市场终端，大体可分为五个

产业结构层次：第一个结构层次为石油、天然气和化学矿山开采业。这是石油和化学工业产业链的始发端，如果没有原油、天然气和诸多的化学矿产的有效供给，石油和化学工业就会成为无源之水和无本之木。第二个结构层次为基础石油和化工原材料加工业。这是石油和化工产业发展的原材料基础，乙烯、丙烯、苯、甲苯、二甲苯、烧碱、纯碱、硫酸、硝酸、盐酸等等，这些量大面广、以资源为基础的化工原材料是石油和化学工业发展的基础。第三个结构层次为一般石油和化工加工制造业。这是石油和化工深加工的初级阶段，如合成氨、合成树脂、合成纤维、合成橡胶等。这个结构层次的石油化工产品的主要特点是技术属于传统的成熟技术，生产规模一般较大，市场需求比较稳定，是整个产业稳定发展最重要的基础部分。第四个结构层次为高端石油和化工制造业。这是石油和化工技术处于行业高端的加工制造业，主要包括化工新能源、化工新材料、高端专用化学品及现代煤化工等高精尖技术和新市场用途的石油化工产品。这类产品的主要特征集中体现在化工原材料的高端性和生产加工技术的先进性上。以纳米、石墨烯材料和电子信息制造技术为典型代表的新突破，使石油和化学工业的高端制造又上升到一个新的水平。高端石油和化工制造业引领着整个石油和化工产业未来新的竞争优势和新的经济增长点。第五个结构层次为战略性新兴石油和化工产业。这个结构层次代表着石油和化学工业未来发展的方向和新技术的领先探索，主要包括生命科学、生物工程、化学制药、高端新材料、环境工程等等。这个结构层次的产品，既包括技术的探索性、市场的开拓性，又包括了工艺技术的创新性和产业未来技术的引领性。

经过中华人民共和国60多年特别是改革开放30多年的快速发展，我国现在已经成为世界第二石油和化学工业、世界第一化学工业大国，形成了一个比较完整的产业体系，不少产品产量位居世界前列，涌现了一批具有国际竞争优势的企业和企业集团，石油和化学工业已经成为我国工业发展中一个重要的战略性支柱产业，也为我国工业化进程作出了突出的贡献。2015年我国石油和化学工业销售收入达13.14亿元，"十二五"期间年均增长9.19%。按现行行业统计十一大类分类，其组成比例如下：

我国石油和化学工业分类

行业名称	主营业务收入 / 万亿元	比重 /%	结构层次
石油和天然气开采业	0.95	7.2	
精炼石油产品制造业	2.94	22.4	第一结构层次
化学矿山开采业	0.06	0.4	
基础化学原料制造业	2.46	18.7	第二结构层次
肥料制造业	0.95	7.2	
橡胶制品业	1.02	7.7	
合成材料制造业	1.33	10.1	
专用化学产品制造业	2.07	15.7	第三结构层次
化学农药制造业	0.31	2.4	
涂料、油墨、颜料产品制造	0.66	5.0	
专用设备制造	0.42	3.2	

如果按现行国际石油化工产业链技术结构的分类分析，我国的石油和化学工业主要集中在技术低端的前三类：即石油天然气开采、炼油和化学矿开采业，占我国石油和化学工业结构的30.0%；基础化学品制造业，占我国石油和化学工业结构的18.7%；一般化工产品加工业（包括肥料、橡胶、合成材料、专用化学品等），占我国石油和化学工业结构的48.1%，而高端制造业和战略性新兴产业两个层次的产品我们几乎都是空白。尽管近几年我国石油和化学工业在高端化工产品技术上也取得了一些突破，如煤制烯烃、煤制芳烃、聚氨酯新材料、异戊合成橡胶、超高分子量聚乙烯等都创造了一些领先于世界的技术，但从技术创新的总体能力来看，与世界发达国家相比还有相当大的差距。因此，从总体上看，我国石油和化学工业的产品技术结构还都是低端的、落后的和同质化的，这就是我国石油和化学工业产业结构的现状，也是我们必须要承认和正视的产业结构现实。

其次，我们还要看到全行业贸易逆差很大的严峻现实。2015年全行业进出口总额为5263亿美元，其中出口1820亿美元，进出口贸易逆差高达1622亿美元。贸易逆差的主要产品是高端合成树脂、高端精细专用化学品和关键核心装备。一方面是国内市场的现实需求，另一方面是生产供给能力的不足。高端市场的短缺空白和低端市场的拥挤过剩，这一强烈的反差，正好是我们供给能力结构性矛盾的鲜明写照。

第三，我们还要清醒地看到行业创新能力的巨大差距。习近平总书记最近反复强调："抓创新就是抓发展，谋创新就是谋未来。不创新就要落后，创新慢了也要落后❶。"创新能力是经济持续发展和转型升级的新动能，供给侧结构性改革要求我们必须要加快实现发展动能的转换。加快提升行业创新能力是这次供给侧结构性改革的当务之急和核心任务。目前，全行业科技研发投入比重还不到主营业务收入的1%，以企业为主体的创新体系远未形成，基础研究和应用研究技术开发落后，高端关键技术差距更大。特别是在当前低油价的严峻形势下，宏观经济持续下行的压力，更增添了加快提升创新能力的紧迫性、艰巨性和持续性。

我们也充分认识到，上述三大挑战都是机遇，挑战越大，机遇也就越大。面对同样的挑战，关键看谁的认识更超前、谁的决心更坚定、谁的行动更自觉、谁的措施更得力。我们可以肯定地讲，不同的认识水平，不同的精神状态，将会得到完全不同的收获。

三、全行业供给侧结构性改革的五大核心任务

当前全行业经济运行的下行压力依然很大，但当前也是加快结构性改革的最好时机。用倒逼机制动员全行业企业努力创新、主动发力、加快调整，力争用三年或者更长一点儿的时间，使全行业率先走出这次阶段性调整时期，早日跨上一个更高、更新、更持续的发展平台。在这次供给侧结构性改革中，全行业一个共同的根本任务就是加快培育创新发展的新动能。加快提升企业创新能力，是培育行业发展新动能最核心的环节。

在这次供给侧结构性改革中，全行业必须集中精力扎扎实实地抓好结构性改革的五大核心任务：

一是要用市场和政策的力量尽快从根本上化解产能过剩的矛盾。当前，产能过剩的矛盾是制约全行业发展的一个全局性矛盾，"去产能"的任务迫在眉睫。按照国务院领导的要求，我们按照《石油和化学工业"十三五"发展规划》的方向，在充分调查研究的基础上，制定出了"全

---

❶ 参考人民网2016年3月3日人民日报《习近平总书记谈创新》，编者注。

行业结构调整三年行动计划",并根据不同情况分行业提出了化解产能过剩、优化产业结构的目标方向和具体办法。"去产能"肯定是一个痛苦的过程,但这个坎必须要过。化解产能过剩的矛盾,重点要抓好三大环节:一是要严格控制总量,把总供给和总需求的市场尽可能平衡好,一定要把好控制总量这个"总开关",决不能再加剧产能过剩的矛盾。二是要坚决淘汰落后产能,落后的产品、落后工艺、落后装备,都要加快淘汰。在淘汰落后产能上,企业的态度一定要坚决,我们应该看到,"僵尸企业"都是由"落后产能"积累造成的。如果今天我们不果断淘汰"落后产能",明天我们的企业就可能面临更大的危机。淘汰落后,要充分尊重市场的规律,利用好市场的力量,但也要充分利用好政府的产业政策,特别是职工下岗分流、技术改造的政策。三是要加快传统产业的技术改造。传统产业技术改造、转型升级的任务很重,只有不停顿地进行技术改造,创新发展,才有可能尽快把多年积累起来的产能过剩的矛盾从根本上化解掉,才有可能提升和延长传统产业的竞争优势,才有可能走出一条传统产业不传统发展的新路子。

二是要用创新驱动战略加快培育全行业战略性新兴产业。化解产能过剩的矛盾,仅仅解决了行业发展的现实问题,但行业长远的发展问题还必须要依靠战略性新兴产业的培育,行业转型升级的立足点必须要放在加快培育战略性新兴产业的增长点。我们在"十三五"规划中,提出了全行业战略性新兴产业重点培育的五大方向:即能源勘探开发新技术和新能源技术、化工新材料、精细专用化学品、现代煤化工和节能环保产业技术。这五大战略性新兴产业都有着巨大的发展空间,能否取得发展的高端突破,关键要看我们的技术创新能力。目前不少企业都十分重视技术创新能力的提升,但要取得高端技术的突破,仅仅依靠企业自身的力量还是不够的,必须要把全行业"产、学、研、用"的优势力量有效组织起来,按照"十三五"行业发展规划和科技发展规划,组建一批有基础、有质量、有水平的国家级和行业级创新平台,把大专院校、科研院所和优势企业的力量有效组织起来,合力突破一批行业发展的高端技术,抢占一批行业发展的技术制高点,加快形成一批行业发展的新的经济增长点。"十三五"期间，我们不仅要在技术创新的高端上取得一批令人自豪的新成果，而且还要在企业和行业技术创新的能力上一个大的台阶。

三是要用绿色发展理念全面开创全行业"责任关怀"工作的新局面。石油和化学工业是一个污染排放大户，目前全行业能源消耗、"三废"排放都位居工业部门前列，节能减排任务十分繁重。2014年，全行业排放废水40.6亿吨，占工业总排放量的21.7%，居工业部门第一位；排放化学需氧量59万吨，占工业总排放量的21.5%，居工业部门第一位；氨氮排放量8.7万吨，占工业总排放量的41.5%，居工业部门第一位；二氧化碳排放量232万吨，占工业总排放量的14.6%，居工业部门第二位；氮氧化物排放量109.7万吨，占工业总排放量的8.3%，居工业部门第三位；烟粉尘排放量115.7万吨，占工业总排放量的9.1%，居工业部门第四位；产生工业固体废物3.3亿吨，占工业总产生量的10.7%，居工业部门第六位；产生危险废物1127万吨，占工业总产生量的31%，居工业部门第一位。同时全行业安全生产也面临着不小的挑战。十八届五中全会把绿色发展提高到发展全局的高度，安全生产、节能减排、社会责任等工作，都受到全社会前所未有的高度重视，石化行业的"责任关怀"工作必须要提高新的认识，注入新的内涵，采取果断的新举措，扎扎实实开创一个新的局面。

四是要用管理创新扎实提升全行业市场竞争优势和经济效益的水平。在宏观经济下行压力很大的形势下，经济增长的质量和企业的盈利水平就格外引人关注。据国家有关机构对32.8万家规模以上工业企业调查，2015年平均利润率为5.8%，低于2010年7.6%的水平。2015年化工企业的平均利润率为5.3%，不仅低于2010年7.7%的水平，而且也低于2015年全国规模以上工业企业的平均水平。石化行业历来是工业企业的盈利大户，我们承认，油价大幅下跌给行业利润带来了很大的影响，但我们也应该看到企业管理仍然还有不小的潜力。仅企业成本和流动资金周转这两项指标分析，就可以看出企业管理的差距。2015年全行业流动资金周转率仅为2.91次，百元主营业务收入平均成本就达到84.09元。格林斯潘老先生有一句名言："只有在退潮的时候，我们才能看清楚谁没有穿裤衩！"在当前的企业管理中，为了进一步提高经济效益，我们突出强调要高度关注三个重要指标：即销售利润率、资金周转率和全员劳动生产率。销售利润率反映的是企业盈利能力；资金周转率反映的是资金周转和盈利能力；全员劳动生产率反映的是人的价值创造能力。这三个指标可以从总体上反映一个企业的盈利能力，我希望每一个企业都要高度关注这三个指标，联合会在经济运行和企业评比中也要高度重视这三个指标。我们要共同抓住这三个关键指标（KPI），把企业效益和行业运行质量抓上去。

五是要在"一带一路"倡议中加快企业"走出去"的新步伐。改革开放以来，有不少石化企业在"走出去"方面进行了大胆的探索，特别是一些资源类的企业，在国际市场寻求原油、天然气、橡胶等方面取得了不少成绩，积累了不少经验。但生产制造类企业"走出去"的还不多，市场辐射面、影响力还比较小。"一带一路"倡议的提出，将会掀起一个更大的"走出去"高潮，开创出一个更大的"走出去"舞台。全行业要紧紧抓住"一带一路"的新机遇，在更高层次、更大规模、更大范围内迈出"走出去"的新步伐。

加快行业创新平台建设
迈出由石油和化工大国向强国跨越的坚实步伐*

一、"十二五"时期我国石油和化工行业科技创新取得显著成就

"十二五"以来,石油和化工行业认真贯彻落实行业"十二五"发展规划,以科学发展为主题,以转变发展方式为主线,始终把科技创新摆在行业发展的重要位置,紧紧围绕行业发展重大需求,持续推进创新体系建设,不畏困难、攻坚克难,积极开展研发合作与协同攻关,突破了一大批核心技术与关键技术,共获得国家自然科学奖、技术发明奖、科技进步奖185项,为行业加快"调结构、转方式"作出了重大贡献。五年来,行业科技创新成就主要体现在以下五个方面。

第一,围绕保障能源资源安全,突破了一批勘探开发和资源利用重大关键技术。针对我国油气资源和化工原料瓶颈制约,全行业加强关键技术攻关,取得了一批重大技术突破,为保障我国能源资源安全发挥了重要作用。其中,"超深水半潜式钻井平台研发与应用"实现了深水大型工程高端装备零的突破,获得了2014年度国家科技进步特等奖,我国成为全球第三个具备超深水半潜式钻井平台设计、建造、调试、使用一体化综合能力的国家,实现了从浅水到深水的历史性跨越。"特低渗——致密油气勘探开发关键技术"开创了特低渗透油气田低成本开发之路,达到世界领先水

---

* 这是2016年6月7日,在石油和化工行业创新平台建设工作会议上的讲话。

平,获得了2015年度国家科技进步一等奖。"罗布泊盐湖年产120万吨硫酸钾成套技术""青海盐湖低品位难开发钾盐高效利用技术""云南中低品位磷矿选矿技术开发与产业化"等解决了钾资源、磷资源大规模开发利用的难题,破解了中低品位矿藏选矿瓶颈,大幅度提高了我国钾肥自给率,使我国中低品位钾盐、磷矿资源高效利用达到世界先进水平。

第二,围绕煤炭清洁高效利用,突破了一批现代煤化工关键技术。攻克了大型先进煤气化、合成气变换新技术、大型煤制甲醇、煤直接制油、煤间接制油、煤制烯烃、煤制芳烃、煤制乙二醇、低阶煤分质利用等一大批技术难题,开发了一批关键技术和大型装备,煤制油、煤制烯烃、煤制气、煤制乙二醇等现代煤化工示范工程顺利实施,我国现代煤化工技术和产业化均达到世界领先水平,成为行业"十二五"发展的最大亮点之一。其中,"甲醇制取低碳烯烃(DMTO)工艺技术"获得2014年度国家技术发明一等奖。总体上看,我国已经开发出以煤为原料生产"汽柴油"和石化基础原料"三烯三苯"的工业化技术,为实现石油和化学工业原料多元化提供了重要的技术支撑。

第三,围绕发展战略性新兴产业,开发了一批化工新材料和高端专用化学品制备技术。研制了一批高附加值新产品,培育了一批新的经济增长点,为推动行业高端发展、差异化发展发挥了重要作用。其中,"高性能聚烯烃专用树脂制备关键技术开发"顺利完成,开发出多种高性能聚烯烃专用树脂并实现产业化。建成了相当于日本东丽T300和T700级碳纤维和对位芳纶的产业化装置,建成了世界首套反式异戊橡胶(TPI)万吨级装置,实现了先进复合材料在航天、航空、基础工业及生物材料领域的应用。"新一代高性能苯乙烯类热塑性弹性体成套技术"获得2014年度的国家科技进步二等奖。研制出高性能乘用子午胎,滚动阻力达到欧盟B级水平。开发出低温混炼胶技术并成功推广应用,世界首套绿色制备颗粒再生橡胶成套技术装备实现工业化生产,有力提升了橡胶行业创新能力和绿色化水平。

第四,围绕建设资源节约型、环境友好型行业,研发了一批先进节能减排技术与工艺。积极推进清洁生产和循环经济,大力开发和应用节能减排新技术和新工艺，行业可持续发展能力明显提高。其中，"工业冷却系统高浓缩倍率工程化技术"成功开发与应用，建成高浓缩倍率节水示范工程115套，实现年节水近1亿吨。"化工行业氨氮废水减排及资源化利用关键技术开发与示范"项目实现年减排废水2180万吨以上、氨氮减排1.75万吨、化学需氧量减排1.75万吨。"可控结构吸附材料构建及控制油类污染物的关键技术"获得2014年度国家技术发明二等奖，成功解决了国际上控油污染吸附速度较慢的世界难题，参与处置了墨西哥湾、大连原油泄漏等30项突发性事故。

第五，围绕提高装备自主化水平，研制了一批重大技术装备。行业装备技术水平和制造加工能力显著提高，部分大型设备关键技术和制造加工能力达到了世界先进水平。其中，"超高压大功率油气压裂机组研制及集群化应用"在涪陵页岩气田形成了50亿立方米年生产能力，使我国压裂装备研制水平跻身世界领先行列。我国已经拥有世界先进水平的炼油全流程技术、乙烯成套技术，可以自主建设千万吨级炼厂、百万吨级乙烯生产装置，国产化率分别超过95%和80%。日处理煤量3000吨级以上大型煤气化装置、变换炉、低温甲醇洗、12万吨级大型空分、压缩机、百万吨级煤制油反应器、60万吨级甲醇制烯烃反应器等装备先后实现自主化，60万吨级合成氨合成装置也全部实现自主设计制造，无论单套装置生产能力还是技术水平均达到世界领先水平。

除上述五大领域已取得的创新成就之外，全行业还有一大批重大关键、核心技术正在酝酿着新的突破。特别是在聚氨酯新材料、膜分离技术和膜材料、高端合成树脂和改性材料、超高分子量聚乙烯技术、聚酯原料新技术、合成气直接制烯烃、高品质柴油技术、合成气直接制乙醇技术、甲烷制乙烯联产芳烃技术、甲醇蛋白技术、水性聚氨酯涂料新技术、节能环保新技术等领域，都有一大批、具有世界领先水平的创新成果即将破茧而出。更令人可喜的是一大批创新型企业正在体制机制创新方面呈现出破除顽疾痼疾的勇气和充满朝气的活力，全行业科技创新即将迎来又一轮"十月怀胎、一朝分娩"令人鼓舞的收获季节。

"十二五"行业科技创新取得的巨大成就,是党中央国务院正确领导、政府有关部门直接指导和大力支持的结果,是全行业科技人员深入钻研、勤奋工作、不懈奋斗、勇攀科学高峰的结果。特别是我们一直把建设产学研协同创新的技术创新体系放在行业科技工作的重要位置,在重点技术和产品领域搭建了一批科技创新平台,培养了一批高层次科技创新人才,企业、高校、科研院所的联合攻关能力显著增强,为行业科技创新取得一系列重大突破提供了坚实保障。回顾和梳理"十二五"期间取得的重大科技成果,绝大多数都是通过产学研合作实现的,行业创新平台发挥了不可替代的重要作用,这是我们在推进行业科技创新实践中取得的一条十分宝贵的经验。五年来,全行业依托23家企业,分别建设了国家重点实验室,48家企业被认定为国家级企业技术中心,34家企业被认定为国家技术创新示范企业,发改委共认定19家国家地方联合工程实验室和工程研究中心;石化联合会在全行业先后认定了18家重点实验室、15家工程实验室、15家工程研究中心、121家技术创新示范企业,组建了12个产业技术创新战略联盟,其中新一代煤化工、染料、轮胎等联盟被科技部认定为国家(试点)产业技术创新战略联盟。国家级和行业级创新平台在运行机制上基本一致,已经成为行业科技创新的主力军和主要载体。行业级创新平台是国家级创新平台的预备和补充,石化联合会通过行业级创新平台建设,不断提高行业创新能力和创新水平,为争取建设更多国家级创新平台创造条件。近期,在联合会推荐下,万华化学、金发科技通过了国家发改委、教育部、科技部、国家知识产权局等九部委组织的评审,入选了"国家第一批创新企业百强工程试点企业"。这2家企业一直是行业创新平台建设的积极参与者和承担者,而且在全国首批入选的9家企业中,石化行业占据了2家,位居各行业前列,充分说明我们推进行业创新平台建设是卓有成效的,是符合当前科技创新发展形势和要求的。"十三五"时期,我们将继续发挥行业创新平台的重大作用,让创新平台承担更多的重大攻关任务,取得更多的技术领先的创新成果,为全行业结构调整、转型升级做出更多、更大的新贡献。

二、"十三五"行业科技创新工作面临的新形势

在历史发展的长河中,科技创新的基因很早就深深地扎根于我们祖先对客观世界的认识与改造中,我们祖先很早就创造了领先于世界的火药、印染和印刷术,古代科学家沈括在宋代就对石油有了初步认识。随着近代石油和化学工业的发展,范旭东、吴蕴初、侯德榜等近代化学工业的先驱,立志"实业救国"和"让科学在中国生根",在天津建立了最早的化工研究机构——黄海化学工业研究社,开启了我国化工企业技术研发的历史先河。特别是改革开放以来,石化行业率先提出了"科技兴化"等三大战略,开创了科技创新引领全行业快速发展的新局面,涌现出了闵恩泽、侯祥麟、陈冠荣等一批贡献卓著的科技大师。在经济转型的新时期,我国广大企业和科研院所依然不畏困难,始终坚持科技创新,为促进国民经济和社会发展作出了重要贡献。

当前,资源匮乏、粮食短缺、环境污染、气候变暖、人口老龄化等一系列问题给人类社会发展带来了全新的挑战。随着航天航空、电子信息、高速轨道、大飞机、核电以及深海工程等高新技术产业的发展,这些都比以往任何时候更加需要石油和化学工业科技创新的支撑。进入21世纪后,化学学科和化工技术的研究方法和研究手段也发生了重大变化,正在向更宽、更广、更深层次延伸,一些颠覆性、革命性的重大突破成为可能:一是科研人员对原子和分子等微观世界的认识更加深入,多层次分子间相互作用复杂化学体系的研究更为系统;二是实验仪器设备的分辨率、精度以及灵敏度不断提高,对物质结构和能量过程转化更易操控;三是信息技术与化工研发、制造过程日益融合,以绿色安全高效为主要特征的化学反应过程更趋完美。这些重大创新条件的变化,正在催生新一轮微化工技术、电化学技术、智能医药技术、分子设计技术、照明显示技术、生物化工技术、绿色制造技术等的重大突破,一批颠覆性的技术正在改变着我们的未来。面对这些新技术、新材料、新模式的挑战,为了把分散的创新资源有效协同起来,美国、欧盟等都在加强创新平台建设。比如,美国实施的《先进制造业伙伴关系计划》《材料基因组计划》等,通过建设国家"先进

材料创新合作平台",推动创新资源整合与共享,加快推进催化剂、工程塑料、高端聚烯烃树脂等新材料的研发与产业化;欧盟连续实施的"科研框架计划",把生物化工、膜材料、纳米材料与催化技术、流动合成反应技术等列为重点项目,组织成员国有关大学、科研机构和企业联合开展研发攻关。这些都说明,推动产学研加强合作,建设国家和行业创新平台,是当前科技创新的一种重要途径和手段,石油与化工领域科技创新的课题越来越多,舞台越来越广阔,前景越来越诱人,广大科研人员使命光荣、责任重大、大有可为。

经过几代石油和化工人的努力,我国已经成为世界石油和化学工业大国,2015年全行业主营业务收入达到13.14万亿元,位列世界第二位,其中化工行业主营业务收入达到8.84万亿元,位列世界第一,多种产品产量位居世界第一。但是,我国还不是石油和化学工业强国,总体上处于全球价值链中低端,根本原因就在于行业科技创新能力不强,一些关键核心技术受制于人,尤其是缺乏高质量、原创性科技成果。特别是在当前经济发展进入"新常态"的情况下,科技创新能力不强严重制约着行业转型升级,行业发展面临着一系列突出矛盾和问题:

一是传统产业产能过剩矛盾突出,高端专用和精细化工产品依赖进口。2015年,全行业进出口贸易总额5263亿美元,其中出口1820亿美元,贸易逆差高达1623亿美元。在进口产品中数量最多、价值最高的是高端、专用合成材料,而通用、低端合成材料产能则明显过剩,同质化竞争激烈。目前,传统产业产能扩张的趋势没有根本扭转,一些行业落后产能淘汰不下来,新增产能得不到有效控制,部分行业甚至有进一步加剧趋势。原油加工、烧碱、纯碱、氮肥、农药、电石、PTA、醋酸、聚氯乙烯等传统产业产能都面临较大的过剩压力。化工新材料、高端专用化学品、生物化工和节能环保等战略性新兴产业发展相对滞后,新的经济增长点培育较慢,行业正处在传统动能日益弱化,新动能尚未完全形成的转换时期,加强科技创新,加快培育战略性新兴产业已经成为培育发展新动能、形成竞争新优势的重要手段。

二是资源环境约束强化,安全环保形势十分严峻。石油和化工行业既是能源资源消费大户，也是排放大户，能源消费总量和"三废"排放量都位居工业部门前列。与发达国家相比，单位产品平均能耗和废弃物排放量都比较高，资源利用效率偏低。一方面，原油、天然气、天然橡胶、硫黄、钾肥等重要原材料长期依赖进口，对外依存度持续升高。2015年，我国原油净进口量达到3.4亿吨，为世界第二大原油进口国，对外依存度超过60%；天然气净进口590亿立方米，对外依存度达到32.7%。预计到2020年，我国石油和天然气对外依存度将分别增至67%左右和40%以上，对国家能源安全带来挑战。另一方面，部分主要污染物排放总量居高难下，环境约束日趋严峻，行业节能减排任务十分艰巨。危险化学品泄漏、爆炸、污染等重大安全事故仍时有发生，给人民生命财产造成很大损失，社会上"谈化色变"心理严重，行业实现安全发展、绿色发展任重道远。

三是全员劳动生产率较低，国际竞争力不强。全员劳动生产率是衡量企业或者行业经济活动效果的一个综合性指标，既与成本和效益紧密相连，又体现科技发展水平。与跨国公司相比，我国石油和化工企业全员劳动生产率普遍较低，主要原因在于技术水平不高和职工人数较多。特别是近年来，由于受劳动力结构变化、资源环境约束强化以及国际金融危机影响，我国石油和化工企业成本上涨较快，效益增速持续下降，部分企业甚至陷入长期亏损，面临生存困境。2015年，全行业百元收入成本达到84.1元，比2010年增长4%；平均利润率为4.8%，比2010年下降3.4百分点。由于产品的技术水平和附加值较低，企业和行业的市场竞争力较弱，针对我国化工产品的反倾销、反补贴、保障措施以及技术壁垒、绿色壁垒等国际贸易保护主义进一步抬头，给企业造成重大损失。同时，美国、欧洲、日本等地的企业依靠技术优势，中东地区依靠资源成本优势，纷纷把我国作为目标市场，优先考虑、加大布局，对我国石油和化工企业带来很大挑战。

因此，在"十三五"时期，石化行业必须要在技术创新体系建设上有一个大的提升，在科技创新能力上有一个大的跨越，在研发成果水平上有一个大的突破。要通过行业创新平台建设，全面推动创新驱动发展战略的实施，尽快改变全行业供给结构不适应需求结构的现状，全面提升全行业的竞争优势和发展质量，迈出由石油和化工大国向强国跨越的坚实步伐。我们相信，通过全行业创新平台建设，将基础研究和应用研究连接起来，将大专院校、科研院所和企业的研发力量组织起来，将传统产业转型升级和战略性新兴产业培育结合起来，"十三五"将有可能成为行业发展历史上创新成果最为丰富、创新发展最为强劲的五年，将会成为转型升级、结构优化最为显著的五年，将会成为创新体制机制、创新人才活力最为活跃的五年。

三、深入实施创新驱动发展战略，努力打造一批充满活力、具有领先水平的行业创新平台

中共中央、国务院5月19日印发的《国家创新驱动发展战略纲要》提出了"三步走"的发展战略：第一步，到2020年进入创新型国家行列，基本建成中国特色国家创新体系，有力支撑全面建成小康社会目标的实现；第二步，到2030年跻身创新型国家前列，发展驱动力实现根本转换，经济发展水平和国际竞争力大幅提升，为建成经济强国和共同富裕社会奠定坚实基础；第三步，到2050年建成世界科技创新强国，成为世界主要科学中心和创新高地，为我国建成富强民主文明和谐的社会主义现代化国家，实现中华民族伟大复兴的中国梦提供强大支撑。

实现"三步走"的战略目标，关键要坚持走中国特色自主创新道路。习近平总书记在全国科技创新大会讲话中指出，"实现'两个一百年'奋斗目标，实现中华民族伟大复兴的中国梦，必须坚持走中国特色自主创新道路，面向世界科技前沿、面向经济主战场、面向国家重大需求，加快各领域科技创新，掌握全球科技竞争先机❶。"习近平总书记的重要讲话和《国家创新驱动发展战略纲要》为石油和化工行业科技创新工作指明了方向，提出了新的重大任务和更高要求。

"十三五"时期，石油和化工行业要按照《国家创新驱动发展战略纲要》和《"十三五"石油和化学工业科技发展指南》的目标要求，遵循

---

❶ 参考人民网2016年5月31日人民日报《全国科技创新大会两院院士大会中国科协第九次会国代表大会在京召开　习近平发表重要讲话》，编者注。

"市场有需求、研究有基础、突破有可能"的原则，重点在能源新技术和新能源技术、化工新材料、精细与专用化学品、现代煤化工和节能环保五大领域，积极培育和组建一批突破型、引领型、平台型一体的国家级和行业级创新平台。国家级创新平台主要承担国家重大科技任务，为国家经济建设和行业创新发展提供支撑。行业级创新平台对影响行业发展的关键技术问题开展攻关，为行业转型升级、培育新的经济增长点提供支撑。在积极组建两级创新平台的同时，大力推动企业创新能力建设，培养一批具有国际竞争力的创新型企业。通过这样一批充满活力、各具特色、技术领先的创新平台，突破一批制约行业发展的重大关键技术，加快行业结构的优化升级，初步扭转科技创新以跟踪为主、关键核心技术长期受制于人的被动局面，努力为实现到2020年进入创新型国家行列的战略目标，做出石化行业的积极贡献。

"十三五"期间，这五大重点领域创新平台的主要任务是：

能源新技术和新能源技术创新平台要以解决我国能源资源瓶颈，保障国家能源资源安全为目标，努力开发深层、深水、低渗等低品位油气资源勘探开发新技术，进一步提高资源的采收率。大力开展页岩气、煤层气、致密油、生物质能源、氢能等非常规油气资源勘探开发技术攻关，加快新能源开发和利用。到"十三五"末，突破一批世界级能源新技术和新能源技术，大幅提高页岩气等新能源在能源供给中的比重。

化工新材料创新平台要以满足国民经济对高端材料、特种材料的需求为目标，重点发展工程塑料、功能膜材料、特种纤维、生物降解塑料、热塑性弹性体、无机化工新材料以及合成树脂、合成橡胶、高分子复合材料等高端材料的制备技术。到"十三五"末，攻克一批世界级先进技术，在部分领域达到国际领先水平，大幅提高关键材料的国产化率，提高在国家重点工程中的应用比例。

精细和专用化学品创新平台要以实现差异化、精细化、高端化为目标，重点开发电子化学品、水处理化学品、高性能催化剂、特种添加剂、黏合剂、表面活性剂、溶剂以及高性能涂料、染料等制备技术。到"十三五"末，研发一批先进适用、附加值高的精细和专用化学品技术，显著降低对进口产品的依赖，大幅提高精细和专用化学品在行业结构中的比重。

现代煤化工创新平台要以实现煤炭资源清洁高效利用为目标，大力开发先进大型煤气化技术、煤制高附加值化学品和能源产品技术、低阶煤清洁高效转化技术等关键核心技术，取得一批世界级成果并实现产业化，继续保持现代煤化工领域的国际领先水平与地位。到"十三五"末，建成一批世界领先水平的现代煤化工升级示范项目和现代煤化工基地，使煤炭转化率、能耗物耗指标和废弃物排放水平进一步降低，具有与石油化工相当的竞争力。

节能环保创新平台要以提高行业绿色发展水平为目标，重点攻克油品及大宗化工原料绿色制备技术、"三废"排放与资源化技术、土壤修复技术、高效节能技术、CO_2捕集封存利用技术等长期困扰行业发展的重大技术难题，取得一批世界级科技成果，在行业内广泛推广应用。到"十三五"末，节能环保产业规模进一步扩大，在行业内比重显著提升，支撑传统产业升级改造成效明显，行业能耗和排放主要指标显著下降，绿色可持续发展能力显著增强。

建设行业创新平台是一项系统工程，需要全行业进一步提高认识、精心谋划。为此，石化联合会编制了《"十三五"石油和化工行业创新平台建设规划方案》，对创新平台建设的目标、内容、重点领域以及有关保障措施进行了初步规划和安排，下午还要向大会做说明，征求大家的意见和建议。这里，我仅强调几个需要重点关注问题。

一是要紧紧围绕国家重大需求确定主攻方向。在五大领域中，每一领域都有不同方向、不同重点的创新平台。每一个具体的创新平台都要赋予不同的创新任务，都要有明确的目标，都要以国家重大需求为导向，找准主战场，明确主攻方向。有的要瞄准制约行业发展的基础性、共性技术开展攻关，有的要以解决制约重大产品生产制造的关键技术开展攻关，有的要重点开发节能减排技术，促进行业绿色发展。企业、科研院所、高校等各类创新主体要结合自身实际，选择能够最大限度发挥自身专长和优势的平台，把有限的人力物力集中起来干大事、求突破，力争在"十三五"时期取得一批革命性、颠覆性的科技成果，在若干领域由跟跑、并跑提升到领跑，不断创造新技术、新产品和新需求，推动行业加快向价值链高端迈进。

二是要遵循科技创新规律提高创新能力。科技创新有自身要遵循的规律，要加强基础前沿和战略高技术研究攻关，加强基础研究和应用研究之间的衔接互动，力争取得一批原始创新成果，在部分关键领域引领国际研究方向。要加强学科交叉与融合，集成跨学科、跨领域的优势力量，有重点地发展一些新的前沿领域，形成一批新的生长点，特别要在化工新材料、新能源、环保、生物、催化等领域，为产业技术进步积累原创资源，提高行业自主创新能力。在创新平台建设中，要把发挥优势、多出成果摆在第一位，我们既要注意发挥大专院校、科研院所的科研优势，又要发挥企业的转化优势，更要发挥好协同配合的整体优势。不同的平台探索不同的组织方式，提倡该牵头的单位大胆牵头，该配合的单位自觉配合，不能都当主角。

三是要培养造就一批科技创新领军人才。建设创新平台，人才是根本。拥有世界级水平的科学家，才能取得世界级科研成果。要围绕重点领域和创新方向，加大培养力度，为科研人员创造良好的科研环境，提供优良的软硬件设施，营造宽松的科研氛围，鼓励创新、宽容失败，帮助和支持科研人员，特别是青年科技人才脱颖而出，造就一批世界水平的科技领军人才和高水平创新团队。要进一步完善人才培养、使用、评价和激励机制，突出对人才实际能力、创新业绩、创新潜力的考察，对取得重大创新突破的优秀人才予以行业表彰、奖励和宣传。

四是要建立充满活力的体制机制。要以目标为导向，加强绩效管理，建立知识产权利益分享机制，鼓励创新平台各方积极创造和运用知识产权，按照科技创新贡献分享研发成果，探索在平台内部建立知识产权保护机构和维权机制，保障平台各方的合作权益。要积极与研发设计、工程施工、设备制造等单位开展合作，鼓励民间资本向已经进入中试的重大项目投资，助力科技创新完成"最后一公里"，加快向现实生产力转化。建议政府积极借鉴国际经验，争取财政资金向中试倾斜，对产业化给予财政、税收、金融等政策扶持。

五是要把科学普及工作摆在重要位置。习近平总书记指出，"科技创新、科学普及是实现创新发展的两翼,要把科学普及放在与科技创新同等重要的位置❶。"对石化行业来说,加强科学普及工作尤其重要。由于多种原因,造成当前公众对化学工业缺乏了解,在特定情况下产生"谈化色变"的误解,对行业健康发展带来不小的负面影响。石化全行业包括企业、高校、科研院所,以及广大科技工作者都要把普及科学知识、弘扬科学精神、传承科学思想作为我们的重要责任,把公众更深入、更全面了解化工、认知化工作为我们的重要任务,通过举办讲座、培训班、开放日、媒体宣传等各种手段和途径,传播化工知识、普及化工常识,讲述化工对社会的贡献,为行业发展营造良好的舆论氛围。

六是要加强科技创新平台管理与服务。联合会作为行业创新平台的组织者,要做好管理和服务两方面工作。根据不同平台的性质和任务,建立合理的动态考核评价体系和优胜劣汰的管理运行机制,实行开放式、动态化的行业管理方式,密切跟踪创新平台运行情况,及时了解存在的困难和问题,发挥好桥梁纽带作用,要在项目申报、验收、评奖以及标准制修订等方面给予有力支持,并积极争取政府的政策支持,为创新平台建设提供主动优质的服务。

"科技是国之利器,国家赖之以强,企业赖之以赢,人民生活赖之以好。"回首过去,我们在科技创新道路上奋起直追、执着前行,谱写了一篇篇不甘落后、敢于攻关、勇于争先的光辉篇章,逐渐缩小了与国际先进技术水平的差距,为建设世界石油和化学工业大国,满足国民经济和社会发展的需要,作出了突出贡献。展望未来,我们将迎来科技创新的又一个春天!推进行业创新平台建设恰逢其时、大有可为,企业、科研院所和高等院校以及广大科技工作者都要做科技创新的弄潮儿,积极主动地把握新的历史机遇,以只争朝夕、奋发有为的精神,投身到建设石油和化学工业强国的宏伟事业中来!

我们深刻认识到,当今的世界"不创新不行,创新慢了也不行"。创新,石油和化工行业在行动!石油和化工行业在快速行动!我们正在用创新的实际行动,来开创和迎接中国石油和化学工业的更加美好和辉煌的未来!

---

❶ 参考人民网2016年5月31日人民日报《全国科技创新大会两院院士大会中国科协第九次会国代表大会在京召开 习近平发表重要讲话》,编者注。

全面落实创新驱动发展战略
努力推进行业科技创新工作跃上新台阶*

一、当前行业科技创新面临的形势

进入21世纪以来，以智能、绿色、泛在为特征的群体性技术革命将引发国际产业分工重大调整，颠覆性技术不断涌现，正在重塑世界竞争格局、改变国家力量对比，创新驱动成为许多国家谋求竞争优势的核心战略。在经济全球化和社会信息化的背景下，国际制造业竞争日益激烈，对先进制造技术的需求更加迫切。石油和化学工业作为国民经济最重要的支柱产业之一，产业科技创新面临着全新的形势。

一是创新驱动作为国家战略赋予石油和化学工业光荣使命。自党的十八大提出实施创新驱动战略以来，党和国家已连续出台文件意见，强化推动创新驱动战略落实。党的十八届五中全会，提出了创新、协调、绿色、开放、共享的发展新理念。2015年5月，国务院颁布了《中国制造2025》，明确了创新驱动、质量为先、绿色发展、结构优化、人才为本的基本方针，提出了要全面推行绿色制造，要推进石化化工等传统制造业绿色改造，给石化化工行业提出了明确的目标要求。五大工程中，工业强基工程提出，要加大基础专用材料研发力度，提高专用材料自给保障能力和制备技术水平。对关键基础材料的突破提出了明确的时间表，这将有力推

---

* 这是2016年12月3日，在石化联合会科技奖授奖大会上的讲话。

动化工新材料的发展。绿色制造工程中节能环保技术的应用，以及大气、水、土壤污染源头防治都将为化工新材料产业发展带来巨大的市场空间。2016年5月，党中央国务院印发了《国家创新驱动发展战略纲要》，提出了强化原始创新，增强源头供给；加快工业化和信息化深度融合，把数字化、网络化、智能化、绿色化作为提升产业竞争力的技术基点，构建结构合理、具有国际竞争力的现代产业技术体系的重点任务，成为建设创新型国家的纲领性文献。石油和化学工业科技创新具有了前所未有的宽松环境和利好政策，这些政策既赋予了石油和化工行业光荣使命，又为我们加快推进行业创新发展、绿色发展，加快行业转型升级，实现从石油化工大国向石油化工强国转变提供了十分有利的条件。

二是供给侧结构性改革为行业科技创新注入新动力。2016年1月26日下午在主持召开中央财经领导小组第十二次会议上，习近平总书记强调，供给侧结构性改革的根本目的是提高社会生产力水平，落实好以人民为中心的发展思想。要在适度扩大总需求的同时，去产能、去库存、去杠杆、降成本、补短板，从生产领域加强优质供给，减少无效供给，扩大有效供给，提高供给结构适应性和灵活性，提高全要素生产率，使供给体系更好适应需求结构变化❶。石油和化学工业供给侧结构性改革，在"去产能、去库存、去杠杆、降成本、补短板"5大任务中，最重要的是去产能、降成本、补短板，就是要大力推进产品的结构性调整、降低生产成本和推动绿色生产，而要实现以上目标的关键要依靠科技创新：通过科技创新开发出适应市场需求的高附加值、高性能、专用产品，尽量补齐短板，满足需求；通过科技创新开发和推广先进生产工艺，降低能耗、消耗等，提高经济效益；通过科技创新开发绿色生产工艺、清洁生产工艺，减少三废排放。石油和化学工业的供给侧结构性改革对科技创新提出迫切需求，也将会注入强大动力。

三是国家科技体制改革对石油和化工行业创新机制提出了新要求。国务院于2014年12月印发的《关于深化中央财政科技计划（专项、基金等）

---

❶ 参考人民网2016年1月26日新华社《习近平主持召开中央财经领导小组第十二次会议》，编者注。

管理改革方案的通知》中强调,改革要遵循转变政府科技管理职能、聚焦国家重大战略任务、促进科技与经济深度融合、明晰政府与市场的关系、坚持公开透明和社会监督五条基本原则,要强化顶层设计、打破条块分割、改革管理体制、统筹科技资源,加强部门功能性分工。明确政府各部门不再直接管理具体项目,充分发挥专家和专业机构在科技计划项目管理中的作用。根据方案给出的时间表,经过三年的改革过渡期,到2017年,将全面按照优化整合后的五类科技计划(专项、基金等)运行。这些改革,要求石油和化工行业相应地完善科技创新的体制机制。特别是国家重点研发计划专项,是改革的重中之重,也是五类计划中启动最早的一项改革,计划所涉及的领域和重点任务与石油和化工行业密切相关,对石油和化工行业创新机制提出了新要求。这就需要我们联合会充分发挥组织协调能力强的优势,同时要创新组织和协调机制,加强调研,充分整合行业创新资源,组织行业内有优势的企业、科研院所、院士专家和科技带头人从基础理论研究、关键技术突破到产业化应用示范进行全链条的设计和开展协同创新,力争突破一批制约行业发展的关键共性技术,取得一批重大科技成果,抢占一批科技制高点。

四是石油和化工行业科技创新面临诸多挑战。我国石油和化学工业规模总量已居世界前列,行业整体技术水平显著提高,装备条件大为改善。但总体来看,产业大而不强,整体竞争力较弱,在国际竞争中仍然处于产业链和价值链的中低端;产业结构不合理,高端不足、低端过剩的弊端尚未明显缓解。主要表现为:①企业科研投入不足。2014年全行业科研投入占主营收入的比重不足1%,而发达国家则达到3%～5%。②基础性研究和共性技术开发工作薄弱。目前,我国拥有的化工关键共性技术与发达国家相比存在着较大差距。如分离技术总体落后国外10年左右。③产学研用结合不紧密,应用研究不够重视,科研成果工业化、产业化程度较低,成果转化率不到30%。工艺技术与装备技术开发脱节,特别在技术集成、工程成套设备方面,仍以跟踪模仿为主。④前瞻性研究落后,原始创新能力较弱。在农药、染料、氟硅材料等竞争性行业,创新能力薄弱的问题尤显突出。

面对新形势、新任务,行业科技创新既面临重要战略机遇,同时也面临严峻挑战。为此,我们必须抓紧当前宝贵的机遇期,努力做好行业的科技创新工作,大力实施创新驱动发展战略,为行业转型升级提供强有力的科技支撑。

二、"十三五"行业科技创新的重点任务

"十三五"行业科技创新的主要思路是:"围绕'产业链'和'价值链'部署'创新链',围绕'创新链'完善'资金链'",重点突破一批关键技术、研制一批高端产品、实施一批创新工程、组建一批高水平创新平台,实现行业科技创新由跟随型向并行与领先方式转变,推动行业供给侧结构性改革和健康可持续发展。要重点要做好以下四方面工作:

一是开发和推广一批先进生产技术,为产业结构调整、提高行业的经济效益和绿色生产水平提供支撑。首先要重点攻克一批研发有基础、突破有可能、技术先进的补短板技术,其中包括己二腈生产技术、氢化丁腈橡胶生产技术、高峰度^{13}C同位素制备技术、航空子午胎产业化关键技术、高性能氯碱离子膜制备技术、高性能碳纤维(T700以上级别)工程化关键技术、聚碳酸酯工业化生产技术和高端功能膜材料制备技术等。其次要开发一批高性能化、专用化技术,通过各种手段提高产品性能,满足应用需求,并针对具体应用对象或领域,开发专有特性的产品。"十三五"期间,我国石化行业将在通用树脂高性能化技术、高端通用合成橡胶专用牌号及合成新技术、高端通用合成纤维及合成新技术、茂金属聚乙烯、长纤维增强热塑性塑料新型加工与改性技术、特种纤维高端产品及工程化关键技术方面取得突破。此外,行业还要突破一批降成本和绿色化技术,通过采用新的过程强化和清洁生产技术,降低产品的生产消耗、能耗,使产品生产过程绿色、高效、环保。

二是不断加强科技创新体系建设,建设一批高水平产学研用创新平台,抢占一批"科技制高点",为行业培育新的经济增长点提供支撑。构建完善的石油和化学工业科技创新体系,是做好行业科技工作的基础保障。要遵循"市场有需求、研究有基础、突破有可能"的原则,重点在能源新技术和新能源技术、化工新材料、精细与专用化学品、现代煤化

工和节能环保这五大战略性新兴产业领域中,积极培育和组建一批突破型、引领型、平台型一体的国家级和行业级创新平台,大幅提升自主创新和成果转化能力,重点围绕市场有需求、研发有基础、突破有可能的重大关键技术,集中力量开展协同攻关,把制高点技术的突破与行业新的经济增长点紧密结合,为行业的科技创新提供支持。在积极组建两级创新平台的同时,大力推动企业创新能力建设,培养一批具有国际竞争力的创新型企业。通过这样一批充满活力、各具特色、技术领先的创新平台,突破一批制约行业发展的重大关键技术,加快行业结构的优化升级,初步扭转科技创新以跟踪为主、关键核心技术长期受制于人的被动局面,努力为实现到2020年进入创新型国家行列的战略目标,做出石化行业的积极贡献。

　　三是全面推进科技人才队伍建设,着力培养创新领军人才,为行业科技创新提供人才保证,提升行业整体创新能力。自主创新呈现出来的是产品,但产品的背后是技术,技术的背后是人才。在石油化工强国的建设过程中,需要各个层次的领军人才、高层次技术开发创新人才和高技能人才队伍。加大人才培养力度,合理使用科技人才,大胆使用青年拔尖人才,为优秀人才脱颖而出、人尽其才创造更加良好的体制机制将是行业人才建设的重点。要全面贯彻党和国家"尊重劳动、尊重知识、尊重人才、尊重创造"的政策方针,切实把科技人才队伍建设作为推进行业科技创新的第一要务,纳入行业和企业的发展规划,并作为硬任务加以落实。要紧密围绕产业发展需求,提出科技人才跟进的措施办法,加大创新型科技人才、中青年创新型领军人才、高技能人才的培养工作。

　　四是加快构建行业科技工作新格局,不断提升服务能力水平。推进行业科技创新是一项长期任务,也是一项系统工程,需要行业上下齐心合力,协同共进。当前,在行业转型升级与协会脱钩改革的新形势下,构建行业科技创新工作新格局已成当务之急。要努力创新工作方式和工作模式,着力构建更加科学有效的工作体系。坚持继承与创新相结合,有效发挥我联合会和系统单位、行业企事业单位的资源优势,努力构建综合与专业配套、点与面结合、分工合作、互利共赢的科技工作格局。在信息沟通、研发交流、资源共享、成果推广应用等方面相互支持，合力促进行业科技进步。要注重加强调查研究，加强与相关政府部门的沟通联系。积极反映行业和企业诉求，争取将行业和企业的科技需求纳入国家和部门相关计划，争取更多的政策支持。强化成果转化应用，推动科技成果转化为现实生产力。成果奖励是手段，将成果转化为现实生产力才是最终目的。只有将科技成果转化到生产实践中，其对经济增长的巨大推动作用才能发挥出来。同时，要继续做好服务政府的工作，积极参与规划制修订、承接专题课题、及时有效地建言献策、购买政府服务，为宏观决策提供有力支撑。要加强专业技术领域、跨行业、跨领域的技术交流活动。建立健全行业信息沟通渠道，依托行业创新平台、产业技术联盟等，探索协同创新的新机制和新途径。

全面落实"十九大"会议精神
引领石油和化工科技创新迈入新时代*

一、行业呈现良好发展态势,科技创新助力供给侧结构性改革成效显著。

2017年以来,我国石油和化学工业经济运行稳中向好、稳中提质,主营业务收入、经济效益、对外贸易等主要经济指标均达近6年来最高增速,出现了转折性的可喜变化。总体来看,全行业收入增长加快。1~10月,石油和化工行业规模以上企业29161家,石油和化工行业主营业务收入11.86万亿元,同比增长16.5%。其中,化学工业主营业务收入8.03万亿元,同比增长14.9%,比1~9月加快0.4个百分点;炼油业主营业务收入2.79万亿元,增幅21.9%,加快0.6个百分点;石油和天然气开采业主营业务收入7413.3亿元,增速19.3%,减缓1.2个百分点。与此同时,效益持续向好。1~10月,石油和化工行业实现利润总额7301.2亿元,同比增长52.4%。分行业看,石油和天然气开采业利润总额412.4亿元,上年同期亏损420.0亿元;炼油业利润总额1630.7亿元,同比增长21.0%;化学工业利润总额5115.1亿元,增幅36.8%。石油和化工行业当前的良好发展态势,既得益于国际国内经济形势的好转,更得益于全行业持续推进供给侧结构性改革。

供给侧结构性改革的核心在于通过科技创新来提高全要素生产率。一

---

* 这是2017年12月11日,在石化联合会科技奖授奖大会上的讲话。

年来，全行业积极推进以企业为主体、产学研相结合的创新体系建设，企业研发投入持续增加，科技资源配置进一步优化，围绕战略性新兴产业开展创新，一批重大关键技术成果实现突破，新的经济增长点加快形成，行业的高端供给进一步增加。2017年的获奖项目中涌现出一批支撑战略性新兴产业发展的技术成果。

在能源新技术和新能源技术方面，获得科技进步特等奖的"非常规油气专用钻井液新技术及工业化应用"经十余年持续攻关，发明了完全自主知识产权的非常规油气专用钻井液，在4个国家24个油田规模应用2053口井，并被国际著名专业化公司引进，近三年创直接经济效益90.97亿元。获得技术发明一等奖的"非均相复合驱大幅度提高石油采收率的理论与实践"已成为聚合物驱后油藏大幅度提高石油采收率的"杀手锏"技术，推广应用潜力巨大。获得科技进步一等奖的"川东地区龙马溪组页岩气富集机理与勘探区带评价"为国家"十三五"页岩气发展规划和战略选区提供了依据。

在化工新材料方面，获得技术发明特等奖的"高效晶硅太阳能电池表界面调控关键技术与应用"使得我国高效晶硅电池生产技术国际领先，为我国光伏产业发展和国际地位的提高起到巨大促进作用。金发科技股份有限公司开发的"半芳香尼龙PA10T聚合新技术-固相悬浮聚合技术"打破了PA10T材料国外产品的垄断局面，突破了国外相关技术壁垒，带动了国内汽车、电子电器、航空航天等行业的发展，该技术获得技术发明一等奖。

在精细和专用化学品方面，获得技术发明一等奖的"基于工业特性的高选择性生物催化剂高效创制与应用"，开发的脂肪酶、氧化还原酶等技术研究成果的整体技术达到国际领先水平，对于推动我国生物催化剂生产制造及应用行业的产业化进程具有重大意义。获得科技进步一等奖的"酶催化生产烟酰胺及吡啶产业优化技术"打破了国外的技术垄断，吡啶碱类产品生产规模全球最大，市场占有率达到35%～40%。

在现代煤化工方面，内蒙古荣信化工有限公司和华东理工大学等单位开展产学研合作开发的"日处理煤3000吨级清洁高效水煤浆气化技术"，建成了世界首套单炉日处理煤3000吨级多喷嘴对置式水煤浆气化工业示范装置,实现了装置的"安、稳、长、满、优"运行,奠定了我国在水煤浆气化技术领域的国际领先地位。陕西延长石油集团开发的"煤、油、气合成工艺综合集成优化开发及工业应用",打破了传统煤化工、石油化工和天然气化工的单一模式,实现了多种资源的优势互补与产业深度融合,开创了资源清洁转化和石化原料生产多元化的新途径。这两项技术均获得科技进步一等奖。

在节能环保方面,中国石油天然气股份有限公司石油化工研究院等单位合作开发的"环保型液化气深度脱硫成套技术开发与工业应用",从源头遏制了碱渣的产生,减少其作为危险废物的环境污染。大连理工大学等单位开发的"膜法高效回收与减排化工行业挥发性有机气体"实现了化工行业VOCs的综合回收和达标排放,成为化工行业高效回收乙烯、丙烯等VOCs的标配,市场占有率超过90%。这两项技术均获得科技进步一等奖。

此外,全行业积极构建自主知识产权体系,知识产权保护意识和核心竞争力不断增强。据我们统计,2017年授奖的175项成果共获授权发明专利2219件(其中国际专利55件),平均每项获奖成果获授权发明专利11.9件。

总之,在党中央、国务院的正确领导下,在科技部等政府部门的大力支持下,2017年行业科技工作取得了较大的成绩,在一些关键领域实现了重要突破,缩小了与国外先进水平的差距,部分领域甚至实现了赶超,这是广大科技工作者和企业家们不懈努力、顽强拼搏的结果。

二、行业科技创新工作面临的新形势

当前,世界新一轮科技革命和产业变革孕育兴起,抢占未来制高点的国际竞争日趋激烈,创新驱动成为许多国家谋求竞争优势的核心战略。2016年10月和2017年3月,我率团到德国、美国和日本考察了赢创、巴斯夫、陶氏、三井化学等12家著名跨国公司创新发展的现状和未来趋势。在考察中,我们深切感受到德国、美国、日本石化企业都把创新发展的重点放在对未来需求的预测上。在创新发展的战略和理念上,德美日企业都在追求三个重点方向：一是把创新发展的重点放在未来技术的制高点上；二是把创新发展的重点放在终端市场的需求上；三是把创新发展的重点放在舒适生活的追求上。

我国石油和化学工业规模总量已经居世界前列，行业整体技术水平显著提高，装备条件大为改善。但总体来看，产业大而不强，整体竞争能力较弱，在国际竞争中仍然处于产业链和价值链的中低端；产业结构不合理，高端不足、低端过剩的弊端尚未从根本上缓解。"创新是引领发展的第一动力，是建设现代化经济体系的战略支撑。"党的十九大吹响了加快建设创新型国家的强劲号角。行业科技创新既面临着重要战略机遇，同时也面临着严峻挑战。为此，我们必须抓紧当前宝贵的机遇期，努力做好行业的科技创新工作，大力实施创新驱动发展战略，为行业转型升级提供强有力的科技支撑。

三、新时代赋予石油化工行业科技工作者新任务

党的十九大报告指出，经过长期努力，中国特色社会主义进入了新时代，这是我国发展新的历史方位，新时代的主要矛盾已经转变为人民日益增长的美好生活需要和不平衡不充分的发展之间的矛盾。从辩证的角度看，矛盾另一方面也预示着机遇。为了解决这个矛盾，在这个新时代，需要的是行业企业及时进行调整，根据消费需求的变化，提供更加优质、个性化的产品来满足人民群众对美好生活的需要。从这个意义上说，我们必须要大力推动科技创新，通过创新来解决发展中的矛盾。

第一，要加速提升企业和行业创新能力，加快培育行业转型升级新动能。当前无论是传统产业的产能过剩，还是战略性新兴产业的发育缓慢，一个重要的原因都可以追溯到创新能力不足这个最终根源上。创新能力不仅是当前产业结构优化和生产要素升级的重要动力，而且也是今后保持中国经济活力和竞争优势的持久动力。2016年4月26日习近平在视察中国科技大学时明确指出："我国经济发展进入新常态，必须用新动能推动新发展。要依靠创新，不断增加创新含量，把我国产业提升到中高端"[1]。在低

---

[1] 参考新华网2016年4月27日《创新，在总书记心中如此重要》，编者注。

油价、产能过剩、需求不足、环境约束加大等多因素作用的新常态下，石油和化工行业如何寻求"新动能"、发掘"新动能"、运用"新动能"，并以此推动行业新发展成为当务之急。我们要在能源新技术和新能源技术、化工新材料、高端精细化学品、现代煤化工和节能环保五个重点领域取得一批制高点技术的新突破，培育一批行业新的经济增长点，实现行业发展动能的真正转变。

第二，要继续深化供给侧结构性改革。石油和化学工业是经济社会发展的重要基础，是供给侧结构性改革的重要领域，是培育壮大新动能的重要支撑。在供给侧结构性改革过程中的主要任务是大力推进产品的结构性调整、降低生产成本和推动绿色生产，而实现以上目标的关键要依靠科技创新。通过科技创新开发出适应市场需求的高附加值、高性能、专用产品，尽量补齐短板，满足需求；通过科技创新开发和推广先进生产工艺，降低能耗、消耗等，提高经济效益；牢固树立"绿水青山就是金山银山"的绿色发展理念，围绕重点行业的突出资源环境问题，大力开展高效节能、先进环保、资源循环利用等关键领域科技创新，为行业转型升级和绿色发展提供支撑。

第三，要顺应技术潮流和市场要求，建立产学研深度融合的技术创新体系，实现创新方面的优势互补。互联网、大数据、人工智能等数字技术的出现，正在而且将持续颠覆传统的消费方式、生产方式与管理方式。在数字经济中，消费者对产品的功能与质量要求越来越高，柔性生产、定制化的趋势不断加强，产品的更新换代不断加速，这对创新的速度提出了更高的要求。要围绕产业技术创新链进行分工合作，有效衔接，实现优势互补和强强联合。要发挥市场在资源配置中的基础性作用，保障创新要素的合理流动，提高资源的使用效率，实现科技引领、壁垒突破、跨界联合，建立行业共性技术平台，提高产业总体竞争力，推动石油和化学工业转型升级。

第四，全面推进科技人才队伍建设，着力培养创新领军人才，为行业科技创新提供人才保证，提升行业整体创新能力。创新驱动实质上是人才驱动。谁拥有一流的创新人才，谁就拥有了科技创新的优势和主导权。党的十九大报告明确要求，培养造就一大批具有国际水平的战略科技人才、科技领军人才、青年科技人才和高水平创新团队。在石油化工强国的建设过程中，需要各个层次的领军人才、高层次技术开发创新人才和高技能人才队伍。企业的员工人人都是创新者，每一个人身上都有创新的DNA，每一个人都可以成为成功的创新者，关键要看如何培养他们的创新能力，如何激发他们的创新激情，如何挖掘他们创新潜力。有远见的企业家，对企业人才的培养必须要舍得投入、舍得下功夫、还要有长远的眼光和扎实的措施，用培训来提高员工创新的能力，用组织来调动员工创新的热情，用实践来建设创新的团队，用激励来培育创新型人才。联合会通过推荐申报国家科技创新人才计划、杰出工程师等，以及奖励优秀创新团队、青年突出贡献人才、行业优秀科技工作者等活动，积极引导行业科技创新人才的培育和成长。鼓励科研机构和企业引进海外顶尖人才和团队进入行业创新平台工作，鼓励其以合作研究、学术交流、技术培训、工作任职等形式为我国石油和化工行业服务。

全面开创石油和化学工业创新发展的新时代*

60年沧桑岁月，巨化经历了社会主义建设和改革的不同发展阶段，战胜了不同时期出现的重大风险挑战，取得了辉煌的发展成就，已经成为我国化学工业发展的一个代表和缩影。研究和总结巨化60年发展经验，对于我国化学工业推进供给侧结构性改革，加快转型升级，由化学工业大国向强国跨越，具有重要的意义。

回顾巨化集团60年来的发展历程，它在艰难曲折、破旧立新中经历了三个重要的发展阶段，对我国石油和化工行业做出了三方面的重要贡献：

第一，为我国建立比较完善的基础化学工业体系，满足国民经济和社会发展的需要，发挥了重要作用。巨化集团是根据毛主席的指示，于1958年在浙江创建的第一个大型化工联合企业。到二十世纪八十年代末，巨化集团已发展了化肥、电石、氯碱、硫酸等基础化学工业，成为国内基础化工领域的佼佼者，为促进我国工农业发展，满足人们快速增长的生产生活需求，做出了重要贡献。

第二，为发展我国氟化工产业，促进和满足人们的消费升级，加快建设小康社会，发挥了重要作用。20世纪末到21世纪头二十年，我国进入了全面建成小康社会的新阶段，巨化集团在国内率先进军氟化工领域，建成了国内最大的氟化工生产基地。其中，氟化工制冷剂处于全球龙头地位，

---

* 这是2018年5月11日，在浙江巨化集团公司创新大会上的讲话。

国内市场占有率排名第一；新型食品膜材料（PVDC树脂）国内领先，规模居全球前列；肠衣膜PVDC树脂占有国内60%以上的市场份额，实现了大规模进口替代。此外，还在石化新材料、精细化工、节能环保等技术和细分市场领域处于国内领先地位，为丰富市场产品，促进产业升级，满足人们消费升级需要，做出了重要贡献。

第三，为实施《中国制造2025》，组织开展电子化学新材料等核心关键技术攻关，发挥了重要作用。"十三五"以来，我国深入实施《中国制造2025》，大力推进制造业强国建设。其中，电子化学新材料是化学工业和集成电路产业发展的短板，是卡脖子的关键核心技术之一。近几年，巨化集团先后牵头成立了中国电子化工新材料产业联盟、电子化学材料产业发展平台、中巨芯科技有限公司等，标志着巨化集团进入了集成电路发展的国家队序列，正在努力为突破国外对电子级化学材料的垄断做出新的贡献。

经过多年努力，巨化集团已打造出氟化工、电子化学材料、氯碱化工、石化新材料等四条上中下游齐全配套、一体化发展的产业链，构筑了协同发展的产业集群，初步形成了"一体两翼、多轮驱动"的产业发展格局，培育了具有自身特色的竞争优势，这为巨化集团在新时代建设具有全球竞争力的世界一流企业，实现新的跨越式发展奠定了坚实的基础。

党的十九大指出，"发展是第一要务，人才是第一资源，创新是第一动力。"因此，没有创新就没有发展，更不会有高质量的发展。2018年以来，美国发起对我国的贸易摩擦并不断升级，其目的就是为了压制我国的技术创新和高端制造业，特别是针对中兴的制裁，凸显了关键核心技术的极端重要性。习近平总书记多次强调，核心技术是国之重器，互联网核心技术是我们最大的"命门"，核心技术受制于人是我们最大的隐患[1]。前不久，习近平总书记在武汉视察时再次强调，"核心技术、关键技术、国之重器必须立足于自身"；科技攻关也要这样做，要摒弃幻想靠自己"[2]。

近年来，我国石油和化学工业技术创新取得显著进步。特别是

---

[1] 参考人民网2016年4月19日人民日报《习近平：在网络安全和信息化工作座谈会上的讲话》，编者注。

[2] 参考新华网2016年4月26日《习近平考察武汉，强调要充分发挥人才优势》，编者注。

"十三五"以来，我国石油和化学工业在创新、协调、绿色、开放、共享新的发展理念指引下，经济结构和发展质量正在发生着巨大而深刻的变化，一批事关重大发展战略的核心技术取得突破性进展，为加快行业动能转换，实现绿色可持续发展发挥了重要作用。

"十三五"以来中国石油和化学工业的创新发展成就主要表现在以下五个方面：

一是在能源领域，油气勘探开发和页岩气等新能源技术的突破，极大地提高了我国能源安全的保障能力。中国石油长庆油田在特低渗透油田勘探开发技术突破的基础上，使长庆油田年产量突破5000万吨（油气当量），成为我国第一大油田之后，又借鉴国内外最前沿技术，结合鄂尔多斯盆地致密油储层实际，先后探索形成了水平井优化布井技术，为稳产5000万吨资源接替打下了坚定基础；中国石化在涪陵开发了中国首个、也是世界最大的页岩气田——涪陵页岩气田，使我国成为北美之外首个实现规模化开发页岩气的国家；中国海油南海高温高压钻井技术攻克了深海钻井世界级关键技术难题，使我国成为南海周边家唯一具备独立开展深海高温高压天然气勘探开发能力的国家。2017年我国原油产量1.92亿吨，天然气产量1500亿立方米，比上年增长9.5%。2017年6月，中国在南海海域可燃冰连续试采31天的新突破，又为世界新能源技术的创新作出了中国独特的贡献。

二是在化工新材料领域，一批尖端技术的突破极大地提升了我国高端化工新材料的竞争能力。烟台万华集团在持续研发的基础上，又成功开发出了第6代MDI新技术，使产品的质量、收率、消耗又上了一个新台阶。还推出了"十年磨一剑"的具有自主知识产权的PC新技术，年产7万吨PC的产业化装置生产出了优秀的PC产品，受到用户的高度好评。大连理工大学领衔完成的高性能碳纤维复合材料构件加工技术，为我国航空航天高端装备研制生产作出了重要贡献。中复神鹰集团完成的干喷湿纺碳纤维生产技术，成功建成了国内第一条千吨级规模T700/T800碳纤维生产线。青岛软控集团充分发挥产学研联合的优势，开发出了具有天然橡胶属性的异戊橡胶，填补了我国橡胶产品的一个空白。鲁西集团是一个化肥企业，在"坚持化肥，走出化肥"的结构调整升级中，建成了单套规模最大、技术领先的年产40万吨己内酰胺、40万吨尼龙6生产线。在消化吸收国外先进技术基础上，开发建设了具有自主知识产权、国内首套光气界面缩聚法年产6.5万吨聚碳酸酯生产装置。一批尖端技术的突破，正在开创我国化工新材料蓬勃发展的春天。

三是在现代煤化工领域，一批具有自主知识产权核心技术的突破，极大地开拓了碳一化学发展的新未来。现代煤化工技术中国始终走在世界前列，在最新技术创新中有五大新的亮点：一是先进煤气化技术的大型化和长周期运行。华东理工大学、兖矿集团合作开发的日处理煤3000吨级超大型多喷嘴对置式水煤浆气化技术，是目前世界上单炉规模最大的水煤浆气化装置。航天长征化学工程股份有限公司设计生产的日处理煤2000吨级粉煤加压气化炉（航天炉），创造了当今世界运营工业气化装置的最长运行记录，单台气化炉运行记录为421天。神华宁煤自主研发的日投煤量2500～3000吨级的大型干煤粉加压气化技术（神宁炉），获38项专利，已向美国等国内外公司技术许可23台。清华大学、山西清洁能源研究所联合开发的水煤浆水冷壁废锅煤气化炉技术（晋华炉）是世界首套水煤浆水冷壁直连辐射废锅的煤气化工业装置，为化工、电力、燃气、供热多联产提供了技术支撑。二是煤炭液化技术向规模化、高效化发展。神华集团100万吨/年煤直接液化、中科合成油公司开发的400万吨/年煤间接液化装置，多项技术指标都达到全球先进水平。内蒙古伊泰集团在原有煤间接液化产品的基础上，扩充了稳定轻烃、正构稳定轻烃、液体石蜡、费托软蜡、费托精制蜡等产品路线，实现了产品向化工原料应用的高端拓展。兖矿榆林100万吨/年煤间接液化项目开发出低温费托合成工艺，生产的柴油选择性比国内已有技术高30%以上。三是煤制烯烃、芳烃技术实现了多项新的突破。中科院大连化物所包信和团队利用"纳米限域催化"新概念，创造性地实现了甲烷在无氧条件下一步生产乙烯和芳烃等高值化产品。北京大学中科院山西煤化所研究团队和厦门大学研究团队，继合成气直接制烯烃后，又在合成气直接制芳烃方面取得成功。四是通过与传统产业耦合，开创了绿色低碳、循环经济发展的新模式。延长集团靖边煤油气资源综合利用项目开发了"原料碳氢互补"技术，有效解决了煤制甲醇"碳多氢少"和天然制甲醇"氢多碳少"的矛盾，实现了碳氢互补和化石原料多元化生产，开创了绿色低碳、循环经济发展的新模式。五是煤制乙醇、CO_2加氢制汽油技术的突破，开辟了新能源和精细化工产品的新空间。中科院大连化物所正在开发的4种煤制乙醇技术，分别处在工业化、工业示范、工业性中试和侧线单管放大实验阶段。其中与江苏巨翔化工集团合作开发的醋酸-丙烯酯化加氢制异丙酸和乙醇技术，已在凯凌（张家港）化工有限公司建成30万吨/年工业化装置；与延长集团联合开发的合成气制乙醇成套工业技术，已在兴平化工厂建成全球首套10万吨/年乙醇工业示范装置。由中科院大连化物所孙剑福、葛庆杰研究院团队开发的具有完全自主知识产权的CO_2加氢制汽油产业化项目启动，实现了CO_2直接加氢制取高辛烷值汽油的技术新突破。中国现代煤化工的技术创新和突破，极大地开拓了C_1化学的新境界。

四是在节能环保领域，一批先进实用技术的突破，极大地提高了我国石油和化学工业绿色发展的水平。为了贯彻落实十九大精神和绿色发展理念，我们在全行业全力开展了五项重点工作：一是制订发布了《行业绿色发展整体行动计划》，在全行业扎扎实实推行了行业绿色发展六大行动计划。二是在全行业大力推广了一批成熟的绿色工艺和共性节能工艺技术，使全行业绿色工艺和节能水平上了一个新的台阶。特别是大幅度削减CO_2、SO_2、氮氧化物、过氧化氢排放工艺技术、磷石膏、电石渣等大宗工业固体废物综合利用技术等。三是一批环保技术正在形成突破之势。南京工业大学乔旭副校长团队通过4年时间的持续攻关，开发了一种临氧裂解技术，即在常压下，在反应温度300℃左右，通过催化剂使大分子有机物断裂，有效处理气、液、固三相有机废弃物，最终将有机废物转化成CO_2和水，实现达标排放。目前，这项技术正在进行1万吨中试装置的试车。石化行业还有相当一批这样的环保技术正在破茧而出。四是制定了行业"责任关怀"工作路线图，并发布了行业"责任关怀"白皮书。五是培育了一批行业绿色发展的先行典型，如中国石化镇海炼化公司、鲁北化工集团和唐山三友化工股份公司等。通过这五项重点工作，行业节能、节水、低碳、绿色发展的水平有了很大提升。

五是在创新组织领域，创新平台建设的突破，极大地提高了我国石油和化学工业产学研紧密结合的创新能力。"十三五"期间，我们高度重视行业创新平台建设和创新能力提升。2017年石化联合会又批准成立了9家行业创新平台，使行业创新平台总数已达80家（自2012年至今），还批准成立了一批重大技术和重点领域的创新联盟。2017年石化联合会同国家重点化工院校建立了信息沟通机制，还正在筹备建立校企技术市场合作机制。新组建成立了由103人组成的联合会专家委员会，充分发挥行业专家的智库作用，行业创新能力得到显著提升。

2018年1月8日，在中共中央、国务院召开的2017年国家科学奖励大会上，石化行业共有46项科技成果获得国家大奖，占全部271个奖励项目中的16.9%。在46个获奖项目中，获得技术发明一等奖2项，获得科技进步奖6项。

虽然我国石油和化工行业技术创新进步显著，但也要看到仍有不少尖端技术还未掌握，与世界石油和化学工业大国的地位不相符，与建设世界石油和化学工业强国的目标要求也还有不小差距。特别是美国、欧洲、日本、韩国等传统石化产业强国正在推进新一轮科技革命和产业变革，我国石化产业的技术创新必须要提速加快，创新水平必须要向高端迈进提升。

首先，石油和化学工业是国民经济重要的能源原材料产业、基础产业，也是经济强国的战略性产业。2017年，美国天然气产量达到7452亿立方米，为世界第一产气国。2018年以来，在页岩油快速增长的推动下，美国石油产量每天超过1000万桶，年底有望每天超过1100万桶，成为世界第一大产油国。美国化学工业产值位居世界第二，销售收入占全球销售收入的16%。日本化学工业产业产值占全部制造业的13%左右，特别是在精细化工、化工新材料等领域居世界领先地位，是日本战略性产业。德国化工业是德国继汽车、机械制造业之后的第三大工业部门，产值占全部工业的10%。化学工业都是世界经济强国的战略性产业。正是因为石油和化学工业在国民经济中的重要地位，世界主要经济体都把发展石化产业作为战略重点，加大投入和研发力度，力争在新一轮科技革命和产业变革中抢占先机和竞争制高点。

其次，发展石油和化学工业对制造业拉动作用十分显著。化学具有从分子水平改变物质结构的优势，是创造新物质和新应用的基础学科。化学工业是把能源和矿物质转变为能被其他工业利用的基础工业。石油天然气行业的突破，必然带来化学工业的繁荣与发展，化学工业的繁荣与发展也必然带动整个制造业的发展。以美国为例，美国页岩气革命，使美国实现了能源独立，改变了全球油气能源的生产和消费格局。最重要的是，美国凭借重大技术发明，特别是能源利用技术、生产流程与工艺方面的革新对产业升级起到了极大的拉动作用，实施"再工业化"，选定了新能源、新材料、精密仪器、运输工具及电子产品等行业，作为其制造业复兴的主要突破口。"页岩气"革命就是范例。早在1982年，美国就开始了页岩气的探索性开采，经过二十余年的努力，终于掌握了成熟的页岩气开采技术，为美国天然气和石油工业带来了一次革命。2000年，美国页岩气产量只有110亿立方米，在天然气总产量中仅占1.6%。在新开采技术的助推下，2017年美国的页岩气在天然气总产量中占比超过60%。同时，美国页岩油产量也达到石油总产量的60%。

在页岩油气爆发式增长的背景下，特朗普支持化石能源发展的政策——优先能源计划随之推出，促使美国的石油和化工行业加大资金投入，化工行业得到了快速发展。特朗普政府还做出了一系列决定，包括签署行政命令恢复两大油气管道项目、暂停对天然气生产中甲烷排放的限制等。这样的政策引领加上市场需求强劲增长驱动，美国掀起了新一轮石化项目建设潮。2016年4月，美国化学理事会（ACC）宣布，"美国丰富的页岩气已使美国成为世界上最有吸引力的投资国，美国化工业正处于历史性的投资和扩张浪潮中。"截至2016年年底，基于丰富的天然气、液化天然气和页岩气为原料的美国化学工业投资已达1640亿美元，共涉及264个项目，包括乙烷蒸汽裂解制乙烯、丙烷脱氢制丙烯（PHD）、天然气蒸汽转化制甲醇及甲醇制烯烃（MTO、MTP）、天然气蒸汽转化制合成氨/尿素等。这些项目预计可带来每年1050亿美元的化学品产出，还可提供70多万个工作岗位。美国基础化学品产量增速预计从2016年的1.3%大幅提升至2017年的4.2%，随着新建产能的陆续投产，2018年和2019年美国基础化学品产量将以年均逾6%的速度增长。

石化产业的快速发展以及科技创新的加快，将为航天航空、新材料、生物医药、电子信息等先进制造业提供有力支撑，同时也会促进农业的转型和发展。根据美国的一份关于化学工业发展的报告，美国将技术创新重点放在化学合成及催化、生物过程与生物技术、新材料技术、过程科学与工程技术、信息技术应用与先进制造技术等领域，为美国再工业化和保持制造业世界领先位置发挥重要作用。

第三，我国石油和化学工业是国民经济的重要的能源原材料产业和战略性产业，对推进落实《中国制造2025》具有重要意义。2017年，我国石油和化工行业规模以上企业29307家，主营业务收入13.78万亿元，比上年增长15.7%；利润总额8462.0亿元，同比增长51.9%，分别占全国规模工业主营收入和利润总额的11.8%和11.3%。以石化化工为主的原材料行业利润增速高于整个利润增长的一倍以上，是我国工业2017年利润增长的主要动力，拉动整个工业利润增长超过10个百分点。特别是在《中国制造2025》中，化工新材料占有重要地位。美国对中兴挥舞制裁大棒，使我们进一步认识到芯片对整个制造业的重要性，尖端核心技术受制于人，将严重阻碍我国工业化进程，是"卡脖子"的关键核心技术。高端化工材料对制造芯片至关重要，生产半导体芯片有19种必需的材料，缺一不可，且大多数材料具有极高的技术壁垒，因此半导体材料企业在半导体行业中占据着至关重要的地位。而日本企业在硅晶圆、合成半导体晶圆、光罩、光刻胶、药业、靶材料、保护涂膜、引线架、陶瓷板、塑料板、TAB、COF、焊线、封装材料等14种重要材料方面均占有50%及以上的份额，日本半导体材料行业在全球范围内长期保持着绝对优势。比如信越化学，全球70%的半导体硅材料，都是由其提供的。因此，石油和化学工业在中国建设制造业强国具有十分重要的地位和作用，巨化集团在这方面具有较强的优势和发展空间。

除化工新材料之外，我国石油和化工行业还在PPPE大型挤压造粒机、加氢反应器、粉体加工机等核心关键装备以及专用精细化工品等领域受制于人。因为不掌握这些领域的核心技术，我们就没有主动权可言。只有把核心技术掌握在自己手中，才能真正掌握竞争和发展的主动权，才能从根本上保障行业安全和国家经济安全。我们"不能总是用别人的昨天来装扮自己的明天。不能总是指望依赖他人的科技成果来提高自己的科技水平，更不能做其他国家的技术附庸，永远跟在别人的后面亦步亦趋"。

我国宏观经济已经进入了一个新的时代，创新是新时代的根本要求。企业创新、行业创新已经成为新时代的主旋律，在全社会创新的大潮中，我国国有企业、民营企业和外资企业的创新，正在形成一股强大的变革力量。创新战略、创新重点、创新方式、创新组织、创新投入都在发生着一系列的巨大变化。创新正在开创着我们人类、开创着新时代的中国、开创着每一个企业的下一个未来。

根据《中国制造2025》和《行业发展"十三五"规划》，我国石油和化工行业在"十三五"时期，深入贯彻全国科技大会和习近平总书记系列讲话精神，坚持把实施创新驱动发展战略摆在行业发展的核心位置，以国家重大需求为牵引，坚持面向世界科技前沿，坚持面向行业转型升级主战场，在能源新技术和新能源技术、化工新材料、高端精细和专用化学品、现代煤化工、节能环保五大领域建设一批充满活力、具有领先水平的国家级与行业级创新平台，突破一批制约行业发展的"卡脖子"重大关键技术，加快实现科技创新由"跟跑""并跑"到"领跑"的新局面。

能源新技术和新能源技术创新平台以解决我国能源资源瓶颈，保障国家能源资源安全为目标，努力开发深层、深水、低渗等低品位油气资源勘探开发新技术，进一步提高资源的采收率。大力开展页岩气、煤层气、致密油、生物质能源、氢能等非常规油气资源勘探开发技术，加快新能源的开发和利用。到"十三五"末，突破一批世界级能源新技术和新能源技术，大幅提高页岩气等新能源在能源供给中的比重。

化工新材料创新平台以满足国民经济对高端材料、特种材料的需求为目标，重点发展功能膜材料、工程塑料、特种纤维、电子化学材料、生物降解塑料、热塑性弹性体、无机化工新材料以及合成树脂、合成橡胶、高分子复合材料等高端材料的制备技术。到"十三五"末。攻克一批世界级先进技术，在部分领域达到国际领先水平，大幅提高关键材料的国产化率，提高在国家重点工程中的应用比例。

精细和专用化学品创新平台以实现差异化、精细化、高端化为目标，重点开发电子化学品、水处理化学品、特种添加剂、黏合剂、表面活性剂、溶剂以及高性能涂料、染料等制备技术。到"十三五"末，研发一批先进适用、附加值高的精细和专用化学品技术，大幅降低对进口产品的依赖，树立一批具有显著影响力和竞争力的国际品牌。

现代煤化工创新平台以实现煤炭资源的清洁高效利用为目标，大力开发先进大型煤气化技术、煤制高附加值化学品和能源产品技术、低阶煤清洁高效转化技术等关键核心技术，取得一批世界级成果并成功实现产业化，继续保持我国在现代煤化工领域的国际领先水平与地位。到"十三五"末，建设一批现代煤化工升级示范项目，并成功实现商业运行，能耗物耗和废弃物排放进一步降低，具有与石油化工相当的竞争力。

节能环保创新平台以提高行业绿色发展水平为目标，重点攻克油品及大宗化工原料绿色制备技术、"三废"排放与资源化技术、土壤修复技术、高效节能技术CO_2捕集、封存、利用技术等长期困扰行业发展的重大技术难题，取得一批世界级科技成果，在行业内广泛推广应用。到"十三五"末，节能环保产业规模进一步扩大，在行业内比重显著提升，支撑传统产业升级改造成效明显，行业能耗和排放主要指标显著下降，绿色可持续发展能力显著增强。

未来，是人类最美好、最具憧憬吸引力的追求。其实未来并不遥远，未来就在今天的现实之中，今天是未来的起点，未来是今天的延长线。创新的未来，必定是不一样的今天。根据行业"十三五"科技发展规划纲要，到"十三五"末，我国石油和化工行业将突破20～30项制约行业发展的重大关键共性技术，抢占一批世界科技制高点；自主研制10～15套大型成套装备，行业整体技术水平进入世界先进行列；在重点行业组织推广先进适用技术20项，实施节能减排重大技术示范工程10项；组建20～30个各行业重点实验室、工程实验室和工程中心以及一批产业技术创新联盟；建成一批国家级创新平台，其中，构建2～3家国家创新中心；培养和造就一支结构优化、布局合理、素质优良的创新人才队伍，适应从世界石油和化学工业的大国向强国跨越的战略需求。

世界化学工业创新发展趋势考察报告*

2016～2018年间，我先后考察了陶氏、亨斯迈、壳牌、霍尼韦尔、KBR、UOP、巴斯夫、赢创、科思创、汉高、科莱恩、三井化学、三菱化学和日本高化学等19家著名跨国公司创新发展的现状和未来趋势。深切感受到美国、欧洲和日本的石化公司都在全力以赴地加大研发投入，明确未来的创新方向，加快产业结构调整的步伐，培育和抢占一批未来创新发展的制高点。全球石油和化学工业创新发展呈现出一系列新变化、新趋势和新成果，值得我们高度重视和关注。

一、世界化学工业创新发展的五大新趋势

（一）把创新发展的重点放在未来技术的制高点上

欧洲、美国和日本石化企业都在按照未来需求的预测，集中精力加紧研究一批未来新的经济增长点技术，抢占未来技术的制高点，抢抓未来发展的先机。欧洲、美国和日本公司关注的焦点主要在以下四个方面：

一是**甲烷制乙烯技术**。美国页岩气革命，带来了天然气化工的热潮。天然气化工技术的突破，将对全球化学工业发展的格局带来重大影响。在天然气化工技术突破中，甲烷制乙烯技术、乙烷制乙烯技术值得高度关

---

* 这是2019年3月25日，在西安交通大学校庆报告会上的讲话稿。

注。2015年美国巴西石化公司投资1500万美元，产能1吨/天的小试装置成功投产，标志着世界上首套甲烷氧化耦联（OCM）直接制乙烯技术获得成功。目前该公司正在进行14万吨/年中试和40万吨/年工业装置的试车。与传统的石脑油裂解制乙烯相比，甲烷制乙烯不仅成本低、温室气体排放少，除了节能，经济价值高外，乙烯还可以进一步转化为液体燃料，提高整个产业链的经济价值。目前，美国天然气价格仅为3.2～3.5美元/MBTU（按现在的汇率，每立方米天然气约合0.78～0.85元人民币），这项技术的突破，将会给全球乙烯的生产带来新的颠覆和新的希望。

大连化物所包信和团队也攻克了"甲烷无氧制烯烃和芳烃的技术"。这是一条与美国天然气制烯烃工艺不同的新工艺。与传统工艺相比，该技术彻底摒弃了高投入、高耗能的合成气制备过程，大大缩短了工艺流程，反应过程实现了二氧化碳零排放，碳原子利用效率达到100%。这也是一项"即将改变世界"的新技术，是又一个具有里程碑意义的创新突破。

除此之外，乙烷脱氢、丙烷脱氢工艺目前正在不断改进工艺、改进催化剂，乙丁烷脱氢生产乙丁烯、正丁烷脱氢生产正丁烯的技术也日渐成熟，天然气化工领域出现了一系列技术突破的可喜局面。

二是人工光合成技术。日本政府投入了145亿日元，计划利用10年的时间，采用光分解和分子筛技术，首先从水中分解出氢气和氧气，再用分子筛将氢气和氧气分开，在催化剂的作用下二氧化碳与氢气反应，合成乙烯、丙烯和甲醇，为CO_2的资源化利用创造出一个循环利用的新技术。这项研究正在三菱公司和东京大学等单位联合开展。研究的目标是，光转化率达到10%，目前已经达到3%。利用太阳能和水制氢，这是最理想的一种氢能源循环体系，对世界化学工业来讲，这是一个具有战略意义的研究课题。我们在日本三菱化学看到了这套人工光合成技术的小试装置。如果这项研究取得突破，将会为人类利用太阳能分解水、再同CO_2综合与循环利用提供一条全新的道路。三菱化学董事长告诉我们：太阳能分解水技术将会是化学工业技术的又一尖端突破，将会为化工原料制造开创又一个新纪元。

三菱化学还利用这一技术，开发出一种全封闭的"植物工厂"技术。

在一个封闭的集装箱式"工厂"内，利用LED光源提供人工阳光，通过模块化播种和种植，在光合作用下，植物通过营养液吸收养分，实现连续收割。"工厂"通过空气净化系统与外界相通，为植物提供空气。这些植物不仅可以源源不断地为人们提供绿色、无污染的蔬菜，还可以批量提供生物基工程塑料的原料。"人造阳光""人工光合成"以及"植物工厂"这三个过程，既相互独立，又相互关联，这样就形成了一个十分完整的"碳循环"过程。

三是CO_2利用新技术。全球气候变暖，不少人都把罪名强加在CO_2头上。无论证据是否准确，但我们都认为CO_2是一种被人误解、误判的资源。如何充分利用好CO_2，跨国公司都在深入开展研究。科思创公司董事长唐纳德告诉我，科思创公司目前正在酝酿两大技术的研发突破：一是CO_2利用技术，目前他们已经有一套利用CO_2生产多元醇的小规模中试装置。这套中试装置运行结果令人鼓舞。二是利用太阳能制氢技术。目前科莱恩和德固赛正在研究开发一个令人关注的新技术，即利用二氧化碳与氢气反应制甲烷。由科莱恩负责提供新型催化剂，德固赛负责工艺开发，现已有一套正在运行中的中试装置（在法兰克福附近）。科莱恩还正在利用政府资助（1亿欧元）资金，开发二氧化碳与氢气生产甲醇的技术。赢创公司还给我们展示了一种新的分离膜，这种膜可将生物沼气中的CO_2同CH_4分离，不仅分离成本很低，而且分离效果可达98%。跨国公司一致认为，CO_2是一种很有利用价值的资源，CO_2的利用是一件很浪漫的事情，关键要看我们能否尽快找到这种资源利用的技术和途径。

四是原油直接制化学品技术。在目前全球炼油能力过剩，成品油生产效益递减的形势下，原油直接制化学品（COTO）技术又成为炼油业发展的新趋势。当前，从原油直接生产烯烃和芳烃等化学产品，而不是通过乙烷或石脑油为原料的裂解或重整工艺来生产烯烃和芳烃，成为石油和化学工业又一个高端突破的新技术。埃克森美孚集团是原油直接制化学品技术的领头羊，目前他们在新加坡裕廊岛有一座年产100万吨的原油直接制乙烯装置，这套装置运行良好。埃克森美孚还准备在2025年以后再建两个以上新裂解装置。这一新技术，不仅可以减缓炼油能力过剩压力，还可满足全球化学品需求增长预期。埃克森美孚预测，到2025年化学品需求增速将超过全球GDP增速的1%。全球聚乙烯需求将增长35%左右，汽车和家电行业对聚丙烯的需求将增长40%左右，对聚酯纤维原料对二甲苯的需求将增长35%。亚洲一些炼油厂同时拥有蒸汽裂解装置和对二甲苯（PX）装置，可使化工产品收率达到40%，不少企业预期未来这两个新技术，可使化工产品收率达到40%～80%。最近，沙特阿美和雪佛龙鲁玛斯全球公司也签署了联合开发协议，共同开发并商业化沙特阿美公司的热原油化学品技术，将建设一套年产470万吨的乙烯项目，预计化工产品收率可达72%，这将是目前全球正在运行的规模最大的蒸汽裂解装置的3倍。业内专家一致认为，COTO技术代表着炼油行业的未来。

（二）把创新发展的重点放在终端市场的需求上

美国陶氏化学CEO利伟诚先生曾经这样评价中国石油和化学工业："我们认为，中国的石油和化学工业基本上就是一个基础原材料工业，离终端市场太远。其实终端市场技术水平不低，经济效益不差。中国石油和化学工业的发展，应该大胆拥抱终端市场"。这次欧洲、美国、日本化学公司的考察，我们亲身感受到了他们开拓终端市场的能力，亲眼看到了他们追求终端产品的水平，也切身感受到了我们的差距。这些跨国公司都认为，当今世界，市场竞争优势的最高境界，就是为用户提供一揽子解决方案。

亨斯迈公司是全球最大的化工公司之一，是一个高端化学品国际制造企业，现共有五大业务板块：聚氨酯、专用化学品、先进材料、纺织印染化学品。每个业务板块都有几十种、甚至上万种产品。获得专利技术就高达4500多个，目前还有1500多个专利技术正在申请之中。亨斯迈在全球有三大研发中心，一个在美国、一个在比利时、一个在中国上海。他们创新发展的口号是：创无限，悦生活。就是要用化学工业创造无限的舒适生活。亨斯迈在上海的研发中心以MDI为原料，集中力量开发汽车轻量材料、食品软包装材料、无醛人造板材料和建筑管道材料，亨斯迈依靠这四大终端产品，开辟了巨大的消费市场，2018年公司的净收入又创历史新高。

巴斯夫建厂150年来始终依靠创新推动发展，创新是巴斯夫发展成功的唯一动力。巴斯夫在全球拥有10万名员工，其中研发人员达1万人。巴斯夫每年研发投入20亿欧元，但产品销售收入达100亿欧元。巴斯夫的创新主要集中在三大技术平台：一是化工工艺及化学工程研发平台（重点在德国），二是先进化工材料研发平台（重点在中国上海），三是生物、农业化学研发平台（重点在美国）。

陶氏每年研发投入16亿美元，全球有5.6万研发人员，总部研发人员就达7500人。我们参观了高通量合成材料实验室、液体流变实验室、涂料研发实验室和分析实验室等四个实验室。他们先进的研发理念、手段、研发队伍都给我们留下了深刻的印象。特别是他们对终端市场产品的追求，更给我们留下了极其深刻的印象。仅PE的终端产品就达几百种，薄薄的包装材料就有7层结构：保鲜层、杀菌层、防水层、结构层、印刷层等等，功能各异，特色鲜明。他们追求的就是新产品一定要比老产品更安全、更可靠、质量更好。

德国汉高公司，是一家具有一百四十多年历史（1876年建厂）的老企业，但在一百四十多年的发展历史中，他们只专注胶黏剂和洗涤剂两个市场，业务专一、技术专注，产品优势十分突出。目前公司销售额达200多亿欧元，息税前利润达34.61亿欧元，EBIT（息税前利润）高达17.3%，是全球最大的胶黏剂企业、全球第二大洗涤剂工厂。汉高公司在全球有188个生产基地，22个研发中心，而且管理层中女性占35%，每年新产品的比例占30%，同样的资源价值他们价值创造是别人的3倍。他们紧紧抓住生活领域、交通领域、通用工业领域和电子化学品领域等四大终端市场。目前汉高胶黏剂占全球市场的11%，是全球胶黏剂市场的领导者，在洗涤剂及家用护理以及化妆品/美容用品两大类业务中，也拥有一大批全球市场的领先品牌，汉高的优先股已列入德国DAX指数。

欧洲、美国和日本化学公司都认为，化学工业发展的根本目的是让人类生活更加精彩，为人类创造更加舒适的生活。

日本三井公司提出，"在生活的每一处都要创立和提供优质安全的化学品：食品包装、农业、汽车轻量化、健康管理、清洁环境、建筑材料，让人们生活的每一天都可以看到三井化学的产品"。同时，他们还提出了独具特色的研发理念:"用化学表达感觉,将感觉转变为体验,为舒适、新颖、便捷、丰富的生活,提供高端的化学产品。"在创新中他们倡导:"从一个化学反应开始,从一个小颗粒开始,从一片小薄膜开始,用化学表达感觉"。

我们参观的三井化学袖浦研发中心有6个研究所:合成化学研究所、高分子材料研究所、功能材料研究所、新事业开发研究所、生产技术研究所、高科技开发研究所。袖浦研究所地处美丽的东京湾,有7幢研发大楼,18栋实验室,占地面积相当于天安门广场的2/3,有1000多名研发人员。他们研发的产品让人眼花缭乱,渗透到终端市场的方方面面。特别是关系人们生活舒适的产品更是品种繁多、精益求精。比如,功能材料研究所,开发无数个与人们生活密切相关的高质量的小产品。在食品与包装材料方面,开发了保鲜膜、防腐膜、透明高阻隔性薄膜、超薄OPP保鲜膜等一系列多功能包装材料。在健康保健方面,他们开发的无纺布就有多种多样:纺粘和熔喷无纺布、富有柔软性和弹性高功能的纸尿布、高阻隔性"医疗无纺布"等等。在树脂加工技术方面,也是绝活不断:看书用的树脂放大镜、老年人"看远、看近"的多用途新型眼镜⋯⋯

德国科思创公司是从拜耳公司分离出来的一家新型化工材料专业公司。公司董事长告诉我们,他们从拜耳分离出来,就是要再培养一家世界级的化工新材料公司。科思创新材料研发的重点方向,集中在四大领域:食品保鲜包装材料、绝热绝冷保温材料、汽车轻量化材料和专用电子化学品材料。他告诉我,科思创公司仅食品保鲜包装材料,每年销售额就达近百亿欧元。中国有着13亿人口,如果能在食品包装材料上取得优势,每年的销售额将会是欧洲的几十倍。舒适生活是一个十分庞大,而且还是一个追求无止境的巨大市场。

在用化学创造舒适生活方面,跨国公司还有一个产业结构上的显著特点,就是把创新发展的重点和制高点都放在了医疗、保健和生命科学上。绝大多数跨国公司都在生命科学和医药研制方面投入了大量研发力量,加上互联网、机器人技术的应用,研发技术的积累,使我们既看到了化学工业在为人类健康、创造舒适生活方面的巨大贡献,又让我们看到了中国石油和化学工业在创新技术、产业结构方面的巨大差距。在创新发展、产业结构转型升级方面，我们必须要加力、加速、加油，必须要做出我们这一代人的贡献。

（三）把创新发展的重点放在安全环保的绿色发展方式上

随着社会进步和经济发展，人们对生活质量的追求越来越高，对生活环境的要求也越来越高。目前，世界各国已经出台了很多环境方面的政策、法规和新的市场机制，环境执法监管力度也在逐步提高，生产企业需要投入很高的成本来进行污染物处理排放以及缴纳碳排放税、环境税等。国际上环境税的种类繁多，目前英国开征的环境税税种就包括气候变化税、大气污染税、机场旅客税、购房出租环保税、机动车环境税、垃圾填埋税、石方税等。从中可以看出，环境税涉及大气污染、不可再生资源（煤、石油、天然气）以及垃圾和废水，开征范围非常广泛。中国在实践绿色发展方式上正在阔步前进，从新的《环境保护法》，到碳交易试点，再到蓝天保卫战等，中国政府正在开展一场环境治理的攻坚战。中国政府已经出台了非常严格的环保政策和监督管理机制，为实现绿色可持续发展提供政策保障。

从化工行业自身发展来看，在经济总量快速增长时期，确实对环境产生了一定的影响。但是，我们始终坚信化工行业不仅是污染的制造者，也必然是环境保护的治理者。解铃还须系铃人，化学工业天然有着可以从分子水平改变物质性质的本领，在保护生态环境，实现绿色发展方面将大有可为。目前中国在废物处理市场预计有数千亿的市场空间，近年来国家陆续出台了废物处理相关政策，为废物处理产业带来更多的宏观支持。例如废水处理、工业废水处理，市政污水处理工艺升级改造、污水处理工艺的优化控制等；固废处理，如垃圾无害化处理设施、餐厨垃圾处理、土壤修复市场和污泥市场、资源型废物回收利用等；废气处理，如减少大气悬浮颗粒物、废气脱硫脱硝处理、VOCs处理等。废物处理行业的快速发展将带动相关化工市场的需求增长，例如水处理化学品、废气处理催化剂、分离膜等市场。化工行业完全可以通过向环保相关化学品业务的延展赢得新的市场。同样，在节能领域也有广阔天地。根据研究，由于温室气体及污染物排放所造成的气候变化及相应灾害中大约有40%～70%是可以通过绿色发展模式有效避免的。通过生产流程管理和技术提升，化工企业可以提高生产转化率从而降低排放，以及提升能源利用效率。尽管这个过程在短期内会有阵痛，但在长期却可帮助企业更好地满足绿色发展要求。化工企业需要积极探索如何用低能耗的生产技术代替高能耗的生产技术，并且避免高污染的产品生产。低耗能的生产技术在世界各地已经有所发展，例如全国各地建成了多个高效的炼化厂，不仅利于油品的集中加工和利用、实现能量的高效合理利用和工艺流程的优化，节约安全环保设施的单位投入费用等，能够明显降低产品的生产费用，获得很好的经济效益，还可以实现节约用地、减少投资、节能减排的目标。世界上已经建成了多个炼化一体化基地，主要分布在日本东京湾、美国墨西哥湾、韩国蔚山、沙特阿拉伯朱拜勒和延布、新加坡裕廊岛等地。我国在长三角、珠三角等地也在加快建设炼化一体化产业基地。又例如，在生产技术上可用低耗能的离子交换法替代高耗能的隔膜法。

化学工业正处于转型升级关键阶段，绿色发展正在凝聚成为行业发展新动能，绿色产业已经站在技术创新的"风口"上。据统计，2018年中国生态环境保护和环境治理业投资同比增长高达43%。2018年前三季度，环保产业营业收入达1.06万亿元，同比增长17.7%。以第三方治理、环境管家服务等为核心的现代环境服务产业体系，加速形成。

（四）创新发展的重点放在传统能源的清洁高效利用和新能源的技术突破上

当今世界，全球新能源革命蓄势待发，发达国家正在加快科技创新和产业创新，不断抢占能源生产和消费革命的制高点，为全球应对气候变化、改善生态环境、走向绿色发展提供全新的解决方案。世界能源多元化发展趋势十分明显。一方面，化石能源资枯竭论已经离我们越来越远；另一方面，新能源技术的突破离我们越来越近。2006～2015年，全球可再生能源年均增长5.2%，远高于化石能源1.5%的增速。有专家预测，目前，世界能源发展正处于油气等化石能源向氢能等非化石能源的第三次转换期，能源类型由高碳向低碳、非碳发展。据预测，到2050年，天然气在能源消费结构中的占比将首次超过石油和煤炭，世界能源将迈入天然气、石油、煤炭和新能源"四分天下"的新时代。

近年来，特别是从2016年开始，国内外很多企业纷纷把新能源汽车技术突破作为一个战略方向。力度之大，速度之快，大大超出了人们的预期。

首先，不少国家纷纷发布了禁售传统燃油汽车的时间表，值得一提的是德国作为全球最有实力的燃油车生产国家，也将在2030年禁售传统燃油车，引起了全球业界的轰动。

其次，国际汽车巨头及零部件公司集体快速转向新能源汽车。沃尔沃、林肯、捷豹、路虎、大众、宝马、通用、福特和奔驰等一大批著名汽车品牌和生产企业都开始布局新能源汽车。丰田原来主要看重混合动力，2016年11月也成立了专门负责纯电动汽车设计和开发的部门，由丰田章男直接领导，计划到2020年建成并完善纯电动汽车的生产体系。为了迎接这一挑战，跨国公司纷纷在电动汽车，特别是在电池技术，如电池正负极材料、电解液、电池隔膜和大容量电池等方面下大功夫，都力争在充电时间短、储能容量大、续航能力强上创造新的优势，目前不少跨国公司推出了充电时间20分钟、续航能力达到400公里的高能电池。

除此之外还有一些跨国公司在氢能汽车创新上下功夫。这些公司认为，氢能是能源问题的终极解决方向，也是未来最理想的能源。氢燃烧后唯一的产物是水，没有污染问题。而且氢的能量还远远大于煤、石油和天然气，1克氢燃烧能释放出142千焦的热量，是汽油发热量的3倍。而发展氢能最大的机会在汽车行业。新能源汽车的创新点在于动力电池，一个是锂电池，一个是燃料电池（现在主要应用氢能）。动力电池的好处就在于将现有的发动机变为电动机，整个产业链的能源转化率大大提高。而燃料电池能量转换效率是唯一不受卡诺循环限制的链条。世界各国已经在氢能利用方面开展了各种探索。目前，氢能已小规模应用于大型物流车、城市交通车、家用小汽车，甚至火车、自行车、航模、无人机等。氢能将在交通领域引领新能源汽车变革。据报道，日本、韩国已量产高压储氢技术氢能乘用车，更有日本大型连锁便利店与丰田汽车公司合作，计划于2019年推出氢燃料电池（FC）货车，建立"零排放"物流体系。在欧洲，德国已于2017年3月成功测试了世界上第一辆零排放氢动力火车——"氢铁"，并与法国阿尔斯通公司合作，于2021年建造氢动力驱动列车。2017年12月，法国圣洛市第一批氢能源电动自行车正式投入使用。

我到壳牌公司考察，壳牌公司的专家告诉我，未来能源的多元化发展趋势可能会保持相当长的一段时间，壳牌的能源战略是"多元选择、全面跟进、稳步推进、力求领先"。壳牌公司一直没有放松在原油、天然气方面勘探开发的力度，同时，他们也加大了在电力方面的能源转型。在巴西也建设了年产20亿升的甘蔗乙醇项目，在加拿大、美国和英国也积极推进氢燃料项目，他们希望到2035年能够将碳足迹减少20%，力争到2050年实现碳足迹减少一半的目标。

我国是能源生产和消费大国，我们在积极探索新能源的进程中不能掉队，在提升传统能源效率方面还要继续发力，"多元发展"是我国能源发展战略的正确选择。石油和煤炭目前仍然是我国能源消费的主体。2017年，我国一次能源产量中，煤炭占70%、石油占8%、天然气占5%、新能源占17%。中国煤炭资源丰富但油气相对不足的先天禀赋条件，决定了能源生产和消费必须具有中国特色的能源结构。因此，我们仍然要聚焦煤炭石油等化石能源，通过技术创新，实现化石能源的绿色高效利用，这是我们首先要解决而且是必须要解决的现实问题。可喜地是，通过近十年来的快速发展，我们不仅在化石能源资源深度勘探和绿色开采应用技术取得了进展，页岩气勘探开发、大型天然气液化、超低排放火电等领域的技术攻关和装备研发工作也取得了重大突破。尤其在煤炭分质利用以及现代煤化工方面已经处于世界领先地位。现在我们可以十分自豪地讲，通过石油化工生产的产品，我们都可以用煤炭生产！我们的煤气化核心装备已经出口到海外，占领国际市场。我国传统能源领域的发展为保障国家能源安全和推动能源清洁低碳转型提供了有力支撑。

另外，我们在新能源技术研发方面也要持续加快。目前，我国也在积极开展氢能利用的探索。国家能源投资集团有限责任公司牵头成立了中国氢能源及燃料电池产业创新联盟，国家能源投资集团、中国广核集团有限公司等能源企业将与浙江吉利控股集团、中国第一汽车集团有限公司、长城汽车股份有限公司等车企一同布局氢燃料汽车。

（五）创新发展手段同先进数字智能技术的紧密结合

跨国公司除了在创新发展的理念上超前之外，还有着十分先进的研发平台和与数字智能技术紧密结合的研发手段。为了拥有持续的核心竞争力，跨国公司都不惜巨资建立超强的研发机构，其研发机构都具有先进的研发平台、高水平的研发装备和大数据统领的智能系统。

*一是高强度的数据采集系统。*我们考察过的巴斯夫、赢创、科思创、陶氏化学、UOP、三井化学和三菱化学研发中心，都拥有高强度的数据采集手段。在高通量实验室，我们看到科研人员在机器人或机械臂的协助下，可以在短时间内完成大量的化学实验，由于机器人和机械臂可以24小时连续工作，实验仪器与设备都是标准化配备，可以完美结合、高效匹配，大大提高了实验效率和实验结果选择的范围。特别是在药品、化妆品、涂料、农药等产品领域样品分析和配方优选操作全部由机器人完成，科研人员集中时间和精力进行技术分析和结果研究，在成千上万个样品和配方中优选出的成果，研究水平、技术水平和产品质量都高人一筹。我们在陶氏化学涂料实验室，看到了涂抹在金属罐内壁的具有吸收声音和动能的涂料，还有同时具备易粉刷、易剥离的装饰涂料样本。这些高性能产品研发，都是建立在机器人和高效率分析仪器仪表基础上的。

*二是高水平的理化分析设备。*我们在陶氏化学、巴斯夫、UOP等跨国公司不仅看到了高通量实验室，而且还看到了高水平流体流变分析实验室。流变学是20世纪20年代新诞生的一个理论分支。学者在研究橡胶、塑料、油漆、玻璃以及金属时发现，材料的变化是有时间效应的。在外力的作用下，物体的变形和流动的研究，就形成了力学的一个分支：流变学。陶氏化学流体流变实验室成立于1987年，配备了多台价值上百万美元的世界独一无二的顶级设备，如5000万倍电子显微镜（价值250多万美

元），^{13}C核磁共振分析仪，用于分析物质的组成、官能团、分子形态等。通过这些高、精、尖端分析设备，对各种材料进行物理和化学性能测试分析，获取大量研究数据。研究中心的负责人还告诉我们，他们在实验实践中，还根据研究需要，对这些分析设备不断进行改装和优化，研发中心和各个实验室沟通合作，特别是同机器人部门合作，在这些设备中还改装了实验机械臂等自动化装备，使实验手段和实验效率大大提高。

在UOP公司，我们还参观了一个高水平的表征分析实验室。表征分析实验室，主要是通过物理或化学的方法对物质进行化学性质的分析、测试或鉴定，并阐明物质的化学性质。表征分析采用很多具体手段，包括各种显微（紫外、可见、红外）光谱、电子光谱、质谱等；物质表征的特性包括元素组成（化学成分）、元素的化学环境（成键情况材料的晶体结构、材料的表面形态等）都能准确、清晰、完整地表达出来。负责人向我们展示了两台重要设备：一台是"高分辨率电子扫描电镜"，这台扫描电镜分辨率高达5000万倍，可以用来分析催化剂的各种表征特点，包括有机物的分子量、官能团以及组成结构。目前这种仪器全球仅有10台。另一台是核磁透视扫描电镜，这台电镜放大倍率是1000万倍，全部在美国制造生产。通过这台电镜，可以非常清晰地看到催化剂的原子分布，可以分析催化剂中毒或失活的原因，通过对催化剂进行核磁共振分析获得切片影像数据，再通过计算机将数据进行可视化合成，最终看到原子级别的分布影像。

三是大数据统领的智能工厂。跨国公司高度重视互联网和大数据技术的发展和应用，优秀的化工公司和先进的互联网公司在技术上的融合，已经成为跨国公司的一大亮点。

在智能化技术中，我们最感兴趣的是跨国公司先进前沿的微反应技术。我们在跨国公司看到微反应器有的竟然同女士脖子上项链吊坠一样大小，但在如此小的微型设备里，居然有着齐全的反应塔、热交换器、甚至还有催化剂等，在大数据、互联网和控制技术的支持下，微反应器内同样可以在高温、高压下，完成一系列同在大反应塔罐内完全一样的工艺反应。在化工微反应技术发展方面，最具代表性的应该是德国弗劳恩霍夫研究院和美国UOP公司。

弗劳恩霍夫研究院成立于1949年3月26日，是目前欧洲最大的从事应用研究的科研机构，拥有67家研究所及其独立的研究机构，现有23000多名优秀的科研人员和工程师，研究方向主要包括健康/营养、国防/安全、信息/通讯、能源/化工、制造/环境等。其化学技术研究所主要在能源系统、化工材料、应用电子化学、环境工程和聚合物工程等领域开展研发工作，他们在欧洲的研究水平可谓首屈一指。弗劳恩霍夫研究院也是德国制造4.0的积极倡导者和忠实实践者，在信息技术应用和智能制造方面始终走在世界前列。弗劳恩霍夫化学技术研究所有着世界领先的微型化学反应器生产技术，他们可以设计生产各类微型的化工反应器，从不同类型的反应器设计到工艺制作、从化学刻蚀工艺到激光焊接技术、从催化剂印刷技术到尖端的高压密封工艺，他们向我们展示了一套套高技术、低成本，不同压力、不同工艺要求的微型反应设备。有些微型反应设备制作得比工艺品还精致。他们将这些微型反应器，按照不同工艺要求组装成模块化装置，再将这些模块化装置形成一体化的集装箱式工厂。他们运用这些微型反应器，深入开展分子结构研究，催化剂全生命周期研究和系统集成测试研究。我们参观归来，简直不相信我们访问的是一个化学技术研究所，简直就像考察一个机械制造研究所。

我们在美国UOP公司研究院参观一个中试车间（工程放大实验室），在这个面积仅有100平方米的实验室里，不可思议地安装了150多套中试装置，全部都是微反应器，反应条件完全是工厂生产的实际条件。如果条件允许，也可以直接进行工业化生产。在这个中试实验室里，研究人员每天可以收集超过10亿组实验数据，为大规模工厂生产做好充分的实验准备。

从跨国公司发展的实践中，我们清楚地看到"大数据"时代正在向我们走来，传统产业正在和信息技术深度融合。"大数据"时代将会对我们非常熟悉的流水线、标准化、规模化、生产管理、成本管理、安全管理、决策管理带来一系列深刻的变化。在工业化时代，我们把人变成机器；在信息化时代，我们将把机器变成人。对大数据、智能化时代的来临，我们无法拒绝，唯一的出路就是融合，主动学习、主动拥抱、主动探索。大数据、智能化时代,是我们正在进入、需要重新定义、需要重新认识的一个未来新世界。

二、世界化学工业创新发展新趋势的有益借鉴

战略是对未来的选择。战略是全行业高质量发展的决定性因素。中国石油和化学工业的创新发展同发达国家相比,同跨国公司相比,还有很大的差距。如何在全行业创新发展中充分发挥"后发优势",走出一条"中国式创新"的领先战略是我们全行业必须要认真思考的一个重大问题。

在"十三五"规划中,我们根据中国石化产业发展的现状基础和世界石化产业发展的未来趋势,提出了大力发展"新能源""化工新材料""精细专用化学品""现代煤化工"和"节能环保"等5大战略性新兴产业的方向和重点。但5大战略性新兴产业绝不能平面推进,平均用力,必须要有重点,有区别,有不同目标要求的精准组织。如何在战略性新兴产业培育上,用最短的时间取得最大的成效,我们必须要在战略上作深入研究,在力量上作合理分配,在目标定位上有明确要求。

(一)大力发展具有我国独特优势的产业创新技术

"十二五"期间,我们在煤制油、煤制气、煤制烯烃、煤制乙二醇技术方面取得了一系列的重大突破,并建设了一批重点示范工程。可以说,现代煤化工的发展是我国石油和化学工业"十二五"创新发展的最大亮点之一,中国现代煤化工的发展也受到了国际同行的高度评价和充分肯定。"十三五"期间,我们又在现代煤化工领域提出了升级示范的目标任务,目标是在先进煤气化技术、终端产品高端化、差异化技术和节能环保技术等几个方面取得示范升级的新突破。在科研院所和重点企业的共同努力下,"十三五"期间我国现代煤化工又取得了一系列新的创新进展,先进煤气化技术、焦炉气利用技术、煤炭清洁利用技术、煤油气综合利用技术、合成气制乙醇技术、煤制芳烃技术等等又有新的创新和突破。现代煤化工已经成为中国最具独特优势的产业,有可能成为全世界石油和化学工

业碳一化学的一个技术创新制高点和亮丽名片。

"十三五"以来，我国现代煤化工又在以下几个方面取得了新的突破，开创了新的局面：

1. 煤制油、煤制天然气技术的新突破，开创了能源转换和能源清洁利用的新境界

特别是世界首套"百万吨级直接法煤制油"和"400万吨级间接法煤制油"装置的成功运营，对世界煤化工大型工业化装置的突破也作出了重要贡献。煤制天然气技术的突破，将会开辟我国煤炭清洁利用的新局面。高端油品、润滑油脂的生产和天然气化工的技术新突破是煤制油和煤制天然气发展的一个重要方向，同时也开辟了我国煤炭清洁利用的新局面。

2. 煤制烯烃的突破，走上了与石油化工结合的新领域

乙烯、丙烯过去都是石油化工的基础原材料，现在通过煤化工也可以拿到，这样在乙烯、丙烯的基点上，煤化工和石油化工可以完全重合。从跨国公司的技术创新上，我们可以看到聚乙烯（PE）、聚丙烯（PP）下游加工可以创造上百种市场终端产品，而目前我们PE、PP下游产品品种很少，只要在技术创新上有所突破，高端、差异化的PE、PP就可以开创一棵枝繁叶茂的产品树。

3. 煤制芳烃的突破，进一步拓展了煤化工下游产品的新市场

北京大学马丁/中国科学院山西煤炭化学研究所樊卫斌团队和厦门大学王野教授，两个团队以"背靠背"方式，几乎同时继合成气直接制烯烃之后，又在合成气直接制芳烃方面取得成功。他们利用新功能催化剂，实现了合成气一步法高选择性、高稳定性制备芳烃（SMA过程），芳烃选择性高达80%。最近，北京大学煤制芳烃技术同延长集团合作，年产百万吨的芳烃项目在榆林落地，标志着这项技术产业化进入了一个新阶段。苯是重要的有机化工基础原料，煤制芳烃的突破，不仅可以拿到苯，而且还可以开辟一大批以苯为原料的有机产品，从苯乙烯、聚苯乙烯到己内酰胺、双酚A，甚至到聚碳酸酯等重要产品。

4. 煤制乙二醇的突破，探索出煤基液态含氧燃料的新路子

乙二醇是市场容量仅次于乙烯、丙烯的大宗基础化工原材料，我国国

内市场乙二醇缺口很大,所以不少地方上乙二醇的积极性很高。"十三五"期间,日本高化学同日本高校合作,引进日本成熟技术,在新疆天业成功建设了一套20万吨/年的乙二醇装置,目前运行得很好。在目前全球原油低价位的情况下,新疆天业合成气制乙二醇仍然表现出高质量和低成本的优势,证明了这套装置技术的先进性。乙二醇可以在煤基液态含氧燃料方面大力开拓市场,在醇醚燃料方面也具有很大的潜在优势。

5. 煤制乙醇的突破,开拓了新能源和精细化工的新空间

延长石油集团兴平化肥厂利用大连化物所技术,取得了从合成气制乙醇技术的新突破,年产10万吨装置试车取得圆满成功。这一技术的突破,不仅拓展了现代煤化工的产品家族,而且为下游新能源和精细化工产品市场开拓了新空间。不仅发挥了化肥厂现有装置的技术优势,而且还大大提高了企业的经济效益。目前,延长石油正在抓紧建设50万吨/年规模的工业化装置,乙醇产品市场开拓和下游利用也正在同步进行。该工艺过程的中间产品乙酸甲酯还可以开辟一系列的新产品(可用于树脂、涂料、油墨、胶黏剂、皮革生产过程所需的有机溶剂、聚氨酯发泡剂等),这个技术突破,有可能开辟一条新能源和精细化工产品的新空间。

6. 煤油混炼技术的新突破,又开创了一条具有世界领先水平的新工艺

延长石油集团在石油化工和现代煤化工的长期探索中,又大胆开辟了一条将两种工艺路线耦合发展的新路子,将原油和煤炭在一个反应器中进行高技术、高复杂性的反应,不仅同时得到合成气和石油产品,而且还从技术上开创了煤化工"碳多氢少",和石油化工"氢多碳少"的碳氢互补平衡,从工艺、催化剂、装备和工艺控制等方面取得了一系列新技术的领先突破。

最近,大连化物所又开发出了CO_2加氢制汽油的专利技术,已完成了1000小时的实验室稳定性测试,可以生产达到国Ⅴ标准的汽油。随着CO_2循环利用技术的突破,碳一化学的下游空间还会进一步加大。

中国现代煤化工的一系列创新突破,正在改变着碳一化学的原有概念,随着下游发展空间的不断开拓,碳一化学正在展示着充满无限希冀的美好明天。

（二）努力发展具有我国相对优势的产业创新技术

在2020年之前，我们想在新能源、化工新材料和专用化学品领域全面赶超的可能性是不大的，但在新能源、化工新材料和专用化学品领域努力开创一批具有相对优势的产业技术，还是完全有可能的。集中有限目标，集中有限力量，在几个特定领域取得领先优势还是大有希望的。

在新能源领域，我们完全有可能在页岩气、可燃冰和生物质能源技术方面取得突破性进展。

在化工新材料领域，我们完全有可能在聚氨酯（万华化学）、合成橡胶（青岛软控）、膜材料（山东东岳）、超高分子量聚乙烯（上海化工研究院）、碳纤维（中复神鹰）、甲醇蛋白和生物基化工新材料（南京工业大学、河南义马化工）、工程塑料等几个方面取得世界领先水平。中国有着巨大的化工新材料市场需求，有机构预测仅烯烃类化学品需求到2020年就超过5000万吨，占全球总需求量的三成以上。据美国商务部资料，2000年美国新技术市场销售额达3660亿美元，其中先进材料为1500亿美元（占42%），在全球新技术市场销售额中，化工新材料占比高达44%。最近跨国公司在中国的重大投资项目，都瞄准的是中国高端化工新材料市场。

在专用化学品领域，我们完全有可能在农药新产品、染料、涂料、胶黏剂新技术、催化剂新技术等方面取得市场竞争的新优势。

（三）加快发展我国具有后发优势的产业创新技术

在全球经济一体化的今天，充分发挥后发优势，在部分领域实现弯道超车是完全可以做到的。我认为，我们在节能环保领域和生产性服务业领域实现"后来者居上"的可能性是很有希望的。

中国的节能环保产业和生产性服务业，首先是市场极大，其次是挑战众多，第三是现状基础很差。这三条既是挑战，更是机遇。只要我们在战略创新和体制创新上取得突破，在核心企业的发展上取得突破，这两大产业一定可以实现大跨度的飞速成长。

首先，我们分析一下节能环保产业的市场机遇。由于化工行业是能耗和排放的大户，而且化工行业具有从分子结构上改变物质性质的本领，环保产业将会成为一个有着巨大发展空间和成长潜力的大产业。

其次，我们再分析一下生产性服务业的市场空间。"十三五"期间，化工行业涌现出了一大批节能环保新技术，特别是南京工业大学"有机废水临氧裂解处理技术"、鲁北化工"硫酸法钛白含酸废水循环处理"，三聚环保"秸秆炭化-还田土壤改良技术"、贵州瓮福全球首套年产20万吨α高强石膏生产装置等，都是极具推广价值的产业化技术。生产性服务业是石化行业发展中的一个"短腿"，随着市场经济体制的完善和专业化水平的提高，让专业部门来干专业事的要求会越来越迫切。设计施工产业、咨询服务业、现代物流业、信息服务业等现代生产性服务业都会有一个快速的发展，在产业结构中的地位越来越重要，比重也会越来越大。

（四）全力提升全行业技术创新、管理创新和经营模式创新的整体活力

创新发展是全行业高质量发展的第一动力，创新发展必须是全行业技术创新、管理创新和经营模式创新的整体发力，我们要将创新发展作为行业发展的核心竞争力，就必须从整体上充分发挥技术创新、管理创新和经营模式创新的不同职责和不同作用。

技术创新的职责和作用，是提升行业和企业技术高端化、差异化的能力和水平，培育抢占行业制高点技术的能力和水平。用较少的投入取得较大的产出，用科学的技术管理减少创新的风险，用高效的技术管理提升技术创新的质量和水平，使行业和企业创新水平集中体现在"先人一步，高人一筹"的基点上。

管理创新的职责和作用，是提高行业和企业全要素生产管理的效率和水平，特别是培养行业和企业战略管理和人才管理的能力和水平。在市场竞争中，管理创新最核心的任务是提升经济效率和经济效益。在管理创新中，我们要高度关注销售收入利润率、投资回报率、流动资金周转率、全员劳动生产率和全要素生产效率等关键绩效指标，特别要高度关注在创新激励方法上走出一条具有中国特色、更具活力、更加有度的激励机制来，用激励培养具有激情的创新者。要用管理创新来破解"钱学森之问"——

"为什么我们老是没有自己独特的创新东西,为什么老是冒不出杰出人才。"

经营模式创新的职责和作用,是优化和提升行业和企业生产要素的组织方式,用生产要素新的战略组合,开拓更大的经营空间,创造更高的经营效率,提升更多的经济效益。经营模式创新是体制机制变革的最高境界。企业资产的战略重组、经营模式的变革创新以及为用户提供一揽子解决方案等,都属于经营模式创新的范畴。

只要我们在实践中,大胆将技术创新、管理创新和经营模式创新的功能充分发挥出来,"三箭齐发""综合发力",化工行业的创新发展将会呈现出前所未有的活力。高质量发展将会出现一个前所未有的境界,化工行业的美好未来将会展现一个前所未有的诱人前景。

三、中国石油和化学工业产业结构调整升级的战略方向

从世界石油和化学工业发展的历史和经验来看,一个行业的市场竞争优势主要取决于产业结构层次的高低。而产业结构层次的高低,又取决于技术发展水平的高低。从本质上讲,我们可以说技术发展的水平决定着产业结构的高度,技术创新的能力决定着市场竞争的优势。我们的结论是:一个行业的技术发展水平是产业结构高低和市场竞争优势的决定性因素。从发达国家石油和化学工业发展的实践和经验来看,一个完整的石油和化学工业产业链,从原材料起始到市场终端大体可分为五个产业结构层次:

第一个结构层次为石油、天然气和化学矿山开采业。这是石油和化学工业产业链的始发端,如果没有原油、天然气和诸多的化学矿产特别是硫铁矿、磷矿、萤石矿等化学矿资源的有效供给,石油和化学工业就会成为无源之水和无本之木。一个国家的石油、天然气和化学矿产的勘探开采业既取决于技术的优势,更取决于资源禀赋的优势。如中东、俄罗斯石油和天然气资源的优势、摩洛哥磷矿石资源的优势、美国页岩气资源的优势等等。

第二个结构层次为基础石油和化工原材料加工业。这是石油和化工产

业发展的原料基础，乙烯、丙烯、丁二烯、苯、甲苯、二甲苯、硫酸、硝酸、盐酸、烧碱、纯碱、电石等等，这些量大面广的基础化工原材料是石油和化学工业发展的基础。经过多年的发展，这些基础化工原料的生产技术都是成熟的，发展的优势主要取决于资源优势、原料供给、生产规模和市场需求等等。

第三个结构层次为一般石油和化工加工制造业。这是石油和化学工业深加工的初级阶段，如合成氨、合成树脂、合成纤维、合成橡胶等等。这个结构层次的石油化工产品主要特点是技术属于传统的成熟技术，生产规模一般比较大，市场需求也比较稳定，是整个产业稳定发展最重要的基础部分。

第四个结构层次为高端石油和化工制造业。这是石油和化学工业处于行业技术高端的加工制造业，主要包括化工新能源、化工新材料、高端精细化学品以及现代煤化工等高精尖技术和新市场用途的石油化工产品，这类石油化工产品的主要特征集中体现在化工原材料的高端性和生产加工技术的先进性上。以互联网、智能制造和纳米材料、碳纤维材料、膜材料等为典型代表的新技术突破，使石油和化学工业的高端制造又迈上了一个新的台阶，高端石油和化学工业制造将引领着整个石油和化工产业未来新的竞争优势和新的经济增长点。

第五个结构层次为战略性新兴石油和化工产业。这个结构层次代表着石油和化学工业未来发展的方向和新技术的领先探索，主要包括生命科学、基因工程、生物工程、化学制药和环境工程等等。这个层次的产品集中体现着前沿技术的创新能力、制高点技术的发展水平和未来技术研发的领先优势等。特别是生命科学和基因工程的发展，将会对人类健康寿命、生活质量、医疗、农业带来一系列深刻变化，特别是对已经到来的老龄化社会将会带来重大福祉和影响。

这五个产业结构层次既有着产业技术的连续性，又有着产业技术的成长性。在产业结构的连续性和成长性之间，一个显著的特点就是低层次的产业结构对原料的依赖性很大，高层次的产业结构对技术的依赖性很高。低层次产业结构的产品一般多为原料产品和中间产品，高层次产业结构的产品多为市场终端产品。终端产品不仅技术含量较高，而且经济效益也较好。产业的技术水平、竞争优势集中体现在产业结构的层次上，产业结构层次是衡量一国产业发展活力和产业竞争能力的核心标志。

2017年中国石油和化学工业的主营业务收入为13.78万亿元（人民币），按国民经济行业统计十一大类分类，其统计分类如下：

2017年中国石油和化学工业主营业务收入

行业名称	主营业务收入/万亿元	比重/%
石油和化学工业合计	13.78	100
石油和天然气开采业	0.92	6.7
精炼石油产品制造业	3.42	24.8
化学矿山开采业	0.05	0.3
基础化学原料制造业	2.54	18.5
肥料制造业	0.84	6.1
橡胶制品业	0.96	7.0
合成材料制造业	1.56	11.3
专用化学产品制造业	2.17	15.8
农药制造业	0.31	2.2
涂料、油墨、颜料产品制造	0.67	4.9
专用设备制造	0.34	2.5

如果按石油和化学工业产业结构五个层次划分，我国的石油和化学工业的结构主要集中在技术低端的前三类：即石油、天然气和化学矿山开采业，占我国石油和化学工业结构的31.8%；基础石油和化工原材料加工业，占我国石油和化学工业结构的18.5%；一般石油和化工加工制造业（包括化肥、合成材料、专用化学品、橡胶等），占我国石油和化学工业的40.2%；这三大类产业结构占比高达90.5%；而高端石油和化工制造业和战略性新兴石油和化工产业两个层次产品占比还不到10%。尽管近几年我国石油和化学工业在高端化工产品技术上也取得了一些突破，如现代煤化工技术（煤制烯烃、煤制芳烃等）、新材料技术（聚氨酯、异戊橡胶等）领域都创造了一些领先于世界的技术，但从我国石油和化学工业的整体结构

上看，产业结构还都是低端的、同质的，产能过剩和技术落后的问题十分严重，这就是我国石油和化学工业产业结构的现状，也是我们必须要承认和正视的产业结构现实。

加快提升自主创新能力，不断提升产业结构层次，是世界各国石油和化学工业发展一个十分显著的大趋势。特别是进入21世纪以来，世界各国特别是石油化工大国和著名跨国公司产业结构调整的步伐明显加快，在产业第四和第五个结构层次上的投入越来越大，抢占未来行业技术制高点的竞争也越来越激烈。我国产业结构技术层次的差距和国外跨国公司产业结构调整的加速，十分清楚地告诉我们，我国产业结构优化调整的步伐必须加快，产业结构低端化、同质化的现状必须改变，提升创新能力、加快结构优化升级，是全行业面临的一大共同课题和紧迫任务。

经过10～15年目标明确、持续不断、措施扎实的艰苦努力，中国石油和化学工业的产业结构、发展方式将会发生明显的升级变化，竞争优势不断加强，经营效率不断优化，经济效益不断提升，呈现出一个"基础原材料产业配套合理、战略性新兴产业特色显著、节能环保产业全球领先、生产服务业迅速发展"的充满活力、极富后劲、可持续发展的全新局面。

基础原材料产业配套合理。中国是一个经济大国，经济大国必须要有一个基础原材料合理配套的基本格局。大国经济基础原材料的短缺，很容易就形成"买什么，什么涨价""卖什么，什么降价"的被动局面。中国石油和化学工业基础原材料产业有着稳定的配套和市场需求，但必须要化解当前产能过剩的突出矛盾。只有尽快从根本上把"去产能"的措施落实到位，果断淘汰一部分落后产能，使主要基础原材料产能保持在一个合理的水平上，才能持续保持和提升中国基础原材料产业的优势地位。

战略性新兴产业特色显著。中国石油和化学工业从大国走向强国，需要培育具有自身特色的增长点和竞争优势。行业发展从传统产业走向战略性新兴产业，从产业链中低端走向高端，就是要依靠一批具有自主知识产权的高端生产制造技术。烟台万华、青岛软控、三聚环保等一批企业正是依靠自主研发的高端技术在全球市场上抢占一席之地。相信经过未来15年的发展，会有更多的企业成长起来，形成更多的具有技术特色的企业集群和具有竞争优势的发展领域，成为中国石油和化学工业未来发展独领风骚的新的骨干力量。

节能环保产业全球领先。跨国公司的安全环保工作都是极其严格和过硬的，特别是美国杜邦公司和德国巴斯夫公司可以称为是全球石化企业的样板。我国石油和化学工业的安全环保工作问题不少，安全生产事故频频发生，一个重要的原因就是安全环保责任制没有落实。因此安全环保是石油化工行业需要"天天讲、月月讲、年年讲"的问题。石油化工行业始终面对着安全环保的重大挑战。目前，中国的安全环保法律法规是历史上最严格的，同样在世界上也是非常严格的。我们有着迫切的安全环保发展需求，有着严格的法律法规，这其实就是一个巨大的有潜力的市场。我们应该将安全环保压力作为是一种发展的动力，通过不断创新，去解决安全环保问题，给社会，给企业，更是给我们自己一系列的解决方案。解铃还须系铃人，石化行业有着从根本上解决安全环保问题的技术能力，我相信通过我们的努力，一定可以在安全环保领域成为全球领先的样板和榜样！

生产服务产业迅速发展。发展生产服务业，是石化行业另一个极具发展潜力的领域。随着工业发展以及技术水平的提升，石化企业的发展趋势一定是不断贴近终端市场，通过自身的技术优势和产品优势为用户提供一揽子的解决方案。在中国咨询服务业、设计工程业、物流产业、安全环保产业等等都有着巨大的发展空间，是石化行业高质量发展的一个短板。我相信在未来，生产性服务业一定会有一个很大的发展。

中国的石油和化学工业基本上是新中国成立之后发展壮大起来的。70年来，经过几代人的努力，中国石油和化学工业开创了从无到有、从小到大的崭新局面，成长为世界石油和化学工业的大国，这是一个了不起的巨大成就。但要从石油和化工大国走向石油和化工强国，我们面临的任务更加艰巨，需要走的路还很长。实现中国石油和化工强国梦的目标，不仅需要我们这一代人的努力，更需要年青一代人的持续发力，中国石油和化学工业的未来，我们寄托在年青一代人的身上！

陕西发展石油和化学工业具有得天独厚的优势，陕西不仅有资源优势（同时具有油、煤和气资源），有企业和科研院所的优势（延长石油、长庆石油、陕西煤业集团和大专院校优势等），更有着石油和化学工业发展历史的文化优势（中国石油工业的历史从这里开始——毛泽东主席为延长石油"埋头苦干"的题词），同时我们还有着现代煤化工技术研发创新和示范企业优势。我们相信，只要我们立足陕西，放眼世界，充分发挥陕西人才和资源的优势，陕西石油和化学工业发展一定会在从大国向强国的跨越中，走出具有陕西特色的新路，开创陕西独特的优势，做出陕西应有的贡献！

坚定信念和追求
不断实现核心技术的新突破[*]

2018年6月13日,习近平总书记来到万华烟台工业园视察。习总书记充分肯定了万华改革和创新的经验,并且强调,要坚持走自主创新之路,要有这么一股劲,要有这样的坚定信念和追求,不断在关键核心技术研发上取得新突破。

一、"十三五"以来行业科技创新取得一系列新进展

"十三五"以来石化行业在创新发展方面下了很大功夫,行业和企业创新能力有了很大提高,也取得了一系列技术创新的高端突破。

一是一批尖端技术的突破极大地提升了我国高端化工新材料的竞争能力。化工新材料属于战略性新兴产业,也是为新能源、电子信息、航空航天、轨道交通、高端装备制造等高端产业配套的重要产业,代表着一个国家的工业化水平和技术创新能力。经过全行业的努力,我国化工新材料在先进高分子材料、高性能树脂、特种合成橡胶、高性能纤维、功能性膜材料、电子化学品等一系列重要领域取得了突破性进展,涌现出一批创新型化工新材料企业和科研机构。作为全球最具综合竞争力MDI制造商的万华化学集团在持续研发的基础上,又成功开发出了第6代MDI新技术,使产

---

[*] 这是2019年6月13日,在2019化工行业自主创新与高质量发展论坛上的讲话。

品的质量、收率、消耗又上了一个新台阶。还值得指出的是万华又开发了ADI全产业链技术，使该项目的气相光气化制异氰酸酯核心技术、催化加氢制特种胺及反应精馏耦合制异佛尔酮等核心技术一起形成了具有自主知识产权的全产业链成套技术，建成投产了年产5万吨HDI单体、4万吨HDI三聚体及8000吨HDI缩二脲等工业化装置，已累计实现销售收入近100亿元，利税超41亿元。该项目成功打破了国外公司对ADI系列产品全产业链制造技术长达70年的垄断，使万华成为世界上唯一掌握MDA-H12MDA-H12MDI、世界上第二家掌握IP-IPN-IPDA-IPDI、全球四家和国内唯一掌握HDI及衍生物等核心技术的企业，培育出了世界上品种最齐全、技术最先进、产业链最完整的ADI特色产业集群。

依托聚氨酯和丙烯酸酯原料优势，向下游延伸开发的水性表面材料树脂产业，在打破国外技术垄断的基础上，我们又在水性胶黏剂、木器漆、金属防腐涂料、纺织合成革及水性建筑涂料等领域，开创了我国表面材料水性化的新局面。"十年磨一剑"，推出了具有自主知识产权的PC新技术——年产7万吨PC的产业化装置，产品受到市场用户的高度好评。东岳集团在成功开发出第一代国产氯碱膜基础上，又成功研制出"高电流密度、低槽电压"新一代高性能国产氯碱离子膜并实现了数万平方米的工业应用。中复神鹰集团完成的干喷湿纺碳纤维生产技术，成功建成了国内第一条千吨级规模T700/T800碳纤维生产线。一批尖端技术的突破，正在开创我国化工新材料蓬勃发展的春天。

二是一批具有自主知识产权的现代煤化工技术的突破，开辟了我国化工原料多元化和能源清洁利用的新路径。我国现代煤化工技术始终走在世界前列。"十三五"以来，在全球原料多元化进程中，中国现代煤化工产业加快推进，攻克了大型先进煤气化、合成气变换、大型煤制甲醇、煤制油（直接法和间接法）、煤制烯烃、煤制乙二醇、煤制乙醇等一大批核心关键技术难题，通过示范工程的实施，实现了关键技术装备的产业化。神华宁煤年产400万吨煤炭间接液化示范项目，通过了37项重大技术、装备及材料自主化的成功示范，突破了工程化及大型装备制造、成套设备集成的技术难题，探索出了符合我国国情的煤炭深加工产业发展的模式。在工程示范基础上，中国现代煤化工技术创新进一步深化，合成气直接制烯烃技术、粉煤热解-气化一体化（CCSI）技术、双流化床超大型粉煤气化（KSY）技术、油煤混炼技术等一批革命性的技术正处在破茧而出的关键阶段，现代煤化工产业可持续发展的能力明显增强。

三是一批先进实用的节能环保技术的创新突破，极大地提高了行业绿色发展的水平。清洁生产从源头抓起，实现全过程的污染控制，提高资源、能源利用率、减少污染源产生量；废弃物的资源化和末端治理可实现物质的循环利用、有效减少"三废"排放，对于石油和化工行业提升绿色发展水平具有重要的意义。三年来，全行业积极推广先进节能环保技术的应用，大力推进清洁生产和循环经济，行业总能耗和重点产品能耗持续下降，"三废"排放显著降低。万华化学集团开发的副产盐酸催化氧化制氯气技术，建成了年产10万吨工业示范装置，在宁波万华工业园区建立"氯"元素循环利用产业链，实现了"一氯五吃"，既降低了MDI生产成本，又实现了环境友好。清华大学和瓮福集团开发的微通道湿法磷酸净化技术成果，使食品级磷酸生产比热法工艺成本降低23.8%，比引进的湿法磷酸净化技术成本还低4.2%。浙江新安化工集团等针对有机磷-有机硅协同生产中含铝、含硅、含磷的技术难题，开发了氯资源循环利用技术和硅、磷资源化技术，实现了氯、硅、磷的高效利用，从源头上减少了"三废"的产生量。

四是一批重大技术装备的研制，提高了行业装备自主化水平。通过引进、消化、吸收和自主创新，行业装备技术水平和制造能力显著提高，部分大型设备关键技术和制造加工能力达到了世界先进水平。在炼油装备方面，千万吨级炼油装置国产化率已超过95%、百万吨级乙烯装置国产化率已超过80%。在大型化肥成套装备方面，45万吨/年合成氨、80万吨/年尿素装备国产化率达到85%以上。在煤化工装备方面，我国直接液化、煤间接液化、煤制烯烃、煤制乙二醇等在工艺设计、反应器及催化剂等方面都实现了国产化，标志着我国现代煤化工产业已经具备独立自主的技术装备支撑体系。在橡胶加工装备方面，国产化率已经超过95%，产品档次整体提高。在新材料装备方面，我国高端聚烯烃、合成橡胶、工程塑料、聚氨酯材料、氟硅新材料、分离膜材料的生产合成设备总体上实现了国产化。

回顾和梳理"十三五"以来取得的重大科技成果，绝大多数都是通过产学研合作实现的，行业创新平台发挥了不可替代的重要作用。三年来，全行业共有25家企业获得了国家级企业技术中心的认定，20家企业被认定为国家技术创新示范企业，国家发改委共认定了21家国家地方联合工程实验室和工程研究中心；石化联合会先后在全行业认定了28家重点实验室、33家工程实验室、22家工程研究中心、146家技术创新示范企业。三年来，石化联合会发起成立了蒲公英橡胶、超高分子量聚乙烯、热塑性弹性体、特种尼龙工程塑料等产业技术创新联盟，这批联盟围绕产业关键共性技术，积极开展科技攻关，并积极探索合作创新新机制，其中蒲公英橡胶联盟理事长单位山东玲珑公司还组建了股份制公司，探索建立产学研深度合作的新机制。2016年5月，在联合会推荐下，万华化学、金发科技通过了发改委、教育部、科技部、国家知识产权局等九部委组织的评审，入选了"国家第一批创新企业百强工程试点企业"名单。

"十三五"的实践，再一次告诉我们：创新是高质量发展的前提，创新是核心竞争力的基础。无论是企业，还是行业，创新都是可持续发展的不竭源泉。30多年来，万华化学以振兴民族聚氨酯产业为己任，坚持不懈地自主创新，在完全由跨国公司寡头垄断的聚氨酯行业，实现了从小到大，由落后到全球技术领先的跨越，成为全球行业的领军企业，谱写了新时代弘扬"有条件上，没有条件创造条件也要上"自主创新精神的崭新篇章。

二、自主创新仍是行业高质量发展的最大短板

当前，我国石油和化学工业产品还不能完全满足人们消费升级的需要，化工新材料、专用化学品等高端供给不足，需要大量进口。据海关数据显示，2018年，我国石油和化工行业进出口总额7543.35亿美元，其中进口总额5187.95亿美元，出口总额2355.40亿美元。行业贸易逆差高达2800多亿美元，这是一个不小的差距。造成这个差距的根本原因，就是创

新能力不足。

在化工新材料领域，我国已在T700级碳纤维和对位芳纶上取得了产业化技术的突破，但由于缺乏成套技术，产品不合格率、能耗指标、生产成本均居高不下，目前还无法同国际同类产品竞争。我国己二腈全部依赖进口，我国已成为全球己二腈、己二胺和尼龙切片的净输入国。面对己二腈的巨大缺口，国外对我国技术完全封锁，严重影响着我国整个尼龙产业的发展。聚烯烃弹性体（POE）性能优异，在汽车零部件、电线电缆等多个领域有着广泛的应用，市场需求量一直保持快速增长，但我国POE产品主要依赖于进口，亟须开发具有自主知识产权的POE生产工艺技术和相关催化剂。

尽管我国聚烯烃自给率逐年上升，但高端产品仍严重依赖进口，当前国内高端高性能聚烯烃自给率仅为38%。高性能材料包括茂金属系列聚烯烃弹性体、高刚性高抗冲共聚丙烯、多样化的各种改性树脂材料等，都亟须技术创新的突破。

在精细与专用化学品领域，我国高端专用化学品长期依赖进口。虽然我国已经成为电子信息产业大国，市场规模也已达到世界第一，但由于我国电子信息产业主要偏重产业链中后端，产业链前端的设计、关键工艺、关键原材料及关键设备等仍主要由欧美发达国家掌控。超净高纯磷酸、超高纯特种电子气体、高纯度三甲基铝、高纯特种含氟气体六氟丁二烯、电子级氢氟酸等超纯材料，电子用有机硅胶、高频用基板树脂、集成电路用化学机械抛光液、光刻胶去除剂、晶圆制造及先进封装用铜蚀刻液、芯片铜互连超高纯电镀液等长期依赖进口。

在现代煤化工领域，虽然总体技术水平已经走在世界前列，但仍有一些核心技术、装备受制于人。在煤制油方面，国内缺乏蜡异构生产高端润滑油基础油核心技术，目前全部引进美国雪佛龙公司技术，同时润滑油添加剂复合剂也没有过关，严重影响润滑油质量水平的提升。在煤制天然气方面，核心工艺——甲烷化关键技术主要被国外丹麦托普索、英国戴维和德国鲁奇等公司掌握，国内自主开发的甲烷技术已经进行工业化试验，但还没有应用到大规模工业化示范项目中。在装备方面，煤浆加压泵、含固油煤浆高压进料泵、高压液氧泵、料浆循环泵、磨机出料槽泵等关键泵阀和高性能喷嘴等特殊钢材都急需自主研发突破。

在节能环保领域，我们仍然面临着一批亟待解决的重大课题，如氯碱无汞催化剂工艺、磷石膏综合利用、煤化工高盐废水、高难度多成分混合有机废水，CO_2综合利用、废旧塑料循环利用等系列节能环保技术难题，迫切需要技术创新的突破。

"核心技术靠化缘是要不来的""核心技术靠买也是买不来的"。没有创新能力，没有核心技术，早晚都是要挨打的！中美贸易摩擦对石油和化学工业的创新，是一场倒逼机制，是一次逼上梁山的渡江战役！我们一定要牢牢把握新一轮世界科技革命和产业变革的难得机遇，密切关注全球石化产业竞争格局变化的最新动向，结合我国的实际需求，在新的科技革命中大胆创新，主动作为，培育优势，赢得发展的主动权。

三、坚定信念和追求，不断在关键核心技术研发上取得新突破

现在，全党正在开展"不忘初心、牢记使命"的主题教育。那么，石化行业发展的初心是什么呢？创新突破，产业报国就是石化行业一代又一代人的信念追求和不可忘记的初心。翻开中国化学工业发展的历史，民族化学工业先驱范旭东先生创办天津永利碱厂的发展之路，就是石化行业永远都不能忘却的信念和追求！

自鸦片战争以来，中华民族积贫积弱，在帝国列强弱肉强食的宰割中，多少志士仁人发出了救国图强的呐喊：民主救国、文化救国、军事救国、政治救国……在众多的救国呐喊声中，中国民族化学工业的先驱范旭东先生发出了"实业救国"的呐喊。在一穷二白、艰难困苦中，他创办了"久大精盐公司""永利碱厂"和"黄海化学工业研究社"，聘请了一大批技术精英，突破了国外垄断的制碱技术，发明了"侯德榜"制碱法，使中国"红三角"纯碱1926年在美国费城举办的万国博览会上一举夺魁，获得了中国第一个工业产品国际金奖。博览会评委称"红三角"纯碱是"中国近代工业进步的象征"。范旭东先生曾经讲道："现在的国家，如果自己不

能造酸制碱，就算没有办化学工业的资格；没有这个资格，就算不成其为国家。创办制碱工业，没有'超人的精神'是不可能成功的。"抗日战争胜利后，范旭东先生又为追求中国民族化学工业的发展，提出了"十厂计划"。1949年8月5日，毛泽东主席邀请侯德榜先生到中南海促膝长谈，侯德榜给毛泽东主席详细汇报了范旭东先生的"十厂计划"，毛泽东对"十厂计划"表示高度赞赏。毛泽东主席在会见结束时对侯德榜先生亲切地说："革命是我们的事业，工业建设要看你们的了！希望我们共同努力建设一个繁荣富强的新中国。"

依靠技术创新，建设繁荣富强的新中国，这是我们一代又一代化工人永远的信念和追求。在由石油化工大国向强国跨越的征程上，在石油和化学工业高质量发展的转型中，我们最短缺、最需要的就是核心技术的创新和突破。当前和今后一段时期行业科技创新应着力抓好以下重点工作：

一是面向国家和行业重大需求，攻克一批补"短板"技术。结合我国新能源、新能源汽车、轨道交通、航空航天、国防军工等重大战略需求，聚焦产业发展瓶颈，攻克一批补"短板"技术。我国石油化工产品的最大"短板"主要集中在化工新材料和高端专用化学品领域，该类产品技术含量高、附加值大、市场需求广泛，由于我们不掌握核心技术，这类产品成为行业的"短板"，甚至已经到了"卡脖子"的程度，严重制约了我国战略性新兴产业的发展，需集中力量攻关突破，补齐"短板"。例如，开发α-烯烃及聚烯烃弹性体（POE）、茂金属聚乙烯（mPE）耐刺薄膜专用树脂等聚烯烃材料生产技术；开发己二腈、聚苯醚、聚碳酸酯、热塑性聚酯（PBT）等通用及特种工程塑料关键中间体和产品；研制纤维用大丝束腈纶长丝等新型（特种）合成纤维；开发子午胎用高极性与高气密性溴化丁基橡胶等新型（特种）合成橡胶；开发5G通信基站用核心覆铜板用树脂材料等高端电子化学品；研制35万吨/年聚丙烯挤压造粒机、特大型高效智能化空分压缩机组等重大装备。

二是紧跟国际科技前沿，抢占一批制高点技术。密切关注国际科技前沿，加强超前部署，构建先发优势，在更多关键技术上实现创新突破，形成一批具有自主知识产权的国际领先的原创核心技术。突破一批新型催化、微反应等过程强化技术，开发一批短流程和新材料技术等，抢占一批行业科技制高点。在新催化技术方面，重点围绕"石油炼制催化""煤基化学品及材料制备""化工高分子新材料催化""精细化学品合成催化""生物化工催化""环境催化"以及多级孔催化材料、离子液体、结构化催化剂等新型催化材料及催化剂等方面进行开发。在过程强化技术方面，面向化工产品结构优化、节能减排、清洁生产所需的重大技术需求，以提高反应选择性和收率、减少能耗和物耗并从源头上消除污染为目标，重点开展基于超重力、声、光、电、磁外场的化工过程强化技术，微反应器、静态反应器、旋转床（盘）反应器技术，节能、高效化工分离材料与应用技术，新型化工反应-分离过程耦合强化技术的研究与开发。特别是研发原油直接制乙烯等化学品技术、原煤直接制化学品新技术；合成气一步法制烯烃、甲烷无氧偶联制烯烃联产芳烃技术、甲烷/二氧化碳偶联制乙烯技术等现代煤化工短流程技术；攻克高模高强聚酰亚胺纤维、生物基橡胶等新材料技术。

三是推进行业转型升级，推广一批先进实用技术。利用高新技术提升和改造传统产业，大力推广微界面传质强化反应-精细分离成套技术、表面材料水性化的关键树脂开发技术、高效晶硅太阳能电池表界面调控关键技术、丙烯酸绿色环保新工艺技术开发及应用、工业黄磷生产电子级磷酸关键技术、膜法高效回收与减排化工行业挥发性有机气体、面向制浆废水零排放的膜制备集成技术、化工安全技术与工程及其在绿色制造中的应用、大型石化装置智能控制关键技术等先进、成熟的新工艺、新技术、新设备，加快石化传统产业的转型升级和技术水平的提升。

四是围绕提高自主创新能力，建设一批高水平创新平台。大胆探索具有中国特色的产学研用相结合的创新体制机制，主动布局和积极利用国际、国内创新资源，完善协同创新体系建设，提升科技支撑保障能力。积极培育和组建一批国家级和行业级创新平台。联合会要按照行业科技创新规划，把有优势的科研院所和大专院校以及有优势的创新型企业组织起来，建设一批高水平的产学研用创新平台，同时积极开展同跨国公司和国外科研机构的合作、交流，为突破行业发展关键技术和行业转型升级提供新鲜土壤，为产学研优势集聚提供更大空间，形成对行业转型升级发展的有力支撑。我们要努力培养一批能够去踢"世界杯"的自主创新示范企业，在全球竞争的大舞台上，树立行业创新榜样，为提升全行业整体创新能力打开崭新的局面。

科技引领　创新驱动
为石油和化工强国建设提供战略支撑*

一、"十三五"行业科技创新取得的主要成就

"十三五"以来，面对世界经济增长低迷、国际经贸摩擦加剧、国内经济下行压力加大、突发新冠疫情及全球蔓延的复杂形势，全行业认真贯彻党中央和国务院的决策部署，紧紧围绕提高自主创新能力，积极推进科技创新体系建设，集中开展研发合作与协同攻关，突破了一批核心技术与关键技术，取得了一批重大科技成果。五年来，联合会共授予科学技术奖1093项，其中技术发明奖179项、科技进步奖914项。2016至2019年四年间，行业共有155项科技成果获得国家科技奖，其中获自然科学奖34项，技术发明奖46项，科技进步奖75项。这些科技成果的不断涌现，有力地推动了行业转型升级和高质量发展。五年来，行业技术创新取得的成绩主要表现在以下五个方面：

（一）紧紧围绕我国油气资源和新能源发展需求，开发了一批提升我国能源安全水平的关键核心技术

五年来，广大石油和化工企业与科研院校在油气资源勘探开发、现代煤化工、盐湖资源利用等方面积极开展科研攻关，为保障国家能源安全做出了积极贡献。中国石油天然气股份有限公司新疆油田公司等单位开发的

---

* 这是2020年12月24日，在全国石油和化工科技创新大会上的讲话。

凹陷区砾岩油藏勘探理论技术与玛湖特大型油田发现，创立了凹陷区砾岩油藏勘探理论技术体系，发现了玛湖特大型砾岩油田，对保障国家能源安全具有重要战略意义，同时产于砾岩中的稀缺环烷基原油是航天和军工必需油品，对国防安全意义重大。中国石油化工股份有限公司等单位开发的"海相碳酸盐岩缝洞型油藏精细描述、数值模拟及高效注水开发技术"，开发和建成了我国第一个特大型海相缝洞型油田——塔河油田，实现了我国油田开发由陆相向海相的重大跨越，为今后大范围海相油气田开发提供了重要技术手段。中国海洋石油集团有限公司等单位开发的"渤海湾盆地深层大型整装凝析气田勘探理论技术与重大发现"，首创渤海湾盆地深层大型整装凝析气田勘探理论技术，指导发现了渤中19-6大型整装高产凝析气田。中国石油大学（北京）等单位开发的"非常规油气钻井中稳定井壁与保护油气层新技术"，有效解决了非常规油气井钻井过程中井壁坍塌、储层损害、高摩阻、卡钻等重大难题，彰显了我国非常规钻井液技术的国际竞争力。国家能源集团等单位合作开发的"400万吨/年煤间接液化关键技术与重大装备开发及应用"，推动了特大型煤炭间接液化技术的工程示范，对于优化我国能源结构，保证我国能源安全具有重要作用。青海盐湖工业股份有限公司等单位开发的"超高镁锂比盐湖卤水吸附-膜分离耦合提锂技术"，突破了超高镁锂比盐湖卤水提锂的世界性难题，对打造我国重要的锂原料基地、推动我国锂电新能源和盐湖锂资源的综合开发利用具有重要意义。

（二）紧紧围绕我国化工新材料结构调整需求，开发了一批"补短板"和"制高点"技术

五年来，我国化工新材料和专用化学品在先进高分子材料、高性能树脂、特种合成橡胶、高性能纤维、功能性膜材料、电子化学品等一系列重要领域取得了突破性进展。万华化学开发的"脂肪/环族异氰酸酯全产业链制造技术"，打破了国外公司对ADI系列产品全产业链制造技术长达70年的垄断，培育出了世界上品种最齐全、技术领先、产业链最完整的ADI特色产业集群，实现了航天军工、高端装备制造业、新能源和节能环保产

业的关键原材料国产化自主供应。湖北兴发集团开发的"芯片用超高纯电子级磷酸及高选择性蚀刻液生产关键技术",实现了我国磷化工产业由工业级、食品级向超高纯电子级的重大跨越,满足了国产芯片制备的需求,促进了华为等企业突破美国技术与产品的封锁。金发科技股份有限公司开发的性能国际领先的"耐高温半芳香尼龙PA10T系列产品",实现了半芳香高温尼龙的产业化,打破了国外在该领域的技术和市场垄断,抢占了市场竞争的制高点。福州大学等单位开发的"天然抗冻多肽的产业化绿色制备技术",实现了天然抗冻多肽的高效制备及其在低温冷链制品中的产业化应用,全面提升了抗冻多肽及其产品的国际市场竞争力。

(三)紧紧围绕我国石化行业提升绿色发展水平需求,开发了一批先进过程强化和资源化利用技术。

五年来,全行业积极开发和推广先进过程强化和资源化利用技术,行业总能耗和重点产品能耗持续下降,"三废"排放显著降低。上虞新和成生物化工有限公司等单位从源头创新,发明了一系列以"氮掺杂碳为新型载体的负载型纳米金属催化剂",成功解决了多类加氢反应对催化剂微纳结构个性需求的共性难题,部分产品实现从依赖进口到主导国际市场的根本转变,培育出产业链完整、技术国际领先的维生素及香料特色产业集群。由苏州大学等单位开发的"多元催化剂嵌入法富集去除低浓度VOCs增强技术及应用",解决了低浓度污染物低驱动力条件下富集/催化降解效能低的技术难题,为低浓度废气和废水中的VOCs、难降解有机物去除等提供了先进可行的工程应用技术。清华大学和瓮福集团开发的"微通道湿法磷酸净化技术",使食品级磷酸生产比热法工艺成本降低23.8%,比引进的湿法磷酸净化技术成本降低4.2%。南京工业大学等单位自主开发并制备了用于"有机溶剂回收的有机-无机复合膜",解决了化学原料及化学制品制造行业中高纯度有机溶剂的回收及资源化再利用的难题。浙江新安化工集团等针对有机磷-有机硅协同生产中含铝、含硅、含磷的技术难题,开发了"氯资源循环利用技术和硅、磷资源化技术",实现了氯、硅、磷的高效利用,从源头上减少了"三废"的产生量。

（四）紧紧围绕我国石化行业重大装备技术需求，自主开发了一批重大装备核心技术

五年来，为满足国民经济建设和行业发展对重大装备的迫切需求，全行业加大重大技术装备攻关力度，研制了一批核心装备，打破了国外技术垄断，提高了行业装备自主化水平。中国石化工程建设有限公司等单位经过多年的联合攻关，成功开发了"安全高效环保大型液化天然气接收站成套技术"，打破了国外对该领域核心技术及关键装备的垄断。大连橡胶塑料机械有限公司研制的"35万吨/年聚丙烯挤压造粒机组"，是目前为止国内最大的国产化聚丙烯挤压造粒机组，打破了国外厂商在这一领域的垄断地位，国内聚烯烃生产企业采购成本下降近3成。此外石化行业还研发并制造了万米超深井钻机、深水大型物探船/工程地质勘探船及其配套技术装备、海洋高精度地震勘探成套技术装备、海洋复杂油气藏三维测井综合评价成套技术与装备、重油催化裂化主体装置、高压加氢反应器、化工新材料合成装备、橡胶加工设备、大型气化炉、螺纹锁紧环式高压换热器、高压空冷器、10万立方米等级的大型空分成套设备、离心式和往复式压缩机等一批重大技术装备，提升了我国石化装备的自主化率。按投资计算，炼油装备国产化率超过90%，百万吨级乙烯及下游装置国产化率达85%以上，现代煤化工装备国产化率在90%以上，橡胶装备国产化率达到95%左右。

（五）紧紧围绕我国石化行业自主创新能力提升的迫切需求，加快推进了全行业科技创新平台建设。

五年来，行业科技创新平台建设取得积极进展，产学研紧密合作不断加强，技术创新能力不断提升。全行业现有25家企业获得了国家级企业技术中心的认定，20家企业被认定为国家技术创新示范企业，国家发改委共认定21家国家地方联合工程实验室和工程研究中心。石化联合会在全行业共认定了87家创新平台，其中认定重点实验室28家，工程实验室33家，工程技术中心22家，企业技术创新中心4家，行业技术创新示范企业146

家。五年来，石化联合会同9家全国重点化工高校建立了信息沟通和产业化技术转化机制，成功搭建了校企技术合作和科研供需交流平台。目前已经成功召开4届，分别由清华大学、南京工业大学/南京大学、天津大学和浙江大学承办。这个平台切实发挥了促进科技成果转化的积极作用，是校企合作对接新机制的有效探索。

实践证明，行业科技创新是一项系统工程，离不开政府有关部门的坚强领导，离不开全行业科技工作者的无私奉献与不懈努力，离不开企业的积极主动参与。

二、"十四五"行业科技创新面临的形势

在百年未有之大变局和后疫情时代的大背景下，"十四五"时期我国石油和化学工业将进入一个大重构的新时期。这个大重构新时期的显著特点就是在需求升级和技术变革的双重推动下，产业结构性的大重构体现在行业发展的方方面面，特别是许多大重构将会带有颠覆性和根本性变化的重要特征。新形势要求我们必须要有敏锐的洞察力、前瞻的预测力、应对的决断力和措施的有效力，才能取得未来发展的主动权，赢得未来竞争的主导权。我们应该深刻认识到，时代的变迁，是不以人们的意志为转移的，技术的更迭，也不会以过去的辉煌而止步的。石化行业大重构的变化，可以从以下五个方面清晰地看到青萍之末的鲜明预兆：

一是能源结构快速变化的大重构。世界能源工业特别是以石油为主要业务的传统能源工业，将面临需求大幅下降的尖锐挑战。在BP公司刚刚发布的《世界能源展望（2020年版）》中，专家用了三种情景分析了能源需求的变化状况，即在一切如常的情景下，能源的需求在21世纪20年代中期达到峰值，到2050年碳排放比2018年降低10%；在快速转型情景下，2050年碳排放比2018年下降70%，全球气温可达到比工业化前高出2℃以内的控制目标；在净零排放的情景下，2050年碳排放将下降95%，全球气温控制可达到升高1.5℃以内的目标。无论是在哪一种情景下，未来30年石油的需求都会呈现下降态势，在一切如常情景下，到2050年石油需求

将会降低10%；在快速转型情景下，石油需求将会降低55%；在净零情景下，石油需求将会降低80%。在三种情景中，交通领域使用石油将会在21世纪中期达到峰值，到2050年石油在交通领域中的占比将从2018年的90%分别降至80%、40%和20%。不少独立经济学家表示，由于受疫情的影响，石油工业将会在2029年底开始衰退。在石油需求快速下降的同时，全球可再生能源技术正在取得突破性进展，水电、风电、太阳能技术成本都在迅速降低，特别是氢能的生产技术、生产成本、系统配套能力都在飞速突破。可再生能源的技术突破，正在加快世界能源结构的变化调整。在可以预见的将来，可再生能源占比将会以前所未有的速度增长。传统能源企业必须深刻认识到，石器时代的结束，不是因为没有石头，而是出现了冶炼技术，石油时代的结束，也绝不会是因为没有石油，而是出现了可再生新能源。对这一重大重构，传统能源企业必须要有前瞻性思考和战略性准备。

二是低碳经济倒逼机制的大重构。在全球气候协定中，CO_2减排、碳排放达峰和碳中和已经成为各国经济发展的三个关键指标。欧洲承诺用60年的时间完成从碳达峰到碳中和的目标，美国承诺用45年完成从碳达峰到碳中和的目标，中国政府也承诺用30年的时间完成从碳达峰到碳中和的目标。要完成这一目标，CO_2的减排特别是CO_2的循环利用将会成为突破性的核心技术，这是一个挑战性极大的技术难题。在12月刚刚召开的联合国气候峰会上，习近平主席代表中国进一步承诺，到2030年，中国单位国内生产总值二氧化碳排放将比2005年下降65%以上，非化石能源占一次能源消费比重将达到25%左右❶。目前世界各国特别是著名的石油化工跨国公司都投入巨大人力物力财力，研发CO_2利用技术，碳—化学的合成路线正在被技术创新大大拓宽。实践告诉我们，在"碳中和国家"建设中，谁在CO_2利用技术上领先一步、快人一筹，谁就将在绿色低碳发展中取得领先的巨大优势。

三是新材料高端需求的大重构。一个国家的落后，归根到底是工业的落后，而工业落后的主因就是材料的落后。高端化工材料始终是工业强国

---

❶ 参考人民网2020年12月13日人民日报《习近平在气候雄心峰会上发表重要讲话》，编者注。

竞争的一个重要领域，2018年我在芬兰参加ICCA会议时，有一位专家讲，现在许多高端技术的应用都受到材料的制约。比如超音速飞机，发动机技术已经突破，但飞机却无法制造，为什么？因为现有材料都无法解决超音速的噪声问题，不少专家寄希望于化工聚碳酸酯同碳纤维的复合材料。所以，高端化工新材料的需求将是未来一个十分重要的战略增长点。我国化工新材料起步较晚，差距也较大。2019年我国化工新材料产量超过2500万吨，但消费量高达3850万吨，供给量与需求量相差1300多万吨，化工新材料的自给率仅为66%。所以，在"十四五"以高端化工新材料为核心的产业结构调整升级中，化工新材料的高端供给必须加速，必须提质，在这场大重构中必须要有质的提升，这是确保我国产业链、供应链安全的一个重要环节。

四是构建"双循环"发展新格局的大重构。构建新发展格局，既是适应我国经济发展阶段性变化的主动调整，也是应对国际环境变化的战略性举措。这一战略对于实现我国更高质量、更有效率、更加公平、更可持续、更安全发展，对于促进世界经济繁荣都会产生重大而深远的影响，在这一战略实施中，我们既要重构行业"走出去"的力量，调整好我们"走出去"的市场，要在东南亚市场、俄罗斯-中亚市场、欧盟市场、中东市场上有新发展、大动作，还要在开拓国内市场上，帮助已经进入中国市场的跨国公司有新的更大发展，要把"走出去"和"请进来"这两篇大文章，都做得有声有色。

五是企业竞争大浪淘沙带来的大重构。国家和国家竞争，实质上是代表国家水平的企业和企业间的竞争。说到底，强国的水平一定要体现在企业竞争能力的水平上。目前，石化行业企业结构发生了很大的变化，除了原有的石化企业外，跨国公司的进入，民营企业的进入，煤炭、纺织企业的进入，使得高端市场的竞争更加激烈，高技术的竞争也更加惨烈。但现实告诉我们，行业中具有国际竞争力的一流企业或企业集团还十分缺少。在"十四五"发展中，我们要加速培养一批具有国际竞争力的企业或企业集团，要在市场竞争中培育一批领头羊企业、单项冠军企业和小巨人企业。这种大浪淘沙的企业竞争将是一个十分残酷的淘汰过程，优胜劣汰这是自然界的法则，也是市场竞争的法则。在这场竞争中，市场一定会淘汰一批企业，肯定会成长起来一批更加茁壮、更具有活力的企业。

在这五大战略大重构中，无论哪一个大重构，都需要充分发挥科技创新的力量。没有科技创新的参与，没有科技创新的支持，就不可能完成这五大重构的任务，也不可能实现行业的高质量发展。在这五大重构中，我想特别强调的是，我们一定要有勇气、有胆识、有魄力作出正确选择，大胆拥抱转型、主动追求变革，自觉站在科技创新的最前沿。

三、"十四五"行业科技创新的重点

2021年是我国"十四五"规划的开局之年，也是我国现代化建设进程中具有特殊重要性的一年，未来五年是我国石油和化学工业结构转型升级的关键五年，是石油和化学工业科技创新能力由跟随到领航腾飞的关键五年，是石油和化学工业绿色发展根本转变的关键五年，是石油和化学工业由大国向强国跨越迈出实质性步伐的关键五年。石油和化学工业必须以提高全行业核心竞争力为目标，以高质量发展为主线，将占领未来技术的制高点、满足终端市场的需求、推动安全环保的绿色发展作为科技创新的重点方向，加速建设石油化工科技强国。刚刚闭幕的中央经济工作会议明确指出，强化国家战略科技力量，是第一位的战略任务。当前和今后一段时期行业科技创新应着力做好以下重点工作：

（一）深入推进国家中长期科技发展规划和行业科技发展指南的落实，引导行业抢占一批科技制高点

在这个科学技术发展日新月异的时代，抢占科技制高点，就是争夺发展的主动权。欧洲、美国和日本石化企业都在按照未来需求的预测，集中精力加紧研究一批未来制高点和新的经济增长点技术，抢抓未来发展的先机。我们国家即将发布《国家中长期科技发展规划（2021～2035）》，石化联合会也编制了《石油和化学工业"十四五"科技发展指南》。我们要紧密联系行业实际，扎扎实实抓好落实。瞄准世界科技前沿和国家战略需求，加强应用基础研究，突出关键共性技术、前沿引领技术、现代工程技

术、颠覆性技术创新，加大对战略高新技术研发的支持力度，找准源头性技术创新领域，集中力量抢占一批制高点技术。

一是集中力量攻克一批关键共性技术。在催化领域，重点开发本质安全型加氢催化剂、环境友好型生物催化剂、离子液体新催化剂、超低排放型环境催化剂等；在过程强化领域，开发微界面强化反应、微化工系统、微波等外场强化技术及新介质/新材料，开发危险工艺的本质安全技术及装备，构筑具有我国特色和自主知识产权的化工过程强化技术体系；在先进膜分离领域，面向煤化工、石油化工、生物、能源等领域开展膜集成应用技术研究，推进膜技术在大宗化学品分离中的应用；在生物化工领域，重点研发新酶源制备技术、微生物代谢工程技术及生物基原料分离纯化、聚合加工技术等，开展重点生物基材料示范；在信息与先进控制领域，充分利用互联网、云计算、物联网、大数据等信息技术和先进理念，开发全流程智能控制软件、先进控制软件、企业资源管理软件（ERP）等工业控制软件，提升行业智能化水平。

二是攻克一批补"短板"技术。在化工新材料领域，重点研发特种茂金属聚烯烃、聚苯醚、医用级ABS、超高分子量聚乙烯工程塑料等专用树脂化工新材料技术；在高端化学品领域，研发光刻胶、电子用有机硅胶、高纯试剂、高纯度三甲基铝、电子级氢氟酸、可生物降解表面活性剂、电子封装材料等；在重大技术装备及关键零部件领域，开发40万～45万吨/年以上大型聚乙烯、聚丙烯挤压造粒机组及关键轴流泵、150万吨/年乙烯裂解三机、关键仪表和泵阀等。

三是发展一批高性能化的基础产品。在农用化学品方面，重点发展掺混肥、硝基复合肥、增效尿素、缓释肥、新型增效复合肥料、全水溶性磷肥、高效磷肥等新型肥料；发展电子级、食品级和医药级钾盐品种，开发精草铵膦、螺虫乙酯等高效农药；在精细化学品方面，开发满足抗菌、抗反射、具有雷达透视、自修复、形状记忆、热致变色特性的等涂料产品；开发分散染料、活性染料、包覆颜料、特殊效果颜料等高性能染料和颜料。在汽车化学品方面，开发聚丙烯长玻纤增强复合材料、高熔体强度聚丙烯材料、耐磨型有机玻璃、热塑性弹性体、高耐热级与电镀级ABS树脂，推动汽车轻量化；开发滚阻A级和湿抓A级的双A轮胎、高耐磨性轮胎等高性能轮胎，推动轮胎向低能耗绿色环保、高性能、智能化、超长使用寿命方向迈进。

四是开发一批高端产品。在电子信息领域，研发无卤环保覆铜板基础树脂、5G/6G通讯用低介电高透波材料、高端通讯电缆绝缘专用料等高端材料；在新能源领域，研发通用高分子材料、电池隔膜材料、高效导热及保温材料、储能材料、储氢材料、太阳能电池封装材料等。在汽车、轨道交通、航空航天领域，研发长碳链尼龙弹性体、尼龙12工程塑料、高透明尼龙材料等特种尼龙树脂；高性能芳杂环特种工程塑料、阻燃不熔滴聚酯等高性能无卤阻燃材料。在医疗卫生领域，开发卫生防护专用茂金属聚丙烯专用树脂、医用透明聚丙烯专用树脂等医用材料，实现聚丙烯防护材料的再生与活化。

五是攻克一批颠覆性、制高点技术。开发合成气一步法制化学品、甲烷与二氧化碳偶联制合成气、攻克原油、原煤直接制化学品技术等短流程技术。开发合成橡胶湿法混炼技术、低温微剪切原生态天然橡胶制备关键技术等橡胶新材料技术。开发人工光合成技术、二氧化碳加氢制化学品、二氧化碳电解制合成气等二氧化碳资源化利用技术。

（二）努力建设一批高水平产学研用创新平台，建立一个上下游协同发展的完整创新链条

按照国家和行业科技发展战略与向石油和化工强国跨越的目标，组织科研院所、大专院校、龙头企业的科研力量，通过聚焦、集中、协同攻关等方式，整合行业优势资源，建立政产学研用协同创新网络，建设一批工程实验室、工程研究中心、技术创新示范企业、产业技术创新战略联盟等高质量、高水平的研发机构和平台，推动建立长期稳定的产学研用合作项目，为产学研用优势集聚提供更大空间，在差异化市场、高端技术和关键环节取得重大突破，进一步加快科技成果产业化。

同时，积极开展同跨国公司和国外科研机构的合作、交流，为突破行业发展关键技术和行业转型升级提供新鲜土壤，为产学研优势集聚提供更

大空间，形成对行业转型升级发展的有力支撑。

（三）推动科技成果向现实生产力转化，加快行业在高质量发展中的转型升级

科技成果转化是实现从科学到技术、从技术到经济"并驾齐驱"支撑高质量发展的"关键环节"。"十四五"期间，我们将把促进科技成果转化为现实生产力作为主攻方向：一是继续推进联合会与高校的"新平台、新窗口、新机制"建设，继续做好"石化联合会与重点高校科研工作交流对接会"，进一步加强校地、校企合作，把行业技术发展需求和高校技术创新的供给进行交流对接，为高校和企业搭建合作对接平台；二是要形成观察行业高端技术创新的新窗口，进而了解行业高端研究，尤其是核心研究的动向、趋势和水平；三是组织开展"专家下基层，成果进企业"等系列活动。充分发挥联合会专家委员会专家，以及广大获奖者所拥有的研发条件、科研能力、科技成果、人才团队等优势，结合企业在转型升级、绿色发展等方面面临的重大需求，组织专家面向企业开展发展战略咨询、技术诊断、技术转让和技术服务等活动。通过这些技术服务工作，解决企业生产和发展过程中的技术瓶颈，促进科技成果的进一步转化。

（四）建立健全人才激励机制，培育一批创新领军人才

人才是创新的第一战略资源。要培养、用好、吸引各类人才，促进人才合理流动和优化配置，在行业内营造"大众创业、万众创新"的氛围，造就一支结构优化、作风优良、素质优秀，与建设世界石油和化学工业强国相适应的人才队伍。依托行业重大科研项目、企业技术中心、博士后工作站，培养和引进科技创新领军人才，构建高层次、高水平的创新团队。鼓励中青年技术骨干参与国家、行业和企业重大科研项目研究；鼓励企业、高校和科研院所制定优惠政策，为科技人才的脱颖而出营造良好的外部环境。

中国石油和化学工业由大国向强国跨越亟需高等教育和创新人才的培养支撑*

百年大计，教育为基；基础不牢，地动山摇。高等教育是一个国家发展水平和发展潜力的重要标志，也是推动一个行业健康持续发展的重要基石。新时代党和国家事业发展对高等教育的需要，对科学知识和优秀人才的需要，比以往任何时候都更为迫切。天津大学始终秉承"兴学强国"的使命，是中国历史上第一所现代大学，是开创新中国化工人才培养和推动新时期化工教育改革的领航者，天津大学化工学科历史悠久，名声远大，汇聚培育了一大批一流师资，侯德榜、丁绪淮、余国琮、王静康等著名专家和院士先后在此工作，天津大学成为中国化工人才培养一个成就卓著的摇篮，为我国化工高等教育发展和化工人才培养作出了突出贡献。

2021年是"十四五"开局之年，是建党100周年，是我国现代化建设进程中具有特殊重要性的一年。新发展阶段、新发展理念、新发展格局，对中国经济高质量发展提出了新的更高的要求。作为国民经济重要的基础原材料产业和支柱战略产业的石油和化学工业，我们必须深刻学习领会习近平新时代中国特色社会主义思想，努力为我国高等教育的创新发展和高质量发展提供更多更好的服务。

---

* 这是2021年7月15日，在全国化工类国家级一流专业建设研讨会上的讲话。

一、中国石油和化学工业发展已经进入向强国跨越的关键时期

中华人民共和国的石油和化学工业几乎是从一穷二白基础上起步的，经过70多年的发展，中国现在已经进入了世界大国的行列。2010年中国石油和化学工业的销售收入就位居世界第二位，仅次于美国。其中化学工业销售收入位居世界第一位，超过美国。"十二五"时期，中国石油和化学工业根据行业发展的结构性矛盾，按照国务院领导的意见，集中力量开展了化解产能过剩的突出矛盾，大力淘汰落后产能，强化创新能力，优化产业结构，使全行业结构性矛盾得到有效缓解。在"十三五"规划编制时，我们提出了"要迈出由大国向强国跨越步伐"的发展目标，极大地调动了全行业高质量发展的热情和干劲。

什么是石油和化学工业强国呢？我们认为，石油和化学工业强国至少有四大标志：一是要有一批具有自主知识产权，并占据行业制高点的核心技术；二是要有一批具有国际一流竞争力的大型企业和企业集团；三是具有世界一流水平的行业经营效率和经济效益；四是具有世界一流水平的技术管理人才和具有一流影响力的企业品牌。由石油和化学工业大国向强国跨越，这是一项十分艰巨的系统工程和难度很大的开拓任务。当"十三五"规划发布时，就有跨国公司的CEO问我，"中国石油和化学工业向强国跨越大约需要多长时间？"我给他们的回答是："至少需要15年的时间。"

现在"十三五"已经结束。"十三五"这五年间，中国石油和化学工业顶住了世界经济大幅下滑的重重压力和新冠肺炎疫情的肆虐冲击，在创新驱动和绿色发展两大战略推动下，取得了举世瞩目的发展成就。这些发展成就主要体现在七个方面：经济增长总体平稳，全球地位巩固提升；改革取得重大进展，市场主体更趋多元；落后产能有序淘汰，结构调整稳步推进；创新能力逐步增强，技术水平持续提升；节能减排成效显著，绿色发展深入实施；产业布局不断优化，园区发展日趋规范；对外合作成绩显著，国际地位不断强化。这七大战略成就，充分反映了中国石油和化学工业发展质量的提升和行业实力的增强。2020年中国石油和化学工业销售收入11.08万亿元，利润总额5155.5亿元。虽然受疫情影响，2020年行业销

售收入和实现利润都有所下降，但"十三五"这五年，我国石油和化学工业增加值仍然实现了4.51%，营业收入年均4.17%，利润总额年均5.95%，进出口总额年均3.74%的增长。据欧洲化学工业理事会统计，2018年中国化学工业销售额为11980亿欧元，排名世界第一；欧盟化工销售额为5650亿欧元，名列世界第二；美国化工销售额为4680亿欧元，名列世界第三；日本化工销售额为1800亿欧元，名列世界第四。中国化学工业销售额几乎相当于欧盟、美国和日本化工之和。目前，中国化工市场占据世界化工市场的40%，有关机构预测，到2030年中国化工市场有望达到全球化工市场的50%。

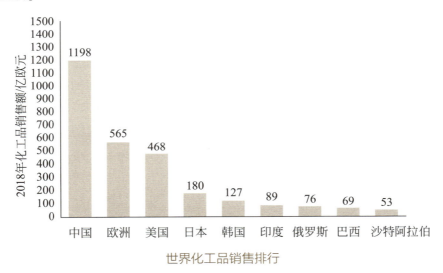

世界化工品销售排行

从"十四五"规划中，我们可以清楚地看到，未来十年将是我国石油和化学工业由大国向强国跨越的关键十年，也是我们必须要紧紧抓住并且可以大有所为的关键十年。石化行业的发展同中国宏观经济发展进入新阶段的进程高度一致，发展内涵和要求高度统一，新阶段为我国石油和化学工业的跨越发展提供了全新的动力。中国石油和化学工业迈入强国的四大标志必须要在未来十年间基本实现或全部实现，这将是一次具有划时代意义的重大考验。

这种划时代意义的重大考验主要体现在对行业创新能力的考验上，从"十四五"开始，中国石油和化学工业的创新具有三个重大转变：

一是石化行业未来的发展，已经进入了以自主创新为主的新阶段。目前我国已经是世界化学工业第一大国，无论是经济总量，还是产业结构，无论是重大项目建设，还是技术创新能力，都已经成为世界化工大国和跨国公司关注的焦点。世界化工大国和跨国公司都把中国作为主要的竞争对手。2020年，巴斯夫和埃克森美孚分别在中国投资100亿欧元和100亿美元，建设化工新材料和炼化一体化的独资项目，为什么要独资？他们的CEO明确告诉我，因为这些项目中都有一批他们独创的首次产业化的技术，为了保密他们必须独资。所以我们必须清醒地认识到，未来靠买入高新技术，甚至合作开发高新技术的机会越来越少，技术创新特别是高端前沿技术创新必须要依靠我们自己，行业的技术创新将进入一个以自主创新为主的新阶段。

二是石化行业未来的发展，已经进入了面向未来创新的新阶段。在向强国跨越的进程中，我们已经清醒地认识到，石化行业的创新已经进入了不是如何追赶，而是如何领先于人的新阶段。培养面向未来的创新能力，培育面向未来的竞争优势，将是一个更加艰巨、更加紧迫的任务。因为创造未来比拼命追赶对手更富有挑战性，成为行业领跑者比拼命追随者更有意义。在面向未来的发展中，我们面临着历史上从未有过的全新挑战：新能源的重构正进入"十月怀胎"的重要时刻，新材料的高端突破已经看到黎明曙光，低碳经济的转型已经向我们呼啸而来，绿色发展的新要求正在跨入"全生命周期"管理的新纪元，精细化工的技术创新已经站在"分子设计"的精准时刻，化工技术的新突破同信息技术的新融合已经进入深度一体化的新阶段……面向未来的创新，要求我们必须要对未来十年行业发展趋势，有一个清晰、准确的把握，行业发展战略的"前大灯"必须要比竞争对手照得更远，只有这样石化行业才能走出历史，迈向未来。

三是石化行业未来的发展，已经进入跨界协同创新的新阶段。面向未来的创新，特别是高端前沿技术的创新，必须要穿越"死亡之谷"和"达尔文之海"的风险，必须要突破组织、学科、技术和行业的界限，不同领域间的相互合作，交叉应用日益明显，跨界协同已成为未来创新的一大趋势。如2014年美国白宫颁布的《材料基因战略规划》，公布了9大关键材料研究领域的63个重点方向。这九大关键材料研究的领域是：一是人体组织与器官可再生生物活性材料、仿生材料、生物构造材料和生物系统新材料等生物材料；二是对能源、化工和药品等产业起关键作用的催化剂；三是树脂基复合材料；四是高温超导材料、自旋电子材料、磁性材料、巨磁阻材料、拓扑绝缘体等有关材料；五是电子和光子材料；六是能源材料；七是轻质结构材料；八是光电子材料；九是聚合物。这九大关键材料的领域和组织都是跨界的、协同的，都是有研究机构、大专院校和企业共同参与的。我们可以清楚地看到，今后越是高端、越是前沿的创新，就越需要多学科、多部门的协同合作，跨界融合创新已经成为未来世界高端前沿创新的一大新趋势。

这种创新战略的方向、重点和创新组织方式的调整、变化，完全是同行业发展的阶段性紧密相连的。中国石油和化学工业已经走在了世界的前列，我们一定要为未来而竞争，一定要树立面向未来的新战略观。我们一定要对石化行业发展的现状、地位和前景有一个明确清醒的认识，一定要不断创造并把握持续出现的新机遇，一定要走自己为自己开拓的新路。实践告诉我们，追随者喜欢走阻力最小的路，喜欢走最熟悉的路；创新者喜欢走最具挑战的路，喜欢走机会最多的路。中国石油和化工行业在未来的发展中，在向强国跨越的征程中，一定要有超人的前瞻战略眼光，一定要有敢于走面向未来开拓之路的胆略勇气。打好未来十年中国石油和化学工业抢先抵达未来的关键之战，打好建立行业面向未来优势的开拓之战，我们必须要在认识上统一，在战略上先行，在战术上过细，在落实上到位。

二、全球化工行业高端前沿技术正在向五大领域集聚

在刚刚结束的中国科学院和中国工程院两院院士大会上，习近平总书记明确提出，"科技创新成为国际战略博弈的主要战场，围绕科技制高点的竞争空前激烈。我们必须保持强烈的忧患意识，做好充分的思想准备和工作准备[1]。"我们深刻认识到，在百年未有之大变局面前，新一轮科技

---

[1] 参考人民网2021年5月28日人民日报《在中国科学院第二十次院士大会、中国工程院第十五次院士大会、中国科协第十次全国代表大会上的讲话》，编者注。

革命和产业变革突飞猛进，科技创新广度显著加大，深度显著加深，速度显著加快，精度显著加强。"十四五"期间，石化行业的发展比以往任何时期都更加需要科学技术解决方案，都更加需要增强科技创新这个第一动力。形势逼人，挑战逼人，使命逼人。

要想在全球激烈的科技竞争中抢占先机，抓住新一轮科技革命带来的创新赶超发展机遇，首要任务是要认清那些能够决胜未来的重点高端前沿技术及其发展方向。实践告诉我们，谁不能正确认识未来，谁就没有未来。在行业"十四五"规划和行业科技规划编制的过程中，我们通过调查研究和多种资料综合分析，清晰地看到，当前世界范围内柔性电子、人工智能、材料科学、泛物联网、空间科学、健康科学、能源科学和数据科学等八大领域最有可能产生颠覆性创新。这八大领域的英文首写字母合起来的"FAMISHED"有"极度饥饿"之意，有人称其为"饥饿科技"。据统计，近年来这八大领域的PCT专利申请量呈几何级数上升，群体跃进趋势明显。在新一轮科技革命的推动下，具有前瞻性、先导性和颠覆性的重大技术成果不断涌现，正在加快产业发展方式的重大变化，新产业、新业态、新的经济增长点不断涌现。在新一轮科技革命的推动下，我们也清晰地看到，全球化工行业的高端前沿技术正在向五大领域集聚。

一是化工新能源领域。在英国石油公司发布的《世界能源展望（2020年版）》中，专家用3种情景分析了世界能源需求变化的状况，即在一切如常的情景下、在快速转型的情景下和净零排放的情景下，无论哪一种情景，未来30年石油的需求都会呈现下降态势。不少独立经济学家表示，受疫情的影响，世界石油工业将会在2029年底开始衰退。在石油需求快速下降的同时，全球可再生能源技术正在取得突破性进展，水电、风电、太阳能技术成本都在迅速降低，特别是氢能的生产技术、生产成本、系统配套能力都在飞速突破。可再生能源的技术突破，正在加快世界能源结构的变化调整。

二是化工新材料领域。化工新材料是世界化工强国和跨国公司竞争的战略高地之一。我国新材料市场需求十分宏大，有研究报告分析，到2035年，我国新材料产业市场规模有望超过2万亿元，未来（2017～2035年）

的年均复合增长率将高达15%以上,是支撑我国经济高速增长和高质量发展的重要引擎之一,但化工新材料的技术短板矛盾十分突出。2019年我国化工新材料产量超过2500万吨,但消费量高达3850万吨,供给量和需求量相差1300万吨,化工新材料的自给率只有66%。新型能源材料、高性能膜材料、生物基材料、生物医用材料、高性能纤维及其复合材料、电子陶瓷材料、先进半导体材料及微电子制造材料、稀土功能材料、新型显示材料等等,都将是未来材料领域高端前沿技术竞争的焦点。特别是当前大家极为关注的碳纤维材料、纳米材料和3D打印材料等产业化技术的突破,使化工新材料创新的潮头,正在向我们迎面扑来。

三是高端精细化学品领域。精细化学品是化学工业中技术含量高、用途十分广泛、功能性极强的专用化学品,主要包括农药、医药、合成染料、涂料、表面活性剂、胶黏剂、催化剂、饲料添加剂、造纸助剂、皮革助剂、油田化学品、润滑油添加剂、水处理剂等几十大类。在高端精细化学品领域,化工强国和跨国公司的竞争也十分激烈,有些产品虽然市场需求量不大,但技术含量极高,功能效果极强,市场影响力极大,有化学工业女王头上的皇冠之称。

四是生命科学领域。自美国于2015年首先提出了"精准医疗计划"以来,在全球掀起了精准医疗发展的热潮。"精准医疗"强调从分子与细胞层面来理解个体疾病发生和发展过程,进而为个体提供个性化的诊断、治疗与预防方案。精准医疗是一种综合应用基因测试测序、生物医学分析、大数据分析、分子影像等技术,对大样本人群与特定疾病进行生物标志物的检测、鉴定、分析与应用,从而以最安全、有效、经济的医疗服务获取最大化疾病预防与诊治效果的新医学范式,也是对生命健康及疾病防治体系的革命性变革。特别是在这次全球疫情的大流行中,人们对生命健康的预防、疫苗的研发、特效药物的生产和治疗的重视更是提高到了空前的程度。

五是安全环保领域。随着气候变暖和生态失衡等全球化治理共识的形成,人们对生产发展中的安全问题、环境问题和污染治理问题的重视程度和治理的要求越来越高,如何从根本上解决本质安全问题、全球气候变暖问题、人与自然和谐问题、保护地球家园问题等等，都成为未来可持续发展必须要解决好的重大问题。在安全环保领域，化学工业既面临着现实的矛盾，又面临着急迫解决重大问题的责任。特别是二氧化碳减排、塑料污染治理和量大面广的废水、废气、废固治理问题，人们期待着尽快出现根本性好转的新局面。可以预见，未来在安全环保领域的技术创新必然会成为化学工业高质量发展的一个重要竞争领域和一个全新的增长点。

这五大高端前沿技术，既是全球化学工业竞争的焦点，也必然是中国化学工业关注的重点，当然也应该成为中国高等教育研究跟踪的热点。中国石油和化学工业面向未来的高端前沿技术创新，必须按照世界化学工业技术创新的大趋势，按照中国宏观经济和市场需求的发展变化，在未来10年间，扎扎实实做好"补短板""增强项"和"传统产业转型升级"三篇大文章，走出一条具有中国特色的创新发展之路，走出一条开创未来的领先发展之路，为世界化学工业、为构建人类命运共同体作出中国石油和化学工业的应有贡献。

三、中国石油和化学工业向强国跨越亟需高等教育和创新人才的培养支撑

党的十九大报告提出，"人才是实现民族振兴、赢得国际竞争主动的战略资源"，明确要求"加快建设人才强国"。党的十九届五中全会提出，要坚持创新在我国现代化建设全局中的核心地位，深入实施人才强国战略，并强调"激发人才创新活力"对我国实现创新驱动发展和全面塑造发展新优势的重大意义。

有资料显示，在2021年QS世界大学排名中，三所中国顶尖大学获得了其QS排名史上的最高排位。清华大学再次打破了2020年创下的中国大学的最高排位，从世界第16名上升到第15名，在亚洲大学中排名第三。北京大学排名第23，较2020年略降1位。复旦大学（从世界第40名上升到第34名）和上海交通大学（世界第47名）也双双创下了各自的历史最好成绩，上海交大首次进入全球前50名。尽管我们在世界大学的排名中有所突破，但是高等人才的培养同美国等发达国家相比还有较大的差

距，这既是客观存在的事实，也是影响我们发展的阻碍屏障。还有资料显示，"美国人口只占全世界的5%，但美国人消耗了全世界25%的资源，掌握了全世界60%的金融以及全世界70%的最高端人才！"。这也充分说明，我国要实现高水平科技自主、自立、自强，归根到底还是要依靠高水平的人才。

在"十四五"及未来十年的发展中，在向石油和化学工业强国跨越中，石化行业发展需要千千万万的各类人才，特别是不同领域、不同专业的创新型人才。从行业"十四五"发展规划中，从向强国跨越的主要标志中，石化行业提出了四大类人才需求。这四大类人才分别是：一是需要一大批既善于发现问题、敢于提出问题，又勇于解决问题的创新型人才；二是需要一大批具有战略思维、战略决策、战略管理的企业家人才；三是需要一大批具有基础知识扎实、专业技术突出、甘于埋头苦干的大国工匠人才；四是需要一大批既懂得现代信息技术、又有石油化工专业背景的跨界复合型人才。石化行业在向强国跨越的进程中，已经为各个方面、各种领域的创新型人才，特别是上述四个方面的特殊人才，搭建了可以大有作为的广阔舞台。

未来行业的竞争，包括企业的竞争，核心就是人才的竞争。在吸引人才、使用人才、激励人才方面，烟台万华是石化行业一个突出的典型。万华化学集团股份有限公司（简称"万华化学"）是全球规模最大、最具竞争力的MDI制造商，也是世界聚氨酯行业的龙头企业和中国化工新材料领军企业，连续三年入选全球化工50强（2020年居第32位）。公司始终把技术创新作为第一核心竞争力来培育，建有中国烟台、北京、宁波、上海和美国休斯敦、匈牙利古德勒六个研发中心。拥有国家工程实验室、国家工程技术研究中心、国家认定企业技术中心、国家技术标准创新基地等平台，以及院士、博士后工作站，7个CNAS实验室，集基础研究、工艺开发、工程化和产品应用研发创新功能于一体。公司专职研发人员2800余名，其中博士200余名，硕士1300余名。公司累计申请国内外发明专利3000余件，多项重大成果先后获得"国家科技进步一等奖"等国家科技奖励7次。2012年公司在科技部等三部委评定的"创新型企业百强"中位列第三位，2016年入选国家发改委等12部委首批全国九家"创新百强工程试点企业"。2020年公司实现销售收入734亿元，净利润100.4亿元，连续四年净利润过百亿。"十四五"公司发展战略为：2021年进入全球化工20强，销售收入超过1000亿，成为全球异氰酸酯行业领军企业；2025年进入全球化工10强，销售收入超过2000亿，成为全球聚氨酯行业龙头企业；2030年成为一流的世界500强企业和国际一流的化工新材料公司。烟台万华的实践再一次证明，企业的竞争力来源于企业创新的竞争力，企业创新的竞争力来源企业人才的竞争力。人才是行业和企业最宝贵的资源和最值钱的财富。

在行业发展的实践中，我们深刻认识到由石化大国向石化强国跨越，行业面向未来的竞争力必须要依靠高等教育和创新人才的培养和支撑。目前，在全国1200多所本科院校在校学生中，本科生与研究生比例是8︰1，毕业生中本科生占比为87%。改革开放以来，我国培养了6000多万名本科毕业生，他们已成为各行各业的中坚力量和高级专门人才，为中国特色社会主义建设事业取得世界瞩目的成绩发挥了重要作用。"十三五"期间，全国开设石油和化工类及相关专业的本科院校、高职高专、中职中专以及技工院校约2000余所，在校生约百万人。尽管高等教育取得了很大的发展成绩，但当前和未来石油和化工人才供给和需求的矛盾仍然十分突出，专业人员的供给远远不能满足行业发展的需求。从行业发展的需求看，当前人才供给的矛盾主要体现在三个方面：一是供给结构性矛盾十分突出，高端研发人员占比较少。目前在行业企业人员结构中，生产人员占比71%，研发人员占比8%，营销人员占比8%，管理人员占比8%，其他人员占比5%。随着行业高质量发展的要求和进程加快，高端人才特别是研发人员短缺的矛盾将会越来越突出。二是教育发展不平衡的矛盾越来越尖锐。近年来，企业需求人才专业的分布是：工艺类占比43%，安全环保类占比18%，设备类占比15%，仪表自控类占比10%，分析检验类占比9%，经管类占比5%。当前教育供给和需求不协调的矛盾十分突出，特别是由于当前社会上对化工学科的偏见，不少化工院校出现了招生"工科冷、化工更冷"的严峻局面。三是化工教育专业设置、课程内容、教学方式滞后于行业发展变化，不少行业发展新的东西没有进入教学内容，现有的教学内容跟不上行业技术创新、技术变革的形势，人工智能、大数据、环境保护等新兴领域人才奇缺，跨专业复合型人才更是凤毛麟角，创新型人才的短缺和能力不足更是一个普遍问题。

高等学校是教育事业的最高殿堂，是新知识、新科技、新思想诞生的摇篮，是培养创新型高素质人才的高地。习近平总书记在清华大学考察时强调，"追求一流是一个永无止境、不断超越的过程，要明确方向、突出重点。要培养一流人才方阵。""抓住全面提高人才培养能力这个重点"，着力培养担当民族复兴大任的时代新人"❶。

根据未来十年石油和化学工业发展形势的变化和对人才的需求，我对化工类国家级一流专业建设提出三点建议，仅供教育界各位老师、专家参考。

一是拥有化工类国家级一流专业的大学要努力建设成为最好的研究型大学。 习近平总书记在两院院士大会上强调，"高水平研究型大学要把发展科技第一生产力、培养人才第一资源、增强创新第一动力更好结合起来，发挥基础研究深厚、学科交叉融合的优势，成为基础研究的主力军和重大科技突破的生力军。要强化研究型大学建设同国家战略目标、战略任务的对接，加强基础前沿探索和关键技术突破，努力构建中国特色、中国风格、中国气派的学科体系、学术体系、话语体系，为培育更多杰出人才做出贡献"❷。我非常希望我们化工类的专科大学都要在研究型大学的建设上形成自己的特色，建立自己的专长，培养自己的学风。有朋友给我讲，在美国，每一所大学的使命都不相同，比如普林斯顿大学是培养工程师的摇篮，哈佛大学是培养管理者的摇篮，耶鲁大学是培养政治家的摇篮。无论大学的使命有什么不同，但他们都在追求培养不懈的研究精神。前几天我在大连理工大学校企对接会上就讲了哈佛大学"谎言雕塑"的故事。在哈佛大学，有一座标志性雕塑，是一个脚着金靴坐着的绅士，雕塑底座的铭牌上写着："此人叫约翰·哈佛（John Harvard），他在1638年创立了哈佛大学。"这个雕塑就是哈佛大学有名的"谎言雕塑"。为什么说它是"谎

---

❶ 参考新华网2021年4月19日《习近平在清华大学考察时强调 坚持中国特色世界一流大学建设目标方向 为服务国家富强民族复兴人民幸福贡献力量》，编者注。
❷ 参考人民网2021年5月28日人民日报《在中国科学院第二十次院士大会、中国工程院第十五次院士大会、中国科协第十次全国代表大会上的讲话》，编者注。

言雕塑"呢？第一，这个雕塑不是根据哈佛本人的相片制作的；第二，哈佛大学是在1636年成立的；第三，哈佛也不是创始人，他只是在1638年把自己遗产中的很大一部分捐给了学校，所以学校委员会决定以他的名字作为校名。既然错了，为什么学校不更正这个雕塑铭牌的内容呢？学校的回答是：质疑精神是哈佛大学一贯提倡的，"谎言雕塑"就是在提醒每一个哈佛人永远不要迷信传说中的权威，而要努力追求自己坚信的真理！我非常希望我们每一所化工大学都建设成为高水平的研究型大学。当前，我国高等教育真正研究型大学还比较少，具有研究特色的一流化工专业则更少。为什么化工专业特色优势不明显呢？我认为有四个原因：一是没有明确的专业特色目标；二是专业特色建设缺乏持续性（调整变化太快）；三是专业特色优势缺乏积累；四是缺少高水平的专业领军人才。我非常希望在国家级一流专业建设中，高等教育能够取得突破性进展，建设一批有特色、有质量、有影响的研究型大学。每一所大学都要形成浓厚的研究氛围，要培养学生勇于面对挑战的勇气，面向未来的远见智慧，善于研究问题的胸怀和敢于创造领先成果的本领。

二是化工类国家级一流专业要努力多培养勇于面向未来的创新型人才。面向未来的创新型人才正是石化行业发展急需的紧缺人才，因为跟随性创新是跟上时代，原始性创新是开创时代。这种人才就是要有挑战今天的勇气，还要有预见未来的能力。他们具有主动塑造行业或企业进化所需要的先见，使行业和企业具备领先到达未来，并保有领先地位的潜力，他们的能力就是在未来尚未到来之时就已经看到了未来，他们可以率先听到历史的马蹄声。这种创新人才是极其难得也是极其可贵的。

看不到未来的人是没有未来的，石化行业就有过深刻的教训，乐凯胶片的案例就是一个典型的案例。能够看到未来的人是可以在跌倒后重新站起来的，瑞士手表就是另一个生动的典型案例。我非常希望每一所化工大学都能够在培养这种特殊人才方面做出努力，做出贡献。

三是化工类国家一流专业要积极参与国家宏观经济和行业发展的重大活动。产学研用创新力量的组合，将会是今后创新生态的一大主流。在未来高端前沿技术创新中，多学科、多领域联合攻关将会是多出成果、出大成果的必由之路。大专院校要主动参加国家宏观经济和行业发展的重点活动,从市场需求中,从产业链的结合中寻找课题,寻求突破,才能不断提高基础研究水平,加快产业化的步伐。联合会组织9所高校的产学研用对接活动已经开展了5年,效果很好,影响也越来越大,成果也越来越多。这样的活动,非常希望高等院校积极参与。

化工技术创新的案例故事及其当下启示*

最近我饶有兴趣，一口气读完了英国作家马特·里德利的新著《创新的起源——一部科学技术进步史》，这本书以独特的视角，丰富的史料，生动的文字，追寻了从发现、发明到创新、创造的曲折路径，同时对创新的本质、创新的价值和创新的运行机制进行了深刻的探讨。有专家称这本书堪称人类磨砺创新思维的颂歌，人类开拓进取精神的礼赞，揭开创新面纱的春风，给我们开拓创新带来了十分有益的启示。

我们都知道，在人类创新历史的长河中，化学工业始终站在世界创新发展和创新变革的最前列，而且经常处在颠覆性技术创新和变革的核心地位。我在读完这本书后，将书中描述化工技术创新的几个典型案例故事进行了梳理，同时将我读后的启示进行了整理，写出了"化工技术创新的案例故事及其有益启示"这篇文章，以期同大家进行交流与分享。

一、化工技术创新的案例故事

案例故事一：合成氨的发明，实现了"从空气中生产面包"的神话

人类从千百万年的农业生产实践中发现，氮元素对农业增产发挥着重要作用，人们已经（至少是模糊地）知道氮元素在作物生长过程中是一种限制性养分。人类为了获取氮元素，历经了艰苦的探索和曲折的历史。

---

* 这是2021年11月28日，在陕西榆林调研时的讲话。

人类最早在农业生产中使用的氮元素，主要来自他们随机收集到的牛、猪和人类的粪便，但这种来源的氮元素数量有限，远远满足不了人们生产的需求。尽管如此，农民们还是千方百计借用甚至是偷窃他们能够找到的任何来源的粪肥、尿液，尽最大努力施用足够多的氮元素来让作物充分发挥潜力。

19世纪初，人类寻求在氮元素的过程中发现，距离秘鲁海岸不远的地方，有一个位于海中的小岛，名叫钦查群岛，那里不仅有丰富的渔产，而且还有数以万计的鸟类在此生活繁殖。由于岛上几乎从不下雨，所以这些鸟类的粪便就一个世纪又一个世纪地积累起来，这里奇迹般地出现了数百英尺的鸟类粪便。这些鸟粪对于农业生产是再好不过的肥料了，于是在19世纪中期的几十年里，为了满足英国和欧洲其他地区农民的需求，数百万吨的鸟粪被开采出来。开采的环境相当恶劣，契约劳工的处境不比奴隶好多少，运输船需要排好几个月的队才能有机会把这些灰暗并且十分难闻的鸟粪装上货船。

为了获得鸟粪，美国国会甚至通过了一个法案，规定在太平洋中发现了鸟粪岛的任何一个美国人都可以声称它是属于美国的，这也是今天太平洋中很多环状珊瑚岛隶属于美国的原因。但在这些岛屿中，很少有像秘鲁钦查群岛这样富含鸟粪的群岛，在欧洲各国激烈的竞争中，钦查群岛的鸟粪很快就耗尽了。如今的钦查群岛又恢复成平静的鸟类家园，鸟粪又在缓慢地恢复之中。

到19世纪70年代，人们又在智利发现了一种特殊的硝石矿种，这是一种富含氮的钠硝石，而这种矿种在阿塔卡马（Atacama）沙漠中十分丰富。虽然这种硝石矿和冶炼厂大多数都位于秘鲁和玻利维亚，但是让硝石矿运营起来的则是智利人。1879年，智利向这两个国家宣战，并夺取了重点省区。到1900年，智利生产的肥料占到全球总量的2/3，而且很多炸药也是由智利生产的，但这种矿产资源也是有限的，不久也出现了资源枯竭的问题。

正是在这种背景下，英国著名的化学家威廉·克鲁克斯爵士（Sir William Crakes）所做的一次演讲引起了全球的关注，他因为发现了铊元素，分离出氮元素以及发明了阴极射线管而享有盛名。他演讲中选择了"小麦问题"的话题，他说，当前的世界存在着一种迫在眉睫的可能性，那就是全世界的人到1930年将会挨饿，除非有一种方式可以合成氮肥来取代智利的硝石，那时小麦是世界上产量最高的农作物。这一警告，得到了全世界的关注。因为大家都知道，空气中含有大量取之不竭的氮元素，如果能把空气中的氮固定起来，不就可以彻底解决人类挨饿的问题吗？正是他的演讲，激发了当时一大批人，特别是一些化学家投身到空气固氮的竞赛之中。在这场激烈的竞赛中，德国化学家弗里茨·哈伯（Fritz Haber）把固氮创新看作一个制造"金球"的事业，而且称他的技术突破将会实现"从空气中生产面包"。1907年，在无数试验之后，首次宣称利用热量和催化剂制造了少量的氨，而且他在试验中还发现反应的压力越大，产生化学反应的温度越低，氨的获取量就越大。因为过高的温度会使氨刚一形成就分解了，这是一个重要的规律性发现。也就是在试验刚刚突破的时候，哈伯找到了当时德国最大的化学公司巴斯夫，巴斯夫也正在寻求固定氮的办法，双方一拍即合，巴斯夫为哈伯提供了一个实验室和一大笔预算，而且还答应将销售额的10%作为提成留给哈伯所在的学校。有了巴斯夫的支持，哈伯能够在100个大气压下开展复杂的实验，并且把反应温度从1000℃降到600℃，但在实验的初期，由于收率太低，远远达不到工业化的要求，结果让人失望。哈伯决定以催化剂选择作为突破口，他选择不同的金属作为催化剂进行试验，终于，1909年在选择了一种全新金属作为催化剂时，奇迹发生了，液态氨从装置中大量涌出。这种催化剂究竟为什么有效？哈伯一无所知，但它确实奏效了。催化剂的突破，使巴斯夫从生产装置上生产出成吨的氨，这种方法生产的氮肥要比用船从智利运输鸟粪便宜太多了。巴斯夫要求哈伯要严守催化剂的秘密，这一创新技术使巴斯夫拥有了世界上领先的生产地位。如何把哈伯的实验室技术升级为工业规模化生产，如何从空气中纯化出氮，如何从暴露于热煤焦的蒸汽中制造出足够的氢气而又不让气体中含有一氧化碳，如何在100个大气压下安全生产，这一系列的重大挑战，都交给了巴斯夫负责研究氮的卡尔·博施博士，卡尔·博施博士团队成为曼哈顿计划之前最大的科学家和工程师团队。1913

年巴斯夫在德国奥堡（Oppau）建设的大型氨厂正式生产。当时正赶上第一次世界大战，这一技术也为德国制造炸药、生产氮肥作出了贡献。与此同时，哈伯的技术也被用于毒气战，他于1915年3月亲自主持了在伊柏尔（Ypres）的第一次氯气袭击。第一次世界大战之后，全世界都采用哈伯-博施技术来大规模地生产合成氨，工艺的效率越来越高，尤其是在天然气取代煤炭成为能量和氢气的来源之后。合成肥料的普遍使用，使人类生活大为改善，并且在很大程度上让饥荒成为了历史。尽管当今合成氨、尿素生产规模越来越大，自动化水平越来越高，但合成氨技术的核心仍然是哈伯-博施的基本原理。

案例故事二：氯化漂白粉拯救了数以百万计的生命

1908年美国新泽西州泽西市供水公司遇到了大麻烦，因为随着新泽西州经济和城市的发展，人口大量的增加给城市管理带来了一系列的新问题。最突出的就是城市污水的处理问题。随着城市住房越来越多，污水排放的矛盾日益突出，许多厕所的污水直接排入河流之中，最终流入了城市的水源水库。据资料记载，自1899年以来，整个城市已经移走了500多个户外厕所并且对全部下水进行了过滤。尽管新泽西州城市管理部门尽了很大努力，但由于没有从根本上解决问题，供水污染问题仍然非常突出。1908年由于水源污染，大批民众患上了伤寒疾病，死亡人数达到了令人惊恐的地步。民众将新泽西州泽西市供水公司告上了法庭。因为公司的管理合同上明确规定，负责给城市供应"纯净且卫生的饮用水。"法庭在审理中提出，"给公司三个月的时间来彻底改变这一局面"。

为了解决这一迫在眉睫的难题，公司的卫生顾问约翰·利尔博士（Dr John Leal）想到了一个主意，把氯化漂白粉加入供水系统中，作为饮用水的消毒剂。约翰·利尔博士的想法是从何而来呢？他说是从英格兰林肯市的一个实验中受到的启示。1905年英格兰林肯市伤寒病又一次严重暴发，导致125人死亡，这个城市找来了皇家污水处理委员会的细菌学家亚历山大·克鲁克香克·休斯敦博士（Dr.Alexander Cruickhank Houston）他到了林肯市后将次氯酸钠滴入饮用水中，并且立刻见到效果，伤寒感染率立即下降。根据这一启示，利尔博士新建了一个工厂装置并且在正式庭审的前三天投入使用，每天可持续用氯化漂白剂消毒4000万加仑水。但在庭审中有人提出，"是谁允许你在泽西城开展这项试验？"当时的公众对饮用水中添加化学物质深恶痛绝，有人公开怒吼，"化学消毒剂这个想法本身就是令人厌恶的"。庭审中法庭律师坚称，因为该公司没有征求人们的同意，要求法官拒绝听取氯化漂白剂是否有效的证据。但是利尔博士坚持要在法庭上陈述他们的理由，于是法官拒绝了律师的请求，允许该公司陈述他们的做法。

在法庭陈述中，利尔博士在氯化作用的问题上是这样讲述的，"我认为这是最安全、最容易、最便宜，也是最好的净化城市用水的方法，这个方法夜以继日，年复一年，无时无刻不服务着城市"，他还补充说，"我认为泽西城今天的供水是世界上最安全的"。下面还有一段更精彩的对话：

问：对那里的人们的健康有任何不良的作用吗？

答：一点都没有。

问：你也喝这个水吗？

答：是的，先生。

问：习以为常？

答：是的，先生。

经过冗长的庭审，法官最终判定该公司通过这种创新履行了他们的职责。泽西城案件是一个转折点，一个清洁用水的分水岭。从此以后，全美以及全球的城市都开始利用氯化作用来净化供水，直到今天也是如此。在清洁用水的作用下，伤寒、霍乱和腹泻的疫情迅速地消失了。

利尔博士在法庭的陈述中，有一点是令人大为赞叹的，尽管是他提出的建议解决了这个城市用水的难题，但他从未宣称自己是这个方法的发明人。

据史料记载，氯化消毒的办法最早追溯到1854年的英国伦敦霍乱疫情期间，当时的伦敦上千人染上了霍乱，几百人死于霍乱，原因主要是水污染，为了应对这一令人恐惧的疫情，伦敦市政府规定在疫情区使用氯化漂白粉不受任何限制。一份当年的杂志报道说："泥坑里都是白色和乳白色的，石头上也沾满了它；排水沟里的氯化漂白粉到处飞溅，空气中也散发着它强烈又让人不愉快的气味"。

所以像疫苗一样，通过氯化对饮用水进行消毒的起源也是神秘和让人困惑的。只有在回顾历史时，我们才能把它视为一场拯救了数以百万计生命的颠覆性的、成功的创新。创新的演化相当缓慢，它可能侥幸地开始于一个偶然的发现和实验。

案例故事三：页岩气带来的惊喜："化石能源枯竭论"可以休矣

20世纪60年代以来，"化石能源枯竭论"不绝于耳。有一批专家学者，用深奥的理论、复杂的模型、数据的推理，明确告知人类全球化石能源将会在某年某月消耗殆尽，人类将会进入能源的恐惧时代。

然而，随着勘探技术的进步和勘探领域的扩大，原油、天然气勘探开发的新成果不断涌现，原油、天然气"枯竭"的日子不仅越来越远，而且页岩气的发现又给世界化石能源的未来带来了新的惊喜。

1922年，由美国总统成立的煤炭委员会在11个月的时间里访谈了能源行业的500位专家，并得出结论说"天然气的产量开始减少了"。1956年，美国石油专家哈伯特（M.King Hubbert）预测说，美国的天然气产量将会在1970年达到每天380亿立方英尺的高峰，然后开始下降。而事实是1970年美国天然气的产量已经达到每天580亿立方英尺，并且仍在增加，如今美国天然气的产量已经超过每天800亿立方英尺。

结果表明，这些预测错得十分离谱，原因有两个：

一是美国在20世纪70年代基于天然气是稀缺资源这一理论，实施了严格的价格管制，有效地抑制了按正常轨迹发展的天然气勘探，石油公司都把开采天然气当作一件麻烦事，转而去追求石油的开采，这确实导致了许多人误以为这是达到峰值、也是储量耗尽的开端。里根总统上台后解除了对天然气的管制，又一次带来了天然气产量的激增。

二是技术创新是导致21世纪第二个十年天然气过剩的另一个原因。由于油气市场需求的大幅上升，天然气和石油勘探公司千方百计寻求油气的增产，即便是低产量的"低渗透"油田它们也不放过。通过在岩石的缝隙中垂直钻井后，再同水平钻井相结合，用水力压裂的办法，把储藏在坚硬岩石中的石油、天然气压裂出来，而且在页岩中这种碳氢化合物的储量巨大，他们把这一技术取名为"滑溜水"技术。

滑溜水水力压裂技术取得重大突破的地点在美国沃斯堡附近的巴奈特（Barnett）页岩，那里有一个名叫乔治·米切尔（George Mitchell）的企业家，由于给芝加哥提供天然气，米切尔变得富有起来，它们有一个令人满意的固定价格合同，所以他的生产基地不愿意随意变动，竭力从已有的巴奈特页岩中生产出更多的天然气。到20世纪90年代末，米切尔油田的产量日渐减少，股价也日益下跌，这使得米切尔陷入了巨大的困境之中，他并没有选择放弃美国来减少他的损失，他以不撞南墙不回头的决心，坚持试图让天然气从页岩中冒出来。

虽然巴奈特页岩富含碳氢化合物，但它们并不会轻易地流动，所以需要在地下深处把页岩压裂，这样压裂的微型裂缝就会让天然气漏出来，过去这种压裂人们一直使用一种凝胶技术，这种技术在一些岩石中非常奏效，但是在页岩中不太有用。为了寻求在巴奈特油气田奏效的技术，米切尔投入了2.5亿美元的研发经费，但却铩羽而归。

1996年的一天，米切尔公司有一个叫尼克·斯坦斯伯格（Nick Steinsberger）的员工发现了一种莫名其妙的结果，他为了降低注入井下凝胶的成本，把大量沙子和水溶液及少量凝胶的混合物注入井下，结果天然气产量出现了激增，从那以后开始，斯坦斯伯格就刻意利用含有更多水剂的配方，这种水剂基本上就是由较少的沙子和大量的厨房水槽洗涤用品（基本上是漂白剂和肥皂）混合而成，刚开始的试验并不理想。他不断调整水的比例，最终在第四口井中取得了成功，第四口井中冒出了大量天然气，并且持续了几个月之久。

页岩气开采技术的突破，使乔治·米切尔成为一个亿万富翁。巴奈特页岩成为美国最大的天然气生产基地，复制了这种做法的其他地方都在多种页岩中得到了同样的效果——路易斯安那州、宾夕法尼亚州、阿肯色州、北达科他州、科罗拉多州、然后又是得克萨斯州，不过后来他们都采用持续改进与创新的斯坦斯伯格方法。很快同样的技术也被用来开采页岩油。如今美国不仅是全球最大的天然气生产国，而且还是全球最大的原油生产国。这完全要感谢页岩压裂技术的创新和技术的革命。

实践告诉我们，天然气作为最清洁的化石能源，未来还有巨大的需求空间，还会有大有作为的技术市场，还有可能在新能源发展中展现出新的作为。

美国的页岩革命，就是靠几个被人视为近乎偏执的中小企业家，以不屈不挠的精神向传统理念、传统现实发起的艰难挑战，它们都是美国的"能源个体户"，他们顶住了能源大公司的种种打击和挖苦，抵制了股东多方面的干扰和压力，几乎把公司的整个利润都压上，在濒临绝境中迎来了希望的曙光。美国页岩革命的突破，不仅给美国制造业带来了新的优势，而且还使得美国化学工业迅速回暖，甚至还出现了不少化工公司离开欧洲的热潮。

案例故事四：意外收获：杜邦创造了尼龙材料的新天地

杜邦公司是第一家创办自己研究机构的企业。1904年杜邦公司就成立了东部实验室，共聘用了16位专职科学家进行研究工作，其中就包括大名鼎鼎的爱因斯坦。合成橡胶和尼龙66的发明，是杜邦公司二十世纪最引以为自豪、具有划时代意义的两项技术和产品创新。杜邦科技人员在合成染料的技术研发中，在一项没有做完的试验中，第二天意外地发现了由单体相互联结成大分子的"聚合物"，可以形成橡胶、塑料和纤维素等有机物质。对于这一发现，当年的科学家说："我们是那么震惊，就像是动物学家道听有人说非洲某处发现了500米长、100米高的大象一样。"

在合成橡胶的研发过程中，他们又发现了由酒精和酸形成的长链弹性聚合物——"聚酯"。在实验室里，科学家惊奇地发现一缕细细的树脂状聚酯被玻璃棒带了起来，往上一拉，聚酯被拉长了。它不是那种脆弱易碎的物质，也不会变硬或断裂。发明者描绘说："你简直就能感觉到氢键紧紧地结合在一起了。"杜邦决定用"尼龙"作为这个产品的通用名称，"尼龙"很快就成了美国女性针织品的代名词。1938年10月27日，杜邦公司在纽约的世界博览会上宣布尼龙试产新式长袜后，马上在特拉华州威明顿的《每日晚报》上刊登整版广告，邀请威明顿的妇女来"检验和购买这种人人都在谈论的丝袜"，每人限购三双，而且购买者需要提供当地住址。于是，来自全美国的妇女都尽量确保在威明顿城内的旅馆预订一间客房。尼龙丝袜的市场反应出人意料，杜邦生产的所有产品只要一上货架，就立刻销售一空。杜邦选定1940年5月15日为"尼龙日"，在全美国的重要商场首次发售，尽管每人限购一双，500万双丝袜还是在当天全部销售一空。仅尼龙丝袜一个产品，自公开销售以来，短短7个月就给杜邦公司带来了300万美元的利润，足够支付公司用于尼龙66研发的全部费用。杜邦认定，尼龙产品将会成为公司产品中的一个奇迹。实践证明，尼龙为杜邦公司带来近50年的市场荣耀。杜邦这个具有200多年历史的老企业，始终依靠创新一直走在世界化学工业发展的最前端，始终保持着旺盛的青春活力和卓越的市场竞争力。

二、创新案例故事的当下启示

现在"创新"一词在行业发展中不绝于耳，创新也正在成为行业高质量发展的全新动力。目前全行业的创新也正在由"跟随型"创新向"引领型"创新转变，全行业创新的形势、创新的目标、创新的任务和创新的环境也正在发生着深刻的变化。在进入高质量发展新阶段，在全行业创新深刻调整变化的今天，重温行业历史上创新发展的典型案例，对今天石化行业创新发展确实有着十分重大的启示意义，它使我们在回顾行业创新的历史中，冷静地思考着创新的本质是什么？创新的环境有什么要求？创新的方法是什么？创新的规律如何认识？等等，这些都是我们在今后的创新中应该把握好的重大原则问题。

我在梳理这些典型案例的同时，也围绕着上述重大原则问题进行着思考，我在梳理思考中认为历史上的创新故事至少可以对我们今天的创新有以下几个方面的启示。

（一）现实的挑战都是创新的机遇

创新都是挑战的"逆行者"。世界上绝大多数创新都是由于现实的挑战而引发的，在上面几个典型的创新案例中我们也可以清楚地看到，无论是合成氨的发明，还是漂白粉消毒剂的应用，以及美国页岩油气水压裂技术的突破，无一不是在现实的尖锐矛盾挑战中实现的创新突破。如果世界上没有现实的挑战，也就没有技术的进步和技术的创新，从这个意义上讲，我们可以将"挑战"定为"创新之母"。而且现实还告诉我们，挑战越严峻、难度越大，创新的水平就越高，成效也就越显著。

挑战者喜欢走没人走过的路，喜欢走艰难险阻的路。守成者喜欢走别人走过的路，喜欢走阻力最小的路。所以创新者一个鲜明的特点，就是喜欢逆势而上，敢于向挑战亮剑。

目前石化行业高质量发展正面临着一系列全新的挑战。如：

新能源转型技术创新的挑战。我们应该清醒地看到，石器时代的结束，不是没有石头，而是出现了冶炼技术，化石能源时代的结束，也绝不是没有了化石能源，而是出现了新的能源。当前我们正处在新旧能源重构的时代。谁能在新能源的创新上抢先一步，谁就能取得未来的竞争优势。未来新能源，特别是氢能技术的突破和技术系统配套突破的挑战（制氢、储氢、运氢、加氢配套技术的成熟）以及确保传统能源与新能源的有序替代的挑战，是摆在石化全行业面前的一大紧迫课题。

"双碳"目标的挑战。对石化行业来讲这是一个任务艰巨的全新挑战。无论是二氧化碳排放总量，还是实现碳中和目标都是一个全新的课题。"双碳"目标，不是要求我们放慢发展，更不是不要发展，而是要求我们低碳绿色发展，发展仍然是我们国家解决一切矛盾和问题的关键环节。我们坚信，人类不可能生活在无碳的世界，二氧化碳不是万恶之源，而是一种有用的资源。现代煤化工企业要紧紧抓住"双碳"目标的挑战，迎难而上，在新时代续写一篇"二氧化碳生产面包"的现代神话。

"补短板"技术创新的挑战。"补短板"技术是解决我们行业"卡脖子"的关键环节。现阶段我们行业"补短板"技术突出体现在三个方面：

一是高端新材料技术。高端新材料技术化工大国和跨国公司都在拼命争夺的制高点。国外专家讲，世界上最先进的超音速飞机，发动机技术已经突破，关键是防噪声的机身材料还未突破；国内专家讲，轮轨高铁技术已突破每小时500千米的速度，但关键的机车减震材料还未找到，未来航空、航天、机车、等高端制造所需的高新材料将是衡量我们创新能力的一大标准；二是电子化学品技术。电子信息技术正在飞快发展，也正在改变我们生产、生活的方方面面，而电子信息技术的发展必须要有电子化学品的配套，硅片技术、印刷线路技术、光刻胶技术、特种元器件技术、高纯气体技术等等，都是电子信息技术发展的基础，而这些技术与发达国家相比我们不仅有差距，而且差距还很大；三是生命科学和高端医药技术，这方面我们同发达国家的差距更大。这次新冠肺炎疫情更凸显了生命科学和高端医药技术需求的急迫性。"补短板"技术创新必须要加快突破，而且更需要有高端突破。

"绿色"技术创新的挑战。随着环保要求的日益严格，减排、绿色的生产生活方式转型迫在眉睫。在环保领域，石化行业面临着困扰多年、也是全社会关注的一些重大问题，如塑料白色污染的问题、化肥生产磷石膏资源化利用问题、煤化工发展高盐废水处理问题、聚氯乙烯低汞、无汞催化剂替代问题……这一系列重大环保问题都需要在最短的时间内拿出从根本上解决问题的技术突破。挑战就是创新的呐喊，挑战需要创新的逆行者，这一系列重大挑战，也意味着石化行业正处在创新突破的前夜，黑暗能否尽快过去，黎明能否尽快到来，关键就要看我们的工作了。

（二）创新的方法是灵活多样的，需求可以引领创新，创新也可以创造需求

大多数人都高度重视需求引领的创新，但我们也要高度重视创新也可以创造需求，这就是创新的辩证法。创新是渐进的、偶然的，也是必然的、持续的，我们一定要从多方面关注创新的成果。

1938年，杜邦公司的罗伊·普朗克特在偶然间发现了特氟龙，他是在试图开发更好的液体冷冻剂时，将大约100磅的四氟乙烯气体以干冰的温

度储存在钢瓶中，试图将其氯化，当他打开钢瓶时，发现这些四氟乙烯并没有全部气化，一些化学物质已经聚合为固体，即白色粉末状聚四氟乙烯（PTFE），显然已经无法作为制冷剂使用了，但这种固体究竟是什么？有什么特征和作用？普朗克特决定研究一下。研究发现，这种物质具有耐热、惰性的特点，且异常光滑不粘。PTFE在20世纪40年代的曼哈顿工程中继续被用作氟气的器皿；在50年代被用作不粘锅的涂层；60年代被用作防水透气布料，并服务于阿波罗登月任务。

20年后，也是在杜邦公司，斯蒂芬妮·克沃勒克（Stephanie Kwolek）偶然间开发出了凯夫拉（Kevlar）纤维，这是一种意外发现的新型芳香聚酰胺，这种纤维比钢的强度还高，比玻璃纤维轻而且还要耐热。此后它被用于防弹衣和劳保服，拯救了很多生命。克沃勒克说："一些发明是意外事件的结果，也有赖于识别这些发明并有效利用它们的能力。"

在明尼阿波利斯3M公司，斯宾塞·西尔弗（Spencer Silver）苦苦寻求一种超强黏合剂，却意外发现了一种效果微弱而时间短暂的黏合剂。当他发现时，没有人想到它有什么用处。直到五年后，一个名叫阿特·弗莱伊（Art Fry）的同事在诗歌朗诵时，因为书里夹带的小纸条经常滑落而苦恼，于是他找到西尔弗请求他将这种黏合剂用于小纸条便签。于是一种亮黄色的小便签便诞生了。

所以，创新的方式是多种多样的，有时是偶然发现的，但我们要深刻认识到这种偶然的背后必有必然。对待创新一定要不拘一格。要尊重和关注多种多样的创新，特别是更要高度重视能够在市场终端使用的多种技术创新。

（三）创新需要自由、包容的环境

有人讲"没有瓦特、达尔文、牛顿、巴斯德、乔布斯，也一样会有蒸汽机、进化论、万有引力、疫苗和苹果手机。世界上的创新都不是自下而上叠加演化，多点发生的。没有这个天才也会有另外一个天才出现。因为，营造创新的土壤比期待天才出现更重要，一个开放的环境比举国之力更重要。"

在创新的环境中，我认为自由和容错这两点极为重要。

所谓自由，就是在科学和创新的领域，允许创新者自由思维，不要加以过多的干预和限制。因为创新的本质是自由思考、偶然发生以及曲折过程。正如习近平总书记所说的"尊重科学研究的灵感瞬间性、方式随意性、路径不确定性的特点❶。因为创新思维基本上是个体劳动，这个思维应该允许创新者胡思乱想、冥思苦想、奇思妙想、跨界联想，只有思维活跃，才会萌生创新的火花，许多新的思路、新的点子、新的技术、新的发明，都是从思维突破开始的，思维的自由是创新的源泉。正如美国托马斯·杰斐逊说过的一句名言："自由是科学和美德的伟大父母，一个国家自由的程度决定了其科学和美德伟大的程度。"

所谓容错，其实就是支持创新硬币的另外一面。试错、容错是创新环境中最重要的组成部分。常言说，"失败是成功之母。"就是讲成功包括试错、容错。只允许成功，不允许失败的环境，是永远不可能成就创新的。

大多数创新者在创新的初期，都是抱着"试试"的态度，"试试"就有两种可能——成功或失败。实践告诉我们，在新技术开创的早期，失败者远远多于成功者。英国化学家汉弗里·戴维（Homphry Davy）曾经说过："我最重要的发现是由我的失败启发的。"托马斯·爱迪生完善灯泡靠的不是灵感，而是汗水：他和团队测试了6000种不同的灯丝材料。"我没有失败"他曾经说，"我只是刚刚找到了第10000种行不通的方法。"试错是无数成功的必然过程。犹如前面案例讲述的，页岩气水力压裂的先驱们意外发现了正确的配方，然后通过无数次的实验逐渐改进，最后才取得了成功。

如果说错误是创新的重要组成部分，那么美国最大的优势之一就是它对商业失败采取相对宽容的态度。美国大多数州的破产法允许创新者像硅谷早期的口号那样"快速失败""频频失败"。在一些州，依据破产法第7章中的"宅基地豁免政策"的规定，创新者的宅基地是受到豁免政策保护的。实践也证明，实施这个政策的州比那些没有此政策的州表现出更多的创新活力。

当然，我们在讲创新思维是个体劳动的同时，也要看到产业化创新的

---

❶ 参考人民网2016年5月31日人民日报《全国科技创新大会两院院士大会中国科协第九次全国代表大会在京召开 习近平发表重要讲话》，编者注。

组织力量。创新的主体是企业、是企业家。只有当企业成为这个国家创新的主体时，这个国家的创新才会显现出无穷无尽的活力。企业的创新一定要由企业家来引领，这是市场经济的中坚，也是创新活力的核心。联合会在组织产学研用体制联合创新中，正是希望把个人的创新能力，同企业、企业家的创新力量协调组织起来，形成目标一致的创新合力，加快行业创新成果产业化的进程。

（四）今天中国的创新正在打破"李约瑟之问"

英国近代著名生物化学家、科学史家李约瑟在21世纪40年代撰写了一部在中西方都有重大影响的巨著《中国科学技术史》（7卷28分册），在他完成这部巨著时，掩卷沉思，提出了这样一个问题：为什么现代科学没有在中国文明中发展，而只在欧洲发展出来（1937年提出的问题）？这就是后来流传的"李约瑟之问"。

为什么现代科学没有发生在中国，而是在欧洲发展出来？我认为这是因为中国工业革命进展太晚，中国古代的创新发明，都发生在农耕时代，而在工业时代发生的技术创新，当然只能发生在工业革命的中心欧洲。而今天，中国的经济发展、工业发展已经大步赶上了时代，创新已经成为中国经济、中国工业发展的核心动力，今天中国的创新正在打破"李约瑟之问。"

面对今天的中国创新，马特·里德利在他新书中写道："毫无疑问，中国的创新发动机已经点火。在未来几十年里，中国的创新规模和创新速度可能将超过其他任何地方。中国只作为聪明的复制者，通过模仿西方产品和工艺来追赶西方的日子已经翻篇了，中国正大步迈向未来。"

"如何解释这种创新狂热的速度和广度？一言以蔽之，工作。中国企业家致力于'996'工作制：从早上9点干到晚上9点，一周工作6天，美国人在改变世界时也是如此（爱迪生对员工要求超长的工作时间）；德国人作为最具创新精神的民族时也是这样；19世纪的英国人是这样；更早的荷兰人和意大利人也是这样。愿意投入时间、愿意试验、愿意实践、愿意尝试新事物、愿意承担风险——出于某种原因，这些特征只存在于年轻的、新近繁荣的社会，在老旧、陈腐的社会已不复存在了。"

进入"十四五"以来，石化行业的创新就出现了根本性的变化，由过去的"跟随型"创新进入了"引领型"自主创新的新阶段，创新活力如火如荼，创新成果多点突破，创新水平节节高升。站在这个生机勃勃、激动人心的新时代的门口，中国石油和化工行业正在以领先一步、高人一筹的激情，拥抱更加美好、更加充满希望的明天。我们正在为跨入石油和化学工业强国的伟大征程而迈步前行！

此时此刻，我们每一个人都需要问一问自己：在未来关键的10年，在由石油和化学工业大国向强国跨越的关键时刻，在面向未来的伟大创新实践中：你准备好了吗？！

产业发展篇

石油和化学工业"十三五"规划中，提出了由石油和化工大国向强国跨越这一符合时代潮流的宏伟目标。向石油和化学工业强国跨越的一个战略任务，就是产业结构的转型升级。产业结构层次的高低，决定着一个国家产业结构的竞争力。产业结构转型升级是向强国跨越的重要关口，是全行业的整体行动，也是全行业产业结构由量变到质变的重大转折过程。

推进石油和化工行业产业结构转型升级，深化供给侧结构性改革，是行业实现从"数量追赶"转向"质量发展"、从"规模扩张"转向"结构优化"、从"要素驱动"转向"创新驱动"的重要途径，是推动行业发展由高速增长阶段转向高质量发展阶段的必然选择。

振奋精神 主动作为
努力开创新常态下行业转型升级新局面[*]

每年的半年经济形势分析会,已经成为联合会与地方行办(协会)、专业协会以及重点企业沟通信息、交流工作、为行业发展建言献策的重要平台。2015年是实施"十二五"规划的收官之年,行业发展面临着一系列新形势和新任务,处在一个新的历史节点上,召开经济形势分析会议对于了解行业经济运行情况,共同做好下半年行业经济运行工作,具有重要的意义。

一、上半年行业经济运行企稳向好

上半年,面对复杂严峻的宏观经济形势,石油和化工行业认真贯彻中央经济工作会议精神,坚持稳中求进、改革创新,积极应对各种风险和挑战,大力推进"稳增长、转方式、调结构、促改革、惠民生",行业经济运行总体平稳。全行业累计增加值同比增长8.8%。全行业实现主营业务收入6.35万亿元,同比下降5.7%;利润总额3132.1亿元,同比下降25.0%,分别占全国规模工业主营业务收入和利润总额的12.3%和11.0%;上缴税金4872.4亿元,同比增长10.8%,占全国规模工业税金总额的21.4%;完成固定资产投资9790亿元,同比增长2.6%,占全国工业投资总额的10.2%;

---

[*] 这是2015年8月4日,在2015中国石油和化学工业经济运行会议上的讲话。

进出口贸易总额2653.0亿美元，同比下降21.7%，占全国进出口贸易总额的14.1%，其中出口897.0亿美元，同比下降3.9%。

上半年，在经济下行压力较大的情况下，行业经济不但实现了平稳运行，而且呈逐季向好态势，一季度低开企稳，二季度企稳向好，积极因素不断积累，主要经济指标逐月回升，结构调整和创新发展的亮点不断增多，为完成全年行业经济运行目标创造了良好条件。上半年，我国石油和化工行业经济运行主要有以下亮点：

一是经济回升不断加快。从增加值看，全行业增加值增速逐步提高。1～2月增长6.9%，1～4月增长8.4%，上半年增长8.8%，高出同期规模工业增加值2.5个百分点，这也是2011年以来首次超过规模工业增加值增速。

从收入看，全行业主营业务收入降幅持续收窄。上半年全行业主营业务收入同比下降5.7%，比前2个月收窄2.4个百分点，比前4个月收窄约1个百分点。二季度，全行业主营业务收入环比增长16.5%。

从产量看，主要产品增速保持平稳。上半年，全国石油天然气总产量1.63亿吨（油当量），同比增长2.2%；主要化学品总产量增长5.0%。增速均与上年同期基本持平。

二是经济结构继续改善。合成材料、专用化学品、农药、涂（颜）料及有机化学原料制造等技术含量相对较高、附加值较高的行业在经济增长中领先，效益向好。上半年，合成材料和专用化学品制造增加值同比分别增长11.0%和10.1%，分别高出化工行业平均增速1.6和0.7个百分点；合成材料和有机化学原料利润同比分别增长40%和32.9%，对化工行业效益的贡献率分别达到32.4%和33.4%，增速和贡献率均居前列。

从需求增长看，能源和主要化工产品在消费总体放缓的背景下，增长出现明显变化。首先，成品油消费加快。上半年，成品油表观消费量增长7.0%，同比提高3个百分点。其次，主要化学品中，有机化学原料消费保持较快增长，无机化学原料减缓，合成材料基本平稳。上半年，有机化学原料表观消费总量同比增长约11.4%，比上年同期加快2.1个百分点；无机化学原料增长2.3%，减缓4个百分点；合成材料增长6.2%。

三是经济增长质量不断提高。化工行业利润增速不断加快，炼油行业效益持续改善。上半年，在全国规模工业和全行业效益大幅下滑的背景下，炼油业利润实现恢复性增长，同比增速达75.6%，化工行业利润同比增长也达到11.1%，这在全国规模工业中是少有的亮点，奠定了全行业效益回升向好的基础。在全行业效益逐步向好的情况下，重点产品的单位产品能耗继续下降，行业总能耗增速继续回落。2015年一季度，我国吨油气产量综合能耗同比下降0.6%，吨原油加工量综合能耗同比下降1.7%，吨乙烯产量综合能耗同比下降1.3%。上半年，油气产量增长2.2%，原油加工量增长4.8%，主要化学品总量增长5.0%，但全行业总能耗增长只有1.0%，同比大幅回落6.2个百分点。其中，化工行业总能耗增长1.3%，回落6.8个百分点。

四是企业管理提升成效明显。上半年，全行业管理费用增长2.0%，同比回落6.4个百分点。其中，油气开采、炼油和化工行业分别下降20.8%、增长2.8%和8.8%，均比去年同期明显回落。统计显示，上半年，全行业产成品存货周转天数为14.0天，比全国规模工业平均水平缩短约1天；全行业存货下降6.4%，多年来首次出现下降，其中，炼油业下降27.8%，化工行业小幅增长3.1%，均为国际金融危机以来最低水平。企业挖潜效果显著。例如中国石化，上半年坚持精打细算，加强成本费用管控力度。通过降低采购成本、人工成本、生产运行成本等，使收入增加150亿元，为企业管理挖潜增效作出了榜样。

五是出口贸易缓中趋稳。上半年，石油和化工行业出口总额同比下降3.9%，二季度以来下降稳中收窄。其中，化肥出口持续保持高速增长，出口额同比增长70%；占全行业出口总额四分之一的橡胶制品开始摆脱一季度的剧烈波动，呈现企稳回升走势，虽然上半年累计下降3.9%，但6月当月实现增长0.5%。出口产品结构也出现积极变化，一些高端化学品、专用设备出口呈现快速增长势头，上半年高端化学品出口总额同比增长8.4%，炼油、化工专用设备出口总额同比增长60%。

在看到全行业经济运行企稳向好、亮点增多的同时，更应该清醒地认识到，当前行业经济运行中仍然存在不少的矛盾和问题。主要表现在：

一是需求增长乏力。能源和主要化学品的消费增速总体呈放缓趋势。上半年,石油和天然气表观消费总量为3.51亿吨(油当量),增长3.6%,同比回落1.4个百分点,其中天然气表观消费增长仅为3.3%,为历史最低水平;主要化学品表观消费总量增长4.1%,回落0.7个百分点。其中,乙烯表观消费量增长几乎为零;烧碱消费量自国际金融危机以来首次下降;快速增长的合成树脂消费也出现减缓势头。市场需求增长乏力,有外部影响,更主要是内在原因。客观上看,全球经济复苏曲折迟缓,国内经济进入"新常态",总需求放缓。但也应当看到,全球经济和我国经济正处于结构调整之中,特别是国内城镇化、新型工业化、信息化仍处在较快发展阶段,增长和需求潜力巨大,关键是生产能否满足市场消费升级、产品高端化和差异化发展的需求。

二是投资大幅下滑。上半年,石油和化工行业固定资产投资增速持续回落,累计增长只有2.6%,创下历史最低纪录。其中,石油和天然气开采业投资3年来首次下降,同比下降6.5%;炼油业投资也出现了自2010年以来的首次下降,下降为6.6%;化学工业投资虽保持5.6%的增长,但也是历史同期最低水平。特别值得关注是,上游勘探开发投资大幅下滑,动力严重不足,对行业长期发展将产生不利影响。

三是行业税负过重。上半年,全行业税负总额同比增长达到10.8%,占全国规模工业税负总额的21.4%,与全行业收入同比下降5.7%构成显著反差。一增一降,凸显出企业税负增加的矛盾。其中,炼油业税金总额同比增长达到47.8%,占全国规模工业税金总额的13.1%,是同期炼油业利润总额的9.5倍。化工行业税金总额同比增长近14%,收入增长却不足3%;而同期全国规模工业税金总额增长只有5.7%。税额中,主营业务税金及附加占比较大,从全行业看,达到近60%。其中,炼油业占比达到77.5%。石油和化工行业高速增长的税负使相当一部分企业生产经营陷入困难。

四是上游效益降幅较大。上半年,受国际原油价格大幅下降影响,国内石油和天然气开采业利润大幅下滑,累计利润总额628.9亿元,同比下降达68.7%,其中,石油开采下降70.8%,天然气开采业下降33.2%。受此影响，上半年石油和化工行业利润总额下降达25%，上年同期为增长6.4%。

为稳定行业经济发展，克服经济运行中存在的问题，联合会主动发挥行业组织的优势，积极向政府有关部门反映存在的问题，提出政策建议，如化肥关税问题、特别收益金问题、天然气价格理顺问题、易制毒化学品监管问题等都得到有效的解决，近期我们还就减轻行业税赋、成品油消费税、国Ⅳ车用油推广与监管、产品出口关税等问题向国务院和政府相关部门提出政策建议。

二、下半年行业经济运行形势依然错综复杂

当前，行业经济运行虽然总体平稳，出现了一些较为明显的积极变化，但企稳向好的趋势还不稳固，影响行业发展的一些问题和矛盾仍十分突出，特别是仍存在许多不稳定不确定因素，行业发展面临的形势依然错综复杂，既有机遇，也有挑战，既存在积极因素，也存在不利条件，下半年保持行业经济回升向好的局面还要克服很多困难。

从国际看，全球经济仍处在深度调整之中，复苏艰难缓慢，主要经济体走势分化，形势不容乐观。美国经济一季度有所回落，国内生产总值环比下降0.2%，但随着短期不利因素调整，二季度数据回升向好，失业率已达到金融危机前经济扩张期的平均水平，核心通胀率同比增长保持在1.7%左右且有轻微上涨态势，如美联储下半年加息，将对全球经济造成重大影响。欧洲经济步履艰难，欧元区和欧盟今年第一季度国内生产总值环比均增长0.4%；同比分别增长1%和1.5%，未来一段时间内，欧洲经济将维持低速增长的局面。日本经济复苏势头仍不稳定，一季度生产总值环比增长1%，同比增长3.9%。市场人士认为，虽然日本经济基本上走出了因上调消费税引发的衰退阴影，但复苏势头不稳，且波动性较大。新兴经济体表现差异很大，总体上呈放缓走势。国际货币基金组织7月9日下调了2015年世界经济增长预期，由此前的3.5%调低至3.3%。由于世界经济复苏乏力，导致贸易保护主义抬头、贸易摩擦加剧、贸易壁垒不断加深，我国石化产品出口将面临更大的挑战。不仅如此，随着东盟自贸区、中韩自贸区

的相继建立,以及海合会自贸区谈判的重新启动,未来,我国石化市场的竞争也将会进一步加剧。

从国内市场看,上半年石化产品价格虽然持续回升,但基础仍不稳固。特别是油价,下降很大,受此影响,上游开采业效益显著下滑,也对全行业经济运行产生巨大压力,上半年全行业收入利润下降主要是受上游拖累。值得关注的是,油价影响在下半年还将持续。从目前市场情况分析判断,石油价格的低位运行有可能常态化,对石油和化工行业的影响将会继续加深,对此,我们要密切跟踪,深入研究,未雨绸缪。

从行业看,产能过剩、创新能力较弱、产品结构档次低、企业管理水平总体不高等深层次矛盾仍十分突出,从根本上化解尚需时日,这是行业结构调整、转型升级、迈向中高端必须加快解决的难题,也是当前和今后相当一段时间行业经济运行中的内在压力,对此,要有清醒的认识。特别是重大安全环保事故仍时有发生,在社会上造成很大影响,行业在质量、安全、环保、管理等方面亟待改善和加强。2015年我国出台实施的新《环境保护法》,无论是处罚力度还是标准要求,都大为提高,石油和化工行业经济运行中的环保压力也是越来越大。

在行业发展面临严峻挑战的同时,下半年行业经济运行也存在许多积极因素和有利条件,行业发展面临着新的机遇和新的空间。习近平总书记在吉林调研时作出重要判断,明确指出,"当前我国经济形势和运行态势总体是好的",并用"四个没有变"进行了深刻阐述,一是我国"经济发展长期向好的基本面没有变",二是我国"经济韧性好、潜力足、回旋空间大的基本特质没有变",三是我国"经济持续增长的良好支撑基础和条件没有变",四是我国"经济结构调整优化的前进态势没有变"[1]。这"四个没有变"是认识当前行业发展的环境、把握行业发展趋势的根本指针。

首先,促进行业企稳向好的宏观政策效应继续增强。2015年,各项"稳增长"政策不断加强,特别是近期,系列举措更是密集出台。一是针对固定资产投资持续下滑的情况,投资"稳增长"步伐逐步加快。截至7月1日,发改委年内已批复基础建设投资约8842亿元,其中,城市轨道

---

[1] 参考人民网2015年7月20日人民日报《习近平:加大支持力度增强内生动力加快东北老工业基地振兴发展》,编者注。

交通项目成为主力军，计划总投资达到4883.2亿元，占比超过一半。有专家预计，从速度与质量两个方面来看，三季度中国经济都将呈现企稳上升的局面。二是进一步完善出口退税负担机制。2015年3月4日，国务院印发《关于完善出口退税负担机制有关问题的通知》，明确规定，从2015年起，出口退税（包括出口货物退增值税和营业税改征增值税出口退税）全部由中央财政负担，地方2014年原负担的出口退税基数，定额上解中央。同时，中央对地方消费税不再实行增量返还，改为以2014年消费税返还数为基数，实行定额返还。三是继续实施积极的货币政策和稳健的财政政策。今年上半年，国家连续3次降准，3次降息（去年底1次），为企业减税减负。特别是不断加大对小微企业和创业创新的减税降费力度。四是持续推进深化改革。随着党中央、国务院进一步简政放权，加快行政审批制度改革，创新投资和融资的体制机制，鼓励民间资本参与基础设施建设和公用事业等系列改革措施的出台，大众创业、万众创新的局面正在形成，市场活力进一步增强。五是"一带一路"倡议加快推进。2015年，"一带一路"倡议快速向实施阶段落实，沿线国家反响热烈，积极参与。据商务部消息，2015年前5月，中国企业对"一带一路"沿线的48个国家和地区进行了直接投资，合计总额48.6亿美元，同比增长3.7%。"一带一路"沿线国家在华设立外商投资企业767家，同比增长14.3%；实际投入外资金额29.19亿美元，增长11.6%。"一带一路"倡议将改变中国对外开放格局，给全球带来机遇，对稳定和促进世界经济发展必将产生深远影响。六是关注我国推进自贸区带来的商机。上海自由贸易区的设立，提供了自由贸易货币，而非自由贸易货物，围绕货币的自由贸易，以及由此产生的增值机会，如境外进行企业收购、兼并，人民币境外股权投资，对大宗石化产品实现在境外交易所对贸易货物进行套期保值等。随着天津、广东和福建自贸区的批准建立，对石油和化工行业而言是充分运用资本市场，积极拓展国际市场的有利时机。

其次，市场需求稳中有增。上半年，由于宏观经济活动放缓，市场需求增长总体显得乏力。但是，二季度以来，规模经济开始企稳，工业增加值企稳回升，房地产开始趋于活跃，社会消费保持平稳较快增长。比如，根据国家统计局公布的数据，2015年上半年商品房销售面积由负转正，全国同比增长3.9%，其中6月份增长16%；商品房销售额一季度同比下降9.3%，二季度则同比增长10%，实现了2014年以来的首次正增长。下半年，随着宏观经济活动的继续增强，市场需求总体上也将会有所扩大。

预计全年油气消费总量7.13亿吨（油当量）左右，同比增长4.6%；主要化学品总量增长约5%。其中，原油表观消费量约5.4亿吨，增长4.5%；天然气表观消费量约1910亿立方米，增长6%；成品油表观消费量约3.2亿吨，增长6.5%；合成树脂表观消费量约1.07亿吨，增长7%。

第三，价格保持趋稳走势。上半年，石油和化工行业价格总水平下降持续收窄，市场呈现回暖走势。根据目前市场供需和价格趋势判断，下半年石油和化工行业价格运行总体保持相对平稳，全年价格总水平下降预计在11%左右，其中化学工业下降约6%，较上半年继续有所收窄。

从国际原油价格走势看，上半年国际油价触底回升，现货均价约为54.8美元/桶，同比下降47.8%。二季度均价约为58.8美元/桶，环比上涨15.8%。影响国际油价的因素很多。有供需关系、开采成本、地区冲突演变、地缘政治、突发事件等等，就目前情况而言，决定的因素仍然是供需关系。由于全球经济复苏乏力，中东地区局势可控，全球石油供大于求的格局短期内不会改变。因此，未来油价走势总体处于温和变动之中。预计三季度国际原油现货价格与二季度大致持平，全年均价在60美元/桶左右。

总之，下半年行业经济运行面临的形势依然错综复杂，问题与挑战依然很多，但促进"企稳向好"的积极因素持续积累，新的增长动力正在加快形成并不断蓄积力量，行业发展前景仍然广阔，对此一定要有信心。全行业要积极适应新常态，把握新常态，振奋精神，迎难而上，主动作为，坚决打好"十二五"收官之役，努力开创石油和化工行业转型升级的新局面。

根据当前行业生产、价格走势，以及结构调整变化等综合因素的分析判断，预计2015年，石油和化工行业增加值同比增长约9.0%；主营业务收入14.2万亿元左右，同比增长约1%；利润总额约7550亿元，同比下降约5%；实际投资总额2.42万亿元左右，同比增长4%；出口总额约1976亿美元，与上年大致持平。其中，化工行业增加值同比增长约为9.6%；主营业务收入9.29万亿元上下，同比增长6%；利润总额约4780亿元，同比增长12%。

三、提振信心，主动作为，确保全面完成全年行业经济运行目标

下半年，党的十八届五中全会将要召开，会议将研究关于"十三五"发展规划的建议，各项重大改革举措将深入推进，行业发展处在承前启后的重要时期。做好下半年工作，促进行业经济平稳运行，对完成行业"十二五"发展目标至关重要。全行业一定要进一步凝聚改革、发展与转型升级的共识，紧紧抓住由石油和化学工业大国向强国迈进的历史机遇，认真贯彻党中央、国务院近期关于经济工作的一系列指示精神，以提高行业发展质量和效益为中心，坚持稳中求进、改革创新，努力做好开拓市场、调整结构、创新发展、降本增效等重点工作，确保完成全年经济运行的主要目标，促进行业在"新常态"下持续健康发展。

能否完成"稳增长、调结构"的目标任务，对石化行业来讲，主要有四个重要标志：一是传统产业产能过剩的矛盾得到有效遏制；二是战略性新兴产业形成了初具规模的新的增长点；三是行业创新平台建设和企业创新能力有显著提升；四是发展方式转变在行业运行质量上见到明显成效。这四个重要标志应该成为全行业和各企业的共同努力、加快实现的行业目标。下半年，要紧紧围绕这四个行业目标，集中力量，扎扎实实抓好七项重点工作：

第一，千方百计开拓市场。要紧紧抓住有效需求不足这一影响当前行业经济运行的主要矛盾，努力适应产业转型和消费升级的新需求，积极开拓国内外市场，增加有效需求。

一是要挖掘传统产品的新需求。加大基础化学原料、农用化学品、橡胶制品、成品油等传统石油和化工产品的提质升级，大力培育企业品牌和知名品牌产品，进一步提高产品竞争力。加强对农业、机械、纺织、轻工、房地产市场和重大基本建设项目的有效供给，特别是要加大对差别化

和功能性产品、绿色环保低碳产品等的市场推广力度，努力扩大市场需求。要做好农药化肥、农用汽柴油的保障供应工作。

二是要大力开拓国际市场。要紧紧抓住国家"一带一路"倡议实施带来的新机遇，加强国际市场发展动态的跟踪，加强国际贸易发展特点趋势的研究，特别是要加强与"一带一路"沿线国家的交流与合作，根据不同国家和行业的特点，选择制造能力强、技术水平高、国际竞争优势明显、国际市场有需求的领域为重点，有针对性地采用贸易、承包工程、投资等多种方式有序推动装备、技术和服务"走出去"，开展境外资源开发、基础设施建设、装备制造和产业投资合作，开展化工下游精深加工，延伸产业链，带动国内成套设备出口，完善运营维护服务网络建设，提高综合竞争能力，形成一批有国际竞争力和市场开拓能力的骨干企业，实现从产品输出向产业输出的提升，探索和构建石化行业对外开放新格局。

三是要加强对行业趋势性问题的研究。要大力推进油气行业和化工行业两个数据中心建设，构建大数据开发应用平台，开发满足细分市场需求的多样化产品；加强对行业市场变化的监测与研究，引导企业在提升产品质量、增加产品功能、完善用户服务、打造优势品牌上下功夫，提升市场竞争优势；加强对行业发展中热点、难点问题的深入研究，及时向有关部门反映行业、企业诉求及政策建议，及时向政府反馈政策效果；做好产业预警、贸易保障措施以及贸易争议协调工作，维护产业安全，促进行业平稳发展。

第二，深入推进结构调整。稳增长与调结构相辅相成，要稳中求变、稳中求新、稳中求进。既要保持行业经济平稳运行，更要积极推进产业转型升级。

一是要加快改造提升传统产业。按照"减强发展、乘法提升"的原则，配合有关部门严格行业准入、实施负面清单管理，严控过剩行业新增产能，加快淘汰落后产能。随着新一代信息技术、增材制造、航空航天装备、海洋工程装备、先进轨道交通装备、新能源汽车等重点产业的快速发展，对基础原材料提出了全新的要求。要加紧基础化学原料、专用化学品、涂（颜）料、基础合成材料提质升级，通过技术升级和结构优化，增强传统产业竞争力。要切实发挥标准的技术支撑和引领作用，利用标准化推进产业升级和结构调整。要进一步优化产业布局。促进东部地区产业加快向中高端迈进，引导中西部地区依托资源禀赋，发展优势特色石化产业，推动东部成熟产业有序向中西部转移。

二是要大力培育新经济增长点。瞄准一批创新升级工程项目，努力提供满足新能源、新材料、节能环保、高端装备制造、新能源汽车等战略性新兴产业发展需求的新产品，在工程塑料、氟硅材料、功能性膜材料、聚氨酯材料、热塑性弹性体、特种橡胶、新型涂料、电子化学品等高端化、差异化市场取得新突破，重点发展化工新材料、生物化工和生物质燃料、现代煤化工、节能环保等战略性新兴产业，用创新引领新常态，实现可持续发展。

三是要积极发展生产性服务业。充分发挥生产性服务业在研发设计、流程优化、市场营销、物流配送、节能降耗等方面的引领带动作用，推动企业开展科技创新、产品创新、管理创新和营销模式、盈利模式创新，重点围绕提高研发创新和系统集成能力，发展市场调研、产品设计、技术开发、工程总包和系统控制等业务；围绕市场营销和品牌服务，发展现代销售体系，推进仓储物流和回收利用等专业服务的发展，增强产业链上下游企业协同能力。培育集电子交易、仓储码头、物流配送于一体的大型化、专业化服务企业。

第三，进一步加强企业管理。企业管理始终是石化行业发展的永恒主题，特别是在当前原材料和产品市场价格低位运行的情况下，企业管理可以挖掘的潜力很大。要围绕降本增效进一步加强企业管理，牢固树立向管理要效益、向管理要发展、向管理要竞争力的理念，进一步强化企业管理，提高企业的可持续发展能力。

一是要加强成本管理。引导企业进一步树立系统成本管理的理念，以降低系统成本为目标，密切跟踪市场变化，努力适应和创新市场需求。不断丰富产品品种，提升产品与服务质量，全方位开展对标挖潜活动，增强企业盈利能力。

二是要强化资金管理。企业要在资金管理上下大功夫，大力优化融资结构，降低融资成本，加速资金周转，防范资金风险；要积极开展联合重组，通过资本纽带整合上下游生产经营，积极推进集中采购和库存共享，加强销售协同，提高资金使用效率。

三是要努力提高全要素生产率。全要素生产率是可持续增长的主要动力，主要来自技术进步、组织创新、专业化和生产率提高。石油和化工企业要进一步加大人力资本与技术研发投入，积极开展技术改造，促进劳动力要素合理流动，提高劳动生产率，进一步激活行业的增长潜力。

第四，积极推进实施《中国制造2025》。《中国制造2025》是我国由制造业大国向制造业强国跨越的重大举措。石油和化工行业要积极实施《中国制造2025》，努力推进信息技术与产业深度融合，突破一批制约行业发展的关键核心技术，组织重大关键技术和重大装备科研攻关与制造，推动由石油和化学工业大国向强国迈进。

一是要大力实施创新驱动发展战略。要积极组建以行业共性关键技术开发为主要任务的国家创新中心，进一步推进重点实验室、工程实验室、工程研究中心等行业创新平台建设，建设一批更高质量、更高水平的产业技术创新战略联盟，积极开展产学研协同创新。要做好国家"十三五"重点研发计划优先启动专项的建议、跟踪、协调等工作，筛选一批制约行业发展的重大关键共性技术，提出一批新的抢占制高点技术并组织攻关，推进重大装备和关键单元设备研制，完善专利信息服务平台。要组织好技术创新典型示范企业的经验总结活动，引导广大企业在认识和实践上把科技创新摆在发展的战略核心位置，让企业创新之树枝繁叶茂，为行业转型升级提供有力支撑。

二是要推进信息化与产业深度融合。在石化、氮肥、轮胎、化工新材料等重点领域试点建设智能工厂、数字化车间，加快人机智能交互、工业机器人等技术和装备在生产过程中的应用，促进生产工艺的仿真优化、数字化控制、状态信息实时监测和自适应控制。积极开展"智慧园区"试点，加快行业智能制造标准研制工作，加快产品全生命周期管理、客户关系管理、供应链管理系统的推广应用，促进智能管控。加快民用爆炸物品、危险化学品、农药等重点领域智能检测监管体系建设，提高智能化水平。

三是要积极推进"互联网+"行动。积极推进互联网在行业中的应用，特别是鼓励大数据、云计算、物联网在产品设计、物流、电子商务等领域的应用，降低经营销售成本。积极推进农资、农化产品的电商服务平台的建设，构建物流信息共享、智能仓储、配送调配系统，提升物流仓储的自动化、智能化水平。引导企业面向个性化、定制化消费需求深化电子商务应用，积极利用电子商务平台优化采购、分销体系，提升企业精准营销能力，激发市场消费需求。

第五，进一步加强安全环保工作。2015年年初以来，安全生产事故连续发生，对行业、对社会都造成了很大的负面影响。下半年全行业安全环保工作必须警钟长鸣，加大力度，牢固树立以人为本、绿色发展的理念，努力构建资源节约、环境友好、本质安全型企业。

一是要切实抓好安全生产。始终绷紧安全生产这根弦，坚决遏制重特大事故发生。构建隐患排查治理的常态化机制，全面排查安全生产隐患，对查出的问题实行"零容忍"。全面推进"责任关怀"，积极开展责任关怀培训，建立健全行业责任关怀工作体制机制，培育企业与化工园区实施责任关怀的典型。化工园区、企业要积极实施责任关怀，认真贯彻责任关怀准则，主动与社区沟通，共同营造和谐、文明、健康的发展环境。

二是要打好节能减排攻坚战。继续做好汞污染防治、大气污染防治、磷石膏治理等重点领域的防治工作，推进CO_2捕集、利用和封存重大试验，推广应用先进适用的循环经济和清洁生产技术与装备，培育一批循环经济示范企业和园区。继续推进企业能源管理中心建设，抓好企业试点。开展清洁生产示范企业评选和环境友好型产品认定，完善清洁生产、环境保护支撑技术库。要进一步加强责任关怀工作体系建设，努力提高企业对责任关怀与HSE安全管理体系的认识，加快"化工清洁生产和绿色园区"建设，树立行业安全环保的新形象。

第六，抓好行业"十三五"发展指南编制工作。2015年10月，中央将召开十八届五中全会，主要研究关于制定国民经济和社会发展第十三个五年规划的建议，将对全国制定"十三五"规划提出纲领性指导方针和原则。"十三五"时期是我国石油和化学工业进入"转方式、调结构"的关键时期,编制行业"十三五"发展指南对促进行业加快"转方式、调结构",推进由石油和化学工业大国向强国跨越具有十分重要的意义。目前,联合会编制行业"十三五"发展指南已经取得阶段性成果,下一步要按照编制方案,进一步抓好修改、评估、完善等工作。要坚持开门原则,广泛听取方方面面意见和建议,集中全行业智慧和共识,认真总结"十二五"发展经验,科学分析"十三五"面临的新机遇和新挑战,形成"十三五"行业创新发展的新思路和转型升级的新举措,提高《发展指南》的科学性、权威性、针对性,在"十三五"时期真正发挥出指导和引领作用,推动行业在新常态下实现新的跨越式发展。

第七,适应行业协会改革新形势,更加主动地发挥引领、协调和促进行业发展的作用。行业协会是市场经济的重要组成部分,国家推进行业协会改革的目的和措施都是为了更好地发挥协会作用,这在国务院以及有关部委领导的讲话中多次提到。例如,马凯副总理在部分行业协会负责人座谈会上指出,工业行业协会是政府和企业的桥梁,也是打造中国经济升级版的重要力量和重要环节,政府在转变职能中应该把更多的职能交给行业协会。最近发布的《行业协会商会与行政机关脱钩总体方案》也明确提出,"创新行业协会商会管理体制和运行机制,激发内在活力和发展动力,提升行业服务功能,充分发挥行业协会商会在经济发展新常态中的独特优势和应有作用"。因此,对于行业协会改革,不应该怨天尤人、无所作为,而应该积极参与、主动作为,把压力变成动力,把挑战变成机遇,通过提升自身业务能力和服务水平,在行业中赢得应有的地位,发挥更大的作用。为适应改革,联合会、地方协会和专业协会应该在信息统计、科技创新、标准制定、重大问题调研等领域进一步强化合作,形成谋划行业发展、促进行业加快转型升级的整体合力,把石油和化工行业协会系统真正建设为"政府信得过、企业靠得住、行业离不开、国际有影响"的社团组织。

化肥行业要率先走上转型升级的新高地*

当前，我国经济正处于"三期叠加"的特定阶段，经济发展步入新常态，我国石油和化学工业转型升级任务十分艰巨。化肥行业作为重要的传统产业，更面临发展道路的艰难抉择和转型发展。工业和信息化部发布的《关于推进化肥行业转型发展指导意见》，为化肥行业实现"坚持化肥、走出化肥"的转型目标，提出了科学指引和发展路线图。化肥行业要认真学习并贯彻落实《指导意见》，力争在全行业中率先走上转型升级的新高地。

一、新常态下石油和化学工业转型升级的四大目标任务

上半年，我国宏观经济运行总体呈现"缓中趋稳、稳中向好"的发展态势，同时，国民经济正在发生一系列重大而深刻的变化。国家统计局新闻发言人盛来运将宏观经济趋势性变化归纳为五个方面的转变：

一是发展速度由过去的高速增长向中高速增长转变。由两位数的高增速"换挡"到7%左右的中高速。这种"换挡现象"在发达国家经济转型时期都出现过。

二是产业结构由工业主导向服务业主导转变。2012年以来，服务业连续3年占比超过工业，标志着我国经济开始由工业主导向服务业主导转变。

---

* 这是2015年8月21日，在氮肥甲醇行业"十三五"研讨会上的讲话。

三是发展动力由投资和出口拉动为主向消费拉动为主转变。2011年以来的4年间,最终消费支出连续提高,2014年占国民经济的比重为51.2%,对经济增长的贡献率达到50.2%。

四是发展方式由要素规模扩张向创新驱动转变。新产业、新业态、新模式加快孕育,资源消耗少、成长潜力大的高新技术产业增长较快。

五是发展目标由追求GDP向经济社会和谐发展转变。这既是可持续发展的客观要求,也是人类社会发展的必然选择。

面对这一系列趋势性变化,党中央、国务院从宏观经济角度概括为中国经济进入了发展的"新常态"。应该清醒地认识到"新常态"的实质,就是中国经济进入了一个新的发展阶段。这个新的发展阶段,要求我们必须在产业结构上,发展方式上进行及时的调整和转变。只有主动加快产业结构的调整和发展方式的转变,才有可能走出一条创新发展的新路子,开创一个经济持续增长的新局面。

对我国石油和化学工业来讲,要想开创"新常态"下行业发展转型升级的新局面,就必须认真完成四个关键的目标任务:

一是产能过剩矛盾得到有效化解。产能过剩,就是总供给与总需求在某一阶段或者某一局部出现的结构性失衡。化解产能过剩矛盾,就要同时做好总供给和总需求两方面的工作。一方面,要控制总供给的增长速度。通过严格准入和加强行业自律等措施,严格控制新增产能。对现有产能要通过能耗、环保等约束性政策形成倒逼机制,发挥市场决定资源配置的重要作用,加快淘汰落后产能,果断驱逐劣币。对优质产能,可以通过资本市场进行兼并重组和产能转移,实现强强联合,优化上下游产业链生产体系。另一方面,要积极开拓新市场,巩固和挖掘现有市场,促进总需求增长,传统产品也可以在新市场中大有作为。要充分认识国际国内两个大市场中孕育的新机遇,积极开拓新的市场、新的需求。同时,还要不断巩固和挖掘现有市场,敏锐观察细分市场和新兴市场变化,抢占市场先机。做足市场需求的功课,打开化解产能过剩矛盾的全新局面。

二是形成初具规模的新的增长点。2015年7月30日,中央政治局会议在分析下半年经济运行矛盾时明确指出:"经济增长新动力不足和旧动力减弱的结构性矛盾依然突出。"这是一个新的判断和结论。要打破目前市场需求不旺的局面，就必须加快形成行业新的经济增长点。无论什么行业，也不论什么企业，面对变化了的形势必须回答一个重要的问题，即：我们自身的改变能否跟上形势的改变？世界著名的德勤公司最近发表了一个从25000家上市公司大数据分析中得出的研究报告，他们通过对45年来顶尖成功企业经营业绩的分析，得出了基业长青的行业龙头企业普遍践行的"三条商规"：第一条商规是"品质先于价格"。他们认为这绝对是一条实用性极强的规则，因为这条规则不仅能够解释业绩差异的价值优势，而且还可以解释"奇迹创造者"如何做出诸多关键性的决策。他们认为，在市场竞争中，特别是在长期的竞争中，超凡业绩更多来自价值优势而不是低价格。第二条商规是"收入先于成本"。这两条商规告诉我们，卓越的企业不仅必须善于创造价值（品质先于价格），而且还要以利润的形式占有价值（收入先于成本）。价格与成本之间既可以是逆向变化，也可以是同向变化。在价格不变的情况下，成本上升必然降低资产收益率，但如果成本的提高是由于采用了高质量的原材料，或者雇用了高技术水平的劳动力，那么企业的价值优势就会提升，从而为提高价格，进而提高资产收益率创造了条件。第三条商规是"始终坚持前两条"。前两条商规是："品质先于价格"和"收入先于成本"，告诉企业应该做什么，第三条商规则告诉企业不应该做什么。尽管能够坚持"品质先于价格"和"收入先于成本"这两条商规的绝对地位，但并不意味着你就能够坐享其成，但坚持这两条则意味着一切皆有可能。第三条商规强调无论在任何条件下，无论竞争环境发生什么变化，都要义无反顾、始终如一地坚持这两条商规。研究报告的结尾还强调写道：市场扩张时，坚持"品质先于价格"和"收入先于成本"；经济萧条时，坚持"品质先于价格"和"收入先于成本"；技术革新时，坚持"品质先于价格"和"收入先于成本"；世界末日来临时，依旧坚持"品质先于价格"和"收入先于成本"。

下半年，以至整个"十三五"期间，都要把依靠创新培育行业新的经济增长点放在发展的优先位置上，下大气力抓紧抓好。要紧紧抓住《中国制造2025》和"互联网+"等一系列宏观政策推动的创新升级工程项目的机遇，努力突破一批核心技术，抢占一批技术制高点，推出一批优先项目，加快培育一批有市场需求、有竞争优势、有规模效应的新的经济增长点。要主动响应国家的大战略，推出一批行业转型升级的重点项目。2015年，中央相继提出了"一带一路""国际产能合作""京津冀协同发展""长江经济带"等一系列倡议和重大战略，一批标志性的重大项目相继投入实施，这些都为石化行业培育新的增长点提供了广阔的舞台，希望大家认真研究，结合各地实际及时推出一批有分量、有水平的重点项目来。谁能够在技术创新上先人一步，谁能够在新的经济增长点培育上高人一等，谁就会赢得发展的主动权。不少跨国公司的经验，不少企业与企业的差距，不少省份与省份的优先与落后，都集中体现在有没有新的经济增长点上。因此，行业实现转型升级就是要集中在新的经济增长点培育上下功夫，力争尽快取得转型升级的主动权。

三是行业创新平台建设和企业创新能力显著提升。要积极组建一批产学研紧密结合的行业创新平台。创新是实现可持续发展的发动机，必须打造一批行业可持续发展的发动机，为行业转型升级提供不竭动力。创新平台的组建，要以重点骨干企业为依托，汇集行业产、学、研、用各方面的优势和资源，让创新平台成为将科技成果转化为生产力的孵化器，让创新平台成为促进行业在新的发展阶段快速发展的推进器，让创新平台成为汇聚行业人才、技术、资本等原动力的大熔炉，最终形成对行业发展具有强大支撑力的创新体系。

同时，还必须加快提升行业企业的创新能力。国家创新能力、行业创新能力集中体现在企业创新能力之上。企业创新能力不强，是当前我们转型升级的最大制约因素。"核心竞争力"之父——美国著名的管理学家加里·哈默博士在最近的一部新作《终极竞争》中写道："当今，全球经济紧密相连。转瞬间，成功的产品和战略便可被复制。成功如果离开创新，将如昙花一现。然而，99%以上的公司都没有让创新成为每个成员每天的工作任务。在绝大多数企业中，创新依然是因为无视制度才发生，而非依靠制度。这便是问题的症结。因为创新是唯一创造长期价值的可持续战略。""因为现在，创新比以往任何时候都重要。"要积极培育一批典型创新示范企业，树立行业创新发展标杆，形成行业创新发展的领军企业集群，提升行业创新的整体水平。

四是发展方式转变在行业运行质量上见到明显成效。经济效益、经济效率水平的高低是检验行业发展方式转变的重要指标和尺度。从总体上看，石化行业经济运行质量不高仍然是一个突出的矛盾，下功夫提高经济运行的质量，大力加快行业发展方式转变是行业转型升级的重点任务。

在提升行业经济运行质量工作中，要高度重视生产率和全要素生产率这两个指标。经济增长的两个源泉是要素投入和生产率提升。在具体的经济增长核算中，要素投入涉及劳动、物质、资本、人力资本等，这些要素投入的加权之和，被称为全要素投入。经济增长扣除全要素投入的贡献之后的余额，就是全要素生产率（TFP）的贡献。全要素生产率往往被作为技术进步的近似衡量指标。通过比较全要素投入和全要素生产率增长的相对大小，可以粗略地判断经济增长主要动力是要素投入，还是技术进步。

近年来，我国生产率增速下滑很大程度上是增长阶段转换期的规律性现象，但石化行业生产率下降的矛盾无论是同其他行业相比，还是同自己最高水平相比，都有很大的差距。今后我国经济增长质量的提升将更加依靠生产率的提升，特别是我国经济进入"新常态"之后，更是要求生产率逐步接替投资成为经济增长的主动力。在"新常态"经济中，生产率提升将主要依靠原始创新和行业内部的竞争。全球价值链的最新研究表明，与20世纪90年代相比，目前全球价值链的微笑曲线更加"凹陷"，意味着单纯制造环节的获利水平越来越低，而价值链两端附加价值越来越高。这表明，除了生产制造环节的效率和成本竞争力之外，产品设计和各种商业模式创新在价值链上分得的份额更大了。

在经济运行质量上，国外不少跨国公司值得我们学习和借鉴。2015年我到美国埃克森美孚公司（Exxon Mobil Corporation）考察，公司负责人告诉我，无论国际经济形势如何变化，公司投资回报率都能保持在25%左右，他们依靠的主要是上下游一体化的经济规模和高技术含量、差异化的产品结构。要提高石化行业的运行质量和效益，必须要在产业结构上和技术创新上不断取得竞争的新优势。

只有认真完成了这四个关键的目标任务,才可以讲石化行业在"新常态"下,跨上了一个发展的新台阶,开创了一个发展的新局面,走上了一个可持续发展的新路子。这四大行业目标任务,同样也是化肥行业的四大目标任务。这四大目标任务,同工信部发布的《关于推进化肥行业转型发展指导意见》的目标方向和核心内容是完全一致的。

二、化肥行业拥有创新发展的光荣历史和优良传统

我国化肥行业是伴随着新中国的成立一路成长起来的支柱产业,化肥行业为我国石油和化学工业的发展做出了重大贡献。化肥行业有着自力更生、艰苦创业的光荣历史,有着迎难而上、勇于创新的优良传统,尤其是从20世纪70年代引进大化肥装置以来,通过对引进技术的消化吸收和装置的改造升级,我国化肥行业迅速发展,竞争实力与日俱增。目前我国已经是世界氮肥和磷肥产量最大的国家,钾肥自给率也提高到近55%。我国化肥工业的发展壮大,最根本的驱动力就来源于技术创新。从洁净煤气化技术到第三代氯化钾生产技术,从合成氨新技术到湿法磷酸工艺,从矿山开采运输到先进气化炉等核心装备国产化,一次又一次的技术创新和突破,推动化肥行业转型升级的迅猛发展。

当前,我国经济发展进入新常态,我国化肥工业创新发展的光荣历史和优良传统,已经成为目前行业转型发展的宝贵财富。近年来,在我国化肥工业发展的进程中,不断涌现出了一批领军企业,他们已经成为行业转型升级的佼佼者。

(一)鲁西化工和华鲁恒升在"坚持化肥,走出化肥"的结构调整中取得重大进展

鲁西化工和华鲁恒升都是脱胎于小氮肥的化肥企业,两家企业都选择了"坚持化肥、走出化肥"的特色发展道路。早在企业发展之初,他们都曾面临着生产规模小而散、技术水平落后和产品竞争力弱的问题。随着我国经济快速发展,化肥市场竞争愈加激烈,两家企业都感受到了巨大的经

营压力和生存危机。正是这种生死抉择，促使企业开始走上了一条转型升级的发展之路。鲁西化工坚持把化肥作为看家本领，同时向"化肥+化工"的模式转移。通过坚持创新驱动发展战略，在依靠科技进步促转型上下大气力，不断开发适应市场需求的化肥新产品和新品种，将化肥产品做优做强。促进化肥和化工融合发展，全力打造化工园区，不断延长产业链条探索循环经济发展的新路子。华鲁恒升则凭借创新发展的韧劲和后劲，坚守化肥主业、做精做强化肥主业，紧紧围绕洁净煤气化和合成气深加工技术，形成了"一头多线"循环经济柔性多联产的发展路子，最大限度提高了资源综合利用效率，实现了煤化工与石化产业的深度融合发展。两家企业都在"坚持化肥，走出化肥"中找到了具有自己特色的产业结构和竞争优势，在转型升级中突破了企业发展瓶颈，培育了新的经济增长点。他们成功转型的经验非常值得化肥行业企业深入思考和学习借鉴。

（二）河南心连心依靠精细管理，不断提升企业竞争力

企业转型发展，一方面要在生产和技术上坚持创新驱动，另一方面，还要不断探索创新企业管理方法。河南心连心公司创建近五十年来，推行军事化管理，公司以严谨、严细、严格著称。整齐划一、绝对服从、严格管理、迅速反应是心连心军营文化的集中表现。市场如战场，竞争如战争，心连心公司董事长、总经理刘兴旭作为军人出身的企业家，将军队文化移植到公司，塑造企业军事化管理模式，心连心的广大员工养成了步调一致、雷厉风行、敢打敢拼、一切行动听指挥的军事作风，具备了大规模协同作战的整体素质和能力。心连心公司依靠这种以人为本的军事化企业管理理念与方式，坚持在理论上学习，在实践中探索，不断改革创新成果。近年来，公司组建了行业技术创新中心，依靠技术进步公司的尿素成本、资金成本和管理成本一直位居全国氮肥行业的领先地位，低成本的市场优势加上过硬的产品质量和令人感动的农化服务，使心连心的化肥产品在市场上获得了很大的影响力和竞争优势。自2011年以来，公司已经连续四届获得"合成氨行业能效领跑者企业"，公司通过建设能源管理系统平台，时刻关注能源系统与过程管理，通过各项节能降耗工作，显著提升了

公司的生产效能，为企业带来了实实在在的效益。河南心连心正是依靠创新企业管理，增强企业凝聚力、向心力，努力降低企业经营成本，提高企业运行效率，不断提升企业综合竞争实力。

（三）金正大勇于开发水溶肥新产品，积极探索新型经营模式，不断焕发企业活力

长期以来，我国农业、种植业发展速度总体比较缓慢，生产方式和技术水平也比较粗放，对化肥产品的需求也比较简单。当前我国正在大力推进农业现代化建设，中国农业正在朝着规模化、集约化和现代化方向迈进，新的生产方式必然要求有新的生产资料与之匹配，我国政府将水肥一体化列为农业"一号技术"，中央政府寄希望于这一农业新型技术和产品保障13亿人的粮食安全。根据农业部全国农技推广中心规划，2015年将推广水肥一体化技术8000万亩，2020年将达到1.5亿亩。根据农业部印发《水肥一体化技术指导意见》，到2015年，按每亩地20公斤的保守施肥量计算，到2015年需要水溶肥160万吨。

化肥被认为是农作物的粮食，水溶肥在国际上被称为农作物的"主食"。目前，水溶肥在以色列占有90%以上的市场份额，在美国高达60%以上，但在中国却只有3%。水溶肥作为一种可以完全溶于水的多元复合肥料，常用于花木、高尔夫球场草坪的培育和维护，由于进口价格较高，在业界属于高端肥料。长期以来，我国水溶肥生产少有企业涉足，一是因为市场总量极小，二是因为高端技术长期被少数跨国公司垄断。面对国内经济形势发生的新变化，金正大瞄准被誉为化肥中的"奢侈品"——水溶性肥料，与农业强国以色列第三大农业巨头利夫纳特集团等国外公司开展深度合作，引入了全球最先进的水溶肥生产技术，大胆开发新产品，向着化肥价值链高端产品进军，朝着化肥产品的细分市场发力，一举打破了这一长期被外资垄断的市场。就像当年有了乐凯胶卷，国内彩色胶片价格迅速降低一样，金正大发展水溶肥的目标是要将"好肥贵"的现状改写成"好肥不贵"。要做到创新发展，就是要先有改变现状的勇气，金正大做到了。与此同时，金正大就是凭借着要改变现状的理念，投资建设国内最大的农

资电商平台,要改变传统的农资销售和服务模式,积极探索"互联网+农资"的新型经营模式。金正大通过创新发展,不断激发企业生命力,提升企业竞争力。并用实际行动告诉我们,只要坚持创新,化肥企业就可以成功迈上行业转型升级的新高地。

三、化肥行业有能力率先走上转型升级的新高地

工信部《关于推进化肥行业转型发展指导意见》的贯彻实施,是全面推动化肥行业转型升级的一个重要战略契机。化肥行业要紧紧抓住这一难得的战略机遇,根据企业的发展实际,坚定依靠技术创新,全面落实转型发展的目标要求和多项措施,就完全有能力在全行业率先走上转型升级的新高地。

在全面推动化肥企业转型升级的过程中,化肥企业还要下大功夫实现发展方式上的三个转变:

首先,必须从过去依靠要素驱动、扩大再生产的规模速度型发展,转向以技术和管理创新带动质量效益提升的内涵式发展。我国化肥行业目前产能过剩矛盾十分突出,一个根本原因就是行业发展还没有真正摆脱过去短缺经济的巨大惯性,还没有真正走上依靠技术创新,走上个性化、差异化产品结构调整的道路。因此,行业发展急切需要加快战略抉择和发展变轨。化肥行业必须在创新发展、高端发展、差异化发展上尽快取得更大的突破。依靠技术创新在"坚持化肥、走出化肥"的道路上闯出更宽广的新路子。

其次,必须从过去忽视生态环保的粗放型发展,转向以节能环保为主导的循环经济、绿色发展。循环经济、绿色发展,这是发展方式从目标到体制机制的重大变革,这种重大变革是由我国经济和社会发展进入新阶段的国情所决定的。同时,这也是企业谋求自身可持续发展内在要求所决定的。目前,已经有不少化肥企业通过清洁生产工艺,通过延长、丰富自身产品的上下游产业链,走上绿色循环经济发展的道路。这是石化行业可持续发展、改变行业发展形象、建设和谐发展环境必须要扎扎实实走好的一

次新的"万里长征"。

再次，必须从过去只关注生产的产品制造型发展，转向为现代农业发展提供技术支持为目标的服务制造型发展。生产性服务业必将成为我国下一个时期经济发展的新亮点。在推进农业现代化建设的进程中，加强农化服务是一个重要组成部分，化肥企业最应该也最有实力在提升我国农化服务水平上发挥重要作用。同时，如何拓展和完善农化服务应该成为每一个化肥企业在未来发展规划中着重研究的重大课题，也是重要的发展机遇。

必须深刻认识，新常态要求的是对发展方式的深刻变革。这种深刻变革，并没有改变我国化肥工业发展仍然处于可以大有作为的重要战略机遇期的总体判断。只有认真实现了这三个转变要求，我国化肥行业才算努力率先走上了转型升级的新高地，真正实现了转型升级的华丽转身。

提高质量效益　转变发展方式
迈上创新发展的新台阶*

近年来，随着经济发展和改革日益深化，我国石油和化工民营企业发展十分迅速，实力和竞争力显著增强。特别是在"十二五"时期，面对严峻的国际经济形势和国内较大的经济下行压力，石油和化工民营企业奋发有为、积极应对，努力开拓市场，规模不断扩大，结构持续优化，竞争力稳步提升，很好地发挥了促进国民经济发展、满足人民生活需要、扩大社会就业的重要作用，充分显示出体制机制灵活、市场反应灵敏、运营管理高效、经营效益较好等优势，为行业发展注入了强大的动力和活力。

"十二五"以来，在宏观经济增速放缓的背景下，石油和化工行业民营企业继续保持平稳增长，整体规模持续壮大，在行业经济总量中的比重不断攀升。2014年，石油和化学工业规模以上民营企业数量达到15761家，实现主营业务收入3.84万亿元，比2010年增长96.9%，占全行业主营业务收入的27.3%，比2010年提高了4.7个百分点；资产总额达到2.17万亿元，比2010年增长1.1倍，占全行业资产总额的18.9%，比2010年提高了3.9个百分点。2011～2014年，石油和化工行业民营企业主营业务收入和资产总额平均增长率分别为18.5%和20%，分别超过同期行业平均水平6个和7个百分点。

石油和化工民营企业在主营业务收入保持快速增长的同时，主动适

---

* 这是2015年10月24日，在2015中国石油和化工民营企业百强发布会上的讲话。

应经济转型和市场供需变化的新形势，以实现可持续发展为目标，不断加大结构调整力度，着力转型升级，在产业结构调整、工艺技术装备、经营管理水平、职工劳动技能和企业综合素质等方面都有显著提升，转型升级取得明显成效。由于国际油价等大宗基础原料价格大幅下滑，企业生产成本持续上涨，石油和化工全行业经济效益受到很大影响，利润增速显著下降，2011和2013年全行业利润增速分别为19.0%和5.7%，2012和2014年则分别同比下降0.1%和8.1%。石油和化工民营企业经济效益则保持较好态势，利润总额一直保持增长，2011到2014年分别增长48.7%、25.3%、14.2%和4%，分别高出同期全行业平均增速29.7、25.4、8.5和12.1个百分点，显示出石油和化工民营企业的良好成长性。其中，2014年石油和化工民营企业实现利润总额2315.6亿元，占全行业的29.3%，比2010年提高了11.3个百分点。

2015年入围百强榜的石油和化工民营企业覆盖面更广，代表性更强，发展质量更优，涵盖了炼油、氯碱、无机盐、电石、纯碱、化肥、农药、涂料、聚氨酯、轮胎、橡胶制品、化学助剂、氟硅、胶黏剂等产业领域。百强民营企业2014年主营业务收入达到1.18万亿元，同比增长7.3%，高出全行业增速2.4个百分点；资产总额达到8459.6亿元，同比增长20.9%，高出全行业增速12.9个百分点；主营业务收入和资产总额占全部民营企业的比重分别达到30.7%和39.0%，上缴税金继续增加，吸纳就业人数稳定增长，为国民经济和社会发展做出了重要贡献。特别是在技术创新、产业结构调整方面，百强企业取得了新进展和新成绩，2014年科技研发投入合计达到205.9亿元，同比增长8.3%；平均研发强度达到2.52%，同比提高了0.7个百分点，复合肥、染颜料、专用化学品等附加值较高的产品增长较快、效益较好。特别是入围创新榜的石油和化工民营企业在技术创新、管理创新、商业模式创新等方面取得了一大批突破性成果，为行业发展增添了新的动力。

在总结发展成就的同时，也要清楚地看到我国石油和化工民营企业发展中还存在一些突出的矛盾和问题。一是产业集中度不够高，企业发展水平参差不齐。百强民营企业约占规模以上民营企业的三分之一，经营管理和技术装备水平较高，而其他大量民营企业属于中小型企业，规模普遍偏小，技术装备实力较弱，有的处在产业价值链低端，管理水平较低，竞争力较差。二是绿色可持续发展意识尚待提高，安全环保形势不容乐观。百强民营企业十分重视安全生产和环境保护，基本上都建立了比较完善的安全环保生产经营管理体系，走在了民营企业的前列，但还有一些民营企业安全环保意识不强，责任不落实，管理不到位，污染不治理，排放不达标，一些安全环保事故造成了恶劣的社会影响。三是科技创新能力较弱。以进入百强榜和创新榜的企业为代表，民营企业取得了一批创新成果，但民营企业总体上创新能力还比较弱，创新投入不足，创新体制不够完善，创新人才比较缺乏，特别是缺少具有国际竞争力的创新型企业和企业集团。这些矛盾和问题严重制约了我国石油和化工民营企业的进一步发展，在推动我国由石油和化学工业大国向强国跨越的过程中亟待解决和取得突破。

当前，我国石油和化学工业面临的形势十分复杂，有利条件和制约因素相互交织，增长潜力和下行压力同时并存，新的增长动力与行业发展积累的深层次矛盾相互作用，不确定因素进一步增多，对石油和化工民营企业来说，既存在发展的新机遇，也面临严峻的新挑战。

从国际看，世界经济逐步复苏，但受制于结构性失衡的深层次原因，复苏步伐艰难曲折，美欧日等发达经济体走势分化，发展中国家复苏面临许多困难，世界经济将在较长时期进行深度调整，特别是受国际油价以及大宗基础原材料价格低位大幅波动、美元汇率变动、地缘政治变动等因素影响，进一步增加了不确定性。北美页岩气和中东廉价乙烷资源具有较强的成本优势，对国内大宗石化产品构成较强挑战，跨国公司凭借技术优势纷纷抢占高端产品市场，我国石油和化工企业面临来自两个方向的压力，同时也面临走出去的机遇，特别是到资源国与地区进行全球产业布局的有利时机。

从国内看，我国经济进入新常态，仍处在可以大有作为的重要战略机遇期，经济增长韧性好、潜力足、回旋空间大，随着新型工业化、信息化、城镇化和农业现代化的深入推进，特别是随着"一带一路"倡议、

《中国制造2025》等重大战略规划的实施,以及简政放权、放宽市场准入、建立公平公正市场秩序等为主要内容的各项改革政策措施的落实,我国石油和化工民营企业的发展环境将进一步改善,发展空间将进一步提升,发展潜力将进一步得到释放。同时,还应该清醒地认识到,目前我国石油和化学工业产业结构的优势,主要集中在基础原材料产业和大宗基础产品上,量大面广的终端石化产品和高附加值的配套石化产品是产业供给的短板,产业的结构性缺陷,正是民营企业大有作为的舞台!充分发挥民营企业的优势,在配套要求高、需求数量少、技术有特色、经济效益好的产业领域大展宏图,进一步加快由粗放式规模扩张向集约式绿色低碳转换,推动我国石油和化工行业实现绿色可持续发展。

2015年是"十二五"规划实施的收官之年,也是谋划编制行业"十三五"发展规划的关键一年。"十三五"时期,我国石油和化工行业要坚决贯彻党的十八届三中全会提出的"必须毫不动摇鼓励、支持、引导非公有制经济发展,激发非公有制经济活力和创造力"的战略部署,把鼓励和支持民营企业发展摆在更加突出的重要位置,积极推进落实鼓励和支持民营企业发展的一系列政策措施。石油和化工民营企业要以提高发展质量和效益为中心,以加快转变发展方式为主线,大力推进结构调整、技术创新和节能减排,自觉履行社会责任,进一步加强行业自律,积极"走出去"开展全球布局,不断提高市场竞争力和抗风险能力,努力迈上创新发展、高端发展、园区化发展的新台阶,开创绿色可持续发展的新局面。

一是要积极推进科技创新和结构调整。要深入实施创新驱动发展战略,加大技术研发投入,围绕制约企业发展的瓶颈问题,积极与科研院所和高等院校开展合作,打造产学研相结合的协同创新平台,突破一批共性关键技术。要积极适应市场供求关系变化新形势,认真执行有关化解产能过剩的标准、法规及产业政策,通过兼并重组、转产停产等手段,退出落后产能,化解过剩产能,应用一批先进技术工艺和装备,改造提升传统产业,大力发展新能源、化工新材料、生物化工、高端专用化学品、现代煤化工、节能环保等战略性新兴产业,加快向产业价值链高端跃升。要适应大型化、集约化、园区化发展趋势,大力发展化工园区,构建链接循环的产业集群，降低生产成本，形成规模经济，提高企业竞争力。

二是要大力推进绿色低碳循环发展。石化行业耗能与污染排放位居工业部门前列，石油和化工民营企业要进一步提高红线意识和底线意识，切实履行社会责任，加强行业自律，积极落实大气污染防治计划和水污染防治行动计划，自觉做好污染防治和降耗减排工作。要坚持大力推进清洁生产，通过发展循环经济和低碳经济，积极开发和应用绿色低碳环保新技术，开发节能低耗产品，增加清洁能源生产与绿色低碳产品供给，减少产品在生命周期内的能源消耗及对环境的污染，推动建立低碳消费新模式。要大力实施责任关怀和HSE等安全管理体系，加强源头防控和管理，进一步完善安全保障、应急救援和宣传教育培训体系，着力提高企业本质安全水平和事故防范能力，坚决遏制重特大安全环保事故。

三是要加快"走出去"开展全球布局。衡量一个企业是否强大的指标不单是国内资产规模和销售收入，还要看是否真正具有全球配置资源的能力。石油和化工民营企业要主动适应经济全球化深入发展的新趋势，与"一带一路"沿线国家积极开展产业链合作，推动中国技术和装备走出去，开拓国外新市场。要借助国有企业资本、技术、海外投资、并购等经验优势，探索开展多种形式的合作，形成优势互补，多种渠道解决国际化推进中的问题，通过全球资源利用、业务流程再造、产业链整合、资本市场运作等方式，培育有国际影响的跨国民营企业。

四是要建立符合石油化工行业特点的信用评价体系。建立民营企业信用评价体系是建立市场经济良好秩序的重要基础。改革开放以来，我国石油和化工民营企业的信用水平有了很大提高，但仍有一部分民营企业信用状况较差，信用水平较低，引发的矛盾和问题比较突出，影响并干扰了正常的市场经济秩序。要建立一整套既遵循国际惯例又符合我国石油和化工行业特色的信用评级，以及确定企业信用鉴别的理论和方法，形成科学统一的信用评级指标体系，包括企业基础素质分析、外部环境支持分析、发展潜力分析、企业守信记录等核心要素，建立民营企业信用档案，并通过适当方式对社会披露，加强信用监督，引导民营企业树立良好的社会形象。

五是要加快推进行业市场化改革。要以完善市场经济体制、充分发挥市场配置资源的决定性作用为目标，积极推进油气行业监管体制、危险化学品监管体制、油气价格机制以及行业准入和标准化管理体制等重点领域改革，减少行政干预，为石油和化工民营企业发展营造良好的市场环境。同时还要大力推进企业内部改革，用现代企业的体制机制，全面提升民营企业的经营效率和市场竞争能力，加快培育一批具有国际竞争实力和竞争优势、代表我国石油和化工民营企业水平的大型企业和企业集团。

中国现代煤化工"十三五"发展战略及政策措施[*]

"十一五"以来,我国现代煤化工取得了一系列发展成就,既积累了丰富的发展经验,也有许多亟待解决的问题。在"十二五"规划收官、"十三五"规划起步之际,认真总结我国现代煤化工发展的经验教训,研究新形势下创新发展的重大战略,有着极为重要的现实意义。

最近,石油和化学工业联合会组织有关专家深入陕西、宁夏、内蒙古、新疆等四省区,对重点示范工程、重点化工园区进行了调查研究,并在西安、鄂尔多斯分别召开了专门会议,对"十一五"以来,特别是"十二五"以来现代煤化工发展的经验教训,以及"十三五"现代煤化工发展的战略和政策措施建议,进行了深入细致的研究,现提出报告如下:

一、现代煤化工是我国石油和化学工业"十二五"发展的最大亮点之一

"十一五"以来,特别是在"十二五"时期,我国现代煤化工创新发展取得了一系列重大突破,攻克了大型先进煤气化、合成气变换新技术、大型煤制甲醇、煤直接制油、煤间接制油、煤制烯烃、煤制乙二醇、低阶煤分质利用等一大批技术难题,开发了一大批大型装备,煤制油、煤制烯烃、煤制乙二醇等现代煤化工示范工程顺利实施,我国现代煤化工技术创新和产业化均走在了世界前列,现代煤化工已经成为我国石油和化学工业"十二五"发展的最大亮点之一。2014年,我国煤制油产能达到158万吨/年,

---

[*] 这是2015年带队赴陕西、宁夏、内蒙古和新疆四省区就我国现代煤化工发展进行调研后编撰的调研报告。

产量120万吨；煤（甲醇）制烯烃产能达到583万吨/年，产量240万吨；煤制乙二醇产能达到125万吨/年，产量58万吨；煤制天然气产能达到31亿立方米/年，产量8亿立方米。截至2015年6月，我国已建成19套煤（甲醇）制烯烃、4套煤制油、3套煤制天然气和9套煤制乙二醇示范及产业化推广项目。预计到今年年底，还有一批新的煤（甲醇）制烯烃项目将要投产，新增产能约200万吨/年。从总体上看，我国现代煤化工产业发展主要呈现以下几个特点：

一是先进煤气化技术取得重大进展。煤气化技术是煤化工发展的龙头，先进煤气化技术水平是衡量煤化工发展的一个重要标志。近年来，先后开发了"多喷嘴对置式水煤浆气化""航天粉煤加压气化""清华水冷壁水煤浆气化""SE粉煤气化""两段式干煤粉加压气化"等一批先进煤气化技术。其中，"多喷嘴对置式水煤浆气化技术"签约109台气化炉，40台已投入工业运行；"航天粉煤加压气化技术"签约72台气化炉，24台已投入工业运行；"水煤浆水冷壁清华炉煤气化技术"签约39台气化炉，2台已投入工业运行；"SE粉煤气化技术"已建成工业化示范装置；"两段式干煤粉加压气化技术"已用于我国首套250MW IGCC（煤整体气化联合循环发电）示范装置。目前，针对不同煤种特点，有关企业和科研单位正在开发新型煤气化技术，如延长石油集团的大型输运床气化技术（KSY），新奥集团的催化气化、加氢气化、地下气化等定向气化技术等，为深入开展现代煤化工升级示范提供创新技术的新探索。

二是现代煤化工关键技术取得重大突破。神华集团研发的"神华煤直接液化工艺"和"煤直接液化高效催化剂"等核心技术，成功应用于百万吨级煤制油工程示范。中科院山西煤炭化学研究所与企业合作，成功开发出新一代高温浆态床F-T合成煤炭间接液化工艺和催化剂技术，成功应用于伊泰、潞安、神华等煤间接制油工程示范。兖矿集团开发了具有独特催化剂和反应器的低温费托合成油技术，建成了目前世界上最大煤间接制油单体系统——榆林百万吨级煤间接制油示范工程，一次开车成功，所有工艺指标全部达到设计要求。中科院大连化学物理所等单位开发了"甲醇制取低碳烯烃（DMTO）工艺技术"，已建成投产7套工业化装置，烯烃总产能达到400万吨/年。我国企业和科研单位开发出多种"煤制乙二醇工艺技术"并实现工业化，已建成工业化装置总产能达到165万吨/年。清华大学与华电煤业集团有限公司联合开发的"流化床甲醇化制芳烃技术"，已完成3万吨/年甲醇进料的工业性试验。龙成集团自主开发了单体处理能力为80万吨/年的大型低阶煤低温热解炉，在曹妃甸工业区建成年处理能力千万吨级的低阶煤煤清洁高效综合利用工业项目。陕西煤业集团和上海碧科清洁能源技术公司、上海河图工程股份有限公司共同开发的"甲醇制丁烯联产丙烯技术（CMTX）万吨级工业试验"又取得了新的突破。从总体上看，我国已经开发出以煤为原料生产"汽柴油"和石化基础原料"三烯三苯"的工业化技术，为实现石化原料多元化提供了重要的技术支撑。

三是现代煤化工示范取得重大成效。截至2014年底，国家发改委已经批准建设了38套煤制烯烃、煤制油、煤制天然气、煤制乙二醇等示范工程，解决了一大批产业化、工程化和大型装备制造等难题，总体实现了长周期稳定运行。比如，神华包头煤制烯烃项目已连续稳定运行4年，年均负荷率达到90%以上；伊泰16万吨/年煤间接液化项目已连续稳定运行5年，装置负荷一直保持在90%～110%水平。同时，这些项目也取得了较好的经济效益。神华包头煤制烯烃项目年利润额超过10亿元；中煤榆林煤制烯烃项目2014年6月投入试运行，当年实现销售收入14.9亿元，形成试车收益4亿元；神华直接液化项目，2014年生产油品90.2万吨，实现利税近13亿元；伊泰16万吨/年间接液化项目连续几年实现盈利，2014年实现净利润1.74亿元。在国际油价深度下跌的新形势下，现代煤化工示范项目正在从技术、管理、装备等多方面入手，积极探索与石油化工竞争的新优势，努力提升现代煤化工的盈利水平。

四是现代煤化工园区化建设取得重大进展。我国现代煤化工项目主要集中在内蒙古、陕西、宁夏、山西、新疆等省区，产业发展的园区化、基地化格局初步形成。目前，已经具有规模的煤化工基地主要有内蒙古鄂尔多斯煤化工基地、宁夏宁东能源化工基地、陕西榆横煤化工基地以及新疆的准东、伊犁、吐哈、和丰等煤化工基地。大多数现代煤化工基地都包含了煤炭开采、现代煤化工等上下游关联产业，也有与石化、电力等产业实现多联产。现代煤化工园区化、基地化发展的优势进一步显现，产业集聚优势、管理高效优势、排放综合治理优势得到了充分发挥。

总体看，"十二五"期间，我国现代煤化工产业取得了显著的发展成就，为保障国家能源安全、提升行业技术创新能力、加快产业结构调整、培育新的经济增长点等都发挥了积极作用，赢得了国内外的广泛关注和高度评价。美国陶氏化学公司CEO利伟诚认为，"中国现代煤化工的发展是对世界石油化学工业原料多元化的重大贡献。"德国巴斯夫公司CEO博凯慈也认为，"中国现代煤化工的发展是符合中国国情的必然选择。"日本通产省最近的一份研究报告，也把中国现代煤化工的发展同美国页岩气和中东廉价油气资源一并列为日本石化工业发展必须面对的三大挑战。

二、我国现代煤化工发展面临着四个不可忽视的重大问题

当前，我国现代煤化工发展面临着一些突出矛盾和问题。尽管有些问题是新兴产业发展起步期面临的一些共性问题，有些是现代煤化工产业发展中的个性问题，但对于这些问题，必须正确面对、及早研究、拿出对策、妥善处理。把一些能够解决的问题及早解决，把一些不能立即解决的问题加以控制，努力营造现代煤化工健康发展的大环境。这些突出的矛盾和问题集中表现在以下四个方面：

一是盲目发展问题突出。在传统产业产能过剩十分严重的情况下，企业和地方选择投资的范围都比较窄。由于我国多煤少油的资源禀赋和现代煤化工产业展示出的发展前景，许多地方和企业都把发展现代煤化工作为投资的重要领域，特别是西部煤炭资源丰富的地区，"逢煤必化"的倾向十分突出，规划投资的现代煤化工项目十分庞大。据不完全统计，目前已开展前期工作或规划的煤制烯烃项目有53个，产能合计约3300万吨/年；煤制油项目7个，产能合计约1390万吨/年；煤制乙二醇项目19个，产能合计约470万吨/年；煤制天然气项目18个，产能合计约740亿立方米/年。

如果这些项目全部建成，将消耗煤炭约4.29亿吨，煤制烯烃产量将远远超过国内市场需求。特别是在当前国际原油价格大幅下降的形势下，煤制油、煤制天然气无论从技术成熟上还是从经济效益上，都将面临严峻挑战。这种盲目发展状况，如不加以有效控制，必将带来巨大的投资、效益、环境和产能过剩风险。

二是产品同质化现象严重。当前，已建成和正在规划建设的现代煤化工项目，大多集中在煤制甲醇、煤制烯烃、煤制乙二醇等产品上。以煤制烯烃为例，乙烯、丙烯后加工项目同质化现象十分严重，大多数聚乙烯、聚丙烯都集中在少数几个通用料的品牌上，高端品牌、专用品牌数量很少。如果不尽快用高端化、差异化技术解决这一产品同质化问题，很快就会出现"产能过剩"和"恶性竞争"的混乱局面。

三是水资源制约明显。目前，我国现代煤化工项目用水量还比较大，平均每吨煤直接制油用水5.8吨、煤间接液化用水6～9吨、煤制天然气用水8.1吨、煤制乙二醇用水25吨、煤制烯烃用水22～32吨。这些项目主要分布在中西部地区，中西部地区有煤炭资源的优势，但也有水资源匮乏的劣势，发展现代煤化工必须要做好"煤炭资源优势"和"水资源劣势"这两篇大文章，不能顾此失彼。宁夏、陕西、内蒙古现代煤化工项目用水主要依赖黄河，黄河总水量是有限的，而且每年还有减少之势。现代煤化工发展用水量增加的矛盾，将会成为今后发展的一大突出矛盾。

四是环保排放压力很大。在"三废"排放中，现代煤化工项目固体废弃物和SO_2等废气处置相对容易，高浓度含盐废水和CO_2排放是污染治理的两大难点。许多示范工程项目不断加大废水处理技术攻关、加强环保设施建设，但至今为止，高浓度含盐废水治理的技术问题还没有从根本上加以解决。CO_2排放的治理问题，也是现代煤化工发展的一大难题。目前，处理CO_2排放比较有效的方式是向地下注入、封存，中国石油、神华集团已经开展CO_2捕集、驱油、埋存等工程试验，但要从根本上解决还有一段很长的路。如何有效从根本上解决CO_2的排放治理问题，仍然是现代煤化工产业急需解决的一大现实问题。

三、"十三五"期间我国现代煤化工发展要走出一条突破与转型相结合的新路子

"十三五"是我国石油和化学工业由大国向强国跨越的重要时期。行业发展既面临着转型升级的新常态，又面临着行业跨越式发展的新要求。中国石油和化学工业从"跟跑型"战略向"领跑型"战略转变，必然要求现代煤化工在认真总结"十二五"发展经验的基础上，走出一条突破与转型发展的新路子。"突破"，就是现代煤化工要依靠技术创新，向高端技术突破。要突破一些世界性难题，抢占一批领先于世界的技术制高点，开创一片中国煤化工独领风骚的市场新高地。"转型"，就是现代煤化工发展方式要从要素规模型发展转向质量效益型发展，要依靠技术创新驱动，走出一条资源消耗少、技术含量高、质量效益好、绿色可持续发展的新路子。要用技术突破与发展方式转型，创造中国现代煤化工领先于世界的新高地、新水平和新优势。

这条"突破"与"转型"的新路子，可以用"升级示范、合理布局、技术高端、绿色可持续发展"来概括。

"升级示范"："十三五"期间现代煤化工发展项目管理，仍然不宜放松管制，在石油和化工行业产能严重过剩的形势下，现代煤化工的发展必须坚持"示范先行"，但"十三五"的示范同"十二五"的示范相比，管理要求更高、技术要求更先进，投资效益要求更好。

"十三五"的"示范"强调的是"升级示范"，这种升级主要强调的是技术升级，这种技术升级主要集中在五个方面：一是先进煤气化技术的升级。要求高阶煤高端利用、低阶煤合理利用，全面提高煤炭清洁、分质、高效利用水平。二是先进合成技术升级。煤气净化技术更先进，合成催化剂更加高效，合成技术在温度、压力、合成效率上更合理。三是关键核心装备技术升级。在大型煤气化、空分、净化、合成、分离装备及关键泵、阀等方面，努力实现自主化，为产业化发展提供装备支撑。四是终端产品差异化技术升级。打破目前终端产品趋同的现状，研发更多的终端产品高端化、差异化的新技术。五是成本优势的升级。要使现代煤化工同石油化

工的竞争中,创造出更多、更强、更大的经济成本优势。要通过这五个方面的升级示范,进一步巩固和提升我国现代煤化工相对和绝对的技术、经济及装备优势。

"合理布局":布局是否合理直接关系着产业发展的大局,关系着项目发展的先天优势。"十三五"期间,在"示范"项目的布局上,一定要坚持"靠近原料、靠近市场、进入化工园区"的三个原则,一定要坚持"量力而行、量水而行、量环境承载能力而行"的布局要求,一定要坚持"规模大型化、集聚优势显著、产业链合理、产品差异化突出"的技术特色。要通过"十三五"合理布局的发展,使我国现代煤化工的发展在总量上得到合理控制,在布局上更加优化,在技术特色上更加突出,努力建设一批具有国际水平的大型化、综合性、更具环保优势和管理效率的现代煤化工园区和基地。

"技术高端":"十三五"期间,现代煤化工发展必须要在高端技术上取得重大突破,使产业发展技术瓶颈得到有效解决,使产业竞争优势更加突出。"技术高端"就是要使"煤头"和"化尾"两大优势更加成熟。"煤头"优势就是要通过气化技术的突破和优化,使合成气下游的柔性加工工艺更加合理,更加多元,使合成气煤头同合成氨、天然气、氢气;同甲醇、烯烃、芳烃等形成多联产工艺,开拓出碳一化学更广阔的出路。"化尾"优势就是要通过技术创新,尽快改变目前终端产品结构雷同的困局,加快形成终端产品高端化、差异化的新局面。目前我国石化行业是一个贸易逆差的大行业,2014年,中国石油和化学工业进出口总额为6755亿美元,其中出口贸易额1967.5亿美元,进口贸易额4787.3亿美元,全行业贸易逆差高达2819.9亿美元。我国进口量最大的是化工新材料和高端专用树脂。"十三五"期间,我们要通过煤制烯烃、煤制芳烃、煤制乙二醇等后加工系统的高端突破,力争在化工新材料、工程塑料和高性能纤维、高性能涂料等生产技术上取得高端突破,为改变我国石油化工贸易逆差方面做出新的贡献。

"绿色可持续发展":绿色可持续发展是我国经济发展方式的重大变革,也是现代煤化工可持续发展的必然要求。当前,现代煤化工发展一个重大制约就是环保排放问题。能否彻底解决环保排放问题，直接关系着现代煤化工发展的前途和未来。"十三五"期间，现代煤化工绿色可持续发展必须认真抓好三项重点工作：一是在示范工程的基础上，尽快建立健全现代煤化工废水、废气、废固先进合理、齐全配套的排放标准，用先进合理的技术标准体系，努力提升现代煤化工项目的绿色发展水平；二是要下大功夫突破高盐废水和CO_2排放利用的技术制约，用清洁可靠的技术从根本上解决当前制约现代煤化工发展的环保排放突出矛盾；三是要建立高效严格的环保监管体系，特别是通过化工园区和现代煤化工基地的集中在线监管体系，培养我国现代煤化工绿色可持续发展的标杆和典型。

通过"突破"与"转型"的新路子，在"十三五"期间使我国现代煤化工在控制总量、完善技术、减少排放的基础上，迈出稳健增长的新步子。预计到2020年，我国煤制油产能将达1200万吨/年，煤制天然气产能将达200亿立方米/年，煤制烯烃产能将达1600万吨/年，煤制芳烃产能将达100万吨/年，煤制乙二醇产能达600万吨/年。使现代煤化工在我国石油和化学工业产业结构中的比重进一步优化，贡献进一步加大。

四、"十三五"期间现代煤化工发展的宏观政策建议

（一）从严把握项目审批，防止出现"盲目发展"的无序局面

"十三五"期间，现代煤化工项目管理仍然不能放开，还要坚持从严审批原则，由国家发改委组织评审把关。"十三五"现代煤化工项目要重点围绕五个方面的技术难点和重点，全面实施升级示范。要尽快出台煤制烯烃、煤制油、煤制天然气、煤制乙二醇等领域的相关政策，严格控制产能总量，严格行业准入，促进有序发展。优先发展煤制烯烃、煤制芳烃以及配套高端精细化学品等差异化、高端化升级技术，延伸产业价值链，重点开展低阶煤分级分质利用示范，适度发展煤制油、煤制天然气等能源转化项目。

（二）强化创新组织工作，培育一批有国际竞争能力的产学研用创新平台

积极发挥中国石化联合会的组织、协调等作用，支持以企业为主体组建一批产学研用紧密结合的现代煤化工技术创新国家和行业创新平台，重点围绕先进煤气化、大型甲烷化、下游高端精细化学品制备、节水和CO_2减排等方面突破一批核心关键技术，包括工艺技术、催化剂技术和大型装备制造技术。通过"十三五"的努力，全面提升现代煤化工的技术成熟水平和自我配套能力。

（三）实施优惠政策，扶持高新技术和幼稚产业的健康发展

现代煤化工是一个新兴发展的行业，不少技术都处于创新完善阶段，不少产品还属于幼稚产业的范畴，特别是在原油价格严重偏离正常轨道的情况下，迫切需要有效的扶持政策促进其生存和发展。尤其是煤制油的消费税和煤制烯烃、煤制芳烃、煤制乙二醇的增值税等税收政策都要有合理的扶持措施。要用政策鼓励开发下游高端精细化学品和专用化学品。要统筹协调煤制天然气输送管网。要抓紧制定合理的单位产品水耗、能耗标准，制定蒸发塘建造规范和污水近零排放技术规范。

认真贯彻行业"十三五"发展指南 努力开创化工园区发展新局面*

2016中国化工园区与产业发展论坛是"十三五"开局以来石化行业召开的首次化工园区与产业发展会议,对分析形势、统一认识,谋划好化工园区"十三五"发展蓝图,推动化工园区建设跃上新台阶,具有十分重要的意义。

一、"十二五"行业发展取得显著成绩

"十二五"以来,面对严峻的国内外形势,我国石油和化工行业在党中央的坚强领导下,在全体干部职工的共同努力下,攻坚克难、砥砺奋进,总体实现了"稳中求进"的目标,增长速度保持全球前列,结构调整稳步推进,节能减排效果明显,对外合作迈上新台阶。"十二五"时期,行业发展主要有以下特点:

一是经济运行保持平稳,经济规模持续增长。2015年,全行业主营业务收入、资产、投资、利税分别达13.14万亿元、12.07万亿元、2.23万亿元和1.67万亿元,"十二五"期间年均增幅分别达到9.2%、12.5%、14%和3.8%;税金总额达到1.02万亿元,占全国工业税收比重的20.7%,位列工业行业之首,为国民经济和社会发展作出了突出贡献。

---

* 这是2016年5月12日,在2016中国化工园区与产业发展论坛上的讲话。

二是结构调整稳步推进，化工园区作用日益突出。有机化学原料、专用化学品、涂（颜）料及农药等高附加值产业增速较快，高于化工行业平均增速3～8个百分点，占化工行业比重从"十二五"初的45.4%提高到2015年的49.3%；化工新材料产业发展十分迅猛，自给率不断提高。东部沿海地区形成了多个石化产业基地，中西部地区化工园区发展也比较快。据园区委统计，截至2015底，全国重点化工园区和以石化、化工为主导产业的工业园区达到502家，其中国家级47家、省级262家、地市级193家，产值超千亿的超大型园区有8家、500亿～1000亿的大型园区有35家，100亿～500亿的园区有129家。全国化工园区内规模以上石油和化工企业约为1.5万家，企业入园率达到51%左右，化工园区正在成为化工项目建设与搬迁改造的主战场。

三是科技创新取得新突破，攻克了一批核心技术与关键技术。五年来，共获得国家科学技术奖95项、行业科学技术奖1324项。其中，深水半潜式钻井平台研发与应用等2项成果获得国家科技进步特等奖，罗布泊年产120万吨硫酸钾成套技术开发等3项成果获得国家科技进步一等奖。现代煤化工技术保持全球领先，开发了一大批先进煤气化技术和装备，煤制烯烃、煤制油、煤制天然气等现代煤化工示范项目陆续建成，并成功实现商业化稳定运营，"甲醇制取低碳烯烃（DMTO）技术"获得国家技术发明一等奖。行业装备制造自主化水平持续提升，1.2万米特深井石油钻机、海洋石油981深水半潜式钻井平台、炼油全流程技术、乙烯成套技术等达到世界先进水平，千万吨级炼油装置国产化率超过95%、百万吨级乙烯装置国产化率超过80%。

四是节能减排取得新进展，能耗和污染物排放水平大幅下降。石化行业率先建立了能效领跑者发布制度，被国家七部委在全国推广。五年来，全行业万元工业增加值能耗累计下降11%，重点耗能产品单位能耗目标全部完成，其中乙烯下降9.1%，合成氨下降4.9%，烧碱下降9.3%，电石下降9.6%。行业主要污染物排放量持续下降，2014年化学需氧量（COD）、氨氮排放量比2010年分别下降15%和2.2%。一大批先进适用的清洁生产、节能减排的环保技术得到广泛应用，2015年低汞催化剂在氯碱行业的普及率达到50%，磷石膏综合利用率提高到40%，绿色环保发展日益成为行业共识。

五是"走出去"步伐加快，对外合作水平进一步提升。海外资源业务在复杂局面下实现稳定增长，2015年我国石油企业海外油气权益产量达到1.5亿吨油当量，有20余个钾肥项目在海外10个国家运作，轮胎行业在天然橡胶丰富的东南亚地区重点布局，投资建设了多家工厂。五年来，全行业累计引进外商投资达6705亿元（包括港澳台），外资不仅建立工厂和生产基地，而且积极设立研发基地，积极布局高端领域。2015年全行业进出口总额达到5262.8亿美元，占全国进出口总额的13.3%，在全球石化贸易体系中占据着重要地位。

经过"十二五"的艰苦努力，全行业取得了显著的发展成绩，但与发达国家相比，我国石油和化学工业发展水平不高，在技术创新、产品结构、能耗排放、企业管理、品牌建设、国际化经营等方面还有较大差距，总体上处于产业价值链的中低端，大而不强的特点十分明显，亟待在新的历史时期实现新的跨越，推动行业迈出由大向强转变的历史性步伐。

二、行业"十三五"发展面临的形势与发展思路

"十三五"时期，我国经济全面进入了发展的"新常态"，经济增速换挡、结构调整阵痛、新旧动能转换相互交织，行业发展既面临着国内外十分严峻复杂的形势，也面临着难得的历史发展机遇。世界经济虽然步入复苏通道，但受制于结构性失衡，复苏步伐艰难缓慢，面临较长时期的深度调整，不稳定不确定性更加突出。全球石油和化工产业深度调整，原料多元化进程加快，原油和大宗化工产品市场波动加剧，价格持续低位震荡，国际贸易增长放缓。特别是在国内经济增速换挡、下行压力加大的情况下，我国石油和化学工业多年积累的深层次矛盾和问题进一步凸显，行业发展面临严峻挑战。这些矛盾和问题主要表现在以下几点。

一是传统产业产能过剩矛盾突出，有效供给明显不足。从表面上看，行业增速下降是市场需求不足导致的，实质上有效供给不足也是主要原因

之一，传统产业产能过剩严重、高端化工产品依靠进口已经成为行业发展中十分突出的矛盾和问题。当前，传统产业产能扩张的趋势没有根本扭转，一些行业落后产能淘汰不下来，新增产能得不到有效控制，部分行业甚至有进一步加剧趋势，而高端化工产品需求则仍将保持较高增速，部分产品依赖进口。原油加工、烧碱、氮肥、电石、PTA、甲醇、醋酸、聚氯乙烯等传统产业产能都面临较大过剩压力。

二是科技创新能力较弱，对行业高端发展支撑不足。有效供给不足的根本原因在于科技创新能力较弱。企业竞争力不强、传统产能过剩严重、高端精细化学品依赖进口等我国与发达经济体存在的重大差距，归根结底在于科技创新的落后和制约。我国企业研发投入强度普遍不高，技术创新人才缺乏，以企业为主体、以市场为导向的产学研用协同创新体系尚未完全建立，许多关键技术装备依赖进口。特别是原始创新能力和科研成果工程化能力较弱，科技成果转化率偏低，难以对行业转型升级和高端化发展形成有力支撑。"十三五"时期，全球新一轮科技革命和产业变革与我国加快转变发展方式形成历史性交汇，对我国石油和化工行业既是重大机遇，也是重大挑战，谁抢到先机谁就能够占据竞争制高点，科技创新的重要地位更加凸显。

三是资源环境约束强化，安全环保水平亟待提升。我国是石油和化工生产和消费大国，需要大量进口原油、天然气、天然橡胶、硫黄、钾肥等，资源对外依存度较高。2015年，我国原油净进口量达到3.4亿吨，为世界第二大原油进口国，石油对外依存度已超过60%；天然气净进口590亿立方米，对外依存度达到32.7%。预计到2020年，我国石油和天然气对外依存度将分别增至67%左右和40%以上，对国家能源安全带来挑战。同时，环境约束日趋严峻，全行业能源消费总量位居工业行业第二，"三废"排放量也位居前列，部分主要污染物排放总量居高难下，节能减排任务十分艰巨。危险化学品泄漏、爆炸、污染等重大安全事故仍时有发生，给人民生命财产造成很大损失，社会上"谈化色变"心理比较严重。人们日益关注和重视化工行业的安全环保问题，对化工企业信息公开、危险化学品管理、风险控制及行业监管提出了更多诉求，化工行业实现安全发展、绿色发展任重道远。

四是要素成本上升较快，国际竞争更趋激烈。 要素成本上升过快是企业效益下降的重要因素之一。近年来，我国石油和化工行业劳动力成本、管理费用、财务费用、原材料成本等都在上升，特别是财务费用大幅上涨，对企业运营造成很大压力。2015年，石油和化工行业百元收入成本达到84.1元，比2010年的80.9元增加3.2元，增长4%；管理费用4701.2亿元，比2010年增长60.7%，年均增长9.9%；财务费用1836.6亿元，比2010年增长1.6倍，年均增长21.1%。在要素成本不断攀升的同时，美、欧、日、韩、中东等国家和地区的石化企业都把我国作为目标市场，优先考虑、加大布局，特别是美国页岩气大规模开发应用和中东廉价的乙烷资源具有较强的成本优势，对我国石化企业带来很大挑战。

总的看，我国石油和化工行业粗放式增长方式尚未根本扭转，化解传统产业过剩产能艰难缓慢，新的经济增长点尚未完全形成，长期以来形成的成本、规模、市场等传统竞争优势正逐渐弱化，迫切需要走出一条资源消耗少、经济效益高、环境友好的创新驱动发展的新路子，在保持中高速增长的同时，加快迈向中高端价值链，推动我国由石油和化学工业大国向强国实现新的跨越。

石化联合会认真贯彻党的十八届五中全会精神与《国民经济和社会发展第十三个五年规划刚要》，结合石油和化工行业发展实际，研究编制了《行业"十三五"发展指南》(以下简称《发展指南》)，提出了未来五年行业的发展思路、发展目标、发展重点和政策建议。这里，重点介绍一下行业"十三五"发展思路，主要包括四个方面：

一是坚持把"调结构"和"稳增长"作为"十三五"行业发展的两大主要任务。 要积极推进石化基地和化工园区建设，严格按照国家主体功能区定位，优化产业布局，完善产业链，促进行业供给向产业链中高端跃进。努力降低企业生产成本，深入挖掘下游潜在市场，进一步稳定油气供给，促进油气消费，大力提高石化化工产品质量，积极培育新的增长点，促进行业平稳增长。

**二是坚持把创新驱动和绿色发展作为"十三五"行业实施的两大发

展战略。要大力实施创新驱动战略,建立健全以企业为主体,以市场为导向,产学研相结合的行业科技创新体系,积极实施《中国制造2025》,大力推进科技创新、管理创新、商业模式创新,在新一轮科技革命中抢占一批技术制高点,加快全行业产业结构由中低端向中高端迈进。大力实施绿色可持续发展战略,牢固树立红线意识、底线意识,努力推进安全生产、循环经济和清洁生产,通过建设"绿水青山"收获"金山银山",实现行业的持续健康发展。

三是坚持把提升传统产业和培育战略性新兴产业作为"十三五"行业发展的两大主攻方向。要积极化解原油加工、氮肥、氯碱、纯碱等传统产业过剩产能,实施技术改造和装备提升,大力推进兼并重组,促进优化升级,提升发展质量和竞争力,进一步巩固和发挥传统产业多年建立起的竞争优势。大力发展化工新材料、现代煤化工、生物质燃料和生物化工、生产性服务业等战略性新兴产业,培育新的增长点,建立行业竞争新优势。

四是坚持把深化改革和促进开放作为"十三五"行业发展的两大重要支撑。要深化油气行业管理体制、危险化学品行业监管体制、油气资源价格机制、标准化管理体制等重点领域改革,破除制约行业发展的体制机制障碍,发挥市场配置资源的决定性作用。坚持"走出去"和"引进来",统筹国内国际"两种资源、两个市场",抓住国家实施"一带一路"倡议的重大机遇,加强产业国际合作,深入推进全球布局,构建成熟的海外生产基地和强大的国际销售网络,全面提升行业对外开放水平。

在这一发展思路的指导下,提出"十三五"行业发展目标:全行业主营业务收入年均增长7%左右,到2020年达到18.4万亿元。到2020年,全行业万元增加值能源消耗和CO_2排放量均比"十二五"末降低10%,万元增加值用水量比"十二五"末降低18%,重点产品单位综合能耗显著下降。COD、氨氮、二氧化硫、氮氧化物等主要污染物排放量均比"十二五"末减少15%。"十三五"发展重点涵盖了石油天然气开采、石油化工、传统化工行业和战略性新兴产业,既提出了需要重点攻克的技术与装备,又提出了结构调整的方向和重点,列出了发展的重点产品及技术路线。《发展指南》全面贯彻了"创新、协调、绿色、开放、共享"的发展新理念,针对性和可操作性都很强，是指导行业在新常态下加快调结构、转方式，加快向石油和化工强国跨越的纲领性文件。只要认真贯彻《发展指南》，石化行业一定会在"十三五"时期供给侧结构性改革方面取得显著成效，取得向石油和化学工业强国跨越的实实在在进展。

三、努力开创化工园区"十三五"发展的新局面

化工园区的出现，使化工企业逐步向园区集中，促进了基地化、集约化发展。短短20年时间，我国化工园区取得了长足发展。特别是"十二五"时期，化工园区成为我国石油和化工行业发展的亮点之一，无论是数量、规模，还是园区配套的管理、服务水平都有显著提升。这次会议上评出的"中国化工园区20强"，就是园区发展的突出典型，在一定程度上反映出国内化工园区的发展趋势。在原料产品项目一体化、物流信息传输一体化、公用工程环保一体化、安全消防应急一体化、管理服务金融一体化——五个"一体化"的建设发展理念引领下，化工园区显示出了集群化的发展优势，是我国石油和化学工业今后发展的一个战略方向。但是，随着内外环境的重大变化，化工园区也出现了一些布局不合理、产业雷同、无序竞争等新的矛盾和问题，不同程度地制约着化工园区的进一步发展，必须引起高度重视。

"十三五"期间，化工园区将发挥更大作用。《发展指南》提出，到2020年化工园区布局更加合理，集约发展、安全发展、绿色发展显著增强，形成10个左右年产值超千亿的世界级化工园区。这是化工园区"十三五"发展的目标和方向，对化工园区建设提出了更高要求，要认真贯彻《发展指南》提出的各项任务与措施，加强对化工园区建设管理的调查研究，按照"科学规范、创新驱动、突出特色、发挥优势和绿色发展"的思路，不断提高园区的发展水平，逐步缩小与世界一流园区的差距，集中力量打造一批具有国际先进水平的化工园区。要充分发挥化工园区产业聚集的优势、技术领先的优势、管理高效的优势，在行业去产能、去库存、去杠杆、降成本、补短板五大任务方面发挥积极作用，推动供给侧结

构性改革取得积极进展，努力开创"十三五"化工园区发展新局面。

一是要进一步优化园区布局，提升园区建设和管理水平。要制定完善的园区布局规划，规范化工园区的审批、建设与管理。一方面，结合区域化工产业分布及特点，统筹区域化工产业发展规划以及化工园区布局，从全局角度破解化工园区过多、过散的问题。在优化园区区域布局的同时，充分发挥沿海沿江沿边的区位优势，结合实施"一带一路"倡议，深化向东开放，加快向西开放，引导要素合理流动和优化配置，缩小园区发展差距，形成优势互补、协同发展的区域格局。另一方面，加快制定和实施化工园区建设和准入标准，实施环境总量、安全总量控制，限制化工园区的重复建设和盲目发展。加快建立规范化工园区发展的政策、法规、标准，建立一套针对化工园区的科学发展评价考核指标体系，全面、客观评价各地化工园区发展实际状况。依此标准制定出相应的化工园区准入条件，以遏制国内化工园区盲目重复发展的势头。

二是要实施项目准入管理和评估制度，促进园区产业结构优化升级。要建立园区项目准入管理制度以及项目预评估制度，根据国家《产业结构调整指导目录》等产业政策，支持鼓励类项目进入园区，禁止新增限制类项目产能，淘汰落后工艺或落后产品。建立企业升级与退出机制，督促企业对不符合国家相关法律法规、标准、产业政策规定的项目开展技术改造，实现产业升级，对无法通过整改达到国家相关规定的项目或企业依法实施退出。新建化工企业原则上全部入园，支持园区承接危险化学品企业搬迁入园。要坚持特色化高端化方向，重点发展化工新材料、生物化工、现代煤化工、节能环保等战略性新兴产业化工园区与产业基地。进一步推进"智慧园区"建设，加快现代信息技术与网络的应用，通过完善园区规范和标准体系建设，形成一套科学合理的评价体系，促进园区提高发展质量和水平。

三是要加强创新平台建设，形成创新驱动发展的新动力。要坚持经济与技术并重，把增强自主创新能力作为园区建设的一项重要内容和发展方向，推动园区企业与科研院所开展协同创新，引导创新资源向园区集聚，促进形成区域性制造业创新体系。要进一步加强园区技术研发、检验检测、技术成果转化、中小企业服务、金融服务等领域的公共服务平台建设，加快建设一批产业技术基础平台和服务支撑中心，瞄准世界领先技术、高端产品，推动共性技术研发和推广应用，突破一批制约行业发展的核心关键技术，培育一批创新示范项目和示范园区。在吸引生产企业入驻的同时，园区也要重视引入企业研发中心、地区总部，提升园区整体创新能力和发展水平。

四是要大力推进责任关怀，努力提高园区可持续发展能力。要加快转变思路，深入推进责任关怀，要求入园企业必须承诺实施责任关怀，把园区的环境、安全管理工作从传统的末端治理延伸贯穿到产品设计、生产、流通和消费全生命周期过程，实现环境与产业发展相融合、相协调。要进一步增强安全环保意识，从源头抓起，在产业方向、入驻企业和项目选择上，充分考虑资源可承载能力和环境容量，做好安全环保规划，努力构建高效、清洁、低碳、循环的绿色生产体系和安全管理体系，创建生态文明园区。要完善园区公用工程配套设施，推动园区的智能化转型，建立健全安全环保预警系统，实行集中统一管理，促进资源能源循环利用，减少废水、废气、固体废弃物的排放。要按照循环经济和安全环保风险防控要求，加强园区公共服务平台建设，完善基础设施及监控、应急系统等配套保障，实现园区物流信息传输一体化、公用辅助工程一体化、安全环保应急一体化和管理服务金融一体化，通过举办开放日、科普宣传等活动，引导企业加强与社区的互动交流，提升园区和石油化工行业的社会形象，为园区的可持续发展打下坚实基础。

全面贯彻绿色发展新理念
努力开创"十三五"行业转型升级新局面[*]

石油和化工行业绿色发展大会是中国石油和化学工业联合会为贯彻党的十八届五中全会提出的绿色发展新理念召开的首次行业绿色发展大会，也是全行业实施"十三五"规划开启建设世界石油和化学工业强国新征程后召开的首次行业绿色发展大会，对我们认清形势、凝聚共识、明确任务、统一行动具有十分重要的意义。

一、"十二五"时期我国石油和化工行业绿色发展取得显著成绩

"十二五"时期，是我国石油和化工行业发展极不平凡的五年。行业发展的内外部环境发生了重大变化，世界经济复苏曲折缓慢，全球石油和化工产业结构深度调整，石化产品国际贸易增速下降，我国国内经济下行压力加大，传统石化产业产能过剩矛盾突出，战略性新兴产业发育滞后，安全环保约束日趋强化，行业面临经济增速换挡、结构调整阵痛、动力转换艰难的复杂局面，给行业绿色发展带来前所未有的挑战。面对严峻复杂的形势，我国石油和化工行业坚决贯彻党的十八大和十八届三中、四中、五中全会精神，把节能减排、安全环保放在突出重要的位置，大力推进循环经济和清洁生产，积极开展产学研协同攻关，大力推广应用先进适用技

---

[*] 这是2016年7月13日，在石油和化工行业绿色发展大会上的讲话。

术，行业绿色发展、循环利用和低碳减排取得了显著进步。

一是行业万元工业增加值能耗和主要污染物排放持续下降。石化行业率先建立了能效领跑者发布制度，得到了政府有关部门和广大企业的大力支持与积极响应，实施三年来对引导行业节能减排发挥了重要作用，推动重要产品单位综合能耗逐年降低，部分产品单位能耗已达世界领先水平。以烟煤（包括褐煤）为原料的合成氨为例，2015年能效领跑企业的单位产品能耗为1136千克标煤/吨，比2011年第一次能效领跑者发布的1554千克标煤/吨下降了26.9%。2011～2015年，全行业万元工业增加值能耗累计下降11%，重点耗能产品单位能耗目标全部完成。在全行业的努力下，行业主要污染物排放量也持续下降，2014年COD排放量比2010年下降15%，氨氮排放量自2005年以来已累积下降60%以上；固体废物综合利用率达到65%以上，危险废物处置利用率达97%以上。特别是一批大型企业集团通过加强管理、加大投资以及实施重点节能减排工程，节省了大量能源资源，降低了生产经营成本，减少了污染物排放，大幅提高了企业的市场竞争力，为改善大气质量作出了积极贡献。

二是节能减排技术研发与推广成果显著。围绕提高能源资源综合利用效率，减少"三废"排放，全行业积极开展科技攻关，突破了一批重大关键节能减排技术，在全行业广泛推广，取得了显著效果。例如，多喷嘴对置式水煤浆加压气化、航天粉煤加压气化等一批先进煤气化技术的成功研发与推广，解决了传统固定床煤气化技术装置规模小、能耗高、污染重等难题，资源能源消耗、污染物排放等各项指标均达到国际先进水平；硫铁钛联产法清洁生产技术与工艺取得重大突破，对钛白粉传统生产工艺进行了技术升级改造，不仅实现了多种产品生产技术的集成创新，而且还提高了钛资源、制酸热能和废渣的利用水平；涂料行业通过大力推广水性涂料和环境友好型涂料生产技术，有机溶剂使用量大幅削减，挥发性有机物（VOC）排放显著降低，行业清洁化水平大幅提升。此外，氮肥、氯碱、农药等领域也突破了一大批节能减排技术瓶颈，有力地提升了行业节能环保水平。

三是解决重大环保难题取得重要突破。针对长期困扰行业发展的一批重大环保难题，全行业积极采取有效措施，集中力量开展技术攻关，在许多方面取得了重要突破。以提高磷石膏综合利用率为目标，积极推进磷石膏制水泥缓凝剂、建筑石膏粉、石膏砌块、磷石膏标砖等适用技术的推广和产能建设，2015年磷石膏综合利用率达到30%以上，处于世界领先水平；针对铬渣污染难题，开发出铬铁碱溶氧化制铬酸钠、气动流化塔式连续液相氧化等清洁生产技术，截至2015年底，已有80%的铬盐产能应用了清洁生产工艺，所有铬盐企业全部完成了历史遗留铬渣的治理；低汞催化剂技术推广也取得重大进展，2015年氯碱行业低汞催化剂应用率达到50%以上，从源头上减少了汞的需求，汞使用量大幅削减，汞排放量大大降低。

四是绿色环保产品占行业比重不断提高。 努力推进结构调整，大力发展高端化、差异化和绿色化产品，产品的技术含量和附加值不断提高，市场竞争力明显增强。我国成品油质量升级步伐显著加快，2015年已经全面执行国Ⅳ柴油标准，北京、上海、江苏、广东等地提前实施了国Ⅴ标准，2016年实施国Ⅴ标准的地区又扩大到东部11个省市。高浓度化肥比例进一步提高，高浓度氮肥产量占比达到69.7%，高浓度磷复肥占比达到92.5%，分别比2010年提高4.3和10.2个百分点；农药产品结构不断优化，五年来杀虫剂在农药中的比重由31.9%下降到13.7%，除草剂比重则由45%上升至70%，除个别品种外，高毒农药已基本实现了低毒化替代，高效、安全、环境友好的杀虫剂市场占有率超过了97%；水性涂料、绿色助剂、胶黏剂所占比例也不断提升；子午线轮胎在轮胎总产量中的占比由87.2%提高到91.2%，离子膜法烧碱产能占比也由84.3%提高到99%。

五是责任关怀工作跃上新台阶。 成立了责任关怀工作委员会及相关工作组，制定并发布了责任关怀行业标准，围绕社区认知、应急响应、储运安全、污染防治、工艺安全、职业健康安全和危化品管理等开展了丰富多彩的活动，行业责任关怀工作体系不断完善，社会影响力不断扩大，许多大型石油和化工企业以及上海、宁波、南京、天津等地的大型化工园区根据自身实际，积极实施责任关怀，截至目前，共有400多家企业、化工园区、专业协会签署了《责任关怀全球宪章》，为提升行业的安全环保和资源综合利用水平发挥了十分重要的作用。

总之,"十二五"时期是石油和化工行业树立绿色发展新理念,全面推广绿色发展、循环经济和绿色发展模式逐步确立的五年;是广大企业绿色发展意识明显增强,绿色发展水平和绿色发展成就显著提升的五年;是环保治理成效明显,得到国际同行积极评价和广泛认可的五年。

二、进一步提升石油和化工行业绿色发展的紧迫感和责任感

"十三五"时期,我国石油和化学工业已全面进入发展的"新常态",资源承载能力逼近极限,环境约束进一步强化,以高消耗、高投入、高排放为主要特征的传统生产方式已完全不适应建设石油和化学工业强国的新形势、新要求,全面提升绿色发展、安全发展和循环经济水平,已成为全行业可持续发展的紧迫任务。

一是能源资源消耗总量巨大,可持续发展面临严峻挑战。2015年,全行业能源消费总量5.5亿吨标煤,位居工业部门第二。同时,资源利用率依然较低,合成氨、甲醇、乙烯等重点产品平均能效水平与国际先进水平相比,普遍存在10%～30%的差距。原油、天然气、天然橡胶、硫黄、钾肥等长期依赖进口,对外依存度持续增长。2015年,原油净进口3.4亿吨,对外依存度超过60%;天然气净进口590亿立方米,对外依存度达到32.7%。预计到2020年,我国石油和天然气对外依存度将分别增至65%和40%以上,对国家能源安全带来严峻挑战。

二是"三废"排放量居高难下,治理难度显著增加。2015年,全行业排放废水40.4亿吨、废气6万亿立方米、工业固体废弃物3.2亿吨,均位居工业部门前列。尤其是石油化工、精细化工、煤化工等行业的高浓度难降解有机废水、高浓度含盐废水、挥发性有机废气、恶臭治理、危废处置等方面存在的问题突出,环境污染严重,减少排放和无害化处置技术要求很高,污染治理长期达不到效果,治理难度加大,成为行业发展必须要下大气力攻克的难题之一。

三是安全事故频发,"谈化色变"心理加剧。近年来,石油和化工行业相继发生了多起危化品泄露、燃烧、爆炸等特别重大事故,造成人民生

命财产重大损失。有的化工企业为追求经济利益，无视国家法律法规，偷排、超排废水、废气、废渣，严重破坏了当地生态环境，人为制造了企业与居民之间的矛盾和对立。再加上社会上流行的一些错误说法，进一步加深了人们对石油化工行业的误解，社会上"谈化色变"心理严重，有的甚至引发了群体性事件，不但对石化产业造成较大冲击，而且也严重影响社会稳定。加强危化品监管，提高行业安全生产水平，已经成为"十三五"行业必须要彻底解决的重大课题。

四是技术创新能力较弱，企业投入亟待提高。技术创新是解决行业绿色发展和环保难题的重要手段，"十二五"时期，石化行业虽然突破了一批节能减排关键技术，但仍然不能满足行业快速增长的需要。由于技术研发和污染防治需要投入大量资金，许多企业出于成本考虑，不愿投入或投入不足，环保领域技术进步相对缓慢，大量能耗高、排放多、效率低的工艺装备仍在使用。据统计，目前全行业研发投入占销售收入的比重仅为1%左右，其中用于节能减排、安全环保的研发投入更少，严重制约了行业绿色发展水平。

石油和化工行业在面临资源环境严峻挑战的同时，也面临着更加严格的环境保护法律法规。特别是党的十八大以来，生态文明建设被放在现代化建设全局的突出地位，融入经济建设、政治建设、文化建设、社会建设各方面和全过程，制定颁布了新的《环境保护法》《安全生产法》，发布了"气十条""水十条""土十条"、《石化行业挥发性有机物综合整治方案》等一系列更加严格的法律法规和环保政策，从"三废"排放源头到资源化利用都作出了全方位的规定，逐步建立起更加严格的源头保护制度、损害赔偿制度、责任追究制度。2017年，全国碳排放权交易也将全面实施。作为碳排放位居前列的部门，石化和化工行业将被纳入全国碳排放权交易市场第一阶段，要求年综合能源消耗总量达到1万吨标煤的企业进行碳排放核算与报告，预计将涉及合成氨、甲醇、电石和乙烯等行业超过500家重点企业。"十三五"时期，石油和化工行业面临着日益严格的环保法律和制度约束，企业面临着更大的生态环保压力。

石油和化工行业既是排放大户，同时也是污染防治的主力军，有技术优势和治理能力，能够为社会提供先进的节能减排技术和节能环保装备。

当前，全球石化产业结构深度调整与新一轮科技革命相互交汇，绿色发展是科技革命和产业变革的主要方向，节能减排技术和环保产业已成为发达国家竞相争夺的制高点技术和战略性新兴产业。在经济社会转型时期，节能环保市场需求巨大，我国石油和化工行业面临着难得的机遇，发展潜力很大，可以形成许多新的经济增长点，发展前景十分广阔。推进绿色发展，必然会推动行业从高投入、高排放、低效率的粗放式发展向创新发展和绿色发展双轮驱动方式转变，循环经济将进一步推进，传统产业转型升级将进一步加快，节能环保产业将不断发展壮大，推动着绿色制造和绿色服务业蓬勃兴起，为实现"既要金山银山，又要绿水青山"的经济发展目标提供坚实的绿色保障。

生态环境问题归根到底是经济发展方式问题。习近平总书记指出，"生态文明建设事关中华民族永续发展和'两个一百年'奋斗目标实现，保护生态环境就是保护生产力，改善生态环境就是发展生产力。❶"环境保护的外在压力，完全可以转化为行业转型升级的内生动力，完全可以成为行业可持续发展的切入点、发力点和突破点。绿色发展已成为我国石油和化工行业调整产业结构、转变经济发展方式的必由之路，成为推动我国由石油和化工大国向强国跨越的必然选择。全行业一定要进一步增强紧迫感、使命感和责任感，以时不我待、只争朝夕的精神，奋发有为地做好"十三五"绿色发展的各项工作，实现行业与社会的和谐共融发展，为全面建成小康社会作出更大的贡献。

三、深入实施绿色可持续发展战略，努力开创"十三五"绿色发展新局面

党的十八届五中全会提出了"创新、协调、绿色、开放、共享"的五大发展新理念，把绿色发展提高到关系我国发展全局的高度，成为"十三五"乃至更长时期我国经济社会发展的一个基本理念。为了推进石油和化工行业的绿色发展，石化联合会组织制定了《石油和化工行业绿色发展行动计划》，在"十三五"时期，石油和化工行业要全面贯彻绿色发

---

❶ 参考人民网2016年5月9日人民日报《〈习近平总书记系列重要讲话读本（2016年版）〉十三、绿水青山就是金山银山》，编者注。

展新理念,以推进供给侧结构性改革为主线,深入实施绿色可持续发展战略和大气、水、土壤污染防治行动计划,坚持源头预防、过程控制、综合治理,大力发展循环经济,积极开发绿色先进技术,实施传统产业清洁生产技术改造,培育壮大绿色环保产业,建立健全绿色标准体系,推进从产品设计、研发、生产直到回收再利用全产业链绿色化发展,提高资源利用效率,减少造三废排放,初步形成循环高效低碳的绿色生产方式,走出一条以结构调整为主攻方向、以创新驱动为新动力、以绿色循环低碳为重要保障的资源节约型、环境友好型、本质安全型新型工业化道路,推动我国由石油和化学工业大国向强国跨越迈出坚实步伐。

"十三五"行业绿色发展目标是:到2020年,石油和化工行业万元增加值能源消耗和CO_2排放量均比2015年降低10%,万元工业增加值用水量比2015年降低18%,重点产品单位综合能耗显著下降;化学需氧量(COD)、氨氮、二氧化硫、氮氧化物等主要污染物排放总量分别减少15%,重点行业排污强度下降30%以上,重点行业挥发性有机物(VOC)排放量削减30%以上,污染源实现全面达标排放;重点行业绿色产品的比重提高5个百分点;省级及以上化工园区完成绿色化改造达到50%以上;化工重大安全生产事故得到有效遏制。

"十三五"时期,石油和化工行业绿色发展要重点抓好以下工作:

第一,突出抓好重点领域和关键环节技术改造,加快形成绿色产业体系。要大力推进清洁生产,对传统产业实施清洁生产技术改造,优化原料结构和产品结构,淘汰高耗能、高排放、高污染的落后装置,促进资源综合利用,减少污染排放,打造传统产业竞争新优势。要大力培育节能环保产业,完成油品质量升级到国V标准,积极推进国VI标准,农药、化肥、染料、涂料、橡胶、胶黏剂等行业的高端绿色产品占比大幅提升,培育一批专业环保设施营运、污染物高效处理、环保材料生产、废物再生利用的大型节能环保企业和"专精特新"的中小型节能环保企业。要进一步抓好汞污染防治、铬渣治理、磷石膏处置、废旧轮胎综合利用等重点工作,到2020年,实现低汞催化剂全替代,无汞催化剂研发与推广取得重要进展,铬渣处置率达到100%,磷石膏综合利用率达到40%,环保再生胶的生产达到100%。

第二，深入推进循环经济和清洁生产，努力打造全生命周期绿色产业链。构建以企业为主体、市场引导和政府推动相结合的清洁生产和循环经济推进机制，推进从产品设计、生产开发、产品包装、产品分销直到回收处置利用的全产业链绿色化。要以行业特征污染物源头减排为重点，积极推进产品绿色设计，加快实施清洁生产技术改造，尽量使用无毒无害或低毒低害原料，从源头上减少"三废"产生量。要按照减量化、再利用、资源化原则，推广处理量大、运行稳定、经济可行的综合利用技术，减少生产过程中的材料和能源浪费，提高资源利用率，减少废弃物排放量。要加强废弃物处理，促进高值化、规模化、集约化利用。要加快推进化工园区循环化改造，实现资源高效、循环利用和废物"零排放"，提升园区绿色发展水平。通过实施一批清洁生产示范项目，培育一批清洁生产示范企业，创建一批绿色发展示范园区，加快建立循环型全生命周期绿色产业链。

第三，积极开展产学研协同攻关，培育壮大绿色发展新动力。要围绕突出的资源能源和环境问题，组建一批产学研协同创新平台，突破一批高效节能、安全环保、资源循环利用关键技术，开发一批先进适用的能量系统优化技术和末端治理技术。要大力开展页岩气、煤层气、致密油、生物质能源、氢能等非常规油气资源勘探开发技术攻关，重点攻克油品及大宗化工原料绿色制备技术、"三废"排放与资源化技术、土壤修复技术、高效节能技术、CO_2捕集封存利用技术等长期困扰行业发展的重大技术难题，取得一批世界级科技成果。要积极推进烟气治理、污水固废处理及环境监测等环保装备基本实现系列化、集成化、品牌化，在行业内广泛推广应用，形成一批新的经济增长点，为行业转型升级提供新动力。在"十三五"期间，我们还将分批发布石油和化工行业环境保护与清洁生产重点支撑技术，为行业的绿色发展提供技术支撑。通过征集、申报、评选、公示，发布了含硫、含氨基含烃类废气治理等85项技术，供大家选用。

第四，全面实施责任关怀，着力提升行业本质安全水平。广大企业要进一步提高对责任关怀重要性的认识，把承诺实施责任关怀放在企业发展战略的突出位置，切实增强责任感和紧迫感，积极推进、主动作为，认真执行责任关怀实施准则，淘汰安全性能低下、危害职业安全、危及安全生产的落后工艺、技术和装备，加强危险化学品仓储物流安全监管，不断提高应急响应、工艺安全、职业健康、产品安全监管、储运安全和污染防治的水平。化工园区、专业协会和地方协会也要在本区域、本行业积极推进责任关怀，加强教育培训，开展经验交流，组织企业开展公众开放日等活动，与社区、公众、媒介坦诚沟通，提升化工企业的社会形象。要把实施责任关怀与行业安全环保诚信体系建设结合起来，引导企业加强自律，及时公开安全环保信息，促进行业安全环保工作跃上新台阶。

第五，积极推进行业绿色发展服务平台建设，营造良好的绿色发展环境。要建立健全行业绿色标准体系，围绕土地使用、资源消耗、污染物排放、有毒有害物质、清洁生产工艺等建立绿色指标体系，制定绿色园区、绿色工厂和绿色产品技术和评价标准，开展绿色园区、绿色工厂和绿色产品评价，开展绿色园区和绿色工厂创建活动，实施行业"绿色产品"标识，推广一批绿色产品，创建一批绿色工厂，培育一批绿色园区。要认真贯彻落实产业政策，加强能耗、用水、排放等限额标准的制修订工作，充分发挥标准在调结构中的积极作用，提高市场准入门槛，严控新增产能，淘汰落后产能，尽快从根本上化解产能过剩矛盾。要积极开展节能节水、安全环保诊断和隐患排查，持续开展节能减排、安全环保技术装备的征集、评选和交流推广工作，为企业提升能效、水效、安全水平以及实现全面达标排放提供适用的解决方案。要深入开展"绿色石油化工"宣传活动，做好重大事件的舆论引导，宣传石油和化工行业绿色发展取得成就与进步，营造行业绿色发展的良好氛围，树立良好的社会形象。

深入推进供给侧结构性改革
努力推动由石油和化工大国向强国跨越*

  民营百强企业是我国石油和化工行业的先进代表，是民营石油和化工领域的佼佼者，在全行业"稳增长、调结构、促转型、增效益"中发挥着重要作用。"十二五"时期，是我国宏观经济形势发生重大变化，经济发展面临诸多挑战的五年，国内经济下行压力不断加大，市场供需结构发生重大变化。面对国内外复杂形势和环境，我国石油和化工民营企业信心坚定、奋发有为、锐意进取、积极应对，努力开拓市场，规模不断扩大，结构持续优化，竞争力稳步提升，充分发挥了促进国民经济发展、满足人民生活需要、扩大社会就业的积极作用，充分显示出体制机制灵活、市场反应灵敏、运营管理高效、经济效益较好等优势，为行业发展注入了强大的动力和活力。

  2015年，中国石油和化工行业规模以上民营企业达到16212家，占中国石油和化工行业规模以上企业总数的54.5%；资产总额2.43万亿元，同比增长7.1%，占全行业的20.1%；主营业务收入4.06万亿元，同比增长5.1%，占全行业的30.9%；实现利润总额2404.6亿元，同比增长2.4%，占全行业的37.1%；实现利税总额3658.3亿元，同比增长2.4%，占全行业的21.9%。主营业务收入、资产总额、利润总额、利税总额增速均超过行业同期水平。在宏观经济增速放缓的背景下，石油和化工民营企业继续保持

---

* 这是2016年11月26日，在2016中国石油和化工民营企业百强发布会上的讲话。

平稳增长，整体规模持续壮大，行业经济总量比重不断攀升，为促进行业持续健康发展做出了重要贡献。2015年，我国石油和化工民营百强企业资产总额达到1.05万亿元，同比增长24.1%；利润总额571.4亿元，同比增长30.8%；缴税总额363.2亿元，同比增长7.7%；主营业务收入达到1.03万亿元，低于上一年；其中，百强企业的企业规模增长较快。超500亿元企业达到5家，比上年增加4家。百强企业发展主要呈现以下特点：

一是更加注重发展质量。与上一年度相比，百强企业的主营业务收入有所下降，但资产总额、利润总额、缴税总额大幅提升，这充分显示出在宏观经济形势复杂多变，行业整体疲软的环境下，民营百强企业在转型升级过程中对传统产业改造和新兴产业的布局更加谨慎，不再盲目注重量的增长，更加注重提高供给体系的质量和效率，注重增强市场的有效供给和经济效益的提升。2015年百强企业销售收入利润率5.5%，资产利润率5.4%，分别比上一年度提高1.8和0.1个百分点；人均营业收入由上一年的344万元/人提高到381万元/人，大大高于全行业水平，显示了百强企业勃勃生机和良好成长性。

二是更加注重创新发展。百强企业始终把创新摆在企业发展的重要地位。2016年7月份召开的"十二五"中国石油和化工优秀民营企业和企业家的表彰会议评选出的20家创新示范企业全部入选百强，其2015年度企业研发人员占员工总数的平均比例达到了16.4%，采用新技术创造的销售收入平均占主营业务收入的比例达到了56%，12家企业拥有国家级重点实验室或工程实验室、企业技术中心、工程研究中心等国家级创新平台。上半年七部委公布的全国第一批9家创新型企业名单中，本次百强企业的金发集团名列其中。

三是社会责任感越来越强。百强企业在注重经济发展的同时，勇于承担社会责任，税收贡献不断增加，公益投入不断增长，成为改变促进地方经济发展、安置社会新增就业、维护社会和谐稳定的重要力量。在捐资助学、扶危济困、急难救助、传播公益理念等方面都作出了积极贡献。

一系列成绩的取得，是广大石油和化工民营企业不畏艰难、艰苦奋斗、勇挑重担的结果，同时，我们也应清醒认识到，与国内外大型企业相比，民营石油和化工百强企业在不少领域大而不强、大而不优，长期以来主要依靠资源、资本、劳动力等要素投入支撑经济增长和规模扩张的方式还没有根本改变。石油和化工民营企业以及全行业发展正面临着动力转换、方式转变、结构调整的较大压力，在新形势下存在的问题和矛盾依然突出。

一是产能过剩矛盾十分突出。在当前经济增长速度换挡、结构调整阵痛、前期刺激政策消化三期叠加的情况下，行业产能结构性过剩矛盾突出。基础化工产品、通用化工产品等低端供给过剩，化工新材料、专用化学品等高端供给不足，有效供给不能适应需求总量和结构性变化。从百强企业主营产品来看，轮胎、尿素、磷铵、电石、烧碱、纯碱、聚氯乙烯、黄磷等过剩产品还占相当大比例。产业结构不合理、低端产能严重过剩、高端产能严重不足成为行业经济运行中的突出矛盾和诸多问题的根源。

二是产业集中度仍然偏低。企业多而散、平均规模小的问题仍然比较突出。产品单系列规模小、市场竞争力不强等共性问题突出。此次入围企业销售收入尚未有一家超过千亿元，95%以上的石油和化工民营企业属于中小型企业，规模普遍较小，技术装备实力较弱，相当一部分处于产业链终端，市场竞争力较大，抗风险能力较弱。

三是自主创新能力亟待进一步提升。与国际先进企业和大型国有企业相比，石化民营企业存在着内部创新体系不完善、激励机制不到位、创新机制不灵活、人员配备不合理、创新人才尤其是领军人才缺乏、科研投入强度不足等问题。自主创新能力不足、技术创新上急功近利，不愿承担基础研究、原始创新的风险和成本。大多数企业科研经费占销售收入不足1%的比例与国外公司5%的投入强度相比尚有很大差距。

四是资源环境约束加大。在国家公布的"高污染、高环境风险"产品目录中，化工行业占83%，危险废物种类在国家危险废物中占50%以上。石油和化工行业面临着资源能源环境约束加大、安全环境风险隐患增多、技术支撑力度不够、环境群体事件时有发生等突出问题。一些石油和化工民营企业安全环保意识不强，在追求经济效益的同时，忽视了安全生产、环境保护、员工合法权益等问题，甚至还出现了少数企业无视法律法规，存在偷排、超排、逃避检查等违法违规行为，有的还酿成了重大安全环保事故，造成了恶劣的社会影响。

当前，受世界经济和国内经济深层次矛盾凸显影响，上一轮科技和产业革命提供的动能面临消退，新一轮增长动能尚在孕育，新旧增长动能处于转换的关键时期，各种矛盾聚合发展，不确定因素增多，行业发展面临的环境更加复杂。

从国际看，世界经济受制于深层次结构性失衡复苏步伐艰难缓慢，国际金融危机冲击和深层次影响在相当长时期依然存在，贸易保护主义升温，各国政府面临不同经济政策的艰难选择。全球市场需求总体偏弱，国际原油和大宗原材料价格低迷。美国大规模开发页岩气、页岩油，伊朗重返国际原油市场，化石能源替代技术快速发展给国际油价回升带来较大不确定性。中东、北美等低成本油气资源产地的石化产能陆续投产，全球石化产品市场重心进一步向东亚和南亚地区转移，部分石化产品市场竞争更加激烈。

从国内看，"十三五"是我国全面建成小康社会决胜阶段，从2016年起，《国民经济和社会发展第十三个五年规划纲要》开始深入实施。《石化产业调结构促转型增效益》《石化和化学工业发展规划（2016～2020）》等一系列指导性文件的出台为我国石油和化学工业发展指明了新的方向。随着新型工业化、信息化、城镇化和农业现代化的深入推进，特别是随着《国家创新驱动发展战略纲要》《中国制造2025》和"一带一路"等重大战略及倡议的实施，我国石油和化学工业进入新的增长动力孕育和传统增长动力减弱并存的转型阶段，发展的空间更大、机遇更多。中国石油和化学工业"十三五"规划提出了石油和化工大国向强国跨越的战略目标，对我国石油化学工业发展提出了新的要求。以百强企业为代表的广大石油和化工民营企业发展环境将得到进一步优化，发挥作用的舞台将更加宽阔。

"十三五"时期，我国石油和化工民营企业要全面贯彻落实创新、协调、绿色、开放、共享的发展新理念，以供给侧结构性改革为主线，着力改造提升传统产业，积极培育战略新兴产业，促进行业向产业链中高端跃进。深入实施创新驱动战略和绿色可持续发展战略，大力推进科技创新、管理创新、商业模式创新，推进安全生产、清洁生产和循环经济。扩大对外开放水平，抓住国家实施"一带一路"倡议的重大机遇，加强产业合作，培养一大批具有国际视野的企业领军人才和全球知名石油和化工企业。

第一，以供给侧结构性改革为主线，合理调整产业布局和产品结构。

一要优化提升传统产业。要认真贯彻领会国务院发布的《石化产业调结构促转型增效益的指导意见》，以"去产能，补短板"为核心，以"调结构，促升级"为目标，优化提升传统产业，加快实施技术改造，提高传统产品质量，增强市场有效供给能力。行业企业要加快淘汰落后产能，严格控制无效、过剩产能项目的建设。

二要加大战略新兴产业布局。加快战略性新兴产业培育，发展高端产品，尽快形成具有规模优势和领先水平的新的增长点。紧跟国际技术变革新趋势，以高附加值和绿色低碳为方向推进产品结构创新。推动产业结构、产品结构、组织结构、布局结构的不断优化。积极开拓国际市场，不断拓宽传统产品应用领域，加快新型产品应用示范。

第二，大力实施创新驱动战略，培育企业转型发展的新动力。

一是要加强科技创新。要把科技创新摆放在企业发展战略的核心，引导创新要素向企业集聚，向研发部门集中，健全以企业为主体的产学研用协同创新体系，着力突破一批行业关键共性技术、关键工艺、成套装备。加大人才培养和引进，营造良好建立完善科学的创新激励机制，营造良好的科技创新氛围。

二是要推进管理创新。要不断进行管理创新，激发企业内在活力和动力，适应和引领经济发展新常态。要加强企业战略管理，主动根据市场和资源条件的变化，及时对企业的市场定位、战略目标以及实现目标的途径和手段进行调整。要突出抓好成本效益管理，把效益管理和效率结合起来，用管理效率来提升经济效益。开拓企业管理创新的新路径、新方法和新成果。

三是要推进商业模式创新。鼓励企业和电商以及物流公司等开展合作，联合建立电商平台。拓宽贸易领域，优化贸易结构，巩固和扩大传统贸易，大力发展现代服务贸易。创新贸易方式，围绕发挥互联网+和物联网，大力发展跨境电子商务、大数据信息平台等新的商业业态。推动大数据在企业经营决策中的应用，加快企业两化融合发展。

第三，积极推进企业国际化进程，培育具有国际视野和市场竞争优势的大型企业和企业集团。

一是要用国际视野来研究和推动企业转型和调整。要积极参与国家"一带一路"等对外开放倡议，具备条件的民营企业管理者要用全球视野和战略思维，充分发挥组织管理作用，借鉴大型国企、跨国公司先进模式，探索对外开放合作的新模式、新路径、新体制，全方位提升国际化合作水平。鼓励和引导具备条件的民营企业以兼并和收购为主开展产能合作，要主动与大型国有企业、跨国公司进行合作，通过全球资源利用、业务流程再造、产业链整合、资本市场运作等方式，努力提升企业国际经营、国际贸易和国际并购重组的能力，通过投资、并购、重组等方式获得化工新材料和高端专用化学品生产技术，做大做强企业。

二是要加强国际化的人才队伍建设。高端人才不足是我国企业扩大国际化经营规模、提高国际化管理水平的主要制约因素。随着全球经济一体化高度融合，具备相关专业背景和综合素质的国际化复合型人才成为企业能否在海外持续发展的关键因素，民营企业要把人才培养作为一项长期工程，营造良好的人才培养环境和激励机制，通过高端人才引进、自有人才继续深造，培育一批具有国际视野和战略思维的高素质国际复合型人才队伍。

第四，深入实施绿色可持续发展战略，提升企业安全环保水平。

一要全面推进清洁生产和循环经济。绿水青山就是金山银山，保护环境就是保护生产力，改善环境就是发展生产力。要积极贯彻落实国家绿色行动计划和行业绿色行动方案，推进挥发性有机物污染治理，加大高难度废水治理力度和固体废物综合利用，加强危险废物的处理处置。坚持源头预防、过程控制、综合治理，深入推进清洁生产，加强污染治理，不断强化安排生产和节能减排，努力建设资源节约型、环境友好型、本质安全型企业。

二要加强质量管理。深入实施质量兴业和品牌发展战略。进一步提升企业质量意识，开展质量兴企活动，建设先进质量文化，进一步普及卓越绩效、六西格玛、精益生产、质量诊断、质量持续改进等先进质量管理和方法，提升企业内在素质。加快制定品牌发展战略与规划，建立完善的品牌培育管理体系，打造具有自主知识产权的名牌产品，提升企业品牌价值和行业整体形象。

三要加强行业自律，深入实施责任关怀。严格遵守法律法规，坚守各种合同制度以及职业道德和职业操守。积极落实大气污染防治计划、水污染防治计划和土壤污染防治计划。把责任关怀与节能减排、清洁生产、循环经济等重点工作结合起来，加强行业安全环保诚信建设，推进企业安全环保信息公开。

全面开创石化行业绿色发展新局面[*]

沿江化工企业和园区由于地处特殊位置，在拥有特殊发展优势的同时也存在引人关注的特殊问题。沿江化工企业和园区的转型升级，既面临不少挑战，更面临不少机遇。如何成功实现转型升级、谱写发展新篇章已成为行业内共同关注的焦点。

一、全行业绿色发展的现状与挑战

经过"十二五"时期的快速发展，我国石油和化工行业取得了显著成就。目前经济总量位居全球第二，其中化学工业总量位居全球第一，我国已成为世界石油和化学工业大国。同时，全行业在绿色发展方面也取得了较为显著的成绩。

一是节能减排取得积极进展。五年来，全行业万元工业增加值能耗累计下降12.2%，重点耗能产品单位能耗目标全部完成；化学需氧量、氨氮、二氧化硫、氮氧化物等主要污染物排放量持续下降，固体废物综合利用率达65%，危险废物处置利用率达97%。

二是突出环境问题得到遏制。聚氯乙烯行业低汞催化剂应用率达到80%以上，汞使用量大幅度削减；铬盐清洁生产工艺占比达到80%以上，历史遗留的670万吨铬渣全部处置完毕；磷石膏综合利用率达到33.3%，处

---

[*] 这是2017年4月27日，在江苏常州朗盛谋局沿江绿色化工生态转型之路研讨会上的发言。

于世界领先水平；石化行业挥发性有机物治理稳步推进。

三是安全管理水平稳步提升。风险管控和隐患排查治理不断强化，防范遏制重特大事故取得初步成效，2016年，化工危化品较大以上事故、死亡人数同比分别下降25%、38%；未发生重大事故，较大以上事故死亡人数首次降至50人以下。

四是技术支撑能力不断增强。催化加氢、低氮燃烧、烟气脱硫脱硝一体化等清洁生产技术在炼油、石化行业广泛应用，大幅度削减了污染物排放；水煤浆加压气化、粉煤加压气化等先进煤气化技术及先进气体净化技术的应用，改变了传统装置规模小、能耗高、污染重等问题。

五是园区成为绿色发展载体。目前，全国共有国家级和省级化工园区309家，产值占行业总产值的56%，石化企业入园率达51%。"一体化"发展理念成为石化园区开发建设的主要指导思想，按绿色发展理念开发建设的园区已占全国省级以上石油化工园区的16%。

在行业绿色发展取得显著成绩的同时，我们也要清醒地看到，当前还存在几个制约行业绿色发展的突出问题。

一是资源能源消耗高、"三废"排放量大。2015年，全行业能源消费总量5.5亿吨标煤，占工业能源消费总量的18%；二氧化碳排放量占工业排放总量的15%；废水排放量39.7亿吨，占工业废水排放总量的近20%；化学需氧量、氨氮、二氧化硫、氮氧化物、挥发性有机物、危险废物等污染物的排放均在工业行业排名前列。

二是污染治理难度较大。石化行业由于原料种类多、工艺路线长，产生的废物种类多、成分复杂、处理困难。尤其是高污染负荷、难降解有毒废水可生化性差，处理成本高；挥发性有机物、恶臭类废气等有毒有害物质多，异味严重，无组织排放，难以收集处理；废酸、废盐、精馏残渣等多类危险废物资源化利用难度很大。高浓度难降解废水治理、挥发性有机物治理、危险废物处理处置已成为行业污染治理的硬骨头。

三是安全环保事件发生频繁。截至2015年底，全国共有危险化学品企业近30万家，由于企业数量庞大、近水靠城，区域性、布局性安全环境风险日益凸显。"十二五"期间，全国发生较大及以上危险化学品事故84起，事故总量仍然较大。此外，环境违法案件频发，"邻避效应"对行业发展制约越来越大。

四是标准体系不完善。在废水、废气排放方面，部分污染物排放标准尽管具有前瞻性，但与当前行业的治理水平还有很大差距，尤其是有毒有害特征污染因子的治理难度很大，企业投入大、成本高、见效慢。在固废综合利用方面，企业开展综合利用工作缺乏指导性的规范和标准，各类废物的处理处置和综合利用缺乏可操作的技术路线，同时，由废物生产的产品缺乏标准，造成环境风险大，市场接受度不高，产品没有出路。

二、推动"绿色发展六大行动计划"

当前，在日益严格的环境保护法律和制度约束下，石油和化工行业必须主动把环境保护真正作为推动行业转型升级的动力，加快培育生态环保的新优势，开创绿色循环低碳发展的新模式，才能推动全行业的可持续发展。在此背景下，石化行业在2016年发布《石油和化工行业绿色发展行动计划（2016～2020年）》的基础上，经过半年多的实地调研之后，又发布了全行业"绿色发展六大行动计划"。在废水、废气、固废治理以及安全管理、化工园区建设等方面制定进一步具体化的行动计划，扎实推动全行业开创绿色发展的新局面。

"绿色发展六大行动计划"的重点任务是坚持减量化、资源化、无害化原则，按照源头减排、过程控制、末端治理、综合利用的全过程绿色发展理念，力争实现"三废"全面达标排放，形成资源节约型、环境友好型、本质安全型的绿色发展方式。

废水治理行动计划。将以高含盐、高含酸、高氨氮、含重金属和难降解等五类高难废水治理为重点，推广一批清洁生产技术，提标改造一批废水处理设施，攻克一批关键共性技术装备。通过在化肥、煤化工、农药、染料等行业推广一批成熟清洁生产技术；示范一批包括含盐废水、含酸废水、高氨氮废水、含重金属废水在内的先进末端治理技术；以开展过程强化与优化、协同处置与资源化、末端提标改造等形式，提升一批废水处理技术装备；在废水预处理、催化氧化、过程强化、系统集成和优化、污染应急等方面突破一批关键共性技术装备。

废气治理行动计划。将以二氧化硫、氮氧化物、烟（粉）尘和挥发性有机物等大气污染物为重点，推进脱硫脱硝和除尘的协同处理，强化挥发性有机物的综合整治。主要措施是对炼油、氮肥、黄磷、橡胶等重点行业实施提标改造；对炼油催化裂化装置、煤化工硫回收装置、工艺加热炉、燃煤锅炉现有脱硫脱硝和除尘设施进行升级改造；加快挥发性有机物综合整治，在企业集中度高的园区，试点挥发性有机物综合防治工作。

固废治理行动计划。要以源头减排、综合利用和无害化处置为重点，加快磷石膏、废旧轮胎等大宗固废的综合利用，推进废酸废盐的循环利用，加强危险废物的无害化处置，建立循环型产业体系。重点在石化、化肥、氯碱、无机盐、农药、染料、钛白粉等行业推广过氧化氢直接氧化、芳烃绿色精制、醇烃化醇烷化、低汞催化剂、液相氧化、定向合成、催化加氢、连续酸解等技术，减少固废产生量。

节能低碳行动计划。以提高能源利用效率、减少二氧化碳排放为目标，加快通用节能低碳技术推广，推进重点行业节能低碳改造，提高能源利用效率，减少二氧化碳排放，促进企业降本增效。该领域的主要举措是加快通用节能低碳技术推广，强化技术节能；加强共性节能低碳技术开发，围绕能源节约及能效提升，建设产学研协同的节能减碳科技创新平台，开发一批能量系统优化技术；推进重点行业节能低碳改造，重点推广先进煤气化技术、乙烯裂解炉耐高温辐射涂料、尿素水溶液全循环生产技术、膜极距、氧阴极制碱技术、催化氧化制氯技术、硫酸低温热回收技术。

安全管理提升行动计划。以完善安全生产责任体系为重点，以加强安全教育培训为依托，在全行业牢固树立安全生产"红线意识"，推动实施责任关怀，构建完善的安全生产责任体系和隐患排查治理体系。借鉴跨国公司安全管理的先进理念和成功经验，持续推动"责任关怀"，通过持续开展"责任关怀"的宣传和培训，不断提高行业自律意识和管理水平，以实际行动改变社会和公众"谈化色变"观念，改善行业形象。

园区绿色发展行动计划。以"一体化"建设为原则，优化空间布局，加快循环改造，推进设施升级，构建园区绿色化、智慧化、循环化发展模式，使园区真正成为行业转型升级、绿色发展的重要载体。

园区的绿色发展决定了我们整个行业绿色发展的未来，在园区推动绿色发展领域的主要举措包括以下几点。首先，优化园区空间布局。根据《全国主体功能区规划》及《石化产业规划布局方案》，调整优化全国石化园区布局，建立园区规范建设评价标准，开展现有园区的清理整顿，对不符合规范要求的园区实施提升改造或依法退出，减少安全环境风险。其次，推进园区循环化改造。按照一体化原则，优化产品结构，延伸产业链，实现园区内物料闭路循环、产业链循环。推行清洁生产，促进源头减量，推动能量梯级利用、余热余压利用、企业间废物交换利用和水的循环利用，提高资源能源利用效率，减少废弃物排放。同时要大力加快环保设施升级改造。按照新标准要求，加快推进园区污染集中治理设施建设与升级改造。加快对集中式污水处理厂的提升改造，强化特征化学污染物的处理能力，保障污水处理厂稳定运行；加快危险废物集中处置设施建设，实行内部危险废物的资源调配和统一管理，避免危险废物转移带来的环境风险；加强对有毒有害废气及大气环境质量的监测，并进行信息公开。

另外，还要推进智慧园区建设。基于物联网、大数据、云计算技术，整合园区内外关键资源信息的智慧管理系统，将园区内安全、环保、消防、物流等的在线监测、预警系统、应急响应系统、应急救援系统等信息数据有机串联起来，打造安全、环保一体化风险管理的智慧园区。

三、长江经济带要走在全行业绿色发展的最前列

石化行业绿色发展的目标是到2020年，全行业能源利用效率显著提升，污染物全面达标排放，重特大安全事故得到有效遏制，园区绿色发展迈上新台阶，科技支撑作用明显增强，全行业初步建立起以创新驱动引领的绿色发展新模式。

从量化指标来看，到2020年，万元增加值能耗和二氧化碳排放量均比"十二五"末降低10%，重点产品单位综合能耗显著下降，万元增加值用水量比"十二五"末降低18%。

到2020年，废水治理率和处理达标率达到100%，水资源重复利用率达到93%以上；固体废物综合利用率达到75%以上，危险废物处置利用率达到100%，其中综合利用率达到65%。化学需氧量、氨氮、二氧化硫、氮氧化物等主要污染物排放量均比"十二五"末减少15%，挥发性有机物排放量削减30%以上。

到2020年，全行业本质安全度大幅提升，化工事故发生率下降50%以上，新建企业进园入区率达到100%，搬迁企业进园入区率达到100%。

从管理目标来看，到2020年，全行业清洁生产技术普及率达到80%，突破20项重大关键共性技术，推广50项先进适用技术，组建40个环境保护与清洁生产工程技术中心，制定发布20项节能、安全、环保类技术规范和标准。

到2020年，培育20个"绿色石化园区"、20个"智慧石化园区"、20个"国家循环化改造示范园区"，省级以上重点石化园区全面承诺践行"责任关怀"。

要通过扎扎实实的工作措施、严格过硬的管理措施、公开透明的监管措施，充分调动全行业多个企业的积极性，全面开创全行业绿色发展的新局面。尽快改变全社会对石油和化学工业发展的形象和认识。

大力推进长江经济带发展战略，是在经济发展进入新常态下，国家制定的三大经济发展战略之一。目前国家治理沿江产业发展的措施，正是长江经济带发展战略的重要组成部分。有不少化工企业、化工园区布局在长江沿岸这一特殊区域内。长期以来，企业和园区的快速发展既充分利用了长江水道的优势，同时也给长江生态保护带来了不利的影响。当前，在整个宏观经济转型升级和供给侧结构性改革的大背景下，沿江化工企业要通过创新驱动，大力推动转型升级。国家制定长江经济带发展战略以及沿江产业治理政策，是对包括我们化工企业在内的沿江产业转型升级的新要求，更是沿江企业转型升级的难得历史机遇。沿江化工企业要自觉把握好国家政策机遇，率先转型升级、率先调整结构、率先绿色发展，充分发挥沿江化工企业政策、技术、人才、市场的优势，使沿江化工企业的绿色发展水平上一个大台阶，打造新的企业竞争优势，站在新一轮产业发展的制高点上。

　　沿江化工企业不仅仅要成为沿江发展的受益者，而且更要成为沿江治理、绿色发展行动的践行者。石化行业有着从"分子结构上改变物质性质"的本领，石化行业应该成为环保治理的行家里手，中国石油和化学工业完全有能力培育具有世界领先水平的绿色环保产业。当前，在全社会环境保护意识日益提高的情况下，沿江化工企业更应该发挥自身化学学科的技术优势、工艺优势和管理优势，争当沿江经济带绿色发展的排头兵。

深入实施行业绿色发展六大行动计划
努力开创化工园区绿色发展新局面[*]

近年来,我国石油和化工行业以园区为主要载体的工业基地建设取得了积极进展。截至2016年底,全国重点化工园区或以石油和化工为主导产业的工业园区达到502家,其中国家级47家,省级262家,地市级193家;全国化工园区内规模以上企业约为1.5万家,占全国石油和化工企业总数的51%左右。随着进园入区的企业越来越多,化工园区日益成为行业发展的主战场,对行业"调结构、转方式"发挥着越来越重要的作用。

一、全行业要进一步增强绿色发展的责任感和紧迫感

"十二五"以来,在全行业的共同努力下,我国石油和化学工业绿色发展取得显著成绩,推动由高投入、高消耗、高排放、低效益的粗放型生产方式加快向低投入、低消耗、低排放、高效益的绿色生产方式转变。"十二五"时期,全行业万元工业增加值能耗累计下降12.2%,其中化工行业万元工业增加值能耗累计下降22.5%,重点耗能产品单位能耗目标全部完成;化学需氧量、氨氮、二氧化硫、氮氧化物等主要污染物排放量持续下降,固体废物综合利用率达65%,危险废物处置利用率达97%,防范遏制重特大事故取得初步成效,2016年较大以上事故死亡人数首次降至50人

---

[*] 这是2017年5月11日,在2017中国化工园区与产业发展论坛上的讲话。

以下。

这些成绩的取得是在国内外经济环境更加复杂严峻、我国石油和化工行业进入发展新常态、下行压力持续加大的情况下取得的，十分难得、十分不易，凸显出全行业对社会的责任意识和奉献精神，行业发展质量得到显著提升。同时，也要清醒地看到，行业绿色发展形势依然严峻，还存在着不少制约行业绿色发展的突出矛盾和问题。

一是资源能源消耗和"三废"排放量大。2016年，我国原油净进口量3.81亿吨，对外依存度达到65.4%；天然气净进口752.4亿立方米，对外依存度达32.9%。全行业能源消费总量约5.5亿吨标煤，废水排放量接近40亿吨，化学需氧量、氨氮、二氧化硫、氮氧化物、挥发性有机物、危险废物等污染物的排放均排在工业行业的前列。

二是污染治理难度较大。行业原料种类多，工艺路线长，产生的废物种类也多，成分十分复杂，处理处置都比较困难。尤其是挥发性有机物、恶臭类废气等有毒有害物质多，高污染负荷、难降解有毒废水可生化性差，废酸、废盐、精馏残渣等多类危险废物资源化利用难度大，处理成本高，已成为阻碍行业污染治理的硬骨头。

三是安全环保事故依然较多。由于企业数量庞大、近水靠城，区域性、布局性安全环境风险日益凸显。"十二五"期间，全国发生较大及以上危险化学品事故84起，事故总量和环境违法案件量仍然较大，"邻避效应"对行业发展制约越来越突出。安全环保事件频发的主要原因是部分企业主体责任不落实，安全环保意识薄弱，投入不足，工艺技术装备水平落后等，损害了行业形象。

四是技术支撑能力不足。行业环保技术的研发主体仍然是以高校和研究院所为主，企业的环保技术创新能力明显不足，原创性技术较少，核心技术创造不足。特别是在节能减排、资源循环化利用及废弃物处理处置等关键领域缺少先进技术。比如，高盐废水及蒸发结晶的废盐处理技术、挥发性有机物治理技术、废酸节能回用技术、危险废渣处置处理技术等，亟待加强科技攻关突破，解决制约行业绿色发展的瓶颈难题。

五是标准体系不完善。在固废综合利用方面，企业开展综合利用工作缺乏指导性的规范和标准，各类废物的处理处置和综合利用缺乏可操作的技术路线；在废水、废气排放方面，部分污染物排放标准与行业发展不完全适应，尤其是有毒有害特征污染因子的治理难度很大，企业投入大、成本高、见效慢。部分废物综合利用产品缺乏标准，市场接受度不高，产品没有出路。

行业发展在面临突出的资源环境约束压力的同时，还面临国家环保法律法规日益严格的要求。国家已颁布了新的《环境保护法》《环境保护税法》《大气污染防治法》，发布了一系列更加严格的法律法规和政策标准，实行最严格的环境保护制度。尤其是2017年1月1日起施行的最高人民法院、最高人民检察院《关于办理环境污染刑事案件适用法律若干问题的解释》，对污染环境罪的入刑门槛更低、惩治力度更大，将始终保持严厉打击环境违法行为的高压态势。

今天所强调的绿色发展理念，绝对不仅仅是一个安全环保的理念，而是一场转变发展方式的深刻变革。这个理念，包括绿色发展的先进技术理念，要求通过先进的技术、先进的工艺，保证生产过程的安全，保证产品的质量；包括先进的排放理念，要求生产物质消耗最低，污染物排放最少；包括先进的管理理念，要求生产效率最高，经济效益最好；包括先进的服务理念，要求产品全生命周期的本质安全，用户服务的周到彻底。绿色发展理念，不仅对于整个石油和化工行业的创新发展、结构升级、清洁生产、管理方式都提出了变革的要求，而且也为整个石油和化工行业转变发展方式提供了强大的动力。

二、化工园区要走在全行业绿色发展最前列

园区化是当前全球化学工业发展的主要趋势之一，是推动行业转变发展方式的重要载体，在调整产业结构、优化产业布局、发展循环经济、推进清洁生产、实现规模经济等方面具有不可替代的重要作用。特别是在构建连接循环、集约高效的绿色生产方式方面具有独特优势。近年来，在全行业共同努力下，化工园区对安全环保的重视程度不断增强，工作的主动

性和积极性显著提升。许多园区都能从项目本质安全入手，秉持绿色发展理念制定产业规划，按照产业集聚、链接互补的原则，严格项目准入，大力发展循环经济，积极推进清洁生产，促进资源能源的循环利用，减少"三废"排放，节能降耗和安全环保取得了明显进展。据石化联合会化工园区工作委员会的最近一项统计，我国按照绿色发展理念开发建设的化工园区约50家，占全国省级以上化工园区的16%左右。其中，国家级循环化改造示范试点园区42家，国家新型工业化产业示范基地35家，国家生态工业示范园区12家。2017年评出的"中国化工园区20强"每平方公里土地增加值产出率达到9.7亿元，单位万元工业增加值能耗1.93吨标煤，单位万元生产总值COD排放量0.32千克，单位万元生产总值SO_2排放量0.95千克，平均产业关联度可达46%左右。

"十三五"时期是我国石油和化工行业推进供给侧结构性改革的关键时期，也是我国迈出由石油和化学工业大国向强国转变步伐的重要时期。我国化工园区绿色发展仍面临许多挑战，存在布局不尽合理、产业雷同突出、产业无序竞争、安全环保压力大等一系列矛盾和问题，特别是一些中小化工园区产业层次不高，环保基础设施建设滞后，周边环境污染严重。在我国经济全面进入发展新常态、资源承载能力逼近极限的情况下，要求石油和化工行业必须在绿色发展上迈出更大步伐、实现更大突破，为推进行业供给侧结构性改革提供新动力、作出新贡献。化工园区要牢固树立"创新、协调、绿色、开放、共享"的新发展理念，深入实施绿色可持续发展战略，着力创新驱动，加强污染治理，提升安全环保水平，努力走出一条科技含量高、经济效益好、资源消耗低、环境污染少的新型工业化路子，走在全行业绿色发展的前列，引领行业"调结构、转方式"取得更大进展。

一是要走在全行业"三废"达标排放最前列。在水污染治理方面，要进一步完善污水处理厂、在线监控、事故应急池等环保基础设施，园区企业产生的污水经预处理达到要求后，统一进入污水处理厂集中处置，园区设置唯一的排放口并进行在线监测，完全实现达标排放。在废气治理方面，要开展重点整治工作，加强废气及VOCs在线监测，重点对无组织排放点进行深入摸排和监测,加强园区周界的空气质量监控并向社会公开,实现区域空气质量的持续改善。在固废处置方面,要加强固废填埋场和焚烧厂等基础设施建设,对园区内危险废物实行全过程管理,建立危险废弃物转移管理台账,严格监管企业危废进出,实现固废处理处置完全达标。

二是要走在全行业资源综合利用最前列。要按照"经济快速发展、资源高效利用、环境优美清洁、生态良性循环"的发展目标,通过循环化改造的手段,构建园区层面的基础设施、公用工程及公共服务共享与循环使用的"大循环",企业间的能量和物料循环利用的"中循环",以及企业内节能、节水、综合利用的"小循环",使资源能源利用率尽可能最大化,废弃物排放最小化。要不断完善园区供热中心、集中供热配套管网等设施建设,推动高耗水企业采用节水工艺、技术和装备,逐步推进水资源循环利用和工业废水处理回用,水资源利用率得到不断提升。在入园项目严把能源评估关的同时,积极鼓励区内企业实施节能改造,深入推进项目节能。

三是要走在全行业安全生产最前列。要按照"安全生产一体化"发展思路,编制园区安全发展规划,坚决淘汰落后和安全准入不达标的企业。进一步完善园区安全生产责任体系,落实安全生产工作目标和安全生产责任,强化党政同责、一岗双责,明确每个领导班子成员的安全职责。为提升园区应对突发安全生产事故能力,要不断完善园区应急救援体系,建设应急响应中心,集安全、环保、消防、公用工程调度、卫生等于一体,承载园区应急指挥调度功能。要不断完善园区安全生产长效管理体系建设,建立健全员工安全意识培训体系,从企业一线工人到企业、园区各级管理者,牢牢抓住"人"这一安全管理的基石,让全体干部职工养成安全生产行为习惯。

四是要走在全行业实施"责任关怀"最前列。截至目前,已有10家化工园区加入了石化联合会"责任关怀工作组",20余家园区签署了《责任关怀全球宪章》,承诺践行责任关怀,倡导安全、环保、健康为主要内容的"责任关怀"理念,得到国际化工同行的充分肯定与积极评价。化工园区要进一步深入实施"责任关怀",以《责任关怀实施准则》为依据,积极落实社区认知和应急响应、污染防治、员工健康、储运安全、工艺安全、产品安全监管等六大准则,加强化工产品全生命周期管理,积极开展与周边社区互动与交流,树立化工园区绿色发展的社会形象。

"十三五"时期,化工园区绿色发展的目标是:到2020年,75%的国家级园区和50%的省级园区实现循环化改造,园区固体废物资源化利用率、水循环利用率显著提高,主要污染物排放量大幅度降低,基本实现"零排放";省级以上园区的土地投资强度不低于每平方公里20亿元,重点化工园区全面承诺践行责任关怀。

三、全面实施行业绿色发展六大行动计划,努力开创化工园区绿色发展的新局面

2017年是实施"十三五"规划的第二年,也是深化行业供给侧结构性改革的关键之年。为引导行业加快绿色发展,石化联合会经过半年多的深入调研,编制完成并发布了石油和化学工业《废水治理行动计划》《废气治理行动计划》《固体废物处理处置行动计划》《节能低碳行动计划》《安全管理提升行动计划》《化工园区绿色发展行动计划》等行业绿色发展六大行动计划,从技术、管理、政策、标准等不同角度、不同方面提出了促进行业绿色发展的思路和举措。"六大行动计划"坚持问题导向,强调技术支撑,针对性、可操作性比较强,可以作为化工园区"十三五"化解绿色发展主要矛盾、破解绿色发展突出问题的指导性文件。

化工园区要适应把握引领经济发展新常态,紧紧抓住绿色发展这一推进供给侧结构性改革的关键一环,牢固树立绿色新发展理念,深入实施行业绿色发展"六大行动计划",优化园区布局,推进技术创新,发展循环经济,提升集约管理水平,培育一批绿色典型,努力提高全行业绿色发展和"责任关怀"工作的水平,不断改变石油和化工行业的社会形象,构建园区绿色化、智慧化、循环化发展模式,实现行业绿色发展的美好目标。通过构建科技含量高、资源消耗低、环境污染少的产业结构和生产方式,大幅提高经济绿色化程度,加快发展绿色经济产业,推动形成绿色生产体系,努力开创化工园区绿色发展的新局面。化工园区要重点做好以下

工作：

一是要优化园区布局，提高园区一体化集约发展水平。要实施区域环境总量、安全总量控制，限制化工园区的重复建设和盲目发展，对处于人口密集区、安全环保敏感区、不符合区域主体功能定位、安全环保不达标的化工园区实施压减、转移、改造、提升计划。根据物质流和产业关联性，优化和改造园区内企业、产业和基础设施的空间布局，利用产业政策以及安全、环保、节能标准等措施，引导过剩产能转移和低端产能退出园区，大力培育发展新兴产业，使园区内产业相互配套、相互循环、相互连接，形成相对完整、高效、合理的产业链条，实现土地、资源的节约高效利用。

二是要加强技术创新，增强园区创新驱动发展能力。要深入贯彻创新理念，把科技创新作为园区发展的重要引擎，积极搭建园区产学研协同创新平台，引导创新资源向园区企业集聚，推动形成区域性制造业创新体系。围绕重点行业的突出资源能源和环境问题，大力开展高效节能、安全环保、资源循环利用等关键领域的科技创新，突破一批高端化、差异化新技术，培育新经济增长点。进一步加强园区技术研发、检验检测、技术成果转化、中小企业服务、金融服务等领域的公共服务平台建设，加快建设一批技术服务支撑中心，推广一批能量梯级利用、余热余压回收、废物处理处置技术等先进适用的节能减排技术。

三是要推进清洁生产，构建园区绿色循环产业链。要坚持减量化、再利用、资源化原则，积极构建以企业为主体、市场为导向和政府推动相结合的清洁生产和循环经济推进机制，推进从产品设计、生产开发、产品包装、产品分销直到回收处置利用的全产业链绿色化。推进产品绿色设计，加强源头节能减排；实施生产过程循环化改造，促进企业间、园区内、产业间耦合共生，降低生产过程能源消耗，提升园区资源产出率、土地产出率；在产业聚集区，支持化工园区间建立跨区域物料管道，推进原料互通互供，扩展单个园区发展空间，进一步延伸产业链，形成集群发展新优势，提升产业链竞争力。

四是要建设智慧园区，提升园区管理效能和水平。要广泛应用新一代信息技术、物联网、云计算、自动化控制、现代通信、音视频、软硬件集成等现代信息技术，建立安防、消防、通信网络、管网设备、能源监控、自动化办公等信息收集、加工、处理、预警以及指挥等智能化系统。通过互联互通，实现各系统之间无缝连接与协同联动，形成园区综合信息化管理平台，持续积累运营数据，建立运行参数，深度挖掘和运用信息数据，打造"智慧化工园区"，提升园区整体管理效能和水平。

五是要完善标准体系，培育一批绿色化工园区典型。要围绕土地使用、资源消耗、污染物排放、有毒有害物质、清洁生产工艺、智慧园区等，建立健全行业绿色标准体系。特别是要推进制定绿色园区、绿色工厂和绿色产品技术与评价标准，开展绿色园区和绿色工厂创建活动，实施行业"绿色产品"标识，推广一批绿色产品，创建一批绿色工厂，培育一批绿色化工园区。到2020年，要培育出20个"绿色化工园区"、20个"智慧化工园区"、20个化工类的"国家循环化改造示范园区"，深入总结推广适合我国国情和行业发展需要的园区绿色化、智慧化、循环化发展范式和管理模式。通过典型引路、示范带动，进一步激发广大化工园区绿色发展的主动性和创造性，努力破解绿色发展难题和瓶颈，不断提升行业可持续发展能力。

牢固树立红线意识
全面落实主体责任努力提升全行业
本质安全发展水平[*]

安全生产大如天。安全生产是企业的生命线，也是行业发展永恒的主题。特别是在当前全国上下深入贯彻党的十八大和十八届五中、六中全会精神，牢固树立"创新、绿色、协调、开放、共享"的新发展理念，以昂扬奋进的精神状态迎接党的十九大召开的新形势下，举办首届全国石油和化工安全管理高层论坛，对把握形势、凝聚共识、统一行动，以改革创新的精神积极主动地做好全行业安全工作，具有十分重要的意义。

一、全行业安全生产取得的显著成绩

2016年，石油和化工行业认真贯彻落实党中央、国务院决策部署，坚持把安全生产放在突出重要位置，严格落实安全生产责任，大力推进科技强安，狠抓安全生产基础保障能力建设，全面加强安全管理，进一步强化安全监督，积极开展安全生产隐患排查治理和专项整治，推动安全生产形势持续稳定好转，防范遏制重特大事故取得初步成效。2016年，全国共发生化工和危化品较大以上事故12起，同比减少4起，下降25%；死亡41人，同比减少23人，下降38%；全年未发生重大事故，较大以上事故死亡

---

[*] 这是2017年5月26日，在首届全国石油和化工安全管理高层论坛上的讲话。

人数首次降至 50 人以下。特别是行业安全生产管理进步明显,"责任关怀"深入推进,企业安全生产管理能力明显增强,涌现出一大批典型企业和化工园区,为行业安全生产提供了有力保障。

一是企业安全生产管理能力明显增强。我国石油和化工企业十分重视安全生产,在思想建设、能力建设、制度建设等方面都取得了积极进展。特别是大型企业安全生产管理基础比较扎实,许多企业积极落实安全生产主体责任,借鉴跨国公司的安全生产管理经验,广泛采用推行了 HSE 等先进管理方法和理念,形成了具有自身特色的管理体系。

从 2016 年 1 月 1 日起,中国石油化工集团公司在全系统实施了《集团公司安全管理手册》,对安全组织、安全责任、安全培训、建设项目实施"三同时"管理、生产运行安全管理、施工作业过程安全控制、危险化学品储运安全管理、安全风险与隐患管理、应急管理、事故管理等进行了全方位规范,是各级管理者和全体员工在生产经营活动中必须自觉遵循的准则,为强化中国石化安全管理、实现安全发展、建设世界一流能源化工公司提供重要保障。

中海石油化学股份有限公司设立了安全管理委员会和应急委员会,在企业全面实施 HSE 体系化管理,强化 HSE 管理网络建设,落实 HSE 管理资源,固化安全管理动作,建立安全记录档案,建立了"谁主管、谁分管、谁在岗、谁负责"的岗位责任制,签订了安全生产责任书,将安全生产业绩与干部的使用直接挂钩,开展"落实主体责任"大检查专项行动,使"一岗双责"和"党政同责"落到实处。

万华化学将安全列为公司的第一风险,以国家安全标准化体系为基础和平台,借鉴杜邦、GE、BP 等跨国公司管理经验和责任关怀相关要求,形成了以"零伤害、零事故、零排放"为奋斗目标、以十大安全理念为指导原则、以"区域安全管理"为特色的万华安全管理体系。

上海华谊(集团)公司在安全管理工作中,强化安全"底线"思维和"红线"意识,注重安全责任落地,全面梳理和加强建设 HSE 管理体系,引入风险管控理念,不断推行安全网格化和隐患排查治理,狠抓事故责任追究,夯实 HSE 基础,逐步形成 HSE 管理"党政同责、一岗双责、齐抓共管、失职追责"局面。

二是化工园区安全管理水平显著提升。经过多年发展，我国化工园区的安全管理和绿色发展水平有了显著提高，在线监控、"三废"处理、事故应急系统等安全环保基础设施逐渐完善，土地产出率、资源产出率、废物资源化利用率、水循环利用率等均有不同程度提升。特别是安全生产受到高度重视，化工园区普遍坚持安全发展、规划先行的原则，按照"安全生产一体化"发展思路，编制园区安全发展规划，不断完善安全生产准入体系建设，淘汰落后和安全准入不达标的企业。各地园区管委会都设置了专职安全部门，落实安全生产工作的目标和责任，普遍建设了应急响应中心，集安全、环保、消防、公用工程调度、卫生于一体，不断完善园区应急救援体系建设。化工园区十分重视安全意识的提升和安全文化的建立，牢牢抓住"人"这一安全管理的基石，积极推进全员安全培训体系建设，加强对企业各级管理层和全体员工的安全生产培训，不断完善园区安全生产长效管理体系建设，让安全生产逐渐培育成全员遵循的指针和习惯，园区本质安全水平显著提升。

三是"责任关怀"工作深入推进。进一步完善"责任关怀"工作委员会，推动企业和化工园区深入实施"责任关怀"行业标准，围绕社区认知、应急响应、储运安全、污染防治、工艺安全、职业健康安全和危化品管理等开展了丰富多彩的活动，对重庆化医集团等企业进行了专项培训，协助扬州化工园区等化工园区建设了"责任关怀"体系，行业"责任关怀"工作体系不断完善，社会影响力持续扩大。石化联合会以《责任关怀实施准则》为基础，组织企业开展"责任关怀"自我评估，帮助企业提高自我认知，增强安全生产的自觉性和科学性。许多大型石油和化工企业以及上海、宁波、南京、天津等地的大型化工园区根据自身实际，积极实施"责任关怀"。截至2016年底，已有400多家企业和20余家园区签署了《责任关怀全球宪章》，承诺践行"责任关怀"，倡导安全、环保、健康为主要内容的"责任关怀"理念，通过举办内容丰富多彩、形式生动活泼的公众开放日活动，加强与周边社区的互动与交流，增进相互理解与信任，提升了行业的社会形象。

四是行业安全生产管理体系建设积极推进。石化联合会充分发挥桥梁纽带作用,积极承担政府委托与授权的行业安全生产管理工作,深入推进行业安全生产管理体系建设,为企业安全生产提供指导与服务。联合会参加了国家安监总局组织的《危险化学品安全法》《硝酸铵安全管理指南》等相关法律法规和标准的编写工作,完成工信部组织的行业安全标准梳理汇总工作,对化工行业推荐性安全标准进行了审查。组织专家到浙江、上海、江苏和山东等地化工企业开展实地调研,编制发布了《行业安全管理提升行动计划》,向政府有关部门提出了促进安全发展的有关政策建议。

联合会进一步加强行业安全管理组织建设,建立行业安全生产专家库,筹备成立行业安全生产标准化技术委员会,参加国务院安委会巡查组开展的安全生产巡查工作和国家安监总局组织的安全生产督查工作。在"毒跑道"事件爆出后,迅速开展客观调查,对跑道面层使用的原材料及相关标准、跑道建设的施工工艺与过程等进行了系统分析,提出相关标准制修订的具体建议,并通过专家访谈等,正确引导舆论,发挥了积极的正能量作用。组织专家对德州实华等企业进行安全风险查勘,推动企业更好地落实安全主体责任,降低安全风险,认真整改各类风险点,提升安全生产保障水平。

二、当前行业安全生产依然面临严峻的形势

2016年年初以来,我国石油和化工行业深入贯彻落实中央经济工作会议精神,牢牢把握稳中求进工作总基调,坚持以提高发展质量和效益为中心,以推进供给侧结构性改革为主线,大力推进结构调整、科技创新、节能减排、国际合作,油气和主要化学品生产稳定,市场供需平稳,价格总水平合理回升,上游投资快速增长,全行业效益显著好转,行业发展实现良好开局。一季度,全行业主营业务收入达到3.44万亿元,同比增长20.3%;实现利润总额2288.8亿元,同比增长98.3%,恢复性增长趋势明显;进出口总额达到1387亿美元,同比增长31.6%,其中出口总额420.4亿美元,同比增长9.0%。

尽管一季度经济运行取得了良好开局,担当前行业发展面临的形势依

然复杂。世界经济增长低迷,"逆全球化"思潮和贸易保护主义倾向抬头,主要经济体走势分化,国际油价振荡加剧,不稳定因素进一步增多。国内经济"新常态"特征进一步凸显,行业发展新旧动能转换压力增大,经济增长由中高速向中低速转变,企业创新能力不强,成本上升较快,"去产能"任务依然艰巨,结构性调整步伐亟待进一步加快。特别是我国石油和化学工业发展方式还比较粗放,发展质量还有很大差距,资源环境约束矛盾更加突出,安全环保事件仍呈多发频发态势,行业安全生产面临的形势依然严峻复杂。

一是安全生产基础比较薄弱。一些企业在实际工作中重效益轻安全,安全生产投入不足,有的企业舍不得更换老旧设备,安全设施配置不合理,没有按照国家相关部门的要求,建立相应的安全防护设施以及安全应急装置。特别是中小型企业在行业中占很大比例,但安全生产基础比较薄弱,自动化、智能化安全生产体系建设滞后,安全生产监测、预警和处理处置能力不足,不能适应安全管理的基本要求,这些都给企业安全生产带来了隐患。2016年,在发生的化工和危险化学品事故中,大型企业52家,占事故企业总数的23.0%;中型企业78家,占事故企业总数的34.5%;小型企业96家,占事故企业总数的42.5%。中小型企业合计达到174家,占事故企业比例达到77%,凸显出中小型企业在安全生产基础设施建设和安全生产管理方面存在着较大缺陷。

二是企业安全生产主体责任未完全落实到位。落实安全生产的主体责任,是现代企业安全生产管理的核心。从总体上看,石化行业绝大多数大型企业基本上都能够严格遵守各项安全生产法律法规要求,认真落实安全生产的主体责任,但也有一些企业依然存在发展理念错位、法治观念淡薄、监管执法不力等问题,没有树立起应有的红线意识和底线意识。量大面广的中小企业在安全主体责任落实方面,还存在着较大的差距,必须加大工作力度,尽快将主体责任落实到位。要在行业系统化统筹安全管理中,严格落实安全责任层级负责制和安全属地管理岗位责任制,要按要求签订安全责任书,充分发挥责任制在安全管理中的提高认识、强化责任、督促落实的作用。

三是安全文化培育缺乏长效机制。安全文化是企业安全生产的灵魂，它能够引导和激励广大干部职工忠实履行安全生产责任，自觉、自信和自如地实现各类安全生产目标。许多企业的领导尚未认识到安全文化的重要性，没有开展有效的安全文化培育工作。有的企业没有建立完善的安全生产培训评价体系，对培训内容和培训效果重视不够，导致员工的安全意识不强、安全技能不足、风险防控能力缺乏的问题长期不能得到解决。有的企业没有建立有效的安全生产事故管理体系，重处罚轻教育，对于发生的各类事故停留在处罚上，没有进行认真的分析，没有找到事故发生的根本原因，也就不能使员工真正汲取教训，建立起有效的防范措施。

四是化工园区安全环保压力加大。目前，全国省级以上的化工园区有502家，化工园区内规模以上企业约为1.5万家，占到全国石油和化工企业总数的51%左右，化工园区已经成为行业转型升级、绿色发展的主战场。但由于我国化工园区起步比较晚，各地规划水平不一，地区布局不尽合理，产业雷同突出，存在技术落后、无序竞争、安全环保压力大等一系列矛盾和问题，特别是一些中小化工园区项目准入门槛低、管理不规范、产业层次不高，安全环保基础设施建设滞后，周边环境污染严重，化工园区的规范发展、绿色发展亟待进一步提升。

五是"谈化色变"和"邻避效应"问题进一步凸显。在当前网络技术、现代通信技术快速发展的形势下，以微信、微博、新闻客户端为代表的新型融媒体传播手段大量涌现，信息传播方式发生了很大变化，最大限度地压缩了新闻信息与社会公众在时间和空间上的距离，社会公众可以通过网络在任何地点第一时间接收到来自融媒体推送的信息内容。因此，虽然我国化工安全生产事故总体呈下降态势，但一些事件经过网络传播，使社会影响的广度和深度成倍放大。全社会对化工企业和新建化工项目的安全敏感度、关注度日益提高。提高行业安全生产水平，加强危化品监管，已经成为"十三五"行业需要彻底解决的重大课题。

党中央、国务院一直对安全生产工作高度重视，特别是党的十八大以来，以习近平同志为核心的党中央把安全生产摆在"五位一体"总体布局中的突出位置，在体制机制、立法执法、社会管理、基础建设、舆论引导等方面作出了一系列新的重大决策和部署。习近平总书记特别强调指出，

"要始终把人民生命安全放在首位,以对党和人民高度负责的精神,完善制度、强化责任、加强管理、严格监管,把安全生产责任制落到实处,切实防范重特大安全生产事故的发生。人命关天,发展决不能以牺牲人的生命为代价。这必须作为一条不可逾越的红线❶。"为此,我国政府制定实施了《安全生产法》《中共中央国务院关于推进安全生产领域改革发展的意见》《安全生产"十三五"规划》《危险化学品安全综合治理方案》《精细化工反应安全风险评估导则(试行)》等一系列重要法规政策,构筑了一道系统的以"红线"为底线的安全生产防护网,对行业安全生产管理提出新的更高要求。

面对新的形势和新的要求,我国石油和化工行业的广大企业和各级领导一定要从根本上提高对安全管理的认识,牢固树立"红线"意识,都要从思想深处深刻认识安全管理的本质内涵。安全管理的本质内涵就是:安全是责任、安全是管理、安全是技术、安全是效益、安全是政治。这"五大内涵"相互统一,缺一不可!全行业要进一步增强责任感和使命感,绷紧安全生产这根弦,牢牢记住安全管理的"五大内涵",切实落实企业安全生产的主体责任,坚持以人为本、标本兼治、综合治理、系统建设,坚决遏制安全生产事故频发势头,努力开创行业安全生产管理工作的新局面。

三、全面落实企业主体责任,努力提升行业本质安全发展水平

2017年是实施"十三五"规划的第二年,也是深化行业供给侧结构性改革的关键之年,做好行业安全生产管理工作意义重大。李克强总理在《政府工作报告》中对全年安全生产工作作出了总体部署,明确指出,"人命关天,安全至上。必须持之以恒抓好安全生产。严格安全生产责任制,全面落实企业主体责任、地方属地管理责任、部门监管责任,坚决遏制重特大事故发生,切实保障人民群众生命财产安全❷。"全行业要深入贯彻落

---

❶ 参考人民网2013年6月8日人民日报《始终把人民生命安全放在首位切实防范重特大安全生产事故的发生》,编者注。

❷ 参考人民网2017年3月6日人民日报《李克强作的政府工作报告(摘登)》,编者注。

实党中央、国务院关于安全生产工作一系列决策部署，坚决贯彻习近平总书记、李克强总理对安全生产工作的重要指示精神，坚持安全第一、预防为主、综合治理，以安全生产突出问题为导向，牢固树立红线意识和底线思维，强化安全责任体系，提升应急处置能力，加强安全生产专业技术支撑能力建设，努力提升行业本质安全发展水平，努力构建资源节约型、环境友好型、本质安全型发展新方式。

石油和化工行业"十三五"安全管理提升的目标是：到2020年，全行业安全生产责任体系和安全标准体系更加完善，企业普遍建立起较为完善的风险分级管控和隐患排查治理双重预防性工作机制，事故总量显著减少，危险化学品和化工事故起数及死亡人数比2015年下降10%，较大以上事故起数比2015年下降15%，重特大事故得到有效遏制。涉及"两重点一重大"的危险化学品生产企业达到二级以上水平，创建50家以上一级企业。为实现这一目标，今后一段时期要做好以下六项重点工作：

一是企业要加快构建安全生产责任体系，全面落实安全生产主体责任。企业是生产经营建设行为的组织者、实施者，严格履行安全生产法定责任，对于保障生产安全意义重大。企业要建立"全天候、全覆盖、无死角、可追责"的责任体系，制定以安全生产责任制为中心的各项制度，形成一级对一级负责的层级负责制和对本岗负责的岗位责任制；要建立完善的安全责任考核体系，既要对结果进行考核，更要重视对过程的考核，既有激励也有处罚。通过安全目标责任的落实和考核以及责任追究，强化安全工作的针对性和有效性。要配合好政府有关部门开展以"全面落实企业安全生产主体责任"为主题的安全生产月活动，强化企业自查自纠、自我约束、自我提高的自觉意识，加强对高危企业领导的安全培训，增强安全生产管理能力。

二是要深入开展风险隐患排查和治理工作，提升安全风险的可控性。加快构建风险等级管控、隐患排查治理两条防线，特别是要加强危险化学品重大危险源管控，督促有关企业、单位落实安全生产主体责任，完善监测监控设备设施，对重大危险源实施重点管控。对重点领域、重点区域、重点部位、重点环节和重大危险源，采取有效的技术、工程和管理控制措施，健全监测预警应急机制，切实降低重特大事故发生频次和危害后果，最大限度减少人员伤亡和财产损失。对于排查出的各种隐患点要进行认真分析研判，找出产生隐患的原因，采取有效整改措施，防范隐患的产生。

三是要大力推进科技强安，建立完善的安全标准化体系。企业要结合实际情况，不断加大在安全设施、机械化减人、自动化换人、事故应急救援、改善员工劳动保护、隐患整改等方面的投入，加快现有企业自动化控制和安全仪表系统改造升级，减少危险岗位作业人员。鼓励有条件的企业建设智能工厂，利用智能化装备改造生产线，提高企业安全风险防控能力和突发事件的应对处置能力。要全面开展安全生产标准对标工作，危化品安全生产标准化一级企业要与国际先进标准实现接轨，对照国际一流标准明晰差距，积极在安全预警预报等方面不断创新安全管理，运用安全生产标准来保障安全生产，提高企业安全水平。

四是要推进化工园区安全生产一体化建设，建设好我国化工行业发展的主战场。在化工园区和涉及危险化学品的重大风险功能区建立安全、环保、应急救援一体化管理平台，优化园区内企业布局，有效控制和降低整体安全风险，加强化工园区和涉及危险化学品重大风险功能区的应急处置基础设施建设，提高事故应急处置能力。要制定严格的园区准入制度，在综合考虑资源、环境、市场等因素的情况下，按照上下游相关、优势互补的原则，引进合适的产业项目，构建循环经济产业链。化工园区内的建设项目从工艺选择、设计制造、设备安装到试生产全过程都要执行严格的安全、环保标准，严禁引进高污染、高能耗、高风险等项目。要研究建立健全落后企业的退出机制，加快园区内企业的结构调整和转型升级。

五是要深入推进"责任关怀"，持续提升和改善行业的社会形象。要广泛宣传"责任关怀"理念，深入开展"绿色化工"宣传系列活动，向社会公众介绍现代化工知识，宣传行业绿色发展、安全发展取得的巨大成就。要把"责任关怀"与HSE、QHSE、OHSM等管理体系结合起来，进一步探索符合我国石油和化学工业发展实际、具有中国特色的"责任关怀"体系，统筹各专业协会、地方协会和化工园区推进"责任关怀"工作，在基础较好的地区、园区、企业集团开展"责任关怀"培训和指导，培养一支高素质的"责任关怀"专业化人才队伍，推动更多企业和化工园区承诺实施"责任关怀"。要做好"责任关怀"示范园区评估指南和"责任关怀"6星企业评估指南的编制工作,积极推进《"责任关怀"实施准则》转化为国家标准,选择骨干企业开展自我评估,推动企业不断提高安全生产水平,尽快改善化工行业的社会形象。

六是要加强安全教育培训,建立安全文化长效机制。企业文化是一种价值观的追求,企业安全文化是企业安全管理的基础。企业要认真组织开展领导层的安全培训,增强安全生产的"红线"意识,培养严肃负责的专业精神,提升各级负责人的安全生产领导能力。建立完善的员工安全培训体系和各类安全教育制度,编制以需求为导向的安全培训内容和培训计划,定期组织安全教育学习,培育行业安全生产先进个人、先进企业和先进化工园区,举行各类形式多样的安全讲座、安全演讲、安全晚会等特色文艺活动,营造浓厚的安全文化氛围,加快从"要我安全"到"我要安全、我会安全、我能安全"的转变,实现员工安全意识和素质的全面提升。

大力推进智能制造
实现石化产业转型升级与绿色发展[*]

石化行业两化融合推进大会围绕"新动能·新驱动·新空间"这一主题，交流讨论石化产业发展新形势下，通过工业大数据、工业互联网和云计算等新一代信息技术与石化产业的融合，大力推动行业智能制造发展，促进行业新旧动能转换，拓展发展空间，实现创新发展。

一、当前石化行业发展面临的形势

2017年上半年，全行业经济运行总体良好，油气和主要化学品生产正常，市场需求改善，价格总水平涨幅较高，出口实现较快增长，行业整体效益较好。

根据国家统计局数据，截至6月末，石油和化工行业规模以上企业28998家，累计主营业务收入7.23万亿元，同比增长17.7%；利润总额4323.9亿元，增幅50.3%，分别占全国规模工业主营收入和利润总额的12.1%和11.9%，主营收入利润率为5.98%，同比上升1.30点；完成固定资产投资9451.3亿元，下降0.2%，占全国工业投资总额的9.1%；资产总计12.53万亿元，增幅4.6%，占全国规模工业总资产的11.7%，资产负债率54.02%。上半年，全行业进出口贸易总额2818.1亿美元，增长25.0%，占

---

[*] 这是2017年9月14日，在2017中国石化行业两化融合推进大会上的讲话。

全国进出口贸易总额的14.8%，其中出口906.3亿美元，增幅10.4%，占全国出口贸易总额的8.7%；逆差1005.6亿美元，同比扩大63.9%。

从上半年行业经济运行数据看，主营收入和利润实现了较大幅度增长，尤其是利润超过50%，但从长远发展看，行业发展长期积累的矛盾依然存在：

一是企业经营成本进一步提高。上半年，石油和化工行业每100元主营收入成本回升至84.32元，同比上升0.03元，比1~5月上升0.15元。其中，油气开采业100元主营收入成本79.49元，比1~5月大幅上升1.46元；石油加工业100元主营收入成本78.02元，上升0.30元；化学工业100元主营收入成本86.77元，上升0.03元。行业利润空间进一步压缩，企业经营压力持续增大。

二是资源环境约束进一步强化。石化行业是典型的资源环境约束性产业，90%以上的产品原料来自矿产资源。石化行业的"三废"排放量也一直位居工业行业前列，重大安全环保事故时有发生，环境承载能力已经达到或接近上限。2017年有很多省份陆续开展省级环保督察，地市等各级环保核查常态化，从中央到地方，各级环保核查持续保持高压态势，随着地方政府环保重视程度及"转变经济发展方式"需求的提升，后续环保核查力度将进一步加强。

三是产业结构水平仍然较低。2016年全行业主营业务收入13.29万亿元，按现行业统计十一大类分析，我们行业的石油天然气开采、炼油和化学矿开采业占我国石油和化学工业结构的28.0%；基础化学原料制造业占19.3%；一般化工产品加工业占49.4%；而高端制造业和战略性新兴产业两个技术层次的产品石化行业只占3.2%。纵观我国石油和化学工业产业结构的现状，可以清楚地看到，我国石油和化学工业主要集中在技术低端的前三个技术层次。从总体上看，我国石油和化学工业的产业结构还是低端的、落后的和同质化的。供给结构远远满足不了需求结构的需求。这就是我国石油和化学工业产业结构的现状，也是我们必须要承认和正视的产业结构现实。

四是产能过剩矛盾仍然突出。在我国现有的产品结构中，除了原油、天然气、乙烯和高端精细化学品短缺外，其余石油和化工产品基本上都处于过剩或严重过剩状态之中。化解产能过剩矛盾，是我国石油和化学工业当前必须要花大气力解决的一项艰巨任务，尽管2016年石化行业在"去产能"工作中取得了不小的进展，但要从根本化解产能过剩矛盾还丝毫松懈不得。特别值得警惕的是，我们一方面在努力推进"去产能"，另一方面有些产品加剧过剩产能的行为还在重复，部分产品盲目扩张的局面令人担忧。我们决不能再犯"用今天的投资去创造明天灾难"的错误，化解产能过剩的矛盾、"去产能"的任务还需要坚定不移地推进。

面对行业发展面临的突出问题，大力推进智能制造是化解当前石化产业发展矛盾的主要方式，也是国家提升工业产业核心竞争力和创新能力的重要途径。

二、行业两化融合发展现状和关注重点

近年来，在国家主管部门和行业组织的积极推动下，尤其是《中国制造2025》发展战略和"互联网+"相关政策实施以来，通过制定智能制造应用标准、开展智能制造试点示范、分析总结智能工厂典型经验等方式，石化行业智能工厂建设工作取得了显著成效，生产经营效率大幅提高、能源消耗显著下降、安全环保监控力度不断加强，产业链协同功能进一步优化，为实现产业转型升级提供了有力支撑。

（一）企业两化融合意识普遍增强，两化融合由单项应用向协同集成方向发展

2007年党的十七大提出"两化融合"概念至今，随着信息技术与石化业务融合的步伐不断加快，两化融合为企业生产经营带来了积极而显著的变化，企业对两化融合工作越来越重视，意识普遍增强。

按照工业和信息化部发布的工业企业两化融合发展水平评估规范，中国石化联合会对行业500家大中型生产企业两化融合发展水平进行了评估调研，结果显示，目前行业两化融合发展整体处于单项应用并向协同集成

方向发展的阶段，数字化和智能化应用成为当前及未来一段时期行业企业两化融合工作关注的重点。

从信息化投入来看，行业年度信息化投入占企业销售收入的平均值为0.2%，与国际石化企业1%~3%的投入相比，尚有一定的差距。而且投入的持续性和强度不够，企业效益好的时候可以保证规划内的投入水平，在效益下滑的时候，信息化投入成为企业首先压缩的对象。目前行业信息化投入方向正由硬件向软件和服务转移，这也说明，行业两化融合基础建设工作已趋于成熟，业务系统应用和服务成为企业两化融合的主要工作。

从基础自动化来看，目前行业大部分生产企业应用了集散控制系统（DCS），应用率接近100%，自动化水平较高。但从DCS自控率和操作平稳率指标来看，目前DCS自控率70%左右，操作平稳率80%左右，提升的空间很大，同时智能仪表的应用、采集点数的增加和数据的自动采集也是企业智能工厂建设的重点。

从生产管理来看，目前行业生产经营管理信息化应用水平整体偏低，生产管理的核心系统-生产执行系统（MES）应用率低于50%，大部分企业依靠人工进行生产管理活动，如生产计划、生产调度、人员管理、绩效管理等。

从经营管理来看，以财务为核心的企业资源计划系统（ERP）应用率较高，超过85%，但集成度相对较低，采购、销售、仓储不能有效协同。

企业在两化融合推进过程中普遍存在以下问题：一是认识问题，将两化融合等同于技术应用或者生产自动化，对两化融合的内涵理解不深；二是规划缺失，大部分企业没有单独的两化融合规划，两化融合缺少整体性，项目独立性比较强，导致系统间信息共享难度加大；三是人才匮乏，目前企业两化融合工作人才的问题比较突出，懂业务的不懂信息技术，懂信息技术的不懂业务，业务与信息技术融合不够；四是投入不足，投入是两化融合持续发展的保证，当前行业两化融合投入整体不足，主要原因是企业效益问题导致信息化投入减少以及投入产出难以量化。

（二）网络化功能日趋完善，支撑业务高效运行

网络是信息数据传输的重要载体，德国工业4.0、《中国制造2025》《国家智能制造标准体系建设指南》都将工业互联网作为工业制造业实现智能制造的重要组成部分。国务院印发的《关于深化制造业与互联网融合发展的指导意见》提出积极培育制造业与互联网融合新模式，面向生产制造全过程、全产业链、产品全生命周期，实施智能制造等重大工程，支持企业深化质量管理与互联网的融合，推动在线计量、在线检测等全产业链质量控制，开展基于个性化产品的研发、生产、服务和商业模式创新，促进供给与需求精准匹配，鼓励发展面向智能产品和智能装备的产品全生命周期管理和服务，实现从制造向"制造＋服务"转型升级。到2018年底，制造业重点行业骨干企业互联网"双创"平台普及率达到80%，相比2015年底，新产品研发周期缩短12%，库存周转率提高25%，能源利用率提高5%。形成一批示范引领效应较强的制造新模式。

近年来，石化产业与互联网融合步伐不断加快，培育新模式新业态、推进供给侧结构性改革以及支撑业务高效运行等方面已初显成效。

中化化肥以互联网智能配肥体系为核心抓手，打通了测土、配方、生产、供应和施肥整个产业链，同时建立了B2B线上采购和B2C线上购买平台，实现传统业务模式的创新与转变。

中煤陕西榆林能源化工有限公司从项目建设之初确立了建设智能工厂的目标，全厂4G网络全覆盖，为业务应用建设了一条"高速公路"，实现了企业信息互联互通，支撑现场巡检、安全环保监控、质量控制、设备在线监控、产品出入库等业务高效运行。

（三）数字化转型逐步深入，数据集成和利用水平显著提升

数字化是企业开展智能制造工作的基础，是利用云计算、物联网、大数据等新一代信息技术和通信技术，实现企业业务信息的共享互通和全业务流程的可视化，改变企业生产与经营管理模式。目前行业数字化工作正在积极推进，数据采集、集成和利用水平不断提高，为企业生产管控、设

备管理、安全环保监控预警、质量控制、经营活动分析等应用提供了基础支撑。

山东海科化工集团通过建设实验室管理系统、先进控制与调度优化系统、油品物流与销售系统，实现了油品质量控制、生产平稳操作、成品油销售的数字化管理，提升了企业生产运营效率。垦利石化建设了三维可视化平台，并集成了生产全流程数据，生产运营、设备运行、能源消耗、安全环保等业务可通过平台进行实时展现和分析，实现生产运行精细化管理。山东胜星化工采用了先进的RTS设备管理技术，建设了设备"零"故障运行系统，可以对动静设备进行温度、震动、电流、频谱、磁通、超声、热成像、高压放电等进行实时感知和检测，通过大数据库对现场设备故障进行诊断和预判，避免非计划停机，将事后控制转变为事前预防，实现了设备预防性维护。

（四）智能化试点应用工作持续推进，应用效果逐步显现

石油和化工行业是推进智能制造工作较早的行业之一，目前相关机构和重点企业已开始研究并积极推进智能工厂建设，取得了显著成效，一批行业重点企业入选国家智能制造试点示范名单，并承担了国家智能制造新模式应用工作。

以中国石化为例，2013年开始智能工厂的研究和试点建设工作，经过3年建设，初步形成了数字化、网络化、智能化的生产运行管理新模式，试点工作成效显著。劳动生产率提高10%，先进控制投用率达到90%，生产数据自动采集率达到95%，重点环境排放点实现100%实时监控与分析预警。九江石化和镇海炼化入选2015年、2016年国家智能制造试点示范企业名单。

鲁西化工作为2016年国家智能制造试点示范企业，通过智能工厂建设，生产工艺数据自采率达到97.4%，工厂自控投用率达到93.6%，装置稳定运行周期延长10%以上，通过网上竞价、招标等多种采购模式，提高采购质量降低综合成本。

智能制造是一项系统工程，涉及管理、业务、技术、标准等多个领

域,需要进行统筹考虑。石化企业开展智能制造工作应重点关注以下几方面内容。一是顶层设计。智能制造不是一个业务系统,是企业的一项重要战略。要以战略为中心,做好整体规划,按照规划分布推进。二是标准体系建设。标准是智能制造工作的基础,企业内部标准包括管理、物资、设备、技术应用等。工信部2016年底发布了《智能制造标准体系指南》,提出了智能制造要建设的通用标准,同时还需要建立行业标准。三是夯实基础。经过多年的信息化建设,石化行业基础建设水平相对较高,目前生产过程已基本实现自动化控制。但在推进智能制造过程中,基础设施还需升级和完善。如基础数据的自动采集,由于大部分企业装置运行时间较长,采集设备老旧,需要进行升级改造。DCS控制系统需要进行优化和无效报警的消除等。四是集成共享。信息数据只有实现集成共享才能发挥作用。智能制造要求企业全产业链、全业务流程实现互联互通,业务、数据和技术三者之间融合共享,发挥最大价值。五是数据开发利用。企业在生产经营过程中积累了大量的历史数据,包括经营管理数据、市场信息数据、设备运行数据、能源管理数据、生产运行数据等,智能制造的关键是数据的分析应用,目前部分企业已经在设备运行、能源管理、生产过程等方面开始利用大数据技术进行分析、优化和预警。

三、当前及今后一段时期推进行业两化融合重点工作

下一步石化联合会将重点围绕智能制造这一主线,紧密结合企业生产管理的实际,抓好补"短板"、强基础的两大环节,按照全面、系统、高标准、有步骤、有重点地抓好当前及今后一段时期行业两化融合的推进工作:

一是构建行业大数据平台,提升行业服务能力和水平。目前,石化联合会正在大力建设行业大数据平台,建立油气和化工两个数据中心,为企业提供全面信息咨询服务。通过行业大数据信息平台的建设、充实和完善,政府、行业、企业能够更加深入掌握行业及市场运行情况,提升行业经济运行预警和预测功能,可以更加及时地为国家有关部门提供行业运行

动态和宏观调控政策建议，为行业企业提供产业结构调整和发展方向的行业信息。更好地促进行业产业升级、结构调整、降本增效、健康发展，提高行业企业的核心竞争力，提升全行业经济效益。

二是研究制定细分行业智能工厂建设指南。智能制造，标准先行。工业和信息化部与国家标准化管理委员会于2015年12月30日联合发布了《国家智能制造标准体系建设指南（2015年版）》，明确了建设智能制造标准体系的总体要求、建设思路、建设内容和组织实施方式，提出了智能制造标准体系框架。在此基础上，结合石化各细分行业发展特点，石化联合会将联合相关机构和重点企业共同研究制定细分行业智能工厂建设指南，为企业开展智能工厂建设提供指导。

三是开展行业智能工厂试点示范和总结工作。作为国家智能制造试点示范的补充和推动行业智能工厂发展的有力抓手，石化联合会拟开展行业智能工厂试点示范工作，遴选一批行业智能工厂试点企业，总结试点经验，形成可复制可推广的智能工厂实施方案。

四是做好智能工厂分体系的研究和推广工作。石化联合会联合相关机构完成了行业智能工厂应用总体系和部分体系的研究编制工作，形成了一套企业建设智能工厂的通用方法，未来将与智能工厂试点示范和智能工厂建设指南相结合，在实践中进一步完善体系内容，并逐步在行业推广应用。

五是编制行业两化融合业务发展图谱，形成可共享的信息基础数据库。基于目前企业两化融合业务梳理、技术选型和产品选择等方面存在的主要问题，中国石化联合会拟联合行业重点企业、信息技术服务机构以及研究机构，共同编制行业两化融合业务发展图谱。以两化融合业务链分解应用为主线，形成和建立集两化融合全业务要素架构、业务发展流程分析、信息技术产品与解决方案和企业最佳应用实践等内容为一体的行业两化融合业务发展图谱和技术方案基础信息库，以期解决企业在两化融合（智能工厂）项目建设过程中缺少参考的问题，为企业开展智能工厂建设提供业务基础支撑。

深入学习贯彻党的十九大精神 努力培育一批具有全球竞争优势的民营企业*

我国非公有制经济,是改革开放以来在中国共产党的方针政策指引下发展起来的。自党的十五大把"公有制为主体、多种所有制经济共同发展"确立为我国的基本经济制度,明确提出"非公有制经济是我国社会主义市场经济的重要组成部分"以来,一直到十八届五中全会强调要"鼓励民营企业依法进入更多领域",非公经济发展迅速。党的十九大又重申了"两个毫不动摇"方针,要求支持民营企业发展,强调激发和保护企业家精神,提出构建"亲清"新型政商关系,促进非公有制经济健康发展和非公有制经济人士健康成长。2017年11月26日,在全国工商联第十二次全国代表大会选举产生的487人组成的新一届执行委员会中,非公经济代表人士339名,占执委总数的69.6%,11名非公经济代表人士当选为全国工商联副主席,14名非公经济代表人士当选为中国民间商会副会长。值得一提的是,石化行业中的东明石化李湘平总裁、奥克集团朱建民总裁分别当选全国工商联副主席和民间商会副会长。可以说,民营企业的发展环境越来越好,机会越来越多,分量越来越重,前景越来越广。

受益于党和国家政策支持,改革开放四十年来,石油和化工行业民营企业家敢为天下先,顺应时代发展,勇于拼搏进取,为我国石油和化学工

---

* 这是2017年12月9日,在2017中国石油和化工民营企业百强发布会上的讲话。

业的发展做出了突出贡献。"十二五"期间，行业民营企业体量已占据行业总量的1/3，规模以上民营企业主营业务收入、资产、利润、上缴税金年均增长率分别达到18.06%、21.96%、17.76%、17.18%，主要经济指标呈上升趋势，获利能力和资产盈利能力明显优于行业平均水平，民营企业转型升级的脚步越迈越实，创新发展的道路越走越宽，"一带一路"的"朋友圈"越来越大。百强企业是行业民营企业的示范者和先行军，是行业转型升级的先进典型，2016年，百强企业实现主营业务收入1.3万亿元，石油化工类收入1.23万亿元，资产总额1.07万亿元，利润总额750.2亿元，在收入规模保持稳定的同时，利润水平稳定增长，社会贡献持续加大，绿色发展水平显著增强，"走出去"步伐逐渐加快，在全行业的影响力进一步提升，为行业企业创新、绿色、可持续发展树立了典范。

一、近年来，我国石油和化工民营企业发展取得显著成就

一是经济总量持续增长。"十二五"期间，全行业民营企业主营业务收入、资产、利润、上缴税金实现大幅增长。其中，行业民营企业数量由14770家扩展到16618家，营业收入由2.53万亿元增长到4.03万亿元，资产总额由1.22万亿元增长到2.36万亿元，行业民营企业的收入和资产平均增长率分别超过同期行业平均水平12.26个百分点和12.34个百分点。从2017年发布的百强数据看，百强企业2016年营业收入总额为1.3万亿元，同比增长26.2%，与上一年度相比，增幅较大；资产总额为1.07万亿元，同比增长1.9%，增幅相对稳定。与上一年度相比，2016年度百强企业营业收入超过500亿元的企业达到6家，比上年增加2家；收入超百亿元的企业数比上年增加8家。民营大企业数量逐渐增加，规模化、集约化作用显现。

二是转型升级成效明显。随着行业供给侧结构性改革的深入推进，一些民营企业纷纷加大对高端市场和终端产品的布局，通过延伸产业链条和贴近终端消费的产品来提升企业竞争力。企业更加注重提高供给体系的质量和效率，注重增强市场的有效供给和经济效益的提升。特别是在绿色、环保、安全提升和循环技术的研发和使用上，越来越重视。2016年，全行

业万元工业增加值能耗同比下降5.3%，重点耗能产品单位能耗、化学需氧量、氨氮、二氧化硫、氮氧化物等主要污染物排放量持续下降，固体废物综合利用率、危险废物处置利用进一步提升，挥发性有机物治理稳步推进。化工危化品较大以上事故、死亡人数同比分别下降25%、38%；较大以上事故死亡人数首次降至50人以下。

三是经济效益保持较高水平。近年来，在国内经济下行压力持续加大、行业利润增速持续走低的形势下。民营企业经济效益一直保持较快增长。"十二五"期间，石油化工民营企业年实现利润增速分别达到48.7%、13.4%、12.8%、11.4%和2.5%，销售利润率一直优于行业平均水平。2016年百强企业的利润总额较上年大幅提升，达750.2亿元，同比增长31.3%，占整个石油化工行业的11.6%；销售收入利润率达5.8%，资产利润率达7.0%，分别比上一年提高了0.3个百分点和1.6个百分点；人均营业收入由上年的381万元/人提高到385万元/人，大大高于全行业平均水平。可以看出，在全行业深化供给侧结构性改革中，结构调整和产业提质增效带给企业的良好变化，民营企业在行业中的经济地位越来越重要。

四是社会贡献不断加大。"十二五"期间，全行业民营企业上缴税金由764.2亿元增加到1253.7亿元，年均增长达17.2%。在就业人数上，行业民营企业的从业人数已占全行业总人数的40%以上，成为吸纳就业人口的重要力量。百强企业2016年全年缴税总额497.2亿元，同比增长26.4%；年末员工人数336795人，比上年增长了近6万人，纳税总额和就业人数大幅提升。提升企业经济效益的同时，民营企业家致富思源，积德行善、扶危济困、关爱员工，在构建和谐劳动关系、促进就业、依法纳税、节约资源等方面发挥重要作用，塑造了新时代民营企业家的新形象，体现了民营企业家的担当。

二、深刻认识我国石油和化工行业进入新时代面临的新形势

当前，全球经济延续复苏态势，经济持续扩张，通胀总体温和。近期，国际货币基金组织、世界银行等国际组织都上调了2017、2018两年世

界经济和主要国家的经济增长率，并且对中国经济都保持了最大信心，中国经济和世界经济都处在趋稳向好的关键时期。2017年年初以来，行业的消费、出口增长都出现积极变化，上游投资在加快，下游投资在优化，消费、投资、出口三驾马车对行业增长的拉动作用更加平衡、更加扎实、更加有效。行业经济运行在经过近三年的调整震荡后，已经进入了一个新的平稳较快增长阶段。预计2017年全年石油和化工行业经济运行将好于2016年，经济总量将创造历史新高，主营业务收入将达14.55万亿元，同比增长11.5%；其中，化学工业主营收入将达到约10万亿元，增长10%。全年石油和化工行业利润总额可能达到8000亿元，增幅超过20%；其中，化学工业利润总额可能突破5800亿元，增幅15%。行业经济运行总体良好，归根到底来源于我国政府和企业以猛药去疴的决心，以壮士断腕的勇气，毫不动摇地坚决淘汰落后产能、化解过剩产能，起到了"活血化瘀""疏通经络"的作用，使许多企业裁冗减负、轻装上阵。行业发展的基础更牢、动力更足，潜力更大，总体实现了"强身健体"、健康发展。但我们也要清醒认识到当前行业发展还存在诸多不足：

一是产业结构水平相对低下。按现行业统计十一大类分析，我们行业的石油天然气开采业、炼油和化学矿山开采业占我国石油和化学工业结构的28.0%；基础化学原料制造业占19.3%；一般化工产品加工业占49.4%；而高端制造业和战略性新兴产业两个技术层次的产品只占3.2%；在目前的产品结构中，除了原油、天然气、乙烯和高端精细化学品短缺外，其余石油和化工产品基本上都处于过剩或严重过剩状态之中，产能过剩矛盾十分严重；在战略新兴产业的培育上，尽管近年来，我们在石油和化学工业战略性新兴产业发展上取得了一些突破，如煤制烯烃、煤制芳烃、聚氨酯新材料、异戊合成橡胶、特低渗透油田、页岩气和可燃冰勘探开发领域都创造了一些领先于世界的先进技术，但从技术创新的总体能力来看，我们与世界发达国家相比还有相当大的差距。

二是行业整体创新能力有待提升。目前行业中大量科技研发中心集中在北京、上海等大城市和东部沿海，中西部地区的企业特别是中小企业缺乏必要的科技人才、科研经费等创新资源，行业创新资源配置不平衡。在基础研究领域，我国发展较快，据国家自然科学基金委员会统计，我国发表的国际科技论文被引次数2017年跃升为世界第二位，其中材料科学、化学、工程科学三个学科发表的论文数量均位居世界第一，学术影响力超过或接近美国。在专利数量上，我们人均专利数远远高于国家要求水平。然而，我国的化工新材料、高端精细化学品等新兴产业发展却落后美国、日本、欧洲等发达国家和地区，我们的科技成果在实用性和转换率上还比较低，科技创新体系尚不完善，科技体制改革仍需深入推进。

三是资源环境约束加大。 2016年，我国原油净进口量3.81亿吨，对外依存度达到65.4%；天然气净进口752.4亿立方米，对外依存度达32.9%。全行业能源消费总量约5.5亿吨标煤，废水排放量接近40亿吨，化学需氧量、氨氮、二氧化硫、氮氧化物、挥发性有机物、危险废物等污染物的排放均排在工业行业的前列；合成氨、甲醇、乙烯等重点产品平均能耗水平与国际先进水平相比，普遍存在10%～20%的差距。落后的能耗水平与行业能效"领跑者"的差距超过50%，个别产品甚至超过100%。在污染物治理方面，行业环保技术创新能力不足，一些关键技术亟待加强科技攻关突破。

四是经济效益差距明显。 行业产业结构优势、产业创新能力、产业管理水平，最终都要体现在行业的经济效益和经济效率上。我们行业的经济效益与经济效率同发达国家相比，同跨国公司相比还是有较大差距的。2016年石化行业的销售收入利润率只有4.85%，流动资金周转次数只有2.74次，百元销售成本高达84.30%，行业人均利润只有9.6万元，经济效益和经济效率指标是石化行业市场竞争能力的根本体现，它背后反映的是行业产业结构、技术水平和管理水平的明显差距。

三、深入贯彻党的十九大精神，努力开创新时代我国民营石油和化工企业发展新局面

2018年是贯彻十九大精神、开启新时代发展新格局的重要一年，也是我国石油和化工行业推进供给侧结构性改革的深化之年。一方面面临着我国经济和全球经济同步向好的难得机遇，发展中国家经济增长加快，金砖

国家经济增长好于预期，欧盟、日本、美国等发达经济体经济保持增长，特别是随着我国新型工业化、信息化、城镇化和农业现代化的深入推进，以及人们收入水平和消费能力稳步增长，我国石油和化学工业发展的空间将会更大；另一方面，行业发展也面临创新能力不强、资源环境约束压力增大、国际油价低位震荡、国际贸易保护主义加剧等一系列突出矛盾和问题，尤其是在去产能取得初步成效、相关产品价格涨幅较大的情况下，盲目投资、重复建设的冲动有抬头趋势。行业发展挑战与机遇并存。

"不忘初心，方得始终"，建设石油和化工强国、解决行业发展不平衡不充分问题，满足人民美好生活需要是全行业的一致目标，是全行业共同面对的一项艰巨任务。以百强企业为代表的行业民营企业要正视与国有大型企业、跨国公司、国际一流公司在创新能力、盈利能力、竞争能力和抗风险能力等方面的差距和不足，充分发挥自身体制机制灵活优势，尽快培养一批具有全球竞争优势的优秀企业。努力在科技创新、管理创新、安全环保、人才培养和"走出去"等方面再上一个新台阶，为全行业转型升级作出更大的贡献。

历史总是要前进的，历史从不等待一切犹豫者、观望者、懈怠者。新的历史时期，全行业只有牢记使命，与历史同步伐、与时代共命运，抓住机会实现高层次跨越和赶超，全力以赴做好各项工作，才能实现石油和化工大国向强国的跨越。行业民营企业要着重做好以下几个方面的工作：

第一，深化供给侧结构性改革，培育行业发展新动能。广大民营企业要用"去产能"和"补短板"的措施，采取坚决的态度、果断的措施、科学的手段持续推进去产能工作。但凡达不到产品质量标准、能耗标准、排放标准的生产装置，都要立即依法淘汰；但凡达不到行业平均能耗、平均成本水平的生产装置，都要在市场竞争中逐步淘汰。

要利用行业现有技术优势，加快发展我国具有相对优势、有研发和产业化基础的新材料、高端专用化学品以及合成橡胶、膜材料、新农药、新染料、新涂料、新型催化剂等，努力发展我国具有后发优势的环保产业和生产性服务业，不断提高供给质量和效益，形成一批新的经济增长点。

第二，加大科技支撑力度，提升企业创新能力。与国有大型企业和跨国公司相比，石化民营企业普遍存在内部创新体系不完善、人员配备不合理、创新人才尤其是领军人才缺乏、科研投入强度不足等问题。加快提升创新能力、加快产业结构转型升级、打造企业发展新动能是摆在民营企业面前的一项战略任务。

一是要建设一批高水平的行业科技创新平台。要积极在能源新技术和新能源技术、化工新材料、精细与专用化学品、现代煤化工和节能环保五大领域实现突破，培育和建设一批突破型、引领型、平台型一体的高水平国家级和行业级创新平台，引导创新资源合理配置与集聚，加快构建以企业为主体、市场为导向、产学研深度融合的行业技术创新体系。

二是要积极推进产业结构创新。要强化质量和品牌管理，提升产品内在价值，以高附加值和绿色低碳为方向推进产品结构创新，进一步优化原材料结构和能源利用水平，强化终端市场产品的研发能力，增加市场占有率。

三是要推动互联网和智能化的结合。民营企业要重视信息化、智能化在生产过程和管理中的运用，改变目前侧重在某一领域的单项应用而忽视全过程协同集成方向发展的局面。通过在线监测、全生命周期管控，促进产品供给与需求精准匹配，提高生产经营效率，降低能源消耗、提升企业安全环保水平。

第三，强化企业管理水平，夯实企业发展基础。要直面行业民营企业技术经济指标参差不齐、管理效率低下、创新推进缓慢、人才培养青黄不接的现状，直面行业管理创新落后于技术创新的事实，下大气力解决好企业管理创新、效率创新、管理人才培养问题。

一是要加强企业战略管理。要主动根据市场和资源条件的变化，及时对企业的市场定位、战略目标以及实现目标的途径和方法进行调整，制定最佳企业发展战略。对重大投资项目要进行科学研究和冷静决策，建立重大决策的责任制度，避免盲目投资。力争在企业战略上走出一条高端化、差异化、有特色、有智慧的新路子。

二是要突出抓好成本效益管理。企业管理效率的竞争力直接体现着企业管理的水平，要把效益管理和效率管理结合起来，用管理效率提升经济效益,要在管理效率、资金效率、全员劳动生产率和全要素生产率等方面开创管理创新的新路径、新方法和新成果,建立全新的竞争优势。

三是要强化民营企业人才的培养。要有计划地做好民营企业接班人的培养工作,积极培育职业经理人市场,推动广大民营企业从"家族式"管理方式向现代企业制度转变,加大企业外来高端人才的引进和自有人才特别是青年人才的培养,不断提升企业的核心竞争力。

第四,深入实施绿色可持续发展战略,推进"责任关怀"。石油和化工民营企业要进一步提高"红线"意识和底线意识,切实履行社会责任,着力提高企业本质安全水平。

一是要大力推进清洁生产和循环经济。要认真执行和贯彻国家有关安全环保的各项政策法规,完善各项规章制度,加强"三废"治理,大力推进高浓度难降解废水治理和含盐废水的再利用;加大固体废物综合利用,加强危险化学品重大危险源管控,健全监测预警应急机制,建立环境友好型、资源节约型和本质安全型的新型民营企业。

二是要加强行业自律。要进一步加强行业自律,重视诚信经营,严格遵守法律法规,坚守各种合同制度以及职业道德和执业操守。重视企业合规经营,坚决抵制商业贿赂,做好合规部门、合规岗位以及专业合规人才的管理和培训。贯彻落实生态环保政策,自觉做好污染防治和降耗减排工作。

三是要深入实施"责任关怀"。民营企业要加大"责任关怀"实施力度,把实施"责任关怀"贯彻到企业节能减排工作的各个方面、各个环节。要进一步完善安全保障救援和宣传教育培训体系建设,构建和谐劳动关系,引导民营企业树立良好的社会形象。

第五,加快"走出去"步伐,不断扩大对外开放水平。民营企业管理者要利用国家"一带一路"建设和实施共建"一带一路"倡议的契机,借鉴大型国有企业、跨国公司先进模式,探索对外开放合作的新模式、新路径、新体制。既要积极"走出去"开拓国际市场,同时也要利用信息便利化趋势加快技术和人才的"引进来",稳固国内市场。既要踢好"世界杯"的比赛,在国际舞台上展示行业风采,又要积极通过引进"外援"组织好本国"联赛",提升本国"联赛"水平。民营企业要主动与大型国有企业、跨国公司积极进行合作,积极借助其资本、技术、海外投资、并购等经验,探索开展多种形式的合作。通过全球资源利用、业务流程再造、产业链整合、资本市场运作等方式,努力提升自身国际经营、国际贸易和国际并购重组能力,培育一批具有全球竞争力的世界一流企业和企业集团。

牢固树立绿色发展理念
全面落实节能优先方针
努力开创行业节能工作新局面[*]

党的十九大报告指出,加快生态文明体制改革、建设美丽中国,要节约优先,保护优先;要壮大节能环保产业、清洁生产产业、清洁能源产业,推进能源生产和消费革命,构建清洁低碳、安全高效的能源体系。绿色发展是党的十九大进一步强调的发展理念,是石油和化工行业推进供给侧结构性改革、转变发展方式的重要途径和手段。石油和化工行业贯彻绿色发展理念,首先要坚持节约优先原则,从源头上减少能源资源消耗,提高能源资源利用效率,降低"三废"排放,形成节约的发展方式,减轻资源环境约束压力,实现与生态环境的协调发展、和谐发展、共融发展,为建设山青、水绿、天蓝的美丽中国作出应有的贡献。

当前,节能工作已经摆在行业发展的重要位置,企业在节约能源、提高能效方面下了很大气力,中国化工节能技术协会也做了很多工作。同时,行业和企业的节能工作也面临着一些新的形势,需要进一步统一认识、凝聚共识,共同把行业节能工作做好、做扎实。

一、中国化工节能技术协会五届理事会和秘书处积极行动,为行业节能作出了卓越贡献

五年来,中国化工节能技术协会五届理事会和秘书处积极贯彻落实党

---

[*] 这是2017年12月12日,在中国化工节能技术协会第六次会员大会上的讲话。

中央、国务院的节能方针，努力奋进，开拓创新，服务于会员单位，服务于行业的节能工作，作出了显著成绩。

一是积极开展对会员单位的节能服务工作。近年来，节能技术协会积极通过能源审计、节能诊断、技术推广等具体工作形式，为会员单位提供了有效的节能服务，取得了良好效果。2012年至今，协会在炼化、合成氨、烧碱、电石、黄磷、纯碱、炭黑行业的30多家企业开展了节能诊断，协助企业找到了节能点，挖掘了节能潜力，实施了一批节能项目，受到了服务对象的支持和好评。

二是积极进行节能宣传工作，传播节能信息。协会通过加强与同类媒体的沟通协作，借助其他同类媒体的力量，拓宽节能信息传播渠道，取得了较好效果。协会网站更加注重节能信息时效性和实用性，特别是对国家节能方面相关政策、年度节能项目评选、企业能源管理体系建设案例，让会员单位及时了解到有用信息。

三是坚持编写年度石油和化学工业年度节能进展报告，反映行业节能进展状况。从2011年至今，协会每年组织行业专家、集团公司、研究机构，编制节能进展报告，总结上一年度全行业能源利用状况和成果，介绍各子行业节能工作进展和重点节能技术，分析下一步节能形势和重点领域。节能进展报告为政府部门、会员单位、兄弟行业协会、科研院所提供了重要参考。

四是开展组织建设，充分发挥各方节能积极因素。五年来，节能协会的会员、理事会团队不断充实，结构更加完善。现在协会共有会员单位208家，其中石油和化工企业104家，所占比重为50%。团体会员成员单位遍布除西藏以外的各省市，会员单位产值总量占全行业的60%左右。在会员和理事会中，既有中国石油、中国石化、中国海油、中国中化、中国化工、国家能源投资公司等央企，还有湖北宜化集团、川化集团、中泰化学、陕西陕煤集团等地方生产企业，又有江苏中圣集团、江苏艾凌公司、陕西陕鼓集团、施耐德（中国）公司等高能效设备和节能技术公司，协会会员的代表性更加广泛，为行业节能工作都作出了不小贡献。

二、行业节能工作进展和面临的新形势

能源消耗水平是行业产业结构、增长方式、科技创新、管理能力等全方位的综合反映。推动能源消费革命,抑制行业不合理能源消费,努力构建绿色发展方式,是我们行业努力奋斗的新目标。"十三五"以来,面对国内外复杂形势和环境,我国石油和化工行业以供给侧结构性改革为主线,认真贯彻绿色可持续发展战略,编制实施绿色发展行动计划,大力推进节能减排科技创新,深入开展清洁生产,努力发展循环经济,狠抓企业安全环保管理,行业绿色发展水平有了新的提升,可持续发展能力持续增强,为促进行业"稳增长、调结构、转方式"创造了有利条件,提供了有力支撑。

第一,编制发布行业《节能低碳行动计划》,加快构建绿色发展方式。为深入贯彻绿色发展理念,2016年我们发布了《石油和化学工业绿色发展行动计划(2016～2020年)》,并在此基础上组成六个专题调研组,深入企业和化工园区开展实地调研,编制了更具针对性和可操作性,更具行业特色的废水治理、废气治理、固体废物处理处置、节能低碳、安全管理提升和化工园区绿色发展等六大行动计划。我们先后走访了近百家企业和重点石化园区,广泛听取企业意见,多次组织座谈,完成了六大行动计划的编制工作,于2017年4月正式发布。六大行动计划以问题为导向,针对存在的突出热点、难点安全环保问题,提出了技术攻关方向和重点领域,以及相关的政策建议。其中,行业《节能低碳行动计划》认真分析了行业节能和低碳发展面临的形势和问题,总结了企业先进的节能低碳经验,提出了"十三五"行业节能低碳发展目标和关键技术领域。绿色发展六大行动计划发布后,得到国务院有关部门的充分肯定和广大企业的积极响应,为行业进一步深化节能减排、安全环保工作,加快构建绿色发展方式营造了良好的环境。

第二,结构调整进一步加快,行业发展质量和效益明显提升。一是化解产能过剩矛盾取得积极进展。全行业深入推进"三去一降一补",许多地方和企业抓住实施搬迁改造的有利时机,积极处置"僵尸企业",下

大气力淘汰落后装置和工艺,努力构建上下游配套的绿色产业链和产业基地,形成了新的集聚效应和规模优势。2016年,联合会监测的25种主要产品的平均产能利用率为69.1%,比上年提高1.1个百分点,增幅比2015年扩大0.9个百分点,呈现稳中向好的态势。其中,产能利用率明显提升的有16个产品,占监测产品总数的64%。二是高端化、差异化、精细化水平进一步提升。成品油质量升级步伐加快,国四汽柴油标准在全国施行,部分地区开始实施国五、国六标准。水煤浆等先进煤气化技术在煤化工行业普遍应用,缓控释肥、水溶肥、生物肥料、水性涂料、低滚阻力防滑绿色轮胎、功能性特种合成材料、高端专用化学品等高技术含量、高附加值产品占比越来越大。产业结构的优化,为行业提升发展质量和效益创造了条件。2017年前五个月,全行业实现经济效益3610.4亿元,同比增长达60%。

第三,绿色制造深入推进,行业绿色发展内生动力显著增强。全行业认真贯彻落实《中国制造2025》,积极参与绿色制造体系试点,开展绿色生态设计示范,着力推进两化深度融合,大力开展先进节能环保技术攻关,加快绿色改造升级,强化产品全生命周期绿色管理,努力打造绿色产品品牌。炼油、石化、化肥等重点行业按照厂房集约化、原料无害化、生产洁净化、废物资源化、能源低碳化的原则积极创建绿色工厂,按照循环经济减量化、再利用、资源化原则,积极创建绿色园区。年产120万吨全卤制纯碱、橡胶轮胎绿色制造、多尺度绿色轮胎全生命周期设计、腐植酸有机-无机肥料的绿色集成制造与产业化等一大批绿色制造项目获得国家财政资金支持,培育了一批新的绿色经济增长点,行业集约化、循环化、低碳化发展水平进一步提升,行业绿色发展内生动力显著增强。

第四,加强节能管理与服务平台建设,行业能效和水资源利用效率进一步提升。我们持续开展行业能效"领跑者"发布活动,公布了17种28个产品的能效领跑企业名单和相关指标,搭建了节能、节水和低碳技术交流平台,遴选并向全行业推荐节能低碳与环境保护重点支撑技术。配合工信部编制了《绿色制造工程实施方案(2016~2020)》,组织编制《行业绿色产业技术标准体系建设三年行动计划》,提出1300余项拟制定标准项目。

组织制定涂料、轮胎、复合肥等绿色产品评价标准，完成39项能耗限额标准整合和2项加工贸易单耗标准制定工作，积极推进环保、低碳、节能等自愿性产品认证，努力为打造绿色产品、绿色工厂、绿色园区提供支撑和服务。联合会受国家发改委气候司委托，开展炼油、乙烯、芳烃、精对苯二甲酸、乙二醇等23种产品碳基准值研究工作，形成了13个重点产品碳排放基准值制订研究报告。我们深入推进行业碳交易能力建设，组织开展碳交易能力建设培训班，参加企业达400余家，人数达600余人次，为企业参与全国碳市场交易培训人才，做好知识能力储备。

在全行业的共同努力下，行业总能耗增速继续放缓，能源效率持续提升。2016年石油和化工行业总能耗增长1.3%，增速创历史新低，同比回落1.6个百分点。其中，化学工业总能耗增长1.0%，同比回落2.2个百分点。全行业万元工业增加值能耗累计下降5.3%，合计实现节能量约3135万吨标煤；2015年行业万元产值取水量和用水量分别为21吨和284吨，行业水资源重复利用率持续上升至92.6%。多数重点产品单位能耗也持续下降，2016年我国吨油气产量综合能耗同比下降5.86%，吨原油加工量综合能耗同比基本持平，吨乙烯产量综合能耗下降1.4%，吨烧碱产量综合能耗下降2.08%，吨纯碱产量综合能耗下降0.93%，单位电石、黄磷和合成氨分别下降2.56%、4.18%和1.10%。总之，全行业节能意识得到进一步提高，绿色发展理念进一步树立，构建绿色发展方式已成为行业发展的新目标。

在"十三五"前两年，石油和化工行业节能减排工作迈出了坚实步伐，但我们也要清醒地看到行业的绿色发展水平与十九大提出绿色发展要求还有不小的差距。产能规模低水平扩张、要素低效率投入、高耗能高污染高排放的发展老路已经难以为继，制约行业绿色发展的深层次矛盾和问题进一步凸显。

一是产能过剩矛盾依然十分突出。 在一些产能严重过剩的行业，落后产能和"僵尸企业"仍没有完全退出。当价格处在低位和环保核查严格时，有些过剩产能仅仅是暂时性减产或停产，一旦价格回升或环保核查放松，就会死灰复燃，重新给行业发展带来压力和困扰。同时，一些产能利用率较低的行业投资冲动仍然很大，一些价格好转、效益改善的行业又开始出现投资冲动倾向，这些都是值得我们密切关注，并需下大力气解决的问题。

二是行业能源消耗总量较大。行业总能耗年均增速虽然逐年下降，但仍保持增长，2016年石油和化工行业总能耗约5.57亿吨标煤，同比增长1.3%，占工业能源消费总量的18%。行业二氧化碳排放量占工业排放总量的15%；废水排放量占工业废水排放总量的近20%；化学需氧量、氨氮、二氧化硫、氮氧化物、挥发性有机物、危险废物等污染物的排放均处在工业行业前列。资源、能源、环境约束日趋严峻，节能减排任务更加艰巨。

三是能源利用率总体较低。2016年，合成氨、甲醇、乙烯等重点耗能产品平均能效水平与国际先进水平之间普遍存在10%～20%差距。落后产能还占相当大的比重，拉低了全行业节能低碳发展水平，能效落后者的能效水平与能效"领跑者"的差距超过50%，个别产品甚至超过100%。

四是绿色科技创新能力不足。行业绿色科技创新水平与发达国家相比还存在较大差距，特别是高附加值、高性能的专用化学品和化工新材料制造技术缺乏，先进生产技术、绿色关键工艺不足，不能满足行业绿色发展的需求。关键、共性节能工艺和设备研发尚需大力推进。

生态环境问题归根到底是经济发展方式问题。能源资源和环境保护的外在压力，完全可以转化为行业转型升级的内生动力，完全可以成为行业可持续发展的切入点、发力点和突破点。国家发改委、工信部等部门先后出台了《"十三五"全民节能行动计划》《工业节能管理办法》《绿色制造工程实施指南》等一系列节能减排、绿色发展的政策文件，对石油和化工行业节能工作提出了新的更高要求。全行业要进一步增强紧迫感和责任感，化压力为动力，变挑战为机遇，迎难而上、奋发有为，大力推进科技创新、循环经济、清洁生产，加快构建节能低碳的发展方式，提升行业绿色发展水平。到2020年，行业万元工业增加值能源消耗要比"十二五"末下降10%，重点产品单位综合能耗也要显著下降，要走出一条科技含量高、资源消耗低、环境污染少、经济效益好的发展新路子。

三、站在全行业发展的高度上，加强协会能力建设，努力开创行业节能和绿色发展工作的新局面

全行业要牢固树立绿色发展理念，全面落实节能优先方针，坚持把节能工作摆在行业绿色可持续发展战略的重要位置，深入贯彻《石油和化学工业节能低碳行动计划》，进一步健全工作机制，完善工作体系，深入开展宣传、培训、自我评估等工作，开展绿色产品、绿色工厂和绿色园区创建工作，提高企业绿色制造能力，推动全行业节能工作跃上新台阶。今后一段时期内，中国化工节能技术协会六届理事会和秘书处要站在全行业发展的高度上，从以下几个方面开展节能和绿色发展工作。

一是要进一步深入化解产能过剩矛盾。 坚持市场和政府、看不见的手和看得见的手、"两手抓、两手都要硬"的原则，加快淘汰达不到能耗、排放、质量标准的落后产能、工艺、装备，严格控制过剩产能的盲目增加，力争取得三年"去产能"目标的决定性、突破性进展。要用好进口原油使用权政策，按照公开、公正、公平原则，确保核查评估工作质量，推进炼油行业淘汰落后产能，对赋予原油使用权的企业及时开展统计和动态监测。同时，要大力发展能源新技术和新能源技术、化工新材料、高端专用化学品、现代煤化工、生产性服务业等新兴产业，培育新的经济增长点。

二是要努力构建产品绿色设计与评价体系。 要坚持全生命周期理念，在产品设计开发阶段系统考虑原材料选用、生产、销售、使用、回收、处理等各个环节对资源环境造成的影响，最大限度降低资源消耗，尽可能少用或不用含有有毒有害物质的原材料，减少污染物产生和排放。选择炼油、石化、化肥等行业或产品，开展绿色设计示范试点，开展绿色产品和绿色工厂评价，创建一批绿色产品和绿色工厂。围绕重点行业资源消耗、污染物排放、有毒有害物质等突出问题，在化肥、农药、染料、涂料、橡胶、胶黏剂、增塑剂、食品添加剂、饲料添加剂、水处理剂等行业（产品）制订绿色产品评价标准，组织开展绿色产品评价，发布绿色产品名

录,推荐参与国家绿色产品评价,对满足条件的推荐使用"绿色设计产品"标识。要按照土地集约化、原料无害化、生产清洁化、废物资源化、能源低碳化的原则制订绿色工厂评价指标体系,推动企业使用清洁原料,优先选用先进的清洁生产技术和高效污染治理装备,对水、气、固体污染物进行资源化利用和无害化处置,创造良好的职业卫生环境。

三是要深入开展科技攻关和先进技术装备推广应用工作。要把绿色制造作为一项系统工程,加强绿色科技创新,组织实施统筹节能、降耗、减排、治污的集成化、系统化绿色解决方案。围绕重点行业的突出资源环境问题,大力开展高效节能、先进环保、资源循环利用等关键领域科技创新,重点突破一批关键技术、研制一批高端产品、实施一批创新工程、组建一批创新平台,为行业转型升级和绿色发展提供支撑。要重点突破石化化工装置能量系统优化技术,大通量空冷、高效节能型换热器,天然气压缩机、高压冷箱、大型防爆电机等天然气液化成套设备,高效永磁电机、基于工业互联网的石化行业装备健康能效监测诊断和在役再制造技术、石化装置换热系统智能控制技术等高效节能技术。围绕炼油、乙烯、合成氨、电石、氯碱、纯碱、黄磷等传统高耗能行业,以先进适用节能技术装备应用为手段,全面推进传统行业绿色制造关键工艺技术改造,强化技术节能。推广应用先进煤气化、大型密闭式电石炉、氧阴极离子膜电解技术、循环冷却水系统节电技术等先进高效节能工艺,以及稀土永磁无铁芯电机、高效换热器、螺杆膨胀机低温余热发电等通用节能装备。

四是进一步完善能效"领跑者"发布制度和行业节能标准体系。要发挥能效"领跑者"的引领和示范带动作用,深入开展能效对标,总结推广企业的典型经验和做法,带动行业整体效能提升。进一步完善新能源、可再生能源和替代能源标准,强化节能环保、资源综合利用标准的研制工作,加快新兴产业关键技术标准研制,合理制定能耗、排放、健康、质量等限额标准,开展国家循环经济标准化示范,提高标准水平和行业准入条件。要积极贯彻落实国务院《深化标准化工作改革方案》,加快"团体标准"建设,初步形成结构合理、层次分明、重点突出、适用性强、基本满足行业发展需要的行业节能标准体系。要加强企业能源管理,建立能源管理体系，推进炼油、乙烯、化肥、氯碱、纯碱、轮胎等行业企业开展能源管理中心建设，开展能源审计和节能诊断，对能源的购入存储、加工转换、输送分配、最终使用等环节实施动态监测、控制和优化管理，实现系统性节能降耗。

加快推进高质量发展新进程
努力开创石油和化学工业的美好未来*

石油和化学工业"十三五"规划中,提出了由石油和化工大国向强国跨越这一符合时代潮流的宏伟目标。向石油和化学工业强国跨越的一个战略任务,就是产业结构的转型升级。产业结构层次的高低,决定着一个国家产业结构的竞争力。而产业结构层次的高低,又取决于产业技术的创新能力。因此,产业结构转型升级是向强国跨越的重要关口,是全行业的整体行动,也是全行业产业结构由量变到质变的重大转折过程。

党的十八大以来,以习近平同志为核心的党中央紧紧抓住经济社会发展的主要矛盾和矛盾的主要方面,从经济发展长周期和全球政治经济的大背景出发,做出了经济发展进入新常态的重大判断,明确了供给侧结构性改革的工作主线。顺应宏观经济形势变化,结合目前行业发展结构层级不平衡、不均衡现实,我们得出:结构性矛盾是影响现阶段石油和化工发展的主要矛盾,当前行业发展面临的结构性问题,供给侧和需求侧都有,但矛盾的主要方面在供给侧这一重要性论断。全行业自2016年贯彻落实国务院《石化产业调结构促转型增效益指导意见》以来,以"去产能、补短板"为核心,以"调结构、促升级"为主线,着力推进供给侧结构性改革,大力实施创新驱动和绿色可持续发展战略,积极培育战略性新兴产业,推动产业结构、产品结构、组织结构、布局结构不断优化。2017年,

---

* 这是2018年5月8日,在2018石油和化学工业产业发展大会上的讲话。

全行业主营业务收入13.78万亿元，比上年增长15.7%；利润总额8462亿元，同比增长51.9%；资产总计13.03万亿元，增加5.4%。主要经济指标均达到6年来最高增速。专用化学品、精细化工产品、化工新材料等在全行业收入、利润、投资中所占份额进一步增大，经济运行更加平稳，向好态势更加巩固。一大批占据行业制高点、引导行业高质量发展的战略性新兴产业正在加快壮大，一大批独具发展特色、技术优势明显的一流企业正在加速成长，一大批规模优势、集聚优势突出、绿色环保水平较高的专业化园区正在逐渐形成，行业经济发展呈现出增长与质量、结构、效益相得益彰的良好局面。全行业正在以奋斗的激情、崭新的面貌、昂扬的精神奔跑在由石油和化工大国向强国跨越的伟大征程上。

一、"十三五"以来我国石油和化学工业产业结构转型升级取得显著进展

一是传统产业的产能过剩局面得到有效遏制。全行业推进供给侧结构性改革两年来，不断探索淘汰落后产能的新途径和新机制，特别是我国政府和企业以猛药去疴的决心，以壮士断腕的勇气，毫不动摇地坚决淘汰落后产能、化解过剩产能，起到了"活血化瘀、疏通经络"的作用，使许多企业裁冗减负、轻装上阵，行业发展的基础更牢、动力更足、潜力更大。2017年，炼油行业累计淘汰落后装置119套，合计淘汰落后产能8980万吨；全年合成氨产能减少165万吨，尿素退出280万吨，还有2000多万吨产能处于停产；磷肥退出7.5万吨，约有十几家企业合计100多万吨产能处于停产状态；电石转产、淘汰的产能达到350万吨，长期停产的产能还有900万吨；PVC退出28万吨，烧碱退出27万吨；涂料退出小企业约3000家。2018年年初以来，全行业继续大力推进过剩产能退出，产品市场价格明显提升，为行业"稳增长、调结构"创造了条件。

二是战略性新兴产业的培育不断加快。2017年，化工产业收入的增幅中，合成材料23.5%，专用化学品12.4%。在收入贡献率中，合成材料20.9%。专用化学品占21.7%。从具体产品来看，TDI产能为84万吨/年，产量达83.4万吨，毛利较2016年有较高增长，各企业运营成本均小幅下

降，利润增加明显；MDI共计305万吨/年母液生产能力，产量240万吨。消费量在206万吨左右，全年平均毛利在16000元/吨左右；各类聚氨酯泡沫的消费量约435万吨，较上年增长约6%；氨纶产能为74.35万吨/年，产量约59万吨，消费增速约10%。从生产企业来看，涌现出一批以万华化学、鲁西化工为代表的战略性新兴产业的领军企业。万华化学自主研发的第六代MDI生产工艺，成为全球技术领先、产能最大、质量最好、能耗最低、最具综合竞争力的MDI制造商，产能达到230万吨/年。建成了世界上品种最齐全、产业链条最完善的ADI特色产业链。鲁西化工在消化吸收国内外先进技术的基础上，开发了具有自主知识产权的聚碳酸酯这一国家重点发展的高端化工新材料生产技术，建设了6.5万吨/年聚碳酸酯产业化装置，产品质量达到国际先进水平，填补了国内空白。

三是形成了一批有技术含量、规模效应和高端化水平的新的经济增长点。"十三五"以来，不少传统石化领域企业通过技术改造、智能化升级，通过延伸产业链或往高端化差异化发展，开拓出新的市场，焕发出新的活力。炼化、化肥、农药、氯碱、纯碱、通用合成材料等传统产业转型升级的步伐进一步加快，在新工艺、新技术、智能工厂建设、新产品研发等方面取得良好效果，行业运行质量和效益出现较大幅度提升。化工新材料、专用化学品、现代煤化工等新兴产业的培育正在加快，一大批新建、续建的大型、高端、差异化项目陆续投产。惠州大亚湾、湛江东海岛、珠海开发区、张家港、泰兴园区、茂名石化、浙江华峰、浙江新和成、无锡确成硅化、连云港中复神鹰等一批对调整产业结构有重大带动作用的战略性高端项目正在建设或陆续投产。中国石化、中国石油、延长石油等也都高度重视产品结构调整，在清洁油品、茂金属聚烯烃、树脂专用料、专用化学品等领域的高端化有了新进展。宁波石化经济技术开发区、海南洋浦经济开发区等为代表的"国家新型工业化产业示范基地"，中国化工新材料（聊城）产业园、中国化工新材料（嘉兴）园区为代表的"国家智慧化工园区试点"等新型园区发展迅速，一批新的经济增长点正在形成。

四是行业绿色发展水平有了全新跨越。2017年4月中国石油和化工行业发布了废水治理、废气治理、固废处理处置、节能低碳、安全管理提升和化工园区绿色发展等六大行动计划，同时配合发改委和工信部起草了《石化产业绿色发展指导意见》，引起全行业高度重视。一大批节能减排和清洁生产技术被广泛应用，一大批防污治污的有效措施在贯彻执行。单位产品能耗以及化学需氧量、氨氮、二氧化硫、氮氧化物等行业主要污染物排放量持续下降。2017年前三季度，石化全行业能耗总量同比增长1.3%，较上年同期回落0.3个百分点，为历史同期最低增幅。全行业万元收入耗标煤降幅16.8%，炼油业下降13.6%，化工行业降幅12.6%。烧碱生产综合能耗下降0.5%，纯碱下降3.0%，合成氨下降2.2%，乙烯降0.1%，油气生产和炼油综合能耗下降2.1%。行业能效"领跑者"发布已涵盖17种化工产品、29个品种，绿色工厂、绿色产品的认定工作有了新的进展。2018年3月30日，石化行业"责任关怀"年度报告和路线图以及三年行动计划正式发布，对推进行业的供给侧结构性改革，引导行业健康、可持续发展具有重要意义。同时，以上海化学工业经济技术开发区、惠州大亚湾经济技术开发区等为代表的园区绿色发展水平有了新的跨越，全行业绿色、可持续发展水平进一步提升。

供给与需求相适应是行业实现可持续发展的基本条件，行业的发展从根本上要靠供给侧推动。只有推进供给侧结构性改革，提高供给体系质量，适应新需求变化，才能在更高水平上实现供求关系新的动态均衡。习近平总书记在党的十九大报告中指出，必须坚持质量第一、效益优先，以供给侧结构性改革为主线，推动经济发展质量变革、效率变革、动力变革，提高全要素生产率❶。这是我们党对供给侧结构性改革这条现代化经济体系主线的新定位和新要求。

深化供给侧结构性改革，就是要以全面提高供给体系质量为中心，增强供给结构对需求变化的适应性和灵活性，解决供给和需求不平衡的问题，解决经济结构转型的动力转换问题，解决生产要素进一步解放的问题。这是中国经济在转型升级新时期的一次重大改革探索，是建设现代化经济体系的核心任务。当今时代，社会化大生产的突出特点，就是供给

---

❶ 参考人民网2017年10月19日人民日报《习近平代表第十八届中央委员会向大会作的报告摘登》，编者注。

侧一旦实现了成功的颠覆性创新，市场就会以波澜壮阔的交易生成进行回应。两年来的实践充分证明，只要瞄准市场推进供给侧结构性改革，产业优化升级的路子是完全可以闯出来的。

今后一段时期，不断加大产业结构转型升级力度，深化供给侧结构性改革，仍然是我们行业的首要任务。

二、新时代中国石油和化工行业产业结构转型升级的五大战略任务

当前世界范围内新一轮科技革命和产业变革蓄势待发，信息技术、生物技术、新材料技术、新能源技术广泛渗透，重大颠覆性创新不断出现，特别是新一代信息通信技术与制造业深度融合，催生智能制造、分享经济等各种新科技、新业态不断涌现。为适应技术和产业变革，发达国家纷纷出台应对举措，美国再工业化战略、德国工业4.0战略等应运而生，新技术革命正在有力推动全球供给体系调整。我们应该充分认识到，当前推进的供给侧结构性改革，是整个行业转型升级一次难得的机遇，是一次不容错过的"班车"。谁能主动抓住这次机遇，谁能及早采取行动，谁就能主动跳出当前的困难境地，谁就能早日跨入新一轮发展的新阶段。新的历史时期，全行业产业结构调整要着力完成好五大战略任务。

一是紧紧抓住世界能源格局重塑后中国新能源战略机遇。回顾能源发展历史，每一次世界范围内的能源转型都对人类文明进步产生巨大影响。当前，世界正处在能源大变革时代，全球能源科技创新日新月异，新技术、新模式、新业态不断涌现，占据新能源开发制高点成为世界主要大国在新一轮产业革命中的战略追求。先进材料技术、计算技术、储能技术以及能源互联网、分布式能源发展迅速，油气生产技术的发展、能源利用技术的突破等为新能源的开发利用提供了重要支撑，新能源替代作用不断增强。特别是抑制全球气候变化的巨大压力，成为新能源开发的重大推动因素。绿色、低碳发展将成为未来全球能源发展的大趋势和国际竞争力的重要体现。作为世界上最大的能源消费国和生产国，我们要以解决我国能源资源瓶颈、保障国家能源资源安全为目标，大力开展页岩气、煤层气、致密油、生物质能源、氢能等非常规油气资源勘探开发技术攻关，努力开

发深层、深水、低渗等低品位油气资源勘探开发新技术，进一步提高资源的采收率，加快新能源的开发和利用。到"十三五"末，努力突破一批世界级能源新技术和新能源技术，大幅提高页岩气等新能源在能源供给中的比重。

二是努力开创中国化工新材料弯道超车的战略先机。新材料产业一直是世界各国抢占的战略制高点之一，是一个市场前景巨大、技术含量极高、产品附加值诱人的尖端领域。中国是世界上人口最多的国家和世界第二大经济体，庞大的市场需求为创新发展提供了巨大的市场空间，需求导向已经成为中国引进消化吸收再创新和原始创新的一个重大"后发优势"。我们要在"十二五"已实现的新材料技术研发取得进展的基础上，把有限力量集中在我国市场需求量大、技术起点高、产业有基础的发展方向上，重点在聚氨酯材料、工程塑料、特种工程塑料、有机硅材料、有机氟材料、特种橡胶材料、水处理功能膜等具有相对优势的特定领域取得新突破。我们完全有可能在聚氨酯（万华化学）、合成橡胶（青岛软控）、膜材料（南京工业大学、山东东岳）、超高分子量聚乙烯（上海化工研究院）、甲醇蛋白和生物基化工新材料（南京工业大学、河南义马化工）等几个方面取得世界领先水平。

三是大力开拓中国现代煤化工发展的升级示范。"十三五"期间，我们在现代煤化工领域提出了升级示范的目标任务。从现在技术发展的突破和未来技术的潜力来看，我们有信心通过煤制烯烃的突破，走上与石油化工结合的新领域；通过煤制芳烃的突破，进一步拓展煤化工下游产品的新市场；通过煤制乙二醇的突破，探索煤基液态含氧燃料的新路子；通过煤制乙醇的突破，开拓新能源和精细化工的新空间。通过C_1化学未来技术的新突破，进一步放大下游空间。现代煤化工要坚持大型化、基地化发展，合理规划和布局现代煤化工示范项目，重点在产品结构、生态环保、资源利用等方面取得突破。对已布局的地区加强监管，控制总体规模。坚持系统化、一体化发展，在现有产业基础上通过对煤炭加工转化多种单项技术进行耦合、集成，联产多种清洁燃料、化工原材料以及热能、电力等产品，从而实现煤炭资源的综合利用，提高煤炭转化效率。要加大推广节水、减排、绿色发展新工艺，大胆探索CO_2利用新突破。力争在先进煤气化技术、终端产品高端化、差异化技术和节能环保技术等几个方面取得升级示范的新突破，将我们的现代煤化工打造成为全世界石油和化学工业C_1化学的一个技术创新制高点和亮丽名片。

四是勇于担当中国石油和化工行业在绿色发展中的全新作为。资源环境是人类持续生存和发展的基本条件。十九大报告明确将"坚持人与自然和谐共生"作为新时代坚持和发展中国特色社会主义的基本方略之一，围绕推进绿色发展、着力解决突出环境问题、加大生态系统保护力度、改革生态环境监管体制提出了一系列新任务和新要求。2018年4月2日，中央财经委员会成立以来的首次会议特别强调环境问题是全社会关注的焦点，也是全面建成小康社会能否得到人民认可的一个关键，并明确了今后三年的任务目标。石化行业是推动绿色发展的重要支柱产业，有着从分子结构上改变物质性质的本领，具有先天的技术优势和治理能力，其诸多产品、技术及装备与环保产业发展密切相关，是向社会提供废水治理、废气治理、固废治理、土壤修复等环境污染问题治理方案的主要贡献者，完全可以成为污染防治的主力军，完全可以成为环境保护和循环经济的行家里手。石化行业必须把保护环境作为推动行业转型升级的动力，在贯彻落实绿色发展六大行动计划的基础上，在废水、废气、固废治理以及安全管理、化工园区建设等方面制定进一步细化、具体化的行动计划，力争到2018年底，全行业万元工业增加值能源消耗、二氧化碳排放量、用水量均比"十二五"末下降8%，企业污染物排放全部达标。全行业HSE和"责任关怀"工作达到一个全新的水平。

五是全面开启中国化工园区的超越之旅。纵观世界石油和化学工业发展历史，化工园区在推动行业发展方面发挥了不容忽视的作用，世界石油和化学工业强国均有世界级的石化基地为依托。我国的化工园区要在初具规模的基础上，优化园区产业和基础设施的空间布局，实施区域环境总量、安全总量控制，实现土地、资源的节约高效利用，提高园区一体化、集约化发展水平。要优化和改造园区内企业、大力培育发展新兴产业，使园区内产业相互配套、相互循环、相互连接，形成相对完整、高效、合理的产业链条。要加强园区技术研发、检验检测、技术成果转化、中小企业服务、金融服务等领域的公共服务平台建设，加快建设一批技术服务支撑中心，增强园区创新驱动发展能力。推进清洁生产，加快完善标准体系，推动形成绿色生产体系，构建园区绿色循环产业链。要广泛应用新一代信息技术、打造智慧园区，不断提升园区管理效能和水平。努力走出一条科技含量高、经济效益好、资源消耗低、环境污染少的新型工业化路子，引领行业"调结构、转方式"取得更大进展。力争到"十三五"末期，建成5到8个以石化和化工为主导产业、具有全球影响力的新型工业化产业示范基地，建成一批有产业竞争力的化工特色产业基地。

推进石油和化工行业产业结构转型升级，深化供给侧结构性改革，是行业实现从"数量追赶"转向"质量发展"、从"规模扩张"转向"结构优化"、从"要素驱动"转向"创新驱动"的重要途径，是推动行业发展由高速增长阶段转向高质量发展阶段的必然选择。行业结构调整既要强调供给又要关注需求，既要突出发展社会生产力又要注重完善生产关系，既要发挥好市场在资源配置中的决定性作用又要更好地发挥政府作用，既要着眼当前又要立足长远。全行业的结构调整需处理好以下四大关系：

一是存量和增量的关系。既要服务于国民经济的传统领域，又要服务于新一代信息技术、新能源以及航空航天、国防军工等战略性新兴领域。通过优化存量，改善提升传统产业，为新兴产业的发展奠定基础，巩固现有产业竞争优势。通过做强增量，推动企业兼并重组，为传统产业的改造提升注入新动力，培育新的经济增长点。

二是创新和稳定的关系。既要突出发展社会生产力又注重完善生产关系；既要在创新机制体制方面破除顽疾痼疾的勇气和充满朝气的活力，又要遵循行业发展规律，杜绝不切实际的盲目创新；既要狠抓稳增长，为调结构争取时间、腾出空间，又要努力调结构，加快新旧动能转换，为实现更有质量、更可持续的内涵式增长提供坚实保障。

三是绿色和效益的关系。绿色发展不仅仅是一个安全环保理念，更是一场转变发展方式的深刻变革，这个变革就是要求通过先进的技术、先进的工艺，保证生产过程的安全，保证产品质量的稳定，推动生产效率不断提高，经济效益不断提升。同时在贯彻落实环保政策中，既要从严治污，又要精准施策，切实防止"一刀切"，谨防"误伤"发生，维护行业正常利益。

四是当前和长远的关系。要立足当前，加快淘汰落后产能，严格控制过剩领域的新增产能。不得以任何名义、任何方式核准和备案产能严重过剩行业新增产能项目，坚决杜绝"先建后换、建而不换"等现象。要着眼长远，加快新旧动能转换，增强动力、激发活力、统筹资源、环境、土地等要素，优化调整产业布局，推进发展方式根本性转变。

从政治经济学的角度看，行业结构调整是促使供给能力更好满足广大人民日益增长、不断升级的物质文化和生态环境需要，是解决行业发展不平衡、不充分矛盾的主要手段。将其转变为我国经济发展的巨大驱动力，迈出由石油和化工大国向强国跨越的坚实步伐，开创新时代石油和化学工业的美好未来。

三、努力开创新时代我国石油和化学工业的美好未来

进入21世纪以来，世界各国特别是石油和化工大国以及著名跨国公司产业结构调整的步伐明显加快，在高端制造业方面的投入越来越大，抢占未来行业技术制高点的竞争也越来越激烈。中国石油和化工产业结构技术层次的差距和国外跨国公司产业结构调整的加速，十分清楚地告诉了我们，中国石油和化工产业结构调整的步伐必须加快，产业结构低端化、同质化的现状必须改变，提升创新能力、加快结构优化升级，是全行业面临的一大共同课题和紧迫任务。在产业结构升级方面，跨国石化企业有不少值得中国企业学习和借鉴的宝贵经验，更有十分广阔的合作空间，这也为跨国石化公司深耕中国市场提供了很好的机遇。

2017年，中国石油和化学工业联合会与麦肯锡公司合作的研究课题——《中国石油和化学工业2030年展望》，这本书从产业发展、企业发展、绿色发展、国际产能合作、园区发展、数字化发展、人才培育以及跨

国公司发展等多个角度和层次对中国石油和化学工业的未来进行了全方位预测和展望。希望这本书的问世能为行业相关从业者全面了解中国石油和化学工业提供一个参考。

我们预计，经过10～15年目标明确、持续不断、措施扎实的艰苦努力，中国石油和化学工业的产业结构、发展方式将会发生明显的升级变化，竞争优势不断加强，经营效率不断优化，经济效益不断提升，呈现出一个"基础原材料产业配套合理、战略性新兴产业特色显著、节能环保产业全球领先、生产服务业迅速发展"的充满活力、极富后劲、可持续发展的全新局面。

基础原材料产业配套合理。中国是一个经济大国，经济大国必须要有一个基础原材料合理配套的基本格局。中国石油和化学工业基础原材料产业有着稳定的配套和市场需求，但必须要化解当前产能过剩的突出矛盾。只有尽快从根本上把"去产能"的措施落实到位，果断淘汰一部分落后产能，使主要基础原材料产能保持在一个合理的水平上，才能持续保持和提升中国基础原材料产业的优势地位。

高端技术产业特色显著。中国石油和化学工业从大国走向强国，需要培育具有自身特色的增长点和竞争优势。行业发展从传统产业走向战略性新兴产业，从产业链中低端走向高端，就是要依靠一批具有自主知识产权的高端生产制造技术。石化行业已经涌现出像万华化学、青岛软控、鲁西化工、三聚环保等一批依靠自主研发、创新发展的领头羊企业。相信经过未来15年的发展，会有更多的企业成长起来，形成更多的具有我们技术特色的企业集群和具有竞争优势的发展领域，成为中国石油和化学工业未来独领风骚的骨干企业。

安全环保产业全球领先。目前，中国的环保法律法规是历史上最严格的，同样在世界上也是非常严格的。此次政府机构改革，专门组建了"自然资源部"和"生态环境部"。2017年冬季至2018年春季，中国华北地区雾霾天数明显下降，正是我们恪守"绿水青山就是金山银山"根本理念的最好体现。目前，我们有着安全环保发展的急切需求，有着严格的法律法规，我们将安全环保作为行业发展的一个有着巨大潜力的市场，通过不断创新，去解决安全环保问题，给社会，给企业，更是给我们自己一系列的解决方案。石化行业有着从根本上解决安全环保问题的技术能力，我相信通过我们的努力，一定可以在安全环保领域成为全球领先的样板和榜样！

生产服务产业迅速发展。发展生产服务业，是石化行业另一个极具发展潜力的领域。石化行业有着实力雄厚的设计、施工、咨询、环保、安全的技术队伍，让专业的人去干专业的事，我们有着巨大的潜力。我相信在未来，随着行业产业结构的不断调整优化，生产性服务业一定会有一个很大的发展。

2030年，中国石油和化学工业产业结构将会出现明显的变化，其中高端化学品制造业和战略性新兴产业在全行业中所占比重接近20%，传统的基础化学品和一般化工品加工业占比下降到60%以下。希望通过我们这一代人的努力，能够为中国石油和化学工业发展开创一个更加美好的未来！

转型升级　绿色和谐
加快开启新时代园区高质量发展的新征程[*]

珠海是我国改革开放以来最早对外开放的四大特区之一。2018年是我国改革开放40周年。40年来，乘着改革的东风，珠海市大步向前，经济发展始终保持旺盛的活力，已经成为我国东南沿海对外开放的重要桥头堡和产业基地，成为正在建设的粤港澳大湾区经济发展的一颗璀璨明珠，在国内外具有很强的吸引力和影响力。其中，高栏港是珠江口首个国家级经济技术开发区，是带动东南沿海经济发展的重要引擎之一。

化工园区是当前世界石化产业集聚发展的重要方向，对于土地和资源的集约利用、环境集中治理、安全统一监管，以及事故应急响应和上下游产业协同发展，特别是对推动企业技术进步、管理创新、产品结构调整和促进区域经济绿色、协调发展，具有十分重要的意义。20世纪90年代，我国化工园区建设发展开始起步。经过20多年发展，涌现出了以上海化学工业经济技术开发区、惠州大亚湾经济技术开发区、宁波石化经济技术开发区、珠海高栏港经济技术开发区等为代表的一批现代化工园区，为推动行业加快转型升级、提高发展质量和竞争力，发挥了重要作用，已经成为行业集约发展、循环发展、绿色发展的重要载体。

"十三五"以来，我国化工园区建设掀起了又一个高潮，进入了提质增效的新阶段，特别是十九大明确提出，我国经济进入了高质量发展的新

---

[*] 这是2018年5月24日，在2018中国化工园区与产业发展论坛上的讲话。

时期，对我国化工园区建设发展提出了新的更高的要求。另外，我国化工园区建设发展也面临着新形势和新挑战，需要全行业凝神聚力、汇智强力、精准发力，走出一条既广泛借鉴国际先进经验、又深入探索具有自身特色的发展新路子，在新时代新征程中，取得发展理论和建设实践的新突破。

下面，根据石化联合会的调查研究，结合贯彻党的十九大精神，我重点讲三个方面的问题。

一、"十三五"以来我国化工园区供给侧结构性改革取得积极进展

"十三五"规划实施以来，我国化工园区抓住企业搬迁入园的机会，在行业供给侧结构性改革中发挥了重要作用，推动淘汰了一批无效产能，改造了一批低端和落后产能，引进建设了一批先进产能。园区的产业结构不断优化，绿色发展不断推进，对安全环保的重视程度不断增强。许多园区都能从项目本质安全入手，秉持绿色发展理念制定产业规划，按照产业集聚、连接互补的原则，严格项目准入，大力发展循环经济，积极推进清洁生产，促进资源能源的循环利用，减少"三废"排放，园区的发展质量明显提升。

一是集约发展成效显著。据石化联合会统计，截至2017年底，全国重点石化园区，或以石油和化工为主导产业的工业园区共有601家。其中，国家级（包括经济技术开发区、高新区）61家，省级315家，地市级225家。产值达千亿级的园区除已有的上海、大亚湾、宁波、南京四大园区外，又涌现出了齐鲁、东营等十余家，500亿以上的大型园区达42家，100亿～500亿的中型园区有155家。这些大型园区，不仅在经济总量上大幅提升，更是在发展质量上取得了跨越式的发展。它们普遍在配置资源、原料多元化、拉伸产业链、发展循环经济等方面取得了长足的进步，园区的土地利用率、产出回报率、劳动生产率都有了明显提升，集聚集约效应显著增强，吸引了一大批国内外行业领先企业进区入园。

二是产业结构持续优化。在加强七大石化基地建设的同时，我国重点

建设发展了一批产业特色突出、竞争优势显著、产业链相对完整的化工园区。这些园区瞄准化工新材料、高端精细化工、现代煤化工、节能环保等发展前景广阔、发展潜力巨大、竞争力强的战略性产业细分领域，以满足市场需求和人们消费结构升级为导向，积极与科研院所开展创新合作，围绕创新技术先进、产业布局合理的要求，园区实现了高端定位、配套合理、特色发展。比如，江苏扬子江国际化学工业园围绕发展有机硅、光学膜等材料，形成了我国知名的新材料生产基地；常熟高科技氟化学工业园集聚了几乎全部的世界500强氟化工企业入驻，已经成为享誉世界的氟材料产业园；中国精细化工（泰兴）开发园区大力发展精细化工，走高端发展、集聚发展和绿色发展的道路；宁夏宁东能源化工基地、榆横工业园区等现代煤化工园区积极应用先进煤气化技术、MTO、MTP等技术，不断延伸产业链，深度开展资源综合利用，竞争力和可持续性不断提升。园区产业结构优化为推进行业加快转型升级做出了积极贡献。

  三是绿色发展积极推进。我国化工园区对绿色发展的认识不断提高，投入日益加大，基础配套设施逐步完善，"三废"基本上实现达标排放。园区污水排放大都做到实时监测，设置了唯一的排放口并进行在线监测，生态、化学、物理等不同路径先进污水治理技术广泛应用，基本可实现达标排放。各园区均加强了废气及VOCs的在线监测及重点整治工作，区域空气质量持续改善。园区固体废弃物处理处置规范，固废填埋场和焚烧厂等基础设施进一步完善。园区通过循环化改造，构建园区基础设施、公用工程及公共服务共享与循环使用的"大循环"，企业间能量和物料循环利用的"中循环"，以及企业内节能、节水、综合利用的"小循环"，资源、能源结构和利用效率不断优化提升。化工园区安全生产整体形势稳定，安全生产准入体系、安全生产责任体系、应急救援体系、安全生产长效管理体系建设不断完善。截至2017年底，已有10余家园区加入"责任关怀工作组"，40余家园区签署了《责任关怀全球宪章》，承诺践行"责任关怀"。化工园区通过举办公众开放日等活动，加强与周边社区的互动与交流，增进了解与互信，把安全环保工作从园区内扩展到园区外，提升了化工园区和石化行业的社会形象，为园区可持续发展奠定了坚实的基础。

四是一体化智能化管理水平稳步提升。 随着化工园区建设逐渐走向成熟，我国化工园区管理机构按照发展循环经济和建设生态文明的要求，在吸收借鉴国际先进经验的基础上，逐步凝练出"五个一体化"等一批科学合理、协调高效的管理理念，在原料与产品生产、工程与生态环保、物流与信息传输、安全与消防应急、管理服务与金融等方面，构建了系统化、一体化的管理体系。特别是随着信息技术的广泛应用，化工园区"两化融合"迈出了新步伐，在物料流、储运流、能量流、危废流、资金流等方面的连接循环、一体化发展优势日益凸显。目前，全国已有超过10%的化工园区启动了智慧化工园区建设工作，智慧园区建设正从示范试点向全行业稳步快速推广。

化工园区"十三五"以来的发展历程表明，我国石油和化工行业的转型升级离不开化工园区，绿色发展离不开化工园区，由世界石油和化学工业大国向强国跨越更离不开化工园区。我国化工园区已初步迈入良性发展轨道，园区建设正朝着规范化、绿色化、集约化的方向稳步发展。化工园区已经成为行业转变发展方式，实现健康可持续发展的重要载体，对促进地方经济发展，提升行业竞争力，发挥着十分重要的作用。

二、深刻认识新时代化工园区高质量发展的必要性和紧迫性

新时代，我国社会主要矛盾发生了重大变化，已转化为人民日益增长的美好生活需要和不平衡不充分的发展之间的矛盾。社会主要矛盾的重大转变，是根本性的、全局性的，意味着各行各业以及经济社会的方方面面都要认识这一转变、适应这一转变，与这一转变不适应、不协调、不一致的观念和工作都要扭转过来，在观念和工作上都要有新认识、新举措、新战略，把主要矛盾变化反映在本行业本领域的矛盾和问题解决好，才能应对各种新的风险和挑战，才能抓住新的发展机遇，使各项工作迈上一个新台阶。

对我国石油和化工行业来说，新时代正处在动能转化、结构转变的爬坡过坎关键时期，发展的不平衡不充分矛盾十分突出，高端产业、核心技

术、绿色发展、能源资源、企业竞争力等方面存在很多的短板和不足，与建设石化产业强国和人民群众对美好生活的需要还有相当大差距，行业高质量发展面临许多制约条件和严峻挑战。化工园区是解决这些不平衡不充分矛盾的重要手段之一，以化工园区为平台可以构建产业循环、集约高效、竞争力强的产业链条和产业体系。从国际国内环境看，我国建设和发展化工园区的任务十分繁重、十分紧迫。

从国际看，化工园区是应对全球石化产业变革、提高行业国际竞争力的重要载体。一是德美日等发达国家都建有世界级石化产业园区，为园区内企业提供公用工程支持，构建上下游配套产业链，打造集聚优势、成本优势和集约效益。这要求我们也要借鉴国际先进经验，通过建设化工园区形成产业链竞争新优势。二是在革命性技术突破推动下，北美石化产业由于获得大量廉价页岩油气而重新走向"复兴"，中东等传统油气资源大国也在大力发展石化产业。因此选择建设化工园区，提高资源利用率，降低成本，就成为我国石化工业发展的一个战略选择。三是贸易单边保护主义抬头，特别是美国的"逆全球化"动作频繁，针对我国的单个企业实施釜底抽薪式制裁。建设和发展化工园区，有利于企业嵌入产业链中，借助整体优势，增强抗风险能力。

从国内看，化工园区是推动行业加快淘汰落后产能，实施腾笼换鸟，实现转型升级、绿色可持续发展的重要载体。一是我国正在推动危化品企业搬迁改造，要求化工企业必须进园入区。在搬迁入园过程中，企业可以淘汰掉低端、落后和无效产能，利用搬迁改造资金和相关政策，引进高端先进产能，增加有效供给，实现腾笼换鸟、转型升级、浴火重生。二是我国石油和化工行业的能耗和"三废"排放位居工业部门的前列，绿色发展、和谐发展的任务很重。化工园区可实现资源的集中供给和循环利用，"三废"也可以得到集中处理处置和集中排放，特别是有利于应用信息化技术，建设"智慧园区"，加强对企业排放的监督管理，提升企业和园区经营效率，促进我国石化产业绿色发展。三是建设世界石油和化学工业强国，必须要有世界级石化产业集群为基础。美国休斯敦-加尔维斯顿地区、比利时安特卫普、荷兰鹿特丹港、德国莱茵工业区和鲁尔工业区、新加坡裕廊工业园等都是以化工园区为基础形成的世界级石化产业集群。因此，在当前我国由石化产业大国向强国起步跨越的关键时期，必须首先要建设好一批世界级化工园区，才能为建设世界级石油和化学工业强国打好基础。

虽然我国化工园区取得了显著进步，但仍面临着一系列突出问题。这些问题是化工园区目前发展存在的短板和不足，在当前各级政府高度重视化工园区发展并赋予化工园区重任的情况下，加快化工园区更高质量发展，已成为化工园区补短板、调结构的一个重要发展机遇。

一是规划不合理，发展存在盲目性。部分地区化工园区布点数量过多，一些地区在几十公里的狭小范围内布局了若干个化工园区。有的地区为了应对国家危化品企业搬迁入园政策，为需要搬迁的企业量身定做设立一个新区。同一区域内的化工园区存在规划雷同现象，招商引资时说的是一成不变的话，唱的是一成不变的歌，重复建设，浪费资源，发展没有持续性。部分园区由于对自身条件认识不清，缺乏清晰定位，招商方向不明确，只看数量，忽视质量。一些园区甚至急于求成，对于一些产能严重过剩的产品项目、面临淘汰的落后工艺，未加筛选，盲目引入，为日后发展埋下了隐患。

二是建设规范与标准缺失，规范化水平有等待提升。由于我国化工园区发展历程较短，园区管理尚处于初级阶段，各级政府主管部门由于工作侧重不同，对园区的管理要求也不尽相同，多头分管现象严重，尚未形成统一的、专业性的化工园区建设管理规范与标准，急需建立起一套指导园区整体规划、产业链、循环经济、基础配套、安全环保等多方面工作的规则，具有可操作性的管理建设规范与标准体系。同时，面对各地越来越多的化工园区，也需要建立起一套科学的评价体系，建立起符合市场经济要求的动态的化工园区准入与退出机制。

三是安全环保事故仍时有发生，绿色发展任重道远。化工园区为促进行业绿色发展创造了良好条件，但化工园区并不是天然的绿色屏障。如果企业不严格遵守安全环保法律法规，职工不严格遵守操作规程，园区管理机构不严格落实监管责任，化工园区即使建在远离人烟的荒漠，也会照样发生安全环保事故。近期,媒体连续曝光了几家化工企业和园区存在私排偷排行为,存在安全隐患,给全行业带来很大负面影响。这说明,我国化工企业和园区仍然不同程度存在绿色发展理念不落实、规章制度不完善、现场管理不规范、操作规程不严格、违章作业不纠正、风险辨识不到位、隐患排查不彻底等问题,园区在安全环保管理上还存在较大差距,亟须通过进一步规范建设,加快完善风险管控和隐患排查双重预防机制,采取针对性措施,下大气力提升园区绿色发展水平。

四是基础设施和公用工程投入不足,集约管理效率仍需提高。目前,我国化工园区的集约管理的优势未得到充分发挥。一方面,部分化工园区尚处于建设初期,由于建设资金不足、入驻企业数量不多等多种原因,导致基础设施和公用工程建设薄弱,没有发挥出资源循环利用、产业链配套互补等集约集聚优势。另一方面,化工园区对信息化、智能化的认识有待进一步提高,园区内企业对"两化"融合的整体投入强度不够,企业信息资源比较分散,信息孤岛、信息鸿沟等现象较为普遍,资源得不到充分整合,严重影响了集约化经营效率和管理效益。

五是园区管理体制机制不健全,人才队伍培养有待加强。化工园区是行业相对集中、专业性较强的产业集聚区,既需要赋予园区管理机构独立健全的管理权力,又需要配备一支具有专业化素养的人才队伍。许多化工园区管理机构作为政府派出机构,在部门设置上普遍存在多部门合署办公的情况,安全、环保等方面的审批权、执法权不健全,存在"有权无责""多责少权"的现象。同时,化工园区缺少具备化工行业专业知识的管理人员,而且管理人员变动比较频繁,不利于园区的规划定位、招商选资等工作,难以形成长期的、连贯性的园区专业化管理机制。

总来看,我国化工园区建设水平总体还不够高,发展质量有待进一步提升。在行业转型升级的关键时期,没有化工园区的高质量发展,行业的高质量发展就难以实现。全行业一定要切实增强紧迫感和责任感,把建设高质量化工园区摆在行业发展的重要战略位置,以供给侧结构性改革为主线,大力推进园区技术创新、结构调整、绿色发展、规范化管理、人才队伍建设,加快建设一批产业特色显著、上下游协调配套、资源综合循环利用、公用平台运转高效、一体化智能化管理的先进化工园区，下大气力培育一批具有世界级水平的石化产业集群，在新时代实现化工园区高质量发展的新跨越。

三、加快培育具有国际一流竞争优势的世界级化工园区

党的十九大报告明确指出，要培育若干世界级制造业集群。习近平总书记在视察湖北兴发集团新材料产业园时强调指出，长江经济带建设要共抓大保护、不搞大开发❶。不搞大开发不是说不要大的发展，而是不能搞破坏性开发。要首先立个规矩，把长江生态修复放在首位，保护好中华民族的母亲河，十九大报告和习近平总书记的指示是引领化工园区高质量发展的大方向和总要求，是基于我国石化产业发展现状作出的重大决策，具有重大的时代意义，对我们化工园区如何实现高质量发展提出了新的更高要求。

建设世界级化工园区是我国产业迈向全球价值链高端在空间组织和地理布局上的必然要求。加快推动建设世界级的化工园区，不是一句简单的空话，更不是轻轻松松喊着口号就能实现的，这需要我们积极探索和借鉴，寻找适合我国国情的合理路径。我们认为，世界级的化工园区应该具有经济实力十分突出、产业竞争力十分强劲、公用工程及基础设施十分完善、管理模式和配套服务十分先进的发展特征。综合来看，至少需要具备5个基本条件：拥有若干技术先进且产业关联度高的产业链条；拥有一批具有市场竞争优势的产品和知名品牌；拥有完善的公用工程配套设施；拥有领先的管理模式和高效的生产效率；拥有企业全面践行"责任关怀"且与周边社区和谐共荣的发展环境。

"十三五"时期是我国由石油和化学工业大国向强国转变的重要时期，全国化工园区要深入贯彻"创新、协调、绿色、开放、共享"的发展理念，以供给侧结构性改革为主线，加大产业结构升级力度，深入实施创新驱动和绿色可持续发展战略，不断提升经营管理水平，努力走出一条科技含量高、经济效益好、资源消耗低、环境污染少的新型工业化路子，引领

---

❶ 参考人民网2018年4月27日人民日报《习近平：加强改革创新战略统筹规划引导 以长江经济带发展推动高质量发展》，编者注。

行业"调结构、转方式、增效益"取得更大成绩,全面开启中国石油和化工园区高质量发展新征程。石化园区要重点做好以下四个方面的工作:

一是要积极培育发展新动能,做产业结构升级的先行者。化工园区在产业结构提升方面要定位清晰、突出特色。针对沿海沿江和内陆,不同区域的园区应结合自己不同的特色,发展具有自身优势的产品,形成专业化企业集群。特别要对原料的来源保障和下游市场需求的深入了解。园区要结合目前国内外行业发展整体情况对园内企业进行客观评估,加快新旧动能转换。对于工艺路线已属落后、产品结构已不具市场竞争力、能耗和排放水平已没有提升改造空间的,园区应督促这些企业转型升级,若不具备升级条件,则推动优质企业对其兼并重组,为更高质量的企业和产品创造发展空间。化工园区公用工程的配套能力与使用成本,以及服务商的专业化、国际化程度都决定着区内生产企业的生产和运营成本。园区的管理团队与龙头企业以及配套服务公司要密切配合,不断提升基础配套能力水平,打造一体化的公用工程和基础设施。

二是要构建绿色发展的生态链,做绿色和谐发展的领头羊。建设绿色化工园区,就是要在园区规划、空间布局、产业链设计、能源利用、资源利用、基础设施、生态环境、运行管理等方面全面贯彻资源节约和环境友好的理念,从而使园区具备布局集约化、结构绿色化、管理高效化等典型特色。要以园区循环化改造为抓手,在园区内大力发展循环经济,对区内运输、供水、供电、照明、通讯、建筑和环保等基础设施进行绿色化、循环化改造,推动基础设施的共建共享。要探索园区安全环保管理新模式,在化工园区内推广建立严格规范统一的安全环保消防联合审批和联合执法制度。要建立园区、部门、企业三级安全环保管理责任网络,明确企业主体责任,建立企业安全环保诚信管理体系。要推动园区内企业开发绿色产品、主导产业创建绿色工厂。要加快绿色化工园区标准化体系研究,实现园区整体的绿色发展。

三是要不断提升经营管理水平,打造集约高效管理的示范区。化工园区要以智慧化工园区建设为契机,整合园区内外的关键资源信息,建设一套基于物联网和大数据技术的智慧管理系统,实现对安全、环保、节能、应急等管理需求的快速、准确、高效的智能响应，不断提升化工园区安全、环保水平。智慧化工园区建设必须要重视顶层设计，打破数据壁垒，实现数据共享及业务协同，真正做到高效实用。园区管理机构要加强管理、做好服务，打造优质营商环境。要坚持经济与技术并重，把增强自主创新能力作为园区建设的一项重要内容和发展方向，推动园区企业与科研院所开展协同创新，引导创新资源向园区集聚，促进形成区域性制造业创新体系。要把高端人才的培养作为提升集约管理水平的重要保障，培养高素质的一流管理人才和专业技术人才，不断提升园区建设水平的软实力。

　　四是要推进高质量发展新进程，培育世界级园区发展新品牌。园区要想在激烈的市场竞争中脱颖而出，必须像经营品牌一样经营园区，要运用市场化、品牌化的方法把资本、土地、文化、生态环境等有形生产要素转化为更高价值的无形资产，以获得差异化的竞争优势。要积极争创行业内的"国字招牌"，化工园区通过"国家新型工业化产业示范基地""国家生态工业示范园区""绿色园区"等国家级试点示范的创建，争取在行政管理、外商投资、土地、财税金融、产业发展、环境保护政策等诸多方面得到针对性的扶植政策。要大力培育园区内自主品牌，动员各方面力量积极参与和推动品牌建设，形成企业为主、政府推动、社会参与、促进有力的品牌建设机制。通过品牌建设宣讲，引导企业弘扬"工匠精神"，打造文化品牌，大力培育自主品牌。鼓励引导企业加大科研投入力度，培育更多自主知识产权，创建更多名牌产品。化工园区要倡导"共识共享"的发展理念，深化与周边地区的联合发展，让园区周边居民共享园区发展成果。化工园区要积极推行"责任关怀"，通过举办开放日、科普宣传等活动，培育、增强行业发展的正能量。

加快自主创新　培育后发优势
努力推进化工新材料产业高质量发展[*]

新材料是国民经济基础性、先导性产业，是《中国制造2025》重点发展的十大领域之一，也是中国石油化工产业向强国跨越的一个重大标志性产业。化工新材料是新材料产业的重要组成部分，电子信息、航空航天、轨道交通等高端装备制造业的发展，都离不开化工新材料的支撑和保障。"十二五"以来，我国化工新材料产业取得了较快发展，产业体系逐步完善，创新能力不断增强，市场规模不断扩大，对石化行业整体营收和利润增长的贡献率不断提升，在看到行业转型升级和高质量可持续发展希望的同时，我们也清醒地看到，我国化工新材料行业起步较晚、底子较薄，仍处于培育发展阶段，各方面水平与发达国家相比都还有较大的差距，必须加快创新发展步伐，不断提高自给水平，满足国民经济发展的需求。

加快化工新材料产业发展，是我国石油和化学工业转型升级、加快高质量发展面临的一项十分紧迫的战略任务。

一、我国化工新材料产业发展的现状

长期以来，我国十分重视化工新材料产业的发展，在国家相关政策上

---

[*] 这是2018年7月6日，在2018中国化工新材料产业发展战略研讨会上的讲话。

给予了大量支持，一些化工新材料产品陆续取得突破并获得较快发展。近年来，随着我国石油和化学工业发展逐步走向成熟，石化基础、大宗产品市场趋于饱和，企业发展化工新材料等高端化学品的愿望十分迫切，同时，我国制造业开始转型升级向高端发展，化工新材料市场需求发展十分迅速。初步测算，2017年，我国化工新材料产业规模约2800亿元，市场消费规模约5000亿元。2017年，国内化工新材料产量1894万吨，消费量2930万吨，自给率仅为64%。

在化工新材料市场需求的拉动下，我国部分化工新材料领域取得了突破性发展的好成绩。在聚氨酯领域，万华化学自主研发的第六代MDI生产工艺，使万华化学成为全球技术领先、产能最大、质量最好、能耗最低、最具综合竞争力的MDI制造商，产能达到230万吨/年，建成了世界上品种最齐全、产业链条最完善的ADI特色产业链。在工程塑料领域，鲁西化工在消化吸收国内外先进技术的基础上，开发了具有自主知识产权的聚碳酸酯这一国家重点发展的高端化工新材料生产技术，建设了年产6.5万吨聚碳酸酯产业化装置，产品质量达到国际先进水平，为培育战略性新兴产业做出了贡献。浙铁大风在非光气法聚碳酸酯制造技术上取得重大突破，建成年产10万吨产业化装置，使我国聚碳酸酯工艺路线更为丰富完备。浙江新和成十年磨一剑开发了具有自主知识产权的聚苯硫醚技术，建设了年产5000吨工业化装置，产品基本达到国际同行水平，目前正在扩建1万吨装置。在氟材料领域，已经形成了以氟氯烷烃为配套原料支撑的从氟单体合成到聚合物制造的较为完整的生产体系，聚四氟乙烯、聚偏氟乙烯、聚全氟乙丙烯等主要产品规模已处于世界前列。在有机硅材料领域，自我国自主研发的有机硅单体生产技术实现大规模工业化应用以来，我国有机硅材料步入了快速发展轨道，有机硅单体、硅橡胶、硅油等产品迅速增长，特种单体技术也不断突破，我国已成为世界有机硅材料生产大国。在膜材料领域，超滤、微滤、反渗透等分离膜技术均取得较大发展，在能源电力、有色冶金、海水淡化、给水处理、污水回用及医药食品等领域的应用规模迅速扩大，新兴技术，例如正渗透、双极膜电渗析等，也有多个具有标志性意义的重大工程相继建成并投产，时代沃顿自主研发的抗氧化膜处于国际领先水平，东岳集团研发的全氟离子交换膜在多家企业使用并取得良好效果。在特种橡胶领域，浙江信汇卤化、溴化丁基橡胶取得全面突破，成功用于高端轮胎、医疗器械等领域。在高性能纤维领域，我国具有自主知识产权的T800碳纤维成功实现产业化，高强高模聚酰亚胺纤维技术取得重大突破。在电子化学品领域，浙江巨化联手中芯国际打造电子化学品大平台，其高纯度电子级湿化学品，如电子级氢氟酸、电子级硫酸、电子级双氧水等，品质达到ppt级，稳定供应中芯国际、京东方、天马微电子等集成电路龙头企业，为集成电路产业链的国产化奠定了坚实基础。

随着各个领域技术的不断突破与进步，行业涌现出万华化学等一大批独具发展特色、技术优势明显的化工新材料企业，以及上海化学工业区、南京化工园区、常熟氟化工园区等一大批规模优势突出、技术特色显著、绿色环保水平较高的化工新材料产业园区。

二、我国化工新材料产业发展面临的问题

尽管我国化工新材料行业发展取得了不俗的成绩，但整体发展仍然差距很大，对外依存度高达36%。2017年，我国进口合成树脂3195.9万吨，进口贸易额470.1亿美元；进口合成橡胶584.3万吨，进口贸易额102.9亿美元；进口专用化学品209.5亿美元。部分产品严重依赖进口，如聚碳酸酯进口138.5万吨，乙烯-α烯烃共聚物22.4万吨。化工新材料是我国化学工业贸易逆差的重要来源。

受技术装备水平等因素制约，部分化工新材料产品虽已国产化但与国外相比仍有较大差距。在高性能分离膜材料领域，国内产品主要集在中低端，市场份额低于美国和日本；在高性能纤维领域，对位芳纶、碳纤维、UHMWPE（超高分子量聚乙烯）纤维已形成一定规模，但产品质量和技术水平有待提高；在工程塑料领域，部分特种工程塑料仍待突破，PA66（尼龙66）尚无自主技术，POM（聚甲醛）虽然有自主技术但产品质量较低；在特种聚酯领域，聚苯醚、聚苯硫醚、聚醚醚酮、聚醚醚腈、LCP（液晶聚合物）、聚乙烯醇缩丁醛树脂等产品的质量亟须提升；在高端聚烯烃树

脂领域，高碳α-烯烃供应不足，POE（聚烯烃弹性体）、EVA（乙烯-乙酸乙烯共聚物）树脂、UHMWPE树脂、茂金属聚乙烯等品种产量较低，EVOH（乙烯-乙烯醇共聚物）树脂、茂金属聚丙烯等处于空白；在高性能橡胶热塑性弹性体领域，乙丙橡胶处于技术空白；在氟硅树脂和氟硅橡胶领域，国内品种仍少于美国、西欧和日本；在有机硅材料领域，国内产品仍以中端和低端产品为主，尤其是特种氟硅橡胶和氟硅树脂；在备受关注的半导体集成电路用化学品领域，部分湿化学品，如电子级氢氟酸、电子级硫酸、电子级双氧水等，已经实现了国产化，但高性能蚀刻液和光刻胶等产品仍依赖进口。

目前，国内部分化工新材料产品仍未实现工业化生产。在高性能树脂领域，茂金属聚丙烯等高端聚烯烃、聚醚醚腈等特种工程塑料、可溶性聚四氟乙烯等特种氟树脂尚属空白；在特种合成橡胶领域，SEPS（氢化苯乙烯异戊二烯共聚物）、聚酰胺型热塑性弹性体等新型热塑性弹性体尚未实现工业化生产。另外，部分产品虽然国内已有生产，但主要由外资企业垄断，例如国内市场消费量最大的工程塑料聚碳酸酯大量依靠进口，国内产量也主要来自外资企业。

由于创新能力不足，部分化工新材料投资又出现了过热、产能过剩的问题，必须引起我们的高度重视。截至目前，TDI、MDI、环氧丙烷、己内酰胺、己二酸、聚醚多元醇、有机硅甲基单体、硅橡胶、氢氟酸、氟聚合物、含氟制冷剂等化工新材料或其原料，均出现了不同程度的产能过剩。总的来看，我国化工新材料产业发展落后，根本原因在于创新能力不足，你会干的我也会干，你不会干的我也不会干。以企业为主体的创新体系还没有完全建立起来，基础研究、应用研究都很薄弱。企业科研投入严重不足，据粗略统计，我国化工材料行业每年的研发费用约为100亿元，其中还有相当部分用于维持科研单位的日常活动，用于研发的资金十分紧缺。国内化工新材料企业多为中小企业，研发实力和科研投入都十分薄弱。

化工新材料行业是需要理论研究和基础研究支撑的高技术行业。长期以来，我国化工新材料领域基础研究滞后，严重制约了我国化工新材料的高端发展。统计数据显示，在申请国家专利的新材料技术中，拥有中试前景的技术很少。无论是科研单位、高等院校还是大型企业都缺少一批具有带动性的大型骨干基础课题，已有课题缺乏重大创新，形成不了基础专利。行业热点领域国内都有企业和院校在研究，但是许多成果往往都停留在实验室阶段。部分企业没有长期科研投入计划，科研工作多由院所和院校承担，科研选题多是由技术进步推动，还没有形成市场和技术进步协同驱动的机制。很多企业没有实力为下游用户提供产品解决方案，导致研究、生产、应用脱节，上下游协同创新、集成创新的体系远未形成。国内技术储备还远不能适应国际市场激烈竞争的需要，部分企业不愿意自主开发技术及配套装备，导致大部分化工新材料工艺技术和关键装备仍然依靠成套引进。创新能力不足已成为制约我国化工新材料产业发展的主要障碍。

从未来发展前景看，打造具有国际竞争力的制造业，已成为我国提升综合国力、保障国家安全、建设世界强国的必然选择。《中国制造2025》提出，到2025年我国要迈入制造强国行列，到2035年我国制造业整体达到世界制造强国阵营中等水平，到中华人民共和国成立一百年时，我国制造业大国地位更加巩固，综合实力进入世界制造强国前列。作为国民经济重要的基础原材料产业，化工新材料的发展与《中国制造2025》目标的实现密切相关。高端装备制造业的崛起，离不开化工新材料的支撑。加速发展化工新材料产业既是《中国制造2025》战略实施的重点，也是我国石油和化学工业实现由大到强跨越式发展的战略重点。化工新材料行业要认真贯彻落实《中国制造2025》的战略部署，深入分析新一代信息技术产业等十大重点领域对于化工新材料的需求，明确技术发展的突破口，加快提升创新能力，不断优化调整产业结构和产品结构，提升行业整体发展水平，满足制造业跨越式发展的需求。

三、化工新材料创新发展的思路

当前世界范围内新一轮科技革命和产业变革蓄势待发，新材料技术、信息技术、生物技术、新能源技术广泛渗透，催生各种新科技、新业态不断涌现，促使技术创新领域的竞争进一步加剧，我国石化行业技术创新的外部环境不容乐观。2018年年初以来美国针对我国商品开展的贸易保护就是典型案例。我国关键技术受制于人的问题仍然十分突出,"短板"不少,产业安全面临重大挑战。

习近平总书记强调,"核心技术靠化缘是要不来的"❶,"核心技术是国之重器"❷。我们应该充分认识到,对于化工新材料行业而言,全球新一轮科技竞争既是一次重大挑战,也是重大机遇。加强自主创新,不断优化产品结构,提升产品质量和档次,推动化工新材料行业高质量发展,是把握世界经济转型升级这一重大机遇,打好《中国制造2025》战役的关键。只有在自主创新上全力以赴,我国化工新材料行业才能在核心技术和市场竞争上占据先机,才能带动石化行业整体的结构调整和转型升级,从而创造局部领先优势,开创弯道超车的新局面。总体来看,我国化工新材料行业要从三个方面发力:

一是在产业领跑技术领域发力,努力扩大竞争优势空间。尽管从总体上看化工新材料整体处于落后状况,但我们也有局部优势领域。我们要继续巩固MDI、煤制烯烃、煤制芳烃、超高分子量聚乙烯、聚对苯二甲酸丁二醇酯、苯乙烯系热塑性弹性体等领域和产品积累下来的技术领先优势,不断开发新品种和新牌号,提高质量、降低成本,实现差异化、高端化发展。加强与上下游的协同创新,致力于为下游用户提供一站式的产品解决方案,努力扩大应用范围和市场空间,培育和巩固竞争优势。

二是在产业跟跑技术领域发力,努力缩小与世界先进水平差距。我们要在不断加强自主创新的基础上,大力发展有机硅下游材料,新型高档聚四氟乙烯和氟橡胶、聚偏氟乙烯、聚全氟乙丙烯等新型含氟聚合物,聚碳酸酯等缺口较大的工程塑料,淀粉塑料、聚乳酸、PBS等可降解材料,碳纤维、芳纶、PTT纤维、超高分子量聚乙烯纤维等高性能纤维,高性能水处理用膜、特种分离膜、离子交换膜等特种膜材料。提升产品档次和产品质量,实现部分高端化工新材料产品的进口替代,降低对外依存度。

---

❶ 参考人民网2015年2月16日时政频道《习近平:核心技术靠化缘是要不来的,只有自力更生》,编者注。

❷ 参考人民网2018年4月25日人民日报《人民日报:突破核心技术 建设数字中国》,编者注。

三是在产业研发起跑技术领域发力，努力培育新的竞争制高点。在化工新材料研发起跑领域，我们同国外技术处在同一起跑线上，没有太大的技术差距，在这一领域，我们要加大研发投入和科技成果转化力度，加强理论研究和基础研究，大力发展聚砜、聚苯砜、聚醚醚酮、液晶聚合物等高性能工程塑料，电子特气、电子级湿化学品、光刻胶、电子纸等高端电子化学品，加强石墨烯材料和3D打印材料的研发和应用研究。占据化工领域未来技术制高点，为高端装备制造业的产业化打下坚实基础。

新材料产业一直是世界各国抢占的战略制高点之一，是一个市场前景巨大、技术含量极高、产品附加值诱人的尖端领域。中国是世界上人口最多的国家和世界第二大经济体，庞大的市场需求为创新发展提供了巨大的市场空间，需求导向已经成为中国引进消化吸收再创新和原始创新的一个重大"后发优势"。只要我们在化工新材料领域，加大技术研发投入，确保产品质量，提升产品成本竞争能力，我国巨大的化工新材料市场需求，一定会成为化工新材料发展的巨大推动力量。我们相信，只要我们在"十二五"已实现的新材料技术研发取得进展的基础上，把有限的力量集中在我国市场需求量大、技术起点高、产业有基础的发展方向上，就一定能在高性能聚烯烃材料、特种工程塑料、特种橡胶及热塑性弹性体材料、高性能纤维材料、功能性膜材料等具有相对优势的领域取得新突破，并达到世界领先水平。

化工新材料行业要按照《中国制造2025》的总体要求，以科学发展观为指导，以提高石化行业发展质量为核心，以高端制造业的需求为导向，按照市场有需求、研发有基础、突破有可能的原则，坚持全面推进与重点突破相结合，优先选择高端装备制造业紧缺的、国内尚未实现产业化的产品品种作为重点发展方向，通过建立上下游紧密结合的"产、学、研、用"合作新模式，引导企业加大研发投入，重点突破一批关键基础材料、先进基础工艺、产业基础技术，努力开创与石油和化学工业强国相适应的化工新材料先进制造业。

全面开创中国石化行业高质量发展与青海盐湖资源循环利用的新局面*

  钾肥是非常重要的农资产品,与农业生产息息相关,对保障我国粮食、农业安全意义重大。我国政府历来十分重视化肥的生产,对盐湖钾肥开发给予了高度的关心和支持。在政策的大力扶持和盐湖职工的艰苦努力下,我国钾肥工业发展取得了瞩目的成绩,60年来钾肥生产从无到有,并建成了盐湖股份、新疆罗钾、藏格控股等大型钾肥生产企业。到2017年,全国钾肥产量(折纯)达到近600万吨,我国成为世界第四大钾肥生产国,钾肥的自给率也上升至58%,对保障国内钾肥市场供应、平抑进口钾肥价格发挥了十分重要的作用。

  我国可开采的钾资源主要分布在青海察尔汗盐湖和新疆罗布泊。察尔汗盐湖蕴藏着丰富的矿物资源,各类资源储量达600多亿吨。其中氯化钾5.4亿吨、氯化镁40亿吨、氯化锂1204万吨、氯化钠555亿吨,均居全国首位,还伴生有硼、溴、碘等珍贵的矿产。因此,推进盐湖资源综合利用,综合开发镁、锂、钾、钠、硼等多种产品,使盐湖开发走上循环经济之路,是践行国家绿色可持续发展战略、实现盐湖产业高质量发展的必由之路。目前,青海盐湖在钾盐钾肥的开发上取得了显著成绩,镁、锂资源的开发也取得了很大进展,虽然在发展中我们还面临一系列问题有待解决,循环经济的技术和模式还有待进一步完善,但毕竟我们有了一个崭新

---

* 这是2018年8月22日,在2018世界钾盐钾肥大会暨格尔木盐湖论坛上的讲话。

的开端!

当前,我国石油和化学工业进入了一个转型升级的新时期,发展的重心从速度转入质量,提高经济增长的效益、实现高质量发展是行业发展的目标。盐湖开发面临的问题,根本上也是一个发展质量的问题。下面我就石化行业的高质量发展与青海盐湖资源的循环利用谈一些看法和观点,供大家参考。

一、我国石油和化学工业进入了高质量发展的新征程

习近平总书记在十九大报告中指出:"我国经济已由高速增长阶段转向高质量发展阶段,正处在转变发展方式、优化经济结构、转换增长动力的攻关期,建设现代化经济体系是跨越关口的迫切要求和我国发展的战略目标。必须坚持质量第一、效益优先,以供给侧结构性改革为主线,推动经济发展质量变革、效率变革、动力变革,提高全要素生产率,着力加快建设实体经济、科技创新、现代金融、人力资源协同发展的产业体系,着力构建市场机制有效、微观主体有活力、宏观调控有度的经济体制,不断增强我国经济创新力和竞争力。"[1]

加快推进全行业全面跨入高质量发展的新征程,这是我们全行业发展的一个战略目标和紧迫任务。要全面完成这一战略目标和紧迫任务,首先要对我们行业发展的现状就要有一个全面、充分、正确的认识。

第一,我国已经成长为世界石油和化学工业大国。中华人民共和国成立以来,特别是经过改革开放40多年的发展,中国石油和化学工业已经形成了油气勘探开发、石油炼制、石油化工、煤化工、盐化工、精细化工、生物化工、国防化工、化工新材料和化工机械等几十个行业,生产4万多种产品,门类齐全、品种配套,基本可以满足国民经济和人民生活需要的强大工业体系,成为国民经济一个重要的战略性支柱产业。2017年石油和化学工业占国民经济的比重已达到12%左右。

从2010年开始,中国石油和化学工业销售收入位居世界第二位,仅次

---

[1] 参考人民网2017年10月19日人民日报《习近平代表第十八届中央委员会向大会作的报告摘登》,编者注。

于美国。其中化学工业位居世界第一位，超过了美国。据国际化工数据统计，2015年中国化学工业销售收入占全球的38%，美国化学工业占全球的16%，德国、日本化学工业占全球的4%，韩国、法国化学工业占全球的3%。我国已经成长为名副其实的世界石油和化学工业大国。

第二，我国还不是一个石油和化学工业强国。党的十九大提出，中国特色社会主义进入新时代，我国经济发展进入新阶段。新阶段的基本特征是由高速增长转向高质量发展。高质量发展同我们行业向石油化学工业强国迈进的目标是完全一致的。但在推动我国石油和化学工业实现高质量发展过程中，我们仍然面临不少问题。主要集中在以下三个方面：

一是我国石油和化学工业的产业结构还是低端的、同质化的。一个国家的竞争优势，主要体现在产业结构的优势上。高端的产业结构、高端的技术层次，是一个国家产业结构的根本竞争力。同发达国家相比，我们石油和化学工业的产业结构基本上都是低端的、同质化的，这是我国石油和化学工业向强国跨越，实现转型升级，最艰巨，也是最核心的任务。

二是我国石油和化学工业的创新能力基本上还处于"跟跑"和"并跑"阶段，距离"领跑"还有很大的差距。产业结构的高低主要取决于行业创新能力。目前，我们行业每年的进出口贸易总额大约在6000亿美元，贸易逆差高达2000亿美元。这个差距充分反映出我们的供给满足不了需求、创新能力不足的现状。同跨国公司相比，我们在生命科学、化工新材料、高端精细化学品等高端创新领域的差距还是相当大的。美中贸易摩擦的爆发，再一次向我们敲响了警钟，"核心技术靠化缘是要不来的"，"核心技术靠买也是买不来的"。加快提升全行业创新能力，是我们全行业高质量发展向强国跨越的当务之急。

三是我国石油和化工企业的核心竞争力还需提升。在全球市场上，国家与国家的竞争实质是代表国家水平的企业和企业之间的竞争。石油和化学工业强国，必须要拥有一批具有核心竞争力的大型企业和企业集团。企业的核心竞争力，是国家竞争力的基础。实现高质量发展需要企业作为支撑，企业的活力、企业的创新能力和企业的竞争力，对于推动行业高质量发展、实现向强国跨越具有重要的战略意义。在刚刚发布的《财富》世界500强排名中，我国有20多家石化企业上榜。在榜单前100名中，石油石化企业有5家。其中，中国石化名列第三，中国石油名列第四。另外三家分别是中国海油、中国中化和中国化工。另外，国家能源集团、山东能源集团、恒力集团、陕西延长集团、陕西煤化集团榜单名次都有大幅提升。但值得注意的是，上榜石化企业的销售收入利润率和净资产收益率这两个指标都处于下降态势。2015年，这两个指标分别是5.6%和10.7%，2017年则分别只有5.1%和8.9%。因此，我们的企业同跨国公司相比，核心竞争力还存在着不小的差距。

面对差距和行业发展存在的难题，我们要有清醒和客观的认识，既不能甘于落后，也不能妄自菲薄。面对全行业发展的新形势、新情况和新变化，我们必须要扎扎实实推进全行业高质量发展的新进程，必须要扎扎实实做好全行业供给侧结构性改革，必须要扎扎实实提高全行业自主创新能力和水平，必须要扎扎实实推动行业实现绿色可持续发展。

二、认真贯彻落实习近平总书记关于青海盐湖资源循环利用的重要讲话精神

当前，石化全行业正在全力推动产业转型升级，推动全行业实现高质量发展。在全行业企业职工奋力拼搏、撸起袖子加油干的工作热潮中，习近平总书记十分关心石油化工行业的发展，两年来先后亲临四家石油化工企业进行实地考察指导。习近平总书记先后视察了石化行业的青海盐湖工业股份有限公司、宁夏宁东能源化工基地神华宁煤煤制油项目、湖北兴发集团长江经济带搬迁改造现场以及烟台万华创新发展情况，并在现场作出了一系列重要讲话和指示。这是对石化行业的亲切关怀、具体指导、殷切希望、巨大鼓舞。

2016年8月22日，习近平总书记来到位于察尔汗盐湖的青海盐湖工业股份有限公司调研并在钾肥分公司码头发表重要讲话。习近平总书记听取了柴达木盆地发展循环经济和盐湖资源综合利用情况的介绍，了解企业生产经营、产业技术升级、高原特色生物产业发展、镁合金新材料等情况。习近平总书记沿着木栈道走到码头，察看现代化采盐船作业。当得知企业发展目标是用5～10年建成全球镁锂钾行业最大的领军企业时，习近平总书记给予表示肯定。

习近平总书记指出：盐湖是青海最重要的资源，要制定正确的资源战略，加强顶层设计，搞好开发利用。循环利用是转变经济发展模式的要求，全国都应该走这样的路。青海要把这件事情办好，发挥示范作用。青海资源也是全国资源，要有全国一盘棋思想，在保护生态环境的前提下搞好开发利用[1]。

习近平总书记的重要讲话，为我们青海盐湖的发展提出了目标，明确了任务，更理清了思路，确定了战略。要成为全国资源开发利用的典范，要走一条循环利用的新模式。同时，要加强战略规划，做好顶层设计，以全国一盘棋的高度统领资源利用。如今，我们可喜地看到，青海盐湖正在认真贯彻落实习近平总书记的指示精神，并取得了很大的成绩。青海盐湖立足于察尔汗盐湖的资源，依托柴达木盆地的优势，建设了柴达木盆地资源耦合发展融合发展的循环经济的升级版，他们与比亚迪合资成立盐湖比亚迪公司，启动了3万吨碳酸锂项目前期工作，推进1万吨锂盐项目达产达标改造，质量达到电池级，产量同比翻番；钾肥冬季不停产，加速挖潜扩能改造，年产量稳定在500万吨；创新利用硝酸钾装置生产出熔盐级硝酸钾，完成国外首批订单等。

贯彻落实习近平总书记重要讲话精神，确立资源综合利用，循环经济的发展战略，依靠技术创新，向制造业下游延长产业链，向高端产品延伸产品链，青海盐湖正在夯实循环经济的盐桥，正在不断拓宽资源丰富的盐池，正在不断延伸高质量发展的盐路，正在开创世界无机盐产业建设镁锂钾盐的中国高地。

三、全面创建规模最大、技术最先进、产品最多、循环利用最有特色的镁锂钾行业

青海盐湖资源的开发，历经数十年的不断探索、研究和创新，形成了有中国特色的盐湖资源综合开发利用的模式。盐湖资源是上天赋予我国的非常宝贵的资源，一定要开发利用好，做足综合利用、循环利用这篇大文章，持续开展创新研究，不断突破技术瓶颈，充分发挥各种资源特色，延

---

[1] 参考新华网2016年8月23日《习近平到青海考察》，编者注。

伸产业链，拓展产品群，提高附加值，围绕盐湖开发建设成规模最大、技术最先进、产品最多、循环利用最有特色的镁锂钾盐产业基地。

一是坚持钾资源开发为龙头，稳定钾肥生产。

钾资源的开发利用是盐湖开发的首要目标，是满足国内钾肥市场需求、提高我国进口钾肥话语权的重要依仗。青海盐湖工业股份有限公司在钾资源的开发方面取得了卓越成绩，自主研发了光卤石水采船、反浮选冷结晶、固体钾矿溶解转化、尾盐热熔结晶等技术，实现了低品位矿和尾矿再利用，建成了500万吨/年钾肥生产能力。未来，盐湖钾资源开发仍要始终立足钾肥的生产，在保证钾肥稳定供给的同时，保持钾肥生产在合理规模，延长钾资源开发年限。提高氯化钾产品收率及质量，加快新产品开发，延伸氯化钾下游产业链条，打造"盐湖卤水—粗光卤石—氯化钾—硝酸钾/碳酸钾—复合肥/水溶专用肥"产业链。适度发展食用级氯化钾、医用级氯化钾、硝酸钾、氢氧化钾、碳酸钾等精细化工产品，实现由钾肥产业向钾盐精细化工方向延伸。继续推进盐湖提钾尾盐综合利用，适度发展纯碱、氯碱等项目以及氯酸钠、高氯酸钠、金属钠等产品，建成全国重要的碱业生产基地。利用硝酸钾、硝酸钠等产品，生产光热发电行业的熔盐产品，为熔盐储能产业发展提供支撑。

二是大力开发锂资源，助力新能源发展。

随着新能源汽车的快速发展，锂电池需求呈现爆发式增长，带动了锂产品的市场需求，为盐湖锂资源的开发创造了难得的市场机遇。青海盐湖锂资源开发要以完善高镁锂比盐湖卤水制取碳酸锂生产工艺为重点，提高碳酸锂生产工艺的技术和装备水平，扩大碳酸锂供应能力。以碳酸锂生产为基础，以延伸产业链为核心，突破电池级碳酸锂生产技术，重点发展锂电池材料及锂离子电池产品，建设工业级碳酸锂、电池级碳酸锂、高纯氯化锂、氢氧化锂、金属锂等系列产品的生产装置，推进锂离子动力、储能电池关键材料制备及产业化关键技术、氯化锂电解生产高纯氢氧化锂、氟化锂关键技术中试研究、氯化锂电解生产高纯金属锂产业化等关键技术研究。争取到"十三五"末锂产业达到"千亿元"规模。锂产业的发展前景广阔，要实现创新发展，加强科研力度，努力使盐湖提锂技术再上新台阶，实现产业化健康发展，为我国新能源产业发展提供原材料支撑。

三是合理利用镁资源，产业延伸创造新效益。

钾肥生产产生大量含氯化镁的老卤，利用老卤生产金属镁及镁化合物，既有助于提高盐湖资源的利用价值，又可减少固体镁矿的开采，是我国镁产业发展的重要原料来源。青海盐湖股份公司建设的金属镁项目，近期取得了很大进展，已成功生产出了合格的金属镁产品，为我国金属镁生产开发了一种新工艺，但仍需在今后的生产中克服诸多困难，尽早实现产业化和商业化运行。

金属镁因具有密度轻、比强度及比刚度高、导热性好等一系列独特性质，被誉为"21世纪的绿色工程材料"，具有良好发展前景。近十多年来我国在金属镁的冶炼、加工及应用等领域取得了很多突破，相当一部分技术处于国际领先水平。但是，金属镁产业整体规模有待扩大。一方面，金属镁目前的生产规模不到百万吨级，与铜、铝、铅、锌等大宗有色金属品种相比，产量规模仍显不足。另一方面，金属镁的下游加工应用开发还处于起步阶段，产量规模和加工应用均有较大发展空间。金属镁技术的研发和产业化脱节很严重，一些关键技术的产业化进程仍然制约着金属镁产业的快速发展与产品升级。

要加快推动盐湖股份公司一期年产10万吨金属镁及配套项目达产达标，在达标达产的基础上，以金属镁生产为基础，延伸产业链条，重点发展高强高韧金属镁、镁锂合金、钛镁合金产品，适度发展氢氧化镁、氧化镁、碳酸镁等产品，构建"废液老卤—无水氯化镁—金属镁—镁合金""废液卤水—碳酸镁、氢氧化镁—高纯镁砂深加工产品、氢氧化镁深加工产品"产业链，建成国内重要的金属镁、镁基合金、镁系阻燃与耐火材料以及镁盐产品生产基地，创造新的效益增长点。

四是创新研发模式，加快提升镁锂钾盐综合利用水平。

盐湖是一个镁锂钾盐综合利用的富矿，把有效的资源吃干榨净，把有用的微量元素高效利用，我们还有很大的潜力，资源循环利用的关键是技术创新能力，技术创新能力不足正是我们资源综合利用的"短板"。努力提升盐湖创新能力，必须探索建立更加开放、更加高效的研发体制和机制。要充分打开大门，充分利用"请进来"和"走出去"两条路径，利用多种方式引进技术，引进人才，创立具有青海特色的引进人才的"洼地"、引进技术的"海绵地"和管理创新的"高地"。用技术创新的独特优势，提升青海镁锂钾盐综合利用的水平，把盐湖真正打造成极具商业价值的聚宝盆。

  国际国内形势复杂严峻，不稳定不确定因素增多。我国经济仍处于爬坡过坎阶段，结构性矛盾依然十分突出，掣肘经济平稳运行的一些风险和深层次矛盾问题逐步暴露，抵御外部冲击、实现经济稳定增长的基础还需要进一步夯实。石化行业发展面临的变化更多，困难更大，不确定性因素更加复杂。全行业一定要进一步增强危机感、紧迫感和责任感，不断推动行业经济向高层次转型、向高质量发展。

2019年宏观经济形势和行业高质量发展必须要抓好的几件大事*

一、石化行业高质量发展面临的挑战

中央经济工作会议指出，2019年我国发展面临的环境更复杂严峻，可以预料和难以预料的风险挑战更大。

刚刚跨入的2019年，大幕一拉开就证明了这一点。新年伊始，宏观经济发展就给我们带来了一层层"不确定"的神秘面纱。特别是对于石化行业来讲，有四大不确定的面纱，将会对行业持续稳定发展带来重大的或者直接的影响。

（一）世界经济增速放缓甚至可能出现衰退

2019年1月21日国际货币基金组织（IMF）发布了最新的《全球经济展望》报告，以"全球扩张趋弱"为标题，分别下调了2019、2020年全球经济增速的预期。报告预测2019年全球经济增速为3.5%，2020年为3.6%，分别比上次预测下调了0.2个和0.1个百分点，这也是IMF继2018年10月份预测报告后第二次调降全球经济增长预期。融资环境收紧、贸易不确定、英国"硬脱欧"风险等都成为这次经济下调的直接原因。

就各国经济预测情况看，IMF报告继续维持对美国2019年和2020年2.5%和1.8%的增速预测不变，下调欧元区2019年经济增速预期0.3个百分

---

* 这是2019年3月15日，在石化联合会大讲堂上的报告。

点，调降至1.6%；此外，IMF下调新兴市场经济增速预期，将预期下调了0.2个百分点，增幅降至6.3%。维持了对中国2019年和2020两年增长6.2%的预测。世界银行的专家认为，2019年全球经济只是经济增长减弱，距离全球经济衰退仍有相当的距离。他们认为："市场总是很容易从极度乐观到极度悲观。目前全球经济增长动能只是适度放缓，并没有进入衰退。"

但美国普林斯顿大学诺贝尔奖得主、著名经济学家保罗·克鲁格曼最近发表观点认为，"2019年全球经济将出现衰退"，而且强调，"我们没有有效的应对措施。"克鲁格曼认为，仅仅"一件大事"不太可能引发经济衰退，相反，一连串经济逆风将增加经济放缓的可能性。他认为，目前看起来非常接近衰退的地方就是欧元区。他和美国一批经济学家都认为，特朗普的减税刺激计划是一个令人担忧的计划。他们说这个计划"不是很有效"，并且特别强调说："最让人担心的始终是一旦经济放缓，我们没有有效的应对措施。"不少美国经济学家预测，美国经济将在2020年前后出现衰退。

特别值得注意的是2019年2月8日，欧盟委员会大幅下调了对2019年和2020年欧元区经济增长的预测值。2018年11月欧盟委员会预测2019年欧元区经济增长的预测值为1.9%，2020年为1.7%，而最新预测则将2019年增长率由1.9%下调至1.3%，预计到2020年将回升至1.6%。这一预测加剧了人们对全球经济衰退正在向欧洲蔓延的担忧。

2019年全球经济增长走势到底如何？我们将密切关注。但与2018年相比有一个明显的不同，2018年的全球经济是在开局强劲并且是在步调协调一致中起步的，但2019年全球经济是在一连串不确定的浓雾中开局的。

（二）世界原油价格大幅波动

原油价格始终是石化行业经济运行中的一个核心价格，也是石化行业经济效益的关键因素。特别是中国已经成为世界原油进口的第一大国，对原油价格的关注必然更加密切。据海关数据，2018年中国全年进口原油4.62亿吨，同比增长10.1%，对外依存度高达70.9%。也是据海关数据，2018年11月，中国原油进口量首次突破1000万桶/日。1000万桶/日是一个什么样的概念呢？加拿大的原油产量为每天429万桶，伊拉克的原油日产量为446万吨，也就是说中国原油每天进口量突破1000万桶，就相当于加拿大和伊拉克的日产量加起来还满足不了中国的进口。那么，国际原油价格对行业影响的权重就十分清楚了。

2018年世界原油价格经历了大幅波动，特别是第四季度的波动更是惊心动魄。2018年10月3日，布伦特和WTI原油期货价格分别创下86.29美元/桶和76.41美元/桶的近四年高点，但12月21日，又分别跌到50.47美元/桶和42.53美元/桶的一年多来的最低点。经过短期的剧烈波动之后，油价走势又趋于回升。从全年油价平均走势来看，由于供需关系的直接影响，世界原油价格还是处于一个较为合理的水平。据协会市场部统计，2018年布伦特原油期货平均价格为71.32美元/桶；WTI原油期货平均价格为65.25美元/桶；迪拜原油期货平均价格为69.63美元/桶，这样的原油价格对行业发展的经济效益作出了积极的贡献。

2018年世界原油价格保持理性价位的一个重要原因，就是全球经济增长前景转弱，世界石油需求增速的回落。2018年，全球经济增长3.7%，与上年持平。世界石油需求量同比提高140万桶/日，低于2017年150万桶/日的同比增量，由于原油供需关系的进一步平衡，促使国际油价总体水平保持在一个合理的区间。

中国和美国是2018年石油需求增长的主要力量，需求同比分别提高57万桶/日和48万桶/日，印度需求同比提高24万桶/日。

为保持全球石油市场的平衡和油价的稳定，以沙特阿拉伯和俄罗斯为首的"减产联盟"继续深化合作。2018年1～5月，"减产联盟"保持超高水平的减产执行率，帮助世界石油市场基本面重归平衡状态。2018年12月7日，"减产联盟"决定在10月份产量的基础上再减产120万桶/日（其中欧佩克减产80万桶/日，非欧佩克减产40万桶/日）。决定从2019年1月起执行，时限6个月。

但值得注意的是，2018年5月8日，美国宣布退出伊核协议，并要求各国在11月前停止对伊朗石油进口，否则将受到制裁。伊朗石油出口量自此开始逐渐下降，并引发"减产联盟"的增产应对。围绕美国恢复对伊朗制裁可能引发的供应紧缺预期,是10月初前后国际油价持续走高的重要原因。2018年11月,伊朗石油出口量降至128万桶/日,相比5月份减少140万桶/日。11月5日,美国对伊朗石油出口的制裁正式生效,但给予中国、印度、韩国、日本、希腊、意大利、土耳其和中国台湾8个国家和地区180天的豁免期。美国恢复对伊朗制裁但没有预期的严苛,又成为年底国际油价大幅下降的一个重要原因。

2019年国际油价走势何去何从,仍然是一个充满博弈、充满变数的大问题。多数机构预测认为,由于2018年四季度油价跌幅较大,2019年油价大概率会弱势震荡,大幅度下跌的概率并不是很大。但由于中东政策的不确定性,油价迎来阶段性上行的可能性还是有的,但持续超过一个季度的概率不大。具体讲,2019年国际油价会继续保持在65~75美元/桶之间。这也是我们希望看到的国际原油价格的合理区间。

(三)中美贸易摩擦走势的不确定性

对于中美贸易摩擦,中国政府、中国领导人曾在多个场合、多个地点反复讲过:"中国不愿意打贸易战,因为打贸易战没有赢家","中国希望采取平等的方式,通过谈判解决贸易的争端",但中美贸易摩擦挑起方是美国,无论中国有多么良好的愿望,但决定权始终在美国一方。对于这一点我们要有清醒的认识,中美贸易摩擦的实质,是美国把中国看作是对美国超级大国统治地位的主要威胁,所以,对中美贸易摩擦走势我们必须要有足够的思想认识和充分的措施准备,千万不可有侥幸的心理。也就是说,在战略上我们通过积极的谈判争取最好的结果,在战术上我们做好最坏的措施应对,这样我们就可以立于不败之地。美国对崛起中国的心理,用一句中国古词表达就是"无可奈何花落去",再用一句心理表达就是"只是不愿中国红"。

最近,商务部又传来好消息,经过中美双方艰苦谈判,中美终于达成双赢协议,这不仅符合双方利益,而且也是我们所希望看到的结果。今后无论中美贸易摩擦走势如何,我们对中美两国贸易都要有三点清醒的认识。

一是中美贸易摩擦，无论是关税提高、还是技术壁垒对双方经济的影响都是相对有限的。中国和美国是两个规模庞大的经济体，其经济发展的主要动力都依赖国内市场。中国对美国的出口仅占整体GDP的4%，进口占1%。而美国对中国的出口仅占整体GDP的1%，进口占3%。多家机构的模拟分析显示，当前的贸易争端可能导致中国2019年的GDP减少0.1%～0.8%，美国则会减少0.1%～0.4%。根据国际货币基金组织（IMF）的测算，全面贸易摩擦到2020年将对中国GDP累计产生1.6%的负面影响，对美国GDP的负面影响累计为1.0%。

二是在全球贸易中，即使美国市场对中国完全关闭，中国也还能找到替代市场。2018年我同美国化工协会理事长、欧洲化工协会理事长、海湾石化协会理事长和日本化工协会理事长有一次十分坦诚、有趣的对话。欧洲化工协会理事长告诉我，中国在对美国贸易冲突中应多关照一下欧洲市场，在美国市场上购买的东西，在欧洲市场都能买得到，不仅质量，而且价格欧洲都有竞争力。海湾石化协会理事长也同样告诉我，中国的进口不仅在欧洲，而且在海湾市场也都有很多的选择机会和很大的优势。

三是美国对中国经济发展的打压、对中国贸易的封锁，其实对中国经济的发展来讲是一种倒逼推动。早在20世纪50年代，美国对中国经济就实行过全面封锁，那时的中国领导人毛泽东就自信地说过，"你封锁吧，封锁10年，20年，中国什么都会有的！"那时的中国经济同今天的中国不可同日而语，那时的中国什么都不怕，今天的中国还怕什么！

有了上述三点清醒的认识，我们对中美贸易摩擦就会了然于胸，泰然处之，闲庭信步，坦然面对。

（四）中国终端市场需求变化和竞争加剧

一方面，在消费升级和供给侧结构性改革的双重推动下，中国的终端消费市场正在快速升级，特别是随着创新和绿色发展方式的转变，国内基础设施、技术改造和设备更新步伐的加快，高端化工新材料、精细化工产品、新能源和电子化学配套产品、绿色安全环保技术和生产服务模式的升级，使石油和化学工业供给侧结构性"短板"的矛盾更加突出。近年来，每年石化行业贸易逆差平均都在3000亿美元左右（2018年全行业贸易逆差高达2832.54亿美元，同比增长43.5%），这从一个侧面反映了我们供给结构的差距和矛盾。

另一方面，我们还应该更加清楚地看到，针对中国高端市场的需求，跨国公司正在紧锣密鼓地进行战略布局，规模之大、速度之快、水平之高都是前所未有。仅2018年一年，就有德国化工巨头巴斯夫投资100亿美元在广东湛江建设全球化学品生产基地；壳牌公司同中国海油合资惠州大亚湾二期炼化一体化项目建成投产，三期工程又在抓紧启动；美国石油巨头埃克森美孚又计划投资100亿美元在广东惠州独资兴建大型石化一体化项目；沙特阿美和中国兵器集团在辽宁合作投资100亿美元建设一座大型炼化一体化项目；北欧化工集团在中国的首个项目也开工建设。此外，沙比克、赢创、科思创、朗逸等一批跨国公司项目扎堆在中国落地。

目前，中国化工市场占全球化工市场的40%。有不少机构预测，到2030年中国化工市场将占全球化工市场的50%。中国的化工市场不仅份额很大，而且未来的竞争也会更加激烈。面对中国消费市场的快速升级和跨国公司战略项目的开工布局，我们深刻感受到中国石化行业产业结构转型升级、创新技术开发和绿色发展加速的竞争压力，更深刻感受到全面深化改革开放、提升战略管理水平和全球一体化发展的艰巨性和紧迫性。

二、石化行业高质量发展的新机遇

我们在看到2019年行业发展挑战的同时，还应清楚地看到行业发展的机遇。中央经济工作会议有一个十分重要、十分明确的判断："我国经济正处于并将长期处于重要战略机遇期，世界面临百年未有之大变局，变局中危和机同生并存，这给中华民族伟大复兴带来重大机遇。"这个判断，不仅十分明确，而且十分正确，只要我们对这个判断有一个全面的认识，我们就能把握自信，把握主动，把握大有作为！

有人讲，中国经济发展不仅改变了自己，而且也改变了世界。2017年，中国GDP已占全世界的15%。国际货币基金组织（IMF）的数据显示，按照购买力平价法计算，中国已于2014年超过美国，成为全球最大的经济体——这是1870年以来的首次，令全世界关注。按照名义数据计算，2017年中国GDP的总量已达到美国的64%，是世界第二大经济体，如今，中国已经成为全球经济和全球经济一体化一个不可忽视的重要组成部分。

中央经济工作会议判断，中国经济正处于并将长期处于重要战略机遇期，这是因为：

一是中国经济增长的潜力还有很大空间。目前中国虽然是世界第二大经济体，但中国城镇化的水平、人均GDP和生产率水平都有很大的提升空间。这种很大的提升空间，决定着中国经济增长的趋势还远未结束。回想20世纪90年代初的日本，是当时仅次于美国的世界第二大经济体，但当时日本人均GDP比美国高出50%，城镇化率已达78%。所以，自20世纪90年代中期，日本便失去了强劲增长的势头。今天中国的情况与当年的日本相比有很大区别，目前中国人均GDP仅为美国的15%左右，城镇化率约为58%，比高收入经济体低20～30个百分点，同时中国生产率同发达国家相比仍有较大的差距。如果中国这些经济"短板"的发展目标全部实现，那么中国经济的持续增长估计还会保持相当长的一段时间。

二是中国经济增长的动力主要来自强大的内需。"十三五"以来，中国消费对经济增长的拉动能力大幅提升。据国家统计局统计，2018年消费对经济增长的贡献率达76.2%，消费对经济增长的拉动作用进一步巩固。麦肯锡研究报告显示，自2015年以来的15个季度中，消费有10个季度对经济总增长的贡献率超过60%。在很多消费领域，中国都是全球最大的市场，目前，中国汽车市场占全球汽车总销量的30%，电动车总销量的43%；2017年中国手机市场销量达7.026亿部，同比增长11.74%，其中智能手机市场高达4.443亿部，华为市场占有率达20.9%，成为中国智能手机销量最高的厂商；全球零售电子商务总量的42%在中国。麦肯锡全球研究院认为，中国消费仍将是全球经济增长的引擎。他们预计，从现在起一直到2030年，中国的消费增长可以与美国和西欧比肩，并为所有出口经济体带来新的出口机会。

据商务部统计，2019年春节黄金周期间，全国零售和餐饮业实现销售收入就高达10050亿元,比2018年春节黄金周增长8.5%。在消费人群中,70后至90后成为主力消费人群,消费额占整个消费额的90%,其中80后占33%,90后占27%。消费地域广为扩大,三、四线城市消费增速超过一、二线城市,其中一、二线城市消费增速为51%,三、四线城市消费增速为55%。消费商品也呈现多样化、高档化趋势,其中男性消费者偏爱汽车用品、酒类和数码产品;女性消费者偏爱母婴玩具、美妆护肤和生鲜食品等。一个13亿人的大市场将是一个潜力无限的巨大消费市场。

三是世界经济对中国的依存度正在逐步提高。过去10年中国同世界经济的联系开创了新的局面,中国对世界经济的依存度有所降低,世界对中国经济的依存度有所上升。自加入WTO以来,中国已经成为全球贸易的核心成员。目前,中国出口占到世界总消费量的2.6%,2000年只有0.8%。目前中国进口占到世界总出口量的2.0%,2000年只有0.4%。在资本方面,中国已成为全球资本的重要来源地,而且还是主要投资目的地。2017年,中国大约占到全球对外直接投资的10%,而2000年才刚刚到1%左右。跨国公司一致认为,中国经济的持续改革开放,不仅对世界而且对中国都会带来新机遇。麦肯锡全球研究院研究报告认为,全球化可以帮助中国企业进入新市场,获取新的人才和战略资产来源,并为国内行业创造竞争压力,从而提高生产率。这项研究发现,到2030年,全球化可以将中国企业的劳动生产率提高10%至15%。整体而言,从现在的投资拉动型增长转向生产率驱动型增长,到2030年可以为中国额外增加5.6万亿美元的GDP和5.1万亿美元的家庭收入。对世界其他地区来说,中国的增长也同样蕴含着巨大机会,进入中国市场仍然是跨国公司营业收入增长的重要动力。如果中国对服务市场和金融市场的进一步开放,整个世界也将大大受益。

四是中国经济的持续增长是世界经济走出危机的新机遇,当前的世界经济,已经成为一个我中有你、你中有我的不可分割的整体,"一损俱损、一荣俱荣"是不可逆转的大趋势,尽管当前出现了一股"反全球化"的逆流,出现了一些"贸易保护主义"的杂音,但全球经济一体化的大势仍然是不可逆转的。在中国同美国的贸易交往中,有资料显示,美国消费者就享受了更低的商品价格,通过进口中国商品,美国的消费价格降低了27%。目前,中国已成为跨国公司寻求新增长空间的重要市场。国家统计局数据显示，2000年至2017年间，外资企业在华营业收入就增加了12倍。有资料显示，目前在中国运营的外企总数从2000年的20.3万家增加到2015年的48.1万家。中国约有40%的出口来自外资企业和合资企业。所以，我们可以明确地告诉全世界：中国的价值链是全球化的价值链，中国经济的持续稳定增长是全球经济走出危机的一个重要机遇。

同时，我们还应该清楚地看到，为了应对2019年宏观经济的不确定因素，中国政府出台了一系列减税让利、金融服务和服务实体经济的政策措施。在李克强总理的政府工作报告中，李克强总理讲，国务院2019年将"实施更大规模的减税"，"明显降低企业社保缴费负担"，"全年减轻企业税收和社保缴费负担近2万亿元"❶。这些政策措施使得中国2019年实体经济、中小企业的经营环境得到了很大的改善。2019年元月份不少企业的经营数据充分证明了这一点。

从以上分析中，我们可以清楚地看到，2019年是挑战和机遇并存的一年，挑战都是"不确定"的，机遇都是"确定"的，我们完全有可能用"确定"的机遇，战胜"不确定"的挑战。所以，2019年石化行业工作的总体思路就是：逆势而上，主动作为，全面发力，变危为机。我们完全可以紧紧抓住大有可为的战略机遇期，在2019年开创行业高质量发展的新作为、新突破、新业绩，以优异的成绩迎接中华人民共和国成立70周年！

三、石化行业高质量发展的目标

无论2019年有多少挑战，还是2019年有多少机遇，最要紧的一句话就是：要全力以赴抓好石化行业自身发展的大事。

自"十三五"以来，石化全行业按照国务院转发的行业结构调整三年规划的目标，紧紧抓住淘汰落后、化解产能过剩的主要矛盾，经过三年的艰苦努力，基本完成了全行业大规模淘汰落后、化解产能过剩的目标任务，出现了全行业创新能力提升、产业结构优化、供给和需求基本平衡的可喜局面。面对全行业结构调整、转型升级的现状，我们可以做出一个结论性的判断：2019年，中国石油和化学工业的转型升级进入了一个全新的

---

❶ 参考新华网2019年3月5日《（现场实录）政府工作报告》，编者注。

阶段，这个阶段就是以技术创新为动力，以产业结构整体升级为重点，以高质量发展为目标的一个全新的阶段。

当前，全球石油和化学工业的竞争越来越激烈，当前和今后一个时期，石油和化学工业的竞争主要集中在高端技术、高端市场和高端产业链上，不仅竞争的水平越来越高，竞争的焦点也越来越集中，而且竞争的强度也会越来越激烈。对中国石油和化工企业来讲，今后走出国门，我们面临的是全球竞争，不走出国门，即使在国内我们面临的也是全球竞争。高质量发展是我们适应全球竞争新形势的必然选择，也是中国石油和化学工业跨入世界石油和化学工业强国的根本要求。

高质量发展是我们全行业跨越式发展的一场大仗、硬仗，需要我们全行业拿出爬坡过坎、滚石上山、勇往直前的勇气和干劲，站在先进战略管理的前瞻点上，走在技术创新的制高点上，立在产业结构调整优化的潮头点上，充分发挥好各类人才的积极性和创造性，加快培育一批具有国际竞争优势的企业和企业集团，在战略、技术、市场、效率和服务等多方面创造出一批能拿得出手、说得出口的第一或唯一的高水平成果，为中国石油和化学工业早日跨入强国行列奠定坚实的基础。

根据中央经济工作会议的总体要求和行业务虚会的具体安排，2019年我们全行业要紧紧抓住高质量发展的目标任务，全力以赴抓好六件大事。

（一）牢固树立安全生产责任意识，全面提升行业发展本质安全水平

安全生产是我们行业发展的永恒主题，安全生产是全行业发展的生命线，也是全行业高质量发展的基本前提。近年来，我们行业安全生产事故数量总体呈下降趋势，据有关统计分析，2018年全国共发生化工事故176起、死亡223人，同比减少43起、43人，分别下降19.6%和16.2%；其中重大事故2起、43人，同比起数持平、人数增加23人，上升115%。从以上分析中，可以清楚地看到，石化行业的安全形势并没有从根本上得到好转，安全生产的形势依然严峻。

以2018年发生的典型安全事故分析，我们可以清楚地看到，企业发生事故的主要原因在于企业安全责任不落实、基础管理问题突出、员工素

质与技术操作能力差。如四川宜宾"7·12"重大爆炸着火事故的恒达科技公司未批先建、非法生产，违法违规委托不具备安全生产条件的其他企业进行生产、试验，相关设计、施工、监理、评价、设备安装等技术服务单位也未依法履行职责，违法违规进行设计、施工、监理、评价、设备安装和竣工验收。又如河北张家口"11·28"事故，企业工艺管理、设备管理、仪表管理、现场管理和安全生产管理都十分混乱；"三违"问题十分严重，事故发生时主控室的绝大部分人员都在"睡岗"，值班长和副调度长事发时均不在岗；董事长同时身兼4个企业董事长，总经理也是异地兼职，企业没有设置独立的安全生产管理机构，职工反映四年间只见过一次总经理。企业领导对三个氯乙烯气柜、两个球罐这样高风险的重大危险源紧靠301国道带来的风险没有丝毫警觉，对省道夜间大量车辆和人员驻留带来的风险叠加没有丝毫警觉；在氯乙烯泄漏发生爆燃后当班操作人员仅对气柜东面的球罐附近进行了简单的灭火操作，企业也未积极组织应急救援。

石化行业安全生产暴露出的问题，凸显了我国化工企业与跨国公司在安全生产上的差距。以具有200多年发展历史的杜邦为例，企业发展初期主要生产黑火药，安全事故不断，1815年有9名员工在爆炸中死亡，1818年又有40名员工在另一起事故中被炸死。经历过血的教训，杜邦在内部建立了管理层对安全管理的严格责任制度，埃留特·依雷内·杜邦首先把自己的家建在车间上面的山坡上，让自己家人的安全与员工的生命安全联系在一起；公司还规定，在杜邦的家族成员亲自操作之前，任何员工不允许进入一个新的或重建的工厂。他们认为，企业的安全生产是可管可控的，安全管理的核心在于安全责任的落实，而安全责任的落实首先在于领导要把安全管理摆在企业发展的首位。杜邦安全管理的制度后来演变为如今杜邦公司管理层的"有感领导"，并形成了系统成套的HSE管理制度。我们应学习杜邦的经验，一定要用血的教训换来铁的自律、钢的管理。

2019年我们把安全工作作为全行业高质量发展的首要任务，在年初就启动了重点行业、重点企业安全生产管理自查抽查专项行动。在2018年年底我们部署了炼油、氯碱、纯碱、氮肥、现代煤化工等五个重点行业的安全生产专项行动，先要求企业开展自查，然后由五个会领导分别带队组成工作小组赴企业进行抽查。在抽查基础上，还安排了五个小组的专题总结汇报。此次专项行动是2019年联合会工作的开年大戏，是石化行业一次自觉从严、自觉从细、自觉从高的自律行动。在自查和抽查过程中，企业都高度重视，十分认真，对发现的问题及时进行整改，说明我们企业对安全生产越来越重视，工作做得越来越深入，安全生产能力和水平都在提高。同时在安全意识上、安全管理上、能力建设上也暴露出存在的差距。安全生产管理工作只有进行时，没有完成时，今后我们还要做好以下工作：

一是引导企业加强自律，牢固树立行业安全发展理念，切实落实企业主体责任，加强过程控制和风险管控，提升应急管理和应急处置能力。

二是结合自查、抽查结果进行经验总结，制定切实可行的安全生产提升方案，确定提升的重点工艺和装置，同时对优秀企业的经验进行总结推广。

三是深入推进危险化学品企业安全生产标准化建设，提升企业生产安全管理规范化、科学化水平。

四是推动有关地区、有关企业进一步强化设计诊断、特殊作业、危险化学品罐区、自动化改造、反"三违"、厂区周边和下水管网等专项整治，建立健全并严格落实各项安全管理制度。

五是高水平推进"责任关怀"。结合企业自己的特点，贯彻我国关于安全生产的法律法规和标准要求，树立石化行业长期形成的、行之有效的管理方法和管理理念，包括加强"责任关怀"宣传培训、编制年度"责任关怀"报告、制定中国"责任关怀"实施情况评估准则、组织开展单位自评、企业互评和KPI指标征集等工作，努力探索具有中国特色、具有世界水平的中国"责任关怀"工作新高度、新业绩。

我们希望这次专项行动，能够成为全行业实现长久本质安全环保的新起点，我们还要通过其他工作共同配合、形成合力，不断强化行业自律、企业自觉，以实现安全环保工作的根本性好转和提升。

（二）扎实推进提升行业创新能力，努力实现行业供给侧结构性改革的新突破

推动高质量发展，发展先进制造业，必须要依靠科技创新。中央经

济工作会议指出，要增强制造业技术创新能力，构建开放、协同、高效的共性技术研发平台，健全需求为导向、企业为主体的产学研一体化创新机制。这几年，我们在行业创新能力提升上下了很大功夫，也取得了一些重大技术的创新成果。

2016年到2018年，石化行业共有139项化学化工类科技成果获得国家大奖。三年来，联合会奖励基金共授予行业科学技术奖项目奖847项，其中技术发明奖142项、科技进步奖705项，奖项涵盖了从保障国家能源和重要原材料供应的油气、新材料领域，到致力于民生改善、构建环境友好型产业的环保治理和节能减排领域。可以看出，技术创新已经成为行业产业结构升级、企业产品结构优化的主要动力。

尽管在"十三五"时期，石化行业在科技创新方面取得不小进步，但与发达国家相比还有不小的差距，与我们向石油和化工强国的跨越还有不小的距离。

最近，在英国品牌评估机构Brand Finace发布的"2019全球最有价值的十大化学品牌"排行榜中，德国巴斯夫、美国陶氏和沙特基础工业依旧名列前三位。紧随其后的是韩国LG化学、美国杜邦、美国利安德巴塞尔、法国液空、日本三菱化学、美国普莱克斯和日本旭化成，中国化工品牌无一上榜。

专业咨询机构科睿唯安根据每年申报的专利总数、获得审批的专利比例、专利组合在全球的分布情况以及通过被引用次数所得出的专利影响力等四个因素，遴选出2018～2019年度全球创新百强企业与机构。作为全球创新中心的美国和日本在百强中的比重超过了70%，其中涉化企业共有15家，包括日本的旭硝子、三菱化学、三井化学、日亚化学、日东、信越化学、东丽等7家；美国的3M、陶氏杜邦、埃克森美孚3家；德国的巴斯夫、拜耳、弗劳恩霍夫光伏晶硅研究中心3家；法国和韩国分别是道达尔和乐星产电。榜单中没有中国石化企业的身影，这充分说明，在科技创新方面，我国石化企业仍然有很长的路要走。

在新的一年里，我们全行业，特别是企业的创新必须要进一步加力、加速，要紧紧围绕新能源、化工新材料、高端精细化学品、现代煤化工和节能环保等战略性新兴产业，抓紧组织产学研一体化的战略联盟，完善国家实验室和行业重点实验室，抢占一批行业发展的关键技术、短板技术和优势技术，加快形成一批新的经济增长点。要充分利用政府出台的一系列新规划、新政策、新措施：传统产业改造升级，长江经济带保护开发，危化品搬迁入园改造，培育具有国际竞争优势化工园区和企业集团……形成行业一揽子创新发展、转型升级的强大动力与合力，在行业创新发展上再上一个扎扎实实的台阶。

创新发展的一个核心任务，就是要以创新为动力，加快推进全行业产业结构的优化升级。我们在"十三五"规划的前三年，下了很大功夫去淘汰落后、化解产能过剩，在今后高质量发展的新阶段，防止新形势下出现新的产能过剩仍然是一个不容忽视的大问题。在最近各地发展的规划中，炼油行业、PX、PC和乙二醇等产品都出现了一些必须引起我们高度重视的问题，低水平重复建设是一个大问题，高水平重复建设是要给更大的问题。

（三）紧紧抓住绿色可持续发展新机遇，率先实现行业绿色低碳循环经济发展目标

习近平总书记在2018年全国生态环境保护大会上深刻指出，"生态环境是关系党的使命宗旨的重大政治问题，也是关系民生的重大社会问题。"这是我们党首次把生态环境保护上升到党的使命宗旨的高度，是对"生态文明建设是关系中华民族永续发展的根本大计"这一新论断的深化和具体化。在讲到解决生态环保问题的策略和途径中，习近平总书记反复强调，"要全面推动绿色发展。绿色发展是构建高质量现代化经济体系的必然要求，是解决污染问题的根本之策。"[1]这充分说明了绿色发展在高质量发展中具有不可替代的地位和作用，绿色发展解决的问题是全局性的、长远性的和根本性的，没有绿色发展就不可能最终解决生态环保问题。

尽管当前在推进行业绿色发展方面开展了一些工作，行业绿色发展出现稳中向好趋势，但石化行业发展仍然存在资源能源消耗和"三废"排放

---

[1] 参考人民网2018年5月20日《习近平：坚决打好污染防治攻坚战 推动生态文明建设迈上新台阶》，编者注。

量大、安全环保事故依然较多、技术支撑能力不足、标准体系不完善等问题。尤其是我国石油和化学工业已全面进入发展的"新常态",资源承载能力逼近极限,环境约束进一步强化,以高消耗、高投入、高排放为主要特征的传统生产方式已完全不适应建设石油和化学工业强国的新形势、新要求。生态文明建设正处于压力叠加、负重前行的关键期,已进入提供更多优质生态产品以满足人民日益增长的优美生态环境需要的攻坚期,也到了有条件有能力解决生态环境突出问题的窗口期。绿色发展犹如逆水行舟,不进则退。这是一个凤凰涅槃的过程,需要跨越一些常规性和非常规性关口。

可以说,全面提升绿色低碳循环发展水平,已成为全行业高质量发展的紧迫任务。如果现在不抓紧,将来解决起来难度会更高、代价会更大、后果会更重。我们必须咬紧牙关,爬过这个坡,迈过这道坎,力争石化行业的绿色发展水平走在工业部门的最前列。

一是高标准打好行业重点污染防治攻坚战。继续围绕关键产业、重点产品,全面推进绿色标准化体系建设,不断完善绿色制造标准体系。要抓紧制订和完善化工绿色产品、工厂评价标准,开展行业绿色工厂、绿色产品、绿色园区认定,培育绿色发展的典型示范。制修订重点产品能耗限额国家标准、重点产品碳排放限额国家标准、重点产品取水定额国家标准。开展年度重点产品能效"领跑者"发布工作,推广节能、低碳、节水技术,深入推进废盐、废酸、VOC治理工作,解决突出环境问题。

二是高质量抓好重点领域和关键环节技术改造,加快形成绿色产业体系。要大力推进对传统产业实施清洁生产技术改造,优化原料结构和产品结构,淘汰高耗能、高排放、高污染的落后装置,促进资源综合利用,减少污染排放。要大力培育一批专业环保设施营运、污染物高效处理、环保材料生产、废物再生利用的大型节能环保企业和"专精特新"的中小型节能环保企业,壮大节能环保产业、清洁生产产业和清洁能源产业。

三是努力构建以企业为主体、市场引导和政府推动相结合的清洁生产和循环经济推进机制。2019年要集中力量围绕全球各国普遍关心的塑料海洋污染和白色污染的重大课题,深入研究,广泛听取意见,尽快拿出中国解决方案。要以行业污染物源头减排为重点,积极推进产品绿色设计,加快实施清洁生产技术改造，从源头上减少"三废"产生量。要推广处理量大、运行稳定、经济可行的综合利用技术，减少生产过程中的材料和能源浪费，提高资源利用率，减少废弃物排放量。要加强废弃物处理，促进高值化、规模化、集约化利用。要加快推进化工园区循环化改造，提升园区绿色发展水平，创建一批绿色发展示范园区。

　　四是高效率开展产学研协同攻关，培育壮大绿色发展新动力。要围绕突出的资源能源和环境问题，组建一批产学研协同创新平台，突破一批高效节能、安全环保、资源循环利用关键技术，开发一批先进适用的能量系统优化技术和末端治理技术。要大力开展页岩气、煤层气、致密油、生物质能源、氢能等非常规油气资源勘探开发技术攻关，重点攻克油品及大宗化工原料绿色制备技术、"三废"排放与资源化技术、土壤修复技术、高效节能技术、CO_2捕集封存利用技术等长期困扰行业发展的重大技术难题。要积极推进烟气治理、污水固废处理及环境监测等环保装备基本实现系列化、集成化、品牌化，形成一批新的经济增长点，为行业转型升级提供新动力。

（四）加快推进"一带一路"国际合作项目落地，全力开创全行业全球配置资源的能力和水平

　　石油和化学工业是中国企业较早"走出去"开展合作的行业之一，在推动共建"一带一路"倡议过程中取得了卓越成就。2016年，受中财办的委托，我们开展了国际产能合作课题的研究，研究成果得到了党和国家领导人高度认可。我们提出了全行业加快推进"四大集群"和"四大基地"的总体战略，即：加快组织资源合作类、产能合作类、节能环保类和生产性服务业类的四大产业集群；积极构建以国内石油化工产业集聚区为首，中东欧石油化工产业集聚区为尾，中东、东南亚和南亚、中亚俄罗斯化工产业集聚区为中间节点，辐射非洲、北美、南美、澳大利亚的"一带一路"国际产能合作的四大基地。即：中东石化产能合作基地、东南亚石化产能合作基地、中亚俄罗斯产能合作基地、中东欧产能合作基地。同时，为更好地帮助企业"走出去"，进一步加强对全行业共建"一带一路"

的指导，2016年9月，在国家发改委指导下，联合会发起成立了"中国石油和化工行业国际产能合作企业联盟"。联盟成立两年来，先后组织成立了匈牙利、俄罗斯、伊朗等7个工作委员会；完成了多项国家级课题，编制了"一带一路"油气石化绿色发展指标体系，形成了中美、中俄、中阿、中伊等多本国别研究报告，并部分出版发行；与"一带一路"沿线的十一个重点国家签订了战略合作备忘录，努力推进石油化工国际合作产业集群建设和项目落地；建立了中国石油化工国际产能合作研究院和"一带一路"国际人才培养中心；为行业企业促成了一批海外专利技术引进与合作、并购、投资、工程总包等多个项目。有效落实和进一步推动石油化工行业共建"一带一路"和国际产能合作工作。2019年，我们要在已有工作基础上，进一步提高全行业国际化经营能力和水平为目标，以提高全行业资源全球化配置、市场全球化开拓、供应链全球化链接、人才全球化流动为重点的全球资源配置的水平和能力，不断提升中国石油和化学工业的国际竞争力。

一是要扎实做好重点行业、重点国家的信息搜集和研究工作。组织开展《化工行业国际产能合作指导政策前期研究》和《石油和化工行业"一带一路"产业布局指导意见前期研究》工作，选取重点行业开展研究。根据带路国家需求和行业特点，围绕企业发展方向，务实推进海外集聚区建设和项目实施落地。截至2018年年底，我们共与伊朗、阿曼、沙特阿拉伯、阿联酋、匈牙利、波兰、法国、德国、瑞士、俄罗斯、哈萨克斯坦等20个国家签订双边战略合作协议。2019年我们将着重推进中伊、中阿（阿曼）、中沙（沙特阿拉伯）、中阿（阿联酋）、中俄、中法、中越、中泰、中埃等海外集聚区建设。

二是加强平台建设，扩大中国石油和化工行业国际产能合作企业联盟影响力。在联盟现有伊朗、匈牙利、坦桑尼亚、阿曼、化肥、金融工作委员会和北美代表处的基础上，拟由企业牵头，组建阿联酋、沙特阿拉伯、俄罗斯、文莱、合规、贸易研究、使馆工作委员会和"一带一路"国际人才培养中心。加强信息搜集能力，充实基础信息库。结合目前重点推进合作的20个国家和海外产能合作区，安排中东线、中亚线、东南亚线、欧洲线出访计划。加强贸易研究，关注双边、多边贸易救济措施和应对，更加积极主动地倡导合规理念，维护我国企业自身利益。

三是完善配套机制，做好配套服务。 积极争取各部委和地方政府支持，为投资项目提供所需的产业和技术咨询、工程设计与施工、金融服务等全方位支持，积极推动石化行业"走出去"产业基金尽快落地。为行业企业"走出去"提供"后勤保障基地"。做好"一带一路"产能合作的财政、税收、金融等政策研究，特别是要在充分发挥企业主体作用、管控各类风险上下功夫，使石化行业开展"一带一路"国际合作更加健康、更加务实、更加高效。

（五）大力增强微观主体活力，确保实现全年稳中有进的总体目标

企业是市场经济的微观主体，是经济发展活力的源泉。特别是当前我国经济正处在矛盾凸显、风险叠加、滚石上山、爬坡过坎的关键阶段，激发和增强微观主体活力对实现经济运行"稳中有进"目标至关重要。中央经济工作会议指出，"要增强微观主体活力，发挥企业和企业家主观能动性，建立公平开放透明的市场规则和法治化营商环境，促进正向激励和优胜劣汰，发展更多优质企业。"因此，增强企业微观主体的活力，增强企业核心竞争力，我们面临着十分艰巨的任务。

与跨国公司相比，我国企业在创新、管理等方面都存在较大差距，特别是战略管理一直是我们企业的"短板"，我们不少企业不仅战略管理能力比较弱、水平不够高，甚至许多企业根本没有战略管理。在全球产业结构加快转型升级背景下，企业的战略管理水平已成为影响核心竞争力的一个十分重要的因素。以2017年数据为例，石化行业的平均销售利润率只有6.14%，行业人均利润只有13.2万元，年流动资金周转次数只有2.61次，大型企业的经济效益和经济效率指标同跨国公司相比则差距更大。微观主体的活力和竞争力直接关系着行业发展的质量和水平，中央反复多次强调增强微观主体活力，传递出国家完善市场环境，提振市场信心，稳定市场预期的决心。2019年，我们将在增强微观主体活力，提升企业核心竞争力上下大功夫，为行业经济运行注入新的活力，为行业从大国向强国跨越培

养一批排头兵和领头羊。

一是引导企业下大气力提升战略管理水平。2019年初，我们发出了学习借鉴巴斯夫企业新战略的一封信，同时对2018年年底巴斯夫发布的企业新战略进行了介绍和引导式解读，这一封信得到国资委郝鹏书记和肖亚庆主任的批示。下一步，我们还将在化工报上组织系列学习讨论，特别是引导大型企业对全球产业结构调整升级背景下的战略管理进行思考和讨论，大力提升行业企业特别是大型企业的战略管理水平，努力提升企业产品竞争力、成本竞争力、效率竞争力和服务竞争力等核心竞争力，为培育具有国际竞争力的企业和企业集团，提供一批具有借鉴意义、有复制可能的发展典型。

二是下大功夫培养一批高质量发展、有核心竞争力的企业典型。2018年，我们在同世界著名咨询机构开展课题研究时，他们十分关心在中国由石油化工大国向强国跨越中，能否培养出具有全球竞争力的中国的杜邦和巴斯夫。加快培养具有全球竞争力的企业和企业集团，这是石化行业高质量发展、实现由大国向强国跨越的战略任务。2019年联合会要下大功夫组织力量培养一批行业高质量发展的典型企业，并下功夫总结这些典型企业的先进经验，努力在国有企业、民营企业、在大型企业和"专精新特"的小型企业中，培养一批核心竞争力过硬的领头羊企业，并充分发挥这批典型企业的引领、示范和推动作用。

三是扎实做好行业经济运行监测。进一步加强油气数据平台、化工大数据信息系统和现代煤化工生产运行直报系统建设，继续完善化工景气指数和油气景气指数两个先行性指标，加强对市场变化的跟踪研究，提高行业景气指数、经济运行数据快报和监测报告质量，加强趋势分析与预测，增强工作的前瞻性和有效性。用及时性、前瞻性和权威性的第一手资料，发挥市场引导、预警和服务功能，引导行业良好运行。

四是推动优化政策与市场环境。密切关注行政审批权下放、人民币汇率、要素价格改革、金融和税收政策调整、化工环保、安全生产、民营炼油产能增长带来的变数及进口政策等影响经济运行的热点问题，关注国内市场需求的变化以及各地在政策法规执行和管理方式的差异，向政府部门反映企业遇到的困难和政策诉求，并提出建设性意见和建议，切实减轻企业负担，营造良好的政策与市场环境。

（六）深入开展"十四五"行业规划调研，认真谋划好"十四五"行业发展的方向和重点

"十四五"规划是我国全面建成小康社会收官、向实现中华民族伟大复兴第二个百年奋斗目标迈进而制定实施的又第一个五年规划，是推动我国由世界石油和化学工业大国向强国跨越的具有关键意义的一个五年规划。如果说"十三五"规划是一个"去产能、调结构、育青苗，由大国向强国迈步"的规划，那么，"十四五"规划则应该成为一个"育大树、建优势、出特色，由大国向强国跨越上台阶"的规划。

"十四五"时期，石化行业面临的形势将更加复杂，需要解决的制约因素和矛盾将更加突出，国际竞争将更加激烈，新技术革命将更具挑战，行业高质量发展的任务将更多更重，需要我们下更大功夫进行前期调查研究。2019年，我们将组织对"十三五"规划实施情况进行综合评估，在此基础上，以国家重大需求为牵引，坚持面向行业转型升级主战场，对油气勘探、炼油、化工新材料、高端专用化学品、现代煤化工、科技创新、装备制造、化工园区、绿色发展等重点领域组织"十四五"规划的专题调研，组织召开专家讨论会，就"十四五"战略机遇期的内涵与特征、"十四五"发展的主题主线，以及"十四五"发展中需要突出关注的重大问题和重点专项规划等进行深入地研讨和交流。要做好"十四五"规划编制资料准备、研究编制队伍组建、规划编制思路拟定等工作，为正式编制"十四五"规划打好基础。用一个高水平的五年规划，引导全行业实现产业技术的前沿突破、产业结构的高端突破、绿色发展的全面突破、管理效率的领先突破，开创中国石油和化学工业"十四五"高端发展、高质量发展和高效率发展的新局面，为实现由石油化工大国向石油化工强国跨越奠定坚实的基础。

聚焦高端技术　激发企业活力
努力探索行业高质量发展新路径*

中央经济工作会议指出，世界面临百年未有之大变局，变局中危和机同生并存。要善于化危为机、转危为安，变压力为加快推动经济高质量发展的新动力。国内外经济环境的剧烈变化，特别是全球石化产业结构深度调整，给我国石油和化学工业发展带来了前所未有的挑战和机遇。面对严峻挑战，我国石油和化工行业积极识变，沉着应变，主动求变，认真贯彻落实国务院发布的《促进石化产业调结构促转型增效益指导意见》，大力推进供给侧结构性改革，行业发展出现了一系列转型升级的新气象，进入了一个高质量发展的新的阶段。

一、我国石油和化工行业进入高质量发展的新阶段

三年来，全行业深入贯彻实施"十三五"规划和《调结构促转型增效益指导意见》，大力淘汰落后工艺、落后装备、落后产能，积极培育化工新能源、化工新材料、现代煤化工、高端专用化学品等战略性产业，扎实推进清洁生产、循环经济、绿色发展，积极走出去开展"一带一路"产能合作，企业经营状况显著改善，盈利能力明显提高，创新发展的驱动力不断增强，行业发展出现了一系列深刻的变化。

---

* 这是2019年4月10日，在2019年石化产业发展大会上的报告。

一是化解产能过剩矛盾成绩显著，行业效益明显改善。我们以壮士断腕的决心和抓铁有痕的劲头，严格门槛准入，提高环保标准，强化预警引导，加快退出炼油、化肥、电石等重点行业落后产能，特别是坚决退出环保不达标、消耗不达标、安全隐患大的落后产能。三年共淘汰炼油装置121套、合计产能9175万吨/年，化肥（合成氨净减少205万吨/年、氮肥465万吨/年、磷肥20万吨/年）、尿素净减少实物量1133万吨，电石净减少400万吨，硫酸净减少200万吨，农药原药净减少折纯量12万吨。其他行业也通过技术升级改造、产能置换等措施，退出低端产能，促进高端产能，优化产品结构，提升产品质量，全行业开工率明显提高，市场供大于求的突出矛盾得到扭转，企业效益明显提升。2018年，全行业规模以上企业27813家，与2015年相比减少1952家；实现效益8394亿元，比2015年增加1909.1亿元，增长29.4%；行业主营业务收入利润率6.77%，为2012年以来最高，其中化学工业主营业务收入利润率6.89%，达到历史最高水平。

二是新旧动能转换步伐加快，创新成为发展的重要驱动力。三年来，全行业大力推进化工新能源、化工新材料、高端专用化学品、现代煤化工等创新平台建设，努力构建产学研用相结合的技术创新体系，突破了一大批关键核心技术。T800及以上级碳纤维、聚碳酸酯、聚苯硫醚、SEPS、耐高温半芳香尼龙PA10T、天然气长输管线压缩机组等打破国外垄断，先后实现产业化。树脂制备及工程化研究进步明显，开创了我国表面材料水性化新局面。煤制乙醇、CO_2-甲烷多重整制合成气（$CO+H_2$）关键技术、高温费托合成技术、合成气直接制烯烃等现代煤化工技术创新继续保持国际领先水平。国六标准成品油、绿色轮胎、环保涂料、高档染料、高效无害化肥和农药等高附加值、高端专用化学品占比显著提升，行业新旧动能转换迈出重要步伐。2018年，基础化学原料、合成材料和专用化学品对行业收入贡献率分别达到35%、30.9%和18.6%；其中，生物基材料制造增加值同比增长2.1倍，生物质燃料制造增加值增长37.6%，创新已成为引领、支撑、推动行业高质量发展的重要驱动力。

三是污染防治攻坚战强力推进，绿色低碳发展方式初步确立。全行业深入贯彻落实习近平生态文明思想,以打赢污染防治攻坚战为抓手,围绕解决高浓度有机废水、VOC、废盐、废酸、汞污染治理和磷石膏综合利用等热点难点问题,积极构建绿色低碳发展方式,大力推进从产品设计、生产开发、产品包装、产品分销直到回收处置利用的全产业链绿色化。我们深入实施《关于促进石化产业绿色发展指导意见》,编制发布了废水治理、废气治理、固废治理、节能低碳、安全管理提升和园区绿色发展六大行动计划,大力发展循环经济,深入推进"责任关怀",建立绿色制造标准体系,开展能效领跑者发布以及绿色产品、绿色工厂和绿色园区创建活动,推广应用了一大批清洁生产和节能减排先进技术,行业重点产品能耗和废物排放量持续下降。2017年行业能效领跑企业的乙烯、轮胎、甲醇、离子膜法烧碱、氨碱法纯碱、黄磷、聚氯乙烯等重点产品平均吨综合能耗比2015年分别下降2%、6%、4.7%、4.6%、4.8%、4.7%和3.7%。

四是化工园区建设迈上新台阶,集群化发展态势日趋明显。2018年底,全国重点石化园区,或以石油和化工为主导产业的工业园区共有601家。其中,产值达千亿级的超大型园区13家,500亿~1000亿的大型园区29家,100亿~500亿的中型园区155家,既有上海、宁波、惠州大亚湾、珠海高栏港等管理规范、产业链配套比较完善的综合性化工园区,也有江苏高科技氟化学工业园、泰兴精细化工园区、宁东能源化工基地等同类企业集中、规模效益突出的特色化工园区,在资源配置、拉伸产业链、发展循环经济等方面具有明显优势,土地利用率、产出回报率、劳动生产率持续提升,集聚集约效应凸显,具备了产业集群化发展的基础。2017年,前30强化工园区占全国石化产业销售收入的17.1%,实现利润总额占24%,利润率达到8.6%,高于全行业平均利润率2.5个百分点。随着《关于推进城镇人口密集区危险化学品生产企业搬迁改造指导意见》的发布与实施,企业进园入区步伐进一步加快,以石化基地和化工园区为依托,将逐步建成一批世界级石化产业集群。

五是"一带一路"合作稳步推进,对外开放新格局加快形成。我们认真贯彻共商、共建、共享原则,组织资源合作类、产能合作类、节能环保类和生产性服务类的四大产业集群走出去,与10余个"一带一路"沿线国家签署战略合作备忘录，重点建设中东、东南亚、中亚俄罗斯和中东欧产能合作基地，促成专利技术引进与合作、并购、投资、工程总包等多个项目实施落地。据石油企协统计，2018年我国海外油气权益产量突破2亿吨，达到2.01亿吨油当量，其中权益原油产量1.6亿吨，权益天然气产量500亿立方米。我们积极优化出口结构，专用化学品、合成材料、有机化学原料等出口增长较快，合计占化工行业出口交货值比重的49.1%，三年来提高了2.8个百分点，而化肥、橡胶制品等传统化工产品出口占比持续下降。我国市场继续扩大对外开放，巴斯夫、壳牌、埃克森美孚、沙特阿美、北欧化工、沙比克、赢创、科思创、朗逸等一大批高质量、一体化的独资与合资项目扎堆落地。我国石油和化工行业全方位对外开放的新格局正在加快形成。

三年来，经过全行业的艰苦努力，行业高质量发展打下了坚实基础，但也面临着一些亟待解决的突出矛盾和问题。

一是安全生产事故频发的势头必须尽快遏制。最近以来，石化行业重大、特大、特别重大事故频频发生，造成了严重、恶劣的影响。2018年"7·12"事故、"11·28"事故以及2019年"3·21"事故，充分说明了石化行业安全生产形势依然严峻。从一系列典型事故分析中，我们可以清楚地看到，所有安全事故发生的直接原因，都是违规操作，安全责任不落实，安全监管不到位。从世界化学工业发展的实践看，从跨国公司安全管理的经验看，石化全行业一定要牢固树立企业的安全生产是可管可控的，企业的安全事故是可防、可杜绝的！我们一定要用血的教训，换来全行业铁的自律、钢的管理。一定要把安全生产责任层层落实，一直落实到执行环节。

2019年我们把安全生产作为全行业高质量发展的首要任务，在年初就启动了重点行业、重点企业安全生产管理自查抽查专项行动。2018年年底我们就部署了炼油、氯碱、纯碱、氮肥、现代煤化工等五个重点行业的安全生产专项行动，首先要求企业开展自查，然后由五个会领导分别带队赴企业抽查，在抽查的基础上，还安排了五个小组专题总结汇报。安全生产专项行动是全行业2019年的开年大战，是石化行业一次自觉从严、自觉从细、自觉从高的自律行动，在自查和抽查的过程中，企业都高度重视，十分认真，对发现的问题及时进行整改，说明企业对安全生产越来越重视，工作做得越来越深入，安全生产能力和水平都在提高。同时在安全意识上、安全管理上、能力培育上、作风建设上也暴露出不少的问题。特别是量大面广的中小企业，安全生产管理的问题仍然不少。安全生产管理只有进行时，没有完成时。必须要天天讲、月月讲、年年讲。我们必须要用严格的安全生产责任制，严惩害群之马，从根本上提高全行业本质安全的管理水平。

二是在传统产业的低端、落后产能加快退出的同时，部分企业仍存在求大求全心理和重复建设的冲动，不顾市场需求变化和市场风险，正在盲目上马一批产能规模更大、投资规模更高的项目，我们必须要严格防止在高质量发展中出现新的重复建设的倾向。我们绝不能再干用今天的投资制造明天灾难的蠢事了。低水平重复建设是一件十分痛苦的事情，高水平的重复建设更是一件令人可怕的事情。如何在全新的市场环境中，在高质量发展的新阶段走出一条行业自律、供需平衡、高端化、差异化发展的新路子，是需要我们全行业认真在实践中总结和探索的一个大问题。

总之，我国石化行业高质量发展正在进入爬坡过坎、攻坚克难的新阶段，任务更加繁重、困难更加艰巨。全行业必须全面贯彻中央经济工作会议提出的"巩固、增强、提升、畅通"八字方针，"巩固"化解产能过剩矛盾成果，推动更多产能过剩行业加快出清；发挥企业和企业家主观能动性，"增强"微观主体活力，发展更多优质企业；"提升"产业链水平，注重利用技术创新和规模效应形成新的竞争优势，培育和发展新的产业集群；"畅通"国内外合作，提升资源全球化配置能力，把行业高质量发展提升到一个新的水平。

二、努力探索行业高质量发展的新路径

中央经济工作会议明确指出，我国经济运行主要矛盾仍然是供给侧结构性的，必须坚持以供给侧结构性改革为主线不动摇，要紧扣重要战略机

遇新内涵，加快经济结构优化升级，提升科技创新能力，深化改革开放，加快绿色发展，参与全球经济治理体系变革。

我国石化行业要在完成前三年《调结构促转型增效益实施方案》的基础上，把准脉搏、突出重点，以问题为导向，采取新的思路、新的方法，在增加有效供给、高端供给、高质量供给上发力，努力探索行业高质量发展的新路径。我们行业的高质量发展必须聚焦在五个重点方向上：

一是技术创新要在制高点上突破。中国石油和化学工业由大国向强国跨越，在高质量发展中的最大"短板"，就是创新能力薄弱。虽然"十三五"以来，石化行业在技术创新上取得了一系列新突破，也获得了一批有重大影响的新成果，但从行业发展的总体水平上分析，从行业发展制高点技术上分析，我们同化学工业强国、同跨国公司相比还有较大的差距，特别是在高端、前沿技术方面，我们的研发水平还有很大的距离，在基础研究同应用研究结合突破方面，我们还有不小的差距，中国石油和化学工业只有在保持现有技术创新优势的同时，还要下功夫在制高点技术上取得领先的突破，我们行业才有可能取得高质量发展的新提升，才有可能取得今后10年至20年发展的主动权。

历史经验表明，科技革命总是能够深刻改变全球石化产业发展格局。行业发展不创新不行，总是跟踪与模仿创新也不行。在高质量发展的新阶段，就是要走自主创新、原始创新的新路，在制高点上取得原创性突破。国际知名咨询机构科睿唯安最近评出的2018～2019年度全球创新百强企业，其中有15家化工企业，全部是日本、美国、德国、法国等发达国家的企业，我国没有一家企业入选。巴斯夫、杜邦、陶氏等跨国公司研发投入占销售收入的比例都超过了3%，有的甚至超过5%，而我国大型企业的研发投入普遍不到1%，创新差距巨大。推进供给侧结构性改革，必须要把技术创新摆在企业战略的核心位置。集中力量攻克一批关键核心技术、"卡脖子"技术，抢占一批事关长远和全局的科技战略制高点。要抓住新一轮科技革命的重大机遇，瞄准世界科技前沿，大力支持从0到1的原始创新，攻克一批世界级技术难题，取得颠覆性科技成果，力争在重要领域实现跨越发展，加快由"跟跑"为主转向"并跑"乃至"领跑"转变。

二是产业结构要在产业链高端上延伸。原材料开采加工、基础化学品制造等传统产业在我国石化行业中占比较大，而高端化工制造业和战略性新兴产业占比不足10%，行业总体仍处于产业链和价值链的中低端。加快推进产业结构高端化进程，促进产业结构在产业链高端上延伸，培育战略性新兴产业集群，是全行业实现高质量发展面临的紧迫任务。

要集中有限目标、集中有限力量，努力发展具有相对优势的新能源、化工新材料、高端专用化学品产业。特别是要围绕大飞机、高铁、汽车轻量化、电子信息等重大工程需求，加快发展高端聚烯烃、专用树脂、特种工程塑料、高端膜材料等化工新材料，功能材料、医用化工材料、高端电子化学品等专用化学品以及催化剂、特种助剂（添加剂）等特种化学品，努力提高产业链高端供给能力。

要继续加大安全和环保不达标的落后产能淘汰力度，加快推动落后产能出清，推进企业优胜劣汰。要严控新增低端产能，要用"去产能"和"补短板"相结合的措施，不断提升传统产业的竞争优势，警惕和抑制重复建设特别是高水平重复建设的冲动。要重点加强炼油和一些重点化学品的产能监测，做好产能过剩预警。深入细致做好危化品生产企业搬迁改造工作，推动危化品企业搬迁入园，认真解决企业搬迁过程中存在的各种问题，促进化工园区科学布局。引导园区内企业链接循环发展，园区之间错位耦合发展，在园区内形成规模和集约效应，形成特色发展和集群发展新模式。

三是发展方式要在绿色化学上发力。绿色化学是化学工业发展的又一新境界。它包括新的化学反应过程研究、传统化学过程的绿色节能改造、传统能源清洁利用技术、资源可再生及综合利用的绿色生化技术等。绿色发展既是产业结构优化升级的重要内容，又是推进高质量发展的重要手段，也是行业发展方式的重大转变。推进绿色发展，必然会推动行业从高投入、高排放、低效率的粗放式发展向创新发展和绿色发展双轮驱动方式转变。化学工业有着从分子结构上改变物质性质的本领，绿色发展一定要走在整个工业部门的最前列。全行业一定要进一步增强紧迫感、使命感和责任感，奋发有为地做好绿色发展的各项工作，实现行业与社会的和谐共融发展。

要高标准打好重点污染防治攻坚战。继续围绕关键产业、重点产品，全面推进绿色标准化体系建设，大力推进传统产业清洁生产技术改造，推广节能、低碳、节水技术，优化原料结构和产品结构。深入推进废盐、废酸、VOC治理，解决突出环境问题。

要加快推进化工园区循环化改造，通过实施一批清洁生产示范项目，培育一批清洁生产示范企业，创建一批绿色发展示范园区，加快建立循环型全生命周期绿色产业链，实现资源高效、循环利用和废物"零排放"，提升园区绿色发展水平。要切实加强化工园区安全管理的专业化水平，强化日常监管，提升应急响应能力，在高质量发展中把化工园区的本质安全管理提升到一个新的水平。

要深入推进"责任关怀"，把企业的社会责任由企业围墙内扩展到企业围墙外，不断提高工艺安全、职业健康、产品安全监管、储运安全和污染防治的水平，创建一批绿色产品、绿色工厂、绿色发展示范园区，从根本上全面改善石油化学工业的发展形象。

四是资源配置要在全球市场上优化。衡量一个企业是否强大的标志不但要看国内资产规模和销售收入，还要看其是否真正具有全球配置资源的能力。加快行业高质量发展，不断提升企业核心竞争力，就是要通过全球资源配置、业务流程再造、产业链整合、资本市场运作等方式，实现全球资源配置的优化，培育一批具有国际影响力的跨国企业和企业集团。

要积极"走出去"开展产能合作，选取重点行业，围绕企业发展方向，务实推进海外集聚区建设和项目实施落地。特别是要加强与"一带一路"沿线国家合作，充分发挥各自的资源优势、资金优势、技术优势、市场优势、人才优势和管理优势，在最适宜的地点设置采购中心、制造中心、研发中心、财务结算中心以及营销服务中心，通过整合全球价值链，深度嵌入全球化生产营销网络，实现资源全球高效配置和生产要素有序流动。

要进一步完善中国石油和化工行业国际产能合作企业联盟，发挥企业主体作用，完善配套机制，做好配套服务，引导产业链上下游企业联合"走出去",形成规模效应和集群优势。要加强引导和预警,关注双边、多边贸易救济措施和应对,为投资项目提供所需的产业和技术咨询、工程设计与施工、金融服务等全方位支持,加快推动一批骨干企业和示范项目的培育和建设,特别是要在充分发挥企业主体作用、管控各类风险上下功夫,使石化行业开展"一带一路"国际合作更加健康、更加务实、更加高效。

五是经济效率要在国际对标上领先。企业作为一个市场竞争主体,竞争的焦点集中体现在企业效率上。企业效率竞争的优势是企业技术创新优势、管理创新优势和经营模式创新优势共同作用的结果,是一个企业整体竞争能力的终极反映。目前,我们无论是行业效率,还是企业效率,同发达国家相比,同跨国公司相比,都还有很大的差距。行业企业要放眼全球,做好重要指标的对标工作,不断增强自身战略管理与战略决策能力,进一步提升企业的核心竞争力。

要注重企业的卓越组织和产品优化组合。要高度重视企业内部业务的有机增长,显著简化组织架构和业务流程,优化产品组合,充分发挥价值链在一体化中的高效运作,实现高度集中化生产,培育一批行业领头羊企业。

要注重企业的盈利能力和资本回报。企业的盈利能力和资本回报水平既是企业整体竞争优势的集中体现,也是企业可持续发展的重要基础。要密切关注企业的销售收入利润率、流动资金周转率、全员劳动生产率、全要素生产率等主要经济效益指标,聚焦与发达国家和跨国企业指标差距,夯实企业发展基础,增强企业盈利能力。

我们要清醒地认识到,推进行业高质量发展是一个全局性战略,是一项系统性工程,是我们行业的整体行动。高质量发展是石化全行业跨越式发展的一场大仗、硬仗,需要全行业拿出爬坡过坎、滚石上山、勇往直前的勇气和干劲,站在先进战略管理的前瞻点上,走在技术创新的制高点上,立在产业结构调整优化的潮头点上,在战略、技术、市场、效率和服务等多方面创造出一批能拿得出手、说得出口的第一或唯一的高水平成果,为我国石油和化学工业早日跨入世界强国行业奠定坚实的基础。

三、要把推动高质量发展的重点放在增强微观主体活力上

当前,国内外形势复杂多变,全面深化改革面临更多新任务、新挑战。企业是市场经济的微观主体,是经济发展的活力源泉,激发和增强微观主体活力对实现石化行业高质量发展至关重要。中央经济工作会议指出,"要增强微观主体活力,发挥企业和企业家主观能动性,建立公平开放透明的市场规则和法治化营商环境,促进正向激励和优胜劣汰,发展更多优质企业。"我国石化企业数量众多,但具有国际竞争力强的企业并不多。前不久,英国品牌评估机构 Brand Finance 发布了"2019全球最有价值的十大化学品牌"。德国巴斯夫、美国陶氏和沙特基础工业名列前三位,紧随其后的是韩国LG化学、美国杜邦、美国利安德巴赛尔、法国液空、日本三菱化学、美国普莱克斯和日本旭化成,中国化工品牌无一上榜。品牌是核心竞争力的体现。这说明我们企业的实力还不够,核心竞争力还有差距。因此,增强企业微观主体的活力,增强企业核心竞争力,培育一批具有国际竞争力的领头羊企业已成为推动行业高质量发展的重要目标。

培育具有国际竞争力的知名企业,要以新发展理念为引领,不断强化企业的战略管理,特别是在全球产业结构加快转型升级背景下,企业的战略管理水平已成为影响核心竞争力的一个十分重要的因素。目前我们很多企业还没有明确的战略,战略发展存在不少盲目性,战略管理意识和水平与跨国公司相比存在较大差距。

微观主体的活力和竞争力直接关系着行业发展的质量和水平,在向强国跨越的进程中,企业活力不够、竞争力不强,始终是行业发展中的一个关键"短板"。以2017年数据为例,石化行业的平均销售利润率只有6.14%,行业人均利润只有13.2万元,年流动资金周转次数只有2.61次,大型企业的经济效益和经济效率指标同跨国公司相比则差距更大。

中央反复多次强调增强微观主体活力,传递出国家完善市场环境、重视微观主体、稳定市场预期的信心和决心。2019年,我们将在增强微观主体活力、提升企业核心竞争力上下大功夫,为行业经济运行注入新的活力,为行业从大国向强国跨越培养一批排头兵和领头羊。

一是下大气力提升企业战略管理水平。2018年底，巴斯夫发布了企业的全新战略。这是巴斯夫在全球转型升级新形势下制定的企业战略，在战略目标、战略重点以及战略举措等方面都有不少新的观点和新的思路。中国石油和化工企业，特别是大型企业要认真学习和借鉴巴斯夫新战略，对自身全球产业结构调整升级背景下的战略管理进行思考，大力提升战略管理水平，努力提升企业安全竞争力、产品竞争力、成本竞争力、效率竞争力和服务竞争力等核心竞争力。

二是下大功夫培养一批高质量发展、有核心竞争力的企业典型。加快培养具有全球竞争力的企业和企业集团，是我们行业高质量发展、实现由大国向强国跨越的战略任务。要下大功夫培养一批行业高质量发展的典型企业，并下功夫组织宣传这些典型企业的先进经验，创造出更多具有时代特征的管理实践和理论创新探索。努力在国有企业、民营企业，在大型企业和"专精新特"的小型企业中，不断强化企业的自主创新能力，下大气力培育一批能够支撑国家重大战略需求、引领未来科技变革方向、参与国际竞争合作的创新力量，培养一批核心竞争力过硬的领头羊企业，并充分发挥这批典型企业的引领、示范和推动作用，提升整个行业的竞争活力和发展质量。

三是要做好行业经济运行监测与服务，强化行业发展预警和引领工作。要强化分析预测，创新工作思路和工作方法，进一步加强油气数据平台、化工大数据信息系统和现代煤化工生产运行直报系统建设。继续完善化工景气指数和油气景气指数两个先行性指标，加强对市场变化的跟踪研究，提高行业景气指数、经济运行数据快报和监测报告质量，加强趋势分析与预测工作，增强行业发展工作的前瞻性和指导性。用及时性、前瞻性和权威性的第一手资料，发挥市场引导、行业预警和服务功能。要密切关注行政审批权下放、人民币汇率、要素价格改革、化工环保、安全生产带来的变数及进口政策等影响经济运行的热点问题，关注国内市场需求的动向与变化以及各地在政策法规执行和管理方式存在的差异，为行业营造平稳发展的政策环境，努力促进行业经济实现稳中有进的总体目标。

2019年是中国石油和化学工业转型发展跨入崭新阶段的转折之年，是全行业高质量发展的起步之年。加快提升中国石油和化工企业核心竞争力、努力培育具有全球竞争力的企业和企业集团，是中国石油和化学工业迈向高质量发展，实现由大国向强国跨越的重要战略目标。全行业要紧紧抓住新的战略机遇，全面提升以市场为导向、以创新为动力、以效率为核心、以服务为手段、以员工为根本的企业核心竞争力，努力提升中国石油和化工企业的战略和技术管理水平，为实现全行业的高质量发展，为实现我国由石油化工大国向强国跨越作出新的、更大的贡献！

供应链创新要成为石油和化工行业高质量发展的第一链条[*]

当前,国内外经济环境剧烈变化,特别是全球石化产业结构深度调整,给我国石油和化学工业发展带来了前所未有的挑战和机遇。面对严峻挑战,我国石油和化工行业要积极识变,沉着应变,主动求变,大力推进供给侧结构性改革,在挑战中迎接机遇,在创新中谋求发展,在变革中走出一条新形势下行业高质量发展的新路子。

一、充分认识我国石油和化工行业高质量发展面临的全新挑战

实现全行业的高质量发展,是当前我国石油和化工行业面临的发展目标和艰巨使命。在2019年年初,我们在全行业发展大会上分析,2019年将是一个发展"不确定"因素很多的一年,年初以来,我国经济运行实际情况证明,当前面临的"不确定"因素确实在增多。在宏观经济高质量发展的全新背景下,我国石油和化工行业面临的严峻挑战,主要集中在四个方面:

一是国际环境的"不确定"增多。2019年5月10日,就在中国代表团还在美国谈判期间,美国悍然对中国2000亿美元的商品加征关税,贸易摩擦的升级将会持续升温,时间将会旷日持久。对于中美贸易摩擦,我们没有过多的选择,最关键的是要把自己的事情办好,高质量发展就是我们

---

* 这是2019年5月29日,在2019第四届中国石油和化工行业采购大会上的讲话。

应对中美贸易摩擦最有力的措施。中美贸易摩擦对中国石化行业，特别是对石油、天然气、高端合成材料和精细化学品的可持续发展，将会带来较大的影响和不小的困难。但我们深信，中国国内市场的巨大需求，国际贸易市场的巨大选择空间，加上中国政府的有力调控措施，特别是"单边主义""贸易保护主义"的人心向背，都为应对这场贸易战做好了充分准备，我们对这场贸易战的结果充满了信心。我们不怕逆境，更不怕恐吓，我们会认认真真地做好我们自己的事情，我们已经万众一心，众志成城。中美贸易摩擦无论今后如何惨烈，我们都坚信，太阳每天都会升起，生活每天都会继续，中国的发展每天都会像大江东去，奔腾向前！

二是安全环保的"不确定"较多。2018年以来，我们行业连续发生重特大安全事故，给人民群众生命财产造成巨大损失，给全行业带来极大负面影响。尤其是盐城"3·21"事故发生在响水化工园区，地方政府关闭园区的措施，又给社会带来不小的舆论影响。面对当前行业严峻的安全环保形势，我们一方面要正视问题，要充分认识到在一些化工企业中，安全环保管理基础工作还不到位，安全环保监管措施尚未完全落实，安全环保的本质安全措施还必须要加强、要过细、要过硬。另一方面，我们还要坚信，化工安全生产是可防可控的，化工安全事故是可以避免杜绝的。这也是杜邦、巴斯夫等跨国公司在上百年发展实践中总结出来的安全管理理念，而且他们还建立了一整套行业行之有效的HSE安全生产管理制度。我们要认真学习和借鉴先进国家和跨国公司安全管理的经验，一定要用血的教训换来铁的纪律、钢的管理，使全行业本质安全上升到一个新的水平。我们一定要深刻认识到，安全环保是高质量发展的基本前提和基础保障，每一个企业、每一个化工园区，都要为扭转全行业安全环保被动局面做出应有的贡献。

三是创新能力的制约仍然较强。高质量发展要求石油和化工行业必须在制高点技术上取得突破，而恰恰在技术创新能力上，特别是在制高点技术上，中国石油和化学工业存在着不小的"短板"。虽然"十三五"以来，石化行业在技术创新上取得了一系列新突破，也获得了一批有重大影响的新成果，但从行业发展的制高点技术上分析，我们同化学工业强国、同跨国公司相比还有较大的差距,特别是在原油直接制化学品技术、煤炭直接制化学品技术、天然气直接制乙烯、丙烯技术、CO_2利用技术、光合成技术、生命科学技术、新能源技术、高端精细化学品等高端、前沿技术方面,我国企业的研发水平还有很大的差距,在基础研究同应用研究结合突破方面我们还有很大的不足,在管理创新方面我们的体制机制还存在很多的弊端和问题。中国石油和化学工业只有在保持现有技术创新优势的同时,下大气力在制高点技术上取得领先突破,在管理创新方面取得扎扎实实的新进展,我们才有可能推动发展质量上一个新台阶,才有可能加快由大国向强国跨越的步伐,才有可能取得今后10年至20年发展的主动。

四是经济效率的差距仍然很大。经济效率是高质量发展的根本标志,也是生产力先进水平和生产关系先进程度的根本体现。无论是在经济效益,还是在经济效率方面,无论是在行业平均水平还是在企业个体水平方面,我们同跨国公司相比都还存在着很大的差距。我以2017年最新数据做一比较:2017年中国石油和化学工业全行业人均收入为32.86万美元,人均利润只有2.02万美元;而壳牌公司人均收入为371.3万美元,人均利润为15.4万美元;埃克森美孚人均收入为343.2万美元,人均利润为27.7万美元;巴斯夫人均收入为65.4万美元,人均利润为6.2万美元;沙特基础人均收入为117.5万美元,人均利润为14.5万美元。经济效率指标的差距,充分反映了我们管理效率方面的差距,这个差距是综合性差距,也是带有根本性的差距。

全行业高质量发展面临的四个严峻挑战,特别是面对管理体制机制落后、经济效率差距仍然很大的挑战,我们供应链管理有着巨大的创新空间和效率效益潜力。供应链的创新管理,特别是现代供应链的管理应该在全行业高质量发展中充分发挥第一链条的作用,应该成为企业提高经济效益的重要贡献者,应该成为带动全行业高质量发展的有生力量。

二、实现高质量发展是全行业转型升级的一场大仗硬仗

面对全行业高质量发展的四大挑战,石化全行业必须要在完成

"十三五"前三年《调结构促转型增效益实施方案》的基础上，把准脉搏、突出重点，以问题为导向，采取新的思路、新的方法，在增加有效供给、高端供给、高质量供给上发力，努力探索行业高质量发展的新路径。这是一场爬坡过坎、攻坚克难的大仗、硬仗，必须要拿出滚石上山、勇往直前的勇气和干劲，站在先进战略的前瞻点上，走在技术创新的制高点上，立在产业结构调整的潮头点上，用全面深化改革的胆量扎实有效的措施，在战略、技术、市场、效率、管理和服务等多方面拿出一批具有竞争优势的高水平成果。当前，我们行业的高质量发展必须聚焦在五个重点方向上：

一是技术创新要在制高点上突破。

二是产业结构要在产业链高端上延伸。

三是发展方式要在绿色化学上发力。

四是资源配置要在全球市场上优化。

五是经济效率要在国际对标上领先。

三、积极探索战略采购与现代供应链管理的改革创新和转型升级

2019年，中央经济工作会议指出，"要增强微观主体活力，发挥企业和企业家主观能动性，建立公平开放透明的市场规则和法治化营商环境，促进正向激励和优胜劣汰，发展更多优质企业。"我国石化企业数量众多，但具有国际竞争力强的企业并不多。前不久，英国品牌评估机构Brand Finance发布了"2019全球最有价值的十大化学品牌"。德国巴斯夫、美国陶氏和沙特基础工业名列前三位，紧随其后的是韩国LG化学、美国杜邦、美国利安德巴赛尔、法国液空、日本三菱化学、美国普莱克斯和日本旭化成，中国化工品牌无一上榜。品牌是核心竞争力的体现。这说明我们企业的实力还不够，核心竞争力还有差距。因此，增强企业微观主体的活力，增强企业核心竞争力，培育一批具有国际竞争力的领头羊企业已成为推动行业高质量发展的重要目标。

微观主体的活力和竞争力直接关系着行业发展的质量和水平，在向强国跨越的进程中，企业活力不够、竞争力不强，始终是行业发展中的一个

关键短板。以2017年数据为例，我们行业的平均销售利润率只有6.14%，行业人均利润只有13.2万元，年流动资金周转次数只有2.61次，大型企业的经济效益和经济效率指标同跨国公司相比则差距更大。

在行业经营效率和经营效益的差距中，我们清醒地看到我们行业供应链管理的巨大潜力，不仅有潜力，而且还有明力。目前，我们行业绝大多数企业的采购和供应链管理基本上还是传统的思路、传统的方法、传统的模式，只要在供应链管理体制、机制和方法上大胆创新，我们全行业就可以拿到一批可观的经济效益。王永庆先生曾经讲过："台塑的管理是要在干毛巾上拧出三滴水"。我们不少企业的供应链管理，是一条湿漉漉的毛巾，只要用手一捏，就可以挤出三十滴水。我们行业供应链的创新改革，势在必行。在全行业高质量发展的进程中，供应链的管理和创新必须要摆在第一链条的位置上。战略采购和现代供应链的管理与传统的采购和供应链的管理有着极其深刻的变化，也有着重大区别。

第一，要彻底改变当前采购和供应链管理的传统思维，树立起战略采购和现代供应链的全新理念。 在传统的企业管理中，企业战略决策基本都是围绕着技术、生产和财务部门进行，绝大多数采购部门都在战略决策范围之外。而随着市场经济的发展和企业规模的变化，采购和供应链管理已经上升成为具有战略地位的重要部门，而现在不少企业并未认识到这一点。有机构研究表明，发达国家化工行业的销售投入已经占到行业总投入的60%以上，采购已经成为企业可持续竞争能力的重要来源，无论是在企业短期竞争中，还是在企业长期竞争中，企业采购都在建立和保持竞争优势中扮演着重要的战略角色。现在的企业领导人，如果认识不到这一点，企业的落后那是必然的。

第二，要建立高效稳健的战略采购和现代供应链网络，实现从采购成本到采购价值管理的重大转变。 传统的采购和供应链管理主要集中在成本的管理上，而现代采购和供应链管理则主要集中在价值管理上，价值管理的核心是供应商关系的管理，建立优质可靠的供应商管理体系，这是战略采购和现代供应链管理走向成熟的一个重要标志。建立高效稳健的供应商管理体系，构建具有竞争力的供应商管理框架，完善供应商变化调整的科学方法、实施动态供应商服务评价体系，这是战略采购和现代供应链管理水平的又一体现。

第三，信息技术已彻底改变了采购和供应链的运作方式，全球化对采购和供应链高效运作、风险防控的要求越来越高。高速发展的电子信息技术正迅速改变着企业采购和供应链的运作方式，特别是随着全球化进程的深入，制造业向"低成本国家"的转移，以及集装箱运输革命的推进，全球化采购已经成为不可逆转的潮流。在供应链"重心"转移的同时，高效性、灵活性和风险防控的要求也越来越高，采购和供应链对信息技术的依赖也越来越强，防范供应链管理漏洞的挑战也越来越大，企业战略采购和供应链管理团队的人员素质，必须要迅速适应和赶上这一潮流的变化趋势。

第四，面对高质量发展和可持续发展的未来，必须全力探索全球化趋势下战略采购和现代供应链管理的创新。为了实现未来可持续采购和供应链的管理，2000年联合国秘书长安南邀请企业界领袖们共同发起了一项国际倡议——提出了"全球合约"10项原则，即要求未来可持续发展必须聚焦经济、社会、环保"三重底线"，这就意味着未来采购和供应链的管理，必须要在战略决策方式、合同标准运作、供应商关系管理、采购方式方法以及质量、效率、安全、成本等方面不断进行创新。中国石油和化工企业只有不断探索全球化趋势下战略采购和现代供应链管理的创新，才有可能实现未来的竞争优势和可持续发展。实践告诉我们：认识不到未来，就不可能有未来！

牢记初心使命　坚持创新驱动力
全面推进化工新材料产业高质量发展[*]

2019年是新中国成立70周年，也是"十四五"规划编制调研之年。就新形势下加快转型升级，推动化工新材料产业高质量发展，实现石油和化学工业由大国向强国跨越谈一些看法，供大家进一步交流和探讨。

一、深刻认识行业高质量发展的紧迫性和重要性

经过多年的持续快速发展，我国石化行业成功实现了由弱国到大国的历史性转变。2018年，全国石油和化学工业规模以上企业主营业务收入达到12.4万亿元，利润总额8393.8亿元，分别占全国规模以上工业主营收入和利润总额的12.1%和12.7%，是世界第二石油和化工大国，世界第一化工大国。甲醇、化肥、农药、烧碱、纯碱、电石、合成树脂、合成橡胶等产品产量稳居世界第一位，原油加工量、乙烯居世界第二位。成绩非常瞩目，但是与高质量发展的要求相比，还有不小的差距。

从产业结构来看，我国石化产业主要以基础和大宗原材料生产为主，处于产业链中低端，2018年全行业主营业务收入12.4万亿元，其中高端制造业和战略性新兴产业所占比例不足10%。**从产业发展效率来看**，2018年

---

[*] 这是2019年7月5日，在2019年中国化工新材料产业发展战略研讨会上的讲话。

全行业销售收入利润率仅6.8%，百元销售成本高达81.3%，行业人均利润不到10万元。合成氨、甲醇、乙烯等重点产品平均能耗水平与国际先进水平相比，普遍存在10%～20%差距。从创新能力来看，目前我国石化产业规模、技术水平、产品质量等方面与发达国家仍存较大差距，不少高端化工新材料仍未实现规模化生产，部分产品虽已实现国产化，但技术不成熟，成品率低，质量与进口差距较大。无材可用、有材不好用、好材不敢用的现象仍十分突出。从企业竞争力来看，企业整体竞争能力不强，国际化经营水平低，抗风险能力弱。特别是在当前以技术为核心的安全、绿色等贸易壁垒下，国内企业处于竞争劣势。国际知名咨询机构科睿唯安最近评出的2018～2019年度全球创新百强企业中，其中有15家化工企业，全部是日本、美国、德国、法国等发达国家的企业，我国没有一家企业入选。

石化行业发展的结构性矛盾就是贸易逆差十分严重。2018年全行业贸易总额7432.7亿美元，但贸易逆差就高达2833亿美元，同比增长42.5%。贸易逆差的主要原因就是化工新材料、专用化学品的进口。如大家都很熟悉的聚乙烯2018年就进口1402.5万吨，其中茂金属聚合的聚烯烃、高端膜材料的专用料主要依靠进口；聚丙烯进口328万吨，其中均聚产品、高抗冲产品及一些汽车专用料几乎全靠进口。高额贸易逆差至少说明两大问题：一是市场需求是实实在在的、也是强劲的；二是供给能力是不足的，是有"短板"的。

当前，石化行业发展面临的国际国内形势正在发生重大变化，单边主义和贸易保护主义蔓延，高新技术产业成为霸权国家制约我国经济发展的重要筹码，为我国石化行业发展增加了一系列负面影响。中美贸易摩擦为我们敲响了警钟，高端技术、核心技术是买不来的，创新能力不足我们的产业升级和高质量发展的最大短板。我国石化行业要必须加快提升自主创新能力，用创新加快提升"短板"，用创新培育竞争优势，用创新优化产业结构，用创新加快行业高质量发展。

二、正确认识我国化工新材料产业发展的成绩和问题

新材料产业是国民经济的先导性产业,也是制造强国及国防工业发展的关键保障。在全球新一轮科技和产业革命背景下,世界主要国家都在抢占未来经济和科技发展的制高点。以习近平同志为核心的党中央高瞻远瞩,高度重视新材料产业的发展,国务院成立了国家新材料产业发展领导小组,相关部门连续发布了《工业强基工程实施指南(2016～2020)》《"十三五"国家战略性新兴产业发展规划》《新材料产业发展指南》《"十三五"材料领域科技创新专项规划》《重点新材料首批次应用示范指导目录》《新材料标准领航行动计划》等一系列产业政策,聚集多种要素资源,大力推动我国新材料产业快速发展。

中国石化联合会围绕制造强国战略的发展目标和重点任务,大力推动化工新材料创新平台建设,先后成立了超高分子量聚乙烯、热塑性弹性体、特种尼龙工程塑料等产业技术创新联盟,努力构建产学研用相结合的技术创新体系;组织专家学者编制了《中国化工新材料产业发展报告》,分析化工新材料产业发展的新形势、新问题、新矛盾,结合化工新材料及相关领域产业政策实施效果和企业诉求,向行业主管部门提出政策建议;积极宣传推动新材料首批次保险补偿机制、工业强基和技改项目申报,极大地激发了广大企业技术创新的积极性,使我国化工新材料行业在技术创新能力、产业规模、技术水平等方面发生了一系列深刻变化。

一是,一系列关键技术取得重大进展。T800及以上级碳纤维、聚碳酸酯、聚苯硫醚、氢化苯乙烯异戊二烯共聚物(SEPS)、聚1-丁烯、耐高温半芳香尼龙PA10T、ADI全产业链技术等打破国外垄断,先后实现产业化生产。世界首套高强高模聚酰亚胺纤维百吨级装置率先在中国建成。聚氨酯及原料基本实现自给,氟硅树脂、热塑性弹性体、功能膜材料等自给率近70%,高性能树脂、高端超高分子量聚乙烯、水性聚氨酯、脂肪族异氰酸酯、氟硅树脂橡胶等先进化工新材料国内市场占有率大幅提升,部分产品实现出口。化工新材料已经成为引领、支撑、推动行业高质量发展的重要动力。

二是，产业规模不断扩大。2018年我国化工新材料产品产量约1700万吨，实现销售收入4800多亿元，产量较"十二五"末提升60%，销售收入增长2.5倍，总体自给率上升至60%左右。2018年，合成材料和专用化学品对行业收入贡献率分别达到30.9%和18.6%，其中生物基材料制造增加值同比增长2.1倍。化工新材料已成为石化行业发展快、发展质量好的重要增长点之一。

三是，产业聚集成效显著。在各级政府的高度重视和大力支持下，一大批专业特色突出的化工新材料产业园区加快发展。上海化工园区、宁波石化园区、江苏高科技氟化学工业园、泰兴精细化工园区、中国化工新材料（嘉兴）园区、山东济宁新材料产业园等一批化工园区，以新材料为发展重点，在产业选择、园区招商、资源配置等方面向高端化工新材料倾斜，产业集聚效应进一步凸显，正在成为我国化工新材料发展的战略高地和主要承载区。

四是，领军企业加快成长。经过不断的转型创新发展，一批竞争力较强的龙头企业正焕发出强大的生机活力。万华化学自主研发的第六代MDI生产工艺，使万华化学成为全球技术领先、产能最大、质量最好、能耗最低、最具综合竞争力的MDI制造商，建成了世界上品种最齐全、产业链条最完善的ADI特色产业链，打破了国外公司对ADI系列产品全产业链制造技术长达70年的垄断，使万华成为世界上唯一掌握MDA-H_{12}MDA-H_{12}MDI、国内唯一掌握HDI及衍生物等核心技术的企业，培育出了世界上品种最齐全、技术领先、产业链最完整的ADI特色产业集群。鲁西化工在消化吸收国内外先进技术的基础上，开发了具有自主知识产权的聚碳酸酯技术，建设了年产20万吨聚碳酸酯产业化装置，产品质量也加快向国际先进水平靠拢。浙江新和成十年磨一剑，开发了具有自主知识产权的聚苯硫醚技术，建设了5000吨工业化装置，产品基本达到国际同行水平，目前正在扩建1万吨装置。东岳集团在成功开发出第一代国产氯碱膜基础上，又成功研制出"高电流密度、低槽电压"的新一代高性能国产氯碱离子膜并实现了数万平方米的工业应用。中复神鹰集团完成的干喷湿纺碳纤维生产技术，成功建成了国内第一条千吨级规模T700/T800碳纤维生产线。创新型领军企业快速成长，为行业企业创新转型发展积累了丰富的经验，起到了很好的榜样和带动作用。

在看到我国化工新材料行业攻坚克难、努力拼搏、实现快速发展的同时，我们也必须看到，我国化工新材料产业发展的历史还比较短，发展过程中还存在很多"短板"和不足，也面临不少困难和挑战。

一是，不少高端产品仍供给严重不足。茂金属聚丙烯、聚醚醚腈、发动机进气歧管用特种改性尼龙、可溶性聚四氟乙烯、聚酰胺型热塑性弹性体、PVF太阳能背板膜等部分产品仍未实现大规模工业化生产。尤其在电子化学品领域，高纯磷烷特气、CMP抛光垫材料等电子信息领域所需的关键材料完全依赖进口。不少化工新材料产品虽已国产化但产品质量与进口产品差距仍然较大，只能满足中低端需求。有些化工新材料的生产装置运行情况不理想，产品不能稳定供应。加快实现关键化工新材料国产化、提升重点化工新材料自给能力仍是我们当前非常急迫的首要任务。

二是，关键配套原料产业化程度有待提高。不少化工新材料的关键配套单体国内尚未工业化生产，严重制约化工新材料的发展。在高性能树脂领域，高碳α-烯烃（八碳及以上）完全依赖进口，严重制约共聚聚乙烯的发展；己二腈完全依靠进口，制约聚酰胺工程塑料的发展；CHDM低成本供应问题制约PCT和PETG等特种聚酯的发展。关键原料的配套不足已成为化工新材料的发展的关键制约瓶颈。

三是，核心技术受制于人、市场主体小而分散。与国际领先化工新材料企业相比，我国化工新材料企业规模小，创新能力弱，产品单一，生产技术和设备大多依靠引进。普遍存在技术更新慢、经营分散、产品成本高、科技研发投入不足等突出矛盾。

四是，创新体制、机制不健全，自主创新体系亟待完善。企业是技术创新的主体，院校、院所是技术创新的基础和支撑，市场引导技术创新的方向，政府创造良好创新环境，法治提供自主创新的保证，五个环节有机融合、协调发展是提升技术创新能力的体制和机制保障。目前来看，化工新材料行业仍存在着鼓励创新的法律政策体系不完善、政府干预不合理、激励机制不到位、创新机制不灵活、创新人才尤其领军人才缺乏、知识产权保护不到位等问题。有的企业对科技创新规律缺乏足够的认识，创新风险意识不强，仍习惯用粗放发展传统产业的办法投资高新技术产业，不仅导致创新效率低下，而且也造成不必要的资源浪费。建立健全法治保证、政策引领、企业主体、科研支撑，政产学研用相互配合、互为支撑的职责清晰、责权利明确、运作高效的自主创新体系将是我们新材料行业高质量发展的关键。

五是，部分产品产能出现结构性过剩的苗头。随着国产化技术的不断完善和突破，一些长期短缺的化工新材料产品成为企业和地方争相追逐的热点项目，部分产品开始出现低端产品供应过剩的倾向，急需引起我们的高度重视。氟硅材料、聚氨酯原料、高性能纤维等领域技术进步相对较快，新建装置能力快速增长，"十三五"期间，产能扩张达到阶段性顶峰。同时，由于产品质量和价格与国外相比存在较大差距，聚甲醛、碳纤维等呈现一边大量进口、一边国内装置开工严重不足的现象。再如聚碳酸酯，多年来依赖外资企业和进口满足需求，直到2015年实现国产化，近几年产品产能快速增长，根据公开发布的拟在建项目统计，预计"十三五"末产能达到160万吨，2022年将超过350万吨，可以预见，如果这些项目全部如期建成，聚碳酸酯也将陷入过剩的局面。我们决不能再重复过去的老路，用今天的投资去制造明天的灾难。

三、"十四五"化工新材料产业发展的战略和任务

习近平总书记在视察万华化学时强调，要坚持走自主创新之路，要有这么一股劲，要有这样的坚定信念和追求，不断在关键核心技术研发上取得新突破[1]。我们要认真学习领会习近平总书记的重要指示精神，铭记"核心技术靠买是买不来的"这一事实，坚定信心、保持定力，努力营造有利于创新的政策和市场环境，扎扎实实推进技术创新，做好我们自己的事，以不变应万变，全面用好我国经济发展的重要战略机遇期、围绕化工新材料产业发展，着力抓好以下重点工作：

---

[1] 参考人民网2018年6月14日新华社《习近平在山东考察时强调 切实把新发展理念落到实处 不断增强经济社会发展创新力》，编者注。

一是面向国家和行业重大需求，努力攻克一批"补短板"技术。结合我国新能源汽车、轨道交通、航空航天、国防军工等重大战略需求，聚焦产业发展瓶颈，集中力量补长"短板"，攻克一批卡脖子技术，推动产业供给侧结构性改革。开发α-烯烃及聚烯烃弹性体（POE）、茂金属聚乙烯（mPE）、耐刺薄膜专用树脂等高端聚烯烃材料生产技术；开发己二腈、聚苯醚、热塑性聚酯（PBT）等通用及特种工程塑料关键中间体和产品；研制纤维用大丝束腈纶长丝等新型（特种）合成纤维；开发子午胎用高极性与高气密性溴化丁基橡胶等新型（特种）合成橡胶；开发5G通信基站用核心覆铜板用树脂材料等高端电子化学品。

二是紧跟国际前沿，抢占一批制高点技术。密切关注国际科技前沿，加强超前部署，构建先发优势，在更多关键技术上努力实现自主研发、自主创新，努力形成一批具有自主知识产权的国际领先的原创核心技术。我们要加大研发投入和科技成果转化力度，加强理论研究和基础研究，突破一批新型催化、微反应等过程强化技术，开发一批新材料技术，抢占一批科技制高点。大力发展聚砜、聚苯砜、聚醚醚酮、液晶聚合物等高性能工程塑料，电子特气、电子级湿化学品、光刻胶、电子纸等高端电子化学品，加强石墨烯材料和3D打印材料的研发和应用研究。努力为我国石化行业高质量发展打下坚实基础。

三是围绕提高自主创新能力，建设一批高水平创新平台。要充分利用国际、国内创新资源，积极培育和组建一批国家级和行业级创新中心。按照行业科技创新规划，将领先科研院所和创新型企业组织起来，建设一批高水平的产学研用创新平台；积极开展同国外跨国公司和科研机构的交流合作，为突破行业发展关键技术和行业转型升级提供新鲜土壤，为产学研优势集聚提供更大空间。进一步加快科研技术产业化速度和成果转化，形成对行业转型升级发展的有力供给和支撑。

四是深化科技体制机制改革，积极营造有利于创新的发展环境。党的十九大以来，国家连续出台了一系列鼓励创新的法律和政策文件，包括在产学研合作中的知识产权、成果转化效益中的相关分配原则等各个方面，可以说有利于创新的法律政策环境正在不断改善。我们建议有关部门进一步听取企业和科研单位的意见，进一步出台更加细化、更可操作的实施细则。特别是要进一步强化知识产权保护，建立健全技术资料、商业秘密、对外合作等法律法规，增强企业守法意识，切实保障知识产权所有者的合法权益，促进自主创新成果的产权化、商品化、产业化，提升行业知识产权创造、运用、保护和管理的能力，从体制机制上充分释放广大企业和科技工作者的创新活力和创新动力。

五是加强调查研究，积极做好化工新材料"十四五"规划编制的调研工作。2019年是"十四五"规划启动之年，石化联合会正在全面启动石油和化学工业"十四五"规划前期调研和编制工作。并把这项工作作为"不忘初心、牢记使命"主题教育活动的一项重要内容，组成五个调研小组，分别由会领导带队，利用三个月时间，分地区、分行业、分专题对目前石油和化学工业发展现状、存在问题和未来发展思路和战略进行全面调查研究。化工新材料作为"十四五"发展重点也是这次调研的一个重点行业。各专业协会特别是和新材料有关的行业都要根据联合会的统一部署，同时启动"十四五"规划专题调研，集中时间、集中力量、集中智慧，切实为"十四五"规划编制和政策制定奠定坚实基础。

深入贯彻落实党的十九届四中全会精神加快构建石油和化工行业绿色发展的长效机制[*]

"生态兴则文明兴,生态衰则文明衰",纵观人类文明发展史,生态环境是人类生存和发展的根基,生态环境变化直接影响着文明兴衰演替,生态文明体系建设与一个国家的发展水平息息相关。党的十九届四中全会指出,生态文明建设是关系中华民族永续发展的千年大计。必须践行绿水青山就是金山银山的理念,坚持节约资源和保护环境的基本国策,坚持节约优先、保护优先、自然恢复为主的方针,坚定走生产发展、生活富裕、生态良好的文明发展道路,建设美丽中国。要实行最严格的生态环境保护制度,全面建立资源高效利用制度,健全生态保护和修复制度,严明生态环境保护责任制度。

一、认真领会和贯彻十九届四中全会关于生态文明建设的重要论述和有关精神

党的十九届四中全会是在庆祝中华人民共和国成立70周年之际、实现"两个一百年"奋斗目标历史交汇点召开的一次里程碑式的重要会议。全会审议通过的《中共中央关于坚持和完善中国特色社会主义制度、推进国家治理体系和治理能力现代化若干重大问题的决定》,对坚持和完善13个

---

[*] 这是2019年11月12日,在2019石油和化工行业绿色发展大会上的讲话。

方面的制度体系作出部署，特别是对生态文明建设和生态环境保护也提出了新的更高要求，对建立和完善生态文明制度体系、促进人与自然和谐共生作出安排部署，进一步明确了生态文明建设和生态环境保护最需要坚持与落实的制度、最需要建立与完善的制度，为加快推进生态环境治理体系和治理能力现代化，提供了行动指南和根本遵循。

全会对坚持和完善生态文明制度体系作出系统部署，充分体现了以习近平同志为核心的党中央对加强生态文明建设的高度重视。这也充分说明坚持和完善生态文明制度体系是坚持和完善中国特色社会主义制度、推进国家治理体系和治理能力现代化的重要内容，是不断满足人民日益增长优美环境需要的重要举措，是用最严格制度、最严密法治保护生态环境的重要实践。这也要求包含我们石油和化工行业在内的整个社会一定要牢固树立绿水青山就是金山银山的理念，坚持节约资源和保护环境的基本国策，坚持节约优先、保护优先、自然恢复为主的方针，要求我们坚定走生产发展、生活富裕、生态良好的文明发展道路。

化学工业作为与国民经济发展息息相关的基础产业和支柱产业，其发展状况是一个国家制造业发展水平的重要体现，而绿色发展程度和发展水平则直接关系到石油和化工行业乃至整个国家国民经济发展水平的高低。可以说，石油和化工行业的绿色发展水平上不去，就不会有化学工业的做优做强，制造业强国的目标就难以实现，人们的生活水平和质量也将受到很大影响。"十三五"以来，全行业深入贯彻落实习近平生态文明思想，以打赢污染防治攻坚战为抓手，积极构建绿色低碳发展方式，围绕制约行业安全环保的重点、难点问题积极加大攻关力度，深入推进"责任关怀"，通过实施《关于促进石化产业绿色发展指导意见》和大力开展废水治理、废气治理、固废治理、节能低碳、安全管理提升和园区绿色发展六大行动计划，行业绿色发展理念不断深入人心，重点产品能耗和废物排放量持续下降。这充分说明绿色发展是关系全行业乃至全局性工作持续发展的不竭动力，是我们贯彻落实五大新发展理念的具体实践，也是全行业高质量发展、推动由石油和化工大国向强国跨越的正确选择。全行业必须要以党的十九届四中全会的召开为契机，全面领会会议决定中关于生态文明建设的论述和系列政策,充分认识生态文明建设刻不容缓、一刻也不能松懈的重要性和紧迫性。

一是要进一步理解生态优先、绿色发展的科学内涵。中华人民共和国成立70年来,我们党坚持生态惠民、生态利民、生态为民,将生态环境保护作为重大民心工程和民生工程,不断深化对生态环境保护的认识,持续推进生态文明建设。1973年第一次全国生态环境保护会议召开,环境保护被提上国家重要议事议程;20世纪80年代,保护环境被确立为基本国策;90年代,可持续发展战略被定为国家战略;进入新世纪,我国大力推进资源节约型、环境友好型社会建设;进入新时代,生态文明建设纳入中国特色社会主义"五位一体"总体布局。建设美丽中国,深化生态文明体制改革成为一场重要战役。一场关系到人民福祉,关乎民族未来的深刻变革全面开启。十九届四中全会重新阐明生态文明建设是关系中华民族永续发展的千年大计,用最严格的制度和政策为"生态优先、绿色发展"保驾护航,是对我们党和国家一以贯之把生态文明建设放在经济发展首要考虑要素的又一次深化,更是对生态环境是经济社会发展基础、绿色发展是构建高质量现代化经济体系必然要求的充分肯定。

二是要深刻把握生态文明建设和经济发展的辩证关系。十九届四中全会公报明确强调,要全面建立资源高效利用制度,实行资源总量管理和全面节约制度,健全资源节约循环利用政策体系,推进能源革命,构建清洁低碳、安全高效的能源体系等是对绿色发展是新发展理念重要组成部分的深刻阐述。绿色发展代表了当今科技和产业变革方向,是行业发展方向的必然选择,也是推动生态文明和生态环境持续改善的重要保障。一方面,绿色发展助推经济结构和经济发展方式不断优化,而先进的经济结构和经济发展方式是保证天蓝、地绿、水净、优美环境的基础。另一方面,发展经济也要以生态环境保护为前提。唯有良好的生态环境源源不断地为人类生存与发展提供物质和能量,经济发展才可持续。生态环境保护不是舍弃经济发展的缘木求鱼,经济发展也不是对资源和生态环境的竭泽而渔。

三是要充分认识生态文明工作的紧迫性和长期性。十九届四中全会对生态文明制度体系的强调,再次回应了外界普遍关注的"环保红线"会不会放松的问题。公报提出全面建立资源高效利用制度，健全生态保护和修复制度，严明生态环境保护责任制度。将生态文明建设主体责任具体落实到相应的责任主体上，充分印证了党和国家在现阶段乃至今后更长时期，生态文明建设不会放松，继续坚持并强化环境保护、用制度建设破解治污攻坚的决心。这也客观说明生态文明建设的过程并非一日之功，还面临着各种不确定因素的影响甚至局部利益集团的阻碍，打好污染攻坚防治战、建设美丽中国、绿色中国还有不少制约因素，实现高质量发展与高水平保护面临多重挑战。生态文明建设和完全实现绿色发展仍处在爬坡过坎、攻坚克难的关键时刻，远未到歇歇脚、喘口气的时候。我国生态文明建设正处于压力叠加、负重前行的关键期，需要我们清醒的认识以及只争朝夕的责任感和使命感，做好打持久战和攻坚战的准备。

2019年10月29号，国家发改委印发了经中央全面深化改革委员会第十次会议审议通过的《绿色生活创建行动总体方案》，主要目标就是要通过开展节约型机关、绿色家庭、绿色学校、绿色社区、绿色出行、绿色商场、绿色建筑等创建行动，广泛宣传、深入推广简约适度、绿色低碳、文明健康的生活理念和生活方式，建立完善绿色生活的相关政策和管理制度，推动绿色消费，促进绿色发展。预计到2022年，绿色生活创建行动取得显著成效，生态文明理念更加深入人心，绿色生活方式得到普遍推广，通过宣传一批成效突出、特点鲜明的绿色生活优秀典型，形成崇尚绿色生活的社会氛围。这也进一步说明，绿色、低碳的发展方式正在成为我们全社会普遍关注并且大力推行的一种生活理念，绿色发展方式也必将对生态文明建设和在国民经济发展起到越来越重要的作用。

二、充分认清行业绿色发展面临的严峻形势

生态环境是关系民生的重大社会问题，也是关系党的使命宗旨的重大政治问题。党的十九大报告提出，既要创造更多物质财富和精神财富以满足人民日益增长的美好生活需要，也要提供更多优质产品以满足人民日益增长的优美生态环境需要。"十三五"规划实施的几年来，石油化工行业

深入实施绿色可持续发展战略，积极推进清洁生产和循环经济，大力加强环境污染治理，能源资源利用水平显著提高，单位产品"三废"排放量明显降低，出现了稳中向好趋势，但与全面建成小康社会的要求和人民群众对生态环境的期待相比，我国石化行业的绿色发展水平还存在较大差距，特别是行业量大面广的中小企业，在技术、资金、管理、人才等方面难以满足绿色转型的需要，绿色发展仍然是行业发展的一大短板。污染防治攻坚战作为三大攻坚战之一打响以来，有关省市围绕化工产业或化工园区相继出台了一系列政策措施，化工行业的整治持续加大力度。石化产业大省山东和江苏省连出大招，在化工园区管理整治、不达标企业关停取消、新建项目准入更高标准和更高门槛等方面作出最严格规定，长江流域相关省份也都对沿江化工园区和化工企业的认定出台了系列细则，环保监察的力度也空前严格，计划和已经关闭转产和停产整顿的企业数量不断增加。石油和化工行业环保问题已成为媒体、公众、各级政府普遍关注的焦点。资源环境压力十分突出、约束进一步强化，以高消耗、高投入、高排放为主要特征的传统发展方式已不适应新形势、新发展的要求，如何认清形势、正视问题、化挑战为机遇，是当前行业必须要面对和加快解决的一个重大课题。

一是能源资源利用率急需提升。从2018年数据分析看，全行业能源消费总量5.75亿吨标煤，位居工业部门第二。原油、天然气、天然橡胶、硫黄等重要能源资源大量依赖进口，2018年原油进口量4.62亿吨，对外依存度达到70.9%；天然气进口量1254亿立方米，对外依存度达到45.3%。合成氨、甲醇、乙烯等重点产品平均能效水平与国际先进水平相比，普遍存在10%～30%的差距。

二是"三废"排放量居高难下。全行业排放废水、废气、工业固体废弃物都位居工业部门前列。尤其是行业危险废物管理问题突出，产生量大、种类多、成分复杂、处理处置难度较大。据不完全统计，全行业每年危险废物产生量约1500万吨，《国家危险废物名录》与石化相关的共有28大类，占56%；废物代码226个，占45%。磷石膏每年产生量8000万吨，是长江生态修复"三磷"治理的重点，堆存量已超过3亿吨，安全环境隐患突出。废盐产生量数千万吨,没有出路大量堆存。氯碱行业虽然已经全面推广了低汞催化剂新工艺,但目前汞使用量仍然占全国使用总量的60%。全行业VOCs排放量约500万吨,占工业VOCs排放量的40%。

三是环境违法案件频频发生。少数企业受利益驱动,发生多起违法排污、非法填埋、私设暗管以及非法转移或排放事件。近两年来有的企业倾倒危废,被追偿上亿元;有的企业危废处置整改不力,被生态环境部通报批评;有的企业暗管偷排、倾倒危废,所在化工园区被全面停产整治。一系列环境违法案件的发生人为制造了企业与公众之间的矛盾,加剧了公众的负面情绪,加深了对化工行业的误解,也表明行业少数企业急需强化环保法制观念的必要性和紧迫性。如何加快污染治理,协调好行业发展与环境保护两者之间的关系,是关系行业生与死的严峻挑战,也是必须要采取最严厉措施尽快杜绝的违法现象。

四是安全生产形势愈发严峻。近年来,我们行业安全生产事故数量总体呈下降趋势,据有关统计分析,2018年全国共发生化工事故176起、死亡223人,同比减少43起、43人,分别下降19.6%和16.2%;其中重大事故2起、43人,同比起数持平、人数增加23人,上升115%。2018年以来,石化行业连续发生了四川宜宾"7·12"事故、张家口"11·28"事故、盐城"3·21"事故、三门峡"7·19"等重特大事故,给人民群众生命财产造成巨大损失,给行业生产运营带来极大的负面影响,刚刚过去的十月份,又有多起安全事故发生,让我们感到十分痛心。当前频发的安全生产事故,必须引起全行业的高度重视。安全生产必须要严格遵循"预防为主、严格管理"的方针,我们组织专家分析了近年来行业发生的所有重大事故,通过分析,所有安全事故无一例外都是由于违规操作、安全责任不落实、安全监管不到位三个直接原因造成的。这也客观反映了行业安全形势依然严峻的现实,安全管理刻不容缓。安全生产管理只有进行时,没有完成时。我们必须要用严格的安全生产责任制,严惩害群之马,从根本上提高全行业本质安全的管理水平。

事实证明,尽管当前全行业在推进绿色发展方面开展了一些工作,行业绿色发展出现稳中向好趋势,但资源能源消耗和"三废"排放量大、安全环保事故频发、技术支撑能力不足、标准体系不完善、"谈化色变"等问题依然是困扰和阻挠我们行业更快、更好实现绿色、高质量发展的重大障碍。尤其是我国石油和化学工业已全面进入发展的"新常态",资源承载能力逼近极限,环境约束进一步强化,以高消耗、高投入、高排放为主要特征的传统生产方式已完全不适应建设石油和化学工业强国的新形势、新要求。创新发展、绿色发展、高质量发展的任务依然十分艰巨,生态文明建设必须加快、加速、提高水平。我们要有保持持久的耐心,以"功成不必在我"的心态,不急一时之功、不计一己之力,扎扎实实、高标准高质量地做好各项工作。

三、努力提升石油和化学工业绿色发展水平

当前,全面提升绿色低碳循环发展水平,已成为全行业高质量发展的紧迫任务。现在不抓紧,将来解决起来难度会更高、代价会更大、后果会更严重。要大力发展绿色化学,把绿色化学作为推进高质量发展的重要手段,咬紧牙关,爬过这个坡,迈过这道坎,推动全行业加快向绿色发展方式转变,力争全行业绿色发展走在整个工业部门的最前列。

石油和化工行业要以习近平生态文明思想为指导,全面贯彻绿色发展新理念,以推进供给侧结构性改革为主线,深入实施绿色发展六大行动计划,坚持源头预防、过程控制、综合治理,大力发展循环经济,积极开发绿色先进技术,实施传统产业清洁生产技术改造,培育壮大绿色环保产业,建立健全绿色标准体系,推进从产品设计、研发、生产直到回收再利用全产业链绿色化发展,提高资源利用效率,减少"三废"排放,形成循环高效低碳的绿色生产方式,走出一条以结构调整为主攻方向、以创新驱动为新动力、以绿色循环低碳为重要保障的资源节约型、环境友好型、本质安全型新型工业化的新路子,推动我国由石油和化学工业大国向强国跨越迈出坚实步伐。

一是着力推进绿色制造体系建设。要全面落实《工业绿色发展规划》《石化产业绿色发展指导意见》,围绕《推进绿色发展总体实施方案》提出

的重点任务，建设和完善行业绿色标准化体系，为推进行业绿色低碳循环发展提供保障。围绕炼油、化肥、氯碱、新材料、农药、涂料、橡胶、胶黏剂等重点行业以及化工园区，抓紧制订和完善绿色产品、绿色工厂评价标准，开展行业绿色工厂、绿色产品、绿色工艺、绿色园区认定和能效"领跑者"发布活动，推广一批绿色产品，创建一批绿色工厂，培育一批绿色园区，树立行业绿色标杆，发挥示范带动、典型引领作用，推动全行业绿色发展迈上一个新台阶。要积极配合国家和各部委做好"十四五"绿色发展规划前期研究工作，争取将行业普遍关注的问题纳入整体绿色发展规划，争取政策和项目支持。

二是坚决打赢污染治理攻坚战。要在全行业已深入实施废水治理、废气治理、固废处理、节能低碳、安全管理提升和化工园区绿色发展等六大专项行动计划基础上，加快推广加氢精制、液相氧化、高效催化、微通道反应等先进的绿色工艺，推进传统产业绿色化改造，淘汰高耗能、高排放、高污染的落后工艺。围绕重点行业"三废"治理困境，加快采用先进适用污染治理技术，对重点污染物进行达标提标改造，实现全面达标排放。推广一批节能、低碳、节水的关键共性技术，努力降低资源能源消耗强度，促进企业降本增效，提升竞争力。开展废盐、废酸、挥发性有机物、磷石膏、汞污染综合治理等突出问题的攻关研究，开展废盐应用于离子膜烧碱示范，解决环境保护突出的痛点、难点，促进资源综合利用，减少污染排放。配合政府部门开展行业重点危险废物管理指南编制，推进危险废物无害化治理与资源化利用。与国际同行业合作，开展废旧塑料综合利用研究，为解决全球塑料污染治理和塑料循环利用的难题作出我们中国的贡献。

三是全力打造绿色低碳循环产业链。按照减量化、再利用、资源化原则，实施资源回收和综合利用，加快建立绿色低碳循环型产业体系。以高值化、规模化、集约化利用为目标，推广处理量大、运行稳定、经济可行的综合利用技术，大力推进工业固体废物综合利用。以资源回收为重点，对资源型废气和尾矿进行回收利用生产化工产品，提高资源利用价值。完善能效"领跑者"发布制度和行业节能标准体系，深入开展能效对标，提高企业能效水平。加强企业能源管理，建立能源管理体系，推进高耗能行业建立企业能源管理中心，开展能源审计和节能诊断。实施化工园区循环化改造，做好园区内"三废"科学处理处置，建设与周边社区和谐共融的绿色生态系统和循环产业链。

四是培育壮大绿色发展新动能。围绕重点行业的突出资源能源和环境问题，发挥产学研协同创新作用，大力开展清洁生产、高效节能、安全环保、资源循环利用等关键领域的科技创新。围绕油品升级、重质油/低阶煤清洁利用、大宗化学品等领域，突破一批绿色制备技术。围绕废盐、废酸、油泥、磷石膏、VOC等污染治理和CO_2综合利用等难题，开发一批先进适用的无害化处理与资源化技术。围绕能源节约及能效提升，开发一批能量系统优化技术和装备。大力发展节能环保产业，积极推进膜材料、高性能防渗材料、高端纤维滤料、离子交换树脂等新材料在环境治理领域的应用。积极利用水煤浆气化装置等化工装置协同处置废物，形成驱动行业转型升级的绿色发展新动力。

五是全面高水平地推进"责任关怀"。"责任关怀"是联合国在全球化工系统推广的专项活动，我国石油和化工行业推行"责任关怀"虽然起步较晚，但发展很快，在ICCA召开的多次会议上，都充分表扬和肯定了中国石化行业的"责任关怀"工作。我们还要继续在更高水平、更大范围持续推进"责任关怀"。要充分利用能源资源并使废物排放最小化，通过公开化学品信息，加强与社会公众沟通，建立严格的检测体系、运行指标和认证程序，促进生产绿色化，持续改善职工健康、安全生产和环境质量；要贯彻我国关于安全生产的法律法规和标准要求，加强"责任关怀"宣传培训、编制年度"责任关怀"报告、制定"责任关怀"实施情况评估准则、组织开展单位自评、企业互评和KPI指标征集等工作，努力探索具有中国特色、具有世界水平的中国"责任关怀"工作新高度、新业绩，勇于挑起行业与社会和谐发展的历史重任。

直面新挑战　激发新动能
打一场全行业高质量发展的攻坚战[*]

2020年年初以来，突如其来的新冠肺炎疫情给我国经济带来前所未有的冲击，对石化产业造成前所未有的影响。尽管面临空前的挑战，我们广大石油和化工企业并没有被困难所吓倒，并没有灰心丧气、止步不前，而是以坚定的信心、必胜的信念，与时间赛跑，与病魔较量，深入贯彻党中央的决策部署，迎难而上、主动作为，积极发挥防疫物资及原料的生产技术优势，为全国取得疫情防控阻击战的重大战略成果作出了重要贡献。

"明者因时而变，知者随事而制"。受疫情影响，世界经济以及石化产业发展呈现出一些新的特点和态势，随着疫情防控向常态化转变，如何认识后疫情时期宏观经济形势变化，以及我们石化产业面临的挑战与机遇，并应形势变化加快结构调整与转型，对石化产业实现后疫情时代的高质量发展具有重要意义。

一、深刻认识后疫情时代宏观经济的全新变化和全新挑战

当前，在党中央坚强领导和各方面大力支持下，全国疫情防控阻击战取得重大战略成果，但境外疫情暴发增长态势仍在持续。有专业机构预测

---

[*] 这是2020年6月2日，在2020年石化产业发展大会上的讲话。

全球疫情的持续时间及负面影响可能会超出预期。全球经济已陷入衰退，石化产业面临历史上最严峻的困难和挑战。

一是新冠肺炎疫情给全球宏观经济带来的严重冲击。国际货币基金组织（IMF）5月14日发布新一期《世界经济展望报告》，预计2020年全球经济将萎缩3%，较一月份的3.3%的增速预测大幅下调6.3个百分点。这意味着新冠肺炎疫情导致的经济衰退程度会远超2008年国际金融危机引发的经济下滑，为20世纪30年代大萧条以来最糟糕的全球经济衰退。IMF还预计，2020、2021两年疫情对全球GDP累计造成的损失将达到约9万亿美元，超过日本和德国经济总量的总和。特别是当前国际产业分工的广度和深度均处于较高水平，全球价值链深度交织。面对疫情的暴发和蔓延，许多国家采取封城、停工、隔离等措施，基本停止了必需品生产以外的经济活动，自身经济陷于停滞的同时直接导致国际贸易严重萎缩，降低了全球经济潜在增速。进一步带动外需下降。另外，大部分产业突然性"休克"导致全球供应链的暂时受阻甚至短期中断，影响了全球投资者预期，国际金融市场"黑天鹅"事件频发。3月份美股大幅下跌四次触发熔断机制，4月20日国际原油期货结算价历史上首次跌至负值，金融风险与实体经济低迷叠加共振。从国内看，疫情对国内经济社会发展带来的冲击已在一季度GDP增速中体现，需求面指标同比放缓，经济主体消费需求降低。同时我们也要警惕未来一段时期外部输入型风险还将继续冲击国内经济，国际贸易受阻的状况短期难以改善，也将进一步拉低我国经济增速。

二是产业结构调整滞后给有效供给带来的叠加挑战。"低端过剩，高端短缺"的结构性矛盾是石化行业长期存在的突出矛盾，传统产品结构优化、落后产能淘汰、过剩产能压减的任务仍然艰巨。高端聚烯烃、专用树脂、特种工程塑料、高端膜材料等化工新材料，功能材料、医用化工材料、高端电子化学品等专用化学品以及一些石化过程用的催化剂、特种助剂（添加剂）等特种化学品，国内市场长期处于供给不足的状态，有的甚至严重依赖进口。2019年全行业贸易逆差2683亿美元，其中合成树脂进口量增加12.4%、聚乙烯增长18.8%、聚丙烯增长6.4%、聚苯乙烯增长13.6%、聚碳酸酯增长12.8%，农药进口量增14%，化工新材料、专用化学品等高端产品的进口量都有不同程度的增加。特别是伴随着5G技术的突飞猛进、高端装备制造的加快兴起、绿色发展和生活方式的大力倡导，在新型工业化、信息化、城镇化和农业现代化深入推进的拉动下，消费升级的步伐不断加快，有效供给与有效需求不能有效匹配的短板正在日益凸显。另外，贸易保护主义、地缘政治冲突、新冠肺炎疫情等一系列不确定因素的交织叠加，新能源技术、能源新技术等一系列战略新兴产业的加速培育，全球石化市场的供需关系和供需格局也将会发生较大转变，行业经济下行压力短期内难以改变。加快推进供给侧结构性改革，增加有效供给，替代和淘汰低端、无效供给，已成为我国石油和化工行业结构调整升级的主线。

三是原油价格大幅波动给行业经济运行带来的严重困难。与前几次石油危机都是在供给侧发生重大变化不同，此次石油危机是全球新冠肺炎疫情的冲击导致需求侧急剧衰减，叠加价格战的供给侧巨变，进而引发油气全产业链危机，全球需求跌至25年来最低点甚至出现负油价，给全球带来恐慌，油气全产业链面临大考，并可能重塑。从上游看，石油行业是长周期行业，勘探开发初始投入高回收周期长，低油价对承担我国本土油气勘探开发以及油田保供重任的"三桶油"上游环节影响最大。最新上市公司财报显示，中国石油2020年第一季度净亏损162.3亿元，上年同期盈利102.51亿元。中国石化一季度净亏损197.82亿元，上年同期盈利147.63亿元。炼化行业等中游行业面临前期高价库存，产品出路通畅等问题明显，对行业下游全力确保库容、消费市场开拓、现金流是否充足等问题提出了挑战。2019年，我国石油和天然气开采业规模以上企业共302家，实现利润总额1628.6亿元，占全行业利润总额的24.3%。我国原油生产成本大约在60美元/桶，如果这样的油价持续下去，我国石油和天然气行业将会处于严重亏损的状态。

四是经济效益下滑给行业高质量发展带来的巨大考验。应当看到，国际疫情持续蔓延，世界经济下行风险加剧，不稳定不确定因素显著增多，企业复工复产面临新的困难和挑战。供应链受阻、资金链紧张、订单减少、销售困难，成为不少企业复工复产路上的障碍。2020年一季度，石油和化工行业每100元营业收入成本达到85.91元，创历史新高，同比上升3.55元。其中，炼油业每100元营业收入成本达89.3元，为8年来最高，同比大幅上升7.65元。国内市场波动不断加剧，主要石化产品价格大幅走低。监测数据显示，3月份石油和天然气开采业出厂价格环比跌幅达17%，较上月扩大6个百分点，为近年来最大环比跌幅；化学原料和化学制品制造业出厂价格环比跌幅1.4%，较上月扩大0.9个百分点，价格再创新低。3月份，高密度聚乙烯市场均价仅为7260元/吨，己内酰胺只有9900元/吨，21世纪来首次跌破万元关口，两者价格均再创历史最低纪录，乙二醇、甲醇、聚丙烯等大宗产品市场价格创多年来新低。石化产品价格的持续低迷和单位成本的走高导致全行业经济效益不容乐观。

二、用创新引领开创全行业高质量发展的新局面

习近平总书记在参加全国政协十三届三次会议经济界委员的联组会上指出，"要坚持用全面、辩证、长远的眼光分析当前经济形势，努力在危机中育新机、于变局中开新局。"❶ 总书记这一科学判断对我们深刻认识石化产业的发展大势和发展方向具有很强的现实指导意义。尽管我们石化产业面临前所未有的困难，但是长期稳中向好这一总的发展趋势没有发生根本性改变。我国经济发展潜力大、韧性足、回旋余地广，拥有包括4亿多中等收入群体在内的14亿人口所形成的超大规模内需市场，同时也具有相对完整的石化产业链和工业体系，生产能力和配套能力都居世界前列，具有应变局、育新机、破危局、开新局的基础和能力。其中，最主要的就是要用创新的方法、用创新的力量破旧立新、转危为机，开辟出行业发展的新道路、新境界、新格局。

创新就是生产力，是推动经济社会高质量发展、新旧动能转换的迫切要求和重要支撑，企业赖之以强，国家赖之以盛。这一点在有效应对疫情冲击和疫情防控期间得到了充分印证。众多"硬核"科技、远程办公、"云会议"、智能制造等创新手段广泛应用，不仅成为当前有效应对防控疫情、有序加快推进复工复产的最强劲动力，也为企业可持续、高质量发展

---

❶ 参考人民网2020年5月24日人民日报《习近平在看望参加政协会议的经济界委员时强调：坚持用全面辩证长远眼光分析经济形势 努力在危机中育新机于变局中开新局》，编者注。

开辟了一方新业态的蓝海。石油化工行业要准确把握此次疫情所带来的历史机遇,坚持把科技创新作为最核心、最关键、最可持续的竞争力,强优势补"短板",加快改革创新,全力激发行业创新动能,扎实推进产业结构转型升级,努力完成"保能源"、保"产业链供应链稳定"等重点任务,用创新引领行业高质量发展的新局面。

一是要围绕产业链部署创新链,不断提升"稳链""补链""强链"水平。后疫情时代,促进行业的全面恢复,关键要找准堵点、断点,联合产业链上下游有针对性地攻克一批"卡脖子"关键技术。我们既要努力连接"断点",加快重构国内产业链,使传统产业链优势更加稳固,让产业循环连接通畅,促进上下游、产供销、大中小企业协同复工达产,还要积极纾困解困,加快实施强链补链工程,补强产业链"短板",打通制约行业发展"堵点",推动产业链不断向高端延伸,提升核心领域技术产品自主可控和安全高效水平,全力保障产业链供应链稳定,实现更高水平和更高质量的供需动态平衡,培育新的竞争优势。

二是要全力把"保能源安全"作为工作重点,加快推动能源结构调整。石化行业作为我国石油、天然气、成品油的主要生产供应部门,肩负着保障国家能源安全和推动能源结构调整的重要任务。"十三五"期间,我国已经成为世界第一石油进口大国,2019年进口油气分别达到5.06亿吨和1370亿立方米,对外依存度分别为72.6%和43%。预计到2025年,我国石油、天然气消费量将增长至7.3亿吨和4500亿立方米,国内油气供应保障任务十分艰巨。石化行业要坚持新发展理念,按照高质量发展的要求,进一步推动"四个革命、一个合作"向纵深发展,进一步加大勘探开发投入,切实提升油气保障和安全生产水平;加快非常规油气核心技术攻关和成果转化应用,推动资源有效接替;持续推动绿色发展,着力推进能源结构调整和节约替代,统筹推进煤炭清洁高效利用,大力推进能源清洁发展水平;加快油气管网和相关基础设施建设,完善能源战略通道;结合"一带一路"国家倡议,全方位提升能源国际合作水平。切实履行好石化行业保障国家能源和油气安全责任,为经济社会持续健康发展提供有力保障。

三是要全力开拓市场需求尽快扭转行业经济下行趋势。有分析认为，新冠肺炎疫情对世界经济的重创，主要是对市场需求的重创。疫情对全行业经济运行产生的一系列全新挑战，既包括市场需求的全新变化，又包括供给侧长期积累的结构性矛盾；既包括复工复产后产业链面临的难点、堵点和卡点，又面临上下游产业链资金、供给和物流的新变化，但这些重大矛盾交织在一起，最现实、最根本、最核心的矛盾就是市场需求的矛盾。从数据看，2019年消费对国民经济增长的贡献率为57.8%，连续6年成为拉动我国经济发展的第一引擎，净出口占到我国GDP的16.24%，也是我国经济保持持续繁荣不可或缺的重要组成部分。目前中国市场对个人防护用品和医疗药品的需求激增，除春耕农资需求外，其余正常的生产资料需求，都呈现出减缓或推迟的态势。此外，为遏制疫情进一步蔓延，许多国家纷纷采取"封城"甚至"封国"等一系列限制性措施，这不仅导致国内需求被压制，还降低了进口需求。因此，抢抓扩大内需战略机遇，构建国内国际双循环相互促进的新发展格局，全力开拓市场需求成为我们扭转行业经济下行压力的当务之急。

四是要持续提升基础产业优势，开创一批具有竞争优势的新的增长点。产业结构的转型升级是全行业事关全局的一个战略任务。要着重把化解炼油产能过剩的突出矛盾、优化PE等化工新材料结构性过剩的倾向性问题、提升化肥等传统产业结构升级作为2020年优化传统产业结构工作重点。要聚焦提升传统产业基础高级化、现代化水平，在加快传统产业结构优化调整的同时，把重点放在战略性新兴产业的培育上。加快培育一批符合市场新需求，具有技术制高点水平，具有成长后劲的技术、项目和产品。要加快推动"十三五"规划中提出的能源新技术和新能源技术、化工新材料技术、高端精细化学品技术、现代煤化工技术和节约环保技术五大战略性新兴产业的培育，形成一批有水平、有规模、有效益、有后劲的新的经济增长点。

五是要全力推动全行业绿色和数字化转型，加快实现发展方式的新跨越。作为行业高质量发展的重要内容，绿色和数字化在推动行业疫情防控和复工复产中都发挥了重要作用。良好的生态环境是人民群众健康的重要保障。新冠肺炎疫情的暴发,进一步凸显了我国生态治理体系的极端重要性。生态环境保护、生物安全和健康文明的生活方式,同样是疫情防控的重要组成部分。疫情还对消费习惯改变、消费模式创新等产生深远影响,无人配送、在线消费、网上娱乐、居家办公、远程视频会议和线上医疗健康、在线教育培训等快速成长,"宅经济""云生活"既适应民生需求趋势,又释放新兴消费潜力,体现出经济社会发展对数字技术更加广泛多样的需求。新兴产业赋能传统产业,将加速带动数字化、智能化基础设施建设投资,加速经济发展新旧动能转换。2020年全行业要着力推进绿色制造体系建设,坚决打赢污染防治攻坚战,强化行业环境保护工作的技术支撑,同时要抓住产业数字化、数字产业化赋予的新机遇,推动互联网、大数据、人工智能和实体经济深度融合,积极推动行业数字化转型,让大数据在抗疫中跑出加速度,跑出新成果。让绿色发展、数字化转型等新兴发展方式引领行业更好满足人民群众的普遍需求,实现好统筹推进疫情和经济社会发展的现实要求。

六是要全力强化企业管理,逆势开创经济效益新局面。对于当前经济运行中的矛盾和困难,特别是实体经济、中小企业的困难,党中央、国务院高度重视,在充分调查研究的基础上,中央从财政、税收、价格、关税、交通运输等多个方面出台了一系列含金量都很高的逆周期政策,还出台了一系列支持改革开放的政策措施,对于这些政策措施,我们联合会、专业协会和各企业都要认真学习,充分利用,真正发挥这些优惠政策的杠杆拉动作用。2020年全行业企业特别是大中型骨干企业,要以高质量发展为目标,以资金和成本管理为重点,在全力对标"世界一流企业"的基础上,从严、从细、从实加强资金成本管理,特别是要紧紧抓住"成本管理"这个牛鼻子,紧紧抓住成本构成的"料"(原料成本)、"工"(人工成本)、"费"(财务费用成本)三个方面"斤斤计较""点滴节约",在"做大做强"和"做好做远"上破解经济效益的"短板"和"困局",全行业的经济效益就一定能够扭转"效益靠价格"的被动局面,破解全行业经济效益这一困局,开创行业经济效益和经济效率的新局面。

三、发扬抗"疫"阻击战凝聚的新时代行业精神,打一场石化产业高质量发展的攻坚战

在工业社会,必然会创造出灿烂的工业文化和工业精神,特别是在面临巨大挑战和困难的非常时期,往往会产生影响深远的工业精神。在我国石化产业70年波澜壮阔的发展历程中,曾产生过影响巨大并传承至今的"大庆精神""铁人精神"和"吉化作风"。这些精神和作风在新冠肺炎疫情阻击战中被石化企业以及广大干部职工大力弘扬,成为攻坚克难、逆势前进的强大精神动力,并与新时代背景文化相结合,创造出了石油和化工行业新时代抗"疫"精神。这一新时代行业抗"疫"精神可概括为"迎难而上、勇于拼搏、主动作为、甘于奉献",广大干部职工谱写了一曲又一曲不怕苦、不怕累、舍小家、为大家、义无反顾、"逆行"有我的大爱之歌。

有的企业根据抗"疫"急需,紧急转产熔喷布专用料等医用物资原料,有的企业甚至直接进入从不涉及的医用口罩、防护服等下游行业,有的企业"没有条件创造条件也要上",仅用十多天就建成平时至少需要半年才建成的生产线,创造出多个中国速度;在武汉、湖北抗"疫"一线的干部职工不怕困难、不惧危险,有的日夜奋战在火神山、雷神山医院建设中,有的24小时坚守在油品和天然气保供岗位,坚持不涨价、不断供、不停业、服务标准不降低,为保障疫区稳定作出了贡献;有的化工园区急企业之急,从防疫物资调配、简化办事流程、减免企业税费一直到组织接回一线职工,统筹推进疫情防控和复工复产成绩十分显著;许多企业和干部职工捐款捐物,为抗"疫"做出力所能及的贡献,有的企业不远千里,努力克服交通不畅、食宿不便的困难,把疫区急需的消杀产品、防护用品紧急送到疫区人民手中;有的干部职工把多年积蓄拿出来,作为特殊党费捐献给国家。

伟大来自平凡,英雄产生于危难。在"抗疫"斗争的伟大实践中,我们遇到的是中华人民共和国成立以来面临的最大挑战,遭遇到许许多多难以想象的困难,但在以习近平同志为核心的党中央坚强领导下,石油和化

工行业大力发扬新时代抗"疫"精神，充分发挥生产与技术优势，开足马力生产医卫防护物资，为疫情防控阻击战取得重大战略成果作出了重要贡献。这次疫情过后的高质量发展将是对行业和企业的又一次大考，是对行业和企业市场"免疫力"和"危机管理"能力的又一次全新考验，同时也是对行业和企业战略创新能力、应变的组织协调能力、产品结构调整能力的又一次重大机遇。这次大考和重大机遇，对我们行业特别是对每个企业都是一次要么"逆势而上"，要么"顺势倒下"重新洗牌的考验。正如习近平总书记在2020年新年贺词中强调的那样："我们要万众一心加油干，越是艰险越向前，把短板补得再扎实一些，把基础打得再牢靠一些。"❶

　　回首来路，石油化工行业是拥有光荣历史和革命传统的行业，越是环境复杂，越能从容应对，越能"化危为机"。对绝大多数企业来讲，这也是一个难得的"补短板""打基础"和"创新发展"的重大机遇。全行业要从上到下，特别是各级领导干部要充分认识全面完成2020年行业发展目标，实现高质量发展转型升级的极端重要性和现实艰巨性。要继续发扬"迎难而上、勇于拼搏、主动作为、甘于奉献"的新时代行业抗"疫"精神，以坚定的信念和必胜的信心，打一场石化产业高质量发展的攻坚战，为实现我们党第一个百年奋斗目标，为全面完成"十三五"规划任务，为"十四五"规划良好开局、交出一份令人感动的、行业高质量发展的奋斗答卷。

---

　　❶ 参考人民网2020年1月1日人民日报《国家主席习近平发表二〇二〇年新年贺词》，编者注。

转型升级　规范建设
奋力实现行业高质量发展目标任务*

2019年，对我国来说是极不寻常、充满严峻考验的一个时期。2019年，我国发展面对的是世界经济增速降至国际金融危机10年以来最低、国际经贸摩擦加剧的外部环境，面对的是国内诸多矛盾交织叠加、经济下行压力加大的复杂局面。这场突如其来的新冠肺炎疫情，是第二次世界大战以来全球面临的最严重的公共卫生和经济社会发展危机，也是中华人民共和国成立以来我国遭遇的传播速度最快、感染范围最广、防控难度最大的重大突发公共卫生事件，对经济社会发展带来极大冲击，更对石化产业造成前所未有的影响。尽管如此，我们广大石油和化工企业深入贯彻党中央的决策部署，迎难而上、主动作为，积极发挥防疫物资及原料的生产技术优势，为全国取得疫情防控阻击战的重大战略成果作出了突出贡献，充分体现了一个负责任的基础民生行业的责任担当。

积极推进危险化学品生产企业搬迁改造，是石化行业担负起的另一项战略调整光荣使命。这一工作时间紧、任务重、难度大。《国务院办公厅关于推进城镇人口密集区危险化学品生产企业搬迁改造的指导意见》（国办发〔2017〕77号）（以下简称《指导意见》）于2017年9月4日正式下发，2018年工作全面启动，确定了1176家拟搬迁改造企业，目标是到2025年底全面完成。

搬迁改造工作难度主要集中在几个方面：首先，企业重建难。石化项

---

* 这是2020年7月28日，在危险化学品生产企业搬迁改造项目国企对接暨产融对接会上的致辞。

目从立项、审批，再到建设、试生产、正式投产，周期普遍较长。从启动搬迁，到完全搬离，再到重新稳定生产至少需要2～5年的时间，行业的景气周期转瞬即逝，搬迁过程对于企业来说伤筋动骨，一些企业很有可能在搬迁过程中再难重回市场。其次，园区承接难。我国省级以上化工园区整体数量虽然有676家，但是，基础配套完善、管理规范、安环措施到位的规范园区数量稀缺。地处产业成熟、交通物流便利、靠近原料和市场的热门地区的化工园区更是一票难求。再次，搬迁改造资金落实难。石油和化工行业是一个资金和技术密集型产业，投资动辄千万、一些大型项目甚至过百亿。以山东省为例：山东涉化搬迁所需总费用约1219亿元，涉及34.4万人，用地需求4.9万亩，搬迁所需资金压力很大。最后，搬迁要求很高。一方面，由于化工行业属于原材料产业，不仅与下游企业环环相扣，也与企业所在地方的地产、金融、物流、服务业等行业发展休戚相关，异地搬迁对企业所在地政府来说，很难下定决心。另一方面，企业搬迁必须坚持转型升级的方向，不能复制"古董"，不能原样照搬，要有技术的升级，要有结构的调整，还要有未来发展的余地，同时，企业搬迁后土壤修复、地下水污染治理等后续工作也需要统筹考虑，必须是绿色搬迁、环保搬迁、安全搬迁。

虽然搬迁企业面临的困难很多，但是《指导意见》发布以来，工信部、应急部会同有关部门统筹谋划、扎实推进，石化联合会积极配合、搭建平台，该项工作正在有序推进，并取得了一系列阶段性成果。2020年，是总体目标提出的一个十分关键的时间节点：中小型企业和存在重大风险隐患的大型企业搬迁改造工作2020年底前完成；其他大型企业和特大型企业搬迁改造工作2020年底前全部启动。因此，面对当前复杂的宏观环境，面对如此艰巨的搬迁任务，石化联合会对危险化学品生产企业搬迁改造工作提出三点要求。

一、创新引领，大力推进企业转型发展

石化企业的搬迁改造，不是简单地重复建设，而是要以搬迁改造为契机，通过技术创新、结构优化、产品升级、差异化发展等方式，提升档

次规模，提高产品附加值，实现转型发展。石化行业在核心技术、关键产品、重大技术装备等方面瓶颈、"短板"较多，全要素生产率较发达国家平均水平低10个百分点以上。习近平总书记指出，核心技术是国之重器，当今世界，谁牵住了科技创新这个"牛鼻子"，走好了自主创新这步先手棋，谁就能占领先机、赢得优势❶。

当前，世界化学工业正在成为全球颠覆性技术变革的核心，化学工业的创新技术正在快速发展，一大批高端技术、绿色技术、前沿技术正在快速突破，加快企业转型发展，必须把创新摆在行业发展全局的核心位置。增强行业技术创新能力，要突出解决三个方面问题。一是解决科技和产业"两张皮"的问题，进一步深化科技体制改革，围绕产业链部署创新链，推进产学研协同创新，提高科技创新对产业发展的支撑能力。二是强化关键共性技术供给，布局建设一批行业创新中心，构建开放、协同、高效的共性技术研发平台，跨越基础研究到产业化之间不畅的缺陷，加快科技成果转化为现实生产力。三是健全以企业为主体的产学研一体化创新机制，实施"揭榜挂帅"等新机制，鼓励企业牵头组建创新联合体，培育一批企业创新发展的领头羊，承担重大科技项目和重大工程任务，加快突破关键核心技术。

二、规范建设，积极提高园区承接能力

石化产业具有关联度强、上下游产品联系紧密的特点，聚集了众多石化企业的化工园区，具有循环化发展的天然优势。化工园区要高度重视规范化建设，强调产业规划的引领作用，合理规划特色产业，延伸产业链，把差异化发展、培育壮大特色产业作为化工园区转型升级的重要目标，实现园区内上下游的产品链协同、能源互供、资源循环利用和高价值产业聚集，走出一条危化品企业搬迁工作高质量发展的新路子。

把项目准入管理制度以及项目预评估制度作为化工园区产业转型升级的前置要素。入园项目须符合国家产业政策和园区产业规划要求，依据

---

❶ 参考人民网2019年3月19日观点频道《人民网评：紧紧牵住"牛鼻子"，推动信息领域核心技术突破》，编者注。

《产业结构调整指导目录》《外商投资产业指导目录》和《产业转移指导目录》,支持与园区主导产业相协调的鼓励类项目进入化工园区,禁止新建限制类项目。并对入园项目进行单位土地投资强度、土地利用率、工艺先进性、安全风险、污染物控制措施等综合预评估,从源头上把握好园区产业发展方向,提高入园项目选择质量。

把建立企业的升级改造和退出机制作为化工园区产业转型升级的保障要素。对园区内存量项目,以提高园区单位土地销售收入、单位土地利润、单位工业增加值能耗、单位生产总值排放等指标为目标,建立项目综合评价体系,科学评估区内企业发展质量,分类施策。鼓励企业开展技术改造,不断提升自身发展水平;推动优质企业对园区内落后产能兼并重组,为园区转型升级创造空间;鼓励跨国公司进入化工园区,充分发挥跨国公司在园区发展和危化品搬迁改造中的引领和带动作用。

三、宣传引导,充分发挥协会协调推动作用

联合会高度重视人口密集区的危化品企业搬迁改造工作,为了做好服务,加强组织保障,成立了由石油和化学工业规划院、化工报社、氮肥协会、氯碱协会、农药协会、化工环保协会、园区委等单位组成的联合会危化品企业搬迁改造工作小组。

积极参加工信部等政府有关部门组织的涉及危化品企业搬迁改造工作的各种活动,组织相关媒体、杂志及网站,及时跟踪报道搬迁改造的最新政策、最新经验和最新动态,对值得推广的做法和经验进行宣传报道,为搬迁改造做好舆论宣传工作。对企业搬迁改造中遇到的各种问题和难题,及时向相关部门进行反映协调,努力化解矛盾,推进搬迁改造工作。

2019年12月底,工信部与石化联合会第一次共同主办的"危险化学品生产企业搬迁改造项目园企对接暨产融对接会"在重庆召开。会议取得了丰硕成果,南京美星鹏实业有限公司、一帆生物、张家港港达新材料等十余家企业,与长寿经开区、宁夏宁东能化基地、济宁新材料产业园现场签约;金川集团镍盐有限公司、安徽八一化工等企业,与国家开发银行、

兰州银行、建设银行、浦发银行等金融单位现场签约。正是在这次会议之后，全行业的入园搬迁工作取得了很大进展。

中国石油和化学工业联合会作为石油和化工行业综合性服务组织，将一如既往地认真履行自身的使命和职责，在行业规划引领、技术创新、经济运行和质量、安全、环保以及标准化等工作中积极发挥作用，特别是在危化品企业搬迁改造工作中，认真做好调查研究、数据库动态跟踪、园区规范建设指导、项目选址及入园评估等技术支持性服务工作，努力借助搬迁改造契机，促进企业转型升级，推进行业高质量发展。

紧紧抓住"十四五"高质量发展的历史机遇 全力开创中国石化民营企业现代化 建设的新局面*

党的十八大以来，以习近平同志为核心的党中央坚持"两个毫不动摇"，提出一系列新理念新思想新战略，采取一系列重大举措，为民营企业发展营造良好的法治环境和营商环境，依法保护民营企业权益，鼓励、支持、引导非公有制经济继续发展壮大。我国民营企业持续发展壮大，成为创业就业、技术创新、国家税收、推动国民经济和社会发展的重要来源和主要力量之一，为我国社会主义市场经济发展、经济体制改革、农村富余劳动力转移、国际市场开拓等方面发挥了重要作用。据统计，民营企业为国家贡献了50%以上的税收、创造了60%以上的GDP、提供了80%以上的城镇劳动就业岗位。在石油和化工行业，民营企业数量目前已经占到90%以上，收入、资产规模合计也超过全行业的40%，在细分领域有着比较明显的优势。

2020年是"十三五"规划收官之年，也是"十四五"规划启动布局之年。习近平总书记强调指出："十四五"时期是我国全面建成小康社会、实现第一个百年奋斗目标之后，乘势而上开启全面建设社会主义现代化国家新征程、向第二个百年奋斗目标进军的第一个五年❶。新时期、新使命、新任务，"十四五"时期石化行业的发展非常重要，民营石油和化工企业

---

* 这是2020年12月11日，在2020中国石油和化工民营企业发展大会上的报告。

❶ 参考人民网2020年11月4日人民日报《习近平：关于〈中共中央关于制定国民经济和社会发展第十四个五年规划和二〇三五年远景目标的建议〉的说明》，编者注。

的发展也非常重要。

一、"十三五"时期我国石油和化工民营企业发展取得了显著成效

"十三五"以来，石油和化工民营企业坚持以供给侧结构性改革为主线，大力实施创新驱动战略和绿色可持续发展战略，积极推进产业布局、产品结构以及组织结构调整与优化，不断开拓国内外市场，持续提升经济运行质量和效益，取得了显著的发展成绩。

一是经济规模和经济效益持续增长。 五年来，民营企业努力克服国内经济下行压力持续加大、国际发展环境日趋严峻复杂的困难，经济规模和经济效益持续增长。2019年，石化民营百强企业资产总额达到2.35万亿元，比2016年增长120.3%；利润总额1438亿元，比2016年增长91.7%；缴税总额1393亿元，比2016年增长180.2%；主营业务收入达到2.6万亿元，比2016年增长100.7%。主营业务收入超1000亿元企业达到6家，超500亿元企业达到14家。从统计数据看，石化民营企业资产利润率一直高于行业平均水平，获利能力和资产盈利能力也明显优于行业平均水平，恒力石化、恒逸石化、荣盛控股、京博石化等一大批民营石化企业持续成长，国内外的影响力不断增强。在2020年中国民营企业500强中，石油和化工民营企业已占60家，显示出石化民营企业的勃勃生机和发展活力。

二是结构调整和转型升级稳步推进。 五年来，广大石化民营企业大力推进产品结构调整、工艺技术装备升级、加强企业经营管理、提升职工劳动技能，结构调整和转型升级成效明显。东岳集团、万达控股集团、龙盛集团、浙江新和成等民营企业通过产学研合作，依靠科技创新向化工新材料、高端专用化学品、生物化工等战略性新兴产业持续延伸，竞争能力得到明显提升。恒逸石化等民营企业通过资本运作，与国际先进企业并购重组，获得了国际领先技术、先进管理经验和国际市场，站到了国际竞争的前列。河南银金达新材料股份有限公司、四川金象赛瑞化工股份有限公司、嘉宝莉化工集团股份有限公司等民营企业成为工业和信息化部第二批工业产品绿色设计示范企业，165家化工中小企业成为工业和信息化部"专

精特新"小巨人企业。

三是创新能力显著增强。五年来，石化民营企业创新能力不断增强，产、学、研、用融合发展更加广泛、更加深入。国家万人计划专家、道恩股份田洪池博士努力推动橡胶产业提升技术水平；新和成股份于洋博士成为全国首位获得"博新计划"化学学科资助的企业博士后；加拿大国家工程院院士叶思宇回国投身鸿基创能，推进燃料电池产业化，一大批富有创新精神的科技带头人助推了我国石化行业的不断发展。华特控股与黎明大学签署合作协议，浙江新和成与浙江大学共同建立研发中心，新光公司在浙江大学建立实习基地，中旗股份为南京大学设立科技基金……校企合作将人才战略、人才培养落到了实处，为民营企业转型升级提供了强有力的人才支撑。山东东岳高分子材料有限公司、三角轮胎股份有限公司、赛轮集团股份有限公司等57家石化民营企业获得联合会科学技术奖。

四是社会贡献成效突出。五年来，石化民营企业勇于承担社会责任，税收贡献不断增加，就业人数不断增多，公益投入不断增长，成为促进地方经济发展、安置社会新增就业、维护社会和谐稳定的重要力量。2016至2019年，石化民营百强企业上缴税金由497亿元增加到1393亿元，年均增长率达到45%。截至2019年底，石化民营百强企业吸纳就业人数为51.26万人，约占全行业就业人员总数的9%，并且100%都有社会公益投入，在捐资助学、扶危济困、急难救助、传播公益理念等方面做出了积极贡献，2019年度捐资总额达6.18亿元，累计总金额45亿元。据不完全统计，石化民营百强企业在抗击新冠肺炎疫情中累计捐款超过2.5亿元，累计捐物价值超过1亿元。

"十三五"期间民营企业通过自身的努力，在技术创新、管理创新、绿色发展、文化建设等方面取得了显著进步，推动企业发展实现了新的跨越，为推动我国石油和化学工业由大向强转变做出了重要贡献。

我们在看到民营企业发展成绩的同时，也清醒地认识到，我国石油和化工民营企业发展中还存在一些突出的矛盾和问题。一是产能过剩矛盾依然突出。目前，我国石化行业的基础化工产品、通用化工产品等低端供给过剩，化工新材料、专用化学品等高端供给不足，有效供给不能适应市场需求的结构性变化。2019年石化民营百强企业中，轮胎、尿素、磷铵、电石、烧碱、纯碱等产品占比较大，高端产业和战略性新兴产业占比很少。二是"专精特新"发展水平仍需提高。石化民营企业以中小型企业为主，产品、技术、工艺同质化严重，专、精、特、新程度不足，相当一部分企业处于产业链中低端，缺少足够的抗风险能力。三是科技创新能力依然薄弱。2019年石化民营百强企业研发投入占销售收入比重仅为1.29%左右，技术投入比例不足1%的企业占40%。企业为主体、市场为导向、产学研相结合的技术创新体系尚未完全建立，创新投入不足，创新体制不健全，创新人才缺乏仍然是困扰民营企业创新发展的重要障碍之一。四是安全生产形势依然严峻。我国作为世界第一化工大国，危险化学品生产经营单位达21万家，能够生产危化品目录中几乎全部的2800多个产品种类，安全风险管理以及危险化学品生产、贮存、运输、使用、废弃处置等环节隐患不少，安全管理、本质安全水平亟待提高。近年来，相继发生了张家口"11·28"、盐城"3·21"等重特大事故，给人民群众生命财产造成巨大损失，给行业生产运营带来极大的负面影响，反映了行业安全生产任重而道远的紧迫现实矛盾。五是现代企业制度仍需完善。许多石油和化工民营企业在管理上比较粗放，战略决策机制、职业经理人机制、规范的运行机制、有效的激励机制尚待完善，现代企业制度改革和规范可持续的体制机制亟待加强。

这些问题对"十四五"全行业高质量发展提出了新的课题，也为石化民营企业发展提出了新的挑战，我们只有正视问题、总结经验、持续改进提升，才能实现健康、可持续发展。

二、"十四五"时期是我国石油和化工民营企业高质量发展的重要战略机遇期

"十四五"时期是我国全面建设社会主义现代化国家新征程的开局起步期，也是世界百年未有之大变局的加速演进期，更是我国石油和化学工业，特别是石油和化工民营企业发展的重要战略机遇期。深刻认识和准确把握国内外环境的变化对我国石化行业的影响至关重要。一方面，全球经

济进入深度调整期，逆全球化思潮特别是贸易保护主义、单边主义持续蔓延，国际经济秩序和经贸规则面临重塑调整，新一轮科技革命和产业变革日新月异，国际产业分工与竞争格局加速改变；另一方面，我国已转向高质量发展新阶段，制度优势显著，治理效能提升，经济长期向好，物质基础雄厚，人力资源丰富，市场空间广阔，发展韧性强劲，社会大局稳定，经济社会发展具有多方面优势和条件。党的十九届五中全会作出"当前和今后一个时期，我国发展仍处于重要战略机遇期，但机遇和挑战都有新的发展变化"的科学判断。"十四五"期间，尽管我们发展环境仍然面临着严峻复杂的挑战，但我们更应该清楚地看到我们行业特别是民营企业发展面临的一系列新的机遇。

一是深化改革开放释放市场活力带来的新机遇。近两年，习近平总书记主持召开的民营企业座谈会、企业家座谈会等多个重要会议，强调要不断为民营经济营造更好的发展环境，帮助民营经济解决发展中的困难，支持民营企业改革发展，变压力为动力，让民营经济创新源泉充分涌流，让民营经济创造活力充分迸发。《中共中央关于制定国民经济和社会发展第十四个五年规划和二〇三五年远景目标的建议》明确指出：要"毫不动摇鼓励、支持、引导非公有制经济发展"，"优化民营经济发展环境，构建亲清政商关系，促进非公有制经济健康发展和非公有制经济人士健康成长，依法平等保护民营企业产权和企业家权益，破除制约民营企业发展的各种壁垒，完善促进中小微企业和个体工商户发展的法律环境和政策体系。弘扬企业家精神，加快建设世界一流企业。"这充分体现了党中央对民营企业的关心、支持和期盼。民营企业的创新活力和发展潜力将在"十四五"时期得到进一步释放。

二是扩大内需这个战略基点带来的新机遇。习近平总书记指出，"大国经济的优势就是内部可循环"[1]。我国有14亿人口，4亿中等收入人群，人均国内生产总值已经突破1万美元，是全球最大最有潜力的消费市场。五中全会指出，"加快培育完整内需体系，把实施扩大内需战略同深化供给侧结构性改革结合起来，形成强大的国内市场。"2008年以来，我国内

---

[1] 参考《求是》2020年10月31日《习近平：国家中长期经济社会发展战略若干重大问题》，编者注。

需对经济增长的贡献率有7个年份超过100%。这次新冠肺炎疫情不会导致中国经济的长期衰退，从第一季度下降6.8%到第二季度增长3.2%，再到第三个季度增长4.9%。2020年中国"十一"黄金周的消费、旅游以及中国经济的复苏，都令外国人惊叹！据经合组织12月份的最新预测，2020年世界经济将萎缩4.2%，中国经济将会增长1.8%，是全球经济唯一正增长的国家。国内市场的巨大潜力，将为石化民营企业带来新的发展机遇。广大石化民营企业要牢牢把握扩大内需这一战略基点，继续以供给侧结构性改革为主线，更多依托国内市场实现良性循环，促进总供给和总需求在更高水平上实现动态平衡。

三是宏观环境变化带来的新机遇。2020年政府工作报告特别强调要做好"六稳"工作和"六保"任务，石化产业不仅要为保居民就业、保基本民生和保市场主体作出重要贡献，而且也要为保粮食能源安全、保产业链供应链稳定和保基层运转保驾护航；尤其是新基建、高端制造业和战略新兴产业等重点领域的发展，对化工新材料、化工新能源、电子化学品、功能化学品、高性能复合材料等，不仅提出了新的要求，而且提供了新的发展机遇和发展空间。中国经济发展长期向好的基本面没有变，经济韧性好、潜力足、回旋余地大的基本特征没有变，经济持续增长的良好支撑基础和条件没有变，经济结构调整优化的前进态势没有变，党中央作出的这"四个没有变"的科学判断，更加坚定了我们加快行业转型升级，实现高质量发展的信心和决心。

四是产业变革重构带来的新机遇。疫情过后世界石化产业将进入新的变革与调整期，其变革与调整的广度与深度都将超出我们的预期，将给全球石化产业链和供应链带来重大重构的新机遇。世界石化产业的格局与布局、发展领域与创新重点、合作方式与协同模式都将发生深刻的变革与重构，这种变革与重构，都将给我国石化企业新的发展带来机遇。习近平总书记强调指出，"要坚持用全面、辩证、长远的眼光分析当前经济形势，努力在危机中育新机、于变局中开新局。"紧紧抓住全球石化产业重大变革与重构的机遇，主动作为，勇于创新，努力在这场重大变革与重构的调整中，开创企业的新机遇，创造我们企业的新优势，占领产业链和供应链的高端位置，培育企业可持续发展的新的增长点。

2020年年初，面对突如其来的新冠肺炎疫情冲击，党中央和国务院坚持人民至上、生命至上，14亿中国人民在以习近平同志为核心的党中央坚强领导下，万众一心、众志成城，疫情防控阻击战取得了举世瞩目的重大胜利。在这场抗击新冠肺炎疫情伟大斗争中，一大批石油和化工民营企业积极自发地慷慨解囊、捐款捐物，努力为抗击疫情做出实实在在的贡献。有的企业高效运转、保障基础原材料供应，有的企业转产扩产、开足马力生产紧缺的防疫物资，同时广大民营石化企业积极组织复工复产，抢夺受疫情影响、被疫情耽误的时间，充分彰显了"迎难而上、勇于拼搏、主动作为、甘于奉献"的新时代石油和化工行业精神。

"十四五"期间，广大石化民营企业要继续大力弘扬新时代石油和化工行业伟大精神，积极投身到建设石油和化工强国伟大进程中，进一步增强机遇意识、风险意识和责任意识，加快构建以国内大循环为主体、国内国际双循环相互促进的双循环发展新格局，朝着2035年基本实现社会主义现代化和到21世纪中叶把我国建设成社会主义现代化强国的宏伟目标奋勇前进。

三、全力开创我国石化民营企业"十四五"高质量发展的新局面

"十四五"时期是我国石油和化工行业结构转型升级的关键五年，是石油和化工行业科技创新能力由跟跑到并跑到领跑的关键五年，是石油和化工行业绿色发展方式渐成主流的关键五年，是石油和化工行业由大国向强国跨越迈出实质性步伐的关键五年。《中共中央关于制定国民经济和社会发展第十四个五年规划和二〇三五年远景目标的建议》将"市场主体更加充满活力"作为我国"十四五"经济社会发展的重要目标，将"激发各类市场主体活力"作为全面深化改革，构建高水平社会主义市场经济体制的重要任务。广大石化民营企业要全面贯彻落实这一战略部署，充分发挥自身体制机制优势，激发自身创新活力，推进产业基础高级化、技术创新高端化、产业链现代化，以产业高端化、智能化、绿色化为着力点，努力在企业战略、科技创新、市场开拓、管理水平、人才培养等方面再上一个

新台阶，成为我国石油和化工行业由大国向强国跨越的最为活跃的有生力量。"十四五"期间，广大石化民营企业要重点做好以下几方面的工作。

一是要深刻认识新发展格局内涵，努力提升产业链供应链现代化水平。新形势下，党中央作出的构建国内国际双循环这一新发展格局的战略决策，不是简单地针对当前产业链供应链因疫情而中断所采取的权宜之计，而是对"十四五"和未来更长时期我国经济发展战略做出的重大调整完善，是着眼于我国长远发展和长治久安做出的重大战略部署，对于我国实现更高质量、更有效率、更加公平、更可持续、更为安全的发展，促进世界经济繁荣，都会产生重大而深远的影响。广大石化民营企业要把思想和行动统一到中央的决策部署上来，认真学习和深刻领会构建双循环新发展格局的重大战略决策，增强贯彻落实的自觉性和主动性，努力在构建新发展格局中主动作为，巩固传统产业优势，加快战略性新兴产业成长，努力开拓国内外两个市场，实现供给与需求的高水平动态平衡，形成具有较强竞争优势的全球产业链供应链。

二是要结合行业"十四五"发展指南，制定好企业自身的中长期发展规划。一个好的发展规划，对于企业未来的发展至关重要。党的十九届五中全会指出，推动"十四五"时期经济社会发展，必须把新发展理念贯穿发展全过程和各领域，实现更高质量、更有效率、更加公平、更可持续、更为安全的发展；必须加强前瞻性思考、全局性谋划、战略性布局、整体性推进，实现发展规模、速度、质量、结构、效益、安全相统一。根据十九届五中全会的精神，中国石化联合会精心编制的行业"十四五"规划指南，即将正式发布。我们行业不少企业都提前动手，下功夫编制了企业的"十四五"规划，规划重点突出，针对性和操作性强，与国家规划、行业规划契合度很高。石化民营企业都要根据行业的总体规划，科学地编制适合本企业自身特点的"十四五"规划，要在结构升级、科技创新、绿色发展、人才保障和产业链供应链建设等方面提出高质量的战略目标和战略重点，要有战略性的创新突破。同时，要采取有力措施，保证规划的落地实施，真正走出一条创新引领、资源节约、安全环保、绿色低碳发展的新路子。

三是要坚持科技创新自立自强，全面提升企业发展的内在动力。"十四五"时期，石化民营企业要坚持创新驱动战略，充分发挥体制机制灵活高效优势，全力推进以科技研发为核心的创新突破，着力打造全产业链协同创新、协同发展的新动能。要通过聚焦、集中、协同攻关等方式，在差异化市场、高端技术和关键环节取得重大突破，建立一个上下游协同发展的完整创新链条。要攻克一批关键共性技术，推广一批先进的工艺技术和装备，突破一批颠覆性、制高点技术。要加快科技成果转化，在"补短板""强基础"上不断发力，把竞争和发展的主动权牢牢掌握在自己手中，打造强大的现代化产业链供应链体系，不断提升企业国际竞争力，重塑我国国际合作和竞争的新优势。

四是要瞄准高端产能，全力推进产业结构优化升级。当前石化行业发展中的许多矛盾，都集中反映在供给侧的供给结构上。产品结构雷同、高端供给不足、低端产能过剩的问题十分突出，产业结构转型升级是事关行业发展全局的一个战略任务。从发达国家石油和化学工业发展经验看，谁能占领产业链的最高端，谁能生产出符合市场需求、贴近市场需求的终端产品，谁就具有市场话语权。在高端聚烯烃、专用树脂、特种工程塑料、高端膜材料、高端电子化学品等方面，国内市场长期供给不足，有的甚至严重依赖进口。有些石化民营企业在某些细分领域已经走在国内甚至世界前列，东岳集团、金发集团、浙江新和成、凯盛新材料、道恩高分子材料等就是典型代表。广大民营企业要立足自身领域深度挖掘行业潜力，密切结合市场要求，真正做到"专精特新"，培育出更多有水平、有特色、有影响力的"单项冠军"和"小巨人企业"，不断增加有效供给，补强高端供给，保证国内市场供应在关键时刻不被"卡脖子"，切实维护国家产业安全。

五是要大力弘扬企业家精神，加快建设具有国际竞争力的世界一流企业。最近石化联合会组织了6位院士和20多位管理专家对恒力集团进行了专题调研，就是希望在"十四五"开局之际，认真总结典型民营企业的发展经验，用典型经验推动全行业加快培育具有国际竞争力的一流企业。恒力集团的经验，很有典型意义，它是一家在产业链上崛起的民营企业，沿着产业链从"一匹布"走到了"一滴油",从市场终端走到了产业链的前端,成为一家跨越式发展的明星企业。这份调研报告不久即将发布,实践告诉我们,企业强则国家强,企业兴则国家兴。"十四五"期间,广大石化民营企业家都要争做创新发展的探索者、组织者、引领者,努力把企业打造成为强大的创新主体;要诚信守法,牢固树立法治意识、契约精神、守约观念,自觉做诚信守法的表率;要积极承担社会责任,关心关爱员工,重视生态环境,主动参与社会公益慈善事业,真诚回报社会;要拓展国际视野,立足中国,放眼世界,积极参与国际标准制定,在更高水平的对外开放中实现更好发展;要进一步加强战略管理,不断增强资本运作能力,提升资金管理水平,强化信息化、智能化管理,培育一批创新引领、内涵发展、高质量高效益的领军企业。我们对石化民营企业的未来充满了信心、充满了期待!

迎接全新挑战　实现全新突破
全面开创我国煤化工高端化、多元化、低碳化发展的新局面[*]

9月13日，习近平总书记在榆林考察国家能源集团榆林化工有限公司的重要讲话，是在我国煤化工发展的重要时刻，针对行业发展面临的全新挑战，作出的最重要、最系统、最具前瞻性的指示，给全行业带来了巨大的鼓舞和发展的信心。习近平总书记的讲话，站在国家能源安全和现代化建设的高度，深刻揭示了我国煤化工产业的发展规律，指出了我国煤化工产业发展的方向，强调了当代煤化工发展的工作重点，对指导我国煤化工产业高质量发展具有重大的现实意义和深远的历史意义。

习近平总书记的重要讲话，内容十分丰富，内涵也十分深刻，重点也十分明确。结合我国行业的实际，当前我国要围绕三个重点，全面学习，深刻领会，抓紧落实。

一、煤炭是我国的主体能源，煤炭也是我国化学工业的基本原料，主体能源和基本原料的地位目前还不可替代

根据国家统计局数据，2020年我国能源消费总量为49.8亿吨标煤，其中煤炭、石油、天然气、一次能源及其他能源分布占比为56.8%、18.9%、8.4%、15.9%。

---

[*] 这是2021年10月17日，学习习近平总书记9月13日在陕西榆林重要讲话的认识体会。

我国的资源禀赋就是多煤、贫油、少气，而我国又是一个发展中大国，正处在工业化的进程之中，总能耗大概占全球总能耗的1/4。一次能源结构中，煤炭占比高达56.8%，这个现实恐怕短期内无法改变。2020年，我国消耗了41亿吨实物煤。在41亿吨实物煤的消耗中，发电用了52%，钢铁用了17%，建材用了13%，化工用了8%（2020年中国石油和化学工业能耗为6.85亿吨标煤）。

在"双碳"目标下，煤炭发电的用量肯定会快速下降，因为煤电是用燃烧产生蒸汽再来发电，煤电的热效率只有45.5%。电煤的用量减少，煤炭的出路何在？化工原料可能就是一个重要的选择。所以，习近平总书记讲，"煤炭作为我国的主体能源，要按照绿色低碳的发展方向，对标实现碳达峰、碳中和目标任务，立足国情、控制总量、兜住底线，有序减量替代，推进煤炭消费转型升级。煤化工产业潜力巨大、大有前途，要提高煤炭作为化工原料的综合利用效能，促进煤化工产业高端化、多元化、低碳化发展"[1]。习近平总书记的讲话，清楚地告诉了我们，要认识中国的国情，要承认中国资源的禀赋现状，在全球经济低碳发展的新形势下，燃料煤的减少，原料煤的增加，这是煤炭消费转型升级的一个重要方向。所以，我认为这是我们学习习近平总书记讲话精神的第一个重点。

二、煤化工发展的基本动力是技术创新，无论是过去，还是当下，以及未来，技术创新都是不可撼动的永恒动力

习近平总书记在讲话中特别强调，要"把加强科技创新作为最紧迫任务，加快关键核心技术攻关"[1]。这是对我们行业高质量发展，应对新形势挑战的最重要、最紧迫的任务要求。"双碳"目标形势，低碳发展要求，这是我们过去从未有过的全新挑战，应对这一全新挑战的出路，也就是我国煤化工行业最紧迫的战略任务。我回顾了一下世界煤化工发展的历史，在世界煤化工发展的历史进程中，每一次跨越式发展都依靠的是技术创新。我认为世界煤化工发展经历了三个里程碑阶段，这三个里程碑阶段是：

---

[1] 参考新华网2021年9月15日《习近平在陕西榆林考察时强调 解放思想改革创新再接再厉 谱写陕西高质量发展新篇章》，编者注。

第一个里程碑：18世纪中叶到19世纪，煤焦化技术和城市煤气化技术的突破，开创了煤化工发展的第一个里程碑。

人类对煤炭的认识最早可追溯到公元前，古代中国、希腊、罗马等地都有使用煤炭的记录。但煤作为化学工业的原料加以利用并逐步形成工业体系，则是在近代工业革命之后。18世纪中叶，由于工业革命的进展，英国对炼铁用焦炭的需求量大幅增加，煤焦化学应运而生。18世纪末，煤开始用于生产民用煤气，并将所得的干馏煤气用于欧洲城市的街道照明，随后世界一些主要城市也相继采用。化学家从煤炼焦的副产物煤焦油中，陆续发现了苯、蒽、醌、萘等芳香族化合物，以此为基础，1856年，英国化学家威廉·亨利·珀金，首次合成了人工染料——苯胺紫染料。在此之后，一系列其他染料，也被陆续开发出来。当时许多有机化学品大多数以煤为原料进行生产，煤化工成为化学工业的重要组成部分，这是煤化工技术的第一次重大突破。

第二个里程碑：20世纪初，合成氨和费托合成技术的出现开创了合成气技术利用的新突破，开创了煤化工发展的第二个里程碑。

合成气的生产和应用在化学工业中具有极为重要的地位。由一氧化碳和氢气合成有价值的产物最早可以追溯到1902年，法国化学家保罗·萨巴捷计划利用将一氧化碳和氢气为原料生产甲烷，以增加城市燃气的热值，并且除去其中所含的有毒一氧化碳，但由于成本原因未能实现。德国化学家哈伯成功地设计出一套适于高压实验的装置和合成氨的工艺流程，并于1911年，与巴斯夫公司合作，利用这套技术建成了年产9000吨的合成氨工厂。从此合成氨成为化学工业发展较快的领域。合成氨生产方法开辟了获取固定氮的途径，并对化学工艺的发展产生了重大影响。第二次世界大战前夕及大战期间，纳粹德国为了发动和维持战争，大规模开展由煤制取液体燃料的研究工作，加速发展液体燃料的工业生产。德国化学家弗朗兹·费歇尔和汉斯·托罗普施在1925年研究出以一氧化碳和氢气的混合气体为原料，在催化剂和适当条件下，合成液态烃或碳氢化合物的费托合成工艺流程，使德国内燃机液体燃料供给问题迎刃而"解"。第二次世界大战末期，德国每年用煤及煤焦油加氢液化生产的液体燃料达400万吨。合成氨和费托合成技术的出现开创了合成气技术利用的新途径，实现了煤化工的第二次跨越式发展。

第三个里程碑：20世纪90年代，以中科院大连化学物理研究所（以下简称大连化物所）煤制烯烃（MTO）技术为代表的产业化应用，实现了不以石油为原料的石油化工技术路径的新突破，开创了现代煤化工发展的第三个里程碑。

中国科学院大连化物所从20世纪80年代开始，围绕甲醇制烯烃催化剂和工艺技术进行了长达30多年的创新研发工作，在催化剂、反应工艺、工程化及工业化成套技术等方面取得了一系列技术发明和创新，最终形成了具有自主知识产权的甲醇制烯烃技术（DMTO），实现了DMTO技术的首次工业化应用和世界上煤制烯烃工业化"零"的突破。2006年6月，第一代DMTO技术完成万吨级工业性试验，于2010年8月在神华包头建成了全球首套煤基甲醇制取低碳烯烃的工业化装置。2010年5月，第二代甲醇制烯烃（DMTO-Ⅱ）技术完成万吨级工业性试验，于2014年12月实现首次工业化。2020年9月，第三代甲醇制烯烃DMTO-Ⅲ技术完成了千吨级中试试验。新一代催化剂的工业化和DMTO-Ⅲ技术的成功开发使我国在甲醇制烯烃技术领域持续保持国际领先地位。

我们是否可以认为，当前全行业面临的全新挑战，给我们创造了开创世界煤化工发展第四个里程碑的机会。第四个里程碑应该是：在"双碳"目标新形势下，走出一条高碳原料低碳排放的新路子。而且我还认为，第四个里程碑的发源地应该在我们中国，中国化学工业有责任、也应该为世界煤化工发展做出新形势下的全新贡献。

三、高端化、多元化和低碳化是未来现代煤化工发展的方向、潜力和希望

习近平总书记在讲话中指出，促进煤化工产业高端化、多元化、低碳化发展，积极发展煤基特种燃料、煤基生物可降解材料等[1]。为未来煤化工的发展指明了方向，提出了希望。

结合我国煤化工发展的现状，我认为当前煤化工的发展面临"四大挑

---

[1] 参考新华网2021年9月15日《习近平在陕西榆林考察时强调 解放思想改革创新再接再厉 谱写陕西高质量发展新篇章》，编者注。

战"要依靠技术创新，实现"六大新突破"。这"四大挑战"是：

一是CO_2排放的挑战。 全球气候变化已经成为人类发展的最大挑战之一。2020年，中国承诺力争2030年前二氧化碳排放达到峰值，2060年前实现碳中和。现代煤化工行业将面临更加巨大的减排压力，据测算，煤间接液化制油、煤直接液化制油、煤制烯烃和煤制乙二醇，吨产品CO_2排放量分别约为6.5吨、5.8吨、11.1吨和5.6吨，未来CO_2的处置费用将直接增加现代煤化工企业的运营成本，部分产品将失去竞争力。为应对即将到来的碳达峰和碳中和，现代煤化工全行业要提前谋划，积极研究采用新技术、新材料和新工艺，降低CO_2排放，努力走出一条高碳产业低碳排放、CO_2循环利用的新路子。

二是水资源短缺的挑战。 我国煤炭资源与水资源逆向分布特点较为突出，西部省区的煤炭资源占全国的90.1%，特别是黄河中上游的山西、陕西、内蒙古、宁夏四省区煤炭资源占有量为全国的67%，但水资源仅占全国的3.85%。宁夏、陕西、内蒙古现代煤化工项目用水主要依赖黄河，由于黄河来水减少，而现代煤化工项目用水量不断增加，今后较长一段时期，面临的水资源供需矛盾将更加突出。习总书记在黄河流域生态保护和高质量发展座谈会上指出，黄河流域生态环境脆弱，水资源保障形势严峻，发展质量有待提高。要推进水资源节约集约利用，推动黄河流域高质量发展。当前，煤化工行业发展迫切要解决的就是水资源节约集约利用问题。

三是终端产品雷同的挑战。 随着煤制油、煤制烯烃、煤制乙二醇、低阶煤分质利用等工艺技术的日趋成熟，现代煤化工项目建设速度不断加快、数量不断增加，但建设方案雷同，布局分散，未形成集群效应。目前，国内采用费托合成技术生产煤制油品的企业有国家能源集团宁夏煤业有限责任公司、内蒙古伊泰集团有限公司、山西潞安矿业（集团）有限责任公司、陕西未来能源化工有限公司等。这些煤制油项目的产品同质化问题突出，同业竞争激烈，导致煤制油产品的价格持续走低，加剧了煤制油项目的生存压力。煤制烯烃项目产品以中低端为主，双烯产品集中在一些通用料或中低端专用料牌号上，高端专用料牌号基本空白。煤制乙二醇项目的产品结构单一,已建成的项目通常以乙二醇为主打产品,下游用于聚酯消费的占比高达95%。未来,如果现代煤化工项目不从高端化、差异化上解决同质化问题,将很快出现产能过剩、无序竞争的局面。

四是环境治理的挑战。我国实行更严格的水资源管理、节能减排、环境监管政策,对各省、市、区提出相应控制指标,对水资源"三条红线"进行全面管控,对能源消费将实行总量和强度双控。部分地方甚至出台了"一刀切"的大气联防联控区域治理方案,严格限制新增化工产能,煤炭指标严格受限,不管是燃料煤还是原料煤,只要用煤,都要面临减煤压煤的风险,同时要求现有现代煤化工企业的污染物排放总量必须连年大幅下降,企业无法扩大规模,未来发展受限。比如,2020年年初内蒙古地区出台能效双控政策,严格执行能耗、质量、环保等标准,从2021年开始,除国家布局的现代煤化工项目外,"十四五"原则上不再审批新的煤化工项目。未来随着内蒙古能耗"双控"政策措施的进一步趋紧,内蒙古部分地区煤化工项目的发展也会受到影响。

依靠技术创新,我们完全可以实现"六大新突破"。

一是开创煤制烯烃、芳烃终端产品高端化、差异化的新突破。开发与α-烯烃共聚的聚乙烯、ULDPE及丙丁共聚PP、熔融PP、高结晶度PP等新牌号聚烯烃树脂;利用与石油化工技术耦合生产乙烯、丙烯下游产品延伸产业链,如聚氯乙烯、环氧乙烷、乙二醇、二氯乙烷、苯酚、环氧丙烷等;加强对C_4资源综合利用,开发壬醇、异壬醇(INA)、聚丁烯等高端C_3/C_4下游衍生化学品。开发合成气直接催化合成烯烃、芳烃、支链烷烃以及醇类含氧化合物技术。

二是开创煤油混炼创新技术的新突破。煤油混炼技术是将煤粉与重质油按一定比例混合并加入催化剂,在一定反应温度、反应压力条件下,使油煤浆加氢裂解成轻、中质油和少量烃类气体的工艺技术,是在煤直接液化技术基础上,经过不断研发和总结探索形成的,一种对低阶煤和重(劣)质油同时进行加工处理的新技术,通过利用煤与重质油之间的协同效应,克服了煤直接液化技术的不足,实现煤炭与重质油的高效转化。

三是开创煤直接生产化学品技术的新突破。目前的煤化工路线基本上是将煤炭分子打碎，转化成合成气之后再进行偶联等反应，生产化学品和油品。未来应开发能直接和充分利用煤炭中的环状有机化合物的变革性技术。如：煤炭直接制芳烃技术、从煤中直接提取高附加值医药中间体和精细化学品技术等。特别是在煤基特种燃料、煤基生物可降解材料的技术创新突破。

四是开创二氧化碳资源化利用的新突破。作为一种重要的工业气体，CO_2 及其衍生产品在工业中应用广泛，捕集的 CO_2 可以用于制造碳酸饮料、烟丝膨化处理、金属保护焊接、合成有机化合物、灭火、制冷等，也可用于强化石油开采和强化煤层气开采。煤化工行业副产大量 CO_2，通过二氧化碳捕集、埋存、利用，可实现碳减排和碳资源再用。CO_2 资源化利用新技术包括：低成本 CO_2 捕集—输送—驱油技术；利用海藻等作物的光合作用固碳，通过光—生物反应器将 CO_2 转化为生物质，再加工成生物质燃料，形成微藻固碳技术；以 CO_2 为原料经催化制合成气、乙烯、甲醇、乙醇、汽油等技术；新型 CO_2-甲烷干（湿）重整制合成气技术等。

五是开创煤炭分质利用技术的新突破。以清洁高效热解为龙头分质转化为高级能源和高附加值化产品的新技术必将不断突破，如：煤炭清洁高效催化热解技术、煤焦油提取高附加值精细化产品及制特种高级油品和芳烃技术、热态半焦与高浓废水耦合清洁高效气化技术、热态半焦清洁高效燃烧发电技术、热解煤气与半焦气化煤气合成高附加值含氧化合物技术。

六是开创现代煤化工绿色节能节水新工艺技术的新突破。现代煤化工企业向大型化、集约化发展，是水和能源消耗大户，节水节能技术的推广应用潜力很大，全行业要积极采取各项节水措施，如清污分流、污污分治、分质回用，进一步有效利用低品位蒸汽和燃料气节水技术，包括先进的节水工艺、空冷技术、循环水密闭循环和疏干水、中水回用技术、低位能有效利用技术等。

走在向强国跨越的征程上

"十三五"以来中国石油和化学工业转型发展的创新与探索

下

李寿生 著

化学工业出版社

·北京·

企业管理篇

技术创新和管理创新作为创新的两个方面,二者同等重要,两个"轮子"缺一不可。

在我国宏观经济进入新阶段的转折时刻,在我国石油和化学工业向强国跨越的重要节点,我国石油和化学工业的企业管理提升,特别是面向未来的战略创新管理提升,是刻不容缓、不容懈怠的。

由大国向强国的跨越,由跟随者到引领者的转变,对中国石油和化工行业建设世界一流企业来讲,绝不是简简单单的增加投资、扩大规模就可以完成的,必须要重构企业战略,精准市场定位,加快创新转型,提升创新能力,培育新的竞争优势,行业领军企业应率先走出历史、开创未来,应努力提高企业驾驭市场的核心竞争力,在强国的建设中实现更大发展,发挥更大作用。

创新：不是无序的密码
——企业创新方法论[*]

一、创新发展的新时代

（一）我国企业创新面临的新形势和新变化

改革开放以来，中国经济经历了30多年的持续高速发展，目前已成为仅次于美国的第二经济大国。我们也清醒地认识到，我们虽然是一个经济大国，但远远还不是一个经济强国。要成为一个世界经济强国，至少要具备四个条件和标准：一是要拥有一批具有自主知识产权、能够占据世界技术制高点的产业核心技术；二是要拥有一批具有国际竞争优势的企业和企业集团；三是要具有较强的产业国际投资、经营和贸易的能力；四是要拥有一批具有国际竞争优势的一流技术、管理人才和享有国际影响力的产品品牌。同世界经济强国相比，这四个方面我们都有很大的差距。

无论是纵观世界经济发展的历史，还是展望全球经济发展的未来，我们都清楚地认识到，我们已经进入了一个创新发展的新时代。创新已经成为当今世界上任何一个国家、任何一个企业的核心竞争力。美国国家情报委员会2012年12月发布的第五份全球发展趋势研究报告《全球趋势2030：变换的世界》中，将技术创新列为改变全局的五大因素之一。报告认为，到2030年，信息技术、自动化与制造技术、资源技术及医疗卫生技术这四

---

[*] 这是2015年6月30日，在青岛软控集团调研时的报告。

大技术将重新塑造世界经济、社会和军事发展。特别强调"未来需要与重要资源安全相关的技术突破，以满足世界人口对食物、水和能源的需求。在该领域位居前沿的主要技术包括基因改良农作物技术、精确农业、滴灌技术、太阳能、生物燃料、提升采油率技术及压力萃取天然气等"。报告还预测，未来技术发展的重心将由西方向东方和南方转移，"跨国公司将焦点集中在增势迅猛的新兴市场，而中国、印度、巴西及其他新兴经济体的公司则在国际上大展拳脚。未来15～20年，更多技术活动很可能向发展中国家转移。转移的速度要看发展中国家能否获得风险资本、保护知识产权的法制情况如何，及国内公司是否一心做大做强，在国际上出人头地。"

最近，国际商业机器有限公司（IBM）也对全球1500名CEO做了一项调查：什么是"未来的领导能力"？技术创新能力在调查显示中位居榜首。这些CEO认为，创新能够革新产业，创造财富，其威力之大，有史可鉴。苹果公司的iPod播音器打败了索尼的随身听；星巴克凭借咖啡豆和氛围击溃了传统的咖啡店；全球性互联网电话公司Skype运用"免费"策略，赢过了美国电话电报公司（AT&T）和英国电信；易趣（eBay）打败了分类广告；西北航空公司屈居于美国航空和达美航空之下。在每个案例中，都有创新的企业家运用富有创造力的想法，为领先行业的公司打造了有力的竞争优势，创造了巨额财富。这个调查报告还有一个十分有意思的结尾，结尾写道：当然，回顾过去，我们可以提出一个价值一百万的问题："他们是如何办到的？"然而放眼未来，也许我们可以提出一个价值一千万的问题："我如何才能办到？"

面对创新发展的新时代，中国企业应该有着更加强烈的紧迫感和更加自觉的责任感。因为在全球经济一体化更加紧密、更加深入的今天，同世界经济强国相比，中国企业的创新面临着更加特殊的经济环境和现实基础。更加特殊的环境和基础集中体现在四个重大的变化上：

第一，中国经济已经完成了"短缺时代"的发展任务，产能过剩已经成为结构性的全局矛盾。目前我们国家除了资源类产品、高技术类产品短缺外，其余大宗原材料类产品、一般加工类产品都处于过剩或严重过剩状态之中。产能过剩已经成为我国经济发展中的一种"常见病"和"多发病"。当前我国经济运行的诸多矛盾,都能追溯到产能过剩这个根本的病因。所以,习近平总书记在2014年中央经济工作会议上特别强调:"要坚定不移化解产能过剩。"❶ 产能过剩的根本原因,就是重复建设严重、产品同质化泛滥,根子就是创新能力不足。

第二,中国技术引进的条件已经发生了重大变化,高精尖技术和关键的核心技术基本上无法引进。在我国技术十分落后、经济短期严重的时期,引进国外一些二流、三流技术是不困难的。改革开放以来我国各行各业都引进了不少国外先进的技术,有力地加快了我国经济的发展和市场竞争能力的提升。但今天我国已经成为世界上第二大经济体,已经成为世界经济强国的主要竞争对手,如果再想引进世界一流的技术、甚至关乎行业发展至关重要的核心技术时,那就肯定是很难办到的事情了。将心比心,这样的技术我们能够轻易转让吗!?高精尖技术、行业发展的核心技术只有靠自主研发。没有一流自主研发的能力,那你就别想立足于世界强国之林。

第三,我们正处在新一轮科技革命和产业变革新的时代,科技创新正在改变着我们的未来。美国国家情报局2012年发表的研究报告《全球趋势2030:变换的世界》认为,到2030年,信息技术、自动化与先进制造技术、资源技术和医疗卫生技术等四种科学技术将塑造改变当今世界经济、社会和军事发展。当前,我们已经看到信息技术、生物技术、新能源技术、新材料技术和先进制造技术等交叉融合正在引发新一轮科技革命和产业变革。这将给人类社会发展带来新的机遇。特别是北美页岩气新能源的革命、纳米材料技术的新突破、生命科学与基因工程的新进展以及3D精密制造的新工艺,正在迅速改变着世界市场竞争格局。信息化技术和网络技术的融合突破正在催生着"大数据时代"的来临。大数据也将开启一个重大的时代转型,有人讲就像望远镜让我们能够感受宇宙、显微镜让我们能够观察微生物一样,大数据正在改变我们的生活以及理解世界的方式,成为新发明和新服务的源泉,还有一系列更多的改变正在蓄势待发……新一

---

❶ 参考人民网2013年12月14日人民日报《中央经济工作会议在北京举行 习近平李克强作重要讲话》,编者注。

轮科技革命和产业变革，将会使我们"做新、做多、做好、做快"的能力释放出更大的价值，也必将产生一批新的赢家和输家，我们必须学会和适应这种未来创新形势的新变化以及创新技术突破的新要求。

第四，企业创新能力薄弱是当前整个经济创新发展的关键制约因素，大力提升企业创新能力是创新型国家建设的核心环节。企业是市场的主体，也是创新发展的主体。根据国家统计局的统计，到2013年底我国共有规模以上工业企业35.3万家。无论是对企业产品结构、技术结构的分析中，还是对企业市场竞争力、经济效益的分析中，我们都可以找到一个共同的或者根本性的差距，那就是企业创新能力不足的差距。当前企业普遍存在的产能过剩矛盾和企业转型升级步伐缓慢的突出问题，其根本原因，都可以归结到企业创新能力不足上来。别人会干的我也会干，别人不会干的我也不会干，所以产品结构雷同，同质化竞争严重；大多数企业"摸着石头过河"的原始创新很少，"摸着屁股过河"的模仿创新很多，所以重复建设严重，差异化发展短缺。"追求别人的追求""收获别人的收获"，这样的企业绝对是没有成就感和幸福感的。

在近年来北京召开的中国发展高层论坛上，许多国外专家和学者都认为，中国企业在成长为大企业、国际化企业的进程中还处于初级阶段。主要表现在：

"中国企业在引领世界的新技术开发上仍然落后；大型中国公司的国际生产体系仍然落后于那些总部设在高收入国家的企业；在行业的集约化或者集中化的过程中，很多行业的制高点均被高收入国家的企业占领，中国企业在国家竞争中相对弱势；与高收入国家大企业发展合作方面，中国企业面临着一条漫长且复杂的路；与领先的国际企业相比，中国大企业的对外直接投资还非常小，其存量还不到荷兰的1/5、英国的1/10、美国的1/20；中国的大企业在高收入国家的直接投资存量还不到200亿美元（相当于《财富》500强一家中等市值公司的国外资产水平），几乎没有什么业务。高收入国家的大企业现已深深融入了中国经济体系，但中国的大企业却在高收入国家基本上被看作是无足轻重，致使'我中有你，你中却没有我'。"如果不能尽快改变我国企业不利于创新发展的体制、机制，不能尽快改变我国企业不利于创新发展的政策、文化环境，我国企业可持续发展的能力和国际市场的竞争优势就会受到比以往任何时候都要大、都要多的严峻挑战。

以上这四个重大变化，都集中提出了一个带有根本性的问题，那就是必须加快提升国家的创新能力、必须加快提升企业的创新能力。在全球竞争的大环境下，企业是推动国家经济发展的发动机，无论是年轻的公司还是百年的公司，无论是大型公司还是小型公司，无论是制造型公司还是高科技公司，企业的创新能力都是至关重要的。这种重要性今天比以往任何时候都显得更为紧迫。

2015年5月19日，国务院正式发布了《中国制造2025》，这是我国实施制造强国战略的第一个十年行动纲领。制造业是国民经济的主体，是科技创新的主战场，是立国之本、兴国之器、强国之基。《中国制造2025》的发布，对我国企业创新目标、企业创新战略和企业创新能力又提出了新的方向和更高的要求，特别是在推进新一代信息技术产业、高档数控机床和机器人、航天航空装备、海洋工程装备及高技术船舶、先进轨道交通装备、节能与新能源汽车、电力装备、农机装备、新材料和生物医药及高性能医疗器械等10大重点领域取得领先的技术突破，将会极大地提高我国技术创新的水平和创新发展的能力。从制造大国走向制造强国，我国企业肩负着中华民族伟大复兴的历史责任。

在大众创业、万众创新的新形势下，企业创新必须提速，企业创新能力必须显著提升。企业创新集中体现在"先人一步、高人一等"的能力上，在速度上"先人一步"，在技术上"高人一等"，这是企业创新最重要的核心竞争力，也是企业在市场竞争中努力追求的最高境界。如果我们的企业"先人一步、高人一等"的创新能力不能得到有效的提升，转型升级就是一句空话，建设经济强国就是一句废话！创新能力不仅关系着中华民族的今天，更关系着中华民族的未来！国家创新能力是建立在企业创新能力之上的，要提升国家的创新能力则必须首先提升企业的创新能力。提升企业的创新能力是我们整个国家经济发展的当务之急！

（二）我国企业创新能力同发达国家之间的差距和原因

1.近年来我国创新能力呈显著增强态势

随着我国国力的增强，在宏观经济发展进入新常态，国家大力实施创新驱动战略，深化结构调整的宏观大背景下，近年来我国科技创新活力显著增强，创新投入持续保持两位数增长，科技创新及成果迅速提升，高新技术产品进出口额显著增加，技术市场规模大幅提高。

根据统计，2013年我国研究与试验发展（R&D）经费支出11906亿元，比上年增长15.6%，占国内生产总值的2.09%，其中基础研究经费569亿元。下图可以看出，我国科技投入逐年递增的变化趋势。

2009～2013年研究与试验发展（R&D）经费支出
资料来源：国家统计局网站

2013年国家安排了3543项科技支撑计划课题，2118项"863"计划课题。累计建设国家工程研究中心132个，国家工程实验室143个，国家认定企业技术中心达到1002家。全年国家新兴产业创投计划累计支持设立141家创业投资企业，资金总规模近390亿元，投资了创业企业422家。截至年底，有效专利419.5万件，其中境内有效专利352.5万件，占84.0%；有效发明专利103.4万件，其中境内有效发明专利54.5万件，占52.7%。

2013年我国成功发射卫星14次。神舟十号载人飞船与天宫一号目标飞行器成功实施首次绕飞交会试验，嫦娥三号探测器顺利实现首次在地外天体软着陆和巡视勘查,"蛟龙号"载人潜水器实现从深潜海试到科学应用的跨越。

2. 我国创新能力与国际发达国家仍存在差距

① 与国际上的发达国家对比,我国科研开发投入占国内生产总值的比重,与以色列、日本、韩国、德国、美国、新加坡、法国等发达国家仍存在较大差距。

世界各国研究与发展经费支出占国内生产总值比重表　　　　　　　　　单位:%

国家和地区 Country or Area	研究与发展经费支出占国内生产总值比重 Research and Development Expenditure as of GDP		
	2000	2005	2008 或 2009
世界 World	2.13	2.04	2.14
高收入国家 High Income	2.42	2.32	2.43
中等收入国家 Middle Income	0.66	0.86	1.07
中国 China	0.9	1.33	1.47
以色列 Israel	4.32	4.41	4.27
日本 Japan	3.04	3.32	3.45
韩国 Korea,Rep.	2.3	2.79	3.36
德国 Germany	2.45	2.49	2.82
美国 United States	2.71	2.57	2.79
新加坡 Singapore	1.85	2.19	2.66
法国 France	2.15	2.11	2.23

资料来源:世界银行WDI数据库。

研究与发展经费支出:是经常性和资本性支出(包括超前支出),目的在于增加知识存量的创造性、系统性活动。具体包括基础研究、应用研究和目的在于寻求新型设备、产品和工艺的科学实验活动。

② 我国每百万人中技术人员数量仍然偏低。

世界各国每百万人中研究与发展人员数表　　　　　　　　　　　　　　单位：人

国家和地区 Country or Area	每百万人中研究与发展技术人员数 Researchers in R&D（per million people）		
	2000	2005	2008 或 2009
世界 World			
高收入国家 High Income	3466.78	3842.59	3981.76
中等收入国家 Middle Income	493.86	590.73	
中国 China	547.67	855.54	1198.86
新加坡 Singapore	4243.82	5576.49	5833.98
日本 Japan	5150.89	5385.04	5189.28
韩国 Korea，Rep.	2356.5	3822.21	4946.94
美国 United States	4579.11	4633.46	4673.21
加拿大 Canada	3520.58	4236.20	4334.73
新西兰 New Zealand	2296.87	4168.97	4323.73
澳大利亚 Australia	3443.97	4038.61	4258.50
英国 United Kingdom	2896.93	4129.37	3946.94
德国 Germany	3131.48	3297.14	3780.09
法国 France	2914.08	3319.97	3689.78

资料来源：世界银行WDI数据库。

研究与发展技术人员：是指专门从事研究与发展活动，在知识或技术某一分支领域接受过职业或技术培训的人员。

③ 从专利申请数量上看，我国居民专利申请数量已居世界首位，但由于高技术产品市场规模不如美国，国外居民到本国申请专利的数量与美国相比存在差距。

世界各国专利申请数量表　　　　　　　　　　　　　　　　　　　　　　　　单位：件

国家和地区 Country or Area	居民专利申请数量 Patent Applications（Residents）			非居民专利申请数量 Patent Applications（Non-residents）		
	2000	2005	2010	2000	2005	2010
世界 World	823991	964773	1060313	447801	590681	621207
高收入国家 High Income	752959	811883	775219	331533	406269	450049
中等收入国家 Middle Income	70822	146903	281357	115929	183934	190556
中国 China	25346	93485	293066	26560	79842	98111
日本 Japan	384201	367960	290081	35342	59118	54517
美国 United States	164795	207867	241977	131100	182866	248249
韩国 Korea，Rep.	72831	122188	131805	29179	38733	38296
德国 Germany	51736	48367	47047	10406	11855	12198
俄罗斯 Russian Fed.	23377	23644	28722	8960	8609	13778
英国 United Kingdom	22050	17833	15490	10697	10155	6439
法国 France	13870	14327	14748	3483	2948	1832

④ 从世界500强企业数据看，2013年世界500强的入围门槛提高到232亿美元，上榜企业数量最多的国家依次是：美国132家、中国95家、日本62家、法国31家、德国29家、英国27家、瑞士14家、韩国14家、荷兰12家、加拿大9家。2012年GDP世界排名中位居前10位的国家依次是：美国、中国、日本、德国、法国、英国、巴西、俄罗斯、意大利、印度。上榜企业数量最多的6个国家，同时也是在GDP世界排名中最靠前的6个国家，这些国家主导了世界经济的基本格局。预计2014年世界500强最后一

名的营业收入为244亿美元。2014年中国上榜企业的数量将达到105～110家，2015年中国或将赶超美国成为世界500强排行榜上的第一大国。

但从产业结构上看，中国入围企业集中在传统产业，创新产业和服务业发展不足，产业结构严重失衡。500强涉及52个行业，2013年中国企业涉足了27个行业，中国上榜企业最多的前几个行业依次是采矿、银行、金属产品、汽车、工程与建筑、炼油，这些行业的上榜企业占了中国全部上榜企业的一半多，其中有些已经是产能过剩行业。中国来自第三产业服务业的较少，在零售、食品、服装、家居、保健、娱乐、信息技术服务等第三产业服务业榜单上，没有中国企业。

美国上榜企业最多的4个行业是银行、炼油、航天与防务、食品百货，大约占了美国全部上榜企业的1/4，此外，美国其他近百个企业则比较均衡地分布在人寿、保险、汽车、贸易、制药等40多个服务型的行业中。日本上榜企业最多的3个行业分别是汽车（8家）、电子（7家）、保险（6家）三大行业，这3个行业的公司加起来约占日本企业总体上榜数量（62家）的一半。

从企业榜单上看，中国高端装备制造企业以及第三产业、新兴产业企业非常稀缺。技术型、创新型的电子类、IT类企业所占比重很小，其中电子类仅有2家，计算机类仅3家，而这其中台湾地区就占据了4家，大陆仅有联想一家计算机设备公司。而日本有7家电子电气设备企业，有3家计算机设备公司。

3.我国企业创新能力不强的差距和原因

我国企业创新能力不强原因是多方面的，既有体制、机制方面的原因，也有人才培养、使用方面的原因；既有宏观管理层面的原因，也有企业自身的原因。概括起来讲，根本性的差距主要表现在三个方面：

一是缺乏产业技术创新的领军人物和领袖级的企业大家。目前中国人口13.6亿，比欧洲、美国、日本和其他工业化国家的人口总和还要多。中国经济的发展令世界惊叹，2013年中国的GDP达到9.4万亿美元，美国的GDP是17.1万亿美元，中国的经济总量已经是美国的55%。1980年中国的人均GDP只有200美元，2013年达到6900美元，有机构预测到2030年中国人均GDP将和美国持平，达到60000美元。但是至今为止，中国经济的发展还是建立在基础产业和传统产业的基础之上，许多产业的发展还是建立在跟随发展的基础上，距离产业领导者的地位还有很大的差距。如中国的华为、酷派、联想、中兴、小米这些知名的公司，2013年生产了3.46亿部智能手机，这是很出色的成绩。2013年，中国企业还生产了1.64亿部平板电脑。但国外公司认为，中国企业的智能手机和平板电脑只是国外公司产品的低成本复制品，虽然有一些小的改动，但这些改动的创新水平很低。复制只能做产业的追随者，而创新才会成为产业的领导者。虽然联想、华为、海尔和中兴通讯的名字在海外变得越来越知名，但这些公司仍然没有被完全视为全球精英电子公司的一部分。为什么中国公司缺少产业技术创新的领军人才和领袖级的企业大家呢？

这不能不让我们联想起著名的"钱学森之问"来。2005年温家宝总理在看望钱学森时，钱学森十分感慨地对温家宝总理说：我们这么多年培养的学生，还没有哪一个的学术成就，能够跟民国时期培养的大师相比，"为什么我们的学校总是培养不出杰出的人才？"这就是后来广为流传的、著名的"钱学森之问"！钱学森认为："现在中国没有完全发展起来，一个重要原因是没有一所大学能够按照培养科学技术发明创造人才的模式去办学，没有自己独特的创新东西，老是冒不出杰出人才。""钱学森之问"，包括两个层面：一是学校培养创造发明型人才的模式；二是创新创业型人才在社会上发挥作用脱颖而出的机制。也许有人会不服气，难道1949成立以来我们真的没有培养出超越民国时期培养的大师吗？我请你们看一看我国民国时期培养出的大师名单。科学方面：钱学森、邓稼先、杨振宁、竺可桢、李四光；文学方面：巴金、张爱玲、鲁迅、老舍、沈从文、徐志摩；教育方面：蔡元培、陶行知；思想方面：胡适、梁启超；美术方面：徐悲鸿、齐白石。请问，我们有谁能够拿出一个超越者的名单！

据说温家宝总理2006年拿这个问题请教了国内最有名的六所大学校长和教育专家，他们的回答是：要培养杰出人才，关键是老师；要将基础教育和高等教育贯通起来；高校大改革大发展起来之后，应该有大提高；不仅要做大高等教育，还要做强高等教育。我想，这样的答案，显然是不能让钱学森老人家满意的!

二是缺乏产业创新发展战略的系统安排和长远规划。我国企业创新大多都缺乏长远的战略眼光和长期的技术积累，往往是想一出干一出，干成了，幸运！干不成，拉倒！其实，任何一个技术创新，都不是孤立的，都是有连续递进效应的。颠覆式创新、跳跃式创新都是建立在渐进式创新积累之上的。没有创新发展的系统安排，没有在一个技术领域的长期积累，东一榔头、西一棒槌的技术创新，要想取得大的成功、大的业绩几乎是不可能的。当前，无论是产业创新，还是企业创新；无论是宏观创新，还是微观创新，缺乏、甚至没有系统安排和战略规划的现象比比皆是。推着走、干着看、力量不集中，资金"撒胡椒面"的问题随处可见。

但我国航天事业的创新发展则是另外一个天地。新中国的航天事业也是在一穷二白基础上起步的，经过60多年的艰苦努力，终于走在了世界的前列。最根本的原因，就是因为有了钱学森这个专业大师，以及他的系统安排和战略规划，才有今天中国航天事业的领先地位。钱学森在美国期间，曾有机会随其导师赴战败后的德国，系统了解二战结束前德国的火箭导弹研发生产体系，后来，钱学森又担任了加利福尼亚工学院超音速实验室主任和"古根罕喷气推进研究中心"负责人，对美国的火箭导弹研发体系他也十分熟悉。归国前钱学森已经完成了他的系统工程学专著。钱学森不仅是一位科学巨擘，而且也是一位当之无愧的系统科学大师。归国后，他不仅提出了我国航天事业发展的先后顺序：火箭、导弹、"两弹一星"（原子弹、氢弹、卫星）、绕月飞行、载人航天……，还把工程控制论的理论运用到航天实践中，提出了我国航天系统工程，为我国国防科研管理体系的建立作出了开创性的贡献。在导弹研制组织管理中，创立了"两师系统"（设计师系统和行政指挥系统），成为系统工程管理的典范。他提出了"总体设计"的思想，推动成立了具有宏观指导与系统控制管理职能的总体部门，保证了重大项目研制工作有序高效地运转。他倡导并贯彻了"把故障消灭在地面"的理念，坚决落实周恩来总理提出的"严肃认真、周到细致、稳妥可靠、万无一失"的科研实验原则，带动形成了严而又严、细而又细、慎之又慎、实而又实的过硬作风，成为我国国防科研系统的优良作风。特别是在我国导弹事业起步之初，钱学森既当领导，又当老师。火箭、导弹研究院成立的当天，他就为新分配来的一百多名大学生讲授《导弹概论》，并积极筹建力学研究班，亲自拟定学科教材，亲自授课辅导。他还倡导设立了"中国科协青年科技奖"，鼓励和支持青年科技人才特别是尖子人才脱颖而出。在制定第二代战略导弹研究计划时，他又积极提议由第二代人挂帅当总设计师，自己隐退幕后，正是由于他的悉心培养和倾心扶持，一批堪当历史重任的青年才俊很快走上了关键岗位，成为国防科技事业的领军人物。可以这样讲，没有钱学森这样的领军人物，没有我国航天事业的系统安排和长远战略规划，就没有我们中国航天事业今天的辉煌成就和领先地位。

三是缺乏有效、规范的创新激励机制。社会主义的分配原则是"按劳分配"，但在企业实际分配制度中，"按劳分配"的原则落实得并不好。平均分配、按"年"分配、甚至按"胆"分配的情况比比皆是，唯独"按劳分配"的情况很少见。在科研开发、技术创新上，体现创造价值的"按劳分配"更是难得一见。技术创新特别是具有自主知识产权的原始创新，不仅需要付出常人难以想象的艰苦劳动，而且还要承担巨大的失败风险，如何体现技术创新过程中的价值创造，如何体现技术创新中的"按劳分配"，是我们企业必须要突破的一项制度创新。没有技术创新的"按劳分配"，没有合理、规范的创新激励机制，就不可能有中国的创新型企业。要充分调动好、发挥好科技人员技术创新的积极性，我们必须既要有理想、事业的激励，也要有物质、利益的激励，只有使他们"名利双收"，技术人员和企业的创新才可能持续不断。在创新激励方面，西方发达国家有许多成功的经验可供我们借鉴，其中给予产权、股权激励就是一种成功的作法。让科技人才、创新人才在他们自己专利产业化的过程中，通过技术股权收益、期权确定、在资本市场的变现，增加合法收入，甚至实现"一朝致富"。美国硅谷的创新企业，就是普遍采取期权、股权激励，始终保持着旺盛的创新活力。乔布斯、比尔·盖茨，扎克伯格等都是用自己的科技创造取得了巨大的回报。在创新激励制度和机制的建立和完善上，我们完全可以把胆子放大一点，步子迈快一点，办法再多一点，创造出更多的具有中国特色、更具活力、更加有效的创新激励机制来。

二、创新发展战略

战略是对未来的选择。而未来又都在今天的现实之中。

美国著名的管理大师彼得·德鲁克认为，"战略将经营之道转化为绩效。它的目的是帮助组织在不可预知的环境中取得预期的成效。战略有助于组织有目的地抓住一切有利机会。"著名战略管理大师迈克尔·波特教授对战略的定义是：战略就是形成一套独具的运营活动，去创建一个价值独特的定位。战略定位的实质就是选择与竞争对手不同的运营活动。换句波特教授的话讲，"竞争战略就是要做到与众不同。"

军事战略是企业战略的鼻祖。英国著名的威尔逊将军曾经讲过："战争首先的目标是要明确你要达到的目的地，然后集中你手中的资源去达到你的目的地。当你达到你的目的地后，再确定第二个目标，只要有时间，你就可以占领全世界。"企业创新发展战略的核心首先也是市场定位。无论是战争的经验还是企业管理的实践都告诉我们，"如果你知道自己要往哪个方向走，抵达目的地就容易很多。"

（一）定位是创新战略的核心

市场定位不仅是企业战略，而且也是企业创新发展的出发点和立足点，战略是企业对细分市场的选择。市场定位的核心，就是通过市场分析，找到一个最适合自己发展壮大的、细分化的市场空间。在市场定位分析上，我们一定不要忘记爱因斯坦的忠告："任何事物都应该尽量简化，但是不要过分简单了。"每一个企业的战略定位、包括创新发展定位，都必须面对两大问题：

第一个问题是外部主体竞争力的分析。战略形成的本质，就是为了应付市场竞争的需要。迈克尔·波特将外部市场主体的行为归纳为五种力量，即：替代品或服务的威胁、供应商的议价能力、新进入者的威胁、客户的议价能力以及产业内既有厂商的竞争。他认为，一个产业的竞争状态，主要是根据这五股基本的竞争作用力而定。这些力量的总和，决定了产业最终的获利潜力。一个产业获利的状况，可以像光谱一样由强到弱进行排列。他还认为，在争夺市场占有率的激烈竞争中，竞争不仅仅表现在与其他竞争者的争夺行为上，而且产业内既有厂商的竞争往往会远远超过表面上的其他竞争者。客户、供应商、潜在竞争者以及替代性产品，都可能或多或少明显受制于这股内部的竞争力量，其竞争的激烈程度应该是不同产业有所不同。外部主体竞争力的正确深入分析，可以为企业提供决定战略和行动的基础。因为这些作用力的正确深入分析，可以找到企业最强和最弱的部分、明确自己在产业中的定位、理清战略性变动所能产生的最大效益、研究产业的未来走势，以确保企业能够掌握最重要的机遇和威胁。研究分析出最能左右产业获利程度的竞争作用力，这是制定企业战略最重要的因素。

第二个问题是企业自身市场定位的选择。一旦正确深入分析过影响产业竞争以及其基本成因的力量之后，企业家和企业的战略规划人员就能够清楚地看出企业本身的长处和短处，就能够清楚地看出企业有多少应对市场进入风险的本钱？面对替代产品的能力？对抗进入障碍的优势条件？

紧接下来的市场战略定位选择，应该包括：①公司的定位，在这个定位上，公司有多大能力对竞争力量做出最佳防御；② 规划战略性行动，以影响各种竞争作用力的平衡，进而改善企业的地位；③在竞争对手尚未意识到竞争的潜在因素即将变化之前，就能先期预见到竞争的变化，以开创性举措选择正确的战略，创造领先一步、高人一筹的竞争优势。

迈克尔·波特认为，在相同的市场条件下，可供企业选择的战略不是无限多，而是只能拥有两种"基本的竞争优势"，即低成本优势和产品差异化优势。这两者与某一种特殊的业务范围（即市场细分后的目标市场范围）相结合，可以得出三个通用战略：即成本领先、产品差异化及目标集聚战略，这三个战略可以使企业在其所处产业中获得高于平均水平的绩效。在迈克尔·波特看来，"针对所有顾客经营所有业务"是导致企业战术平庸和产生低于平均绩效水平的主要原因，企业必须在那些可以赢得竞争优势的战略中选择适合自己的战略。换句目前有争议的一句话来说，就是"一个采用了所有的通用战略，但并没有达到其目的的企业将会处于一种左右为难的境地。"下面，是迈克尔·波特对这些通用战略的描述：

① 成本领先战略。这项战略的目标是使企业成为产业中的低成本生产商。成本领先战略通过积累经验，投资购买大规模生产的设备、运用规模经济以及认真控制全部生产、营业费用等方法来实现。

② 产品差异化战略。产品差异化战略包括独特的产品或服务，依靠品牌忠诚或顾客忠诚，企业可以提供较高的产品质量、较好的产品性能或独特的功能，这些都能使产品制定较高的价格。

③ 目标集聚战略。目标集聚战略是寻求企业在产业内一个范围较小的细分市场内做出选择。企业应集中服务于特定的顾客群、经营特定的产品系列、占领特定的地区市场，企业既可以采用"以产品差异化为重点"的战略使其产品在目标市场上不同于其他产品，也可以采用"以全面成本领先为重点"的战略使企业在目标市场上低价出售商品，这样企业就可以集中力量提高自身的竞争能力了。

（二）战略定位的基本原则

企业市场定位的选择，或者是企业创新产业定位的选择，一般应该遵循三大原则：

1.产业链延伸原则

企业创新产业定位的选择，首选应该在企业现有产业的基础上，在产业链的上下游方向选择。这样的选择有几大好处：一是可以继续保持现有产业的基础，发挥现有产业的优势；二是现有产业链的延伸可以发挥企业在现有产业技术、管理和现有生产装备的优势；三是向上下游产业链延伸还可以节约投资、减少风险。

在创新发展中,神华集团在产业链延伸定位方面创造了十分成功的实践经验,也是产业链延伸发展的一个十分成功的案例。

案例1:神华集团由煤炭走上现代煤化工产业的创新发展

神华集团是中国最大的煤炭企业,原有的产业结构包括煤炭、火电、铁路、港口等四大产业,是中国规模最大、现代化程度最高的煤炭企业和全球最大的煤炭经销商,提供了中国12%的煤炭和6.5%的清洁电力。2012年神华集团原煤产量超过6亿吨,总资产达到8000亿元,为了寻求企业的可持续发展,神华集团选择了中国科学院大连物化所最新研发的煤制油、煤制烯烃技术,走发展现代煤化工的新路子。按照现有产业链延伸的原则,扩展煤基能源产业链纵向一体化的优势,虽然工业化技术上还有一定的探索风险,但现代煤化工却是高起点的发展方向。现代煤化工主要是指以替代原油为原料的石油化工产品,包括煤制油、煤制天然气、煤制烯烃、煤制芳烃、煤制乙二醇、煤制二甲醚等项目。发展现代煤化工项目,既符合中国的资源条件优势,又具有很高的技术引领性。这一市场定位的选择,充分反映了神华集团的战略决策水平和市场的前瞻眼光。

神华集团以敢于第一个吃螃蟹的精神,承担了国家五个现代煤化工示范工程。目前这些示范工程在广大技术人员的艰苦努力下,都取得了良好的进展,也收获了很好的经济效益。

鄂尔多斯100万吨直接煤制油项目,这也是我国在世界上开发的首套100万吨直接液化工业化装置,该项目核心技术"一种煤直接液化的方法",已获得美国、日本、俄罗斯、加拿大、欧盟等8个国家的专利授权,同时还获得了"第14届中国发明专利金奖"。"百万吨级煤直接液化关键技术与示范"还获得中国煤炭工业科技特等奖。2013年,煤直接液化装置累计运行天数达到315天,累计生产油品超过86万吨,销售收入达59.5亿元,利税达14.1亿元。

内蒙古包头煤制烯烃示范工程(MTO),这是我们国家第一套年产60

万吨煤制烯烃示范项目,这项目的示范意义十分重大。这个项目采用了具有中国自主知识产权的DMTO工艺技术,实现了将甲醇转化为低碳烯烃这个重要石油化工基本原料的技术突破,开辟了一条以煤为原料生产烯烃、聚烯烃的新型煤化工技术路线,间接实现了石油替代能源安全战略的新途径,使神华集团在中国率先创立了煤制烯烃新产业,奠定了中国在煤制烯烃工业化领域内的国际领先地位。

在现代煤化工示范工程的引领下,神华集团又开展了10个现代煤转化试验项目、又规划了5个现代煤化工工程项目。全集团正在全力加快煤炭全产业链的转型升级,计划在煤炭高效安全生态生产、高效清洁低碳煤电和现代煤化工三大领域全面技术升级,把神华集团打造成具有国际先进水平的以综合联产为核心的煤基清洁能源示范基地,成为全球领先的清洁能源供应商。集团的战略愿景是:到2020年,集团公司营业收入超过8000亿元,实现利润超过千亿元,公司进入世界500强前50名。

案例2:中粮集团"从田间到餐桌"的全产业链发展

中粮集团的"全产业链"战略,也是产业链延伸一个十分成功的案例。为了保证产品的质量,特别是食品的安全质量,为了解决广大消费者这个十分头痛、十分关注的大问题,中粮集团提出了"从田间到餐桌"的经营战略。把产业链从终端食品延伸到田间地头、延伸到农产品,走出了

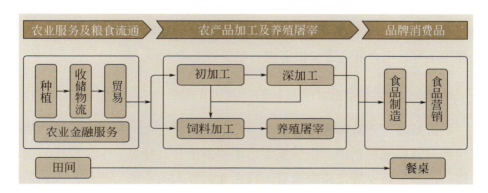

中粮集团产业链示意图

一条向前延伸的产业创新之路,为企业的产品质量、为企业的市场品牌、也为企业的发展规模开拓了全新的增长空间。

以客户需求为导向,涵盖从田间到餐桌,即从农产品原料到终端消费品,包括种植、收储物流、贸易、加工、养殖屠宰、食品制造与营销等多个环节,通过对全产业链的系统管理和关键环节的有效掌控,以及各产业链之间的有机协同,形成整体核心竞争力,奉献安全、营养、健康的食品,实现集团全面协调可持续发展,形成了企业产品的整体竞争优势。

2010年,时任公司董事长宁高宁提出,到2015年,中粮公司通过"全产业链"战略发展,总资产要达到1700亿元,营业收入规模达到2000亿元,经营利润达到150亿元的发展目标。通过五年的努力,中粮集团公司将会在消费者心目中变成:中国最大、最好的食品公司,大面积覆盖中国的消费者,多品种提供营养健康的食品,是一个很有活力、很有竞争力的公司,"中粮"将成为一个家喻户晓的名字;在食品加工商、贸易商心目中,中粮将会是一个最好的粮食贸易及原料的提供商;在农民心目中,中粮将是一个最好的粮食收购企业,为农民种植提供多种财务、技术上的优质服务和落地支持;在国家心目中,中粮将会是一个有很强社会责任感、努力保障国家粮食安全和食品安全可靠的一个"国企"。

2. 产业优势互补原则

一个企业的可持续发展,一定要抓住发展进程中的每一个机遇。跨行业、跨产业发展机遇抓得好,也许能够打开一个企业扩大竞争优势的难得大门。跨行业、跨产业发展的一个重要原则,就是一定要牢牢把握产业优势互补的原则。这个原则把握得好,就可以取得1+1大于2的效果,如果把握得不好,也可能会带来损害现有的发展基础失误。

案例3:华侨城产业优势互补的经营模式创新

华侨城是国务院国资委管理的一个大型中央企业。在企业市场的战略定位和经营模式创新中,华侨城走出了一条十分有特色、十分成功的创新之路。这条创新发展之路凝聚着两代企业领导人的心血与智慧,人们始终难忘企业今天繁荣与辉煌背后创业的艰难和曲折,也对未来华侨城的明天寄予了无限的期望。

1978年越南不断向中国挑衅，向我国广西边境开枪放炮，驱赶华侨，边境上一下子涌来了大量的华侨难民潮。华侨难民中的一部分被安置到了深圳光明农场，这就是今天华侨城的前身。

深圳光明农场的生存发展曾经经历了一番艰难的探索。最初是想利用华侨种植橡胶的技术，开辟一个南国橡胶园生产基地。但由于自然条件的种种原因，种植橡胶的计划以失败告终。随后的创业，八仙过海、五花八门，自行车、手表、机械制造、轻纺等等都搞过，没有探索出一个成功的主业。

1985年，时任香港中旅集团总经理和华侨城建设总指挥的马志民带领一个小组前往欧洲考察，在荷兰玛琳洛丹看到"小人国"主题公园时，受到很大启发：小小的微缩景观尽览荷兰名胜。参观人群络绎不绝，旅游情趣兴致勃勃。马志民等人立刻想到，中华民族有着上下五千年的文明历史和56个民族的风土人情，如果将这些历史和文化按主题公园的设想浓缩一处，让海内外游客在很短的时间里，领略到中华民族历史和文化的博大精深，这是一个很有前景的发展设想。而且，深圳地处改革开放特区，毗邻有600多万居民和经济繁华的香港。深圳同时又背靠内地，区域经济发达，流动人口很多，旅游市场很大。中国人需要形象地认识自己，需要了解世界的历史和文化；外国人也希望集中了解中国，了解中国的历史和民族的文化。于是，华侨城第一代领导人就先后产生了"锦绣中华""民俗村"和"世界之窗"的初步构想蓝图，决心用我们中华民族丰富的文化、历史和民族背景，建设一个高质量、有特色、有文化品位的主题旅游景区。

"锦绣中华"是在一片猜疑和反对声中开工的。1987年5月26日，"锦绣中华"破土动工，1989年9月，中国第一座主题公园"锦绣中华"建成，华侨城的建设者们对其经营前景顾虑重重，建成当天没有庆典，也没有对外宣传，但意外的是首日入园人数就超过3000人。1989年国庆假日期间，每天都有3万人涌入园中，深南大道不得不封闭一半用来停靠旅游车辆。当时调查显示，国庆期间深圳的影像冲印店中80%的照片是"锦绣中华"的景观。公园人满为患，"锦绣中华"在电视上播放的第一则广告是，"希望深圳本地市民暂时不要参观锦绣中华"。1989年11月，"锦绣中华"才名正言顺地举行了开幕仪式，各界好评如潮。"锦绣中华"被业内人士认为是中国主题公园发展史上的里程碑，实现了中国人兴建与世界接轨的现代主题公园的梦想！

在"锦绣中华"开幕之时，堪称与"锦绣中华"绝配的"中华民俗文化村"（以下简称"民俗村"）进入实施阶段，1991年10月1日"民俗村"正式开业。1992年1月，邓小平同志南行，十分高兴地视察了"锦绣中华"和"民俗村"。当年，"锦绣中华"和"民俗村"全年接待旅客超过730万人。

1990年10月，"世界之窗"景区获准立项，1994年6月18日，深圳"世界之窗"正式开业。江泽民同志亲临视察并题写了园名。

1993年，国务院侨办任命任克雷为华侨城建设指挥部副主任，1994年，任克雷当选华侨城党委书记，1995年被任命为华侨城建设指挥部主任，正式成为华侨城的第二位主要领导人。任克雷入主华侨城后，雷厉风行地采取了三大动作。华侨城的第一个大动作是改制，将开发区完全变为市场化的企业，第二个大动作是战略收缩，突出主业。第三个大动作是上市融资。

华侨城的战略收缩是需要智慧的，面对来自下属企业的各种抵制。当时一位下属照相机厂的经理说，只要集团再给200万元，就能够实现收支平衡。任克雷反问，如果再给你1000万元，能不能搞成全国最大？华侨城从1994年开始，从遍及20多个行业的100家企业收缩，集中到康佳为主体的家电产业、主题公园为主体的旅游产业和房地产业，构成了华侨城的三大主导产业，其中，对40多家下属企业实施了关停并转。1999年，华侨城创造性地提出了"主题公园＋地产"的战略概念，成功地开创了"主题公园＋地产"的经营模式。

随着"锦绣中华""民俗村"和"世界之窗"主题公园的成功运营，20多年来我国旅游市场的消费水平也发生了许多新的变化，特别是那些不断成长的年轻人，已不满足于锦绣中华等微缩景观的消费需求，而是更喜欢追求动态和参与的娱乐项目，华侨城根据旅游市场，特别是年轻人"追求参与、追求互动"的需求特征，定位开发了"欢乐谷"的理念和主题，形成了"繁华都市开心地"的市场定位和主题形象。全新的"欢乐谷"以"动感、时尚、欢乐、梦幻"为品牌特征，开创了中国主题公园的新境界。

在深圳"欢乐谷"开业的时候，华侨城地产项目"波托菲诺小镇"也在规划之中，这个项目也是华侨城开创主题地产的开山之作，以意大利著名度假海湾小镇Portofino风情为蓝本规划的主题地产项目在2001年推出第一期，开盘不久就实现2亿元的销售收入，此后这个建筑面积为108万平方米的大型居住社区，无论是每平方米的销售单价，还是每套住宅的总价，都是其他项目无法企及的，该项目被誉为中国旅游地产的典范之作。华侨城"主题公园＋地产"的战略实践，创造地将房地产融入华侨城的主题公园产业链，实现了旅游产业和房地产的结合和延伸，有效实现了旅游产业和房地产业的优势互补。主题公园等旅游景点的建设，创造了优美的周边生态环境，积聚了人气，形成了良好的品牌效应、社会效应和环境效应。以主题公园为依托，适度配套的主题地产开发，既实现了人与自然的和谐，建成具有示范效应的主题社区，又使得地产经营具有其他企业不可复制的特征。深圳"波托菲诺小镇"的巨大成功和高额利润回报，让华侨城也获得了雄厚的资金来支撑"欢乐谷"的建设和后期完善。从而逐步形成了以"主题公园＋地产"为特色的成片综合开发和运营的核心竞争优势。

"主题公园＋地产"的经营模式，大大提升了华侨城的市场品牌，许多地方政府争相让华侨城去当地投资建项目，拿出最好的地块，放心让华侨城去整体规划、独立开发。2002年，在北京迎接奥运会之际，应北京市市长刘淇之邀，华侨城投资20亿元进军北京，在北京建设一个有特色的大型旅游项目"欢乐谷"。这是华侨城第一次以"主题公园＋地产"的经营模式走出深圳，"进京赶考"。事实证明，这张"考卷"答得相当漂亮。项目还未完工，国际花园协会就将"国际花园社区"的荣誉授予他们。开业后的北京欢乐谷公园游客收入多次超过了北京故宫，位列北京旅游景区第一名。2009年北京市委书记刘淇同志考察完北京欢乐谷后说，感到"很振奋、很震惊、很有希望"，并要求将其"列为北京市第一批文化产业发展示范基地。"

华侨城的第三次创业发展是东部华侨城生态旅游建设项目的开发探

索。2004年深圳市政府正式将东部滨海最后一块9平方公里的土地,交给华侨城整体开发,并要求将这个项目定位为"未来二十年发展的重要基地和新的示范区。"为了给社会创造一种新的旅游产品形态,华侨城提出了要以"让城市人回归自然"为宗旨,以文化旅游为特色,首次尝试向生态旅游的探索,投资35亿元人民币建设一个生态旅游的主题景区。他们在9平方公里的山海间巧妙规划了大峡谷、茶溪谷、云海谷三大主题区域,这三大主题区域集自然生态、休闲度假、户外运动等多项文化旅游功能于一体,体现了人与自然的和谐共处、自然景观与人造景观的呼应陪衬,实现了华侨城在旅游发展领域向生态旅游的突破,实现了从城市中心向郊野地带的突破,实现了从观光旅游向休闲度假的突破,显示了华侨城在创新发展中的智慧和水平。与此同时,华侨城在景区周围,他们依照山势错落有序的规划了别墅区。由于背靠内地和毗邻香港、澳门,建成的别墅销售非常抢手。这些别墅规划,华侨城可以一步步有计划地持续开发,东部华侨城的地产可以为华侨城提供巨大且长久的发展效益。

3. 专有优势独立发展原则

如果一个企业具有独特的专有技术,这是差异化发展的稀缺资源,也是市场竞争的核心优势,当然可以独立发展。这种独特的专有技术越是高端复杂,别人仿制的难得就越大,企业的竞争优势就越突出、越持久。不少企业高端发展、差异化发展就是依靠独特的专有技术。无论任何时候,独特的专有技术都是企业的核心竞争力。

案例4:中国高铁在引进消化吸收中创立自己的专有优势

中国南车、北车集团公司在高铁动车制造技术的引进、吸收和再创新上,走在了世界的前列,中国高速铁路的快速发展不仅给我国经济、交通和社会生活带来了极大的活力和便利,而且在系统创新发展中形成了我国特有的配套优势,就是一个具有独特优势技术的典型发展案例。2007年南车、北车集团公司抓住国家振兴重大装备制造业和轨道交通快速发展的大好机遇,全面启动了以提升整体科技创新能力为目标的"设计、制造、产品"三大技术平台系统工程,努力建设一个可复制、可移植、可传承的科技管理新模式，实现由"中国制造"向"中国创造"的化蝶蜕变。他们按照国务院关于"引进先进技术，联合设计生产，打造中国品牌"的总体要求，以及"掌握世界一流的技术，生产世界一流的产品，打造世界一流的产业基地"的总体目标，加快铁路装备技术引进步伐，进一步增加铁路、公路、基础设施投入，使我国轨道交通装备制造业跨入了国际一流水平的行列。南车、北车集团公司立足百年企业深厚的技术底蕴，提出了"瞄准国际行业领先企业，全面对标找差距，自主创新与引进消化吸收再创新相结合，系统提升创新能力"的目标要求，确定以德国西门子公司大功率交流传动电力机车、美国GE公司大功率交流传动内燃机车、日本川崎公司时速200公里动车组、德国西门子和法国阿尔斯通公司的城轨车辆等产品为代表的技术平台为标杆，确立了中国南车、北车集团公司的设计、制造、产品技术平台建设标准，全面提升企业技术创新的核心竞争力。

南车、北车集团以三大技术平台为目标的系统工程建设，极大地提升了企业的整体创新能力，在较短的时间内就取得了一系列显著的创新成果：

一是在轨道交通领域形成了一批国际领先的、具有自主知识产权的核心技术。目前南车已经成功研制了时速605公里的国内实验室最高速度试验列车；CRH380A型高速动车组创造了486.1公里的世界第一线路试验时速，成为国家名片，是中国"高铁外交"大力推荐的产品。HXDI型机车成功牵引3万吨运煤专列，CRH6型城际动车组填补了国内空白，自主研发的中低速磁悬浮列车进入商业化运用。自主化地铁车辆牵引变流系统占据了国内80%以上市场份额，打破了国外企业的技术和市场垄断。

二是形成了产品和技术领先优势。中国南车、北车集团已经形成了具有世界先进水平的系统和关键部件标准化、模块化、系列化的商业化产品平台，形成了时速200～250、300～350、380公里速度等级的动车组产品平台；建立了6轴7200千瓦、9600千瓦、8轴9600千瓦大功率电力机车新平台；构建了城市轨道地铁车辆自主研发平台，研制了80—200公里不同速度等级的A、B型城轨地铁车辆和城际列车产品。2012年首次成功主持制订并发布了2项国际标准。2013年又主持或参与起草、修订了国际标准50项、国家标准98项、行业标准153项，获得专利授权1748项，专利拥有数居行业首位。2013年共有5项专利获得第十五届中国专利优秀奖。

三是战略性新兴产业和"走出去"战略快速发展。中国南车、北车集团是国内唯一自主掌握IGBT芯片研发、模块封装、系统应用于一体的企业，国内首条、世界第二条8英寸IGBT芯片生产线已正式投产。借助在这个技术领域的核心技术优势，南车还成功跨入了大功率变电、光伏发电、电动汽车、风力发电等多个行业。南车还研制出了国际上最大功率的超级电容器，成功应用于世界首台以超级电容为动力的100%低地板有轨电车，并获得国内多个城市的订单。借助于在轨道交通非金属材料行业的技术优势，实现了在桥梁、汽车、军工装备等领域的跨行业全面应用。2014年，在习近平总书记和德国默克尔总理的共同见证下，与全球汽车零部件供应商巨头德国采埃孚集团签订协议，收购了该公司的橡胶与金属材料业务。依靠核心技术和质量成本优势，南车、北车集团公司在"走出去"的国际市场上，还实现了由国内市场为主向国内外市场并重的转变；由提供单一产品为主向提供产品、技术、服务成套解决方案的转变；产品市场由发展中国家和地区向欧美高端市场的转变。自主创新的CRH380A型高速动车组首次出口广深港高铁。2014年3月又签订了南非21亿美元的电力机车大单，这是我国高端轨道交通装备整车最大的出口订单。2014年7月4日，国务院总理李克强在湖南考察南车集团企业时说："中国装备走出去，南车的机车车辆是代表作。我每次出访都推销你们的产品，你们要倍加爱惜自己的声誉。中国装备的生命在于质量，这是我们获得全球认可的根本保证。"在2014年世界品牌实验室（WBL）发布的《中国500最具价值品牌》排行榜上，中国南车以352.26亿元名列第52位，机械行业第一位，品牌影响力为世界性，蝉联中国最具价值机械行业品牌。2012年德国著名咨询机构SCIVerkehr发布的2010年世界轨道交通装备制造商新领域10强中，中国南车集团公司位居全球第一位。

（三）企业的战略定位直接关系着企业的生存和发展

无数企业发展的实践证明，市场的战略定位不仅决定着企业今天的生存，而且决定着企业明天的发展。特别是在全球经济一体化的大背景下，企业市场的战略定位比以往任何时候都显得更为重要。一个成功的市场定位，可以使一个弱小的企业迅速发展壮大；一个失误的市场定位，可以使一个发展中的企业顷刻陷入灭顶之灾。可以坦率地讲，当今我们进入了更加激烈的战略竞争时代，企业市场的战略定位就显得尤为重要。

案例5：华源集团盲目变换市场战略定位的失败案例

华源集团公司是原纺织工业部在机构改革中诞生的一个公司。这家公司一诞生，就以大胆并购的方式，迅速成为一家跳跃式发展的耀眼明星企业。从1993年到2005年的13年间，华源集团发起了90多起并购案，总资产从1.4亿元迅速增加到572亿元，成为中国最大的医药集团和最大的纺织集团。所以有人讲，"华源的发展史可以说就是一部并购史！"华源的并购，大体经历了两个高峰期。第一个高峰期大约在1995年前后，华源通过并购整合数家各地生产能力过剩的纺织企业，成为中国最大的纺织企业集团。1995年，华源又收购了包括常州化纤在内的7家区域性龙头企业，1996年以重组后的"华源股份"和"华源发展"上市。第二个高峰期大约在1997年之后，1997年华源收购了浙江凤凰化工股份有限公司，并将其总部迁入上海，更名为"华源制药"。随后又以此为平台收购了江苏药业、辽宁本溪三药、安徽朝阳药业、阜新药业、浙江制药科技、上海华凤化工、北京星昊现代医药等一批企业。2002年、2004年又成功收购了上海医药集团（40%股份）和北京医药集团（50%股份），开始构筑医药业的巨无霸。

华源集团原本是一家纺织企业，在纺织业兼并重组还未完全消化吸收的情况下，又匆忙进入了一个完全不熟悉的医药行业。为了追求发展，华源集团又给自己提出了很高的战略目标。创立之初就提出了"打造中国华源长江工业走廊""贯通纺织产业链"的口号，随后又一度提出要"转向中国农机航母"的目标。1997年并购凤凰化工时，还提出了"要做中国日化产业航母"口号。从2002年开始，又明确提出了要成为"中国医药航母"的战略目标。华源决定进入医药产业，制定了一个非常宏大的战略目标,这个目标几乎是对一个医药大产业的重组,华源医药的发展领域涵盖了医药制造、生物制药和数字化医疗器械、药品流通、现代医疗服务等领域,这种"基本通吃"的做法,很快就使华源陷入了"技术""管理"和"资金"的困难境地。华源旗下数家上市公司"华源股份""华源发展""华源制药"和"上海医药"的净资产收益率和每股收益均一路下跌,2004年跌到了历史的最低点,与2003年相比,跌幅基本都在50%以上。截至2005年9月20日,华源集团合并财务报表的银行负债高达251.14亿元。2006年国务院国资委决定由华润集团对华源进行重组。这也是国务院国资委成立后重组的第一家战略失败的中央企业。

华源的失败,不是战术的失败,也不是企业内部管理的失败,而是企业盲目变换市场战略定位的失败,他们没有完全意识到自身在纺织领域所特有的专业素养,以及由于这种专业素养所能够获得的价值空间。他们也没有完全意识到进入医药行业、农机行业所应当具有的专业素养,在战略定位的频繁切换过程中,对将要付出的巨大人力资源、技术资源、资金资源、组织管理资源以及外部政策资源等的成本投入缺乏足够的准备,最终导致了一个生气勃勃的成长性企业的惨痛失败。

三、创新发展方法

(一)技术创新的类型

创新的实践告诉我们:但凡成功的创新,一定有方法;但凡失败的创新,一定有教训。一般来讲,技术创新大体上可以分为三大类型:即颠覆性技术创新、渐进式技术创新和组合式技术创新。

1.颠覆性技术创新

在技术创新中,尤其要高度重视"颠覆性技术"的创新。这种"颠覆性技术"的创新,是一种"创造性破坏",它将颠覆一种传统技术,摧垮一批企业,开创一个周期性的领先垄断地位,制造一个更高的市场进入壁垒。数码摄影技术取代感光照相技术就是一个典型案例。

案例6：电子数码技术替代银盐胶片技术的颠覆性创新

中国乐凯集团于1985年依靠自己的力量研发出了彩色胶卷、彩色相纸技术，并投入了批量生产，打破了外国产品独占中国市场的局面。1995年乐凯彩色胶卷产量达到3000多万卷，市场份额占到国内市场的20%左右。当时，乐凯集团公司提出"九五"发展的规划目标是：到2000年，彩色胶卷的生产能力要达到1亿卷，彩色相纸生产能力达到5000万平方米，使乐凯彩色胶卷、彩色相纸的国内市场占有率达到35%和30%，与柯达、富士公司形成三分天下的局面。为了实现公司"九五"发展规划的目标，需要国家注入8亿元资本金，安排技改基建投资24亿元。为了研究批准乐凯集团公司的"九五"规划项目，当时国务院李鹏总理和吴邦国副总理要专程到乐凯集团公司进行调查研究，调查研究之前李鹏总理专门请化工部领导研究一个问题：就是电子数码技术在多大范围内可以取代银盐胶片技术？当时化工部领导十分重视，专门组织一批化工专家进行了讨论研究，这批化工专家讨论研究的结论意见是：电子数码技术只能在局部范围内取代银盐胶片技术，银盐胶片技术仍然会保持相当大的市场份额。当化工部领导将这一专家意见告诉李鹏总理时，李鹏总理还问道：这批专家的意见会不会带有感情色彩？化工部的领导当时回答说，专家的意见不大可能带有感情色彩。实践证明，当时这个结论意见是带有感情色彩的，也是有很大片面性的。因为当时组织座谈的专家都是化工方面的专家，没有请一个电子方面的专家。随着电子数码技术的发展，当今数码技术已经取得了颠覆性突破，数码技术、数码相机已经全面普及，数码技术已经在很大程度上取代了银盐胶片。目前不仅是乐凯集团公司，包括柯达公司在内的彩色胶卷生产企业正在进行着艰难的技术调整和市场转型。在技术创新突破式发展的今天，我们更应该高度重视颠覆性技术创新，尽管颠覆性技术创新是带有周期性的，但这种周期性呈现出越来越快、越来越短的变化，对这种具有毁灭性的技术变革，企业必须要有足够的远见和充分的应对措施。

2.渐进式技术创新

在技术创新中，"突破性技术"创新至关重要，但仅仅有"突破性技术"创新还是远远不够的,渐进式创新是所有企业必须要具备的能力。"渐进式创新",不仅可以支撑现有商业模式并给现有产品和服务带来增值改进,而且还能够迎合现有客户群、创造短期商业利益。年复一年的"渐进式创新",不仅可以为市场提供性能更优秀的、更有市场竞争优势的产品,而且还可以为公司带来更多的经济效益和更忠诚的客户,同时还可以为"颠覆性技术创新"奠定基础。因此,多数企业都把技术创新的重点放在了这种创新方式上。

案例7:吉列公司依靠渐进式创新持续保持产品青春

吉列公司是一个专门生产男性剃须刀的企业,产品非常单一。但它就凭借着高度重视产品的技术创新,特别是高度重视"渐进式技术创新",在如今电动剃须刀产品层出不穷的时代,仍然依靠手动剃须刀的优质舒适拥有大量忠实的顾客。吉列公司认为,"颠覆性创新"是少数天才的专属领域,而"渐进式创新"和"持续改善"可以扩展为公司上下的每一个人,无论他们的级别、职能和专业知识是什么,每个人都可以参与的全面创新。吉列公司在技术创新中构建了顶端是"轰动创新",中部是"渐进创新",底部是"持续改善"的三层金字塔体系。正是这座三层次全面创新的金字塔体系,使吉列公司在全面创新中充满了生机和活力。在刀片和剃须刀领域,吉列公司不仅有高端产品"锋速3"和"维纳斯";而且还有中端产品"锋速3突破冠军","锋速3突破冠军"是渐进式创新的典范;同时还有低端产品——全球销售的一次性剃须刀。吉列公司每年保持与10多万剃须者联系,以深入了解剃须活动的方方面面:剃须中和剃须后的感受和体验;感情、社会以及心理影响;不同年龄段的剃须者剃须方式和态度方面的差别。所以,吉列公司的产品始终保持持续改进的势头。"锋速3"的刀片由进口不锈钢制成,比外科手术刀锋利50倍。三个刀片与9个其他部件一起装配到塑料刀架上,装配速度是每分钟600件产品,而且不容许有任何缺陷。吉列公司有270多名专业研究人员,其中160人拥有化学、冶金、物理、数学和工程博士学位。这些人的整个职业生涯都奉献给了剃须的科学和艺术,以及高速制造所需的流程和设备。吉列最新的剃须系统是"渐变"和"聚变"的统一体，拥有70多项专利，这些专利代表着只有吉列才能采用的独特性，而且还创造了世界上剃须刀产品拥有专利的新高。任何与之竞争的产品甚至都不能模仿这些特性。正是由于全面创新，才使吉列产品保持了高性能、高效益和高竞争力。

吉列公司始终认为，长远的考虑很关键。他们讲"人人都喜欢标榜自己是致力于长远考虑的，但是真正到了需要长远考虑的时候，很少有人能够真正做到。"领导吉列公司跨越巅峰的CEO詹姆斯·基尔茨认为，管理者的主要职责就是"抓住关键"，抓住创新、抓住未来就是抓住了企业的关键。在吉列公司的未来规划中，"第一项战略就是继续强化公司的核心产品——刀片和剃须刀、电池、牙刷、个人护理产品（主要是止汗用品和剃须准备用品）以及电动剃须刀和小家电。公司将继续专注于各产品领域的高端市场，但我们也不会再允许竞争对手蚕食我们在中端市场的份额。在刀片和剃须刀领域，我们高端产品'锋速3'和'维纳斯'系统已经取得了极大的成功。现在，我们还将专注于面向发展中市场的中端剃须系统以及全球销售的一次性剃须刀。"我们相信，只要吉列公司能够始终坚持创新发展的战略，那么我们就可以始终看到一个"在刀锋上高雅、精美的舞蹈者"！

3.组合式技术创新

系统工程的原理告诉我们：系统的整体功能大于各个部分之和。企业技术创新的实践也告诉我们：组合式技术创新也大有用武之地的重要方法。有些产品的技术创新需要原创技术，还有一些产品只要把一些原有技术进行一下合理组合，也能使产品的功能、质量和应用领域大大提升和扩展。产品通过技术组合创新的实例也是举不胜举的。

有一个朋友从日本考察归来，给我带了一个小礼品称之为"老年指甲剪"。什么是"老年指甲剪"呢？就是指甲剪和放大镜的组合产品，两种功能的组合，解决了老年人在剪指甲时眼神不好的困难。其实这种组合式产品创新并不困难，只要能体验特殊顾客的需求就可以很容易做到。再看看现在每个人手中的移动手机，就是一个典型的组合式创新的产品，现在的手机不但有通讯的基本功能，而且还有时间显示功能、信息阅读功能、照相功能以及朋友之间交谈功能等等，多种功能的结合使其成为现代人工作、生活必不可缺的随身携带产品，成为一个人人都离不开的智能终端。

（二）技术创新方法

纵观变化万千的技术创新大世界，真可谓是一个眼花缭乱、纷繁复杂的万花筒。许多创新、发明都带有令人说不清、道不明的偶然因素，似乎很难说清楚出其中的原委和规律，要想总结出共性的创新方法也许更加困难。但是，创新发展的实践告诉我们，凡是成功的技术创新一定有方法，凡是失败的技术创新也一定有原因。从无数技术创新的案例中，我们可以总结出创新方法的流程是带有共性规律性的。创新流程分为四步：

第一步：挑战现实问题。

任何一个创新，都是从不满意现实开始的。真正从思想上挑战一个现实问题，并下决心要改变这种现状，这就是一个创新活动的开始。

勇于挑战现实问题，首先就是要牢固树立"但凡现实存在的，都是可以改变的"的思想方法和辩证唯物主义观点。辩证唯物主义哲学告诉我们，世界上的一切事物"变"是绝对的，"不变"是相对的。世界上的事物没有最好，只有更好。只有善于从现实事物中发现问题、找出不足的人，才有可能成为一个敏锐的创新者。任何一个安于现状、满足现状的人，都不可能成为一个创新者。勇于挑战现实，这是创新者必须要具备的基本条件。我们可以肯定地讲，谁敢于挑战一个现实问题、并下决心改变这一现实问题，谁就有可能成为一个成功的创新者，一个历史的改变者。

其次，挑战现实问题还需要有勇气。在中国的传统文化中有不少是"中庸"文化，这种文化宣扬的一种基本理念就是："但凡存在的，都是合理的"、特别强调"但凡老祖宗留下来的，都是不可以改变的"。"中庸"文化对人行为的指导也是不利于创新发展的，这种文化常常教育人"要老实，要听话，不要胡思乱想"，对勇于挑战现实、勇于挑战传统的人都采取一种批判、一种排斥的态度。我们常常听到这样的评论："这个人很不安分，经常胡思乱想，破坏性极强！"在这种传统文化的氛围下，敢于挑战现实问题、勇于批判传统观念，确实不是一件容易的事情。特别是挑战一个现实问题、批判一种传统观念，常常需要打破一个现状、打破一种秩序，带来一些变化、甚至还会带来一些混乱，所以，挑战一个现实问题是需要很大勇气的。

1992年诺贝尔经济学奖得主加里·贝克尔教授讲过一句话，可能是对这个问题的一个很好的注解。他讲："独创性强，敢于标新立异，我们在过去历史上一直是这样。就是要在同行中标新立异，与众不同。这样会在同行中不受欢迎，我不介意我不受欢迎。我却认为不受欢迎是好事。这意味着我们提出一些与众不同的理论观点……我们希望学生觉得老师提出了一些值得他们思考的问题。不要因为老师曾经说过这是对的，就要他们接受。这是我学生时期就存在的气氛。我们在同事间也形成了一种百家争鸣的气氛，我们在学术谈论会上经常争论不休，我认为这是创造一种良好学术气氛的正确做法……中国这么大的一个国家受到良好的专门训练的经济学家寥寥无几，这是当前最大的压力！"

第三，挑战现实问题还需要有勇于面对失败的心理准备。挑战现实问题只可能带来两种结果：一个是成功，一个是失败。结果是成功，当然是我们所希望的。但结果是失败，必须也要有心理准备。只要是创新，特别是原始创新，失败的可能性远远大于成功的可能性，面对失败的心理准备必须充分。挑战现实问题带来的失败挑战，也许会大大高于成功带来的挑战。"一个想出风头的投机者""一个带来巨大经济损失的败家子""一个不知天高地厚的冒牌学者"等等，这些不绝于耳的风言风语也许会跟随你很长一段时间。

要想做一个真正勇于挑战现实问题的创新者，必须首先要成为一个彻底的唯物主义者，既要敢于面对现实问题，又要敢于担当风险责任；既要勇于面对成功，还要勇于面对失败。

案例8：烟台万华："逼出来的技术创新突破"

1978年，为了解决中国10多亿人口的穿鞋问题，国务院决定从日本引进一套合成革生产线，配套引进了一套年产1万吨MDI装置。当时日本并未告知我们 MDI 的技术属于英国 ICI 公司，日本不具备核心技术。这套属于 20 世纪 60 年代的落后技术装置，自 1984 年投产以来始终处于极不稳定的状态，物料堵塞、泄漏时有发生，现场经常能闻到苯胺、盐酸、氯苯的味道，一个月停车三四次，每月停车至少要抢修 3 天，历经 10 年装置都未达产，整套装置工艺落后、消耗大、成本高、质量差，企业运营十分困难。

面对十分困难的局面，烟台万华成立了 MDI 技术攻关小组，凭着一股子拼劲和不服输的精神，对引进装置进行技术消化，使用最原始的手工核算方式，经过艰苦的实践和探索，积累了大量的第一手数据，终于找出了装置运行不稳定的原因。在此基础上，他们与有关高校和科研机构开展产学研合作，对装置进行了多项改造，1988 年 MDI 产量终于达到了 8000 吨，技术改造取得了初步成效。

20 世纪 80 年代末，中国 MDI 市场出现了井喷式的增长，产品供不应求。跨国公司为了抢占和垄断中国市场，加快在中国布局，严重威胁到烟台万华的生存和发展。由于跨国公司具有技术优势和规模优势，再加上 MDI 产品质量好、竞争力强，他们占据了中国市场 90% 以上的份额。

为了摆脱生存的困境，提高产品的竞争力，烟台万华首先想到的还是继续引进技术。他们首先找到原来转让技术的日本公司，提出再次引进技术的愿望。日本公司明确表示，新技术不会转让，可以考虑帮助进行老技术改造。其实，日本公司根本就不想转让技术，以天价的技术改造费紧紧关上了转让技术的大门。

遭到日本公司拒绝后，烟台万华又把目光转向了欧美的跨国公司，先后多次谈判引进技术，包括采取与中国石化合资的方式，邀请中国石化出面，以提高谈判的筹码，但均被回绝，甚至连烟台万华的技术人员看一看设备装置的要求都不允许。当有一家跨国公司提出，如果烟台万华能拿出一份中国市场的研究报告，就可以考虑合作的要求时，真可谓是喜出望外，上下振奋。他们十分认真地组织了一个有 20 多人的团队，花费巨资，耗时半年，跑遍了大江南北进行了一项详尽的国内市场调研。但对方拿到中国市场调研报告后，却因为看到了中国市场的巨大潜力，决定单独在中国建厂,烟台万华引进技术的路子彻底被堵死了。历时5年的技术引进经历,不仅让烟台万华饱尝屈辱,而且也让他们深刻认识到:核心技术是引进不来的!

1993年,10多年前引进的生产装置寿命已经到期,新技术又引进无门,烟台万华陷入了前有堵截、后有追兵、进退维谷的艰难境地。但此时的万华人没有气馁,形势却逼出了"与其等待跨国公司把自己扼杀,不如自主创新闯出一条新的生路"的共识。对现实的挑战,使他们走上了一条义无反顾的自主创新之路。

1996年他们先后投资1500万元,经过两年的艰辛探索,终于在光气化制造、DAM制造、粗MDI制造和粗MDI精制等重大关键技术方面取得了全面突破。其中,缩合和光气化两项关键技术达到了国际先进水平。在自主创新的实验中,不少技术人员几乎付出了生命的代价。核心技术的突破,使烟台万华走上了一条"凤凰涅槃"的新生之路。1999年烟台万华光气化增容系统改造完成,MDI产量突破2万吨;2000年年产4万吨MDI制造技术通过专家论证,产品质量达到国际先进水平,标志着我国完全打破了跨国公司的垄断封锁,成为世界上第5个拥有MDI制造技术自主知识产权的国家。2007年,烟台万华自主研发的"年产20万吨大规模MDI生产技术及产业化"获得国家科技进步一等奖,树立了我国石油和化工行业技术创新的一个标杆。面对烟台万华MDI自主创新的突破,一家跨国公司的权威人士对烟台万华的领导称赞道:"MDI产业化40多年来,都由几家世界级公司控制,你们依靠自己的努力挤进了MDI的家庭,我们认可你这个成员!"

2011年,万华的MDI产能达到年产124万吨,比2000年增长了30多倍。单位能耗比最初引进技术低85%。目前万华烟台工业园区项目一期工程已全面启动,园区项目包括年产60万吨MDI、30万吨TDI、24万吨环氧丙烷、30万吨聚醚、42万吨丙烯酸酯等产品聚群。2011年,他们经过两年的艰苦谈判,斥资12.6亿欧元成功并购了匈牙利Borsodchem公司,在海外拥有了年产24万吨MDI、25万吨TDI、40万吨PVC和3000多名外籍员工的生产基地,并通过技术和管理输出,力求将其改造为欧洲最具竞争力的

MDI制造基地，这个海外基地的建立，极大地提升了我国MDI产业在全球产业链中的地位和作用。此次并购，被《国际金融评论》评为"2010年度欧洲、中东、非洲地区最佳重组交易"。烟台万华的案例再一次告诉我们，勇于挑战现实问题，是创新发展的前提和精髓。

第二步：构思创新联想。

当选定一个现实挑战问题后，就要集中力量构思创新的方案。目的是过河，过河必须要用桥和船，桥和船就是要到达目的地的方法和工具。构思创新方法，就是寻求挑战现实问题的解决之道。构思创新联想，确实需要智慧、经验和方法。

构思创新方法一定要运用"头脑风暴法"，大胆联想，冥思苦想，奇思妙想，不同凡响。善于从多角度、多学科、多方面寻求解决问题的思路和方法。把凡是可能解决问题的方法都统一集中起来，一一琢磨、反复比较、仔细推敲、深入思量、综合优化。许多看似不大可能的方案，也许有一个环节的突破，就会立刻转化为可能，迎来全局系统解决的曙光。

案例9：不可思议的两个轮子直立行走的设想

在众多的创新联系和方法中，我最佩服的是自行车构思的联想和方法。虽然自行车的最终完善经过了很长一段时间，但自行车是第一个居然敢让两个轮子直立行走的设想，真是一个不可思议的大胆创新。1790年法国人西夫拉克发明了最原始的自行车，只有两个轮子而没有传动装置，人骑在上面，需要用两脚蹬地驱车向前滚动。1817年德国人德莱斯男爵在希夫拉克发明的原始自行车的前轮上加了一个控制方向的车把子，可以改变前进的方向，但是骑车依然要用两只脚，一下一下地蹬地前行。他把自己发明的自行车称为："小马仔"。1840年英格兰铁匠麦克米伦，在德莱斯发明的"小马仔"的基础上，进行了改进。他在前轮的车轴上装上曲柄，再用连杆把曲柄和前面的脚蹬连接起来，并且前后轮都用铁制。这样一来，人的双脚真正离开了地面，由双脚的交替踩动带动轮子滚动。1842年，麦克米伦骑上他发明的自行车，一天跑了近20千米。1874年英国人劳森在自行车上别出心裁地装上链轮和链条，用后轮的转动来推动自行车前行，虽然运转还不够协调与稳定，但一个具有现代雏形的自行车终于诞生了！1886年英国机械工程师斯塔利，从机械学、运动学的角度设计出了新的自行车样式，装上前叉和车闸，使用滚子轴承，前后轮大小相同，并用钢管制成菱形车架，还首次使用了橡胶车轮，显著提高了自行车的骑行性能。斯塔利不仅改进了自行车的结构，而且还改制了许多生产自行车部件的机床。1888年爱尔兰的兽医邓洛普，从医治牛胃气膨胀中得到启示，将自家花园用来浇水的橡胶管粘成圆形并打足气装在自行车上，这是充气轮胎的开端。充气轮胎是自行车发展史上一个具有划时代意义的创举。从这时开始，才基本奠定了现代自行车的完整框架。

从1791年到1888年，自行车的发明和改进，经历了近100年的不懈奋斗。时至今日，自行车已经成为全世界人们使用最多、最简单、最实用的交通工具。也许人们已经记不住这些众多不懈奋斗的发明者的名字，但自行车这项技术发明人们是永远不会忘记的。他们的名字，丝毫不亚于汽车发明者卡尔·本茨。

在创新联想中，要想取得突破性思维成果，必须要打破自我思维的惯性。这种惯性常常表现为自我思维束缚。这种思维束缚被称为思维惯性，是因为这种思维束缚自觉或不自觉地都在自发地发挥着作用。如果不相信，我们可以搞一个自我测试。题目很简单：

请你用4条相连的直线覆盖下面的9个点。

● ● ●

● ● ●

● ● ●

这个题目，许多同学在我的测试中都没有完成。为什么呢？绝大多数同学在做这个题目之前，脑子里就有一个我根本就没有提出的约束条件，无形之中就把他给限定死了。其实这个答案很简单，只要你自己把这个约束条件一取消，问题就迎刃而解了，答案也就自然而然地出来了。所以，开放性思维的一个重要条件，就是自己首先要解放自己，抛弃一切束缚自己思维的条条框框、让思维在无拘无束中纵横驰骋起来。要敢于推倒自己给自己设立的那堵思维的墙，要坚信创新永远有路可走。

当然，我们也必须承认，创新思维也是有方法、也是有工具的。掌握科学的思维方法，掌握科学的思维工具，对我们的构思创新联系也是会有很大帮助的。后面我会集中一个专题专门给大家讲一讲创新的方法和工具。

第三步：寻求实验突破

企业的创新与研究所、与大专院校的创新有一个本质的不同，就是企业的创新必须是从市场的需求开始，到最后拿出市场需求的产品和服务为止。企业创新，也就是我们今天所强调的产业创新。企业的创新必须是能够创造价值的创新，必须是能够拿出产品的创新，仅仅是一篇论文、一份研究报告的创新，是远远不够的。因此，企业的技术创新，必须要寻求实验的突破。任何一个技术创新的构想，必须要有经过小试、中试、放大试验的结果，必须要有工艺、装备的配套，最终才有可能投入工业生产运行。只有拿出最终产品，这项创新才算是成功的、有价值的。从小试、中试、到工业化生产，中间任何一个环节卡壳，创新都是无法完成的。寻求实验突破，是企业创新，特别是技术创新中十分重要、十分关键、也是风险极大的一个环节。在复杂的工业创新试验中，不少人都是冒着生命危险，经过多年反复试验、反复改进才取得成功突破的。

2012年3月，美国联邦政府宣布投资10亿美元成立国家制造业创新网络（NNMI）。NNMI主要支持介于"发明"和"商业化前"这个阶段的研究，并提出了"技术就绪水平和制造就绪水平量表"。他们将研发过程细分为9个档次，NNMI重点支持第4档至第7档的技术阶段。在第4至第7档的技术阶段，就可以得到美国政府大量的科研经费支持。美国总统科技顾问委员会认为，虽然美国基础研究领先全球，但由于基础研究到产业化这个环节的缺失，美国高科技制造业在竞争中逐渐丧失。NNMI的组建就是希望在基础研究和产业化之间架起一座桥梁，从而完善整个研究开发的链条。

NNMI 技术就绪水平和制造就绪水平量表

	技术就绪水平		制造就绪水平
1	发现并发布基本原理	1	制造可行性评估
2	形成技术概念或应用	2	定义制造概念
3	关键功能的分析和实验，或者概念特征的证明	3	改进制造概念
4	实验室中的组件或面板验证	4	尝试实验室中可用的制造技术
5	实际环境中的组件或面板验证	5	尝试在实际生产环境中制造原型组件
6	实际环境中系统或子系统模型的构建	6	尝试在实际生产环境中制造原型系统或子系统
7	可操作环境中的原型系统演示	7	实际生产环境中尝试制造系统、子系统或者组件
8	通过测试检验完成和监测	8	中试的能力演示；完成小批量试生产的准备
9	通过成功的任务操作证明实际系统	9	小批量试生产演示，准备大批量生产

在"NNMI技术就绪水平和制造就绪水平量表"中，1～3档，一般是指产生一个想法并在实验室里呈现出来的阶段；4～7档，是指在实验室已经可以做出供展示的物件原型和进行小量生产，到规模生产供应市场之间的阶段；8、9档，是指规模生产供应市场阶段。

目前在中国企业技术创新的实践中，一个最大的薄弱环节，就是中试环节的缺乏。这方面的差距，我们同美国相比那就差得更远。对于实验室的小型创新实验，大家都很重视，但一旦小试成功，中间放大试验就会面临许多困难，甚至找不到实验经费、找不到实验单位、找不到实验场所。一个成功的小试，如果没有中间放大实验，是永远也不可能实现工业化的。特别是在技术发展到相当水准上的创新、在行业技术高端上的创新，技术要求更高，技术难度更大，没有中间放大实验的数据、经验和积累，就不可能取得工业化所必需的流程、工艺指标以及生产设备材质、结构、温度、压力等等参数，技术创新向下推进几乎就不可能。当然，还有中国创造、中国制造的第一台套的工艺、设备，选择第一家承担企业也还有不少的困难。但从总体来看，中间试验的矛盾可能更加突出。寻求实验突破，是企业创新中最重要、最关键，也是最需要支持、最需要帮助的一步。

第四步：交流优化方案

任何一个创新方案的成功、改进、完善都需要一个循序渐进的过程，都需要一个不断改进完善、不断积累经验、不断总结提高的过程。在高端技术领域、在复杂系统的创新中，要想取得一步到位的成功几乎是"天方夜谭"。一个初步成功的创新方案，一定需要在众多学科、众多专家通过多种方式、多种途径的不断总结、不断改进、不断优化中，才可能取得最终的完善和成功。

案例10：在乐凯集团改造方案交流中的经验教训

交流优化方案，是创新过程中一个必不可少的重要步骤和极其重要的一个环节。交流、甚至是广泛交流，是优化创新方案的一个重要方法。这一点在我的工作经历中是有深刻体会的。参见上文案例6在乐凯集团改造方案交流中的经验教训。

乐凯的实践和经验告诉我们，与其他领域的专家交流对于优化创新方案，是多么重要啊！一个善于与不同人群交往的人，同时还善于从不同渠道获得广泛信息的人，是一个善于创新人的竞争优势。走出自己的人际圈子去交际的人，往往可能通过一次交谈，得到意想不到的启发，倾听朋友之间的一次聊天，得到出乎意料的联想；一个想法对有些人来讲可能是无用的，但对另外一些人来讲却是十分宝贵的，关键要看"听者是否有心"！也许会有人对我讲：我也很喜欢交际、我也花了不少时间进行交际，但我却很少有创新的收获。我可以很认真地告诉你，你的问题是你选择的交际对象有问题。你选择的可能大多是科长、处长、局长……，这些大多是"关系"的社会资源，而不是"创新"的思想泉源。只要你把选择的对象调整一下，你的收获可能也会随之而改变。

美国学者克莱顿·克里斯坦森在《创新者的基因》中，曾经讲道：我们能从乔布斯非同凡想的能力中获得何种启示呢？"如果我们研究一下这些想法的起源，我们就会发现以下的因素起到了催化剂的作用：一个挑战现状的问题；对某项技术、某个公司或顾客的观察；一次尝试新鲜事物的经验或实验；与某人进行了一次交谈，为他点醒了重要的知识或机会。"同时，他还反复强调："创造力并不完全源自天赋异禀，也不仅仅是一个认知技能，恰恰相反，我们发现，创造性的想法是源自行为技能的，而这些技能你也能习得。有了这些技能，你就能催生自己和他人的创新想法了。"

请大家一定要记住爱因斯坦的一句名言："仅凭一己之力，没有他人的想法和经验刺激，即使做到再好，也是微不足道，单调无聊的。"创新从来都是属于"有心人"的专利，在创新方面，让我们都做一个专注、执着的"有心人"吧！

四、创新人才管理

人才是创新的核心，也是创新的根本。世界上任何一个创新活动，无论是重大颠覆式创新，还是微小的持续式改进，都离不开人的努力。企业人才的管理，重点在于创新环境的培育、创新人才的选拔使用和创新人才的培养三个方面。

（一）企业创新环境的培育

1. 环境是可以改变人的行为的

案例11：爆米花非理性进食的试验

2000年某个周六下午，在美国芝加哥市郊一家电影院，即将上映一部惊险动作片《危险人物》（Payback）。入场时，工作人员递给每一位入场者一杯汽水和一桶免费的爆米花，同时请他们在电影结束后留一会儿，回答几个有关的问题。这批观众浑然不知，他们正在完成康奈尔大学一项非理性进食行为的研究对象。

观众拿到的爆米花是经过精心设计的：它的味道十分不好吃。爆米花爆好后放了整整五天，不但不新鲜，咬起来还会吱吱作响。有位观众后来抱怨说，爆米花嚼起来就像是裹着花生米的泡沫塑料；还有的观众忘了爆米花是免费送的，甚至要求电影院退钱。

观众们都不知道，他们一部分拿的是中桶，另一部分拿的是大桶。因为每位观众人手一桶，所以不会出现多人分吃一桶的情形。研究人员想要探讨一个简单的问题：拿到大桶爆米花的观众是不是会吃得比较多呢？

两种爆米花分量都很足，观众不可能把自己的那一桶全部吃完。研究人员在电影开始前和结束后偷偷称了每桶爆米花的重量，从而精确地得到每位观众吃掉了多少爆米花。实验结果相当令人吃惊：拿大桶的观众比拿中桶的观众多吃了53%。多吃的爆米花可以折合成173卡路里热量，也相当于从桶里抓了差不多21把。

康奈尔大学主持这项研究的布赖恩·万辛克教授在《瞎吃》(Mindless Eating)一书中，是这样描述这一实验结果的："我们还进行过其他爆米花实验，无论实验细节怎么调整，结果始终都不变。不管电影院选在宾夕法尼亚州、伊利诺伊州还是艾奥瓦州，也不管放映的电影是哪种类型，所有爆米花实验都得出了一样的结论——食物容器越大，观众的进食量也越大。就是这样。"

公共卫生专家十分看重这个实验结果。因为有些人是理性进食者，吃得不多；有些人是非理性进食者，吃了又吃；还有些人似乎在挑战人类胃部的物理局限。他们大声呼吁：我们必须让这帮人养成健康的饮食习惯！我们必须想办法让这帮人认识到暴饮暴食的危害！

但康奈尔大学实验小组解决这个问题的办法十分简单：不用顾虑对方是否能够理解，也不用关心他们的态度怎样，只要拿小一点儿的桶来装爆米花问题就解决了！

这个实验告诉了我们一个真理：用简单的改变（缩小容器规格）来实现很难的改变（扭转他人的观念），其实是件易如反掌的事情。我们生活的经验和实践也反复告诉我们：有些看似人的问题，实际则是环境的问题。人可以改变环境，环境同样也可以改变人。环境是可以改变人们行为习惯的。创新的环境，对于激励人们创新的热情、战胜创新的困难、推动创新的坚持、构筑创新的群体和合力，同样是一件十分重要、十分关键的前提条件。

2. 要创造宽松自由的创新空间

目前我国的科技研发人员总数高达360万，位居世界第一。美国不到我国的一半，日本、俄罗斯各有80万。我国科技人才总量很多，但领军人才、尖子人才稀缺，世界级大师更是匮乏。我国世界一流科学家仅有100多人，占世界的4.1%，美国占42%。我国的教育体制培养了一批"考试天才"，但发明和创新人才严重不足。科技创新成果的严重不足，迫使我们的企业必须尽快创造出有利于创新成果涌现的宽松自由的技术创新空间。

我国企业技术人员特别是一些骨干技术人员最大的苦恼就是公共管理工作占用了他们太多的时间，不少技术人员形容他们的工作现状是："不是在开会，就是在开会的路上"。他们几乎没有时间从事本应该花大气力、花大工夫的技术研究工作。这种工作职责的错位、工作时间的浪费是导致企业技术创新成果较少的重要原因。下决心减少企业技术人员的行政管理工作，精简企业技术人员不必要的会议，使他们能够全心全意地从事专业技术工作，是改变当前企业技术创新工作落后局面的一条捷径。只有专心致志，才有可能把工作做好，才有可能出工作业绩。

"静默驾驶舱原则"是企业改善创新环境必须要提倡和遵守的一个原则。"静默驾驶舱原则"，这是长期以来，世界航空业始终坚持的一个惯例。由于大多数空难发生在最忙乱、也最需要紧密配合的起降阶段，因此航空业强制实行了"静默驾驶舱原则"。不论什么时候，也不管是起飞还是着陆，只要飞机高度低于10000英尺，驾驶舱内就禁止任何与飞行无关的谈话。飞机距离地面11000英尺时，驾驶舱成员可以天南地北地侃足球，聊孩子，谈论讨厌的乘客，但在9500英尺时就绝对不行。

要给企业技术创新"自由""联想"的空间。在企业发展战略准确定位的前提下，具体的技术创新应鼓励技术人员大胆"联想"，给予充分的"自由"空间。

3. 要有允许失误、宽容失败的环境

2002年我曾率团组到日本考察化工新材料的技术研发现状和经验，考察结束后，几位中央企业负责技术管理的领导给我讲："中国高端化工新材料的技术研发与日本相比，至少有10年的差距。"我在与他们的交谈中就

问:"央企资产、规模、人才都是一流的,为什么创新的差距这么大呢?"央企领导回答我:"你曾是国资委的领导,这个问题的答案你应该更清楚。"在交流中,他们给了我几个认识一致的答案。第一个重要原因是如果我不搞创新,我的薪酬一分也不会少,日子还会过得十分清静。如果我搞了创新,结果是成功的,国资委可能会表扬一下我,但如果是失败了,我的日子可就惨了。什么"这小子想出风头""本事不大,野心不小""国家几百万资金就让这小子给糟蹋了"等等,在这样的环境下有谁愿意担当创新的风险,有谁愿意承当创新的牺牲者呢?因为谁都知道创新特别是原始创新成功的概率是很低的,失败多于成功,如果没有宽容失误、允许失败的环境,就会让许多人放弃创新的勇气,实质上就等于扼杀了创新。第二个重要原因是任何一个创新都需要一个过程,都需要一定的时间,但我在这个岗位上能工作多长时间我不知道,也许明天一纸调令我就要离开,谁也不会花气力去干自己看不到结果的事情。从我和央企领导的交谈中,从大家的工作实际中,可能都会体会到环境对推动创新工作的极端重要性。

在美国大学中获得诺贝尔奖最多的不是哈佛大学、麻省理工学院也不是芝加哥大学、斯坦福大学,而是普林斯顿大学。为什么普林斯顿大学能够获得的诺贝尔奖最多呢?因为普林斯顿大学有一个十分宽松、自由的研究环境,在这样的环境里,师生们可以自由探讨、可以奇思妙想、甚至可以宽容有性格、有个性、有怪癖的人,对于这些人,普林斯顿大学也能给他们一个合理的发展空间。普林斯顿大学宽容被人称为"幽灵"的纳什教授、后来获得诺贝尔经济学奖的传奇故事,一直成为普林斯顿大学教学、研究令人羡慕环境的一段广为流传的佳话。

案例12:纳什教授和普林斯顿大学宽容的环境

纳什1928年生于美国西弗吉尼亚州的一个富裕家庭,父亲是受过良好教育的电子工程师,母亲是一位出色的拉丁语教师。纳什从小就性格孤僻,他宁愿钻在书堆里,也不愿出去和同龄的孩子玩耍。纳什小时候学习成绩并不好,但数学天分从小就十分突出。小学老师常常向他的家长抱怨纳什的数学有问题,因为他常常使用一些奇特的解题方法。到了中学,这种情况更加频繁了，老师在黑板上演算了整个黑板的习题，纳什只用简单的几步就能解出答案。中学毕业后，纳什进入了匹兹堡的卡耐基技术学院化学工程系。1948年，大学三年级的纳什同时被哈佛、普林斯顿、芝加哥和密执安大学录取，在这几所大学中普林斯顿大学表现出了更大的热情。当纳什还在犹豫不决地选择时，普林斯顿大学数学系主任莱夫谢茨立即给纳什写了一封信，决定给纳什一份1150美元的奖学金。

当时的普林斯顿大学已经成为全世界的数学中心，爱因斯坦等世界级大师都云集在普林斯顿。在普林斯顿自由的学术空气里，纳什如鱼得水，他21岁博士毕业，不到30岁就已经闻名遐迩。1958年，纳什因其在数学领域的优异成绩而被美国《财富》杂志评为新一代数学家中最杰出的人物。

纳什最重要的理论贡献就是现在广泛出现在经济学教科书上的"纳什均衡"。而"纳什均衡"最著名的一个例子就是大家都很熟悉的"囚徒困境"：一个案子的两个犯罪嫌疑人被分开审讯，警官分别告诉两个囚犯，如果两人均不招供，将各判刑一年；如果你招供，而对方不招供，则你将判刑三个月，而对方将被判刑十年；如果两人均招供，将均被判刑五年。于是，两人同时陷入招供还是不招供的两难境地。两个囚徒都按照符合自己利益的选择——坦白招供，原本对双方都有利的策略不招供从而均被判刑一年的结果就不会出现。这样两人都选择坦白的策略以及均被判刑五年的结局被称为"纳什均衡"，也叫"非合作均衡"。"纳什均衡"是他21岁时的博士毕业论文，也奠定了数十年后他获得诺贝尔经济学奖的基础。

那时的纳什"就像天神一样英俊"，1.85米的个子，77公斤的体重，手指修长、优雅，双手柔软、漂亮，还有一张英国贵族的容貌。他的才华和个人魅力吸引了一个漂亮的女生——艾西莉亚，她是当时麻省理工学院物理系仅有的两名女生之一。1957年他们结婚了。之后漫长的岁月证明，他们俩的结合也许是纳什一生中比获得诺贝尔奖更重要的事情。

纳什从小就是一个不善于为人处世、性格孤僻的人，喜欢独往独来，喜欢解决折磨人的数学问题，被人称为"孤独的天才"。他有着天才们常有的骄傲、不合群、自我中心的毛病，他的同辈人基本上都认为他不可理喻，对他的评价是："孤僻、傲慢、无情、幽灵一般古怪，沉醉于自己的隐秘世界，根本不能理解别人操心的世俗事务。"

1958年，就在纳什事业和爱情双双得意、艾西莉亚惊喜发现自己已经怀孕时，纳什却出现了各种各样稀奇古怪的行为：他担心被征兵入伍而毁了自己的数学创造力，他梦想成立一个世界政府，他认为《纽约时报》上每一个字母都含着神秘的意义，而只有他才能读懂其中的寓意。他认为世界上的一切都可以用一个数学公式表达。他给联合国写信，跑到华盛顿给每个国家的大使馆投递信件，要求各国使馆支持他成立世界政府的想法。他迷上了法语，甚至要用法语写数学论文，他认为语言与数学有神秘的关联……

终于，纳什被送进了精神病医院。在他们的孩子出生后，由于艾西莉亚无法忍受纳什带来的精神痛苦和阴影下的生活，他们离婚了。但艾西莉亚并没有放弃纳什，离婚以后，艾西莉亚再也没有结婚，她依靠自己作为电脑程序员的微薄收入和亲友的接济，继续照料纳什和他们唯一的儿子。在艾西莉亚的坚持下，普林斯顿大学同意留下了纳什教授。艾西莉亚认为，"如果一个人行为古怪，在别的地方会被人当作疯子，而在普林斯顿的这个广纳天才的地方，人们会充满爱心地对待一个曾经的天才。"

于是，在20世纪70和80年代，普林斯顿大学的学生和老师总能在校园里看到一个非常奇怪、消瘦和沉默的男人在徘徊，他穿着紫色的拖鞋，偶尔还在教室的黑板上写下数学命理的论题。他们称他为"幽灵"，他们知道这个"幽灵"是一个数学天才，只是突然发疯了。普林斯顿大学给了纳什教授难以想象的关怀和宽容，如果有人敢以不礼貌的态度抱怨纳什教授的话，他立刻就会受到警告："你这辈子都不可能成为像他那样杰出的数学家。"

正当纳什教授本人处于梦境一般的精神状态时，他的学术影响却越来越大，在70年代和80年代的经济学课本、进化生物学论文、政治学专著、和数学期刊的各个领域中，他的名字已经成为经济学和数学的一个名词，如"纳什均衡""纳什谈判解""纳什程序""德乔治-纳什结果""纳什嵌入"和"纳什破裂"等。大部分运用过纳什博弈理论的年轻数学家和经济学家都根据他的论文发表的时间，想当然地以为他已经去世。即使一些人知道纳什还活着，但由于他特殊的病症和状态，也把纳什当成一个行将就木的废人。

有人说，站在金字塔尖上的科学家都有一个异常孤独的大脑，纳什发疯是因为他太孤独了。但是，纳什在发疯之后却并不孤独，他的妻子、朋友和同事们都没有抛弃他，而是不遗余力地帮助他、挽救他，试图把他拉出疾病的深渊。就连精神病院的精神病专家也表示："为了国家利益，必须竭尽所能将纳什教授复原为那个富有创造精神的人。"

在妻子、朋友和同事们的不离不弃的关怀和爱护下，经过20多年的艰难曲折，纳什教授奇迹般地从疯癫中苏醒，从病态中逐渐康复。他的苏醒似乎是为了迎接他生命中的一件大事：接受诺贝尔经济学奖。当1994年瑞典国王宣布年度诺贝尔经济学奖的获得者是约翰·纳什时，数学圈里许多人惊叹的是：原来纳什教授还活着！对于普林斯顿大学为纳什教授做的一切，纳什教授在清醒后表示："我在这里得到庇护，因此没有变得无家可归。"

据说，纳什教授获奖后要发表获奖感言，不少人担心纳什教授能否正常表现和正常表达。在诺贝尔奖授奖那样庄重的仪式上，以及隆重的鸡尾酒晚宴和舞会上，人们都提心吊胆、屏住呼吸，不知道纳什会有什么样的表现。出乎所有人的意料，纳什教授的发言十分精彩，表现也还算不错。他在发言中讲道："从统计学看来，没有任何一个已经66岁的数学家或科学家能够通过持续的研究工作，在他或她以前的成就基础上更进一步。但是，我仍然继续努力尝试。由于出现了长达25年部分不真实的思维，相当于提供了某种假期，我的情况可能并不符合常规。因此，我希望通过目前的研究成果或以后出现的任何新鲜想法，取得一些更有价值的成果。"

2001年，经过几十年的风风雨雨和艰难困苦，艾西莉亚与纳什教授复婚了。事实上，在纳什教授得病及治疗的过程中，艾西莉亚在心灵上从来都没有离开过纳什。这个伟大的女性用一生与命运进行博弈，她终于取得了胜利。而纳什，也在得与失的博弈中取得了均衡。

普林斯顿大学充满爱心的惜才、爱才以及宽容的环境，确实令人感动和让人深思。从中我们不应该学到点什么吗？

4. 要尽快建立合理的创新回报机制

激励不足是我国企业当前技术创新的主要障碍。美国哈佛大学曾对激励问题进行过专门研究，研究认为，如果没有激励，一个人的能力仅能发挥20%～30%，如果有了合理的激励，一个人的能力则能发挥80%～90%。尽管在科研开发、技术创新中，有许多劳动很难用价值来量化，但分配与创新劳动价值严重背离的现象，必须要在全面深化经济体制改革的实践中加以解决。强化创新激励，加快形成具有中国特色的创新激励机制是提升企业创新能力的当务之急。现在不少企业、不少科研院所都在积极探索"按创新成果、创新效益提成分配"或者"按技术成果加入股权、期权分配"等方式改进分配改革，都是在"按劳分配"原则下很有价值的改革探索。实践告诉我们，只有真正实行"按劳分配"的原则，建立公开透明的强激励机制，才能创造持久的、稳定的创新环境，才能从根本上调动和保护好企业广大科技人员和员工技术创新的积极性。

案例13：三聚环保公司用期权激励营造创新环境

北京三聚环保新材料股份有限公司是1997年才成立的一家高新技术企业，公司的核心业务是为基础能源工业的产品清洁化、产品质量提升及生产过程的环境友好提供产品和技术服务，主要从事脱硫净化剂、脱硫催化剂、特种催化材料及催化剂等产品的研发、生产、销售、技术咨询服务等，是中国深圳证券交易所创业板的上市公司。

目前，公司员工还不到1000人，但都是高技术研发型人才。公司成立不到20年，营业额从1998年的30万元，增加到2014年的30.1亿元，净利润从1998年的5万元增加到2014年的4.1亿元，利润年均递增75%。公司从起步开始，就鲜明地提出了"以技术创新为先导，以管理创新为保障，以服务客户为宗旨"的经营理念，精心营造激励创新的工作氛围，建立了独具特色的技术创新体系，推出了一大批有影响力的技术创新成果，现已成为国家高新技术企业、中关村"十百千工程"重点培育企业、中关村科技园区创新型成长企业等一系列荣耀称号的"明星企业"。"三聚"商标于

2009年被评为北京市著名商标。

就是这样一个人数不多的小型企业，短短几年间就形成了多层次、立体式的技术研发布局，建设了北京、沈阳、福州三个各具特色的研发中心，集中开展脱硫净化材料、脱硫净化工艺、脱硫装备、加氢催化剂、化肥催化剂等方面的研究开发工作。北京研发中心侧重工程技术开发研究；沈阳研发中心侧重材料合成、放大工艺研究；福州研发中心侧重催化净化机理、前沿技术、工艺装备开发研究；三个研发中心，形成了信息共享、特色鲜明、优势互补、加速转化的相互支撑配套的专业研发体系。

就是这样一个十分年轻的企业，短短几年间就推出了一大批在行业具有重大影响力、具有国际领先水平的技术创新成果。比如，浆态床湿法脱硫系列技术。这项技术采用铁系脱硫材料，利用传统湿法脱硫工艺，低成本实现气体物料的脱硫净化。这项技术具有适用性广、脱硫效率高、设备投资少、运行成本低、无废液污染等优点。这项技术已分别在焦炉气、沼气、煤制气等行业进行了湿法脱硫试验装置建设并取得了相应的工业试验数据。他们依托浆态床湿法脱硫技术，对河南鹤壁某石化企业、内蒙古乌海某焦化企业等进行技术许可，形成技术许可收入近亿元。又比如，干法脱硫技术。他们开发了高硫容、可循环、高精度的铁系脱硫材料，大幅度提升了产品硫容及精度，实现了脱硫材料的创新。这项技术已通过技术鉴定，该产品已实现广泛应用并获得用户认可。他们开发的干法脱硫剂硫容达到60%，是目前已知硫容最高的脱硫剂产品。再比如，加氢脱硫系列技术。他们开发了系列加氢脱硫剂，针对焦炉气进行系统净化脱硫，形成了23项专利。这项技术在河南平顶山京宝新奥LNG项目、山西国新正泰LNG项目、内蒙古三聚家景LNG项目、河北唐山永顺LNG项目、贵州黔桂天能LNG项目、河北唐钢气体滦县LNG项目等项目的广泛使用，在焦炉气制LNG行业占据了80%的市场份额，带动了公司业绩的大幅提升。公司到目前为止，已有9项产品和技术获省部级科技成果鉴定验收；6项获省部级科技进步奖和科技创新奖；2项产品被科技部认定为"国家重点新产品"与"国家科技成果重点推广计划项目"。目前公司已经申请专利278项；已获得授权129项，其中发明专利109项。

就是这样一个充满体制、机制活力的企业，短短几年就大胆探索建立起了将内部创新能力和外部创新资源叠加的新模式。2012年三聚公司与福大化肥催化剂国家工程研究中心共同出资建立了福建三聚福大化肥催化剂国家工程研究中心有限公司，集中优势力量研发并推广新型化肥催化剂，加快了科技成果转化的步伐。同时，他们还同福州大学建立了战略合作关系，共同进行化肥催化剂开发及工业应用的产学研项目合作；与清华大学热能工程系签订了战略合作协议，共同进行脱硫机理研究工作；与中科院大连化物所开展战略合作，将合成气制合成油、合成气一步法生产乙醇技术在相关煤化工企业进行技术推广；还与中国石化抚顺石化研究院就油品深加工催化剂开展长期合作。公司内部同外部创新资源的有效合作，极大地提升了公司的创新能力和科研成果转化的速度。

为什么这样一个人数不多、规模不大、建厂时间不长的企业，在技术创新上能够迸发出如此巨大的能量？关键是公司具有一套规范化的股权激励制度和机制，这套制度和机制激发出了公司员工极大的创新热情和持续动力。2013年9月，公司依据《公司法》《证券法》《上市公司股权激励管理办法（试行）》《股权激励有关事项备忘录1、2、3号》等相关法律、法规和规范性文件，制定并实施了"三聚环保股票期权激励计划（草案）"，该计划规定："授予股票期权数量为1020万股，占当前公司股本总额的2.02%。激励对象包括公司董事（不含独立董事）、高级管理人员、核心业务（技术）骨干共计50人。行权条件是，第一个行权期，以2012年净利润为基数，2013年净利润增长率不低于30%，以2012年净利润为基数，2014年净利润增长率不低于69%；第二个行权期，以2012年净利润为基数，2015年净利润增长率不低于119.7%"。这一计划的实施，极大地调动了广大员工，特别是核心业务骨干的创新激情，通过股票期权的方式，不仅给创新者提供了一个看得见、摸得着的"按劳分配"的激励，而且也给股东带来了长期、高效、持续的回报。三聚环保新材料股份有限公司实行股票期权激励的实践，再一次告诉我们，只有在创新活动中真正实行"按劳分配"的原则，才能够营造企业持久的创新激励环境，才能够极大地调动广大员工，特别是核心业务骨干持久的创新激情。没有"按劳分配"的原则，就不可能营造持久创新的环境，也不可能带来具有国际先进水平的创新成果，更不可能体现出社会主义制度的巨大优越性。

（二）要用好企业各类创新人才

任何一个企业，无论是大型企业还是小型企业，要想成为一个创新型企业，就必须营造一个人人都是创新者的环境，把企业的每一个员工都植入创新的DNA，充分调动每一位员工的创新热情和创新活力。同时还要用好企业各方面、各类型的创新型人才，充分发挥好每一位员工、每一位技术人员创新的积极性。让每一位员工都能释放出他们创新的潜能，让每一位员工都能建立起他们创新的自信，这是检验一个企业是不是创新型企业的唯一标尺。

1. 选好、用好技术领军人才

中国有句古话："千军易得，一将难求"。中国为什么缺少具有全球竞争力的企业？为什么缺少全球知名品牌？一个重要原因，就是缺少全球、全行业顶尖的技术领军人才。技术领军人才是企业创新发展的骨干，许多关键技术的突破、许多高端产品的创意，都离不开技术领军人才。用好企业技术领军人才是企业走向技术高端、超越竞争对手的关键。

① **用好技术领军人才首先必须要发现和选好领军人才**。企业人才济济，尤其是大型企业更是强手如林。但技术领军人才并不是随处可见、随手可得的，领军人才是有着更高要求和更高标准的人才。如何在众多的技术人才中发现和选好技术领军人才也不是一件容易的事情。我们现在的用人体制、现在的领导方式，是很难发现一个好的技术领军人才的。麦肯锡用人标准和人才选用方法给了我一个很大的启发。

案例14：麦肯锡招聘选用人才的独特方法

麦肯锡是世界一流的咨询公司，每年都有近千人的世界一流名校毕业生到麦肯锡应征工作，但麦肯锡每年只能招收200左右的人，如何在这批精英中选取这200左右的人呢？麦肯锡有着十分独特的招聘手段。

首先，每位应聘者都需要接受大约5位考官的面试，这些考官大多都是麦肯锡的高级主管。他们对应聘者面试考核主要侧重于三个方面：

一是应聘者是否具备领导能力和创新能力。譬如在学习期间是否担任过领导职务，班长？组长？或独立组织完成过重大活动？创办过什么组织？你领导的群体有多大？你是如何组织的？曾遇到过什么样的困难？你有什么与别人不同的尝试和做法。有什么样的体会和经验，有什么样的业绩等等。通过这些考察应聘者的领导组织才能和创新探索能力。

二是应聘者是否具有较高的总结分析能力。通过不同的问题和方式，考察应聘者对纷繁复杂、杂乱无章事件的概括综合能力，以及对一件微不足道小事的分析判断能力。这是对每一个应聘者未来工作能力和潜质的一种考验。

三是应聘者应对考官的应变能力。主考官和应聘者是一对博弈的对象，在这种场合主考官往往会提出一些十分棘手的问题，让你没有足够的时间考虑，这对应聘者的头脑灵活度、随机应变能力是一个十分现实的考验。

在通过以上三个重点考核后，面试考官就会根据应聘者的表现，以◎○×三个等级来评分，五位考官中，只要有一位考官给了◎，应聘者就被"绝对录取"，即使其他四个考官都给了×，也无所谓。如果五位考官全都给了○，公司也不会录取。因为公司需要的不是普通人才，而是领导型人才和创新型人才，普通人才比比皆是。要与其他企业的竞争赢在起跑线上，就必须拥有更优秀的领导人才和更敢于创新的人才。假如我们用人的思路不打开、用人的方法不改变，就很难出现"不拘一格降人才"的局面。很好的技术领军人才被埋没也是一件很正常的事情了！

② 用好技术领军人才的优势和强项。任何一个人都不可能是一个全才，尤其是在当今科技高度发达的今天。"尺有所短、寸有所长"这是一个永恒的真理。创新型人才往往是优点很突出、缺点也很突出的人，甚至有些是性格还会有些怪异的人。发现并用好技术领军人才的优势和强项，不仅是企业家的责任，而且还是企业家的水平。用好一个人的优势和强项，不仅可以激发一个人的正能量，而且还可以增强一个人的自信心。有人给我讲："要整一个人，根本用不着调整他、处理他，只要天天用他的短

处，他自己就会自动待不下去了。"不会写文章的人，你天天让他给领导写讲话稿；人际关系很差的人，你天天让他去协调人际关系；不善于做贸易的人，你天天让他到市场上去给别人讨价还价……这样用人，几天就把他搞得心灰意懒，不用领导调整，他自己就可能主动要求调走。所以，用人所长，是发挥人才作用、调动人才正能量的关键。领导的责任，就是用好他的长处，避开他的短处，让他的优势和强项发挥得淋漓尽致。

③ 用好技术领军人才必须给予领军人才充分的信任和自由。信任是用好的前提，自由是用好的保证。在企业创新活动中，有许多创新充满了风险、充满了曲折，如果没有基本的信任，没有基本的自由，也许不少带有希望的创意会胎死腹中，不少带有创意的试验会被捆住手脚。从用好技术领军人才的角度来讲，基本的信任和自由就是对创新人才的最大支持。

2.用好工人技术人才

中国人喜欢购买德国、日本的商品，是因为德国、日本商品的质量过硬、完美。谁花钱买东西都愿意买物美价廉的东西，都愿意买一见钟情、爱不释手的商品。为什么德国、日本的商品有这么大的市场竞争力呢？但凡到德国和日本考察过人，都会有一个共同的结论：那就是德国、日本产品生产线上的工人技术过硬、工艺要求严格。对制造业来讲，生产线上工人的技术对产品的质量是至关重要的。

最近，我看到瑞士机械手表业重新振兴的一个研究报告，得到很多启示。其中很重要的一条就是瑞士手表业历来都十分重视技术工匠的作用，瑞士手表的质量和瑞士手表业的创新和振兴完全得益于技术工匠的技术水平。

案例15：瑞士手表依靠技术工匠重振雄风的启示

瑞士制表业是整个欧洲精湛工程技术的缩影，鼎盛时期主宰了全球机械表市场长达两个世纪之久。瑞士制表业的发展史实际上也是制表匠的个人发展史，这些制表匠将手表制造工艺、技术创新和众多商业技能紧密结合从而形成了一个优势产业，如果没有这一大批从法国和被迫从欧洲其他国家迁来的能工巧匠，瑞士制表业很可能就不存在。比如在瑞士制表史上最重要的人物之一——亚伯拉罕·路易·布勒盖，他15岁时就被继父送到凡尔赛学习钟表制作。学徒期满后，他留在了巴黎，并在钟表一条街上开设了一家名为"宝玑"的工作坊。当其他人都忙于生产更加精准的海上计时器时，布勒盖发现了一个完全不同的市场，他为贵族甚至皇家不断供应设计新颖、功能独特的钟表。这些表有的带有日历，有的装有能提示时间的钟铃。与竞争对手不同的是，他更加注重钟表的外观，不论是摆钟还是怀表，他都会刻上自己的签名。他向来对自己产品的内在运行原理守口如瓶，因此他的产品始终笼罩着一层神秘的面纱。当时能幸运带上这种表的人，都这样感叹道："佩戴一款精美的宝玑表，你就会觉得自己拥有了这位天才的智慧。"在瑞士钟表业中最广为人知的名字应该属欧米茄了，1848年，路易·勃兰特作为手表批发商在拉绍德封创立了这家公司，当时他只有23岁，他同他的儿子一起将这个公司培育成瑞士最大的钟表制造公司。欧米茄手表始终以精准计时、精美工艺而著称，特别是在体育赛事中作为计时工具而广受赞誉。1969年宇航员尼尔·阿姆斯特朗和埃德温·巴兹·奥尔德林都佩戴欧米茄超霸表登上月球，为欧米茄表做了一个超具影响力的大广告，欧米茄成为世界上第一家产品登上月球的钟表制造商。在20世纪的中国，如果有谁带一块表壳上印有"瑞士制造"4个字的欧米茄手表，将会获得许多羡慕的眼光。

但在20世纪60年代，随着全球电子石英机芯新技术的成熟与应用，瑞士手表业仿佛一夜之间就跌入谷底，电子新技术不仅使产品精度更高，而且还大大降低了生产成本和产品价格。面对电子手表的强大冲击，瑞士机械手表的市场需求量急剧下降。一段时间，这个拥有9万从业者的产业，失业人数就超过6万，几乎彻底摧毁了瑞士最重要的出口来源，也沉重打击了瑞士制表业的引以为自豪的骄傲。为了力挽狂澜、为了挽救瑞士的制表业，瑞士制表商冷静地分析机械手表与电子手表的差距：一个重要的差距就是机械手表笨、厚，电子手表轻、薄。能不能生产出同电子表相媲美的轻、薄型机械手表呢？瑞士人用一种不符合瑞士人办事风格的方式，生产出了表身只有2毫米厚的机械表。面对电子表的巨大挑战，瑞士人又在想，我们能不能生产出比电子表更有优势的机械表呢？电子表怕水，机械表就有防水的优势。1926年劳力士手表的工程师威斯多夫成功地设计出来了一种完全防尘、防水的表壳。他是根据在用餐时点了牡蛎，可他怎么也撬不开，他用牡蛎给他的联想，设计出了发条和外壳连接处的密封方法，他将这种方法命名为"蚝式"密封结构。为了推销这款手表，威斯多夫在橱窗里放了一块装有手表的鱼缸，鱼儿在其周围游动时，手表也跟着滴答作响。1927年，当他听到英国一个速记员梅赛德斯·格莱策打算成为首位横渡英吉利海峡的女士时，他又为她佩戴上了劳力士"蚝式"表。在海里游了15小时并到达多佛后，格莱策的手表仍然精准。当天英国伦敦的《每日邮报》整个头版都用来刊登格莱策这位女性横渡英吉利海峡的壮举，当然还有她佩戴的劳力士手表。把这项技术发挥到极致更能凸显机械表的优势。当然，瑞士人还通过市场调查得出了一个重要发现，就是随着电子表成本、价格的越来越低，电子表也来越成为普通人身份的象征。

抓住机会的瑞士人，通过艰难的企业重组，通过精明的资金运作，还通过严格保密下的大胆技术创新，1982年推出了一款名为斯沃琪的新产品。这个新产品的诞生，被瑞士视为钟表业重生的开端，斯沃琪也成为席卷全球并挽救瑞士钟表业的开山之作。1984年，斯沃琪入选《吉尼斯世界纪录》，所创纪录是安装在德国法兰克福德国商业银行办公大楼上的高530英尺、重13吨的巨型手表。到1985年，斯沃琪手表已经生产了1000万只，1988年上升至5000万只。在其销售的鼎盛时期，斯沃琪表迷能排好几小时队，甚至通宵达旦等待购买新推出的产品。1991年斯沃琪又推出一款创新产品，是一款斯沃琪自动上链机械表，表的背面是透明的，消费者可以看到运转中的机械部件，这种创新在当时被广泛效仿，连一些昂贵的表也不例外。

几乎没有人能够预测到这场20世纪80年代机械表重返高端市场的巨变，瑞士表的复苏完全来自制表人的技术坚持和工艺质量的坚守。2008年瑞士出口手表就达2600万只，出口额达到180亿瑞士法郎，制表业成为仅次于制药和机械的第三大出口行业。同年，中国的手表出口量为5.5亿只，但中国手表的平均价格约2瑞士法郎，而瑞士手表的平均价格约600法郎。在世界奢侈品市场中，瑞士就生产了430万只高端手表，占瑞士制表业的

70%，而价格高于1000法郎的高端手表有95%都来自瑞士。

3. 充分发挥企业家的组织管理作用

企业家是企业的领导者、组织者和创造者，一个企业能否成为创新型企业，关键要看企业家的素质和能力。企业是生产要素的组织者。生产要素（包括资本、劳动力、资源、技术等）是进行生产的前体条件，没有生产要素的存在，生产就无法进行。但生产要素要变成现实的生产力，首先必须把它们按一定的结构组织起来。这种生产组织是企业家的基本职能。而生产组织的效率，则是企业家的水平。企业家作为生产要素的组织者，也是资源最佳配置的追求者，更是企业创新的第一推动者。中国民间有一句名言，就是大家都很熟悉的："兵熊熊一个，将熊熊一窝"，这句话也充分体现了企业家在企业创新中的极端重要性。任何一个创新型企业出现，都是由于有一个创新型企业家的掌舵。如果没有斯蒂夫.乔布斯，就不可能有苹果公司；如果没有李健熙，也就不会有三星公司。企业家在企业创新中的作用是显而易见的，也是不容置疑的！

一个优秀的企业家在企业创新过程中，至少要发挥四个方面的作用：

一是创新机遇的发现者。恩格斯曾经讲过："社会一旦有了技术上的需求，比几所大学更能推进技术进步。"企业创新的机遇，大都来自市场的需求。任何一个创新机遇的发现，都是需要非凡的市场洞察力和敏锐的市场眼光。市场需求是客观存在的，但却并不是每一个人都能发现的。只有创新机遇的敏锐发现者，才有可能做到"超前一步、高人一等"的竞争主动。

案例16：日本汽车依靠战略眼光超前把握的发展机遇

在20世纪70年代美国和日本的汽车竞争中，日本汽车公司对美国汽车市场的敏锐洞察力和市场机遇的超前把握，使美国汽车公司付出了极大代价。有人讲整个20世纪，就是美国的世纪。但20世纪的汽车业，却不完全是美国的汽车业。虽然这个车轮子上的国家把2"C"（Car、Computer）看作是20世纪美国文明的两大标志，但在60年代之后，美国汽车三剑客（通用汽车公司、福特汽车公司、克莱斯勒汽车公司）却遭到日本汽车三剑客（丰田汽车公司、本田汽车公司、日产汽车公司）的突然袭击，美国汽车公司为他们的僵化战略付出了惨重的代价。

1970年，一名叫迈斯基的参议员，向美国议会提交了一份"限制汽车废气污染"的议案，1970年底美国议会通过了这个议案，这就是著名的"迈斯基法案"。该法案宣布：美国市场欢迎节能汽车！苦于无法在美国市场立足的日本汽车公司，敏锐地看到了调整产品结构、生产节能汽车的市场机遇。本田公司以最快的速度开发了CUCC引擎（复合涡流调速燃烧）的车型，丰田公司则开发出稀薄燃烧控制体系的新型引擎，在引擎阶段即有可防止污染的功能。美国汽车公司是如何反应的呢？他们根本没有调整产品结构，依然坚持他们的大型豪华车型战略，并不断抱怨美国政府：法案加重了汽车业的沉重负担。克莱斯勒公司宣称：还没有弄清楚生产代价的时候，就盲目听信国家沙文主义的安排，非常愚蠢！僵化战略反应的结果是：美国汽车公司的仓库开始积压产品，经销商面临巨大的市场压力。克莱斯勒公司库房里积压了3个月的汽车产量。但美国汽车公司仍然十分自信，态度顽固，继续生产大型豪华汽车。

紧接着，美国汽车业又遭遇到了始料不及的中东石油危机。1973年石油输出国组织（OPEC）为抗议美国在中东战争中支持以色列，宣布对美国石油禁运。美国顿时一片惊慌，油价陡然上涨3倍，民众开始抢购成品油，政府被迫实行油品定量配给政策。即便在这种严峻的形势下，通用、福特、克莱斯勒公司还不把问题看在眼里，他们坚信问题马上就会解决："阿拉伯人坐在油桶上，试图来惩罚美国人，这根本不可能！"但是，市场并不这么看，民众开始购买节能车，以每英里消耗多少加仑汽油来选择购买车型。通用、福特和克莱斯勒公司的"大型豪华车战略"开始遭受打击，在石油禁运的5个月里，销售量下降了35%以上，创1958年经济衰退以来最新的下跌记录。由于产品库存不断增加，通用汽车公司临时关闭了22个装配厂中的13个，4个冲压厂中的3个。克莱斯勒公司则关闭了4个海外生产基地。与此相对比，日本汽车公司正在享受敏锐把握市场需求变化、迅速制定小型车战略、开拓市场创新机遇带来的丰硕成果。

德鲁克先生曾经长期深入研究过通用汽车公司，他同样认为通用汽车公司在20世纪70年代的僵化战略付出的代价是沉重的。在20世纪初，通用汽车公司就认为美国的汽车市场在价值上是同质的，由特别稳定的收入集团所分割。根据这个市场结论，频繁地或大幅度地改变车型是不科学的。通用汽车公司的答案是：长期大规模生产统一的市场车型。但进入70年代后，它的那套关于市场和生产的理论发生了很大的变化，大市场被分割成极不稳定的细分市场，收入只是消费者做出购车决定的众多因素中的一个。同时"精益型"制造创造了一种小规模生产的经济学。它使得"短期多变"的车型比"长期统一"的车型成本更低、利润则更高。通用汽车公司由于没有及时跳出僵化战略的束缚，付出了大约300亿美元损失的巨大代价。

二是创新战略的制定者。战略是对未来的选择，战略对于企业发展的重要性是不言而喻的。一个成功的企业，首先得益于一个成功的战略。一个成功的战略，需要一个富于远见的战略制定者。成功的企业家，必须承担起关乎企业未来的战略制定任务。

在我国市场经济发展的历程中，企业发展战略的重要性得到越来越多的重视，我国企业战略管理的水平也越来越高。目前，在我国企业的战略管理中，包括创新战略的管理中有三个突出的薄弱环节急需得到改善和加强。①战略的差异化。当前，我国企业战略雷同是战略管理的一大通病。你会干的我也会干，你不会干的我也不会干，产品同质化、产业同类化，产能严重过剩，这就是我国工业企业发展的一个现状。走出产能过剩的困局，必须要靠企业家的智慧，从战略上闯出一条差异化的新路子。战略上的差异化，这是战略创新的起点。特别是要下功夫在产品功能、产品技术、企业经营模式上走出一条差异化的新路。战略性新兴产业可以走差异化新路，传统产业同样也可以走差异化新路，走出一条传统产业不传统发展的新路子。西安交通大学计算机系毕业的90后大学生，从跨国公司舒适的工作岗位上下海自己创业，在北京创办了"西少爷肉夹馍"公司，他们就是想闯出一条传统产品不传统发展的新路子，希望在互联网时代，利用互联网技术，开创一种全新的经营模式，把传统的肉夹馍改造成走向世界的中国快餐。2014年是"西少爷肉夹馍"公司成立的第二年，营业额即可达到近2亿元人民币，2015年他们的营业计划就达5亿元人民币。实践告诉我们，企业的竞争力来自差异化战略，企业的市场前景来自差异化战略，企业的盈利能力同样也来自差异化战略。②技术的高端化。一个成功的差异化战略，往往都是市场新需求和某种新技术解决方案的有机融合。高端化技术，往往是新产品、新功能、新竞争优势的核心支撑。根据市场需求，采取各种途径，寻求具有生命力的新技术，是企业家实施创新战略的核心能力。新技术不可能都是你自己或者依靠企业自己的力量独立开发出来的，合作开发，购买技术，也是企业技术创新的重要途径和手段。特别是当一种新技术还处在"幼苗时期"，你就能发现它的前景和前途，加以支持、深入合作，这就是你的战略眼光。③要学会善于并敢于放弃。有些企业喜欢多元化战略，认为"东方不亮西方亮"是一种安全稳妥的经营战略。我们在实践中也可以看到，并不是所有多元化战略都是成功的，有些多元化战略往往还会拖累企业滑向失败的深渊。在诱惑太多的时代，学会放弃也许是一种更精明的智慧。巨人集团董事长史玉柱曾经讲过一段发人深省的话："对现在的经济形势来讲，创业最大的挑战不是能不能发现和把握机遇，而是能不能抵制诱惑。中国现在的机会实在是太多了，机会都会找上门，所有失败的创业都有一个共同的特点，就是没有抵挡住诱惑，就是战线过长，最后才出了问题。"美国著名的战略管理大师迈克尔·波特也讲过："伟大战略家的成功之处往往在于他知道应该放弃什么"。

　　三是创新资源的组织者。任何一个企业的资源都是有限的，把有限的资源利用好，用较少的资源投入取得较大的产出效果，同样是每一个企业家的责任。资源组织的水平，不仅直接关系到企业差异化战略的质量，而且还直接关系到企业低成本战略的效益。在资源的组织上，要集中发挥好两个方面的组织才能：①用人的组织才能。企业家的天职就是人的领导者。在企业所有的有限的人、财、物资源中，第一位的就是要用好人。因为人是所有资源中唯一的能动资源，能动资源具有创造出更大资源价值的力量。一个优秀的企业家不仅要有很高的智商，而且还要有很高的情商。他要用好企业中每一个人的热情、才干和能力，他要把企业中的每一个人都配置在最能发挥其专长的工作岗位上，让人尽其才，才尽其用。既要把那些创新人才摆在关键的技术岗位上，让他们有用武之地，又不要让那些碌碌无为之辈把持重要的工作岗位；既要充分发挥那些有德有才人的本领，又要使那些优点突出、缺点也很突出人得到合理使用；特别是应该知道那些有特殊才能、有特殊潜能人的情况，当他需要这些人为他服务时就能立刻找到这些人。② 全要素使用效率的组织才能。企业在市场竞争中，最核心的竞争是经济效率和经济效益的竞争。而在经济效率和经济效益的竞争中，企业生产成本和全员劳动生产率是最核心的两个指标。企业生产成本和全员劳动生产率都是和全要素生产效率密不可分的重要内容，因此全要素生产效率是企业家组织才能的一个重要体现。

四是创新责任的担当者。大家都知道，企业创新需要承担巨大的风险，企业要有允许失误、宽容失败的环境。只要企业家有这种胸怀和品格，企业才会有这样的环境。但仅有这一点还是不够的，企业家不仅要有承担失误、失败的勇气，还应该有尽可能减少和防范失误、失败的办法。任何一个企业的创新，都应该把失误、失败控制在能够承受的范围之内。也就是讲，优秀的企业家必须要有风险管理的意识和风险管理的能力。在企业创新风险管理中，除了要遵循一般的工作程序外，还需要突出强调"一个原则"和"一个方法"。

"一个原则"就是创新管理必须要树立起"不确定原则"。格林斯潘有一句名言："世界上唯一确定的事情就是不确定"。实践告诉我们，具有最大成功可能性的创新，同时也具有最大失败的可能性。有些几近完美的创新，唯一的瑕疵就是它的结果是失败的。这个失败并不是因为创新的错误，恰恰是这个伟大的创新遇上了糟糕的运气。在管理学上，这就叫战略的悖论。战略悖论要求我们对"不确定性"要有足够的认识。

"一个方法"就是创新管理的柔性管理方法。战略悖论要求对"不确定性"管理要有新思维，对于难以预测和管理的"不确定性"，只有采取战略管理的"灵活性"。有些跨国公司的创新柔性管理是由两大基本要素构成的：基于情景的动态规划和实物期权。情景动态规划使公司认真对待未来的不确定性，而实物期权将使人们认真对待收益和损失，把创新风险损失控制在可承受的范围之内。必然存在的不确定性和战略柔性管理，可以从整体上提高我们创新管理的水平。要控制好创新管理的风险，我们必须要同时寻找到"深思熟虑的"和"应急的"管理形成过程，最终在一个无法预测的环境中做出正确的创新规划和创新选择。

（三）要加快培养企业创新人才

在不创新就等待失败的今天，任何一个企业都会深刻感受到加快培养创新人才的压力和紧迫感。不少企业家都在抱怨：我们公司缺少人才或者没有人才。其实对每一个企业来讲，人才的来源无非是两条途径：一条是从外面招揽引进，甚至可以不计成本从世界各地招揽引进一流人才；另一条是下功夫从企业内部培养，这是一条靠得住、成本低、见效快的最现实的途径。其实，只要你解放思想、放开眼界，人才就在你眼前，关键要看你怎样培养、怎样使用？在人才培养方面，光抱怨是没有用处的。从广义上看，企业的员工人人都是创新者，每一个人身上都有创新的DNA，每一个人都可以成为成功的创新者，关键要看你是如何培养他们的创新能力，如何激发他们的创新激情，如何挖掘他们的创新潜力。企业创新型人才的培养不仅关系着企业的今天，而且关系着企业的明天和更长远的将来。有远见的企业家，对企业人才的培养必须要舍得投入、舍得下功夫、还要有长远的眼光和扎实的措施，用培训来提高员工创新的能力，用组织来调动员工创新的热情，用实践来建设创新的团队，用激励来培育创新型人才。

1. 加快培养创新发现能力

美国哈佛大学商学院著名教授克莱顿·克里斯坦森等在他们的最新著作《创新者的基因》中，通过8年创新企业的深入调研，总结归纳出了创新者的4项发现技能，这4项发现技能分别是：发问、观察、交际和实验，这4项发现技能被称为创新者的基因。为什么创新者必须要具备这4项创新基因呢？因为创新者的背后一般都具有两大驱动力：一是他们都想积极地改变现状；二是他们常常会巧妙地冒险，以改变现状。乔布斯想要"在宇宙间留一点儿响声"，谷歌创始人拉里·佩奇说，他是来"改变世界"的。这些创新者都没有陷入一个常见的认知误区——现状偏见。有现状偏见的人倾向于固守现状而不是改变。大多数人都会简单地接受现状，都认同"东西没坏就不要修"这句话,但是却没有人质疑东西是否真的"没坏"。而创新者则恰恰相反,在他们看来很多东西都"坏了",而他们想要"修补"。他们在实践中还发现,创新企业家(包括自己本身也是CEO的企业家)花在发现活动(发问、观察、交际和试验)上的时间比没有创新纪录的CEO多50%。也就是说,他们每周至少要多花一天的时间用于发现活动。因为他们知道,要想实现改变世界的梦想,就必须花大量时间去发现如何改变世界。有了创新的勇气,他们就会积极地寻找改变世界的机会,就必须训练自己联系性思维的能力,并且更为频繁地发问、观察、交际和试验。由于创新者终其一生都在运用发现技能,他们逐渐养成了发现的习惯,而"发现"也成了他们的行为特色。因此,培养员工创新发现技能是一件十分重要的基础性训练,创新能力并不完全是天赋的禀能,也不仅仅是一个认知技能。恰恰相反,创新能力是一种行为技能,而这种技能是能够学习提高的。有了这些技能,你就能催生自己和他人的创新想法了。因此,只有创新发现技能大大提升,创新发现自信大大增强,创新发现渴望大大普及,企业创新环境和创新成果才有可能够成为现实。

2. 加快培养破坏性创新团队

在企业创新实践中,我们都知道仅仅只有创新发现团队是远远不够的,还必须要有创新实现团队。如果一个企业没有创新实现团队,再好的创新发现也无法转化为创新成果。对于一个创新企业来讲,发现团队和实现团队都是企业创新发展缺一不可的两个团队。

美国哈佛大学商学院克莱顿·克里斯坦森教授团队在对全球最为创新的公司研究中发现,创新公司都奉行四个基本宗旨,这四个宗旨不仅仅挂在口头上,更是体现在实践行动上。这四个基本宗旨如下:

一是创新是所有人的职责,而不仅仅是研发人员的职责。他们研究发现,最创新公司榜上的创始人CEO花在发现行为上的时间要比一般公司的CEO高出50%。创新型CEO都知道创新不会从天而降,而是需要大量时间来酝酿。为了实现"创新是所有人的职责"这一宗旨,谷歌公司制定了一条20%规则,鼓励员工每天花20%的时间为自己钟爱的项目工作。此外,公司还形成了一个内部创新想法分享论坛,可以用来接受来自全公司的各种想法和建议，这也形成了内部协作机制。谷歌其他员工知道他人的想法后，也许会投入20%的时间中的一部分用于帮助酝酿这个想法。谷歌公司许多极为成功的项目都是源自20%项目。近年来，约有一半谷歌推出的新产品是源自20%项目。这条20%项目规则向员工表明，管理层相信每个人都有创新能力，每个人都可以成为创新者。

二是破坏性创新是公司创新组合的一部分。除了鼓励所有员工花时间用于创新发现任务以外，极为创新的公司还会将更大比例的人力和资金用于创新项目。当然，大多数企业投入研发都是为了产出新产品和新服务。然而，超过90%的创新项目都是"衍生品"。设计破坏性创新项目的公司会凭借突破性的技术，提高独一无二的价值产品，从而打开一个全新的市场。索尼的随身听是一个破坏性产品，因为它通过提供一种更为便携式的音乐设备，打开了一个全新的市场。苹果的iPod和iTunes也迈出了类似的一步，取得了市场的突破。超过95%的iPod购买者从来没有用过苹果电脑，苹果开拓的是一个全新的市场。iPhone也是一个破坏性产品，这不仅仅是因为它使用的技术与众不同，更因为它的产品架构与众不同（只有一个按钮，加上触屏），同时还因为它推出了"APP Store"，使得iPhone的功能远远多于普通手机。亚马逊的Kindle电子阅读器和云计算服务也打开了全新的市场，同样属于破坏性创新。要想知道一个公司是否追求破坏性创新，只需要问这样一个问题：你的创新项目有百分之几是投入到破坏性创新上的？如果这个比例很小，小于5%，那么这家公司就不大可能属于一家创新型公司。如果这个比例大于或等于25%，那么就可以说这家公司的做法符合乔布斯"要有更远大的志向"的标准，他们在积极地追求更具破坏性的创新。

三是调动组建得当的小型项目团队。每个新产品或服务的创新想法形成之后，都需要一个工具将其投入市场。在最为创新的公司中，这一工具就是小型项目团队。精明的领导人知道，要使员工具有创新的权利，方法就是将员工组建成目标远大的小型工作单元，让每个人的成绩和团队的成绩都有目共睹。亚马逊有一个"两个比萨团队"的原则，意思就是研发团队要小到吃饭只需要两个比萨（即6～10人）。谷歌的工程师研发团队一般也只有3～6人，他们的说法是："我们努力缩小团队的规模，过大的团队生产力不高。"在这样的组织原则下，谷歌内部就形成了权赋得当、灵活机动的组织局面，许多小团队同时开展数百个创新项目，他们自己称之为"百花齐放"。有了这么多的小型开发项目，谷歌创造出如此之多的新产品就不足为奇了。在实践中，创新公司体会到：创新项目越激进，项目团队就需要更为自主和多样化。

四是"巧妙"冒险、追求创新。大多数公司都不会将破坏性创新列为优先的战略任务，因为衍生项目能够更有效地运用现有的力量。衍生项目不仅风险小，而且更容易成功，所以大多数公司在资源分配上更容易向衍生项目倾斜。为了抵制这种保守的资源分配倾向，极为创新公司大多会采取第四条宗旨："巧妙"冒险，追求创新。对于创新者和创新型公司来讲，犯错误只是商业经营的预期成本而已。IDEO公司就有一个口号是"早失败早成功"，正是在这一口号的指引下，公司成为世界领先的创新设计公司。这句口号在公司内部随处可见，提醒员工如果他们没有失败，就不会有创新。当然，任何一家创新公司的努力绝不是为了失败，只是这些公司知道，创新是难免要失败的，这是挑战极限的本质。但这些公司是足够聪明的，他们能够敏锐地分辨出失败的好坏。谷歌公司认为好的失败有以下两个决定性的特点：①你知道失败的原因，为下一个项目积累了相关知识和经验；② 好的失败发生得快，并且不是那么严重，不会损害公司品牌。谷歌的CEO认为，"我们要尝试许多事物，其中必然有些无法成功。这没有关系，如果不成功，我们就继续尝试。"

3.要鼓励贴近市场的群众性小改小革

在我们有计划、有组织地培养企业创新发现能力、培养破坏性创新团队的同时，千万不要忽略了广大员工在日常生产中的小改小革。因为广大员工处在生产第一线，他们对生产工艺、生产材料、生产装备都十分熟悉，在企业创新的氛围中，他们最懂得产品、工艺、装备的改进地点、改进方向和改进技术，小改小革具有不可忽视的大效益、大潜力和大前途。不少创新型企业都有符合自身特点的鼓励群众创新的平台和方式，如年度创新大赛、年度创新展示，以及创新奖励等等。谷歌公司每年数百个创新项目不少都来自生产一线的员工，这种积少成多、积沙成塔的群众性小改小革，是任何一个创新型企业都不可小视、不能忽略的重大创新基础和源泉。

五、企业创新文化

企业创新文化是指在一定的社会历史条件下，企业在创新及创新管理活动中所创造和形成的具有本企业特色的创新精神财富以及创新物质形态的综合反映。企业创新文化包括创新价值观、创新制度和规范、创新文化环境等等。随着社会主义市场经济体制的不断发展和完善，企业文化在企业中的地位将会越来越重要，特别是创新文化将成为推动企业加快转型升级的重要引领和支撑，得到广大企业越来越多的重视和越来越大的投入。

企业想要实现真正的创新，必须要建起一种追求价值观的文化来支持这种创新，使创新文化成为公司发展的活力之源。在传统型的企业文化氛围下，是很难培育创新文化，也很难推进创新发展的。在传统型公司，人们过多地关注生产经营和生产利润，以至于他们无暇从一个完全不同的角度看待创新。并且，在这些公司里，相互有益的交流也十分有限，即使有的员工构思出新的创意，在大多数情况下也将由领导来决定或管理这一创意项目，而员工往往不可能处于领导地位，这种思维方式和组织行为只会以某种方式打击或限制创造力，而不能鼓励整个组织的创新。也就是说，传统型公司不是产生不了好的创意，而是在传统型公司里，好的创意往往会被打压、破坏，得不到完美的实施，甚至会被熄灭和扼杀。

相比之下，在一个创新型环境中，新的创意很容易被接纳，员工被激励大胆实施自己的计划，因此会全力投入工作并感到自己与公司利益攸关。员工秉持的价值观将是真诚分享、团结合作、风险同担、共同进步，而不是嫉妒、阻挠和冷嘲热讽。这种创新可以发生在公司的任何部门，可以表现在产品设计上，还可以是一种激励和奖励员工的新方式或新机制，总之，是企业长期形成的一种创新文化。我认为企业创新文化主要包括"诚实""团结""认真""担当"和"包容"五个方面，这应该成为创新型企业的五个核心价值观念，成为每一个员工在其职业生涯始终追求的最高行为规范，世代传承，不断发扬光大，推进企业持续创新、持续技术进步。

（一）"诚实"

诚实应该是一个创新者的基本品质，直面矛盾、直面问题是创新的基本原则。不敢说真话、不敢说实话的人是不可能搞好创新的。但真正敢于说真话、说实话的人，在现实生活中确实也很不容易。当今看领导眼色、脸色说一些违心的话，是许多企业和组织的一大通病。尤其是在一个企业、一个团队中常常没有人愿意当"乌鸦嘴"，而放任明显的错误发生，这样的现象十分普遍，典型案例比比皆是。

大约在二十年前，微软公司主导的一次国际消费电子展览会上，比尔·盖茨要发表一个重要演讲，隆重推出微软公司的一批新产品。在这批新产品中，有一个产品是以"Bob"的名称推出的，比尔·盖茨在与同事的多次讨论中，大家一致认为"Bob"是一个好产品。为什么大家的态度高度一致呢？原来这个产品是微软的一个特殊员工一手催生出来的，这个员工叫米兰达，是比尔·盖茨的女朋友，后来成为比尔·盖茨的夫人，这个人使微软当时的高层主管都陷入了一个微妙的内部情景，他们谁也不愿意当着比尔·盖茨的面说出令比尔·盖茨尴尬的意见。这个产品就成为后来大家都知道的"跳舞的回形针"，这个产品原本的目的，是要指导用户如何使用视窗的产品和功能，但很多用户都觉得这个产品会让人分心，很烦，更糟糕的是，你很难把它甩掉，因为它总是在最恼人的时刻跳出来。这个产品很快就成为深夜电视里的笑话，而且再也没有出现在微软的任何一个产品上。

"诚实"应该是一个创新型企业首先必须具备的品质。创新即意味着直面现实、直面矛盾和问题，自然科学研究的是自然规律，不遵守或者违背自然规律，必然会遭到自然规律的无情惩罚。在创新方面讲诚实的本质就是要求遵守自然规律，反之，不诚实甚至故意欺骗就会在自然规律面前栽跟头，跌得很惨！谁都不愿意看到"皇帝的新衣"在现实中上演，不诚实的企业将会在大庭广众之下彻底"裸奔"。伟大的创新型企业家不但要把诚实放在重要位置，而且一定要求能够身体力行，带领自己的创新团队不断取得进步。IT界的伟大领航者比尔·盖茨和史蒂夫·乔布斯都是践行"诚实"文化的典范。

1995年，Inter（网络）浪潮方兴未艾。面对Inter的诱惑与挑战，微软公司的一位董事曾就公司的Inter策略问题征询比尔·盖茨的意见："我们为什么不多做一些与Inter相关的工作呢？"当时比尔·盖茨用近乎揶揄的口吻回答说："这是一个多么愚蠢的建议呀！Inter上的所有东西都是免费的，没有人能赚到钱。"

但当比尔·盖茨宣布微软不会涉足Inter后，许多员工提出了尖锐的反对意见。不少员工直接发信件给比尔说，这是一个错误的决定。当比尔·盖茨意识到自己的决定并没有得到大多数人支持后，他花了大量时间重新认识和理解Inter产业，最终，他承认自己此前的决定是武断和错误的。

为了扭转公司的方向，比尔·盖茨亲自撰写了《互联网浪潮》这篇著名的文章。同时，他把许多优秀员工调到Inter部门，也因此取消和削减了许多与Inter无关的产品。那些曾经直言劝谏的员工不但没有受到处分，而且还被委以重任，逐渐成为公司重要部门的管理者。结果，微软公司很快成为Inter领域的领跑者。

"你知道苹果有多少个委员会吗？"史蒂夫·乔布斯在2010年的"数字化大会"上说："零。我们像初创公司那样组织运作。我们是全球最大的初创公司。我每天要做的事情就是和团队不同的成员见面，研究讨论有利于产品创新的想法和新问题。"他向自己研发团队的每位成员发了一个T恤衫，上面印着一句话：是海盗！不是海军。这句话后来成为团队的代表性标志，就是要充分激发不循常规、不落窠臼的创新精神。

苹果公司鼓励坦诚的讨论，乔布斯常说：苹果应该成为这样地方，任何人都可以随时走进首席执行官的办公室并同他交流自己的想法。这是苹果公司区别于传统公司的主要特点之一。大多数传统商业会议往往是依照组织机构规定的步骤按部就班地进行，如果老板说奶牛是紫色的，在绝大多数情况下，没有人会说"不"，但事实上那并不是奶牛，而且是橙色的。乔布斯不接受这种做法，如果员工有一个想法，就要求员工坦诚地说出来，只有在他感到有人不够直接或坦率的时候，他才会真正感到沮丧。讨论中大家可能会争论得不可开交，只要是合理的、有根据的，乔布斯从来不介意说出这一想法、批评或建议的职员的职位有多低。

（二）"团结"

"竞合"比"竞争"好太多了。最成功的团队向来都有"分享"与"训练"的文化。这代表一个人的经验越丰富越成功，他将智慧传授给下一代人的责任就越大。永远不要忘了向其他人寻求指引，包括不同产业的人。

一个篱笆三个桩，一个好汉三个帮。"团结"在创新文化中主要体现在整个创新团队的向心力和凝聚力，现代科技创新的多元性、关联性和协同性表现得越来越明显、越来越突出，创新成果的取得更多地依赖集体智慧，单枪匹马的英雄主义在创新中越来越没有市场。组建一个团结、高效的团队成为创新的必要前提条件。著名的罗尔斯-罗伊斯公司在早期与纳皮尔公司的竞争中完美胜出，充分体现了"团结"对于创新的重要性。

早期，罗尔斯-罗伊斯公司和纳皮尔公司都是生产汽车的公司，两者都是英国本土最有力的竞争对手。第一次世界大战前，汽车只属于富人才能消费得起的奢侈品，在研发和营销上的创新是决定汽车企业发展的两个主要环节。罗尔斯是许多重要汽车俱乐部的创办者和参与者，几乎从不缺席每场重要的赛事和汽车试驾，罗尔斯作为初期赛车推广者的作用十分活跃。而罗伊斯先生则是天才的工程技术专家，他对汽车发动机的改进纠正了当时其他汽车存在的许多明显缺陷。当罗伊斯和罗尔斯结识后，罗伊斯提供了新颖的工程技术，但在企业发展的初期和关键时期，罗尔斯在市场信息和合同使用两方面发挥了不可或缺的重要作用。1905年，罗尔斯在庆祝公司第一款轻型20马力汽车取得赛车亚军时的宴会上讲道："我有时会扪心自问，如果我没有与罗伊斯先生合作，或者罗伊斯先生没有与我合作，我们会取得今天的成绩吗？……无论如何，我幸运地与罗伊斯先生相识了，看到他，我意识到，这就是自己寻觅多年的人才。"1904年罗伊斯和罗尔斯具有历史意义的首次会面以及一直顺畅的合作，造就了伟大的罗尔斯-罗伊斯公司的百年发展历史。

就在罗伊斯和罗尔斯联合在一起的时候，纳皮尔也与另一位汽车狂热追求者埃奇相识，埃奇深信汽车工业具有光明的前途，并希望仿照法国潘哈德汽车的模式建造英国自己的汽车。埃奇与纳皮尔也达成了合作协议，1904年也是罗尔斯和罗伊斯达成最终协议的那年。在埃奇的支持下，纳皮尔公司的业绩也蒸蒸日上，规模迅速扩大，仅1906年就比1905年雇佣工人人数翻了一番，直到1908年末纳皮尔公司仍然无可争议地成为英国著名的汽车品牌之一，能够与其竞争的或许只有罗尔斯-罗伊斯的劳斯莱斯汽车。但是，随着业务的发展，纳皮尔与埃奇的分歧也逐渐扩大，纳皮尔对作为分销商的埃奇所获利润高于他作为制造商所获得利润一事而感到恼火，最终纳皮尔开始自行负责汽车的销售，他的这种行为导致了埃奇向法院提出诉讼，最终以纳皮尔买下埃奇业务的方式了事。对于一度十分成功的合作而言，这是一个不幸的结局。

在这一类争吵进一步扩大的同时，纳皮尔的主管设计师，托马斯·巴灵顿也离他而去，转而为罗尔斯-罗伊斯公司工作，离开纳皮尔公司加入罗尔斯-罗伊斯公司的高级人才不只巴灵顿一人，还有包括埃里奥特、海夫斯、巴兹尔·约翰逊、阿瑟·锡德格里夫斯和罗利奇在内的其他人。这些人都成为罗尔斯-罗伊斯公司日后研发创新的骨干。在罗尔斯-罗伊斯公司发动机设计团队中，罗伊斯担任首席工程师，接着就是高级发动机设计师埃利奥特，首席工程师助理罗利奇……，而海夫斯更是在罗伊斯去世后，担任了罗尔斯-罗伊斯公司的总经理，在20世纪30年代到60年代之间，带领公司跃上了更高的发展阶段。最终，纳皮尔放弃了汽车业务，1942年纳皮尔公司被英国电气公司所收购。

罗伊斯发动机创新团队十分重视团队内部知识和经验的学习与传播。公司在研发过程中，将罗伊斯编写的有关发动机设计、试车和制造等方面的备忘录以及信函进行整理，作为范本仅供罗尔斯-罗伊斯公司的各级工程师学习。这本书后来公开发行，在第一次世界大战期间，该书被德国工程师描述为设计师是如何克服设计中可能预见到的各种困难而确保成功的经典范例。

(三)"认真"

"世界上怕就怕'认真'二字,共产党最讲'认真'。"创新,哪怕是最小的创新,都离不开认真的态度和认真的作风。

细节决定成败,这就要求每一位员工必须具备认真的态度,做到一丝不苟。老子说:"天下难事,必作于易;天下大事,必作于细。"每一位职工,都必须注重每一个细节,用细节的态度和眼光,去发现和消除每一个细小的隐患。日本当代著名企业家和管理大师稻盛和夫说:"在工作中,无论是企业管理者还是员工都不能对工作掉以轻心,如果疏忽了某一点那么就可能给工作带来影响,甚至会给企业发展带来严重影响。"

稻盛和夫在京瓷公司下属的松风工业负责研发新型陶瓷时,由于新型陶瓷的粉末需要通过一种陶瓷器皿才能完成,而在研磨粉末的过程中要在陶瓷器皿中放入一个球状的石块,这样做的目的就是通过石块的滚动而将原材料碾成细粉。有一天,稻盛和夫看到一名工人正在默默地擦洗陶瓷器皿,认真地清理着石块上残留的细碎粉末。不仅如此,这名工人还用干净的布把石块擦了个遍。稻盛和夫感到十分奇怪和不解,心里开始嘲笑这名员工,"堂堂名牌大学毕业的高才生也要干这种没有技术含量的工作,真是浪费。"

在此后的一次试验过程中,稻盛和夫却遇到了困惑,新型陶瓷里面总是沾有杂质,他苦苦思考着这些杂质来自何处。突然间,他的头脑中闪过了那名工人擦洗石块的画面,于是他也尝试着擦洗石块,实验的最终结果表明,新型陶瓷出现杂质的原因就是由于没有认真清洗掉残留在石块上的细粉。稻盛和夫感到非常惭愧,他也明白了看似普通的一个小动作,却对成功起着至关重要的作用。正是这种对细节孜孜以求的认真态度,帮助稻盛和夫在商业上不断取得进步,经营成功了京瓷公司和KDDI电信公司这两家跻身于世界500强的企业。

由于中日文化之间的差异,中国企业的员工追求认真的程度往往不够,成为影响创新质量和水平的一个重要因素。海尔公司总裁张瑞敏提到员工精神时说:"如果让员工每天擦桌子6次,日本员工会不折不扣地执行,每天都会坚持擦6次,可是中国员工在第一天可能擦6次,第二天可能擦6次,但到了第三天,可能就会擦5次、4次、3次,到后来,也许就会不了了之。与日本员工的认真、精细相比,中国员工确实有大而化之、马马虎虎的毛病。"细节决定成败,无论大事小事,一定要认真做好每一件事,全身心地投入到工作中,才能抓住工作的要领,不断创新产品。

(四)"担当"

创新者要担当风险。有太多的企业因为推出创新产品而失败,所以,他们就不愿意承担风险再继续推进创新,也许一项很有希望的创新产品,就在不愿意承担责任中而丧失。有许多创新也许就在再坚持一下就能成功,恰恰就是缺乏这么一点敢于"担当"的勇气,而没有走到成功的彼岸。用"担当"去创造"坚持""再坚持",用"坚持""再坚持"走出"困境"的创新案例举不胜举,被誉为20世纪影响世界100个发明中的拉链产品,就是一个在"坚持"中走向成功的典型案例。

案例17:拉链依靠"坚持"走向了成功

在我们目前的生活中,很难想象没有拉链会是一个怎样的情景。从女士漂亮的连衣裙、男士笔挺的裤子,到学生沉甸甸的书包、旅游人群中各式各样的旅行包,从潜水员的潜水衣,到遮风挡雨的大小帐篷,到处都能看到拉链的身影和作用。当你看到今天拉链产品大放异彩的时候,你可曾知道拉链产品从诞生到成熟也有一段艰难曲折的经历。

拉链的最初需求来源于长筒靴。19世纪中期,长筒靴很流行。长筒靴特别适合走泥泞或有马匹排泄物的道路,但缺点就是长筒靴的铁钩式纽扣多达20多个,穿脱极为费时。为了避免穿脱长筒靴的麻烦,当时人们甚至忍着长时间穿靴的不适,终日穿靴不脱。为了解决人们这一普遍生活需求,欧洲许多发明家花费了许多脑筋,企图用带、钩、环来取代这一铁钩式纽扣,但都没有取得理想的效果。1851年,一位名叫爱丽斯·豪申的美国人申请了一个类似拉链的设计专利,但并没有商业化,很快就被人们遗忘了,被遗忘的时间长达半个世纪之久。

直到19世纪90年代情况才出现转机,一位来自芝加哥的机械工程师维特康·L·朱迪森,想出用一个滑动装置来嵌合和分开两排扣子。1893年在芝加哥世界博览会上,朱迪森展示了他的新发明并将它装在靴子上,穿在自己的脚上。非常幸运的是,这一发明得到律师路易斯·沃克的赏识,两个人在1894年合伙成立了全球滑动式纽扣公司,并于1896年再度申请专利。但这一发明并没有很快流行起来。主要原因是这种早期的拉锁质量不过关,非常容易在不恰当的时间和地点松开,使人难堪,因而不受制造商的青睐。1902年,一家原来生产纽扣和花边的企业对朱迪森的发明产生了兴趣,他们买下了专利,注册了"扣必妥"商标,开始生产装在鞋上的拉链。但这家"吃螃蟹"的公司很快就走上了毁灭之路,其生产的"扣必妥"不是拉不上,就是打不开,有时又会突然崩开,使消费者尴尬万分。名誉扫地的"扣必妥"成了滞销品,世界上第一家生产拉链的公司也因亏本而关门。此后,朱迪森不断尝试完善拉链的生产工艺,但始终没有突破,1909年朱迪森辞世。

1912年,朱迪森公司雇员森贝克对这种"自动纽扣"进行了改进,他把链子上的每个齿牙改成了上凸下凹的形状,这样齿牙能完全一一对应咬合,既不易卡住,也不易脱节裂开。生于1880年的森贝克从小就对机械感兴趣,曾在德国求学,后来获得了电机工程学位,移民美国后先在西门子公司工作,后转入朱迪森的公司发展,当时公司已经更名为自动铁钩式纽扣公司。森贝克从1908年开始,就专心研究拉链的改良,日思夜想,历经很多困难,尤其在第一次世界大战期间,公司裁员只剩下森贝克和另外一名人员,森贝克身兼经理和工程师,公司的经济也遇到了空前困难,期间森贝克的妻子还因难产而死。在经历了丧妻之痛后,森贝克更加专注于拉链的改进工作,终于找到了让拉链紧密结合、防止裂开的办法。1913年森贝克再度申请专利,并将此专利称为"隐藏式钩子",还将公司改名为"无钩式纽扣公司"。森贝克进一步改良的无钩式纽扣,齿部形状改成汤勺状,顶端呈凸状,末端呈凹状,滑动装置一滑就可使左右"齿状部分"嵌合，再滑回则分开，森贝克将其称之为"无钩式二号"，并且设计出制造齿状部分的机器。1913年森贝克正式宣布这一技术被突破，《美国科学》杂志还以森贝克的专利创作了封面故事。这项专利被美国纽约大学出版的《第20世纪影响世界的100个发明》一书收录，并对这一专利技术进行了详细的描述。

但拉链市场的大规模兴起，还源于一场震惊世界的空难事故。就在森贝克艰难地开拓拉链市场的时候，巴黎协和广场上空发生了一起飞行表演意外坠机事件。经过事故调查小组仔细调查、分析、取证，发现原来是飞行员上衣掉了一个纽扣，而这粒纽扣正好滚进飞机发动机，造成了这起震惊世界的空难事故。惨痛的代价使法国国防部下达了不准在飞行服上钉纽扣的命令。这项命令欧洲各国纷纷仿效，一直波及大西洋彼岸的美国。

"我们有希望了！"森贝克得知此事后，断定这是拉链起死回生的绝好机会，他立即与法国国防部联系，提出以最优惠的价格制作装有拉链的飞行员新军装。飞行员穿上有拉链的新军装，无疑产生了巨大的广告效应，陆军、海军也纷纷仿效。第一次世界大战后，美国军方意识到，军装带有拉链可以提高军人穿衣速度，于是他们在衣服的口袋和裤子的前口处都装上拉链，此举大受前线将士欢迎。1917年生产的2.4万件拉链军装立即销售一空。森贝克不失时机地与美国、欧洲的服装制造商联系，大规模批量生产没有纽扣而有拉链的服装。森贝克为了争取更多客户，坚持不断改进拉链的质量和性能，制造技术也日渐精湛。公司每天能够生产上千条"无钩式二号"，而且没有次品。从此，公司的订单供不应求，拉链的技术不断完善。

也许很少有人知道，一个小小的拉链，看似并不起眼，但它聚集了3万多项专利。今天的拉链无论是外观设计还是内部结构，无论是产品的性能还是应用范围，都已远远超过了人们传统印象中的拉链了。现今拉链的用途上至航天航空，下至海洋深水，从国防军品到日常民用，从工业到农业、渔业，从医疗卫生到环境保护，几乎无处看不到它的身影。拉链的材料也从金属发展到尼龙和树脂，拉链的品种也拓展到闭尾式、开尾式、双闭尾式、双开尾式、单边开尾式等多种类型。拉链不仅仅是一个日常用品，更是一个出色的技术和精良设计的结晶，它在各个领域已经成为不可替代的重要角色。

我国拉链生产是在1930年由日本传到上海的。当时王和兴在上海办起了我国第一家拉链厂，后来吴祥鑫又开办了一家拉链厂。1958年上海三星拉链厂引进德国生产的自动排米机，并进行了技术改造，将自动排米机的速度从每分钟1440转提高到3000转，相当于手工的230倍；拉头生产由单头冲制改造成12道一次成型，提高生产效率50多倍，实现了我国拉链行业的一次技术革命。改革开放以来，我国拉链生产以空前的速度发展，一大批新兴的民营拉链企业脱颖而出，拉链规模不断扩大，品种不断增加，1999年我国拉链产量超过100亿米，成为世界上最大的拉链生产国。目前，我国有一定规模的拉链生产企业达到2000多家，从事拉链产业的人员超过100万。

拉链的百年发展历程，再一次告诉我们，任何一项有价值的创新，都会有一段令人难忘的、甚至是难以想象的艰辛经历，只有持续不断的坚持，创新才能有收获成功的希望。

创新不仅有探索性的挑战，而且还会有成功后的挑战。成功之后的挑战也许会更大、更艰巨。创新成功之后你可能立即就会成为群起而攻之的对象，成为各方追赶攻击的目标，每个人都想要"追杀"你、"赶超"你。你可能会更深切地感受到"高处不胜寒"的滋味。企业特别是大型企业的高层主管并不愚蠢，他们也都知道，随着公司的规模越来越大，创新的难度也会越来越大。但如果企业领导人都不想再思考如何创新的话，那么世界上有一半的企业都得关门。

（五）"包容"

就是要能够包容"失败"，能够包容一些有"奇思怪想的人"，甚至能够包容一些"特殊的怪人"。每个创新活动只能有两种结果：创新成功，或者创新失败。尽管创新包含着失败的风险，但许多成功的企业，都明白一个真理："不创新必然要走向失败"。

"宽容失败"就给了创新者一颗"定心丸"，免除了创新者的后顾之忧。只有有了"宽容失败"这颗"定心丸"壮胆撑腰，创新者才会义无反顾，大胆探索，勇于突破现有的种种限制羁绊，冲破过时的重重条条框框束缚。

创新是对未知的探索，是一个不断试错的过程。要创新就会有失败，鼓励创新就要宽容失败。每一次成功之前，可能会经历很多次失败。古今中外已有无数事例证明，科学发现、发明、发展的规律，是失败多于成功；失败，是创新道路上不可或缺的台阶。卓越的科学家，无一不是经历无数的失败，才摘取成功的花环。爱迪生发明白炽灯，失败了几千次后才成功；诺贝尔研制炸药，不但屡遭失败，还为此失去了亲人。钱学森在论述科学发展规律时说："正确的结果，是从大量错误中得出来的，没有大量错误做台阶，就登不上最后正确结果的高峰。"因此，创新需要有包容的文化、制度和环境作保障。

在现实生活中，一些单位和个人，在许多事情上讳言失败，不愿宽容失败，要么"只许成功不许失败"，要么"不成功便成仁"。苛求成功，等于给创新者戴上了紧箍咒，束缚了手脚。应该说，在创新问题上，谁也不愿意失败，但谁也避免不了失败。宽容失败，才能激励人脚踏实地，跌倒了再爬起，朝着目标再努力、再拼搏。倘若一遇到失败，就气急败坏、横加指责甚至打击，只会令人心灰意冷，让人因循守旧，裹足不前，甚至于不择手段投机取巧。宽容失败，能给人安慰，并给人以信心；宽容失败，才能鼓励探索，激励成功，才会形成全社会的创新意识、创新精神，激发全社会的创造活力。美国的硅谷之所以取得成功，很重要的一点就是那里的失败者不仅不会受到歧视，而且会得到善待，从而有机会重新开始，走向成功。

小米创办人、董事长兼CEO雷军在谈到创新时说："创新为什么这么少，因为我们社会缺少包容失败的氛围；很多大的创新也是一两个小的点子开始的；小米做互联网手机品牌，这也是很大的一步。"雷军认为，创新往往是由小公司创造出来的，但就整个社会来说，如果要鼓励创新的话，最最重要的就是要容忍创新所带来的后果。因为绝大部分的创新都是失败的，如果没有容忍失败的环境，创新是很难持续的。

小米手机曾有陷入"掉漆门"的经历，据用户爆料，自己拿到的小米手机出现了掉漆现象，并且不是个案，而这次事件也曾引发业界对小米手机质量的关注。面对指责非难，雷军以平静的语气回应："因为小米手机在生产过程中米字掉了一点漆，到现在我也不知道是怎么掉的，可经过一个媒体转发后，就产生了'小米手机掉漆门事件'，无数的消息满天飞。我想这也是互联网的效应。在互联网时代有说你好，也一定有说你不好的，各种信息混杂。作为第一个在网上打造一个手机品牌，我觉得最难的问题就是怎么让大家了解你。我想小米作为一个先行者他已经走出了第一步，到今天为止已经没有人怀疑在网上可以做一个手机品牌了。"

山东东岳集团是我国氯碱行业20世纪80年代末起步的一家民营企业，无论是从规模还是从名气上比，都与跨国公司甚至国内的大型企业相差甚远，但是它以敢为人先的勇气，瞄准世界前沿，埋头努力攻克制约我国氯碱行业发展的离子膜技术。离子膜技术被称为膜材料工业"皇冠上的明珠"，在东岳离子膜产业化以前，100%依赖进口，受制于人。我国在1980年开始组织全氟离子膜攻关达三十年之久，一直没能攻克这一世界性难题。东岳集团实行了"特殊人才特殊政策""赛马而不相马""包容个性、宽容失败"的具有自身特色的人才使用机制，聘请上海交大张永博教授为企业研究院院长。对离子膜科技创新团队，集团授予课题带头人张永明博士"三定大权"，即招聘什么人、安排什么职务、工资待遇和岗位都由其决定。

东岳集团认为，创新需要独特的思维，需要独辟蹊径，需要打破常规，在对待"特殊人才"的管理上允许打破企业常规管理的"个性"存在。对于人才，东岳集团始终坚持"你什么都不要考虑，放开干你的专业技术，其他一切事情均由公司处理"，企业始终尊重创新型人才的特殊禀赋和个性，包容特长，宽容失败，在必要的时候给予充分的理解和支持。同时，企业还特别尊重人才的时间安排，让他们"来去自由"，基于科技创新活动的特殊性，公司规定，凡是与创新有关的一切科研行为、学术活动，在时间安排上由创新型人才自己定。离子膜研发的关键时刻，公司董事长张建宏承担了大部分的风险和压力，他对科研人员说："大家放心大胆地干,一切风险都有东岳顶着,有我顶着!"2009年,第一批大面积工业用离子膜成功下线后,张永明博士给张建宏董事长发了条短信:"感谢您支撑着我们走了8年,感谢您一直陪伴我担惊受怕了8年。"

经过8年科研和工程技术攻关,项目研发团队从基础理论研究开始,从初级原料出发,以百折不挠的拼搏精神和严谨求实的科学精神,先后解决了科学、技术、装备和工程等一系列难题,实现了离子膜市场化应用和国产化替代,摘下了这颗世界膜材料技术"皇冠上的明珠"。

任何失败,都会导致一时的利益受损。但从长远来看,为失败"埋单"正是为成功的"预支"。失败的经历十分珍贵,可以为以后的探索奠定基础,使后来的成功者少走弯路。风险越大回报越高,创新一旦成功,其收益可能是失败成本的几十倍上百倍。失败不可怕,可怕的是人们逐渐适应了"温水煮青蛙"效应一样的环境。今天比以往任何时候都更需要宽容失败,只要是为了创新、为了进步出现了失误,就不要求全责备,更不要乱抓辫子、乱扣帽子、乱打板子。善待创新过程中的失利者,也一定会让其他创新者坚定信心,整个企业和整个社会的创造力也会因此被充分激发,发展也就有了更多的源头活水。

总之,企业创新文化在实施创新驱动战略中具有十分重要的位置,诚实、团结、认真、担当和包容构成了新时期企业创新文化的基本内核,是企业在创新道路上不断前进的重要精神支柱和动力源泉,如果希望获得全球产业的领导地位,就必须营造鼓励创新的环境,创建发挥创新能力的平台,制订激励创新的政策措施,形成一个具有很高精神境界的创新国家和企业!

六、创新:未来企业的核心竞争力

党的十八大提出了为实现"两个一百年"和中华民族伟大复兴中国梦的奋斗目标,中国经济发展又站在了一个新的历史起点上。纵观世界历史发展的滚滚长河,我们可以深刻地感受到:只有创造过辉煌的民族,才懂得复兴的意义;只有历经过苦难的民族,才会对复兴有如此深切的渴望。

在未来的世界市场上，国家和国家的竞争，主要体现着企业和企业的竞争上。一批代表国家技术水平和国家经济实力的公司将代表国家出面，在国际市场上竞争、发展和驰骋。从这个意义上讲，一个国家的经济竞争能力和可持续发展能力，将主要体现在企业的竞争能力和可持续发展能力上。一个经济强国，必须要拥有一批与强国地位相匹配的、独具特色的产业竞争优势的企业聚群。提升企业竞争能力，将是未来世界各国竞争的一个焦点。而提升企业的创新能力，将是未来企业的核心竞争力。企业创新能力集中体现在"先人一步、高人一筹"这两个基本点上，如何做到"先人一步、高人一筹"呢？我认为，必须要下大功夫、扎扎实实地在五个能力的建设上取得突破性进展和显著性成效。

（一）学习型组织的建设能力

任何一个创新型企业或者一个创新型团队，首先都应该具备学习的能力。学习型组织的建设，应该是创新型企业的基本建设。特别是我们正处在一个快速变化的时代，当今的世界，一切都处在快速变化之中，市场在变化、技术在变化、竞争对手也在变化，而且这一切变化的速度也越来越快，不确定因素也越来越多。特别是科技创新对经济社会发展的支撑和引领作用不断增强，新产品、新技术不断涌现，新的商业模式不断取得成功，企业创新的紧迫感比以往任何时候都更加突出，创新已经成为企业发展的生命之源、生存之基。面对这一迅速变化的创新时代，我们唯一的选择，就是加强学习，用学习来提高我们认识这个变化世界的能力，来提高我们自身的创新发展能力。

当前，我们整个民族的学习风气、读书的爱好确实是一个令人担忧的大问题。在世界读书日前夕公布的2014年世界各国国民阅读调查显示：2013年世界各国国民人均纸质图书阅读量为：中国4.77本；韩国11本；法国20本；日本40本；以色列64本。在我们这个具有五千年文明史、信奉"万般皆下品，唯有读书高"的国度里，读书风气、学习风气的下降确实是一件令人汗颜并亟须改进的大事。

一个人的才能集中体现在分析问题和解决问题的两个能力上，而提升分析问题和解决问题能力的一个重要途径就是学习。通过读书学习我们可以学到很多知识，增长自己的才干，拓宽自己的视野。一个人如果想出类拔萃，学习能力是必须具备的基本素质。也就是说但凡成功者必然是一个擅长学习的人。

可是，当今的世界又是一个知识爆炸、分支浩繁，让人目不暇接的大千世界。如果没有选择、没有目标，什么都学、什么都看，也只会苦了自己，难有学习收获。在提高学习型企业能力建设中，我们要突出强调三点：

一是要有明确的学习目的和目标。在浩浩荡荡的知识海洋中，首先要有学习的目的性和学习的目标。这个学习的目的性和学习的目标，一定要和企业发展的战略目标相一致，与企业长远发展的方向相匹配。要知道自己应该学些什么知识，应该如何去学习。每个人都应该有自己的学习目标，要下功夫学习对自己有用的东西，对将来有帮助的东西。学习要有目的性，读书也要读好书，以便用有限的时间，读最有价值的书，获得最大的读书效益。俄国著名的文艺评论家别林斯基就讲过："阅读一本不适合自己的书，比不读书还坏。"

二是要善于理论联系实际。理论联系实际，这是我们党领导中国革命成功的一个重要法宝。在企业学习型组织建设中，也是必须要始终坚持和发扬的一个重要学风。学习无处不在，只有你有心，就能学到东西，无论在哪里，无论什么时候，都可以从中学到属于自己的东西。只有理论联系实际，活学活用，才能让你变得与众不同。死啃书本、死记硬背、不善于联系实际，缺乏"举一反三"的生动活泼联系，不是我们提倡的学习风气，更不是培养创新型人才的学习方法。用学习指导实践，学以致用，才是创新型企业学习的根本目的。

三是要善于同别人交流中学习。比尔·盖茨曾经说过："和那些优秀的人接触，你会受到良好的影响。"当你和成功的人士、周围的同事以及不同行业的人士进行深入的接触交流，你就会发现他们的成功经验、成功模式、成功体会，都能使你在非常短的时间里收获最大的养分，而他们失败时所经历的事情也能让我们明白，哪些是我们不要做的事、不能犯的错误。这会让我们节省下非常多的时间，找对方向，少走弯路。虚心向别人学习。真诚地向优秀的人请教，用别人的优点完善自己，用别人的经验丰富自己，这是一个人做人、做事的学习智慧，这一点恰恰是许多人在学习方法上非常欠缺的。不愿意放低姿态、不乐意不耻下问、不善于与人交流，没有学会在与他人交流中，换取相互尊重、相互提高、相互探讨的快乐。善于当一个好的倾听者、善于与别人交流，也是一件很有学问的事情。罗斯福曾经这样评价交流与倾听："大智者讨论概念；中智者讨论事件；小智者东家长西家短。"事实上，每一家企业、每一种发明、每一种创意都是从概念开始的，而且这些发明、创意很可能都是起始于讨论各种概念的交谈。概念的讨论能创造活力、激发联想、催生创新。善于倾听、善于在同别人交流中学习，特别是善于与不同行业、不同背景、不同职位的人进行交流，是我们每一个人都有学会的重要方法。

（二）创新战略的制定与管控能力

前面我们已经反复讲到，战略就是对未来的选择。迈克尔·波特有关战略的标准定义是："慎重选择与众不同的行为模式，实现独特的价值取向。"战略的第一个条件就是具有独特的价值取向；第二个条件就是特定的价值链。虽然并不需要企业的每一项业务都与众不同，但行之有效的战略总是需要企业行为体现出高度的差异化特征。为了确立企业的竞争优势，一个企业必须通过与众不同的价值链实现与众不同的价值，必须采取有别于竞争对手的业务，或者用不同的方式采取与竞争对手类似的业务。

价值取向与价值链这两个战略选择的核心环节具有密不可分的联系。价值取向针对的是企业外部的客户因素，而价值链则是针对企业内部具体操作的。从本质上讲，战略将需求与供给结合在了一起。因此，战略具有统一性。

从企业创新战略的角度来分析，创新战略的制订和管控的能力，要求企业必须要有敏锐的市场机遇发现能力、创新方案的整合能力、创新战略的管控能力。这些能力集中体现在一个"快"字上,"兵贵神速",上乘的战略都讲究一个"快"字。哈佛商学院约翰·威尔斯教授把这种能力称之为"战略智商",他把这种"战略智商"分为了三类,他认为:三流战略智商是无视变化,往往被变化所抛弃;二流战略智商是跟随变化,能够应对变化并做出快速改变;一流战略智商是创建变化,他们能够快速推动战略创新,这些创新往往是引领变化的潮流。经验表明,85%的企业都是三流战略智商,10%的企业属于二流战略智商,只有5%的企业才能进入到一流战略智商中。

一个企业的战略制定和管控能力,往往会受到能力"惰性"的影响。在战略上,我们应该充分认识到:"成功是失败之母"。因为一旦在战略上成功的企业,一般都会受到三种"惰性"的困扰:战略惰性,公司深信成功的战略会不断延续下去,未能及时改变战略或者提出一个新的战略;能力惰性,公司已经熟练掌握了这些与战略匹配的核心能力,舍不得放弃和重新学习;人员惰性,没有人喜欢改变,大部分人都喜欢稳定的工作环境。如果你在一个具有强大战略地位的公司工作,你就会发现,大公司大而笨拙,行动迟缓。

如何克服这三种惰性,进入灵敏而快捷的战略境界,约翰·威尔斯教授又提出了一个5%的工作原则:作为企业CEO每天应该用5%的时间来分析和思考战略。公司的高管团队每个月都要花1天的时间来回顾和思考战略。这种工作方法固然要付出一定的成本,但这是管理层最重要的"围绕战略进行的集体学习",对提升"战略智商"至关重要。很多企业没有或者尚未采纳5%的工作原则,往往只是在出现重大危机时才会反思战略问题,这样通常会错失了最好的战略变革机会窗口。

创新战略的制定和实施,是一件极具风险的大事,风险管控能力必须要受到高度的重视。不少跨国公司采取"柔性管控"的方式来规避风险,他们对创新战略的实施大都采取"整体规划、分步实施、阶段性评估、及时退出"的方法,既能大胆推进创新,又能及时发现风险,特别是能够有效管理重大风险损失,这些成功的做法,很值得我们企业在战略管理中学习和借鉴。

（三）不拘一格的选人和用人能力

1997年麦肯锡公司提出了"人才争夺战"的概念，他们认为，人才争夺，这是一场从未停止过的不见硝烟的战争。越来越多的国家和企业都认识到，在所有的竞争中，人才的竞争更为关键。人才的竞争，决定着一个国家的竞争优势，也决定着一个行业的竞争格局。

案例18：中国航天依靠人才走向"高端发展"

人类也许从一诞生就对宇宙充满了好奇和向往。中国很早就有"嫦娥奔月"的传说，国外同样也有着各式各样"飞天"故事、神话和传说。

世界著名的哲学家康德就有一句名言："有两种伟大事物，我们越是经常思考它们，我们心中就越是充满有增无减的赞叹和敬畏——我们心中的道德法则，我们头上的灿烂星空。"现代航天技术的奠基人、苏联著名的航天科技先驱齐奥尔科夫斯基也在1911年写下了一句流传久远的名言："地球是人类的摇篮，人类绝不会永远躺在这个摇篮里，而会不断探索新的天体和空间。开始他们小心翼翼地穿出大气层，然后便去征服整个太阳系。"

1942年，由冯·布劳恩领导的一个科研小组研发出一种火箭，取名为A-4并将它射入了天空，火箭飞行速度高达每秒2公里。急于在战场上挽回败局的德国军方看中了火箭的军事价值，将A-4改名为V-2，到第二次世界大战结束前德国共生产了6000多枚火箭。在第二次世界大战德国法西斯投降前，布劳恩就带着120多名火箭专家、连同100枚V-2火箭和上千吨的研究资料来到美国。1946年，美国用V-2火箭拍摄了第一张紫外线光谱照片。1948年，美国首次用火箭测量到了太阳γ射线。

雄心勃勃的美国人一心想在这一尖端领域成为世界第一，没想到苏联却走在了美国的前头。

1957年10月，苏联用一枚由战略导弹发展而来的火箭把第一颗人造地球卫星斯普特尼号送上了天。尽管这颗直径仅为58厘米的小卫星在太空运行了92天，并在重返地球途中与大气层强烈摩擦而烧毁，但这颗卫星却历史性地宣告：人类进入了一个空间探索的新时代！

  我国的航天事业起步于新中国。中国航天事业的发展，我们始终都不能忘记钱学森这位伟大的科学家作出的重要贡献。钱学森是我国著名物理学家，世界著名火箭专家，被誉"我国航天事业的先驱"。1934年毕业于交通大学机械工程系，1935年赴美国进入麻省理工学院，1936年到加州理工学院，在世界著名力学大师、"超音速飞行之父"冯·卡门指导和领导下进行了长达10年的学习和工作。二战结束后美国军方对钱学森的评价是：为法西斯战争的胜利作出了"巨大的无法估价的贡献"。钱学森被舆论称为"帮助美国成为世界第一流军事强国的科学家银河中一颗明亮的星"，是"制定美国空军从螺旋桨式向喷气式飞机过渡并最后向遨游太空无人航天器过渡的长期规划的关键人物。"1947年，经冯·卡门的推荐，钱学森成为麻省理工学院的终身教授，时年36岁。1955年10月，这位被美国人评价为"无论走到哪里，都抵得上五个师！"的中国人，终于冲破重重阻力，回到祖国怀抱。

  钱学森对中国航天事业发展的贡献主要集中在四个方面：

  首先，在航天事业发展的定位上，是钱学森的意见统一了中国高层领导人的思想认识。建国初期，美国、苏联航天事业的迅速发展，以及在航天领域的激烈竞争，使毛泽东等老一代领导人敏锐地看到了"天"对一个国家的极端重要性。当时新中国刚刚从一个百废待兴的旧中国脱胎出来，又刚刚经历了一场抗美援朝的艰苦战争，从国防的角度来看，中国究竟是先发展飞机，还是先发展导弹，有不少争论。对发展飞机多数人都有明确的认识，但对要不要搞导弹，能不能搞导弹，导弹和飞机是什么关系？大家不仅认识不一而且一直有很大的争论。钱学森的观点对于中国高层领导统一思想认识起到了关键的作用。钱学森认为，飞机的重要性自不待言，而导弹是一种新的有巨大威慑力的武器，其作用在二次大战末期已初见端倪。导弹的关键问题是制导，制导技术在短期内可以突破。1956年元月，钱学森在国防部给我军高级将领的报告中讲，"二战中，希特勒德国已使用了V-1、V-2导弹。与飞机相比，导弹的优点是速度快，在战争中无论是从攻击还是从防御的角度看，都是一项重要的战术技术。"另一方面他又从技术上指出:"攻克火箭导弹技术并不见得比飞机难,因为导弹是无人驾驶的一次性武器,而飞机则有人驾驶,且要求多次使用,这在发动机、结构、材料和飞行安全等问题上都有更多特殊的要求。"钱学森还专门强调,他这么说并不是否定飞机的重要性,事实上,这两种武器在战争中是相辅相成、缺一不可的。钱学森的观点得到了毛泽东的高度评价。钱学森还曾对毛主席说过:"一个国家航天飞行的高度,就是一个国家科技水平的高度。"毛主席高兴地对钱学森说:"听说美国人把你当成五个师呢!我看呀,对我们来说,你比五个师的力量大得多。"彭德怀是钱学森观点的坚决支持者,钱学森晚年时曾经说:"我刚回国那会儿,是彭德怀首先支持我搞导弹的……他之所以对这件事这么着急,我想跟他亲临朝鲜战场,跟美国人打了一仗有关系。他对现代化战争有亲身感受。"同时,钱学森还建议中央军委成立一个新的军种,名字可以叫"火军",就是装备火箭的部队。正是钱学森的这一建议,促成了后来"第二炮兵"的成立。

1958年5月17日,在中国共产党第八届二次全体会议上,毛主席向全世界宣布:"我们也要搞人造卫星!"这掷地有声的宣言标志着我国航天事业从此拉开了序幕。

其次,在航天事业人才培养上,成立了中国第一个火箭、导弹研究院。在中央确定加快发展中国的火箭、导弹目标后,钱学森急于着手办的第一件事就是培育人才的大事。钱学森在多个场合都回忆他同毛主席见面时,毛主席说得最多的,是新中国的建设事业需要大量的科技人才,希望他多多培养年轻人。为了实现毛主席的殷切希望,根据钱学森的建议,在周总理和聂帅的直接领导下,1956年10月8日,也就是钱学森归国一周年的日子,中国第一个火箭、导弹研究院即国防部第五研究院正式成立。周总理要求各工业部门、高校和军队都要给国防部五院人才支持,第一批380人的技术骨干队伍开始了白手起家的创业。为了解决后续人才问题,钱学森建议在原哈军工、北京航空学院、北京工业学院设立导弹专业,在清华大学等高等院校设置有关导弹专业,这些建议也得到中央的批准。钱学森亲自编写教材《导弹概论》,亲自上讲台讲课,第一批分配到五院的143名大学生都为自己能亲耳聆听世界著名科学家的讲课而感到骄傲,这批人中的许多人后来都成了中国火箭、导弹与航天技术队伍的专家和骨干。也就是依靠这支骨干队伍，依靠钱学森身体力行培育出来的"用成功报效祖国"的航天精神和作风，开创了我国航天事业从无到有、从小到大的历史征程和前无古人的辉煌业绩。

1960年，我国第一枚近程导弹发射成功。同年，第一枚中程导弹发射成功。1964年10月，我国第一颗原子弹爆炸成功。1966年10月，我国第一颗装有核弹头的地对地导弹飞行爆炸成功。1967年6月，我国第一颗氢弹空爆试验成功。1970年4月，我国第一颗人造卫星（东方红一号）发射成功。中国国防工业和航天事业将永远记住这23位"两弹一星"的元勋：于敏、王大珩、王希季、朱光亚、孙家栋、任新民、吴自良、陈芳允、陈能宽、杨嘉墀、周光召、钱学森、屠守锷、黄纬禄、程开甲、彭桓武、王淦昌、邓稼先、赵九章、姚桐斌、钱骥、钱三强、郭永怀。50多年的历史告诉我们，航天的高度，就是一个国家的高度。如果没有"两弹一星"的技术实力，新中国是不可能战胜美帝国主义对我国经济封锁和政治扼杀的，也不可能这么快就恢复新中国在联合国安理会常任理事国的地位。航天的高度、国家的高度，都是依靠创新人才的高度来搭建的。钱学森最伟大的贡献，就是为我国航天事业培养了一批最宝贵的创新人才。

第三，开创了中国航天科技系统工程思想和组织管理体系，为我国航天事业可持续发展奠定了技术研发和管理体制。钱学森对我国航天事业的重大贡献，不仅在于给我国航天事业培养了一大批骨干人才，而且给我国航天事业创建了系统和科学的组织管理体系。钱学森根据世界航天技术发展的方向和我国航天事业发展的实际，设计规划了空气动力、结构研究、火箭推进机、冲压推进机、透平式推进机、控制系统、材料研究、燃料研究等12个研究所，并对每一个研究所的研究方向和重点都提出了明确的要求。钱学森还根据他对系统工程和工程控制论的深入研究，以及对运筹学、系统工程和系统分析的透彻理解，把当时苏联航空技术发展中的总体设计部和我国行政组织管理的实际结合起来，制定了今天称之为中国航天系统工程的组织管理体制。这个体制包括：由总体设计部对航天工程进行科学技术管理，对航天系统的总体技术方案实行统一的整体优化、系统功能和结构的协调一致。由行政计划管理部对航天系统计划的人、财、物实施统一调度和管理。总体设计部和行政计划管理部共同形成航天工程计划的领导整体,但两者责任分工又有所区别,前者是航天系统总体概念、总体方案、总体设计技术协调措施科学性的体现者,后者是航天工程系统协调措施中科学性和人、财、物调度权力的体现者。这一整套航天系统工程的组织管理体制一直沿用至今。中国航天科技系统工程管理体制的建立,也是钱学森对中国航天事业发展的又一重大贡献。

第四,钱学森作为我国航天事业的最高技术负责人、战略科学家提出了我国人造卫星的顶层设计方案和我国航天事业发展的远景规划。1958年,钱学森主持制定了中国人造卫星发展规划设想草案,提出了三步走的规划:实现卫星上天、研制回收型卫星、发射同步通信卫星。1961年,钱学森在中科院召开的一次特别座谈会上,讨论了一个崭新的课题:"星际航行"。他发表了《今天苏联及美国星际航行火箭动力及其展望》的讲演。他在讲演中说道:"在航空飞行中,我们总是同空气动力打交道,而在星际航行中,由于飞出了地球稠密的大气层,气动力问题是次要的,其主要作用的是重力、推力及惯性力问题。"所以,"重力场问题非常重要。所谓最优发射轨道,最优飞行轨道问题,主要是尽最大可能,使重力垂直于轨道,使推力垂直于重力。所以,在星际航行中,我们会遇到一些全新的问题。"在钱学森的倡导下,中科院在以后的三年中持续举办了12次星际座谈会。在此期间,钱学森还撰写出版了中国第一本高等院校航天专业教材《星际航行概论》。

20世纪60年代,人类开始利用飞行器来探索、开发和利用太空以及地球以外的天体。1967年,钱学森首次提出了"航天"这个词。他说,人类在宇宙空间的飞行活动,在很长的时间内只限于太阳系内,将之称为"宇宙航行"未免有些夸大。他建议,人类在大气层以外太阳系以内的飞行活动,称为"航天",而在大气层以内的飞行活动,称为"航空"。飞出太阳系,那才是真正的宇宙航行,可简称"航宇"。钱学森的这一提法被大家普遍认同并接受。从那以后,我国的航天事业中有了"航天器""航天员"等衍生词。中国的航天事业如火如荼地开展起来。

1999年，中国航天科技集团公司成立。凭着坚持追求"高端创新"、坚持追求"完美主义"，航天科技于细节上较真、在质量上发力、赢得了国际市场的信任。目前，累计为国际用户提供商业发射39次，发射卫星45颗，完成了5次国产通信卫星、1次遥感卫星在轨交付，提供了10次搭载服务，让中国的航天科技成果播向亚洲、欧洲、非洲、大洋洲22个国家和地区，让中国航天品牌走向世界更远方。

毋庸讳言，中国航天事业发展的辉煌成就已经成为每一个中国人的骄傲和自豪。在载人航天领域，中国是世界上第三个有能力把人送上太空的国家，神舟飞船已经在多项技术上领先于俄罗斯正在使用的联盟系列飞船。在火箭、卫星的研制与应用领域，中国已经拥有10吨左右推力的运载火箭，卫星种类比较齐全，卫星寿命精度也处于世界领先水平。在深空探测领域，中国是世界上第五个向月球发射探测器的国家。现在，中国的航天事业依靠永不停步的持续创新，已经跨入了载人航天的新阶段。我国载人航天工程正在按照三步走的战略稳步推进。按照中国载人航天工程三步走的规划：

第一步是发射无人和载人飞船，将航天员安全地送入近地轨道，进行对地观测和科学实验，并使航天员安全返回地面。随着我国第一名航天员杨利伟于2003年10月16日安全返回，中国载人航天工程的历史性突破，即第一步的任务已经完成。

第二步是继续突破载人航天的基本技术：多人多天飞行、航天员出舱在太空行走、完成飞船与空间舱的交会对接。在突破这些技术的基础上，发射短期有人照料的空间实验室，建成完整配套的空间工程系统。神舟六号两人多天的成功飞行，标志着中国开始实施载人航天工程的第二步计划。神舟七号进行的出舱行走，同样是这一阶段的关键技术之一。

第三步是建立永久性的空间实验室。建成中国的空间工程系统，航天员和科学家可以往来于地球与空间站，进行规模比较大的空间科学实验。

中国载人航天"三步走"规划完成后，航天员和科学家在太空的实验活动将会实现经常化，为中国和平利用太空和开发太空资源打下坚实的基础。中国航天事业发展的每一步成就，都深深地浸透着钱学森和几代航天人坚持创新、不断创新的汗水和心血。

一些对中国企业颇有研究的专家认为，目前不少中国企业正面临着"两多一缺"的现状：即资本多、机会多、人才缺。甚至有的研究提出，中国企业要支撑全球化的发展模式，需要构建一个三级企业人才的梯队：

第一级是5万名能够领导百亿元人民币收入的中国大型企业或胜任全球500强企业高管职务的顶尖企业管理人才；

第二级是500余万名能够胜任大型企业部门经理以上职务的中高级企业管理人才；

第三级是1500余万名能够胜任大型企业一线业务和基层管理的人才。

但目前中国的人才储备情况与这个目标还有很大差距，这使得中国企业的人才竞争形势更为严峻。

惠普公司的创始人大卫·帕卡德先生曾深刻地讲到，如果公司的收入增长速度持续快于人才的补给速度，是不可能建立起一个卓越的公司的。"人才补给率"滞后于"业务增长率"，组织能力就不能得到提升并有所保障，整个组织无法驾驭"高速的增长"，只能享受"增长的痛苦"！正是基于这种深刻的认识，越来越多的企业意识到人才储备的不足已经在很大程度上制约了企业的发展——人才不足导致企业不得不放慢成长的速度。

人才不足是问题的一个方面，把现有人才用好可能是问题更重要的另一个方面。我们常常听到企业领导抱怨企业人才不足，不但小企业领导抱怨人才不足，而且不少大中型企业领导也抱怨人才不足。在许多情况下，不是企业没有人才，而是企业把现有人才没有用好，更没有培养好。培养企业员工与人合作的能力、动手操作的能力、说服动员的能力实际上也是检验企业领导力的一个重要尺度。耶鲁大学《领导能力课》的经典教义告诉我们："每一个优秀的领袖都是通过组建一个团队来实现自己伟大梦想的。把一群人才聚在一起，并且把普通人变成人才，这就是领袖能力中的凝聚力，也就是领袖能力的基础。"

日本索尼公司董事长盛田昭夫认为：只有一流的人才，才会造就一流的企业，如何筛选、识别、管理人才，并证明其最大价值，为企业所用，是领导者面临的颇为头疼的问题。因此，他确立了衡量人才的两个尺度：

内在激情和外在能力。

他认为，一个人所具有的内在激情，与我们常说的某人有热情是不同的，它比热情更富有内涵。生活中，有些人外表平静，内心却充满激情。而外在能力则体现这个人才所具有的专业技术能力、自我管理和管理他人能力、公关能力等等，这些都是在实际工作中我们所能看到的。

基于上述标准，他把人才相对分为了三类：

第一类人才，内在激情与外在能力都高；

第二类人才，内在激情高而外在能力低；

第三类人才，内在激情低而外在能力高。

他认为，把不同的人才放在不同的工作岗位上，就可以发挥出最大的作用。第一类人才，是组织最理想的管理型或专业带头型人才。对于领导者来说，最关键的是给这些人以充分的权力，让他们在宽松的环境中充分发挥聪明才智，实现他们的目标。同时还要赋予他们很高的责任，最大限度地发挥释放出他们的创造能力，从而形成强大的组织合力，推动组织向健康的方向发展。

第二类人才，他们工作热情很高，态度端正，但工作经验缺乏，动手能力很差。对这类员工，领导者应当充分肯定他们的激情，因为这种激情往往是最原始、最本能、潜力最大的工作动力。针对这类员工的不足，领导者应该通过制定相关制度对他们提出严格要求，进行系统有效的培训，同时鼓励他们大胆实践，在工作实践中增长才干。对这类人员的管理是一项长期的投资，领导者要有耐心。

第三类人才，大多为专业领域中的技术性人员，他们是组织中价值很高的财富。一般来说，他们对于自己的职位和长期发展没有明确目标，是最需要激励和鞭策的员工。领导者一方面要对他们的能力给予充分的肯定和信任，另一方面要对他们提出具体的期望和要求，使他们能够看到自己的价值，激发他们努力工作的动力。需要引起领导者注意的是这类员工通常对现状不满意，尤其对自己的薪酬和上升空间不满意。领导者需要经常与其沟通，以调整他们的心态。

除上述三类人才外，组织中还有一类内生激情与外在能力都低的员工，领导者也不要忽视。领导者对这类员工首先要有信心，本着"多养马，少换马"的原则，尽量激发他们的激情，提高他们的能力。但一定要控制好在他们身上所花的时间和精力。如果这类员工长时间没有改变，就不要再浪费时间和金钱，果断淘汰出局。

总之，承认现实，用好现有员工，从现有员工中培养出企业发展所需要的人才，是企业最可靠、最快捷、最经济的用人之道。

（四）创新激励环境的营造能力

创新型企业必须要从管理体制上营造出一种激励创新的氛围，也就是激励创新的环境。这种创新激励的环境主要包括两方面的内容：

一是充分调动每一个员工主动创新的激情。加里·哈默教授在他的《管理大未来》的新著当中，把企业员工的工作能力层次，按照马斯洛需求层次的原则，分为了6个层级。

加里·哈默的工作能力层次图

他认为，企业员工工作能力处于最底层的是服从，也就是说员工每天都要上班，而且必须遵守所有的工作规则和工作程序。在企业里，服从很重要，只要进入工作岗位，每一个员工都要放弃自治，服从必不可少。往上一层是勤奋，指的是员工努力工作，工作干不完就不下班，而且会为重大任务承担个人责任。这也很重要，你不可能指望靠一群懒惰的人去创造一个成功的企业。接下来是才智和个人技能，每个企业都想拥有顶级的技能、训练有素和善于学习新知识的员工。问题是服从、勤奋和个人技能正在成为全球商品，你可以在全球几乎任何地方买到这种能力。特别是像印度和中国这样的地方，这些几乎都可以廉价购买到。换句话讲，如果你从你的员工那里只能获得服从、勤奋和知识，那么你的企业最终还是会失败。

所以，我们必须向能力金字塔的上层移动。在专业技能之上是主动性，有主动性的员工会在工作遇到问题或者遇到机遇的时候立即采取行动，而不会等着别人告诉他们怎么做。而且，他们还不会被工作职责所约束，他们会具有本能的主动性。在主动性之上市创造力。有创造力的员工会渴望挑战传统观念，会主动寻求并利用其他行业的好创意。而在最顶端的能力就是激情。拥有激情的员工会把他们的工作视为一种召唤，是为这个世界带来积极改变的一个途径。对于这些有激情的人来说，职业和个人爱好之间的界限是很难区分的，他们全身心地投入到工作之中。

在传统的管理模式下，大部分组织总是在制定规则，随着时间的推移，规则和制度层层累加，这就是为什么大企业、历史悠久组织通常比较老朽的原因。大部分管理者更倾向于浇灭而不是激发员工的热情，这一直是管理中存在的最大问题。在创新经济发展中，热情、创造力、主动性才是企业竞争力的终极源泉。在创新发展时代，创新和变革都是激情的产物。工作和生活都是一样，"了无情趣"和"激情四射"的差别就在一个"情"字。现在，激情比以往任何时候都重要。

二是要严格执行好"按劳分配"的原则，用"按劳分配"的原则来营造持久的创新激励环境。社会主义的分配原则是按劳分配，但多年来我们在分配实践中把握得非常不好。很长一段时间，是平均主义、"大锅饭"主导着企业的分配，还有一度，是片面地执行"让一部分人先富起来"的分配政策，在纠正偏差中，又有一些企业实行了"按工人平均收入倍数"的限高政策。其实，这些分配政策和方法的改革，都背离了"按劳分配"的原则。有些人可能年薪拿100万元都不算多，有些人可能年薪拿20万都不算少，因为拿多拿少的标准只有一个，那就是看你创造和贡献的多少。

如果分配制度的改革和完善，背离了"按劳分配"这个总的原则，企业的分配制度就一定会出现混乱，企业的激励环境也就无法建立起来。

企业的创新，如果没有创新激励的政策环境，是不可能提升、持续和开创新局面的。

案例19：海康威视：依靠分配制度改革保持企业旺盛创新活力

2015年5月26日，习近平总书记到杭州海康威视数字技术股份有限公司考察，对海康威视拥有业内领先的自主核心技术表示肯定。他指出，"企业持续发展之基、市场制胜之道在于创新，各类企业都要把创新牢牢抓住，不断增加创新研发投入，加强创新平台建设，培养创新人才队伍，促进创新链、产业链、市场需求有机衔接，争当创新驱动发展先行军。"

先进实用的电子产品正在迅速改变着我们的社会管理和日常生活。大家可能并未注意到，马路上、大厦里、商铺中，甚至在一些家庭，监控设施不知何时都架设了起来，当我们多数人刚刚走出家门时，头顶上的监控设施就已经开始记录我们的一举一动。如果到北京中关村电子城走走，问问数码监控设备的价格，你会发现，HIKVISION（海康威视）的产品价格最高，问商家为什么？回答多是——海康的品牌、工艺都要好一些。海康威视是怎样一家企业？如何发展而来？如何得到市场的认可？

目前，海康威视的产品不仅覆盖全国，还成功应用于全球100多个国家和地区，尤其在高端应用场合成为首选品牌。名列IMS全球视频监控企业第1位；DVR企业第1位。很多人可能没有想到，海康威视是一家具有央企背景的企业，其控股单位是中国电子科技集团第52研究所。2014年中国电子科技集团在连续12年保持两位数高速增长的情况下，实现营业收入1289亿元，实现净利润121亿元，年度经营业绩位列军工企业第5名，排在中央企业考核结果中的A级。其中，收入的13.3%（172.33亿元）和净利润的38.6%（46.65亿元）来源于海康威视。

早在1991年，52所在基本没有军工研发项目的窘境下，为解决生存问题，在时任第二研究室主任郭生荣的带领下尝试进入民品市场，通过分析调研，确定以银行业信息化改造为切入点，与银行方面合作成立了联营公司，二室的主要研发骨干全部进入联营公司。其后几年联营公司成功开发出了多用户串口卡、多路复用器、调制解调器、密码键盘等产品，培养了一定的市场化运作经验和产品开发能力。

1994年，52所技术带头人郭生荣经过充分市场调查，决定成立项目组进行智能多用户产品的核心部件——ASIC专用集成电路的研发。在技术专家胡扬忠的带领下，经过一年多的努力，终于完成了12000门ASIC专用集成电路的研发并一次流片成功。1996年，在此基础上成功开发出了智能多用户板卡和终端服务器等高科技产品，实现了技术突破，一举打破了国外和台湾智能多用户产品在大陆的垄断地位，迫使国外和台湾产品大幅降价。与此同时，形成了具有较高水平的研发团队，也就是其后52所数码监控业务的核心技术团队。

2000年年初，时任52所所长的郭生荣做出决定，组织了以技术专家胡扬忠为核心的11个技术人员的研发队伍进行数码监控产品的开发。在不到一年的时间里，成功开发出了基于MPEG-1压缩算法的数字音视频压缩板卡，产品技术水平基本达到了国内领先。

2001年，为进一步提升数码监控产品的领先性，52所引入拥有MPEG-4压缩算法专利的香港自然人龚宏嘉，设立了海康威视。使产品技术水平达到了国际领先水平。

大家知道，电子产品的市场周期往往非常短，产品更新速度非常快。没有较为系统全面的竞争优势，仅靠一两项核心技术，是活不了多久的。首先是能不能留住核心技术人才，其次是如何让核心团队始终保持创新的激情和活力。为破解这两个难题，52所及海康公司重点围绕着薪酬制度改革，进行了不懈地探索。

2000年年初，数码监控产品研发队伍成立时，为充分发挥科研人员的创造力，加快产品研发进程，52所领导班子大胆做出决策，突破分配体制束缚，创造性地对这支队伍实行年薪制。此举在当时极大地促进了基于MPEG-1压缩算法的数字音视频压缩板卡的研发。

随着年薪制在国有企业逐步全面推行，年薪制的优势开始降低。由于安防监控行业的高速发展和充分竞争，外部优厚条件的诱惑，52所管理层下决心按照市场化的方向加大薪酬分配制度改革的力度。

在海康威视公司成立时，海康股份和香港自然人龚宏嘉签署合作协议书中约定：各发起人同意公司成立三年内，向在公司工作满一年的员工骨干发行不超过总股本15%的股份期权。

2004年1月14日，该协定调整为：香港股东按初始出资额将持有的15%股权转让给公司的经营层核心团队，中方股东海康信息股份按净资产作价将持有的10%的国有股权，转让给公司的经营层核心团队。

内地与香港双方大胆的激励行为，为海康威视的发展注入了新的活力，2006、2007年海康威视的业务规模和效益均出现了大幅的增长。

2010年，海康威视公司实现了在深交所上市，企业的经营层核心团队和技术团队获得了相应的股票激励。同时伴随着业务规模急速扩展，企业每年都需要招聘上千名的新员工来满足的业务发展需要，海康威视公司也一直在考虑新进员工的激励问题。2012年对公司中层管理人员、核心技术和骨干员工，共620人进行了限制性股票激励。2014年再次对公司高级管理人员以及公司董事会认为需要进行激励的中层管理人员、基层管理人员及核心骨干人员，总计1134人进行了限制性股票激励。海康威视借助一系列的激励活动，实现连续五年40%以上的业务增速，一跃成为国内外顶尖的安防监控企业，在视频监控领域位列全球第一，在DVR/NVR领域位列全球第一，在存储iSCSI市场位列中国第一。

（五）跨国投资和经营发展的能力

改革开放以来，我国已经有不少企业实施了"走出去"战略，在对外投资、跨国经营、全球贸易方面取得了显著的变化和成效。我国经济的快速发展和国内市场的巨大需求，已经成为国外发达国家和跨国公司投资、经营的一片极具吸引力的热土。同时中国的一些企业也成为国外招商引资的追逐重点。但是从总体上看，我国企业的跨国投资和经营能力与一些先进的跨国公司相比，仍然处于起步阶段，还存在不少的差距。

跨国经营的目的，就是要充分利用好国内外两个市场、两种资源，就是要在资源、技术、市场上获得国内市场无法获得的利益，给企业带来实实实在在的业务增长。但跨国经营并不是一件简单的事情，它面临着许许多多在国内经营意想不到的十分复杂的问题和艰难的挑战。中国领先的跨国经营企业实践告诉我们，跨国经营都面临着谁也无法回避的三大基本矛盾：一是母体国和东道国之间的矛盾。成功的跨国企业必须建立全球统一的企业文化、管控架构和体系，同时也要对东道国和当地民众做出有力的承诺，并适应当地的商业惯例。二是标准化和创新发展之间的矛盾。成功的跨国企业必须保持全球运营的一致性，有时甚至要实现标准化，同时又必须根据当地实际探索产品、服务和运营模式的创新。三是控制和授权之间的矛盾。成功的跨国企业必须保持必要和有效的经营控制权，同时又要充分授权当地管理团队以确保运营效率。尽管任何一家跨国企业都面临着上述三大矛盾，但具体难点和重点取决于行业和全球化战略等诸多因素，特别是战略执行力的矛盾和挑战。不少跨国企业的CEO告诉我们，在跨国经营的实践中，投入水平和全球化战略都不会对企业运营成果产生显著影响，特别是战略的作用。"战略只有在企业具备运营执行力的情形下才能发挥作用"，"竞争对手可以模仿我们的战略，但无法落到实处。"就整体而言，中国企业跨国经营需要在文化、管控、流程和人才四个方面学习最佳实践来应对这三大矛盾。特别是控制和授权之间的矛盾和平衡。我们中国领先的跨国企业在成功管理上述三大矛盾的实践中，的确创造了不少好的经验、做法和理念，是很值得我们深入学习和研究的。

当前我国对外开放又进入了一个新的历史时期，党中央、国务院根据我国经济发展基础和国际经济形势的新变化，及时提出了"一带一路"全新的对外开放倡议。这一倡议提出又给中国企业"走出去"发展创造了新的机遇和空间。"一带一路"倡议涉及约65个国家（含中国），总人口约44亿，年生产总值21万亿美元，分别占全球的62.5%和28.6%。"一带一路"倡议贯穿欧亚大陆，一个着眼于加快向西开放，一个着眼于建设海洋强国，是我国在新时期实施全方位对外开放战略的"先手棋"和突破口，对于我国构建开放型经济新体制，打造全方位对外开放新格局具有决定性意义。

推进"一带一路"建设具有广泛的亲和力和感召力，有较为深厚的民心基础，在几千年的历史进程中，古丝绸之路沿线各国人民共同谱写了千古传诵的友好篇章，促进合作，共赢发展自然是当今各国人民的共同愿望，沿线各国对"一带一路"倡议构想反响十分积极。同时，沿线国家能源资源丰富，与我国产业结构具有很强的互补性，沿线国家普遍希望搭上中国经济快车，为我国实施走出去战略提供重要窗口。当然，推进"一带一路"倡议，也必然会遇到不少困难和挑战。但从总体上看，推进"一带一路"建设，机遇空前，挑战空前，机遇大于挑战，只要努力提升我们企业"走出去"的能力和水平，把握大局，抓住机遇，应对挑战，就一定能够打开"一带一路"建设的新局面，赢得主动，赢得优势，赢得未来。

加快提升企业核心竞争力
努力培育具有全球竞争力的四大企业集群[*]

中华人民共和国成立以来特别是改革开放40年来，我国石油和化工行业锐意进取，蓬勃发展，从无到有，从小到大，已经形成了涵盖油气勘探开发、石油炼制、石油化工、煤化工、盐化工、精细化工、生物化工、国防化工、化工新材料和化工机械等几十个行业，生产4万多种产品，门类齐全、品种配套，基本可以满足国民经济和人民生活需要的强大的工业体系。从2010年开始，我国石油和化学工业销售收入位居世界第二位，仅次于美国。其中化学工业销售收入位居世界第一位，我国超过了美国，成长为世界石油和化学工业的大国。2017年石油和化学工业占国民经济的比重已达到12%左右，国民经济重要战略性支柱产业的地位愈加重要。2018年上半年，全行业主营业务收入6.43万亿元，同比增长13.2%；利润总额4861亿元，同比增长46.6%。全行业主营收入增势良好，质量效益持续改善，结构调整和转型升级取得积极进展，为实现向世界石油和化学工业强国跨越奠定了坚实的基础。

在全球市场上，国家与国家的竞争实质是代表国家水平的企业和企业之间的竞争。石油和化学工业"十三五"规划中，提出了由石油和化学工业大国向石油和化学工业强国跨越这一历史目标。石油和化学工业强国的

---

[*] 这是2018年8月22日，在2018中国石油和化工企业500强发布会暨创新与引领——中国石油和化工大企业高峰论坛上的讲话。

衡量标准就是要有一批具有自主知识产权、占据行业制高点的核心技术；要有一批具有国际竞争优势的大型企业和企业集团；要有很强的国际投资、国际经营和国际贸易的能力；要有一批具有一流的管理、技术人才和产品品牌。这四个标准能否实现的关键一环就是能否有一批代表国家实力和水平、具有核心竞争力的企业和企业集团。纵观世界石油和化学工业发展史，每一个石油和化学工业强国都有一批能够代表行业先进生产力和生产水平的具有世界一流竞争优势的企业和企业集群。例如石油行业的埃克森美孚、壳牌石油、英国石油公司、道达尔、沙特阿美等，化工行业的巴斯夫、陶氏化学、三菱、杜邦、拜耳、朗盛等。这些具有世界一流竞争力的石化企业在支撑石油和化工强国的历史中都有以下基本特征：

效益领先。全行业盈利水平和能力就是企业竞争能力差距的一个重要标志。根据美国化学会旗下《化学与工程新闻》（C&EN）杂志发布的2017年全球化工50强排行榜单，领先的跨国公司仍为欧美日韩巨头所把持。例如，埃克森美孚利润率达到9.3%，巴斯夫利润率达到7.9%。远高于世界同行。

研发创新能力突出。根据欧洲化工协会的统计，欧美发达国家研发投入比率在1.7%左右，日本的研发投入占比全球最高，达到了4%。据石化联合会外资委的调研，共有960家跨国公司在中国设置了研发中心，其中独立研发中心有79家，内部研发中心881家。截至2015年底，这881个内部研发中心累计研发投入超过140亿元，内部研发中心的平均年投入为910万元；79家独立研发中心累计投入超过9.4亿元，平均年投入为1192万元。

"责任关怀"绩效领先。早在2015年，全球就有150多家跨国公司签署了《责任关怀全球宪章》。通过"责任关怀"的实施，跨国公司的安全、环保和可持续发展理念贯穿了从研发、生产到物流销售以及回收等整个供应链，改善了企业发展环境，优化了企业社会形象，获得了更好的品牌辨识度和合作机会。从跨国公司进入中国市场伊始，就在安全、环保、产品监管、企业声誉、公众和社区沟通经验等可持续发展的关键指标上占据了先机。

高度全球化。从全球获取资源，从全球拓展市场始终是跨国公司的战略目标。据统计，领先跨国公司的海外资产、海外销售和海外雇员与总资产、总销售和总雇员的比例都超过了50%，甚至有些跨国公司的股权也高度全球化。先进跨国公司利用从总部一个中心向全球多个中心布局的管理网络的转变，其管理架构已经变成了多中心多节点的管理模式。通过信息化技术企业将管理模式从企业内部价值链转变为与区域乃至全球价值链相衔接，最终实现自身价值持续增长。

石油和化学工业强国，必须要拥有一批具有核心竞争力的大型企业和企业集团。本次会议发布的500强企业是我国石油和化工行业的先进代表，是石油和化工领域的佼佼者，在全行业"稳增长、调结构、促转型、增效益"中发挥着重要作用。此次评选发布的石油和化工500强企业销售收入总额达11.73万亿元，比上一年度增长17%，占全行总销售收入的80%以上。在全国347家化工上市公司（A股）中有123家进入本次石油和化工500强名单之中。可以说，500强企业已经成为引领行业发展的主力军，龙头地位突出，领航作用明显，为全行业经济稳定运行贡献了积极力量。

随着中国经济体制改革进程的不断推进，一方面我们看到，中国石化行业的企业规模、竞争能力和发展活力在不断增强；另一方面，我们也清醒地看到，当前中国石油和化学工业企业发展的现状、结构、布局和效率，特别是具有国际竞争优势的企业培育与发达国家还有着巨大的差距，竞争优势与发达国家相比也有着不小的距离。在刚刚发布的《财富》世界500强排名中，我国有20多家石化企业上榜。在榜单前100名中，石油石化企业有5家。其中，中国石化名列第三，中国石油名列第四。另外三家分别是中国海油、中国中化和中国化工。另外，国家能源集团、山东能源集团、恒力集团、陕西延长集团、陕西煤化集团榜单名次都有大幅提升。但值得注意的是，上榜石化企业的销售收入利润率和净资产收益率这两个指标都处于下降态势。2015年，这两个指标分别是5.6%和10.7%，2017年则分别只有5.1%和8.9%。因此，我们的企业同跨国公司相比，核心竞争力还存在着不小的差距。企业竞争力集中体现在核心竞争力上。那么，什么是企业的核心竞争力呢？我认为，企业的核心竞争力主要体现在四大基础竞争力上，即产品竞争力、成本竞争力、效率竞争力和服务竞争力。

一是产品竞争力。产品创造能力是企业最根本、最核心的创造能力。从工业发展的历史上，我们可以看到，一个全新技术产品的诞生，可以创造一个激动人心的消费时代。如福特公司新型轿车的诞生，创造了一个人类消费轿车的新时代；杜邦公司聚氨酯产品的诞生，创造了一个人造纤维消费的新时代；苹果手机的诞生，创造了一个人人离不开手机的移动消费新时代。对工业企业来讲，产品的创造能力是企业最根本的创造能力。任何一个企业在市场上的竞争，都集中体现在产品与产品的竞争上。我国石油和化工行业整体产业结构低端化、同质化的矛盾是一个根本性的矛盾。产业结构主要集中在产业技术结构低端层次中。产品结构雷同，主要集中在基础原材料端，距离终端消费市场太远；在众多的基础原材料产品中，低端化、同质化的产品成群聚堆，高端化、差异化的产品又凤毛麟角。有不少跨国公司的CEO曾经这样评价中国的石油和化学工业："在我们眼中，中国的石油和化学工业就是一个基础原材料工业，产业结构主要集中在大规模的基础原材料上，距离终端消费市场太远，能够提供的终端石油和化学消费的产品太少"。从企业创新能力上分析，除了中国石油集团公司长庆油田"特低渗透油田高产稳产勘探开发技术"、烟台万华集团具有自主知识产权的"MDI生产技术"、青岛软控集团的"异戊橡胶生产技术"和中国神华集团的"现代煤化工成套生产技术"等少数几个国际领先技术外，目前能够拿出"全球第一"或者"全球唯一"的产品和技术也屈指可数，寥寥无几。

二是成本竞争力。在产品质量满足了客户需求之后，价格就成为市场竞争最重要的一个因素，而决定产品市场价格的根本因素是产品的生产成本。在市场环境完全相同的情况下，产品生产成本的高低决定了一个企业的市场竞争能力。生产成本的管理水平是一个企业的核心竞争优势，也是一个企业核心竞争力的重要体现。低成本的生产管理，创造的不仅是企业利润空间，而且还是企业市场竞争的巨大优势。据2015年统计，我国石化全行业营业收入利润率只有4.93%。中国石油天然气集团公司、中国石油化工集团公司、中国海洋石油集团公司的营业收入利润率分别只有2.37%、1.22%、6.8%，而埃克森美孚的营业收入利润率则是6.56%，陶氏化学、巴斯夫的营业收入利润率则高达15.76%和5.66%。仅从营业收入利润率一个指标比较，就可以看出我们成本管理上的巨大差距。如果从企业整体经济指标来比较，无论是全行业平均水平，还是重点产品平均水平，与国际先进水平相比，差距都是巨大的。

三是效率竞争力。效率的指标不仅反映了企业生产力的先进水平，而且还体现了生产关系的先进程度。在市场的整体竞争中，企业的销售收入利润率、流动资金周转率、总资产收益率、全员劳动生产率、全要素生产率等效率指标，是企业整体竞争优势的集中体现，也是企业可持续发展的重要基础。2015年我们全行业人均营业收入为184.7万元，人均利润9.1万元，营业收入利润率4.93%，资产利润率5.37%，全行业流动资金周转次数还不到3次，这些都是不高的效率指标。据《财富》杂志世界500强数据显示，2015年中国石油、中国石化的职工人数分别为158.95万和81.05万；而壳牌、BP和埃克森美孚的职工人数只有9万、7.98万和7.56万。2015年中国石油、中国石化和中国海油的人均利润只有0.45万美元、0.44万美元和4.18万美元，而埃克森美孚的人均利润则高达21.36万美元。陶氏化学、巴斯夫的人均利润则分别为15.53万美元和4.10万美元。而且我们还要看到，仅这样较低的全员劳动生产率平均指标，还有相当一批企业群居在平均线以下。如此不高的效率指标，我们何谈国际竞争力！

四是服务竞争力。目前中国企业的市场服务基本上还处在产品售后服务的水平上。与发达国家相比，我们的企业服务有着一个本质上的差距。发达国家或跨国公司的市场服务都进入"产品全生命周期"或为用户提供"一揽子解决方案"服务的新台阶上。不少日本企业还提出了更高水平的为用户提供"令人感动的服务"。由产品售后服务到为用户提供"一揽子解决方案"的售前服务，企业市场服务的升级，也是企业竞争力的提升。这一重大变化，必将促进中国企业的市场服务更加贴近用户、贴近市场、贴近产品生命周期。加快提升服务竞争力，中国企业大有差距、大有潜力、大有发展空间。

企业的核心竞争力，无论是过去还是将来都是企业竞争力的基础，都是企业百年成长的原始基因。是国家竞争力的基础。当前国际国内形势复杂严峻，不稳定不确定因素增多，我国经济仍处于爬坡过坎阶段，结构性矛盾依然十分突出，掣肘经济平稳运行的一些风险和深层次矛盾问题逐步暴露，抵御外部冲击、实现经济稳定增长的基础还需要进一步夯实。2018年3月份以来愈演愈烈的中美贸易摩擦，让我们更加充分地认识到我们企业的核心竞争力与跨国公司相比仍存在着巨大差距。从行业发展来看。我们在不少高端专用化学品、功能性化工材料、特种精细化学品等方面与发达国家之间仍有相当大的差距。我们在看到行业技术创新能力有较大提高的前提下，还应该清醒地看到我们在创新"领跑"方面的差距，特别是我们还没有形成以企业为主体的创新体制机制，绝大多数企业还不具备像烟台万华那样的自主创新能力。正如总书记所讲"核心技术靠化缘是要不来的"。未来十几年，是石油和化学工业实现由大向强跨越、由内而外本质变革的关键时期，是我国竞争力升级的关键时期，也是我国跨入中等收入阶段迈向高收入国家行列的关键时期，提升企业竞争能力，将是未来世界各国竞争的一个焦点。我们必须要在加快提升企业竞争力上下功夫，要加大行业的组织程度，加快竞争优势企业的培育和建设，努力培育一批世界级的一流企业和企业集群，用企业集群的力量来扩大和叠加企业的优势，用行业组织的力量来增强和扩展企业的竞争力和影响力。在向石油和化学工业强国的跨越中，全行业要集中精力抓好以下四大企业集群建设：

一是核心骨干企业集群。核心骨干企业集群是行业发展中最具竞争优势的企业群体。它的基本特征是企业规模很大，产业链条集中，技术特色鲜明，人才优势突出，发展后劲十足，是行业竞争优势和发展方向的集中代表。比如中国石油天然气集团公司，在国内拥有大庆、长庆、新疆等16家油气田企业，大连、独山子、兰州等31家炼化企业，分布于全国各省区市的36家成品油销售企业，西气东输等12家管道储运企业。在国外基本形成了中亚-俄罗斯、中东、非洲、美洲、亚太5大油气合作区和亚洲、欧洲、美洲3个国际油气运营中心。2017年，中国石油在世界50家大石油公司排名第3位，世界500强排名第4位。再如中国中化集团公司，公司成立于1950年，前身是中国化工进出口总公司。公司主营业务主要集中在能源板块、农业板块、化工板块、地产板块和金融板块五大领域。是目前国内最大的农业化工品（化肥、农药、种子）一体化经营企业，也是国际领先的化工产品贸易综合服务商。目前，中化集团在境内外拥有300多家经营机构，控股"中化国际""中化化肥""中国金茂""金茂投资"等多家上市公司，是"远东宏信"的第一大股东，是中国最早入围《财富》全球500强的企业之一。这些核心骨干企业群资产规模大、技术力量强、产业结构优势显著和市场布局具有全球战略眼光，在未来全球两个市场、两种资源的竞争中，在未来技术高端市场的拼搏中，在未来行业全球战略布局中，这群核心骨干企业将会在国际市场竞争中发挥着主力军的作用。

二是行业领军企业集群。行业领军企业集群是行业高速成长的企业代表。他们有一个极具开拓能力的领导班子，有一个准确精明的市场战略定位，有一个充满活力高效的体制机制，有一个技术超前的优秀研发团队，在未来生产技术和技术储备方面都走在行业的前列，管理高效、技术高端、发展高速、效率领先，是行业技术开发和市场开拓的领军企业。这类企业的典型代表有：烟台万华企业集团、延长石油集团公司、青岛软控集团公司、浙江巨化集团、山东鲁西企业集团、华鲁恒升企业集团、河南心连心企业集团、江苏灵谷企业集团、金正大企业集团、富华企业集团等等。烟台万华企业集团是1978年为了解决中国人穿鞋问题，国务院决定从日本引进一套合成革生产线，配套引进了一套年产1万吨MDI装置，这套20世纪60年代的落后装置，工艺落后、消耗大、成本高、质量差，自投产来始终都处于不正常状态，历经10年，从未达产。烟台万华想到技术引进，他们先后同日本、美国、欧洲各大跨国公司苦苦商谈，"踏破铁鞋"毫无结果，义无反顾地走上了一条自主创新之路，在光气化制造、DAM制造、粗MDI制造和粗MDI精制等重大技术方面取得了全面突破，打破了跨国公司在MDI领域的垄断封锁。2007年，万华化学自主研发的"年产20万吨大规模MDI生产技术及产业化"技术获得国家科技进步一等奖。"十三五"期间，烟台万华提出了创建国际一流化工新材料公司的发展愿景。扎扎实实地推进烟台万华工业园、匈牙利工业园，在美国也开始了利用天然气为原料生产MDI的战略布局。目前，烟台万华已建成海内外6个研发基地，以及行业唯一的"国家级聚氨酯工程技术研究中心""聚合物表面材料制造技术国家工程实验室"和四个国家认可的分析实验室等研发平台，形成了集基础研究、工艺研究、工程化与产业化技术开发、产品应用开发为一体的系统创新能力，突破了一大批核心关键技术，烟台万华正在从中国万华向世界万华转变。习近平总书记最近在视察烟台万华集团时，再一次强调了企业创新的极端重要性，充分肯定了烟台万华走出了一条自主创新的成功之路。这样一批充满活力的行业领头羊企业，将会成为中国石油和化学工业大国向强国迈进充满活力和带动力的青春弄潮儿。

　　三是专业配套企业集群。这是行业优势发展的基础力量，是行业整体技术水平的实力体现。目前我们这方面的发展基础还比较薄弱，是行业"十三五"结构调整和加快培育的一个重点领域。"十三五"期间，我们在专业配套领域将集中力量在专业设备制造、特殊催化剂研发、节能环保和现代物流等四大领域培育一批有特色、有活力、有竞争优势的专业配套"小老大"企业集群。在专业设备制造领域，航天长征化学工程公司和沈阳鼓风机集团有限公司有可能成为专业制造设备领域的后起之秀；在特殊催化剂研发领域，我们将加快培育上海化工研究院和中科院大连化物所的科研优势，在特殊催化剂的开发上再上一个新台阶；在节能环保领域，这是行业一个极具发展前景的大市场，三聚环保等一批技术领先的节能环保企业在相互竞争中快速成长，这些企业具有体制机制优势，技术人员年轻，专业优势突出，很快就可以看到一批高速成长的、具有很强竞争优势的节能环保企业涌现出来；在现代物流领域，随着互联网技术的快速发展，同互联网技术高度融合的现代物流企业正在显示着蓬勃成长的生机。

　　四是现代服务企业集群。这是行业发展组织程度和竞争优势水平的一个重要体现。现代服务企业集群发展的程度，是行业发展专业化组织程度的一个重要标志。根据世界发达国家发展趋势和我国石油化学工业发展现状，未来10年，我国石油和化学工业现代服务业将集中在三大领域发展，即大力发展工程设计类企业、规划咨询类企业和专业会展类企业。现代服务类企业集群在未来我国石油和化学工业的发展中有着巨大的发展空间和潜力。我国有着强大的工程设计和工程总承包的力量，随着"十三五"重大建设项目的实施和"一带一路"海外工程的展开，我国工程设计和工程总承包的优势将会得到进一步发挥。特别是有着悠久发展历史和不甘落后精神的中国天辰工程有限公司、中国寰球工程有限公司等将会在工程设计和工程总承包方面，做出更大的努力，开创更大的业绩，迈上更高的台阶。

创新是行业高质量发展的第一动力*

一、高质量发展把创新驱动提升到一个新的战略高度

在宏观经济发展中，始终伴随着供给和需求这对相伴相随的矛盾。在这一对矛盾中，有时主要矛盾在需求方，需求不足或需求过剩导致宏观经济失衡；有时主要矛盾在供给方，供给不足或供给过剩也同样会导致宏观经济失衡。需求决定供给，供给也能创造需求，这就是供给和需求的辩证法。在经济发展的历史长河中，供给侧和需求侧的矛盾始终都处在从不平衡走向平衡，再从平衡走向不平衡的运动之中。

我国经济进入新时代以来，中央就有一个明确的判断，我国社会主要矛盾已经转化为人民日益增长的美好生活需要和不平衡不充分的发展之间的矛盾。在当前中国宏观经济的结构性矛盾中，供给不能满足需求的矛盾十分突出。在供给和需求的矛盾中，供给侧是矛盾的主要方面，要坚定不移地果断推进供给侧结构性改革。从我们行业发展的结构性矛盾中，就可以充分看出中央判断的正确性。当前我们行业发展的主要矛盾在供给侧，供给侧结构性矛盾集中表现在以下四个方面：

一是产业结构水平低下。 2017年全行业主营业务收入13.78万亿元，按现行业统计11大类分析，我们行业的石油天然气开采、炼油和化学矿开采业占我国石油和化学工业结构的31.8%；基础化学原料制造业占18.5%；

---

* 这是2018年10月4日，在管理创新大会上的讲话提纲。

一般化工产品加工业占40.2%；而高端制造业和战略性新兴产业两个技术层次的产品我们只占7%。纵观我国石油和化学工业产业结构的现状，可以清楚地看到，我国石油和化学工业主要集中在技术低端的前三个技术层次。从总体上看，我国石油和化学工业的产业结构还是低端的、落后的和同质化的。供给结构远远满足不了需求结构的需求。这就是我国石油和化学工业产业结构的现状，也是我们必须要承认和正视的产业结构现实。

二是产能过剩矛盾突出。在我国现有的产品结构中，除了原油、天然气、乙烯和高端精细化学品短缺外，其余石油和化工产品基本上都处于过剩或严重过剩状态之中。化解产能过剩矛盾，是我国石油和化学工业当前必须要花大气力解决的一项艰巨任务，尽管近年来我们在"去产能"工作中取得了不小的进展，但要从根本化解产能过剩矛盾还丝毫松懈不得。特别值得警惕的是，我们一方面在努力推进"去产能"，另一方面有些产品加剧过剩产能的行为还在重复，部分产品盲目扩张的局面令人担忧。我们决不能再犯"用今天的投资去创造明天灾难"的错误，化解产能过剩的矛盾、"去产能"的任务还需要坚定不移地推进。

三是战略性新兴产业培育缓慢。"十三五"期间，为了加快战略性新兴产业的发展，我们提出了要加快培育能源新技术和新能源技术、化工新材料、高端精细化学品、现代煤化工和节能环保五大战略性新兴产业。尽管近年来，我们在石油和化学工业战略性新兴产业发展上取得了一些突破，如煤制烯烃、煤制芳烃、聚氨酯新材料、异戊合成橡胶、特低渗透油田、页岩气和可燃冰勘探开发领域都创造了一些领先于世界的先进技术，但从技术创新的总体能力来看，我们与世界发达国家相比还有相当大的差距。

四是经济效益差距明显。行业的产业结构优势、产业的创新能力、产业的管理水平，最终都要体现在行业的经济效益和经济效率上。石化行业的经济效益与经济效率同发达国家相比，同跨国公司相比还是有较大差距的。2017年石化行业的销售收入利润率6.14%，流动资金周转次数只有2.61次，百元销售成本83.19元，行业人均利润13.2万元。2017年，合成氨、甲醇、乙烯等重点产品平均能耗水平与国际先进水平相比，普遍存在10%～20%的差距。落后的能耗水平与行业能效"领跑者"的差距超过50%，个别产品甚至超过100%。经济效益和经济效率指标是我们行业市场竞争能力的根本体现，它背后反映的是行业产业结构、技术水平和管理水平的明显差距。

上述四个矛盾的集中反映，说明了供给侧结构性改革的紧迫性和艰巨性。我们要深刻认识到行业供给侧结构性改革不仅是当前转型升级的关键任务，而且还是行业转型升级的长期任务。

十九大报告明确指出，在坚持供给侧结构性改革中，必须紧紧抓住质量变革、效率变革和动力变革这三大变革。在这三大变革中，质量变革是主体，效率变革是重点，动力变革是关键。动力变革既是高质量发展的关键，也是实现质量变革、效率变革的前提条件。要以加快动力变革促进效率变革，实现质量变革，由此提高全要素生产率释放资源活力，激发高质量发展新动力。因此，供给侧结构性改革、高质量发展把创新驱动提高到一个新的战略高度。创新已经成了引领发展的第一推动力，已经成为动力变革的首要任务。

二、充分认识和了解世界石油和化学工业创新发展的新趋势

2016年至2018年间，我先后考察了美国、欧洲和日本的陶氏、亨斯迈、壳牌、霍尼韦尔、KBR、UOP、巴斯夫、赢创、科思创、汉高、科莱恩、三井化学、三菱化学和日本高化学等19家著名跨国公司，了解了他们创新发展的现状和未来趋势。深切感受到美国、欧洲和日本的石化公司都在全力以赴地加大研发投入，明确未来的创新方向，加快产业结构调整的步伐，培育和抢占一批未来创新发展的制高点。全球石油和化学工业创新发展呈现出一系列新变化、新趋势和新成果，值得我们高度重视和关注。

（一）抢占未来技术创新制高点的速度越来越快

欧洲、美国和日本石化企业都在按照未来需求的预测，集中精力加紧

研究一批未来新的经济增长点技术,抢占未来技术的制高点,抢抓未来发展的先机。面对未来技术的制高点,欧洲、美国和日本的公司有三个让人十分关注的焦点:

1. 甲烷制乙烯技术

美国页岩气革命,带来了天然气化工的热潮。天然气化工技术的突破,将会对全球化学工业发展的格局带来重大影响。在天然气化工技术突破中,甲烷制乙烯技术、乙烷制乙烯技术值得高度关注。2015年美国巴西石化公司投资1500万美元,产能1吨/天的小试装置成功投产,标志着世界上首套甲烷氧化耦联(OCM)直接制乙烯技术获得成功。目前该公司正在进行14万吨/年中试和40万吨/年工业装置的试车。与传统的石脑油裂解制乙烯相比,甲烷制乙烯不仅成本低、温室气体排放少,而且除了节能、经济价值高外,乙烯还可以进一步转化为液体燃料,提高整个产业链的经济价值。这个技术的突破,对石油化工来讲,可以说是具有颠覆意义的。目前,美国天然气价格仅为3.2～3.5美元/MBTU(MBTU为百万英热单位,按2018年10月的汇率,每立方米天然气约合0.78～0.85元人民币),这项技术的突破,将会给全球乙烯的生产带来新的颠覆和新的希望。

大连化物所包信和团队也研发出了"甲烷无氧制烯烃和芳烃的技术"。这是一条与美国天然气制烯烃工艺不同的新工艺。这条天然气转化的新工艺,与传统工艺相比,彻底摒弃了高投入、高耗能的合成气制备过程,大大缩短了工艺流程,反应过程实现了二氧化碳零排放,碳原子利用效率达到100%。这也是一项"即将改变世界"的新技术,是又一个具有里程碑意义的创新突破。

除此之外,乙烷脱氢、丙烷脱氢工艺也于1990年开发出来,目前正在不断改进工艺、改进催化剂,该项工艺也正在迅速拓展,乙丁烷脱氢生产乙丁烯、正丁烷脱氢生产正丁烯的技术也日渐成熟,天然气化工领域出现了一系列技术突破的可喜局面。

2. 人工光合成技术

目前日本政府投入了145亿日元,计划利用10年的时间,采用光分解和分子筛技术,首先从水中分解出氢气和氧气,再用分子筛将氢气和氧气分开，然后利用CO_2+H_2，在催化剂的作用下，合成乙烯、丙烯和甲醇，为CO_2的资源化利用创造出一个循环利用的新技术。这项研究正在三菱公司和东京大学等单位联合开发。研究的目标是，光转化率达到10%，目前已经达到3%。我们在日本三菱化学看到了这套人工光合成技术的小试装置。如果这项研究取得突破，将会为人类利用太阳能分解水、再同CO_2综合利用、循环利用提供一条全新的道路。日本三菱化学公司的董事长告诉我们：太阳能分解水技术将会是化学工业技术的又一尖端突破，将会为化工原料制造开创又一个新纪元。

三菱化学还利用这种技术，开发出一种全封闭的"植物工厂"技术。在一个封闭的集装箱式"工厂"内，通过LED光源提供人工阳光，通过模块化播种和种植，在光合作用下，植物通过营养液吸收养分，可以实现植物的连续收割。"工厂"通过空气净化系统与外界相通，为植物提供空气。这些植物不仅可以源源不断地为人们提供全绿色、无污染的蔬菜，还可以批量提供植物基工程塑料的原料。"人造阳光""人工光合成"以及"植物工厂"这三个过程，既可以相互独立，又可以相互关联，这样就形成了一个十分完整的"碳循环"过程。

3. CO_2利用新技术

全球气候变暖，不少人都把罪名强加在CO_2头上。无论证据是否准确，我们都认为CO_2是一种被人误解、误判的资源。为了充分利用好CO_2，跨国公司都在深入开展综合利用的研究。科思创公司董事长唐纳德告诉我，科思创公司目前正在酝酿两大技术的研发突破：一是CO_2利用技术，目前他们已经有一套利用CO_2生产多元醇的小规模中试装置。这套中试装置运行结果令人鼓舞。二是利用太阳能制氢技术。目前科莱恩和德固赛正在研究开发一个令人关注的新技术，即$CO_2+H_2 \rightarrow CH_4$。由科莱恩负责提供新型触媒，德固赛负责工艺开发，现已有一套正在运行中的中试装置（在法兰克福附近）。科莱恩还正在利用政府资助（1亿欧元）资金，开发一个CO_2+H_2生产甲醇技术。赢创公司还给我们展示了一种新的分离膜，这种新的分离膜可将生物沼气中的CO_2同CH_4分离，不仅分离成本很低，而且分离效果可达98%。跨国公司一致认为，CO_2是一种很有利用价值的资源，

CO_2的利用是一件很浪漫的事情，关键要看我们能否尽快找到这种资源利用的技术和途径。

（二）抢占未来高端产业聚焦点的力度越来越大

美国陶氏化学CEO利伟诚先生曾经这样评价中国石油和化学工业："我们认为，中国的石油和化学工业基本上就是一个基础原材料工业，你们离终端市场太远。其实终端市场技术水平不低，经济效益不差。中国石油和化学工业的发展，应该大胆拥抱终端市场"。这次欧洲、美国、日本化学公司的考察，我们亲身感受到了他们开拓终端市场的能力，亲眼看到了他们追求终端产品的水平，也切身感受到了我们的差距。欧美日公司都认为，当今世界，市场竞争优势的最高境界，就是为用户提供一揽子解决方案。

亨斯迈公司是全球最大的化工公司之一，是一个高端化学品国际制造企业，现共有五大业务板块：聚氨酯、专用化学品、先进材料、纺织印染和色素与添加剂。每个业务板块都有几十种、甚至上万种产品。获得专利技术就高达4500多个，目前还有1500多个专利技术正在申请之中。以专用化学品为例，仅专用胺化物，下游产品品种在风能、聚合物改性、气体处理、燃料与润滑添加剂等多个领域广泛应用。多种表面活性剂广泛用于洗衣与洗碗剂、硬表面清洁剂、洗液、乳膏、沐浴露和洗发水等。农用化学品包括除草剂和杀虫剂施用系统的分散剂和乳化剂，产品琳琅满目，质量高端精细。

巴斯夫建厂150年来始终依靠创新发展，创新是巴斯夫发展成功的唯一动力。巴斯夫全球10万名员工，其中研发人员达1万人。巴斯夫每年研发投入20亿欧元，但产品销售收入达100亿欧元。创新研发是巴斯夫发展的主要驱动力。巴斯夫的创新主要集中在三大技术平台：一是化工工艺及化学工程研发平台（重点在德国）；二是先进化工材料研发平台（重点在中国上海）；三是生物、农业化学研发平台（重点在美国）。

陶氏每年研发投入16亿美元，全球有5.6万研发人员，总部研发人员就达7500人。我们参观了高通量合成材料实验室、液体流变实验室、涂料研发实验室和分析实验室等四个实验室。他们先进的研发理念、先进的研发手段、先进的研发队伍都给我们留下了深刻的印象。特别是他们对终端市场产品的追求，更给我们留下了极其深刻的印象。仅PE的终端产品就达几百种，薄薄的包装材料就有7层结构：保鲜层、杀菌层、防水层、结构层、印刷层等等，功能各异，特色鲜明。他们追求的就是新产品一定要比老产品更安全、更可靠、质量更加好。

德国汉高公司，是一个具有142年历史（1876年建厂）的老企业，但在140多年的发展历史中，他们的市场定位非常专注，只专注胶黏剂和洗涤剂两个市场，业务专一、技术专注，产品优势十分突出。目前他们公司销售额达200多亿欧元，息税前利润达34.61亿欧元，EBIT高达17.3%，是全球最大的胶黏剂企业、全球第二大洗涤剂工厂。他们在这两个领域有着全球领先的生产技术，全球有188个生产基地，22个研发中心，而且管理层中女性占35%，每年新产品的比例占30%，同样的资源他们创造的价值是别人的3倍。他们的产品紧紧抓住生活领域、交通领域、通用工业领域和电子化学品领域等四大终端市场。目前汉高胶黏剂占全球市场的11%，是全球胶黏剂市场的领导者，在洗涤剂及家用护理以及化妆品/美容用品两大类业务中，也拥有一大批全球市场的领先品牌，汉高的优先股已列入德国DAX指数。

终端产品的研发，不仅极大提高了公司研发的能力，延长了产业的产品链条，而且还极大地提高了公司的效益，增强了公司的市场竞争力和影响力。

（三）用化学开创舒适生活落脚点的水平越来越高

欧洲、美国和日本的化学公司都认为，化学工业发展的根本目的是让人类生活更加精彩，要为人类创造更加舒适的生活。

日本三井公司提出，"在生活的每一处都要创立和提供优质安全的化学品：食品包装、农业、汽车轻量化、健康管理、清洁环境、建筑材料，让人们生活的每一天都可以看到三井化学的产品"。同时，他们还提出了独具特色的研发理念："用化学表达感觉，将感觉转变为体验，为舒适、新颖、便捷、丰富的生活，提供高端的化学产品。"在创新中他们倡导："从一个化学反应开始，从一颗小颗粒开始，从一个小薄膜开始，用化学表达感觉"。

我们参观的三井化学袖浦研发中心有6个研究所：合成化学研究所、高分子材料研究所、功能材料研究所、新事业开发研究所、生产技术研究所、高科技开发研究所。袖浦研究所地处美丽的东京湾，有7幢研发大楼，18栋实验室，占地面积相当于天安门广场的2/3，有1000多名研发人员。他们研发的产品让人眼花缭乱，渗透到终端市场的方方面面。特别是关系人们生活舒适的产品更是品种繁多、精益求精。比如，功能材料研究所，开发无数个与人们生活密切相关的高质量的小产品。在食品与包装材料方面，开发了保鲜膜、防腐膜、透明高阻隔性薄膜、超薄OPP保鲜膜等一系列多功能包装材料。在健康保健方面，他们开发的无纺布就有多种多样：纺粘和熔喷无纺布、富有柔软性和弹性高功能的纸尿布、高阻隔性"医疗无纺布"等等。在树脂加工技术方面，也是绝活不断：看书用的树脂放大镜、老年人多用途的"看远、看近"新型眼镜……

德国科思创公司是从拜耳公司分立出来的一个新型化工材料专业公司。公司董事长告诉我们，他们从拜耳分离出来，就是要再培养一个世界级的化工新材料公司。科思创新材料研发的重点方向，集中在四大领域：食品保鲜包装材料、绝热绝冷保温材料、汽车轻量化材料和专用电子化学品材料。他告诉我，科思创公司仅食品保鲜包装材料，每年销售额就达近百亿欧元。中国有着13亿人口，如果能在食品包装材料上取得优势，每年的销售额将会是欧洲的几十倍。舒适生活是一个十分庞大，而且还是一个追求无止境的巨大市场。

在用化学创造舒适生活方面，欧美日公司还有一个产业结构上的显著特点，就是把创新发展的重点和制高点都放在了医疗、保健和生命科学上。我们在亨斯迈观看了他们研究攻克癌症的短片，近年来，他们已经在治疗癌症研究方面投入了10亿美元。在休斯敦组建了全球条件最好、医疗水平最高的癌症研究医疗中心。绝大多数跨国公司都在生命科学和医药研制方面投入了大量研发力量，加上互联网、机器人技术的应用，研发技的积累，使我们既看到了化学工业在为人类健康、创造舒适生活方面的巨大贡献，又让我们看到了中国石油和化学工业在创新技术、在产业结构方面的巨大差距。在创新发展、产业结构转型升级方面，我们必须要加力、加速、加油，必须要做出我们这一代人的贡献。

（四）化工新能源研发的重点和范围越来越集中

当今世界，全球新能源革命蓄势待发，欧美日等发达国家正在加快科技创新和产业创新，不断抢占能源生产和消费革命的制高点，为全球应对气候变化、改善生态环境、走向绿色发展提供全新的解决方案。2006～2015年，全球可再生能源年均增长5.2%，远高于化石能源1.5%的增速。特别是在新能源汽车的研发和应用上，从2016年开始，很多重要的国内外企业纷纷把新能源汽车技术突破作为一个战略方向。力度之大，超出了很多人的预期。

1. 很多国家纷纷发布禁售传统燃油车的时间表

最早的是挪威和荷兰，率先宣布到2025年禁售传统燃油车；接着德国宣布到2030年、法国宣布到2040年、2018年英国宣布到2040年禁止销售传统柴油车和汽油车，印度也宣布2030年要淘汰全部汽油车和柴油车。值得一提的是德国，作为全球最有实力的燃油车生产国家，他们的内阁在2016年11月提议，要在2030年禁售传统燃油车，引起了全球业界的轰动。

2. 国际汽车巨头及零部件公司集体快速转向新能源汽车

沃尔沃宣布，到2019年每辆车上都将装上电池；而林肯、捷豹、路虎也已宣布旗下的所有车型要全部进入电动化；大众早先表示，到2025年要出台30款新能源汽车，最近在德国的车展上更是宣布，大概有80个系列的电动汽车，同时2025年新能源汽车销量将达到200万辆到300万辆；宝马集团宣布将在中国提供五个系列9款新能源汽车，包括纯电动、插电式和混合动力汽车；通用汽车宣布到2020年，将在中国市场推出10余款新能源汽车；丰田原来主要看重混合动力，在2016年11月也成立了专门负责纯电动汽车设计和开发的部门，由丰田章男直接领导，计划到2020年建成并完善纯电动汽车的生产体系；福特汽车公司宣布，在未来5年要投资45

亿美元用于研发新能源汽车，到2020年将有13款新能源汽车面市；不久前，奔驰也郑重宣布，将在2022年之前全部停产停售传统燃油车，未来将只提供混合动力和纯电动版的汽车，再增加50个全新的电动汽车车型。

  为了迎接这一挑战，跨国公司纷纷在电动汽车，特别是在电池技术方面，在电池正负极材料、电解液、电池隔膜和大容量电池等方面下大功夫，都力争在充电时间短、储能容量大、续航能力强上创造新的优势，目前不少跨国公司推出了充电时间20分钟，续航能力达到400公里的高能电池。除此之外还有一些跨国公司在氢能汽车创新上下功夫。这些公司认为，氢能是能源问题的终极解决方向，而发展氢能最大的机会在汽车行业。新能源汽车的创新点在于动力电池，一个是锂电池，一个是燃料电池（现在主要应用氢能）。动力电池的好处就在于将现有的发动机变为了电动机，整个产业链的能源转化率大大的提高。而燃料电池能量转换效率是唯一不受卡诺循环限制的链条。最近，在德国柏林国际轨道交通技术展览会上，氢燃料电池车辆成为关注的焦点，力争2018年内与德国西门子整合业务的法国阿尔斯通展出世界上首款氢动力燃料电池列车。燃料电池列车在车辆上安装燃料电池和储氢罐。通过燃料电池，利用氢和空气中的氧气发电，驱动发动机，在行驶时只排放蒸汽和水。德国决心率先在全球打造"氢社会"。据悉2017年12月26日，日本政府确定了实现"氢社会"的基本战略，包括到2030年左右，实现以氢为燃料进行发电的商业化。以丰田和法国液化空气集团为代表的世界氢相关能源和制造业等企业组成的国际氢能委员会预测称，到2050年，氢将占到能源整体的两成。基础设施等需要每年200亿～250亿美元的投资。未来究竟是电动汽车独占鳌头，还是氢能汽车独领风骚，还是一个不好下定论的悬念。

  我认为，中国化工企业必须清醒认识到，在这场汽车制造业的重大转型中，中国是输不起的，我们有全世界最多的生产者、消费者。我国政府也较早地把它上升到国家战略，在科技部等国家部委做了大量前期工作的基础上，不断地向前推进，科技部也明确了在"十三五"末期和"十四五"期间，将把车载氢燃料技术的研发、强化动力电池技术的提升作为重要聚焦领域之一。中国化工企业必须要在新能源汽车配套技术方面走出一条创新发展的新路子。

（五）研发手段同网络智能技术结合的深度越来越密切

欧美日跨国公司除了在创新发展的理念上超前之外，还有着十分先进的研发平台和智能技术紧密结合的研发手段。为了拥有持续的核心竞争力，跨国公司都不惜巨资建立超强的研发机构，其研发机构都具有先进的研发平台、高水平的研发装备和大数据统领的智能系统。

1. 高强度的数据采集系统

在我们考察过的巴斯夫、赢创、科思创、陶氏化学、UOP、三井化学和三菱化学研发中心，都拥有高强度的数据采集手段。在高通量实验室，我们看到科研人员在机器人或机械臂的协助下，可以在短时间内完成大量的化学实验，由于机器人和机械臂可以24小时连续工作，实验仪器与设备都是标准化配备，可以完美结合、高效匹配，大大提高了实验效率和实验结果选择的范围。特别是在药品、化妆品、涂料、农药等产品领域样品分析和配方优选操作全部由机器人完成，科研人员集中时间和精力进行技术分析和结果研究，在成千上万个样品和配方中优选出的成果，研究水平、技术水平和产品质量都高人一筹。我们在陶氏化学涂料实验室，看到了涂抹在金属罐内壁的具有吸收声音和动能的涂料，还有同时具备易粉刷易剥离性能的装饰涂料样本。这些具备特殊性能的产品的研发，都是建立在机器人和高效率分析仪器仪表基础上的。

2. 高水平的理化分析设备

我们在陶氏化学、巴斯夫、UOP等跨国公司不仅看到了高通量实验室，而且还看到了高水平流体流变分析实验室。流变学是20世纪20年代新诞生的一个理论分支。学者在研究橡胶、塑料、涂料、玻璃以及金属时发现，材料的变化是有时间效应的。在外力的作用下，物体的变形和流动的研究，就形成了力学的一个分支：流变学。陶氏化学流体流变实验室成立于1987年，配备了多台价值上百万美元的世界独一无二的顶级设备，如5000万倍电子显微镜（价值250多万美元）、^{13}C核磁共振分析仪，用于分析物质的组成、官能团、分子形态等。他们通过这些高、精、尖端分析设备，对各种材料进行物理和化学性能测试分析，获取大量研究数据。研究中心的负责人还告诉我们，他们在实验实践中，还根据研究需要，对这些分析设备不断进行改装和优化，研发中心和各个实验室沟通合作，特别是同机器人部门合作，在这些设备中还改装了实验机械臂等自动化装置，使实验手段和实验效率大大提高。

在UOP公司，我们还看到了一个高水平的表征分析实验室。表征分析实验室，主要是通过物理或化学的方法对物质进行化学性质的分析、测试或鉴定，并阐明物质的化学性质。表征分析采用很多具体手段，包括各种显微（紫外、可见、红外）光谱、电子光谱、质谱等；物质表征的特性包括元素组成（化学成分）、元素的化学环境（成键情况、材料的晶体结构、材料的表面形态等）都能准确、清晰、完整地表达出来。负责人向我们展示了两台重要设备：一台是高分辨率电子扫描电镜，这台扫描电镜分辨率高达5000万倍，可以用来表征催化剂的各种特性，包括有机物的分子量、官能团以及组成结构。目前这种仪器全球仅有10台；另一台是核磁透视扫描电镜，这台电镜放大倍率是1000万倍，全部在美国制造生产。通过这台电镜，可以非常清晰地看到催化剂的原子分布，可以分析催化剂中毒或失活的原因，通过对催化剂进行核磁共振分析获得切片影像数据，再通过计算机将数据进行可视化合成，最终看到原子级别的分布影像。

3. 大数据统领的智能工厂

跨国公司高度重视互联网和大数据技术的发展和应用，优秀的化工公司和先进的互联网公司在技术上的融合，已经成为欧美日化工公司的一大亮点。

在智能化技术中，我们最感兴趣的是跨国公司先进前沿的微反应技术。我们在跨国公司看到微反应器有的竟然同项链吊坠一样大小，但在如此小的微型设备里，居然有着齐全的反应塔、热交换器、甚至还有催化剂等，在大数据、互联网和控制技术的支持下，微反应器内同样可以在高温、高压下，完成一系列同在大反应塔罐内完全一样的工艺反应。在化工微反应技术发展方面，最具代表性的单位应该是德国弗劳恩霍夫研究院和美国UOP公司。

弗劳恩霍夫研究院成立于1949年3月26日，是目前欧洲最大的从事应用研究方向的科研机构，拥有67家研究所及独立的研究机构，现有23000多名优秀的科研人员和工程师，研究方向主要包括健康/营养、国防/安全、信息/通讯、能源/化工、制造/环境等，主要在能源系统、化工材料、应用电子化学、环境工程和聚合物工程等领域开展研发工作，他们在欧洲的研究水平可谓首屈一指。弗劳恩霍夫研究院也是德国制造4.0的积极倡导者和忠实实践者，在信息技术应用和智能制造方面始终走在世界前列。其化学技术研究所有着世界领先的微型化学反应器生产技术，他们可以依据大型化工反应器设计生产出十分微型的化工反应器，从各类不同类型的反应器设计到工艺制作、从化学刻蚀工艺到激光焊接技术、从催化剂印刷技术到尖端的高压密封工艺，他们给我们展示了一套套高技术、低成本、不同压力、不同工艺要求的微型反应设备。有些微型反应设备制作得比工艺品还精致。他们将这些微型反应器，按照不同工艺要求组装成模块化装置，再将这些模块化装置形成一体化的集装箱式工厂。他们运用这些微型反应器，深入开展分子结构研究、触媒全生命周期研究和系统集成测试研究。我们参观归来，简直不相信我们访问的是一个化学技术研究院，完全就像考察一个机械制造研究所。

我们在美国UOP公司研究院参观一个中试车间（工程放大实验室），在这个面积仅有100平方米的实验室里，不可思议地安装了150多套中试装置，全部都是微反应器，反应条件完全是工厂生产的实际条件。如果条件允许，也可以直接进行工业化生产。在这个中试实验室里，研究人员每天可以收集超过10亿组实验数据，为大规模工厂生产做好充分的实验准备。

从跨国公司发展的实践中，我们清楚地看到"大数据"时代正在向我们走来，传统产业正在和信息技术深度融合。"大数据"时代将会对我们非常熟悉的流水线、标准化、规模化、生产管理、成本管理、安全管理、决策管理带来一系列深刻的变化。在工业化时代，我们把人变成机器；在信息化时代，我们将把机器变成人。对大数据、智能化时代的来临，我们无法拒绝，唯一的出路就是融合，主动学习、主动拥抱、主动探索。大数据、智能化时代，是我们正在进入、需要重新定义、需要重新认识的一个未来新世界。

三、在高质量发展中走出一条创新战略的领先之路

战略是对未来的选择。战略是全行业高质量发展的决定性因素。中国石油和化学工业的创新发展同发达国家相比，同跨国公司相比，还有很大的差距。如何在全行业创新发展中充分发挥"后发优势"，走出一条"中国式创新"的领先战略是我们全行业必须要认真思考的一个重大问题。

在"十三五"规划中，我们根据中国石化产业发展的现状基础和世界石化产业发展的未来趋势，提出了大力发展"新能源""化工新材料""精细专用化学品""现代煤化工"和"节能环保"等5大战略性新兴产业的方向和重点。但5大战略性新兴产业绝不能平面推进，平均用力，必须要有重点、有区别、有不同目标要求地精准组织。如何在战略性新兴产业培育上，用最短的时间取得最大的成效，我们必须要在战略上作深入研究，在力量上作合理分配，在目标定位上有明确要求。

（一）大力发展具有我国独特优势的产业创新技术

"十二五"期间，我们在煤制油、煤制气、煤制烯烃、煤制乙二醇技术方面取得了一系列的重大突破，并建设了一批重点示范工程。可以说，现代煤化工的发展是我国石油和化学工业"十二五"创新发展的最大亮点之一，中国现代煤化工的发展也受到了国际同行的高度评价和充分肯定。"十三五"期间，我们又在现代煤化工领域提出了升级示范的目标任务，目标是在先进煤气化技术、终端产品高端化、差异化技术和节能环保技术等几个方面取得示范升级的新突破。在科研院所和重点企业的共同努力下，"十三五"期间我国现代煤化工又取得了一系列新的创新进展，先进煤气化技术、焦炉气利用技术、煤炭清洁利用技术、煤油气综合利用技术、合成气制乙醇技术、煤制芳烃技术等等又有新的创新和突破。现代煤化工已经成为中国最具独特优势的产业，有可能成为全世界石油和化学工

业 C_1 化学的一个技术创新制高点和亮丽名片。

"十三五"以来，我国现代煤化工又在以下几个方面取得了新的突破，开创了新的局面：

1.煤制油、煤制天然气技术的新突破，开创了能源转换和能源清洁利用的新境界

特别是世界首套"百万吨级直接法煤制油"和"400万吨级间接法煤制油"装置的成功运营，对世界煤化工大型工业化装置的突破也作出了重要贡献。煤制天然气技术的突破，将会开辟我国煤炭清洁利用的新局面。高端油品、润滑油脂的生产和天然气化工的技术新突破是煤制油和煤制天然气发展的一个重要方向，同时也开辟了我国煤炭清洁利用的新局面。

2.煤制烯烃的突破，走上了与石油化工结合的新领域

乙烯、丙烯过去都是石油化工的基础原材料，现在通过煤化工也可以拿到，这样在乙烯、丙烯的基点上，煤化工和石油化工可以完全重合。从跨国公司的技术创新上，我们可以看到PE、PP下游加工可以创造上百种市场终端产品，而目前我们聚乙烯、聚丙烯下游产品品种很少，只要在技术创新上有所突破，高端、差异化的PE、PP就可以开创一棵枝繁叶茂的产品树。

3.煤制芳烃的突破，进一步拓展了煤化工下游产品的新市场

北京大学马丁/中国科学院山西煤炭化学研究所樊卫斌团队和厦门大学王野教授，两个团队以"背靠背"方式，几乎同时继合成气直接制烯烃之后，又在合成气直接制芳烃方面取得成功。他们利用新功能催化剂，实现了合成气一步法高选择性、高稳定性制备芳烃（SMA过程），芳烃选择性高达80%。最近，北京大学煤制芳烃技术同延长集团合作，年产百万吨的芳烃项目在榆林落地，标志着这项技术产业化进入了一个新阶段。苯是重要的有机化工基础原料，煤制芳烃的突破，不仅可以拿到苯，而且还可以开辟一大批以苯为原料的有机产品，从苯乙烯、聚苯乙烯到己内酰胺，双酚A，甚至到聚碳酸酯等重要产品，又可以培育出一棵枝叶茂盛的产品树。

4.煤制乙二醇的突破，探索出煤基液态含氧燃料的新路子

乙二醇是市场容量仅次于乙烯、丙烯的大宗基础化工原材料，我国国内市场乙二醇缺口很大,所以不少地方上乙二醇项目的积极性很高。"十三五"期间,日本高化学同日本高校合作,引进日本成熟技术,在新疆天业成功建设了一套20万吨/年的乙二醇装置,目前运行得很好。在目前全球原油低价位的情况下,新疆天业合成气制乙二醇仍然表现出高质量和低成本的优势,证明了这套装置技术的先进性。乙二醇可以在煤基液态含氧燃料方面大力开拓市场,在醇醚燃料方面也具有很大的潜在优势。

5.**煤制乙醇的突破,开拓了新能源和精细化工的新空间**

延长石油集团兴平化肥厂利用大连化物所技术,取得了从合成气制乙醇技术的新突破,年产10万吨装置试车取得圆满成功。这一技术的突破,不仅拓展了现代煤化工的产品家族,而且为下游新能源和精细化工产品市场开拓了新空间。不仅发挥了化肥厂现有装置的技术优势,而且还大大提高了企业的经济效益。目前,延长石油正在抓紧建设50万吨/年规模的工业化装置,乙醇产品市场开拓和下游利用也正在同步进行。该工艺过程的中间产品乙酸甲酯还可以开辟一系列的新产品(可用于树脂、涂料、油墨、胶黏剂、皮革生产过程所需的有机溶剂、聚氨酯发泡剂等),这个技术突破,有可能开辟一条新能源和精细化工产品的新空间。

6.**煤油混炼技术的新突破,又开创了一条具有世界领先水平的新工艺**

延长石油集团在石油化工和现代煤化工的长期探索中,又大胆开辟了一条将两种工艺路线耦合发展的新路子,将原油和煤炭在一个反应器中进行高技术、高复杂性的反应,不仅同时拿到合成气和石油产品,而且还从技术上开创了煤化工"碳多氢少",和石油化工"氢多碳少"的碳氢互补平衡,从工艺、触媒、装备和工艺控制等方面取得了一系列新技术的领先突破。

最近,大连化物所又开发出了CO_2加氢制汽油的专利技术,已完成了1000小时的实验室稳定性测试,可以生产达到国V标准的汽油。随着CO_2的循环利用技术的突破,C_1化学的下游空间还会进一步加大。现代煤化工将会成为中国石油和化学工业创新发展一个独具特色的技术制高点和一张亮丽的名片。

中国现代煤化工的一系列创新突破,正在改变着C_1化学的原有概念,随着下游发展空间的不断开拓，C_1化学正在展示着充满无限希冀的美好明天。

（二）努力发展具有我国相对优势的产业创新技术

在2020年之前，我们想在新能源、化工新材料和专用化学品领域全面赶超的可能性是不大的，但在新能源、化工新材料和专用化学品领域努力开创一批具有相对优势的产业技术，还是完全有可能的。集中有限目标，集中有限力量，在几个特定领域取得领先优势还是大有希望的。

在新能源领域，我们完全有可能在页岩气、可燃冰和生物质能源方面取得技术突破性进展。

在化工新材料领域，我们完全有可能在聚氨酯（万华化学）、合成橡胶（青岛软控）、膜材料（山东东岳）、超高分子量聚乙烯（上海化工研究院）、碳纤维（中复神鹰）、甲醇蛋白和生物基化工新材料（南京工业大学、河南义马化工）、工程塑料等几个方面取得世界领先水平。中国有着巨大的化工新材料市场需求，有机构预测仅烯烃类化学品需求到2020年就超过5000万吨，占全球总需求量的三成以上。最近跨国公司在中国的重大投资项目，都瞄准的是中国高端化工新材料市场。

在专用化学品领域，我们完全有可能在农药新产品、染料、涂料、胶黏剂新技术、催化剂新技术等方面取得市场竞争的新优势。

（三）加快发展我国具有后发优势的产业创新技术

在全球经济一体化的今天，充分发挥后发优势，在部分领域实现弯道超车是完全可以做到的。我认为，我们在节能环保领域和生产性服务业领域实现"后来者居上"的可能性是很有希望的。

中国的节能环保产业和生产性服务业，首先是市场极大，其次是挑战众多，第三是现状基础很差。这三条既是挑战，更是机遇。只要我们在战略创新和体制创新上取得突破，在核心企业的发展上取得突破，这两大产业一定可以实现大跨度的飞速成长。

首先，我们分析一下节能环保产业的市场机遇。由于化工行业是一个能耗和排放的大户，而且化工行业具有从分子结构上改变物质性质的本领，因此环保产业将会成为一个有着巨大发展空间和成长潜力的大产业。

其次，我们再分析一下生产性服务业的市场空间。"十三五"期间，我们行业涌现出了一大批节能环保新技术，特别是南京工业大学"有机废水临氧裂解处理技术"，鲁北化工"硫酸法钛白含酸废水循环处理"，三聚环保"秸秆炭化-还田土壤改良技术"等，都是极具推广价值的产业化技术。生产性服务业是我们行业发展中的一个"短腿"，随着市场经济体制的完善和专业化水平的提高，让专业部门来干专业的事的要求会越来越迫切。设计施工产业、咨询服务业、现代物流业、信息服务业等现代生产性服务业都会有一个快速的发展，在产业结构中的地位和比重也会越来越重要。

（四）全力提升全行业技术创新、管理创新和经营模式创新的整体活力

创新发展是全行业高质量发展的第一动力，创新发展必须是全行业技术创新、管理创新和经营模式创新的整体发力，我们要将创新发展作为行业发展的核心竞争力，就必须从整体上充分发挥技术创新、管理创新和经营模式创新的不同职责和不同作用。

技术创新的职责和作用，是提升行业和企业技术高端化、差异化的能力和水平，培育抢占行业制高点技术的能力和水平。用较少的投入取得较大的产出，用科学的技术管理减少创新的风险，用高效的技术管理提升技术创新的质量和水平，使行业和企业创新水平集中体现在"先人一步，高人一等"的基点上。

管理创新的职责和作用，是提高行业和企业全要素生产管理的效率和水平，特别是培养行业和企业战略管理和人才管理的能力和水平。在市场竞争中，管理创新最核心的任务是提升经济效率和经济效益。在管理创新中，我们要高度关注销售收入利润率、投资回报率、流动资金周转率、全员劳动生产率和全要素生产效率等关键绩效指标，特别要高度关注如何在创新激励方法上创造出具有中国特色、更具活力、更加有度的激励机制，

用激励培养具有激情的创新者。要用管理创新来破解"钱学森之问"——"为什么我们老是没有自己独特的创新东西,为什么老是冒不出杰出人才。"

经营模式创新的职责和作用,是优化和提升行业和企业生产要素的组织方式,用生产要素新的战略组合,开拓更大的经营空间,创造更高的经营效率,提升更多的经济效益。经营模式创新是体制机制变革的最高境界。企业资产的战略重组、经营模式的变革创新以及为用户提供一揽子解决方案等,都属于经营模式创新的范畴。

只要在实践中,大胆将技术创新、管理创新和经营模式创新的功能充分发挥出来,"三箭齐发""综合发力",石化行业的创新发展将会呈现出前所未有的活力。高质量发展将会出现一个前所未有的境界,石化行业的美好未来将会展现一个前所未有的诱人前景。

在清晰的行业发展目标指引下,在充分借鉴国外创新发展经验的基础上,让我们调整战略,突出重点,精准发力,扎实工作,一个创新引领的、充满活力的、具有中国特色的石油和化学工业的美好未来,一定会在我们这一代人的奋斗中大步走来。

巴斯夫全新企业战略的新看点和新启迪[*]

巴斯夫是全球最大的化工企业之一。2017年公司销售收入就达733.57亿美元。

2018年11月20日,巴斯夫欧洲公司执行董事会主席薄睦乐博士在德国路德维希港发布了公司全新的企业战略。

新战略的首要目标是实现销售额和销量的增长。公司在实现高于全球化工生产水平的销售额和销量增速的同时,要使不计特殊项目的息税、折旧及摊销前利润每年提高3至5个百分点,每股股息逐年有所增加,在实现盈利增长的同时,维持CO_2排放总量不变。

这是一个充满活力、雄心勃勃的发展战略。通过对巴斯夫全新战略的初步学习研究,我认为这个全新战略有不少新观点、新思路和新变化。这些新观点、新思路和新变化,集中起来讲,可以概括为"四个更加注重":

一是更加注重企业的市场定位和创新解决方案。新战略开宗明义讲:为实现企业新的战略目标,"巴斯夫将加大力度聚焦客户,为其提供定制化的服务和解决方案。"薄睦乐表示:"我们要让客户体验到一个全新的巴斯夫。因此我们会进一步调整组织构架,使之更以客户为中心,且更为高效地运转。我们要调动整个公司对客户的热情,更好地满足客户的需求。"新战略重点规划了用创新解决方案来应对市场的挑战,来满足客户需求。薄睦乐说:"巴斯夫一直致力于为客户开发最具吸引力的创新产品。我们要通过卓越的工艺和一流的技术提高自身竞争力,提供客户所需。"新战略

---

[*] 这是2019年1月16日,刊登在《中国化工报》第四版的署名文章。

将调整研究与开发两个环节,从组织结构上让研究团队更贴近业务和客户需求,缩短新产品的上市时间,加速公司的有机增长。

新战略认为,亚洲市场已经成为巴斯夫的重点市场,对实现公司的增长战略非常重要,中国已经成为全球最大的化工市场,目前已占全球40%的市场份额,并将继续推动全球化工生产的增长,新战略认为,"到2030年,中国在全球市场的份额将扩大至50%,巴斯夫要与其共同增长。我们将在广东湛江新建一体化基地,以及对南京基地的扩建将显著提升我们在这个充满活力的市场的增长水平。"

二是更加注重企业的卓越组织和产品的优化组合。巴斯夫为实现公司新战略目标,将高度重视公司内部业务的有机增长,显著简化组织架构和业务流程,优化产品组合,进一步强化一体化体系,从而变得更以客户为中心,而且变得更快、更敏捷、更灵活。新战略重新审视了公司的业务结构,将以2019年开始进一步优化产品组合,使公司的资金分配更集中于增长型业务,新战略将公司业务规划为六大领域,每个业务领域包含两个业务部门,只有农业解决方案部分仍为一个单独的业务领域。这六大领域分别为:化学品(石油化学品、中间体)、材料(特性材料、单体)、工业解决方案(分散体与颜料、特性化学品)、表面处理技术(催化剂、涂料)、营养与护理(护理化学品、营养与健康)、农业解决方案。公司六大业务部门将会进一步找准业务的市场定位,明确竞争的优势,并建立适应不同竞争环境的高绩效组织。薄睦乐表示:"新战略的重点是设计高效可靠的流程,不能达到市场目标定位的业务将会主动退出市场,在业务优化重组中,一体化体系将继续发挥核心作用,充分发挥价值链在一体化中的高效运作。由于在一体化体系中,生产高度集中,价值链充分增值,公司每年在原料、能源和物流供应等方面即可节省至少10亿欧元的成本,与此同时,公司还能因为一体化生产而减少可能导致的大量排放。巴斯夫还将通过基地建设,进一步实现高度集中化生产,高效基地化管理,继续成为行业的领导者"。

三是更加注重企业的盈利能力和资本回报。巴斯夫新战略设定了远大的财务及非财务目标,"实现远高于资本成本比率的已动用资本回报率,创造实实在在的附加价值。"新战略还希望"保持在投资者眼中的领先地位，为其创造高于化工行业平均水平的价值，使每股股息逐年有所增加。"新战略还制定了雄心勃勃的非财务目标，即直到2030年，即使公司实现了可观的年生产增长目标，但承诺将全球温室气体排放维持在2018年的水平。目前，巴斯夫已经将温室气体排放量较1990年水平降低了5%，同时实现了产能翻番。除了实现至2030年二氧化碳排放总量维持不变的目标外，新战略还希望到2025年超越型产品销售额能够达到约220亿欧元。他们认为，这些产品对价值链可持续发展贡献卓著。为了实现这一远大目标，巴斯夫正在启动一项新的卓越项目，将于2019年至2021年实施，目标从2021年底开始，逐年贡献20亿欧元收益。该项目将包括生产、物流、研发、数字化、自动化及组织发展等领域的措施。

　　四是更加注重企业的社会责任和员工的价值。巴斯夫新战略不仅高度重视安全、环保水平的提升，"责任关怀"措施的深化，而且更加关注企业员工的作用和价值的发挥。薄睦乐在发布会上表示："没有我们的员工，所有目标都无法实现，这也是为什么我们首次设定了员工满意度指标。我们希望有超过80%的员工认为自己能在巴斯夫获得成长，并保持最佳工作状态。"

　　加快提升中国石油和化工企业核心竞争力、努力培育具有全球竞争力的企业和企业集团，是中国石油和化学工业实现由大国向强国跨越一个战略目标。巴斯夫公司的全新战略，为中国石油和化工企业在新形势下提升战略管理水平提供了一个很好的借鉴。全行业要认真学习、研究和借鉴巴斯夫公司新战略的新观点、新思路和新变化，紧紧抓住"发展是硬道理"这一企业战略的核心目标，全面提升以市场为导向、以创新为动力、以效率为核心、以服务为手段、以员工为根本的企业核心竞争力，努力提升中国石油和化工企业的战略管理水平，为实现全行业的高质量发展，为实现我国由石油化工大国向强国的跨越作出新的、更大的贡献。

一部记录行业跨越发展的时代报告*

《潮头跨越》是一部横跨了3年创作历程，经中国化工作协激情讨论，经21家企业领导全力支持，经企业作者、专业作家精心创作，又经编写小组6位作家呕心沥血潜心修改完成的行业创新发展大型报告文学集。这是一部大家期盼已久、呼之欲出，反映行业最新发展动态、最新精神风貌的报告文学新著。

正像封底书评简介那样：这是一部以中国改革开放40年石油和化学工业发展为主体，以石油和化学工业由大国向强国跨越为主题，以讴歌中华民族伟大复兴中国梦时代精神为主旋律的大型报告文学。这部报告文学选择了中国石油和化学工业在体制创新、技术创新和管理创新中有突出作为的21家典型企业和化工园区为代表，以饱满的激情、典型的事件、生动的人物、细腻的描写，生动展现出在改革开放中企业追求发展的个性之美，折射出向强国跨越奋斗中的行业整体之美。翻开这本书，我们可以看到新时代化工工人不折不挠的奋斗身影，可以听到向强国梦前行中的铿锵脚步声，可以感受到催人泪下的时代风貌和家国情怀。

一、这部报告文学集的创作缘由

一是大型报告文学《中国化工风云录》再版时，化学工业出版社的建议。建议再增加两章反映"十三五"以来行业发展最新成果的内容。《中

---

* 这是2019年2月27日，在《潮头跨越》新书首发式上的发言提纲。

国化工风云录》的再版也受到社会各界的高度赞扬。著名诗人贺敬之老人曾对我讲，"我不懂石油化工，但我知道，石油化工是一个有历史的行业，是一个有优良传统的行业，你们有大庆精神，有铁人精神，你们行业如此重视行业历史，你们行业大有希望啊！"

二是同麦肯锡咨询公司开展大型研究报告《开创下一个未来》时，麦肯锡专家之问。

三是自"十三五"以来，我们行业确实涌现出了一批超常发展的创新型企业，在由大国向强国跨越的过程中，展现出了十分感人的精神风貌和十分突出的创新优势。这样一批典型企业，真实地反映了我们行业在创新发展、在跨越式发展中的自强不息、不惧困难、敢于超越的奋斗精神，这样一批企业的典型故事，是新时代我们行业精神风貌的生动体现，需要我们认真总结，大力弘扬。

以上三个缘由激发了我们组织创作的热情，但真正使我们下定决心组织这个创作活动的还是三个重要会议。

一是2017年5月的"黄桥会议"。由中国化工作协组织，一批当年创作《中国化工风云录》的作者队伍云集到中国胶黏剂典型企业黑松林，在黑松林宽敞的会议室里，创作的激情，写作的冲动，"头脑风暴"的建议，为这本书的创作又点燃了一股春潮澎湃的燎原之火。

二是2017年9月在天津滨海新区召开的由石化联合会精选的21家企业主要领导人会议。当我们把这本书创作的意图同大家沟通后，大家一致表示坚决支持和拥护，全力支持这本书的创作，"要人给人、要钱给钱、要什么样的支持，就给予什么样的支持"。21家企业主要领导的态度，更成了坚定这本书创作的基石。

三是2017年年底，来自21家企业的作者和宣传部部长在惠州大亚湾召开的笔会，基层企业作者的素质和水平以及创作的激情，更使我们创作的冲动倍增。在这次会议上基层作者和专业作家的互动交流，更让人感到一种青春的活力、协作的温暖和力量的叠加。

这三次会议，使这本书的创作由设想到构思再到组织实施的实操阶段，创作进入了紧张的工作状态。

二、这部报告文学集21家企业选择的标准

这部报告文学集整体反映"十三五"以来,中国石油和化学工业由大国向强国跨越进程中崭新的精神风貌,企业的选择必须具有典型性,这种典型性集中体现在行业"领头羊"企业的身上。"十三五"以来,中国石油和化工企业确实涌现出了一批快速成长的企业、涌现出了一批科技创新型企业、涌现出了单项冠军企业、涌现出了一批具有国际竞争优势的化工园区,在这"四个一批"企业中集中选择一批行业"领头羊"企业,的确更具有典型意义。在这个指导思想下,我们精心选择了21家"领头羊"企业。他们分别是:

有为中国能源安全坚持在堪称"磨刀石"的特低渗透油田夺高产的长庆油田和延长石油;有为中国石油炼化行业开辟新路的惠州炼化、九江石化;有为中国高端化工新材料勇攀高峰的烟台万华、山东东岳、浙江巨化、新疆天业、金发科技;有为中国精细化工后来居上的浙江龙盛和四川福华;有为中国现代煤化工高端突破的神华、中煤集团;有为中国化肥行业勇闯新路的鲁西、金正大;有为中国环保产业奋力拼搏的三聚环保;有为中国企业开拓国际市场的天辰工程和青岛软控;还有上海、大亚湾、泰兴这样瞄准世界一流标准的化工园区。我把这21家企业称之为由大国向强国跨越大潮中的21朵浪花。这21朵奔腾的浪花,不仅反映了每一个企业拼搏突破的个性之美,而且还集中体现了行业赶超跨越的整体之美。这21朵奔腾浪花的背后,便是汹涌澎湃、勇往直前的浩瀚大海。

三、这部报告文学集最大的难点和最耀眼的亮点

这是一本由21家企业为背景的报告文学集,这部报告文学最大的难点,就是如何把这21家个体的"珍珠"用一条"红线"串联起来。再好的珍珠,如果没有一条主线,就是一盘散珠。如果有一条主线,便是一条价值连城的项链。

这21家企业都是有故事的企业、都是有典型意义的企业,用一条什么

样的"红线",把这21家企业的故事串联起来,形成一个行业立体发展的形象,展现一个行业整体的精神风貌,我和作家小组下了很大的功夫,经过许多个不眠之夜,经过多次推翻、重来的激烈讨论,最终我们选择了"创新发展"这条最能代表行业发展本质的"红线",将这21颗宝贵的"珍珠"串联了起来。

在"创新发展"的红线之下,我们将这21家企业的典型故事划分为七个篇章:

第一篇:召唤大地深处的动能之源。中国大炼化的海油创举(惠州炼化),"磨刀石"上淌出的石油河(长庆油田),油井圣地的长青之树(延长石油)。

第二篇:吹响材料工业的嘹亮号角。大海:见证MDI的巅峰突破(烟台万华),泰山:为"中国心"骄傲(东岳集团),烂柯山:一个甲子的创新独白(浙江巨化),珠江水:托起蔚蓝的飞翔(金发科技)。

第三篇:开启"黑金"裂变的火焰之门。一块煤的世界新征程(神华集团),图克煤化工的铿锵脉动(中煤集团)。

第四篇:驰骋精细化工的丹心梦想。点亮人间的七彩春天(浙江龙盛),洒满大地的拳拳之爱(四川福华),净化云天的绿色情怀(三聚环保),光耀天山的化工传奇(新疆天业)。

第五篇:谱写中国化肥的壮阔新篇。坚持中的蝶变之路(鲁西集团),响彻田野的希望之钟(金正大集团)

第六篇:扬起智慧时代的激越征帆。智能工厂的前行楷模(九江石化),橡胶智造的中国坐标(青岛软控),化工塔林的天际辰星(天辰公司)

第七篇:弹奏世界园区的雄浑交响。杭州湾:一个由衷的表达(上海化工园区),大亚湾:弹起绿色的和弦(惠州化工园区),长江岸:东方安特卫普之梦(泰兴化工园区)。

在每个篇章之间,我们还撰写了一篇散文诗般链接的主题词,把每篇之间的章节,把每篇之间的立意紧密连接起来。用一个完整的构思,把这21颗闪亮的珍珠,在"创新发展"的红线下,编织成了一串耀眼的项链,用企业的个体之美反映了行业发展的整体之美。

四、群体创作是这本书成功的根本原因

为了这本书的创作，我们精心组织了一个阵容强大的创作群体。这本书的编委会共有33人，联合会的领导、中国化工作协的领导、21家企业的主要领导全部进入编委会，为这本书的编写提供了强大的领导力量。这本书的编写组共有43人，各企业组织了写作的精兵强将，一大批热情极高的年轻作者，同专业作家一起共同创作了第一稿。第一稿的创作，由于有企业作者参加，质量就很接地气，很有分量。又加之专业作家的参与，使我们拿出的初稿就有很高的水准，同时我们在创作的过程中还发现了一批很有前途的年轻作者，这也是我们这次创作过程中最重要的一个收获。

在整个报告文学集的创作过程中，朱建华、叶建华、潘烽、李明月、李慧海、李铁等6位编写组的作家，更是付出了大量的心血，他们始终把为行业创作一本高质量的好书作为最大的追求。"一切为了这本高质量的好书"，他们在创作初期，奔波在大江南北深入企业采访调研；同企业作者推心置腹探讨选题、选材，研究谋篇构思；在初稿形成后又同企业作者一起推敲修改，21篇初稿全部完成后，6位作家又从整体构思，深入研究了如何用一条"红线"串起全书，让鲜活的"珍珠"变成一个有机的整体，把故事、人物、细节和优美的文字都灵动起来。围绕这一难点，他们熬过了许多不眠之夜，经过多次深入的讨论，甚至争论，集思广益，终于找到了大家都认可的主线。在"一切为了这本高质量的好书"的目标追求下，他们放弃了许多个人的时间和利益，甚至相互动笔改写书稿，最终把我们经过最大努力而成的书稿呈献给了大家。

我们除了对这本书整体之美的追求外，对全书的细节也力争做到精益求精。翻开扉页，"爱对祖国讲，情对祖国说，这是中国石油和化学工业650万员工献给共和国改革开放40周年的一部激情壮歌"。诗一般的语言，火一样的深情，表达了我们行业对改革开放的崇高敬礼！还有封面、封底的点睛之笔："怀抱梦想和使命，一直奔跑不息"，前呼后应，撞击心灵。

中国化工经济技术发展中心和化学工业出版社的编辑们对全书的组织协调工作和后期制作也都做到了一丝不苟。封面我们设计了9稿，书名我们请了中国书法家协会副秘书长、著名书法家潘文海题写。除了对整体之美和细节之美的追求外，21个企业故事中典型人物事件的描写，催人泪下的场面细节，以及感人至深的矛盾冲突，一个个典型的企业故事，一个个立体的难忘场面，就这样矗立在了我们每个读者面前。这就是我们今天奉献给大家的《潮头跨越》这部最新的报告文学集，这也是我们奉献给我们行业强国梦的时代报告。

当然，同任何作品一样，这本书也有遗憾，也有不足。但从整体上讲，这是一部值得我们全行业认真宣传和仔细阅读的行业创新发展的报告文学新著，也是一部对行业未来发展有重大影响的力作。希望我们行业特别是21家企业都要认真宣传、组织阅读、充分运用好这部新书，让我们行业创新发展的精神风貌在新时代更加发扬光大、让我们行业创新发展的新动能在新征程更加马力十足！我们衷心希望，在中国石油和化学工业由大国向强国跨越的伟大征程中，涌现出更多、更优秀的具有国际竞争优势的大型企业和企业集团！

努力建设具有全球竞争力的世界一流企业[*]

中化企协从2003年开始推出中国化工企业500强榜单，2016年又与石油和化工联合会共同发布，从2017年起，这个榜单首次将石油和石油炼制行业纳入其中，形成了中国石油和化工全产业链的组合与发布。17年来，500强发布活动在市场经济大潮中营造了万马争先、千帆竞发的良好氛围，记录和见证了中国石油和化工企业不断发展壮大的辉煌历程，并形成了品牌效应，对促进中国石油和化工企业不断做大、做强、做优发挥了重要作用。伴随着中国石油和化工企业500强发布举办的高峰论坛，以发布行业重大信息、探讨国内外优秀企业成长之道、推动交流与合作为宗旨，聚集行业内外知名专家学者先后开展了多项重大课题研究，为加强大企业之间的互动交流学习做出了积极贡献，在大企业研究领域确立了相当的话语权和影响力，取得了良好的成效。

石油和化工大企业大多是行业的排头兵，拥有明显的管理优势、技术优势、对外开放优势和规模优势，具有很强的资源整合和集成创新能力，是国民经济发展的压舱石、稳定器。在推动产业结构调整，促进经济转型升级，提高经济发展质量和效益，保障民生方面，发挥着至关重要的作用。尤其是改革开放40多年来，我国石油和化工企业在做强做优做大的道路上，取得世人瞩目的成就。1978年，全行业总产值仅为758.5亿元，而

---

[*] 这是2020年10月20日，在2020中国石油和化工企业500强发布会上的讲话。

2019年仅中国石油和化工企业500强的营业收入总额高达13.54万亿，是42年前全行业的179倍，在今年财富世界500强中，已经有26家中国能源化工企业上榜。一批具有全球影响力的大企业不断涌现，表明了企业规模、竞争能力和发展活力在不断增强，充分展现了我国石油和化工大企业的实力和国家形象。但也要看到，我国石油和化工大企业大而不强的问题仍然较为突出，在结构布局、效率效益、技术创新、国际化经营、资源整合、企业管理等方面还存在着较大的差距，特别是在对具有国际竞争优势的企业培育方面与发达国家相比还有着不小的距离。

面对百年未有之大变局和新冠肺炎疫情、世界经济萎缩的严重挑战，希望我国石油和化工大企业站在历史潮头，顺应新形势，把握新机遇，应对新挑战，坚持创新发展、转型发展，进一步提质增效，做优做强，积极投身到打造石油和化工强国战略中去。

本届论坛以"后疫情时代中国化工大企业发展对策"为主题，将深入分析当前经济形势全新变化和挑战，探讨石油和化工企业应对思路和对策，助力石油和化工企业化危为机，创新发展，打好后疫情时代高质量发展攻坚战，具有很强的现实意义。

一、加强战略管理，高质量完成行业"十四五"规划的编制工作

"十四五"规划既是对未来五年行业企业发展的战略定位，又是行业企业管理提升极其重要的方略之一。为此，全行业企业必须高度重视，针对战略管理意识不强、投资决策不科学、主责主业不突出、国际化经营水平不高等问题，进一步强化战略规划意识，紧紧围绕落实国家战略和提升企业核心竞争力的要求，科学谋划战略定位、主攻方向和业务结构，切实强化规划的刚性约束和有效落实。强化投资管理和主业管理，推动各类资源要素向主业集中，强化国际化经营，积极稳妥实施"走出去"，有序融入世界产业链和创新生态圈，不断增强全球话语权和影响力。

为了搞好行业规划，石化联合会高度重视，成立了"十四五"规划领导小组，在深入调研座谈的基础上，预计2020年10月底前后完成行业

"十四五"规划的编制工作。

各企业要深刻认识做好自身"十四五"规划编制工作的重大意义,提高政治站位,加强领导,带头研究谋划,加强对国内外宏观发展形势、市场发展环境、新模式新产业、标杆企业对标等研究工作,强化战略引领,明确发展方向,深入分析企业自身发展取得的成败与得失,找准自身的发展定位,认清市场大势,抓住发展机遇,克服自身"短板",致力打造一流企业。要突出重点,着力聚焦转型升级,坚持问题导向,持续推进改革创新,注重做到统筹兼顾,确保编制工作的高质量,助力企业实现高质量发展。

二、集中精力干好自己的事,努力把疫情的影响降到最低

当前,全球疫情持续扩散,对国际贸易和投资的冲击、对世界经济的影响远未结束,虽然我国经济和石化行业二季度开始回升甚至反弹,但完成全年任务目标面临的挑战和困难都将是异常艰巨的。所以,我们一定要加倍努力,把疫情的影响和造成的损失降到最低。2020年还剩两个多月的时间,各项工作和措施都要围绕企业和全行业经济运行的稳定与效益的改善展开。一是全力开拓市场。受疫情影响欧美等主要经济体停工停产,全球市场需求急剧下降,纺织服装、轻工制品等石化下游产业链的国际订单有的终止、有的取消,冲击了主要石化产品的产量和销售量,导致出现了历史性下降,所以全力开拓市场就成为当前降低疫情影响和损失的当务之急。一定要巩固和稳定传统市场和大客户,努力开拓新的市场与需求,稳定供应链、拓展产品链,不断提升产品的性能和质量稳定性,深化全产业链上下游的合作与协同。二是确保资金安全。各企业一定要突出现金为王,捂紧钱袋子、过好紧日子,努力控制成本,正视当前的困难,上下同心、共渡难关,底线思维、一切为了生存。三是坚持降本增效和内部挖潜。上半年石化行业每百元营业成本84.85元,与2019年的82.67元、2018年的81.28元相比有所上升。上半年,中国石化在全系统开展了"百日攻坚创效"行动,中国海油海化集团眼睛向内、苦练内功,在内部挖潜和降

本增效上都取得了明显的效果。各企业应从原料、人工、资金等成本要素入手，深入分析影响效益的短板及其原因，不贪大、不求全，从最亟须解决的问题和容易解决、效果明显的问题入手，做好补"短板"、强弱项、增效益的工作，努力把疫情的影响降到最低、把损失补回来，争取全年好成绩。

三、开拓市场，加快形成国内国际"双循环"相互促进的新发展格局

5月14日，中央政治局常委会会议提出，深化供给侧结构性改革，充分发挥我国超大规模市场优势和内需潜力，构建国内国际"双循环"相互促进的新发展格局。贯彻中央这一部署，是利用好国内国际两个市场，持续推进我国高质量发展的必然要求。石油和化学工业的发展离不开世界，主动参与国际经济循环，才能在扩大开放中获得更有力的资源、技术、人才、资金支撑。同时，也要看到，我国是一个有14亿人口的大市场，只有加强国内经济大循环，才能让各类要素更加自由地流动，进而形成更多新的区域增长极。国内国际双循环不仅有助于保障中国经济安全，增强中国经济发展韧劲，为中国产业发展拓宽空间，也给全球提供了巨大的中国机遇，推动实现中国与世界的互利共赢。

贯彻落实"双循环"战略，石油和化工企业必须坚持结构调整与优化。"十三五"以来，全行业持续加大结构调整的力度，在淘汰落后产能和产能置换方面取得了明显的进步，总体上看，通过结构调整与产能置换，大宗石化产品、传统基础化学品的产能集中度和整体水平明显提升，单位物耗、能耗显著下降。但是结构不合理仍然是一大短板。与发达国家和跨国公司相比，行业的产业结构、产品结构以及组织结构、布局结构等方面仍存在明显的差距，尤其是产品结构的高端化方面差距更加明显。每年石化领域都存在大量逆差，去年逆差高达2683亿美元。尤其是为高端制造业、战略新兴产业和航空航天、国防军工配套的化工新材料、专用化学品、高端膜材料、高性能复合材料等的进口依赖度更高。为此，企业必须在结构调整上狠下功夫，加快供给侧结构性改革的步伐，用市场和政策的

力量从根本上化解产能过剩的矛盾，用创新驱动战略加快培育全行业战略性新兴产业，用绿色发展理念开创全行业"责任关怀"工作的新局面，用产品的升级为人们享受美好生活打造更高层次、更高质量的物质基础，努力实现产业结构的升级换代。

贯彻"双循环"战略，"补链""强链"是关键。这次新冠肺炎疫情突发、全球持续扩散，致使世界各国纷纷采取封锁措施，严重破坏了全球供应链，导致了供应链中断和产业链的受损。中兴事件、华为事件，也让我们清醒地看到做好"补链""强链""稳链"的极端重要性。贯彻国家"双循环"战略，要通过多渠道保障国内供给能力来"稳链"，通过创新提升核心竞争力来"补链、强链"，通过上下游产业链的对接和协同来"延链"，塑造石油和化工产业"双循环"格局，培育石化产业高质量发展的新优势。

创建国内国际市场"双循环"新格局，还要和"一带一路"倡议紧密结合。"一带一路"沿线共有65个国家，他们不仅需要进口中国的化肥、农药、轮胎等化工产品，也需要中国石化装备、技术和服务等更大范围的合作。石油和化工企业要加快推进"一带一路"步伐，加大实施"一带一路"项目，使其成为我们实施"双循环"战略的重要措施，共同推进世界石油和化学工业健康可持续发展。

四、全力培育领头羊企业，撑起石油和化工发展的"脊梁"

企业是社会主义市场经济的微观主体，是国民经济的基础细胞，是推动经济社会发展的主体力量，企业兴则经济兴，企业强则国家强。大企业作为企业中的领头羊，一定程度上代表着国家的竞争力和创新水平。500强企业更是石油和化工大企业中的优秀代表，在当今世界，我国开启全面建设社会主义现代化国家征程的大背景下，更加需要加快培育具有全球竞争力的世界一流企业，为推动高质量发展，建设现代化经济体系打牢基础。选拔培育石油和化工行业领头羊企业，加快培育具有国际一流水平的石油和化工公司，是石化全行业面临的一个紧迫而艰巨的使命。中国石油和化工联合会将把培育领头羊企业列入行业企业管理"十四五"规划，参照国际上世界一流企业的标准，计划在用3至5年时间培育出一大批领头羊企业。领头羊企业应具有三个基本特征：第一个就是要"大"，体量上要有足够规模，在行业甚至在全球范围内具有显著影响；第二个是要"强"，在行业内通过不俗业绩来保持领先地位；第三个是要"基业长青"，企业要有在市场风云变幻中屹立不倒的长期性，并在发展中积累长盛不衰的国际声望。也就是说，领头羊企业都具有"做大""做强"和"做久"的共同特征。石油和化工行业"领头羊"企业的选择标准是：一是企业主营业务销售收入在行业内居于前几位，而且在行业中具有不可或缺的地位；二是企业具有15年以上持续成长的历史，经济效益和经济效率居于行业领先水平；三是企业产品技术和结构具有活力和差异化水平，具有独特的创新发展后劲；四是企业在领导班子、企业战略和组织结构等方面具有优势。

选拔培育行业领头羊企业的重点在石油和化工企业500强和分行业百强企业中。要通过深入开展石油和化工企业500强发布活动，引导石油和化工企业做大做优做强做久，向国际一流企业迈进；积极用好用活国家扶持政策，打造行业领头羊企业并发挥其示范引领作用；通过开展管理创新活动，向企业送管理活动宣传推广领头羊企业管理创新经验；组织重点企业高管考察学习国际化工巨头先进管理经验，为领头羊企业成长创造良好氛围。

五、弘扬企业家精神，更好地发挥企业家作用

企业家是经济活动的重要主体。改革开放以来，石油和化工行业一大批有胆识、勇创新的企业家茁壮成长，形成了具有鲜明时代特征、行业特色、世界水准的企业家队伍，先后涌现出吉化总经理孙树祯、沧州大化总经理谢华生、江苏黑松林粘合剂厂总经理刘鹏凯等一批全国优秀企业家，为行业争得了荣誉。在企业家座谈会上，习近平总书记充分肯定了广大企业家在促进经济社会发展中的重要作用和贡献，就弘扬企业家精神提

出殷切希望。我们要践行总书记的重要指示，大力弘扬企业家精神，带领企业战胜世界经济萎靡和疫情造成的困难，走向更辉煌的未来，在爱国、创新、诚信、社会责任和国际视野等方面不断提升自己，努力成为新时代构建新发展格局、建设现代化石油和化工经济体系、推动高质量发展的生力军。要增强爱国情怀，把企业发展同国家繁荣、民族兴盛、人民幸福紧密结合在一起，主动为国担当、为国分忧，带领企业奋力拼搏、力争一流，实现质量更好、效益更高、竞争力更强、影响力更大的发展。要勇于创新，做创新发展的探索者、组织者、引领者，勇于推动生产组织创新、技术创新、市场创新，重视技术研发和人力资本投入，有效调动员工创造力，努力把企业打造成为强大的创新主体。要做诚信守法的表率，带动全社会道德素质和文明程度提升。要承担社会责任，努力稳定就业岗位，关心员工健康，同员工携手渡过难关。要拓展国际视野，立足中国，放眼世界，提高把握国际市场动向和需求特点的能力，提高把握国际规则能力，提高国际市场开拓能力，提高防范国际市场风险能力，带动企业在更高水平的对外开放中实现更好发展。要继承和弘扬大庆精神、吉化经验的优良传统和石油和化工企业创建"无泄漏工厂""清洁文明工厂"以及"化工六好企业"的奋发图强精神，发扬"三老四严"的工作作风。守初心，担使命，持之以恒地把党的政治优势转化为企业的发展优势。为了在市场经济大潮中打造更多的优秀企业家，中国石油和化工联合会将建立评先创优机制，大力选树优秀典型。建立学习平台，加强教育培训，组织专题研讨，学习国际先进管理经验，提升数字化领导力，促进企业家优势互补，共同提高。中国化工报、化工管理杂志等媒体要讲好企业家故事，发挥榜样引领作用，为企业家健康成长创造良好氛围。

如何成长为具有国际竞争力的一流公司*

"三人行，必有我师也。"中华民族历来都是一个崇尚学习的民族，善于学习是中华民族的一个传统美德。中国石油和化工行业也是一个十分好学的行业，中国石油和化学工业发展的历史，就是一个不断从学习中汲取营养，在学习中成长发展的历史。

今天中国的石油和化学工业已经从无到有、从小到大，中国已成长为世界石油和化学工业大国，但我们深知中国还远远不是一个石油和化学工业的强国。其中一个很大的差距，就是中国石油和化学工业缺乏世界一流的石油和化工企业。如何在向石油和化学工业强国跨越的进程中，加快培育具有世界一流水平的石油和化工企业，这是摆在中国石油和化学工业面前一个十分急迫的战略任务。

我最近看到了一个资料讲："中国全球竞争力排在世界20名以后，中国最好的大学排不进世界前40名，中国还非常缺乏世界性的超级跨国公司。""美国人口只占全世界的5%，但美国人消耗了全世界25%的资源，掌握了全世界60%的金融、掌握了全世界70%的最高端人才！"。

目前，世界一流的石油和化工跨国公司都来到了中国。据不完全统计，2018年底在中国生产经营的跨国公司就超过7200家，外资企业的主营业务收入已经占到整个中国石油和化学工业主营业务收入的三分之一。中国石油和化工企业不出国门，面临的就是国际竞争。在与跨国公司的同台合作与竞争中，我们既看到了榜样，又看到了差距。我们同世界一流跨国

---

* 这是2020年11月11日，在第十三届全国石油和化工企业管理和创新大会上的讲话。

公司的差距，不仅是战略层面的，更是整体性的。有差距并不可怕，可怕的是我们不承认差距、不敢面对差距。对中国石油和化工企业来讲，只有正视差距，才有可能缩小差距，只有向榜样学习，才有可能超越榜样。

面对中国石油和化学工业近3万家规模以上的企业，我想提出的一个尖锐问题，在目前和未来，谁能够代表中国的石油和化学工业？杜邦和陶氏可以代表美国，巴斯夫和赢创可以代表德国，三菱、三井可以代表日本。在中国谁能站出来说，我能代表中国。目前可能还没有一家公司，有这样的资本和水平。但一个强大的中国，必须要有世界一流的公司，建设具有世界一流水平的石油和化工公司，这就是我们全行业的共同使命。在学习中创新、在学习中超越，这就是我们中国石油和化工企业在赶超进程中的唯一态度和唯一方法。

世界一流公司的一个基本特征，就是主业生产规模和营业收入位于世界前列。《财富》杂志评选出500强企业的营业收入，目前，在绝对量上都超过了200亿美元大关。为什么世界500强的评比指标，采用了营业收入而不是利润、资产或市值等指标？这说明营业收入与利润、资产或市值相比，更能反映一个公司的综合实力。大不一定强，但不大注定不可能强，不在行业内把生产规模和营业收入做到全球前几名，就基本上不可成为世界一流企业。

2018年在世界500强企业名单中，石油和化工企业共有60家，其中入围的中国石油和化工企业共有16家。中国石油化工集团公司和中国石油天然气集团公司分别排名为第3名和第4名，他们的营业收入和实现利润分别是3269.5亿美元、3260.1亿美元和15.4亿美元、–6.9亿美元。500强最后一家企业的营业收入为235.6亿美元。

面对我们身边的世界一流企业和作为榜样的跨国公司，除了生产规模大和营业收入高以外，他们还有哪些值得我们学习的基本特征呢？我认为，世界一流石油和化工跨国公司，他们身上都有五个共同的基本特征：

一、超前的企业战略

战略是对未来的选择。企业战略的核心内容是精准、明确的市场定位和激励人心的发展目标。

巴斯夫是全球最大的化工企业之一，2017年公司销售收入高达733.57亿美元。为了保持公司全球领先的战略地位，2018年11月20日巴斯夫在德国路德维希港发布了公司全新的企业战略，这个战略是在全球战略转型新形势下，公司在全面分析了全球化工行业转型发展的新形势后，制定的以提高企业核心竞争力为战略目标的全新战略。这个战略不仅雄心勃勃、充满活力，而且内容相当广泛，措施十分具体。以巴斯夫全新战略为例，我们分析一下跨国公司企业战略的具体特点：

（一）具有精准、明确的市场定位

市场定位不仅是企业战略的主要内容，而且也是企业创新发展的出发点和立足点，战略是企业对细分市场的选择。市场定位的核心，就是通过市场分析，找到一个最适合自己发展壮大的细分市场空间。企业市场定位选择，一般都遵循三大原则：

1.产业链延伸原则

企业市场定位特别是企业创新产业定位的选择，首先应该在企业现有产业的基础上，在产业链的上下游方向选择。这样的选择有几大好处：一是可以继续保持现有产业的基础，发挥现有产业的优势；二是产业链的延伸可以发挥现有产业技术、管理和现有生产装备的优势；三是向上下游产业链延伸还可以节约投资、减少风险。

2.产业优势互补原则

一个企业在现有产业优势的基础上，抓住市场机遇，大胆跨入另一个产业，形成新的经济增长点和更大的战略优势，这是一个公司实现跨越式发展的惯用做法。如果跨行业、跨产业机遇抓得好，就会迅速形成或扩大企业现有的竞争优势。跨行业、跨产业发展的一个重要原则，就是一定要牢牢把握产业优势互补的原则。如果这个原则把握得好，就可以取得1+1＞2的效果；如果把握得不好，也可能会损害现有的发展基础。

3.专有优势独立发展原则

如果一个企业具有独特的专有技术，这是差异化发展的稀缺资源，也是市场竞争的核心优势，当然可以独立发展。这种独立发展的专有技术越是高端复杂，别人仿制的难度就越大，企业的竞争优势就越突出、越持久。不少企业高端发展、差异化发展就是依靠这种独特的专有技术。无论任何时候，独特的专有技术都是企业的核心竞争力。

在企业战略市场定位实践中，这三大原则既可单独运用，也可综合使用，核心是要实现独具特色的市场定位。巴斯夫是一个超大型的多品种、多技术的化工公司，在全新的企业战略中，他们充分利用了市场定位的三大原则，大力优化现有产品组合，努力提升企业的核心竞争优势。从2019年1月1日起，巴斯夫将现有产品结构集中在六大业务领域优化，每个业务领域包含两个业务部门，只有农业解决方案领域是一个单独的业务部门。这六大业务领域分别是：

化学品领域：石油化学品、中间体；

材料领域：特性材料、单体；

工业解决方案领域：分散体与颜料、特性化学品；

表面处理技术领域：催化剂、涂料；

营养与护理领域：护理化学品、营养与健康；

农业领域：农业解决方案。

巴斯夫CEO薄睦乐表示，我们重新审视了公司的业务结构，并将于2019年开始做出改变，"我们会进一步优化我们的产品组合，使我们的资金分配更集中于增长型业务。巴斯夫会找准每个业务的市场定位，明确竞争优势，并建立适应不同竞争环境的高绩效组织。"巴斯夫新战略还进一步强调，"巴斯夫将通过投资、创新着力推动内生有机增长，并进行适当并购，不能达到市场目标地位的业务终将退出。"精准、明确的市场定位是巴斯夫全新战略的最大特色。

（二）激励人心的发展目标

一个好的企业战略，一定都会有一个激励人心的发展目标。因为目标是发展战略追求的结果，也是检验企业战略正确与否的唯一尺度。一个好的企业战略，不仅要有财务目标，而且还会包括非财务目标，是一个综合业绩的指标体系。以巴斯夫最新战略为例，这个全新战略既有财务目标，又有非财务目标，是一个雄心勃勃、凝聚力量、鼓舞人心的发展目标。

巴斯夫多年来一直走在世界化学工业的最前列，经营业绩也一直遥遥领先。战略报告指出，"2012年以来，巴斯夫不计特殊项目的息税、折旧及摊销前利润每年平均增长8%，大幅高于每年3%的固定成本增长，也快于全球化工增长3.7%的年均增长水平。此外，近年来自由现金流水平也得到了大幅提升，并于近期实现了高达15.4%的已动用资本回报率。新战略的首要目标是实现销售额和销量的增长。"

新战略明确提出，"我们的增长要比市场更快，旨在实现高于全球化工生产水平的销售额和销量增速。"巴斯夫同时希望进一步提高盈利能力，"目标是将不计特殊项目的息税、折旧及摊销前利润水平每年提高3至5个百分点。"巴斯夫还希望保持在投资者眼中的领先地位，为其创造高于化工行业平均水平的价值。"我们希望保持充足的自由现金流，每股股息逐年增加。"

除了财务目标外，新战略还制定了雄心勃勃的非财务目标。新战略提出，"即使我们制定了可观的年生产增长目标，我们仍承诺将全球温室气体排放维持在2018年水平，直到2030年。这意味着我们在实现有机增长的同时控制二氧化碳排放的增长。""除了实现2030年二氧化碳排放总量维持不变的目标之外，巴斯夫还希望到2025年超越型产品销售额能够达到约220亿欧元。这些产品对价值链可持续发展提供卓越贡献。"

为实现这一远大的战略目标，巴斯夫正启动一批新的卓越项目，于2019年至2021年实施，目标是从2021年底开始，每年贡献20亿欧元收益。这批项目将包含生产、物流、研发、数字化、自动化及组织发展等领域的措施。

这一目标涵盖了一批重大投资项目，例如将在中国广东湛江独资建设的一体化生产基地，以及对南京基地的扩建改造工程。巴斯夫新战略认为，"中国已经成为全球最大的化工市场，占40%的全球市场份额，并将继续推动全球化工生产增长。到2030年，中国在全球市场的份额将扩大至近50%，巴斯夫要与中国市场共同成长，"并决心在中国市场精耕细作。

为了实现这一宏大的战略目标，巴斯夫将专注于实现业务领域的有机增长，将加大力度聚焦客户，为客户提供定制化的服务和解决方案，并将进一步强化一体化体系，从而变得更快、更灵活、更敏捷。

也许有人会说，巴斯夫是全球顶尖的大型跨国公司，我们基础差得太远，无法学习他的发展战略。那么，还有一批中小型跨国公司"专注型"的企业战略，也对我们有很强的借鉴意义。比如德国汉高公司，就是一个"专注型"战略的典型。

德国汉高公司是一个具有142年历史（1876年建厂）的老企业，但在140多年的发展历史中，它的市场定位非常专注，只专注胶黏剂和洗涤剂两个市场，业务专一、技术专注，产品优势十分突出。目前公司销售额达200多亿欧元，息税前利润达34.61亿欧元，EBIT高达17.3%，是全球最大的胶黏剂企业、全球第二大洗涤剂工厂。汉高公司在这两个领域有着全球领先的生产技术，全球有188个生产基地，22个研发中心，而且管理层中女性占35%，每年新产品的比例占30%，同样的资源价值汉高公司价值创造是别人的3倍。汉高公司的产品紧紧抓住生活领域、交通领域、通用工业领域和电子化学品领域等四大终端市场。目前汉高胶黏剂占全球市场的11%，是全球胶黏剂市场的领导者，在洗涤剂及家用护理以及化妆品/美容用品两大类业务中，也拥有一大批全球市场的领先品牌，如汉高施华蔻品牌，是一个拥有120年历史，代表着品质、专业和创新的美发化妆品牌。这个品牌包含着护理、造型和染发三大品种众多子品牌。他们被创造美丽秀发的热情所驱动，而这种热情反映在他们公司的每一件产品之中，他们的产品代表着创新、可靠、品质、信任和能力。施华蔻被誉为"你的沙龙美发专家"。汉高的优先股已列入德国DAX指数。

反思中国石油和化工企业战略现状，我认为相当一批企业实际上没有真正意义上的企业战略。属于"干到哪儿算哪，走到哪儿歇哪"的状况。有人形容这样的企业战略，是"先开枪再瞄准"，或者是"搂草打兔子"撞大运。一个企业，如果没有建立在对市场长远需求分析，建立在对企业自身竞争优劣势分析之上的企业战略，是不可能成为世界一流企业的，更不可能成为行业的"百年老店"。

二、超强的创新能力

当前,创新正在成为引领全球经济发展的新动能。在全球激烈竞争的大环境下,无论是年轻的公司还是"百年老店",无论是大型公司还是小型公司,都把提升创新能力作为企业的核心竞争力,摆在战略发展的首要地位。一批石油和化工跨国公司正站在全球行业创新发展的制高点上,引领着全球石油和化工行业发展的新方向、新高度和新未来。

1802年成立的杜邦公司,就是用创新走过了200年历史并一直领先于世界发展的一个典型。杜邦公司的第一个100年,始终围绕着黑色炸药、无烟火药和高能炸药三种产品,走出了一条艰难曲折的创业历程,同时也创造了炸药生产的辉煌历史。特别是1857年,杜邦公司发明了用硝酸钠生产火药的技术,取得了黑色火药600年生产史上的一个重大突破。1866年,杜邦公司又发明了硝化甘油炸药,它的爆炸威力是黑色火药的3倍。美国南北战争和第一次世界大战,又为杜邦公司提供了难得的市场机遇。随着1912年在弗吉尼亚州的詹姆士河畔新建的霍普韦尔工厂投产,杜邦公司一举成为世界上最大的无烟火药厂。

随着第一次世界大战的结束,杜邦公司凭借着第一个100年积累的雄厚资本和技术管理能力,又提出了第二个100年的发展目标——为美国消费者服务。为了适应生产发展的需要,杜邦公司1904年成立了公司实验站,先后聘请了16位专职科学家进行技术创新研究工作。杜邦公司实验站的成立,标志着企业的科学研究从此再也不是个人的爱好和创造,而是形成了一个新的机制。科研创新又引领着杜邦开发了一系列具有划时代意义的新技术、新产品,推动着世界化学工业的飞速发展。合成橡胶和尼龙66的发明,是杜邦公司20世纪最引以为自豪、具有划时代意义的两项技术和产品创新。杜邦公司转向生产消费化学品开始于两个产品:纺织品和汽车。杜邦公司科研人员在合成染料的技术研究中,发现了由单体相互连接成大分子的"聚合物",可以形成橡胶、塑料和纤维素等有机物质。在合成橡胶的研发过程中,他们又发现了由酒精和酸合成的长链弹性聚合物——聚酯。杜邦决定用"尼龙"作为这个产品的通用名称,"尼龙"很快就成为美国女性针织品的代名词。1938年10月27日，杜邦公司在纽约的世界博览会上宣布用尼龙试产新式长袜后，马上在特拉华州威明顿的《每日晚报》上刊登整版广告，邀请威明顿的妇女来"检验和购买这种人人都在谈论的丝袜"，每人限购三双，而且购买者需要提供当地住址。于是，来自全美国的妇女都尽量确保在威明顿城内旅馆预定一间客房。尼龙丝袜的市场反应出人意料，杜邦生产的所有产品只要一上货架，就立刻销售一空。杜邦公司选定1940年5月15日为"尼龙日"，在全美国重要商场首次发售尼龙丝袜，尽管每人限购一双，500万双丝袜还是在当天全部销售一空。仅尼龙丝袜一个产品，自公开销售以来，短短7个月就给杜邦公司带来了300万美元利润，足够支付公司用于尼龙66研发的全部费用。杜邦认定，尼龙产品将会成为公司产品中的一个奇迹。在整个20世纪60年代，杜邦就花费了1亿美元的投入，开发了41个新产品，很多产品都取得了巨大成功。农用化学品，包括杜邦公司1968年推出的万灵杀真菌剂，促进了全世界农业革命的发展。莱卡弹性纤维也是杜邦最成功的产品之一，其销售额在20世纪60年代末达到了5000万美元。杜邦还成功开发了一种液体结晶聚合物，为凯夫拉防弹纤维提供原料，这种防弹衣已经挽救了无数人的生命，这种材料还在制造业中广泛运用于防止割伤的凯夫拉手套，凭借这项发明，杜邦获得了1996年美国国家技术奖章。

在迈入第三个百年的发展历程之后，杜邦公司又明确提出了新的发展愿景：我们是一家面向市场的科学公司。我们企业的愿景是成为世界上最具活力的科学公司，致力于创造可持续的解决方案，让全球各地的人们生活得更美好、更安全、更健康。目前，杜邦公司在全球拥有150家研发机构、9500多名科学家和工程师。2005年3月，杜邦公司在上海张江高新技术园区投资8000万美元，建立了杜邦中国研发中心。他们提出，杜邦公司的能力将契合中国的长期发展方向，协力创新，杜邦就能取得领先的科技成果。杜邦公司三百年来坚持用创新引领公司发展的成功实践，不仅充分证明了创新是百年老店的长寿基因，而且还为中国公司提供了一个与时俱进的创新榜样。

当前，全球跨国公司都在科研投入上加大力量，在研发方向上聚焦行业技术制高点，努力加快制高点技术的突破，在行业创新发展上呈现出了五大方向性的全新趋势：

一是把创新发展的重点放在未来技术的制高点上。欧洲、美国和日本石化企业都在按照未来需求的预测，集中精力加紧研究一批未来新的经济增长点技术，抢占未来技术的制高点，抢抓未来发展的先机。有四个让人十分关注的焦点：甲烷制乙烯技术、人工光合成技术、二氧化碳利用新技术和原油、原煤直接制化学品技术等。

二是把创新发展的重点放在终端市场的需求上。美国陶氏化学CEO利伟诚先生曾经这样评价中国的石油和化学工业："我们认为，中国的石油和化学工业基本上就是一个基础原材料工业，你们离终端市场太远。其实，终端市场技术水平不低，经济效益不差。中国石油和化学工业的发展，应该大胆拥抱终端市场。"化学工业发展的根本目的是让人类生活更加精彩，要为人类创造更加舒适的生活。在用化学创造舒适生活方面，跨国公司还有一个显著的特点，就是把创新发展的重点放在医疗、健康和生命科学上。在发达国家人民的眼中，化学工业是他们舒适生活中不可或缺的一部分。而中国的石油和化学工业离老百姓日常生活太远，所以在老百姓心目中的化学工业不可敬、也不大可爱。

三是把创新发展的重点放在安全环保的绿色发展方式上。安全、环保、绿色、低碳已经成为世界石油和化学工业发展的新动能，绿色化学已经站在技术创新的"风口"上，安全环保技术已经成为世界化学工业发展新的制高点和新的增长极。

四是把创新发展的重点放在传统能源的清洁高效利用和新能源的技术突破上。当前世界能源多元化发展趋势十分明显，一方面，化石能源资源枯竭论已经离我们越来越远；另一方面，新能源技术的突破离我们越来越近。有专家预测，目前世界能源发展正处于油气等化石能源向氢能等非化石能源的第三次转换期，能源类型正在由高碳向低碳、非碳发展。据预测，到2050年，天然气在能源消费结构中的占比将首次超过石油和煤炭，世界能源将迈入天然气、石油、煤炭和新能源"四分天下"的新时代。不少跨国公司都认为，氢能可能是能源问题的终极解决方案，也是未来最理想的能源。氢燃烧后唯一的产物是水，没有一点污染问题。而且氢的能量还远远高于煤、石油和天然气，1g氢燃烧能释放出142kJ的热量，是汽油发热量的3倍。

五是把创新发展手段同先进数字智能技术的紧密结合。跨国公司除了在创新发展理念上的超前之外，还有着十分先进的研发平台和数字智能技术的紧密结合，他们都建设了高强度的数据采集系统，高水平的理化分析设备，大数据统领的智能工厂，特别是先进前沿的微反应技术。在一个实验室里，每天可以收集超过10亿组数据的高效率的研究分析系统。信息时代正在给我们石油和化学工业的研究技术带来一系列巨大、深刻的变化。

在企业创新管理上，不少跨国公司都在实践中摸索出了不少行之有效的方法，既承担了企业创新的勇气、又规避了创新的风险，特别是防范"翻船"的风险。德国赢创工业公司就是一家在创新管理上独具特色的企业。赢创集团专门设有"首席创新官"一职，在集团CEO的直接领导下，"首席创新官"全权负责集团公司的创新管理。集团构建了上下协同、内外融合、全球一体化的创新体系。集团总部设有赢创Creavis战略研究院，资金纳入集团总部预算，约占全部研发投入的20%；集团六大事业部分别设有独立的技术研发团队，聚焦于"客户驱动"的新产品、新技术的应用开发和改进，资金纳入各事业部的预算，约占全部研发投入的80%，此外，赢创还通过与客户和学术机构合作以及创新企业风险投资等，实现了开放型协同创新。作为赢创集团的战略创新单位，赢创Creavis战略研究院主要致力于应对明天及未来的挑战，重点围绕"破坏性创新"开展风险和投入较大的中长期基础研究项目。赢创Creavis战略研究院的内部结构主要由业务生长线和项目屋组成。业务生长线按主题串联及发展长期战略项目展开。项目屋则按照项目需要荟萃了不同部门的专家。一般而言，他们会在3~5年的时间里就同一主题携手合作，共同开发的产品和技术通常由业务部门负责市场推广。

为了使创新管理过程透明，也为了规避创新风险，赢创公司还开发了一个全局化的创新门站式管理流程，这个流程包括创新战略和实验室作业的12P®（盈利构想）项目管理体系。这个专有名词代表从创意到盈利，象征着从理念、研究项目到投放市场以及最终取得市场成功的整个过程。一方面,12P®使研究人员能够切实监管一个项目从构思到产品投放的整个执行阶段;另一方面,提供了整个研发、市场营销和销售的跨领域和国际创新团队需要定期审核创新组合决策的所有职能。这种方式,可以保证这些项目迅速有效地开展而且有据可查,也使得整个创新流程和渠道随时透明可见,可以有效规避各种风险。

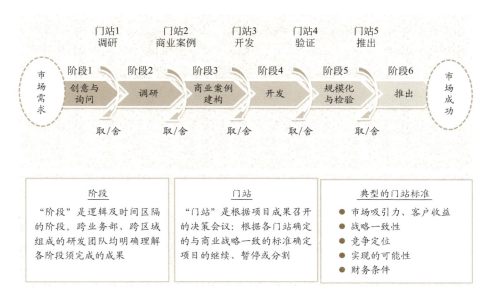

12P® 项目管理体系图

目前,石化行业的创新主要还是"跟随型"创新,真正具有自主知识产权的原始创新,具有行业技术制高点的创新还是不多的。据麦肯锡最新研究报告统计,"目前中国对高端技术的引进需求,约有一半来自3个国家:2011～2016年间,27%来自美国,17%来自日本,11%来自德国,而这些数字在过去20年基本保持稳定。"实践告诉我们:没有占据行业制高点的核心技术,没有自主创新的能力,是不可能成为具有国际竞争优势一流企业的。中国石油和化学工业要想早日跨入世界石油和化学工业强国,在创新上必须加力,必须加快,必须要迎头赶上。

三、领先的经营效率

经营效率，始终是企业在市场竞争中的焦点，也是世界级一流企业的根本标志。为什么经营效率如此重要，这是因为经营效率的各项指标，不仅代表着企业生产力先进的水平，而且还代表着企业生产关系的先进程度。经营效率是整个企业战略管理、技术管理、流程管理和人员管理的综合体现，也是检验世界一流企业的过硬尺度。

德勤公司从标准普尔compustat数据库里的30万家企业数据中选出2.5万家业绩超凡的优秀企业，对它们1966～2010年的业绩进行了分析，得出了这些企业取得超凡业绩的三大规律：一是品质先于价格；二是收入先于成本；三是始终坚持前两条。他们研究认为，超凡业绩企业绝不打价格战，价值优势是超凡业绩的重要源泉，一旦企业放弃自己的价值优势，他们的业绩就会一落千丈。价格优势虽然与业绩存在关联，但在企业进行市场定位的过程中，超凡业绩更多来自价值优势，而不是低价格。事实证明，超凡企业不仅有其特殊的价值创造模式（即品质先于价格），而且还坚持以实现高收入为第一要务的原则，为了创造收入甘愿投资并承担必要的成本。前两条规律，"品质先于价格"和"收入先于成本"，告诉企业应该做什么。第三条规律阐述了企业不应该做什么。有人评价这三条规律，是未来世界的"王者思维法则"。如果你能认识并坚持这三条规律，你就有高于别人的机会，成为"奇迹创造者"，成为行业冠军，成为业绩超凡者。如果你还像过去一样抓机会、博运气、打价格战，就会成为平庸者，甚至无法活下去。

恰恰在经营效率上，石油和化工企业同跨国公司相比，有着巨大的差距。最近，我们把2017年中国石油化工行业的经营效率指标同主要跨国公司进行了一个比较，从这个对比表中，我们可以清楚地看到我们同跨国公司的差距。

从对跨国公司经营效率和经营业绩的分析中，我们可以清楚看到，跨国公司的经营业绩主要来自他们对市场变化的快速反应，对企业战略的及时调整，对产品结构的果断优化。世界一流的跨国公司都有一个专门的

全行业与国际主要石油化工企业指标对比表

企业名称	资产总计/亿美元	营业收入/亿美元	利润总额/亿美元	营业收入利润率/%	资产利润率/%	人均收入/万美元	人均利润/万美元
2018年石油化工行业				6.77	6.55		
2017年石油化工行业				6.14	6.49	32.86	2.02
中国石化集团	3465.4	3269.5	15.4	0.47	0.44	49.0	0.2
中国石油集团	6294.1	3260.1	−6.9	—	—	22.2	—
壳牌（荷兰）	4071	3118.7	129.8	4.16	3.19	371.3	15.4
BP（英国）	2765.1	2445.8	33.9	1.39	1.23	330.5	4.6
埃克森美孚（美国）	3486.9	2443.6	197.1	8.07	5.65	343.2	27.7
中国海油集团	1734.1	814.8	30.2	3.70	1.74	83.2	3.1
中国中化集团	640.7	767.6	7.5	0.98	1.17	120.3	1.2
巴斯夫（德国）	945.8	726.8	68.5	9.43	7.24	65.4	6.2
陶式杜邦（美国）	1921.6	626.8	14.6	2.33	0.76	64.0	1.5
中国化工集团	1220.7	579.9	−7.4	—	—	40.8	—
拜耳（德国）	901.62	519.3	82.7	15.92	9.17	52.0	8.3
沙特基础（沙特阿拉伯）	859.9	399.4	49.1	12.31	5.71	117.5	14.5
三菱化学（日本）	442.1	336.2	19.1	5.69	4.32	48.6	2.8

数据来源：企业数据来源2018年发布的《财富》世界500强排行榜，绝对值为2017年；2017年人均收入与人均利润按照汇率1美元=6.7518元测算。

团队，专注于市场需求变化的分析，对产品结构的及时调整，对商业模式的大胆创新。我们仍以美国杜邦公司为例，2018年世界规模最大、技术最领先的杜邦公司和陶氏公司合并，我曾问时任陶氏公司的CEO利伟诚先生，"两个成长都很好的公司为什么合并？"他回答我们说："我们结婚是为了离婚生孩子，将来我们两个合并后的公司将一分为三，以杜邦的优势业务为主成立农化、生命科学公司，以陶氏的优势业务为主成立化工新材料公司，将杜邦公司和陶氏公司精细化工业务整合，成立一家新的世界级的精细化工公司。"从跨国公司兼并重组的实践中,我们可以看到跨国公司都是在看到市场即将发生变化后即主动调整,不像有些中国公司那样,只要还有一口气活着,就绝不重组。

最近新杜邦公司的战略调整公布,新的杜邦公司将业务聚焦于未来的四大市场领域,即:电子与成像;营养与生物科技;安全与建筑;交通运输和先进材料。跨国公司的调整、并购、重组都着眼于未来,他们从不迷恋昨天,迷恋历史。无论昨天多么伟大、成就多么辉煌,只要明天市场发生变化,只要不可能做到最优,他们就会果断调整。这一点非常值得中国企业认真学习。

四、高度的社会责任

"责任关怀"是20世纪80年代国际化工协会联合会向全世界化学工业提出的一个全新理念,这个理念的提出,就是要求全球化学工业在发展的同时,必须自觉地承担起化工行业安全生产、职业健康、节能环保、绿色发展的主动担当和更大责任。"责任关怀"是全球化工行业的自律行动,跨国公司始终走在全球"责任关怀"行动的最前列,他们在认真搞好企业安全生产、HSE管理的同时,还主动开展工厂开放日活动、社区共建活动、青少年科普夏令营活动、走进大学开展科技竞赛等等多种形式的活动,取得了很好的社会效果。中国石化行业自从成为国际化工协会联合会观察员以来,就主动签署了《责任关怀全球宪章》,广泛开展"责任关怀"的宣传、教育和推动工作,制定了"责任关怀"工作三年目标和路线图,同跨国公司联合开展了携手共建社区活动,从2017年开始每年定期发布行业"责任关怀"年度报告等。这一切工作都受到了国际化工协会联合会的一致好评和高度肯定。

但从总体上看,我们企业的"责任关怀"工作同跨国公司相比,还有不小的差距。最大的差距,就是"责任关怀"的责任心还不到位,责任制还不落实。以石化行业的安全管理为例,最近以来,石化行业连续发生了四川宜宾"7·12"、河北张家口"11·28"、江苏盐城"3·21"等重特大事故，给人民群众生命财产造成巨大损失，给行业发展带来极大的负面影响。这一系列的事故，不仅反映出石化行业本质安全生产水平的巨大差距，而且也反映出我们社会责任不落实的重大问题。"责任关怀"的核心是责任，责任不落实、责任不到位是安全事故频发的总根源。

　　杜邦安全生产管理是全世界公认的，具有一整套严格、齐全的安全理念、制度和管理措施的先进典型，但它的安全管理也是从血的教训中完善起来的。大家都知道，杜邦公司是从生产火药起家的。1815年杜邦公司发生了第一次爆炸，炸死了9位工人，为了挽救声誉、稳定工人，杜邦采取了两条措施：一是为工人的遗孤和遗孀建立了养老金；二是杜邦将家人全部搬到厂区，同雇员一起承担风险。当时杜邦和他的妻子及7个孩子全部住进了厂区一栋三层楼的住房里。1818年3月19日，由于一个工头上班喝酒造成了又一场可怕的爆炸，炸死了40人，炸伤了杜邦的妻子。这次爆炸十分可怕，从封装厂一直炸到存放30吨炸药的仓库，距离厂区6公里外的威明顿居民都清楚地听到了雷霆般的爆炸声，所有工人都逃离了工厂，并拒绝回来工作。工厂的修复工作进行了一个多月，当时杜邦宣布，下一次开车他将亲自开动机器，同时工厂实行了严格的安全管理制度。随着岁月的流逝，多数工人又回来工作了。将家人的安全同员工的安全拴在了一起，杜邦公司的安全管理走上了一个新的高度。随着安全责任的落实，杜邦公司在安全管理实践中逐步建立了具有本质安全和极具人情的HSE管理体系。杜邦的"责任关怀"也造就了员工对企业的忠诚。杜邦安全管理的实践再一次告诉我们，化工安全管理是可管可控的，安全事故是可防可避免的。安全生产的基础在于责任，责任的核心在于责任心。高度的社会责任，必须要建立在亲情般的"责任关怀"上。只要各级领导有责任心，真正把安全放在心上，把责任扛在肩上，化工企业的安全、环保、健康和绿色发展都是可以搞好的，企业的本质安全也是完全可以做到的。

五、独特的企业文化

　　企业文化是一个企业在实践中培育形成的共同价值观，是一个企业形成合力、养成作风、追求未来的动力源泉。如果说战略是一个企业的硬实力，那么文化则是企业的软实力。世界一流的跨国公司，特别是"百年老店"，都有自己独特的企业文化。这种独特的企业文化，集中体现在两大文化核心特色上：一是企业创新文化；二是充分调动员工积极性和创造性的激励文化。而这两大特色在巴斯夫最新企业战略中体现得十分充分。

一是企业创新文化。长期以来，巴斯夫一直遵循基于价值创新的管理理念。他们认为，一个公司只有能够生产超过所用资本成本的收益，那么这个公司才能长期创造价值。正是基于这种价值创新的理念，巴斯夫才形成了今天"创造化学新作用，追求可持续发展新未来"的这种企业文化。正是这种文化，才促使巴斯夫成为全球最具创新力的领头羊企业。"创造化学新作用"，正促使着巴斯夫在全新的充满挑战的市场环境中脱颖而出，走在可持续发展的最前列。巴斯夫即将在广东湛江开工建设的华南一体化基地项目规划，就充分体现了他们独特的企业文化和先进的创新理念。这个基地将进口320万吨石脑油，用蒸汽裂解工艺年产100万吨乙烯和一系列拥有巴斯夫自主知识产权的创新下游产品。这个规划的特色是：这个基地将成为亚太地区最先进的一体化生产基地；这个基地将以创新解决方案推动产业升级，他们用最先进的技术和装置产出覆盖整个价值链的创新产品组合，仅工程塑料就包括普通塑料、工程塑料和高性能塑料等17个品种（LDPE、HDPE、PP、PS、ABS、PMMA、PVC、POM、PA、PET、PBT、PC、MPPO、PPA、PPS、PES、PSO）；这个基地将引领可持续发展解决方案并执行最高安全标准；这个基地将连接遍及世界各地的生产与研发网络。这个基地将会成为坐落在中国土地上世界上最先进的一体化大型基地。

二是充分调动员工积极性和创造性的激励文化。跨国公司认为，公司最具创造性的活力源泉在广大员工，员工的智慧和创造潜力是无法估量的。不少跨国都在人才管理、人才使用、人才激励方面有一整套的成功做法和成熟经验。在巴斯夫最新战略中，又重申了他们正在启动的一系列的卓越人才、卓越项目、卓越工程、卓越产品等措施，要最大限度地调动和发挥员工的创造积极性。公司CEO薄睦乐在新战略发布会上表示，"没有我们的员工，所有目标都无法实现。这也就是为什么我们首次设定了员工满意度指标。我们希望有超过80%的员工认为自己能在巴斯夫获得成长，并保持最佳的工作状态。"独特的企业文化，将培育独特的战略，独特的管理，独特的智慧，独特的作风。企业文化将是一流企业基业长青之魂。

　　培育世界一流的跨国公司，将是一个长期的过程。在追赶、超越的进程中，我们的发展环境将会发生深刻的变化。嫉妒、警惕、甚至不信任的情绪都会出现，谦逊、诚恳、尊重自主知识产权、合作共赢将是我们与世界同行相处的基本胸怀和理智做法。我们相信，在我们与世界同行特别是与领先的跨国公司在相互学习、相互借鉴、相互取长补短中，一定会收获成功的硕果，收获友谊的喜悦，收获合作共赢、共同发展的未来！

全面提升企业面向未来的战略管理创新能力[*]

一、"十四五"中国石油和化工行业发展环境的全新变化

进入"十四五"以来，我国石油和化学工业发展的国际环境和国内经济发展的阶段要求都发生了重大而深刻的变化，有许多变化也许将会是永远的改变。对石化行业来讲，国际发展环境的变化，主要集中在四个方面：

一是2020年春季爆发的新冠肺炎病毒大流行引发了现代史上空前的全球危机。有人讲这场病毒传播速度之快、造成的危害之大、防控的难度之艰难，远远超过了100年前西班牙大流感以来的任何一次疫情。毫不夸张地讲，全世界乃至我们每个人都因此陷入了几十年来未曾有过的艰难境地。新冠肺炎疫情正在严重冲击世界经济，使全球社会、地缘政治等多个领域都陷入危险和动荡之中。面对这场危机，任何行业和企业都无法置身事外。当前全球新冠肺炎疫情仍在持续恶化，我们清楚地看到，今天的世界社会分化、公平缺失、合作乏力、全球治理与领导失灵的问题凸显。新冠肺炎疫情还将给我们的未来带来哪些重大变化，我们都还难以预测。但我们应该尽最大努力，让疫情对行业发展的影响降到最小。

二是低碳经济目标的提出对全行业发展提出了全新的挑战。习近平总书记提出，中国"二氧化碳排放力争于2030年前达到峰值，努力争取2060

---

* 这是2021年11月29日，在2021中国石油和化工企业500强发布会上的讲话。

年前实现碳中和"❶。"双碳"目标，这是党中央作出的重大战略决策，也是中国作为一个负责任的大国对全世界作出的庄严承诺。相对于发达国家，无论在时间、空间还是在能源结构上，中国实现"碳达峰、碳中和"都存在着极大的挑战。目前美国、欧盟、日本等发达国家均已实现了碳达峰，我国在未来很长一段时间内仍将处于快速城镇化和现代化进程中，仅用10年左右的时间实现碳达峰和30年左右的时间从碳达峰到碳中和，这本身就是一个十分艰巨的任务。中国石油和化学工业是一个能源消耗和二氧化碳排放量都很大的行业，在"双碳"目标下，面临的挑战更多，绿色发展的责任更大。但我们也要清醒地认识到，石油和化工行业既是排放的大户，又是"三废"治理技术、装备的主要提供者，更是二氧化碳资源化利用的技术专业户。"双碳"目标的艰巨任务，对石化行业来讲，既是挑战，更是机遇。中国作为世界石油和化学工业大国，不仅有信心有能力打赢这场绿色发展攻坚战，而且还要努力使中国石油和化学工业的绿色发展走在整个工业的最前列。

三是创新能力在高端前沿技术快速发展的全新挑战。世界化学工业始终处于全球颠覆性技术变革的核心地位，我国虽然是一个石油和化学工业大国，但远远不是一个石油和化学工业强国。中国石油和化工行业同世界强国相比，最大的差距就是创新能力的差距，特别是原始创新能力的差距。尽管近年来我国石油和化学工业创新能力有了很大提升，但我们的创新从根本上讲还是跟随性的创新，真正原始创新还是凤毛麟角。从石油和化学工业原始创新的历史上分析，我们化学工业的原始创新技术几乎是一个空白。如合成氨技术是德国化学家哈伯发明的，氯碱技术是英国人Davy发明的，纯碱技术是比利时人索尔维发明的，尼龙技术是美国杜邦公司华莱士·卡罗瑟斯发明的，碳纤维技术是美国人阿博特发明的，聚氨酯技术是德国科学家在勒沃库森Farben实验室发明的。另外，衡量一个国家创新活力的根本标志是企业的创新能力，但全球创新活力最强的企业主要集中在欧美发达国家。据波士顿咨询公司公布的2015～2020年全球

---

❶ 参考人民网2020年11月18日人民日报《习近平：在金砖国家领导人第十二次会晤上的讲话》，编者注。

最具创新力50强企业的分布看,美国位居第一,2015年榜上有29家企业,2020年有25家;德国位居第二,2015年有7家,2020年有6家;日本第三,2015年有5家,2020年有3家;中国位居第四,2015年3家,2020年5家;法国位居第五,2015年有2家,2020年0家。从全球最具创新活力50强企业分布来看,美国企业占据全球创新企业的大部分,值得注意的是,近几年欧洲的创新企业数量不断增加,尤其是荷兰和瑞士的企业创新表现十分突出。《2019年全球创新指数》报告显示,2019年创新指数排名前20的国家中,有12个是欧洲国家。其中,瑞士连续9年雄踞榜首,欧盟委员会将荷兰列为欧洲的创新领导者。荷兰具有良好的创新商业环境,飞利浦、IBM、玛氏公司、沙特基础工业公司、华为和联合利华等大公司的欧洲研发中心都位于荷兰。此外,荷兰还大力推动科学、工业和政府部门之间建立战略伙伴关系,以此推动国家的创新发展。我国进入2015~2020年"全球最具创新力企业50强"的企业是华为(第6位)、阿里巴巴(第7位)、腾讯(第8位)、小米(第24位)、京东(第31位)。我们化工行业没有一家企业上榜,化工企业的创新能力亟待提升。

　　四是中美关系博弈的全新挑战。我们讲世界百年未有之大变局,实质上就是中美经济地位的变化和调整。美国从1945年就进入了世界舞台的中央,至今已经76年了。中美两个大国的博弈互动,将会直接塑造和影响当今世界的国际体系格局。中国经济的崛起和中华民族的伟大复兴,这是任何人无权也是无法阻挡的。中国人不惹事,但也不怕事。中美两个大国博弈的走向和变化,完全取决于美国的态度和行动。这是一个十分敏感,也存在巨大变数的未来。

　　在"十四五"中国石油和化学工业发展环境的四大变化中,我认为最重要、也是我们自己能够把握的,就是要全力加快提升石化行业特别是以企业为核心的自主创新能力。我们充分认识到,从进入"十四五"开始到未来的十年,将是我国石油和化学工业由大国向强国跨越的关键十年,也是我们行业必须要紧紧抓住,并且可以大有作为的关键十年。正如刘鹤副总理在最近讲话中强调的那样,"我们经济发展到这个阶段,科技创新既是发展问题，更是生存问题。"从"十四五"开始，中国石油和化学工业的创新具有三个重大转变：

一是石化行业未来的发展，已经进入了一个以自主创新为主的新阶段。目前我国已经是世界化学工业第一大国，无论是经济总量，还是产业结构，无论是重大项目建设，还是技术创新能力，都已经成为世界化工大国和跨国公司关注的焦点。不管你承认不承认，世界化工大国和跨国公司都把中国作为主要的竞争对手。2020年，巴斯夫和埃克森美孚分别在中国投资100亿欧元和100亿美元，建设化工新材料和炼化一体化的独资项目，为什么要独资？他们的CEO明确告诉我，因为这些项目中都有一批他们独创的、首次产业化的技术，为了保密他们必须独资。所以我们必须清醒地认识到，未来买入高新技术，甚至合作开发高新技术的机会越来越少。技术创新特别是高端前沿技术的创新必须要依靠我们自己，行业的技术创新将进入一个以自主创新为主的新阶段。

二是石化行业未来的发展，已经进入了一个面向未来创新的新阶段。在向强国跨越的进程中，我们已经清醒地认识到，石化行业的创新已经进入了一个不是如何追赶，而是如何领先于人的新阶段。培养面向未来的创新能力，培育面向未来的竞争优势，将是一个更加艰巨、更加紧迫的任务。因为创造未来比拼命追赶对手更富有挑战性，成为行业领跑者比拼命追随更有意义。在面向未来的发展中，我们面临着历史上从未有过的全新挑战：新能源的重构正进入"十月怀胎"的重要时刻，新材料的高端突破已经听到刀光剑影的格斗拼杀，低碳经济的转型已经向我们呼啸而来，绿色发展的新要求正在跨入"全生命周期"管理的新纪元，精细化工的技术创新已经进入"分子设计"的精准层面，化工技术的新突破同信息技术的新融合已经进入深度一体化的新阶段……，面向未来的创新，要求我们必须要对未来十年行业发展的趋势，有一个清晰、准确的把握，行业发展战略的"前大灯"必须要比竞争对手电压更足、照得更远，只有这样石化行业才能走出历史，迈向未来。

三是石化行业未来的发展，已经进入一个跨界协同创新的新阶段。面向未来的创新，特别是高端前沿技术的创新，必须要穿越"死亡之谷"和"达尔文之海"的风险，必须要突破组织、学科、技术和行业的界限，不同领域间的相互合作，交叉应用日益明显，跨界协同已成为未来创新的一大趋势。如2014年美国白宫颁布的《材料基因战略规划》，公布了9大关键材料研究领域的63个重点方向。这9大关键材料研究的领域是：一是人体组织与器官可再生生物活性材料、仿生材料、生物构造材料和生物系统新材料等生物材料；二是对能源、化工和药品等产业起关键作用的催化剂；三是树脂基复合材料；四是高温超导材料、自旋电子材料、磁性材料、巨磁阻材料、拓扑绝缘体等关联电子材料；五是电子和光子材料；六是能源材料；七是轻质结构材料；八是有机电子材料；九是聚合物。这9大关键材料的领域和组织都是跨界的、协同的，都是有研究机构、大专院校和企业共同参与的。我们可以清楚地看到，今后越是高端、越是前沿的创新，就越需要多学科、多部门的协同合作，跨界融合创新已经成为未来世界高端前沿创新的一大新趋势。

面对"十四五"石化行业发展环境的全新变化，全行业必须要充分认识到加速提升创新能力的极端重要性。创新能力必须要在技术创新和管理创新两个方面同时发力，协调推进。技术创新和管理创新两者同等重要，两个"轮子"缺一不可。目前大家对技术创新的重要性认识都很高，但对管理创新的重要性，在认识上还有一定的差距，甚至有些人还有很大的差距。在我们向石油和化工强国跨越的进程中，全行业一定要提高认识，加快提升面向未来的战略管理创新能力，全面开创管理未来的崭新局面。

二、"十三五"以来全行业管理创新能力的现状与差距

"十三五"以来，我国石油和化工企业的管理创新能力有了显著提升。这方面的成绩，我们发布的2021年500强企业名单就是一个证明。《财富》杂志刚刚发布的2021年世界500强企业名单和美国《化学与工程新闻》发

布的2021年全球化工50强企业名单则是又一个证明。在2015年世界500强企业名单中，中国能源和化工企业有13家，2021年进入世界500强的中国能源和化工企业增加到16家，比2015年增加了3家，而且中国企业的排名都有大幅度提升。如中国海油由2015年的第72位上升到2021年的64位，陕西延长石油由380位上升到265位，陕西煤业化工由416位上升到273位，恒力石化则由上一年的118位上升到107位，盛虹控股首次进入世界500强位居第455位。在2021年全球化工50强中，中国化工企业有7家上榜，比上一年增加1家。中国石化位居亚军，台塑集团（第6名）、中国石油（第13名）、恒力石化（第15名）、先正达（第26名）、万华化学（第29名）、荣盛石化（第42名）榜上有名。从全球化工企业50强营业额来看，中国企业合计达到1437亿美元，位居全球首位，其次是美国企业，营业额是1427亿美元。营业额超过1000亿美元的国家有四个，分别是中国、美国、德国和日本。在全球化工企业50强中，巴斯夫公司位居第一，2020年化学品销售额为674.9亿美元，最后一名是科迪华公司，化学品销售额是64.61亿美元。

　　在看到中国石油和化工企业管理水平大幅度提高的同时，也清醒地认识到，石化行业的管理水平，特别是企业管理的创新能力，与国际先进水平相比还有明显的差距，与石油和化学工业强国的标准还有不小的距离。目前我国石油和化学工业企业管理的差距主要表现在四个方面：

　　一是战略管理薄弱。战略是企业对未来的选择。一个企业只有知道自己要去哪里，才有可能尽快到达目的地。不知道自己的目的地，就已经迈步走的企业，旅途一定会充满盲目性和危险性。几乎所有的世界一流企业，都有自己超前的企业战略，特别是在世界百年未有之大变局的今天，面向未来的战略管理至关重要。恰恰在这一点上，我们不少企业的战略管理十分薄弱，他们在市场发展中始终没有找到最适合自己优势的市场定位，目前还没有找到最有市场竞争力的差异化产品和技术，在混沌迷茫中盲目发展，在低端市场上被动徘徊。在2021年发布的中国石油和化工企业500强榜单中，就有近100家老企业消失了。如此大规模的淘汰率，一个重要的原因，就是这些企业基本没有战略管理，不能预测未来。不能明确未来的企业，就不可能成长为"百年老店"。

二是创新能力滞后。创新是企业取得市场竞争优势的核心能力。企业的竞争优势主要来源于技术创新的优势，只有与众不同的产品，才能在市场上取得不同凡响的业绩。现在不少企业不仅原始创新能力缺失，就连跟随性创新能力也严重不足，你会干的，我也会干；你不会干的，我也不会干。这样的企业无论再流血流汗、埋头苦干，都不可能赢得市场的竞争优势。实践告诉我们，在市场竞争中表现出色的企业，无一例外都是创新能力强的企业。没有自主创新能力的企业，没有占据行业制高点核心技术的企业，是不可能有生存能力的，更不可能成为具有国际竞争优势的一流企业。

三是经济效率低下。经济效率是经济效益的基础。企业管理的竞争力最终一定是落脚在经济效益上的。经济效益低下是石化行业一个带有根本性的差距。据2020年进入世界500强的中国化工企业与世界500强公司横向比较，中国企业的平均销售利润只有5.4%（未包括台湾地区数据），而美国的企业为10.5%；中国企业平均年净资产收益率为9.8%（未包括台湾地区数据），而美国的企业则为17%。中国石化行业企业人均收入最高的是中国海油为118.0万美元，而壳牌则为424.2万美元，埃克森美孚为353.7万美元。人均利润中国最高的也是中国海油为7.6万美元，而壳牌和埃克森美孚都是19.1万美元。石化行业好的企业都差距如此之大，其他企业的差距就可想而知了。

四是风险管控能力差距很大。风险管控能力是石油和化工企业管理水平的综合体现，也是石油和化工企业社会责任的根本担当。风险管理包括安全风险、环保风险、技术风险、装备风险、投资风险、并购风险和自然灾害风险等等，从中我们可以清楚地看到，风险管理是在企业基础管理之上的综合协调管理，是在企业健全的应急管理之上的严格执行力管理。在石油和化工企业所有的风险管理中，安全环保风险是首当其冲的最大风险。据统计仅2019年全国就发生化工事故164起、死亡274人。在"3·21"江苏响水嘉宜化工公司特别重大爆炸事故中就造成78人死亡、76

人重伤、640人住院治疗，直接经济损失19亿元。分析企业安全事故的根本原因，80%以上的事故都是违章指挥、违章作业和设备隐患未能及时发现造成的，90%以上的事故都发生在班组。如果不从根本上严格制度管理，不从根本上扭转安全事故多发频发的势头，石化行业的安全管理、可持续发展和社会形象就无法从根本上改变，全行业风险管控能力也无法从整体上迅速提高。

以上四大差距直截了当地告诉我们，在我国宏观经济进入新阶段的转折时刻，在我国石油和化学工业向强国跨越的重要节点，我国石油和化学工业的企业管理提升，特别是面向未来的战略创新管理提升，刻不容缓、不容懈怠，必须全面加强，整体提速。

三、面向未来的战略管理创新，必须要紧紧依靠企业、依靠企业家

"创新"将会是很长一段时期中国经济高质量发展的主旋律。"面向未来的战略管理创新"，将会是很长一段时期中国石油和化学工业高质量发展的主基调。无论是"创新"，还是"面向未来的战略管理创新"，主体都应该是企业。任何一个企业要想发展，要想取得市场竞争的优势，就必须有创新的实际行动。而企业的创新一定要由企业家来引领，让有能力、有智慧、有胆量的企业家成为企业创新的灵魂，而这一点恰恰是我们今天应该解决的最迫切最核心的关键问题。如果企业没有成为行业、国家创新的主体，那么创新型企业、创新型国家则无从谈起。纵观当今的世界经济，我们可以清楚地看到，国家与国家的竞争，主要体现在代表国家水平的企业与企业之间的竞争。从一定意义上讲，企业的竞争能力就代表着行业和国家的竞争能力，企业的竞争水平就代表着行业和国家的竞争水平。全面提升企业面向未来的战略创新能力，充分发挥企业家在企业创新中的引领作用，这就是石化行业的时代之问！

发达国家都把培育企业创新能力作为国家的战略重点。2015～2020年，每年都登上全球最具创新力企业50强榜单的企业有18家，其中美国占据13家，美国的苹果、Alphabet/谷歌、亚马逊、微软等企业创新能力稳

定处于全球前10位。在2021全球化工50强企业榜单中，美国入选企业有10家，日本企业有8家，德国企业有5家。这些都充分说明，未来企业之间的竞争将会更加激烈、更加全面、更加凸显创新水平。

在"十四五"发展的新时期，在面向未来的管理创新中，石化行业的每一个企业，每一个企业的战略决策者，一定要认认真真抓好三件大事：

第一件大事，就是要牢牢把握今天，精准预测未来。谁不能预测未来，谁就没有未来。在现实生活中，不少企业都十分关注今天，也十分满足现实，但对未来没有太多的思考，更没有超前的战略准备。这样的企业，很难做到高质量发展，更难成为"百年老店"。企业要想把握今天，面向未来，企业管理者必须静下心来，认真回答"今天"和"未来"两组"战略之问"：

今天之问

今天，服务于哪些顾客？
今天，通过哪些渠道与顾客建立联系？
今天，竞争对手是谁？
今天，竞争力立足于什么？
今天，利润从哪里来？
今天，哪些技术和能力使你不可替代？
今天，参与哪些终端市场？

未来（5～10年）之问

未来，服务于哪些顾客？
未来，通过哪些渠道与顾客建立联系？
未来，竞争对手是谁？
未来，竞争力立足于什么？
未来，利润从哪里来？
未来，哪些技术和能力使你不可替代？
未来，参与哪些终端市场？

对这两组"战略之问",我希望每一个企业的管理者都要以自我诊断的方式进行认真的回答。如果管理者对"未来之问"这组问题不能作出恰当的、详尽的回答,或者虽然他们有答案,但与"今天之问"这组答案大同小异,那么他们的企业就不可能成为面向未来的企业,更不可能成为未来市场上的领先者。市场上的领先者绝不会是一成不变的,今天市场上的领先者,并不等于明天市场上的领先者。面向未来的企业,不仅需要想象未来,而且还要构建未来,率先建立面向未来的核心竞争力。哲学家黑格尔说过:"一个有希望的民族,必须要有一批仰望星空的人"。面向未来的这批企业,就是石化行业仰望星空的人。

第二件大事,就是要牢牢把握企业面向未来的五大绩效指标。在激烈的市场竞争中,最终考核企业的是过硬的绩效指标。在面向未来的企业发展中,有五大指标直接衡量和检验企业的运行方向和运行绩效。

第一个指标是"市场销售额"。这个指标反映的是企业的市场竞争力和市场占有率。有人讲,市场销售额只反映企业的"大",并不反映企业的"强"。但企业管理的专家告诉我,"大"不一定强,但"不大"肯定"不强"。所以,世界500强评选的指标就是市场销售额。这个指标直接反映了企业产品在相同产品中的市场竞争力;也反映了企业产品受顾客和市场的欢迎程度。这是一个十分重要的考核指标。

第二个指标是"创新"能力。这个指标主要反映企业创新预测规划能力、创新资源的组织协调能力和创新成果的应用转化能力。一个公司在创新能力方面的急剧、持续下滑,是最为可靠即将衰落的早期预警。同样创新周期变长,创新成果变少,创新失败比例上升,都是危险的信号。创新投入、创新周期、创新成果在面向未来的发展中,是一个带有根本性的标志。只有创新,才有可能赢得市场竞争优势,才有可能抢先抵达未来。抢先抵达未来的企业,可以带来相当大的回报,可能会在某一特定新产品中建立垄断的市场优势。创新能力将会是企业参与竞争、塑造未来最重要的能力。

第三个指标是"生产效率"。马克思讲,社会主义之所以能够战胜资本主义,是因为社会主义可以创造比资本主义高得多的劳动生产率。劳动生产率这个指标之所以重要，是因为它既反映了生产力的先进程度，又反映了生产关系的先进水平。生产效率这个指标，它把所有生产要素投入——包括资金、原材料、人力——与它们所产生的"增加值"联系了起来，增加值就是商品或服务的总价值减去所有购买外部原料、零部件或服务的费用。就单个企业而言，生产效率高的企业注定会取得市场竞争的优势。企业管理比拼的最终落脚点，一定都会体现在生产效率上。

第四个指标是"资产流动性和现金流"。这是一个人们熟知的常识，即便一个企业没有利润，但只要它有足够的现金流，也可以长时间的经营下去，相反就完全不行了。我们周围就有很多企业（并不都是小企业）不得不放弃盈利前景良好的发展机会，因为他们缺乏现金。事实上，资产流动性差比利润短缺更具破坏力。在利润短缺时，企业通常会出售或砍掉利润最薄的和过时的业务或产品。但在资产流动性不足时，公司通常会出售利润最大或是最有前途的业务或产品，因为这样会在最短的时间内带来最多的现金。现金流是一个企业生死存亡的"生命线"。

第五个指标是公司的"盈利能力"。一个公司的盈利能力是高于还是低于行业平均利润率，这是一个十分重要的指标。盈利能力体现了一个公司利用资源创造利润的能力。我们关注的盈利能力，不是某一个年份或某一段时间的利润多少，而是关注企业的长期盈利能力。这个长期盈利能力一般是以36个月为会计周期的营运利润。我们通常会从三个方面分析企业盈利能力的变动趋势：①资本成本；②新项目、新产品和新服务（它们会使盈利能力上升还是下降？）；③盈利能力的质量和构成。对一个企业来讲，我们往往十分关注企业利润率的变化，这是企业盈利质量的关键指标。

这五大绩效指标，是衡量一个企业运营质量和发展潜力最重要的数量考核指标，也是衡量一个企业在成千上万个市场主体中所处地位的最重要尺度。是否是一个面向未来的企业，一切都要由数据来说话，一切都要让市场来评价。

第三件大事，就是要为用户提供令人感动的市场服务。在瞬息万变的市场变化中，在成千上万个产品的激烈竞争中，要让用户记住你的公司，爱上你的产品,必须要靠产品的质量和特色,还必须要靠你的市场服务。在面向未来的竞争中,这种服务就是你的软实力,也是培养用户忠诚度的一种硬功夫。用户服务的范围很广,方式很多,可以有产品的售前服务、售后服务,可以有企业的定制服务,还可以有企业的形象服务等等,在众多的市场服务中,最令我感动的是20世纪70年代孟山都公司的行业形象服务。

在20世纪70年代的美国,全国上下都对化工产品带着一种非理性的抵触情绪,1976年9月4日美国全国广播公司晚间新闻发表一段评论:人们几乎一致认为,如今发生重大化学事故的概率远远大于核事故。还有一家声望很高的舆论调查机构发表评论说:"化工行业被认为是造成人类多种健康问题的罪魁祸首"。面对这些舆论,孟山都决定为化工产品辩护,告诉公众化工产品的益处与风险。"离开化学物质,生命本身无法存在",这是孟山都宣传的主题。第一则广告如下:

有人认为凡是"化学的"都是有害的,凡是"天然的"都是好的。然而,天然本身就是化学过程。

植物通过一种叫光合作用的化学过程产生我们所需要的氧气。人们呼吸时,身体通过血液中的一种化学反应吸收这些氧气。

生命就是化学过程。像孟山都这样的公司,就是用化学品帮助人们提高生活质量。

化学品能够延长寿命。佝偻病曾经是一种常见的儿童病,直到牛奶等食物中添加了一种叫维生素D的化学品,该病的发病率才明显降低。

然而,无论何时、何地,没有一种化学品是绝对安全的,不管是天然的化学品也好,还是人工合成的也罢。真正的挑战在于如何正确使用化学品,从而创造更有意义的生活。

为什么是孟山都?因为孟山都认为这是为全行业说话,是建立行业领导地位的大好机会。这个关于"生命化学真相"的宣传活动,取得了巨大成功,孟山都功不可没。1977年一项全美调查显示,在短短的两年时间内,公众对化工行业的支持率从36%上升到42%。就连《纽约时报》也开始改变态度。对于孟山都之举的最高褒奖来自1979年《商业周刊》发表的一篇文章，题目叫作"净化了化工产品的形象"。那年，孟山都在形象塑造方面花费了450万美元，并且此后每年投入费用都不低于这个数字。《商业周刊》也注意到，"在孟山都的带动下，杜邦公司随后也投入400万美元用于公司形象宣传"。从孟山都的实践中，我们可以深刻认识到，只要用科学打动顾客，我们就会为企业、为行业争取到更好的发展环境！像这样的市场服务，我们行业不仅要坚持、弘扬，而且在新形势下，还要继续拓展、改善和提升！

加快创新转型
扎实推进世界一流企业建设[*]

2022年2月28日习近平总书记在中央全面深化改革委员会第二十四次会议上明确指出，"加快建设一批产品卓越、品牌卓著、创新领先、治理现代的世界一流企业，在全面建设社会主义现代化国家、实现第二个百年奋斗目标进程中实现更大发展、发挥更大作用"[1]。习近平总书记关于加快世界一流企业建设的重要论述，为中国石油和化学工业强国建设，为石油和化工企业在新征程上创新转型、高质量发展指明了前进方向，提供了根本遵循。

一、要深刻认识在新形势下加快建设世界一流企业的极端重要性和发展紧迫性

纵观全球经济发展的进程和国家竞争的历史，我们可以清楚地看到，一个国家经济的活力和实力，主要来自企业的活力和实力。因为企业是创造、推动经济的唯一主体。国家与国家的竞争，主要体现在代表国家水平的企业与企业之间的竞争上。从一定意义上讲，企业的竞争能力就代表着国家的竞争能力，企业的竞争水平就代表着国家的竞争水平。从石化行业发展的现状来看，缺乏具有国际竞争力的一流石油和化工企业，就是一个

---

[*] 这是2022年5月，在石油和化工行业领军企业学习贯彻习近平总书记关于加快世界一流企业建设座谈会上的讲话。

[1] 参考新华网2022年2月28日《习近平主持召开中央全面深化改革委员会第二十四次会议强调加快建设世界一流企业　加强基础学科人才培养　李克强王沪宁韩正出席》，编者注。

十分现实的重大差距。认真学习和落实习近平总书记关于加快世界一流企业建设的重要指示，就是摆在全行业面前的一项十分重要、十分紧迫的战略任务。各级领导，特别是重点骨干企业的主要领导一定要充分认识在新的形势下加快世界一流企业建设的极端重要性和发展紧迫性。

改革开放40多年来，我国石油和化工企业在做大做优做强的道路上取得了世人瞩目的成就。20年前首次举办中国化工企业500强发布会，500强企业的销售收入之和仅占行业的20%，2021年这个比重已经超过了70%；当年500强企业入门的门槛是主营业务收入1亿元，2021年已经超过了12亿元。2020年、2021年我国能源和化工企业入围世界500强的数量已经连续两年达到26家，一批能源和化工大企业不仅规模达到了世界级水平，而且面向世界一流企业的建设也取得了明显成效。

从我国能源和化工入围世界500强的26家企业各项指标分析来看，我国石化企业的发展质量明显提升，竞争能力持续增强，集中体现在以下三个方面：

一是创新能力持续优化，发展动力更加强劲。近年来，我国石油和化工大企业紧紧抓住自主创新这个"牛鼻子"，推动资金、人才、政策向重点企业、重点项目倾斜，不少企业在石油勘探开发、化工新材料、专用化学品制造、现代煤化工等高端关键领域和重点行业加快布局，实力持续增强，效益不断改善，在世界500强的排名大幅跃升，在全球同行业中的地位持续改进。

二是企业改革不断深化，企业活力持续释放。2021年世界500强榜单中，恒力集团有限公司、中国海洋石油集团有限公司、中国中化集团公司、中国化工集团公司、陕西延长石油（集团）公司、浙江荣盛控股集团有限公司、浙江恒逸集团有限公司、盛虹控股集团有限公司，排名较上年均有明显上升。值得关注的是，中国中化和中国化工这两家央企已经正式重组为新的中国中化。新中化重组后，资产规模达到16000亿元，销售额超过1万亿元，是全球规模最大的综合性化工公司之一，重组后，该公司不仅规模进一步扩大，而且在种子工程、新材料产业和专用化学品等领域的实力进一步增强。可以预见，未来中国中化将会在世界500强中的综合实力和市场竞争力方面大幅提升。

三是民营化工企业快速崛起，成为行业发展的新亮点。 值得关注的是，在中国石油化工发展的新浪潮中，民营石油化工企业发展迅猛。浙江恒逸集团有限公司首次荣登世界500强榜单，2020年度以385.62亿美元的营业收入位列第309名。恒力集团排名上升至67位，相比上年提升了40位。目前，恒力集团已经形成了"从一滴油到一匹布"的全产业链发展格局。除了炼油、芳烃、聚烯烃、聚酯、纺织外，还在煤化工、降解材料、新材料领域发力！同样，来自江苏苏州的盛虹控股集团也从化纤领域逆流而上，全力打造炼化一体化项目，实现产业链上拓下延，形成从"一滴油"到"一根丝"的全链条业务发展。这些民营企业的崛起，再一次告诉我们，大企业都是从小企业中成长起来的，著名企业都是从名不见经传的企业中站出来的。

尽管中国石油和化工大企业这些年取得了很大的进步，但是大而不强这个老问题还没有从根本上解决。从行业整体上看，无论是主要产品产量，还是企业规模，我国都可以成为世界石油化工大国，但与国际先进水平相比，我们还远远称不上石油化工强国。

2015年我们在编制行业"十三五"规划时，我同几个跨国公司的巨头交流，我同他们讲，从"十三五"开始我们将提出由石油化工大国向强国跨越的目标。他们听完我的介绍后，给我提出了三个问题：一是你们提出的石油化工强国是什么样的标准？二是中国石油和化工行业的这个跨越大概需要多长时间？三是中国成为石油化工强国时有哪些企业可以代表中国？

我对这三个问题也都做了回答。我说我们提出的石油和化工强国，至少有四个标志：一是要有一批具有自主知识产权，并占据行业制高点的核心技术；二是要有一批具有国际一流竞争力的大型企业和企业集团；三是具有世界一流水平的行业经营效率和经济效益；四是具有世界一流的技术管理人才和具有一流影响力的企业品牌。对于中国石油和化学工业完成由大国向强国的跨越需要多长时间？我的回答是，至少需要15年的时间，即三个"五年计划"的时间。关于中国成为石油化工强国时，谁能代表中国？我当时的回答是，有许多企业可以代表中国，如中国石油、中国石化、中国海油、中化、中国化工，中央企业我都点名了。但几个跨国公司CEO几乎面部都没有表情，我看出他们不太赞同我的观点。我就反问他们，你们认为谁能代表中国呢？巴斯夫CEO博凯慈博士告诉我，他认为烟台万华可以代表中国！后来他们给我讲，你讲的几个央企，都是在国家背景下形成的大型企业，不是在市场竞争中成长起来的。这个对话，我们可以从一个侧面了解跨国公司对中国石化企业的看法。

在这里我想强调的是，由大国向强国跨越计划进程15年的时间，现在5年已经过去，仅剩下10年左右的时间了。由大国向强国的跨越，加快建设世界一流企业的任务，不仅艰巨，而且紧迫。10年的时间弹指一挥间，必须要有"只争朝夕"的紧迫感。由大国向强国的跨越，世界一流企业的建设，对中国石油和化工行业来讲，已经不是一个赶超的任务，而是要力争实现一个全球引领的目标，由跟随者到引领者的转变，绝不是简简单单的增加投资、扩大规模就可以完成的，必须要重构企业战略，精准市场定位，加快创新转型，提升创新能力，培育新的竞争优势，行业领军企业要率先走出历史、开创未来，要努力提高企业驾驭市场的核心竞争力，要在强国的建设中实现更大发展，发挥更大作用。

二、习近平总书记提出的四大核心标志为打造中国特色的世界一流企业提供了根本遵循

什么是世界一流企业？这是我们在创建世界一流企业进程中必须而且要首先回答的问题。世界500强企业是不是世界一流企业？我认为，因为世界500强企业是以单一的营业收入排序形成的，因此，进入世界500强的企业是名副其实的500大，不一定是世界500强，更不都是世界一流企业。

习近平总书记和中央深改委二十四次会议审议通过的《关于加快建设世界一流企业的指导意见》，提出了世界一流企业"产品卓越、品牌卓著、创新领先、治理现代"16字目标，为如何加快建设世界一流企业和深化企业改革指明了方向，提供了遵循。

所谓世界一流企业的内涵，是指在特定的行业或业务领域内，长期持续保持全球领先的产品竞争力、行业领导力和社会影响力，并获得广泛认

可的跨国经营企业。那么，什么样的企业是世界一流企业？其特征及其评判标准是什么？习近平总书记概括为"产品卓越、品牌卓著、创新领先、治理现代"❶这16个字，提出了一个鲜明的目标与标准体系，这不仅仅是高质量发展的标志，而且还回答了在当今新时代，中国企业将打造什么样的世界一流企业，这"16个字"的目标，必将在"十四五"乃至更长时期内，为我国加快建设世界一流企业提供根本遵循和实践方向。

产品卓越，是企业的硬实力，也是发展的硬道理。产品的形象，就是企业的形象；产品的质量，就是企业的水平。世界一流企业必须要有卓越的产品。何谓卓越？就是杰出的，超出一般的，能够比同类产品高出一头、强出一截，能够给消费者带来更丰富的获得感、更厚重的幸福感、更精彩的升华感。世界一流企业应该有一个真正的高附加值、高科技含量、与众不同的、有核心竞争力的产品。卓越的产品来源于卓越的科技、卓越的工艺和卓越的服务，卓越的科技让产品成为时代引领者，卓越的工艺让产品成为质量优先者，卓越的服务让产品成为有温度的暖心者。产品和服务是企业的立本之基，世界一流企业必须能够为市场提供高质量的产品和服务。

品牌卓著，是发展的软实力，也是企业的硬功夫。品牌是企业乃至国家竞争力的重要体现，也是赢得世界市场的重要资源。品牌建设，这是石化行业、石化企业长期重视不够的一个"短板"。市场竞争的实践告诉我们，品牌就是生产力，品牌就是信誉度；好品牌带来好市场，好品牌带来竞争力。世界一流的企业必须要有卓著的品牌。何谓卓著？就是优异而显著。优异说的是内涵，品牌的内涵应该蕴含优秀的质量内容、功能内容、文化内容、精神内容；卓著说的是品牌的声誉，好品牌应该家喻户晓，应该世界闻名，应该成为世界经济市场上一面高高飘扬的旗帜。品牌不仅有很高的市场辨识力、市场影响力，而且还有很高的市场价值。

创新领先，是发展的动力，也是企业高质量发展的发动机。无论是产品卓越还是品牌卓著，都需要创新领先不断催化、蝶变、升华。创新是企

---

❶ 参考新华网2022年2月28日《习近平主持召开中央全面深化改革委员会第二十四次会议强调加快建设世界一流企业　加强基础学科人才培养　李克强王沪宁韩正出席》，编者注。

业发展的第一生产力。作为企业，必须以创新为灵魂。只有当一个企业率先掌握了行业的核心技术，这个企业就掌握了这个行业的未来，这就是创新的极端重要性。创新来源于科技，来源于人才，来源于管理。创新领先就必须要让自己的科技研发、人才资源成为高地，必须要有一套独特的创新方法和管理体系，这是我们行业创建世界一流企业的根本动力和核心竞争力。

<u>治理现代</u>，是发展的保障，也是加快建设世界一流企业的体制基石。管理和体制是世界一流企业的重要保障，一流的管理和体制来源于一流的管理思想。按照德鲁克的观点，企业应该是一个科学理性的系统，企业应该有自己的使命、长远战略、规章制度、文化风格和明确的企业绩效评价体系。中国一流企业的治理现代不能照搬西方模式，应该是有中国特色的治理现代，应该充分体现党的领导、充分体现中国制度的优势，充分体现现代企业的特色，充分体现中国优秀的传统文化。在中国，建设世界一流企业，应该打造具有中国智慧、中国特色、中国活力和中国效率的治理现代新模式。

三、全面开展世界一流企业核心竞争力对标活动

开展对标活动，是我们找差距、定措施、促赶超、求跨越最有效的方法。我们同世界一流企业的差距既是整体性的，也是个体化的。所以对标活动，既要找出整体差距，更要找出个体差距，对标绝不能大而化之，更不能广而泛之。要具体、深入、细致地找差距，看不足。需要在与国际知名企业的对标中，找到制约企业发展的主要问题，抓住矛盾的主要方面，一一整改、久久为功，力争在细分领域和关键环节取得实质性突破。

对标世界500强企业，从整体上分析，我国石油和化工企业差距就十分明显。仍以《财富》世界500强榜单为例，从2000～2020年20年间，我国上榜企业数量增长了11倍。2019年中国上榜企业129家，首次超过美国的121家，2020年中国上榜企业133家，美国企业121家，2021年中国企业上榜143家，增加了10家，美国上榜企业122家，仅增加了1家。说明我国企业在成长性、市场潜力、发展前景、发展空间等方面优于美国。

2020年上榜的133家中国企业中，石油和化工企业共有11家，除了继续跻身于前五强的中国石化、中国石油外，中国海洋石油总公司、恒力集团、中国中化集团、中国化工集团、延长石油（集团）公司、雪松控股集团、中国航油集团、台湾中油股份公司、盛虹控股公司，分别位列第64、107、109、164、265、296、305、409、455位。此外，还有涉足煤化工领域的15家能源公司，整个石化行业上榜企业共有26家，名列中国工业行业之首。

在看到中国企业规模不断扩大、大公司数量不断增加的同时，还要看到中国企业大而不强的问题仍然十分突出。与世界500强公司横向比较，中国企业平均销售收入和平均净资产两项指标都达到了《财富》世界500强的平均水平。但中国企业的盈利水平（销售收入利润率）只有5.4%，而美国企业的平均水平为10.5%；平均资产净收益率为9.8%，而美国企业为17%。特别是反映企业员工创造财富水平的指标——人均创造利润差距则更大，2019年国内企业人均创造利润为5.73万元，而同期国外企业则为69.51万元，相差10倍以上。

虽然从整体上分析，我们看到了我国企业同跨国公司的差距，但我认为整体差距的根源在于个体的差距，个体差距才是整体水平的关键制约因素。石化行业对标的重点，必须要放在个体微观的对标上。这样的对标才更具针对性、更有推动力。在企业的对标中，每一个企业都要扎扎实实地聚焦四个核心领域：

一是聚焦企业战略。战略是对未来的选择。一个企业只有知道自己要到哪里去，才有可能尽快到达目的地。不知道自己目的地，就已经开始走的企业，旅途一定会充满盲目性和危险性。战略是指引企业未来发展的方向和目标，是市场定位的超前和精准选择。几乎所有的世界一流企业，都有自己超前的企业战略，超前、精准、明确的企业战略已经成为世界一流企业特别是"百年老店"的首要特征。在当前世界市场不断变化、技术快速更迭、竞争异常激烈的情况下，市场上的领先者都是剧烈变化的，今天是市场的领先者，并不等于明天仍然是市场上的领先者。为了保证企业明天的领先地位，每一个企业都必须要在企业战略上下功夫。企业战略绝不是"大话"，更不是"空对空"的图标和口号。我们一定要通过聚焦企业战略的对标，时刻把握商机，坚持与时俱进，使我们企业的前大灯比别人照得更远，照得更亮。

　　二是聚焦企业的产品。产品是企业奉献给消费者和市场的精心之作。从一定意义上讲，产品的形象就是企业的形象。苹果手机代表着苹果公司的形象，丰田汽车代表着丰田公司的形象，高分子材料代表着巴斯夫的形象；MDI代表着万华化学的形象，液体硫化技术代表着赛轮公司的形象……所以，任何一个企业在市场上讲话的都是产品，消费者也都是根据产品认识企业的。创建世界一流企业的一个重要标准，就是要有卓越的产品。对于行业领军企业来讲，一定要清楚在公司的产品中，有几个是属于行业、属于世界第一或者唯一的产品，在市场上属于第一或者唯一的产品，就是你的实力。因为在公司第一或者唯一的产品背后，是公司技术水平的体现，也是公司创新能力的体现，更是公司满足客户需求的体现。任何一个公司在产品卓越的追求上，都是没有最好、只有更好，这是一个永无止境的过程。

　　据我们了解，在全行业领军企业创建世界一流的进程中，不少企业都高度重视产品的创新和产业结构的调整。如万华化学在自主创新突破MDI关键技术之后，又连续开发出了TDI、HDI、IPDI等系列产品，成为全球最大、品种最全、质量最优的异氰酸酯生产厂家，正是高端产品把万华化学推进了世界领先企业。刚刚重组的中国中化集团，正在对中国中化和中国化工两大集团的业务进行重整，他们紧紧抓住产品结构和产业结构重组这个核心，规划未来要打造的10条优势产业链和5条潜力产业链，加快形成公司卓越的产品和产业集群，力争把中国中化真正建成世界一流综合性化工企业。在产品结构调整中，我们还非常希望在世界500强排名中始终处于前列的中国石化、中国石油、中国海油等中央企业，不断在优化产业结构、提高效益中创造新鲜经验，作出新的贡献。产业结构调整，对每一家企业都十分重要、十分艰巨的核心任务，必须扎扎实实抓住抓好。在聚焦产品对标的同时，还要认真分析一下我们品牌建设的差距。品牌建设是一个长期积累的成长过程。近年来石化行业不少企业在品牌建设上都有加强和改进，石化联合会还会同机械、冶金、轻工等八个全国性行业协会共同发出了"加快培育壮大工业品牌倡议",但同跨国公司品牌建设相比我们的差距还是很大的,必须要加快进度,抓紧工作,努力赶超。

三是聚焦企业经营效率和经济效益。马克思认为,社会主义可以战胜资本主义,核心一点就是社会主义可以创造比资本主义高得多的劳动生产率。经营效率和经济效益是高质量发展的核心,也是世界一流企业的核心竞争力。恰恰在这一点上,我们的企业同跨国公司相比,还有很大的差距。我仍以2019年《财富》杂志发布的世界500强数据为依据,将我们全行业及中国石化企业与跨国公司几个主要效率、效益指标进行一下比较:

全行业及中国石化企业与跨国公司比较表

行业及企业	资产总计/亿美元	营业收入/亿美元	利润总额/亿美元	收入利润率/%	资产利润率/%	人均收入/万美元	人均利润/万美元
2019年中国石油石化行业	19418.2	17789.9	968.9	5.5	4.9	27.9	1.5
中国石油企业	6080.9	3791.3	44.4	1.2	0.7	28.2	0.3
中国石化企业	3175.2	4070.1	67.9	1.7	2.1	69.9	1.2
中国化工企业	788	803.8	4.7	0.6	0.6	133.9	0.8
埃克森美孚	3625.9	2649.4	143.4	5.4	4.0	353.7	19.1
壳牌	4043.4	3521.1	158.4	4.5	5.9	424.2	19.1
巴斯夫	975.9	707.2	94.3	13.3	9.7	60.1	8.0

注:年度平均汇率6.7518元。

从以上比较中,可以清楚地看到我国企业的巨大差距。为什么经营效率如此重要呢?因为经营效率的各项指标,不仅代表着企业生产力的先进水平,而且还代表着生产关系的先进程度。经营效率是整个企业战略管理、技术管理、流程管理和人员管理的综合体现,也是世界级一流企业的根本标志。

四是聚焦用户和市场的服务。用户和市场服务不仅是当前而且是未来世界一流企业越来越重要的竞争力。目前世界化工强国和世界一流跨国公司都把用户和市场服务摆在了核心竞争力的显著位置。日本化学工业提出，化学工业要为日本国民创造舒适的生活，要让日本国民每天都能感受到化学工业为舒适生活作出的贡献。日本化工企业要为用户和市场提供"令人感动的服务"。巴斯夫在其180多年的发展历程中，始终把为用户服务摆在第一位。在面向未来10年的公司新战略中，巴斯夫又明确提出了"创造化学新作用"的口号。在为用户服务中，要针对不同业务采取差异化的用户服务，一个重大的变化就是从传统服务走向定制化服务，为用户提供一系列高性能产品，涵盖化学品、塑料、特种产品、农作物保护产品以及原油和天然气等，虚心听取用户意见，真诚用户服务，帮助客户取得成功。他们的愿望就是，每当用户遇到困难时，第一个想到的供应商就是巴斯夫。

为用户服务、为市场服务，石化行业差距很大。在"十三五"规划编制时，陶氏化学的CEO利伟诚先生给我讲，在跨国公司的眼中，中国的石油和化学工业就是一个原材料工业，你们不重视终端市场，产业链也不往终端市场延伸，只出售大宗原材料。同时他还告诉我，终端产品技术含量不低，经济效益不差，希望中国石油和化学工业要大胆拥抱终端市场。所以，聚焦用户、聚焦市场，全面提升我们行业为用户、为市场服务的水平，差距巨大、空间宏大、前景远大。

四、充分发挥企业家作用，加快企业制度和文化建设

著名的经济学家熊彼特曾经说过，"企业家是发动一切的力量"。实践告诉我们，但凡"成功"的企业，都有一个"创业者"或"领路人"。但必须要清楚地认识到，今天的成功，并不等于明天的成功。希望石化行业领军企业的企业家，不要成为昨天业绩的"守成者"，而要成为明天发展的"开拓者"。在全球市场激烈的冲击下，领军企业的淘汰调整将会更加残酷无情。面对创建世界一流企业的大潮，这种竞争、这种淘汰将会更加激烈、更加充满挑战。每一个企业的领导者都要清醒地看到自己的责任，都要成为面向未来的开拓者。面向未来的开拓者，必须要有超前的战略眼光，要有洞察未来的远见。面向未来的开拓者，必须要有不断创造并

把握不断出现新机遇的能力，而且还要有比拼命追赶竞争对手更富有挑战性的勇气。因为开拓者喜欢走有挑战的路，喜欢走机会多的路；守成者喜欢走最熟悉的路，喜欢走阻力最小的路。我希望石化行业领军企业的领导都要有面向未来的开拓勇气，这种开拓勇气集中体现在五个"既能"和"又能"上：既能在现有产业结构内竞争，又能为塑造未来产业结构而竞争；既能为产品领先而竞争，又能为核心能力的领先地位而竞争；既能作为企业个体参与竞争，又能作为企业联盟参与竞争；既能最大限度地提高新产品的"命中率"，又能最大限度地提高新市场知识的学习率；既能最大限度地缩短进入市场的时间，又能最大限度地缩短取得全球领先地位的时间。这五个"既能"和"又能"是新形势下给每一个企业家提出的新课题，更是对石化行业领军企业领导者的高要求。

在面向未来的竞争中，一定要充分发挥企业家的作用，要鼓励企业家面向未来的创新探索，要宽容他们面向未来创新探索中的失败和失误，要给企业家成长创造一个良好的法治环境。但在创建世界一流企业的进程中，仅仅依靠企业家个人的作用是远远不够的。一个人能够成就一个企业，也能够毁灭一个企业。在强调发挥企业家个人作用的同时，更要相信制度的力量和文化的力量，要真正把企业建设成正规化、规范化和可持续发展的"百年老店"。

制度建设是企业一项根本性、长远性的基本建设，我们要在企业面向未来的实践中，不断加强和完善。对一个世界一流企业来讲，战略决策制度、研发投入制度、风险防范制度和激励约束制度等都关乎企业的长治久安，一定要在企业实践的基础上，防止制度的老化，避免组织的僵化，既要保持自己的特色，更要不断完善提升，要用制度和体制给企业创新提供更大的空间。要努力在中国大地上，探索建设具有中国特色的现代企业制度和现代治理的法人体制。

文化建设是企业精神作风层面的软实力建设，它关乎企业发展的价值取向和人文特色。企业文化建设绝不是一个口号的提炼，而是一个共同价值观的追求和独特作风的形成。一个优秀的企业文化，是一个抵御风险、抗拒艰难、蓬勃向上的无价之宝和巨大的精神力量。

创建世界一流企业，对于有志于开拓未来的企业家来讲，必将是一场创新管理的兴奋之旅，也必将是现代企业家脱颖而出的蓝天沃土！石化行业世界一流企业的建设和培育，一定要把发挥企业家个人的作用和加强企业制度建设和文化建设紧密结合起来，形成一个管理团队、员工队伍、制度建设和文化建设结合成一体的强大机体，使企业的管理者和广大员工、使制度建设和文化建设成为浑然一体的充满活力的智慧集体，这样的企业一定会成长为基业长青的一流公司。

国际合作篇

当今世界，全球经济一体化势不可挡，资金、市场、技术、人才、教育都已经国际化，资源在全球范围内配置，没有一个国家能够生产所有产品，也没有一个国家能够掌握所有技术。中国石油和化学工业发展的历史，就是一部中国与世界石油和化学工业交流不断加深的历史，特别是改革开放40多年来，中国以不断扩大市场为全球石油和化工企业提供了难得的发展机遇，也为中国石油和化学工业的跨越式发展创造了条件。世界各国石油和化工行业只有进一步加强交流和合作，才能实现共建、共荣、共享，实现全球石油和化学工业的繁荣昌盛。

不可否认，在世界大变局中，中国石油和化学工业发展面临着重大挑战，无论是传统行业如炼油、塑料、化肥等，还是战略性新兴产业的培育发展以及新形势下的供应链管理、行业责任关怀等，都要求我们行业不断探索更好的国际合作共赢的高质量发展之路，为创造石油和化学工业更加美好的明天而不懈努力。

共同谱写世界塑料工业创新发展和可持续发展的新篇章*

一年前,在各方共同努力下,世界塑料理事会在大家的一致期待中应运而生。一年多来,世界塑料理事会做了大量的基础性的起步工作,赢得了行业内外的广泛认同和积极的影响。当前,世界经济形势错综复杂,发达国家经济复苏艰难曲折,新兴市场国家经济增速放缓,中国经济发展进入新常态。在新的形势下,中国塑料工业始终保持了平稳向好的发展势头。2013年,中国合成树脂总产量达到5800万吨,同比增长11%,塑料制品总产量达到6200万吨,同比增长8%。合成树脂表观消费量达到8500万吨,同比增长6.5%。累计出口塑料制品900万吨,同比增长5.3%,出口贸易额达350亿美元,同比增长11.8%。目前,中国塑料工业已经成为世界塑料工业生产、销售、消费第一大国,占全球塑料制品总销量的四分之一。中国塑料工业已经成为中国石油和化工行业发展中一颗增长速度很快、市场潜力巨大的耀眼明星!

当前,我们正处在一个充满变革的时代,可持续发展是当今时代的重要议题。如何抢抓塑料工业发展机遇,如何赢得塑料工业发展的未来,需要我们理事会认真研究和思考。我们认为,未来实现世界塑料工业可持续发展,仍然面临不少挑战。

第一,塑料产品的安全使用问题。随着人们生活水平的不断提高,对

---

* 这是2014年11月,在第二届世界塑料理事会上的致辞。

塑料制品的安全和卫生要求也越来越高。但是,近年来,媒体频频曝光世界各地的塑料产品出现的各种卫生和安全问题,从餐具到玩具,从管道到薄膜,从助剂到辅料,均涉及全社会食品安全、工程建设安全以及社会环境安全问题,这些都与人们的日常生活密切相关。解决塑料安全问题,一方面需要做好产品质量标准以及相关法律法规的制定和完善工作。另一方面还要健全塑料制品全产业链的安全生产体系,加强企业和行业自律,从而引导全行业健康发展。

第二,塑料制品的回收利用问题。长期以来,塑料工业的飞速发展为人们生活和生产带来大量方便的同时,也伴生了"白色污染"等严重的污染问题。海洋污染、农田污染、城市环境污染……已经成为世界各国极为头痛的一个社会问题。对塑料进行回收并科学合理地加以利用,不仅可以将塑料再次转换成为能源和塑料原材料等,还将有效节约资源、减轻社会负担。充分利用再生塑料,发展塑料循环经济,这正是实现塑料产业可持续发展的必然途径。欧美日等发达国家在塑料回收利用方面起步较早,积累了大量的先进经验和领先技术,这些经验和技术,完全可以在包括中国在内的发展中国家加以推广和使用,从而全面推动世界塑料产业可持续发展。

第三,创新发展问题。创新是人类发展进步的不息引擎,我们已经从美国"苹果"手机的发展和中国阿里巴巴的成功上市再次领略到了创新发展的无穷魅力。当今世界正处于大变革、大调整之中,迫切要求更大范围、更深层次的创新。世界塑料工业可持续发展更离不开创新。世界能源资源约束、全球气候变化、人口老龄化、汽车轻量化、电子信息化等一系列全球发展的重大挑战,都给世界塑料工业发展带来前所未有的机遇。通过技术创新,开发纳米材料、纤维增强复合材料、多功能复合膜材料等一批具有高技术水平和高附加值的新型塑料材料,不仅可以满足新的市场消费需求,而且还可以引领和培育消费需求向高端方向升级。只有不断通过技术创新,才能赢得市场先机,才能赢得成长空间,才能赢得世界塑料工业发展的未来!

2014年是世界塑料理事会的第二届大会,我作为中国代表想借此机会，对大会提三点希望。

首先，希望世界塑料理事会能够成为世界塑料工业创新发展的技术交流平台。技术创新是世界塑料工业发展的不竭动力，技术交流也是行业企业的迫切需求，加强行业内的技术交流，应该成为世界塑料理事会的一项重要职责。其次，希望世界塑料理事会能够成为世界塑料工业产需结合的市场信息纽带。市场需求是企业生产的唯一目标，市场变化、市场开拓都是生产、经营企业极为关心的信息，世界塑料理事会完全可以成为全球市场信息的枢纽，给全球企业提供快速有效的市场信息。第三，希望世界塑料理事会能够成为世界塑料工业可持续发展的社会责任动力源泉。环境保护、绿色发展是我们可持续发展应尽的义务，也是我们应该担当的责任，理事会应该成为全球塑料业履行社会责任的动力源泉。

我们衷心希望年轻的世界塑料理事会应该充满朝气、充满活力、充满信心。希望世界塑料理事会能够在世界塑料工业发展中发挥更加积极的作用，充分利用我们的各种优势，促进与会各方的互联互通，通过组织形式多样的活动提高理事会在世界塑料行业的地位，努力将世界塑料理事会打造成为世界塑料业界的"达沃斯"和"欧佩克"。

让我们相互携手，共同谱写世界塑料工业发展的新篇章！

中国合成树脂行业的发展现况*

中国在合成树脂工业方面，不论是生产规模还是消费市场，都是一个大国。2014年中国合成树脂总产量达6950.7万吨，同比增长14%。其中，聚乙烯1336.6万吨，同比增长13.8%；聚丙烯1373.9万吨，增长10.2%；聚氯乙烯1629.6万吨，增长6.5%；聚苯乙烯211.4万吨，增长0.5%；ABS产量267.4万吨，增长10%。上述五大通用树脂总产量占到全部合成树脂总量的69.3%。2014年中国合成树脂行业实现主营业务收入8523.4亿元，比上年增长6.7%，创造了行业发展的历史新高。

中国合成树脂行业的生产和消费，呈现出了以下几个显著特点：

一是生产企业数量、规模不断扩大。2014年中国合成树脂行业规模以上企业（主营业务收入达2000万元以上）共有1690家，其中，大型企业66家（主营业务收入4亿元以上），主营业务收入占比达到36.4%。从产量上看，2014年前10家生产企业总产量之和占全国合成树脂总产量的18.7%。但总体而言，中国合成树脂企业数量较多、规模较小，集中度较低。

二是中国合成树脂消费市场保持较快增长。2014年中国合成树脂表观消费量达到9651.4万吨，同比增长9.2%。其中PE、PP、PS、PVS、ABS五大通用树脂表观消费量为6245万吨，占合成树脂表观消费总量的64.7%。从总体上看，中国合成树脂消费市场巨大，供需存在较大缺口。市场需求

---

* 这是2015年6月1日，在世界塑料协会理事会上的发言。

的差异化、个性化、高端化特征进一步突显。预计到2015年底，中国合成树脂表观消费量将首次突破1亿吨，增幅在7%以上。

三是中国合成树脂进口始终处于上升增长状态。2014年中国合成树脂进口总量为3215.3万吨，同比增长2.9%，占同期合成树脂表观消费量的33.3%。其中，五大通用树脂进口1618.3万吨，同比增长0.7%，占进口总量的50.3%。聚乙烯仍是进口量最大的品种，全年进口910.8万吨，增幅达3.3%，占合成树脂进口总量的28.3%。2014年环氧树脂进口量大幅增长，增幅达18.3%；聚碳酸酯进口量增幅达7.3%，均明显高于合成树脂平均增速，显示进口结构出现变化。2014年，我国合成树脂进口总值为536.5亿美元，同比增长4.9%。

2014年我国进口合成树脂数量最大的前四个国家和地区分别是：韩国、中国台湾地区、沙特阿拉伯和日本。进口量分别是452.7万吨、380.7万吨、262.6万吨和237.1万吨。

四是我国合成树脂出口也呈现快速增长的态势。近年来，我国合成树脂出口增速明显加快。2014年，中国合成树脂出口514.5万吨，同比增长22.6%，增速比上年加快11.6个百分点。其中，聚氯乙烯出口增长最快，增幅达到62.6%。出口总量达到119.3万吨，占合成树脂出口总量的23.2%。

我国出口合成树脂数量最大的前四个国家和地区分别是：印度、中国香港、俄罗斯和美国。

塑料行业将是中国石油和化学工业"十三五"发展的一个战略重点，合成树脂的高端化、差异化和绿色发展将是全行业创新发展的一个重要方向。随着中国工业化、城镇化、信息化和农业现代化的发展，中国塑料工业仍将有巨大的市场发展空间。我们十分欢迎美国朋友到中国进行合作发展，中国石油和化学工业联合会也十分愿意为美国朋友到中国合作发展提供帮助和服务。

中国石油和化工行业推行责任关怀的有关工作*

中国石油和化学工业在改革开放的推动下,取得了令世界瞩目的快速发展。2014年,全行业主营业务收入达到14.06万亿元(人民币),行业经济总量和发展速度均位居世界前列。在整个行业发展中,中国石油和化学工业联合会始终把安全生产、节能环保和"责任关怀"作为全行业发展的核心理念,在认识上提升,在工作上加强,在措施上落实,使全行业安全发展、绿色发展和可持续发展都跨上了一个新的高度。近年来,特别是今年以来,我们推动中国石油和化工企业在贯彻落实ICCA《责任关怀全球宪章》上又扎实开展了一系列重要工作,取得了积极的新进展。

一是在中国石油和化工行业深入宣传ICCA《责任关怀全球宪章》,使"责任关怀"成为全行业的共同理念和自觉行动。2002年4月,中国石油和化学工业联合会在北京正式启动"中国责任关怀行动"。到目前为止,"中国责任关怀促进大会"已成功举办了6次,共有3000多名企业主要领导和高层管理人员参加了大会,使"责任关怀"理念得到广泛传播。在这里,我要特别感谢中国石化联合会外资委员会各跨国公司,对中国推进"责任关怀"发挥了十分重要的作用。

二是由中国石油和化学工业联合会起草,由中华人民共和国工业和信息化部正式发布的《责任关怀实施准则》于2011年10月1日起全面实

---

* 这是2015年6月3日,在国际化工协会联合会董事会上的发言。

施。该准则的发布，标志着中国实施"责任关怀"进入了规范化发展的新阶段。

三是中国石油和化学工业联合会亲自组织，推动中国大型石油和化工企业、大型化工园区和大型民营企业负责人通过书面签字的方式，对ICCA《责任关怀全球宪章》作出庄严承诺。到目前为止，已经有中国石油天然气集团公司、中国石油化工集团公司、中国海洋石油总公司、中国神华集团、中国中化集团公司和中国化工集团公司的董事长、大型民营企业董事长和大型化工园区的管理委员会主任共300多人，在《责任关怀全球宪章》上签字承诺。

四是在2015年9月份在上海召开的中国国际石化大会上，我们将根据ICCA《责任关怀全球宪章》的精神，在会议上发布紧密联系中国石化企业实际、具有中国特色的《中国石油和化学工业绿色可持续发展宣言》，向全世界、向全中国庄严承诺中国石油和化学工业安全发展、绿色发展和可持续发展、全面推行"责任关怀"的决心和措施。

五是2015年我们又将中国石油和化学工业推行"责任关怀"的工作，纳入了中国国务院国有资产监督管理委员会年度社会责任报告之中，国务院国资委的年度《社会责任报告白皮书》将每年向全社会公开发布。

除了上述五项工作之外，中国石油和化学工业联合会还成立了"责任关怀"工作委员会，为深入推进"责任关怀"提供组织保障。按照"责任关怀"六个准则的职责，我们组建了"宣传培训工作组"和"职业健康工作组"，2015年还计划组建"产品监督"和"园区管理"工作组，全面促进中国"责任关怀"工作深入开展。

目前，"责任关怀"行动正在中国石油和化工行业扎实、深入推进，不少重点企业还主动向全社会发布"企业责任关怀报告"。不少企业还主动在节能、安全、环保及社区联系等方面创造性地开展工作，使全行业"责任关怀"工作出现了许多新进展和新亮点。目前，我们正在组织力量，在全行业加快培养一批具有示范效应的"责任关怀"工作的典型和经验。

我们相信，在2015年9月份我们同ICCA共同召开的中国石化国际大会上，国际化工协会联合会董事会各位成员都将会亲眼看到中国石油和化学工业"责任关怀"工作在广度、深度和亮度上取得新进展、新成绩和新变化！我们相信，中国石油和化学工业一定能够为"责任关怀"全球行动中做出我们中国的贡献！

中国炼油和石化产业现状及展望*

　　石油是国民经济的血液命脉，石油化工是国民经济的重要原材料工业和基础行业，在促进经济社会进步、满足人民群众生产生活需要中发挥着不可替代的重要作用。随着我国新型工业化、信息化、城镇化和农业现代化进程加快，石油和石油化工产品的市场需求将在较长时期内保持增长，特别是在全面建成小康社会过程中，石油仍将是国家重要的战略物资，对建设经济强国、加快实现国家现代化具有重要的战略意义。

　　经过几代人几十年的艰苦努力，我国炼油和石化产业实现了跨越式发展，目前已经成为世界石油化学工业大国。2014年，我国炼油能力达到7.6亿吨，成品油（汽、煤、柴合计）产量3.17亿吨，乙烯产量1704.4万吨，主要石化产品产量均位居世界前列。在行业规模快速增长的同时，产品结构调整取得积极成效，油品质量也快速提升，目前国产汽、柴油已全面执行国Ⅳ标准，部分省市已执行国Ⅴ标准。从国Ⅰ标准升级到国Ⅳ标准，我国仅用十年走完了发达国家30年走过的质量升级过程。特别是近年来，我国炼油和石化行业突破了一大批关键技术，重大装备的国产化率逐年提升，下游产品开发取得重要进展，提高了资源利用率，减少了排放，为国民经济和生态文明建设作出了重要贡献。

　　当前，全球炼油和石化产业面临新的挑战。一方面，世界能源供需结构正在发生重大变化，以北美页岩气为代表的原料多元化进程实现重要突

---

* 这是2015年6月17日，在2015亚洲炼油和石化科技大会上的致辞。

破，全球油气产品供给增幅超过需求增幅，同时在地缘政治、游资炒作等共同作用下，国际油价自2014年下半年以来大幅震荡走低，带动石化产品价格低位徘徊，炼油和石化行业利润大幅下滑；另一方面，气候变暖和生态恶化严重影响到人们的生存环境，对炼油和石化行业发展提出了更高要求。面对严峻挑战，全球炼油和石化行业积极推进技术创新、管理创新和商业模式创新，加快结构调整，努力降低生产经营成本，提高经济效益和市场竞争力，发展水平和发展质量有了明显提升。

与发达经济体相比，我国炼油和石化产业总体发展水平还有不小差距，核心技术自主创新能力明显不足，一些关键技术装备还依赖进口，能耗与减排水平有待进一步提升，油品质量也需要进一步提高，尤其是产能过剩、资源环境约束强化、布局结构不合理等问题和矛盾十分突出。目前，我国经济已经进入发展的新常态，炼油和石化产业发展的内外部环境发生重大变化，增速由高速向中高速转变，发展动力由要素驱动向创新驱动转变，我国炼油和石化行业必须要加快走出一条以自主创新为核心、以结构升级为重点的集约型内涵式发展的新路子。"十三五"时期，我国炼油和石化行业要以提高质量和效益为目标，大力推进技术创新、结构调整，大力深化体制机制改革，努力开创行业发展的新局面。

一是要进一步加强技术创新，提高资源利用效率。产学研要加强合作，大力开展加氢裂化、催化重整以及烷基化、芳构化等协同技术攻关，突破一批制约行业发展的核心关键技术。要积极推进炼化一体化工艺装置升级改造，进一步提高劣质原油加工能力，提高资源利用率，降低生产经营成本，提高企业的盈利能力和水平。

二是要加快结构调整，向产业价值链高端延伸。要认真贯彻国家产业政策，加快淘汰落后产能，合理优化区域炼化能力布局。积极推进差异化发展，提高高端油品和下游精细化学品的比重，延伸产业价值链。要大力发展专业化的工程建设、物流信息等生产性服务业，积极应用云计算、大数据、物联网、数字化技术，建设智能工厂和智慧化大型石化基地，提高行业整体竞争力。

三是要大力推进节能减排，促进绿色可持续发展。要认真执行国家有关实施国Ⅴ标准的要求,加快技术升级和装置改造,确保按时完成油品质量升级。要以建设资源节约型、环境友好型、本质安全型行业为目标,大力推进清洁生产和循环经济,积极研发并大力推广脱硫脱硝、渣油转化等先进节能减排技术,普及节能、降耗、减排工艺装备,促进水、热、电等资源能源的综合循环利用,减少"三废"排放,努力为建设天蓝、山青、水绿的和谐生态环境做出新的贡献。要进一步提高社会责任意识,大力推进"责任关怀",树立良好的社会形象。

四是要科学编制"十三五"发展规划。"十三五"时期是我国石油和化学工业由大向强转变的重要起步期。要认真总结"十二五"时期炼油和石化行业的发展经验,深入分析行业发展存在的问题,科学提出"十三五"行业发展的目标、任务和重大举措。要坚持开门编制规划,问需于民、问计于民,多方征求、吸收广大企业和科研院所的意见与建议,提高规划的科学化和民主化水平,为行业"十三五"发展开好头、起好步。

"亚洲炼油和石化科技大会"为行业提供了一个高层次交流合作平台。展望未来,炼油和石化行业发展的任务十分艰巨,使命十分光荣,前景也十分广阔,让我们携起手来,进一步加强国内外同行的交流合作,为促进炼油和石化行业持续健康发展作出新的更大的贡献!

学习借鉴现代供应链管理理论和实践 努力开创新常态下可持续发展新局面[*]

长期以来,工业的快速发展,引发了全社会对资源、环境和可持续发展问题的思考。目前对化工行业来说,致力于可持续发展已经成为全行业的共识。其中,打造可持续的供应链是行业推进可持续发展的重要一环。TFS倡议建立在《联合国全球契约》和《责任关怀全球宪章》确定的原则和相关国际标准的基础之上,对推动化工产业供应链的可持续性采购具有重要的意义。

近年来,全社会对化工行业的关注度越来越高,行业面临的资源、环保、安全、效率的发展挑战和压力持续增加,这些挑战和压力使行业走可持续发展道路的紧迫性和自觉性大大增强。中国化工企业也正在自身发展的实践中加快可持续发展战略的调整。从实践中学习、向国际同行借鉴,坚持可持续发展、专注产业链的整体优化,打造可持续的供应链,全面提升可持续发展的效率、效益水平。如今,行业可持续发展的能力和水平都有了明显提升。

一、中国石油和化工行业推进可持续发展取得积极成效

在可持续发展战略的指引下,中国石油和化学工业在转型升级中取

---

[*] 这是2015年9月17日,在供应链携手共创可持续发展论坛上的讲话。

得了显著的发展成就。2011～2014年，规模以上石油和化工企业主营业务收入、资产、投资、进出口总额年均增长率分别达到13.5%、14.5%、19.1%、10.2%，继续保持两位数增长。2014年全行业主营业务收入达到14.05万亿元，比2010年增长66%。行业主要经济指标占全国工业的比重保持在12%～15%。石油产量、天然气产量和原油加工量分别居世界第四、第六和第二位，无机原料、乙烯、甲醇、化肥、农药、合成树脂、合成橡胶等重要大宗产品产量稳居世界前列。

"十二五"时期，中国石油和化学工业可持续发展主要有以下显著特点：

一是产业结构调整稳步推进。石油化工规模化、炼化一体化、产业集群化加快发展。目前已建成4个2000万吨级炼油基地，1个200万吨级乙烯基地、7个100万吨级乙烯基地，形成了长江三角洲、珠江三角洲、环渤海地区三大石油化工集聚区。建设了一批各具特色的化工产业基地和化工园区。石化产品质量、档次稳步提升，高端产品自给率进一步提高，高性能树脂、石油基特种橡胶、合成纤维单体的自给率分别由2010年的57%、45%和49%提高到2014年的63%、53%和70%。化工产业结构不断改善，有机化学原料、专用化学品、涂（颜）料及农药等技术含量和附加值相对较高的行业经济增速和贡献率均位居行业前列。

二是科技创新迈上新台阶。"十二五"时期，全行业始终把科技创新摆在突出位置，积极开展研发合作与协同攻关，突破了一批核心技术与关键技术，共获得国家科学技术奖95项，取得行业技术发明奖118项、科技进步奖736项。围绕原料多元化方向，攻克了一批现代煤化工领先技术；围绕新材料、新能源和精细化学品的结构调整，取得了一批高端技术的突破；行业装备制造自主化水平持续提升，世界先进水平的炼油全流程技术、乙烯成套技术，千万吨级炼油装置国产化率已超过95%、百万吨级乙烯装置国产化率已超过80%。

三是节能减排成效显著。在工业行业率先建立能效领跑者发布制度，标杆企业的示范带动作用日益彰显，行业能耗强度持续下降。2011～2014年，全行业万元工业增加值能耗累计下降8.0%。重点耗能产品单位能耗降低目标全部完成。涌现出一批在节能环保、循环经济、绿色发展方面取得突出成效的国家级示范园区和典型企业，在社会上树立了良好的行业形象。

四是对外合作取得显著成果。"十二五"时期，石油和化工行业坚持走出去、引进来发展战略，在更大范围、更广领域、更高层次上推进对外开放和国际合作。2011～2014年中国石油和化学工业累计吸引境外投资达5504亿元（包括港澳台地区），跨国石化公司在华业务不断发展，石油和化工产品进出口贸易稳步增长。2014年，我国石油和化工行业进出口总额达到6755亿美元，比2010年增长47.2%，占全国进出口总额的15.7%。

五是企业综合实力显著提升。"十二五"以来，一批优秀企业在市场竞争中快速成长，中国石油、中国石化、中国海油、中国化工、中化集团、延长石油均已进入世界500强，排名不断提升；湖北宜化、天津渤海化工等企业主营业务收入均超过500亿元；主营收入在3亿元以上的企业数量由2010年的325家增加到2014年的864家，综合实力大大提升。

二、新常态下可持续发展面临着严峻的挑战

在总结发展成绩的同时，我们也要深刻认识到，行业要实现可持续发展仍面临着很多挑战。在中国经济发展进入新常态后，中国石油和化学工业发展面临着以下四个方面的突出矛盾。

一是产能过剩矛盾突出。近两年，虽然中国石化行业产能快速增长的势头有所缓解，化解过剩产能工作取得初步进展，但传统产业产能扩张的趋势还没有得到根本扭转，一些行业落后产能淘汰缓慢，新增产能控制不力，部分产品甚至还有进一步加剧趋势，行业产能过剩矛盾依然突出。比如，炼油行业2014年原油一次加工能力达到7.6亿吨/年，同比增长5.5%；加工量5.03亿吨，同比增长5.0%；平均产能利用率为66%，同比下降2个百分点；成品油（汽煤柴润）表观消费量3.1亿吨，对应原油加工量约4.56亿吨，能力超过需求3亿吨，能力消费比167%，产能过剩进一步加剧。烧碱、纯碱、尿素、磷铵、电石、PTA、甲醇、醋酸、聚氯乙烯等产品都面

临过剩压力,化解过剩产能将是"十三五"期间行业发展必须面对的重大挑战。

二是资源环境约束进一步加大。随着行业规模的快速扩张,行业发展对能源资源的消费需求快速增长,尤其是石油、天然气等资源性产品对外依存度逐步提高。2014年,我国原油净进口量达到3.1亿吨,成为世界第二大原油进口国,石油对外依存度已接近60%;天然气净进口571亿立方米,对外依存度达到32.4%。与此同时,环境约束日趋严格。长期以来的粗放生产方式,导致我国主要污染物排放量过大,部分主要污染物排放总量已超出整体环境承载能力。随着2015年新环保法的正式实行,资源税、环境税等税费制度改革不断深化,石油和化工行业发展面临着巨大的转型压力。

三是科技创新能力较弱。科学技术是第一生产力,综合国力的竞争说到底就是创新能力的竞争。中国石油和化工行业存在的企业竞争力不强、低端同质化产品产能过剩、安全环保水平不高等一系列重大问题和挑战,从根本上说主要就是科技创新能力不强、创新不活跃。多年来,我国石油和化工行业重引进、轻吸收,重模仿、轻创新,许多关键技术装备依赖进口,企业研发投入强度普遍不高,技术创新人才缺乏,以企业为主体的产学研用协同创新体系尚未完全建立,企业内部也没有建立起全方位、多层次、高效率、与客户需求紧密相连的创新组织架构,与跨国公司相比差距更大。特别是原始创新能力和科研成果工程化能力较弱,全行业科技成果转化率偏低,难以对行业的转型升级和高端化发展形成有力支撑。"十三五"时期,行业转型发展对创新提出了更高要求,科技创新的战略地位更加凸显。创新基础薄弱、创新体制机制不灵活、不完善以及缺少宽松的创新环境与创新文化,这些都意味着提高行业创新能力将成为一个缓慢和艰难的过程。

四是管理效率和经济效益差距很大。在管理效率和经济效益差距中,供应链管理成为一个突出矛盾,采购成本过高、采购质量千差万别、供应链管理效率低下、原材料资金周转缓慢、资金占用矛盾突出等,已经成为企业管理中亟待改进和提高的一大薄弱环节。企业管理效率和经济效益的水平直接体现在几个主要的综合指标之中。我将2014年几家中国和外国大型石油化工企业的销售利润率、资产利润率以及流动资产周转率进行了横向比较，中国和外国企业差距十分明显。比如，2014年，埃克森美孚公司总资产利润率高达9.3%，而我们国内的中国石油、中国石化总资产利润率均不到5%。我想，这里既有企业管理理念方面的原因，也有技术和手段方面的原因，还有供应链效率方面的差距。

三、学习和借鉴跨国公司供应链管理的先进理念，开创可持续发展的新局面

可持续供应链管理理念，是行业可持续发展的重要组成部分。中国的石油和化工企业，在宏观经济三期叠加的转型中，在发展方式的升级中，正承受着由此带来的转型痛苦。同时，中国的石油和化工企业正在不断接受和学习可持续发展的科学理念，并逐步将这一理念融入企业发展当中去。可持续供应链管理理念，正在成为中国石油和化工企业追求的新目标。

（一）充分提高对现代供应链管理极端重要性的认识，提高供应链管理在企业管理中的重要地位

长期以来，供应链管理在企业管理中没有得到足够重视或者长期被简单化对待。目前，中国石油和化工企业现代供应链管理体系仍然处于起步阶段。一方面，从企业内部管理来看，对供应链管理的认识还没有上升到企业战略管理的高度，没有在企业各部门、各环节以及各层级达成普遍共识，难以形成一套科学、完整的制度体系，这就造成在企业内部供应链管理协同性较差，管理效率较低。外在表现就是供应链各环节复杂交错，部门之间各自为政，独立经营，信息不对称；供应链全流程出现区域分离、行业分割、企业混杂；产品设备采购质量参差不齐、稳定性差、不可持续等一系列问题。另一方面，从企业外部环境来看，全行业对供应链管理的认识没有跟上世界发展趋势的变化，现有管理体制机制不成熟、不完善。供应链管理仍然被封闭在企业个体的内部，没有充分参与市场竞争，活力

没有完全释放出来，社会化程度很低。如果将供应链体系看作是一种市场资源，那么这种资源显然还没有得到科学合理的配置和利用。无论从行业内关于供应链管理的标准、规范和产业政策来看，还是从上下游工业部门的配套和对接能力看，都无法满足在行业内建立一个现代供应链管理体系的迫切需求。

在市场竞争日益激烈的今天，在全球贸易一体化不断加深的今天，供应链管理的重要地位日益凸显。供应链管理实际上是企业内生循环的管理，是企业在物流、资金流方面的优化和控制。供应链管理就像企业生产经营的中枢神经系统，与企业生存息息相关。一家优秀的企业，一定有着自己独特的、具有竞争力的供应链管理体系。科学的供应链管理体系，应该成为现代企业发展安身立命之本，应该成为现代企业核心竞争力的重要一环。因此，必须建立既符合中国企业发展实际，又体现国际先进性的现代供应链管理体系，这是石化全行业可持续发展面临的共同责任，也是我们创新发展，提升行业竞争力的必然要求。

（二）积极借鉴"携手可持续发展"的先进做法，打造行业可持续供应链管理新模式

现代供应链管理已成为当今跨国公司创新经营模式，提升核心竞争力的一大焦点。TFS倡导的"携手促进可持续发展"的理念顺应行业发展潮流，符合创新发展方向。在推进现代供应链管理的过程中，中国石油和化工企业要积极借鉴国际先进经验和管理模式，不断提高现代供应链管理水平。

近年来，国内一些化工企业已经开始运用现代供应链管理，从产品设计到最终回收的全过程都进行改造，取得了良好效果。在设计环节，充分考虑产品对生态和环境的影响，使设计结果在整个生命周期内资源利用、能量消耗和环境污染最小；在采购环节，严格选择绿色供应商和绿色物流，控制来自源头的污染；在生产环节，充分研究由原材料到合格产品转化过程中物料流动、物质资源的消耗、废弃物的产生、对环境的影响等状况，不断优化绿色工艺，在产品整个生产过程中的各个环节，尽可能地不

产生或少产生对环境有害的污染物；在销售环节，采用绿色包装、绿色运输，从而做到产品生产、销售全过程绿色化。

中国石油和化工企业应该积极学习和借鉴科学供应链管理模式，进一步提升竞争实力，打造出适合中国市场特色的供应链管理新模式。同时，TFS也要充分考虑中国企业的实际发展情况和具体要求，进一步优化实施环节与程序，在互利共赢基础上携手促进经济社会可持续发展，全面提升中国石油和化工企业"责任关怀"水平。

（三）全面创新现代供应链管理模式，努力提升企业管理效率和经济效益

打造科学的现代供应链管理模式，要始终围绕提升企业管理效率和经济效益两大核心问题。同时，这两大核心问题也要贯穿于现代供应链的各个环节之中。

首先，要推动绿色可持续采购，根据企业的实际需求采购原材料和零部件，减少原材料和零部件库存量，对有害材料，尽量寻找替代物；对企业的多余设备和材料要充分利用。这也正是TFS所倡导的采购风险管理、降低成本和提升收益的理念，同时考虑环境、健康和安全等因素。

其次，把现代供应链管理理念贯穿从设计到回收的产品生产全周期，综合考虑原材料到合格零件的转化过程和转化过程中物料流动、资源消耗、废弃物产生、对环境的影响等状况，保护职工健康和安全，提高资源综合利用率，减少对环境的污染与损害。

第三，对供应链进行优化整合，积极应用现代信息技术，不断优化业务流程，建立良好的合作伙伴关系，打造一个由供应商、制造商、分销商、零售商及最终消费者用户组成的高度集成化的供应链，提高供应链的市场快速反应能力。

在竞争日益激烈的市场环境下，打造现代供应链管理模式可以有效降低企业经营成本，提高经济效益水平，优化和协调企业经营各个环节，提高企业竞争力，最终促进企业实现绿色可持续发展。

（四）用现代供应链的理论和实践，努力提升全行业"责任关怀"的水平

现代供应链管理理念是企业实现可持续发展的重要组成部分，是企业实践"责任关怀"行动的重要保障和有力支撑。建立科学的可持续供应链管理体系，将极大提升企业实施"责任关怀"的质量和水平。当前，在行业转型时期，推进企业实施"责任关怀"比以往任何时候都显得更加紧迫、更加必要。300多家企业在本次会议上向全球承诺"责任关怀"，中国石化联合会也发表了《中国石油和化学工业绿色可持续发展宣言》，相信在这次大会之后，中国石油和化工行业将会进一步加快构建和完善行业责任工作体系、标准体系和评估认证体系，让"责任关怀"理念和工作体系落到实处。

在中外石化企业高层对话会开幕时的讲话[*]

经过改革开放30多年的快速发展，中国已经成为世界石油和化学工业大国，发展速度很快，发展市场广阔，产品种类丰富，配套能力较强，产量和产值均位居世界前列。2015年，中国石油和化学工业增加值同比增长8.5%，主营业务收入达到13.14万亿元，利润总额6484.49亿元，全行业完成固定资产投资2.23万亿元，进出口贸易总额5263亿美元。"十二五"期间，中国石油和化学工业增加值年均增幅为9.0%，主营收入年均增长率为9.3%，总资产年均增长率为12.5%，实际投资年均增长率达为14.0%，出口总额年均增长率为6.2%。石油和化学工业经济体量和发展速度继续位居世界前列。

当前，中国宏观经济进入了"新常态"的结构转换期，行业发展出现了较大的下行压力。为了适应当前中国宏观经济新常态的严峻挑战，中国石油和化学工业将采取三项大的宏观措施，果断扭转和改变当前宏观经济的下行压力。一是加快传统产业结构调整的步伐，尽快从根本上改变传统产业过剩的局面。我们将采取市场和政府"看不见的手"和"看得见的手"这两种手段，用"总量控制""淘汰落后"和"转型升级"的方法，力争三年内彻底改变传统产业产能过剩的突出矛盾；二是采取产学研用紧密结合的方式，加快行业创新平台建设，努力提升全行业的创新发展能力，力争在新能源、新材料、专用化学品、现代煤化工和节能环保产业等

---

[*] 这是2016年3月20日，在中外石化企业高层对话会开幕时的讲话。

方面，将高端技术突破点和新的经济增长点紧密结合起来，尽快形成一批战略性新兴产业的增长点；三是大力推动全行业节能减排、绿色和循环发展，尽快形成节能环保技术的创新突破，加快形成节能环保产业的发展。在当前产能过剩的严峻形势下，提高供给能力、改善供给结构，用供给创造需求、开拓市场，实现适销对路和供需平衡，已经成为行业必须要走的改革之路。因此，供给侧改革将会成为中国今后宏观经济发展的一项重要任务和一次巨大变革。在深入推进供给侧结构性改革中，如何去产能、去库存、去杠杆、降成本、补"短板"已成为行业普遍关注的焦点，全行业要通过供给侧结构性改革等措施，有效化解一批过剩产能，同时促进产业优化重组，而扩大国际产能合作，已经成为中国石油和化学工业2016年经济运行一个重要的主旋律。

从国际形势来看，2015年下半年以来，全球石化行业的产业并购风起云涌。全年石化产业并购额达到650亿美元，比上年增长30%以上，成为仅次于2011年的第二个高年份。而2016年业界普遍预计将会超过去年，甚至要超过2011年，创下历史新高。这是因为2015年12月宣布的陶氏化学和杜邦对等合并案将于2016年完成，同时2016年2月宣布的中国化工430亿美元收购瑞士先正达案也将在年内实施。另外，不少跨国公司也都显现出一些明显的并购意愿。国际产业并购已经被视为发挥核心优势、改善资产负债，提升效益的重要手段，国际并购已引起业界的极大兴趣。

陶氏、杜邦合并后，成为世界化工行业市值最大的公司。目前该公司已经公布了合并后的分拆计划，农业化学公司、材料科学公司和特种产品公司，这3个公司也都将成为细分市场的领导者。而中国化工收购先正达，也避免了种子产业一家独大的格局出现。凡此种种，都对业界造成很大的改变和影响，国际产业并购下一步的趋势，及其产生的后果非常值得我们认真研讨。

希望通过对供给侧改革（侧重去产能和国际产能合作）和国际产业并购两个话题深入讨论，加深中外企业的沟通和了解，积极寻求合作机会，共同促进行业稳定、健康、可持续发展。

加快推进供给侧结构性改革
努力开创化肥工业"十三五"发展新局面*

一、"十二五"期间中国化肥工业发展成就及存在的问题

化肥工业是国民经济的重要基础产业,对促进农业发展、保障粮食安全具有重要的意义。中国是最大的发展中国家,从建国初的解决吃饭问题,到现在建设小康社会,化肥工业为经济社会发展做出了突出贡献。回顾过去,中国化肥工业从20世纪50年代的几乎空白,中间经过大力发展小型化肥企业,再到改革开放后的大中小型化肥企业全面发展,用了大约60年时间成长为世界化肥工业大国,走出了一条十分不平凡的发展道路。特别是"十二五"以来,中国化肥工业大力推进结构调整、技术创新、节能减排,取得了一批重大技术成果,行业综合能耗和"三废"排放逐年降低,培养了一批具有较强竞争力的企业和企业集团,总体实现了"稳中有进"的发展目标。

2015年,中国氮肥、磷肥、钾肥产量分别达到4714万吨(N)、1802万吨(P_2O_5)、572万吨(K_2O),2011~2015年年均增长率分别为4.9%、2.6%和11.4%。其中,合成氨、尿素、磷铵产量分别约占世界总量的38.5%、41.6%和47%。化肥的消费量也平稳增长,2015年氮肥、磷肥、钾肥表观消费量分别达到3744万吨(N)、1314万吨(P_2O_5)、1159万吨(K_2O),氮

---

* 这是2016年9月13日,在中外化肥企业CEO高峰论坛的讲话。

肥、钾肥年均增长率分别达到2.8%和11.4%，磷肥基本持平。2015年，氮肥、磷肥出口量分别达到995万吨（N）和515万吨（P_2O_5），分别约占全球贸易量的30%；钾肥进口量达到610万吨（K_2O），比2010年增长近一倍。

从总量上说，中国化肥工业规模很大，但与发达国家相比，发展的质量和水平还有较大差距，总体上大而不强。特别是在当前世界经济增长艰难缓慢，国内经济下行压力加大的情况下，制约行业发展的一些深层次矛盾和问题进一步凸显。

一是结构性过剩矛盾突出。基础肥料品种齐全，低端产品占行业比重过大，同质化竞争激烈，落后产能退出较慢，全行业产能利用率在76%左右。适应现代农业发展要求的高效专用肥料发展滞后，高技术含量、高附加值的化肥产品占比较低，不能满足农业转型升级的需求。

二是企业盈利能力下降。"十二五"期间，化肥企业生产运营成本不断攀升。以氮肥企业为例，天然气价、电价、运价相比2010年分别上涨了56%、42%和65%；销售费用、管理费用、财务费用、利息支出相比2010年分别上涨了104%、32%、103%和107%。依托低成本构建的竞争力正在丧失，特别是最近一段时间，主要基础化学肥料如尿素、磷酸二铵等产品的价格急速下滑，企业的盈利能力进一步萎缩。一方面是利润不断下降，另一方面成本大幅增长，导致企业运营十分艰难，有的企业甚至出现大面积亏损。

三是技术创新能力不强。中国氮肥企业的平均规模偏小，科技研发投入平均水平较低，创新人才缺乏，创新能力较弱。以市场为导向的产学研创新体系尚未完全建立，行业技术创新平台建设有待加强，行业发展的内生动力不足。低端产品过剩，高端产品不足，产品同质化问题突出，其根本原因都可以归结到创新能力不强这个核心问题上。

四是节能环保水平仍有较大差距。在单位产品能源消耗、污染物排放等方面提升的空间还很大，部分企业没有达到新建企业准入标准的要求。特别是一些中小规模企业环保意识不强、管理水平较低、环保设施不够完善，治理难度较大。

五是农化服务不能适应农业现代化的需求。 企业在营销理念和营销模式上缺乏创新，没有建立起与农业生产主体变化相适应的专业化农化服务体系。产品结构落后与农化服务不足，致使化肥利用率较低，当季利用率平均只有33%左右，远低于发达国家60%左右的水平。

二、加快推进供给侧结构性改革，努力开创中国化肥工业"十三五"发展新局面

"十三五"时期是中国化肥工业加快转变发展方式、开启由大向强跨越新征程的关键时期。中国化肥工业发展进入了"新常态"，行业增速加快换挡，高速增长由中高速代替；结构调整带来阵痛，落后产能退出缓慢，企业转型艰难；发展动力逐渐转变，要素投入驱动、资本投入驱动等传统发展动力减弱，创新驱动、绿色驱动等新的发展动力培育急需加快。行业发展既面临着新挑战，也面临着新机遇。

国家制定实施的"十三五"规划纲要，勾画了未来五年中国农业加快转变发展方式、向现代化农业进军的新蓝图。《规划纲要》明确指出，要"大力发展生态友好型农业，实施化肥农药使用量零增长行动，全面推广测土配方施肥、农药精准高效施用。"化肥使用量零增长，意味着行业必须解决产能过剩矛盾，必须下大力气淘汰落后产能，为研发生产高端、高效、专用肥料让出空间、创造条件。农业生产方式的转型，土地规模化经营的推进，将为新的化肥品种、新的施肥方法、新的服务方式创造出更大的发展空间，特别是中国经济仍处在大有可为的战略机遇期，发展的韧性足、潜力大，随着经济体制改革进一步深化，农业、农民、农村的发展活力和潜力将进一步迸发，化肥工业仍然面临着持续发展的新机遇。

"十三五"时期，中国化肥工业要深入贯彻落实"创新、协调、绿色、开放、共享"发展新理念，以供给侧结构性改革为主线，深入实施创新驱动发展战略，大力淘汰落后产能，加大高端、高效、专用肥料产品开发，进一步提升能源利用效率、大幅减少污染排放、降低企业生产成本，积极培育新的经济增长点，加快形成创新驱动发展的新动能，提高发展质量和核心竞争力，努力走出一条以科技创新为核心、以结构升级为重点的供给

侧结构性改革的新路子，努力开创行业"十三五"发展的新局面。

第一，严格控制新增产能，加快淘汰落后产能。

一是按照《到2020年化肥使用量零增长行动方案》和严重过剩行业产能置换实施方案的要求，采用减量置换原则，严格市场准入，强化行业监管严格控制新增产能。

二是加快淘汰落后产能。建立落后产能退出长效机制，严格把好环保关、能耗关，凡是达不到能耗、水耗限额国家标准的，凡是达不到污染物排放标准的落后产能，坚决依法依规淘汰。

要通过市场"看不见的手"和政府"看得见的手"共同发挥作用，力争用三年左右的时间，从根本上化解全行业产能过剩的矛盾。

第二，加强行业科技创新平台建设，努力提高技术创新能力。

一是建设高水平行业科技创新平台。通过创新平台建设，把科研院所、大专院校、龙头企业的科研力量有效组织起来，共同建设一批国家工程（技术）研究中心、国家工程实验室，形成有效的行业科技创新体系，集中力量突破一批制约行业转型升级的重大关键技术与装备，引领行业创新发展。

二是培育一批科技创新型企业和企业集团。积极引导企业加大科技研发投入，建设研发中心和工程化、产业化基地，加快科技成果转化，在重点技术、重点产品上培育一批创新型企业和企业集团，提升企业的技术创新能力。

三是大力推进智慧工厂和智慧园区建设。认真贯彻落实《中国制造2025》，推进工业化和信息化融合发展，重点建设一批智慧工厂和智慧园区，围绕生产管控、设备管理、安全环保、能源管理、供应链管理、辅助决策等方面积极应用信息化、自动化技术和装备，提高企业经营管理能力、安全运行能力、应急响应能力、风险防范能力和科学决策能力，提升企业全员劳动生产率。

第三，积极推进商业模式创新，提升农化服务能力和服务水平。

一是主动适应农业深化改革和集约发展的新变化，发展新型肥料，推进农化服务创新，促进下游产业发展，构建农化服务体系，满足平衡施肥、测土配方施肥、机械化施肥、水肥一体化施肥的新要求。

二是鼓励化肥生产、流通企业联合建立电子商务平台，提供农化服务信息、进行在线展示展销和推广，利用农资电商等新型业态和商业新模式促进行业发展，加快推动化肥生产企业和服务企业的转型升级。

三是培育一支专业化、高水平的农化服务专职队伍，提高服务科技含量，构建集测土配方施肥、套餐肥配送、科学施肥技术指导、农技知识咨询培训示范推广及信息化服务员为一体的农化服务网络体系。用令人感动的服务，建立以服务质量为核心的农化服务新模式。

第四，努力提高化肥档次和质量，实现肥料增效减量。

近年来，我们使用的化肥，尤其是氮肥，存在利用率低、土壤酸化、板结、大中微量元素间不平衡等问题。未来在不增加化肥用量甚至减量的情况下，必须提高化肥的档次和质量。

一是积极发展新型高品质化肥。认真贯彻国家减肥增效战略，发展增效尿素、大颗粒尿素及智能配方专用肥，开发中低浓度复合肥，发展高品质脱硝专用尿素，发展尿素硝酸铵溶液及液体水溶性肥料，实现水肥一体化。

二是深入实施测土配方施肥。以配方肥应用为重点，以玉米、蔬菜、果树为突破点，以农企合作和新型农业经营主体为切入点，开展化肥减量增效试点。建立水肥一体化技术集成示范区，示范推广滴灌施肥、喷灌施肥等新技术。

第五，营造良好发展环境，进一步提升对外开放水平。

一是调整与完善有关化肥产业政策。以充分发挥市场配置资源的决定性作用为目标，推动化肥行业原料价格、进出口、交通物流、兼并重组等政策的研究、调整与改革，破除束缚行业发展的体制机制障碍，进一步激发行业发展的活力和潜力，优化行业发展环境，让有实力的企业脱颖而出，不断发展壮大。

二是深化与国际化肥产业合作，推进落实"一带一路"倡议。进一步加强与国际化肥产业的合作，积极借鉴发达国家化肥企业的先进管理经验，在科技创新、结构调整、兼并重组等方面取得更多更大的实质性合作成果。加强与"一带一路"沿线国家之间的交流，积极与当地企业开展投资、贸易和产能合作，设立工厂、建设研发中心，实现优势互补、互利共赢、共同发展。要做好"走出去"联盟的有关工作，创新服务模式，提高服务质量，搭建一个高层次的行业国际合作服务平台，进一步提升对外开放水平。

新常态创造新机遇，新思路赢得新发展。改革开放以来，中外化肥企业通过互利合作实现了发展共赢，为促进全球化肥工业健康发展作出了重要贡献。面对新形势新挑战，我们既要看到挑战，更要抓住机遇，坚定信心，迎难而上，进一步加强交流与合作，创新合作方式、丰富合作内容、扩大合作范围、提升合作层次，尽快形成新常态下的新动能，努力实现更大的发展、更高的跨越，为促进全球化肥工业可持续发展，做出新的更大贡献！

中国石油和化学工业"十三五"发展目标及国际合作机遇[*]

一、中国石油和化学工业"十三五"发展目标

"十二五"以来,中国石油和化学工业已经完成了"短缺经济"时代的发展任务,进入了一个全新的发展阶段。从2010年开始,中国石油和化学工业的销售收入就位居世界第二位,其中化学工业销售收入位居世界第一位。到2015年中国石油和化学工业的销售收入达到13.14万亿元(人民币),比2010年增长55.2%,全行业税金总额达到1.02万亿元(人民币),占中国工业税收总额的20.7%,位列工业行业之首。石油、天然气产量和原油加工量分别居世界第四、第六和第二位,无机原料、乙烯、甲醇、化肥、农药、合成树脂、合成橡胶等重要大宗产品产量稳居世界前列。同时,一大批优势企业规模不断扩大,竞争力不断提升。2015年,中国大型石油和化工企业达到877家,比2010年增长1.68倍。

从2015年开始,中国经济进入了"十三五"发展的新时期。中国石油和化学工业的发展环境正在和将要发生一系列的深刻变化。从宏观经济发展看,中国经济发展已经进入"新常态",并且出现了与前十二个五年计划完全不同的形势、特点和变化,发展速度变化、产业结构优化和发展动力转化成为"新常态"下整个宏观经济转型升级的基本特点和总体

---

[*] 这是2017年3月23日于休斯敦,在第33届全球石油化工大会中国论坛上的发言。

要求。从行业发展环境看，首先，北美页岩气革命、中东廉价油气资源的冲击，以及我国现代煤化工技术的突破，使得全球石油和化学工业原料多元化的特征越加明显；其次是中国国内石化行业淘汰落后产能以及化解产能过剩矛盾步伐越来越快，战略性新兴产业正在破茧欲出，宏观经济的转型升级正在迎接一个新的转折点；第三是世界石油和化学工业技术创新正在出现一系列重大新突破，面临着一个前所未有的技术创新和产业升级的重要转折时期，世界各国都在抓住有利机遇，努力抢占有可能改变自身竞争优势的技术创新制高点。面对国际国内经济发展环境的重大变化，也根据中国石油和化学工业发展的基础和现状，我们提出了中国石油和化工行业"十三五"发展的总体目标：要迈出由石油和化工大国向石油和化工强国跨越的步伐。由"短缺经济"到"石油化工大国"，再由"石油化工大国"向"石油化工强国"迈进，这是中国石油和化学工业一次具有重大历史意义的战略转型，也是一次具有"凤凰涅槃"蜕变意义的结构升级。这个目标的实现，将会开创中国石油和化学工业一个崭新的未来。

根据我们测算，中国石油和化学工业"十三五"发展的具体目标是：

经济总量平稳增长。全行业主营业务收入年均增长7%左右，到2020年达到18.7万亿元。

结构调整取得重大进展。传统产业产能过剩矛盾有效缓解，化工新材料等战略性新兴产业占比明显提高，产品精细化率较大提升，行业发展的质量和效益明显增强。

创新能力显著增强。科研投入占全行业主营业务收入的比例达到1.2%。产学研协同创新体系日益完善，重点突破一批重大关键共性技术和重大成套装备，抢占一批科技创新制高点，建成一批国家级研发平台，形成转型升级的新动力和新优势。

绿色发展方式初步形成。到2020年，万元增加值能源消耗、CO_2排放量和用水量均比"十二五"末降低10%，重点产品单位综合能耗显著下降。化学需氧量（COD）、氨氮、二氧化硫、氮氧化物等主要污染物排放总量分别减少6%、6%、8%、8%，重点行业排污强度下降30%以上，重点行业挥发性有机物排放量削减30%以上，重大安全生产事故得到有效遏制。

品牌质量稳步提升。先进质量管理技术和方法进一步普及，企业品牌管理体系普遍建立。行业标准化管理体制改革深入推进，行业标准体系进一步完善。

企业竞争力明显提高。企业体制机制更加完善，发展活力显著增强，管理水平和盈利能力明显提升。

预计到2020年，中国石油和化学工业将会初步建成一批以浙江镇海、广东惠州等2000万吨炼油和百万吨乙烯炼化一体化的重大基础原材料产业基地；初步形成一批以万华化学、青岛软控、山东东岳等企业为代表的新材料企业集群；初步培育一批以高效低毒农药、水性涂料、先进医药中间体和高性能催化剂等产品为代表的具有自主技术特色的高端精细化学品产业集群；初步形成一批以煤制油、煤制烯烃、煤制芳烃、煤制乙醇以及煤炭分质分级清洁高效利用技术示范项目为代表的具有世界领先水平的煤化工产业基地；加快形成一批以废水废气废固近零排放技术、高效脱硫脱硝技术、高浓含盐废水资源化利用等为代表的具有全球竞争优势的节能环保产业技术；初步建设一批以上海漕泾、南京化工园区、宁波大榭开发区、广东大亚湾等为代表的具有中国特色的绿色化工园区。这些在"十三五"时期形成的具有高成长性和高竞争优势的产业和企业集群，将初步奠定中国石油和化学工业强国战略的发展基础和重要支撑。

二、中国石油和化学工业"十三五"开局情况和2017年发展趋势预测

2016年，世界石油化学工业发展持续低迷，企业兼并重组、业务调整风起云涌。同时，这也是中国石油和化学工业近年来宏观经济发展环境极其困难的一年：首先是世界经济复苏步履艰难，国际贸易持续低迷；其次是国际原油价格持续低下，给行业经济效益带来巨大影响。2016年原油平均价格为44美元/桶，比2015年还低2美元/桶；第三是全行业产能过剩矛盾十分突出，去产能成为宏观经济发展的一大难题。

尽管发展环境比较困难，但我们仍然取得了比预期还要好的"十三五"良好开局。据国家统计局数据，2016年，石油和化学工业规模以上企业29624家，全行业工业增加值同比增长7.0%；实现主营业务收入13.29万亿元，增长1.7%；利润总额6444.4亿元，与上年基本持平，分别占全国规模工业主营业务收入和利润总额的11.5%和9.4%；完成固定资产投资2.15万亿元，下降5.9%，占全国工业投资总额的9.4%；进出口贸易总额4778.2亿美元，下降9.2%，占全国进出口贸易总额的13.0%，其中出口1708.7亿美元，降幅达6.1%，占全国出口贸易总额的8.1%。

"稳中求进"是当前中国宏观经济发展的总基调。2017年中国宏观经济将会出现三大积极变化：

首先是宏观经济需求将会企稳回升。中国有一个巨大的国内市场。2017年中国国内投资需求和消费需求的巨大潜力，将会给经济注入强大的动力。

2017年国家基础设施投资力度不减，投资结构不断改善。仅各部委公布的投资力度，就可看出投资需求的增长态势。交通部明确2017年要完成1.8万亿元人民币的公路、水路建设投资。住建部今年计划安排600万套棚改住房，新开工地下综合管廊2000千米以上。工信部重点组织30项重大标志性项目的开工建设，一大批高档数控机床与基础制造装备、大飞机、4G网络覆盖、5G技术产品研发重大专项开工，一批重点新材料研发及重大工程深入实施。另外，从2016年国家统计局公布的数据能够看到中国国内消费正在成为经济增长的新的驱动因素。2016年社会消费品零售总额33.2万亿元人民币，增长10.4%（扣除价格因素，实际增长9.6%），城镇居民人均年可支配收入33616元人民币，同比增长7.8%（扣除价格因素，实际增长5.6%），农村居民人均年可支配收入12363元，同比增长8.2%（扣除价格因素，实际增长6.2%），2016年最终消费对经济增长的贡献率为64.6%，比上年提高4.9个百分点，比资本形成总额高22.4个百分点。消费较快增长主要集中在仍有较大潜力的旅游、医疗、保健和家政等服务方面，还集中在家装家饰、汽车等与住房和交通通讯有关的领域。

其次是微观主体创新活力增强。目前政府和企业都在大力推动企业创新能力的提升,企业正在积极从体制、机制入手,深化企业管理体制改革,大多数企业都在从发展战略、发展规划、结构升级、科研投入、分配制度等多方面入手,加快企业创新成果的产业化。联合会也从全行业产业结构调整的目标出发,建立了产学研一体化的能源新技术和新能源技术、化工新材料、高端精细化学品、现代煤化工和节能环保等五大创新平台,自"十三五"以来,就涌现了一大批具有先进水平的创新成果,还有一批具有先进水平的创新成果正在酝酿着新的更大的突破。企业创新发展的新动能正在集聚转化。

三是支持实体经济的政策力度明显加大。据不完全统计,2016、2017两年,中国政府财政部、税务总局、工商总局、知识产权办公室、人民银行、证监会和工信部等部门下发的有关支持实体经济的政策文件就达50多份,实体经济在市场秩序、税收政策、关税政策、金融政策等方面都获得了不少新的支持。在前不久刚刚闭幕的第十二届全国人民代表大会第五次会议上,李克强总理代表国务院向大会所作的政府工作报告中再一次表示,"为了进一步减税降费,2017年全年将再减少企业税负3500亿元左右、涉企收费约2000亿元,一定要让市场主体有切身感受。"实体经济发展的政策环境正在进一步优化。

从总体上看,我们认为2017年中国经济发展的宏观环境要好于2016年。尽管发展中还存在不少困难,还有不少不确定因素,但我们有信心,2017年中国石油和化学工业的发展业绩将会好于2016年。

2017年全行业经济运行将会出现五大变化:

一是产能过剩矛盾将会显著缓解。2017年,我们要在2016年"去产能"的基础上,继续加大淘汰落后产能的力度,力争取得"去产能"目标的决定性、突破性进展,力争到2008年,合成氨、尿素、磷肥、电石、烧碱、PVC、轮胎总产能分别控制在国务院批准的三年调控目标之内〔7550万吨、8200万吨、2200万吨(折P_2O_5)、4500万吨、3800万吨、2250万吨和7.25亿条以内〕,使产能过剩矛盾得到根本性化解。在坚决淘汰落后产能的同时,还要加快传统石化产业技术改造提升的进度,使传统产业的供需结构更加合理,使传统产业的竞争优势不断提升。

二是战略性新兴产业初具规模。创新驱动是全行业稳增长、调结构的唯一动力，也是供给侧结构性改革的一项重要任务。2017年，我们有望在新材料（MDI系列技术、膜材料、氟硅材料、碳纤维材料）、高端专用化学品（农药新产品、水性涂料、新型催化剂）、现代煤化工（先进煤气化技术、煤制油新技术、烯烃高端化差异化技术、合成气制乙醇技术）、节能环保技术等领域形成一批具有国际竞争优势的高端化、差异化新技术，并初步形成产业化规模。

三是行业绿色发展水平显著提升。"十三五"规划提出了"创新、协调、绿色、开放、共享"的新理念，绿色发展将成为全行业2017年的一项战略任务。2017年，我们要在全行业扎扎实实推出"废水治理行动计划""废气治理行动计划""废固治理行动计划""节能行动计划""安全管理提升行动计划"和"绿色园区行动计划"等六大行动计划，"六大行动计划"不仅要有问题和挑战、技术和典型，还要有目标和要求，更要有严格的监管措施和奖惩手段。要通过"六大行动计划"的全面实施，努力提高全行业绿色发展和"责任关怀"工作的水平，不断改变全社会对石化行业的认识和形象。

四是全面提升行业对外开放水平。"一带一路"既是国家倡议，也是行业可持续发展的必然选择。2016年我们组织力量开展了《石化行业"一带一路"国际产能合作研究》的重大课题研究，提出了我们全行业实施"一带一路"的整体倡议，在对外开放中，要集中力量形成资源勘探开发、产能合作、技术服务和对外贸易等四大企业集群，加快推出一批"走出去"的重大项目。同时，还要进一步加大同跨国公司在国内发展技术研发、合作投资、节能环保和"责任关怀"等方面的深度合作，全面提升全行业对外开放、深化合作的新格局。

五是企业经济增长质量明显变化。2016年经过全行业的艰苦努力，全行业利润实现了持平。尽管有油价低位运行的客观原因，但无法推脱我们管理粗放、效率低下的主观原因。2017年石化全行业要紧紧抓住成本、销售收入利润率、流动资金周转率和全员劳动生产率这四个关键指标，促使全行业经济效率和经济效益上一个大的台阶。

三、中国石油和化学工业"十三五"时期国际合作战略机遇

石化行业的国际交流与合作是中国更全面、更深入、更多元对外开放格局的重要组成部分,也是习近平总书记在G20杭州峰会倡导的"推动世界经济走上强劲、可持续、平衡、包容增长之路"❶的重要内容。石化联合会与国际组织的交流与合作日益频繁与紧密,2016年与国际化工协会联合会、世界塑料理事会、世界化肥协会、美国化工理事会、欧洲化工理事会、欧洲塑料理事会、日本化工协会以及巴斯夫、杜邦、陶氏、赢创、科莱恩、沙比克等跨国公司都有多次互访和频繁互动。通过这些交流和互动,无论是中国石油化工企业还是跨国公司,大家都有一个共同的认识,那就是在"十三五"发展时期,中国经济与世界经济将会进一步深度融合,中国石油化工企业与国际石油化工企业合作共赢发展的前景将会更加广阔。

我们认为,在"十三五"期间,中国石油和化学工业同跨国公司将有四大合作机遇。

(一)创新合作机遇

中国石油和化学工业联合会提出在"十三五"时期,全行业要加快培育能源新技术与新能源技术、化工新材料、高端专用化学品、现代煤化工和节能环保产业五大重点创新发展领域,在这五大重点领域中,要紧紧瞄准市场的前瞻性需求,围绕《中国制造2025》提出的在新一代信息技术产业、高档数控机床和机器人、航空航天装备、海洋工程装备及高技术船舶、先进轨道交通装备、节能与新能源汽车、电力装备、农业机械装备、生物医药及高性能医疗器械等方面实现重点配套研究与开发。同时,我们联合会还联合了国内技术实力雄厚、创新意愿强烈的生产企业、大专院校、科研院所等组织,在上述五大创新领域,共同组建了五大创新平台。通过创新平台,联合行业有生力量,集合行业优质资源,共同开展原始研发和应用研究。五大创新平台是完全开放的,我们非常欢迎石化跨国公司

---

❶ 参考人民网2016年9月4日人民日报《习近平出席2016年二十国集团工商峰会开幕式并发表主旨演讲》,编者注。

积极参与，共同开展协同创新。目前，我们已经有赢创、巴斯夫、沙比克、BP等一大批跨国公司和中国石油化工企业开展协同创新合作，共享创新成果。在创新发展方面，石化跨国公司有着得天独厚的技术优势和管理经验。无论在技术创新、管理创新还是经营模式创新方面，跨国公司与中国石油和化工企业都将有着广阔的合作空间和多层次的合作机遇。

（二）投资合作机遇

中国经济要保持中高速增长，国家基础设施建设就要保持稳定投资。"十三五"期间，交通部、住建部、工信部、发改委等各部委先后发布了一系列投资项目和相关计划，从这些已经公布的投资力度，就可看出中国的基础设施投资需求依然保持增长态势。投资项目必将拉动一批地方投资和民间投资，这也必将为我们石油化工行业带来更多投资机会。另外，中国政府还提出了"一带一路"发展倡议以及倡导企业"走出去"与跨国公司通过合资合作等方式，开展多种方式的投资共赢。中国政府提出的"一带一路"倡议，其本质就是打造信息流动、共享资源、共担责任的经济全球一体化升级版。中国石油和化工企业，在贯彻落实国家"一带一路"倡议、加快国际产能合作方面，正在组织企业安排资金，推动项目建设，为中国石油和化工企业与石化跨国公司投资合作提供更多的条件和机会。

（三）贸易合作机遇

尽管当今世界全球经济一体化正在经受各种挑战，但是我们依然坚定地认为，全球经济一体化是世界经济发展的大方向和大格局，不会发生根本动摇。中国经济也在更加深度参与全球价值链体系的重构，中国政府将为中国企业参与国际贸易提供更加便利的条件。包括中国石油化工企业在内的许多企业，都将和世界发生更多连接和交流，贸易体量将会继续保持增长。由于中国市场潜力巨大，跨国公司都十分看好中国市场发展，中国石油化工企业也正在积极与跨国公司进行贸易合作，无论是大宗产品、技术装备还是大型设备的贸易都在不断扩展。目前，我们行业的国际贸易是一个有着巨大贸易逆差的行业，每年的贸易逆差达3000亿美元左右。我们研究分析发现，贸易逆差的主要产品都是一些高技术含量、高品质的合成树脂、合成材料和精细化学品。这种贸易逆差意味着每年中国市场至少有着3000亿美元的巨大产品需求。随着中国经济保持中高速发展,庞大的中产阶级人群消费意识和消费观念的不断觉醒和提升,对生活质量和生活品质的追求也不断提高,对高端产品和高附加值产品的需求也会不断增长,这也决定了目前巨大的贸易逆差在短期内不会发生根本改变。同时,随着《中国制造2025》的深入实施以及工业4.0的迅猛发展,中国石油化工企业还纷纷尝试由"互联网+"带来的贸易、物流、结算等过程便利化带来的优势,大大提高了生产和贸易效率,从而提高整个产业链的价值总量和贸易总量。

(四)生产性服务业合作机遇

长期以来,生产性服务业滞后,成为我们行业在发展历史中积累的一个大矛盾。随着中国经济的发展,生产性服务业在工业生产中的重要作用越来越突出。目前,中国石油和化工行业生产性服务业发展体量不大,正处于蓄势待发的成长初期,一方面需要向跨国公司学习发展经验,同时也需要通过开展合作来提高自身的发展水平。在"十三五"发展中,我们提出了要大力发展咨询服务业、设计施工业、物流服务业和节能环保产业的目标任务。在这些生产性服务业中,每一个产业都有着巨大的发展空间和发展潜力。可以说,生产性服务业领域的潜力是十分巨大的。跨国公司在生产性服务业方面有着超强的技术、管理和经验优势,目前已经有不少跨国公司和我们联系,向我们表达了合作意愿。我们也十分愿意看到有更多的企业与我们开展交流合作,促进中国石油和化工行业的生产性服务业水平能够在"十三五"时期有一个较大的提升。

在第三届化工园区与跨国化工公司 CEO 圆桌会上的讲话[*]

一、完善产业结构，增强园区全球竞争力

装置大型化、炼化一体化、产业集中度高、规模效应明显是国外领先化工园区的典型特征。美国墨西哥湾沿岸地区聚集了上百家世界各地的大型石油石化公司，德国路德维希化工区集中了巴斯夫公司的250套装置，五大业务板块十二大类的上千个品种。

而目前我国大部分园区都存在产能结构性过剩、产业布局不合理等问题，不同程度地制约着园区的进一步发展。中国的化工园区要想步入世界级化工园区之列，必须提高技术创新能力，完善产业结构，提升产业发展水平。我认为应确定以下几点目标。

一是要有两种以上获得主要原料的途径和能力。多渠道地开拓原料来源，在上游企业无法满足原料供应或者无法实现稳定供应时，可以通过其他来源获取所需原料，缓解原料短缺的瓶颈。

二是要有龙头项目作支撑。具体来说就是要有1500万吨以上炼油、100万吨以上乙烯、100万吨以上芳烃等大的石化项目，奠定园区石化产业发展的基础，在炼油乙烯基础上走出高端化和差异化发展道路。

三是要有三条以上的成型的产业链条。化工园区应根据自身原料特点

---

[*] 这是2017年5月12日，在第三届化工园区与跨国化工公司CEO圆桌会上的讲话。

以及主导项目情况，规划三条以上的产业链，并将循环经济贯穿落实到各产业链以及产业链与产业链之间。

二、关注绿色发展，推动园区提质升级

目前，我国化工园区的绿色发展水平不高，危险化学品事故时有发生，社会和公众的误解已经成为影响我国石化行业发展的负能量。长江经济带作为石化园区和企业的聚集地，屡见不鲜的环境问题目前已经严重制约了当地化工产业的发展。

化工园区的绿色发展应该是贯穿从布局规划、招商引资、建设管理、安全环保、节能降耗、循环化改造全过程及全生命周期的系统工程。化工园区要综合运用市场机制、经济手段、法治办法和必要的行政手段，强化园区规范和标准制定、准入管理，推动园区提质升级、绿色发展。同时，石化园区必须要树立"责任关怀"理念。不仅要实现园区内企业的安全环保与绿色发展，还要从当地社会发展的角度来统筹布局园区的石化产业，实现园区与城市、园区与周边社区、园区与周边公众的和谐共处。"十三五"期间，绿色发展，无疑是化工园区尤其是长江一带等环境敏感区域的化工园区特别需要关注的问题。

三、创新管理理念，提升园区管理效率

国际先进的化工园区或者生产基地通常都有着先进的管理模式。国外很多先进的化工园区都是由专业的管理公司进行管理，或者由政府相关部门与第三方管理公司共同管理。而这些管理公司的管理者通常是在园区内的主导企业或者周边企业任职多年的专业人员，甚至是行业内的知名专家。先进的管理模式和专业的管理者保障了这些园区的高效管理，从而大大提升了园区的经济效益。

但目前我国大部分化工园区都存在管理不规范、不专业、管理效率低下等突出问题。化工园区要切实提升管理效率，一定要将公共管理的优

势、环保管理的优势、办事效率的优势、服务质量的优势最大限度地发挥出来。不同化工园区的产品可能不一样，产业特色可能有区别，但管理优质高效的要求都是共同的。"十三五"期间，化工园区的管理创新一定不能落后于技术创新，要在有条件的园区开展智慧化工园区试点，通过在园区管理上引入信息化技术手段，提高管理效率、丰富决策依据，加强环境保护、风险防控与事故应急响应能力。我们要用技术创新和管理创新的优势，开创化工园区的市场竞争优势和经济效益优势。我很欣喜地看到，这些年在我国化工园区的快速发展过程中，一大批优秀的专业的园区管理者已经成长起来，已经成为行业的中流砥柱。

希望各位企业界的精英与我们重点化工园区领导携手共进，为"十三五"创建一批具有全球影响力的先进化工园区做出努力，引领全行业绿色和可持续发展迈上一个新的台阶！

抓住中国经济和全球经济同步向好的难得机遇 扎实推进全行业供给侧结构性改革*

"不谋长远者，不足谋一时；不谋全局者，不足谋一域"。近年来，世界石油和化学工业发生深刻变革，革命性创新成果不断涌现，产业结构深度调整，新技术、新能源、新产品、新市场、新企业不断涌现，传统发展方式受到冲击，行业发展新格局加快重塑。面对这一历史性变革，中国国际石油化工大会持续聚焦技术创新、绿色发展、结构调整、国际合作、原料多元化等行业发展的时代主题，站在不同的维度，多角度、全方位、历史地梳理行业发展脉络，剖析行业发展趋势，研讨行业发展问题，针对性地提出应对之策和解决方案，增进了全球石油和化工行业的交流与对话，为促进世界石油和化工行业发展发挥了重要的建设性作用。

2017年以来，中国石油和化学工业经济运行稳中向好、稳中提质，主要经济指标呈现转折向好趋势。

一是收入增长加快。2017年1～7月，全行业主营业务收入达到8.42万亿元，同比增长16.5%。其中，石油和天然气开采业主营业务收入5174.9亿元，同比增长22.1%；炼油业主营业务收入1.91万亿元，同比增长20.3%；化学工业主营业务收入5.77万亿元，同比增长15.2%。

二是效益持续向好。2017年1～7月，全行业实现利润总额4951.9亿元，同比增长45.8%。其中，石油和天然气开采业利润总额235.9亿元，扭

---

* 这是2017年9月20日，在中国国际石油化工大会上的讲话。

转了持续下降趋势；炼油业利润总额1053.2亿元，同比增长5.3%；化学工业利润总额3550.6亿元，同比增长32.1%。

三是结构不断优化。在产业政策引导和市场需求调节下，传统石油和化工产品投资下降，专用化学品、化工新材料等高附加值产品投资保持增长。2017年1～7月，涂（颜）料、专用化学品、合成材料投资同比分别增长2.5%、1.4%和0.3%，农药、化肥、基础化学原料制造和橡胶制品业投资同比分别下降17.3%、6.9%、5.1%和0.4%。结构优化对提升行业发展质量、增强行业发展动力，实现稳中向好的发展目标，发挥了重要作用。

四是对外贸易进一步扩大。2017年1～7月，石油和化工产品进出口总额达到3274.5亿美元，同比增长22.9%。其中，进口2200.7亿美元，同比增长30.1%；出口1073.8亿美元，同比增长10.4%；贸易逆差1127亿美元，同比增长56.7%。

经过全行业的不懈努力，中国石油和化学工业的主营业务收入、经济效益、对外贸易等主要经济指标均达到6年来最高增速，出现了转折性的变化。尽管下半年还会受到环保、汇率、气候等国内外不确定不稳定因素影响，行业经济运行会出现一定程度的短期波动，但中长期向好的趋势不会改变，特别是专用化学品、精细化工产品、化工新材料等在全行业收入、利润、投资中所占份额将进一步增大，对行业发展的贡献更加突出，行业经济运行的质量将进一步提高。

供给与需求相适应是行业实现可持续发展的基本条件。中国石油和化学工业的良好发展态势，既得益于国际国内经济形势的好转，更得益于全行业持续推进供给侧结构性改革。中国石油和化工行业应势而变，主动适应供需结构转换的新形势，深入贯彻"创新、协调、绿色、开放、共享"发展新理念，积极推进供给侧结构性改革，大力调整供给结构，淘汰低效供给、无效供给，创造高端供给、绿色供给、有效供给，行业供给效率明显提高，经济运行实现稳中向好发展态势。

一是"去产能"取得新成效。全行业坚决淘汰能源效率低、环保不达标、技术水平落后的企业和装置，严格控制新建低端产能，抑制和减少低端供给。2016年，石油和化工行业重点产品产能利用率稳步回升，其中25

种主要产品平均产能利用率达到69.1%，比2015年提升1.1个百分点，增幅比2015年扩大0.9个百分点，扭转了近年来产能利用率下降趋势，企业经济效益持续改善，行业发展质量显著提高。

二是科技创新迈出新步伐。全行业积极推进以企业为主体、产学研相结合的创新体系建设，企业研发投入持续增加，科技资源配置进一步优化，在能源新技术和新能源技术、化工新材料、精细和专用化学品、现代煤化工、节能环保五大领域建设了一批国家级与行业级创新平台，一批重大关键技术成果实现突破，新的经济增长点加快形成，行业的高端供给进一步增加。

三是绿色发展跃上新台阶。中国石油和化工行业发布了废水治理、废气治理、固废处理处置、节能低碳、安全管理提升和化工园区绿色发展等六大行动计划，一大批节能减排和清洁生产技术广泛应用。单位产品能耗以及化学需氧量、氨氮、二氧化硫、氮氧化物等行业主要污染物排放量持续下降，固体废物综合利用率达到65%，危险废物处置利用率达到97%。重点环保领域取得新突破，聚氯乙烯行业低汞触媒应用率达到80%以上，磷石膏综合利用率达到33.3%，行业的绿色供给能力显著提升。

四是推进"一带一路"合作开局良好。推进"一带一路"建设，是中国对外开放的进一步深化，是中国与世界又一次亲密拥抱。中国石油和化工企业在加强与跨国公司合作的同时，进一步加强与"一带一路"沿线国家的合作；在巩固欧美等传统市场的同时，进一步开拓"一带一路"沿线国家的市场。中国石油和化工企业坚持互利共赢，充分发挥技术优势、资金优势、人才优势，积极对接"一带一路"沿线国家的发展倡议和发展规划，努力促进当地经济发展，为全球石油和化学工业发展增添了新动力。

封闭没有出路，贸易保护意味着后退。当今世界，全球经济一体化势不可挡，资金、市场、技术、人才、教育都已经国际化，资源在全球范围内配置，没有一个国家能够生产所有产品，也没有一个国家能够掌握所有技术。中国石油和化学工业发展的历史，就是一部中国与世界石油和化学工业交流不断加深的历史，特别是改革开放近40年来，中国以不断扩大的市场为全球石油和化工企业提供了难得的发展机遇，也为中国石油和化学工业的跨越式发展创造了条件。随着人类文明进步，国际化、全球经济一体化将深入发展。中国石油和化学工业将一如既往地张开怀抱，给世界各国的石油和化工企业以更加宽广的舞台，更具活力的市场。世界各国石油和化工行业只有进一步加强交流与合作，才能实现共建、共荣、共享，实现全球石油和化学工业的繁荣昌盛。

当前，中国经济和世界经济都处在趋稳向好的关键时期，发展中国家和新兴市场经济增长加快，金砖国家经济增长好于预期，欧盟、日本、美国等发达经济体经济保持增长，一些长期停滞甚至陷入衰退的经济体也摆脱阴影，走上了复苏增长的通道。最近，国际货币基金组织、世界银行等国际组织都上调了2017～2018年两年世界经济和主要国家的经济增长率，并且对中国经济都保持了最大信心。综合看，未来几年的石油和化学工业，机遇大于挑战，优势多于困难，是全球石油和化工行业面临的又一个难得的发展机遇期。

一是发展动力更强。全球石油和化工行业科技创新步伐正在加速，不论在能源资源和基础原材料领域，还是在战略性新兴产业领域，甚至在工业4.0、绿色新能源、汽车轻量化材料、石墨烯、3D打印材料、可燃冰等前沿领域，一批革命性科技创新突破初露端倪，部分先进技术已着手产业化，原料多元化、产品高端化深入推进，低成本、差异化、高附加值的高端产品领域将成为投资的重点，行业发展的积极因素加快积累，供给能力进一步增强，供给效率进一步提高，新的发展动力正在形成。

二是市场潜力更大。2016年，中国人均GDP达到8800多美元，人们的消费能力进一步增强，消费结构加快升级，内需在拉动经济增长中的作用进一步增强，正在由以吃穿为主的生存性消费向住、行、教育、旅游、养老、卫生、医疗、文化等发展性和享受性消费过渡。特别是随着工业化、城镇化、信息化和农业现代化的深入推进，互联网+、中国制造2025等重大战略规划的实施，以及涉及环境保护、民生改善等基础设施的建设，尤其是中西部地区基础设施投资的进一步增加，都将极大地激发能源和基础原材料的内需潜力，为石油和化工产品创造出更多更大的需求。

三是体制机制更活。改革开放以来，中国经济体制发生了根本性的变化，由单一的计划经济体制发展到多种所有制并存的社会主义市场经济体制，市场在资源配置中起决定性作用，同时更好地发挥政府作用。在中国石油和化工行业主营业务收入中，民营企业已占30%以上，民营企业的就业人数达到40%以上；国营企业经过改革转为混合经济，现代企业制度日益完善，经营机制更加灵活，竞争力提升，发展活力增强；外资和港澳台资企业也占到三分之一。当前，中国政府正在大力推进放管服改革，改革管理体制，放宽市场准入，增强服务效能，降低税费负担，市场配置资源效率将进一步提高，企业创业创新环境将得到进一步优化。

四是开放水平更高。当前，全球贸易保护主义进一步抬头，部分国家频繁采取贸易保护措施。据世界贸易组织（WTO）统计，中国已连续21年成为遭受反倾销调查最多的国家，连续10年成为遭受反补贴调查最多的国家。2016年，中国共遭受119起贸易救济调查案件，其中涉及石化行业的有15起，占全部案件的12.6%，涉案金额23.3亿美元。尽管针对中国的贸易保护主义增多，中国石油和化工行业仍始终坚持改革开放，始终支持世界贸易多边体制，支持贸易自由化、投资便利化，努力落实"一带一路"倡议，在科技创新、绿色发展、结构调整等方面进一步深化与世界各国的合作，欢迎外国企业"走进来"，支持中国企业"走出去"，实现互利共赢，共同发展。

挑战与机遇并存，能否抓住机遇，关键在能否应对好各种风险和挑战。中国石油和化学工业面临最现实、最急迫的挑战是安全环保问题。经过几十年的努力，中国石油和化工行业安全环保水平持续提高，安全环保重大事故和死亡人数连年下降，但与全面建成小康社会的要求还有不小差距，还不能完全适应网络社会的信息传播速度和传播方式，特别是石油和化工行业中小型企业占很大比例，平均规模与国际水平相比较小，许多企业安全环保的主体责任意识不够强，落实不到位，安全环保基础薄弱，自动化、智能化安全环保体系建设滞后，生产监测、预警和处理处置能力不足，存在较大的安全环保风险隐患。

建设生态文明是关系人民福祉、关乎民族未来的大计，是实现中华民族伟大复兴的中国梦的重要内容。习近平总书记指出："我们既要绿水青山，也要金山银山。宁要绿水青山，不要金山银山，而且绿水青山就是金山银山。"[1] 石油和化工行业认真落实习总书记的要求，深入贯彻绿色发展新理念，积极参与京津冀一体化和长江经济带建设，大力发展循环经济，努力推进清洁生产，强化污染防治，推动企业加快向化工园区搬迁改造，承诺实施"责任关怀"，开发综合利用先进技术，发展清洁替代能源，提高能源利用效率，推进二氧化碳、汞等温室气体和重金属污染物减排，努力建设山青水绿天蓝的生态环境。

石油和化学工业既是安全环保问题的发生者，更是节能减排和污染治理技术的主要供给者。没有安全环保水平的提升，行业供给侧结构性改革就是一句空话；没有供给侧结构性改革的推进，建设资源节约型、环境友好型、本质安全型行业也难以实现。努力增加绿色供给，大力发展节能环保产业，是每一个石油和化工企业应肩负起的历史责任和光荣使命。

大数据、互联网、智能制造是人类历史上又一次重大变革。人类工业化进程，就是不断运用人类智慧制造机器、武装机器、使用机器的历史过程。机器智能化、智慧化程度越高，发挥的作用就会越大，人类工业化进程就会越快。当前，以德国、美国、日本、法国等为代表的工业化进程已开始进入4.0时代，这些国家的化工企业在智能化制造、柔性化生产、定制化服务、实时化管理等方面走在了前列。中国石油和化工企业总体仍处在普及工业3.0时代，虽然一些企业开始使用机器人等技术装备，但部分高端机器装备仍依赖进口，大数据的积累、挖掘和利用与跨国公司仍有不小差距，而且没有与机器生产有机结合，云计算、人机互动、3D打印、增材制造等总体也处在研发试验阶段，中国石油和化学工业4.0任重而道远。

中国已连续五年成为全球工业机器人第一大应用市场，中国应用机器人的快速步伐正在引起全球的高度关注。中国石油和化工行业具有推进工业4.0的优势和潜力。中国石油和化工企业必须以刻不容缓的态度，加快智能化制造的步伐。

---

[1] 参考人民网2016年5月9日《绿水青山就是金山银山——关于大力推进生态文明建设》，编者注。

截至2017年6月，中国网民规模达到7.5亿左右，约占全球网民总数的五分之一；互联网普及率接近55%，超过全球平均水平约5个百分点；物流业、零售业、金融业等网络化程度较高，移动支付、共享经济快速发展，这些都为石油和化工行业推进工业4.0创造了有利条件和发展环境。在不远的将来，随着"中国制造2025"的深入推进，中国石油和化学工业的智能供给将提高到一个新的水平。

好风凭借力，送我上青云。在经历了国际金融危机冲击和市场重大调整之后，全球石油和化工行业正在走出低迷徘徊，走向稳中向好，走向新的发展繁荣。当前，我们正面临着中国经济和全球经济同步向好的难得机遇，让我们紧紧抓住这一难得的大机遇，共同把握这一可贵的新起点，加强合作，努力增加科技供给、高端供给、绿色供给、智能供给，为促进世界石油和化学工业联动包容发展，作出新的更大的贡献！

升级示范 深度融合
共创现代煤化工发展新局面[*]

煤炭资源丰富，石油天然气资源相对不足，是中国资源禀赋的显著特征。发展现代煤化工，对于保障国家能源安全，促进煤炭清洁高效利用和煤炭产业转型升级、培育新的经济增长点，具有十分重要的战略意义。我国现代煤化工经历了"十一五"时期和"十二五"时期的快速发展，技术创新和产业规模均走在世界前列，已建成了煤制油、煤制烯烃、煤制天然气、煤制乙二醇等一批现代煤化工示范工程，形成了一定产业规模。据我们统计，2017年1～6月，我国煤制油产能达到693万吨/年，产量155万吨；煤（甲醇）制烯烃产能达到1242万吨/年，产量530万吨；煤制乙二醇产能达到270万吨/年，产量70万吨；煤制天然气产能达到51亿立方米/年，产量11亿立方米。为实现煤炭的清洁高效利用奠定了坚实的基础，但因产业处在起步发展阶段，存在着水资源和环保瓶颈制约、工艺流程和技术集成尚需优化升级、产业支撑体系不健全等诸多问题。

我主要就"十三五"以来现代煤化工技术新突破、行业面临的新形势和新挑战及今后发展的方向及重点，谈几点意见，供大家参考。

一、"十三五"以来现代煤化工技术新突破

当前，世界石化行业日臻成熟，创新驱动成为推动行业发展的主旋

---

[*] 这是2017年9月27日，在2017中国国际煤化工论坛上的讲话。

律，新产品、新技术不断涌现，技术创新既是石化行业，更是现代煤化工行业发展的核心动力。"十三五"时期以来，现代煤化工相关领域技术创新能力不断加强，国内外涌现出一大批新的研究成果。

一是煤气化技术向大型化、长周期迈进。华东理工大学等单位联合完成了日处理煤3000吨级超大型多喷嘴对置式水煤浆气化技术开发并已在国内累计推广11家企业，在建和运行气化炉42台。该技术是目前世界上唯一能够实现单炉日处理煤3000吨级能力的水煤浆气化技术，为我国大型煤化工的高效、洁净发展提供了坚实的技术支撑。航天长征化学工程股份有限公司设计生产的日处理煤2000吨级航天粉煤加压气化炉创造了世界现有工业化气化装置的最长运行记录，单台气化炉连续（A级）运行记录为421天。神华宁煤集团联合中国五环工程公司等科研院所，自主开发出日耗煤2200吨干煤粉加压气化炉（神宁炉）应用于400万吨/年煤制油项目中，各项技术指标均达到国际先进水平。由美国能源部、南方公司和KBR联合开发TRIG气化技术单炉日处理量达到5000吨，而且无需备用炉。基于该技术在美国建成目前世界上最大规模的IGCC和CCUS结合的煤炭项目，气化炉负荷达到100%，气化压力<4.5MPa，有效合成气成分占比33%～35%，两台燃烧涡轮机用合成气发电，目前工厂总能效已经达到70%。

二是煤炭液化技术向生产高效化和产品高端化发展。神华集团依据煤直接液化反应的产物分布特点，着力开发超清洁汽、柴油以及军用柴油、高密度航空煤油、火箭煤油等特种油品的生产技术，目前已完成了煤直接液化油品的战机试飞和火箭发动机试验。中科合成油技术有限公司基于对煤炭液化过程的全面分析，提出了包括温和加氢液化、费托合成和油品加工三个核心单元的煤炭分级液化工艺。该工艺解决了传统煤炭液化技术存在的操作条件苛刻、油品质量较差、过程能效偏低等问题，操作条件温和、油品化学结构丰富、节能减排效果显著。目前，该技术已通过万吨级中试验证，可形成具有国际领先水平的煤炭分级液化成套技术。

三是煤制烯烃、芳烃技术实现了多项新的突破。在煤制烯烃方面，中科院大连化物所包信和院士团队基于"纳米限域催化"的新概念，创造性地构建了硅化物晶格限域的单铁中心催化剂,实现了甲烷在无氧条件下一步高效生产乙烯和芳烃等高值化学品。这是一项"即将改变世界"的新技术,又是一个具有里程碑意义的创新突破。中国科学院上海高等研究院在煤经合成气直接制烯烃浆态床技术研发方面,完成了实验室层面低甲烷高烯烃选择性的FTO催化剂的验证,甲烷选择性低于5%,总烯烃选择性高达80%以上,烯/烷比高达8以上,同时产物碳数呈现显著的窄区间高选择性分布,目前该技术即将开展中试验证。中科院大连化物所开发的甲醇制丙烯(DMTP)流化床工艺耦合了甲醇转化、乙烯烷基化和C_4+转化三个反应,丙烯选择性显著提高,工艺技术和指标先进,目前已完成百吨级放大试验,该工艺技术具有原创性。在煤制芳烃方面,值得关注的是,北京大学/中国科学院山西煤炭化学研究所团队和厦门大学团队以"背靠背"方式,几乎同时继合成气直接制烯烃之后,又在合成气直接制芳烃方面取得成功。他们利用新功能催化剂,实现了合成气一步法高选择性、高稳定性制备芳烃(SMA过程),芳烃选择性高达80%。在烯烃、芳烃联产方面,中科院大化所开发了甲醇甲苯制对二甲苯联产烯烃流化床工艺(DMTA),陕西煤化工技术工程中心有限公司开发了苯和甲醇选择性烷基化制对二甲苯技术和甲苯甲醇制对二甲苯联产低碳烯烃新技术。由于甲醇、甲苯原料来源广泛,价格低廉,产品低碳烯烃、对二甲苯都是大宗化学品,我国对外依存度高,因此以上技术展现了良好的应用前景。

四是煤制乙醇技术开辟出新能源和精细化工产品的新空间。中科院大连化物所正在研发的四种煤制乙醇技术,分别处在工业化、工业示范、工业性中试和测线单管放大模试阶段。其中,与江苏飞翔化工集团合作开发的醋酸-丙烯酯化加氢制异丙醇和乙醇技术,于2015年在凯凌(张家港)化工有限公司建成30万吨/年工业化装置,并生产出纯度达99.9%以上的乙醇和异丙醇优质产品;与延长石油集团联合开发的合成气制乙醇成套工艺技术,以煤基合成气为原料,经甲醇、二甲醚羰基化、加氢合成乙醇,并在延长石油建成全球首套10万吨/年合成气制乙醇工业示范项目;与江苏索普集团合作开发醋酸加氢制乙醇技术,将高效的醋酸加氢技术与低能耗的分子筛膜脱水技术有机地集成为一体,于2016年4月在江苏索普集团建成3万吨/年醋酸加氢制乙醇工业示范装置并一次开车成功；与山东联盟化工股份有限公司合作开发的甲醇经多相羰基化制乙酸甲酯技术研发了高分散性、高活性、高选择性和高稳定性的催化剂，经中试验证，运行稳定性好，完成了甲醇多相羰基化新工艺开发。

五是低阶煤热解技术实现新突破。上海胜帮化工技术股份有限公司与陕北乾元能源化工有限公司联合开展的低阶粉煤气固热载体双循环快速热解技术工业试验，实现了低阶粉煤的快速高效热解，为低阶煤热解探索出一条新途径。上海新佑能源科技有限公司和河北新启元能源技术开发股份有限公司合作开发劣质重油沸腾床加氢技术（EUU）建成了10万吨/年劣质重油沸腾床加氢装置，为煤焦油等劣质重油深加工提供了新的技术支撑。延长石油针对国内外煤炭技术利用中存在的焦油收率低、半焦转化利用难等问题，自主研发了粉煤热解-气化一体化技术（CCSI），在一个反应器内完成煤的热解和气化反应，热量相互耦合，实现煤炭资源的最大化利用，目前已建成万吨级工业化试验装置并实现成功运行。

六是积极探索CO_2综合利用的新工艺。全球气候变暖，不少人都把罪名强加在CO_2头上，无论证据是否准确，但我们认为CO_2是一种被人误解、误判的资源。关于这一点，在我们去德国、美国、日本跨国公司创新发展考察中得到验证。考察时，科思创公司董事长唐纳德告诉我，科思创公司目前正在酝酿两大技术的研发突破：一是CO_2利用技术，目前他们已经有一套利用CO_2生产多元醇的小规模中试装置；另外他们还利用CO_2作为软泡聚氨酯的发泡剂（CO_2先同聚醚反应，然后再同异氰酸酯合成）；二是利用太阳能制氢技术。目前科莱恩和德固赛正在联合研究开发一个令人关注的新技术，即$CO_2+H_2 \rightarrow CH_4$。由科莱恩负责提供新型触媒，德固赛负责工艺开发，现已有一套正在运行中的中试装置（在法兰克福附近）。科莱恩还正在利用政府资助（1亿欧元）资金，开发一个CO_2+H_2生产甲醇技术。在国内CO_2利用方面，国内也有单位在开展相关研究，中国科学院上海高等研究院、山西潞安矿业（集团）有限责任公司和荷兰壳牌石油工业公司三方合作开发的甲烷二氧化碳自热重整制合成气关键技术，建成了国际首套万Nm^3/h级规模甲烷二氧化碳自热重整制合成气工业侧线装置并稳定运行，实现了CO_2的高效资源化利用。中科院上海高等研究院与上海华谊集团的合作开展CO_2加氢制甲醇技术研究，已实现了中试工艺全流程贯通和平稳运行。此外，中科院上海高等研究院还开展了CO_2加氢直接合成液体燃料的研究，合成了一种新型双功能催化剂，并首次实现了CO_2直接高选择性地合成汽油烃类组分，其中汽油烃类组分（C5+）的选择性最高可达81%，同时，甲烷选择性小于1%。相关结果近期被Nature Chemistry杂志接收发表，该工作得到了审稿人的高度评价，被认为是CO_2转化领域的一大突破，为CO_2转化为化学品及燃料提供了重要的平台。中科院山西煤化所完成了二氧化碳加氢制甲醇工业单管实验，并实现了稳定运行，标志着该技术向工业化迈出了坚实一步。

实践告诉我们，谁能预见到未来，谁就能抢占先机；谁能抓住机遇，谁就能开创未来；未来就掌握我们今天的现实行动之中。

二、当前现代煤化工发展面临的新形势和新挑战

"十三五"时期我国现代煤化工发展面临着一系列新形势和新挑战，有利条件和制约因素相互交织、增长潜力和发展压力同时并存，但机遇大于挑战。

一是产业定位已明确。党和政府高度重视煤炭清洁高效利用。2016年12月28日，在神华宁煤煤制油示范项目建成投产当日，习近平总书记指出，这一重大项目建成投产，对我国增强能源自主保障能力、推动煤炭清洁高效利用、促进民族地区发展具有重大意义，是对能源安全高效清洁低碳发展方式的有益探索，是实施创新驱动发展战略的重要成果[1]。2017年新年伊始，国家能源局印发了《煤炭深加工产业示范"十三五"规划》；3月，国家发展和改革委员会、工业和信息化部联合印发了《现代煤化工产业创新发展布局方案》。《规划》和"方案"的出台从国家层面明确了产业的定位，加强了产业顶层设计，为规范和引导产业科学健康发展指明了

---

[1] 参考人民网2016年12月28日新华社《习近平：加快推进能源生产和消费革命 增强我国能源自主保障能力》，编者注。

方向。

二是市场刚性需求巨大。我国对清洁油品、天然气及石化基础原料有巨大的刚性需求。我国石油和天然气进口依赖度不断上升,已成为全球主要的能源消费国和进口国。2016年,我国原油的对外依存度已达60%以上,天然气的对外依存度达到36.6%,且有逐年增加趋势。在绿色低碳发展、环保法规要求趋严等推动下,我国油品质量升级步伐加快,发展煤制油能够提供优质清洁油品,丰富成品油的多元化原料供应,减少油品使用对雾霾天气的影响、缓解我国部分地区的大气污染问题。我国部分基础石化产品(特别是以石油为原料的产品)对外依存度较高。2016年乙烯(当量)、对二甲苯、聚乙烯、乙二醇、苯乙烯的自给率分别为52.5%、43%、62.9%、34.6%和60%。未来供需情况虽有所改善,但在"十三五"期间仍将维持较大缺口。

三是国际油价低迷。全球石油市场呈现供应宽松局面,影响国际原油价格的因素复杂多变。国际原油价格低位运行将大幅降低国内石油路线化工产品生产成本,从而降低石化产品市场价格。我国煤炭市场相对独立,煤炭价格基本不受原油价格影响,而产品价格受到油价低位运行影响较大,企业在原料成本端保持不变的情况下,产品价格大幅下降,企业盈利能力大幅下降。根据国内外相关机构预测,国际油价在"十三五"期间处于50~70美元/桶为大概率事件,现代煤化工项目将处于盈亏点平衡附近,成本低的项目可以保持微利。

四是海外低价产品冲击。近年来,中东地区凭借天然气资源优势,大规模扩大乙烯产能,并推动石化产业快速发展,成为世界大宗常规石化产品的主要产地和出口地区。中东地区天然气和油田伴生气价格低廉,比炼厂配套的石脑油制乙烯、丙烯成本下降15%以上,比煤制化工产品都具有成本优势。美国由于页岩气大规模开发使得天然气、乙烷价格大幅走低,按照目前价格,美国甲醇、乙烯及聚乙烯等产品的竞争力甚至超过海湾地区。因此,美国和中东的低成本化工产品会对我国煤制化学品生产形成一定冲击。

五是环保压力不断增大。随着新环保法以及大气污染、水污染、土壤污染等专项行动计划的实施,现代煤化工产业的污染控制要求将更加严格,现代煤化工项目获得用水、用能、环境指标的难度加大。如何提高现代煤化工产业环保技术水平,降低污水处理、固体废弃物处理与处置、大气污染物排放处理的成本等问题将成为开展煤化工项目以及煤化工产业发展的重要研究问题。此外,为落实巴黎气候大会形成的《巴黎协定》,我国实施碳交易或开征环保税已是大势所趋,这将会影响现代煤化工产业的整体竞争力。

三、今后的发展方向及重点

"十三五"时期及今后较长一个时期,是我国推动能源革命和现代煤化工行业升级示范的关键时期。现代煤化工发展在深入开展升级示范的同时,应围绕制约现代煤化工产业发展的重大关键共性技术和重大装备积极开展科技攻关,尽快改变目前终端产品结构雷同的困局,加快形成终端产品高端化、差异化的新局面。从现在技术发展的突破和未来技术的潜力看,我认为在以下几个方面还可以大有作为。

一是发挥煤制超清洁油品及特种油品的优势。煤直接液化能够生产出石油化工难以生产的产品,特别是可以作为军民用航空飞机、航天火箭以及特种装甲车辆的油品,满足我国日益增加的特种油品需求。煤间接液化制油产品具有十六烷值高和超高清洁性等特点,可以作为国家清洁油品及油品升级调和组分。随着我国特种燃料和日益严格的油品升级需求,煤制油产品的优势将会得到进一步发挥。

二是构筑煤制烯烃、芳烃新材料产业链。美国陶氏化学CEO利伟诚先生曾经这样评价中国石油和化学工业:"我们认为,中国的石油和化学工业基本上就是一个基础原材料工业,你们离终端市场太远。其实终端市场技术水平不低,经济效益不差。中国石油和化学工业的发展,应该大胆拥抱终端市场"。从跨国公司的技术创新上,我们可以看到PE、PP下游加工可以创造上百种市场终端产品,而目前我们聚乙烯、聚丙烯专用牌号很少,只要在技术创新上有所突破,高端、差异化的PE、PP就可以培育一棵枝繁叶茂的产品树。苯是重要的有机化工基础原料，煤制芳烃的突破，不仅可以拿到苯，而且还可以开辟一大批以苯为原料的有机产品，从苯乙烯、聚苯乙烯到己内酰胺，双酚A，甚至到聚碳酸酯等重要产品，又可以培育一棵枝叶茂盛的产品树。

三是优化煤制含氧化合物产品质量。草酸酯路线煤制乙二醇的技术研发正在向低成本、高选择性、长催化剂寿命和环境友好的方向发展，由于产品质量不断优化，以及下游用户对煤制乙二醇应用理解的加深，煤制乙二醇已经开始大规模应用于聚酯化纤行业。发展煤制乙醇既能消耗大量醋酸，缓解醋酸产能过剩的矛盾，还能通过推广乙醇汽油替代部分石油。当然，这些产品在发展过程中还面临一些技术或标准的制约，需要我们持续不断开展相关研究。

四是积极探索低阶煤分质分级利用的新模式。相对煤炭直接燃烧，低阶煤分级分质利用的优势是能够实现物质、能量的梯级利用，提高煤炭利用效率，增加煤炭附加值。对成煤时期晚、挥发分含量高、反应活性高的低阶煤，通过热解、半焦利用、焦油加氢等技术进行分质分级利用，探索形成"油、气、化、电"多联产的新模式，并积极探索与煤炭、冶金、电力等产业融合发展，提升煤炭转化总体效益，提升煤炭清洁高效利用整体水平。

现代煤化工是典型的C_1化学。在传统的概念中，C_1化学下游产品的路子很窄，但今天我们依靠技术创新，颠覆了我们的传统概念。中国现代煤化工的创新发展，正在开辟C_1化学无限的青春活力和广阔的产品空间。C_1化学的崭新未来，必将会在我们这一代人的创新发展中诞生！

新时代我国石化能源现状及挑战[*]

能源工业是经济发展的动力和血脉,始终是国家经济发展的支柱产业和战略支撑,无论是发达国家还是发展中国家,都把能源发展和能源安全摆在重要的战略地位。特别是在当前新形势下,宏观经济发展正面临着转型升级的重大挑战,新能源也出现了许多重大变革的技术突破。传统能源工业,乃至整个石油化学工业如何调整战略、明确重点、加快转型是大家都在密切关注的重大问题。在这样的宏观背景下,充分研究大家都密切关注的重大问题,对于我国能源快速稳定持续发展,具有重大的现实意义。

要研究好未来的发展战略,首先必须要对我国能源、特别是石油工业发展的现状有一个全面、准确的认识。对于我国油气产业,特别是原油、炼油和天然气发展的现状可以概括为以下三个方面的特点。

第一,我国油气产业发展很快。我国现在已经成为全球发展最快的原油、炼油和天然气生产大国。2016年,我国原油产量2亿吨,这是自2010年以来,国内原油产量连续6年稳定在2亿吨以上,目前,中国原油产量居世界第五位,约占世界原油产量的4.7%;我国炼油能力在世界排名第二,仅次于美国,2016年,我国原油加工量5.4亿吨,较2010年增长1.9%;天然气产量1368.3亿立方米,自2010年以来,以年均6.7%的速度快速增长,目前,我国天然气产量约占世界天然气产量的3.8%,排名世界

---

[*] 这是2017年12月7日,在三亚国际能源论坛上的致辞。

第六。

第二，我国油气消费市场很大。我国现在已经成为全球原油和天然气消费大国。2016年，我国原油表观消费量达到5.78亿吨，同比增长5.6%，原油消费量世界排名第二，仅次于美国。2016年，我国天然气表观消费量为2058亿立方米，同比增长达6.6%，增速超过2015年。自2010年以来，天然气表观消费量年均增速在12%左右。2016年，天然气在一次能源消费占比增至6.4%，较2010年提高了2个百分点。目前天然气消费结构中，工业燃料、城市燃气、发电、化工分别占38.2%、32.5%、14.7%、14.6%，与2010年相比，城市燃气、工业燃料用气占比增加，化工和发电用气占比有所下降。天然气是我国推进能源生产和消费革命，实现绿色低碳发展的重要基础。2020年要实现天然气一次能源占比10%的目标依然任重道远。我国拥有13.7亿人口，按2016年约2100亿立方米的天然气消费总量测算，现在涵盖的人口是4亿多，仅满足了全国1/3人口的需求，还有2/3的市场可以进一步开拓，市场潜力十分巨大。美国有机构预测，2040～2050年，中国将超越美国成为全球主要天然气消费国。

第三，能源转型挑战诸多，我国正处在能源战略转型升级的重大战略机遇期。近年来，我国大力推进能源革命和转型，优化能源结构，实现清洁低碳发展，是推动能源革命的本质要求，也是我国经济社会转型发展的迫切需要。当前，绿色多元的能源供应体系正在逐步建立，能源消费清洁化、低碳化也正在取得积极进展。无论是传统能源技术升级，还是新能源技术快速突破，我国整个能源工业正面临着从结构到技术，从管理到体制等一系列的重大挑战。能源转型是一个长期的过程，实现清洁低碳的现代能源体系目标仍需解决一些深层次的矛盾和问题。我国能源发展"十三五"规划明确，"十三五"时期非化石能源消费比重提高到15%以上，天然气消费比重力争达到10%。清洁低碳能源将是"十三五"期间能源供应增量的主体。我国将继续推进非化石能源规模化发展，加快推进天然气利用。在做好煤炭清洁高效利用的同时，规划建设一批水电、核电重大项目，稳步发展风电、太阳能等可再生能源，大力发展天然气分布式能源和天然气调峰电站，在民用、工业和交通领域积极推进以气代煤、以气代油。这些也为能源工业发展带来了前所未有的机遇。

在全面、准确认识我国石油、炼油、天然气工业发展现状的基础上，还必须对我们面临的挑战，要有一个清醒深刻的认识。当前石化全行业面临的挑战，集中体现在以下三个方面。

一是我国炼油工业面临着化解产能过剩矛盾，提高规模集中度和技术升级的严峻挑战。目前，我国炼油能力8亿吨左右，原油加工量不到6亿吨，产能过剩矛盾十分突出。同时，国内炼油企业还存在集中度较低以及产品技术升级的挑战。世界石化产业的显著趋势是规模化和集群化。与石化强国相比，我国石化产业规模化和集群化都有距离。资料显示，美国52%的炼油产能、95%的乙烯产能集中在墨西哥湾沿岸地区；日本85%的炼油产能、89%的乙烯产能分布于太平洋沿岸地区。韩国蔚山年炼油能力达4200万吨、乙烯产能340万吨；新加坡裕廊年炼油能力达6732万吨、乙烯产能387万吨。镇海炼化是国内排名第一的炼化企业，年炼油能力达2300万吨。但在全球年炼油能力2000万吨以上的企业中，镇海炼化仅排名第18位。这正是我国炼化行业长期以来企业数量多、规模小，产业布局不合理的现实。我国目前共有炼油企业240多家，除藏黔晋渝4省区市外，其他各省区市均建有炼厂，平均年产规模仅为308万吨，远低于742万吨的世界平均水平。

除此之外，我们还应正视这样一种严峻的现实：一方面炼油产业产能严重过剩，另一方面新建大型炼厂还在大兴土木。"去产能"的痛苦经历，我们应该获得一个教训，绝不能用今天的投资再去制造明天的灾难了！

二是我国新能源以及能源新技术面临着多元技术突破，需要加快进行战略性选择的严峻挑战。近年来，能源新技术发展突飞猛进。从我国现代煤化工产业多产品、多链条技术突破，实现与石油路线产品一争高下，到传统石油炼制工艺技术如渣油加氢、离子液体烷基化提升炼化产品品质，从石油直接制乙烯、甲烷制乙烯技术，到乙烷裂解、丙烷脱氢技术在产业化项目中脱颖而出等等，这一系列常规能源技术的突破和实践，为传统能源发展提供了更多选择。新能源，尤其是非常规能源与可再生能源的快速发展，更为能源工业转型迈出了实质性步伐。从页岩气到可燃冰，再到干热岩，2017年以来，我国非常规能源发展获得多项重大突破。2017年以来，在长江沿线，我国页岩气勘探开发连续取得重大突破。截至目前，我国累计探明页岩气地质储量7643亿立方米。其中，重庆涪陵页岩气田累计探明地质储量6008亿立方米，成为北美之外最大的页岩气田。2016年我国页岩气产量达到78.82亿立方米，预计2017年产量达到100亿立方米，仅次于美国、加拿大，位居世界第三。天然气水合物，又称可燃冰。2017年5月10日，我国在南海神狐海域天然气水合物试采成功。截至2017年7月9日，试开采连续试气点火60天，累计产气30.9万立方米，平均日产5151立方米，甲烷含量最高达99.5%。随着科技不断突破，预计2030年我国天然气水合物年产能达到10亿立方米。近期，我国在青海共和盆地3705米深处钻井获236摄氏度的高温优质干热岩体，实现了干热岩勘查重大突破。2017年最新发布的《BP世界能源统计年鉴》显示，2016年全球可再生能源发电（不包括水电）同比增长了14.1%，增加了5300万吨油当量，为有记录以来最大增幅。其中，中国超过美国，已成为全球最大可再生能源生产国。中国正引领着全球可再生能源加速发展。2016年中国贡献了全球可再生能源增长的40%，超过经合组织总增量。这些能源领域正在发生的变化，正在催生能源产业新的增长点，同时也向传统能源产业发展提出了加快战略选择的严峻挑战。

　　三是我国传统石油化学工业面临着颠覆性技术突破的挑战，面对未来必须要有可持续发展的预案准备。目前，电动汽车的发展引人注目。面对新能源汽车产业的异军突起，传统石油化学工业是否陷入了发展危机。这需要引起石油化工行业，尤其是能源行业的高度重视和深入思考。由能源型技术路线转变成化工原料型的技术路线，这将是未来一段时间，我们行业必须回答的一道最现实的选择题。2016年，我国共生产51.7万辆电动汽车，中国已经超过美国成为全球第一大电动汽车产销国，并连续两年产销量居世界第一，累计推广超过100万辆，占全球市场保有量50%以上。挪威、荷兰、德国、英国、法国等欧洲国家相继提出禁止销售燃油车的时间表。现在中国也把禁售燃油车提上议事日程。未来究竟是电动汽车占主导,还是氢能汽车居主流,也存在两大理论流派和两大技术博弈。目前,锂离子电池技术和制氢、储氢技术正在进行着一场谁能独占鳌头的创新竞赛。这些变化都时刻提醒着我们,传统能源产业发展必须要有超前的战略思考,要有转型升级的战略预案,更要有可持续发展的战略准备。

努力打造中国炼油行业转型升级和创新发展的新动能[*]

一、中国炼油行业发展现状及转型升级的挑战

炼油行业是石油和化学工业重要的组成部分，是我国经济发展的重要支柱产业之一。经过改革开放40年的快速发展，我国炼油行业取得了长足的进步。如今，我国炼油能力大幅增长，已经成为炼油能力世界第二大国，炼油产业布局不断优化，产品质量逐年提高，技术创新不断突破，装置运行安全稳定，企业管理能力不断提升，炼油行业正在走向一体化、规模化、基地化的全新发展轨道。

近年来，随着我国经济发展进入新常态，社会经济发展主要矛盾已经发生转变，行业发展结构不平衡、不充分的矛盾十分凸显，加快深化供给侧结构性改革的要求十分迫切。当前，国家倡导实施绿色发展战略，促进新能源产业发展，深入推进能源产业革命，同时，以大数据、互联网+、智能制造等新一代信息技术为代表的技术革命浪潮风起云涌，这些外部环境的巨大变化，都对炼油行业的转型升级提出了更高要求。在这样的背景下，根据我国炼油行业发展现状，国家先后出台了一系列政策组合拳，在炼油行业去产能、补"短板"、降低生产成本、提升产品质量方面取得了显著成效。

---

[*] 这是2018年6月于宁波，在亚洲炼油和石化科技大会上的讲话。

（一）炼油能力稳步增长

"十三五"期间，我国炼油能力持续保持增长，增长结构不断优化，增长速度有所放缓。截至2017年底，我国原油加工量5.68亿吨，同比增长5%。以生产成品油为主的企业原油一次加工能力达到了8.04亿吨/年，炼油产能主要集中于中国石化、中国石油为首的六家中央企业（集团）。其中中国石化、中国石油两家合计4.8亿吨，占比60%。2017年，生产成品油（汽、煤、柴油合计）3.58亿吨，同比增长3%。目前，我国炼厂数量综合约220家，其中中国石化、中国石油为首的六家中央企业（集团）为98家，占比45%。其中，中国石化33家、中国石油33家、中国海油16家、中国化工12家、中化2家、兵器工业2家；地方炼厂（不含已被央企收购部分）122家，占比55%。根据正在实施的炼油新项目及最新规划情况，预计"十三五"期间，将新增原油一次加工能力1.47亿吨/年，扣除将要淘汰的落后产能约4000万吨/年，"十三五"期间净增原油一次加工能力1.08亿吨/年，预计2020年我国炼油能力将达到9.52亿吨/年。

（二）成品油质量升级不断加快

党的十九大以来，围绕着推进绿色发展、着力解决突出环境问题、加大生态系统保护力度、改革生态环境监管体制等方面的改革，都对炼油行业发展提出了一系列新的任务和新的要求，尤其是成品油质量升级工作不断提速。目前，我国成品油质量升级已全面进入国Ⅵ阶段。2017年1月1日，根据《加快成品油质量升级工作方案》要求，全国供应国Ⅴ标准车用汽柴油，车用汽油硫含量从50毫克/千克降到10毫克/千克，烯烃含量从28%下调到24%；车用柴油硫含量从50毫克/千克降到10毫克/千克，十六烷值调高到不小于51。2017年10月1日，根据国家环境保护部等4部门和北京、天津、河北等6省市发布的《京津冀及周边地区2017年大气污染防治工作方案》要求，"2+26"城市车用柴油和普通柴油并轨，全部供应符合国Ⅵ标准的车用汽柴油，禁止销售普通柴油。国Ⅵ标准的车用汽油，烯烃含量从24%降到18%，芳烃含量从40%降到35%；国Ⅵ标准的车用柴油，多环芳烃从11%降到8%，增加总污染物不大于24毫克/千克的指标。同年11月1日，按照国家发展改革委等八部门联合印发《关于做好全国全面供应硫含量不大于10毫克/千克普通柴油有关工作的通知》，全国供应国Ⅴ标准普通柴油，普通柴油硫含量从50毫克/千克降到10毫克/千克。

从2019年1月1日起执行国Ⅵ车用汽油和车用柴油标准。中国国Ⅵ油品质量标准实施后，在主要技术指标上将达到欧Ⅵ标准质量要求，其中汽油烯烃含量和柴油多环芳烃含量指标甚至优于欧Ⅵ标准，届时中国油品标准将整体达到世界先进水平。

（三）基地化建设加快推进

为了进一步优化我国石化产业的布局结构，2015年国家发改委、工信部联合制定颁发了《石化产业规划布局方案》，对新形势下石化产业布局进行了总体部署，规划了一批国家重点炼化基地。布局方案要求，今后凡是新建炼油项目、乙烯项目、对二甲苯项目、煤制烯烃项目都必须进基地，并要求新建项目必须按照炼化一体化、装置大型化的要求，单系列常减压装置原油年加工能力达到1500万吨及以上，一、二次加工设施配套齐全，油品质量达到国Ⅴ标准；乙烯装置年生产能力达到100万吨及以上，吨乙烯燃动能耗低于610千克标油；对二甲苯装置年生产能力达到60万吨及以上，氢气和重整抽余油等副产品实现综合利用，芳烃联合装置的吨对二甲苯燃动能耗低于500千克标油；单系列煤制甲醇制烯烃装置年生产能力在50万吨及以上，整体能效高于44%。《石化产业规划布局方案》的实施，标志着我国炼化行业的发展进入了一体化、基地化发展的全新轨道。一体化、基地化的布局和建设，必将加速推进我国炼油行业跨入高质量发展的新阶段。

（四）市场公平竞争，环境日趋完善

在改革开放的推动下，我国炼油行业的发展已经突破了计划经济条件下的市场垄断。民营企业、外资企业进入油品市场的公平竞争环境日趋完善。特别是自2015年以来，国家有条件地放开进口原油使用资质限制，地

方炼油企业获得了新的发展空间，国内炼油行业也进入了新的发展阶段。随着获批的浙江舟山石化、辽宁恒力石化等多个千万吨级民营炼油大项目的陆续建成，地炼产能规模在国内总炼能中的占比将接近1/3。截至2017年底，国家已对32家地方炼厂发放了约1.02亿吨/年原油使用配额。预计2020年，地炼原油进口总量将达1亿吨，占国内原油进口总量的25%左右，成为原油进口的生力军。地炼市场份额也将从2016年的23%增至超30%，凭借体制优势及经营的灵活性，其市场影响力将进一步增强。未来随着地方炼油企业逐步走向资源整合，如山东炼化能源集团、浙江省石油股份有限公司等的相继成立，地方炼油企业将进一步扩大资产规模，统一销售渠道，质量水平和品牌能力都将有较大提升。国内成品油市场将出现地方炼油企业与中央炼油企业同场竞技的局面。

另外，2018年原油期货成功上市，标志着我国原油市场进一步与国际接轨，为我国进口原油资源又增加了一个新的途径，也为我国石油企业在开展原油交易过程中规避风险、降低成本提供了一个新的手段。原油期货的成功上市，可以说是我国石油行业发展中一件里程碑式的大事，使得国内原油市场发展更加完善。

在看到我国炼油行业发展成就的同时，我们必须清醒地看到新形势下我国炼油行业面临的严峻挑战。

一是产能过剩的矛盾不容忽视。目前，我国原油一次加工能力已超过8亿吨，而我国原油产量仅2亿吨左右，2017年原油实际加工能力仅有5.68亿吨，产能利用率不足70%，与世界平均炼油产能利用率82.5%相比，产能过剩的矛盾已经十分突出。随着一批新建炼油产能的投产，我国炼油行业产能过剩的矛盾将会更加突出，如何利用市场竞争的手段和政府调控的力量，通过兼并重组和等量置换的方式，进一步加快推进小炼油和落后产能退出市场，将是我国炼油行业健康可持续发展不可忽视的一个现实问题。

目前，已获取进口原油使用资质的企业共36家，淘汰落后炼油装置共119套，8980万吨/年加工能力，这些落后炼油装置已全部拆除。其中，企业淘汰的自有落后装置41套4315万吨/年加工能力，采用兼并重组方式淘汰的落后装置78套4665万吨/年。

二是炼厂规模小而散的现状急需改变。 随着《石化产业规划布局方案》的实施，我国炼油行业小而散的现状必须尽快改变。从炼厂规模来看，目前，国内千万吨级规模炼厂仅有23家，能力合计3亿吨，占比38%；500万～1000万吨规模炼厂仅有48家，能力合计3亿吨，占比38%；不足500万吨/年规模炼厂多达149家，能力合计2亿吨，占比24%。中国石油平均规模725万吨/年，中国石化平均规模743万吨/年，算上全国其它地方炼油装置，我国单厂平均产能约405万吨/年，与世界炼厂平均规模754万吨/年相比仍有较大差距，经济效益低下的矛盾十分突出。

三是炼油装置的技术复杂程度不断提高。 随着加工原油的多样化、劣质化，加工高硫、高酸、重质原油的能力不断扩大，特别是日益严格的清洁燃料标准的不断提升，炼厂装置的复杂程度越来越高，催化裂化、加氢裂化、重整、焦化以及加氢处理等二次加工能力不断提高，原油加工的适应性和灵活性不断增强。随着市场需求不断增加和需求升级的变化驱动，炼油行业规模化、一体化和集约化的要求越来越高，炼油行业技术进步、技术创新的步伐将会越来越快，对企业创新能力的要求也会越来越高。

四是炼油行业转型升级的方向更加明确。 随着我国炼油技术水平的升级和进步，转型速度也在不断加快。炼油行业由"资源型"向"化工型"转型的方向更加明确，路线图愈加清晰。目前，我国炼油技术总体达到世界先进水平，部分处于领先水平，具备了自主建设千万吨级炼油、百万吨级乙烯大型成套装置的技术能力，拥有了生产相当于欧五汽柴油质量水平的核心技术。同时，我国在渣油转化、提高轻油收率、清洁燃料生产、多产汽油和芳烃、多产航煤、油化结合等多系列技术正在或已经实现突破，为向化工型生产提供了坚实的技术支撑和产品保障。另外，在煤制油、煤制烯烃、煤制芳烃、原油直接制化学品、甲烷制乙烯、乙烷裂解制乙烯以及丙烷脱氢制丙烯等方面，也取得了一系列世界领先的技术创新和突破。当前，世界石化行业正在步入快速上升的通道，中国石化行业只有在加快炼化一体化技术创新中取得领先的突破，在高端、核心技术上不缺位，才有可能在全球竞争中取得独领风骚的优势。

二、中国炼油行业创新发展转型升级的重点任务

总体来看，我国炼油工业发展已经跨入了新的发展阶段，面对高质量发展的总体要求，面对着转型升级的全新挑战，炼油行业必须要在创新驱动的动力下全力抓好转型升级的五项重点任务。

（一）加快推进清洁燃料加工技术的创新突破

随着环保政策的日趋严格，炼化生产过程与油品质量要求的不断提升，加快推进清洁燃料加工技术的创新突破，是石化全行业"打好蓝天保卫战"必须要出色完成的首要任务。目前全球主要国家油品质量升级步伐持续加快，车用燃料规格向高性能和清洁化方向发展。2017年1月1日起，美国执行Tier3油品标准，清洁汽油硫含量指标从30毫克/千克降低至10毫克/千克；欧洲委员会要求欧盟成员国生产硫含量接近零的汽油；日本目前要求汽油含量不高于10毫克/千克。我国炼油行业用几年的时间走完了欧美国家油品升级十多年的路，现在继续向低硫，低芳烃发展。完善成品油质量升级措施，发展烷基化、异构化、催化裂化柴油处理以及低成本制氢等装置，优化催化裂化汽油处理、加氢精制等装置操作方案，兼顾油品质量升级与化工原料优化等方面，我国炼油技术取得了一系列新的突破。目前，我国油品质量标准已领先多数发展中国家，部分省份已达到发达国家水平。中国石化、中国石油等炼油企业正在进一步加快技术研发，为2019年国家实施成品油国Ⅵ标准打下坚实基础。

（二）加快推进炼化一体化技术的创新突破

从国际炼化行业发展经验来看，发展炼化一体化是国内外炼化企业发展战略的重要方向。有关数据表明，与同等规模炼油企业相比，采取炼油、乙烯、芳烃一体化，产品附加值可提高25%，节省建设投资10%以上，降低能耗15%左右。"十三五"期间是我国炼油行业实现炼化一体化战略转型的重要机遇期，我国炼化行业将开启从大炼油向大化工转型的实质性新阶段，炼油行业的基本任务将从大量生产成品油逐步转变为在满足

市场对高品质清洁油品需求的同时，尽可能提高烯烃、芳烃等基础化工原料的产品比例，从而为下游高端新材料、专用化学品和精细化工产品发展提供更加优质的原料保障。在我国基本化工原料需求中，乙烯、丙烯还存在着很大的供给缺口，在我国终端化工产品需求中，高端化工新材料同样有着巨大的供给缺口，很大的基本化工原料缺口和巨大的消费市场潜力，急切地呼唤着炼化一体化技术的创新突破。

（三）加快推进天然气加工利用技术的创新突破

近年来，随着美国页岩气革命令美国页岩油气产量快速增长，特别是富含乙烷气体的页岩气开采，并且化工利用深度加大，引发了美国炼油业的新一轮扩张。有人预测，全球能源将进入天然气时代。2017年，我国天然气总产量1490亿方，其中，常规天然气产量1331亿方，页岩气90亿方。据地质勘探，我国页岩气储量很大。随着我国页岩气勘探开发技术的不断突破，页岩气将成为非常规气中增长最快的品种。"十三五"时期以来，以进口乙烷和丙烷为原料，通过乙烷裂解制乙烯、丙烷脱氢制丙烯的技术路线成为不少企业的重要选择。目前，我国不少研究单位和大专院校投入了大量力量，在乙烷裂解技术、催化剂技术、裂解气分离技术、CO_2综合利用技术、装备制造技术等方面不断进行技术创新。大连化物所正在研究开发的甲烷无氧制乙烯技术，就是一项具有颠覆意义的技术创新。当前，我们迫切需要在页岩气勘探开发、天然气加工利用技术等方面取得世界领先的突破，使天然气加工利用新技术，成为我国烯烃、芳烃原料多元化发展的一条新路子，为我国炼化工业的转型升级，可持续发展做出新的贡献。

（四）加快推进炼化和现代煤化工技术耦合的创新突破

近年来，我国在炼油新技术的延伸和拓展方面，不断取得可喜的进展。我们在煤制油、煤制气、煤制烯烃、煤制芳烃等现代煤化工技术方面也持续取得创新和突破，实现了中国现代煤化工产业异军突起，整体水平和关键技术已经处于世界领先地位。目前已经建成煤制油产能912万吨/年，煤制烯烃产能1242万吨/年。世界第一套煤制乙醇装置也已经建成投产。延长石油集团结合当地资源禀赋，正大胆开发适合自身发展需要的煤油共炼新技术，将煤炭与石油资源、将炼化技术与煤化工技术结合起来，通过碳氢互补，平衡原料结构，极大地提高了资源利用率，取得了独特的技术发展优势。这些技术的探索和突破，都是炼油技术和现代煤化工技术的有益补充与延伸，探索炼油技术和现代煤化工技术的优势互补，实现炼油技术"氢多碳少"和现代煤化工技术"碳多氢少"的耦合共生，开创碳氢互补、循环经济发展的新模式，将会开辟出现代技术跨界嫁接的一片崭新天地。我们期待着这些技术的跨界突破。

（五）加快推进"一带一路"国际合作的创新突破

我国政府提出的"一带一路"倡议是在新的历史条件下实行全方位对外开放的重大举措，既是传承，又是创新。这不仅是中国经济发展的内在要求，更是为全球发展贡献的中国智慧。近年来，石化行业积极响应"一带一路"国家倡议，充分利用"两种资源、两个市场"，积极"走出去"与"一带一路"沿线国家开展工程技术服务、资源能源、收购兼并等国际合作，既获得了重要资源和原材料保障，也扩大了中国化工产品和技术装备的国际市场，在促进国内行业发展的同时，也为促进"一带一路"沿线国家人口就业、增加税收、发展经济做出了积极贡献，涌现出一大批重要合作成果，成绩斐然。

2016年，受中财办委托，我们开展了国际产能合作课题研究，研究成果不仅得到了行业企业的积极响应，更得到了党和国家领导人的高度认可。我们提出了全行业加快组织四大集群、四大基地的总体战略，即加快组织资源合作类、产能合作类、节能环保合作类和生产性服务业合作类的四大产业集群；积极构建以国内石油化工园区为首，中东欧石油化工园区为尾，中东、东南亚和南亚、中亚俄罗斯化工园区为中间节点，辐射非洲、北美、南美、澳大利亚的"一带一路"国际产能合作的四大基地，即建设中东石化产能合作基地；东南亚和南亚石化产能合作基地；中亚俄罗斯石化产能合作基地；中东欧石化产能基地。我于2018年4月份带队到伊朗、阿曼进行实地考察，当地具有十分丰富的石油和天然气资源，成本优势十分明显，而且也具备一定的建设条件，非常适合炼化企业投资建厂。一带一路倡议是国家提出的重要发展路径，也为我们炼化行业提供了难得的发展机遇。我们应该发挥炼化企业的比较优势，结合"一带一路"沿线国家的资源、市场以及区位优势，统筹"一带一路"油气资源的供应渠道，在资源供应优势明显或市场潜力较大的国家建设炼化工业园区，在油品贸易量大或贸易枢纽地区建设贸易仓储基地，根据沿线国家资源分布，改扩建国内炼油产业基地，实现炼油产业的全球布局。

三、中国石化产业高质量发展对炼油行业的新期待

炼油行业在石油和化学工业产业链条中处于承上启下的重要位置，是油气资源转化为燃料和原料的关键环节，炼油行业的率先转型升级，必将对整个石油和化学工业的高质量发展发挥十分重要的拉动作用。

中国炼化行业有着艰苦奋斗、技术创新、敢为人先的优良传统。中华人民共和国成立初期，我国只有原油蒸馏、热裂化、釜式焦化等几种非常简单的生产工艺技术，当时的炼油能力只有19万吨/年，经过20世纪50年代的探索和引进吸收，尤其是60年代以"五朵金花"为代表的炼油技术进步，我国可以生产所需要的全部油品。大庆油田的开发以及大庆炼油厂的建设，在我国炼油工业发展历史中具有里程碑式的意义。改革开放以来，炼油工业经过不断引进、消化、吸收和再创新，开发了催化裂化系列技术，加氢裂化系列技术，炼化一体化技术，劣质重油加工技术等一系列核心工艺技术，取得了行业发展的巨大成就。目前，我国已经成为名副其实的炼油生产与石油消费大国，炼油能力占全球炼油能力的17%，是仅次于美国的世界第二石油大国。

炼油工业为下游的化学工业提供重要的化学原料，化学工业更离不开炼油工业发展。我们知道，乙烯是化工行业发展的基础，乙烯及其下游衍生物占整个石化产业规模的一半以上，各种化工材料新应用领域的拓展以及材料之间的替代也为乙烯工业发展提供了巨大空间。2017年，我国乙烯

生产能力达到2320万吨/年，当量消费量高达4320万吨，中国乙烯产能和消费规模已经位居世界第三。同时，炼油装置一些副产物还为化工行业生产中间体、精细化工产品提供重要原料。炼油工业技术的每一次升级与突破，都会为下游化工行业带来新的路径选择和新的市场突破。曾经有老一辈炼油工业的专家统计，1959年我国石化产品的品种只有300种左右，"五朵金花"技术突破成功之后，我国就有497种产品可以自主生产了。这种创新对全行业发展具有重大的突破意义。因此，近年来随着原油价格的高涨，原油直接制化学品、煤制油、甲醇制烯烃以及乙烷裂解、丙烷脱氢等技术路线的探索和选择，其实归根结底都是为了解决化工行业对降低原料成本以及原料多元化的需求，也是全行业对炼油行业技术创新的新期待。

在整个宏观经济进入高质量发展的新阶段，全行业迈出由石油化工大国向强国跨越的新征程中，我们全行业殷切期望中国炼化行业能够坚持创新驱动，成为全行业转型升级的排头兵；坚持绿色发展，成为全行业节能减排的领头羊，坚持发扬传统，成为全行业改革开放的先行者！我们相信中国炼化行业一定不会辜负全行业的殷切期望、一定不会辜负时代的重托，一定会高质量地完成炼油行业转型升级的重要任务，为实现全行业高质量发展，为实现我国由石油化工大国向强国跨越作出新的、更大的贡献！

中国油气勘探开发的现状和展望[*]

一、传统化石能源的时代，油气依然是主导能源

2017年，世界一次能源消费结构中，石油和天然气的比重合计为57.57%，是绝对意义上的主导能源。2017年，全球石油产量估计为43.6亿吨，与2016年持平。其中，拉美地区减量最大（3500万吨），其次是亚太地区（1050万吨），分别减少8.1%和2.8%；北美地区增量最大（3000万吨），其次是非洲（1100万吨），分别增长3.4%和2.8%。天然气产量出现较大幅度增加。2017年，世界天然气产量达3.7万亿立方米，同比增长2.6%。增幅较大的地区有亚太地区和非洲，分别增长7.8%和4.8%。增量最多的是亚太地区和俄罗斯中亚地区，分别增长430亿立方米和350亿立方米。

更为重要的是，无论是石油或是天然气，从剩余探明储量来看，它们未来依旧具有强大的生命力，仍将在世界能源消费中发挥至关重要的作用。全球常规油气可采资源总量为10728亿吨，石油为5846亿吨，天然气为4882亿吨。其中石油累计产出1323亿吨，采出程度22.6%，主要集中在中东、中亚-俄罗斯和中南美地区；天然气为62.9万亿方，采出程度11.9%，主要集中在中亚-俄罗斯和中东地区。

世界石油和天然气工业通过科技的不断进步和持续的投资，探明的储

---

* 这是2018年8月7日，在中外专家油气勘探开发技术国际交流会的讲话。

量不但保证了当年的生产，还有节余；世界石油和天然气的可生产年限都保持在相当高的水平，其中石油的可生产年限在不断增加，天然气的可生产年限虽然在下降，但两者都保持在50年以上的水平。

二、中国油气勘探开发保持了良好的势头、形成了新格局

"十三五"规划以来，中国油气勘查开采在经济发展速度换挡、国际原油价格大幅下跌等因素影响下，仍然保持了良好的发展势头，油气资源勘探投入保持基本稳定，"稳定东部、发展西部、加快海域"的油气勘探开发格局正在形成。

一是石油勘探发现和落实一批亿吨级储量区。在鄂尔多斯盆地和海域发现10个亿吨级油田。中西部和海域盆地连续多年处于石油储量增长高峰期，实现了对东部地区油气资源的战略接替。

二是天然气勘探取得一系列有战略意义的重大突破。在鄂尔多斯、四川、塔里木盆地和海域发现13个千亿立方米的气田。在东海盆地、南海琼东南盆地实现了海上天然气勘探的新突破。特别是2018年5月18日，我国在南海神狐海域发现了可燃冰，连续18天稳定产气，又为世界勘探开发海域天然气水合物开创了一条新的路径。

三是非常规油气勘探开发方面，页岩气勘探开发在四川盆地等地取得重大突破。经过多年的勘探开发实践，在四川盆地及周缘的下古生界志留系龙马溪组的海相地层累计探明页岩气地质储量7643亿立方米。

四是油气勘探理论与技术进步为油气田的重大发现发挥了关键作用。六年来，火山岩油气藏、碳酸盐油气藏、岩性油气藏、致密碎屑岩、海相天然气、海洋深水等油气勘探开发领域取得重大理论和技术进展。隐蔽油气藏成藏理论及高分辨率地震、测井等配套技术等在油气发现中发挥了关键作用。具有多项自主创新知识产权的12000米超深钻机和第六代深水半潜式钻井平台"海洋石油981"成功开钻，拉开了我国深部和深海油气勘探开发的序幕。

根据国家发改委发布的《石油天然气发展"十三五"规划》，中国计

划到2020年将国内原油产量提高到2亿吨，而天然气供应能力将超过3600亿立方米。为实现上述目标，当前，中国石油工业的主要任务是加快勘探，确保国内石油供应，加快管网建设，发展清洁能源。

三、中国油气勘探开发转型升级的方向和重点

目前整个中国宏观经济进入了创新发展和转型升级的新时代。油气勘探开发行业的创新发展和转型升级，也正进入了一个爬坡过坎的关键时期。在这个关键时期，技术升级和发展的重点主要围绕以下五个战略目标。

一是大力提升老油田的稳产技术。特别是像大庆油田、胜利油田、中原油田等一批在历史上曾经做出过重大贡献的老油田，要进一步提升稳产增产的新技术，科学延长老油田服务的生命周期。

二是大力创新低渗透和致密油田增产技术。特别是新疆油田和长庆油田等目前的主力油田。要进一步采用先进的地震技术、信息技术提高勘探、钻井、产出水平，不断提升现有主力油田的原油产量。

三是大力加快非常规油气田开发速度。我国有着丰富的非常规油气储量。目前，中国石油、中国石化和延长集团等都在非常规油气勘探开发上进行了战略布局。在技术上也有新的创新和突破，要进一步加快非常规油气田产量的提升，形成新的增长点。

四是大力加快深海油气勘探开发的步伐。深海油气储量非常丰富，我们要进一步加快提升深海油气勘探开发的技术水平，创新深海油气勘探开发的装备，努力提升我国在深海油气勘探开发的实力和地位。

五是大力加快勘探开发高端技术的新突破。要加强产学研用创新力量的联合平台，大力加快油气勘探开发和新能源技术的高端突破，力争在页岩气勘探开发新技术、可燃冰产业化技术、绿色新能源技术等领域取得一批领先技术，通过抢占一批油气勘探开发技术的制高点，努力实现由化工大国向强国的跨越。

全力开创中国炼油行业
高质量发展的新局面*

一、我国炼油行业发展正在发生深刻的变化

经过改革开放40年的快速发展,我国炼油行业取得了长足的进步。如今,我国炼油能力大幅增长,已经成为炼油能力世界第二大国。目前,我国炼油行业无论从规模、技术上,还是从结构和布局上都出现了一系列深刻的变化。

第一,**产业规模正在向大型化发展**。目前,我国炼油企业共有216家,其中中国石油33家、中国石化33家、中国海油12家、中化2家、中国化工6家、兵器工业2家、6家中央企业炼厂共有88家、地方炼厂共有128家。从炼厂规模上分析,截至2017年年底,国内千万吨级规模炼厂有23家,炼油能力合计为3亿吨,占比为38%;500万~1000万吨规模炼厂有48家,炼油能力合计为3亿吨,占比为38%;不足500万吨规模炼厂多达145家,炼油能力合计为2亿吨,占比为24%。我国炼厂单厂平均产能仅为405万吨/年,与世界炼厂平均规模754万吨/年相比仍有较大差距。但随着"十三五"末一批新的大型炼厂建成投产,我国炼油产业规模将会进一步优化,正在向大型化方向快速发展。

第二,**产业结构已经形成了多种所有制公平竞争的格局**。随着油气体

---

* 这是2019年6月18日于连云港,在第七届亚洲炼油和石化科技大会的讲话。

制改革的深化，我国炼油行业已经突破了单一国有经济的一统天下，民营企业、外资企业都已经进入了炼油行业的公平竞争。

镇海炼化从20世纪90年代以来，始终坚持技术创新，管理创新的特色，构建了"大炼油、大乙烯、大芳烃、大码头、大仓储"的产业格局。世界著名的所罗门绩效报告显示，镇海炼化经营一直处于亚太地区炼厂第一群组，100万吨乙烯装置绩效也在国内率先进入全球第一群组。2015～2018年，炼厂连续四年实现利润超百亿元，充分显示了国有企业的领先优势。大连恒力集团仅用22个月的时间，就建成了一期年产2000万吨炼油、150万吨乙烯、660万吨PTA、180万吨乙二醇的大型炼化一体化项目，而且取得了一次开车成功的可喜开局；浙江石化充分发挥区域和地理位置的独特优势，一期工程年产2000万吨炼油、140万吨乙烯、400万吨PX的大型炼化一体化项目，经过热火朝天、挑灯夜战的紧张施工，目前也已全线打通流程，进入了紧张开车的全新阶段；盛虹集团采用国际一流的"多化少油"和"分子炼油"的先进工艺，已经开始了壮观的打桩、土建工程，将建设国内单套规模最大的1600万吨常减压和对二甲苯、乙烯、乙二醇装置，民营企业炼厂也正在开创高起点规划、高质量建设、高水平开车、高效率管理、高质量发展的崭新历史。世界著名的壳牌、埃克森美孚、巴斯夫和沙特阿美等大公司也都投入巨资，在中国建设技术先进、规模宏大、产品高端的大型炼化一体化项目。中国对外开放的市场正在构建国企、民企和外企同台共技、公平竞争、合作共赢、充满活力的宏大舞台。

第三，从炼油向炼化一体化转型。我国炼油工业从2016发展至今，经历了两个阶段。第一阶段是2016～2018年，在此期间发展的主要任务是油品的质量升级，行业考虑的主要是油品的清洁化，以及多产汽油和航空煤油。随着2019年1月1日我国开始全面执行国六车用汽油和柴油标准，我国的成品油质量整体达到世界先进水平，这标志着我国的油品质量升级工作基本完成。

到2018年底，我国成品油（汽油，煤油，柴油合计）产量达3.60亿吨，超过了市场消费需求，成品油已经面临产能过剩的挑战。产能过剩倒逼炼油行业从原有的燃料型向炼化一体的转型，至此，我国炼油行业的主要任务正式从油品质量升级转移到建设高效的炼化一体。即提升原油的加工利用水平，从以生产成品油为主到延长产业链，探讨高效的油化结合。

与此同时，根据国务院颁发的《石化产业规划布局方案》，目前在建的炼厂都是按照炼化一体化进行规划布局。因此，我国大型炼化项目以及新建项目已经形成了成品油和烯烃芳烃为主的化工产品炼化一体的产品结构。这些项目正在寻求进一步拓展产品链，增加高附加值化学品的新路径。

第四，**产业布局正在向世界级产业集群迈进**。随着国务院批准的七大炼油基地方案的实施，我国炼油行业的集中度、布局合理性正在优化，特别是随着中海壳牌炼化一体化项目、广东湛江巴斯夫炼化一体化项目、埃克森美孚炼化一体化项目、恒力炼化、浙江石化、盛虹炼化、镇海炼化等一批大型炼化一体化项目的布局和建设，正在形成珠江三角洲、长江三角洲和渤海湾大湾区三大以大炼化为龙头、以高端制造业为核心、区域经济协同发展的世界级产业集群。

二、我国炼油行业发展面临的严峻挑战

我们在看到炼油行业发生深刻变化的同时，也清醒地看到当前我国炼油行业面临的四大严峻挑战。

一是炼油产能面临过剩的挑战。2018年我国国内原油产量1.89亿吨，同比下降1.2%；进口原油4.62亿吨，原油进口依存度已高达70.83%；原油加工量6.03亿吨，同比上涨6.8%；成品油产量3.6亿吨，同比增长3.6%。但成品油表观消费量只有3.2亿吨，同比增长2.8%，成品油出口达5864万吨，呈大幅增长态势。从动态上分析，2018年我国炼油行业产能利用率不足70%，与世界平均炼油产能利用率82.5%相比，产能过剩的矛盾已经十分突出。随着今后两年又一批新建炼厂产能的投产，我国炼油行业产能过剩的矛盾将会更加突出。我们行业已经有过化解产能过剩的痛苦经历，我们绝不能再犯用今天的投资去制造明天灾难的蠢事了。在看到炼油产能明

显过剩的同时，我们还应看到我国化工产品，特别是高端石化产品的短缺矛盾还十分突出。据海关数据统计，2018年我国石油和化工行业进出口总额7543.35亿美元，其中进口总额5187.95亿美元，出口总额2355.40亿美元，行业贸易逆差高达2000亿美元。贸易逆差的主要产品就是化工新材料和专用精细化学品。炼油产能过剩、高端化工产品不足的突出矛盾，给产业政策和宏观调控带来了一系列新的任务和新的考验，迫切需要我们产业政策和宏观调控方式的创新和调整。

二是原油供给面临总量不足和结构性不合理的挑战。一方面国内原油供给不足，只有依赖进口补充，但国内成品油的供给又大于国内市场需求，只有在扩大成品油出口中寻找出路，这种典型的不合理局面绝对不可能长期持续。另一方面，在炼化一体化的技术路线中，为了多产化学品，炼油装置对原油品种的选择又极为苛刻，需要多供轻质原油，而现实的原油供给中，重质原油又占多数。原油结构不合理的挑战，将会对炼化一体化发展带来长期的影响。

三是炼化一体化面临高端技术制约的挑战。炼厂要由"燃料型"向"化工型"转变，需要高端技术的支撑，而高端技术的不足，又是行业发展的一大"短板"。随着全球炼油能力的提高和市场竞争的加剧，炼厂装置的复杂程度越来越高，催化裂化、加氢裂化、重整、焦化以及加氢处理等二次加工能力不断提高，原油加工的适应性和灵活性也不断增强。在炼化一体的转型中，用好轻质、重质原油生产低成本的乙烯、丙烯、苯和对二甲苯是实现炼化一体化的关键；提升烷基化、异构化、催化裂化及低成本制氢等装置技术，兼顾油品质量升级与化工原料优化是企业提升效益的基础；创新烯烃、芳烃后加工技术水平，生产出高附加值的化学品是炼化一体化竞争的核心环节。目前，创新能力不足已经成为我国炼化行业转型升级和提升竞争力的关键短板。

四是宏观调控面临着市场作用发挥不够充分的挑战。发挥市场在资源配置中的决定性作用，这是我国经济体制改革的重大原则。但石油是关系国家经济命脉的战略资源，必须要发挥市场"看不见的手"和政府"看得见的手"相结合的作用。当前仍然有一些地方存在着投资的冲动，不考虑市场、运输、技术、环境容量等条件，还在盲目地规划炼油项目，甚至有些地方在没有原油，没有技术来源的情况下，打着炼化一体化的幌子，坚持投资搞低水平重复建设项目。在我国炼油行业高质量发展的宏观调控中，我们必须要充分发挥市场经济条件下，战略规划、产业政策、技术标准的作用，创新宏观调控的手段和方法，决不能再走"一放就乱，一管就死"的老路，必须要探索出一条符合行业发展实际，有利于发挥市场作用，鼓励先进淘汰落后，有利于行业可持续发展的新路子。

三、努力探索我国炼油行业高质量发展的新路子

我们行业深入分析过中美贸易战的形势，我们做好了充分准备，也有不惧怕的底气。因为中美石化贸易量不大，困难和损失是可防可控的。美国进口中国的产品，我们都可以找到新的供应来源和渠道，但美国失去了中国市场，恐怕在全世界再也找不到这样规模的替代市场。面对中美贸易摩擦，我们行业最根本的措施就是把自己的事情做好。对我国炼油行业来说，必须解放思想、大胆创新、优化布局、严格管理，以时不我待的精神状态走出一条总量合理、技术领先、结构优化，竞争力提升的新路子。

（一）坚持总量控制

宏观调控的一个重要任务，就是要保持总供给和总需求的基本平衡。面对当前炼油能力过剩，化工产品不足，结构有长有短的复杂矛盾，必须采取有效的宏观调控手段，严格控制炼油产能总量，防止出现类似前一阶段钢铁、煤炭总量严重过剩的突出矛盾。既不搞"一刀切"关门，也不搞无条件放开。在当前炼油产能过剩矛盾十分突出的前提下，必须坚持提高行业准入门槛，严格控制新上炼油项目。今后新上炼油项目。必须要布局有规划、原油有来源、码头（运输）有条件、收率有标准，以及市场配套等条件。在供给和需求基本平衡的条件下，坚持上大压小、淘汰落后，把我国炼油行业总产能动态控制在一个合理的范围之内。

（二）坚持炼化一体

坚持炼化一体，这是今后炼油行业发展的一个重要方向，也是炼油行业取长补短的有效途径。炼油行业要大力提升创新能力，在不断提高原油收率和成品油质量的前提下，突破化工发展的技术瓶颈，努力实现炼化收率，结构和效益的最优化。鼓励炼化企业提升原始创新能力，加快实现化工产业链上下游的合理延伸和高端化、差异化发展，开创技术创新、结构优化的可持续发展新局面。

（三）坚持优化布局

根据油气资源和市场的合理布局，要以国务院规划的七大炼油基地为基础，以行业高质量发展为目标，加快推进长江三角洲、珠江三角洲和渤海大湾区三大世界级炼化产业集群的建设，按照世界级的目标要求，把这三大湾区的重点炼化企业产品、技术、结构进一步优化升级，最大限度地发挥产业链集聚优势，使炼化产业成为这三大湾区经济发展的新动能和新纽带，加快促进形成我国经济高质量发展新的增长点和成长极。

（四）坚持创新驱动

高质量发展的基础是核心技术的创新，炼油行业高端化、差异化发展的基础也是核心技术的创新。同质化发展的根本原因在于我们自身创新能力的不足，炼化一体的发展方向也要防止出现新的产能过剩，炼油企业要密切关注市场需求的变化，及时调整产业结构，不断提高可持续发展的能力，大家都十分关注的PX，从2019年开始也要发生重大的转折变化。2016年，我国PX进口1200万吨，进口依存度57.6%；2017年进口1171万吨，进口依存度51%；2018年进口创历史新高，进口1596万吨，进口依存度达61.5%。但2019～2021年国内新建和扩建PX项目多达18个，新增产能将达3070万吨，特别是随恒力450万吨、浙江石化400万吨、盛虹280万吨、宁波中金石化160万吨等大型PX项目的投产，预计从今年开始，PX将由短缺走向过剩。没有技术创新，就没有可能走出一片高端化、差异化的新天地。

（五）坚持对标发展

加快培育具有国际竞争优势的大型炼化企业，是我国炼油行业高质量发展的一个重要目标。而恰恰在国际竞争力上，特别是在经营效率指标方面，我们同跨国公司有着不小的差距。2017年我们行业人均收入为32.86万美元，人均利润只有2.02万美元，而壳牌公司人均收入为371.3万美元，人均利润为15.4万美元；BP公司人均收入为330.5万美元，人均利润为4.6万美元；埃克森美孚人均收入为343.2万美元，人均利润为27.7万美元。炼油行业必须瞄准世界最先进的炼化企业，自觉展开对标，在对标中找差距，在对标中搞创新，在对标中赶超世界先进水平。

在整个宏观经济进入高质量发展的新阶段，全行业迈出由石油化工大国向强国跨越的新征程中，我们全行业殷切期望中国炼化行业能够坚持创新驱动，成为全行业转型升级的排头兵；坚持绿色发展，成为全行业节能减排的领头羊，坚持深化改革，成为全行业改革开放的先行者！我们相信中国炼化行业一定不会辜负全行业的殷切期望、一定不会辜负时代的重托，一定会高质量地完成炼化行业转型升级的重要任务，为实现全行业高质量发展，为实现我国由石油化工大国向强国跨越做出新的、更大的贡献！

抢占新高地　谱写新传奇
全力开创现代煤化工高质量发展新局面[*]

一、我国现代煤化工行业发展的总体情况

"十三五"时期以来，随着国家能源集团108万吨煤直接液化、神华宁煤400万吨煤间接液化、大唐克旗煤制天然气、神华包头煤制烯烃等示范工程实现商业化稳定运行，延安煤油气资源综合利用项目、中盐红四方30万吨煤制乙二醇等一批新装置建成投产，煤气热载体分段多层低阶煤热解成套工业化技术成功开发等一批创新成果捷报频传，行业发展又步入一个新的阶段，总体上呈现出以下几个显著特点。

一是产业规模和产品产量稳步增长。据初步统计，截止2019年上半年煤制油产能921万吨，上半年产量352.0万吨，同比增长14.1%；煤制天然气产能51.05亿方，产量19.7亿方，同比增长25.5%；煤制烯烃产能932万吨，产量431.7万吨，同比增长10.0%；煤制乙二醇产能438万吨，产量166.3万吨，同比增长56.4%。煤制油、气、烯烃、乙二醇等四类项目生产主要产品产量1240万吨，转化煤炭约5570万吨。

二是运行水平和生产效率不断提高。神华鄂尔多斯煤直接液化示范项目，2011～2018年累计生产油品660万吨，生产负荷持续维持在85%左右，单周期稳定运行突破了420天，远超设计310天运行时间。神华宁煤400万

---

[*] 这是2019年9月5日，在2019中国国际煤化工论坛上的主旨演讲。

吨/年煤炭间接液化项目通过采用节水型工艺技术和措施，完善污水处理系统及废水回收利用体系，单位产品新鲜水消耗降至6.1立方米/吨，远低于南非沙索公司煤炭间接液化单位产品消耗12.8立方米/吨新鲜水的水平。陕西煤业化工集团蒲城清洁能化公司积极开展增品种、保品质、创品牌行动，增加聚烯烃新牌号9个，使产品步入高端行列，2018年生产聚烯烃产品62.04万吨，完成营业收入61.66亿元。

三是基地化格局已经初步形成。在国家产业规划布局的引导下，我国现代煤化工项目主要布局在国家规划建设的14个大型煤炭基地和9个大型煤电基地内，其中能源"金三角"、新疆、陕西、宁夏、山西、内蒙古、河南等省区煤炭深加工发展速度较快，培育了宁东能源化工基地、鄂尔多斯能源化工基地、榆林能源化工基地等多个煤炭深加工产业集聚区，现代煤化工产业基地化格局初步形成。例如，陕煤集团目前已建成100万吨煤焦油延迟焦化加氢、16万吨煤焦油全馏分加氢等工业化装置；50万吨煤气热载体分段多层低阶煤热解成套工业化、2万吨低阶粉煤气固热载体双循环快速热解等工业化试验装置；正在建设50万吨/年"全馏分加氢制环烷基油工业示范项目"和榆林化学1500万吨"煤炭分质利用制化工新材料园区项目"。现代煤化工产业园区化、基地化发展的优势初步显现。

四是技术创新又取得了一批新突破。多喷嘴对置式水煤浆气化技术、航天粉煤加压气化技术、水煤浆水冷壁废锅煤气化技术等先进煤气化技术正在向大型化、长周期迈进。陕西延长石油集团碳氢高效利用技术研究中心开发的双流化床超大型粉煤气化（KSY）技术、粉煤热解气化一体化（CCSI）氧气气化技术、油煤混炼技术以及循环流化床废锅可处理高浓度废盐水技术，也都取得了一系列国际领先突破。陕西未来能源化工有限公司采用自主开发高温流化床费托合成关键技术大大丰富和改善了煤制油产品方案，这项技术将逐步打破煤制油、煤制烯烃产业的界限，形成具有较强竞争力的煤基能源化工新产业。中国科学院上海高等研究院、山西潞安矿业（集团）有限责任公司和荷兰壳牌石油工业公司合作开发的"CO_2-甲烷多重整制合成气（$CO+H_2$）关键技术"可以综合利用甲烷和二氧化碳，以及富含甲烷和二氧化碳的工业废气，将其转变成具有高附加值的化学品和液体燃料,对缓解能源危机和减少二氧化碳排放具有重要意义。中国科学院过程工程研究所和江苏奥克化学有限公司合作完成的固载离子液体催化二氧化碳转化制备碳酸二甲酯/乙二醇绿色工艺实现了原子经济性反应和二氧化碳温和转化,为二氧化碳资源化利用、现有乙二醇工艺节能及环氧乙烷产业链开辟了新途径。

总之,我国现代煤化工产业无论从创新能力、产品结构、产能规模,还是从工艺技术管理和装备制造等方面都走在了世界的前列,成为我国石油和化学工业转型升级和创新发展的一大亮点。

二、我国现代煤化工行业已经进入了高质量发展的新阶段

当前我国宏观经济已经进入了高质量发展的新阶段。在高质量发展的新形势下,我国石油和化学工业结构性矛盾更加凸显,高端产品严重短缺,低端产能严重过剩,产业结构主要集中在产业链的中低端,而且产品结构趋同问题也十分突出;如何依靠技术创新走出一条产业发展高端化、差异化、绿色化的新路子,是包括现代煤化工产业在内的整个石油和化工行业的艰巨任务。在当前世界经济下行压力加大,中美贸易战已经开打,"不确定"因素大幅增加的新形势下,我国现代煤化工行业不仅面临着产业结构优化调整的突出矛盾,而且还面临着许多具有自身特点的严峻挑战。

一是国际油价长期处于低位运行,企业经营将面临长期压力。国际油价的高低变化,对现代煤化工的发展十分敏感。根据目前中东等产油地区局势变化、国际原油市场价格走势,以及全球宏观经济形势和油气供需平衡等情况判断,国际原油价格将长期维持低位徘徊。据测算,煤制油项目的盈亏平衡点在60美元/桶左右,在目前低油价下,煤制能源产品经济性较差,竞争能力不强,企业经营将面临长期压力。特别是几家已投产的煤制天然气项目成本与价格长期严重倒挂,目前都已陷入困境。再加上天然气输送受制于管道,仅在冬季可实现满负荷运行,其余季节负荷仅在50%~60%,项目亏损严重。

二是国内"炼化一体化"规模快速增长,加剧了产品的市场竞争。近年来国内炼化一体化大型项目快速发展,民营、国有、外资炼化企业千帆竞发,恒力、荣盛、盛虹等民营企业主动从下游纺织行业向上游炼化行业延伸,打通了从原油加工-化工产品-纺织产品的全产业链;中国石油、中国石化、中国海油、中化等央企也打破了原油主要用于生产油品的传统模式,积极向下游高附加值化工产品延伸;埃克森美孚、壳牌、沙特阿美、巴斯夫等国际石油石化巨头纷纷抢滩中国市场,建设具有世界领先水平的一体化项目。石油化工与煤化工产品的交叉和重叠,必然构成激烈的市场竞争。此外,从全球范围来看,不论是中东以油田伴生气中的乙烷、丙烷和部分石脑油为原料,还是北美以天然气凝析液(NGL)为原料生产的烯烃和乙二醇产品,成本都极具竞争力,以上产品已进入我国市场,对我国现代煤化工形成巨大的冲击。我国现代煤化工只有在成本竞争中闯出一条可以与石油化工产品相媲美的新路径,才有可能走上可持续发展的新天地。

三是安全环保形势严峻。近年来,石油和化工企业重大、特大安全事故连续发生,不仅给生命财产造成巨大损失,而且对行业发展带来极大负面影响。人命关天,这必须作为一条不可逾越的红线。党的十八大以来,以习近平同志为核心的党中央多次强调安全生产的极端重要性。最近从响水、昆山、马鞍山到泰兴、义马气化厂爆炸,行业连续发生的安全生产事故正在倒逼安全环保再度升级。煤化工行业生产过程具有高温、高压、易燃、易爆、有毒、有害等特点,操作过程中安全风险很大。特别是煤化工工艺过程十分复杂,反应涉及固、液、气多相转换,与炼油化工相比,安全水平要求更高,管理工作要求更严。

现代煤化工项目规模较大,污染物排放相对较多。尤其在废水方面,虽然可以实现达标排放,但因为项目多建设在中西部地区,当地环境承载力较差或没有纳污水体,使得废水不得不采取"零排放"方案,既增加了现代煤化工项目的生产成本,也增加了处理难度。随着国家环保标准不断提高,高浓度污水、浓盐水、水系统处理技术同样需要改进和优化。结晶盐、蒸发塘底泥无害化等固废处理技术还需要不断探索。此外,危险废物处置因处置单位选择性小、跨省办理审批流程长，导致危险废物处置工作难度大，处理费用昂贵等问题也十分突出。进入新时代，我们必须从根本上全面提升行业安全管理和绿色发展水平。

四是工艺技术创新仍是制约行业发展的瓶颈。 我国现代煤化工是在创新中起步的，必然也要在创新中提高。高质量发展更呼唤着现代煤化工的创新突破，尽管现代煤化工在发展中取得了一系列技术创新突破，但创新突破的领域和空间仍然很大。无论是在煤气化技术领域，还是在合成技术领域，无论是在终端产品高端化、差异化领域，还是在节能排放领域我们都还有许多待突破、待完善的空间。特别是煤化工企业工艺系统的优化和各项技术间的耦合还有很大的提升空间，装备的国产化率还要进一步提高。在节能降耗方面，部分装置的设计余量较大、节能节水措施不够完善、低品位蒸汽和燃料气还需进一步有效利用。此外，在新型催化、大型反应器等共性关键技术；产品高端化、差异化技术；合成气一步法直接合成大宗化学品等颠覆性技术方面亟须加快突破。

三、努力开创新形势下现代煤化工技术创新的新高地和高端发展的新传奇

我国现代煤化工经过"十三五"时期以来的创新发展，取得了一系列令人自豪的发展成就，特别是经过一批示范工程的成功实践，使人们对现代煤化工发展的重要性和无限的前景有了一个更加全面、更加深刻的认识。

一是发展现代煤化工是保障国家能源安全的重要举措。 中国石油集团经济技术研究院发布的《2018年国内外油气行业发展报告》指出：继2017年成为全球最大原油进口国之后，2018年，中国超越日本成为全球最大天然气进口国，并且这一趋势还将继续，中国的石油、天然气对外依存度将在2019年继续攀升。利用相对丰富的煤炭资源，发展现代煤化工，可实现对油气的直接或间接替代，做到煤油并重、双轨发展、高效转化，为国家能源安全提供重要保障，具有极其重要的战略意义。

二是发展现代煤化工是促进石化原料多元化的重要路径。 在世界发达

国家大多放弃以煤为原料，改为以原油和天然气为原料的主流格局下，中国现代煤化工的异军突起，不仅为世界化学工业原料多元化开启了一个明亮的天窗，而且也为化学工业的可持续发展提供了一个有力的支撑。美国陶氏和德国巴斯夫CEO都给我讲，"中国现代煤化工是对世界化学工业原料多元化的重大贡献"，"中国发展现代煤化工是符合中国国情的必然选择"。当前，我国仍处于发展的重要战略机遇期，工业化和城镇化进程加快，对能源和石化原材料需求快速增加。现代煤化工不仅可以提供数量可观的原料和产品，而且可以带动相关装备制造业发展，为区域经济和国民经济发展提供新动能。

三是发展现代煤化工是实现煤炭清洁高效转化的重要方向。煤炭是我国最丰富的化石能源，约占我国化石能源资源量的94%；在我国一次能源生产和消费结构中的比重一直保持在70%左右；今后一段时期，煤炭的基础能源地位难以改变。尤其是中西部省区，有着煤炭资源储量丰富的巨大优势，发展现代煤化工对于加快中西部地区经济发展，培育中西部地区经济优势具有十分重要而长远的战略意义。特别随着我国对生态文明建设要求的增强，进一步提高煤炭清洁高效利用水平已成为推动能源革命、防治大气污染的重要环节。

党和国家领导人高度重视能源安全保障和煤炭清洁高效利用。习近平总书记在神华宁煤煤制油示范项目建成投产当日的贺电中明确指出，这一重大项目建成投产，对我国增强能源自主保障能力、推动煤炭清洁高效利用、促进民族地区发展具有重大意义，是对能源安全高效清洁低碳发展方式的有益探索，是实施创新驱动发展战略的重要成果[1]。

当前，现代煤化工行业的发展正处于"船到中流浪更急、人到半山路更陡"关键时期，在这个愈进愈难、愈进愈险而又不进则退、非进不可的时候，更需要我们勇于担当，主动作为，直面挑战，以坚忍不拔的意志和无私无畏的勇气战胜前进道路上的一切艰难险阻。从现在起到"十四五"时期，将是我国由石油化工大国向强国跨越的关键时期，也是现代煤化工

---

[1] 参考人民网2016年12月28日新华社《习近平：加快推进能源生产和消费革命 增强我国能源自主保障能力》，编者注。

转型升级、高质量发展的重要时期，我们必须集中精力，紧紧抓住供给侧结构性改革的主线，以科技创新为动力，以结构调整为目标，努力开创出我国现代煤化工技术创新的新高地和中西部地区高端发展的新传奇。

一是要在技术创新上取得制高点的突破。目前世界石油和化学工业正在出现和正在酝酿出现一批颠覆性的技术突破，如原油直接生产化学品技术、原煤直接生产化学品技术、人工太阳能合成技术等，抢占技术制高点正在成为各国化工和跨国公司竞争的焦点。现代煤化工的新优势，必须要建立在技术创新的新突破上，C_1化学仍然面临着许多人类未知的领域，仍然面临着许多值得我们探索的空间。新形势下，现代煤化工技术突破的方向主要是：一是攻克高性能催化技术，高效分离技术，反应器大型化、高效化、通用化技术，系统集成优化和智能化技术等关键共性技术；二是开发新型大规模煤气化技术，大规模甲醇合成技术，单产200万吨以上级煤清洁高效热解技术，百万吨级煤制乙醇、煤制乙二醇技术、煤基多联产系统技术等现代工程技术；三是发展产品高值化、高端化、差异化生产技术，温和条件下C_1分子高效催化转化技术，合成气直接催化合成烯烃、芳烃、支链烷烃以及醇类含氧化合物技术，合成气制全降解材料技术，低能耗、低成本、大规模CO_2利用技术等前沿技术；四是突破高选择性合成气一步法生产大宗化工产品或高附加值专用化学品技术，低温水气变换等低能耗产氢技术，甲烷与CO、CO_2等低温偶联制含氧化合物等低温甲烷高效转化技术，煤直接提取高附加值医药中间体和精细化学品等颠覆性技术；五是研制大型空分（如含氧量≥10万立方米/小时），大型反应器（如重量≥2000万吨的加氢液化和费托合成、甲醇合成反应器），专用泵类，苛刻工况下专用阀门，低温差、低压力损失的大型高效换热器等重大装备及关键零部件。努力为行业高质量发展提供强大的技术支撑。

二是要在产业结构上取得高端化延伸。首先，要大力发展化工新材料，这是现代煤化工高质量发展的一个战略重点和方向。目前煤化工产品多为通用性大众产品，未来要向高端化、差异化方向发展，煤制烯烃领域要开发与α-烯烃共聚的聚乙烯、ULDPE及丙丁共聚PP、融熔PP、高结晶度PP等新牌号聚烯烃树脂；利用石油化工技术生产乙烯、丙烯下游产品，如聚氯乙烯、环氧乙烷、乙二醇、二氯乙烷、苯酚、环氧丙烷等；加强对C_4资源综合利用，开发壬醇、异壬醇INA、聚丁烯等高端C_3/C_4下游衍生化学品。煤制乙二醇领域要在发展乙二醇生产聚酯的同时，开发煤经草酸二甲酯、碳酸二甲酯生产聚乙醇酸及聚碳等技术路线。其次，要大力发展高端精细化学品，特别是高端电子化学品、面向生活的终端产品和医药保健化学品。要采取多种技术措施，优化和丰富现代煤化工的产业结构。第三，要控制煤制油气项目的大规模开发、大规模发展。现有的煤制油气试点项目，主要是在技术储备上做深入研发。目前传统油气资源的来源相对还比较丰富，作为一个经济大国，技术储备、能源安全仍然需要居安思危，技术储备的战略需要还十分迫切。我们认为煤直接液化油品具有超低凝点、低硫、低氮和高体积热值、高安定性等优点；煤间接液化油品具有无硫、无氮、低芳，残炭、灰分、色度极低等特点；间接液化石脑油还是生产烯烃、无芳烃溶剂油、精炼及特种石蜡、高品质合成润滑油等的优良原料。丰富和挖掘利用煤制油的技术和应用市场，是今后技术创新和研发的重要方向。

三是要在发展方式上向绿色化学发力。国务院领导多次强调，我国中西部地区既有煤炭资源的优势，又有水资源短缺的劣势。发展现代煤化工必须同时做好发挥优势和解决劣势这两篇文章。在全球石化产业结构深度调整的大背景下，绿色发展已是科技革命和产业结构优化升级的主要方向。当前，现代煤化工发展一个重大制约就是环保排放问题。能否彻底解决环保排放问题，直接关系着现代煤化工发展的前途和未来。在当前和"十四五"期间，应重点从源头控制、过程监管和循环利用上研究现代煤化工污染控制方式，对现代煤化工从设计施工、运行管理、污染排放、资源综合利用等方面提出严格要求。研究制定行业污染物处理处置技术规范，引导企业优化生产工艺、提高设计标准和施工质量、强化运行管理、加大综合利用强度，不断提升全行业绿色发展的水平。

四是要在培育典型企业和基地上谱写新传奇。在由石油化工大国向强国跨越的进程中，具有国际竞争优势的企业和企业集团太少，是石化行业发展中的一个现实矛盾，但在现代煤化工发展的过程中，涌现出了一批勇于创新，敢于领先，严格管理，效益高效的典型企业和煤化工基地，如国家能源集团、中煤能源集团、延长集团、陕煤集团、未来能源集团、中天合创集团、伊泰集团和宁东能源化工基地、鄂尔多斯能源化工基地、榆林能源化工基地等，这些都是在创新发展中涌现出来的潮头标兵，希望这些企业和基地在高质量发展的新阶段，敢于同世界最先进的公司和化工园区对标，要从创新能力、结构特色、绿色发展、管理效率等全方位发力，创造世界煤化工发展的新传奇，使现代煤化工成为中国中西部地区经济发展的一个有特色、有后劲、有带动力的战略增长点。

中西部地区有着十分丰富的煤炭资源，中西部地区又都是历史悠久、勤劳勇敢、充满传奇色彩的地区，也大多都是经济正在追赶腾飞的地区，我们非常希望中西部地区现代煤化工，在宏观经济高质量发展的新形势下，能够敢为天下先、抢占新高地、谱写新传奇，使现代煤化工成为中西部地区经济发展的一张亮丽名片，成为中国石油和化学工业创新发展的一个令人自豪的崭新亮点。

世界大变局下的中国石油和化学工业*

"为道屡迁，变动不居"。进入新时代，全球经济形势发生了重大变化。世界在变，中国在变，中国石油和化学工业也在变。习近平主席指出，当前，我国处于近代以来最好的发展时期，世界处于百年未有之大变局，两者同步交织、相互激荡[1]。在世界大变局中，石油和化学工业发展面临着重大挑战，只有走国际合作共赢的高质量发展之路，才能创造石油和化学工业更加美好的明天。

一、世界正处于百年未有之大变局

纵观世界经济历史发展的进程，在当今时代，全球化的深度和广度、各国产业链相互之间的融合程度、人员往来交流合作的强度都达到了历史最高水平。同时，违背世界经济发展趋势的"逆全球化"贸易保护主义、单边主义也甚嚣尘上，处于大变局中的世界经济呈现出一些鲜明的特点。

一是中国经济崛起成为世界经济的新引擎。在当今百年未有之大变局中，中国已经成为全球经济增长最强劲的引擎，自2010年中国超过日本成为世界第二大经济体以来，中国经济对全球增长的贡献率一直高达三成以上，尽管近年来中国经济增长有所放缓，但由于中国经济体量越来越大，中国与世界各国的经济与贸易联系越来越密切，因而，中国经济对世界经

---

* 这是2019年9月20日，在2019中国国际石化大会上的讲话。
[1] 参考人民网2018年6月23日《习近平在中央外事工作会议上强调 坚持以新时代中国特色社会主义外交思想为指导 努力开创中国特色大国外交新局面》，编者注。

济增长的贡献仍然有增无减。

麦肯锡全球研究院发布的一项最新研究报告指出,中国在融入世界经济的历程中取得了长足进展,世界对中国经济的依存度大幅上升。研究显示,2000年到2017年,世界对中国经济的综合依存度指数从0.4逐步增长到1.2,中国贡献了全球制造业总产出的35%。2010年到2017年,中国贡献了31%的全球家庭消费增长额。另外,在汽车、酒类、手机等许多品类中,中国都是全球第一大市场,消费额约占全球消费总额的30%。多家机构预测,2030年,中国消费增长可能高达6万亿美元,相当于美国与西欧的总和。中国经济增长为全球制造业发展创造了前所未有的机遇。

二是中美贸易摩擦给全球经济投下巨大阴影。各国交流合作是促进经济发展的客观规律,在经济全球化深度发展的大势之下,国际分工与合作不仅给中国,而且也给包括美国在内的世界经济带来巨大的利益。

经济霸权主义已经给全球带来巨大危害。中国和美国都是全球产业链和供应链的重要组成部分,美国政府对中国输美商品加征关税,必定使国际资本、商品、人才的自由流动受到人为阻挠,直接损害全球经济的稳定性和持续性,美国进口商也必然会更多地承担价格上升的成本,美国消费者支出也会增加,生活会受到影响。今年以来,国际货币基金组织已经三次下调了全球经济增长预期,把2019年和2020年的世界经济增速分别下调至3.2%和3.5%,其中经贸摩擦带来的不确定性是国际货币基金组织作出调整的主要因素之一。

此外,美国限制向中国的技术出口,也会对其自身创新能力产生影响,拖延科研进程,最终将影响美国在全球科技进程中的参与度。

三是"一带一路"倡议是对"逆全球化"的正面回应。"逆全球化"无法解决全球经济的结构性失衡的问题,中国的"一带一路"倡议坚持多边主义,维护多边体制的权威性和有效性,反对各种形式的保护主义,为更多的国家参与经济全球化、参与贸易便利化,在共享发展中获得发展机会搭建了新的平台,是对"逆全球化"的有力回应。

"一带一路"建设基于所有参与国家和地区的互利互惠,以互联互通和产能合作打通生产要素全球流动渠道，促进在基础设施、制造业、服务业、能源资源等多个领域开展广泛合作，不仅有利于创造有效供给，还能带动沿线发展中国家的工业化和技术进步，推动形成更高效的全球产业链、价值链和供应链。

"一带一路"建设是现有全球经济治理机制的补充与完善，致力于推动沿线国家和地区实现发展战略相互对接、发展政策充分沟通，让新兴市场国家和发展中国家有更多机会参与到全球经济治理中来，参与到世界经济分工中来，搭上经济全球化的列车，实现优势互补，提高产能合作效率，为提振区域经济和世界经济、实现发展空间更加平衡和收入分配更加平等注入新的动力。

四是合作共赢正在改写全球经济秩序。当今时代，世界经济已发展成你中有我、我中有你的命运共同体，产业相互依存，利益高度融合。在世界经济经历深刻调整变革的今天，零和思维没有出路，赢者通吃更不会持久，开历史倒车，人为切断各国经济的资金流、技术流、产品流、产业流、人员流，退回到十七、十八世纪以前封闭的经济体，是完全不可能的，在信息高度发达、经济全球化的今天，任何一个国家的唯我独尊、独霸天下、独自横行、为所欲为也是完全不可能的，只有公平公正、开放合作才能使不同国家相互受益、共同繁荣、持久发展。

在处理国际经济关系时，中国始终坚持合作共赢原则，在追求本国利益的同时，兼顾别国的利益关切，努力惠及别国，共同寻求合作的最大公约数。我们必须从世界视野和长远的观点谋求世界范围内的协调与合作，通过平等协商、对话谈判以及谋求共识的方式解决全球经济问题，做到相互合作、优势互补、共谋发展，使全球化进程更加公平、更加平等、更加持久，推动国际经济秩序朝着更加合理、稳定、有序的方向发展。

明者因时而变，知者随事而制。在百年大变局下，世界经济正在经历新一轮大发展、大变革、大调整。只有秉持开放包容、合作共赢的理念，摒弃零和博弈、霸权主义的思维，世界经济才能充满澎湃的活力和动力，才能真正增进各国人民的福祉。

二、世界大变局新形势下石油和化学工业面临的挑战

世界大变局下，石油和化学工业面临的挑战更多，可持续发展的要求更高，绿色发展的责任更大，转型升级的任务更重。特别是中国石油和化学工业，虽然仅用七十多年的时间，就从几乎空白快速发展成为世界石油和化学工业大国，但无论是在产业结构上，还是在发展质量上，都存在着许多"短板"和很大不足，与国际先进水平差距很大，需要下大气力、下硬功夫，才能实现高质量可持续发展。

一是面临着全球供应链大调整的挑战。世界大变局必然推动全球产业链、供应链和价值链的深度重构和广泛调整，原料的获得、生产的组织、货物的流动、产品的销售和信息的获取都在时间上、空间上和组织方式上发生着重大变化。全球供应链重构本质上是生产要素的跨国界重新组合，是各国产业比较优势发生变化的客观反映，总体上由低效益、低效率的地区和领域向高效益、高效率的地区和领域转移。顺应这一趋势制定的政策是正向的、建设性的，阻碍这一趋势，动辄退出相关国际组织，把本国利益置于全球利益之上，违背国际贸易规则，人为制定"本国优先"的政策是逆向的、破坏性的，也难以收到应有效果的。

在石化产业全球供应链重构中，中国的比较优势主要体现在巨大的市场、配套齐全的产业链和训练有素的工程技术人员等三个方面。2018年，中国人均国民总收入达到9732美元，高于中等收入国家平均水平。中国有世界上规模最大、成长最快的中等收入群体，总数已超过4亿人，石化产品消费增长潜力巨大。经过70年的努力，中国已建立起从三酸两碱等基础化工产品直到化工新材料的完整的工业体系，绝大部分化工生产原料都能从中国市场获得。同时，中国也培养了一支训练有素的产业工人和工程技术人员队伍。中国石化产业的"短板"主要在于基础化工产品占比过大，而化工新材料和专用化学品占比过低，高端产业发展滞后，结构十分不平衡。尽管在基础化工产品领域，中国企业的生产技术和工艺已达世界先进水平，但中国石油和化学工业的产业结构、创新能力同发达国家相比，还有一定差距，也难以满足国内消费升级的需要。综合起来，中国石化产业

在全球供应链重构中机遇、空间很多，发展中国家和跨国公司都能够从中受益，共同重塑充满活力的全球供应链体系。

二是面临着全球可持续发展新要求的挑战。联合国已将保护环境、减少污染、降低温室气体排放等列为世界可持续发展的重要目标，习近平主席在第一次全国生态环保大会上也强调，要全面推动绿色发展，并明确提出要建立以产业生态化和生态产业化为主体的生态经济体系❶。产业生态化就是遵循高质量发展原则，大力发展清洁生产和循环经济，加快发展能耗低、排放少、技术含量高的高端战略性产业。绿色发展理念，不仅对于整个石油和化工行业的创新发展、结构升级、清洁生产、管理方式都提出了变革的要求，而且也为实现全行业可持续发展提供了强大的动力。

石化产业既是排放大户，又是"三废"治理技术、装备的主要提供者。近年来，在全行业的共同努力，中国石化产业"三废"治理取得明显进步，单位产品能耗显著下降，废水、化学需氧量、挥发性有机物等污染物排放量大幅降低，但行业污染物治理仍面临不少挑战，特别是重特大安全事故频发的态势尚未根本扭转，社会"谈化色变"心理还不同程度存在，对行业可持续发展带来不利的影响。全面提升行业绿色安全发展水平，加快形成新的绿色发展方式，已成为全行业高质量发展的紧迫任务。作为世界石化产业大国，中国石化行业有信心有能力打赢这场绿色发展的攻坚战，并努力使中国石油和化学工业的绿色发展走在整个工业的最前列。

三是面临着技术创新制高点竞争的挑战。创新是引领发展的第一动力。谁抢占了技术创新的制高点，谁就抢得了发展的先机，就能做到先人一步、快人一拍、胜人一筹。当前，全球石化领域新一轮技术革命加快推进，原创性、颠覆性、前沿性科技创新成果不断涌现，一批高成长性、创新型企业实现跨越式发展。科技创新已经成为企业在市场竞争中制胜的最重要法宝。

创新能力不足是中国石油和化工企业的一大短板。"十三五"时期以来，中国企业虽然在技术创新上取得了一系列新突破，获得了一批有重大

---

❶ 参考人民网 2018 年 5 月 20 日人民日报《习近平：坚决打好污染防治攻坚战　推动生态文明建设迈上新台阶》，编者注。

影响的创新成果，但从行业发展的制高点技术上分析，我们同石化工业强国、同跨国公司相比还有较大的差距，特别是在原油直接制化学品技术、煤炭直接制化学品技术、天然气直接制乙烯、丙烯技术、CO_2综合利用技术、光合成技术、生命科学技术、新能源技术、高端精细化学品技术等高端、前沿技术方面，中国企业的研发水平和国际先进水平相比还有较大的差距，在基础研究同应用研究结合突破方面还有很大的不足，在管理创新的体制机制方面还存在许多的弊端和问题。

有竞争就有合作，合作是竞争的基础。科学技术正在广泛交叉和深度融合中不断开辟创新道路，特别是以信息、纳米、材料、生命等科技为基础的系统集成创新，以前所未有的力量驱动着石油和化学工业发展。越是制高点技术，越是多种科技力量合作的结果，越是需要世界各国秉持开放包容的科技合作理念，发挥各自在科技创新方面具有的比较优势，共同努力创造石化产业美好的未来。

四是面临着经济结构战略升级的挑战。发展石油和化学工业的目的是为人类创造舒适的生活，这就要求不断延伸产业链，向高技术含量、高附加值的产业链高端不断跃升，这是中国石化产业转型面临的最艰难的挑战。总体上看，化工新材料、战略性新兴产业等产业链高端产业占全行业比重仅有10%左右，而资源型原材料产业占比过大，中国石油和化学工业的产品技术结构还都是低端的、落后的和同质化的，成为制约中国石化产业向高端跨越的最大瓶颈。

进入21世纪以来，世界各国、特别是石油和化工大国以及跨国公司产业结构调整的步伐明显加快，在高端制造业方面的投入越来越大。中国石油和化工产业与国外在结构与技术层次的差距、国外跨国公司产业结构调整的加速，以及中国消费升级的需求，十分清楚地告诉我们，中国石油和化工产业结构调整的步伐必须加快，产业结构低端化、同质化的现状必须改变，提升创新能力、加快结构优化升级，是全行业面临的共同要求和紧迫任务。

供给侧结构性改革为整个工业企业和工业行业迅速适应当前的急剧变革、加快结构性调整指出了明确的方向和突破的重点，也给包括石化行业在内的工业行业的创新发展提供了一个全新的机遇。面对挑战，全行业必须加快供给侧结构性改革的步伐，用市场和政策的力量从根本上化解产能过剩的矛盾，用创新驱动战略加快培育全行业战略性新兴产业，用绿色发展理念开创全行业"责任关怀"工作的新局面，用产品的升级为人们享受美好生活打造更高层次、更高质量的物质基础，努力实现产业结构的升级换代。

世界大变局中危和机同生并存，有危才有机，有危也必有机。我们既要对挑战有足够的认识，也要对未来的发展机遇充满信心，要对中国经济稳定增长充满信心。这不仅是因为中国有着巨大的内需市场，有将近14亿的人口，而且（2019年）以来中国政府围绕"稳就业、稳金融、稳外贸、稳外资、稳投资、稳预期"采取了一系列促进消费、增加投资、开放市场、扩大进口、减费降税、减轻企业负担的政策措施，经济发展环境进一步改善。2019年1～7月，我国石油和化工行业经济运行总体平稳，投资增速继续加快，消费增长提速，出口明显回升，效益基本稳定。全行业增加值同比增长4.4%；实现营业收入7.05万亿元，同比增长2.0%；进出口总额4194.2亿美元，同比增长0.6%；全国原油天然气总产量2.02亿吨（油当量），增长4.7%；主要化学品总产量增长约4.9%。

三、世界大变局下中国石化产业将努力走出一条高质量发展的新路子

在世界大变局中，我们唯一能确定的事情，就是做好我们自己的事情。谁能先于别人发现自己的主要矛盾，并先人一步解决好自己主要矛盾的人，谁就能最先听到"历史的马蹄声"。新时代，中国社会主要矛盾发生了重大变化，这就意味着各行各业以及经济社会的方方面面都要认识这一转变。中国石油和化学工业正处在动能转化、结构转变的爬坡过坎关键时期，发展不平衡不充分的矛盾十分突出。在新的发展时期，我们将全面贯彻"创新、协调、绿色、开放、共享"的五大发展理念，深化体制机制改革，进一步激发市场主体和生产要素的潜力与活力，培育行业发展的新动能，着力解决好发展不平衡不充分的问题，大力提升行业发展质量和效益，力争在不确定的国内外环境中走出一条向产业链高端跨越的高质量发展的新路子。

一是努力突破一批核心关键技术。抓住新一轮科技革命的重大机遇，瞄准世界科技前沿，大力推动从0到1的原始创新，集中力量攻克一批关键核心技术、"卡脖子"技术。尤其要重视国内外技术创新交流与合作，强化知识产权创造、保护、运用，加强技术交易平台建设，积极发展技术市场，促进科技成果的资本化、产业化。要注重发挥企业、大学和科研院所各自的研发优势，加快构建以企业为主体、以市场为导向的产学研深度融合的行业创新体系，在能源新技术和新能源技术、化工新材料、精细和专用化学品、现代煤化工、节能环保五大领域建设一批充满活力、具有领先水平的行业科技创新平台，在一批事关长远和全局的制高点技术上取得突破性进展，增强行业可持续发展的内生动力和活力。

二是加快出清落后过剩产能。通过进一步制定和完善节能、安全、质量、环保等标准和准入条件，继续加大环保和质量不达标的落后产能淘汰力度，加快推动落后产能出清，巩固化解产能过剩矛盾成果。严控新增低端产能，加强对炼油等具有较高投资热情行业的产能监测，抑制重复建设特别是高水平重复建设的冲动，不断提升传统产业的竞争优势。做好化工园区规划，科学布局、理性发展，深入细致做好危化品生产企业改造和搬迁入园工作，实现园区内企业链接循环发展、园区之间错位特色发展，在园区内形成规模和集约效应。

三是着力提高产业链的高端供给能力。集中有限目标、集中有限力量，努力发展具有相对优势的新能源、化工新材料、专用化学品产业。特别是围绕大飞机、高铁、汽车轻量化、电子信息等重大工程需求，加快发展高端聚烯烃、专用树脂、特种工程塑料、高端膜材料等化工新材料，加快发展功能材料、医用化工材料、高端电子化学品等专用化学品以及石化催化剂、特种助剂（添加剂）等特种化学品，把优势技术和产品的增长点进一步扩大，进一步拉长，形成一批新的行业经济增长点，努力提升产业链高端供给能力。

四是加快绿色产业发展体系建设。大力推进清洁生产，对传统产业实施清洁生产技术改造，优化原料结构和产品结构，淘汰高耗能、高排放、高污染的落后装置，打造传统产业竞争新优势。大力推进绿色技术创新，重点攻克油品及大宗化工原料绿色制备技术、"三废"排放与资源化利用技术、土壤修复技术、高效节能技术、CO_2捕集封存利用技术等长期困扰行业发展的重大技术难题。加快制定绿色产品、绿色工厂以及绿色园区的评价标准，全面建立行业绿色可持续发展的标准体系，提高资源利用效率，减少"三废"排放，形成循环高效低碳的绿色生产方式。

五是深入实施"责任关怀"。进一步健全"责任关怀"组织工作体系，深入开展"责任关怀"宣传、培训、实施和评估工作，加快构建绿色可持续发展的长效机制。引导企业加强自律，把实施"责任关怀"与行业安全环保诚信体系建设结合起来，加快淘汰安全性能低下、危害职业安全、危害安全生产的落后工艺、技术和装备，加强危险化学品仓储物流安全监管，不断提高应急响应、工艺安全、职业健康、产品安全监管、储运安全和污染防治的水平，着力提升行业本质安全水平。

六是扎实推进"一带一路"产能合作。坚持共商、共建、共享的原则，充分发挥资金、技术、人才、市场等方面的比较优势，加强与"一带一路"沿线国家的交流互动，综合考虑所在国资源条件、市场需求以及在全球供应链重构中所处的位置，积极稳妥地开展产能合作，加快重点项目的推进和落地。积极借鉴国内外化工园区建设好的做法和经验，发挥大型骨干石化企业在国际产能合作中的引领示范作用，带动产能合作类、工程技术服务类、资源开发类、国际贸易类等上下游配套企业协同"走出去"，高标准推进"一带一路"石化和化工园区建设，构建上下游联动、绿色环保的全球产业链。

和平与发展仍是当今时代的主题，世界各国越来越成为你中有我、我中有你的命运共同体，相互依存空前紧密、利益共生不断深化、相互联系比过去任何时候都更加频繁，以邻为壑、你输我赢、独占独享等陈旧观念和做法已不符合时代潮流。唯有开放才能进步，唯有包容才能让进步持久。国外有句谚语，"一个人的努力是加法，一个团队的努力是乘法"。让我们携手合作，一起扬帆远航，推动联动增长，促进共同繁荣，努力形成各国石化产业相互促进、相得益彰的合作共赢新格局，开创世界石化产业更加美好的新未来！

转型升级中的中国石油和化学工业*

一、中国石油和化学工业发展已进入转型升级的新阶段

2010年中国石油和化学工业销售收入已跃居世界第二位，其中化学工业销售收入位列世界第一位。从第十三个五年计划开始，中国石油和化学工业发展就进入了转型升级的新阶段。到2018年，中国石油和化学工业主营业务收入达到12.4万亿元（人民币），实现利润总额8394亿元。除少数化工新材料和高端精细化工产品外，中国绝大多数石油和化工产品产量均名列世界前列。

但我们也清醒地认识到，中国石油和化学工业除总量规模大以外，技术创新能力、产业结构层次、绿色发展水平和经济效益方面都存在很大差距。中国是一个石油和化工大国，但远远还不是一个石油和化工强国。从"十三五"开始，中国石油和化学工业就进入了一个转型升级的新的发展时期。新时期，中国石油和化学工业转型升级的主要任务有以下几点。

产业结构升级是全行业的核心任务。 原材料开采加工、基础化学品制造等传统产业在我国石化行业中占比较大，而高端化工制造和战略性新兴产业占比仅占行业销售收入的10%左右，行业结构总体处于产业链和价值链的中低端。加快产业结构优化升级是全行业转型升级的核心任务。加快

---

* 这是2019年10月25日于赫尔辛基，在ICCA董事会会议上的发言提纲。

发展化工新能源、高端聚烯烃，特别是工程塑料、高端膜材料、高端电子化学品、高端专用树脂以及新型催化剂、特种助剂（添加剂）将是全行业产业结构优化升级的重点任务。

科技创新是全行业发展的全新动能。转型升级的核心动力是科技创新，中国石油和化工行业正在瞄准世界科技前沿，紧紧抓住新一轮科技革命的重大机遇，组织一批充满活力的创新平台，集中力量攻克一批关键核心技术、"卡脖子"技术，攻克一批世界级技术难题，力争在能源新技术和新能源技术、高端化工新材料技术、专用精细化学品技术、现代煤化工技术和节能环保技术领域，取得一批事关长远和全局性的制高点技术和原创性技术突破，力争在重点领域实现高端跨越发展，加快推进由"跟跑"为主，向"并跑"乃至"领跑"的转变。

绿色发展是全行业发展方式的整体跨越。目前中国石油和化学工业是废水、废气、废固排放的大户，安全生产的形势也很严峻，加快推进全行业从高投入、高排放、低效率的粗放式发展方式，转变到低投入、低排放、高效率的绿色发展方式，努力实现全行业的本质安全，是全行业发展方式的一个重大变革。化学工业有着从分子结构上改变物质性质的本领，发展方式必须要在绿色化学上发力，要使全行业绿色发展水平走在整个工业部门的最前列。

经济效益是全行业追求的最终目标。经济效益是全行业和每一个企业追求的最终目标，是行业和企业技术创新、管理创新和经营模式创新的综合体现，也是行业和企业整体竞争能力的终极反映。目前我们在全行业全面开展了管理效率和经济效益的对标活动，特别强调各个企业都在资本回报率、销售收入利润率、流动资金周转率、全员劳动生产率和全要素生产率等主要经济效率指标上认真对标找差距，要在经济效益的国际对标中，进一步提高企业的经济效益和核心竞争力，努力使全行业的管理效率和经济效益达到国际领先水平。

二、中国石油和化学工业稳定增长的趋势不会改变

当前，全球经济持续下滑，国际货币基金组织也连续下调对今明两年

的经济预期,特别是中美贸易战已经开打、中国经济能否继续保持稳定增长的态势,是各国朋友普遍关心的问题。我可以坦率地告诉各国朋友,中国经济包括中国石油和化学工业在内,稳定增长的态势是不会改变的,这主要有以下三个根本原因。

一是中国经济稳定增长的基石在于庞大旺盛的国内市场。2018年中国国内生产总值超90万亿元(人民币),比上年增长6.6%。全年最终消费支出对国内生产总值增长的贡献率达到76.2%。国民总收入达89.69万亿元,比上年增长6.5%。中国有近14亿人口的巨大国内市场,随着人们收入水平的提升和对消费升级的需求,国内市场极大的消费能力和旺盛的消费需求,已经成为中国经济增长的第一动力。自2010年中国超过日本成为世界第二大经济体以来,中国经济对全球增长的贡献率一直高达三成以上,尽管近年来中国经济增长有所放缓,但由于中国经济体量越来越大,中国与世界各国的经济与贸易联系越来越密切,因而中国经济对世界经济增长的贡献仍然有增无减。麦肯锡全球研究院一项最新研究报告显示,2000年到2017年,世界对中国经济的综合依存度指数从0.4增长到1.2,中国贡献了全球制造业总产出的35%。2010年到2017年,中国贡献了31%的全球家庭消费增长额。另外,在汽车、酒类、手机等许多产品类中,中国都是全球第一大市场,消费额约占全球消费总额的30%。目前,中国化工市场占到全球化工市场份额的40%,有跨国公司预测,到2030年中国化工市场份额将会占到全球化工市场的50%,中国经济增长和旺盛的国内市场为全球制造业发展创造了前所未有的机遇。

二是中美贸易摩擦不会改变中国经济稳定增长的大趋势。2019年5月10日特朗普宣布对2000亿美元的中国商品加征关税。其实中美贸易摩擦的实质已远远超出经贸的范畴。中美两国是世界上最大的两个经济体,中美贸易摩擦不仅没有赢家,而且还会拖累整个世界经济。中美贸易摩擦对中国石油和化学工业的影响,我们在充分、深入分析的基础上,概括了三句话:影响可控、应对有方、后果有数。

影响可控。因为中美石油和化工贸易总量不大,影响是整体可控的。2018年中美石油和化工贸易总额只有545.75亿美元,只占中国石油和化工贸易总额7432.7亿美元的7.34%。其中，进口263.10亿美元，占全行业进口总额的5.1%；出口282.65亿美元，占全行业出口总额的12.23%，顺差只有19.54亿美元。所以，中美贸易总量对中国石油和化学工业来讲，整体影响不大。

应对有方。2018年中国从美国进口的石油和化工产品贸易额最大的前三类产品是：原油（67.73亿美元）、液化天然气（10.98亿美元）和液化丙烷（8.65亿美元）；中国出口美国贸易额最大的前三类产品是：塑胶运动鞋（86.40亿美元），占行业出口美国贸易总额的30.57%；有机化学品（75.52亿美元），占行业出口美国贸易总额的26.72%；橡胶及其制品（36.45亿美元），主要产品是轮胎，占行业出口美国贸易总额的12.90%。通过对中美贸易主要石油和化工产品分析，我们可以清楚看到，美国进口到中国的产品，中国都可以从美国之外的市场找到新的供应来源；中国出口到美国的产品，特别是轮胎和塑胶运动鞋，多年来一直处于反倾销、反补贴的贸易漩涡之中。无论是从美国进口的石化产品，还是中国出口到美国的石化产品，我们都有充分的应对措施和方案，即使完全断绝了中美石化贸易，中国也都有解决方案。

后果有数。通过应对措施的深入分析和研究，我们对中美贸易摩擦的后果充满了信心。即便是美国完全断绝了对中国石油、天然气和液化丙烷的供给，中国也完全可以从全世界其他市场找到替代产品。但如果美国失去了中国市场，恐怕美国再也无法从全世界找到中国这样规模的市场了。而且在许多情况下，市场的丢失将会是永远的丢失。

中国海关总署发布数据显示，2019年前7个月，中国对美贸易顺差为1.15万亿元，同比扩大11.1%，中美贸易总值下降8.1%，只有2.1万亿元，但中国自美国进口下降24%，仅为4739.3亿元，而中国对美出口1.62万亿元，仅下降2.1%。与此形成鲜明对比的是，前7个月中国对欧盟、东盟、日本等主要市场进出口均呈现增长。其中，中欧贸易总值2.72万亿元，同比增长10.8%，占中国外贸总值的15.6%。由此可见，特朗普的贸易政策是不可能成功的。我们相信，无论今后中美贸易战的走势如何，中国都会坚定维护全球经济一体化、维护多边贸易体制、坚持互利共赢中，为全球经济复苏增长提供中国的正能量。

三是中国经济稳定增长的关键是做好我们自己的事情。在世界大变局中，我们唯一能确定的事情，就是做好我们自己的事情。当前中国石油和化学工业正处于转型升级、结构调整的关键时期。抓住当前新的发展机遇，全面贯彻创新、协调、绿色、开放、共享五大发展理念，进一步深化改革，扩大开放，着力解决好行业发展不平衡、不充分的问题，努力在不确定的国内外环境中走出一条高质量发展的新路子。当前和今后一个时期，我们将重点抓好五项重点工作：一是努力突破一批核心关键技术。加强行业内外、国内外科技创新力量的组织，力争在能源新技术和新能源技术、化工新材料、高端精细化学品、现代煤化工和节能环保领域，取得一批事关长远和全局性的制高点技术突破，全面提升行业和企业的创新活力；二是加快全行业产业结构的优化升级。紧紧围绕国民经济的重大需求，集中力量在大飞机、高铁、汽车轻量化、电子信息和环保升级的发展需求，加快发展高端聚烯烃、特种工程塑料、高端膜材料、高端电子化学品和碳纤维、3D打印材料等高端供给能力形成一批有带动力的新的经济增长点；三是加快绿色化学发展体系建设。大力推进清洁生产、淘汰高能耗、高排放、高污染的落后装置，打造传统产业竞争新优势。大力推进绿色技术创新，重点攻克"三废"循环利用和CO_2捕集、封存、利用新技术，解决一批长期困扰行业发展的重大技术难题。加快制定行业绿色产品、绿色工厂和绿色园区的评价标准，全面提升行业绿色发展水平；四是深入实施"责任关怀"。不断引导企业加强自律，把实施"责任关怀"与行业安全环保诚信体系建设结合起来，不断提高全行业应急响应、工艺安全、职业健康、产品安全监管、储运安全和污染防治的能力，全面提升行业本质安全水平；五是扎实推进"一带一路"产业合作。坚持共商、共建、共享的原则，大力加强同"一带一路"沿线国家的交流互动，综合考虑所在国资源条件、市场需求以及在全球价值链重构中的地位，加快推进一批重点项目落地，努力形成一批产能合作类、工程技术服务类、资源开发类和国际贸易类上下游配套的重点骨干项目集群，高标准推进"一带一路"石化项目和化工园区建设。

三、对ICCA合作的几点建议

我们认为，在全球石油和化工产业合作中，ICCA可以发挥更大、更积极、更有影响的作用。当今的世界，和平与发展仍然是时代的主题，合作共赢、多边体制仍然是世界不可逆转的潮流，世界各国越来越成为你中有我、我中有你的命运共同体，在加快合作、实现共赢中，ICCA在许多领域都可以发挥更大的作用。

一是加强全行业信息交流的作用。充分发挥美国、欧盟、日本、韩国和中国化工协会的力量，定期或不定期举办行业信息交流、特别是战略、技术、市场和法规等方面的信息交流，不仅十分必要，而且十分需要。在中国一年一度国际石化大会上，美国、欧盟化工协会的发言都收到了反响极好的效果，这方面的经验需要总结和推广。

二是加强重大法规变动趋势的信息交流。如世界各国都十分关注的危险化学品运输管理、全球气候变暖法规调整，塑料可持续发展和新能源技术变化趋势等，ICCA都可以在同联合国相关组织加强联系的基础上，及时进行有效的信息沟通，以推动世界化学工业的健康可持续发展。

三是加强"责任关怀"活动的深入有序推进，特别是在广度和深度的提升上总结经验，交流做法。要以重点国家为重点，下功夫推进，力争取得一批有宣传价值的经验，通过ICCA的平台在联合国广泛宣传，产生影响。

令人兴奋和期待的化学工业新未来*

正当中国石油和化学工业启动"十四五"发展规划编制之际,《欧洲化学工业2050年展望》(中英双语版)呈现到我们面前,真是"雪中送炭""恰逢其时",给我们送来了一本很有质量、很有特色、很有价值的重要学习和参考资料。

一、这份研究报告具有发展战略的前瞻性

这份研究报告围绕着全球化学工业共同关注的一个重大命题:如何带领化学工业走向一个更加绿色、更加繁荣、更加可持续的21世纪中叶。这既是一个愿景,又是一个方案,更是一个承诺。实践告诉我们,谁不能超前预测未来,谁没有提前规划未来,谁就没有未来。战略就是对未来的选择,这份研究报告的重要性,首先就体现在它对未来发展趋势的前瞻分析和把握上。欧洲化学工业是一个体量高达6500亿欧元的产业,拥有数万亿欧元的市场潜力,如何在未来30年乃至更长时间内持续繁荣发展,如何在全球性的共同挑战中提供欧洲解决方案,如何引领化学工业在全球范围内的转型,必将吸引包括全球化学工业在内的所有经济界人士的目光。这是一个极具战略勇气、极具前沿智慧、极具务实精神的重大战略课题。欧洲化学工业理事会组织了300多位化工专家、行业领袖、政府官员以及其他

---

* 这是2020年写给《化学工业2050年愿景——欧洲化学工业应对世纪挑战之道》中文版序言。

领域的独立学者，采用严格定量和定性分析的手段，运用了专业模型和专家调查的方法，历时三年的时间，完成了这一展望未来的研究报告。十分感谢欧洲化学工业理事会做了一件让世界化学工业共同受益的大好事，让世界化学工业共同思考行业2050年的未来，共同开启世界化学工业更加精彩的旅程。

二、这份研究报告具有技术创新的突破性

化学工业的神奇就在于创新的奥秘。研究报告告诉我们，"关于2050年，如果只有一件事是我们可以肯定的，那就是技术进步将超出我们目前的所有预期。"化学将是未来世界颠覆性技术变革的核心。"科学现在可以实现的东西50年前会被视为魔术。如用太阳光发电、用钢筋水泥等材料'3D打印'整个建筑物或飞机的关键部件、植入人工关节、自我修复性聚合物、无人机、飞行汽车等。"50年后，化学工业的创新突破，将会给世界带来又一批"不可能"成为"可能"。人工光合成技术、氢能和燃料电池技术，特别是化学循环技术将会开创一个一切都可以回收再利用的新局面。研究报告的建议是，要在欧洲的全球竞争对手没有定制宏伟发展战略之前，就抓紧寻求新的社会管理理念，促进领导力的突破创新，用"创新"原则来帮助欧洲化学工业保持竞争力，使欧洲成为全球吸引新型科技投资的最佳胜利。研究报告的结论是，建设更美好的欧洲，离不开繁荣发展的欧洲化学工业，这是一份来自未来的邀请函。

三、这份研究报告具有发展方式的引领性

面对世界化学工业的共同挑战，绿色发展、循环经济将是世界化学工业转型发展的必由之路。研究报告分析，"自1990年以来，在产量增加了83%的情况下，我们的温室气体排放量下降了近61%。预计到2050年，基于我们目前所了解和掌握的技术，相比目前的水平而言，我们可以将温室气体排放量再减少50%"，"所有的技术解决方案，包括碳储存和将二氧化

碳作为原料，都将是减少温室气体排放的必须途径。"研究报告还提出了雄心勃勃的发展目标：欧洲将在21世纪中叶，实现净零碳排放，欧洲将率先点亮可持续发展之路。

报告分析认为，一旦各国政府对单向碳征收普遍碳税，"废"碳将一跃成为有价值的商品，循环经济的理念将成为化学工业发展的核心。"不论是纸张、电池还是塑料回收，大都基于化学过程。包括聚合物循环闭环（如将PET再加工为纺织物所用的涤纶纤维、回收PE/PP与新料混合用于高性能应用）、解聚（塑料瓶和聚苯乙烯）、化学回收（低级混合塑料废弃物转化为化工厂所需的烯烃和芳烃原料）、生物基化学品和二氧化碳/氢气制合成气体和化学品"。报告坚信，"2050年欧洲的化学工业与现在截然不同，化学工业在未来各个方面都扮演着不可或缺的催化剂角色。"报告同时还认为，"未来十年十分关键，它将决定我们是否能实现我们所设想的未来。"

追求美好的未来，是人类永不泯灭的伟大追求。追求世界化学工业美好的未来，更是全球化工人矢志不移的伟大梦想。《欧洲化学工业2050年展望》给我们描绘了一份世界化工百花园中欧洲化学工业的蓝图，我衷心希望欧洲化工人这份放飞思路的蓝图，能够引发世界各国化工人的思考，把世界各国化学工业未来发展的蓝图规划得更好，使世界化学工业的百花园更加千姿百态、绚丽多彩。我更希望中国石油和化学工业的各级领导、特备是大中型骨干企业的领导，都能认真读一读这份研究报告，从这份难得的研究报告中学习和借鉴一些新的发展理念、新的发展思路和新的研究方法，并结合企业自身的实际，制定出具有中国特色的石油和化学工业未来发展的蓝图！

纵论变局、深剖困局、全力破局[*]

一、变局：深刻认识新冠疫情、经济下行和需求升级给全球经济带来的全新变化

在这场百年不遇的大变局中，肆虐全球的新冠肺炎疫情无疑是一部烈性加速器，使原本已经发生的全球经济下行和消费需求升级的矛盾，更加尖锐、更加剧烈、更加快速地叠加爆发出来。这场新冠肺炎疫情使我们亲眼目睹了两大危机，得出了一个共同的结论。

这两大危机是：首先，让我们目睹了全球生命危机。人类对于新冠病毒的认识还知之甚少，病毒的来源，传播的途径，扩散的机理，变异的方式，治疗的方法和未来的走向，都还有许多未解之谜。目前，这场疫情在全球的传播和反弹的势头还未有效遏制。根据WHO最新研究，仅非洲地区预计一年内就会有15万人因新冠肺炎死亡；上亿非洲人感染。在最糟糕的情况下，如果人类不能在近期生产出疫苗和特效药物的话，全球77亿人口中将有超过10亿人感染，将会有6900万人因新冠病毒死亡。这将会超过1918年西班牙大流感导致5000万人死亡的规模。有人预言，这将不亚于一场世界大战给人类带来的灾难。生命至上，这是人权最基本的底线，也是人权最崇高的追求，在这场新冠疫情中，各国政府对人民生命的态度是一次公开的检验。每逝去一个鲜活的生命，都是人类的损失、民族的哀伤、家庭的灾难。我们只有用团结抗疫，战胜病毒来告慰每一个失去的

---

* 这是在2020年国际石化大会CEO圆桌会上的总结发言。

生命。

其次，让我们目睹了全球经济危机。新冠病毒传播的途径是人传人，而预防病毒的有效方式则是人防人。为了防止病毒的蔓延，各国纷纷采取了旅行禁令、入境管控、人员聚集受限、甚至封城、封锁边境等措施，使生产和贸易的流动处于放缓或停滞状态。不少国家失业率飙升、债务危机频现、社会严重混乱和内部矛盾日益恶化，使得本已下行的世界经济雪上加霜。世界银行预测，2020年全球GDP将会下降5.2%，其中发达国家经济体下滑7%，欧元区下滑将高达9.1%，这是二次世界大战后的最大降幅。OECDC预计，2020年世界经济将萎缩超过6%，如果再出现第二次传播，世界经济可能萎缩7.6%。

第三，在这场疫情的痛苦实践中，我们得到了一个共同的结论，就是人类只有团结一致、守望相助，我们才有可能最终战胜这场疫情。病毒是人类共同的敌人，只有全人类团结一致、共同对敌，才有可能最后战胜病毒。有些国家、某些政客，不在本国抗击病毒上下功夫，极尽甩锅、退群、造谣、抹黑之能事，给全球抗疫带来严重混乱。我相信人类最终会选择正确的态度、正确的立场、正确的方式，团结一致，守望相助，人类一定会迎来全球最终战胜疫情、春光明媚到来的一天。

二、困局：剖析中国石油和化工产业结构性矛盾背后的根本成因

结构性矛盾是中国石油和化学工业根本性的矛盾。中国石油和化学工业贸易逆差是结构性矛盾的鲜明体现。多年来，中国石油和化工行业进出口总额为7000亿美元左右，但贸易逆差始终保持在3000亿美元上下。在贸易逆差中，合成材料、聚乙烯、聚丙烯、聚苯乙烯、聚碳、高档农药占据相当大的比例。低端产能过剩、高端产能不足，这就是中国石油和化学工业产业结构的现状。在中国宏观经济步入高质量发展的新时期，有效供给与有效需求不匹配的短板更加突出，供给和需求的矛盾更加尖锐。

在全行业结构性矛盾的背后，我们可以清楚地看到这一全局性矛盾背后的两大根本成因。一是创新能力不足，高端供给矛盾十分突出，特别

是国内市场需求旺盛的高端聚烯烃、专用树脂、特种工程塑料、高端膜材料、高端电子化学品，长期供给不足，有的甚至严重依赖进口。2018年，己二腈、聚烯烃弹性体（POE）全部依赖进口，对外依存度高达100%；乙烯-乙酸乙烯共聚物（EVA）对外依存度达60.02%；聚碳酸酯（PC）对外依存度达59.7%。目前国内高端专用料仍以进口为主，80%左右依赖进口。二是市场主体活力不足，具有国际竞争优势的企业还是太少。目前全行业规模以上企业共有2.6万家，但从总体上看，资产偏小、收入较低，竞争力不强的企业占大多数。2020年，虽然中国进入世界500强的石油化工企业共有11家，但与石油石化国际跨国公司相比，我们企业竞争力还有相当大的差距。只有加快提升全行业的创新能力，加快增强企业的生机活力，提升企业的市场竞争力，全行业产业结构的困局才能尽快克服，高质量发展的局面才能尽快到来。

三、破局：全行业要率先走出一条"先人一步、高人一筹"的创新破局之旅

实践一再告诉我们：挑战和机遇是相伴相生的，危机和破局是相辅相成的。习近平总书记也在最近的讲话中，要求我们要"努力在危机中育新机，于变局中开新局"[*]。要善于在危机中发现别人没有发现的机遇，敢于迈出别人还没有迈出的新步伐，我们就可以率先走出一条"先人一步、高人一筹"的破局之旅。

纵观百年大变局带来的全新变化，我们也从全行业未来的发展中，看到了一系列前所未有的新机遇。

大健康产业将会迎来强劲的新需求。这场刻骨铭心的新冠疫情，使人们对健康、对习惯、对生命又有了新的认识。人们对防护用品、消杀用品、医疗用品、保健用品的需求急速增长，疫情初期，口罩一罩难求的短缺局面，人们记忆犹新，对新冠特效药物和新型疫苗的期待，更是翘首以盼。人们对大健康的需求特别是老年、儿童、妇女保健、卫生用品的

---

[*] 参考人民网2020年5月25日《人民日报：在危机中育新机　于变局中开新局》，编者注。

需求，将会出现持续强劲的增长。医用纺织用品、消毒杀菌用品、特效医药、专用医疗器材、保健药品等将会成为一个重要的产业增长点。

能源安全将会站在多元化发展的新风口。能源是世界经济的血脉，也是经济强国和能源大国竞争的焦点。保证能源安全是世界各国的重要使命。未来的能源，将会是化石能源和新型能源多元化发展的重要时期，在传统煤炭、原油、天然气可持续发展的基础上，页岩气、可燃冰、氢能等新型能源将会呈现快速推进的态势。新兴能源的技术突破和传统能源的技术创新，将会使未来能源开创一个传统能源、新兴能源、储能技术和智能控制技术长期共存、互补发展的多元化新时代。

化工新材料将会出现高端市场的新竞争。化工新材料是世界各个国家和跨国公司都在抢占的一个制高点。当前，世界化工新材料的研发，已经进入了一个以结构功能关系为主线，以功能分子设计、合成到结构组装为特点的新阶段。目前化工新材料创新发展迅速、品种繁多、功能各异，在金属材料、非金属材料、高分子材料、复合材料、生物医学材料等方面都有了大量的创新成果。但我们也清楚地看到，当前不少新技术的发展都受到了材料的制约，比如航天材料、超音速飞机材料、高速铁路材料、高端电子信息材料、人造骨骼和人造血管材料等等，都寄希望于化工新材料、特别是化工复合新材料（如碳纤维和PC的复合材料、芳纶和PC的复合材料等）的新突破。高端化工新材料具有无限诱人的新天地。

农业化学品将会开创精准供给的新功能。农业是人类赖以生存的基础，而农业对化学工业有着天然的依赖。在农业高度发展的今天，农业对种子、化肥、农药、饲料和饲料添加剂的需求，又有了新的更高的要求，科学供给、精准供给又成为农业化学品发展的又一新阶段。当前复合新技术、缓释新技术、滴灌新技术、饲料添加剂新技术和生长养分需求智能管理新技术共同发展，使全球农业化学品进入了一个按科学、需求精准供给的智能时代。植物根系嵌入芯片，使人大开眼界，巴斯夫、赢创跨界进入智能养猪业，更让我们看到了一片农业精准供给的新曙光。

绿色和数字化转型将会呈现前所未有的新变革。绿色和数字化"双转型"，将会给石油和化学工业发展方式带来无法预测的新变革，行业的绿色发展、智能控制、生产效率、安全环保以及管理方式都会发生翻天覆地的变化，一个绿色化学、循环化学、舒适化学和可持续发展化学在不远的将来将会以超乎我们想象的速度呈现在我们的面前。

　　研究"变局、困局、破局"三大叩问，使我们深刻认识到，机遇总是留给有准备的人。谁能发现机遇，谁就能创造未来。站在百年变局的历史关口，中国石油和化学工业充满了信心，我们完全有能力、有办法、有担当，走出一条具有中国特色的高质量发展之路，我们注定将同世界石油和化学工业一起携手共进，砥砺前行，共同开创属于我们共同追求的美好未来！

在危机中育新机 于变局中开新局
携手共创世界石油和化学工业的美好未来[*]

2020年正值中国"十三五"规划收官、"十四五"规划启动之年。"十三五"期间，中国石油和化学工业在极其严峻复杂的条件下，又取得了一系列新发展，行业销售收入和增长质量取得了新的提升、行业创新能力取得了新的突破，产业结构进一步优化升级，企业活力显著增强，改革开放又上了一个新的台阶，据初步统计，尽管2020年受疫情影响，行业经济运行产生较大波动，但"十三五"期间全行业销售收入年均增长率仍将达到3.19%。当前，我们正在认真分析行业发展的大趋势，全面梳理行业发展面临的挑战和机遇，抓紧制定行业"十四五"发展规划，力争在高质量发展目标的指引下，踏上中国石油和化学工业"十四五"发展的新征程。

当前，经历百年未有之大变局的世界正处在一个历史的十字路口，经济全球化遭遇逆流，保护主义、单边主义上升，世界经济低迷，国际贸易和投资大幅萎缩。特别是2020年初以来在世界范围内突如其来的新冠肺炎疫情，对全球经济增长带来巨大冲击，给建立在全球化体系下的全球产业链、供应链和价值链带来前所未有的挑战和考验。这引发了人们对经济全球化的进一步审视，甚至出现了一些质疑经济全球化的声音。不少媒体认为，新冠肺炎疫情会加剧"去全球化"的风险，提醒人们警惕保护主义势

---

[*] 这是2020年9月23日，在2020中国国际石化发展大会上的报告。

头可能借疫情之机变本加厉，其危害将更甚于新冠病毒。但从长远看，各国利益高度融合，人类是休戚与共的命运共同体，经济全球化仍是历史潮流，各国分工合作、互利共赢是长期趋势。

一、经济全球化仍是世界各国发展的正确选择

全球化是人类社会发展进步的大势所趋，它发端于大航海时代，在冷战结束后又进入了一个新的历史阶段。随着全球化的不断拓展，人类生活在同一个地球村里，越来越成为你中有我、我中有你的命运共同体。但近年来，随着外部环境的不断变化，加之新冠肺炎疫情的全球蔓延，全球化正在遭受严重挑战。

一是全球化正在出现新的变化和呈现新的特点。 全球化是社会生产力发展的客观要求和科技进步的必然结果，经济全球化的发展，使各国的经济相互交融。互联网、大数据、云计算、量子卫星、人工智能等新技术的迅猛发展，使人类生活前所未有地联系在一起。各国相互联系、相互依存的程度空前加深，为世界经济增长提供了强劲动力。近年来，随着经济总量的此消彼长，以中国等新兴市场经济体为世界工厂、以发达经济体为最终需求中心的贸易结构对经济增长的边际拉动能力开始递减，由于资本与劳动力在全球化过程中的获利程度不同，加剧了新兴市场经济体的贸易顺差与外债规模不匹配，发达国家和部分新兴国家内部贫富差距加大。一些国家单边主义、孤立主义、保护主义沉渣泛起，经济全球化遭遇逆风和回头浪。特别是此次蔓延全球的新冠肺炎疫情，使国际交流和经济贸易往来受到阻滞，全球产业链和供应链遭到重大冲击。新冠肺炎疫情导致全球产业链多环节受阻，使贸易保护主义和产业链封闭化、分散化倾向加剧。全球化进入了一个新的调整期。

二是新冠肺炎疫情的爆发正在加速全球供应链重构。 当前，国际产业分工的广度和深度均处于较高水平，全球价值链深度交织。新冠肺炎疫情的爆发和蔓延，引发了全球需求和供给的同步收缩，许多国家采取封城、停工、隔离等措施，基本停止了必需品生产以外的经济活动，各国自身经

济陷于停滞的同时直接导致了国际贸易的严重萎缩，降低了全球经济潜在增速。另一方面，大部分产业突然性"休克"导致全球供应链的暂时受阻甚至短期中断，影响了全球投资者预期，国际金融市场"黑天鹅"事件频发。3月份美股大幅下跌四次触发熔断机制，4月20日国际原油期货结算价历史上首次跌至负值，金融风险与实体经济低迷叠加共振。同时我们也应该清醒地看到，新冠肺炎疫情后，部分国家鼓励企业回归的政策力度加大，从而导致保护主义进一步加剧。

三是全球化为世界石油化工行业提供了新的机遇。无论是应对世界格局的重大变化，还是抗击新冠肺炎疫情，都离不开全球石化行业的并肩战斗。2020年3月份，在全球新冠肺炎疫情多点爆发、蔓延加剧，经济遭受严重冲击的情况下，我代表中国石油和化学工业联合会向国际石油化工行业组织和世界主要国家石油化工协会负责人发出抗"疫"慰问函，希望国际石油化工行业及广大企业精诚携手、并肩前行，在危难时刻展现担当，共同推动国际合作与石化产业的可持续发展，为构建和谐安全的人类命运共同体做出贡献。各个组织对中国石化联合会提出的"全球化工行业应当加深合作和信息交流"的提议表示高度赞同。并纷纷表示在借鉴中国经验抗疫的同时加强全球石化产业链之间的合作，促进世界石油化工产业的平稳发展，成为工业部门中推动合作共赢、可持续发展的典型与代表。后疫情时代，在适应和应对世界格局重大变化中，世界化学工业创新发展的重点和方向也有所调整，能源新技术和新能源技术、化工新材料、绿色化学、高端专用化学品、农用化学品、生命科学等一系列创新技术和前沿科技正在亟须突破，没有哪个国家或哪个单独群体能凭借一己之力去改变全球产业升级的格局。在百年大变局的背景下，毫不动摇地坚持全球化发展道路为全球石化行业发展提供了新的机遇。

从世界历史的大趋势看，从封闭走向开放，从隔绝走向联系，是人类社会发展的基本轨迹。正如习近平主席强调，经济全球化是历史潮流。长江、尼罗河、亚马孙河、多瑙河昼夜不息、奔腾向前，尽管会出现一些回头浪，尽管会遇到很多险滩暗礁，但大江大河奔腾向前的势头是谁也阻挡

不了的。❶

近日，联合国大会通过新冠肺炎疫情的决议，一致认为"开展国际合作，践行多边主义，团结互助，是全世界有效应对新冠肺炎疫情等全球危机的唯一途径"。这也进一步印证，经济全球化是不可逆转的历史大势，逆全球化难以阻挡经济全球化浩荡向前，经济全球化仍是全球抵御风险、共同发展的唯一选择。

二、百年大变局下世界化学工业全球化进程的新变化

世界石油和化学工业发展的历史，就是一部全球合作共赢、开放交融的历史，无论是技术进步的演进，还是生产规模的扩大，无论是大型项目合作的脚步，还是生产装置大型化的进程，无论是全球贸易的发展，还是世界市场的开拓，世界石油和化学工业从来都是全球化的推动者和受益者。在当前世界格局深度演变的进程中，团结合作、互利互惠、抱团取暖依然是全球石化行业同仁的共同心声。在新的历史条件下，世界化学工业全球化的进程不仅不会中断，反而会更加强化，特别是世界化学工业的区域合作会进一步活跃。我认为，在后疫情时代，在全球经济一体化的推动下，在区域合作进一步活跃的进程中，将会形成一个"四大集群"公平竞争、合作共赢的新格局。

一是以中国、日本、韩国为代表的亚洲化工集群。它的特点是将会以产业门类齐全、市场规模宏大、创新能力活跃、基础化工原料雄厚、高端精细化工技术领先、化工新材料特色显著、中日韩三国合作密切为突出特征，将成为太平洋地区和世界化学工业极为重要的增长极。

二是以德国、法国、英国、荷兰为代表的欧洲化工集群。它的特点是将会以高端化工新材料、高端精细化学品、高端医药和终端化工消费品技术创新为突出特征，成为全球低碳利用和循环经济的领军者，成为世界和欧洲经济发展的重要增长极。

---

❶ 参考新华网2019年11月5日《习近平，大江大河奔腾向前的势头谁也阻挡不了》，编者注。

三是以美国、加拿大为代表的北美化工集群。它的特点是将会以传统化工能源和化工新能源、高端化工新材料、农业和种子工程、生命基因技术创新领先为突出特征，将会成为世界化学工业高端技术创新的引领者，将会成为世界化学工业跨国公司的典型代表。

四是以沙特阿拉伯、伊朗和印度为代表的中东海湾和南亚化工集群。虽然中东地区长期以来一直受到政治问题和地缘政治的困扰，特别是中东地区面临着过分依赖石油收入的经济体制缺陷，但中东地区特别是海湾地区化学工业发展的内在需求十分迫切。在整个世界化学工业百年大变局中，中东化学工业将会以石油、天然气原料的优势，以大型石化装置为重点，以基础石化原料、合成橡胶和日用化学品为显著特色，印度化学工业将会以市场和涂料、染料、精细化学品为显著优势，成为全球化学工业又一个快速成长的增长极。

据欧洲化学理事会的统计资料，2018年，世界化学品销售额为33470亿欧元，其中，中日韩化学品销售额为15050亿欧元，占全球化工销售额的44.96%，位居第一，欧盟化学品销售额为5650亿欧元，占全球化工销售额的16.88%，位居第二；美国、加拿大化学品销售额为5300亿欧元，占全球化工销售额的15.84%，位居第三；沙特阿拉伯、印度化学品销售额为1420亿欧元，占全球化工销售额的4.24%，位居第四。在后疫情时代，中日韩化工集群将会成为全球化学工业可持续发展最活跃、最重要的力量。

这四大化工集群的特点是，在全球化学工业发展的全局中，谁也形成不了垄断的力量，除了公平竞争、合作共赢外，没有其他的选择。因为在全球经济一体化时代，合作共赢才是真正的王者。从全球化学工业发展的历史来看，良好的合作意愿，良好的合作传统，良好的合作友谊，使得美国化工协会、欧盟化工协会、海湾化学协会、日本化工协会、韩国化工协会、印度化工协会和中国化工协会，多年来都保持着友好密切的合作关系。在这种关系中，在这次全球抗击疫情的斗争中又得到进一步巩固和深化，合作和友谊已成为我们共同的美好追求。因为大家都知道，大分子是化学工业创新发展的唯一追求，合作的力量大于争斗的力量，世界化学工业必将是一个密切合作、和谐、共赢的大家庭。

三、以更高水平、更高层次的开放带动世界石油化学工业的新发展

中国是全球化的积极拥护者和坚定推动者。改革开放以来，正是得益于主动融入全球化进程，积极参与全球经济分工，中国才取得了今天的成就。中国的石油和化学工业在改革开放40多年的发展历程中，通过实施"引进来"和"走出去"，加强国际交流和合作，积极融入全球化进程，实现了由一个计划经济体制下的石油和化学工业走向了一个开放型石油和化学工业的重大转变，在全球产业链、供应链、价值链中发挥了重要作用，惠及了整个世界石油化学工业。

2020年是中国"十四五"规划的布局之年，"十四五"期间，将是中国石油和化学工业由大国向强国跨越的最关键五年，将是产业结构由量变到质变提升、创新能力由起飞到领航、行业绿色发展和数字化两大转型发生根本变化、体制改革和对外开放走向更高市场化水平的关键五年。中国石油和化工行业将在坚定不移地扩大开放中为全球石化行业发展注入更大活力。

一是中国石化产业是全球石化产业链不可或缺的重要部分。长期以来，中国经济与世界经济已高度融合，中国依靠自身完整的产业体系和强大的生产能力，向世界各国出口了丰富的物美价廉的商品，满足了各国人民的需求，增进了各国人民的福祉，促进了世界经济的发展。中国GDP、贸易总额占世界总量的比重分别超过16%和11%，已成为全球重要的制造业中心和供应链枢纽。从石油化工行业发展看，中国已经成为世界石油和化工大国，占据全球市场份额的40%。除少数高端精细化工产品外，绝大部分石油和化工产品均能自主生产，建立了从油气勘探开发、石油炼制、煤化工、盐化工到农用化工、橡胶化工、医药化工、国防化工，再到化工新材料、精细化工、生物化工、化工装备等能生产4万多个产品，涵盖几十个领域、上下游相互衔接、齐全配套的石油和化学工业体系。2019年中国石油化工行业进出口总额7222亿元，占全国进出口总额达15.8%。伴随着"一带一路"倡议的推进，中国石化行业产业链优势将不断满足沿线国

家和国际市场需求，全球市场的份额进一步增大，在全球产业链中的作用也将越来越明显。

二是中国巨大的国内市场需求为全球石化行业发展带来重大商机。2019年，中国对全球贸易出口总额的贡献率达到了13.2%，位居世界第一，成为全球120多个国家和地区的第一大贸易伙伴。面对新冠肺炎疫情全球大流行，中国加快复工复产步伐，充分发挥产能优势，向199个国家和地区出售了大量防疫物资，有力支持了这些国家的疫情防控工作，同时中国还积极扩大出口，提升通关便利化水平，进一步降低通关成本、提高通关效率，以广阔的国内市场为世界经济复苏和发展提供有力支撑。随着消费升级和供给侧结构性改革的深入推进，特别是即将到来的"十四五"，一大批国家新基建项目将要实施、一系列行业传统产品结构加快升级，行业对绿色、数字化的要求也将越来越高，国际产能合作的空间也将越来越大，这些因素将会有力拉动能源、化工新材料、电子化学品、基本化工原料、高端涂料、橡胶产品的市场需求，也将带动相关配套产业的蓬勃发展。中国石油和化学工业正在迸发出无限的需求和商机，无论对于国内企业而言，还是对于国外企业来说，正在为世界经济营造一个巨大的可持续发展的中国市场。

2020年7月30日召开的中共中央政治局会议提出，加快形成以国内大循环为主体、国内国际"双循环"相互促进的新发展格局。国内国际双循环的有机统一，既有利于促进中国国内经济的繁荣发展，也将为全球投资者提供与中国合作的更多机遇。通过促进国内国外两个市场融合，中国正在向世界敞开大门，让外资分享中国发展红利，为各国企业提供了难得的合作契机，为世界经济的恢复注入更大的活力。

三是中国政府在政策和机制方面持续深入的改革为全球石化行业发展提供了机遇。中国的发展离不开世界，世界的繁荣也需要中国。中国政府正在通过制度和机制层面的持续改革，进一步发挥市场在资源配置中的决定性作用，主动在外资准入、知识产权保护等诸多方面推出了更多的对外开放举措，另一方面，通过不断完善市场化、法制化、国际化营商环境，为各国投资者在华投资兴业创造良好的条件。截至2018年底，中国外商投资企业已达96万家，中海壳牌三期项目、巴斯夫湛江化工一体化项目、埃克森美孚化工综合项目、沙特基础工业公司福建项目、陶氏有机硅中间体项目、巴斯夫上海创新园项目等一大批外资参与的项目开始在中国实施，朗盛、利安德巴塞尔、英力士等也宣布了在华合作计划。同时，中国在疫情防控和复工复产方面充分展现了制度优势和经济韧性，有力增强国内生产者和跨国投资者信心，为引领全球经济复苏打下良好基础，为确保全球"三链"稳定安全注入强心剂。此外，秉承共建共商共享原则的"一带一路"建设，为世界各国实现互利共赢、共同发展提供了重要平台。自2013年"一带一路"倡议以来，石化行业在油气、化工、橡胶、工程技术服务、装备等领域取得了丰硕成果。"一带一路"正在成为团结应对挑战的合作之路、维护人民身体安全的健康之路、促进经济社会恢复的复苏之路、释放发展潜力的增长之路，更多国家将享受到中国的发展红利。中国的朋友圈也将越来越大。

"不拒众流，方为江海"。人类不同文明之间交往与对话的历史表明，无论相隔多远，只要相向而行，就一定能走出一条相遇相知、共同发展之路，全球抗击新冠肺炎疫情的实践也充分表明，人类是休戚与共、风雨同舟的命运共同体，唯有相互支持、团结合作才是战胜危机的人间正道。尽管当前全球化进程中出现一些回头浪，但奔腾向前的势头谁也阻挡不了，国际经济的合作和交往仍然是世界经济发展的客观要求，合作共赢才是为全球发展的负责之举。让我们放眼长远，共克时艰，于危机中育新机，于变局中开新局，携手共创世界石油和化学工业的美好未来。

以更高水平的国际产能合作构建
高质量发展的新格局*

  2021年是中国实施"十四五"规划的开局之年,《国民经济和社会发展第十四个五年规划和2035年远景目标纲要》提出"实行高水平对外开放,开拓合作共赢新局面",要推动共建"一带一路"高质量发展,深化国际产能合作,构筑互利共赢的产业链供应链合作体系,实现高质量"引进来"和高水平"走出去"。这一目标的提出和相关政策措施的陆续推出,将对石油和化工行业进一步扩大开放,提升产能合作质量和水平,创造更好的环境和有利条件。

  中华人民共和国成立后,党和政府始终高度重视国际经济技术交流,20世纪六七十年代石油和化工行业就领风气之先,从英国、荷兰、法国、日本、瑞士、意大利等国进口了成套设备,特别是70年代实施的"四三方案",引进了26个大型成套设备、单机和关键设备技术,其中大化工项目占21个,包括13套大化肥、4套大化纤、3套石化、1套烷基苯,以此为基础形成了乙烯、化纤、化肥等大型石化基地,对解决人们吃穿用问题发挥了重要作用。改革开放后,外资企业开始进入中国内地市场,二十世纪八九十年代建设了一大批合资、合作以及独资项目,特别是BP、壳牌、巴斯夫、埃克森美孚、沙特阿美等大型跨国公司率先建立了引领性、示范性大型合资项目,对促进中国石油和化学工业发挥了积极作用。同时,中国

---

  * 这是2021年10月27日于宁波,在第五届中国石油和化工行业国际产能合作大会暨"一带一路"发展论坛上的讲话。

企业也开始走向国际，积极承揽国外石化工程，出口配套技术装备，中国化学工程、成达工程、天辰工程、寰球工程以及相关研究院、设计院等在孟加拉国、印度尼西亚、巴基斯坦、越南、伊朗等国建设了一批化肥、纯碱、烧碱、炼化等项目，初步建立了与国际同行，特别是"一带一路"沿线国家石化行业的紧密联系。

"十三五"时期，中国企业以共建"一带一路"为引领，积极"引进来"和"走出去"，广泛开展交流合作，取得了显著成绩。五年来全国利用外资总规模接近7000亿美元，在全球跨国投资大幅下滑的背景下，实现逆势增长；境外投资流量累计7673.4亿美元，约为"十二五"时期的1.4倍；对外承包工程累计完成营业额8258.9亿美元，新签合同额12668.8亿美元，分别为"十二五"时期的1.3倍和1.5倍。国家出台了外商投资法及其实施条例，连续四年修订全国外资准入负面清单，限制措施压减近三分之二，营商环境大大改善。最近又出台实施了《企业境外投资管理办法》，取消对外承包工程资格审批和项目投议标许可，签证、外汇、进出口等手续进一步简化，人员、资金、货物跨境流动便利化程度不断提升；累计与138个国家和31个国际组织签署了203份共建"一带一路"合作文件。石油和化工行业是对外开放的重点领域，特别是"十三五"时期，全行业在项目引进、对外承包、国际并购、国外投资等领域又跨上了一个新的台阶。

一、石油和化工行业国际产能合作成果显著

随着改革开放的深入，国内市场的潜力和活力进一步增强，中国市场已成为石油化工跨国公司新一轮投资的热土。"一带一路"建设向纵深发展，中国石油化工企业也积极走出去开展国际布局，合作的深度和广度明显提升。

（一）石油化工跨国公司对中国投资掀起新热潮

一是扩建已有项目提升在中国的产能。亨斯迈完成上海聚氨酯（MDI）

工厂二期扩建，产能扩大到年产40万吨，接近其全球产能的1/2。壳牌和中国海油合作的广东惠州石化工厂二期项目投产，年产120万吨乙烯，被列入"中央企业在重大项目中引进社会资本示范项目"。英威达在上海化工区的尼龙66聚合物工厂扩增年产4万吨产能。

二是投资建设新工厂。北欧化工集团在广东惠州投资建设太阳能用封装薄膜等高品质化工产品，英威达在上海启动年产40万吨己二腈生产基地建设，BP集团与浙江石化在浙江舟山合资建设年产100万吨醋酸工厂。特别是巴斯夫和埃克森美孚分别在广东湛江和惠州建设一体化化学品生产基地，投资总额均达100亿美元，生产高技术含量、高附加值的化工产品，在国内外产生重要影响。

三是布局高端新材料和精细化学品。杜邦在江苏张家港投资建厂，生产尼龙工程塑料、乙缩醛树脂、热塑聚酯、热塑弹性体以及特种硅材料等高端工程塑料。陶氏聚氨酯张家港工厂投入运营，新建高附加值有机硅树脂项目。芬美意在张家港建设的最大食用香精厂投入运营。宣威、巴斯夫、阿克苏诺贝尔、PPG建设了生产水性、UV、粉末涂料、PVC密封胶等高端产品的工厂。日本东丽在广东佛山建设以反渗透膜（RO）为主的水处理膜生产企业。英力士在宁波投资建设国际领先水平的化工材料生产线项目。

四是设立本土化研究机构。一大批跨国公司都针对中国市场的需求，加大了研发中心建设的力度。朗盛在上海建设亚太区应用开发中心，巴斯夫在上海浦东建立亚太创新园区，将先进材料和系统的全球研发总部迁至上海，成立亚太汽车应用研发中心和工艺催化研发中心。拜耳健康消费品中国研发中心在江苏启东投入使用。空气产品公司升级了位于上海的亚洲技术研发中心，设有7个先进实验室。阿科玛位于常熟的中国研发中心二期开建，配备多间实验室、顶级大型聚合物加工设施以及用于中试实验的工艺研究和培训中心等。PPG先进涂料创新中心落户天津，是其美国以外唯一的全球级研发中心。

对石油和化工跨国企业来说，中国市场的吸引力不仅来自巨大的市场规模，也来自更加开放的政策支持、不断改善的营商环境、较低的投资和运营成本、完善的产业链、较强的创新潜力和充足的高素质研发人员等要素。几十年来，已进入中国市场的石油和化工外企已形成以油气开发、石油化工、精细化工、专用化学品、化工新材料、仓储物流、高附加值终端产品为重点的产业集群，许多新产品、新技术、新工艺填补了国内空白，也带来新的管理模式和发展理念。世界500强中的国际大型石油和化工公司都已在华投资建厂，其中许多企业把地区总部和研发中心迁到了中国。

（二）中国企业积极开展国际产能合作布局

一是海外油气勘探开发持续增长。截至2020年底，中国企业已在中东、美洲、中亚、非洲等地50多个国家形成200多个油气勘探开发项目，基本建成了中亚—俄罗斯、中东、非洲、美洲、亚太五大海外油气合作区，海外油气权益产量达到2.1亿吨油当量，较2015年提高了5000万吨，增幅超过30%。

二是炼化项目向综合一体化方向发展。中国炼化企业主要在"一带一路"沿线国家布局，中国石油收购了新加坡、日本和欧洲等地区的炼油资产，中石化则积极进入中东、俄罗斯和东南亚地区，通过独资、控股或参股方式开展炼化项目合作。恒逸文莱一期800万吨/年原油加工能力项目建成，中俄合作的阿穆尔天然气化工综合体项目积极推进，标志着中国石化企业"走出去"进入了由单一炼化向综合一体化化工转型的新阶段。

三是积极推进海外钾肥项目。中国企业在加拿大、老挝、哈萨克斯坦、刚果（布）、白俄罗斯等10多个国家勘探开发钾盐矿产，项目约30多个，规划总产能近2000万吨。其中，由四川开元集团和中农国际分别建设的钾肥项目，已形成50万吨/年和20万吨/年的产能。

四是海外橡胶工业产业链初步形成。赛轮、玲珑、中策、森麒麟等企业在泰国、越南、马来西亚、印度尼西亚等国建立轮胎生产厂家，生产半钢、全钢和工程轮胎，中化国际、永一、恒丰、赛轮、双钱等企业在东南亚国家建立橡胶种植园或标准胶加工厂，海外产业链初步形成。泰中罗永工业园是中国轮胎企业投资集中的园区，产业链上下游企业有20多家，产业集群规模效应初显，建成了相对完善的产业链条。

五是化工新材料和精细化工产能合作稳步推进。万华化学通过技术、管理、资本合作和文化融合，对并购的匈牙利宝思德化学公司加强管理和改造，近五年累计净利润超过12亿欧元，现已成为全球重要的聚氨酯及新材料基地，中匈宝思德经贸合作区被中国商务部认定为"中国国家级境外经济贸易合作区"。中国化工以430亿美元收购先正达100%股权，是中国企业最大的跨国并购案，在全球150个国家和地区拥有生产、研发基地，并建立了完善的营销网络体系。在染料、农药等行业，中国企业也积极开展投资并购业务，国际化经营能力进一步增强。

此外，中国石化工程企业承建了大批炼油、石化、化肥、甲醇、氯碱、烧碱等"一带一路"国际合作项目，比如中国石化炼化工程集团向20多个"一带一路"沿线国家提供石油工程技术服务，其中以EPCC合同模式建成的哈萨克斯坦阿特劳炼油厂项目，首次实现了中国炼化工程设计技术整体出口中亚市场，主要包括催化裂化、石脑油加氢精制、柴油加氢精制等共12套、61个单元的工艺装置及相关配套系统，积极打造炼化技术"新名片"。中国石油工程建设公司截至2020年累计承接海外项目741个，合同金额超过350亿美元，其中在"一带一路"沿线国家签订合同额约占全部合同额的70%。

（三）石化联合会积极搭建行业国际产能合作服务平台

为服务"一带一路"建设，帮助企业"走出去"，进一步加强对全行业共建"一带一路"的指导，2016年9月，在国家发改委指导下，中国石油和化学工业联合会发起成立了"中国石油和化工行业国际产能合作企业联盟"。联盟成立五年来，克服种种困难，做了大量卓有成效的工作：

一是组织成立了匈牙利、俄罗斯、伊朗、马来西亚等工作委员会，完成了中美、中俄、中阿、中伊等多国别研究报告；二是与"一带一路"沿线的11个国家签订了战略合作备忘录，促成海外专利技术引进与合作、并购、投资、工程总包等多个项目，努力推进石油化工国际合作产业集群建设和项目落地；三是组织开展"RCEP协定对石化行业的影响"的研究和

RCEP贸易培训研讨,编制了"一带一路"油气石化绿色发展指标体系,与中国东盟商务理事会、欧盟中国商会、沙特国家工业发展中心等贸促机构共同发起倡议,携手推进区域产业链、价值链的深入合作;四是成立中国石油化工国际产能合作研究院和"一带一路"国际人才培养中心,完成油气市场竞争状况分析、海外炼化项目建设布局、非洲油气国际合作情况等多项国家级课题,有效落实和进一步推动石油化工行业共建"一带一路"和国际产能合作工作。

二、新形势下石油和化工行业国际产能合作面临的机遇与挑战

当前,世界正处在百年未有之大变局,国际力量对比深刻调整,新一轮科技革命和产业变革深入发展,国际生产方式和分工格局面临重大调整,为中外企业共同参与重塑全球产业链供应链创新链提供了新的契机,也给中外企业国际产能合作带来了新的挑战。

(一)面临着难得的机遇

一是中国经济长期向好的趋势没有改变,市场潜力大、韧性足。中国有14亿人口,人均国内生产总值突破1万美元,中等收入群体超过4亿人,是全球最大和最有潜力的消费市场。"十四五"时期,中国市场的巨大潜力将进一步释放,全球吸引力将不断增强,成为加快构建国内国际双循环相互促进的新发展格局的重要支撑。

二是制度型开放深入推进。"十四五"时期,中国政府将在持续深化商品和要素流动型开放的同时,大力拓展制度型开放,构建与国际通行规则相衔接的制度体系和监管模式。制度型改革,必将进一步健全外商投资准入前国民待遇加负面清单管理制度,进一步缩减外资准入负面清单,落实准入后国民待遇,促进内外资企业公平竞争。同时,建立健全跨境服务贸易负面清单管理制度,健全技术贸易促进体系,完善入境、海关、外汇、税收等环节管理服务,营造更加便利化的国际产能合作环境。

三是RCEP的签署朝着建设中国-东盟统一的大市场迈进了重要一步。

2020年，东盟首次成为中国的最大贸易伙伴。RCEP协定覆盖的人口超过20亿，市场规模在世界区域性协议中位居前列。RCEP协定在投资、服务、货物贸易、人员流动和货物通关等方面作出了规定，投资采用负面清单管理，设定的全新机制保障了区域内投资和服务行业对外开放水平长期不倒退，能源化工产品的进口关税基准税率相对较低，同时中国、马来西亚、泰国、文莱、越南等各国都把发展石油和化工产业列为优先选项予以政策支持。中老铁路建成通车，中泰铁路、匈塞铁路、亚万高铁等取得积极进展，中欧班列逆势增长。目前，新加坡、泰国、中国、日本、柬埔寨、文莱等6国已完成RCEP协定审批程序，RCEP协定为中外企业产能合作创造了新机遇。

（二）面临着新的挑战

一是国际经济形势复杂，不稳定性不确定性明显增加。在疫情冲击下，国际贸易和投资大幅萎缩、国际交往受限、地缘政治风险上升，世界经济出现大萧条以来最严重衰退，部分国家量化宽松金融政策引发通货膨胀，对世界经济中长期发展带来的负面冲击不容低估。疫情后世界经济虽有望重回增长轨道，但由疫情导致的各类衍生风险不容忽视。

二是经济全球化遭遇逆流，共建"一带一路"面临新的挑战。一些主要经济体单边主义、保护主义和逆全球化趋势明显，内顾、自卷倾向有所加剧，逆流冲击影响稳定发展的国际经济环境，全球治理体系不适应、不对称前所未有，世界经济总体呈现竞争优势重塑、经贸规则重建、力量格局重构的叠加态势，在更大范围、更宽领域、更深层次对共建"一带一路"提出了更高要求。

三是非传统安全与传统安全因素相互交织，共建"一带一路"面临较大安全风险。部分共建"一带一路"国家地缘政治风险长期处于较高水平，全球生态环境恶化、气候变暖、重大传染性疾病等非传统安全风险持续蔓延。国际经贸摩擦和新冠肺炎疫情导致油气等重要战略资源领域竞争激烈，全球产业链供应链面临冲击。

三、石油和化工行业国际产能合作构建新格局的重点工作

《"十四五"规划纲要》指出,要"立足国内大循环,促进内需和外需、进口和出口、引进外资和对外投资协调发展"。石油和化工行业要坚持以习近平新时代中国特色社会主义思想为指导,立足新发展阶段,贯彻新发展理念,以共建"一带一路"为引领,以RCEP签署实施为契机,在更大范围、更宽领域、更深层次开展国际产能合作,构建以国内大循环为主体、国内国际双循环相互促进的新发展格局。"十四五"时期,全行业要重点做好以下工作。

(一)加快外贸发展方式转变,推动进出口协同发展

2021年1~8月,全行业进出口总额5448.2亿美元,增长33.6%。其中,出口1863.3亿美元,进口3584.9亿美元,逆差1721.6亿美元,扩大25.2%。基础化工产品出口占比大,化工新材料、精细化学品等高附加值产品出口占比相对较小,这是石化行业贸易不平衡的重要原因之一。中国企业在高端产品制造上,在新材料发展领域,整体水平不高,部分严重依赖进口。重点要在高端聚烯烃、工程塑料、高性能氟硅材料、高性能膜材料、电子化学品、生物基及可降解材料以及己二腈、高碳α-烯烃共聚单体、茂金属催化剂等关键原料领域,加强科研投入力度,实施技术攻关,提高高附加值产品供给能力,提升外贸出口占比。同时,进一步扩大石化产品进口,拓展新兴市场,特别是要加大从"一带一路"沿线国家的进口,促进进口来源多元化,提升外贸质量。

(二)坚持"引进来"和"走出去"并重,提升国际化双向投资水平

双向投资是整合利用国内国际两个市场、高效配置全球资源的重要途径。"十四五"时期,要坚持"引进来"和"走出去"并重,以高水平双向投资、高效利用全球资源要素和市场空间。更大力度吸引和利用外资,有序推进炼油、石化和化工不同领域相关业务开放。全面优化外企投资服务,发挥炼化一体化重大外资项目示范效应,支持外资加大化工新材

料、高端专用化学品、新能源、生物化工以及传统产业转型升级等领域的投资，支持外资企业设立研发中心和参与国家科技计划项目。坚持以企业为主体，创新境外投资方式，优化境外投资结构和布局，重点在油气、石化、化肥、环境保护、资源循环利用等领域，开展广泛产能合作，提升境外投资风险防范能力和收益水平。

（三）加强产业链供应链合作，提升抗风险和应对危机能力

新冠肺炎疫情全球大流行让我们更加深刻地认识到，一个安全稳定高效的全球石化产业链供应链对世界经济发展和安全的极端重要性，这就需要我们统筹发展和安全，一方面要协同做好石化供应链战略设计和精准施策，发挥中外企业各自的优势，推动全产业链优化升级，促进石化产业在国际间有序转移，建设一批优质石化项目。另一方面，要加强技术安全评估，加强国际石化产业安全合作，推动产业链供应链多元化，形成具有更强创新力、更安全可靠的石化产业链供应链。推进海外重点石化产业集聚区建设，降低海外投资风险。加强泰中罗勇工业园区、印尼青山工业园区、沙特延布工业园区和吉赞工业园区、阿曼杜库姆开发区、阿联酋中阿产业园等中国海外合作园区建设，加快当地产业发展、扩大就业机会、改善东道国的民生福祉。

（四）切实履行社会责任，引领国际产能合作在绿色低碳发展方面再上新水平

化学可以从分子水平上改变物质结构，是治理环境污染的主要手段之一。在"双碳"的国际背景下，要将绿色发展理念贯穿于国际产能合作的始终，与项目所在国加强生态环保合作，结合当地资源环境状况，因地制宜进行规划设计，将绿色发展水平和生态环境因素纳入风险评估体系。要在节能减排、低碳转型、塑料循环、环境治理四大方面深入开展合作，按照减量化、再利用、资源化原则，实施资源回收和综合利用，促进企业、园区、行业、区域间链接共生和协同利用，建立循环型产业体系；以炼油、石化、化肥、农药、染料、橡胶等行业为重点，开展清洁生产技术改

造，实施有毒有害原料替代，推广绿色生产工艺，降低污染物排放强度，从源头上消除污染；以电石、化肥、制冷剂生产等为重点，控制生产过程中的二氧化碳、氢氟碳化物、全氟化碳、六氟化硫等温室气体排放。

（五）加强政策规则标准协调，积极引导国际产能合作行稳致远

加强与国际和区域有关石油和化工发展的议程对接，落实好已签署的共建"一带一路"合作文件，特别是加快推进落实RCEP协定。加强与各国行业协会、标准化机构的对接，互学互鉴，深入开展标准、技术法规以及合格评定程序方面的信息交流与合作，增强标准的互联互通，简化市场准入，消除不必要的技术性贸易壁垒。中外石化企业都要增强合规意识，强化合规管理，遵守当地的法律法规，提早识别和防范结构布局、交易安排、产品链等风险以及劳工、环保、社会责任等问题，提升企业的风险预防能力与合规管理技能。协会、商会等行业组织要积极开展合作，加强信息平台建设，健全合规管理体系，培育合规文化，及时发布风险提示与预警，引导企业依法合规经营，促进产能合作行稳致远。

封闭造成内卷，倒退只会躺平，逆全球化没有出路。坚持开放合作、互利共赢，携手推进产能合作，高质量共建"一带一路"，是各国经济走上复苏与繁荣的金光大道。我相信，只要国际同行精诚团结、携手合作，就一定能够战胜各种风险和挑战，产能合作之路也就会越走越宽、越走越远，一定会为世界经济实现包容性、可持续增长作出积极贡献！

跨国公司要紧紧抓住中国经济未来10年发展的重大历史机遇*

一、"十三五"时期以来跨国公司在中国市场强劲发展,为中国石油和化学工业发展作出了突出贡献

"十三五"期间,随着中国经济的快速发展,以及中国更加开放的对外政策,吸引了一大批跨国公司来到中国。"十三五"时期,不仅是中国宏观经济、中国石油和化学工业高速增长的时期,也是石油和化学工业跨国公司在中国千帆竞发强劲发展的成长期。

据统计资料分析,"十三五"期间,石油和化学工业跨国公司在中国的发展呈现以下四大特点。

一是总体规模稳步扩大。2020年石油和天然气开采业的外商及港澳台商投资企业共14家,占外商投资企业的比重为3.8%;资产总计2523.3亿元,同比增长9.3%,是2015年的2.9倍,资产占比为10.1%,较2015年上升6.4个百分点;2020年,化工行业的外商及港澳台商投资企业共计2699家,占外商投资企业的比重为11.7%;资产总计1.64万亿元,同比增长3.6%,比2015年上升1.3%,占比19.4%。

二是行业影响力进一步提升。"十三五"时期末,油气开采业外商及港澳台商企业营业收入占全行业营业收入的比重达13.2%,较"十二五"时期末上升了7.0个百分点;化工行业外商及港澳台商企业营业收入占比

---

* 这是2022年3月22日于海口,在2022年石化联合会国际交流与外企委员会年会上的发言。

为22.1%，较"十二五"时期末上升1.7个百分点。特别是新材料、精细化学品、生物医药等中高端产品领域，跨国公司的产能和营业收入都在全行业处于显著的领先位置。据初步统计，2020年石油和化工行业外商及港澳台企业营业收入占全行业营业收入比例大概在20%左右，利润总额比例大概在40%左右，这是跨国公司对中国石油和化学工业的重大贡献。

三是经营业绩亮眼。2020年，油气开采业外商及港澳台商企业利润总额510.5亿元，是2015年的4.2倍，是全行业利润的1.9倍。2020年，化工行业外商及港澳台商企业利润总额1408.2亿元，较2015年上升25.3%，同比增长15.3%，增速比全行业平均水平高7.8个百分点，利润占比32.9%，较2015年提升了8.5个百分点。

"十三五"期间，在众多的跨国公司中，有一批站在中国市场发展前列的第一方阵的跨国公司，他们在中国市场的业绩十分突出，在全球市场中的比重显著提升，发展速度和发展质量十分骄人。如巴斯夫公司，经过"十三五"时期的持续发展，2020年大中华区的销售业务超过了598亿人民币，年均营业收入达509亿人民币，中国区年均营业收入占全球比重达到了11%。2020年大中华区的销售额比"十三五"初的2016年增长了44%。大中华区已成为巴斯夫仅次于德国和美国的第三大市场。阿克苏诺贝尔2020年中国区销售额为83亿人民币，"十三五"期间占全球销售额的平均比重为15%，中国早已成为超过美国的全球最大单一市场。英威达提供的数据显示，"十三五"期间中国区年均营业收入超过56亿人民币，中国区年均营业收入占全球的比重达25%。卡博特公司"十三五"期间中国区平均营业收入达41亿人民币，中国区年均营业收入占全球比重达到了22%。特别是最近刚刚公布的跨国公司2021年经营业绩，不少公司的业绩都出现了大幅耀眼的提升。

四是投资保持较快增长。2020年，在全行业投资有所下降的背景下，港澳台商企业在油气开采领域的投资增速高达61.8%，外商在油气开采领域的投资增速更是高达283.3%。"十三五"后三年，港澳台商企业在油气领域投资平均增幅逾44%；外商企业在油气领域投资平均增幅更是超过100%。特别是在我国《外商投资法》颁布后，巴斯夫广东一体化项目是该公司154年历史以来最大的投资项目,埃克森美孚广东惠州项目也是美国企业在华独资建设的首个重大石化项目。此外,壳牌化工与中国海油合作的世界级石化联合工厂——中海壳牌苯乙烯/环氧丙烷和聚醚多元醇项目成功投产,标志着二期项目的全面完成,三期战略提前启动。中海壳牌已成为目前壳牌全球业绩表现最好的化工基地,每年向市场提供600多万吨高品质、多元化的石化产品。跨国公司持续不断的项目投资,不仅反映出对中国市场前景的看好,而且也为中国石油和化学工业的持续增长添加了雄厚的后劲。

除了"十三五"期间跨国公司在中国发展的四大特点外,我们还应该看到跨国公司对中国石油和化学工业发展作出的四大贡献。

一是填补了高端产品市场空缺。高端石化产品供给不足,低端石化产能过剩,这是我国石油和化学工业产业结构的重大缺陷。在弥补高端石化产品的短板上,跨国公司作出了突出贡献。例如巴斯夫2017年在上海浦东基地建设的1.2万吨/年阳离子反相乳液产品装置正式投入生产,产品用于污水处理和造纸行业,该产品不但在中国市场处于高端产品序列,而且对下游产品的质量提升也发挥了重要作用;中海壳牌使用专有技术在二期项目建设了苯乙烯/环氧丙烷和聚醚多元醇项目,都属于高端的精细化学品;埃克森美孚惠州化工综合体项目主要生产高技术含量、高附加值的高端聚烯烃产品,预计一期项目2023年建成投产后,将会大大缓解国内聚烯烃高端产品供应结构性短缺问题;2019年英威达宣布在上海建设年产40万吨己二腈生产基地,将为国内及亚太地区生产尼龙66和其他产品提供关键的基础原料;2018年北欧化工集团宣布,计划在广东惠州建立生产基地,生产包括全球首创利用聚烯烃生产太阳能用的封装薄膜等先进产品。

二是行业技术创新的引领作用。"十三五"时期以来,领先的跨国公司在中国纷纷开设研发中心或区域创新中心。据外资委调研,巴斯夫"十三五"期间在华增设研发中心3个,赢创公司在"十三五"期间研发年平均投入超过了8000万人民币,杜邦、亨斯迈、朗盛、默克、科慕、阿科玛等跨国公司都在"十三五"期间布局了研发中心或进行了研发中心扩建。

2016年，巴斯夫投资9000万欧元进行上海浦东的亚太创新园区二期项目建设，并将先进材料和系统的全球研发总部迁至上海；2019年，第三次扩建创新园区，成立亚太汽车应用研发中心和工艺催化研发中心；杜邦中国研发中心是杜邦在美国以外最大的综合研发中心，在光伏技术、生物技术以及高性能材料领域拥有世界级科研及工程能力，服务于全球各个国家及地区市场，申请了数百项国内及国际发明专利；2021年朗盛在上海建立的亚太区应用开发中心投入使用，从朗盛在中国布局研发中心开始至今已经在5个城市布局了6个不同的研发中心；2019年拜耳健康消费品中国研发中心在江苏启东投入使用，该研发中心是拜耳健康消费品全球四大研发中心之一；2016年液化空气成立了上海创新园，是世界级的创新基地；2018年空气产品公司宣布其位于上海张江高科技园区内的亚洲技术研发中心2.0正式启用。"十三五"期间，跨国公司中国研发中心的地位日益提升，未来也将为跨国公司在华的进一步发展提供了重要支撑。

三是发展模式的领先作用。"十三五"时期以来，跨国公司在中国大规模推进绿色低碳发展模式，对中国石油和化工企业起到了积极的引领作用。许多跨国公司在"十三五"期间发布了节能减排的目标和路径，将低碳理念融入核心价值观，覆盖产品的研发生产到使用以及废弃物回收在内的全生命周期新工艺，成为绿色低碳行动的引领与推动者。巴斯夫公司的目标是每年降低1.5%的能耗，二氧化碳排放方面要在2013年的基础上减排18%，目前基本已经达到2025年的目标；沙特基础工业公司在减排方面有非常明确的目标，在降低温室气体排放、能耗、水耗、废弃物料产生方面，"十三五"末期与2010年相比，已经分别降低了15%、14%、10%和46%；诺力昂公司2025年的减排目标与2019年相比降低25%，并且应用更多的低碳能源。

此外，跨国公司在减少化石燃料的使用，并在发展可再生能源的转型方面也迈出了实质性的步伐。例如，壳牌中国在华的第一个氢能商业化项目落地张家口，为冬奥会提供了70%的绿氢，这是壳牌全球在中国的最大规模的氢能项目，同时也是目前全球已建成的第二大氢能项目。壳牌还与清华大学在研究"下一代超级充电技术"包括三大核心技术——高功率充电补能、快速充电条件下外部冷却、和低温环境下脉冲加热技术，正在取得令人满意的进展。

"十三五"期间，跨国公司在塑料污染治理、循环利用领域，在节能环保、废水废气废固治理领域都走在了行业的先列，取得一批领先技术的突破，做出了突出的贡献。

四是"责任关怀"的表率作用。早在2015年，全球就有150多家跨国公司签署了《责任关怀全球宪章》。从跨国公司进入中国市场开始，就在安全、环保、产品监管、企业声誉、公众和社区沟通等可持续发展的重点工作上走到了前列。与中国本土企业相比，跨国公司安全事故很少，甚至多年为零，主动减少对环境的影响，对化学品从研发、生产、储运、使用、废弃等产品的全生命周期进行严格管理，关注雇员的建康和安全，持续高效和开放地与利益相关方进行沟通和互动，将安全、环保工作从厂区内做到了厂区外，极大地改变了化工企业的社会形象。

2015年9月18日，中国石化、中化集团等430家中国石油化工企业的负责人在上海签署了《责任关怀全球宪章》，作出了实施"责任关怀"，推动可持续发展解决方案等承诺。在实施"责任关怀"方面，跨国公司为中国企业作出了榜样，提供了良好的示范效应。特别是巴斯夫、杜邦、赢创、科思创等公司主动为"责任关怀"在中国的推广做了大量扎实有效的具体工作，受到中国政府和方方面面的一致好评。

二、未来10年将是中国、行业和跨国公司发展的关键10年，也是我们必须要紧紧抓住，不可错失的关键10年

经过"十三五"时期的发展，从现在起到未来的10年（即到2030年），无论是对中国经济，还是对中国石油和化工行业，以及对各个跨国公司来讲，都是至关重要的关键10年。

对我们国家来讲，未来10年将是中国向第二个百年目标奋进的潮头10年。在中国共产党成立100周年时，我们宣告中华民族实现了全面建成小康社会的第一个百年目标。正在向着全面建成社会主义现代化强国第二个百年奋斗目标迈进。第二个百年目标，这是一个更加宏伟、更加艰巨、更

加伟大的奋斗目标，2022年中国共产党将召开党的二十大，一幅更加波澜壮阔的发展蓝图将会描绘出来，追求美好生活目标的中国人民将会满怀信心地开始第二个百年奋斗目标的新进程。十九届五中全会提出"到2035年我国人均国内生产总值达到中等发达国家水平"。2019年我国人均GDP达到了1万美元，我国的水平相当于美国的15.6%左右。到2035年我国人口为14亿左右，美国人口3.6亿，我国人口是美国的4.1倍，届时，如果我国人均GDP达到美国的25%，则我国人均GDP的总量将和美国相当，如果我国人均GDP达到美国的30%，我国就进入了发达经济体行列，这是一个激励中国人民奔往圆梦的目标。第二个百年目标的第一个10年，将会是一个百年洪流的潮头，风起云涌、大潮澎湃的势头将会发出轰鸣的巨响，重大项目的建设、技术创新的突破、产业结构的调整、民生工程的兴起、文化教育事业的升级，都将开创一个令世界瞩目的新开端。

对我们行业来讲，未来10年将是中国石油和化学工业向强国跨越的登顶10年。在行业"十三五"规划编制时，我们同几个跨国公司CEO座谈，他们听到中国石油和化学工业要迈出由大国向强国跨越的步伐时，他们给我提出了三个问题：一是你们心目中的石油和化工强国是什么标准？二是中国由石油和化工大国迈向强国大约需要多长时间？三是未来哪些公司可以代表中国？对这几个问题，我同他们进行了开诚布公的交流。我认为，中国要成为石油和化学工业强国至少要有四个标准：一是要有一批具有自主知识产权，并占据行业技术制高点的核心技术；二是要有一批具有国际一流竞争力的大型企业和企业集团；三是具有世界一流水平的行业经营效率和经营效益；四是具有世界一流的技术管理人才和具有一流影响力的产品品牌。关于由大国向强国跨越大约需要多长时间？我的回答是：至少需要15年的时间，需要三个五年规划的时间。从2015年开始到2020年，5年的时间已经过去。所以，未来的10年，对我们行业来讲，将是由大国向强国跨越登顶的重要10年，任务艰巨，责任重大。

对跨国公司来讲，未来10年将是各个跨国公司在中国市场赢得更大优势地位的机会10年。中国是一个巨大的市场，目前中国化学工业的销售额约占全球化工市场份额的40%。巴斯夫预测，到2030年，中国化工市场的份额将会占到全球化工市场份额的50%。在这样的一个巨大的市场面前，在这样一个难得的发展机遇面前，各大跨国公司的作为，各大跨国公司业绩的成长，将会成为各跨国公司抢抓机遇能力的一个检验。我们非常希望各大跨国公司在中国扎根多年的基础上，未来10年能够长出叶茂根深的新枝、结出硕大红艳的新果。

所以，我们讲未来10年将是对我们中国、我们行业，以及对跨国公司来讲，都是必须要紧紧抓住，并且要大有作为的10年。在这十分重要、关键的10年里，希望跨国公司要紧紧抓住中国发展的四大战略机遇。

一是要紧紧抓住中国第二个百年奋斗目标新战略的重大机遇。中国第二个百年目标提出了一系列新的重大战略，要求"立足新发展阶段，贯彻新发展理念，构建新发展格局"。目前已经出台的"乡村振兴战略""城市群、都市圈战略"，特别是区域性国家重大战略（京津冀协同发展，粤港澳大湾区发展，长江三角洲区域一体化发展，海南自由贸易港等），还有"一带一路"倡议，RCEP协定实施等等，这些都是石化产业进一步发展的重要战略机遇和宏大的市场发展空间。

二是要紧紧抓住中国市场消费需求升级的重大机遇。随着改革开放40多年的高速发展，中国老百姓的消费习惯正在转型，消费升级的大潮正在奔腾而来，现有的石油和化工产品已不能满足人民消费升级的需要。石油和化工产品供给的升级已经时不我待。中国是全球最大的消费市场，2021年，最终消费支出对经济增长的贡献率为65.4%，拉动GDP增长5.3个百分点。石化产品是与电子、纺织、轻工、农业、装备、建材、生命健康、生活消费直接配套的原材料和终端产品，消费升级不仅为中国石油和化工带来新一轮发展机遇，而且更为跨国公司带来新的发展潜力。中国市场非常看好跨国公司高质量、大品牌的优质高端产品，特别是在新能源汽车领域、5G通信领域、医疗保障领域、安全环保领域、老年服务领域等，跨国公司在市场终端产品上有着巨大的技术优势和产品、服务的发展空间。

三是要紧紧抓住中国经济绿色低碳转型的重大机遇。中国政府提出"2030""2060"目标，充分体现了一个负责任大国的使命担当和主动作为。2021年10月，中国发布了《关于完整准确全面贯彻新发展理念做好碳达峰碳中和工作的意见》,明确提出了2025年、2030年、2060年三大阶段性目标,中国作为发展中国家已承诺到2030年单位GDP的二氧化碳排放量要比2025年下降65%以上,非化石能源消费比重达25%左右。中国石油和化学工业"双碳"工作的方向路径已确定在四个方面:一是节能减排;二是能源结构调整;三是绿色低碳工艺创新;四是二氧化碳捕集和资源化利用。我们已经深刻认识到,"双碳"目标既对我们行业发展提出了挑战,也给我们行业发展提供了机遇。"双碳"目标的实现,最终必须依靠技术创新。这是一个潜力巨大的新的经济增长点。对于绿色低碳转型的机遇,跨国公司必须要紧紧抓住,并且可以大有作为,因为这是跨国公司的优势之一。

四是要紧紧抓住中国改革开放新高地的重大机遇。 党的十九届五中全会指出,"十四五"期间,中国将坚持实施更大范围、更宽领域、更深层次的对外开放,依托我国大市场优势,促进国际合作,实现互利共赢。要建设更高水平开放型经济新体制,全面提高对外开放水平,推动贸易和投资自由化便利化,推进贸易创新发展,推进共建"一带一路"高质量发展,积极参与全球经济治理体系政策。李克强总理在今年的政府工作报告中也指出,深入实施外资准入负面清单,落实好外资企业国民待遇。扩大鼓励外商投资范围,支持外资加大中高端制造、研发、现代服务等领域和中西部、东北地区投资。优化外资促进服务,推动重大项目加快落地。扎实推进自贸区试验区、海南自由贸易港建设,推动开发区改革创新,提高综合保税区发展水平,增设服务业扩大开放综合试点。从中国政府的这些措施中,我们可以更加清楚地看到:更加开放的中国大市场,必将为各国跨国公司在中国的发展提供更多的机遇、更好的服务。这种机遇、这种服务,跨国公司必须紧紧抓住。

三、对跨国公司未来10年抢抓中国重大发展机遇的几点建议

2022年的开局,确实充满了变数,充满了挑战。当前整个经济形势有一种"山雨欲来"的压力。从现实分析,今年的石油和化工行业面临着四

大挑战。

一是新冠肺炎疫情无情反复的挑战。目前全球每天新增确诊数量还在增加，不少国家又出现了新的流行高峰。中国国内疫情也出现了多点散发的复杂态势。至少上半年全球仍将处于同新冠病毒的搏斗抗争之中，新冠肺炎疫情对全球经济的影响还远未结束，对全球经济带来的负面作用也不容低估。

二是全球化学工业增速将显著放缓。由于受疫情和通胀压力的影响，全球经济复苏的步伐将显著放缓。据英国权威机构埃信华迈预测，2022年全球GDP将增长4.3%，虽高于历史平均水平，但落后于2021年的5.6%。该机构预测，2021年中国GDP增长8.1%，2022年将增长5.5%；2021年中国工业产值增长8.5%，2022年将增长5.6%。在全球经济增长放缓的影响下，化学工业的增速也会受到直接的拖累。美国化学理事会预测，2022年全球化工行业总体将增长3.8%，2023年将放缓至3.2%。2021年全球化工行业增长5.8%。预测还分析认为，2022年全球化工行业所有子行业增速都将低于2021年。其中，农用化学品将从3.4%放缓至3%，基础化学品将从6.1%放缓至4%，无机化学品将从6.6%放缓至3.9%。大宗石化产品和有机化学品将从5.8%放缓至3.8%，塑料树脂将从6%放缓至4.3%，合成橡胶将从7.6%放缓至6.3%，特种化学品将从5.2%放缓至4%。欧洲化学工业委员会和德国化学工业协会也都预测，2022年欧盟和德国化学工业增速将低于2021年。2022年全球化学工业将面临着严峻的下行压力。

三是能源和化学品价格的剧烈波动。当前在地缘政治的激烈博弈下，特别是乌克兰局势的剧烈变动形势下，全球原油和天然气价格的波动将会是不可避免的。2021年元月布伦特原油价格为50.23美元/桶，一直走高到11月份的83.71美元/桶，2021年布伦特原油均价为70.72美元/桶，全年均价同比增幅69.4%。今年2月16日，布伦特原油现货价格又冲高到100.8美元/桶，为2014年以来首次破百。目前看来，石油和天然气价格高位，将会是一个中长期的趋势。在原油、天然气价格的剧烈波动下，化学品价格也必将会大幅波动。今年全行业"保供稳价"的任务将会异常艰巨。

四是创新能力的提升和行业发展模式的转型面临着重大的挑战。我国供给侧结构性改革和转型升级仍处于爬坡阶段,部分企业的新旧动能转换尚未完成,缺乏创新技术驱动是个持续存在的问题,正处在"老路走不通、新路不好走"的艰难时刻。这种形势之下,"双碳"目标和环保要求进一步加码,这对行业转型升级加快结构调整又提出了新的要求。

尽管面临诸多挑战,但对未来的中国经济我们仍然充满了信心。"发展"仍然是摆在中国一切工作的首位硬任务。2022年仍然是一个充满机遇,充满期待的转折之年。因为中国经济发展的基本面没有改变。对于今年以及未来的发展,我想给跨国公司提出以下几点建议。

一是充分发挥跨国公司创新能力的巨大优势。中国市场已成为跨国公司业绩增长的重要来源,中国市场的重要性日益提升。"十三五"期间,越来越多的跨国公司已经将重要的基础研发和产品创新工作放在中国,并注入全球创新资源予以支持。据外资委调研,"十三五"期间仅赢创公司就在华增设研发中心数量超过5个,巴斯夫超过3个,多个跨国公司在5年中增设了2个研发中心。除建设研发中心外,包括BP、科莱恩等众多跨国公司已经将开放式创新平台或网络引入了中国,并在中国招聘专门从事开放式创新的专业人才,以拓宽创新资源。

除企业之外,长期以来各国都在组建行业的创新联盟或创新平台,我国石油化工行业有70多个国家级、行业级的联合创新平台,有些创新平台已经吸纳了一些跨国公司参加。未来我国要和跨国公司一起通过创新平台建设等工作,提升企业技术创新的能力和水平,推动中外开放式创新合作,把创新在构建新发展格局中的关键作用和潜力发挥出来。

二是努力扩大跨国公司在全球产业链供应链中的优势。全球配置资源的能力仍然是未来竞争必不可少的条件。如今,中国市场和中国企业在全球产业链、供应链、价值链中发挥了重要作用,正惠及整个世界石油化学工业。

目前我国从石油天然气勘探开采、炼油、基础化学品、合成材料到精细化学品,已形成完整的、全产业链的石化产业体系,仅原油天然气和部分化工新材料和高端专用化学品的对外依存度高。从经济支撑和保障能力来看,无论是为保障农业丰产丰收的化肥、农药,还是为人们生活添彩的染料、涂料，以及支撑汽车、新能源、电子信息、航空航天等的重要新材料和功能材料，都有着很强的供应和配套能力。尤其是2020年新冠肺炎疫情突发，化工新材料和化学品为防疫抗疫、杀菌消毒、疫苗研发都作出了极其重要的贡献。这样的工业体系和产业链、供应链为构建"以国内大循环为主体、内外双循环相互促进"的新发展格局奠定了坚实的基础、创造了良好的条件。跨国公司同样是我国石化产业稳定、完善供应链的构建者和受益者，我们看到近年来领先的跨国公司都在中国投资布局，案例很多。

当前我国已进入新发展阶段，中国将实施更大范围、更宽领域、更深层次对外开放，充分发挥外资在构建新发展格局中的积极作用，进一步放宽市场准入，加快打造高水平开放平台。在当前和未来10年中，中国企业和跨国公司携手共建全球更加高效、更加经济、更加紧密的产业链，供应的条件更好，需求更迫切。要通过利用外资积极参与全球产业链重塑，支持外资企业在国内更好发展，具有更特殊的意义，在2021年9月9日的外资工作座谈会上，国务院副总理胡春华特别强调，中国将坚定实施对外开放基本国策，实行高水平对外开放，在新发展格局下，中国开放的大门将越开越大，欢迎各跨国公司抓住有利时机，在中国进行长远布局，不断在产业链价值链上拓展合作的广度和深度。

三是不断深耕同中国本土企业合作深度和广度的优势。跨国公司在中国的发展集中体现在与中国本地领先企业合作的态势上。虽然合资合作是传统的合作模式，但是跨国公司在中国石油化工行业的合作更多地体现在领先企业与领军企业的合作上，越来越多地与上下游产业链上企业的开放合作，在研发创新上与利益相关方展开合作等方面。例如，巴斯夫与农化"领头羊"金正大达成合作，双方共同采用巴斯夫创新技术，推出面向中国农户的新型化肥；陶氏化学与江西省建材集团签署合作协议，江西省建材集团将利用陶氏水性环保产品和技术，结合自身在水泥、混凝土方面的技术专长，开发和生产更安全和更具可持续性的绿色建材产品，更好地服务于校园跑道、运动和休闲步道、建筑屋面等领域；霍尼韦尔甚至与中国危险化学品应急救援惠州基地签署了战略合作协议，为该基地提供坠落防护解决方案和培训。

目前，中国经济进入了高质量发展的新阶段，中国企业正在按照新发展理念，加快构建国内经济大循环为基础，国内国际双循环相联通的新发展格局。这一发展形势的新变化为跨国公司带来了新发展机遇。展望未来，衷心希望跨国公司抓住新的历史机遇，与更多的中国企业进一步开展更加深入、更高层次的战略合作，为促进中国乃至全球化学工业持续健康发展做出新的更大的贡献。

四是继续扩大"责任关怀"在中国影响的优势。"十三五"期间，跨国公司以其数年来实施"责任关怀"的经验和案例，与中国的利益相关方密切合作，通过组织全行业的"责任关怀大会"和一系列的"责任关怀"培训，编制"责任关怀手册"，以及举行中国企业与跨国公司的CEO高层对话等多种形式，来分享经验，并与中国的领先企业共同讨论下一步的工作计划。期望跨国公司继续发挥"责任关怀"上的领先优势，带动更多的中国企业认识"责任关怀"，践行"责任关怀"，并受益于"责任关怀"，预计到2030年，一大批受益于"责任关怀"的中国企业成长起来之后，化学工业的作用、影响和形象将会从根本上得到重塑。

用创新开创中国炼化行业可持续发展的新未来[*]

当前我国炼化行业正在迈向高质量发展的新阶段，国际、国内宏观形势呈现出了一系列新的变化和特点。百年变局交织世纪疫情，经济全球化遭遇逆流，产业链、供应链、价值链加速重构，油气等基础原材料市场波动加剧，对全球石化产业发展产生重大而深远影响。下面，我就当前我国炼化行业发展面临的新挑战、新机遇和新未来谈几点意见。

一、我国炼化行业正面临着前所未有的三大挑战

"十四五"时期是我国炼化行业全面进入了由大到强发展的全新阶段。2021年，全行业实现了"十四五"步展的良好开局。

一是行业生产经营水平站上新起点。 2021年全年石油和化工行业规模以上企业工业增加值同比增长5.3%，增速较2020年增加3.1个百分点，其中炼油业增加值同比增长2%，主营业务收入4.4万亿元，实现利润1874亿元，呈现平稳增长态势。

二是在全球产业链地位有新提升。 截止到2021年底，我国已建成投产的炼化企业226家，原油一次加工能力8.9亿吨，原油加工量7.04亿吨。成品油（汽油、煤油、柴油合计）产量达到3.57亿吨，产量仅次于美国。我国乙烯、丙烯产能分别达到4520万吨/年和5094万吨/年，是世界第二大

---

[*] 这是2022年9月1日，在2022亚洲炼油和石化科技大会上的主旨发言。

乙烯生产国和最大消费国，是世界第一大丙烯生产国和消费国。

三是产业结构调整有新进展。落后产能淘汰效果显著，"十三五"期间累计淘汰落后原油一次加工产能约1.6亿吨，炼油装置开工率从2015年的64%提高到2021年的78.8%。产业集中度进一步提高，区域布局得到明显优化，已经建成了34个千万吨级炼油项目、18个百万吨级乙烯基地，长江三角洲、珠江三角洲、环渤海地区三大石化产业集聚区基本形成。成品油质量加速升级，全面完成了从国四到国六的升级，低硫船运燃料全面布局，成品油质量达到美国、欧盟同等先进水平。石化、化工产品结构调整持续深化，在控制新增炼油能力的同时，深加工、高端化工装置加速配套，加工深度和产业链延伸度进一步提高，以恒力石化、浙江石化、盛虹炼化等为代表的"化工为主、炼油为辅"先进炼化一体化炼厂加速崛起，其中2021年浙江石化二期全面投产后，原油一次加工能力达到4000万吨/年，成为中国第一大、全球第五大炼厂。非石油基烯烃产能和产量占比进一步提高，"油增化、油转化、油转特"成效显著，成品油（汽油、煤油、柴油）产量在炼化产品中的占比从2015年的65%下降到2021年的约49%。

四是绿色发展水平取得新成绩。近年来，我国炼化行业重点耗能产品单位能耗持续下降，与2015年相比，单位炼油能耗下降0.4%，乙烯能耗下降0.9%。国内多家炼油、乙烯先进节水企业获得工信部、水利部颁发的水效"领跑者"企业称号。多年来，炼化企业十分注重提升环境保护和绿色发展水平，正将企业打造为"花园式"工厂。2022年年初，工业和信息化部发布2021年度绿色制造企业名单，其中中国石化广州石化等一批炼化企业被认定为国家级绿色工厂。

总体上看，"十三五"以来我国炼化行业取得了明显的成绩和进步，为"十四五"持续推进炼化行业高质量发展打下了坚实基础。与此同时，我们也清醒地认识到，进入"十四五"以来，炼化行业面临着一系列前所未有的重大挑战。重大挑战主要来自三个方面：

第一，是新能源技术快速发展的重大挑战。如今，我们正处在新一轮科技革命和产业变革的浪潮之中，生产、生活方式正在向低碳化、高端化、智能化加快转变，能源体系和发展模式正处在由传统化石能源主导向非化石能源主导转型的进程中，全球能源变革和工业体系正在加速重构。炼化行业是将石油资源转变为能源产品和化工产品产业链上的重要一环，面临着新能源技术发展的重大挑战。原油直接制化学品技术、煤炭直接制化学品技术、天然气直接制乙烯丙烯技术等一大批能源新技术正在快速发展迭代，氢能、核能、光伏、风能、地热、海洋能等一大批新能源技术日新月异，页岩气、可燃冰、煤层气、生物质能源等新能源技术和非常规能源技术也预示着未来在能源加工领域将会有更多的选择，世界能源的结构正在发生着重大的变化和重构。

第二，是绿色低碳转型发展的重大挑战。炼化行业既是能源生产行业，也是产生大量能源消耗和碳排放的行业，在"双碳"目标的总体要求下，面临着更大的约束挑战。2020年我国石化和化工行业能源消费总量约6.9亿吨标煤，碳排放总量约13.84亿二氧化碳当量吨，占比超过我国总碳排放量的10%。现阶段，在国内大宗石化产品仍不能满足经济社会需求、石化行业仍需进一步发展、碳排放还会进一步增长的情况下，预计到"十五五"后期有望达到约18亿吨的峰值水平，如何将实现"双碳"目标和炼化行业可持续发展相统一，是对炼化的另一个巨大挑战。

第三，是能源安全和结构优化的重大挑战。当前，化石能源仍然是我国能源消费结构的主要组成部分，2020年，石油消费占我国能源消费比重的18.9%，较2015年提高了0.6个百分点。尤其是在当前大国博弈加剧、全球经济下滑严重的大趋势下，能源安全的重要性更加凸显，保障能源安全稳定供应仍然是我国炼化行业的重要使命。同时，提供化工原料和产品，尤其是高端产品供应，也是未来炼化行业的主要发展趋势。2021年，我国乙烯产量3655万吨，当量需求量接近5900万吨，仍有2000多万吨的供给当量缺口。尽管"十四五"期间我国有超过2000万吨的乙烯产能集中释放，但预计到2025年仍有约1700万吨供给当量缺口。国内工程塑料、特种橡胶及弹性体、特种高性能纤维、可降解材料、功能膜材料等石化新材料产量约1700万吨，但消费量2800万吨，自给率约为60%。面对新形势，我国炼化行业需要应对能源安全和化工产品国内保供以及自身产业结构持续优化的双重挑战。

总之，这三大挑战，形势尖锐而复杂，任务繁重而艰巨。新能源技术的快速突破，严格紧迫的"双碳"倒逼，振兴发展的强劲需求，使我国炼化行业处在能源变革和转型升级的风口浪尖之上。

二、中国炼油行业正在用创新开创充满活力的新未来

面对世界能源变革的新形势，面对我国"碳达峰、碳中和"的目标任务，我国炼油行业正在以"传统能源保供者"和"未来能源开拓者"的双重身份，以饱满的创新激情，全力开创安全保供和可持续发展的新未来。

第一、用新能源技术开发抢占未来新能源发展的新优势。

我们深刻认识到，能源转型是一项极其艰巨、极其复杂的历史进程。从人类能源进化史中，我们可以清楚地看到，煤炭取代柴薪用了300年的时间（十六世纪中叶至十九世纪中叶），石油从工业化到占据主导地位用了100年的时间（十九世纪中叶至二十世纪中叶）。所以，非化石能源大比例替代煤炭、石油、天然气等化石能源绝不可能在一朝一夕完成。在这个历史的重大转折时期，中国的炼油行业并没有消极地等待，而是积极参与、主动推动这一历史进程。历史告诉我们，石器时代的结束，不是因为没有石头，而是出现了冶炼技术，化石能源时代的更替，也绝不是因为没有化石能源，而是出现了未来新能源的替代技术。在新能源已现端倪的时刻，中国炼油行业主动用创新决战新能源，用创新开辟可持续发展的新未来。

中国石化在"双碳"目标提出后不久，就率先制定了一个从制氢、储氢、到加氢的全产业链研发计划，提出了"八大行动"和33条具体措施，决心要成为中国最大的氢能生产企业。目前，中国石化正在依托炼化基地大力开展集中式风电、光伏开发，布局大型可再生能源发电-储能-绿电制氢项目，推进"源网荷储氢"一体化建设项目，逐步实现绿电替代、绿氢炼化。由中国石化投资近30亿元在新疆库车建设的2万吨/年采用光伏和风电等可再生能源发电制绿氢项目年底即可建成，这是全球最大的绿氢项目，也是国内首次规模化利用光伏发电直接制氢的项目，建有装机容量

300兆瓦、年均发电量6.18亿千瓦时的光伏电站。生产的绿氢将供应中国石化塔河炼化公司用于炼油装置，替代原有的天然气制备的氢气。预计每年仅二氧化碳减排量就能达到约50万吨。

在海上风电发展领域，中国海油正在全力推动深远海浮式风电技术的研究与示范，全面加速新能源业务的发展。8月5日，由中国海油承建的国内全容量最大的海上风电升压站项目在青岛场地开工建造。这也是继5月份我国首个深远海浮式风电国产化研制及示范项目开工建造后，中国海油承接的又一个海上风电建造项目。"十四五"期间，中国海油预计将获取海上风电资源5～10吉瓦，装机150万千瓦。

水面光伏示范项目近期由中国石油大庆油田进行了自主设计建设的成功探索，利用两个水面，装机规模达18.73兆瓦，年均发电2750万千瓦时、减排二氧化碳2.2万吨。"十四五"期间，大庆油田预计新能源装机规模将达到200万千瓦以上，清洁能源替代率将达到20%以上。

电池储能技术是新能源发展的另一个关键领域，目前高比能量正负极材料、高性能膈膜、包装材料、解液及助剂的开发与匹配等动力电池材料技术正在进行科技攻关。我国炼化企业在正极材料、电池膈膜、吨级硅碳负极原粉材料，以及电解液溶剂的中试以及工业应用推广上提前布局，加大投入，抓紧突破。

第二、用炼化一体化新工艺适应市场需求的新变化。

我国炼油和石化行业在节能减碳的征程上不断创新，开发出了一系列炼化一体化的新工艺。这种新工艺是将原油加工和利用的精细程度不断提升，以分子炼油为目标，从馏分炼油向组分炼油转变；在重油加工领域，逐渐采用更清洁、附加值更高的沸腾床和浆态床渣油加工技术，同时国产化的沸腾床加氢和浆态床加氢工业化示范项目也在加快推进；在原油直接向化学品转变的领域，集中开发了原油直接裂解制烯烃技术，在显著降低综合能耗和碳排放的同时增产高价值的化学品。

2021年4月，中国石化石科院开发的原油直接裂解制烯烃技术在扬州石化进行了工业化试验，实现了国内首次工业化应用，低碳烯烃和芳烃总产率较传统流程提高2倍，每加工1吨原油可生产0.5吨化学品，如果辅以中间产物转化计算，化学品收率可以提高到70%。2021年11月，北京化工研究院、中国石化工程建设公司和南京天华化学工程联合开发的轻质原油蒸汽裂解制乙烯技术在天津石化工业试验成功，收率接近50%；中国石油石化院也开发了国内自产原油的直接催化裂解多产化学品CTP工艺技术，双烯收率达到40%，三烯收率高于53%；山东东明联合中国石油大学开发的原油催化裂解制烯烃成套技术，双烯收率达50%以上。

第三、用绿色低碳技术工艺创新闯出一条低碳排放的新路子。

虽然炼油行业是高碳原料，但我国炼油行业直面挑战，依靠技术工艺创新，千方百计走出一条低碳排放的新路子。首先，是推进原料的低碳化和绿色化技术工艺，例如发展生物基化学品合成生物原料，重点发展戊二胺、呋喃二甲酸等大宗工业化学品和生物基聚碳酸酯等绿色新材料，发展生物聚酯成套技术工业化应用。着眼于未来清洁能源的可持续供应，布局植物油或地沟油生产生物航煤。此外积极研发碳一化工，以及废弃化学品的循环利用，以多路径推动原料的低碳化。

其次，推进二氧化碳的捕集、封存和利用技术工艺。聚焦CCUS技术的全生命周期能效提升和成本降低，以煤化工脱碳工序、天然气净化、酸性气体脱除等排放的高浓度二氧化碳为重点对象，开展CCUS与工业过程的全流程深度耦合和低成本技术研发及示范。着眼未来，加大CCUS与清洁能源融合的工程技术研发，开展矿化封存、陆上和海洋地质封存等技术研究。力争到2025年实现单位二氧化碳捕集能耗比2020年下降20%，到2030年下降30%，实现捕集成本大幅下降。目前我国首个百万吨级CCUS项目——齐鲁石化-胜利油田CCUS项目已正式开工建设。

此外，炼油行业还重点围绕炼化过程中的高排放和高能耗装置进行绿色电气化改造，优化热电系统，发展电力替代蒸汽伴热、蒸汽加热和燃料加热，开发高温加热炉、锅炉电气化技术，加大绿电使用量。探索电驱压缩机组和电驱大型机泵技术，逐步实现乙烯裂解压缩机、丙烯压缩机等设备的电气化。

总之，我国炼油化工行业通过持续创新、高端创新，正在构建绿色能源体系，创新和采用节能低碳生产工艺，加强尾气中二氧化碳捕集和资源化利用，发展清洁高效可循环生产工艺，优化炼化发展技术和布局，发展区域碳循环经济战略基地等多种路径，全力探索和大胆实践，努力闯出我国炼油行业低碳绿色发展的新天地。

第四、用智能技术全面提升传统能源发展的新境界。

在智能化、双碳战略的新时代背景下，数字化转型、智能化发展是我国能源行业重要的战略目标。"十三五"以来，我国炼油行业围绕"生产优化、智能运营、能源管控"等关键环节，加快实现数字化、智能化转型。目前已有超过90%的规模以上生产企业应用了过程控制系统（PCS），生产优化系统（APC）、生产制造执行（MES）等也已在行业企业中大范围应用，一批企业率先开展了"智能工厂"和"智慧制造"试点示范，并在实践中取得了一批成功的经验，数字化、智能化已经成为石化行业高质量发展的重要引擎。

三、中国炼油行业将会用"先立后破"的原则迎来"多元发展"的新时代

在"双碳"目标的驱使下，我国炼化行业正在以提高全行业核心竞争力为目标，以高质量发展为主线，以科技创新绿色转型为重点，迎来能源产业"多元发展"的新时代。

一是要充分认识能源转型的长期性、曲折性和复杂性。能源转型比人们想象的更为复杂、更具挑战性。根据BP世界能源展望统计，2021年世界一次能源消费达到180.3亿吨标煤，在一次能源消费结构中，石油的比重超过34%，煤炭的比重为30%，天然气的比重为24%，据BP预测，随着《巴黎协定》的实施，到2035年，石油、煤炭在一次能源消费中的占比分别成为28%、24%，与2015年相比，虽然下降了近5个百分点，但天然气的比重则上升了1个百分点，达到25%。我们可以清醒地看到，当前石油和天然气是绝对意义上的主导能源。而且从剩余探明储量来看，它们仍将在未来世界能源消费中发挥重要的作用。在国家能源规划中，到2060年包括石油天然气在内的化石能源消费仍将保持20%的比例。我们可以预计到2060年前，化石能源仍然会在我国未来能源消费中保持和发挥着保证能源

安全的"兜底"作用。能源多元化的状况将会持续相当长的时间，传统能源和新能源将会进入一个"多元发展"的新时代。

二是要把能源安全摆在能源转型变革的首要位置。石油、天然气在经济、社会发展中的地位和作用，是其他行业无法比拟的。历史的经验已经反复告诉我们，能源供应的可靠性和安全性是关乎国家兴衰和社会稳定的重要基础，如果没有能源安全，能源转型变革就无从谈起。我国是一个14亿人口的大国，经济社会发展仍处于社会主义初级阶段，"发展是硬道理"的任务依然十分艰巨。我国炼油行业既要充分看到"双碳"目标的压力，看到新能源转型变革的前景，更要充分看到保证能源安全的重大责任。一定要把能源安全和能源饭碗牢牢端在我们自己的手里。

三是要在能源转型中坚定不移地贯彻"先立后破"的原则。"先立后破"的原则，是我国能源转型中最科学、最安全、最稳妥的战略原则。"先立后破"，就是先把吃饭的新饭碗拿到手里，然后再丢掉现在吃饭的饭碗，绝对不能还未拿到新饭碗就把手中的旧饭碗丢掉。中国的能源转型，一定要"立"的稳妥，"破"的有序，一破一立，一先一后，都在能源安全的掌控之中。"先立后破"是处理传统能源和未来能源、处理存量和增量、处理发展和减碳关系中最科学、最安全、最稳妥的原则，也是我们在能源转型变革实践中必须要坚定不移、牢牢把握的基本原则。

能源转型将是一场重塑世界的重大变革，在这场重大变革中，石油炼化企业承担着重要的角色。中国石油炼化行业一定要在认清世界百年未有之大变局的新形势下，牢牢把握世界能源转型的大趋势，勇立潮头，主动作为，为我国能源安全和能源转型做出我们全行业的独特贡献！今天，中国的炼油行业正在以昂扬的姿态，用不断创新开创自己可持续发展的新未来！

改革发展篇

中国石油和化学工业百年发展历程坎坷而伟大,曲折而辉煌,从最初的一穷二白发展到石油和化学工业大国,到"十三五"规划提出由石油和化学工业大国向强国跨越的目标,目前中国石油和化学工业在"具有一批自主知识产权并占据行业技术制高点的核心技术""具有一批具有国际竞争优势的大型企业和企业集团""具有世界一流水平的行业经营效率和经营效益""拥有世界一流的技术管理人才和具有一流影响力的产品品牌"这四个方面不断突破,以春笋破土般的速度,迈出了向石油和化学工业强国节节高升的跨越步伐。在广大企业的共同努力下,行业认真贯彻落实"创新、协调、绿色、改革、共享"五大发展理念,积极实施创新驱动发展战略和绿色可持续发展战略,大力推动传统产业改造升级,着力发展战略性新兴产业,供给侧结构性改革加快推进,产品和服务供给的高端化、差异化、绿色化趋势明显,行业发展的质量正在发生深刻而积极的变化。

我们坚信,在今后10年或者更长的时间内,一个领先于世界的石油和化学工业强国,一个闪烁着几代石油化工人孜孜追求的梦想,一定会在我们这一代人的奋斗中实现!

我们是怎样认识和推进行业协会改革的*

党的十八届三中全会在《关于全面深化改革若干重大问题的决定》中明确指出，要创新社会治理体制，激发社会组织活力。但凡"适合由社会组织提供的公共服务和解决事项，交由社会组织承担"，"限期实现行业协会商会与行政机关真正脱钩，重点培育和优先发展行业协会商会类、科技类、公益慈善类、城乡服务类社会组织。"这是当前指导我们行业协会改革最具权威性的理论指导，也是我们行业协会推进自身改革应当严格遵循的大方向。

一、行业协会改革的前提是明确行业协会的职能定位

党的十八届三中全会要求，要全面深化经济体制改革，加快完善社会主义市场经济体制。"使市场在资源配置中起决定性作用"，这是十八届三中全会的一个重大理论突破。决定强调指出："市场决定资源配置是市场经济的一般规律，健全社会主义市场经济体制必须遵循这条规律，着力解决市场体系不完善，政府干预过多和监管不到位问题。"

全面深化经济体制改革，健全社会主义市场经济体制，对整个宏观经济管理来讲，必须建立起健全、高效、灵敏的宏观、微观和中观三个层次的管理调控体系。这三个层次的管理调控体系首先应该是宏观经济的管理调控体系，这个管理调控体系的主要任务是通过财政政策、货币政策和产

---

* 这是2015年，在国资委行业协会秘书长培训班上的发言。

业政策，调控总供给和总需求的平衡，这是政府的经济管理职能，也是行业发展必须遵循的经济大背景；其次是微观经济的管理调控体系，这个管理调控体系的主体是企业。随着经济体制改革的不断深入和社会主义市场经济体制的不断完善，企业产权关系也越来越清晰，经营自主权也越来越落实，自主决策、自主经营、自负盈亏正在加快企业在市场竞争中快速成长；第三是中观经济的管理调控体系，也就是行业发展的经济管理调控体系，这个层次是宏观经济和微观经济管理体系的纽带和桥梁，是整个宏观经济调控体系中不可缺失的一个层次和环节。在国家工业管理部门都撤销的大背景下，在加快政社分开的改革形势下，行业管理调控的职责就必然的落在了行业协会的头上。行业管理调控需要对行业有深刻的了解、有完整的行业统计数据、有系统的行业专业知识，有丰富的行业管理经验，这些都是宏观经济管理部门和微观企业无法完成和替代的。在今天中央强化社会组织改革、增强社会组织活力的新形势下，还权于社会、激发社会活力也应该是和"新常态"联系在一起的重大改革内容。

我们在实践中，把行业管理的职能细分为七大基本职能：

一是行业经济运行监控、预警和预测的职能；

二是行业发展规划研究和产业政策建议的职能；

三是行业重大科技研发组织协调的职能；

四是行业技术质量、能源消耗、环保排放和安全规范等技术标准研究、制定的职能；

五是会员组织管理和专业技术教育培训的职能；

六是行业企业行为自律和约束的职能；

七是行业国际交流与合作组织协调的职能。

我们仔细研究一下这七大基本职能，就可以发现它既不和宏观经济管理职能冲突，也不同企业微观管理职能重叠，同时还是宏观经济管理和微观经济管理职能的必要补充和重要支撑。尽管在当前社会主义市场经济体制初建时期，行业管理的体制、职能、方式和手段还都在探索、完善的过程之中，但这七大基本职能无论是当前我们向社会主义市场经济过渡时期，还是将来社会主义市场经济完善时期，都是宏观经济管理调控体系中不可或缺的重要职能。

在石油和化学工业联合会成立发展15年的历程中，我们始终把坚持行业协会的职能定位摆在我们工作的首位，多次组织开展了联合会基本职能的大讨论，让大家充分讨论：联合会该干什么？能干什么？怎么干？在大讨论中引导大家树立忧患意识、全局意识、服务意识、责任意识和自律意识等"五种意识"，提高联合会的创新力、决策力、执行力、影响力等"四个力"，构建了基本符合行业发展现状的、条块结合的三大支撑体系和六大工作平台。提出了"把协会当作事业干"的工作理念，通过"争创一流的工作业绩，打造一流的行业协会"的活动，努力把石化联合会建设成"政府靠得住、行业离不开、企业信得过、国际有影响"的综合性行业组织。由于我们联合会始终围绕着行业协会的职能开展工作，协会的工作在企业、行业以及在国际同行得到了广泛的认同，协会工作的影响力也越来越大，协会工作的环境也越来越好。

西方发达国家宏观经济管理体制的经验也告诉我们，在成熟的市场经济国家，行业协会也都是国民经济管理的重要参与者和不可或缺的承担着。行业管理和行业自律，这是我们行业协会改革必须要明确的职能定位，只有这样我们才能把握行业协会改革的正确方向，努力做到行业协会改革的不越位、不错位和职能到位，才能在构建具有中国特色社会主义宏观经济管理体制中作出我们行业协会的积极贡献。

二、行业协会要勇于在行业发展的关键难题上探索改革

带着计划经济的底盘进入社会主义市场经济改革的大环境，企业和行业发展本身就面临着一系列的难题；进入经济发展的新常态，企业和行业的发展更是迎来了一大堆长期积累的矛盾。习近平总书记在讲到全面深化改革的基本思路时，强调了要坚持问题导向的原则，指出要敢于啃硬骨头，敢于涉险滩，敢于过深水区，加快推进经济体制改革。❶

当前我国工业经济发展面临的最大问题，就是产能严重过剩，产业结

---

❶ 参考人民网2014年12月12日《中央经济工作会议在北京举行》，编者注。

构性矛盾突出，能源环境约束加大，经营效率、效益低下。根据行业经济发展的实际状况，我们按照改革"问题导向"的基本思路，坚持围绕行业发展的关键难题，探索解决一些难啃的硬骨头，推动行业尽快走出一条可持续发展的新路子。

一是认真研究行业发展战略，用战略规划引导行业超前发展。

战略是对未来的选择。人人都在追求未来，但并不是人人都能赢得未来。哈佛大学的教授讲："不能超越行业看到未来五年就意味着落后！"如果行业协会不能够在行业发展战略上引领企业，那就是行业协会的最大失职。五年规划的研究和制定是我们联合会花功夫最大、下气力最多的一项基础性工作，每一个五年规划我们都提前组织力量、提早动手，努力为行业拿出一个具有超前意识、具有较高水平、具有可操作性的五年规划。"十一五""十二五"行业规划指南，都受到了政府、企业的广泛好评。

2015年我们又提前组织力量开始了行业"十三五"规划的研究和制定工作，由于"十三五"时期，行业发展环境的巨大变化，"十三五"规划需要具有同以往历次规划完全不同的特点和要求。其中，最大的一个变化和要求就是：要开始迈出由一个石油化工大国向石油化工强国跨越的步伐。为了更好地编制好这个具有"跨越"要求的行业发展规划，我们组织了18个跨国公司大中华区的总裁和高层管理人员，对"未来10年世界石油和化学工业发展趋势和中国创新发展机遇"课题进行了深入研究，历时9个月，5易其稿，形成了一份"跨国公司看中国石油和化学工业未来"的研究报告。"第三只眼睛"看中国的全球视野和独到专业见解，使这份研究报告受到政府宏观经济管理部门、经济管理专家、企业高层管理者的广泛好评，也为我们编制行业"十三五"规划指南提供了一个很好的参考。相信在我们的认真努力下，一定会给全行业发展拿出一份有较高水平、有引领作用、又有可操作价值的"十三五规划"指南来。

二是加快提升行业创新能力，全面实施创新驱动战略。

当前石油和化工行业发展面临着三个全局性矛盾：一是产能过剩矛盾十分突出；二是产业结构同质化现象十分严重；三是战略性新兴产业、产业链高端产业发展十分薄弱。而这三个全局性矛盾的背后，都可以归结为技术创新能力不足这一共性矛盾。创新能力不足、特别是企业创新能力落后是当前全行业结构调整、转型升级中最根本的制约。同国外先进企业相比，我们企业的创新体制、创新机制方面的差距很大。国外先进企业都已经形成了20年、10年、5年和当年的阶梯型创新团队、创新战略和创新安排。创新产品连续不断、创新技术储备充足，这是国外化工企业"百年老店"的一个显著特点。最近，我到欧洲帝斯曼、阿克苏.诺贝尔两个化工企业考察，他们都告诉我在企业每年的销售收入中，新产品的销售收入要占到整个销售收入的20%以上。这样的创新速度、这样的销售收入比例，我们的企业只能望其项背，差距实在太大。

为了提升企业和行业的创新能力，我们石化联合会主要做了三项工作：一是在全行业总结了一批企业创新的典型。有一批企业在技术创新上抢占了行业技术的制高点，在全球市场上取得了竞争优势。如神华集团的MTO、MTP技术以及煤制油技术、烟台万华的MDI技术、青岛橡胶谷的异戊橡胶技术、浙江龙盛集团的合成染料技术、河南多氟多集团的六氟磷酸铝技术等，我们在认真调查研究的基础上，认定了136家"技术创新示范企业"，在全行业广泛宣传推广他们的先进经验。今年我们还准备在充分调研的基础上，按行业树立一批典型的技术创新示范企业，努力加快提升企业的创新能力。

二是加快行业技术创新平台的组织建设。我们行业有一批技术能力很强的科研院所、大专院校，也有不少的基础技术研究成果，我们按照行业科技发展规划，组建了"褐煤分级转化清洁燃料"等13家行业工程中心、"混炼工程"等15家行业重点实验室、"磷石膏综合利用"等11家行业工程实验室。我们通过平台组织建设，将科研院所、大专院校、龙头企业的科研力量有效组织起来，为突破一些行业发展急需的关键技术，取得了显著的成效。对于这些产学研一体的行业研发平台，我们将进一步按照行业技术战略规划，加大投入力量，加大协调力度，努力为突破行业发展关键技术、为行业转型升级提供更多、更有力的技术支持。

三是建立了行业科技奖励基金。为了使行业协会在提升行业创新能力上有实实在在的激励手段。我们在会员企业的积极提议下，在国资委的大力支持下，经过了两年的努力，2013年我们石油和化工联合会在民政部登记并建立了"石化科技奖励专项基金"。目前基金规模1亿元，每年可拿出500万元左右的资金奖励优秀科技创新成果、创新个人和青年创新突出贡献者。2014年我们正式启用了这一奖励基金，在人民大会堂举行了隆重的颁奖大会，在全行业引起了很大的反响。我们还准备在实践的基础上，进一步扩大这一奖励基金的规模。

三是积极推动行业结构调整，加快实现转型升级的突破性进展。

从世界石油和化学工业的发展规律看，一个完整的石油和化学工业产业链，从原材料起始到市场的终端，大体可分为五个产业结构层次：第一个结构层次为石油、天然气和化学矿山开采业；第二个结构层次为基础石油化工原材料加工业；第三个结构层次为一般石油和化工加工制造业；第四个结构层次为高端石油和化工制造业；第五个结构层次为战略性新兴石油和化工产业。这五个产业层次的技术水平和技术含量的层层递增的。

如果按照这个结构分类，我国目前石油和化学工业的结构主要集中在技术低端的前三类：即石油、天然气和化学矿山开采业，大约占我国石油和化学工业结构的39.1%；基础化工原料加工业，大约占我国石油和化学工业结构的15.7%；一般化工产品加工业，占我国石油和化学工业结构的42.7%；而高端制造业和战略性新兴产业两个层次的产品我们几乎都是空白。尽管近几年我国石油和化学工业在高端技术上也取得了一些突破，但从总体上看，我国石油和化学工业的产品结构还是低端的、落后的和同质化的。

新常态下经济发展的主要任务，就是要完成发展方式的转变和产业结构的转型升级。因此，我们联合会正在集中力量抓好以下三项重点工作，力争通过3～5年的努力，取得全行业结构性调整的突破性进展。

第一，采取坚决的市场和行政相结合的手段，下大气力解决传统产业产能过剩的突出矛盾；加快传统产业的转型升级，保持和提升传统产业的市场竞争优势；

第二，积极培育和壮大我国战略性新兴产业，努力完成由石油化工大国向强国跨越的历史使命。

第三，扎实促进质量安全、节能减排，开创行业绿色发展新局面。

石油和化学工业是资源和能源消耗的大户，也是废水、废气、废固排放的大户，同时质量、安全管理的任务也十分艰巨。2013年，全行业综合能耗总量首次突破5亿吨标准煤，仅次于电力和钢铁，位居中国工业部门第三位；原油、天然气、天然橡胶、硫等资源对外依存度逐年提高；SO_2、CO_2、氨氮以及废水排放量都位居工业行业前列，节能减排的任务也十分繁重。

为了扎实做好全行业的节能减排工作、开创行业绿色发展的新局面，"十二五"期间，我们行业下大气力突破了一批节能减排的关键技术，推广了一批先进适用技术，大力推进清洁生产，发展循环经济，力争到2015年，全行业万元工业增加值能源消耗和CO_2排放量均比"十一五"末下降20%，COD、氨氮、SO_2、氮氧化物排放总量分别比2010年减少10%、12%、8%和10%，废水实现全部达标排放，努力使全行业清洁生产达到历史最好水平。

在绿色发展方面，除了积极采取技术手段外，我们还加大了管理方面的措施。从2011年开始，我们会同工信部、全国总工会一起，在全行业共同组织开展了"能效领跑者活动"，每年公布重点耗能产品前三名的企业名单和单位产品的能耗水平，取得了很大的社会反响和显著的节能效果。

这些工作虽然都是行业发展的具体业务工作，但实际上都是围绕着我们对行业协会职能定位的认识展开的。搞准职能定位是搞好行业协会改革的前提，充分发挥行业协会职能，是落实"发展是硬道理"的核心任务。当然，搞好行业协会改革，协会内部建设的任务也十分繁重，我们虽然做了不少工作，但还有不少难题。这方面有不少兄弟协会工作做得比我们好，我们愿意有机会专门向同兄弟协会学习。

三、行业协会改革是一项任重道远的艰难事业

当前我们各个工业部门行业协会的改革，正处在一个举步维艰的困难境地，大家有很多激情、有很多困惑、有很多难处，还有很多委屈。说

句实在话，尽管构建社会主义市场体制下的行业管理，是一件探索性的新生事物，但只要把行业协会的职能定位明确下来，放手让现有协会的各级领导大胆去探索，就凭着我们这支队伍对行业的感情、就凭着我们这支队伍的专业经验、就凭着我们这支队伍朴素扎实的工作作风，把这块改革的"硬骨头"啃下了，是完全没有问题的。

我认为，行业协会改革只要认真做好三件事情，就可以取得全面深化的积极成果。

第一件事情，就是在认真、充分调查研究的基础上，统一对行业协会职能定位的认识。只要我们对构建社会主义市场经济管理体制的宏观管理、微观管理、中观管理做一个全面的分析，行业协会的职能定位就可以清晰确定，具有中国特色的社会主义市场经济管理体制的顶层设计也就能很快完善。在这个大的宏观经济管理体制中，行业管理既是宏观管理和微观管理的桥梁和纽带，又是宏观管理的支撑和补充，还是微观管理的指导和行业自律的组织，绝不是可有可无、想要就要、想丢就丢的一块"抹布"。

第二件事情，就是在明确行业协会职能定位的前提下，放手让现有的10个行业协会探索具有中国特色行业管理的有效形式和具体方式，特别是深入探索"去行政化"后行业协会的管理体制、政府对行业协会的培育与扶持、行业协会的政策参与方式、行业协会的治理结构、行业协会的监督管理等重大体制机制问题。我国行业协会的改革，已经经历了15年的艰难探索，不少行业协会在行业管理的职能定位上都有创新和体会，但距离全面深化改革时代的、规范的行业协会商会新体制，还有不少需要深入研究的重大问题。我们认为，在明确职能定位的前提下，放手让这些协会去深化改革，放手让这些协会去大胆探索，绝不会出什么大问题，收获的肯定是"实践经验"！

第三件事情，就是在大胆实践的基础上（我估计大约需要两年左右的时间），我们就可以把成熟的、认识统一的经验归纳起来，同时借鉴国外发达国家的成功经验，尽快形成具有我们中国特色的《行业协会商会管理法》。以法律的形式将行业协会商会管理的体制、职责、培育、监管等固定下来，使行业管理也走上一条法治的轨道，也可以让我们这些高喊"把协会当作事业干"的人底气更足一点！

在充分发挥行业协会作用方面，其实党和国家领导人在多个场合都有重要的指示。在2014年4月14日国务院听取第一季度经济运行情况汇报会上，国务院领导有一段断精彩的讲话："当前和今后一个时期，宏观经济的主要任务是巩固和发展稳中向好的运行局面。要促使经济运行保持在合理区间、加快推进转型升级。在这个任务中，行业协会要发挥更大的积极作用，行业协会也能够发挥更大的积极作用。第一要在调整产业结构中发挥更大作用；第二要在推动产业兼并重组中发挥更大作用；第三要在行业技术进步中发挥更大作用；第四要在行业市场自律上发挥更大作用；第五要在政府和企业间构建桥梁发挥更大作用。"我认为，这一段讲话，不仅符合党的十八届三中全会关于全面深化社会组织改革的基本方向，而且也是对充分发挥行业协会作用最完整、最深刻、最了解行情的重要指示。我希望，这一重要指示，不仅行业协会的同志要认真学习，更希望起草制定行业改革方案的同志好好学一学。

最后，我想强调的只是一句话：行业协会改革是一件必须要做好，而且完全可以做好的一项伟大事业！

努力开创新常态下联合会工作的新局面
为建设石油和化学工业强国而不懈奋斗*

一、过去五年的工作

过去的五年，是受国际金融危机持续影响，世界经济复苏缓慢曲折的时期，是国内市场供需发生阶段性变化，产能过剩矛盾空前突出的时期，是国内经济下行压力持续加大，市场倒逼加快调整与改革的时期，行业发展面临的形势和挑战十分严峻。以李勇武会长为核心的联合会三届理事会在党中央、国务院的坚强领导下，在广大会员单位和企业的大力支持下，迎难而上、锐意进取、开拓创新，围绕稳增长、调结构、促改革，做了大量卓有成效的工作，充分履行了服务、引导、协调、自律等职能，为促进行业持续健康发展做出了重要贡献。2014年，全行业实现主营业务收入14.06万亿元，五年来年均增长9.9%。其中，化工行业实现主营业务收入8.76万亿元，五年来年均增长11.5%。三届理事会时期，我国成为世界石油和化学工业大国，经济总量跃居世界第二，其中化学工业主营业务收入在2010年超过美国，跃居世界第一。五年来，三届理事会主要在以下方面，取得了显著成绩。

第一，经济运行监测分析系统进一步完善，对引导行业平稳运行发挥了积极作用。三届理事会始终把行业经济运行监测分析作为一项重要基础

---

* 这是2015年10月18日，在石化联合会三届理事会上做的工作报告。

工作来抓，努力扩大信息报送平台，积极构建符合行业实际、把握趋势、预测未来的行业经济运行监测分析系统。一是建立了由87家重点企业、6家地方行业协会、8家专业协会组成的统计直报系统，初步形成了一整套化工行业景气指数，及时向会员单位提供月度、季度、年度经济运行及预测报告。二是受国家能源局委托，组织开展了"全国炼油企业普查"，大力推进炼油行业基础信息库建设，理清了行业发展的现状和发展趋势。三是积极参加国务院以及工信部、发改委等部门召开的经济运行分析会，对天然气价格改革、成品油年度出口指标、原油特别收益金、化肥出口政策、油品质量升级、石化产品消费税及关税、中日韩自贸区谈判、环境税等热点问题进行深入调研，提出改革与政策建议，维护了行业利益。四是积极做好贸易保障措施及贸易争端协调工作，建立了行业预警系统，对PE、PP、甲醇、己内酰胺、氯丁橡胶等重点产品进行跟踪分析，编制发布行业年度国际贸易预警分析报告，积极为企业应诉国外调查案件提供支持与服务，维护了产业安全。

第二，政策研究能力与水平显著提升，为行业转型与改革提供了有力支撑。三届理事会坚持问题导向，针对行业发展中的体制矛盾与机制障碍深入调研，提出了许多建设性意见和建议，为推进行业转型与改革搭建了一个高端政策研究平台。一是赴山东、河南、陕西等八省区深入开展化解产能过剩矛盾调研，建立了行业产能过剩预警机制，发布的产能过剩预警报告得到国务院领导和有关部委的充分肯定和积极评价。二是组织开展全局性、前瞻性、战略性重大问题研究，定期编发《产业重大问题研究》内部刊物，报送中央及有关部门，搭建了一个行业高端研究报告平台，多次得到中央和有关部委领导的批示。受国家发改委和能源局委托，启动了进口原油使用资质审核、煤化工示范项目标定和规范管理等工作。三是深入开展"调结构、转方式"典型经验总结交流活动，遴选出26家企业和2家化工园区的先进经验向全行业推广，引导广大企业加快转型升级。四是受发改委、工信部、环保部、水利部、国家能源局等委托，参与《产业结构调整指导目录》《石化产业规划布局方案》《石油天然气行业改革方案》《油气管网设施公平开放监管办法》《中国制造2025规划纲要》、环境保护经济政策配套综合名录以及农药产品生产许可证实施细则等重要产业政策的调研、制修订等工作，推进优化产业布局，加快结构调整。五是编制完成并组织实施了行业"十二五"发展规划，为行业"十二五"加快转变发展方式和可持续发展提供了方向和指引。

第三，创新服务平台初步形成，组织和引导行业科技创新取得新进展。积极构建以规划指引、项目管理、研发平台建设、成果鉴定、科技奖励、信息服务为主要内容的行业创新服务平台，取得了显著成效。一是开展"十二五"科技发展指南和科技制高点战略研究，编制发布年度科技指导计划，遴选出重大项目组织产学研联合攻关，突破了一批关键技术。二是向国家发改委推荐了5个中央财政专项资金支持项目，争取到1项国家科技部863计划项目和10项"十二五"国家科技支撑计划项目，组织了数百项重大科技成果鉴定和重大技术装备验收，为行业争取到5.2亿元的国家财政拨款。三是行业科技创新平台建设成果显著。推荐17个领域列入国家工程实验室建设计划，102家企业获国家级企业技术中心命名，3个产学研技术创新战略联盟被列为国家试点。培育和命名了127家技术创新示范企业，15个行业重点实验室，13个行业工程研究中心，11个行业工程实验室。四是设立行业科技奖励专项基金，五年共评出科学技术奖1443项，青年科技突出贡献奖24人，赵永镐创新成就奖2人，创新团队奖6个。经联合会推荐，有28项成果获国家科学技术奖，其中"罗布泊盐湖120万吨/年硫酸钾成套技术开发"获国家科技进步一等奖，"甲醇制取低碳烯烃（DMTO）技术"获国家技术发明一等奖。五是构建行业专利信息服务平台，建立了包含石油化工、化工新材料等16大领域200多个专业导航的行业专利网，完成《氟化工专利态势分析》等多份《专利态势分析报告》，推进专利文献信息资源共享，被国家知识产权局授予"国家专利协同运用试点单位"。

第四，节能减排重点工作实现新突破，推动行业可持续发展取得明显成效。针对行业发展中的安全环保难题，三届理事会加强顶层设计，制定实施了《行业生态文明建设工作方案》，既增强了工作的系统性，又突出工作的创新性。一是在国内率先建立了能效领跑者发布制度，与全国总工会联合授予优秀能效领跑者"全国五一劳动奖状"和"全国工人先锋号",并依据领跑者的能效指标制修订能耗限额国家标准。国家九部委已经把能效领跑者发布制度推广到全社会。积极开展能源管理中心试点,为企业争取到国家财政资金2.3亿元。二是大力推进循环经济和清洁生产,重点抓好低汞触媒推广应用、磷石膏综合利用、铬渣污染防治等工作,协调推进开展二氧化碳捕集、驱油和埋存项目示范,2014年全行业低汞触媒使用率达到50%。三是推进"责任关怀"取得积极进展,编制发布了《责任关怀行业标准》,一批行业协会、地方协会、化工园区和430多家大型企业集团作出实施"责任关怀"承诺,对推进"责任关怀"先进集体和个人进行了表彰。最近,我们在中国国际石化大会上又发布了行业《绿色可持续发展宣言》,对绿色可持续发展作出了庄严承诺。

第五,质量标准化工作扎实推进,对行业加快调结构转方式的支撑作用明显增强。三届理事会把质量和标准化作为调结构转方式的一个重要抓手,严格产能过剩行业准入,加强新兴产业和重点领域标准制修订。一是组织完成了合成氨、尿素等40多项能耗限额标准制修订,研究编制了《推进城镇人口密集区高风险危险化学品企业搬迁改造方案》以及《对二甲苯(PX)产业准入规范》《轮胎行业准入条件》和煤制油、煤制烯烃等六种煤化工产品的准入条件,制修订化肥、无机颜料、甲醇等行业污染物排放标准、清洁生产审核指南和清洁生产评价指标体系,开展了15项重点产品取水定额标准和节水型企业标准制定工作。二是加强行业标准体系建设,完成标准立项3273项,其中组织编制新材料、绿色支农产品、环境与健康、安全生产、节能与综合利用等重点领域和新兴产业标准项目计划660项,有效解决了重点领域标准缺失问题。承担研制的ISO标准项目由2010年的1项增加到目前的27项,国际影响力和话语权明显提升。三是深入开展"质量兴业"活动,初步建立了由质量、技术创新、服务、市场和社会责任等指标组成的品牌强度测算指标体系,累计授予271家企业的298个产品行业知名品牌称号,34家企业的典型经验被授予行业质量标杆,1099个小组被命名行业优秀QC小组,向工信部推荐38家工业产品质量控制和技术评价实验室。复评、授权质检机构64家,完成了27个生产许可证细则的制修订，组织了农药产品的实地核查，1023家农药企业获得生产许可证书。四是完成了聚甲醛、三异丙醇胺等20多个加工贸易单耗标准的制定工作，解决了多年来原油加工贸易标准执行中困扰炼油企业的老问题。

第六，对外合作与港澳台交流取得新突破，国际影响力进一步提升。一是正式加入国际化工协会联合会（ICCA），作为观察员参与了一系列国际活动，在国内与中国科协、中科院、中国化学会联合举办了"国际化学年在中国"等重大活动，标志着与世界石化产业的交流掀开了新的一页。二是连续举办了六届中国国际石油化工大会，吸引了欧洲、美国、海湾、日本、韩国以及国际化工协会联合会等几十家国际同业组织和大批国内外石化公司参会，已成为全球石化产业界最有影响力的高端品牌会议之一。三是继续推进中英、中美、中俄政府及协会间的双边合作项目，与韩国、日本、伊朗等同业组织间的合作进一步加强，通过举办国际油气、煤化工等一系列展会、论坛，促进了经济和技术交流，提升了我国石油和化工行业的国际影响力。四是成功举办了海峡两岸石油化工科技经贸交流大会、澳门国际环保合作论坛、亚洲炼油和石化科技大会、中外石化企业高层CEO对话会等多项重要会议，进一步提升了联合会的知名度。五是组织在华外企开展"未来十年世界石油和化学工业发展趋势与中国创新发展机遇"的课题研究，为编制行业"十三五"发展规划提供了有价值的参考。

第七，联合会自身建设取得新成绩，服务能力和工作水平跃上新台阶。一是始终把建设政治强、业务精、纪律严的领导班子和培养高素质的人才队伍，作为联合会长远发展的头等大事来抓。通过引进人才、在岗培训、人才交流等方法，初步建设了一支既熟悉行业情况、又具有丰富经验的专业化的干部人才队伍。二是深入开展创先争优活动和党的群众路线实践教育活动，严格落实中央"八项规定"，加强财务管理，开展"小金库"治理整顿工作，建立了以岗位责任制为中心的制度体系，工作作风有了很大转变，工作能力有了很大提高。三是加强组织建设，先后成立了煤化工专委会、"责任关怀"专委会、外资企业专委会、石油天然气专委会、化工新材料专委会等分支机构，进一步扩大了行业服务覆盖面。积极推进事业单位分类改革、非时政类报刊出版单位体制改革。经过努力，通过了民政部社会组织5A级评估。

我们还举办了行业劳模评选表彰活动，在各省级人社厅局和行业管理机构的支持协助下，对全行业涌现出的先进集体、劳动模范和先进工作者进行了隆重表彰，在行业内外产生了广泛而积极的影响，有效激励了广大一线企业和职工。

总之，过去的五年，是联合会在中国特色社会主义理论体系指导下，深入贯彻落实中央宏观调控政策，努力为会员和行业发展做好服务的五年；是联合会在全体会员单位支持下，积极推进自身改革，大胆探索、不断取得新成绩的五年；是联合会广泛开展交流合作，努力构建和谐社团，不断增强行业凝聚力和影响力的五年。五年来，联合会三届理事会认真履行职责，积极进取、开拓创新，工作水平跃上了一个新的台阶，对办好综合性行业协会的规律有了新的认识和新的体会。总结起来，主要有以下认识和体会。

一是得到国务院有关部委的精心指导和有力支持。石化联合会既是我国经济体制改革不断深化的产物，也是促进行业持续健康发展的重要力量，联合会的成长和履行职能都离不开政府的关心和指导。三届理事会期间，国资委、民政部、发改委、工信部、科技部、商务部、环保部、国家能源局等政府部门在基础能力建设、政策咨询、政府购买、会议展览、人才培养等方面给予联合会全方位的指导和帮助，为联合会营造了良好的发展环境，使联合会的业务能力和服务水平有了较大提升。特别是国资委作为联合会的主管部门，不但在业务建设方面给予了大力支持，而且在党的建设方面率先垂范、精心部署、深入指导，有力提升了联合会的战斗力和凝聚力，为联合会健康发展提供了坚强保证。

二是与广大会员和企业形成了强大的工作合力。联合会与广大会员之间是鱼与水的关系。没有广大会员和企业的支持，联合会工作就是无源之水、无本之木。五年来，联合会与广大会员单位在开展调研、规划编制、课题研究、科技创新、标准制修订等方面开展了大量卓有成效的合作，及时沟通协调，共同解决行业发展过程中的热点难点问题；及时把行业运行情况、企业诉求反映给政府有关部门，共同提出政策建议，协助政府有关部门做好行业管理工作；及时开展深入调研，研究提出行业发展规划指南等战略性文件，形成促进行业健康发展的广泛共识。特别是大型龙头企业在支持联合会工作中发挥了十分重要的作用，在多方面给予联合会大力支持，形成了促进行业健康可持续发展的强大合力。

三是探索出一套具有自身特色的联合会建设理念和举措。针对外部环境发生重大变化，以李勇武为会长的第三届理事会领导班子审时度势，引导全体干部职工牢固树立"把协会当作事业干"的信心和理念，大力推进以"剥离创收，强化服务"为主要内容的改革措施，围绕提高"创新力、决策力、执行力、影响力"，进一步强化三大支撑体系建设，着力打造经济运行监测预警、产业政策研究、科技创新服务、质量标准化、国际交流等行业服务平台，创造性地开展了编制行业"十二五"发展指南、能效领跑者发布、产能过剩预警、调结构转方式典型经验总结等大量具有引领作用和重大影响的工作与活动，为政府制定政策和企业经营决策提供了有力支撑，对推进行业"稳增长、调结构、促改革"发挥了不可替代的重要作用。事实证明，联合会党委提出的一系列具有自身特色的办会理念和工作措施是符合中国国情和行业发展实际的，是联合会成立十多年实践的经验与总结，在理论和实践上为我们行业协会改革发展作出了积极的贡献。

这里，我代表石化联合会向政府有关部门，向广大会员单位和企业表示衷心的感谢！向由于年龄关系和工作变动等原因，陆续退出联合会领导岗位、为我国石油和化学工业作出突出贡献的李勇武会长，王福成、周守为、张玉卓、韩根生、杨兴强、金克宁、沈浩高级副会长及胡文瑞、王印海、柳华民、金明达等28位第三届理事会的老领导，致以最崇高的敬意和诚挚的感谢！

二、对四届理事会工作的建议

四届理事会的任期与"十三五"规划时期基本重叠。在"十三五"时期，我国石油和化学工业发展面临着一系列新的形势、新的挑战和新的机遇，新老问题交织，多种矛盾重合，不确定因素进一步增多，进入到一个新的历史发展阶段。

从国际看，国际金融危机后续影响仍在持续，世界经济复苏动力不足，发达经济体形势分化，发展中国家和地区经济低速增长。在世界经济大调整、大变动情况下，全球石化产业结构深度调整，原料多元化、技术高端化、产品差异化以及生产绿色化、智能化趋势十分明显，发达经济体纷纷抢占技术和市场竞争制高点，中东等传统油气出口地区也积极向产业链下游延伸，我国石化产业面临来自两个方向的竞争与挤压。今后较长一段时期，我国石化产业面临的国际竞争压力将进一步加大，行业可持续增长受到严峻挑战。

从国内看，经过几代人几十年的艰苦奋斗，我国已经成为世界石油和化学工业大国，但还不是世界石油和化学工业强国，行业的竞争力和全员劳动生产率与发达经济体相比还有不小差距，在当前我国经济进入"新常态"，传统产品市场供给已经超过市场需求的情况下，产业结构不合理、科技创新能力不强、资源环境约束强化等一系列深层次矛盾和问题进一步凸显。特别是化解产能过剩矛盾将是一项长期的系统工程，战略性新兴产业的培育、"一带一路"和"走出去"战略、环保产业和生产性服务业的升级，都面临着艰巨的任务。四届理事会时期是我国石油和化工行业"转方式、调结构"的关键时期，行业增速由高速向中高速转变，发展动力由要素驱动向创新驱动转变，科技创新从"跟跑"型战略向"并跑"与"领跑"型战略转变。以自主创新为核心，以产业结构升级为重点，加快推进我国由石油化工大国向强国跨越将成为四届理事会在"十三五"时期的主要任务。

"新常态"孕育着新机遇。党的十八大以来，以习近平同志为核心的党中央站在推进国家治理体系和治理能力现代化的战略高度，站在实现"两个一百年"中国梦的长远角度，立足当代中国发展实际，提出了全面建成小康社会、全面深化改革、全面依法治国、全面从严治党的"四个全面"战略布局，围绕"稳增长、调结构、促改革、惠民生"出台了一系列重大战略决策和措施，持续推进新型工业化、信息化、城镇化、农业现代化和绿色化，经济结构调整取得积极进展，新的增长动力逐渐形成，一些新兴产业和新经济增长点蓬勃发展，为石化产业发展创造了新的市场空间和新的机遇。随着经济体制改革的深入推进，石化产业发展的活力和动力将进一步增强，发展的前景将更加广阔。

总之，在新常态下，行业发展面临的挑战前所未有，面临的机遇也前所未有。石化联合会作为政府与企业之间的桥梁与纽带，履行职能的空间很大，发挥作用的潜力也很大，特别是在政府宏观经济管理和企业微观经济管理之间，联合会具有提供行业服务平台和行业中观管理的优势。新一届理事会要把思想和行动统一到对"十三五"发展形势的分析和认识上来，统一到中央的判断和要求上来，切实增强历史责任感和使命感，深入贯彻党的十八大和习近平总书记系列重要讲话精神，按照"四个全面"战略布局和中央"十三五"规划纲要的方向，围绕"推进我国由石油化工大国向强国跨越"这一主要任务，充分履行《联合会章程》赋予的职责，以提高行业发展质量和效益为中心，积极适应新常态、引领新常态，突出抓好经济运行、科技创新、结构调整、安全环保、国际交流、自身建设等重点工作，进一步提高服务能力和工作水平，奋发有为、开拓创新，努力开创联合会工作的新局面。

一是要努力做好经济运行监测和引导工作，促进行业平稳健康增长。要重点抓好油气行业和化工行业两个数据中心建设，构建行业基础信息库和大数据开发应用平台，开发满足细分市场需求的多样化产品，引导企业在开拓市场、提升管理、降本增效、延伸产业链上下功夫，巩固和提升传统产业的竞争优势；要在培育工程塑料、功能性膜材料、聚氨酯材料、特种橡胶、新型涂料、电子化学品等新的经济增长点上下功夫，加快推进信息化和工业化融合发展，培育一批集电子交易、仓储码头、物流配送于一体的大型化、专业化服务企业。要加强对行业发展趋势性问题的研究和预判，围绕行业发展中的热点、难点问题，及时向有关部门反映行业、企业诉求，做好产业预警、贸易保障措施以及贸易争议协调工作，促进行业平稳发展。

二是要积极推进产业结构调整，推动行业向产业价值链高端跃升。要积极化解产能过剩矛盾，大力培育战略性新兴产业，推动行业高端化、差异化发展。按照"减强发展、乘法提升"的原则，配合有关部门严格行业准入、实施负面清单管理，严控过剩行业新增产能，加快淘汰落后产能，通过技术升级和结构优化，增强传统产业竞争力。要认真做好国家发改委、能源局委托的用油企业资质审核、现代煤化工示范项目考核标定等工作，深入开展油气行业管理体制、石化产品税收和进出口等重大问题研究，开展新能源、化工新材料、现代煤化工、生物化工和节能环保等战略性新兴产业以及"危化品企业搬迁改造工作方案"化工园区调研，提出配套政策建议。要深入落实国务院《深化标准化工作改革方案》，认真做好强制性标准精简整合试点、联合会团体标准试点等工作，大力开展"质量兴业"活动，引导企业提升产品质量、增加产品功能、完善用户服务、打造优势品牌，进一步提高市场竞争力。

三是要深入实施创新驱动发展战略，着力提升自主创新能力。要把实施创新驱动战略摆在更加突出的重要位置，重点在创新服务平台建设、创新人才培养上下功夫，大力推进科技成果转化。要进一步推进重点实验室、工程实验室、工程研究中心等行业创新平台建设，建设一批更高质量、更高水平的产业技术创新战略联盟，积极开展产学研用协同创新。要做好国家"十三五"重点研发科技计划项目的申报、组织等工作，筛选一批制约行业发展的重大关键共性技术，提出一批新的抢占制高点技术并组织攻关，协调推进重大装备和关键单元设备研制，完善专利信息服务平台。要认真组织技术创新典型示范企业的经验总结活动，引导广大企业在认识和实践上把科技创新摆在发展的战略核心位置，进一步发挥好科技奖励基金作用，增加基金规模，完善评选规则，扩大评选范围，培养创新人才，让企业创新之树枝繁叶茂，为行业转型升级提供有力支撑。

四是要着力打好节能减排攻坚战，努力促进行业绿色循环低碳发展。要深刻认识行业绿色发展、可持续发展的重要性，深刻认识深入贯彻依法治国方略，加强行业自律的必要性和紧迫性，切实加强相关法律法规和产业政策的宣传，积极引导广大企业增强法律意识、底线意识和自律意识，自觉将一切生产经营活动置于遵纪守法之下，深入实施"责任关怀"，切实履行应尽的社会责任。对重点耗能产品，特别是影响完成行业节能指标的高耗能产品和企业，要进行专题研究，制定专项整改措施，在节能降耗上取得突破性进展。要继续做好汞污染防治、大气污染防治、磷石膏治理、高难度有机废水、含盐废水、VOCs治理、危险废物处置、废气资源化、恶臭等突出环保难题的防治工作，继续推进CO_2捕集、利用和封存重大试验，有针对性地开展技术交流、政策研讨、环保诊断和清洁生产审核培训，推广应用先进适用的循环经济和清洁生产技术与装备，培育一批示范工程、企业和园区。要进一步加强"责任关怀"工作体系建设，努力提高企业对"责任关怀"与HSE安全管理体系的认识，强化危险化学品管理，加快"化工清洁生产和绿色园区"建设，树立行业安全环保的新形象。

五是要进一步加强国际合作交流，提升对外开放水平。 要深入研究"一带一路"倡议带来的机遇与挑战，为企业"走出去"开展国际合作、优化全球布局做好服务，提出相关发展思路和政策建议。要进一步完善外资委工作服务平台，逐步建立国外技术转让清单和数据库，协调推进企业对接技术项目合作。要建立健全与ICCA、国际禁化武组织、世界塑料理事会、国际肥料协会、世界经济论坛之间的定期交流机制，做好中美、中俄、中韩、中日政府以及同业组织之间的交流工作，精心组织好中国国际石油化工大会等重要会议与展览，进一步提高行业对外开放水平和联合会的影响力。

在行业经济运行、科技创新、结构调整和转型发展中，我们要高度重视发挥好《中国化工报》的宣传舆论作用。《中国化工报》是全行业覆盖面最广的宣传舆论工具，目前具有多种现代媒体宣传手段。《中国化工报》要在改革中不断提高质量、改进服务、扩大影响，行业企业也要主动支持和利用好这一宣传阵地。

六是要下大气力从严加强党的建设，把联合会自身建设提升的一个新的高度。 以党建促进、带动自身建设，是联合会成立以来一以贯之的一条重要工作经验。四届理事会要继续运用好这一经验，认真组织广大党员干部深入学习贯彻习近平总书记系列重要讲话精神，进一步加强作风建设，深入开展"三严三实"主题教育,巩固教育实践活动成果。要突出抓好班子建设,坚持"抓大事、讲原则、高效率、严要求、求实效"的方向,进一步强化民主集中制,加强理论学习和业务学习,转变文风会风,深入调查研究,强化廉政建设,提高班子议大事、抓大事的能力。要重点加强基层党组织建设,通过加强理论学习和工作实践,培养一支理论素养高、业务素质强、创造力活跃的职业化协会人才队伍,特别是要把培养青年人才放在重中之重,为青年人成长创造良好的环境,搭建施展才华的宽广舞台;要按照中央的统一部署,大力推进协会改革,优化内部结构,加快市场化运作步伐,不断提高服务水平和工作效率;进一步完善以会员单位、地方行业协会、专业协会为主体的三大支撑体系建设,完善行业服务平台,密切与广大企业的联系与合作,积极反映企业诉求,维护行业利益。力争经过5年的努力,探索出一条具有中国石油和化工特色的行业管理新模式,把联合会建成国内一流、国际先进、成熟规范的行业协会,使协会的各项工作都走在先进行列。

我们要继承和发扬联合会成立以来形成的优良传统,始终坚持把协会当作事业干,在新一届理事会的领导下,凝神聚力、脚踏实地、开拓创新,服务行业、规范运作,努力开创新常态下联合会工作的新局面,为建设石油和化学工业强国做出新的更大的贡献!

全面贯彻发展新理念
努力实现结构性改革的良好开局*

一、关于2015年的工作

2015年是"十二五"规划实施的收官之年,世界经济复苏艰难,国际油价大幅下挫,国内经济下行压力持续加大,行业发展的内外部环境十分严峻。面对严峻挑战,联合会认真贯彻中央作出的重大决策部署和习近平总书记系列重要讲话精神,锐意进取、攻坚克难,围绕行业发展的热点和难点,深入企业开展调研,积极反映企业诉求意见,各项工作都取得了积极成效,联合会自身建设也迈上了新台阶,在促进行业"稳增长、调结构、转方式"中发挥了积极作用。

一是编制完成《行业"十三五"发展指南》,努力推进产业结构优化升级。 我们集全联合会之力,在专业协会、规划院和八大集团公司的大力支持下,经过一年半的努力,编制完成了《行业"十三五"发展指南》以及20个专业、专项规划。期间,我们多次就《指南》举办专题研讨会,并广泛向业内外征求意见,使《指南》更加成熟、更具有针对性。今年年初,马凯副总理专门听取了联合会的汇报,指示要研究制定石化行业结构调整三年行动计划。我们按照马凯副总理的指示,协助发改委起草了《石化行业调结构促升级三年行动计划》,并根据《行动计划》制定了《石化

---

* 这是2016年4月12日,在石化联合会四届二次理事会议上的讲话。

行业调结构促升级三年实施方案》。受发改委、工信部、能源局等委托，认真开展全国油品质量升级监测和炼油企业申请进口原油资质审查等工作，截至2015年底共对14家企业进行了现场核查，淘汰55套落后装置约4092万吨/年加工能力；完成了《2016年石化化工行业技术改造和工业强基工程实施方案》和"新型工业化示范基地"、智慧化工园区、化工园区安全环保基础设施改造等工作；深入开展石油、天然气、化工新材料以及战略性新兴产业培育等战略研究，提出了一系列油气行业改革方案和政策建议，《产业重大问题研究》多次获得中央领导批示，产生了较大影响。

二是加强行业经济运行监测分析，发挥了重要的引导和预警作用。我们积极推进油气和化工两大数据平台建设，建立新的海关进出口数据库及数据模型，发布了《化工行业景气指数》《油气行业景气指数》，积极参加国务院以及工信部、发改委等部门召开的经济运行分析会，提出政策建议。围绕天然气价格机制、成品油出口指标、天然橡胶进口、消费税、关税、出口退税、"两化融合"以及自贸区谈判等热点问题，深入企业开展调研，完成了大量行业运行分析报告，积极向政府有关部门反映行业和企业诉求。认真做好反垄断审查、WTO成员国贸易政策审议、非农产品市场准入谈判、环境产品谈判、产业预警、贸易保障措施及贸易争议协调工作，编制发布了《2015年石油和化工产品国际贸易预警分析报告》，对维护产业安全，促进行业平稳运行发挥了重要作用。

三是积极打造行业科技创新服务平台，努力提高行业自主创新能力。完成了年度重大关键共性技术项目的征集、评审和组织工作，编制发布了《2015年度联合会科技指导计划》。加强国家科技计划项目的实施与管理，编制完成了行业"十三五"国家重点研发计划优先启动专项实施方案。开展行业创新平台考核，新认定2家工程研究中心、4家重点实验室、3家工程实验室、6家技术创新示范企业，发起成立了蒲公英产业技术创新战略联盟，完成了科技部创新人才计划的推荐和报送工作。认真组织科技奖励和科技成果鉴定，评出联合会科技奖206项，对获奖团队及个人进行了表彰和奖励，经联合会推荐，4个项目荣获国家科学技术奖。完成了《煤炭深加工示范工程标定管理办法》，由国家能源局正式发布。积极配合工信部有关智能制造和装备升级改造工作，积极参与国家专利导航工程建设，完成"绿色轮胎"和"高性能涂料"领域专利态势分析报告，开展知识产权标杆示范企业培育遴选活动，组建橡胶行业知识产权运营平台，进一步提升科技服务水平。

四是扎实做好节能环保和质量标准化工作，为行业转型升级提供有力支撑。"能效领跑者"发布制度覆盖范围进一步扩大，被7部委联合发文在全国推广。围绕水十条、VOC削减、绿色制造等国家实施的一系列新法规、新政策，广泛征集清洁生产技术和项目，纳入工信部、财政部委托编制的《削减行动计划》，制定了环氧树脂等清洁生产评价指标体系。印发了低汞触媒推荐名单公告，开展了MVR、焚烧炉、隔膜法烧碱装置利用副产工业盐等技术调研，组织制定草甘膦副产盐综合利用标准，推进含盐废水治理。深入开展"责任关怀"实施准则培训和"责任关怀"自我评估，积极参与中办督查室组织的安全生产专项督查调研，密切跟踪重特大生产安全事故，组织专家对相关企业设备设施进行安全评价，协调解决化学品和危险废物管理存在的问题，推动政府部门建立豁免清单和排除清单制度。深入开展质量兴业活动，组织行业品牌价值评价试点和群众性质量管理活动，遴选12家企业典型经验为行业质量标杆，10家企业为年度品牌培育示范企业，向政府有关部门推荐全国质量标杆、中国工业大奖和中国质量奖。积极推进标准化体制和生产许可证制度改革，完成10多项国家能耗限额标准和5项国家取水定额标准，全年上报标准计划项目539项，梳理强制性标准737项，其中废止、终止和转推荐性标准430项，行业标准结构进一步优化。

五是积极推进国际交流合作，国际影响力进一步提升。我们与国际化工协会联合会以及美、俄、日、韩、海湾等国家与地区的政府、协会合作举办了一系列重要国际会议和活动，影响力进一步增强。举办了中外跨国公司高层对话会、中国国际石化大会、亚洲炼油和石化科技大会、全球塑料协会国际会议以及系列国内外重要展览，为国内外企业搭建了高层次的交流合作平台。特别是中国国际石化大会吸引了60多家跨国公司的高层与会，播放了联合会组织拍摄的行业《绿色发展宣传片》，发布了《绿色可持续发展宣言》，向ICCA正式提交了430多家企业签署的《"责任关怀"全球宪章》，在国内外引起较大反响，央视等重要媒体进行了深度报道，会议的品牌影响力进一步扩大。我们组织在华外企开展节能、"一带一路"、碳交易市场建设等专题交流，启动了"走出去"课题研究，积极反映在华外资企业遇到的问题，赢得了在华外企的支持与好评。

六是深入开展"三严三实"教育活动，党的建设和自身建设迈上新台阶。我们深入开展"三严三实"专题教育和国资委直属机关党委部署的主题教育活动，认真落实"两个责任"和"一岗双责"，加强基层党组织建设和以管理提升为核心的制度建设，完成了违反八项规定问题的处理、检查和制度建设工作，配合审计署开展预算执行审计以及换届、离任审计，完成了国资委管理局要求的审计调查工作。我们积极稳妥参与协会与政府脱钩的体制改革，进一步加强人才培养与队伍建设，举办大讲堂等系列讲座，选拔了一批能力强、素质高、业绩突出的中青年干部充实到重要领导岗位。联合会工作作风有了进一步转变，党建工作作为典型分别参加了国资委、民政部组织的经验交流活动，自身建设迈上了新台阶。

总之，2015年是联合会系统扎实工作、成效显著的一年，年初确定的各项任务基本完成，充分发挥了服务、协调、引导等职能，获得了民政部授予的"全国先进社会组织"称号。这些成绩的取得，是政府有关部门亲切关怀、精心指导的结果，是广大会员单位和企业积极参与、大力支持的结果。

二、2016年工作安排

2016年是实施"十三五"规划和全面建成小康社会决胜阶段的开局之年，也是推进结构性改革的攻坚之年。在经济发展"新常态"下，行业发展面临着许多新情况、新问题。一方面，宏观经济下行压力依然较大，全行业产能过剩矛盾正在推动着企业发展的两极分化；另一方面，创新发展也正在加快战略性新兴产业的破茧而出，行业发展的新动力正在积聚形成。

一是化解产能过剩矛盾十分艰巨。目前,行业结构性矛盾十分突出,国务院领导在分析石油和化工行业产能过剩矛盾时,明确指出是结构性过剩,是与钢铁、煤炭行业性质完全不同的过剩。基础产业产能过剩的矛盾十分突出,产能扩张的趋势没有根本扭转,一些行业落后产能淘汰不下来,新增产能得不到有效控制,部分行业甚至有进一步加剧趋势,而一些高端石化产品仍依赖进口,淘汰落后产能、关闭"僵尸"企业、控制发展总量的难度很大,任务十分艰巨。

二是战略性新兴产业培育相对滞后。当前,全球石化产业正在经历新一轮科技革命,产业结构加快调整,国际资本加快向战略性新兴产业集中,基于创新的价值链整合与并购方兴未艾,美、欧、日等发达经济体纷纷抢占科技制高点,一些具有资源和成本优势的经济体也加快向下游延伸。培育壮大战略性新兴产业是向全球价值链高端跃进的必要条件,由于起步较晚、基础较弱,特别是由于技术创新能力较差,我国化工新材料、高端专用化学品、生物化工和节能环保等战略性新兴产业发展相对滞后,新的经济增长点培育较慢,行业正处在传统动能日益弱化,新动能尚未完全形成的转换时期,加快培育战略性新兴产业已经成为培育发展新动能、形成竞争新优势的重要手段。

三是推进绿色发展的任务十分紧迫。石油和化工行业安全环保形势依然严峻,部分主要污染物排放总量居高难下,节能减排的压力越来越大,环境与安全问题对行业发展的制约越来越突出。一些重特大安全环保事故的发生,使石化行业处于经济社会发展的风口浪尖上,要求我们必须在环保排放、安全生产和社会责任上推出几项实实在在的有影响、有难度、有效果的大活动、大动作、大措施,才能逐步改变行业的社会形象,为行业发展创造可信任的社会环境。

四是经济效益下滑压力巨大。2015年,全行业主营业务收入平均利润率仅为4.82%,这是一个不高的水平,但仍有相当多的企业利润率还低于这个水平。经济效益下降、生产成本上升是当前我们行业发展中的一个突出矛盾。在宏观经济下行压力加大的新形势下,努力提升行业增长的质量和效益,是全行业经济工作中的一个中心任务。

总得看，行业出现产能过剩、效益下滑、安全环保约束强化等突出矛盾和问题主要原因在于供给结构性失衡，行业的供给结构已经不能完全适应经济社会发展的要求。中央经济工作会议指出，"推进供给侧结构性改革，是适应和引领经济发展新常态的重大创新，是适应国际金融危机发生后综合国力竞争新形势的主动选择"。因此，大力推进结构性改革已经成为当前和今后一段时期行业工作的重点。

今后较长一段时期，我国仍将处在可以大有作为的重要战略机遇期，经济韧性好、潜力足、回旋空间大。特别是随着"十三五"规划的贯彻执行，工业化、信息化、城镇化和农业现代化将加快推进，一大批关系国计民生的重大项目将落地实施，为石油和化工行业创造更大的发展空间，行业发展面临着新的机遇。《国民经济和社会发展第十三个五年规划纲要》为我国未来五年的勾画了美好的发展蓝图，作出了一系列重大战略决策和战略部署。《刚要》明确提出，"要牢固树立和贯彻落实创新、协调、绿色、开放、共享的发展理念，以提高发展质量和效益为中心，以供给侧结构性改革为主线，扩大有效供给，满足有效需求，加快形成引领经济发展新常态的体制机制和发展方式"，为我国石油和化工行业"十三五"发展指明了方向。

2016年联合会工作的总体思路是：深入贯彻落实党的十八届五中全会、中央经济工作会议和两会精神，牢固树立和全面落实"创新、协调、绿色、开放、共享"的发展理念，坚持改革开放，坚持稳中求进，以结构性改革为主线，以创新发展为动力，以转型升级为目标，以提高经济效益为落脚点，在强化供给侧结构性改革上推出果断的新措施，在补强短板上采取扎实的新举措，在转变发展方式上培育释放新动能，振奋精神、坚定信心、克服困难、主动作为，努力开创全行业"十三五"发展的良好开局。

第一，认真做好行业《"十三五"发展指南》和《调结构促升级三年实施方案》的宣介工作，引导行业加快推进结构性改革。要深入宣传《发展指南》和《三年实施方案》，充分发挥引导和促进作用，推动行业调结构、转方式取得实质性进展。

一是扎实做好《发展指南》和《实施方案》的宣传引导工作。通过专题座谈会、讨论会以及举办培训等形式等，围绕《发展指南》和《实施方案》的重点内容深入交流与研讨，为广大企业、科研机构使用《发展指南》和《实施方案》创造条件。要充分利用报纸、网络等媒体，对《发展指南》与《实施方案》提出的发展思路、发展目标、发展重点、发展战略等进行深入解读，引导企业优化存量、做强增量，加快化解过剩产能，淘汰落后产能，强化科技创新，推动绿色发展，培育新的增长点，促进结构调整和优化升级，加快向产业价值链中高端延伸。

二是进一步做好进口原油使用权资质审核和油品质量升级工作。按照发改委253号文件要求，修订用油企业核查工作实施细则，调整充实专家队伍，严格标准、严格把关、严肃工作流程和工作纪律，高标准做好核查工作。深入落实油品质量升级实施方案，加强油品质量升级运行监测，完善台账建设，监测原油加工量、成品油产量、国Ⅴ汽油、国Ⅳ柴油的流向，定期向国家有关部门报告。

三是做好战略性、全局性重大问题研究。重点围绕落实五大发展理念，围绕化解过剩产能、培育战略性新兴产业、深化油气行业体制改革、推进现代煤化工升级示范等重大问题，深入开展调查研究，充分利用《产业重大问题研究》平台，积极反映企业诉求，提出政策建议。

第二，进一步加强行业产学研用创新平台建设，着力提升创新驱动发展能力。加快行业创新能力建设，既是当前结构性改革的重要措施，也是推动由石油和化工大国向强国转变的重要支撑。

一是抓紧推进重点创新平台建设。要围绕行业重大共性需求，继续开展"重点实验室""工程实验室""工程研究中心""技术创新示范企业"认定工作，积极培育和组建国家级技术创新中心，建设一批产业技术创新战略联盟，组织好行业创新平台建设工作会议，把重要产品、重点产业，特别是战略性新兴产业的产学研用的力量有效组织起来，用组织优势加快抢占一批行业技术创新制高点，加快科研成果转化，尽快形成一批新的增长点。

二是做好重大科技项目的组织、实施与管理工作。编制实施2016年度

"科技指导计划",加强国家科技计划项目的组织、实施与管理工作,组织推荐申报"十三五"国家重点研发计划优先启动项目。围绕资源勘探开发和利用、化工新材料和高端精细化学品制备、现代煤化工、生物化工、节能与环保等技术和重大装备研制,加强协同攻关,突破一批重大关键共性技术。

三是努力打造科技奖励"精品工程"。修改完善科技奖励办法,规范申报程序,进一步提高授奖质量和权威性,对赵永镐创新成就奖采用院士专家推荐制。加大科技奖励专项基金的宣传力度,继续做好专项基金的接受、保值、增值与使用工作,引导企业加大创新人才的培养和投入,努力营造"大众创业、万众创新"的发展氛围。

四是加强行业专利信息服务。深化专利导航工作,完善橡胶行业知识产权运营专业平台,选择聚氨酯材料、硅树脂等行业,开展重点产品专利态势分析和预警,发布专利态势分析报告,提升行业知识产权运用和保护水平。

第三,全面实施绿色可持续发展战略,提高绿色制造水平。坚持既要金山银山,也要绿水青山的发展理念,在节能减排重点领域取得新突破,实现"十三五"时期安全环保工作的开门红。

一是研究编制绿色发展行动计划。围绕绿色清洁生产、低碳循环发展、节约和高效利用资源、加大环境治理等方面组织编制石油和化工行业绿色发展行动计划,提出全行业绿色发展的目标、任务和措施。围绕汞污染防治、磷石膏综合利用、含盐废水治理、挥发性有机物治理、危险废物管理等环保重点难点,加强行业调研和政策研究,提出政策建议。深入开展能效"领跑者"发布活动,推进行业准入条件、能耗限额标准的制修订。积极参与全国统一碳排放市场建设,持续推进鄂尔多斯盆地CCUS工作,争取在先导试验和国际合作方面取得新突破。组织召开绿色发展大会,凝聚行业绿色发展共识,形成绿色发展新局面。

二是大力发展循环经济和清洁生产。编制循环经济、清洁生产支撑技术、工艺与设备名录,争取国家政策支持。配合政府有关部门,围绕资源综合利用"双百"工程、园区循环化改造、清洁生产示范、产业转型升级等重点工作，推进有毒有害产品、原料和工艺替代，培育一批示范工程、企业和园区。推动修订清洁生产评价指标体系，开展生态设计示范企业（产品）、绿色化工示范企业评选活动，通过清洁生产审核、现场诊断，为企业提供针对性解决方案，提升企业循环经济、清洁生产水平。

三是进一步推进"责任关怀"。组建"责任关怀"污染防治工作组和工艺安全工作组，积极开展《责任关怀实施准则》培训和"责任关怀"自我评估活动，推进"责任关怀"系统有效运行。落实"智慧化工园区"和《化工园区公共管廊管理标准》实施工作，推进建立化工园区"责任关怀"工作机制，开展国内外先进化工园区对标研究，培育具有全球影响力的先进制造基地和经济区。

四是加强行业储运安全管理。通过在行业内全面推广《化学品操作和仓储承包商评估标准》和《道路运输承运商评估标准》，开展储运安全评估及交流，提高行业储运安全管理水平。

第四，推动实施"一带一路"倡议，进一步提升行业对外开放水平。"一带一路"倡议是新时期中央提出的全局性大战略，给行业开展国际合作带来新的机遇和更大的空间。

一是组建行业"走出去战略联盟"。推动政府有关部门、企业、金融机构等多方力量开展合作，为企业提供国际贸易、工程承包、海外投资、法律咨询等服务，积极反映并帮助解决企业"走出去"遇到的障碍和困难。开展"走出去"战略课题研究，组织企业到伊朗、印度尼西亚、越南、巴基斯坦以及中东欧等"一带一路"沿线国家开展交流，推动我国企业、工程和装备"走出去"，开展产能合作，拓展新市场。

二是进一步加强与ICCA、OPCW、世界塑料理事会等国际同业组织合作。围绕加强化学品管理，开展交流与培训，引进先进经验，提升管理水平。要继续办好中国国际石化大会、亚洲炼油与石化科技大会、海峡两岸石油化工科技经贸交流会等重要品牌会议和展览，进一步提升联合会的影响力。

三是进一步完善外资委工作机制。深化并拓展与外资企业的合作，反映在华外资企业诉求。积极借鉴外资企业危化品管理经验，加强化学品法规研究合作，提升我国化学品安全管理水平。

四是做好产业预警、贸易保障措施及贸易争议协调工作。跟踪国际贸易保护发展态势，做好"两反"立案和应诉工作。发挥好中日、中韩对话磋商机制作用，加强信息交流与沟通，做到应对工作前置化。建立重大事项通报制度，维护产业安全。

第五，加强基础能力建设，进一步提高联合会履职能力和服务水平。 行业经济运行统计与分析、质量与标准化等都是联合会基础性工作。随着改革的不断深化，这些基础性工作的重要性更加凸显。要加强基础能力建设，优化资源、强基固本，为联合会充分发挥作用创造条件。

一是加快石油天然气和化工两个行业信息服务平台建设。以国家油气网建设为突破口，整合石油天然气行业信息资源，抓好行业统计与数据中心建设。进一步完善化工行业大数据平台建设，发挥数据平台对数据的分析、挖掘、分类汇总等功能，形成细分行业报告，做好行业景气指数的发布工作，为行业经济运行提供参考。

二是健全质量品牌工作机制。进一步加强工作平台和信息化建设，努力打造行业质量品牌工作优质服务平台。深化"质量兴业"活动，提升企业质量意识，建设先进质量文化，积极推广先进质量管理技术和方法，完善行业品牌价值评价体系和机制，做好品牌价值评价榜单发布和品牌宣传推介工作。

三是积极推进新型标准体系建设。继续做好强制性标准精简整合、推荐性标准优化、"团体标准"培育工作。开展"团体标准"试点，探索建立联合会"团体标准"的工作机制。全面推进重点领域和新兴产业标准化工作，进一步做好节能、安全、环保、健康以及战略性新兴产业等领域标准的制修订工作，积极推进国际标准化，结合国家"一带一路"倡议，推动行业优势产业标准"走出去"。

四是积极推进检验检测机构改革。加快行业检验检测资源整合与共享，全面推进行业检验检测机构资质认定评审准则换版与转换工作，修订行业质检中心授权管理办法，探索建立具有鲜明行业特征、符合市场化运作机制的行业质检中心（检验检测机构）的授权管理体制、机制。

第六，进一步加强党的领导和自身建设，提升服务能力和工作水平。

一是加强党的建设。开好第四次党代会，组织好党委理论中心组学习。深入开展好创先争优活动，进一步发挥党委政治核心作用、支部战斗堡垒作用和党员的先锋模范作用。扎实推进反腐倡廉建设，严格执行八项规定，强化警示教育，筑牢思想道德和党纪国法两道防线。

二是加强三大支撑体系建设。强化与政府部门、会员单位和企业的联系，通过信息互通、业务合作、人员交流等打造共同的行业工作平台，重点建设好行业经济运行监测与信息服务、产业重大问题研究、科技创新服务、质量安全标准化服务、对外交流合作服务等优质服务平台，进一步提高服务效能和管理水平。

展望"十三五"，未来五年是我国石油和化学工业由大向强转变的关键时期，行业发展的前景是光明的，但前进的道路不会一帆风顺！团结才能凝聚力量，奋斗才能赢得未来！我们一定要继续发扬几十年来石油和化工行业形成的优良传统，坚定信心、团结一致，勇于创新、顽强拼搏，在"稳中求进"中实现石油和化学工业"十三五"发展的良好开局！为建设石油和化学工业强国作出新贡献！

实施创新驱动　加快绿色发展
扎实推动供给侧结构性改革迈出新步伐*

一、关于2016年工作

2016年，是实施"十三五"规划的第一年，面对错综复杂的国内外形势和持续加大的下行压力，联合会在有关政府部门、各位理事和全体会员单位的大力支持下，牢牢把握"稳中求进"总基调，围绕科学发展的主题和加快转变发展方式的主线，认真贯彻落实党中央、国务院作出的一系列重大决策部署，在推进结构调整、引导创新发展、反映企业诉求、协助政府工作、加强党的建设和自身建设等方面做了大量工作，取得了明显的成绩，为推进产业转型升级、保持行业平稳运行做出了积极贡献，国内外的影响力进一步提升。

一是编制实施行业"十三五"规划指南和调结构促转型增效益指导意见实施方案，引导行业加快转型升级取得新进展。 完成并发布了全行业"十三五"发展指南和石油、天然气、现代煤化工等行业规划，正式提出了由大国向强国跨越的目标。按照国务院领导的指示，组织编写了《石化产业调结构促转型增效益指导意见》，由国务院正式发布，并配套编制了《指导意见》实施方案，提出了石油化工、传统化工、化工新材料、现代煤化工等四大领域、12个行业结构调整的重点，推动行业转型升级跨入

---

* 这是2017年4月21日，在石化联合会四届三次理事会议上的工作报告。

新阶段。积极推进中小企业公共服务平台建设，组织开展"智能工厂"和"智慧化工园区"试点示范，引导危化品企业搬迁入园。认真做好进口原油企业核查评估工作，累计检查评估用油企业24家，核定21家企业用油指标7795万吨/年，淘汰落后产能5933万吨（装置86套）。认真开展成品油质量升级台账建设、监测、符合性评估等工作，63家央企、36家地方炼油企业按期填报，4家企业11个项目获得中央财政贷款贴息。圆满完成了国家发改委、能源局、工信部、科技部、环保部、海关总署、商务部、国家知识产权局等部委委托的重大课题研究与工作事项，围绕天然气管理机制、PX产业发展、煤化工产业布局、碳排放基准值制定及限额分配、碳排放核查技术、国际产能合作、成品油出口指标、天然橡胶进口、消费税、关税、出口退税、"两化融合"以及知识产权等热点问题，深入企业开展调研，积极反映企业诉求，提出行业意见和建议，继续发挥《产业重大问题研究》高端研究平台作用，多次得到国务院和有关部委领导的批示，为推动行业改革和完善政策发挥了重要作用。

二是扎实推进行业创新平台建设，加快培育行业发展新动能实现新突破。深入北京、上海、江苏、山东、广东、四川等地的企业、高校、科研院所进行实地调研，掌握了行业技术创新的现状和发展趋势，编制发布了《2015年度联合会科技指导计划》和"十三五"《行业创新平台建设规划方案》，按照市场有需求、研究有基础、突破有可能的原则，组织了"能源新技术和新能源技术、化工新材料、精细与专用化学品、现代煤化工、节能环保"等五大领域23家产学研结合的行业创新平台，包括3家重点实验室、12家工程实验室、4家工程研究中心和3家技术创新中心，并对2012年获认定的12家行业创新平台进行复评，形成了一批跨界的、多学科的、协同配套的创新力量。认定33家企业为技术创新示范企业，加强对轮胎、蒲公英橡胶2个产业技术创新战略联盟的管理工作。提出《石化基础材料技术提升与产业化》重点研发计划专项"十三五"6大重点任务，组织完成了重点研发计划专项2016年、2017年项目指南的编制，由国家科技部正式发布，受发改委委托对"聚合物表面材料国家工程实验室"建设方案进行论证，完成国家科技部创新人才的推荐和报送工作，其中2人入选中青年科技创新领军人才计划，2人入选科技创新创业人才计划。认真组织科技奖励和科技成果鉴定，评出联合会科技奖190项，新增奖励基金规模525万元。经联合会推荐，有4项获得国家科学技术奖。积极参与国家专利导航工程建设，完成"现代煤化工""特种工程塑料"领域专利态势分析报告和反侵权假冒年度报告。

三是编制发布行业绿色发展行动计划，安全环保工作迈出新步伐。组织重点企业和专业协会深入开展调研，编制发布了行业绿色发展行动计划，从贯穿产品生态设计、绿色清洁生产、低碳循环发展、节约和高效利用资源、加大环境治理等全生命周期角度提出了行业绿色发展的战略目标、重点任务和保障措施，构建了行业绿色可持续发展的体系框架。继续开展行业能效"领跑者"发布活动，公布了17种28个产品的能效领跑企业名单和相关指标。搭建节能、节水和安全环保技术交流平台，遴选推荐行业清洁生产与环境保护重点支撑技术。组织编制《行业绿色产业技术标准体系建设三年行动计划》，提出了1300余项拟制定标准项目，完成了39项能耗限额标准整合和2项加工贸易单耗标准制定工作，配合工信部编制《绿色制造工程实施方案（2016—2020）》，组织制定涂料、轮胎、复合肥等绿色产品评价标准，积极推进环保、低碳、节能等自愿性产品认证。深入推进"责任关怀"，开展危险废物处理处置情况调研和汞污染防治，低汞触媒使用率已达80%以上，参加《危险化学品安全法》等重要法规文件的编写和国务院安委会安全生产巡察督察工作，积极应对"毒跑道"事件，建立安全生产专家库，组织专家对企业进行安全风险勘察，与ICCA联合召开"责任关怀"工作论坛，协调推进全氟辛酸及其盐类公约谈判，向环保部提出10项技术规范和5项危废豁免申请得到批复，努力为打造绿色产品、绿色工厂、绿色园区提供支撑和服务。

四是积极开展质量品牌建设，行业标准化管理体制改革注入新活力。深入开展"质量兴业"活动，树立渤海钻探等9家典型经验为行业"质量标杆"，表彰QC小组突破500个，推荐22个小组获得国优称号。继续开展品牌培育示范活动，9家企业被评为行业品牌培育示范，推荐8家企业参加全国工业企业品牌培育试点，75家企业参加全国品牌价值评价，12家企业参加制造业单项冠军示范活动，推荐中国海油"981"钻井平台荣获第二届中国质量奖、中国石化润滑油分公司等2家企业荣获中国质量奖提名奖，推荐新疆天业等2家企业（项目）荣获第四届中国工业大奖。全面修订生产许可证实施细则，做好危险化学品、农药、橡胶制品等许可证审查工作，全年审查农药企业261家。受国标委委托，积极推进行业标准化管理体制改革，加快新型标准体系建设，完成739项国家、行业和地方强制性标准的整合评价，强制性标准减少58%，为全国推进强制性标准整合精简提供了可复制和可推广的经验；完成推荐性标准集中复审，国标2864项、行标3480项，开展两批30项团体标准试点。制定新材料、安全环保、产业转型升级等重点领域标准324项，占全年项目的75%。全年主导国际标准制定30项，参与制定50项，完成国际标准表态511项，完成标准外文版翻译6项，提出计划20项，国际标准化活动能力有了新提升。获年度中国标准创新贡献奖二等奖1项、三等奖1项。推进检验检测资源整合，开展行业计量技术规范修订试点，提升检验检测和行业计量的基础能力。

五是认真推进"一带一路"建设，全行业对外开放出现新局面。与ICCA以及美、俄、日、海湾等国家与地区的政府、协会合作举办了一系列重要国际会议和活动，举办了中外跨国公司高层对话会、中国国际石化大会、亚洲炼油和石化科技大会、全球塑料协会国际会议、澳门国际环保合作发展论坛以及系列重要展览，多次组织国内企业和专家参加国外组织举办的会议和活动，积极发出来自中国的声音和诉求，提高了国际话语权和影响力。中国国际石化大会、亚洲炼油和石化科技大会等重要会议的品牌效应明显增强，特别是与联合国环保署合作举办了一系列活动，进一步提升了中国国际石化大会的影响力，为国内外企业交流合作搭建了高层次平台。经国家发改委批准，成立了石油和化工行业国际产能合作企业联盟，初步构建了以骨干企业为主、银行、保险、法律咨询等机构积极参与的国际产能合作平台，在工信部指导下，完成了中财办委托的《化学工业开展"一带一路"国际产能合作研究》以及发改委、商务部等部委的重大课题研究任务，与哈萨克斯坦、巴基斯坦、中东欧国家的有关机构以及林肯国际等签订了合作协议，开展了市场调研、国别分析、产能合作方案、合作交流等重要活动和工作，受到国家有关部门的好评与肯定。组织在华外企开展重大问题研究，参与危化品运输法规、标准的起草和编制，为营造良好发展环境作出了贡献。

六是积极推进行业运行监测体系建设，引导和服务行业"稳发展"能力有了新提升。积极推进油气和化工两大数据平台建设，建立新的海关进出口数据库，建立现代煤化工生产运行直报系统，发布了《化工行业景气指数》《油气行业景气指数》，完成了一系列行业运行分析报告，为广大企业经营决策提供了可靠信息与参考。积极参加国务院以及工信部、发改委等部门召开的经济运行分析会，及时反映行业和企业诉求，提出政策建议。进一步完善支撑体系建设，夯实快速反应机制基础，增强数据的时效性、鲜活性和代表性，提高分析预测能力和水平。认真做好反垄断审查、WTO成员国贸易政策审议、自贸区谈判、非农产品市场准入谈判、环境产品谈判、产业预警、贸易保障措施及贸易争议协调工作，成功应诉埃及PET保障措施案，编制发布《石油和化工产品国际贸易预警分析报告》，加强重点领域的经济运行监测力度，对维护产业安全，促进行业平稳运行发挥了重要作用。

七是进一步加强党的建设和自身建设，联合会发展跃上新台阶。认真学习贯彻落实党的十八届五、六中全会和习近平总书记系列讲话精神，认真贯彻国资委党委的各项部署，认真落实全面从严治党要求，开展"两学一做"学习教育，举办"两学一做"学习班和微信"每日一题"问答竞赛，班子成员带头讲党课，开展党费收缴工作专项检查，完成直属党支部顺利换届工作。进一步加强联合会系统党的思想、组织、作风和制度建设，深入落实"两个责任"和"一岗双责"，认真执行中央八项规定，加强领导班子建设和党员教育管理，提高了党员干部的理论水平和解决实际问题的能力，党的基层组织的战斗堡垒作用明显增强。进一步加强由专业协会、地方协会和大型骨干企业构成的三大支撑体系建设，12家专业协会顺利完成换届，52家专业协会完成了年检，接转了商业、物流、质量协会代管的11家学术类社团。加强青年干部人才培养，举办3期大讲堂，8期

"工作思路与工作方式创新"专题系列讲座。加强财务管理，促进规范运行，为代管事业单位争取资金与项目，做好服务工作。

总之，2016年是联合会系统扎实工作、成效显著的一年，年初确定的各项任务基本完成，发挥了联合会在组织、引导、管理、服务方面的职能。在全行业上上下下的共同努力下，我们实现了"十三五"规划的良好开局。全行业全年规模以上工业企业增加值同比增长7.0%；实现主营业务收入13.3万亿元，同比增长1.7%；实现利润6444.4亿元，与2015年基本持平。在总结成绩的同时，我们也应该看到，联合会工作与行业发展形势还不完全适应，与广大会员的要求还有一定差距，主要表现为：联合会领导的战略和改革意识有待改进，工作人员的素质有待提高，服务意识与能力有待增强，工作方式与方法有待改进等等，这需要在今后工作中加以改进和完善，不断提高联合会的工作质量与规范化运作水平。

二、2017年工作安排

2017年是实施"十三五"规划的重要一年，也是推进供给侧结构性改革的深化之年，行业发展面临的国内外环境依然错综复杂。

从国际看，世界经济增长低迷态势仍在延续，国际贸易增长低迷，"逆全球化"思潮和保护主义倾向抬头，进一步增加了不确定性，特别是一些主要经济体采取一系列措施推进"本国优先"政策、提高进口产品关税等，将对国际经济复苏和国际贸易带来重大不确定性。中东等主要产油区地缘政治冲突，也将给世界经济带来更大变数，我国石化产品还面临以北美页岩气、中东轻烃为原料的石化产品的有力竞争。

从国内看，经济发展新常态的特征进一步凸显，石油和化工行业经济运行仍存在较大的下行压力。一是产能过剩矛盾仍十分突出，淘汰落后产能任务还很艰巨，产品低端同质化竞争激烈，企业盈利水平不高，部分企业甚至长期亏损；二是资源环境压力持续加大，能源消耗和"三废"排放总量居高难下，安全生产事故时有发生，存在许多技术难点和瓶颈，行业形象亟待改变；三是技术创新能力总体不强，行业科技创新资源配置不尽合理，新兴产业成长的制约因素较多，带动性强的新增长点尚未形成，产学研用协同创新有待加强；四是企业"走出去"开展国际产能合作尚处在起步阶段，合作步伐有待加快，合作质量有待提高；五是企业投资意愿不强，全行业固定资产投资连续两年下降，行业发展后劲不足。

国内外形势变化也孕育着积极因素。经过近几年的调整，我国经济呈现出平稳向好的态势，汽车、房地产等传统行业逐渐恢复平稳，网络信息产业、高端装备、生物医药、节能环保等战略性新兴产业以及服务业发展较快，"一带一路"建设加快推进将创造出更多国际合作发展的新机遇。有国际机构预计，全球化工产业将在2018年迎来景气周期，重要工业原料乙烯和用于生产芳烃的重石脑油将出现短缺，2017年将会出现一些积极变化。特别是随着我国企业创新能力的提升和创新成果的积累，发展的内生动力日益增强，这些都为石油和化工行业发展增加了新的动力。我们一定要进一步增强忧患意识、责任意识，主动适应新常态，引领新常态，把发展的立足点转到提高质量和效益上来，通过深化产业结构战略性调整，大力实施创新驱动战略，推进生态文明建设，培育发展新动力和竞争新优势，走内生增长、创新驱动、绿色发展的道路，推动我国由石油和化学工业大国向强国转变。

2017年我们工作的总体要求是：全面贯彻党的十八大、十八届五、六中全会和中央经济工作会议精神，坚持稳中求进工作总基调，适应把握引领经济发展新常态，牢固树立和贯彻落实新发展理念，深入实施《中国制造2025》，坚持以提高发展质量和核心竞争力为中心，以推进供给侧结构性改革为主线，坚持创新驱动和绿色可持续发展，全面做好稳增长、调结构、促环保、增效益各项工作，加快新动能培育和传统动能修复，扩大高端绿色产品和服务供给，力争率先走上筑底反弹、稳中向好的发展新通道，以优异成绩迎接党的十九大胜利召开。主要做好以下重点工作。

（一）大力推进结构调整优化，提高供给质量和水平

一是加大落后产能淘汰力度。继续坚持市场和政府、看不见的手和看得见的手、"两手抓、两手都要硬"的原则,加快淘汰达不到能耗、排放、质量标准的落后产能、工艺、装备,严格控制过剩产能的盲目增加,力争取得三年"去产能"目标的决定性、突破性进展。

二是做好进口原油使用权资质审核和油品质量升级工作。按照公开、公正、公平原则,确保核查评估工作质量,推进炼油行业淘汰落后产能,对赋予原油使用权的企业及时开展统计和动态监测。完善油品质量升级台账系统,做好油品升级项目监测数据的汇集整理。修订完善《成品油质量升级符合性评估贷款贴息工作细则》,做好贷款贴息符合性评估工作。

三是积极培育新的增长点。大力发展能源新技术和新能源技术、化工新材料、高端专用化学品、现代煤化工、生产性服务业等新兴产业,推进成立化工新材料应用创新联盟;推进现代煤化工示范项目优化升级,组织开展煤制油、煤制天然气、煤制乙二醇等示范工程项目对标研究,提出优化、提升方向和措施。推动智能制造在行业中应用与推广,抓好智能工厂、智慧园区建设和试点示范,增强企业综合竞争力。

四是进一步加强战略性、全局性重大问题研究。围绕油气行业改革与绿色发展、结构调整、国际产能合作、危化品管理、国际环境变化等重大议题,深入开展调查研究,充分利用《产业重大问题研究》平台,向政府有关部门反映企业诉求和行业呼声,提出政策建议。

(二)加强行业创新体系建设,加快提升企业创新能力

一是进一步加强行业创新平台建设。充分发挥行业创新平台在行业科技进步中的主力军作用,深入推进"能源新技术和新能源技术、化工新材料、精细与专用化学品、现代煤化工、节能环保"等五大领域行业创新平台建设,开展2013年认定的创新平台评估工作。围绕国家和行业重大共性需求,选择重点领域,培育国家技术创新中心。做好行业"技术创新示范企业"的培育和认定工作,在技术创新薄弱产业组建一批产业技术创新战略联盟。加强与重点高校、科研院所交流对接,促进科技创新面向市场、面向行业重大需求,加大培育科技创新人才尤其是"领军人才"。

二是集中力量攻克一批关键共性技术和装备。加强国家科技计划项目

实施管理，做好2017年度国家重点研发计划项目的申报组织和推荐工作。编制和实施2017年度"联合会科技指导计划"，以化工新材料和高端精细化学品、现代煤化工、生物化工、节能（安全）与环保、重大装备研制等领域为重点，组织产学研协同攻关，配合国家科技部实施的绿色制造科技专项，积极推进行业清洁生产技术、绿色制造技术和关键装备制造技术的攻关，抢占一批科技制高点。

三是提高科技奖励质量与水平。做好专项基金的捐赠接收工作，修订科技奖励办法，规范申报程序，控制申报数量，完善评选机制。增设专利奖和国际科技合作奖等奖项，鼓励跨国公司、境外科研机构与中国企业、科研机构开展创新合作，加大科技奖励专项基金和获奖项目的宣传和推介力度，促进获奖成果的辐射、转移和转化。

四是加强专利运用和新技术推广应用工作。完善行业专利信息服务平台，为企业提供专业的专利增值服务，强化对知识产权创造、运用、保护和管理的工作导向。开展"专利创新指数"研究，对聚氨酯材料、硅树脂等行业，开展重点产品专利态势分析和预警。梳理筛选获奖科技成果，积极推广新技术、新工艺和新产品，促进科技成果在企业的广泛应用。

（三）深入实施绿色可持续发展战略，扎实推进"六大行动计划"

一是宣传推进六大行动计划。这是联合会党委年初就确定的全年要着力抓好的重点工作，在深入调研、广泛听取企业意见的基础上，我们组织编制了废水治理、废气治理、固废处置处理、节能低碳、安全管理提升、化工园区绿色发展这"六大行动计划"，已在产业发展大会上正式发布。下一步要在全行业深入宣传和解读，并通过协调配合政府有关部门实施严格管理和监督，努力推动行业绿色发展上一个新台阶，使行业的社会形象有个一大的改观。

二是开展重点领域攻坚行动。围绕高浓度含盐废水治理、挥发性有机物治理、磷石膏综合利用、汞污染防治、危险废物管理等环保重点难点领域，加强科技攻关和先进技术推广，构建行业绿色技术支撑体系。深入开展能效"领跑者"发布活动，推进建立"工业节能与绿色评价中心"。积极参与全国统一碳排放市场建设,以重点产品碳排放基准值和行业减排系数研究为切入点,筹备组建石化和化工碳交易技术支持中心,推动CO_2捕集、驱油和封存先导性项目落地。

三是深入推进质量品牌和绿色标准体系建设。深化质量兴业活动,引导企业加强质量品牌管理,加强化工园区品牌建设,建立健全质量管理体系。制定实施《绿色石化产业技术标准体系建设行动计划》,实施标准化+绿色发展工程,完成原材料、节能与综合利用、安全生产和工程建设四个专业领域的体系建设方案,完成轮胎、涂料、复合肥、胶黏剂和农药制剂行业(产品)绿色产品评价标准,研究制定绿色工厂、绿色装置评价标准,构建全生命周期绿色标准体系,推出一批绿色产品、培育一批绿色工厂、建立一批清洁生产示范装置,打造行业绿色产业链。开展团体标准试点示范,增强与国际和国外标准化机构的联系、交流和合作,推进标准互认和我国标准"走出去",做好行业检验检测资质认定和计量技术规范制修订试点工作。

四是强化"责任关怀"和安全生产管理工作。开展"责任关怀"宣贯、培训、经验交流、典型培育、先进评选等活动,编制《危险化学品安全法》《硝酸铵安全管理指南》和《"责任关怀"示范园区评估指南》,推动有关园区或市区开展区域性安全主体责任落实的试点,开展安全风险查勘和专题培训,防控重特大事故发生,提升行业安全管理水平。

(四)扎实推进"一带一路"国际产能合作,进一步提升开放水平

一是积极推进"一带一路"国际产能合作。配合中财办、工信部完成"一带一路"国际产能合作课题后续工作,加强与企业以及金融、法律、咨询、国际投行等机构的合作,完善行业国际产能合作平台,研究编制重点国别石化产业投资报告,加强宣传和引导,为企业提供信息咨询和交流平台服务。

二是加强同国外行业协会和国际组织的交流合作。继续办好中美、中日、中伊等石化行业交流会议,落实达成的协议与共识。加强与国际化工协会联合会、禁化武组织、国际化肥协会、国家化工安全安保中心以及联

合国环境规划署、工业发展组织等的互动合作，积极参与双边及多边交往，扩大联合会影响，提高国际话语权。组织好中国国际石油化工大会、亚洲炼油和石化科技大会等重要会议，提升品牌影响力。

三是提升对外资企业服务水平。进一步活跃外资委的工作，密切联合会同跨国公司的联系，认真反映在华外资企业诉求，主动为跨国公司发展做好服务。发挥外资委专家作用，围绕化学品管理法规、油品质量升级、消费税改革、"责任关怀"、危险化学品储运标准等重点领域开展研讨交流，助力完善相关政策法规。

四是加强与我国台湾同业组织交流。组织好第十届海峡两岸石油化工科技经贸交流会，办好澳门国际环保合作发展论坛及展览。

（五）加强行业经济运行监测体系建设，引导行业提高运行质量和效益

一是推进石油天然气和化工两大行业信息服务平台建设。加强国家油气网建设，整合企业和相关研究机构的信息资源，抓好石油天然气行业统计与数据中心建设，建立行业统计监测体系；推进化工行业大数据平台建设，发挥数据平台对数据的分析、挖掘、分类汇总等功能，形成细分行业定制化报告，发布行业景气指数，做好行业引导。完善现代煤化工企业信息报送系统，及时掌握示范项目规划布局、项目建设、生产运行等情况，发布预警等信息，提出对策建议。

二是引导企业提高质量和效益。紧紧抓住成本、效益、销售收入利润率和流动资金周转率这几个关键的效率指标，密切关注经济运行中出现的新情况、新变化，加强形势研判，引导企业及时调整优化应对策略，向开拓市场、降低成本要效益，向深化改革、加强管理要效益，向调整结构、协同发展要效益，实现"稳中有进"的发展目标。

三是做好反垄断审查、贸易保障措施及贸易争议协调工作。加强对重点国别产品进出口监测，研究建立对话磋商机制，组织企业积极应对国际贸易壁垒，发布预警报告，维护产业安全。

（六）进一步加强党的建设和自身建设，提高联合会系统的履职能力和服务水平

一是加强党的建设。认真学习贯彻党中央的重大战略部署和习近平总书记系列重要讲话精神，把迎接党的十九大召开、学习党的十九大精神作为全年党的建设工作的重点，引导广大党员干部理解和掌握十九大作出的一系列新的重大决策部署，贯彻到实际工作中，化为引领行业发展的强大精神动力。切实增强"四个意识"，推进"两学一做"学习教育常态化制度化，坚持全覆盖、常态化、重创新、求实效，教育引导广大党员做到政治合格、执行纪律合格、品德合格、发挥作用合格；加强党的组织建设，召开联合会系统第四次党代会，建立健全专业协会党的基层组织，强化对党员的教育与管理，严格执行"三会一课"等党内制度，认真落实"两个责任"和中央八项规定，持之以恒地反"四风"，支持和保障好国资委巡视组工作，严格按照要求进行整改。抓好精神文明建设，做好思想政治工作，充分发挥各级党组织的政治核心、战斗堡垒作用和党员先锋模范作用，为完成联合会2017年各项工作提供坚强保证。

二是积极稳妥推进协会改革。协会改革不仅是中央的要求，也是我们自身发展的内在需要。要以激发活力和规范运作为目标，从15年来改革探索的实践出发，在总结成功经验的基础上，进一步在理顺体制、规范职能、完善治理、补强短板上下功夫。加强中青年干部的锻炼和培养，搭平台、给任务、压担子，在实践中增长知识才干，为联合会的长远发展储备人才。要突出重点、稳妥推进，建设"政府靠得住、行业离不开、企业信得过、国际有影响"的一流行业协会。

三是严格和规范内部管理。以这次巡视工作为动力，认真落实巡视组提出的各项整改要求，特别是要认真梳理、修订各项规章制度，编制联合会管理制度汇编，增强制度执行的刚性和严肃性。联合会各级领导要提高管理能力和管理水平，想长远、抓大事，统筹安排各项工作，努力提高本部门本领域的工作质量和工作效率。

四是改进工作作风。能合并的会议合并，能精简的会议精简，提高会议的质量。办好大讲堂和系列讲座，营造浓厚的学习风气。加强与会员单位的协调与合作，在业务工作、信息交换、反映诉求等方面互相给予支持与帮助，形成工作合力。

我们正处在实现全面建成小康社会和实现中华民族伟大复兴"两个一百年"奋斗目标的伟大时代！"潮平两岸阔，风正一帆悬"，催人奋进的宏伟目标，必然会催生伟大的企业和伟大的企业家！在各位理事的共同努力下，在全行业企业的共同支持下，我国石油和化学工业一定会大有可为，一定会有着广阔的发展前景。只要我们坚定信心、团结一致、迎难而上，就一定能够创造出新的辉煌业绩！为建设石油和化学工业强国作出新贡献！

坚定不移推进新时代改革开放伟大事业 为建设石油和化学工业强国而不懈奋斗*

40年前，十一届三中全会实现了中国共产党历史上具有深远意义的伟大转折，开启了中国改革开放的新征程。今天，我们隆重集会，纪念石油和化工行业改革开放40周年，充分展示40年来取得的辉煌成就，深刻总结改革开放取得的经验，深入动员全行业高举习近平新时代中国特色社会主义思想伟大旗帜，坚定不移推进改革开放伟大事业，满怀信心地为建设石油和化学工业强国、实现中华民族的伟大复兴作出新的更大贡献。

一、主要成就

40年来，我国石油和化工行业深入贯彻党中央、国务院作出的改革开放重大决策部署，坚决推进体制机制改革和对外开放，行业创新动力、企业发展活力、广大干部职工的积极性和创造力空前提升、竞相迸发，行业发展爆发出勃勃生机，发展韧性更加强劲，抗风险能力显著增强，先后战胜了东南亚金融危机、国际金融危机等各种风险和挑战，取得了举世瞩目的发展成就，迅速成长为世界石油和化学工业大国，创造了世界石油和化学工业发展历史上的奇迹。

---

* 这是2018年9月25日，在石油和化工行业改革开放40周年纪念大会上的讲话。

一是产业规模跃居世界前列，建立了产业链上下游齐全配套的工业体系。改革开放初期，我国石油和化学工业规模小、产业链短、产品种类少、产业结构单一，高端产品空白，国际影响力很弱。1978年，全行业总产值仅为758.5亿元，利润总额仅有169.7亿元，进出口贸易总额21.4亿美元。经过40年的改革开放，经过40年的不懈努力，我国石油和化学工业规模快速增长，2017年主营业务收入达到13.8万亿元，实现利润总额8462亿元，分别是1978年的182倍和50倍，产业规模位列世界第二，其中化学工业在2010年超越美国，位列世界第一。原油产量比1978年翻了一番，长期稳定在2亿吨左右；2017年，天然气、原油加工、化肥、乙烯、烧碱、纯碱、合成树脂、轮胎等主要产品产量分别达到1474.2亿立方米、5.7亿吨、6065.2万吨（折纯）、1821.8万吨、3365.2万吨、2677.1万吨、8377.8万吨和9.3亿条，分别是1978年的10.7倍、8.1倍、7倍、47.9倍、20.5倍、20.1倍、123.4倍和98.6倍。同时，产业结构持续优化，产业链不断延伸完善，除少数高端精细化工产品外，绝大部分石油和化工产品均能自主生产，建立了从油气勘探开发、石油炼制、煤化工、盐化工到农用化工、橡胶化工、医药化工、国防化工，再到化工新材料、精细化工、生物化工、化工装备等涵盖各专业领域、上下游相互衔接、齐全配套的石油和化学工业体系。

二是经济体制改革硕果累累，市场在资源配置中的决定性作用日益增强。我们以建立社会主义市场经济体制为目标，深入推进行业宏观管理、企业制度、价格机制、投融资体制、科技人才管理等一系列、全方位、系统性的体制机制改革。行业管理逐步由高度集中的计划经济管理模式转变到微观经济主体充满活力、宏观调控科学有效的市场经济管理模式。政府不再直接干预微观经济活动，而是通过制定长远规划和产业政策，营造良好的发展环境来宏观调控经济。全行业普遍建立起了产权清晰、权责明确、政企分开、管理科学的现代企业制度，一批又一批具有自主经营、自负盈亏、自我发展、自我约束经营机制的石油和化工企业发展壮大起来，真正成为了市场经济的微观主体。从建国初期仅有县以上企业5400家，快速发展到2017年规模以上企业约3万家，资产总计达13.03万亿元；从单一国有企业发展到国有企业、民营企业和外资企业三分天下、各居其一，包含多种所有制、多种经济成分的企业格局；从没有一家企业入围世界500强，到今年30多家企业入围，其中中石化、中石油位列前十位。在价格机制改革方面，除天然气等个别稀缺资源外，劳动力、土地、资金、技术、人才等要素价格和石化产品价格都由市场决定，市场价格成为反映市场供求关系的晴雨表，引导资源实现高效配置。我们还积极借鉴国际一体化发展经验，探索建立具有中国特色的化工园区管理制度。截至2017年，全国重点化工园区和以石油化工为主导产业的工业园区达到601家，其中国家级61家，产值超千亿元的园区11家，建成了一批石化产业基地，形成了一体化、集群化发展的新优势。

三是自主创新能力大幅攀升，科技创新由点的突破向系统性开发加快转变。40年来，我们先后实施了技术引进、科技兴化、创新驱动等不同阶段的科技创新战略，组织了一大批核心关键技术攻关项目，先后攻克了MDI、工程塑料、异戊橡胶、T800级以上碳纤维、聚碳酸酯、PX、芳纶以及特低渗透油气田开发、页岩气开发等一大批长期制约产业升级的核心关键技术。研制出12000米特深井石油钻机、大口径高等级螺旋缝埋弧焊钢管、海洋石油981深水半潜式钻井平台、炼油全流程技术装备、乙烯以及芳烃成套技术装备等，千万吨级炼油装置国产化率超过95%、百万吨级乙烯装置国产化率达到90%左右。许多技术装备打破了国际垄断，达到或接近世界先进水平。特别是现代煤化工产业，相继攻克了大型先进煤气化、合成气变换、大型煤制甲醇、煤制油、煤制烯烃、煤制乙二醇、煤制乙醇等一大批世界级技术难题，并实现了关键技术装备的产业化，走在了世界煤化工产业创新发展的前列。在可燃冰、石墨烯、纳米材料、3D打印材料、先进膜材料以及煤油混炼等前沿领域也取得了一批革命性技术成果，正处在破茧而出的试验推广阶段。改革开放40年来，涌现出万华化学、浙江龙盛、金发科技、山东东岳、浙江巨化等一批创新型企业，培养出一支创新型人才队伍，自主创新能力明显提升，全行业科技创新正在由"跟跑"向"并跑"、部分领域由"跟跑"向"并跑"与"领跑"方向转变，正在由点的突破向系统性开发转变，正在由量的积累向质的飞跃转变。

四是综合能耗和"三废"排放显著下降，行业绿色可持续发展水平明显提高。改革开放40年来，我们一直把节能减排和安全环保摆在行业发展的突出位置，大力推进清洁生产和循环经济，加强安全生产监管，行业平均综合能耗、"三废"排放水平和安全环保事故总体呈逐年下降趋势。我们积极借鉴国际先进经验，先后引进推广了EHS安全生产管理制度、"责任关怀"制度、能效领跑者发布制度、碳核查碳交易制度等，积极开展绿色产品、绿色工厂、绿色园区评价与创建活动，推进从产品设计、生产开发、产品包装、产品分销直到回收处置利用的全产业链绿色化，初步建立起行业绿色产业体系。我们下大气力开展绿色环保技术攻关，深入推广应用绿色环保先进技术。在废水治理方面，推广应用生物净化技术，高含盐、高含酸、高氨氮、含重金属和难降解等废水治理技术；在废气治理方面，大力推进脱硫脱硝和除尘的协同处理，国五标准油品全面推广，部分省市开始实施国六标准，二氧化硫、氮氧化物和挥发性有机物综合治理取得明显成效；在固废治理方面，以源头减排、综合利用和无害化处置为重点，推进磷石膏、废旧轮胎等大宗固废的综合利用，推进废酸废盐的循环利用，加强危险废物的无害化处置。同时，加快通用节能低碳技术推广，推进重点行业节能低碳改造，提高能源利用效率，减少二氧化碳排放。以"十二五"为例，化工行业万元工业增加值能耗累计下降22.5%，合计实现节能量约6125万吨标煤，折合二氧化碳减排量约1.6亿吨；化学需氧量、氨氮、二氧化硫、氮氧化物等主要污染物排放量持续下降。2015年，石油和化工行业固体废物产生量3.7亿吨，综合利用量2.3亿吨，综合利用率达62%；危险废物产生量1164万吨，综合利用量640万吨，综合利用率达55%，处理利用率达97%。

五是积极"引进来"和"走出去"，形成了全方位多层次对外开放格局。40年来，我国积极扩大油气资源进口，范围覆盖所有主要油气生产国，已基本建成横跨东西、纵贯南北、连通海外的四大战略通道的油气管网格局，截至2017年油气管道总里程约12.4万千米，其中天然气管道7.4万千米，原油管道2.4万千米，成品油管道2.6万千米。同时，我们与世界各国积极发展石化产品国际贸易，2017年全行业进出口总额达到5833.7亿美元，其中化学工业进出口总额达到3289.4亿美元，分别是1978年的272.6倍和200.6倍。我国巨大的市场吸引了大量外资进入，世界500强中的石油和化工企业都已在中国投资设厂，设立研发中心和生产基地，积极拓展在华业务，布局高端产品和高端产业，成为其全球收入和利润的重要来源地。我国石油和化工企业也主动打入国际工程建设和油气勘探开发市场，承揽工程、建设项目、开发资源。特别是"一带一路"倡议提出后，我国石油和化工资源开发类、产能合作类、工程技术服务类、国际贸易类等四大类企业积极"走出去"，构建以国内高端特色化工园区为起点，以中东、东南亚、中亚和俄罗斯等石化产业园区为中间战略支点，以中东欧高端精细化工园区和非洲石化园区为终点的"21世纪海上丝绸之路"和"丝绸之路经济带"化工产业链，更广更深地融入全球石化供应链和产业链，形成国际竞争新优势。目前，中国正在形成外企"请进来"和中国企业"走出去"新一轮投资热潮，中国石化行业对外开放正在形成一个全新的格局。

总之，改革开放的40年是我国由封闭型石油和化学工业国家向开放型世界石油和化学工业大国跨越的40年，是产业结构由简单初级向体系化、高端化、差异化、绿色化持续优化升级的40年，是发展动力由传统要素投入型驱动向科技创新型驱动加快转变的40年，是以壮士断腕、刮骨疗毒的决心和信心推动经济体制由僵化向充满生机与活力的市场经济体制转变的40年。事实证明，改革开放是完全正确的，是改变中国发展命运、实现中华民族伟大复兴"中国梦"的战略选择。同时，我们也要清醒地认识到，与发达国家和跨国公司相比，我国石油和化工行业还存在不小差距，特别是当前国内外形势稳中有变，"逆全球化"和保护主义带来新的严峻挑战。全行业要牢记"关键核心技术是讨不来、买不来的"，要把关键核心技术这一国之重器牢牢掌握在自己手里，只有进一步深化改革开放，下大功夫、集中力量在科技创新、结构调整、绿色发展等方面取得更大突破，才能在建设石油和化学工业强国新征程中实现新跨越，为国民经济和社会发展作出更大贡献。

二、基本经验

石油和化学工业改革开放40年的伟大成就，是在党中央、国务院的坚强领导下，石化产业大军以一往无前的进取精神和波澜壮阔的创新实践，谱写的自强不息、顽强奋斗的壮丽史诗。40年的开创性实践积累了宝贵的经验，概括起来就是六个"必须坚持"。

第一，必须坚持中国特色社会主义理论体系的指导。在实践基础上形成的理论创新，是指导石油和化学工业改革开放40年取得伟大成就的关键。我们党形成和发展了包括邓小平理论、"三个代表"重要思想、科学发展观、习近平新时代中国特色社会主义思想在内的中国特色社会主义理论体系。石油和化学工业始终坚持中国特色社会主义理论体系的指导，广大干部职工始终高举中国特色社会主义的伟大旗帜，自觉同党中央保持高度一致，把端正思想路线作为打开改革开放新局面的突破口，把思想从那些不合时宜的观念、做法和体制的束缚中解放出来，推动从计划经济向市场经济转变，从闭关锁国向全方位开放转变。实践证明，中国特色社会主义理论体系是行业发展最宝贵的财富，是全行业团结奋斗的思想基础。只有坚持用中国特色社会主义理论体系武装干部职工，石油和化学工业才能在深化改革、扩大开放中不断实现新跨越。

第二，必须坚持解放和发展生产力的改革目标。在改革开放过程中，邓小平同志反复思考着一个问题：什么是社会主义？它比资本主义好在哪里？搞了20多年还这么穷，那要社会主义干什么？这一连串的问号，实质上指出了改革的根本目的就是解放和发展社会生产力，实现国家现代化和民族复兴，让人民富起来。40年来，我们始终坚持"发展是硬道理"，以是否有利于发展社会生产力，是否有利于增强综合国力，是否有利于提高人民生活水平，作为行业改革开放的价值判断标准。围绕解放和发展生产力，我们一方面抓量的积累，在全行业的共同努力下，经济总量迅速攀升；另一方面抓质的提升，面对全球科技创新日新月异、新一轮科技革命和产业变革的压力，先后实施科技兴化和创新驱动发展战略，全力推进科技创新和绿色发展，突破了一大批关键核心技术，为行业向价值链中高端迈进提供了强有力支撑。

第三，必须坚持社会主义市场经济的改革方向。邓小平同志深刻指出，计划经济不等于社会主义，资本主义也有计划；市场经济不等于资本主义，社会主义也有市场。回顾40年改革开放历程，最核心的一条就是坚持市场化的改革方向，极大地解放了生产力。适应建立社会主义市场经济体制需要，我国政府积极推进宏观调控下的市场化改革。一是充分发挥看得见的手和看不见的手的各自优势，保证经济既充满活力、富有效率，又平稳运行、健康发展；二是毫不动摇地巩固和发展公有制经济，毫不动摇地鼓励、支持、引导非公有制经济发展，在石油和化工行业培育了一批以中国石油、中国石化、中国海油、中国中化、中国化工等为代表的世界级大型企业集团，发展壮大了一大批以浙江龙盛、金发科技、软控股份等为代表的创新型民营企业，使他们在各自领域发挥不同作用，既保证了行业经济运行的稳定，又增添了发展的动力和活力；三是坚持和完善按劳分配为主体、多种分配方式并存的分配制度，既鼓励先进，提高效率，又注重社会公平，普遍提高了职工的生活水平。

第四，必须坚持和尊重敢为天下先的首创精神。改革开放是前无古人的开创性事业，没有现成的模式可借鉴，难度极大、挑战性极强。只有坚定信念、大胆探索，不为任何风险所惧，不被任何干扰所惑，始终保持一往无前的进取精神和创新精神，最终才能实现改革开放的目标。中国石油和化学工业40年的创新实践证明，改革开放是个大舞台、大学校、大考场。在这个大舞台上，广大企业充分发挥主观能动性，敢作敢为、先行先试，锻炼出一大批德才兼备、勇于创新、敢于担当、有胆有识的企业家，培养出一大批刻苦钻研、勇攀高峰、攻克关键核心技术的科技创新带头人。在这所大学校里，广大干部职工勇于实践、善于学习，培养出一支政治强、作风硬、技术精的干部职工队伍，"大庆精神""吉化精神""铁人精神""工匠精神"得以发扬光大。在这个大考场上，能者上、庸者下，培养出一支敢想敢干、特别能战斗的高素质行业骨干队伍，涌现出一大批先进企业、优秀干部和劳动模范。广大干部职工以勤劳勇敢、自强不息的风范，艰苦奋斗、严细实快的作风，时不我待、只争朝夕的精神，奋力走好改革开放的长征路，为发展石油和化学工业做出了重要贡献。

第五，必须坚持整体推进和重点突破相结合的科学方法。改革开放是一项复杂艰巨的系统工程。坚持在统筹规划基础上不失时机地实现重点突破，是石油和化工行业推进改革开放的一条重要经验。近年来我们以供给侧结构性改革为统领，在坚定不移化解产能过剩矛盾中着力培育新的经济增长点，在坚定不移建设高水平创新平台中着力培育新动能，在坚定不移推进绿色发展中着力培育循环经济产业链，在坚定不移落实"一带一路"倡议中着力培育国际产能合作化工园区，在坚定不移加强经济运行监测中提高预警预测和防范重大风险能力。我们重视典型引路、整体推进，选择一批企业或领域先行试点，对成功的经验和做法进行总结，大张旗鼓地在全行业推广，取得了很好效果。这种统筹规划、重点突破、点面结合、整体推进的改革推进方式，既有效控制了风险，又使成功经验迅速推广，为新时代深化改革、扩大开放、探索新的发展方式和体制模式提供了宝贵经验。

第六，必须坚持科学谋划改革开放的"顶层设计"。40年来，历届中央领导集体运筹帷幄、总揽全局，一张改革开放的蓝图绘到底，把"顶层设计"与全国人民的"首创精神"很好地结合了起来。石油和化学工业40年的快速发展，得益于坚持好、落实好改革开放的"顶层设计"。20世纪80年代末90年代初，以顾秀莲同志为首的化工部党组接过深化改革开放的重任，按照建立社会主义市场经济体制的总要求，高瞻远瞩地作出"科技兴化""发展外向型经济"和"学吉化"的战略部署，极大地调动了全行业的积极性和创造性，为后来全面深化改革开放，迎接石油和化学工业的大发展大繁荣，奠定了基础，创造了条件。40年来，石油和化工行业的管理体制虽然几经变化，但初心不改。从化工部到石化局，再到石化联合会，从"六五"计划到"十三五"规划，再到进入新时代，我们始终坚持了"初心不改""目标不变"，勇往直前、砥砺前行，用行业整体团结的力量，取得行业发展的巨大成就。只要一以贯之地站在更高起点上科学谋划，团结奋进，就一定能够开创石油和化学工业改革开放更加美好的未来！

三、全面深入推进新时代石油和化学工业的改革开放

习近平新时代中国特色社会主义思想是当代中国化的马克思主义，是指导全面深化改革开放的行动指南。习近平总书记指出，"我国改革已经进入攻坚期和深水区，我们必须以更大的政治勇气和智慧，不失时机深化重要领域改革。实践发展永无止境，解放思想永无止境，改革开放也永无止境，停顿和倒退没有出路。"❶ 全行业要以习近平新时代中国特色社会主义思想为指导，进一步解放思想、实事求是、与时俱进，全面贯彻创新、协调、绿色、开放、共享的五大发展理念，深化体制机制改革，进一步激发市场主体和生产要素的潜力与活力，培育行业发展的新动能，在新时代新征程中加快向石油和化学工业强国跨越。

（一）全面深化体制机制改革，更好地发挥市场配置资源的决定性作用

一是加快完善公平竞争的市场环境。继续推进油气等资源性产品价格机制改革，真实反映市场供求关系、资源稀缺程度和环境补偿成本。深入实施市场准入负面清单制度，加快建设和完善企业征信系统，建立有效的信用激励和失信惩戒制度，进一步完善油气等资源性产品的财税体制，清理和废除妨碍市场统一开放和公平竞争的各种规章制度。

二是培育一批具有国际竞争优势的企业和企业集团。深化国有企业改革，优化国有经济布局。依法保护民营企业法人财产权和经营自主权，激发和保护企业家精神，全面提高国有企业、民营企业经营管理水平。积极发展混合所有制经济，通过兼并重组、优胜劣汰，培育一批具有国际竞争优势的企业和企业集团。

三是形成新旧动能转换的长效机制。制定科学严格的节能、安全、质量、环保等标准和准入条件，有序淘汰不达标的落后产能，严控新增低端产能。对新能源、化工新材料、精细与专用化学品、现代煤化工、节能环

---

❶ 参考人民网2018年4月10日中国共产党新闻网《关于改革开放，习近平这20句经典话语掷地有声》，编者注。

保等战略性新兴产业，充分发挥市场机制作用，加大引导和扶持力度，加快形成新旧动能转换的长效机制，促进行业高端发展、绿色发展、差异化发展和可持续发展。

（二）深入实施创新驱动发展战略，加快扭转关键核心技术受制于人的被动局面

一是建立和完善产学研深度融合的行业创新体系。以企业为主体，加快推进产学研深度融合，在能源新技术和新能源技术、化工新材料、精细和专用化学品、现代煤化工、节能环保五大领域建设一批充满活力、具有领先水平的行业科技创新平台，突破一批长期制约行业发展的重大关键核心技术与装备。

二是完善促进科技创新的体制机制。建立主要由市场决定技术创新项目和经费分配的体制机制，提高企业技术创新投入回报，激发科技人员积极性。强化知识产权创造、保护、运用，完善科技成果转化激励评价制度，引导和支持化工新材料、专用化学品、现代煤化工、节能环保等重点领域形成重大专利和标准。加强技术交易平台建设，积极发展技术市场，促进科技成果的资本化、产业化。

（三）深入实施绿色可持续发展战略，树立创造美好生活的良好社会形象

一是建立行业绿色发展标准体系。加快制定绿色产品、绿色工厂以及绿色园区的评价标准，全面做好绿色制造、新材料、环保与健康、节能与综合利用、产业转型升级、安全生产等重点领域的标准制修订工作，建立行业绿色可持续发展的标准体系，提高资源利用效率，减少"三废"排放，形成循环高效低碳的绿色生产方式。全面加强质量管理，建立和完善品牌培育管理体系，提升石化产品全球品牌影响力。

二是深入推进"责任关怀"。牢固树立"绿水青山就是金山银山"的理念，更加广泛深入地推进"责任关怀"，培育绿色生态产业链，加快构建绿色可持续发展的长效机制。进一步健全组织工作体系，深入开展"责任关怀"宣传、培训、实施和评估。建立"责任关怀"激励机制，表彰具

有示范带动效应的先进单位、先进个人、典型企业和典型园区，推动更多企业和园区实施"责任关怀"。

三是大力推进绿色技术创新。重点攻克油品及大宗化工原料绿色制备技术、"三废"排放与资源化利用技术、土壤修复技术、高效节能技术、CO_2捕集封存利用技术等长期困扰行业发展的重大技术难题，取得一批世界级科技成果，在行业内广泛推广应用。进一步壮大节能环保产业，引领、支撑传统产业升级改造，使行业能耗和排放主要指标显著下降，绿色可持续发展水平走在工业部门的最前列。

（四）务实推进"一带一路"石油和化工园区建设，打造上下游联动、国内外互济的全球石化产业链

一是推进外贸结构优化升级。引导出口贸易从传统的生产成本优势向技术、质量、品牌、服务为核心的新优势转化。提高加工贸易的国内配套能力，促进加工贸易向研发、设计、装备制造、物流营销等产业链环节拓展。进一步扩大进口，优化进口结构，吸引外资投向高端领域，提高外资利用综合效益。

二是推动"一带一路"产能合作向高质量发展转变。加快中东、非洲、中东欧、俄罗斯以及东南亚等地区的"一带一路"产能合作园区建设，以大型骨干石化企业入驻带动产能合作类、工程技术服务类、资源开发类、国际贸易类等上下游配套企业协同入驻，构建上下游联动、国内外互济的全球产业链，推动"一带一路"合作不断走深走实。

（五）建设新时代先进文化，培育思想过硬、技术过硬、作风过硬的创新型人才队伍

一是培育新时代石油和化学工业先进精神文化。总结和弘扬新时代先进企业形成的创新精神和创新文化，积极吸收借鉴跨国公司的管理经验，不断提高企业的管理水平和广大干部职工的业务素质，为培育世界一流企业和企业集团、建设石油和化学工业强国提供新的强大精神动力和智力支持。

二是建设一支思想过硬、技术过硬、作风过硬的创新型人才队伍。瞄

准世界科技前沿和战略性新兴产业,下大气力培养战略科技人才、科技领军人才、高水平创新团队。支持企业家专心创新创业,培养造就一大批具有全球战略眼光、创新能力和社会责任感的企业家。进一步弘扬劳模精神和工匠精神,营造精益求精的敬业风气,培养一支高技能职工队伍。加快改革和完善人才发展机制,让各类人才脱颖而出,让人才的活力竞相迸发。

40年众志成城,40年砥砺奋进,40年艰难探索,40年春华秋实,改革开放这场中国的第二次革命,使石油和化学工业发生了翻天覆地的伟大变革。今天,我国石油和化学工业再一次站在了历史发展的新起点上。让我们更加紧密地团结在以习近平同志为核心的党中央周围,高举中国特色社会主义伟大旗帜,不忘初心,牢记使命,坚定不移地推进新时代改革开放伟大事业,为建设石油和化学工业强国,为实现中华民族伟大复兴的中国梦做出新的更大的贡献!

努力打造新时代石化行业高质量发展的新高地*

回想40年前的冬天，改变当代中国命运的十一届三中全会胜利召开，开启了中国当代发展史上的伟大转折，从此掀开了我们党带领全国人民以经济建设为中心，坚持四项基本原则，坚持改革开放，建设中国特色社会主义伟大强国的崭新一页。今天，当我们站在新时代门槛，回首当时以邓小平同志为核心的党中央作出改革开放这一伟大决策的时候，当我们回顾40年来全党全国人民众志成城、砥砺奋进，以大无畏的精神，义无反顾、披荆斩棘推进改革开放这一波澜壮阔的伟大事业的时候，我们仍然激动不已、心潮澎湃，在思想上和精神上又经历了一次全新的解放与洗礼。

一、传统发展方式积累的结构性矛盾十分突出

从中华人民共和国成立，到改革开放初期的1978年，我国石油和化学工业有了一个从无到有的很大发展。1978年，全行业主营业务收入达到758.5亿元，利润总额达到169.7亿元，进出口贸易总额达到21.4亿美元，但全行业仍然属于一个基础薄弱和技术落后的行业。

中国石油和化学工业的快速发展，是从改革开放开始的。改革开放40年来，我国石油和化学工业发生了翻天覆地的变化。2017年，全行业主营

---

* 这是2018年12月12日，在上海市化工行业协会纪念改革开放40周年大会上的报告。

业务收入达到13.78万亿元，是1978年的181.7倍，其中化学工业增长了173.4倍；实现利润总额达到8462亿元，是1978年的49.9倍，其中化学工业增长了97.9倍；进出口总额达到5833.7亿美元，是1978年的272.6倍，其中化学工业增长了200.6倍。40年来各项经济指标年均增速都在13%左右。

改革开放以来，全行业主要产品产量持续高速增长。原油产量从1978年的1.04亿吨快速增长并长期稳定在2亿吨上下；天然气产量从1978年的137.3亿方增长到2017年的1474.2亿方；原油加工量从1978年的0.7亿吨增长至5.7亿吨；乙烯产量从1978年的38万吨增长至1821.8万吨；烧碱产量从1978年的164万吨增长至3365.2万吨；纯碱产量从1978年的132.9万吨增长至2677.1万吨；化肥产量从1978年的869.3万吨增长至6065.2万吨；合成树脂产量从78年的67.9万吨增长至8377.8万吨；轮胎产量从78年的0.1亿条增长至9.3亿条；目前，已有多个重点产品的产量跃居世界第一。

改革开放以来，全行业企业数量和规模不断扩大，企业竞争能力不断增强。1978年，全行业共有县级以上企业5400个，其中大中型企业只有404家，规模最大的企业是吉化公司，其主营业务收入只有7.9亿元。2017年全行业规模以上企业达到29765家，其中大中型企业4214家。主营业务收入最大的企业是中石化，达到24188.7亿元。据2017年《财富》世界500强排行榜统计，中国涉及石油和化工行业的企业共有16家，占中国进入世界500强企业总数的14%（中国进入世界500强企业115家）其中，中国石化、中国石油在500强排名中分别位居第三和第四位。特别是在改革开放推动下，全行业所有制结构发生了根本性变化，改革开放前中国的石油和化学工业基本上是国有经济的一统天下，但目前全行业的所有制结构已经形成了国有企业、民营企业和外资企业三分天下、各居其一的局面，企业活力不断增强，市场公平竞争的环境更加完善。

中华人民共和国成立以来，特别是经过改革开放40多年的发展，中国石油和化学工业已经形成了油气勘探开发、石油炼制、石油化工、煤化工、盐化工、精细化工、生物化工、国防化工、化工新材料和化工机械等几十个行业，生产4万多种产品，门类齐全、品种配套，基本可以满足国民经济和人民生活需要的强大工业体系，成为国民经济一个重要的战略性支柱产业。2017年石油和化学工业占国民经济的比重已达12%左右。

中华人民共和国成立以来，特别是改革开放以来，中国石油和化学工业取得了举世瞩目的伟大成就，这是几代石油和化工人艰苦奋斗、顽强拼搏的结果。正是新中国和改革开放的辉煌成就，使我国石油和化学工业从无到有，从小到大，成长为世界石油和化学工业的大国，为实现向世界石油和化学工业强国跨越奠定了坚实的基础。从2010年开始，中国石油和化学工业销售收入位居世界第二位，仅次于美国。其中化学工业位居世界第一位，超过了美国。据国际化工数据统计，2015年中国化学工业销售收入占全球的38%，美国化学工业占全球的16%，德国、日本化学工业占全球的4%，韩国、法国化学工业占全球的3%。

虽然我国石油和化学工业已经发展成为一个世界大国，但还远远不是一个石油和化学工业强国。与世界石油和化学工业强国相比，我们还有很大的差距，尤其是在产业结构方面的差距则更加明显。

从世界石油和化学工业发展的历史和经验来看，一个行业的市场竞争优势主要取决于产业结构层次的高低。而产业结构层次的高低，又取决于技术发展水平的高低。从本质上讲，我们可以说技术发展的水平决定着产业结构的高度，技术创新的能力决定着市场竞争的优势。我们的结论是：一个行业的技术发展水平是产业结构高低和市场竞争优势的决定性因素。从发达国家石油和化学工业发展的实践和经验来看，一个完整的石油和化学工业产业链，从原材料起始到市场终端大体可分为五个产业结构层次。

第一个结构层次为石油、天然气和化学矿山开采业。这是石油和化学工业产业链的始发端，如果没有原油、天然气和诸多的化学矿产、特别是硫铁矿、磷矿、萤石矿等化学矿资源的有效供给，石油和化学工业就会成为无源之水和无本之木。一个国家的石油、天然气和化学矿产的勘探开采业既取决于技术的优势，更取决于资源禀赋的优势。如中东、俄罗斯石油和天然气资源的优势、摩洛哥磷矿石资源的优势、美国页岩气资源的优势等等。

第二个结构层次为基础石油和化工原材料加工业。这是石油和化工产业发展的原料基础，乙烯、丙烯、丁二烯、苯、甲苯、二甲苯、硫酸、硝酸、盐酸、烧碱、纯碱、电石等等，这些量大面广的基础化工原材料是石油和化学工业发展的基础。经过多年的发展，这些基础化工原料的生产技术都是成熟的，发展的优势主要取决于资源优势、原料供给、生产规模和市场需求等等。

第三个结构层次为一般石油和化工加工制造业。这是石油和化学工业深加工的初级阶段，如聚乙烯、聚丙烯、合成氨、合成树脂、合成纤维、合成橡胶等等。这个结构层次的石油化工产品主要特点是技术属于传统的成熟技术，生产规模一般比较大，市场需求也比较稳定，是整个产业稳定发展最重要的基础部分。

第四个结构层次为高端化工制造业。这是石油和化学工业处于行业技术高端的加工制造业，主要包括化工新能源、化工新材料、高技术精细化学品以及现代煤化工等高精尖技术和新市场用途的石油化工产品，这类石油化工产品的主要特征集中体现在化工原材料的高端性和生产加工技术的先进性上。以互联网、智能制造和纳米材料、碳纤维材料、膜材料等为典型代表的新技术突破，使石油和化学工业的高端制造又迈上了一个新的台阶，高端石油和化学工业制造将引领着整个石油和化工产业未来新的竞争优势和新的经济增长点。

第五个结构层次为战略性新兴石油和化工产业。这个结构层次代表着石油和化学工业未来发展的方向和新技术的领先探索，主要包括生命科学、基因工程、生物工程、化学制药和环境工程等等。这个层次的产品集中体现着前沿技术的创新能力、制高点技术的发展水平和未来技术研发的领先优势等。特别是生命科学和基因工程的发展，将会对人类健康寿命、生活质量、医疗、农业带来一系列深刻变化，特别是对已经到来的老龄化社会将会带来重大福祉和影响。

这五个产业结构层次既有着产业技术的连续性，又有着产业技术的成长性。在产业结构的连续性和成长性之间，一个显著的特点就是低层次的产业结构对原料的依赖性很大，高层次的产业结构对技术的依赖性很高。低层次产业结构的产品一般多为原料产品和中间产品，高层次产业结构的产品多为市场终端产品。终端产品不仅技术含量较高，而且经济效益也较好。产业的技术水平、竞争优势集中体现在产业结构的层次上，产业结构层次是衡量一国产业发展活力和产业竞争能力的核心标志。

2017年中国石油和化学工业的主营业务收入为13.78万亿元（人民币），按国民经济行业统计十一大类分类，其统计分类如下表：

2017年中国石油和化学工业各行业主营收入及比重表

行业名称	主营业务收入/万亿元	比重/%
石油和化学工业合计	13.78	100
石油和天然气开采业	0.92	6.7
精炼石油产品制造业	3.42	24.8
化学矿山开采业	0.05	0.3
基础化学原料制造业	2.54	18.5
肥料制造业	0.84	6.1
橡胶制品业	0.96	7.0
合成材料制造业	1.56	11.3
专用化学产品制造业	2.17	15.8
农药制造业	0.31	2.2
涂料、油墨、颜料产品制造	0.67	4.9
专用设备制造	0.34	2.5

如果按石油和化学工业产业结构五个层次划分，我国的石油和化学工业的结构主要集中在技术低端的前三类：即石油、天然气和化学矿山开采业，占我国石油和化学工业结构的31.8%；基础石油和化工原材料加工业，占我国石油和化学工业结构的18.5%；一般化工加工制造业（包括化肥、合成材料、专用化学品、橡胶等），占我国石油和化学工业的40.2%；这三大类产业结构占比高达90.5%；而高端化工制造业和战略性新兴产业两个层次产品占比还不到10%。尽管近几年我国石油和化学工业在高端化工产品技术上也取得了一些突破，如现代煤化工技术（煤制烯烃、煤制芳烃

等)、新材料技术（聚氨酯、异戊橡胶等）领域都创造了一些领先于世界的新技术，但从我国石油和化学工业总体技术创新能力来看，全行业仍然处在产业价值链的中低端，产品结构雷同，创新能力较弱，这就是我国石油和化学工业产业结构的现状，也是我们必须要承认和正视的产业结构现实，必须要下大气力努力加快产业结构的转型升级，实现石油和化学工业大国向强国的历史性跨越。

二、石油和化工行业高质量发展的五项战略任务

经过改革开放40年的快速发展，我国生产力得到极大的解放和提升，市场供需矛盾已由供给不足转向总体供过于求，人们由追求消费数量转向追求消费质量、档次和品牌，消费升级的大潮正在奔腾而来。我国石油和化学工业产品已经不能完全满足人们消费升级的需要，行业供给结构需要加快调整和升级，以适应供需矛盾发生的根本变化，为人们享受美好生活打造更高层次、更高质量的物质基础。"十三五"时期以来，在广大企业的共同努力下，石油和化工行业认真贯彻落实"创新、协调、绿色、改革、共享"五大发展理念，积极实施创新驱动战略和绿色可持续发展战略，大力推进传统产业改造升级，着力发展战略性新兴产业，供给侧结构性改革加快推进，产品和服务供给的高端化、差异化、绿色化趋势明显，企业经济效益明显改善，行业发展的潜力和后劲不断增强。消费升级与供给侧结构性改革相互推动、相互促进、相互作用，石油和化工行业的发展方式正在发生着深度变革。

一是5G时代引领着石化产品消费升级的新高潮。随着信息技术飞速发展，通信技术迭代不断加快，人们生活越来越离不开大数据与互联网服务。3G和4G时代推动了智能手机的普及和移动互联网产业的繁荣，先后引领了电子消费品爆发式增长，为扩大国内需求发挥了重要作用。当前，我们正在向5G时代大踏步前进，5G通信标准的商业化应用，已经蓄势待发。在节能环保、智能电网、导航通信、智能农业、智能制造、智慧城市等领域，5G都有着广泛的实际应用，人们对5G消费的潜力巨大，据有关

跨国研究机构报告，未来5年中国5G产业总体市场投资规模将超过万亿美元。新一代通信技术不仅为人们生活提供了前所未有的便捷与舒适，更有力地支撑了工业互联网+的升级步伐。5G时代的到来，将大幅度提高工业物联网的建设速度和运营质量，也将加快个人移动终端设备升级换代的步伐，这些都为石油和化学工业带来新一轮发展机遇，极大地促进电子化学品、高端膜材料、高端树脂等相关产品市场消费的快速增长。

二是高端制造业创造了石化产品消费的新需求。 高端制造业是战略性新兴产业。经过不懈努力，中国高端制造业有了长足进步，新能源、航空航天、轨道交通、海洋工程、工程机械、数控机床等一批高端装备取得突破性进展。ARJ21新型支线客机交付商用，C919大型客机试飞成功，精密重型机床等产品跻身世界先进行列，高铁、核电等行业具备了全球竞争力。高端制造业快速发展不但对化工新材料、专用化学品等高端化工产品提出了急迫的新需求，也对涂料、橡胶等传统化工产品升级换代提出了新要求。特别是外资企业也看好中国制造业升级带来的配套能力以及巨大的消费市场潜力，宝马、英特尔、波音、特斯拉、西门子、通用电气等跨国公司巨头纷纷加大在华投资，布局高端制造产业，进一步增加了石化产品的市场需求，撬动了石化产品消费的巨大潜力。

三是生态环境保护赋予了石化产品绿色消费的新使命。 绿色可持续发展始终是我们石油和化工行业追求的目标。近年来，随着人们对美丽生活环境需求的不断增强，对石化行业绿色发展提出了更高的要求。不仅生产过程要实现绿色无污染，产品全生命周期也要实现绿色无污染。绿色消费已成为人们重要的生活方式之一，社会发展和人们对美好生活的向往都在呼唤着全行业全面建立绿色发展体系。比如，过去我们在生活中使用的塑料袋、快餐盒等产品质量不高，无论是生产还是消费，对环境影响很大，随着社会进步，人们对于塑料袋、快餐盒等产品的质量要求比过去有了大幅提升，不仅要求蔬菜、水果、肉、蛋等食品是绿色有机的，对食品包装材料也提出了绿色无污染的新要求，甚至对塑料材料的回收利用也提出新目标。安全生产是石油和化工行业必须坚持的底线，为生活提供绿色产品已经成为行业一项重要的责任担当。石油和化学工业有着从分子结构上改变物质性质的本领,具有先天的技术优势和治理能力,石化产业诸多产品、技术及装备与环保产业发展密切相关,是向社会提供废水治理、废气治理、固废治理、土壤修复等环境污染问题治理方案的主要贡献者。在经济社会转型时期,绿色发展催生出环保市场的巨大需求,石油和化工行业面临着难得的机遇,发展潜力很大,可以形成许多新的消费热点和新的经济增长点。

四是追求舒适生活培育了石化产品消费的新动力。中国已经进入了高质量发展阶段,人们对舒适生活的追求和向往比以往任何时候都更加迫切。生活质量升级最明显的就是消费升级,旅游消费、健康消费、信息消费、养老消费、品牌消费、服务消费等一系列新兴的消费理念和消费模式快速建立,为人们生活品质升级打开了新的消费空间。以信息消费为例,互联网改变了我们的生活方式,同时也创造了新的巨大消费市场,据有关部门数据,到2020年我国信息消费规模将达到6万亿元,拉动相关领域产出达15万亿元。为全社会提供舒适、健康、安全、绿色的产品,是石油和化工行业未来实现高质量发展的重要方向和必然选择。同时,还要为下游产业提供优质配套的原材料。从新生儿护理产品,到老年人方便好用的生活用品,从新能源发展的产品和技术,到传统工业转型升级的新需求,石油和化学工业将会为打造未来的舒适生活环境提供源源不断的物质保障和基础。

五是"一带一路"建设开拓了石化产品消费的新空间。"一带一路"沿线国家人口多、地域广、资源丰富,在全球石油化工领域具有资源优势、成本优势、市场优势等综合比较优势,是全球石油化工产业未来的重要增长极。"一带一路"沿线国家是全球油气、天然橡胶、钾盐等资源原材料的重要来源地,在中外双方贸易中占据重要地位。"一带一路"倡议既是传承,又是创新,是中国在新的历史条件下进一步深化对外开放的重大举措,不仅符合中国经济发展的内在要求,更是对全球发展贡献的中国智慧。"一带一路"倡议为全球石油和化学工业发展打开了更大的合作空间——推动中国石油化工企业积极走出国门,在世界舞台上提高经营管理水平和竞争力,同时也为国外公司与中国企业合作创造了双赢的新机遇和重要的新平台。

党的十九大提出，中国特色社会主义进入新时代，我国经济发展进入了新阶段。新阶段的基本特征是由高速增长转向高质量发展。高质量发展同我们行业向石油和化学工业强国迈进的目标是完全一致的。向石油和化学工业强国迈进，实现高质量发展，必须要坚持以供给侧结构性改革为主线，大力推动质量变革、效率变革和动力变革。

根据我们行业发展的现状，用高质量发展推动全行业向强国跨越，用三大变革引领行业转型升级，我们必须要扎扎实实抓好事关全局的五项重点工作，实实在在地完成好高质量发展的五项战略任务。

一是要加快技术变革，全力推动全行业产业结构的转型升级。加快提升自主创新能力，不断提升产业结构层次，是世界各国石油和化学工业发展一个十分显著的大趋势。特别是进入21世纪以来，世界各国、特别是石油化工大国和著名跨国公司产业结构调整的步伐明显加快，在高端产业，尤其是在抢占未来行业技术制高点方面的竞争也越来越激烈。随着中国高端制造业的快速发展和消费需求的快速升级，特别是随着数字化、智能化和网络技术的广泛应用，化工新能源、化工新材料、高端精细化学品和节能环保领域正在出现一批颠覆性的技术变革，一大批新技术、新产品、新服务快速出现，技术创新已经成为全行业产业结构升级、企业产品结构优化的主要动力，技术创新正在给我们的行业、企业甚至整个世界带来无法预计的改变。我国石油和化学工业整体结构的现状十分清楚地告诉我们，我国产业结构优化调整的步伐必须加快，产业结构低端化、同质化的现状必须改变，提升创新能力、加快结构优化升级，是全行业实现高质量发展所面临的首要课题和紧迫任务。

二是要加快创新变革，从根本上提升全行业的科技创新能力。"十三五"以来我们在创新发展方面下了很大功夫，行业和企业创新能力有了很大提高，也取得了一系列技术创新的高端突破，行业经济结构和发展质量正在发生明显变化，创新正在开创着中国石油和化学工业的崭新未来。我们行业技术创新的变化，主要表现在以下五个方面：一是在能源领域，油气勘探开发和页岩气等新能源技术的突破，极大地提高了我国能源安全的保障能力；二是在化工新材料领域，一批尖端技术的突破极大地提升了我国高端化工新材料的竞争能力；三是在现代煤化工领域，一批具有自主知识产权核心技术的突破，极大地开拓了C_1化学发展的新未来；四是在节能环保领域，一批先进适用技术的突破，极大地提高了我国石油和化学工业绿色发展的水平；五是在创新组织领域，创新平台建设的突破，极大地提高了我国石油和化学工业产学研紧密结合的创新能力。2018年元月8日，在中共中央、国务院召开的2017年国家科学奖励大会上，石化行业共有46项科技成果获得国家大奖。石化行业获奖项目占全部271个奖励项目中的16.9%。在46个获奖项目中，获得技术发明一等奖2项，获得科技进步奖6项。

在看到技术创新能力有较大提高的前提下，我们还应清醒地看到全行业在高端技术方面的差距，看到我们在创新"领跑"能力方面的不足。在高端核心技术领域，我们领跑的技术还很少，创新技术层次还有较大差距；在技术创新能力上，我们还没有完全形成以企业为主体的创新体制机制，绝大多数企业还不具备创新主体的能力，全行业创新资源有效组织的能力还有待进一步提升，产学研有效资源还没有高效组织起来，创新成果转换效率还需要进一步加强。大力提升企业和行业创新能力，仍然是我们全行业高质量发展的一项战略任务。

三是要加快绿色变革，大力推动全行业绿色发展生产方式的转变。建设绿色产业体系是石油和化工行业的重要使命。"十三五"以来，全行业认真贯彻执行新发展理念，不断提高资源利用水平，加速构建绿色生产体系，绿色发展水平不断提高，单位产品能耗以及化学需氧量、氨氮、二氧化硫、氮氧化物等行业主要污染物排放量持续下降。我们着力引导全行业从贯彻绿色发展战略、培育环保产业、建立健全绿色标准体系等方面做好四项重点工作：要突出抓好重点领域和关键环节技术改造，加快形成绿色产业体系；要贯彻实施绿色发展战略，着力解决制约绿色发展的突出问题；要积极开展产学研协同攻关，培育壮大绿色发展新动力；要全面实施"责任关怀"，着力提升行业本质安全水平。

四是要加快国际合作变革，牢牢把握"一带一路"国际合作战略新机遇。我国政府提出的"一带一路"倡议是在新的历史条件下实行全方位对外开放的重大举措。这不仅是中国经济发展的内在要求，更是为全球发展贡献的中国智慧。近年来，石化行业积极响应"一带一路"国家倡议，充分利用"两种资源、两个市场"，积极"走出去"与"一带一路"沿线国家开展工程技术服务、资源能源、收购兼并等国际合作，既获得了重要资源和原材料保障，也扩大了中国化工产品和技术装备的国际市场，在促进国内行业发展的同时，也为促进"一带一路"沿线国家人口就业、增加税收、发展经济做出了积极贡献，涌现出一大批重要合作成果，成绩斐然。

2016年，受中财办委托，我们开展了国际产能合作课题研究，研究成果不仅得到了行业企业的积极响应，更得到了党和国家领导人的高度认可。我们提出了全行业要加快组织四大集群、四大基地的总体战略。即：引导四大类企业"走出去"，加快组织资源开发类、产能合作类、工程技术服务类、国际贸易类等四大产业集群；积极构建以国内石油化工园区为首，中东欧石油化工园区为尾，中东、东南亚和南亚、中亚俄罗斯化工园区为中间节点，辐射非洲、北美、南美、澳大利亚的"一带一路"国际产能合作的四大基地。即：中东石化产能合作基地；东南亚和南亚石化产能合作基地；中亚俄罗斯产能合作基地；中东欧产能基地。

五是要加快行业管理体制变革，努力提高企业的发展活力和市场竞争力。企业核心竞争力主要体现在四大基础竞争力上，即产品竞争力、成本竞争力、效率竞争力和服务竞争力，我们把这四大竞争力称之为企业核心竞争力的四大基础竞争力。企业竞争力是国家竞争力的基础，企业活力是国家经济活力的源泉。当前，中国政府正在进一步扩大对外开放、大力简政放权，大力完善市场管理法律法规，大力保护知识产权，中国宏观经济和行业管理体制的变革，将会为包括所有跨国公司在内的中国企业创造一个更加公平、更加高效、更加透明的发展环境。这为企业更好发展提供了保障。同时，在企业效率和效益方面，我们要正视与先进跨国公司的差距，练好内功，加强管理创新，加快建立适应现代市场经济发展要求的内部管理制度，优化企业业务流程和组织结构，全面加强质量、安全、财务、营销等管理，努力提升企业经营管理水平，全力提高企业竞争能力。

这五大战略任务，是全行业在高质量发展进程中，必须要全力以赴、扎扎实实抓好的长期战略任务。

三、努力打造新时代石化行业高质量发展的新高地

上海是我国最大的中心城市之一，是我国经济发展最快、最活跃的长三角洲的龙头城市，在经济、金融、科技、人才、交通等方面具有得天独厚的优势，特别是与北京等大城市相比，上海市更具有发展石油化工产业的优势。在企业方面，上海市既有华谊这样致力于化工新材料等战略性产业发展、具有较强竞争力的大型国有企业，也有技术领先、创新力强、生产和管理效率高的跨国公司，还有产业集聚、循环链接、管理先进的现代化工园区；在科技创新方面，上海市既有华东理工大学等石油化工领域的高等学府，也有上海化工研究院等实力雄厚的石油化工专业科研机构，还有企业等组建的高级专业技能学校，特别是吸引了一批又一批国际石油化工人才，为我国石化行业创新发展注入了新的活力；在产业结构方面，上海市既有居于第二层次的基础石油和化工原材料加工业，也有第三、四、五层次的石油化工产业，特别是在化工新材料、化学医药、专业精细化学品等高端产业领域居国内领先水平，发展潜力最大、动力最强，前景也最为广阔。

最近，全球最著名的城市评级机构之一——全球化与世界城市研究网络（GaWC）发布了《世界城市名册2018》，北京、上海被列入全球一线城市前十名，其中上海位列第六名，这是从全球视野充分肯定了上海在全球经济活动中的引领和辐射作用。石油和化学工业是技术密集型、资本密集型产业，也是国际化、全球化、一体化特征十分明显的产业。发展石化产业，特别是高端石化产业必须要有相对完整的产业链，要有雄厚的科研力量和人才储备，要具备便利的海陆空运输条件，还要有强大的金融、信息等生产性服务业作为支撑。上海市是我国少数具备这些全部条件的城市之一，完全有条件、有能力走在全国石化产业高质量发展的最前列，打造我国石化行业高质量发展的新高地。

从国内看，我国经济正处在结构调整、新旧动能转换的关键时期，出现了一系列新的情况、新的变化和新的挑战。一是传统动能正在减弱，比如石化产业的下游汽车行业，产销量已连续5个月下滑，根据中国汽车工业协会数据，2018年1～10月，汽车产销量分别比上年同期下降了0.4%和0.1%，预计中国乘用车市场将在今年出现自1990年代以来的首次年度销量下滑。二是新动能培育缓慢。新动能培育是一个过程，需要一定的时间周期，目前石油和化工行业供给侧尚不能完全跟上我国消费升级的步伐，产品品质、种类、性能与消费者需求有较大差距。三是安全环保压力持续加大，造成生态环境污染、破坏的事件时有发生，特别是石化化工领域，重特大生产安全事故造成的影响十分恶劣，污染、火灾、爆炸等事故损失触目惊心，"谈化色变""邻避效应"还在进一步扩大。四是中小企业发展面临困难较多。这既有宏观经济环境对中小企业不利的因素，也有中小企业自身发展方式粗放、创新能力不强等原因。

国内外环境变化，造成经济下行压力加大。特别是四季度以来，石化产品价格指数下降趋势明显，企业利润增速放缓，石化行业处在转型升级、爬坡过坎的关口。打铁还需自身硬，坚定信心、保持定力，坚持做好自己的事情，是我们战胜各种矛盾和困难应该采取的正确态度和方法。面对复杂多变的国内外形势，我们要全面贯彻落实十九大精神和习近平新时代中国特色社会主义思想，全面贯彻落实"创新、协调、绿色、开放、共享"的五大发展理念，以纪念改革开放40周年为契机，进一步解放思想，进一步深化改革开放，进一步激发市场主体和生产要素的潜力与活力，以供给侧结构性改革为主线，深入实施创新驱动发展战略和绿色可持续发展战略，大力推进结构调整、科技创新、绿色发展和"一带一路"国际合作，培育一批创新型、引领型、国际型的企业和企业集团，培育一批绿色化、智慧化、一体化的高水平化工园区，加快向价值链中高端跃升，在新时代新征程中加快向石油和化学工业强国跨越。上海市石油化工行业要继续发扬敢闯、敢试、敢干，敢为天下先的改革精神和开放勇气，充分发挥引领、示范、带动作用，攻坚克难，率先走出一条高质量发展之路。

（一）加快推进重点领域改革，做新时代全面深化改革的弄潮儿

一是要培育一批具有国际竞争优势的企业和企业集团。 上海市石化行业要发挥好体制机制改革的领先优势，毫不动摇地巩固和发展公有制经济，毫不动摇地鼓励、支持、引导非公有制经济发展。要继续深化国有企业改革，优化国有经济布局。依法保护民营企业法人财产权和经营自主权，激发和保护企业家精神，全面提高国有企业、民营企业经营管理水平。积极发展混合所有制经济，通过兼并重组、优胜劣汰，培育一批具有国际竞争优势的企业和企业集团。

二是要进一步优化营商环境。 要以问题为导向，加强对已出台的金融、财政、税收、环保等政策以及相关改革措施实施效果的跟踪与评估工作，对落实不到位、有偏差的，向政府部门提出建议，督促不折不扣切实落实；对由于不符合实际而难以落地的，提出纠正和调整建议。在市场准入、审批许可等方面，对一些长期存在的"顽症""痼疾"，要敢于啃硬骨头，打破各种人为设置的壁垒，闯出现代市场经济的一条新路，营造领先的企业营商环境。

三是要加快建立和完善新旧动能转换的长效机制。 要制定高于全行业的、科学严格的节能、安全、质量、环保等标准和准入条件，加快实施传统产业技术改造，坚决淘汰不达标的落后产能。以高附加值和绿色低碳为方向推进产业结构、产品结构、组织结构、布局结构的持续优化，对新能源、化工新材料、精细与专用化学品、节能环保等战略性新兴产业，加快技术创新突破，尽快形成具有规模优势和领先水平的新的增长点，促进行业高端发展、绿色发展、差异化发展和可持续发展。

（二）深入实施创新驱动发展战略，做新时代创新发展的领头羊

一是要进一步完善产学研深度融合的行业创新体系。 上海石化行业要充分利用和发挥创新资源集中的优势，进一步完善以市场为导向、以企业为主体、产学研深度融合的科技创新体系，在能源新技术和新能源技术、化工新材料、精细和专用化学品、节能环保等领域建设一批充满活力、具

有领先水平的科技创新平台，着力突破一批行业关键共性技术、关键工艺、成套装备。

二是要建立健全符合市场经济要求的科技创新体制机制。要积极借鉴跨国公司科技创新经验，建立符合市场要求、国际惯例和科技创新规律的科技人才培养与激励机制，建立主要由市场决定技术创新项目和经费分配的体制机制，提高企业技术创新投入回报，激发科技人员积极性。强化知识产权创造、保护、运用，完善科技成果转化激励评价制度，引导和支持医药化工、化工新材料、专用化学品、节能环保等重点领域形成重大专利和标准，造就一大批科技创新人才。

三是要推进商业模式创新。发挥好上海市生产性服务业发达的优势，加强技术交易平台建设，积极发展技术咨询、服务和交易市场，促进科技成果的资本化、产业化。围绕发挥"互联网+"和物联网，大力发展跨境电子商务、大数据信息平台等新的商业业态，进一步增强上海在石化产品贸易中的重要地位。推动大数据在企业经营决策中的应用，加快建设一批智能车间和智能工厂，加快两化融合发展，提升企业管理效率和生产效率。

（三）深入贯彻"绿水青山就是金山银山"理念，做新时代绿色发展的先行者

安全无小事，特别是在上海这样的国际大都市，发生任何安全环保事故，不论大小，都是影响很大的事故，甚至是具有国际影响的重大事故。

一是要筑牢安全生产"红线意识"和"底线意识"。坚决淘汰安全性能低下、危害职业安全、危及安全生产的落后工艺、技术和装备，加强危险化学品重大危险源管控，健全监测预警应急机制，加强危险化学品仓储物流安全监管，不断提高应急响应、工艺安全、职业健康、产品安全监管、储运安全和污染防治的水平。

二是要大力推进清洁生产和循环经济。认真执行和贯彻国家有关安全环保的各项政策法规，引导企业完善各项规章制度，提高资源利用效率，加强"三废"治理。攻克一批大宗化工原料绿色制备技术、"三废"排放

与资源化利用技术、高效节能技术等长期困扰行业发展的重大技术难题。着力培育一批高科技环保化学品生产、污染物高效处置、废物再生利用的节能环保企业，使上海石化行业能耗和排放主要指标显著下降，绿色可持续发展水平走在全行业的最前列。

　　三是要深入实施"责任关怀"。把实施"责任关怀"贯彻到企业和化工园区节能减排工作的各个方面、各个环节，构建产品全生命周期绿色管理体系。进一步建立和完善安全保障救援和教育培训体系，加强"责任关怀"宣传，开展经验交流，引导企业加强自律，及时公开安全环保信息，积极开展公众开放日等活动，与社区、公众、媒介坦诚沟通，树立良好的社会形象。

（四）积极推进"一带一路"国际产能合作，做新时代对外开放的排头兵

　　一是要积极参与"一带一路"国际产能合作。上海化工企业要发挥自身优势，积极借鉴跨国公司经验，加快"走出去"开展产能合作的步伐。要积极参与中东、非洲、中东欧、俄罗斯以及东南亚等地区的"一带一路"国际产能合作园区项目建设，以大型骨干石化企业入驻带动产能合作类、工程技术服务类、资源开发类、国际贸易类等上下游配套企业协同入驻，构建国际研发、生产和销售网络，打造上下游联动的全球产业链。优化外贸结构，引导出口贸易从传统的生产成本优势向技术、质量、品牌、服务为核心的新优势转化。

　　二是要打造化工园区建设的新高地。上海化工园区要瞄准世界先进化工园区、对标世界先进化工园区，加强安全环保、科技创新、物流仓储、信息管理等公共服务平台建设，大力发展化工新材料、高端专用化学品、生物化工、医药化工等战略性新兴产业，下大气力做到"零事故、零排放、零污染"，进一步提升发展质量和可持续发展能力，不断向产业价值链高端跃升，在"一带一路"国际产能合作、化工园区建设中发挥领头雁作用。

　　三是要进一步加强对外技术与人才合作。上海要充分发挥自身的综合

优势，引进国内产业发展急需的高端人才和先进技术，补短板、提能力、增效益，提高外资利用综合效益。要主动与跨国公司开展深层次合作，通过全球资源配置、业务流程再造、产业链整合、资本市场运作等方式，努力提升自身国际经营、国际贸易和国际并购重组能力，培育一批具有国际竞争优势的跨国企业和企业集团。

"幸福都是奋斗出来的"。高质量发展不可能一蹴而就，而是需要全行业持之以恒地推进供给侧结构性改革，持之以恒地推进创新发展、绿色发展、高端发展，持之以恒地深化经济体制改革、推进全方位多层次开放，真抓实干、埋头苦干才能实现的。

回顾40年来波澜壮阔的不平凡发展历程，石油和化工行业广大干部职工高举中国特色社会主义理论伟大旗帜，坚决贯彻党中央做出的改革开放重大决策部署，凝神聚力抓建设，一心一意谋发展，取得了举世瞩目的发展成就，涌现出了一大批引领型企业和化工园区，为国民经济和社会发展做出了突出贡献。展望未来，随着我国工业化、信息化、城镇化和农业现代化加快推进，石油和化工行业的发展前景更加广阔，上海市石化行业大有可为，谋事创业的起点更高，发挥作用的舞台更大，引领发展的任务更重，创造美好生活的能力更强。我们全行业对于上海化工行业的未来发展充满了期望，充满了信心。我们相信，上海化工行业的广大干部职工，一定会不忘初心、牢记使命，一定会创造出无愧于时代的伟大业绩，为建设石油和化学工业强国，为实现中华民族伟大复兴的中国梦做出新的更大的贡献！

同宁高宁董事长交换"两化成一"方案的意见[*]

2020年5月8日宁高宁董事长给我交换"两化成一，凤凰涅槃"方案，我进行了认真的学习和思考，还组织了石化联合会有关会领导进行了讨论。大家一致认为，这是一份有分析、有研究、有前瞻、有目标的深度研究报告、战略重组报告和整合务实的操作报告。这个报告可以成为一个具有中国特色、具有央企水平、具有市场化改革方向的典型企业案例。这也是我所读过的为数不多的高水平的企业战略重组、战略转型报告。

一、"两化成一"不仅是中化和中国化工两家企业发展的重要历史机遇，更是一件中国石油和化学工业由大国向强国跨越的标志性大事

当前，我国经济已经进入了高质量发展的新时代，我国石油和化工行业也正处在转型升级的重要阶段。"十三五"时期，我们提出了中国石油和化工工业要迈出由大国向强国跨越的步伐。那么，什么才是石油和化学工业的强国呢？我在"十三五"规划编制座谈会上提出，石油和化学工业强国至少要有四个标准：一是要有一批具有自主知识产权，并占据行业制高点的核心技术；二是要有一批具有国际一流竞争力的大型企业和企业集团；三是具有世界一流水平的行业经营效率和经济效益；四是具有世界一

---

* 这是2020年5月，同宁高宁董事长及领导班子成员交流座谈会上的讲话。

流水平的技术管理人才和具有一流影响力的企业品牌。按照这四个基本标准，我们在各个方面都有不小的差距。令人可喜的是，经过"十三五"时期的发展，我们在科技创新、投资经营、绿色发展、国际合作等方面都取得了一系列成果，同强国的差距正在不断缩小，特别是我们在石油勘探开发技术、MDI技术、超高分子量技术、现代煤化工技术等方面都取得了一系列领先突破，我们的技术创新能力有了一个显著的提升，但我们在具有国际竞争力的大型企业和企业集团培育方面，还有着较大的差距。我曾经深入思考过一个问题，到底谁能够代表中国的石油和化学工业？在美国，有陶氏和杜邦；在德国，有巴斯夫和赢创；在日本，有三菱和三井，而在中国，恐怕目前还没有任何一家企业敢说我可以代表中国的石油和化学工业。

看过宁高宁董事长送来的这份"两化成一"的方案后，我深深感到这次重组合并的意义十分重大。对于中化集团和中国化工集团两家央企来说，这是一次调整发展战略、资源重新整合、转型升级的重要历史性机遇。对于全行业来说，"两化成一"也将是打造中国石油和化学工业强国进程中的一件具有标志性意义的大事。"两化成一"后总资产将超过1.4万亿元人民币，营业收入将超过1万亿元，这样规模的企业集团，无论在国际、还是在国内，都将是不可忽视的超大规模，更重要的是，"两化成一"后的新中化，在体制机制上也将会有全新的变化。使我们看到了战略重组后，中国有可能诞生杜邦、巴斯夫、陶氏这样具有国际竞争力的大型高端化工跨国公司的希望。"凤凰涅槃"，这是一个生命的再生，国企的再造，必将成为载入史册的具有标志性意义的一件大事。"两化成一"，意义非凡。

二、"两化成一"的核心和难点在于战略重组与核心产业的选择

细细研读这份"两化成一"方案，我深感实施此次重组的任务十分艰巨，操作过程也一定会十分复杂。操作的重点和难点，主要集中在核心产业的选择和战略方向的确定上。战略是对未来的选择。一个企业只有知道自己要到哪儿去，才有可能尽快到达目的地。不知道自己的目的地，并且已经开步走的企业，旅途一定会充满盲目性和危险性。战略是指引企业未来发展的方向和目标。几乎所有的世界一流企业，都有自己超前的企业战

略。精准、明确的企业战略已经成为跨国公司成长或者成为"百年老店"的首要特征。我非常赞同宁高宁董事长在方案中提出的"新中化"的战略定位，即：中国的石油和化学工业并不需要"第四桶油"，而需要一家"国际一流的技术领先的综合性化工企业集团"。因此，"新中化"的核心产业选择应围绕如何打造和培育"新中化"面向未来的核心竞争力而展开。

中国中化集团的主要业务涵盖石油贸易及石油化工产品的加工销售、精细化学品、农业投入品、地产和非银行金融业等五大行业。目前总资产5600亿元，负债率低于70%，年营业额5800亿元，利润总额170亿～180亿元。中国化工集团的主要业务量大面广，质量参差不齐，既有一批传统化工业务，又有一批兼并重组的高端产业，还有一批原化工部所属的化工科研院所，以及后期进入的一批山东地炼企业。到目前为止，还没有形成主导意义上的核心业务。目前的业务板块分为"3+1"，即：材料科学、生命科学、环境科学和先进制造。总资产8000亿元，负债率超过100%，年营业收入5000亿元，利润总额实际亏损100亿元。这应该就是"两化成一"后的全部家底了。如此庞大分散的业务资源如何整合？如何选择？如何聚焦？是"两化成一"的首要任务。

我认为，核心业务的聚焦选择，必须同时遵循三大原则：一是要有现实基础优势，有一定的产业规模，有一批核心企业；二是要有长远发展的空间和潜力；三是要有未来技术领先的可能。跨国公司在调整企业战略、聚焦核心业务时，基本上都遵循了这三大原则。我想着重谈谈两家跨国公司的战略选择。

巴斯夫是全球最大的化工企业之一，为了保持公司全球领先的战略地位，2018年巴斯夫发布了公司全新的企业战略，这个战略是在全球战略转型新形势下，公司在全面分析了全球化工行业转型发展的新形势后，制定的以提高企业核心竞争力为目标的全新战略。在全新的企业战略中，他们大力优化现有产品组合，努力提升企业的核心竞争优势。巴斯夫将现有产品结构集中在六大业务领域优化，每个业务领域包含两个业务部门，只有农业解决方案领域是一个单独的业务部门。这六大业务领域分别是：化学品领域（石油化学品，单体）；材料领域（特性材料、单体）；工业解决方案领域（分散体与颜料、特性化学品）；表面处理技术领域（催化剂、涂料）；营养与护理领域（护理化学品、营养与健康）；农业领域（农业解决方案）。巴斯夫CEO薄睦乐表示，"我们会进一步优化我们的产品组合，使我们的资金分配更集中于增长型业务。巴斯夫会找准每个业务的市场定位，明确竞争优势，并建立适应不同竞争环境的高绩效组织。"巴斯夫新战略还进一步强调，"巴斯夫将通过投资、创新能力推动内生有机增长，并进行适当并购，不能达到市场目标地位的业务终将退出。"精准、明确的市场定位是巴斯夫全新战略的最大特色。巴斯夫还希望到2025年超越型产品（即有竞争力的产品）销售额能够达到约220亿欧元。这些产品对价值链可持续发展提供卓越贡献。为实现这一远大的战略目标，巴斯夫正启动一批包括中国湛江一体化项目在内的新的卓越项目，这批项目将包含生产、物流、研发、数字化、自动化及组织发展等领域的投资。

另一家公司就是陶氏杜邦公司。陶氏和杜邦公司曾经都是全球著名的两家化工跨国公司，2018年两家公司宣布合并，我曾问时任陶氏公司的CEO利伟诚先生，"两个成长都很好的公司为什么合并？"他回答我说："我们结婚是为了离婚生孩子，将来我们两个合并后的公司将一分为三，以杜邦的优势业务为主成立农化、生命科学公司，以陶氏的优势业务为主成立化工新材料公司，将杜邦公司和陶氏公司精细化工业务整合，成立一家新的世界级的精细化工公司。"从跨国公司兼并重组的实践中，我们可以看到跨国公司都是在看到市场即将发生变化后的主动调整，不像有些中国公司那样，只要还有一口气活着，就绝不重组。最近新杜邦公司的战略调整公布，新的杜邦公司将业务聚焦于未来的四大市场领域，即：电子与成像；营养与生物科技；环保与安全；交通运输和先进材料。跨国公司的调整、并购，重组都是充分着眼于未来的发展空间和潜力的。

无论是巴斯夫还是陶氏杜邦公司，他们在进行战略选择和聚焦核心业务的过程中，都认真遵循了三大原则，不断进行聚焦、再聚焦，突出核心业务，培育新的增长点，保持可持续发展的竞争实力。因此，我们希望"新中化"在进行战略选择重组时，能够充分借鉴跨国公司的发展经验，一定要面向未来的业务成长，面向未来的竞争优势，精心选择、精准定位、精确发力。

我看到方案中将"战略聚焦"作为第二项关键任务,并对战略定位和战略选择进行了认真的考虑和梳理,并提出了五项战略产业。对于这五项战略产业,我除一项外,基本上都是赞同的。在战略产业选择时,我非常希望把每一个战略产业的现实基础、核心企业和技术方向统一起来通盘考虑,既要考虑现实基础,又要考虑未来成长的竞争力。

在石油化工领域,中国石油和化学工业进入高质量发展新时代,炼油产能已严重过剩,确实不需要"第四桶油",但却十分需要一家具有高端产品结构、高端技术水平和高端创新研发能力的综合性化工公司。基于这样的战略定位,炼油厂在"新中化"中的位置应该是"化工型"炼厂,而不是"燃料型"炼厂,应该为下游化工产品提供优质原材料。十分赞同你们方案中的设想,未来的新中化集团不是一家石油企业,而是一家化工企业,它的定位标杆是巴斯夫,而不是埃克森美孚。而且把泉州园区作为这一产业的主导企业,是符合行业发展方向的,也是具有企业特色的。

在生命科学领域,"新中化"应该积极发挥先正达、安道麦在农化领域的世界领先优势,以及扬农化工、中国种子、中化化肥等业务优势,发挥中国中化在国内农化领域的市场优势,将中国中化集团和中国化工集团相关业务板块进行充分地"混搭"实现优势互补,同时适当扩大在营养、健康等领域的市场拓展,特别是蛋氨酸业务要充分利用好。

在化工新材料领域,"新中化"要有更加明确地取舍和选择。化工新材料是我国石油和化工行业在"十四五"甚至"十五五"时期要重点培育和发展的重要战略性新兴产业,是未来我国石油和化学工业发展的新的突破口和增长点。但化工新材料的业务面很宽很广,不是所有的新材料你们都要干,一定要有取舍,要有所为,有所不为,一定要干你们能走在行业前面的化工新材料领域。鲁西化工已进入中化集团,要充分利用好鲁西化工新材料产业的技术优势和产业基础。相信这也是"新中化"未来走向成功的重要支撑和核心业务。"新中化"要结合自身竞争实力,精准选择细分产业,占领未来发展的制高点。

在环境保护领域,"新中化"应该发挥自身基础优势,积极布局和谋划未来发展规划。环境保护产业是未来中国石油和化学工业发展的下一个"蓝海",是一个大有可为的新兴产业,未来的广阔市场非常值得期待。你们有蓝星清洗的基础,还有环保技术研发的优势,但环保领域的业务还需要提升,技术优势还需要开发,市场领域还需要聚焦。但这个领域中"新中化"完全有条件走在全行业的最前面。

方案中把地产金融领域列入第五大战略业务。我理解"新中化"对现状的认识,但我认为,按照"新中化"的战略定位,地产、金融业务不应该列入新公司的战略业务。从实际出发,我认为把这一业务归纳为新公司的协同业务可能更为妥当。只要这一业务有特色、有优势、有效益,就可以同公司的核心业务协同成长。因为今后无论怎样发展地产和金融,这一业务都不可能成为新公司的主导业务。

把地产金融产业从战略业务中调出,我建议把贸易物流列为新公司的第五大战略业务。这是因为中国中化是一家以贸易起家的大型央企,贸易物流领域应该成为"新中化"的"看家本领"和"传统优势业务",应该在战略聚焦中予以明确。当前全球经济一体化曲折发展,经过此次新冠肺炎疫情的影响,各个国家以及跨国公司都更加强烈地意识到供应链已经成为一条重要的生命线,而贸易物流优势正是一个国家或者一家跨国公司供应链管理水平的最直接体现。因此,贸易物流业务已经上升到新时代企业供应链管理的高度,供应链同产业链的协调发展,以及供应链的现代转型已经成为不少跨国公司的前沿业务。必须要更加强化提升现代供应链管理水平和能力,这是构成企业竞争实力的重要一环。无论新公司贸易业务的体制构架,是"分散"或"统一"来体现,但贸易物流业必须是新公司的战略业务。

三、"两化成一"的关键是要在国有企业改革上取得深水区改革的新突破

新公司的优势一定要体现在国有企业改革的新突破上,要在国有企业改革的深水区有所作为,有所创新,使新公司一亮相就有使人振奋,充满希望的新感觉。

（一）要使科技创新能力在公司体制架构上充分体现

　　方案提出新公司的战略定位和目标是建成承担国家重要战略使命的国际一流的技术领先的综合性化工企业集团。要成为国际一流的技术领先的综合性化工企业集团，必须使科技创新能力在公司架构上充分体现。中国化工集团和中化集团两家央企共同承接了原化工部时期的24家科研院所，这些院所不仅是在当时，即便是现在都是国内化工行业最有实力的科研力量，他们在不同领域有着雄厚的科研基础和实力，以及优秀的科研队伍和人才。比如，黎明院在双氧水生产技术，在聚氨酯工程技术等方面具有领先优势；晨光院在氟化工、有机硅、聚碳酸酯、芳纶等化工新材料方面具有突出优势；北京、沈阳、西北和株洲橡胶研究院在轮胎、橡胶板管带、密封材料等橡胶制品等方面的具有独特优势；浙江院在农药、氟化工方面的技术优势；青岛海洋涂料研究院在涂料方面的专有技术；兰州、北京、益阳、桂林等化工机械和橡胶机械研究院在专用设备方面的雄厚基础；西南化工研究院、光明院、大连院、锦西院等在精细化工产品、专用化学品方面的独特优势。还有这些院所中有相当一批院所具有军工项目的重要优势。据统计显示，2019年中化集团有科研人员4636人，中国化工有科研人员13384人，两家公司拥有科技人员近1.8万人，这是一笔宝贵的财富，也是新公司不可多得的人才优势，把这批人才组织好、协调好、利用好，是一件具有战略意义的头等大事。

　　新公司在组织架构上一定要体现科技创新、科学至上的战略追求，可以借鉴德国赢创公司的体制，将这些科研院所的力量按专业进行一次大的重组，是否可以考虑在集团公司成立基础应用研究院，开展一些长远的重大的基础应用研究，还可以在子公司成立一些应用研究院，开展一些适应市场需求的应用研究。对于公司的科研业务，要有统一规划，要有专门投资，要有严格管理，使应用基础研究和市场应用研究有分有合地协同进行，使公司的科研水平、创新能力在新公司的组织架构上充分体现出来，把这批宝贵的科研队伍充分用好。

（二）新中化的专业化体制建议一步到位

新公司方案设计明确表示，整合后的新中化集团是一家控股性的集团公司，在新的中化集团下面，开始会有两家公司，一是中国中化集团，一是中国化工，但逐步地中间这一层公司应消失掉。新的中化集团应直接控股持有下面多家因为产业链条、商业模式优势而形成的专业化公司。这些公司在行业战略定位上应该分为战略性核心产业、相关业务、投资业务和特殊资产等。这是一个战略方向明确，体制架构清晰的公司体制设计。但在执行中，建议这种专业化的体制应一步到位，即集团总公司（包括职能部门和集团研究院）——专业子公司（如炼化公司、农化种子公司、化工新材料公司、环境保护公司、地产公司、金融业务公司等）——生产实体公司。有些过渡性的专业，或将来要淘汰的专业，可以捆绑在一个专业公司进行过渡，采取逐步过渡、逐步淘汰的稳妥办法处理。但专业化的公司体制应一步到位，不要搞"二房东"的体制过渡，这样既可以避免原有中国化工、中化之间"你长我短""你肥我瘦"的矛盾，又有利于"两化成一"的目标体制，加速专业化优势的形成和长远发展的良好起步。在我经历过的体制改革中，这种过渡性"二房东"的体制，往往有可能迈出第一步就会产生更多的矛盾，甚至有迈不出第二步的危险。所以，我建议不要过渡方案，一步到位。至于原方案中考虑的债务矛盾，完全可以先采取债务跟资产走，或采取部分债务分解到集团的多种方案解决。长痛不如短痛，当断必断，一步到位的专业化体制，开始可能会十分麻烦、十分复杂，但一经确立便会有一个不一样的开端。

（三）要大胆探索集团公司在深水区改革中重点难点问题的创新突破

"两化成一"是一项十分艰巨、十分细致的任务，大家都清楚地看到了这一点。方案提出，新的中化集团成立，表面上看是一家规模不小的企业，但从本质上讲它是一家创业型的公司。它虽然介入的产业很多，但除去先正达集团外，成熟的、市场地位很强的产业不多；它的资本积累很少、负债率很高，现金流长期会有压力；团队集合在一起，急需建立统一的公司文化；业务发展中新的技术创新越来越重要。要完成新公司的历史使命，要克服当下的各种困难，完成许多开创性工作，新中化的体制改革就十分重要。如果新中化在国有企业产权制度、投资决策权力、激励分配方式，用人制度没有大的突破，要成为一个面向未来、面向市场的全新公司就没有太大的希望。最近中共中央、国务院关于新时代加快完善社会主义市场经济体制的意见刚刚发布，意见对完善产权制度、健全分配制度、发挥市场主体作用、创新政府管理都有一系列新规，新中化集团完全可以抓住这个机遇，申请开展国企新一轮改革的试点，力争取得一些突破。

衡量国有企业，特别是央企体制改革的重要考量，一个重要的指标，就是国有企业的经营效率和价值创造能力。这是我们国有企业特别是央企的一大短板。我曾经将2018年发表在《财富》杂志世界500强排行榜上的企业，进行过全面对标，我们企业的差距不是差不多，而是差很多。2017年我们行业的人均利润是2.02万美元，其中中国石化是0.2万美元，中国石油是负值，中国海油是3.1万美元，中化集团是1.2万美元，中国化工是负值。而壳牌（荷兰）是15.4万美元，埃克森美孚是27.7万美元，巴斯夫6.2万美元，拜耳是8.3万美元，沙特基础是14.5万美元。马克思曾经讲过，社会主义之所以能够战胜资本主义，是因为社会主义可以创造出比资本主义高得多的劳动生产率。劳动生产率的短板，我们必须要依靠全面深化改革才能大幅提升，我们希望新中化的改革一定要在国有企业改革的深水区，在重点难点问题取得新突破。

（四）希望新中化在企业文化建设上成为全行业的榜样

企业文化是一个企业共同追求的价值观，是一种带有长远意义的软实力。宁高宁老总提出要建立健康包容、积极向上的企业文化是符合"两化成一"现实的主题文化。高宁老总在方案中讲，"企业文化不是个工具，它是个结果。它是公司对员工的态度，对人的态度，对事的态度，人人相互合作尊重的态度，以及对目标的态度，是经过时间磨炼后形成的结果，是人们在高度认同某个理念后的自觉个人行为规范，同时也成为组织的行为规范和行为预期。两化要真正融为强有力的整体，就要形成良好的企业文化，让每个人在企业里都舒心、有活力、有目标、有贡献"。宁高宁老总是企业文化建设方面的专家，从他在华润、中粮的经历来看，我认为他对企业文化建设不仅有追求、有能力、有经验，而且还卓有成效。我相信新中化一定会在这个软实力建设上走在央企、走在全行业的最前列。

"两化成一，凤凰涅槃"这八个字是经过深思熟虑、认真推敲提出来的，很精准、很生动、也很有学问。"两化成一"，强调的是结果，而不是过程，这是很具包容性、目的性的四个字。"凤凰涅槃"不仅仅是一个美丽的传说，更是一种自我重生的象征。相传在远古时代，当时的凤凰形象很丑，为了使自己再生，它从很远的地方衔来香木，用火点燃，然后鼓翅让其烧旺，自己纵深跳入火海，经过撕肝裂胆的浴火后，一只美丽的再生凤凰从烈火中腾空飞起。我们相信并期待着，新中化这只美丽的再生凤凰一定会惊艳地出现在中国、出现在世界化学工业的大花园中。

传承石化行业红色传统
全面开启建设石化强国的新征程*

全党通过广泛、深入、全面的党史学习教育活动，使我们深知中国共产党百年历史的艰辛、浴血和奋斗来之不易，共产党的事业伟大、壮丽和辉煌来之不易。学习党史是传承红色基因，弘扬优良作风，面向未来、开创新征程的一个重要举措。石油和化学工业是一个有着光荣历史传统的行业，在革命、建设、改革开放以及新时代等各个历史时期，石油和化工人都做出了重要的贡献。从2015年开始，石化联合会组织编纂了《中国工业史·石油工业卷》《中国工业史·化学工业卷》和《中国化学工业百年发展史》，今年七一前夕，《中国工业史·石油工业卷》《中国工业史·化学工业卷》由中央党校出版社正式出版。我结党史学习和行业史编写过程中的体会，梳理了在党的领导下我国石油和化学工业发展的主脉络和主要历程。我国石油和化学工业发展的历史，充分说明，没有中国共产党的英明领导，就没有中国石油和化学工业发展的今天，同样，离开了中国共产党的领导，也就没有中国石油和化学工业发展的未来。

中国近代化学工业发端于清末的洋务运动，在积贫积弱的旧中国，一批民族先驱首先发出了"实业救国"的呐喊和行动。19世纪60年代，清政府先后成立了江南制造总局、天津机器制造局和南京机器制造局，为生产枪炮、火药、军用船只等武器，配套自制无烟火药的基本原料硫酸、硝酸

---

* 这是2021年11月5日，在石化联合会党史学习教育总结大会的讲话。

以及硝化棉、雷汞（又称雷酸汞，最早发现和使用的起炸药）等化学品。就职于江南制造总局的徐寿等人最早翻译了来自西方的化学元素符号以及化学著作，研制无烟火药和制造无烟火药的基本原料硫酸、硝酸等。1874年，江南制造局龙华分厂建成中国第一座铅室，成功地用铅室法生产出硫酸，并用以生产硝酸、研制硝化棉，这就是中国近代化学工业的开端。

进入20世纪，伴随着新文化运动的兴起，经济、科技、军事以及教育均出现了学习西方的热潮，民族资本创建的化工企业开始登上了历史舞台。20世纪第一个10年，上海、山东等地先后建立了一批涂料、橡胶、塑料、轮胎、合成氨、染料、电石、酒精以及硫酸、硝酸、烧碱等小型化工厂，主要用于生产肥皂、火柴、染料等与日常生活密切相关的化学品。在此期间，中国民族工业的先驱范旭东先生和吴蕴初先生先后创办了"永利化学工业公司（1914年）"和"天原电化厂（1929年）"等少数几个大型化学工厂，世称"南吴北范"。其中，范旭东先生聘用的侯德榜博士带领技术人员研发成功联合制碱法，打破了当时索尔维公司对制碱技术的垄断，将世界制碱技术推向了新的高度，永利公司生产的"红三角"牌纯碱因质量优良，1926年获得了在美国费城举办的万国博览会金奖，这是中国重工业首次获得世界博览会金奖，被誉为"中国近代工业进步的象征"，其开创性赢得了国际化工界的极高评价。侯德榜先生先后被英国皇家学会、美国化学工程学会、美国机械学会以及美国机械工程师协会授予荣誉会员。

但在当时的大环境下，近代中国民族资本是难以发展壮大的，只能在夹缝中艰难生存。特别是在日本大举入侵中国后，大片国土沦为日伪统治区，刚刚兴起的民族化学工业，被日伪当局限制、侵占、关闭，再加上原料被日本侵略者统一控制等原因，致使中国的民族化学工业举步维艰、濒临绝境。中国化学工业的真正发展，应该说是在中国共产党的领导下，从解放区工业开始的，特别是经过新中国70多年的发展，走过了从一穷二白到石油和化学工业大国，再到向世界石油和化学工业强国跨越的不平凡发展历程。在革命战争年代形成的"爱国、创新、实干、奉献"红色传统或者红色基因不断得到传承和弘扬，内涵越来越丰富，成为中国石油和化学工业生生不息、薪火相传的宝贵精神财富。

中国石油和化学工业的发展历程，可以概括为五个发展阶段：艰难起步、奠定基础、形成体系、建设大国、迈向强国。

第一个发展阶段：艰难起步并在战火中淬炼出石油和化学工业红色基因（清朝末年~1949年）

与国统区和日本占领地区不同，中国共产党领导的根据地和解放区受到严密封锁，发展石油和化学工业所需要的设备、技术和原料严格受控。而战争急迫需要的炸药、枪炮子弹，都因为原料供应和设备采购的限制而困难重重。为了赢得战争，实现民族解放、国家独立、人民幸福，中国共产党领导的人民军队必须建立包括化工厂在内的自己的军事工业。

据史料记载，大革命时期，规模比较大、比较有名的兵工厂，有中央苏区的官田兵工厂（位于江西赣州市兴国县官田村）、闽浙赣革命根据地的闽浙赣兵工厂。闽浙赣兵工厂所在地德兴县，盛产硫磺和硝石，为制造弹药提供了必要的原料。兵工厂主要生产红硝、马硝、火药等。火药全是用本地硫磺、炭末和自行熬制的硝盐加雄黄按一定比例配制而成。由于缺铅，便用锡代替，熔成锡水"倒"出弹头，再放入稍大一点的模子浇上铜液，便制成了铜包锡的弹头。这种弹头因为有铜外壳，所以穿透力强；又因锡的熔点低，爆炸面广，所以杀伤威力大。1934年，闽浙赣兵工厂工人达到800多名，仅次于1000余人的官田兵工厂，每天能制造子弹1000发、炸弹（包括手榴弹、地雷）300个。在当时被敌人封锁，枪炮弹药十分匮乏的情况下，依靠根据地军民的智慧，使用土法生产弹药，为中国革命和根据地斗争作出了重要贡献。

到抗日战争时期，随着战争的发展，特别是日军的封锁、扫荡和蚕食，再加上国民党反动派实行限共、反共的政策，不但军事武器需要自己生产补充，而且还要发展经济，打破敌人的经济封锁。在陕甘宁边区，在共产党的领导下，延长石油厂恢复了正常生产，并且建立了紫芳沟化学厂，奠定了边区基本化学工业的基础。1944年，边区工厂厂长和职工大会评出了6位特等劳动英雄，延长石油厂厂长陈振夏和紫芳沟化学厂厂长钱志道是其中的两位，毛泽东主席亲自颁发奖状，并分别题词。给陈振夏的题词是"埋头苦干",给钱志道的题词是"热心创造"。

陈振夏是上海崇明人,当过工人、司机、船员,参加过著名的"五卅"大罢工,卢沟桥事变后奔赴延安。1940年,中央军委军工局任命陈振夏为延长石油厂厂长,虽然他从未接触过打井采油和炼油技术,但凭着一股韧劲、钻劲,通过向工人请教学习,埋头苦干,逐渐由外行成为内行。他设计了制蜡机和编芯机,用旧管材制作了锅炉、炼油锅,提炼了动力机用的润滑油和黄油等。延长石油厂渐成规模,汽油、煤油、柴油、蜡烛、擦枪油、油墨、黄油、凡士林等石油产品源源不断地供给前线、后方,党中央、毛泽东主席使用的煤油灯的油、蜡烛,机关、学校、工厂使用的油墨、黄油等油品基本都由石油厂供应。此外,还用一部分煤油、石蜡从国统区换回解放区急需的布匹、药品、电台和枪支弹药等。在延长石油全体职工的共同努力下,边区石油生产搞得轰轰烈烈,实现了毛泽东主席在1942年12月陕甘宁边区高干会议上提出的增加炼油生产,实现煤油自给,争取一部分出口的要求,对抵制国民党政府的经济封锁、争取抗日战争的胜利作出了重要贡献。

钱志道毕业于浙江大学化学系,先后在南京、太原有关化学研究所工作,研究毒气和防毒面具。1938年,钱志道给毛泽东主席写了一封信,自我介绍是学化学的,会造防毒面具,愿为人民的自由解放尽绵薄之力。毛泽东主席收到他的信后,当即让李六如写了一封热情洋溢的回信,期盼他早日光临延安与抗日军民共赴国难。到延安后,军工局派他担任化学厂总工程师,组织火药、炸药生产。当时筹建化学厂最大的困难是既缺乏机器设备,又缺乏懂行的人才,仅有从西安买回的捏合机、切片机等3台设备,必须"一切从零开始"。尽管他没有见过火药、炸药的生产,但强烈的事业心和边区自力更生、艰苦奋斗的精神,促使他边学习、边研究、边实践,设计了生产工艺和生产流程。同时,他和厂长沈鸿紧密配合,通过潜心钻研,反复试验,不断改进,攻克了一道道技术难关,成功制造出了酒精分馏塔、乙醚制造设备、三酸(硫酸、硝酸、盐酸)制造设备、蒸汽锅炉、脱脂锅、离心脱水机、切断机、打浆机、碾片机、光石墨辊筒机等化工机械设备。成功试制出了硝酸、硫酸,1942年实现了批量生产。1943

年8月，采用汤姆逊法生产硝化棉，又成功试产出硝化甘油、双基发射药。此外，还生产盐酸、雷汞、硫化锑等化工产品。同年，用马兰草制造钞票纸成功，至1944年共生产钞票纸约10吨，满足了边区贸易公司印制商业流通券的需要。当时民用产品最缺的是火柴，贺龙同志要求化学厂做氯酸钾供给火柴厂，他们很快就生产出了边区急需的氯酸钾。自制的氯酸钾不仅解决了军火上的大问题，同时也解决了火柴制造的原料困难。

除陕甘宁边区以外，晋察冀、晋冀鲁豫、晋绥、胶东等根据地与解放区贯彻"自力更生、发展生产"的方针，在极端困难的条件下，创办了一批硫酸厂、化工厂、炸药厂、皮革厂、造纸厂等企业，生产硫酸、硝酸、盐酸、纯碱、烧碱、酒精、乙醚、甘油等化工原料，以及雷汞、雷银、硝化甘油、硝化棉、无烟火药、炸药等军用产品，为中国的解放事业作出了重大贡献，并且积累了办厂和研发经验，为新中国培养了一批石油和化学工业的骨干和人才。

值得一提的是，被誉为人民兵工"三大创造"之一的"缸塔法"制造硫酸。常规的硫酸制造工艺有两种方法：一种是接触法，装置复杂且需要白金粉做触媒；另一种是铅室法，工艺比较简单，但需要大量的铅板建造铅室。但抗日根据地既无白金来源，也无铅板可取，这两种工艺都无法采用。1940年3月，晋察冀军区工业部技术研究室的张方、张奎元等同志在河北省完县利用当地出产的陶土缸试制硫酸获得成功，从而创造了缸塔法硫酸生产工艺。"缸塔法"是将4口水缸一俯一仰地叠放，将中间两个缸的缸底打穿，叠放后粘成一个简易的塔。然后，将几个这样的高塔用陶瓷管上下交错地串联成一套制造硫酸的装置，并用碎瓷片代替小块焦炭，将二氧化硫气体通入前塔下部，中间空塔内通入水蒸气，从前塔塔底得到硫酸。八路军副总司令彭德怀和副总参谋长左权在得知晋察冀军区成功制造出浓硫酸后，专门给聂荣臻司令发来电报，称这是我们工业建设上的一大进步，也是解决工业建设特别是兵工工业建设之关键。根据地军民正是以非凡的智慧和毅力，发明出一个又一个"土办法"，使根据地的化工生产得以全面开展。到抗战后期，人民军工基本实现了从"没有枪没有炮敌人给我们造"，到"没有枪没有炮我们自己造"的重大转变。

根据地化工事业的发展，同时也伴随着巨大的付出和牺牲。在当时条件下，防护设施很少，烧伤的事情经常发生。年轻工人被酒精烧掉耳朵、烧伤面容；不少女工被毁容、致残；雷管或炮弹爆炸而献出生命的更不在少数。在一些老军工编写的资料中，记录了许多为军工事业英勇献身的英烈名单。张方，试制雷管时炸残右手；张奎元，拆炮弹时腿受重伤；还有无数为发展军事化学工业献出生命的无名烈士，都为我国革命事业和石油化学工业发展作出了载入史册的重大贡献。

总之，革命战争年代，中国近代石油和化学工业有了一定发展，但是基础十分薄弱，石油和化工厂的规模大都很小，设备装备很差，劳动条件恶劣，生产技术水平很低，生产的品种也很有限，据历史记载，当时最高年产量，原油12万吨，硫酸18万吨，硫酸铵22.6万吨，纯碱10.3万吨，烧碱1.2万吨，轮胎4万条。1949年，化学工业总产值只有1.77亿元。但在中国共产党的领导下，根据地化学工业已经具备了"爱国、创新、实干、奉献"的红色基因和传统，为新中国化学工业的发展奠定了基础并注入了不竭的动力。

第二个发展阶段：奠定基础迈出有计划地发展化学工业的第一步（1949~1957年）

中华人民共和国成立后，党中央和中央政府高度重视经济发展，特别是化学工业的发展。在当时工业化的发展中，还有发展工业化、电气化和化学化的提法。在"一五"规划中，化学工业得到了高度的重视，民族化学工业发展的环境极大改善，民主革命时期创办的化工企业得到迅速恢复，公私合营顺利完成。"一五"时期中国的化学工业发展呈现出一派生机勃勃的景象，大型项目开始布局，产品产量成倍增长，产值规模不断扩大，技术研发取得一系列重大突破，现代化工教育积极推进，从化肥、三酸两碱、无机盐、电石、涂料、染料、橡胶等已有的产业直到氟硅材料、合成树脂等化工材料新的产业，都得到不同程度的发展，基本满足了当时国民经济和社会发展对化学工业的需求。

随着全国各地陆续解放，在对解放区化工企业进行搬迁并组建了一批新企业的同时，国家对1949年前遗留下来的化工企业进行了接管，部分私营企业进行了公私合营改造。这些企业生产得到迅速恢复，部分重点企业得到了扩建，极大地激发了工人的积极性和创造性。比如中央政府十分重视天津永利碱厂，刘少奇副主席、朱德总司令分别于1949年5月6日和6月1日视察了天津永利碱厂，刘少奇表达了党和政府对工厂生产情况的高度重视和亲切关怀。7月，毛泽东主席又亲自接见了从印度回国的侯德榜博士，详细倾听了侯德榜关于复兴中国工业的意见及范旭东先生生前建设十大化工企业的设想。毛泽东主席对侯德榜博士提出了鼓励和希望。周恩来副主席在看望侯德榜博士时，侯德榜提出永利沽厂、宁厂生产原料不足，产品销路不畅，资金周转迟滞等问题。周恩来当即表示，政府可以收购产品，提供周转资金，原料供应待交通畅通后一定尽力帮助。并嘱咐侯德榜博士只要对发展生产有利，不管什么困难，希望随时相告，政府一定全力相助。人民政府将永利碱厂的供销纳入国家计划，保证原燃料的供应，统一包销产品。仅1951年政府用于永利碱厂恢复生产的投资贷款就高达563亿元（旧币）。

通过医治战争创伤、恢复和改扩建，1952年我国化学工业的主要产品产量都超过了新中国成立前最高的年产水平。其中，硫酸19万吨、浓硝酸1.06万吨、盐酸1.4万吨、纯碱19.2万吨、烧碱7.9万吨、化肥3.9万吨、合成氨3.8万吨、电石1.1万吨、农药0.2万吨、染料1.64万吨、涂料2.7万吨、塑料0.2万吨、轮胎外胎42万条。化工总产值达到7.73亿元，比1949年增长了4.36倍。

1953年，我国开始实施第一个五年计划。当年中国和苏联正式签订了《苏联援助中国发展国民经济的协定》，至1954年10月援助项目达156个，其中有15个化工和炼油项目，即吉林化肥厂、吉林染料厂、吉林电石厂、吉林热电厂、兰州炼油厂、抚顺石油二厂、兰州化肥厂、兰州合成橡胶厂、兰州热电厂、太原化肥厂、太原化工厂、太原制药厂、太原热电厂、华北制药厂、保定电影胶片厂。这是新中国成立后第一次大规模地引进化工技术和成套装备的工作。

在当时，苏联援建的项目无论从规模上，还是技术上都是比较先进的。比如吉林化工区由吉林化肥厂、吉林染料厂、吉林电石厂、吉林热电厂组成，是以煤、焦和焦化副产品为原料的化工基地。吉林化肥厂的设计能力为年产合成氨5万吨、稀硝酸7.7万吨、浓硝酸1.5万吨、硝酸铵9万吨、甲醇0.4万吨；染料厂的设计能力为年产7种还原、冰染染料0.29万吨，苯酐、二萘酚、H酸等14种中间体0.8万吨，硫酸等6种无机化工产品5万吨；电石厂的设计能力为年产电石6万吨、碳化钙1万吨。吉林化工区的建设规模是空前的，此前国内从来没有干过如此大的化工工程。化工区的建设得到了全国的支援，国家采取"集中优势兵力打歼灭战"的方法，从各地调集了3万名职工，组成了一支浩浩荡荡的建设大军。这支队伍在极其艰苦的条件下，顶着凛冽的寒风，夜以继日地战斗在松花江畔，出现了许多动人心弦的事迹，涌现出了大量的英雄模范人物。化工区从1955年4月开始施工，经过两年半的时间基本建成。

除苏联援建的15个化工项目外，政府还组织了对上海、天津、大连、南京、沈阳、锦西、青岛等地的老化工厂的改造和扩建，重点发展基本化工原料。另外还对私营化工企业也进行了社会主义改造，采取利用、限制和改造的政策，从加工订货，到统购包销，再到1956年全部实现公私合营，并将私营化工企业的生产统一纳入到了国家计划。

1957年"一五"计划完成时，化学工业总产值达到26.53亿元，主要化工产品产量也成倍增长。这一时期建设的化工项目，特别是苏联援建的项目，为新中国化学工业培养了第一代生产、科研、设计、施工、制造技术队伍，积累了建设大型化工厂的经验，对满足农业生产和国防工业的需要发挥了重要作用，也缩小了与世界化学工业的差距。中国化学工业的技术研发也取得了一些重要成果，合成氨高压合成塔、过磷酸钙制备、沸腾炉焙烧、联合制碱法、高效有机磷农药、杀菌剂、除草剂、植物生长调节剂、氯丁橡胶、丁苯橡胶、顺丁橡胶、合成纤维、合成树脂、醇酸树脂、军用沥青等一大批当时比较先进的技术相继在研发上取得重要进展，不但提高了化肥、纯碱、涂料、染料等基础化学工业的水平，也推动了化工材料等产业的逐渐起步。

这一时期，我国化学工业规划制定与实施、大型项目建设与生产管理等方面都积累了丰富的经验,发挥了集中力量办大事的优势。特别是在一穷二白严重落后的情况下,实施计划经济对于巩固和发展新生政权发挥了重要作用。

第三个发展阶段:形成体系并以支援农业和国防建设为重点的产业结构升级(1958～1978年)

这一时期,党和国家考虑最多的就是老百姓的"吃穿用"生活问题,同时还有国防问题。1949年11月,在美国提议下巴黎统筹委员会(以下简称"巴统")成立,"巴统"的宗旨就是限制成员国向社会主义国家出口战略物资和高新技术。列入禁运清单的有军事武器装备、尖端技术产品和稀有物资等三大类上万种产品。再加上1959年苏联撕毁协议,1960年单方面决定撤走专家,中国的技术装备都受到很大限制。这一时期,也是中国人口增长最快的时期,1963～1972年这十年是年均出生人口最多的十年,每年出生人口都超过2500万人,最高的年份是1963年出生人口接近3000万人。

这一时期,也是中国石油和化学工业自力更生、奋发图强、快速发展,并取得一系列重大成果的辉煌时期,在这20年的时间里,中国石油和化学工业干成了三件改天换地的大事。

第一件改天换地的大事,就是甩掉了中国贫油国的帽子。石油短缺一直是新中国成立后的一大难题。在建国初期,毛泽东主席就亲自听取石油部的工作汇报,并提出发展石油工业的希望与指示。毛泽东主席的这些指示,一直成为新中国石油工业发展的重要指导思想,始终鼓舞着石油战线上广大职工不怕困难、艰苦奋战,立志甩掉石油工业落后帽子的坚定决心和信心。1959年9月26日在东北松嫩平原发现了世界级的特大砂岩油田,并成功建成第一座"松基三井"的高产油井。从此就拉开了"大庆油田"的大会战。1960年4月王进喜带领1205钻井队开进大庆油田,喊出了"宁肯少活20年,拼命也要拿下大油田"的口号。在这场艰苦卓绝的石油大会战中,石油工人硬是靠人拉肩扛,在头顶蓝天、脚踏荒原的极端困难条件下,在冰天雪地中夺取了"大庆油田"会战的胜利,铸就了"大庆精神"

和"铁人精神"。大庆油田投产后，我国原油产量逐年上升，1959年原油产量只有372万吨，1963年到达686万吨。1963年，中国政府正式宣布："我国石油产品已经基本自给，中国人民使用'洋油'的时代，即将一去不复返了！"大庆油田的发现，一举改写了中国石油工业发展的历史！

第二件改天换地的大事，就是化肥工业和化纤工业的发展取消了全国使用"粮票"和"布票"的历史。为解决中国人吃饭的问题，发展化肥就成为当时化学工业的首要任务，因此当时的化工部也被称为化肥部。20世纪50年代末、60年代初，由于受技术装备限制，我国发展大化肥和中型化肥都比较困难。1958年，毛泽东主席在领导干部工作会议上提出化肥工厂，中央、省、专区三级都可以设立。化工部提出了兴办小型氮肥厂的设想。先后开发并建设了400吨/年型、800吨/年型和2000吨/年型合成氨示范厂和定点厂，随后中央安排了35套800吨/年装置建设任务。化工部氮肥设计院在年产1万吨合成氨、配4万吨碳酸氢铵的方案测算中发现，可以采用含二氧化碳较多的合成氨原料气与氨直接进行碳化制取碳酸氢铵。这样，在净化合成氨原料气的同时，又可使二氧化碳得到充分利用。随后，侯德榜直接领导科研人员进行了试验研究工作，提出了完整的碳化法合成氨流程制碳酸氢铵工艺，并组织编制了年产2000吨合成氨配8000吨碳酸氢铵装置（当时称为县级氮肥厂）的设计。碳酸氢铵这一新生产工艺，是中国人研发出来的具有中国特色的氮肥品种。在煤炭资源相对丰富的中国得到大量推广，建设了一批年产合成氨800吨和2000吨系列的县级小氮肥厂，并在北京化工实验厂建设了年产1万吨合成氨配套4万吨碳酸氢铵工厂。在实践中，经过几年连续攻关，一批小型氮肥厂闯过了技术关、质量关、经济关，逐步实现了正常稳定生产。1964年上海、江苏等省市办有小型氮肥厂的一些县，大部分都成了粮食亩产千斤县，基本上实现了《农业发展纲要（四十条）》规定的单产指标。

农业需要大量化肥，小型氮肥厂具有建设周期短、设备容易制造、投资少、便于地方集资兴建等特点。加之小型氮肥厂一般属县管辖，自产自用，因而各县办厂的积极性很高。1968年以后，小型氮肥厂迅猛发展。1969～1978年10年间，全国先后建成了小型氮肥厂1225个。与此同时，一些有能力自己配套设备的省、市，对部分建厂早、条件好的小型厂择优进行填平补齐和设备更新改造，扩大了生产能力。1979年，全国小型氮肥厂总数达到1533个，当年产氨658.4万吨，占全国合成氨总产量的55.6%，对粮食增产起到了重要作用。

在发展小、中型氮肥的同时，我国也十分关注着全球化工技术进步以及产业发展趋势。20世纪60年代，国际石油化工技术进入到规模化大工业生产阶段，西方国家利用石油为原料，生产合成树脂、合成纤维等合成材料，价廉物美。合成材料开始在工业和生活中得到广泛应用。

1962年下半年，周恩来总理召开了各位副总理、计委、科委、外贸部和各工业部门参加的一系列会议，听取了出国访问的专家和外贸部门的汇报。汇报认为：二战以来，虽然世界上局部战争不断，但是资本主义世界在经济上和科学技术上都有了很大发展，国际贸易在不断扩大，尤其是西方化学工业在技术上有了一系列新的突破，石油化工和有机合成技术方面出现了许多新突破，如各种合成纤维、合成橡胶、新型塑料等，合成氨设备的大型化也使化肥工业提高到一个新的水平。外交和外贸部门的同志认为，尽管美国竭力阻挠，但从某些西方国家进口某些技术装备是有可能的。周恩来总理在一次会议上提出，结合当前和长远需要，首先应当争取从资本主义国家进口制造化学纤维、化学肥料和石油裂解的成套设备，引进国外的先进技术，以建立中国石油化学工业的现代基础，并逐步解决国内迫切需要的"吃、穿、用"问题。这次会上，决定成立一个化纤小组和一个化肥小组，由柴树藩任组长、钱之光和李苏分别任副组长，责成两个小组召集专家认真讨论，综合平衡，提出进口化纤和化肥成套设备的方案。

1963年后，中国和日本、英国、荷兰、法国、意大利等国签订协议，涉及大小成套设备项目共20余项，合同金额约3亿美元，主要是石油化学工业的石油裂解、烯烃分离、合成纤维（维尼纶、腈纶、丙纶等）、合成橡胶、塑料（聚乙烯、聚丙烯等）、大型化肥厂（全循环法尿素厂）、丁辛醇厂等。

20世纪70年代初，如何保证人民的"吃穿用"压力越来越大。中央要求燃化部研究化学工业如何加大力度支援农业和轻纺工业，帮助解决国民经济发展的迫切问题。1971年底，李先念在国务院主持会议，听取了康世恩部长的汇报。当时国务院有些领导同志第一次听到30万吨/年乙烯和30万吨/年合成氨的概念，都非常高兴。1972年1月国家计委向国务院正式作出报告：为利用国内石油（天然气）资源迅速发展化学纤维和化肥，经与轻工、燃化、商业、外贸等部门共同研究，提出了进口化纤、化肥技术和设备的方案。国务院业务组李先念、华国锋、余秋里在研究同意国家计委的报告后，给周恩来总理写了报告。"为了保障人民生活和工业生产的需要，必须大力发展石油化工，把化纤、化肥工业搞上去。因此，拟引进化纤新技术成套设备4套，化肥设备2套，以及部分关键设备和材料，约需4亿美元。投产后，一年可生产化纤24万吨（相当500万担棉花），化肥400万吨。拟引进这些技术设备，都是以天然气、油田气和石油为原料的，原料比较有保障。"2月5日，周恩来总理批示同意，并报毛泽东主席获得批准。

1973年1月，根据周恩来总理指示，国家计委上报《关于增加设备进口、扩大经济交流的请示报告》，建议三五年内引进43亿美元、26个成套设备、单机和关键设备技术。"四三方案"由此问世。"四三方案"引进对象包括日本、美国、联邦德国、法国、荷兰、瑞士、意大利等十几个西方国家。至1979年"四三方案"引进项目合同全部履行完毕，合同成交金额39.6亿美元。"四三方案"中大化工项目占21个，包括13套大化肥、4套大化纤、3套石化、1套烷基苯装置。"四三方案"是中国自引进苏联援助后第二次大规模引进设备技术，通过"四三方案"的实施，形成了乙烯、化肥和化纤等一批大型石化基地。

这批引进的技术和装备，对中国石油和化学工业以及纺织工业来讲都是重要的里程碑。20世纪70年代初，以轻油为原料30万吨/年乙烯大型装置在美国和日本刚出现不久，中国就及时抓住了发展潮流，使中国石化工业站到较高的起点上。这批以引进技术布局和建设的大型石油化工联合企业，主要有北京石油化工总厂、上海石油化工总厂和大庆、齐鲁、南京扬子石油化工厂以及13套大化肥厂等，这些引进技术的企业大部分都成为中国石油化学工业的骨干企业，在石油和化学工业的现代化进程中发挥了重要作用。

这批引进技术，对解决全国人民的"吃、穿、用"问题发挥了重要作用。至20世纪80年代初，涤棉布、涤纶长丝织物和中长纤维布等已完全摆脱了供不应求的局面。1983年12月，中国停止实行了29年之久的棉布凭布票限量供应的制度。引进化肥装置的建成，使中国合成氨生产能力在几年内提高了30%，对于支援农业生产起到了很大的作用。1955年开始定量供应粮食的粮票，到1993年也退出了流通领域。在10多亿人口的大国，结束了使用近30年、40年之久的"布票""粮票"，可谓是改天换地的又一件大事。

第三件改天换地的大事，就是石油化学工业也为我国"两弹一星"的建设做出了重大贡献。在"两弹一星"研制中，南京化工厂的总工程师姜圣阶接受周恩来总理建议，调到酒泉原子能联合企业任国营404厂副厂长兼总工程师，领导和组织了六氟化铀厂的设计和运行，领导和组织中国第一个大型核反应堆的设计、建造和运行工作，并为提供铀、钚和氚等高纯产品，组织攻关，解决了一系列技术难题，为首次核试验提供了合格的关键产品和部件。704、705厂等化工企业先后生产出重水、偏二甲肼、聚四氟乙烯等高能燃料和新型化工材料，炼油企业和石化研究院所开展了以"三航"（航空汽油、航空煤油、航空润滑油）、"两剂"（炼油催化剂和油品添加剂）、"两弹一机"（原子弹、导弹、新型飞机）配套用油为重点的攻关会战，涂料、染料等企业开展了航空、舰船用防腐涂料以及军用燃料的攻关与会战，满足了国防尖端技术和国防工业的需要。1964年我国第一颗原子弹成功爆炸，及随后"两弹一星"的重大发展，都凝聚着化工人的智慧和心血，中国石油和化学工业为中国的国防建设做出了不可磨灭的重大贡献。

这一时期，虽然发生了大跃进、文化大革命等重大历史事件，石油和化学工业发展也经历了几次波折，但在党的坚强领导下，经过自我调整、巩固、充实、提高，很快恢复了增长。

1977年，化工行业总产值增长到344.51亿元，比1957年增长了12倍，可生产2万余种化工产品，初步形成了由化学矿山、石油化工、煤化工、无机酸碱盐、化肥、农药、橡胶、有机原料、染颜料、涂料、化学试剂、合成树脂、合成橡胶、合成纤维单体、催化剂和助剂、化工新材料以及化工机械等组成的门类比较齐全的化学工业体系。

第四个发展阶段：建设大国，实现了向建设石油和化学工业大国的历史性跨越（1978～2010年）

1978年，党中央果断实施了改革开放政策，生产力得到了前所未有的解放，中国石油和化学工业进入了又一个快速发展的新时期。改革解决了计划经济体制管得过多、统得过死的弊端，市场对资源优化配置的基础性、决定性作用得到进一步发挥，由扩大企业自主权，到推行经济责任制，再到建立现代企业制度，国有石油和化工企业活力大大增强，民营企业蓬勃发展（2011年，行业非公经济总产值5.7万亿元，占比50.1%，历史上首次过半），石化产品价格机制改革基本完成，化工行业深入实施"科技兴化""学吉化"和"外向型经济"三大战略，中国化工市场也成为世界上增长最快、规模最大的化工市场。主要跨国石化公司纷纷涌入中国市场，中国石化企业也开始走出国门。2010年，中国石油和化学工业主营业务收入位居世界第二位，仅次于美国。其中化学工业主营业务收入达到5.23万亿元，超越美国，跃居世界第一。烧碱、纯碱、硫酸、醋酸、化肥、农药、轮胎等产品产量位居世界前列，成为名副其实的世界石油和化学工业大国。

一是生产工艺技术水平显著提升。中国石油勘探开发技术，特别是特低渗透油田、深海开发技术、页岩油气开发技术等等，都一直走在世界前列。现代炼厂全流程技术，形成了催化裂化、加氢系列技术，特别是催化裂化技术达到了世界先进水平，催化剂研发生产也取得重大突破，千万吨级大型炼油联合装置、百万吨级大型乙烯、大型聚丙烯、苯乙烯、甲苯歧化、芳烃抽提等成套技术和装置实现工业化应用。石化产品快速增长，新品种不断涌现，基本满足了快速增长的国民经济对有机化工原料、精细化学品的需要。化工新材料技术，特别是高端化工新材料技术也取得了一系列领先突破。

二是化肥、纯碱、烧碱、无机盐、农药、涂料、染料等基础行业也陆续进入黄金发展期。随着新型煤气化技术的突破和装置大型化，氮肥产业结构和原料结构不断优化，中国于20世纪90代初成为世界最大氮肥生产国，21世纪初实现尿素产品的净出口。根据国内磷资源现状，中国独立自主大力发展了大型装置及生产技术，2005年磷肥工业产量跃居世界第一。先后建成100万吨/年青海察尔汗盐湖项目、120万吨/年罗布泊钾盐项目，中国钾肥发展也取得了世界市场的话语权。高效低毒农药加快发展，中国农药从仿制型向创制型持续转型，由农药进口大国转变为出口大国。染料、涂料产量先后跃居世界第一，绿色环保型高端产品、特种涂料占比增大，为核电、风电、太阳能、航空航天、舰船、高铁等战略性新兴产业的发展提供了有力支撑。

三是氟硅、生物化工、三大合成材料、现代煤化工进入快速发展期。经过20世纪80、90年代对国外技术的引进消化吸收，中国氟硅技术自主研发能力和水平大大提高，突破了全氟离子交换膜、六氟磷酸锂、聚偏氟乙烯等一大批长期被国外垄断的核心技术，为国民经济提供了大批高端精细化学品，成为世界重要的氟硅生产基地。改革开放初，中国的生物化工产业技术落后、规模很小、应用面很窄，在国家科技和产业政策的支持下，仅用30多年实现了跨越式发展，乙醇、总溶剂（丙酮、丁酮）、有机酸、氨基酸和酶制剂等许多发酵产品技术工艺水平不断提高，青霉素、柠檬酸、有机酸等主要产品产量位居世界前列，技术总水平在世界市场中占有重要地位。合成树脂、合成纤维、合成橡胶三大合成材料技术装备国产化进程加快，创制出聚氨酯、聚酰胺、尼龙、工程树脂、热塑性树脂、特种工程树脂、丁苯橡胶、丁腈橡胶等大批高端、专用产品，为促进中国高端制造业发展做出了贡献。根据中国多煤少油缺气的资源禀赋特点，现代煤化工技术进步明显，取得了一系列重大突破，间接煤制油、直接煤制油、煤制烯烃、煤制芳烃、煤制乙二醇等示范项目成功运营，促进了全球石化产业原料多元化进程，得到了国际化工行业的高度评价。

这一时期，虽然建成了石油和化学工业大国，但我们清醒地认识到，我们还不是石油和化学工业强国，产业结构低端供给明显过剩，而高技术含量、高附加值的高端供给不足的矛盾突出，企业技术创新能力落后，生态环保压力增大，抵御市场风险能力和竞争力都比较弱，急需转变发展方式，走出一条创新驱动型、本质安全型和环境友好型的发展新路子。

第五个发展阶段：迈向强国，全面开启建设世界石油和化学工业强国的新征程（2010年至今）

从"十三五"规划开始，我们提出了由石油和化学工业大国向强国跨越的目标，这是一个更加艰巨、更加宏伟、更加壮阔的新的伟大征程。这个目标的提出，极大地鼓舞了全行业创新发展、面向未来、引领风骚的热情和干劲，一个向世界石油和化工强国跨越的新的伟大征程，正在九百六十万平方公里的中华大地上轰轰烈烈、扎扎实实地向前推进。

什么是石油和化学工业强国？我们提出石油和化学工业强国至少应该有四个标准：一是具有一批具有自主知识产权并且占据行业技术制高点的核心技术；二是具有一批有国际竞争力的大型企业和企业集团（包括化工园区）；三是具有国际领先水平的行业经济效率和经济效益；四是拥有一大批具有国际竞争力和影响力的企业品牌和各类技术管理人才。尽管这个历史发展任务十分艰巨，但这是我们这一代人对行业发展的历史责任。我们欣喜地看到，自"十三五"以来，中国石油和化学工业这四个方面的突破，正以春笋破土般的速度，迈出了节节高升的跨越脚步，行业发展的质量正在发生深刻而积极的变化。

一是全行业面向未来的创新能力正在显著提升。在全球新一轮科技革命的推动下，目前世界石油和化学工业高端前沿技术正在向五大领域集聚：即化工新能源领域、化工新材料领域、高端精细化学品领域、生命科学领域和安全环保领域。中国石油和化学工业正在瞄准世界石油和化学工业高端前沿技术发展的趋势，进入了一个面向未来、以自主创新为主的全新阶段。未来10年要基本实现或全部实现迈入石油化工强国的四大标准，将是一个具有划时代意义的重大转变。

"十三五"以来，我们石化行业面向未来的自主创新能力有了显著提升，攻克了一批"卡脖子"技术，开发了一批先进产品，突破了一批"制高点"技术，面向未来的自主创新呈现出一派欣欣向荣的大好局面。

石油勘探开发技术取得世界领先的突破。"十三五"以来，中国页岩气勘探开发技术在"大面积、高丰度页岩气富集"理论指导下，建成了600多座页岩气井，2015年日均产量达到5亿立方米，2020年产量突破200亿立方米，在国内天然气产量中占比超过10%，成为仅次于美国的全球第二大页岩气生产国。在"南海高温高压钻完井关键技术及工业化应用"和"渤海湾盆地深层大型整装凝析油气田勘探理论技术与重大发现"的指导下，建成了我国海上首个高温高压气田东方13-1和我国海上最大的高温高压气田13-2。随着流花21-2油田的顺利投产，流花16-2油田群全面投产，我国开创了亚洲最大的深海水下生产系统，这个海上油田高峰年产量将超450万立方米，轻烃的产量将突破300万立方米。在渤海湾成功发现了千亿立方米大气田。五年来，中国海油新增探明石油、天然气地质储量13亿吨和超5000亿立方米。我国低渗透油气田和致密气田勘探开发理论的创新突破，使我国鄂尔多斯盆地和塔里木盆地油气勘探开发又取得了一系列新突破。大庆油田依靠自主创新，实现了从陆相页岩生油到陆相页岩产油的理论突破，又发现了地质储量12.68亿吨页岩油，甩掉了老油田储采失衡的帽子。在保障传统能源安全的同时，中国石油、中国石化、中国海油和中化集团等央企也在化工新能源方面全面布局，大胆开拓，化工新能源的技术创新也取得了领先的突破。

化工新材料在先进高分子材料、高性能树脂、功能性膜材料等一系列重要领域又取得了不少新的突破。脂肪/环族异氰酸酯是生产高档聚氨酯的核心原料，万华化学开发的脂肪族异氰酸酯ADI全产业链制造技术，打破了国外公司对ADI系列产品全产业链制造技术长达70年的垄断，培育出了世界上品种最齐全、技术领先、产业链最完整的ADI特色产业集群，实现了航天航空、高端装备制造、新能源和节能环保产业的关键原材料国产化自主供应。该成果累计申请国内外发明专利178件，已获授权119件，形成了完整的自主知识产权体系。半芳香族尼龙是耐高温聚合物的一个重要的新兴品种，金发科技历时十余年，终于成功开发性能优异的耐高温半芳香尼龙PA10T系列产品，实现了半芳香高温尼龙的产业化，拥有世界最大的PA10T工业化装置，近五年已销售近万吨树脂产品，打破了国外在该领域的技术和市场垄断，抢占了市场竞争的制高点，填补了耐高温尼龙工程塑料制备技术的空白。聚苯硫醚（PPS）树脂制备技术一直被美日跨国公司垄断，国外一直严格限制PPS生产技术转让到中国。从2008年起，浙江新和成特种材料有限公司与浙江大学合作，历经10多年的埋头研发，终于建成万吨级PPS树脂生产装置，已获美国、日本、韩国、欧洲等国外专利7件，国内发明专利11件。现已成功合成出纤维级、注塑级和挤出级高性能PPS树脂系列产品，有效实现了进口替代，大幅提升了我国PPS树脂及成品在全球市场的占有率。

在现代煤化工领域，中科院大连化物所围绕甲醇制烯烃技术进行了长达30多年的研发工作，DMTO技术荣获2014年度国家技术发明奖一等奖。"十三五"以来，大连化物所持续推进甲醇制烯烃技术进步，特别是MTO第二代技术的突破，使我国煤制烯烃技术又向前跨越了一大步。习近平总书记在2021年两院院士大会上指出，甲醇制烯烃技术持续创新带动了我国煤制烯烃产业快速发展。目前我国现代煤化工技术正在向短流程、低碳化方向发展。合成气一步法制烯烃技术、合成气一步法制芳烃、甲烷无氧偶联制乙烯联产芳烃技术、二氧化碳加氢制甲醇技术、甲烷—二氧化碳干重整制合成气技术等技术正处在破茧而出的关键阶段，现代煤化工在不断创新中正展现出旺盛的生命力。

二是全行业具有国际竞争力的企业和企业集团正在快速成长。随着改革开放的深入发展，我们行业企业的国际竞争力明显提升，这一点在世界500强企业排名中得到充分体现。2021年8月2日在《财富》杂志刚刚发布的世界500强名单中，中国大陆（含香港）有143家企业上榜。上榜企业数目连续2年超过美国（122）家。其中有19家能源化工企业入围财富世界500强，中国石化居第2位，台塑居第6位，中国石油居第13位，恒力集团居第15位，先正达居第26位，万华化学居第29位，荣盛石化首次上榜居第42位。特别是恒力集团净资产收益率进入世界前50强，非常耀眼。在全球化工50强公司名单中，美国有10家，日本有8家，中国有7家，德国有5家，韩国和英国各3家。全球化工50强，巴斯夫位居第一，2020年化学品销售额位674.9亿美元；中国石化化学品销售额为466.6亿美元，位居第二；最后一名销售额门槛为64亿美元。进入全球化工50强的中国企业，排名基本处于持平或者上升状态，反映出中国化工行业蓬勃发展的态势。除中国石化、台塑外，中国石油排名第13位与上年持平；恒力石化位居第15位，大幅上升11名；中国中化旗下的先正达位列第26位；万华化学位居第29位；荣盛石化今年第一次进入50强，位居第42名。我们相信，随着中国石化行业的高质量发展，今后进入世界500强和全球化工50强的企业，将会越来越多，国际竞争力将会越来越强。

三是全行业经营效率和经济效益正在大幅度改善。经营效率和经济效益是衡量一个行业、一个企业竞争力最重要的一个指标。我们行业的状况，我想从能耗指标、销售收入利润率和全员劳动生产率三个方面来看一看变化。

首先看一看能耗指标的变化。我们行业是能源消耗的大户，2010年全行业能源消耗总量为4.1亿吨标煤，2020年消耗总量为6.8亿吨标煤，但随着节能减排工作的加快，行业能源消耗增速也在快速下降。"十二五"全行业能源消耗增速为6.8%，到"十三五"下降为4.9%。炼油、乙烯、合成氨、烧碱、电石等重点单位产品综合能耗分别下降4.4%、7.8%、8.7%、26.0%、6.7%，部分石化和化工企业能效指标居于世界先进水平。我们行业从2011年开始，组织开展了全行业能效"领跑者"发布活动，评选产品从2011年的10个增加到2020年的20个，覆盖品种扩展到33个。10年来，全行业重点产品综合能耗显著下降，能效水平明显提升。以烟煤（包括褐煤）为原料的合成氨为例，2020年能效"领跑者"企业的单位产品综合能耗为1192千克标煤/吨，比2011年第一次能效"领跑者"发布的1554千克标煤/吨下降了23.3%，下降幅度较大的还有黄磷、聚氯乙烯、电石、烧碱等产品，对应下降幅度分别为27.8%、22.2%、16.8%、9.5%。

其次看一看全行业销售收入利润率的变化。2015年全行业销售收入利润率为4.9%，2018年为6.8%，2019年为5.4%，2020年为4.7%，2021年上半年为7.2%。从总体上看全行业盈利能力是在稳步提升的。

再次看一看我们行业全员劳动生产率的变化。由于统计的原因，多年来我们没有办法进行行业全员劳动生产率的比较。但从几个央企全员劳动生产率的变化，就可以看出全行业劳动生产率变化的大趋势。2014年中国海油、中国石化、中国石油和中化集团的全员劳动生产率分别是177.29万元/人年、76.84万元/人年、83.68万元/人年和66.75万元/人年，2020年分别是237.90万元/人年、118.44万元/人年、89.30万元/人年和101.43万元/人年。这个变化趋势充分说明我们行业全员劳动生产率大幅提升的可喜变化。在向石油和化学工业强国跨越的征程中，全行业经营效率和经济效益一定会实现一个新的大幅度的提升跨越。

四是人才培养成长的环境正在发生全新变化。2021年7月份，教育部邀请我到天津大学给全国105所设有化工系的高等院校的领导，就行业发展对人才的需求和国家级一流化工专业建设交换意见，充分体现了教育部和高等院校对行业发展和人才培养的高度重视。我在座谈会上讲，从行业"十四五"发展规划中，从向强国跨越的主要标志中，我们行业发出了迫切需要四大类人才的急切呼唤。这四大类人才分别是：一是需要一大批既善于发现问题、敢于提出问题，又善于解决问题的创新型人才；二是需要一大批具有战略思维、战略决策、战略管理的企业家人才；三是需要一大批具有基础知识扎实、专业技术突出、甘于埋头苦干的大国工匠人才；四是需要一大批既懂得现代信息技术，又有石油化工专业背景的跨界复合型人才。而且我还强调了，"我们行业在向强国跨越的进程中，已经为各个方面、各个领域的创新人才，特别是上述四个方面的特殊人才，搭建了可以大有作为的广阔舞台。"同时我还讲，从我们行业发展的需求看，当前人才供给有三大突出矛盾：一是供给结构性矛盾十分突出，高端研发人员占比较少；二是教育发展不平衡的矛盾越来越尖锐；三是化工教育专业设置、课程内容、教学方式滞后于行业发展变化。最后我还对化工类国家级一流学科建设提出了三点建议：一是拥有化工类国家一级专业的大学要努力建设成最好的研究型大学；二是化工类国家级一流专业要努力多培养勇于面向未来的创新型人才；三是化工类国家一流专业要积极参与国家宏观经济和行业发展的重大活动。在国家教育改革不断深化和行业发展不断跨越的形势下，我们行业发展的环境和人才培养成长一定会出现后继有人、人才辈出的喜人变化。

我们坚信,在今后10年或者更长的时间内,一个领先于世界的石油和化学工业强国,一个闪烁着几代石油化工人孜孜追求的梦想,一定会在我们这一代人的奋斗中实现!

百年发展历程,百年发展丰碑,充分展示了中国石油和化学工业这支队伍的精神风貌、顽强作风和奋斗本色。实践告诉我们,这是一支坚持用实业报效祖国的队伍,是一支忠诚于中国共产党的队伍,是一支"埋头苦干""热心创造"的队伍,是一支勇于拼搏、敢打硬仗、敢为人先的队伍,更是一支能够预见未来,善于挑战未来,敢于创造未来的队伍!我们对这支具有红色基因、具有优良传统、具有远大志向的队伍,充满了骄傲、自豪和信心!

中国石油和化学工业百年发展历程既坎坷又伟大,既曲折又辉煌,历史雄辩地证明,中国共产党的领导是中国石油和化学工业取得巨大发展成就的根本保证。没有中国共产党这个核心的坚强领导,中国石油和化学工业就不可能从一穷二白迅速发展为石油和化学工业大国,更不可能实现向世界石油和化学工业强国跨越的百年梦想、创造世界石油和化学工业发展史上的伟大奇迹。只有在中国共产党的领导下,坚持走中国特色社会主义道路,中国石油和化学工业的生产力才能得到根本性解放,才能真正走上健康快速、高质量发展的轨道,才能为实现中华民族伟大复兴的"中国梦"、为实现第二个百年宏伟目标作出新的更加伟大的贡献!

后　记

当本书即将正式面世的时候，我最想说的两个字，就是"谢谢"！我要感谢许多人……

首先，我要感谢协会领导班子的全体成员，傅向升、赵志平、赵俊贵、周竹叶、吴甫、李彬、孙伟善、曾坚等同志，是他们同我一起深入企业、深入科研院所、深入项目工地，在调查研究和反复讨论中，才形成了一篇篇研究报告和发言稿，有许多观点和看法都闪烁着他们的智慧和贡献。

其次，我要感谢联合会各部门的负责人，各种专业会议的筹备和组织，凝聚着他们的心血，会议主题的选择确立、主旨报告和观点研究、会议发言的邀请奔波，他们都精益求精、反复优化。一次次成功的会议的组织，才有了一篇篇精彩的报告。

第三，我还要感谢联合会的年轻人，随着行业的发展，随着企业改革的深化，联合会和年轻人也在实践中锻炼成长起来，在调查中他们有许多超前的观点，有许多深层次的问题，都对我有很大的启发。许多专题调研报告，许多调查笔记，许多报告初稿，都给了我很多的帮助。

第四，我还要感谢李铁、薛学通、刘国林、张同飞四位同志在本书文稿选择、修改调整以及体系系列上给我的具体帮助。他们为本书的出版做了许多默默无闻、看不见的贡献。

在本书编辑的过程中，还得到了化学工业出版社周伟斌社长、张婉如书记的高度重视，以及责任编辑仇志刚、高宁、赵媛媛、尹琳琳等工作人员认真高效的工作。

最后，我还要特别感谢顾秀莲副委员长，在百忙之中为本书写序，充分体现了她对我的厚爱。她的序言为本书增色不少。

总之，我要感谢所有为本书出版做出贡献的人。在本书出版的时刻，就让"谢谢"这两个字，作为本书的结尾曲吧！

作　者

二〇二二年九月